荆楚文库

大嶽太和武當山志

[清]楊素藴 修 [清]王民皞 等纂
尉侯凱 點校 張全曉 范學鋒 審校

荆楚文庫編纂出版委員會
湖北科學技術出版社

荆楚文庫

大嶽太和武當山志

TAIYUE TAIHE WUDANGSHAN ZHI

圖書在版編目 (CIP) 數據

大嶽太和武當山志 /〔清〕楊素藴修;〔清〕王民皡等纂; 尉侯凱點校 . 張全曉, 范學鋒審校 . —武漢: 湖北科學技術出版社, 2021.12
(荆楚文庫)
ISBN 978-7-5706-0901-7
Ⅰ. ①大…
Ⅱ. ①楊… ②王…
Ⅲ. ①武當山—地方志—清代
Ⅳ. ① K928.3
中國版本圖書館 CIP 數據核字 (2021) 第 225518 號

責任編輯: 譚學軍
整體設計: 范漢成　曾顯惠　思　蒙
封面設計: 喻　楊
責任校對: 陳横宇
責任印製: 劉春堯
出版發行: 湖北科學技術出版社
地址: 武漢市雄楚大道 268 號
　　(湖北出版文化城 B 座 13—14 層)
電話: 027-87679468　　郵編: 430070
印刷: 湖北新華印務有限公司
開本: 720mm × 1000mm　1/16
印張: 33.5
版次: 2021 年 12 月第 1 版　　2021 年 12 月第 1 次印刷
定價: 158.00 元

ISBN 978-7-5706-0901-7

出版説明

湖北乃九省通衢，北學南學交會融通之地，文明昌盛，歷代文獻豐厚。守望傳統，編纂荆楚文獻，湖北淵源有自。清同治年間設立官書局，以整理鄉邦文獻爲旨趣。光緒年間張之洞督鄂後，以崇文書局推進典籍集成，湖北鄉賢身體力行之，編纂《湖北文徵》，集元明清三代湖北先哲遺作，收兩千七百餘作者文八千餘篇，洋洋六百萬言。盧氏兄弟輯録湖北先賢之作而成《湖北先正遺書》。至當代，武漢多所大學、圖書館在鄉邦典籍整理方面亦多所用力。爲傳承和弘揚優秀傳統文化，湖北省委、省政府决定編纂大型歷史文獻叢書《荆楚文庫》。

《荆楚文庫》以“搶救、保護、整理、出版”湖北文獻爲宗旨，分三編集藏。

甲、文獻編。收録歷代鄂籍人士著述，長期寓居湖北人士著述，省外人士探究湖北著述。包括傳世文獻、出土文獻和民間文獻。

乙、方志編。收録歷代省志、府縣志等。

丙、研究編。收録今人研究評述荆楚人物、史地、風物的學術著作和工具書及圖册。

文獻編、方志編録籍以 1949 年爲下限。

研究編簡體横排，文獻編繁體横排，方志編影印或點校出版。

《荆楚文庫》編纂出版委員會

2015 年 11 月

前　言

武當山位於湖北省十堰市境内，又名太和山，爲世界文化遺産，是聞名遐邇的道教聖地，也是武當道教的發祥地，素有“亘古無雙勝境，天下第一仙山”的美譽。得天獨厚的地理位置和清幽縹緲的自然環境，使武當山自古便成爲修仙學道者心儀神往的世外桃源。宋元明三代，武當山又因主祀玄天上帝而爲皇室所重，政治地位逐漸攀升，至明而臻於極盛，先後被尊爲“大岳”“治世玄岳”。入清以後，武當山的地位雖有所下降，但仍在全國范圍内有着廣泛的社會影響。

武當山既是道教勝地，也是一座絢麗多彩的文化名山，素有編修志書的傳統。雖然修志的肇始年代已難以確考，但修志傳統源遠流長，成就斐然，構成了一個完整的山志體系，形成了一種奇特的山志文化。南宋王象之編《輿地紀勝》卷八十五《均州》就曾徵引過《武當志》和《武當山記》，二書雖早已亡佚，詳情不得而知，但據《輿地紀勝》徵引内容判斷，《武當志》似爲郡縣志與山志的合體，而《武當山記》則很有可能就是早期武當山志的雛形。元代，武當山先後有《武當福地總真集》和《武當紀勝集》問世。《武當福地總真集》爲武當山洞陽道人劉道明所編，成於元世祖至元辛卯年，分上、中、下三卷，收入《正統道藏・洞神部・傳記類》。該志“會萬古之精華，斂一山之風月”，是迄今所知第一部體例完備分類明確的武當山志。《武當紀勝集》署名龍興路雲麓樵翁羅霆震譔，大致結集於元代中期，是武當山第一部詩體志書。

明代，武當山志的纂修蔚爲大觀，在修志實踐和修志理論上都取得了較大的成就。目前已知的官修山志就有四部，即宣德六年欽差太常寺丞武當山玉虛宮提點道官任自垣纂修《勑建大嶽太和山志》十五卷，嘉靖十五年湖廣布政司右參議武當山提調藩臣方升纂修《大嶽志略》五卷，嘉靖三十五年内官監太監武當山提督内臣王佐修、均州學正慎旦等纂《大嶽太和山志》十七卷，隆慶六年撫治鄖陽都察院右僉都御史凌雲翼修、均州學正盧重華等纂《大嶽太和山志》八卷。這四部官修山志在明代還都曾有過續修的經歷，有的甚至反復補刻，增入了很多新的内容，前後承繼，相沿不替，比較翔實地記述了明代武當山的盛況。

清初，武當山志的纂修在經歷了明萬曆以來一個相對沉寂的時期後，又迎來了一個新的高潮。康熙初年鄖縣教諭萬甲與縣人順治拔貢李紹賢增修山志二十四卷，康熙二十年分守下荆南道楊素藴修、均州知州王民皞等纂《大嶽太和武當山志》二十卷，乾隆九年湖北布政使司分守安襄鄖下荆南道王槩修、襄陽府清軍巡防同知姚世倌等纂《大嶽太和山紀略》八卷，是目前所知三部相繼修成的清代武當山志。

民國時期，武當山地區兵戈擾攘，戰亂頻仍，但武當山志的纂修仍在艱難中前行，先後有兩部山志問世，使武當山的修志傳統得以繼承和延續。這兩部民國山志，其一爲民國十一年襄陽道尹熊賓修、道署第一科科長趙夔等纂《續修大嶽太和山志》八卷。另一部是武當山麓朝陽洞廟白衣道人王理學於抗日戰争勝利前後編撰的《大嶽太和山志》稿。據口碑，這部志稿爲“十行紙”，用毛筆正楷書寫，有一尺多厚，惜於1951年葬入火腹。現湖北省圖書館藏民國三十六年武當山白衣道人王理學重書《武當風景記》一卷，當是這部志稿的濃縮本。

由於種種歷史原因，武當山歷代所修志書以及堆積如山的古籍文獻，累遭天灾人禍毁壞，十不存一，至1981年中共湖北省委、省政府决定開發建設武當山時，全山歷史文獻幾乎損失殆盡，僅存小部分道教經書和兩部山志，即清乾隆九年山志和民國十一年山志。爲繼承和弘揚優秀文化遺産，並爲開發建設武當山風景名勝區找到歷史依據，武當山志辦公室曾先後組織大量人力、物力分赴襄樊、十堰、武漢、上海、南京、長沙、寧波、鄭州、南陽、西安、北京等大中城市圖書館、博物館和檔案館，廣徵博採，先後收集到有關武當山的資料數千萬字，並在首都圖書館找到了明代編纂的四部官修武當山志，組織人員分别制作複本回山。據清乾隆九年纂修的《大嶽太和山紀略》記載，這四部明代山志早已毁於兵燹，清初已不得見。因此，武當山志辦公室組織力量抄志回山的盛舉，當時在湖北省引起不小的轟動。已流失三百多年的四部明代山志重回武當，不僅對武當山的保護開發和旅游發展起到了非常重要的參攷作用，而且還修正了正史和不少專著、報刊中有關武當山記載的錯訛。例如，《明史・職官志》記："……太和山提點一人。"《明太宗實録》卷二〇七記："……仍選道士任自垣等九人爲提點，秩正六品，分主宫觀。"然據任自垣《勑建大嶽太和山志》記載，明永樂間，皇帝在武當山授正六品提點十七員，分主各宫觀。再如，《中國大百科全書・宗教卷》稱，明成祖"永樂十年曾於山上建宫觀，歷時七年，建成净樂、迎恩、遇真、玉虚、紫霄、五龍、南巖、太和等八宫，元和、復真二觀，三十六庵堂，七十二岩廟等"。此説同時爲一些辭書、專著、報刊所採用，訛傳很廣。其實，明永樂年間在武當山的建築規模，以任自垣纂修的《勑建大嶽太和山志》最爲翔實可靠。據載，明成祖於永樂十年至永樂二十二年，命工在武當山建净樂、遇真、玉虚、紫霄、南巖、五龍、朝天、清微、太和九宫，元和、回龍、太玄、復真、八仙、仁威、威烈、龍泉、太常九觀等三十三處宫觀祠廟，用工時間長達十三年之久。但迎恩宫並非明永樂年間敕建，而是由武當山提督内臣韋貴創建於明成化年間。

需要特别指出的是，就在我們緊鑼密鼓地對已經獲見的九部歷代武當山志進行系統整理時，又驚喜地獲知了清康熙二十年分守湖廣下荊南道楊素藴修、均州知州王民皡等纂《大嶽太和武當山志》二十卷仍然倖存的消息。經武當山旅游經濟特區地方志辦公室范學鋒主任與貴州師范大學張全曉博士等人共同努力，終於將這部山志孤本從首都圖書館複製回山。該志不僅是清代第一部見存官修武當山志，也是見存歷代武當山志中卷帙最多的一部，既上承清康熙初年鄖縣教諭萬甲與縣人順治拔貢李紹賢所修山志，同時又是清乾隆九年王槩修、姚世倌等纂《大嶽太和山紀略》的底本，具有獨特的版本價值和珍貴的文獻價值，故這次整理時也將其一並輯入文庫，以臻完備。

這十部歷代武當山志，除《武當紀勝集》爲詩體志書外，其他九部的體例、内容雖互有出入，各有側重，但却綱提要舉，繁簡適宜。分開來看，各部志書反映了不同歷史時期武當山宗教管理事務的普遍性及特殊性；綜合來看，十部志書融會貫通，又可見武當山宗教管理事務的連續性和完整性。例如，記武當歷史、建置沿革，上下两千多年一目了然；志山水勝境、宫觀始末，圖文並茂，令人神往；紀武當主神真武大帝，知其起源及發展衍進變化規律；志歷代帝王崇封誥詞、賞賜饋贈、聖旨王言，顯示武當道教在不同歷史時期與政權的關係及其崇高地位；隱逸真仙之迹，高士論道之言，可得可考；歷代文人墨客遊記咏嘆之作並遺文軼事，亦盡收其中。

總之，武當山古代志書中，雖然始終貫穿着道教"清静無爲""修生養性"的性命觀，儒教"三綱""五常"的倫理觀，以及大量歌頌帝王、渲染神靈等封建迷信的記述，但同時也保留着大量史實，不僅對研究武當山的歷史、政治、軍事、經濟、文化、道教、建築、文學藝術等具有重要的參考價值，而且對當代武當山的保護和建設也有一定的啟示作用。

這次被選入《荆楚文庫》的十部歷代武當山舊志，所用底本都很精良。其中，元代《武當福地總真集》和《武當紀勝集》以明修《道藏》本爲底本；明代四部官修山志皆以國家圖書館藏本爲底本；清代《大嶽太和武當山志》以首都圖書館藏本爲底本，《大嶽太和山紀略》以湖廣下荆南道署藏版爲底本；民國《續修大嶽太和山志》以襄陽大同石印館刊本爲底本，《武當風景記》以湖北省圖書館所藏鈔本爲底本。我們相信，這十部歷代武當山舊志的集中點校出版，必將沾溉學林，澤被後代。

《大嶽太和武當山志》，湖廣湖北分守荆南道參議楊素藴主修，均州知州王民皥纂輯，均州儒學訓導盧維茲參訂，約成書於康熙二十年至二十一年，至康熙二十三年刊刻基本完成。

楊素藴，字筠湄，號退庵，陝西宜君人。順治九年進士，歷任直隸東明知縣、四川道御史等，康熙十七年題補湖廣下荆南道。官至湖廣巡撫。著有《見山樓詩文集》《撫皖治略》《撫楚治略》《穀城水運紀略》等。《清史稿》卷二百七十有傳。王民皞，字孟遷，號熙園，江西臨川人。由恩貢選入太學，初授宿松知縣，陞雲南阿迷州知州，補均州，移黄州府岐亭同知，擢思南府知府，致仕歸，年九十卒。著有《交迴草》《滋餘草》《偶存草》等。同治《臨川縣志》卷四十一《宦業》有傳。盧維兹，字持庵，湖北黄安人。"五歲通《尚書》，八歲能文"，以明經司訓均州，遭母喪去官，年六十卒。光緒《黄安縣志》卷八《儒林》有傳。

該志共二十卷，書前有湖廣巡撫王新命、禮部侍郎沈荃、湖廣湖北分守荆南道參議楊素藴、沈志禮、湖北學政姚淳燾、襄陽知府范明宗、均州知州王民皞、均州學正張維霖所撰序言，以及目次、公閲姓氏、凡例等，後有王民皞、盧維兹等所撰跋語，詳細介紹了纂修該志的人物、緣由、經過、價值、體例等。主體内容分為星野、圖攷、隱顯、山水、聖紀、宫殿、庵祠、祀典、仙真、靈異、物産、古蹟、莅禮、神謨、御製、藝文等志，各志之前均有楊素藴序，後附王民皞跋、盧維兹參考，對各志的内容、特色等方面作了重點揭示和概括。與前志相比，該志增設了星野、隱顯、古蹟、神謨（其中"星野"等又為後世修武當山志者所繼承），對前志已有的門類，如聖紀、仙真、靈異、物産、藝文等，在篇幅上也作了很大擴充，尤其是對明末清初武當山的道教人物、事件等進行了比較細緻的記載，在保存文獻方面居功甚偉，為研究武當山的歷史文化提供了重要參考資料。不過，該志也存在一些比較明顯的缺點，乾隆初王概等人在續修武當山志時，就曾批評它"辭浮於事，且多引科籙，頗近宋人清詞"（王概《大嶽太和山紀略序》）、"多而不切"、"竟涉虚謬"、"妄作為古"、"大而無當"（《大嶽太和山紀略凡例》）等，這是閲讀、使用該志時需要注意的（該志的價值和缺點，可參張全曉《新見清康熙〈大嶽太和武當山志〉述略》,《中國道教》2019 年第 1 期）。

由於該志刊成後不久刻版即遭焚毁，故而流傳不是很廣，此次點校，以首都圖書館所藏孤本為底本，同時參校了明任自垣《勅建大嶽太和山志》、王佐《大嶽太和山志》、凌雲翼《大嶽太和山志》、清王概《大嶽太和山紀略》和有關文獻，對書中比較明顯的錯字加以改正，缺字則給予補齊，並在每卷之末列出校勘説明。但仍有一些漫漶不清之處無從校改，暫以“□”代替。由於點校者水平有限，加之時間緊迫，書中必然存在不少失誤，請讀者指正是盼。

2020年8月20日

目　　録

序

皇帝御極之十有九載庚申歲，新命奉勅諭來撫楚北，維時寇氛未靖，三户弗寧，徵芻輓粟，羽檄紛馳，予承嚴綸，駐江陵料理軍實。逾年，滇黔底定，武功告成，繼而班師絡繹，近且禁旅南駐，予往來郢鄂，遙指太和山在封内，相去千里，無緣登謁。兹均州王守以山志請序於予，予惟寰宇名山，五嶽最著，望秩之典，紀於《虞書》，而《禹貢》載高山大川敷奠具詳，迨郭景純《山海經》搜采亦悉，乃兹山之名獨不槩見，直至唐宋元明之代，因真武帝君而山始名，何藴之久而顯之遲歟？説者謂非真武不足以當斯山，故山以武名。夫以真武之神靈，何不顯於秦皇漢武封禪之朝，應黄龍寶鼎之符瑞，躋七十二家之盛，必遲之又久而赫奕立時者，何也？

予觀道家書所言，先天始炁、太極别體，則帝君之神，早已降真運化於皇黄之間，而兹山自開闢以來，亦早已卓峙於宇宙，太和傳道之語，適爲帝君與兹山作合耳。况真武位居乎坎，正北方之卦也，兹山在翼軫角亢之下，盤旋乾兑之位，神則負坎抱離，憑依於此，殆居天地之中，宣水火既濟之用，以契太和，以祐民物，視五嶽之各鎮一方者，其功尤普，積之厚而被之遠，大嶽之名，固不爽也，詎如黄龍寶鼎之侈符瑞於一時者哉！然則烏容無志？楊參議、王州守，一以關西名宿，一以臨川才筆，力任斯舉，苦心纂輯，山靈面目，星纏度數，殿宇人物，瞭如指掌，即無緣登謁者，展閲一過，恍如覩七十二峰、三十六巖之勝矣。

今天子文德覃敷，蒐羅天下遺書，金匱石渠，炳炳烺烺。在廷諸臣纂修國朝會典，檄取各省通志。楚爲郡一十有五，爲州一十有六，爲縣一百有七，南北協修通志一書，三長未備，一時未易猝成。均州僻處一隅，而兹山之志裒然成集，且成於軍供鞅掌之餘，夫非山靈有以感召之耶？而予更有進者，楚民疲敝之後，水旱頻仍，人事固當修舉，尤藉大嶽之靈，發太和之氣，驅疵癘而召禎祥，俾民和年豐，太史疊書大有，更所禱祀而求者也，因序志而并及之。

康熙二十有二年歲在癸亥秋八月望日，巡撫湖廣等處地方兼提督軍務都察院右副都御史加五級西蜀潼川王新命題。

序

天下山川，皆以嶽瀆爲宗。嶽者，嶽嶽然，不與衆山群也，故視三公焉。瀆者，獨也，不藉衆川，獨能赴海也，故視諸侯焉。然上古止有四嶽，中嶽之封，始於漢，而後世因之。濟河竭於新莽，江淮合於夫差，漢唐以後，黄河亦日南注而與江淮合，天下山川顯晦變更之際，良有時焉，不可得而拘也。

均州大嶽太和山，周延八百餘里，峰巒七十有二，天下名山洞府最勝之區也。物莫能两大，而自有麇以距登封不越千里，而大嶽屹然與中嶽並峙，莫得而頡頏焉，蓋亦赫矣。然而名不載於《禹貢》《山海》，典不列於望秩，泯泯於唐虞三代之下者二千餘年，至明而乃大顯，嶽曰大嶽，帝曰鉉帝，金宫玉册，五嶽且遜其盛，何顯晦之殊也？豈五嶽所宅，皆五方正位，而是嶽少偏，萬山盤礴，道里幽邃，帝王巡狩之所不及，故必久而方顯，晦之久者，其顯必大，故於今爲特盛歟？觀是志所載，凡流峙物宜，帝謨聖跡，旁及稗乘，① 無不畢收，誠足以補《禹貢》《山海》之所未及，而吾因之有所感已。

昔虞舜四巡，而泰、衡、恒、華始見。漢武上嵩山，聞呼萬歲，因備典崇祀，而嵩山列於五嶽。大嶽亦著神靈於明靖難之間，於是範金爲殿，鑄金爲像，奕煌隆重，遂超絶於往代。然則凡在覆載之内者，幽明雖異，要未有不福在生民，功在社稷，遭際夫聖帝明王，而能履尊受報，大顯於時者也。否則彼天台、雁宕、峨眉之屬，亦何嘗不神奇高大，爲文人騷客之所賦，名公巨卿之所碑而紀，而終不得與玆嶽並重於祀典也，抑可思矣。

---

① “稗”，原誤作“禆”，據文意改。

歲辛酉，天子齋居鉉覽，穆然念王氣之所自鍾，東封長白，班先五嶽，居歆之下，靈奇種種，蓋河嶽百神，乘時翊運，日新而日盛如此，誰謂瀆必四而嶽必五哉！獨惜雲物初開，見聞莫攷，無能起而爲之志者。然則是書之成，其爲有功於大嶽，豈小也歟？是爲序。

康熙甲子仲春穀旦，起居注日講官詹事府詹事兼翰林院侍讀學士加禮部侍郎加一級華亭沈荃書於耕雲山房。

大嶽太和山志序

太和山志，傳名山也。名山何以志傳，徵以文也。蓋遊山者以趾而耳次之，書之所紀弗耳若，廼較真焉。絶巘名巒，踵能窮其態狀，然向平婚嫁，難驟畢也，相與聞騷人遊客歷歷道其概，能不心鄉往而識之？若披圖攷異，豁然目睹而形遇，則身焉棲息徘徊其間矣。遊覽之資於書也，不書不徵，不徵不傳也。太和山傳焉久矣，宜無志，然傳太和者，以鐵杵，以榔梅，不則金宫闕巍然天柱頭也。規均州而半之，修鑿爭天地巧，燦麗不下帝者居矣。今語人曰：山之勝，合泰、華、衡、嵩、恒而六之，其誰信？夫天下奇太和者，以山水勝，而山水之奇獨不傳，即知奇太和山水矣，而至止者罕。酈道元註既弗詳，劉洞陽事跡編缺焉又未備也，于是太和之勝，若蓬、瀛、方丈，且以爲容或有之也。

予性癖山水，歷天下名山之半，考名山水記，則幾乎盡矣。太和之遊，久從王弇洲記中。及庚申歲，自鄖返遊，虔禮帝闔，廼嘆志之弗可已也。詢有志始自宣德三年，修者至再，增修者則鄖博萬君甲、明經李子紹賢也。爲書二十四卷，備矣，惜也詳略不之審，文之不章，未能出名山真面目也。峰七十有二，巖三十有六，澗廿有四，志之志，如此而已矣。極刻畫狀其所爲高峭險溢驚人者，使人從紙上目泉飛崖懸，不啻足履而手指顧之，傳矣。顧僅列其所名所在，如繪事家安頓耳目口鼻數寸面皮間，不於阿堵中着意，峰如天柱、香鑪，亦曾不置辨，獨於秩官、封詔、祭告加詳焉。萬君自嗟無凌雲之筆，作詩歌而照耀之，殆謂此歟？然斯編也，景物可遠想而知，而所爲高峭險溢者，又散見於名公諸君子藝文内，名以紀之，圖以攷之，時代以上下之，書有文，文有徵，徵斯傳矣，故曰傳名山也。爰命均刺史王君民皞、廣文盧君維兹授之梓，告之曰：山之志與州郡志異，峰巖宫觀，各自爲圖，圖以真，毋圖以似。吴道子蜀山，王摩詰輞川，蓋以畫傳焉，且亦顧其人爲何如耳。柳州鈷鉧，東坡石鐘，彼且以人傳。斯役也，苟有其人，將山以志傳，志更以人傳。

康熙歲在辛酉立秋後一日，賜進士中憲大夫湖廣湖北分守荆南道參議前分守四川川北道參議四川道監察御史關西楊素藴題於亦鈴閣中。

大嶽太和武當山志序

天下有歷久而彌顯者，武當山是也。説者曰：寓内名山，五嶽爲尊，五嶽之中，東岱爲宗，是山之尊，莫與京者，一泰山而已。曰不然，有武當在。夫自無懷氏以迄於周，封泰山者七十二君，秦漢以來，未易更僕，泰山之尊，由來尚已。而欲以武當頡頏焉，其誰信？曰不然，泰山始而即顯者也，武當久而彌顯者也。武當晦於帝王秦漢之代，顯於宋元而盛於有明，故永、嘉間崇稱之曰大嶽、曰鉉嶽。我朝康熙十二年，皇上特遣近臣祭告大嶽，且命繪山圖，約尋仞，爲鳴鑾上祀、檢玉探策之舉，事雖未果，將有待焉。是其積鬱既久，迫而不得不顯者。已然者如是，未然者烏可量與？

在昔五嶽俱皆尊祀天帝，明代易以某嶽之神，然不知其何神也。大嶽則祭告北極真武鉉天上帝，信乎兹山非鉉帝無以顯靈崇號，而鉉帝非兹山亦無以修真普化也。而王元美以爲道家神其説，謬矣。元美爲一代作者，後學仰爲宗匠，余不知其何見而云然，是不可以不辨。至山之以“太和”名者，固從紫元君告鉉帝“當契太和”之一語而名之也。其曰武當，從來謂鉉武始克當之，故以是名山耳。然武當之名山，在黄帝時即有是稱，以爲嵩高之佐，而鉉帝與黄帝並生其時，一以御世，一以尋幽，彼時未知有帝，亦何知有山，而顧以是名之耶？要其理有不誣者，聖帝之生，自非偶然，其讖兆必有先見於前而冥符於後，則是武當者，昔有其名，今著其實耶？如是而武當傳矣，奚志之足云？雖然，志固不可以已也。遊山者貴親歷其勝，弗徒以耳食，故謝康樂登山之屐傳矣，許仲晦濟勝之具稱矣，然讀王元美、汪伯玉諸先輩記，俱未能歷武當什之二三，况道里遼阻，山川間隔，學士大夫之懷勝情、挾勝具，而仰止無由者，不知凡幾，使非志以述之，圖以列之，奚以當宗少文之卧遊乎？甚矣，志之不可以已也。

武當有志，自宣德三年始，其後增修爲二十四卷，備矣，而未足以闡是山之奇，寫是山之真也。前藩參關西楊公，欲傳名山於天下後世，特爲首創其事，均刺史王君任其筆削，廣文盧君亦共襄厥事焉。缺者補之，似者正之，荒誕者核之，訛舛者釐之，于是星野有辨，圖考有據，隱顯以紀其時，山水以志其勝，聖紀以彰其異，宫殿之巍峩昭焉，庵祠之刱建悉焉，祀典之歆格者有年，仙真之藏息者有人，以彰靈異，以著物産，以傳古蹟，以明莅禮，神謨赫奕，表表人間，御製煇煌，琅琅可誦，而且名公諸君子，或賦或碑，或序或銘，或贊或記，或疏祭文，或詩歌，無不一一詳載其詞，是書成，而後有以闡是山之奇，而後有以寫是山之真也。

余於壬戌季夏上浣二日，繼楊公分守鄖襄，例應重九日謁頂焚幣，以王師凱旋，供億不遑，心竊向往之。秋之孟，楊公自山右遺余書，以志序是囑，未有以應命，比王君又惓惓以是爲請。余念是書表章聖蹟，用傳名山於不朽，不敢以不敏辭，遂載筆而序之，且執余歷久彌顯之説，以驗往事之已然，以俟來兹之未然者。

康熙歲在壬戌重九後二日，湖廣湖北分守下荆南道參議古越沈志禮題於亦鈴閣中。

序

天下山水，皆發於崑崙。两山之間必有水，两水之間必有山，至於山縈水抱，鬱結磅礴之氣，會而爲異境，必有神靈居之，以佐造化而生萬物，此其理之固然，無足異者。若太和武當山，其尤顯者也。然余竊恠《禹貢》《山海經》二書，成於禹、益两聖人之手，古今言山水者必引之以爲據，以是山之廣大奇秀，而獨不見載於二書，即两聖人隨刊烈焚，非拯患救溺之區，雖巨不錄。然太和界江漢之中，相距不數百里，《禹貢》："嶓冢導漾，東流爲漢，又東爲滄浪之水。"今均州西北三里許即滄浪洲，則太和固當日禹、益所經之地，而顧不得與荆、岐、蔡、蒙諸山同其旅平，蓋其巉巘蜿蜒，實鴻荒以來所未闢，人跡罕至，而境之異者，亦必有待而後發也。

甲子春仲，余按試襄郡，均刺史王君以纂修太和志書來，且曰："此關西筠湄楊夫子命也。"因乞余序言。余周覽其山川圖畫，神靈始末，與夫歷朝尊崇秩祀之典，幾幾乎與五嶽並矣。至明而有加焉，金宫玉册，號曰大嶽，臨之以勳戚，鎮撫之以監司，道士廩食於官者，凡五百餘人。嗚呼！何其盛歟。非功德有以大造於國家，利賴於生民，而能致是歟？夫江自岷山，漢自嶓冢，二水相夾，激盪奔馳而東南趨者五六千里，至大别而始會同，而有麇之宇，適當二氣冲和之地，水將合而淵乎以旋，山將息而鬱乎以盤，以星野則仰應乎翼軫、角亢，而爲天彭、井絡之尾閭，以形勝則左瞷河洛，① 右控巴巫，而爲風雨陰陽之奥區，宜其靈奇赫奕，愈久而愈盛，有非五臺、峨嵋、天台諸山所得而比儷以爭雄長者。王君負曠世學識，出吾邑張崧瞻先生之門，

① "瞷"，原誤作"瞯"，據文意改。

余耳食其名久矣，展讀是書，取材博而用意周，誠不媿史筆。夫綜群言而論定之，學使者事也。斯志也，直與山水之奇奧，神靈之赫濯，並不朽可矣。是爲序。

康熙甲子仲春穀旦，賜進士出身提督湖廣通省學政按察使司僉事前刑部郎中户部員外郎主事内閣中書舍人管理誥勑監督京倉充戊午壬戌鄉會同考試官烏程姚淳燾題於襄陽公署。

大嶽太和武當山志序

太和名勝甲天下，負坎抱離，下視無際，群山萬壑，泉石巖阿，各擅一奇，洵隻宇内無两哉！然禪主七十二，稱嶽者五，而兹山不與名，即《禹貢》《山海經》亦無述焉，豈山靈之顯晦有時，而斯人之耳目有明昧歟？大抵靈源聖蹟，造物不輕呈露，夫以秦皇、漢武之雄，鞭山駕海，輪蹄幾半天下，而太和巋然寰寓中，終未能闚其奥，標其奇，竟如海上三山，可望而不可至。即今之耳食者，輙膾炙太和山，其重繭躡屩，不憚跋涉，罔非希冀福澤，間有溺志棲幽，躭心探奇者，或一至焉，動謂極山川之勝概，縱耳目之大觀，此何異入大官厨，竊一臠即屬饜耶？

余自丁巳秋莅襄，維時軍供絡繹，羽檄紛馳，目擊汙萊，心傷痌瘝者，五載於兹矣。嗣今風鶴無警，鴻鴈無哀，顧欲起瘡痍而袵席之，誠非旦夕間事，蒿目焦思，日不暇給。夫山林猿鶴，何地不有，閒者便是主人。余任事以來，不敢作偷閒想，故雖高山在望，邈若蓬萊，而白雲滿地，無人爲掃，徒然抱向子之願，奚暇尋謝公之屐哉？昔人謂入山陰道上，應接不暇，第賀湖胥濤之奇觀，禹穴種山之勝跡，非身歷其境，恐不能領其鉅麗也。然每讀龜齡三賦，則會稽佳山水披圖可見，家文正岳陽樓一記，狀洞庭氣象殆盡，而月色波光，恍然在目，始知紀載所傳，蒐輯所備，不特垂爲徵信之資，抑可藉爲遊覽之助，誠使一展卷而煙嵐峰翠、璚宇瓊樓，近在几席，不以足遇而以目遇，蓋不啻身焉棲息而神與之遊，致足樂也。然則太和山烏可無志？夢得云："山不在高，有仙則名。"今觀嵾山，輕霄蓋其上，白雲當其前，俛瞰衆山，直同兒輩。况爲鉉帝修真悟道之區，謂非真武不足以當之，故曰武當。神靈赫奕，都人士奔走恐後，殆高山而仙名者非歟？使無以志其盛而垂之久，不足爲山靈生色。如昌黎登華山，泣書後事，而文集中迄少華山一序，至今猶憾也。

藩参筠翁楊夫子深懼文獻無徵，慨然以修明爲己任，範翁沈夫子繼董厥成，均刺史王君殫力經營之，攟摭遺文，網羅軼事，舉凡聖謨祀典之裔皇，山川風物之森列，名人騷客之記咏，星躔度數之昭垂，窮幽搜峭，兼人之棄，攄物之秘，軒官纖鉅，次第若指諸掌。始志修於明宣德間，踵修者再，僅能紀略，屢罹兵燹，而殘編斷簡，缺焉未備。是書出，而太和山乃有真面目矣。余不文，不足以紀勝，竊喜斯志之成，與名山並垂不朽，且使覽者若駕蓬瀛而瞰閶闔，已極人間曠邈博敞之觀也，於是乎綴以卮言。

旹康熙歲在壬戌菊月下浣，湖廣襄陽郡守加一級古越范明宗題於襄署之琴鶴堂。

大嶽太和武當山志序

周官有大小史，有内外史，咨小史掌邦國之志，咨外史掌四方之志，史以司乎志，志乃以資夫史，蓋柱籀職要，而方簡紀載備其中。不獨此也，邦國四方，版圖暨訖，上遡神姒氏敷隨往蹟，欙橇乂安，錫圭以告厥成，而大聖之心猶惄焉憂之，爲之範金垂象，分别神姦，復偕掌火臣隣，創爲《山經》，俾海荒中外咸共覩山川饗禴之神，與夫人物類聚群産之殊，尤來兹考鏡，若摘盎玩，若列家珍，甚矣！經之有裨於奕禩也。嗣是《白澤》《爾雅》，汲冢竹書，降而王子年之記五山，東方朔之傳十洲，陶弘景之紀金壇林屋，杜光庭之表洞天福地，蒐奇秘，述靈異，不皆離離焉續經之所未前彰，而以備國史氏之采擷耶？

軒轅御世，縱觀宙合，隨形而名山，其時嶽鎮惟五，佐命惟十，太和武當居一焉。道經謂上應梵度、顯定、太安三天，居福地之三十有六，流覽形勢，下也嵺嵮欝岪，上也峞嶷嶢屼，其拔地倚天，昂霄矗雲之勝槩，人望而震疊之，鬼物聚而呵護之，至聖極神，乃心焉嚮往而身焉栖託之。蓋天地精華之氣，融結爲名山都府，不可勝紀，咸有仙靈爲之主宰。五嶽分鎮，其神天帝，道書謂領仙真玉女萬計，而惟天一之帝之莅太和爲特殊。五嶽之帝帝以人，太和之帝帝以天，五嶽之帝之居居由人，太和之帝之居居由己，兹其所以殊者，篤信蓋有三焉：緊惟玄帝，初戾巑岏，見夫崒嵂隱轔，而日月仙宫儼乎左方矣。隆崛屹削，非少陰巨靈之擘遙起其後乎？彼蓬玄泰虚，當與上接諸天互相映發，而陟履清幽，遠不侈乎紫金玄玉，侶遊蒼翠，近何假乎紫蓋芙蓉，篤信一也。至夫久栖澹漠，專致清虚，餐茹芝蘂而不爲饑，呼吸沆瀣而不知倦，自然之體，合示空筌，象帝之先，適符中景，帝但知滌除玄鑒，而空洞之響，步虚之音，略無去住遷徙，而聽其自洽，篤信二也。迨於靈飛六甲，素奏丹符，神光溢於瓊臺，晶彩騰於金闕，敕牒文而示貺，景合璧以耀靈，不待闡《黄庭》之妙言，幽微煒曄，無庸剖《緑圖》之秘旨，洞杳飛芒，應號紫皇，化生萬有，帝既受詔册而歸根復位，乃猶與人家國酬酢於兹，爲十方大聖，篤信三也。怪夫濁世修真之士，勞形敝神，學杳冥而流汙漫，曾亦知帝之逍遙靈山，長養而葆修於斯，上昇而臨御於斯，其爲殊異於五嶽之帝若是較著乎？故諸家頌帝於近今，而此獨稽乎太古，古今詞章備賡帝於皋應蘭錡、勒石摩崖之後，而此獨闡乎風餐雲卧、螭駕鸞馭之前，謂將以續經而備史也，是安可不以篤信帝於太和者志之乎？

舊志存録本，特以義未廣蒐，編無倫次，即或未罹劫燄，猶當另闢靈叢，而矧其疇昔隸業涓人，抑又魯魚漫滅於經殘緯亂之後也。會參憲楊夫子毅然以創修爲己任，而以纂輯之役見屬，箋再讓不獲請，乃索楮於搖筆羽書之隙，捃摭群籍，咀華含英，剟碬褰稂，時或五七讀，日或四三行，多爲鞭檄憧憧催租敗興，是以字櫛章比，而不自知其吹花萎艷、翳鑑剽光之累也。歲奇參憲沈夫子新莅，見爲不朽盛業，亟促其成。竊謂一瓢一笠，故宇荒茨，所寄不過名山片石耳，而後人必群而指曰某高士所冥隱也，某名賢所旅遊、某文人所標識也，而況上聖凌霞御風、顯道行化之名區，有不當詳其甄綜，覈其鉤稽，以庶幾照耀天地，垂之無窮哉！雖然，鉉帝殊於五帝，太和殊於五嶽，其旨遠，其義肆而隱，乃欲以凡夫子之椰子一掬、針孔两眸縱衡于片蹏尺幅間，錯綜雕鏤，横鎪竪貫，遽云天帝靈山盡於是，而冀帝日鑒之在兹，恐重爲山靈竊笑。然而今之刊定是編也，惟是齋心祓身，端思誠擇，下羅典故，上窺結繩，訂一章如奉真誥，援一義如徵丹書，其取類必蹠實無疑似，其起例必决别無附會，其校藝必嚴核無濫觴，務使在己胸開目豁，如汎玉海而登珠林，在人奮袂掀髯，如聽樂鈞天，審音清廟，如是以續《山經》非舛，以備國史氏采擷非誣，兹所謂致敬，兹所謂篤信也矣。然則志太和者，寧僅志盤亘八百里之太和哉？經曰保合太和，由是帝仁並皇仁而上下丕逌，積致休嘉翔洽，綏邦屢豐，則謂志太和者，即志乾道陰陽之太和可也。史曰太和在宇宙間，方今帝威合國威而中外弘播，用示聲靈赫濯，遠懷邇安，則謂志太和者，并志六合烝民之太和可也。而謂銥帝不垂鑒於兹志，惡乎鑒？

旹康熙壬戌秋季之吉，均州知州王民皞薰沐謹撰。

大嶽太和武當山志序

寓内名山，諸如所稱爲洞天福地載在名山志者，未易指數，顧獨泰、華、恒、嵩、衡五山得以嶽稱，意古者畫野分區，惟以五山適當五方孔道，故即表之曰嶽，以爲群山宗，亦未必遂謂其邈絶儔類，莫之與京也。武當一山，雄踞襄鄖之交者八百餘里，其爲峰七十有二，而最峻拔者爲天柱，蓋昔爲真武上帝修道演化之區，又以此山之奇傑非真武不足以當之也，故名之曰武當。觀其崚嶒巀嶪，上聳雲霄，杳冥空濛，俯聞雷雨，斯固已睥睨五嶽矣。特以潛基僻壤，匿形重巖，神禹之經所不悉，謝公之屐所未周，是以六季以前，即求人之知有此山不可得，安在與群嶽爭雄，益五而六哉？

按志稱晉謝允爲羅令，棄官隱此，故又曰謝羅山，山之知名殆昉于此。歷唐而宋而元，禋祀雖漸顯，然終未悉山之奇勝也。迨明之成祖興師稱靖亂，真武之神屢著靈異，以故登祚之後祀典特隆，其宫殿之壯麗，規畫之周詳，迥絶今昔，而兹山特錫尊號曰大嶽，若欲令五嶽俯首下風，咸歸統攝焉。斯雖顯晦有時，亦以兹山之奇勝甲天下，實有終不得泯没之者，况上帝之靈爽又殊足以奔走天下而相得益彰者乎？三百年來，神音感應之昭著，典章制度之沿革，珠函玉檢之輝映，羽流仙客之留遺，峰巒名物之瑰異，紀敘賦咏之森羅，前是雖有志以紀其略，然尸祀者唯一中涓，赫赫名山，匪榮伊辱，而其志亦俚陋荒疎，固不足以發揚鴻藻，以生山靈之色，而兵燹之後，則舊志亦且殘缺矣。

神啟其衷，于是少方伯關西楊公以名進士秉憲襄鄖，嘗因謁頂焚帛，覽眺徘徊，飄飄然有凌雲御風意，既而深惜文獻無徵，恐無以昭示來兹，會豫章王夫子作守均陽，夫子固嘗出刺阿寧，秉筆州志，一時稱爲良史者也。由是楊公發其領袖，夫子任其筆削，諮詢耆舊，摭拾遺文，殘碑斷碣，靡不搜羅，疑似舛譌，罔不辯覈，採擷既博，論斷復精，蓋超然成一名家言，武當且自此復開一生面，而天下名山志視此如積薪矣，寧直與華、恒諸山等，而獨許泰嶽稱岱宗耶？昔劉知幾謂史有三長，才、學、識，世罕兼之，故自古文士多，史才少。今此志以班、馬、太冲之筆，成赤文緑字之書，即何必藏諸其山，傳諸其人，如太史公所云者，將山以志而益顯，志與山而並永也矣。霖荆之鄙人也，不學無文，得襄太平盛事，於是敬爲之序。

康熙歲壬戌秋仲月，均州學正江陵舉人張維霖謹識。

大嶽太和武當山志目次

公閲姓氏

張永祥襄陽府總鎮。

張仕選鄖陽府協鎮。

馬登科均房營參府，河南人。

彭光泰鎮標中軍，京衛人。

俞亮鎮標遊府，江南人。

陳京鎮標遊府，福建人。

丁國興鎮標遊府。

任世禄襄陽城守參府，江南人。

李之瑞均房營守府，北直人。

馬一新均房守府，鄖陽人。①

劉有傑襄陽衛守府，順天人。

沈聯鑣襄陽府同知，大興人。

段國璘襄陽府通判，北直人。

李慶祖鄖陽府同知，鐵嶺人。

田瑞年鄖陽府通判，廣寧人。

崔瑤襄陽縣知縣，太平人。

韓宗愈光化縣知縣，遼東人。

張廷弼光化縣知縣，臨川人。

胡永慶宜城縣知縣，宛平人。

劉鴻南漳縣知縣，山陰人。

郎似麟棗陽縣知縣，廣寧人。

李枚穀城縣知縣，杞縣人。

侯世忠鄖縣知縣，山西人。

雷化龍房縣知縣，遼東人。

金國明保康縣知縣，遼東人。

賈待聘竹山縣知縣，夏縣人。

薛載德鄖西縣知縣，山陰人。

徐京陛竹谿縣知縣，安義人。

周之垣襄陽府經歷，大興人。

史國順鄖陽府經歷，餘姚人。

張素襄陽府照磨，陝西人。

張其毓鄖陽府照磨，北直人。

姚定遠襄陽縣縣丞，慈谿人。

孟洪範均州吏目，延慶州人。

張維霖均州儒學，荆州人。

肖石芝均州儒學，漢陽人。

楊興學襄陽府儒學，黄陂人。

段光文襄陽府儒學，黄岡人。

程大酉襄陽縣儒學，孝感人。

徐昌先襄陽縣儒學，荆州人。

吴良璧宜城縣儒學，監利人。

熊若麟宜城縣儒學，安陸人。

---

① “人”字原無，據文意補。

李嘉彦棗陽縣儒學，安陸人。

魯應才光化縣儒學，黄陂人。

沈運昌南漳縣儒學，荆州人。

鄒四知鄖陽府儒學，麻城人。

王龍翔房縣儒學，麻城人。

何瑞彦保康儒學，郴州人。

歐陽方振鄖西縣儒學，黄陂人。

謝加恩竹山縣儒學，黄州人。

唐洙濱襄陽縣典史，清豐人。

元爵宜城縣典史，寶雞人。

劉方聲棗陽縣典史，滋陽人。

徐耀先鄖縣典史，天津人。

相度保康縣典史，大興人。

孫日焕鄖西縣典史，休寧人。

楊復陞襄陽府大使，陝西人。

翁人龍休寧縣知縣，襄人。

趙湛永年人。

盧晨庠生，黄安人。

馮起龍温州府同知，郡人。

朱錦標明經，郡人。

陳颺言户部，郡人。

黎有恒明經，郡人。①

王日章候選訓導，郡人。

毛玉音候選縣丞，郡人。

葛之逵

吴世禄光化縣儒學，漢陽人。

酆維憲南漳縣儒學，武昌人。

劉珄穀城縣儒學，漢川人。

胡大猷鄖縣儒學，寶慶人。

黄金鉉房縣儒學，常德人。

楊傅鄖西縣儒學，漢川人。

王遇泰竹山縣儒學，宜都人。

胡璉器竹谿縣儒學。

賈崑璟光化縣典史，富平人。

胡佐南漳縣典史，山陰人。

楊元豹穀城縣典史，鄞縣人。

朱晉房縣典史，鄞縣人。

張重康竹山縣典史，無錫人。

史學遷竹谿縣典史，上元人。

劉執中進士，襄陽人。

江濤國學生，江南人。

王柏榮國學生，臨川人。

沈冠武進士，浙江人。

陳朴明經，郡人。

蔣一桂新田縣訓導，郡人。

仇得祥候選訓導，郡人。

文錦繡候選州同知，郡人。

譚文候選訓導，郡人。

蔣明源

張拔英

① “人”字原無，據文意補。

江漢弼
蔣隆源
楊武猷
郭宏文
徐聯甲
何亮
唐榛
吕金聲
朱宗闢
史可錄
屠雲鶴
劉漢鼎
文治
沈士京
楊我韜
張汝純
葛蟠
黄世誥
张放勳
高鵬
李景賁
蔣尉琰
高拔奎
尚志仁
陳永柱郎陽庠生。
馬信醫隱，郡人。
徐日曜
葛如竹
李日芳
陳言
陳浩
張思敏
崔爾瞻
曹振世
王一清
賈國俸
屠雲龍
冉旭
郭弘緒
徐聯習
譚禮
葛瞻竹
李森
唐梓
余志學
王維祥
王桓
郭嘉屏
王心純
毛玉相以上俱均學庠生。
項類皋均學庠生。
王維祥均學庠生。

稽攷宫觀巖洞碑記錄藁姓名

張漢德　王可玫
王欽宣　尚志義
費志弘　吉鳴謙
周懷珍　陳我愫俱郡人。

謄清姓名

沈俊良湖口縣人。

畫圖姓名

杜聯芳郡人。

剞劂姓名

夏献　陳信高
沈士昭　吴昌聖俱湖口人。

纂修太和山舊志姓氏附

金朝用鄖襄道，遼東人。

劉作霖鄖陽知府，武清人。

萬甲鄖縣學，漢陽人。

李紹賢明經，鄖陽人。

謝于宸明經，鄖陽人。

太和昔有舊志，然略焉弗詳，楊守憲宗師以郡伯王宗師才擅三長，命纂輯之，向之略而弗詳者殆無滲漏，而太和始見全豹矣。然舊志姓名不可不傳，今特著之，亦猶筆削以後之《春秋》，而《春秋》之名仍不没歟。

庠生唐棣識。

凡例　凡一十有八

一、志有定體，先其綱領，後其節目，不可易也。今訂志例十六條，以總其綱，綱之中支分縷悉，則目也。每條爲一卷，惟《藝文》記與詩篇帙稍多，各爲二卷，共分爲二十卷。如《星野》《隱顯》篇帙雖少，亦不紊列他條入卷中，蓋條其大綱，勿容舛互，而卷其節目，不妨低昂爾。

一、太和志，稽舊序云明宣德三年修志於太上巖，嘉靖時再修，萬曆時又再修，板凡數易，今存鋟本，則萬曆志也，不知其操觚何人，惟宫殿、峰巖、秩官、藝文等條，存爲粉本，因其餘掛漏良多，抑亦編次失序，篇幅雜陳，罕供采綴。

一、星野，天文首重，故凡志必先星野，舊本闕略，今列圖考之前，始符志例。採之州乘，衷以己見，其論宿兼論度，襄志已有見及此者。

一、圖攷，原無總圖，止分八宫，竟懵然於山川之勝，今沿神逵紀列繪事，一峰一巖，罔有遺軼，置之几案，自可作一幅卧遊。

一、隱顯，即凡志例之沿革。義詳本條。

一、山水，人知太和之山，不知太和之水，或知太和之漢水矣，不知太和之江水，故於澗泉之後，詳著漢水、江水源流分合，以見太和于中州爲兩間山水一大都會也。

一、聖紀之目，原載藏經，故鉉帝自童真至於遐舉，復居真慶之宫，悉照載錄，而聖紀始備。

一、宫殿，舊本詳悉，未有增删。

一、庵祠，於今頹廢，十已四五，僅存其名而竟亡其址者，亦十之二三，恐久之而名亦不可復問矣，故統記之。

一、祀典，惟明代爲殷，凡繼體御極，必先祭告，雖饗薦有加，而宋元亦當序次於前，以徵其有攸始。

一、仙真，有太上而後有衆神，有衆神而後有仙真，前志所未及也。至於修真混置仙真之列，則冒妄無差等矣，故分别紀之。禪僧不二，乃得附著，餘僧雖夥，概弗錄。

一、靈異，道書刊載，彰著甚多，俱核之以傳。惟至帝現像感應所圖，或數日一現，或一日屢現，志集俱未具錄，竊臆不敢以瀆嚴威，不欲以侈觀聽也，故衹書一則，以存其概。

一、物産，散列則無紀，彙序則不紛，故植潛飛走，各自爲條，既以示類辨，而又以便考稽也。至末天在山中之義，詳本條。

一、古蹟，舊志渺無可稽，然其蹟具在耳目之前，非語焉而不詳，即習焉而弗察，逮拈出示人，而後知古者乃真古也，則何可不討論之，以爲好古者之助。而捫碑摩巖，州中醫隱馬信之功居多焉。

一、莅禮，莅之爲言，莊莅之義，禮之爲言，典禮之義，即舊志秩官所謂提督、藩参以下，逮州之守與尉與學博、提點皆在焉，惟莅禮言雅馴而義兼該，是之取爾。

一、神謨，義例實始創闢，匪第舊本所未及，抑亦他家所不解也。蓋此後三條，悉從藝文起端，有文士之文，有帝王之文，有神聖之文。太和一山，獲太上丹經、上帝詔册、鉉帝真言，謨章丕顯，且復獲《鉉帝説報父母恩重經》之三百言，至矣盡矣，洵開天闢地爲萬世經文之祖，寧非兹志之大鈐鍵歟。

一、御製，以統列代廷宁所頒詔册、誥勅、詩歌之類而歸於一，其文詞自與儒生有别，仍照時代序列，以免訛舛。

一、藝文於志，集計篇帙得十之三四，蓋自歷代名公鉅卿，以至修士名人，文詞繁盛，概不勝收，量爲簡閲，亦間有文以名存者，使所表見皆不虚，若賦碑，若序銘，若贊疏祭文，皆人各爲篇，篇各爲小號，俾繼今有文，可用續纂。詩之歌行，古風近體，雖分時代，未遑考其先後次序，但每條分列留餘，庶便後賢選增，不致毀舊添新，有礙鋟梓，庶稱先待後，犁然各當，而志例克全耳。

知州王民皞識。

大嶽太和武當山志卷之一

鄖襄藩參關西楊素藴、古越沈志禮裁定
襄陽府知府會稽范明宗總校
均州知州臨川王民皡纂輯
儒學訓導黄安盧維兹參訂
均庠學生唐棣、朱琪分閲

星　野

楊素藴曰：凡志郡邑，首列星野，志名山者，何獨不然？《周禮》保章氏以星野辨九州之地，封域皆有分星，而封内之山川相附以著可知，其小山小水不具論，至所謂在地爲嶽瀆，在天爲星辰，成形成象，較然不爽。大嶽太和山盤亘八百里，奚啻苞絡一都會，而舊志竟置星野於不言，頗屬缺簡。《天文》："翼軫，楚荆州，南陽入翼六度。"均州於秦漢屬南陽郡，傳載當日紫元君授道鉉帝，亦謂此山居翼軫之下。《唐書》又云："自房陵、白帝而東，盡漢之南郡。"其謂軫當南河之北，翼當南河之南。今均境南河之南，皆太和林巒糾紛、觸石吐雲之區，而北斗天璇，其分爲楚，然則大嶽太和磅礴鬱紆八百里，其爲輝映暐曄于璇璣軫翼之間，綦廣且大矣。志星野。

《星經》："玉衡星主荆州。"

《宋天文志》："北斗第二星曰璇，其分爲楚。"

《史記》："翼軫，荆州。"

魏陳卓《郡國躔次》："自張十七度，至軫十一度，爲鶉尾，于辰在巳，楚之分野，屬荆州。"

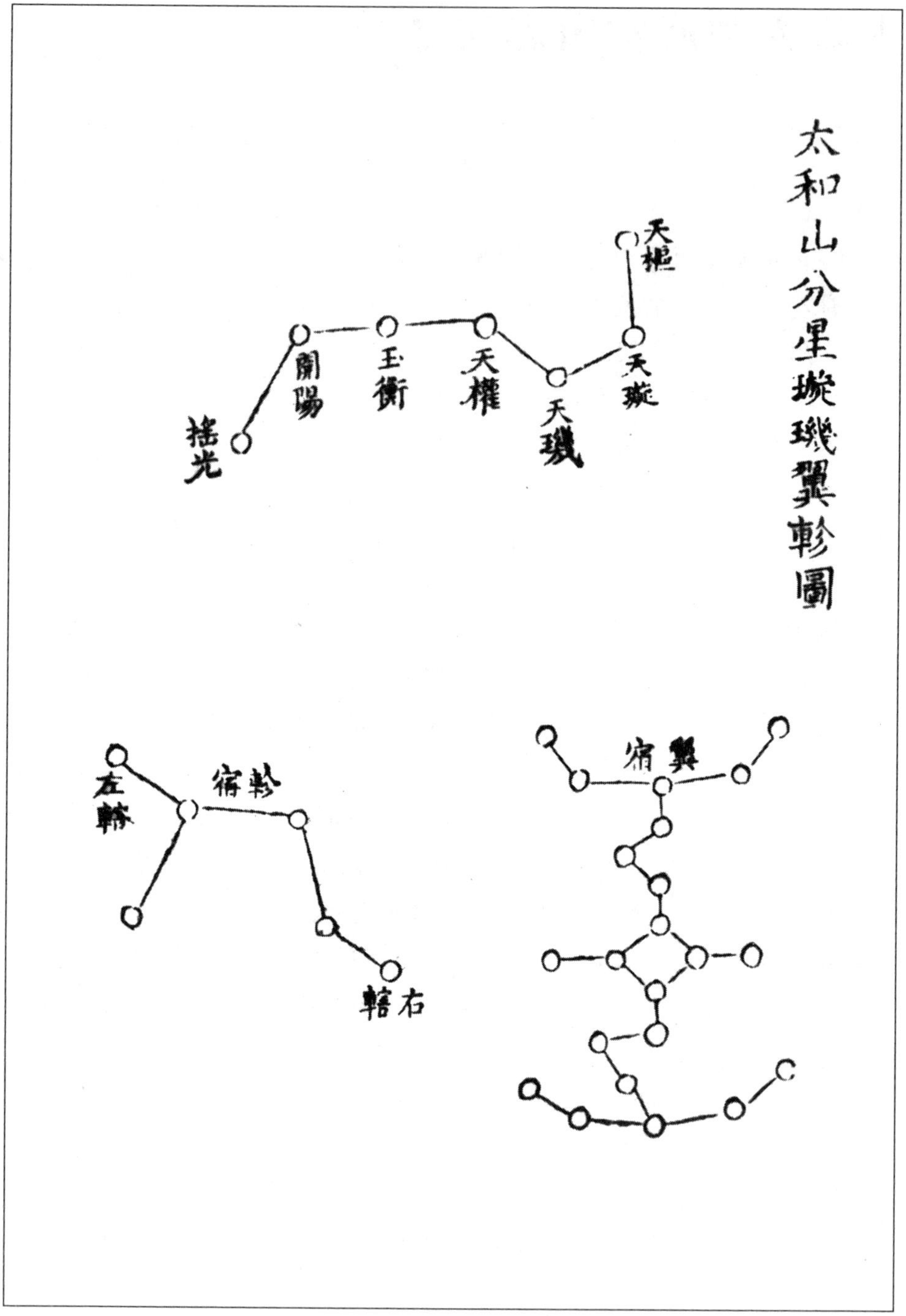

太和山分星璇璣翼軫圖

《晉書》:“翼軫，楚荆州，南陽入翼六度。”

《府志》:“按荆楚雖屬衡張軫翼，然南陽入翼六度，而均州、光化、穀城則古南陽也，然則襄陽一郡蓋屬翼分爲多。”

星 野 跋

蓋命羲和察璣衡，紀諸祁姚之代，而隨山奠川，分畫郊圻，區十二州爲九，實始《禹貢》。乃道書所載，當軒轅時，紫元君授道鉉帝，即指太和居軫翼之下，導帝居之。是時既未有七政星名與九州疆界，亦未有以某星屬某野，如後代《周禮》保章分野占驗等書義例，夫何太和星野，紫元君遂歷歷言之不爽哉？蓋上古至聖極神，於凡當代所應有而即有，抑後世所必有而未克有實未嘗不有者，皆其微密所甄綜而時引其端焉。是不獨紫元君也，如《禪通》所紀侯岡氏，哆哆靈光，早已察山川之蘊祟，仰奎星之圓曲，刱爲文字，前乎羲畫，又奚疑於翼軫下之太和？紫元君爲鉉帝標而示之，乃在齊政畫疆之先也。翼軫爲全楚分野，固已，均州太和屬在西陲，載攷南陽入翼六度，均州舊隸豫域，爲南陽郡，度乃在翼。由此揆之，太和於星野當專言翼，不得同全楚與襄兼言翼軫也。竊嘗志滇阿星野，謂論宿則界猶兼該而并包滋廣，論度則位有專屬而躔次始清，謹備識之，以俟參訂焉。

知州王民皞謹識。

星野参攷

《周禮》保章氏掌分野，翼軫屬荆州，均州舊隸豫省，去荆六七百里，南陽入翼六度，是翼之分野自南陽及荆，而軫之分野未常踰襄樊而及南陽，明矣。但前志及詹驗家皆主均州爲翼軫，豈翼軫度次相聯，星辰光芒照映亦相及乎？姑存其説，以俟攷訂。

訓導盧維兹謹訂。

大嶽太和武當山志卷之二

圖　攷

楊素藴曰：昔夏禹、伯益作《山海經》，多九州八荒内外神人靈蹟。《鴻苞》云："禹益治水，四乘所至，經歷廣遠，耳而目之，載之簡策。"筆經聖人，當不誕謾。楊升庵謂九鼎之圖，其傳出于終古、孔甲之流，是以千百載而下，猶得溯其源委，如晉陶潛詩"流觀《山海圖》"，從可證已。設非然者，祠神之奇尤，山川之荒譎，草木、禽獸、蛇蟲之殊形别類，亦何由而闢其茀蕪、標其洞涉哉？太和爲古來棲真之地，名未顯註于《山經》。竊謂荆山之首，翼望、帝囷，延袤相屬，取而圖之，誰謂不可補《經》之未備歟？夫覽修竹茂林之圖，而若置身于右軍之曲水，披欹湖柳浪之圖，而若寓目于摩詰之輞川，一丘一壑，移人性情，惟圖是賴，帝山其曷可略也？故自涉滄浪以至登天柱，凡石逕之迤邐，雲岫之絡繹，津梁宫闕，繚曲往複，澗柏巖杉，参差邃穆，悉倣其紆折高下，備繪圖表，俾上覲太和以朝宗者，胥將目擊而道存，其遥歆太和而仰止者，亦可卧遊而神逞矣。志圖攷。

太和山七十二峯三十六巖二十四澗五臺五井四池三泉三潭四石二洞天一福地總圖
泰山廟
槐樹關
滄浪亭
觀音閣

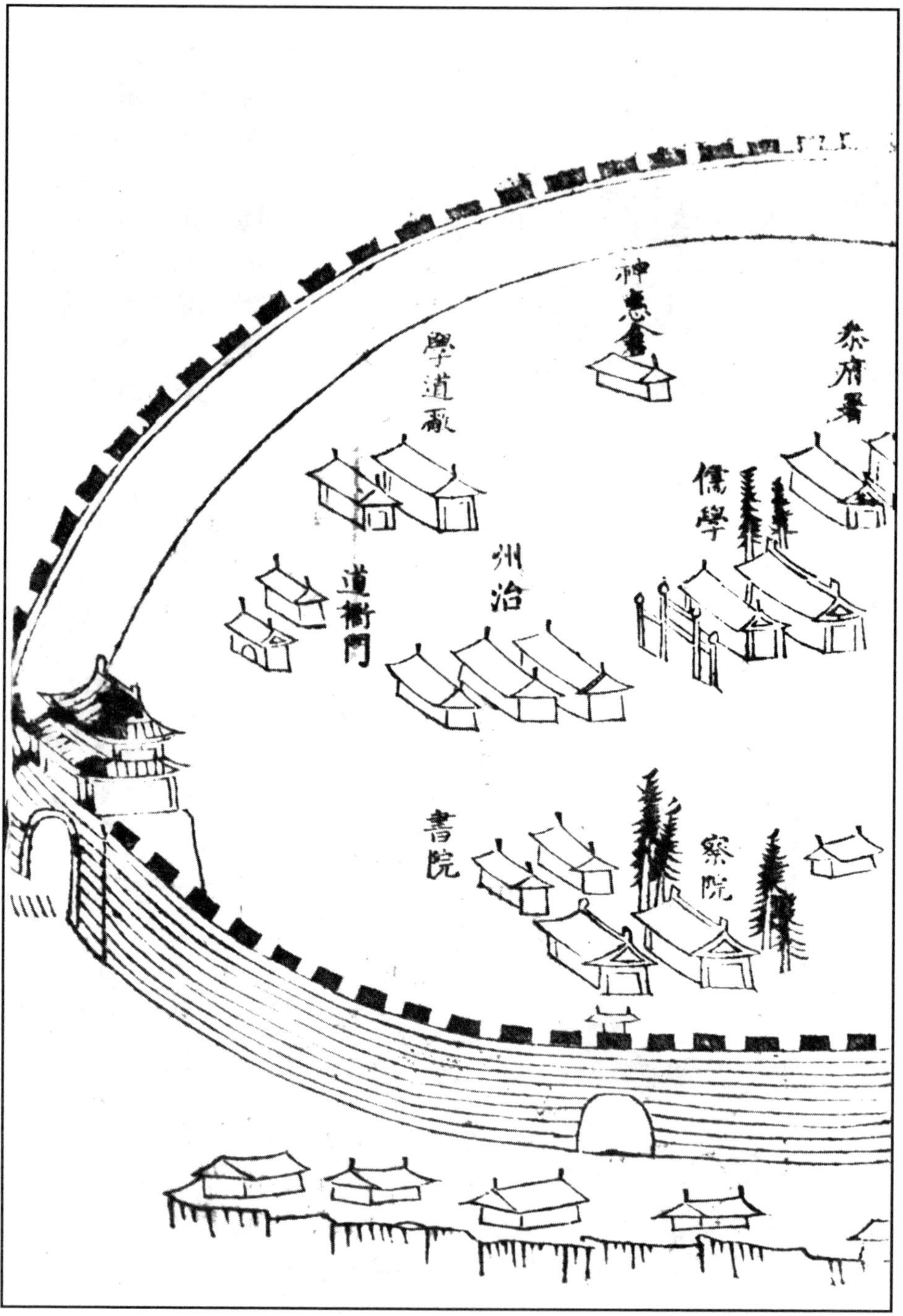
學道廳
叅府署
儒學
州治
道衙門
書院
察院

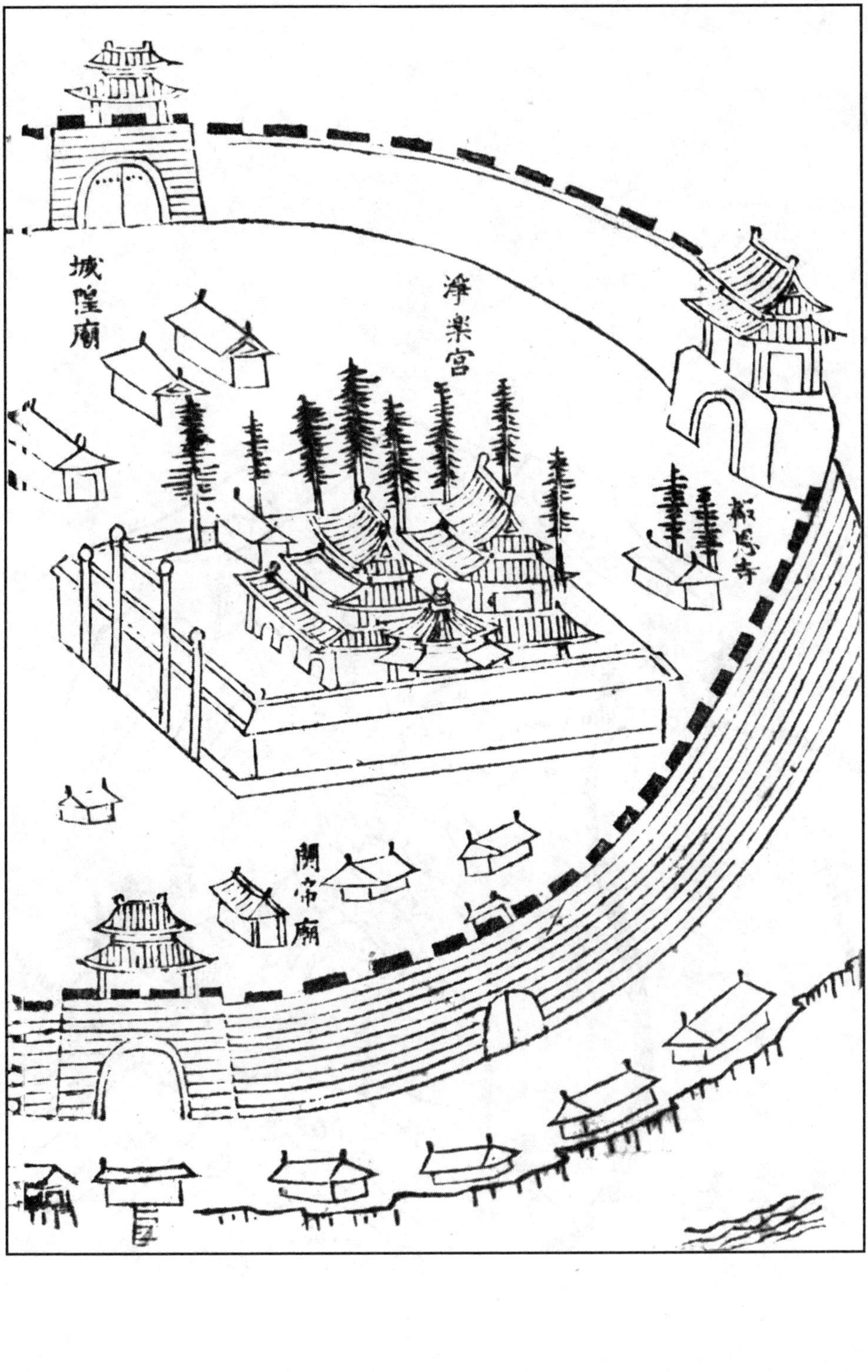
城隍廟
淨樂宮
報馬寺
關帝廟

寶蓋山
祖師殿
玉皇廟
黄沙河
七里橋

两岗山
武場
蓮花池
三皇廟
七宫下院
禹王庙
吕公堂
玉皇閣
藥王廟
水府廟
曾河口
火星廟
三官廟

小砲山
田將軍
廟塚
楽都村

靈官殿
準提庵
土橋

晉公廟
太山廟
第一山

大砲山
玉皇廟

牛槽青羊九渡大小諸
澗其源俱發太和會於
此橋出曾河會漢江
石板灘橋
迎恩亭

文昌閣
王公祠
打兒窩
王公堰

周府庵
紫陽庵

泰山廟
鉄瓦殿

自在庵
三宮廟
馬家橋

晋府庵
草殿
中府庵
謝公橋閣
集仙橋
扇流宮

治世鎮岳
會真庵

冲虚庵
舜井
金花樹
瑞府庵
修真觀

僊關
聚仙橋

遇真宮
會仙橋
襄府

元和觀
元和西橋

元和東橋
元和中橋

西天門
八仙臺
東天門
遇真橋
祀岳壇

土地埡
靈官殿
好漢坡

皇宮殿
回真庵
萬谷澗
行宮
由五龍路
磨針井
純陽宮
廻龍觀

玉虛宮
神廚
真官祠
雲堂

尹仙峰
七星峰
天馬峰
茅阜峰
尹仙岩
北斗巖
硃砂巖
天馬巖
凌虛巖
常春巖
西澗
仙棋石
復真觀
太子坡
老君殿
紅門

仁威觀
楊仙巖
雲母崖
遇仙坪
會仙澗
西崖
閻王廟
飲馬池

九渡峰
繫馬峰
天馬臺
萬虎澗
青羊峰
望仙臺
接待庵
青羊澗
淵默亭
九渡澗
天津橋

真源之殿
上應龍變梵度天
五龍峰
龍池
伏龍峰
靈應峰
會仙峰
黑虎澗
自然菴
靈應巖
煉丹池
起聖臺
日池
月池
地池
天池
五龍宮
磨針澗
白龍潭
五井
平臺
下十八盤
龍泉觀

太師峰
太傅峰
紫霄澗
威烈觀
大寶珠峰
三公峯

陽鶴峰
玉虛巖
陽鶴澗
黑虎廟
上十八盤
黑龍潭

僊人峰
雷洞
牛漕澗
東天門
烏鴉廟
靈官殿
崇福巖

蓬萊第一峰
展旗峰
紫霄峰
太保峰
太子巖
一名華岳地肺
石階山
萬松亭
小寶珠峰
紫霄宮
臨清亭
試劍台
福地
禹跡橋
禹跡亭
禹跡池

金鎖峰
飛雲澗
金鎖澗
金鷄澗
百花泉
仙侶巖
靈官殿
榔梅青柳
榔梅祠

金鼎峰
老君殿
疊字峰
風穴
滴水巖
謝天地崖
白龍巖
南巖宮

桃源峰
眉稜峰
桃源洞
陳希夷誦經臺
臥龍崖
七星樹
桃源澗

鷄鳴峰
瀑布澗
鷄籠峰
復朝峰
小武當

雷石峰

紫蓋峰
黄龍洞
斜橋

廉貞峰
武曲峰
獅子峰
破軍峰
一天門

中笏峯

上應顯定極風天
顯定峰
上應太安皇崖天
皇崖峰
白雲峰
萬丈峰
三天門
元老峰
白雲崖
皇老峰
真老峰
小筆峰
白雲澗
武當澗

貪狼峰
巨門峰
祿存峰
文曲峰
試劍石
二天門
紫霄巖
獨陽巖
摘星橋郎
會仙橋
文昌祠

千丈峰
香爐峰
丹竈峰
大召峰
大蓮峰
黑虎岸
清微宮
妙華巖
聖水洞
即參斗泉
逍遥峰
上瓊臺

天柱峰
金頂
朝聖門
元君殿
古銅殿
神厨
真官堂
聖母殿
太和宮
碧天洞
金童峯
玉女峯
天池

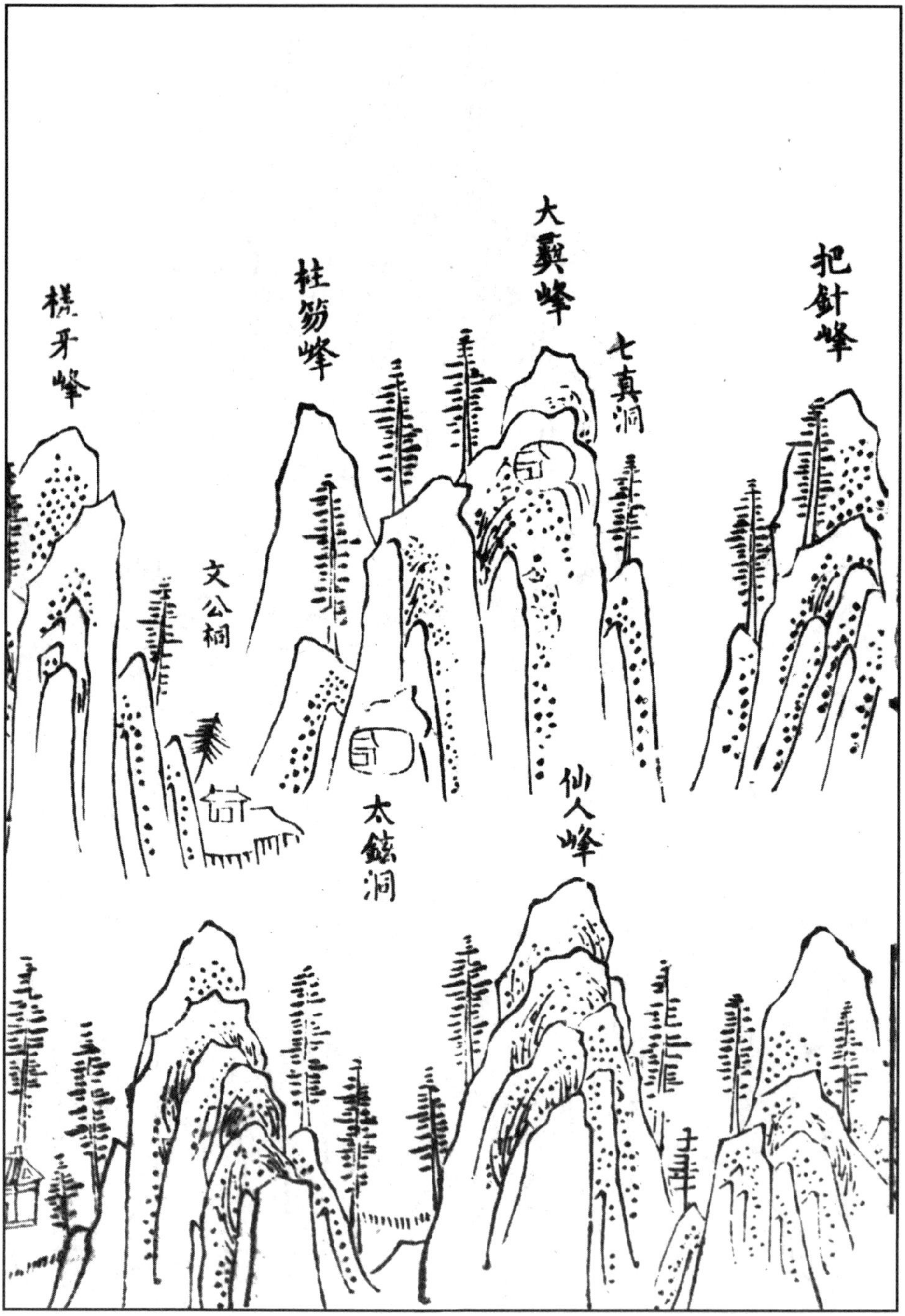
桂笏峰
把針峰
七真洞
文公祠
仙人峰

小筆峰
峰即蠟燭峰
大筆峰
小蓮峰
悟真巖
竹篠峯
手扒峰
聚雲峰
蠟燭澗
鬼谷澗

龍門峰
九卿峰
主簿埡
九卿巖
下瓊臺
六上地埡

伏魔峰
隱士峰
隱士巖
中琼臺

老君洞
八仙觀

玉笥峰
鳳凰石
碧峯巖
羅狀元崖
白龍洞
雙溪澗

太上園
東霊石泉
太上巖
西霊石泉
蠟燭澗出路

圖 攷 跋

五嶽皆各有圖，又合而爲《五嶽真形圖》，流傳於世。按《五嶽圖》止五字，佐命之山弗與焉。昔王母授漢武以圖曰："太上道君下觀六合，瞻河海之廣修，察丘嶽之崇峻，名立天柱，神安地維，植五嶽而擬諸鎮輔，以舍靈仙，以舘元真，是故因象制名，形似書字，諸仙佩之，百神尊迎。"是其圖之靈，以圖所秘之瓊笈妙藴克昭厥靈也。今《太和武當山圖》海内供奉，以驅邪縛魅，保命護身，視其靈爽式昭，與《五嶽真形圖》等。然猶以舊圖及志繪事草率，記名闕略，遂取山巖綿亘者聯爲總圖，宫觀締創者别爲分圖，上帝紫闕嵳峩，靈光烜赫，固耳目所共睹記，血氣莫不尊親已。其中雲雷煙月，鬱葱靡涯，群仙列真，惝怳如在，摩娑圖次，有不呼之欲出、叩之或應哉！

知州王民皡謹識。

圖攷參攷

按：五嶽各有圖，其文似篆，其體似山，合五圖刊石立碑於所轄郡，取鎮輔五方之義，雖云圖，實非山水圖也。後之志五嶽者，又皆繪山水圖以備觀覽。今倣其制，自均陽入山百二十里，其城廓山川、宫觀橋梁，繪爲合圖，各宫殿宇、垣墻穚垓，臚爲分圖，一以寫山水奇勝，一以昭宫殿巍峩，一以見神蹟浩廣，使天下人士曾登眺者展卷如舊遊，未朝禮者披圖而神往，几席間神靈式昭，猗歟盛哉！

訓導盧維兹謹訂。

大嶽太和武當山志卷之三

隱　　顯

楊素蘊曰：太和山，一曰武當山，又曰參上山，又曰仙室山，見酈氏《水經註》。而太和武當之名，不知始於何時。《傳記》云："鉉帝生而神靈，感紫元君授之上道，指是山而告之曰：'山自乾兑起脉，盤旋五萬里，水出震宫，上應翼軫二宿，汝可居之。當契太和，飛昇復位。'"太和之名，其昉是乎？考五嶽定于軒轅氏，中嶽嵩高，舉少室、武當佐命。從來稱武當者，謂是山鉉武始克當之也，何黄帝時即定以武當爲嵩佐也？豈鉉帝成道在黄帝御世之年，而是時黄帝亦遂知有鉉帝冲舉是山之事，乃即以武當名之乎？若然，則太和武當皆自鉉帝一時之前後得名，雖參上、仙室，厥有美稱，而帝王秦漢之代，此山乃不甚顯著，何歟？王元美謂前此絶頂峻，弗治不得上，諸所棲息者山之阯，以故靡甲稱云。迨宋元封號累加，宫室攸肇，至明永樂中尊之曰大嶽，嘉靖中復表之曰鉉嶽，而五嶽不得媲隆焉。諒哉！其隱有因而顯有辰乎。夫五嶽有常尊，所從來矣，太和之尊，乃屆元明始爲嶽佐，後乃冠嶽而上之，是則其隱其顯亦猶郡邑之有沿革當志也，然仙山無沿革之可言也。志隱顯。

大嶽在襄陽均州南一百二十里，州爲《禹貢》豫雍二州之域，春秋爲麇，戰國屬韓，及楚、秦、漢爲武當縣，屬南陽郡。漢初因之，武帝置十三部刺史，隷荆州刺史部。東漢末改，三國魏屬南鄉郡，晉屬順陽郡，南齊置始平郡，復改齊興郡，梁兼置興州，後周改曰豐州，隋廢郡爲武當，均陽屬淅陽郡。唐復置均州，天寶初改武當郡，乾元初復爲均州。宋置武當軍。元復爲均州，武當屬襄陽路。明省武當入均州，屬襄陽府，領鄖縣。成化間設鄖陽府，割縣屬之。國朝因之。

大嶽週圍方八百里，環列七十二峰，三十六巖，二十四澗，五臺五井，四池三泉，三潭四石，三洞天，一福地，初名太和，名武當，又名參上，名仙室，相傳爲鉉帝修真顯化之地，自漢以來，歷代崇奉。明永樂十年，勑隆平侯張信、駙馬都尉沐昕等創建宮觀，以答神休，勑爲大嶽太和山。《一統志》。

《浄樂國傳記》："龍變梵度天之下。"《靈寶大法諸天祕文》云："龍變梵度天，北方之天，四種民天之一，在無色界之上，其色赤，太虛之景，靈寶之宫，下應西方婁宿。"又《武當圖記》："五龍頂一峰，上應龍變梵度天，北方五炁龍君居之。今均州之南三十里，有村名曰樂都，傳云此古浄樂國。村之隔溪，古陵數塚，耆舊相傳云浄樂國王之塋。"又《風土記》："均州上古之時即有麇之國，謂人民朴野，安静樂善，雖曰麇鹿，猶可安居。"又《仙傳》稱黄帝降生于有熊之國，赤帝降生于厲山氏之國，鉉帝降生于浄樂之國，蓋謂鉉帝神功聖德，萬物悉資潤澤發生，不欲以有麇之國稱之，而取其人民安静樂善，易之曰浄樂，可知矣。切觀均州風土，太和之水，灣環百曲，神仙窟宅。考之古史仙傳，浄樂國即均州無疑矣。劉洞陽《總真集》。

武當事實

《傳記》云：武當山，一名太和，一名大嶽，一名仙室，中嶽佐命之山，應翼軫角亢分野，在均州之南。周迴六百里，環列七十二峰，三十六巖，二十四澗，嵩高之儲副，五嶽之流輩，唐虞柴望徧祀之地，七十二福地之一。乾兑發源，盤亘萬里，周旋若地軸天關之象，地勢雄偉，非鉉武不足以當，因名之曰武當。自佑聖真君上昇之後，宮觀巍峩，神仙隱顯，歷代封崇，不可枚舉。至元二十三年，法師葉希真、劉道明、華洞真承應御前，充武當山都提點，奏奉護持，聖旨累降御香，祝願祈福，黑虎巡廊，烏鴉唱曉，實塵外之境也。《總真集》。

隱　顯　跋

太和武當，亦何時而不顯於天壤哉？乃又以爲隱也，曷隱乎爾？道書謂太和天柱上應顯定極風、太安皇崖二天，五龍上應龍變梵度一天，而《山海圖經》靡可稽攷。太史公云："大荒之内，名山五千，其間五嶽作鎮，十山爲佐。"未免右五嶽而左太和。夏殷秦漢之代，武當隱矣，知惟帝之藏諸用也，則山亦爰從而藏。由唐逮宋，錫名薦祉，符瑞聿臻。迄明代永嘉間，大嶽鉉嶽，璽封褒美，視五嶽加隆焉，武當顯矣，知惟帝之顯諸仁也，則山亦爰從而顯，其隱也不可思議，其顯也寧有紀極哉？謂顯爲山之富有日新也，而山靈恬乎其不驚，謂顯爲帝之盛德大業也，而帝靈蕩乎其難名，謂顯爲帝與山之陰陽不測也，而帝靈山靈渾乎造化之鉉冥。

知州王民皞謹識。

隱顯參攷

嘗聞至道無上，曷有隱顯？且山以神靈，神亦以山靈，安所求其孰隱孰顯之跡哉？不知鉉帝不樂南面，修真體道，功在萬世，使其以神靈之姿撫有黎庶，奚難與軒黄並驅中原以顯著當時？乃韜光斂德，抱虛守静，其意近於隱矣，故身隱而山安得顯。然道成後，福國佑民之念，如本紀所載，一顯於周，再顯於宋元明以及我朝，故道顯而山亦從而顯，歷年既久，顯爲至顯，是以終不復隱矣。彼武當一峰，巍然插天，亘古爲萬姓瞻仰，雖欲隱而莫得隱，鉉帝至道，流行萬古，歷代崇祀，不求顯而自無不顯。隱乎顯乎，不可思議，列紀之，以見至道無時不在天壤間爾。

訓導盧維兹謹訂。

大嶽太和武當山志卷之四

山　　水

楊素蘊曰：天地精華之氣，融結爲名山大川，其餘靈嵒秀壑散在九州者，不可勝紀。凡好修之士，藉之以孕毓寥廓，尋源采真。獨行孤介之賢，藉之以棲託身心，避世遺俗。文章風韻之儔，藉之以吟眺煙霞，抒才摛藻。且山水之關切于人寰，寧獨倫類爲然？凡仙都洞府，星羅震旦，實式憑之。太和峻絶雲表，自内言之，崒嵂者峰，巉峭者巖，淪瀹者泉，澒瀁者澗，流峙終古，靡有銷竭。自外言之，脉隆隴蜀，岷嶓既藝，江漢攸分，屹乎皇崖極風作鎮于中，莫與京焉。滄浪泓澄乎左，灩澦澎湃乎其右，至大别以東，漢乃合江，而大嶽太和始醞釀結聚于此。造化特設以地轴天關二象扃其外户，非巍巍然玄帝之山鍾靈直達兹地歟？大嶽迢遞，江漢輔之，此則五嶽之所不能班，而太和擅而有之者也。謬矣夫！昔人山嬴水絀之議也。志山水。

峰　凡七十二

金頂天柱峰　一名參嶺，高萬丈，居七十二峰之中。上應三天，當翼軫之次，俯眺均州、鄧州、襄陽、房州千里之地。晨夕見日月之昇降，常有彩雲密覆其嶺。峰頂東西長七丈，南北闊九尺，四維皆石脊，如金銀之色。地産異草，細葉延蔓，四時弗凋，其味頗辛。砌石爲殿，安奉玄帝聖容。怪松數株，盤桓如龍蛇之狀，高不滿丈許，以其上隣霄漢，當罡風浩氣之所，靈烏瑞雀，飛翔左右，下視群峰，有如丘垤。朝頂到此，骨凛毛寒，倘或厲聲指顧，烈風雷雨立至。南峭壁下有池如井，名曰天池。北下石門三所，呼之曰三天門，皆插空萬仞，昔玄帝冲舉於此。《總真集》。元時有銅殿一，明永樂朝以規制弗稱，乃撤置於小蓮峰，改冶銅殿，飾以黄金，範玄帝金像於内。殿左右益以飛棧，爲更衣二小室。殿外爲臺，臺外爲檻，檻外爲紫金城，城闢東西南北天門，以象天闕，儼然上界五城十二樓也。舊志。

皞按《九域志》，海内名山三百六十，中以天柱稱者凡八，大抵柱以孤聳峭削得名。太和金頂，拔空千仞，旁無附倚，實克當之。王元美先生舉《荆州圖副記》云："峰首狀博山香鑪，亭亭遠出。"又舉郭仲産《南雍州記》云："有三磴道，上磴道名香鑪峰。"然則後人易香鑪爲天柱，而以其從峰稱香鑪耶？考《道藏》紫元君謂玄帝曰："子可於衆峰中，擇冲高紫霄者居之。"太和峰頂，最高莫過天柱，是天柱一峰初又名紫霄，而後建宫殿時始易紫霄峰于紫霄巖上耳。又《明一統志》載三夫人峰在均州南，狀若博山香鑪，與《荆州圖記》語相侔，豈天柱在往代又名三夫人峰耶？更讀宋高本宗《天柱峰歌》，有"夫人若果住天上"語，① 尤脗合。《一統志》成於天順間，或相沿舊蹟載之，未暇辨析其峰之原委，第閲山列襄志，止此一峰，其爲天柱無疑，久已失傳，惡可無辨？大抵一山數名，或一定不易，或隨代屢更，如郡邑沿革者多有，不獨天柱之與香鑪、紫霄等峰相爲源委也。乃元美又謂峰澗巖泉之屬，其名即道流剽他志被之，且舉以傳真武，爲真武稱者不可指數，而皆無據。它不具論，最著如當日五龍爲玄帝啟途，掖之上昇，峰即神寓之所，如以五龍爲無據，則於唐感刺史之禱雨，於宋授處士以睡法，澗以磨鍼名，巖以太子名，唐吕祖詩有"高真成道處"之語，俱鑿鑿久羅《道藏》，殆未可以剽入無據一語遽抹萬古聖踪也。元美爲明代著作大家，凡傳太和記序賦詩諸篇，並稱上乘，獨不當以此數語疣贅帝山。皞特發明之，爲先輩名人釋其遺議云。

① "住"，原誤作"柱"，據本書卷十九改。

顯定峰　在金頂之北，一名副頂，上應顯定極風天。翠巘倚空，人跡不及，祥雲瑞氣，彌覆其間。耆舊相傳，此處即天真校錄之處，但隱顯變化耳。

萬丈峰　在金頂之東北。萬仞聳雲，時聞鶴唳猿啼，人莫能至。

獅子峰　在金頂之北，第一天門之上。蒼巒突出，踞鎮雲端，儼然獅子之形。下即尹喜所棲之地，非策景排空之士，曷能居焉？

皇巖峰　在金頂之北，上應太安皇巖天。金璧障空，瑞光交映，夕陽回景，輝射九霄。雨霽之間，飛虹絢綵，可仰而不可及。下有一巖，名曰皇后巖，絶壁凌空，若體未洞真，焉能寢息？昔聖母善勝太后尋真憇息於此，故有是名。

小筆峰　在金頂之東。孤岑卓立如毫端，抑天造地設，何其巧耶？

紫霄峰　在金頂東北。石作金星、銀星之色，竹木交翠，巨虬異蛇盤穴其間，爲無人跡，故靈物得以攸居。

雷石峰　在金頂西北。山南路經于此，上有石土地，踞虎而坐。地多山蛭，往來苦之。疊石架空，獻瑰納奇，跧伏拱立，如虎如神，雜以烟雲林木，可敬可玩。

貪狼峰　巨門峰　禄存峰　文曲峰　廉貞峰　武曲峰　破軍峰　七峰在大頂之北，若北斗拱極之象。昂霄聳漢，左參右互，雲開霧幕，綽約璇樞，傳云天真校善之所。其中南有長春巖，謂向明高敞，常如陽春。西有朱砂巖，石爲日華所爍，其色如之。北有北斗巖，上極太虛，皆非中下士修煉之地。夏秋之際，雷電威奮其間。夜漏清寂，惟聞鳥猿嘯月之聲。

中笏峰 在金頂之北。石如圭瓚，鞠躬朝頂，類進趨之勢。

千丈峰 在金頂之西，群山之下，超然獨出。其右即神仙房陵宋仲所居，仲有縹仙李，世所希有，因名曰仙李園，今無之矣。

大蓮峰 小蓮峰 二峰在金頂之西，相望並秀，稜層崔嵬，亭亭然如隱清波。春夏之間，明媚尤絶。

大筆峰 中筆峰 二峰相峙於蓮峰之間，千仞石筍，倒倚枯松，毛穎中書，烏能比擬。按：二峰即今之蠟燭峰，下臨蠟燭澗，故復改今名。

落帽峰 在中筆峰之北。巨靈鎮立，險絶難攀。昔神仙戴孟於此飛昇，落帽於上。下有石橋，古有文記，今亦無之矣。

白雲峰 在金頂之西。紫蓋、皇巖，東西互拱。下有一巖，名曰白雲，虚寂軒豁，傍一石穴如星，名曰星牖。俯視萬虎澗，松風哮吼，磵雲交飛，與道合真，方可棲息。陳希夷辟穀，三遷於此，次從五龍徙之華嶽。

紫蓋峰 在金頂之西，五龍宫之南二十里。横立太空，若牙纛森列，清曉紫氣騰覆，夜間頻見仙燈往來。傳云有神丹瘞此，屢有覓之者，不得。昔有隱者劉道人結庵於下，久之。一夕，有童子捧詔召之，移時車從畢至，其徒王先生告其師曰："天詔下臨，當清晨陽光發見之時，今暮夜陰晦而詔至，無乃魔靈見試耶？"潛歸法靖密篆雷符焚之，① 霹靂一聲，悉無所見，平旦視之，但有血跡，逐步行約二三里，石穴之中，有一巨獸爲所擊。倘非雷法分剖正邪，幾至傷生。②

松蘿峰　在紫蓋峰之西，下有山峌，亦以此名。昔鉉帝修真之時，常以松蘿爲服，此峰最盛。北有一巖，名曰卧龍巖。

桃源峰　在紫蓋峰之北，地勢闊遠。其西曰桃源洞，即道人蜕形藏劍之總塋。古有道域安衆以奉歲祀。東即誦經臺，昔陳希夷遁跡再遷，誦《易》於此，臺址巋然。

疊字峰　在五龍頂南。三山疊字，上竅空谾，石蹬攀緣，松竹扶踈。其西峭壁之中，有一石穴，名曰雷巖，深可二丈，自上貫繩而下，石皆作火燄之狀，有坐形足跡存，神風凜凜，心膽震慄。傳云雷師欻火律令鄧天君煉丹之處，風雷多從此起。

金鼎峰　在疊字峰西。山形類鼎，時噴雲煙。其下一巖，名曰藏雲，皆非尋常棲隱之地，甫近龍頂，陰氣逼人。

伏龍峰　在龍頂峰西。山勢屈伏，瞻望四表，龍湫密邇，人跡少到。

五龍峰　一名五龍頂，上應龍變梵度天。五峰分列，中有靈池，大旱不竭。石廟一區，名曰真源之殿，即五炁龍君神寓之所。東有一巖，以奉五炁龍君，歷代祈禱，應如響答。常建殿宇，即爲風雷所移。石棧崎嶇，延蔓而上，白蛇異蝮，草木混處。其東即靈應峰、五龍宫也。

---

① “靖”，原誤作“請”，據劉道明《武當福地總真集》卷上改。
② “剖”，原誤作“部”，據劉道明《武當福地總真集》卷上改。

靈應峰　在五龍宫後。松杉接翠，上凌星斗，昔仙人房長鬚手植是木，親遇鉉帝，事見本傳。其西即宫門。蔬果園、芡池、蓮沼，分置上下。

隱仙峰　在龍頂之北。其下即隱仙巖，前曰竹關，即宫中之第二門，山神堂在路之左。

陽鶴峰　在龍頂之西北。連峰疊嶂，修竹茂林，壽杉數株，昔有瑞鶴巢宿於上，庵宇亦以此名。中有藥圃、蓮池，隱者居之。嶺畔即上山正路，姚靈官祠，即威烈王也。

徤人峰　在金頂之東北，三公山之右。上控雲霄，仰衡牛斗，堂堂如天丁拱立之狀。下一巖，名曰道者巖。

太師峰　太傅峰　太保峰　三峰在金頂之東，又曰三公山，在紫霄宫之前，如玉笋分班，黄鶴猿猱，飛攀莫進，巫峽華頂，似難並肩，極天下峻秀，無以加此。下有一巖，名曰三公巖，山高雲深，陽光難駐，絶粒之士，始可棲此。

始老峰　真老峰　皇老峰　鉉老峰　元老峰　五峰在金頂東南，一名五老峰。五峰列居，宛然筆架。昔鉉帝上昇，五老奉詔啟途，駐輦於此，地神踴現。下即昇真巖、白雲澗。其水環崖飛湍，由九渡澗而出。

仙人峰　隱士峰　又二峰在金頂之南。大嶺高山，僅能企仰。下即隱士巖。本山神仙出没，人多見之，或槲衣披髮，或奇形異相，手足爪甲各長五七寸，或坐磐石，或濯澗濱，真氣逼人，莫可近及，恍惚之間，倶失所在。

大名峰 在金頂之西。數峰矗矗，正處陽明，竹木泉石，森天蔭日，山深路僻，畬原沃壤，學道者多卜居之。中有一庵，名曰王母宫，大松數株，羅列四畔。耆舊相傳，昔聖母善勝太后尋訪玆帝於此，後因名焉。

中鼻峰　聚雲峰　手扒峰　竹篠峰　搓牙峰 又五峰在金頂之東南。一嶺南飛，五峰分布，崇岡峻壑，迢遥數里。中有山徑，名曰主簿啞，當均房往來之道，山蛭爲害，莫能駐足。聚雲峰下有一巖，名曰集雲。蛇虎所居，非修煉之所也。

竈門峰 在金頂東南。雲嶺横鋪，怪石犖豎，嵐煙瘴霧，清晨如炊。

九卿峰 在金頂之南。峰巒秀麗，蔥蒨奇特，松篁花卉，分置内外，傳曰天真校福之所。下有一巖，亦以是名。昔有道流，遊宿巖畔，夜聞金鐘玉磬之聲。下有深潭，人莫能至。

伏魔峰 在金頂之南，接來龍之脈。山勢威雄，林木挺特。下即大小鬼谷澗，喧豗噴雪，裂石通流，常見靈龜巨蛇遊走上下，傳云玆帝收魔詰問聞奏俟命之地。

玉筍峰 在金頂之南。人呼曰石人山，以其峰巒之類人也。其北名雞冠嶺，群峰裂地而上，有新篁未籜之象。南澗之外即房州界，有山徑可通。下即碧峰巖，地僻土肥，亦堪修養。

拄笏峰　大夷峰 又二峰在金頂西南。望天柱嵩副之巘，岡嶺平夷，其横如帶。一峰回仰，渾如搢笏，一峰坦然，如掌托天，皆猛獸所棲之域。

把鍼峰　在金頂之西。岑小而高，穎秀可敬。傳云鉉帝頓悟之後，元君飛鐵杵於此。

丹竈峰　在金頂之西。其山類偃月之體，昏曉之交，間有青煙紫霧，人謂丹竈凝煙，足跡不可及。

天馬峰　在金頂之西百里。一名馬嘶山，一名西望峰，即武當來山之正脈。按《圖記》：山自乾兑發源，歷關隴金房之地，盤亘萬里而至于斯。當均房官道中，有龍井深不可測，泉清而美，商旅莫不飲爨於此。西澗發源于西下一巖，名曰天馬巖，行旅多宿于内，俗呼"巖屋"者是也。

雞鳴峰　雞籠峰　又二峰在金頂之西，天馬峰之北，當均房官道，俗呼山曰大雞鳴、小雞鳴。右即金雞澗，會西澗之水，羊腸灣曲，夏秋水泛，澎湃湍急，懷山襄陵，商旅經月不可渡，諺曰："上得馬嘶山，四十九渡不曾乾。"是此水也。傳曰昔有丹鳳集于山巔，鳴及上下，人莫之識，指之曰天雞，移棲次峰，因名曰籠。

眉稜峰　在五龍頂之西。房陵登山之路，高低昂藏，縈迂盤曲，三十餘里而至五龍宫。兩澗列乎左右，群山聳其高低，黑虎嘯風，頑嚚凶狠之人，雖欲進登，悉皆逐出。

復朝峰　即外朝山也。當均房官道，七十峰巒俱拱天柱，獨此一山飄然外居，謂去有可復之理，因名焉。其北平田敞豁，桑蔴蔽野，雞犬相聞。自山而南，崎嶇百里，直至房邑。東有龍湫，民常禱之。

香鑪峰　在金頂之東北，仙關之南。巉巖磊落，浮嵐晻靄，千態萬狀。下即紫霄澗，循澗即登山道路。

九渡峰　一名仙關，在金頂之東，紫霄宫之正路。峭峰屹巃，上摩青蒼，石徑灣環，白雲來去，遊人到此，萬慮豁然。

展旗峰　在金頂之東，紫霄宫之後山也。一柱擎天，千仞如削，東鋪翠嶂，如幟飛空，宛然皂纛之形。煙靄嵐横，人間紫府。中有玉清、太清、太子三巖。

金鎖峰　在展旗峰之北。地形類閣，上倚蒼穹，下臨青澗，石如刀劍，藤若網羅，凜凜有不可近之勢。牛漕澗即其西也。傳云玄帝收攝妖魔，戮其渠魁，奇形異狀，如獼如猴，悉鎖于下。誓曰："俟此山下澗水枯竭，方纔放爾。"今石壁即其門也。

青羊峰　在金鎖峰之北。高聳突兀，林木蔚暢。傳云太上駕青羊常遊於此。其下即清泉，名曰青羊澗。

七里峰　在隱仙巖之北，竹關之下。一逕七里，百步九折，越山度嶺，即鑽天五里。下即五龍接待庵，土花盈砌，山桂飄香，駐鶴迎賓，烹茶炊粟，一如仙家故事。

繫馬峰　在接待庵西北，當登山正路。一峰特起，即天馬臺，傳云昔玄帝現真容，乘白天馬立於其上。下有一殿，曰黑虎大神之祠。

會仙峰　在登山大道之間。仙樹鋪地，橡木映天。昔宋端平中，主山曹觀妙迎三茅真君於此，遇而不識，事見本傳。今列祠於此，① 曰會仙都土地。

① "祠"字原脱，據劉道明《武當福地總真集》卷上補。

茅阜峰　即山上之一嶺，福地之初門。上有守山土地靈官之祠，靈顯異衆，人有茹葷褻侮登山者，微則蛇虎斥逐，否則攝于樹下，如束縛之狀。由此觀之，神物護山如是，居者登者，其靈應又當何如哉。

紫炁峰　在五龍西南。天仙吕純陽憇此，有詩歌。見《藝文》内，出《均志》。

蓬萊第一峰　在紫霄宫後，太子巖左。舊志。

大寶珠峰　小寶珠峰　二峰在紫霄賜劍臺之前，左右相距數武。山斷而復圓起，如小兒擎拳之狀。舊志。

逍遙峰　在清微宫南。《均志》。

金童峰　玉女峰　二峰在金頂之前，左右對峙，如金童玉女拱立之像。新補。

巖　凡三十六

紫霄巖　一名獨陽巖，在金頂之北，更衣臺之東，欻火巖之西，僊侣巖之南。當陽虚寂，上倚雲霄，下臨虎澗，高明豁敞，石精玉瑩，皆自然作鸞鳳之形。萬壑松風，千巖浩氣，鉉帝煉丹之地，神仙遊息之墟，品列殿宇，安奉佑聖銅像。至元甲申，住巖張守清大興修造，疊石爲路，積水爲池，以太和紫霄名之。巖上分列殿庭，晨鐘夕燈，山鳴谷震，真象外之境。中有一泉，名曰甘露，水如珠燦，甘美清麗，幽人達士多居之，即三十六巖之第一。循嶺西上百餘步，一石突出於虚壁萬仞之上，名曰試心石，心苟弗虔，到此股慄。又十餘步即鉉帝更衣臺，易松蘿之衣，服所賜冠帔之處。其臺下懸空石室，爲謝天地修煉之巖。至元乙亥，洞雲道人魯大宥以道著遠開復香火，行緣受供，與五龍、紫霄二宫等。

隱仙巖　一名尹仙，一名北巖，在竹關之上。高聳雲煙，俯視漢水，石如玉璧，呈瑰納奇。古神仙尹喜、尹軌所居，歷代神仙多煉大丹於此，丹室爐竈存焉。近代田簑衣隱此證道。巖右大木下，石棋盤局横鋪於上，左右列石爲坐，傳云尹喜枰棋之所，夜籟澄寂，常聞步虚玉磬之聲。

仙侣巖　在金頂之北，面朝天門。山畬平坦，一泉自巖而出，有鳴金漱玉之韻，神仙多棲之。遊人至此，無一點塵坌氣。其泉名百花，昔陶幼安得道於此。

卧龍巖　在松蘿峰，面向東北。豁達高潔，霜天月夜，鶴唳猿啼，① 清幽無比，雲靄霧霾，隱然南陽氣象。

尹喜巖　一名仙巖，展旗峰在北。翠巒聳筆，玉澗調琴，昔文始先生隱此。下有一澗，名曰牛漕，蓋太上隱化訪喜，青牛卧此，因以名焉。

玉虚巖　一名俞公巖，在仙關之東，九渡澗之上。石壁半空，巖高千仞，澗聲雷震，萬壑風煙。昔有隱者俞惠哲誦經於此，一老人常往聽之，忽一日語曰："我東溟之子，謫居於是，限滿得還，所居願奉仁者。"一夕，雷雨爲整其石。近代人往避兵，火焚石落，不可居。

五龍巖　事見五龍峰。

---

① "唳"，原誤作"淚"，據劉道明《武當福地總真集》卷中改。

玉清巖　**太清巖**　原名修道巖，昔黄太清得道於此，因名之。　**太子巖**　三巖事見展旗峰。

皇后巖　事見皇后峰。

白雲巖　事見白雲峰。

道者巖　事見徤人峰。

三公巖　事見三公峰。

硃砂巖　事見七星峰。

天馬巖　事見天馬峰。

藏雲巖　事見金鼎峰。

隱士巖　事見隱士峰。

雲母巖　**楊仙巖**　二巖在五龍宫東二百步。二巖對立，桃花夾徑，雲龕月席，面對群巒，松竹交青，四時如一。昔隱士華陽先生服术於此，年百餘歲，人往訪之，飛步而走。或問之曰："何故却人如此？"應曰："腥坌之氣，觸我之神，不容坐爾。"後不知所在。

沈仙巖　在飛昇臺之西，桃源洞之對。石室偃仰，泉溜清幽。昔有沈仙成道於此，因名。

滴水巖　在仙侣巖之南。巖如大厦，裂石出泉，因以名之。

常春巖　事見七星峰。

集雲巖　事見聚雲峰。

謝天地巖　事見《仙真》。

北斗巖　事見七星峰。

欻火巖　一名雷洞，在紫霄巖之北。石如火燄，樹如龍爪，中一靈池，水能療疾，叩禱服之，無不應驗。有私飲此水者，則神火燒身，雷火大作。内有欻火真形，見者悚慄。其正雷洞鄧天君修煉處，在疊字峰，人跡所不可及。

黑龍巖　在仙關九渡峰南，龍潭之上。

白龍巖　在飛昇臺下，龍潭之南。二巖俱近龍室，不可居止。

黑虎巖　在黑虎澗上，大林巨石之中，黑虎所棲之地。

昇真巖　事見五老峰。

碧峰巖　事見玉筍峰。

仙龜巖　在金鼎峰下。石如神龜，含煙噴霧，巖居其中。

雷巖　乃鄧天君修行處，事見疊字峰。

風巖　金頂之下，萬虎澗濱，石穴噫氣，震響林壑，人莫能近。以上俱出《總真集》。

九卿巖　事見九卿峰。

崇福巖　在南巖宫南天門外。

凌虚巖　在五龍宫西南二里許。唐孫思邈、宋陳希夷俱修煉於此，路側有希夷誦經臺。

太上巖　即太上觀。東西有二泉，巖上刻衆神像，去玉虚南二十五里。

青巖　在金頂北，淄河南。山勢壁削，可以避兵。以上俱舊志。

獨陽巖　在南巖宫。由元君殿折而下，直東有二室，石室曰紫霄巖，磚室曰獨陽巖。舊志《南巖圖記》。

靈應巖　即《總真集》五龍巖。舊志有靈應巖，在五龍頂上。蓋巖内奉五炁龍君，歷代祈禱，應如響答，故又名焉。

浩然巖　在五龍之南。襄陽孟浩然常隱於此，今尚有石刻遺像焉，並詩。詩見《藝文》。

悟真巖　在蠟燭澗之北，白雲巖之東。山勢壁削，人跡不到。

妙華巖　即清微宫也。仙人張守清、張三丰修煉之所。自永樂十年建爲宫，迤西爲妙華巖。

羅狀元巖 在太上巖對面，明羅洪先隱居修煉於此。

北巖 《總真集》："隱仙巖，一名北巖。" 考舊志《南巖宫圖記》，有由榔梅祠右行南巖百餘步，度北巖，即紫霄、獨陽二巖之巔也。

雲霧巖 在南巖崇福巖之左。穹窿如屋，仰視石上有痕，佀巨人跡，傳云鉉帝修煉於此，巖將崩，以足抵之，故石有遺跡云。上有石，刊雲霧勝蹟並詩。詩見《藝文》。以上俱新補。

西巖 地里無考。

澗 凡二十四

大青羊澗 一名青羊河。自大頂之北，會諸澗而出淄河。蛟室龍宫，分列上下，春夏水泛，噴雪轟雷。夕現霓虹，朝騰煙靄，石魚金鯉，神獸幽禽，神仙洞天之所。

萬虎澗 在大頂之北，風雷震怒，如萬虎之咆哮，會於青羊澗。

牛漕澗 自尹喜巖飛湍，西入青羊澗。

桃源澗 自紫蓋峰發源，由龍潭東入青羊澗。

黑虎澗 **磨針澗** 二澗起自龍頂，會于白龍潭。

小青羊澗 **陽鶴澗** 二澗自陽鶴峰穿林麓，東入于青羊澗。

金鎖澗 **飛雲澗** **瀑布澗** 名曰水簾。三澗起於金鎖、青羊二峰之左右，西入於青羊澗。

會仙澗 在五龍頂之北，諸峰之水會而北出蒿口，會於蒿谷澗。

蒿谷澗 自梅溪之東，諸山之水西入於青羊澗，會於淄河。

武當澗 在大頂之東，皇巖諸峰之水，北入於紫霄澗。

紫霄澗 三公山之水，轉自紫霄宫南，迤北會諸澗，入九渡澗中。

黑虎澗 香鑪諸峰之水，會前二澗，自龍潭飛流，東入九渡澗。

白雲澗 自五老峰出，接九渡澗。

九渡澗 會諸澗而出梅溪澗。

梅谿澗 出梅溪左而爲淄河。

西澗 自馬嘶山龍井發源，而北總山西諸澗。

金雞澗 自大小雞鳴峰之水，會於西澗。

雷澗 自疊字峰雷洞之水，由南會於五龍澗。

五龍澗 自伏龍諸峰之水，由雷澗出西澗，自蒿口會青羊、梅溪二澗，合爲淄河，東北入於漢。

鬼谷澗 自大頂之南發源，會山南諸峰之水，東會雙溪澗。

雙溪澗　自大頂東南諸峰之水，交會鬼谷澗，由浪河西北入於漢。以上俱出《總真集》。

蠟燭澗　在金頂之南，自天柱峰下發源，會於九渡澗。新補。

洞　凡八

雷洞　即欻火巖，鄧天君修真處，事見疊字峰。

桃源洞　在五龍，諸僊瘞劍之所，事見桃源峰。《總真集》。

白龍洞　在竈門峰東，洞中時有白氣如龍，即大雨如注。舊志。

碧天洞　在天柱峰下。

太鉉洞　在拄笏峰下。

黄龍洞　在紫蓋峰下。

老君洞　在八仙觀下。

靈洞　在玉虚宫望仙臺下，一名水簾洞。以上俱新補。

潭　凡三

黑龍潭　在僊關之上，紫霄澗水之中。二石參天，下濶如屋，潭深不可測，大旱禱之立應，廟在其上。

白龍潭　二所：一在磨針澗下，瀑布千丈。巖内有廟，祈禱屢應。一在飛昇臺下，潭黑而深，雲氣上昇，立澍霖雨，人罕有至者。以上《總真》。

泉　凡九

甘露泉　在紫霄巖，事見本峰。

參斗泉　在金頂之下，雷石峰南。石巖下一泉，前有二井。《圖經》云："千人汲之不減，不汲不增，上應參星故也。"

百花泉　在仙侣巖，昔陶幼安得道於此。以上《總真》。

真乙泉　在紫霄宫右。

一泓泉　在關王廟前。

益人泉　在廻龍觀上。

東靈石泉　西靈石泉　二泉在太上巖，巖高峻無水。宣德三年，於此纂修《太和志》。巖東隴石穴下泉忽出，已而巖西路傍石根下亦復出泉，於是鑿砌成池，清洌可食。

甘泉　在南巖宫宫内，亦名一泓泉。以上俱舊志。

池　凡十五

天池　在金頂，進封廣潤龍王，事見天柱峰。

龍池 五炁龍君所寓，事見五龍峰。

日池 月池 在五龍宫天寶壇南廡後，二池相並。月池時草延蔓，日池周圍約二十餘丈，大旱不乾，久雨不溢。其水五色，時時變更。西南皆連山之石，每遇霜降清曉之際，閒有白氣如雲上昇，移時方散，至此者毛骨凛然。端平之前，山門全盛，管轄曹侍德建寶藏於池南，鳩工，夢神僊語之曰："此處上應三天，下即洞府，群仙神龍居焉。若法輪運轉，神靈弗安，將若何？"覺而語諸同僚，夢悉符合，於是設藏殿而不運，① 池濱嘗榜之曰："洞天在近，過往低聲。"中統庚申，宣慰孫嗣舉衆内附，時當七月，兵士詣池洗劍，神龍擁脊而現鱗鬣，天地昏暗，雷雨大震。近年朝山之士引至，犬馬誤飲之者立斃，其顯應之跡若是。

鍊丹池 自然庵 庵池相倂，在五龍西五十步。歷井捫參而上，介乎二山之間，松杉盤屈，如龍如虬，雖三伏藴隆，略無暑氣，東簷下即鍊丹池也。水中巨石下一穴，有龍居焉，人常見之。虎豹禽獸，常飲於此。按《圖經》記馬明生故址，陳希夷次居之此處，感五炁神君授以睡法，得盡其妙。明生所鍊太陽神丹爐灰尚存，非鐵非石。希夷聲譽遠著，倦於迎侍，遂還誦經臺以避之。

鹽池 即鉉帝伏魔處，事見佑聖觀。以上《總真集》。

飲馬池 在關王廟西。

天乙池 太乙池 滄水庫池 三池俱在南巖宫内。

---

① "運"，原訛作"連"，據劉道明《武當福地總真集》卷中改。

禹跡池　在紫霄禹跡橋南。

上善池　在紫霄東方丈。以上俱舊志。

天池　地池　二池在五龍、日月池後。一方一圓，圓曰天池，方曰地池。天池水藍色，不可食，惟地池水甘美，今道衆汲飲。以上新補。

井　凡九

龍井　在天馬峰，事見本峰。

五龍井　在五龍宫大殿前之四陲，中一井在拜殿内，即歷代投簡之所，今以石掩之。泉甘而美，色清而瑩，飲之可以蠲疾。本山諸宫觀庵巖居者，爲瘻所厄，到宫住之，其瘻自消。道侣汲水和藥，能療諸疾，信龍井之靈如是。以上《總真集》。

甘露井　在南巖宫前。

神泉井　在玉虚神厨後。以上舊志。

舜井　在會真庵東，冲虚庵西，詳見《古跡》。新補。

石　凡七

磨針石　在五龍宫北一里許，有澗曰磨針澗，其源自五龍頂而下，飛泉恠石，喬木芳草，有石横於澗濱，若磨礲痕跡。古今相傳云玄帝鍊真之時，久未契玄，念欲出山，因步澗下，見一神女以鐵杵磨之，即紫元君神化也。因問曰："磨欲何爲？"應之曰："家住山中，失姑繡鍼，磨以償之。”謂曰：“鐵杵成鍼，不亦難乎？”答曰：“工至自成。”鉉帝大悟，厥後愈勤修進，克證天真。

試劍石 在金頂二天門之内。一石中分，劍跡昭然，傳云鉉帝試劍處。

仙棋石 即尹喜枰碁處，在紫霄隱仙巖，事見本巖。

試心石 在紫霄巖，事見本巖。以上俱《總真》。

鳳凰石 在太和玉筍峰側。

金星石 **銀星石** 二石出金頂上。石中若有金銀光彩，或云碎爲末，心神不寧，服之即愈。以上新補。

臺 凡九，附山水

飛昇臺 在五龍宫東南百步。松杉扶踈，煙霞交映，古殿屹立，萬壑千巖，一目可觀，登臨之人，萬慮灑然。按《圖經》碑刻，鉉帝奉詔於此，五龍掖之上昇，地皆變金玉之色，今舉山皆金星石，於此爲最。

更衣臺 乃鉉帝飛昇更松蘿衣服天衣處，事見紫霄巖。

誦經臺 陳希夷誦《易》處，事見桃源峰。

望仙臺 在五龍宫東北百步，福地門東。一臺巍然，數松森立，有亭高敞，仰眺嶂巒。元符初，劉睿記其事。

天馬臺 乃鉉帝現真容乘馬立處，事見繫馬峰。以上《總真》。

朝聖臺 在飛昇臺西。

禮斗臺 在南巖宫紫霄巖下。

瓊臺 在金頂東南，其峰壁立，亞於天柱，相傳鉉帝受册於此。以上舊志。

賜劍臺 在紫霄宫前，相傳上帝賜鉉帝劍於此。新補。

亭 凡十二，附

紫雲亭 在浄樂宫東，以鉉帝降生於此，紫雲彌覆，故名。

滄浪亭 在州東門外，漢江東。舊志云即古孺子歌處。詳見《古蹟》。

凴虚亭 在滄浪亭之上。

卧雲亭 在龍山玉皇閣左下。

益人泉亭 在廻龍觀上。

一泓泉亭 在關王廟前。

神泉亭 在玉虚宫神厨後。

萬松亭 在紫霄宫福地内。

太子亭 在紫霄宫太子巖前。

禹跡亭 在紫霄宫禹跡池上。

淵默亭 在九渡巖下。

臨清亭 在大寶珠峰下。以上俱舊志。

橋 凡三十九

迎恩橋 在迎恩宫北圈門外。①

尋真橋 在石板灘西南。

絞口橋 在石板灘南一里許。

中橋 在石板灘北五里許。

冲和西橋 **冲和中橋** **冲和東橋** **春和橋** 四橋俱在蛐蟮峪。

元和西橋 **元和中橋** **元和東橋** **集仙橋** 四橋俱在元和觀前。

僊都橋 在玉虚宫北天門内。

會仙橋 在遇真宫前。

遊仙橋 在玉虚宫左。

① “圈”，王佐《大嶽太和山志》卷一作“券”。

仙源橋 在玉虛宫西天門内。

西天門橋 在玉虛宫西，上有華陽高亭，下有蓮花池。

西山橋 在玉虛宫西天門外。

北山橋 在玉虛宫北天門外。

東山橋 在玉虛宫東天門外。

登仙橋 在玉虛宫東天門外南。

東萊橋 在東山橋東。

豐和橋 在蒿口石碑東。

蒿口橋 在五龍行宫前。

普福橋 在仁威觀前。

隱仙橋 在仁威觀上。

聚仙橋 在黑虎澗。

磨鍼澗橋 在老姥殿前。

禹跡橋 在紫霄宫前。

通會橋　在紫霄宫北，威烈觀南。

天津橋　在九渡澗。

黑虎橋　在紫霄宫北，黑虎廟南。

復真橋　在太子坡北。

天乙橋　在南巖宫北天門外。

步雲橋　在飛昇臺。

梯雲橋　在榔梅祠上。

摘星橋　一名會仙橋，在一天門上，當兩山缺處。上瞰天柱諸峰，下臨絶谷，仰見人行，如在天上。

白雲橋　在白雲巖南。

斜橋　在朝天宫下二里許。以上俱舊志。

星牖　在白雲峰，事見本峰。出《地輿志》。

虎溪　即萬虎澗，事見本澗。

風穴　在萬虎澗，事見風巖。以上《總真集》。

江　水

漢　水

《水經》云:“岷山在蜀郡氐道縣，大江所出，東南過其縣北。漾水出氐道縣嶓冢山，東至沮縣爲漢水。”是以《禹貢》“岷嶓既藝，沱潛既道”，乃言江漢别流之在梁州者。班固《地里志》曰,① 司馬彪、袁松《郡國志》並言漢有二源，東出氐道，西出西縣之嶓冢山。闞駰曰:“漢或爲漾，漾水出崑崙西北隅，至氐道，重源顯發，而爲漾水。”《山海經》曰:“嶓冢之山，漢水出焉。東南流，注於江。”合諸經傳觀之，乃知江漢源委與太和山之脉絡聯貫，相爲始終，曷言之? 岷山居今岷州，嶓冢居今秦州，太和來脉乃踞其中，右爲江源，左爲漢源，而皆由西傾之山。《禹貢》“西傾因桓是來”，殆即陰陽家言水繞山迴之義。西傾西北，距崑崙山一千四百里，其間崆峒、祁連、寒石、硫黄諸山，綿亘岧嶢，以逮西傾，由此迤邐東南，蓮華摩雲，百五十里抵岷山，更歷嶽平、貴清、清泥，蜿蜒四百餘里，如唐史瑜《清泥山》詩曰:“溪從沮水流嶓冢，嶺接清泥入劍天。”蓋沮水即漾水所會之流也，劍天即蜀江所瀕之險也。岷嶓共派，江漢分支，二語竟可作《山經》《水經》合註，信詩史也。《山海經》亦云:“漾水發崑崙。”而太和之發崑崙，源流不爽。載考嶓冢迢遞氐沔之定軍，又東抵樂城之斗山，山有五穴，道經謂西北一穴通崑崙，東南一穴通武當，然則崑崙、武當一氣貫通，同體而異名，斯固其確據者。且陰陽家山水有母子之喻，太和山母也，漾水子也，子未有須臾離母者，是漾爲太和嫡長，江爲太和支庶，天之生江漢，乃所以衛太和。太和祖崑崙而昆西傾，子岷嶓之江漢，至太和天柱而江漢夾輔，相距匪遙，抵大别而江漢合，非即同氣依顧復之懷乎? 昔元君導鉉帝，但謂此山自乾兑發脉，而未實指其所歷之地，即王弇州賦所稱“西北引賀蘭”之語，南北逕庭，殆亦臆測耳矣。皡乃

① “曰”字疑衍。

因水溯山，摭實考之，以備後君子之覽觀焉。

漢水東南過武當縣東北。

縣西北四十里漢水中，有洲名滄浪洲，庾仲雍《漢記》謂之千齡洲，非也，是世俗語訛，音與字變矣。《地説》曰："水出荆山，東南流，①爲滄浪之水。"

皡按《水經注》於此水載漁父滄浪之歌，及今均州城東北建滄浪亭，亭傍崖石大書"孺子歌處"四字，彼孺子所歌既非漁父，而漁父所歌滄浪乃在今湖南之龍陽，孺子所歌滄浪又在古鄒魯之嶧山，是屈大夫所遇與孔聖人所聽，均未可冒稱神禹導漾之滄浪耳。

漢水又東，平陽川水注之。

水出縣北伏親山，南歷平陽川，逕平陽故城下，又南流，注於沔。伏親山，詢耆老，即今復朝峰。按其地里既合，揆之名義亦符，而是川平衍，據今白浪水源出武當北麓，由遠河入漢沔，尤信。

沔水又東南逕縣城東，又東，曾水注之。

水導源縣南武當山，一曰太和山，亦曰㟍上山，山形特秀，又曰仙室。《荆州圖副記》曰："山形特秀，異於衆嶽，峰首狀博山香鑪，亭亭遠出，藥食延年者萃焉。"晉咸和中，歷陽謝允舍羅邑宰，隱遯斯山，故亦曰謝羅山。曾水發源山麓，逕越山陰東北流，注于沔，謂之曾口。今曾河。

沔水又東逕龍巢山下。

山在沔水中，高十五丈，廣員一里二百三十步，山形峻峭，其山秀林茂木，隆冬不凋。今龍山。

又東南逕涉都縣東北。

故鄉名也。按《郡國志》，筑陽縣有涉都鄉者也。漢武帝元封元年②，封南海守降侯子嘉爲侯。均水於縣入沔，謂之均口也。

以上數段出酈道元《水經注》，備録之，以見漢水武當氣脉貫通者

---

① "南"，原誤作"西"，據《水經·沔水注》改。

② "封"，原誤作"光"，據《水經·沔水注》改。

非一，特所謂筑陽、涉都、均水、均口，遍詢耆舊，莫可考稽，皞竊謂即今俗所稱小江口者是也。蓋均州于秦漢時爲武當縣，屬南陽郡，則當日均水及均水所出之口皆隸武當，而後漢改縣爲郡，梁兼置州，至隋乃爲武當均陽，是在後之均陽實由在前之均水得名，而所爲均口現在漢沙涓，其稱名小江口，屬淅川縣之支流，俱非漢晉《水經》所注之舊矣，毋怪乎文獻汶汶無徵也。

山 水 跋

五嶽嶢嶢，四瀆湯湯，凝澄各有畛域，而勢弗相屬，氣弗相攝也。惟大嶽之挾二水而中峙也則有異，其顱季崑崙，腋帥岷嶓，遂發江漢之源，而左右取之，視彼五嶽孤特，蓋莫之與京矣。且遡鉉帝之生，在有熊氏未定五嶽之前，無極元君胡不指衡嵩以導帝居，而孜孜必於是以上契太和，是非僅符先天之畫而實啟後天之位焉。蓋先天之卦，坤，北也，帝主之，後天之卦，坤，西南也，帝居之，詎非以坤有厚德載物，含弘光大之義，爲山水統滙之化境乎？洵大嶽太和當天下之密脊靈關，而江漢間之奧區神皋者矣。其不居五嶽五方之正位，而第致役乎坤以養萬物，殆即鉉帝之不樂南面，惟務静應，默會萬真，普福兆民之微意，垂示於斯也歟。

知州王民皞謹識。

山水參攷

按：山至五嶽，尊矣，其義屬陽。水至四瀆，尊矣，其義爲陰。五陽數，四陰數，故嶽不得六，瀆不得五。太和名勝甲天下，綿亘八百餘里，其山豈遜隆五嶽，漢水瀠洄數千里，其水豈遜隆四瀆哉？乃無極元君導鉉帝居山，舍五嶽而指太和，其亦體帝不樂南面之意，不欲與五嶽並肩，而朝宗漢水，亦不欲與四瀆比跡，以示特隆歟？至若天柱山、香罏峰之辯，竊查《一統志》云："天柱在中國有三：一在壽陽，一在龍舒，一在餘杭。"又輿圖所載，川陝江湖，天柱山亦疊見，則金頂爲天柱山，似非特名。獨《神異經》稱崑崙有天柱山，而郭璞贊云："崑崙月精，水之靈府。"太和爲天一尊神，諸峰拱朝，似浪沸潮奔，以水德勝，實水之靈府脉絡出自崑崙，名曰天柱，其亦後裔因祖宗而姓氏相沿也耶？又《一統志》云："三夫人峰，在武當縣南，亭亭如博山香罏。"今三夫人峰亦無所考見，惟昔人鑄罏，取海上博山得海水蒸潤，以山象罏，今則取罏以象山，亦不敢以香罏峰爲特名也。獨是由五龍宫過紫霄爲登頂一道，由玉虚宫至平臺爲一道，從太上園經瓊臺爲一道，昔所謂三磴道昭然也。其間峰巒疊翠，雲霞煙霧，變幻百出，非身歷者難以口傳，用是紀之。

訓導盧維兹謹訂。

大嶽太和武當山志卷之五

聖　紀

楊素蘊曰:《山海經》備列海内山五千三百有畸，皆有神焉司之，如五嶽以前尊祠天帝，迨明代釐正祀典，以神之位號無考，咸易以某嶽某山之神。惟大嶽太和山實註北極真武之神，用遡厥初，用昭厥靈焉，由是崇祀典禮亦不從同而從獨。按本傳云:“八十一次，顯爲老君，八十二次，變爲鉉武。”故知鉉武者老君變化之身。道書所載，老君于伏羲時號鬱華子，神農時號大成子，黄帝時號廣成子，遊浄樂國時號紫元君，授鉉武太和玉虚之訣，何老君既變化爲鉉武，而復變化爲鉉武師耶?又云鉉武乃元始化身，太極别體。鉉武于上中下三皇時爲太始、太初、太素真人，當黄農時生浄樂國爲王子，號雲潛子，何鉉武既變化于老君，而又自爲變化若斯耶?微乎紫微之言曰:此神未開造化，先稟神靈，易號假名，度人濟物，虚無難測，變化億千。若鉉武者，廼所謂陰陽不測，通變宜民，而與五嶽之神異也。夫五嶽神矣，大嶽鉉武猶神于五嶽之神，則神之飛乾激坤，協清寧而亨萬彙者，庸可思議歟?志聖紀。

金闕化身

按三寶大有金書云:“一炁分形，靈虚生五劫之宗;三清出號，神景化九光之始。”太初溟涬，鉉極冥蒙，中有虚皇，分置五劫，曰龍漢，曰赤明，曰上皇，曰延康，曰開皇。當斯時也，天光未分，清濁未判，則知三炁爲天地之尊，九炁爲萬真之本，是故元始象先天，開明三景，造立天根，五文開廓，普植神靈，太極一判，天地始明。東分青九，南受丹三，西成白七，北歸玄五，中生黃一，號爲五老，即玄黃植象之根也。五老各布始炁，化成四靈，以定四隅，周環六合，兩儀運乎其中，推成萬物，以此考源，明玄帝果先天始炁、五靈玄老、太陰天一之化。按《混洞赤文》所載，玄帝乃先天始炁、太極別體，上三皇時下降爲太始真人，中三皇時下降爲太初真人，下三皇時下降爲太素真人，黃帝時下降，符太陽之精，託胎於淨樂國王善勝皇后，孕秀一十四月，則太上八十二化也。淨樂國乃奎婁之下海外之國，上應龍變梵度天也。

王宫誕聖

是時正當上天開皇初劫下世，歲見甲辰三月戊辰初三日甲寅庚午時，玄帝産母左脇，當生之時，瑞雲覆國，天花散漫，異香芬然，身寶光燄，充滿王國，地土皆變金玉，瑞應之祥，莫能備載。

經書默會

玄帝生而神靈，舉錯隱顯，聰以知遠，明能察微。年及七歲，經書一覽，仰觀俯視，靡所不通，潛心念道，志契太虚，願事上帝，普福兆民。

辭親慕道

玄帝長而勇猛，不統王位，惟務修行，輔助玉帝，誓斷天下妖魔，救護群品。日夜於王宫發此誓願，父王不能抑志。年十五，辭父母而尋幽谷，内鍊元真。

元君受道

鉉帝念道專一，遂感玉清聖祖紫元君傳授無極上道。元君告鉉帝曰："子可越海東遊，歷於翼軫之下，有山自乾兑起跡，盤旋五萬里，水出震宫，自有太極，便生是山，上應顯定極風、太安皇崖二天，有七十二峰、三十六巖也。子可入是山，擇衆峰之中沖高紫霄者居之，當契太和。昇舉之後五百歲，當上天龍漢二劫中，披髮跣足，躡坎離之真精，歸根復位，上爲三境輔臣，下作十方大聖。方得顯名億劫，與天地日月齊并，是其果滿也。"告畢，元君昇雲而去。

天帝錫劍

鉉帝乃如師言，越海東遊，又感豐乾大天帝授以實劍。天帝告曰："此劍名曰北方黑駞袠角斷魔雄劍，長七尺二寸，應七十二候，撫三輔，應三台，重二十四斤，應二十四炁，濶四寸八分，應四時八節。子可佩此，居山修鍊，降伏邪道，收斬妖魔。"告畢，天帝昇雲而去。鉉帝受訖，歷翼軫之下，果見是山，山藏水没，皆符師言，於是入山渡澗，擇地隱居内修。

澗阻群臣

父王思慕太子，不能棄捨，令大臣領兵五百衆，跟尋太子回朝。探逐所往，渡澗入山，遇澗水忽漲，不能前進。八次渡遇水泛，第九次方得渡。至紫霄巖，面見太子，啟傳王命，自是部衆忽僵仆不能舉，相謂曰："太子願力所至如是，回國且遙。"乃同聲告曰："願從太子學道。"語畢，跬步如故，於是俱隱山中。帝昇真之後，皆證仙道，今武當有五百靈官者是也。澗名九渡，祖其意焉。

童真内錬

鉉帝登山，首於太子巖棲隱。帝修真時，有靈鴉報曉，黑虎衛巖，每食必餌之，至今二物通靈，皆證大神，時隱時見。烏鴉喙赤，見之者昌，黑虎驅奸，逆之者殃。

悟杵成鍼

鉉帝修錬，未契鉉元，一日欲出山，行至一澗，忽見一老媪，操鐵杵磨石上，帝揖媪曰："磨杵何爲？"媪曰："爲鍼耳。"帝曰："不亦難乎？"媪曰："功至自成。"帝悟其言，即返巖而精修至道。老媪者，乃聖師紫元君感而化焉。澗曰磨鍼，因斯而名。雲麓仙人《磨鍼澗》詩曰："淬礪功多麤者精，聖師邀請上天京。我心匪石堅於石，小器成而大道成。"

折梅寄榔

鉉帝自悟磨鍼之語，復還所隱，於途折梅枝寄於榔樹上，仰天誓曰："予若道成，花開果結。"後如其言。今樹尚存，名曰榔梅者，乃榔木梅實，桃核杏形，味酸而甜，能愈諸疾，然亦罕得之。以驗豐歉，豐年結實，荒歲則無。下有仙翁司之，敬禮可得。玉谿真人詩曰："高真學道隱山時，親折梅枝寄榔枝。行滿功成應沖舉，花開子結識先知。仙翁護境百邪遠，聖果標名萬古垂。服餌延齡除痼疾，志誠拜受福相隨。"

蓬萊仙侶

鉉帝歸巖修鍊之時，嘗見九美人，相貌端嚴，儀矩殊異，往來帝所，惑試帝心，帝默識之，必聖人也，故加敬禮。女仙乃謂帝曰："予輩蓬萊仙侶，特來試之，功行著己，宜加精進，尅日沖舉。"語畢跨鶴而昇，今稱蓬萊九師是也。仙侶之巖，由此而名焉。

紫霄圓道

鉉帝在山，往來觀覽，見七十二峰之中，有一峰上聳紫霄，下有一巖，當陽虛寂，於是採師之誡，目山曰太和山，峰曰紫霄峰，巖曰紫霄巖，據此居焉，即成道之所，今天一真慶宫是也。

五龍捧聖

鉉帝在巖，潛虛鉉一，默會萬真，四十二年矣，大得上道，於黄帝五十七年歲次庚子九月丙戌初九日丙寅清晨，忽有祥雲天花自空而下，彌滿山谷四方各三百里，林巒震響，自作步虛仙樂之音。帝身長九尺，面如滿月，龍眉鳳目，紺髮美髯，顔如冰清，頭頂九炁玉冠，身披松蘿之服，跣足拱手，立于紫霄峰上。須臾，五炁龍君捧擁駕雲而昇，時有五真偕群仙降于帝前，導從甚盛，非凡見聞。

三天詔命

是時鉉帝稽首，祇奉迎拜，五真曰："予奉三清玉帝詔命，以子功滿道備，昇舉金闕，子之聖父聖母，已昇九霄矣。"帝俯伏恭諾，五真乃宣詔，賜九德偃月金晨玉冠，瓊華玉簪，碧瑤寶圭，素綃飛雲金霞之帔，紫綃龍衮丹霞羽襴絳綵之裙，七寶銖衣，元光朱履，飛紅雲舄，佩太鉉元帥玉册，乾元寶印，南北二斗，三台龍劍，飛雲玉輅，丹輿緑輦，羽蓋瓊輪，九色之節，十絶靈旛，前嘯九鳳，後吹八鸞，天丁玉女，億乘萬騎，上赴九清，詔至奉行。天真皇人譔。

白日上昇

鉉帝拜受天詔，易服訖，五真曰："予乃九天五老天君，準上帝命，與子啟途。"至午時，帝乘丹輿緑輦，羽蓋瓊輪，馭九色鉉龍，揚十絶靈旛，前後鸞歌鳳唱，嘯歌噰噰，飛鳴應節，朗耀雲衢，玉女散花，金童揚煙，浮空上昇。

玉陛朝參

鉉帝飛昇至金闕，朝參玉陛，上帝告曰："卿往鎮北方，統攝鉉武之位，以斷天下邪魔。"時帝白上帝曰："臣宿緣慶幸，得覩天顔，功行卑微，奚堪重任？"上帝告曰："卿道參天地，萬真所推，幸勿謙辭。"帝奉玉旨，謝恩而退，乃居天一真慶宫，如詔命。

真慶仙都

鉉帝所居之宫，則曰天一真慶宫，在紫微北上太素秀樂禁上天、太虚無上常融天二天之間，宫殿巍峩，皆自然妙炁所結，琳琅玉樹，靈風自鳴，皆合宫商之韻，紅光紫雲，常覆其上，此處則玉虚無色界也。

復位坎宫

上帝命鉉帝曰："卿可當披髮跣足，躡踏龜蛇，建皂纛鉉旗，躬披鎧甲，位鎮坎宫，天稱元帥，世號福神。每月下降，操扶社稷，普福生靈，億劫不怠，輝光日新。"鉉帝欽奉詔，已而嘆曰："昔吾爲人時，入太和山鍊道，蒙本師紫元君所誡云：'昇舉之後五百歲，當披髮跣足，躡坎離真精，歸根復位，上爲輔臣，下作大聖，方得顯名億劫，與天地日月齊并。'今日果符師語，復位坎宫。"自斯鉉帝千變萬化，爲主教宗師，分身降世，濟物度人，無邊無量，洞天福地，無不顯靈，感應事跡，簡册難窮。

帝位居金闕之尊，總統樞機，陶鑄群品，佐天罡大聖真君，調理四時，運推陰陽，造化萬物，莫極崇高矣。况帝以道德開化天地，湛然默有成功之理，無一時不念衆生，無一刻不憐下土，每知劫數，必先以開濟之誠上奏金闕，丐減分數，可謂大慈大悲普救無上法王也。

瓊臺受册

是時鉉帝與上元天官、中元地官、下元水官、天蓬元帥、天猷元帥、翊聖真君，以上元日並受帝號七寶瓊臺之上，昊天至尊親行典儀，與凡世帝王拜大將開國承家之儀頗同。上賜帝瓊旌寶節，九龍玉輦，其冠則通天十二旒，其服鉉衮，上施日月山龍物象，皆與世間天子者同。圭以鉉玉，履以紅舄。于今群真朝禮昊天至尊，則四聖爲都班之首。

天宫家慶

鉉帝拜玉虚師相、鉉天上帝號之後，崇封聖父曰浄樂天君、明真大帝，聖母曰善勝天后、瓊真上仙，下蔭天關曰太鉉火精、含陰將軍、赤靈尊神，地軸曰太鉉水精、育陽將軍、黑靈尊神，並居天一真慶宫，因兹三界仰稱曰鉉帝也。

今代上誦鉉帝聖號附

北極鎮天真武祖師萬法教主鉉天元聖仁威上帝金闕化身蕩魔天尊

按本經云“天中北上，衆曜拱之，以匪至神，孰能鎮遏”，所謂“北極鎮天”也。《真言》云“太陰化生，水位之精，虚危上應，龜蛇合形”，鉉武也，避宋廟諱，改曰真武。經又云“鉉元聖祖”，祖也。册曰“玉虚師相”，師也。《雲録》云“自斯鉉帝千變萬化，爲教主宗”，所謂“真武祖師、萬法教主”也。玉帝册賜尊號，特拜鉉天上帝，領九天採訪使，元加上封號，增入“元聖仁威”凡世四字，所謂“鉉天元聖仁威上帝”也。《啟請詞》云“金闕真尊應化身”，《真言》又云“掃蕩妖氛，摧斬魔群”，道經元始玉皇以無上通稱天尊，《啟詞》又云“無上將軍號真武”，所謂“金闕化身蕩魔天尊”也。兹特詮攷聖號之由來有本如是。至鉉帝鉉字偏旁無金，因欽尊聖諱，從鉉加金。蓋鉉武，水也，金水相生，凡志集中上稱鉉帝字悉從鉉，義取諸此。

知州王民皞謹識。

聖紀跋

五帝皆生中土，而厲山、有熊、有麇之墟，相距不數百里而遙，明乎五德遞運，相須爲用，而相濟爲功。粤稽其時，鉉帝以天一之水，而誕降於赤帝之火、黄帝之土之間，揆諸先後，運實不符。然則鉉帝生而神靈，敝屣天位，願事上帝，與炎軒殊，其指蓋有由矣。否則帝之睿姿神略本乎天授，其主持世道而奏膚功，寧出黄農下歟？况比類而觀，黄農之創制顯庸在一時，鉉帝之尊親赫奕在萬世，其相去懸殊，又何若也？且帝之顯道醻酢，爲國與民，聖德無得而稱者非止一代，如本傳所紀永壽元年鉉武奉紫微之命，降龜躡蛇，下除商暴，由戊午迄甲子，七日之内，徧彼乾坤，剪毒魔而捕横疫，乂安庶土，濁降清升，翼造有周，而不知誰之爲之者，是帝何時不福吾民，而民自不識帝力耳，其奚疑於虞夏秦漢之代民無能名也歟？古不銘乎？於惟鉉德，抱虚守清。浩浩歷載，莫知其名。要以無爲，大化周成。維帝有之，至矣哉！

知州王民皡謹識。

聖紀參攷

粵稽中古，上天篤生五帝，負姿靈異，濟民利物，有澤在一時，亦有功及後世者。鉉帝生而神敏，塵視軒冕，入山延訪四十餘年，成無上至道，夫所謂無上者，即道書所謂元始至一也。其志在戡亂，布昭神武，以安輯民庶，故一見於周，再見於明，即今房陵之捷，奏膚功而靖妖氛者，惟神亦有陰庇，則神武不殺，其用甚大，其功甚著，夫豈抱虚守寂者可比，抑亦澤在一時、沾沾利及民物者可比云乎？

訓導盧維兹謹訂。

大嶽太和武當山志卷之六

宫　　殿

楊素蘊曰：經載玆帝所居宫殿，在紫微北上太素秀樂、太虚無上二天之間，自然妙氣所結，琳瑯玉樹，靈風自鳴，此玉虚無色界也，夫何有于塵寰之宫殿哉？然自類禋柴望而後，典禮秩興，彼夫泰畤、甘泉，事神如在，靈臺、宣室，問道彌殷，則崇重威靈，從可知矣。矧玆帝以護度天人應化之身，上而啟佑廟社，下而保翼蒸黎，因奉帝以崇厥居，自當廣侈其經營以受釐祝。肇自宋元，盛于明代，永樂創興，嘉靖修舉，爲宫者凡八，大儗建章，小凌猗蘭，概非凡構，而最盛者，天柱峰頂，冶銅爲殿，飾以黄金，瑰麗雕鏤，備極精巧，迄今三百餘年，炯爛驕日，晶瑩燭霄，豈非古今所絶無，而天壤所僅有者哉！是殆與秀樂、無上二天妙氣融結，相遥映也。志宫殿。①

浄　樂　宫

在均州城内。各宫或於山於巖於谷，獨此宫於市。蓋相傳玆帝之先曾爲浄樂國王，浄樂治麇，而均即麇地，故因以名宫焉。宫之中爲玆帝殿，後爲聖父母殿，左右爲廊廡，東爲紫雲亭，西爲香錢庫，前爲三門，三門外左右復剏二亭，以處御製之碑。右折而西，爲方丈，爲齋堂，爲浴堂，爲神厨，爲神庫，爲道房。左折而東，爲真官祠，爲預備倉。二門外左爲進貢廠，右爲道房，爲楹大小揔五百二十。永

① 各宫殿之前原有附圖，今爲排版方便，統一置於本卷之末。

樂十六年落成，賜浄樂爲額。道士廩食者五十人，今不敷數。提點三員，階正六品，今廢，改置道官一員。給印一顆，今廢，給有部劄。領觀一。

真武觀 去本宫三百六十里，在襄陽府城之北，樊城之西。舊有祠弗稱，① 永樂十年，管運武當山琉璃諸物至襄，小舟萬計泊祠下，時風濤方作，頃之祥光數見，水天一色，咸謂玆帝顯應，遂崇建焉。

紫雲亭 在本宫殿東。以玆帝降生於此，時有紫雲彌覆其上，故名。

真官祠 在本宫内東。

預備倉 在本宫内東。嘉靖十九年，少監李學奏進香餘剩錢粮糴穀貯此，備賑本山官道。今廢。

香錢庫 在本宫内西。凡鏹楮輸於山者，② 悉畀以入，③ 累朝所賜鍾磬諸器皆藏焉。今廢。

進貢廠 在本宫二門外。歲時取土物進貢，則董其役於此。今廢。

滄浪亭 在州東門外，漢江東，即孺子歌處。

觀音閣 在滄浪亭側。

龍山 在城南六里，爲均州水口。

---

① “祠”，原誤作“何”；“稱”，原誤作“爾”，據方升《大嶽志略》卷三改。

② “鏹”，原誤作“鍾”；“輸”，原誤作“翰”，據王佐《大嶽太和山志》卷一改。

③ “畀”，原誤作“翼”，據王佐《大嶽太和山志》卷一改。

玉皇閣 在龍山頂上。

禹王廟 在玉皇閣後。今儧。

卧雲亭 在玉皇閣左下。

三義廟 在龍山下。今廢。

三官廟 在備用廠左。康熙四年，知州佟國玉重建。

吕祖祠 在州南二里，迎恩樓左，公用廠北。

龍王廟 在滄浪亭北濟渡處，太監王佐修。

公用廠 在城南外。嘉靖六年，太監李瓚建修，以貯修山木植諸物。今廢。

備用廠 在公用廠東半里許。太監王佐因前廠積貯不盡，復建此。今廢。

神惠倉 在州治西南。嘉靖十五年，參議方升啟建，貯穀以備賑濟。今廢。

蓮花池 在城南二里許，年久淤廢。

關王廟 在備用廠東。

崇真觀 在順天府正陽門外東。正統十四年創建，賜額崇真觀，本山年例進貢仙物及朝覲提點俱寓於此，碑志存本觀内。

文昌祠 在太和宫二天門下，摘星橋上。因三公峰山水洶猛，恒衝此橋，提督本山太監柳朝至此建祠，以鎮水勢。

玉峰庵 在滄浪亭後山頂。今廢。止遺石坊，刊“振衣千仞”四字爲額。

分道廠 在黑虎廟巡檢司右，採造進貢設此。今廢。

成鮮廠 在遇真宫左，採造進貢及燒置琉璃磚瓦建此。今廢。

梅鮮廠 在玉虚宫前一里許，舊係太監子粒。今廢。

迎恩宫

在石板灘，離州城三十五里，係關王廟故址，蓋鄖襄官路也。灘合山前諸澗之水聚爲一川，雨久則潰潦四出，行者病涉。永樂間創修本山，始建石橋。成化二年大水，他橋崩齧者多，而兹橋獨完，或者謂真武實相之，提督太監韋貴奏請治宫於橋南岸，以昭神功。中爲殿，以祀鉉帝。殿之左爲堂，以祀啟聖，祀真官。殿之右爲廟，以祀關王。外爲方丈，爲書房，爲倉庫，爲庖湢之所，爲道衆之房，爲楹大小總二百八十。成化十七年落成，名迎恩觀。十九年，改觀爲宫。道士廩食者九人。今不敷數。提點一員，階正六品，今廢，改置道官一員。給印一顆。今廢，給有部劄。

迎恩橋 在本宫北圈門外。

尋真橋 在石板灘西南。

絞口橋 在石板灘南一里許。

中橋 在石板灘北五里許。

冲和西橋 **冲和中橋** **冲和東橋** **春和橋** 四橋俱在蚰蟮峪。

遇 真 宫

離州城南五十餘里，在僊關外，去玉虚宫八里許。左曰望僊臺，右曰黑虎洞，山水環遶若城，故舊名黄土城。洪武間，張三丰結庵于此，名曰會仙館，宫東廊下，厥像存焉。永樂十五年，創建真仙殿、山門廊廡、東西方丈、齋堂、厨室、道房、倉庫、浴堂，爲楹大小總三百九十有六，是年落成，賜“遇真”爲額。道士廩食者三十人，今不敷數。提點二員，階正六品，今廢，改置道官一員。給印一顆，今廢，給有部劄。領觀二。嘉靖三十一年，遣官修葺本山，乃於宫東二里許入山初道鼎建石坊，賜額“治世銥嶽”。

元和觀 去本宫南二里，僊關之内。昔銥帝有元和遷校府之名，故名。此處登山，有岐路焉：一行山脊，由好漢坡入達廻龍觀；一行山腹，自靈官殿左入，達銥天玉虚宫。

修真觀 去本宫東二里，係太監王佐重修。

鴉鵲嶺 在修真觀東，上有泰山廟。

集僊橋 **元和西橋** **元和中橋** **元和東橋** 四橋俱在元和觀之前。

會仙橋　在本宫前。

沐浴堂　在修真觀左。

玉　虚　宫

離州城南六十里，在展旗峰北，遇真故址。真仙張三丰嘗庵於此，語人曰：“此地他日必大興。”既而去焉。文皇遍物色之，不可得，遂大其宫，以爲祝釐之所。中爲大殿，大殿之陰曰啟聖殿，左曰元君殿，又左曰小觀殿。西隖西山下曰仙衣亭，亭後磚室一，曰張仙洞，室外銅碑一，左爲聖水池。宫之前爲左右碑亭，厨之後爲神泉井亭。西隖北山下曰望僊樓，樓外靈洞一，石渠北曰齋堂，石澗西曰浴堂。宫門左曰鉢堂，宫門右曰雲堂，西隖北曰圜堂，鉢堂後亦曰圜堂，澗之東曰東道院，山之西曰西道院。山門外真官祠二，前左南向爲祀真武壇，前左北向爲泰山廟。宫外復有東天門、西天門、北天門、八仙臺、仙桃觀、華陽亭、蓮花池暨方丈、書房、賓所、厨室、倉庫，爲楹大小摠二千二百間，永樂十一年落成，賜“玄天玉虚”爲額。道士廩食者一百二十人，今不敷數。提點四員，階正六品，今廢，改置道官一員。給印一顆。今廢，給有部劄。領廟一、巖二、觀二。嘉靖三十一年，遣官修葺本山，復建二亭于二門外，以處御製之碑。

關王廟　去本宫西十五里，崇寧祠故址。前有一泓泉，西有飲馬池。

太上巖　**玉虚巖**　二巖説見巖志内。

迴龍觀　去本宫西南五里。其山巒蜿蜒，有回顧狀。上有井，四時不竭。

八仙觀 去本宮南二十六里。舊傳八仙過此，故名。

蒿谷澗 **梅谿澗** 二澗説見澗志内。

老君洞 在八仙觀下。

靈洞 一名水簾洞，在望仙樓外。

一泓泉 在關王廟前。

益人泉 在廻龍觀上。

東靈石泉 **西靈石泉** 二泉在太上巖。

飲馬池 在關王廟路西。

神泉井 在本宮神厨後。

一泓泉亭 在關王廟前。

益人泉亭 在廻龍觀上。

神泉亭 在本宮神厨後。

遇真橋 在東天門裏，源出九渡澗。

此處登山，有歧路焉：一行山脊，自玉虚宫右入，會於廻龍觀；一行山腹，自玉虚宫前入，達興聖五龍宫。

仙都橋　在本宮北天門裏。

遊仙橋　在本宮左。

仙源橋　在西天門裏。

西天門橋　在本宮西。

西山橋　在西天門外。

北山橋　在北天門外。

東山橋　在本宮東天門外。

登仙橋　在本宮東天門外迤南。

東萊橋　在東山橋東。

五　龍　宫

離州城九十里，即五龍靈應宫故址。前列金鎖峰，左遶磨針澗，其宫東向逆折，其門北向，宫門内爲道九曲十八折。殿二，曰鉉帝，曰啟聖。二殿堦合九重，前五重爲級八十一，後四重爲級七十二，望之如在天上，真所謂上帝居也。殿前天地池二水，從石龍口出焉。左龍井三，右龍井二，碑亭二，日月池二。殿之左爲玉像殿，殿内藏玉像五，沉香像一。殿右山坎大林下有石碑六,一爲崇封真武誥碑，一爲揭傒斯所撰宫碑，一爲揭傒斯所撰瑞應碑，二爲戒臣下碑，一仆於地，湮没不可辨，要皆元時所遺也。宫門左從曲道北折，陟左山爲榔梅臺，下而折左，出大門外，爲真官堂，爲雲堂，自雲堂併山西行，下小谷，澗水出焉，即磨針澗也，澗上有老姥祠。宫門右從碑亭下南折，陟右山爲啟聖臺，折而南下，則陳希夷誦經處，直下爲凌虚巖。復從故道折而西上，爲自然庵，内藏文皇帝賜李素希青袍一，衲襲裏各一，吕公絛一。庵前石作小池，池上爲橋，其頂爲靈應巖，其外則爲長生巖，① 爲楹大小摠八百五十。永樂十一年落成，賜"興聖五龍"爲額，道士廪食者五十人，今不敷數。提點二員，階正六品，今廢，改置道官一員。給印一顆，今廢，給有部劄。領宫一、觀一、祠一、庵一、巖三。

五龍行宫 去本宫北三十里，茅阜峰下。殿後有茅阜石。

仁威觀 去本宫東北二十里，香爐峰之西。

老姥祠 去本宫北百餘步，磨針澗傍。

自然庵 去本宫西五十步。東有煉丹池，水中巨石下一穴，有龍居焉，人常見之。按《圖記》，馬明生、陳希夷相繼居此，希夷感五炁龍君授以睡法，明生所煉神丹爐灰尚存。

紫蓋峰　松蘿峰　桃源峰　伏龍峰　五龍峰　靈應峰　隱仙峰　陽鶴峰　眉稜峰　復朝峰　金鎖峰　青羊峰　七里峰　繫馬峰　會仙峰　紫炁峰　茅阜峰 以上諸峰説見峰志内。

雷巖　卧龍巖　隱仙巖　靈應巖　凌虚巖　尹喜巖　沈仙巖　砞砂巖　藏雲巖　隱士巖　雲母巖　仙龜巖　楊仙巖　黑虎巖　浩然巖　五龍巖 以上諸巖，説見巖志内。

① "則"，原誤作"前"，據王佐《大嶽太和山志》改。

磨針澗　**大青羊澗** 此澗路達南巖宫。　**小青羊澗**　**萬虎澗**　**牛漕澗**　**桃源澗**　**黑虎澗**　**陽鶴澗**　**金鎖澗**　**飛雲澗**　**瀑布澗**　**會仙澗**　**雷澗**　**五龍澗** 以上諸澗，説見澗志内。

白龍洞　在竈門峰東。

桃源洞　在本宫西南。

白龍潭　在磨針澗下。

五龍池　在本宫頂。

煉丹池 説見自然庵下。

天池　**地池**　**日池**　**月池**　四池俱在本宫左右。

五龍井　在本宫大殿前。

磨針石　在本宫北一里許。

仙棋石　在隱仙巖下。

起聖臺　在本宫東南。

天馬臺　在接待庵西北。

望仙臺　在本宫東北。

誦經臺 在凌虚巖下。

朝聖臺 在飛昇臺西。

虎溪 事見萬虎澗志内。

風穴 事見風巖志内。

青羊橋 在本宫山下。

磨針澗橋 在老姥殿前。

聚仙橋 在黑虎澗。

隱仙橋 在仁威觀上。

普福橋 在仁威觀前。

蒿口橋 在五龍行宫前。

豐和橋 在蒿口石碑東。

紫 霄 宫

在展旗峰下，離州城百里，舊紫霄元聖宫今名香火殿之西。宫前曰三公峰，曰五老峰。宫前之左曰日池，右曰七星池，宫後之左曰月池，右曰真一泉，東方丈之北曰上善池，今更曰泉。從殿後右轉，陟山之椒根石壁爲龕者，爲太子巖，左爲蓬萊第一峰，巖下爲小圜亭，下出道院左復北上爲煉丹巖，出道院右復西上爲七星巖，又上爲三清巖，絶頂不可到，其下爲榔梅園，自榔梅園東下又轉而南上爲福地殿，殿兩階下丹井二，北爲萬松亭，東爲賜劍臺，相拒不數武，左右山斷而復圓起如小兒擎拳之狀者，爲大小寶珠峰。諸巖水合而東流于右脇者爲金水渠，渠廣八九尺，北折過宫前，抵小寶珠，不得出，鑿其項以行，爲後渠。既出，復東趨大寶珠，溢于其沚，爲禹跡池，池大僅一畝，池上有亭，北有橋，舊傳神禹導山至此，故名。爲楹大小摠八百六十。永樂十一年落成，賜“太鉉紫霄”爲額。道士廩食者五十人，今不敷數。提點二員。嘉靖二十六年内，允提督太監王佐奏，添置一員，共三員，階正六品。今廢，改置道官一員。給印一顆，今廢，給有部劄。領殿一、觀三。

福　地　殿

去本宫南八十步，天下七十二福地，此其一也。上近三公山，下瞰禹跡池，前擁寶珠峰，後倚歘火巖。

威烈觀　去本宫北二百步，中祀威烈王，王即唐刺史姚簡也。

龍泉觀　去本宫北十里，天津橋之上，玉虚巖之北。

復真觀　去本宫北一十五里，一名太子坡，殿階下有聖母滴淚池。

紫霄峰　**香爐峰**　**九渡峰**　**展旗峰**　**蓬萊第一峰**　**大寶珠峰**　**小寶珠峰**　**太師峰**　**太傅峰**　**太保峰**　**始老峰**　**真老峰**　**皇老峰**　**鉉老峰**　**元老峰**　以上諸峰，説見峰志内。

太子巖　**玉清巖**　**太清巖**　**黑龍巖**　**白龍巖**　以上諸巖，説見巖志内。

紫霄澗　黑虎澗　白雲澗　九渡澗　以上諸澗，説見澗志内。

此處登山，有歧路焉：一行山脊，由十八盤入，達紫霄；一行山足，由澗中入，達瓊臺，同會於太和宫。

黑龍潭　在仙關上，紫霄澗中。

真一泉　在本宫右。

禹跡池　在禹跡橋南。

上善池　在本宫東方丈。

賜劍臺　在本宫。

萬松亭　在福地内。

太子亭　在太子巖前。

禹跡亭　在禹跡池上。

淵默亭　在九渡巖下。

臨清亭　在大寶珠峰下。

禹跡橋　在本宫前。

通會橋　在本宫北，威烈觀南。

天津橋 在九渡澗。

黑虎橋 在本宫北，黑虎廟南。

復真橋 在太子坡北。

紫極潭① 在本宫北，威烈觀下，故址尚存。

南巖宫

離均城百里餘，即天一真慶宫故址。南列天柱諸峰，北瞰五龍頂，由榔梅祠右行南巖百餘步，度北巖，升自南天門，循山左支行數十步，折行右支百步，復折而左，入小天門，並巖斗折而行，過大巖，下爲大殿，畢諸楹，山復起突爲小阜，爲圓光殿，殿下則黑虎巖也。從大殿後左折而東二十步，折而陟巖上，方轉西行，過元君殿，爲南熏亭。亭外有石枰，縱横十八道，類今俗所彈者，相傳爲洞賓故物。復從元君殿折而下，向東直行，過磚室，一曰獨巖石室，一曰紫霄巖，巖前刻龍頭，横出欄外四五尺，其傍崛起灌莽中者爲禮斗臺。巖上片石刻靈官像，高約五寸許，亂置小竅中，不能悉其數，曰五百云。又東爲風月雙清亭，亭外石枰一。復從故道抵大殿後，西望飛昇臺，若垂天之翼。臺下爲試心石，又下爲謝天地巖，殿並山爲楮室一，神厨一，碑亭二，泉二，曰甘泉、甘露，池二，曰太乙、天一。殿之前偏右爲方丈，從方丈左折行堂後，其上分爲二道，左爲五師殿，右穿道院中，爲圜堂、浴堂、滄水庫池。池上有小間道，可通鉢堂。陟翠微，折行山之後，爲欻火巖。又轉而前，平行山上，北折則爲崇福巖，爲楹大小總六百四十。永樂十一年落成，賜"大聖南巖"爲額。道士廩食者五十人，今不敷數。提點二員。嘉靖二十六年内，允提督太監王佐奏，

① "紫極潭"，王佐《大嶽太和山志》卷一作"紫極壇"。

添置一員，共三員，階正六品，今廢，改置道官一員。給印一顆，今廢，給有部劄。領觀一、廟一、祠一、洞一、巖二。

太鉉觀　去本宫東北二十里，右老君巖山門庵也，内設太上像。

烏鴉廟　去本宫東北二里，南天門之下。傳云鉉帝修道之時，有烏鴉報曉于此，故建廟以祀之。

榔梅祠　去本宫南一里。鉉帝昔折梅枝寄榔樹上，祝曰："道成，當結實。"已而如其言。下有仙翁司之，遂建祠焉。

雷神洞　一名歘火巖，去本宫百步北山之巔。

疊字峰　**金鼎峰**　**徤人峰**　三峰説見峰志内。

滴水巖　**紫霄巖**　**僊侶巖**　**獨陽巖**　**道者巖**　**崇福巖**　**北巖**　**歘火巖**　**謝天地巖**　以上諸巖，説見巖志内。

白龍潭　在飛昇臺下。

百花泉　在仙侶巖。

甘泉　在本宫。

甘露泉　在紫霄巖。

天一池　**太乙池**　**滄水庫池**　三池俱在本宫。

甘露井 在本宮大殿前。

試心石 在南巖峭壁下。

更衣臺 即今梳粧臺，在飛昇臺右。

飛昇臺 在本宮西百步。

禮斗臺 在紫霄巖下。

梯雲橋 在榔梅祠下。

步雲橋 在飛昇臺。

天一橋 在本宮北天門外。

太和宫

在天柱峰紫金城南天門外。宫之正殿曰朝聖殿，殿之對峙距數武爲小蓮峰，元時古銅殿撤置其上。殿傍爲鐘皷樓，又下爲元君殿，爲聖父母殿，爲誦經堂，爲真官堂，爲神厨，爲龍池，爲龍廟。又下西折爲方丈，爲廊廡、齋堂、道房。復自故道折而北上，爲朝聖門。既度，復東折而下數十百級，遶出天柱峰後，爲三天門。又下數十百級，爲二天門，爲摘星橋。復折而西下數十級，爲一天門。爲楹總五百一十有奇。永樂十四年落成，賜“大嶽太和”爲額。道士廩食者三十人，提點二員。嘉靖二十六年，又允提督太監王佐奏，添置一員，共三員，階正六品，今止存二員。給印一顆，今無，領宫二、廟一。

清微宫　去本宫七里，即妙化巖也，張守清、張三丰修煉之所。永樂十一年建爲宫，迤西别築妙化巖。

朝天宫　去本宫東六里，一天門下。

黑虎廟　去本宫三十里，九渡澗之上。傳云鉉帝修道之時，有黑虎巡山，乃北方天一之所化，護國鎮山之神，廟設黑虎神像。

金頂　在天柱峰之極頂，因上有金殿，故又以金頂名。元時銅殿一座，明成祖以規制弗稱，撤置小蓮峰，冶銅爲殿，飾以黄金，範鉉帝金像於内，凡侍從供器悉飾以金。後增置銅柱數十株爲欄，週圍護之。頂之東西約九丈，南北約二丈，建殿其上，坐酉面卯，左右益以飛棧，爲更衣二小室。殿外爲臺，臺外爲檻，檻外爲紫金城，立東西南北天門，以象天闕，東、西、北天門，俱臨絶巘，惟闢南天門通逕路焉。

天柱峰　顯定峰　皇崖峰　獅子峰　靁石峰　貪狼峰　巨門峰　禄存峰　文曲峰　廉貞峰　武曲峰　破軍峰　中笏峰　千丈峰　逍遙峰　金童峰　玉女峰　萬丈峰　大蓮峰　小蓮峰　大筆峰　小筆峰　落帽峰　白雲峰　仙人峰　隱士峰　大名峰　中鼻峰　聚雲峰　手扒峰　竹篠峰　槎牙峰　竈門峰　九卿峰　伏魔峰　玉筍峰　柱笏峰　大夷峰　把針峰　丹竈峰　天馬峰　鷄鳴峰　鷄籠峰　以上諸峰，説見峰志内。

風巖　青巖　皇后巖　白雲巖　三公巖　天馬巖　常春巖　集雲巖　北斗巖　昇真巖　碧峰巖　悟真巖　妙華巖　羅狀元巖　九卿巖　以上諸巖，説見巖志内。

武當澗　蠟燭澗　西澗　金鷄澗　鬼谷澗　雙溪澗 以上諸澗，説見澗志内。

碧天洞 在小蓮峰下。

黄龍洞 在紫蓋峰下。

太鉉洞 在柱笏峰下。

參斗泉 在金頂西，靁石峰南石巖下。

天池 即白龍池，金頂南峭壁下。

龍井 在金頂上。

試劍石 在金頂二天門内。

金星石　銀星石 俱在金頂。

鳳凰石 在玉筍峰側。

瓊臺 在金頂東南。

摘星橋 又名會仙，在二天門下。

白雲橋 在白雲巖南。

斜橋 在朝天宫下二里許。

星牖 事見白雲峰志内。

宫殿跋

遡有唐貞觀以後，崇祀真武，宫殿已當垂盛，如内庭刱家政殿，建寶應閣，並加門戟蘭錡，一如宫闕之狀。逮宋至和間，祀真武於太清靈都觀，復建景靈宫、迎真閣，稱郅隆焉，尚未逮武當也。至元延祐，① 賜武當山天一真慶萬壽宫碑，又創銅殿於天柱峰頂，益加顯重，然終未有如明初永樂之崇鉉帝居也。當時首闢郡城，是爲浄樂，爰從舊封，帝躬實誕育焉。次之迎恩、遇真，則帝之行宫，以備巡歷遊幸之所也。境奧而輝，制曠而有則者，爲玉虚，帝殆垂衣裳施命誥於兹乎？再進而紫霄、南巖，雖崇弗峻，帝將晉高真而論道，集群僊以校籍，無踰乎此。別舘五龍，幽曲邃穆，帝思深居齋袚，以收視返聽，舍是曷適焉？太和則天威咫尺矣，明目達聰，鉉德升聞，惟帝在則然歟？從此上躋五城十二樓，層給每數疊一轉，倣十二樓制。天柱峰頂，紫金之闕，渺渺太虚中意，帝端拱萬方，復帥萬真上朝元始、玉晨，恒必由斯。至元和、復真，則遷校公事舊地也。建制鉅麗，古今希覯。第慨自永樂創興百數十年，至嘉靖修葺，用帑金拾餘萬，遣重臣經營重新，計今復百數十年，宫殿垣墉，上多滲漏，下多傾圮，疆吏目擊，時增感愴，近經詳飭道衆，募助於十方朝謁之士，而補救莫逮。竊謂均陽受叛亂蹂躪以來，藉鉉帝神威，佑助行師，俾叛逆駭遁，確有顯徵，安得上達朝廷軫念，亦從而維新宫殿，以昭荅神庥，將見聖躬介無疆之慶，國祚享靈長之休，不亦與神靈同其悠久於億萬斯年也哉！

知州王民皞謹識。

① “祐”，原誤作“佑”，今改。

宫殿參攷

嘗聞黄帝冠高山而爲明庭，軒轅居北宸而名闗中，上古雖草昧初開，崇奉聖德，未嘗不尊宫殿也。乃鉉帝舍榮華慕道，則嵯峨金碧非所臆及矣。稽元至正年間，建五龍、興慶二宫，以隆帝居。迨有明多增七宫，惟五龍存焉，是謂八宫。或在城市，儼然有南面之尊，所以見鉉帝君臨之義，不在一時而在萬世也。或在山林，巍然有離宫之别，所以見鉉帝修真之篤，不舍林皋而棄幽谷也。至若太和一宫，呼吸可通上天，天威咫尺，靈爽赫奕，猶有北極高居之象矣。各宫取義甚明，非徒以刻桷流丹，珠簾映日，爲華侈之觀也。竊嘗思之，不獨阿房曲臺之麗，空餘明月啼烏，即鼎湖宜春之名，僅存野花蔓草，武當宫殿方且歴千禩而如新，爲鉉帝之靈爽式臨可也，亦抑歴代之尊神特典云。

訓導盧維兹謹訂。

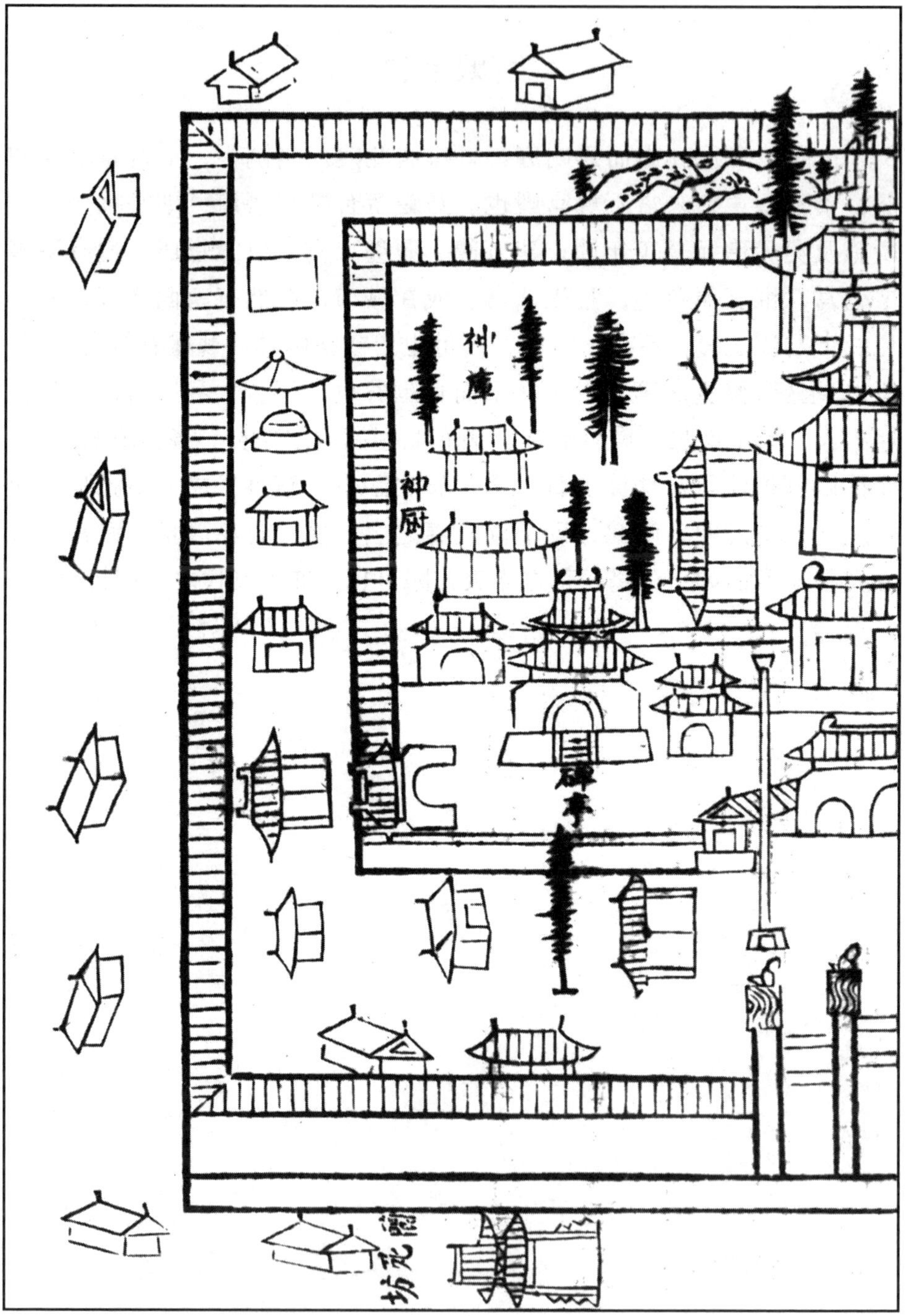
神庫
神厨
碑亭

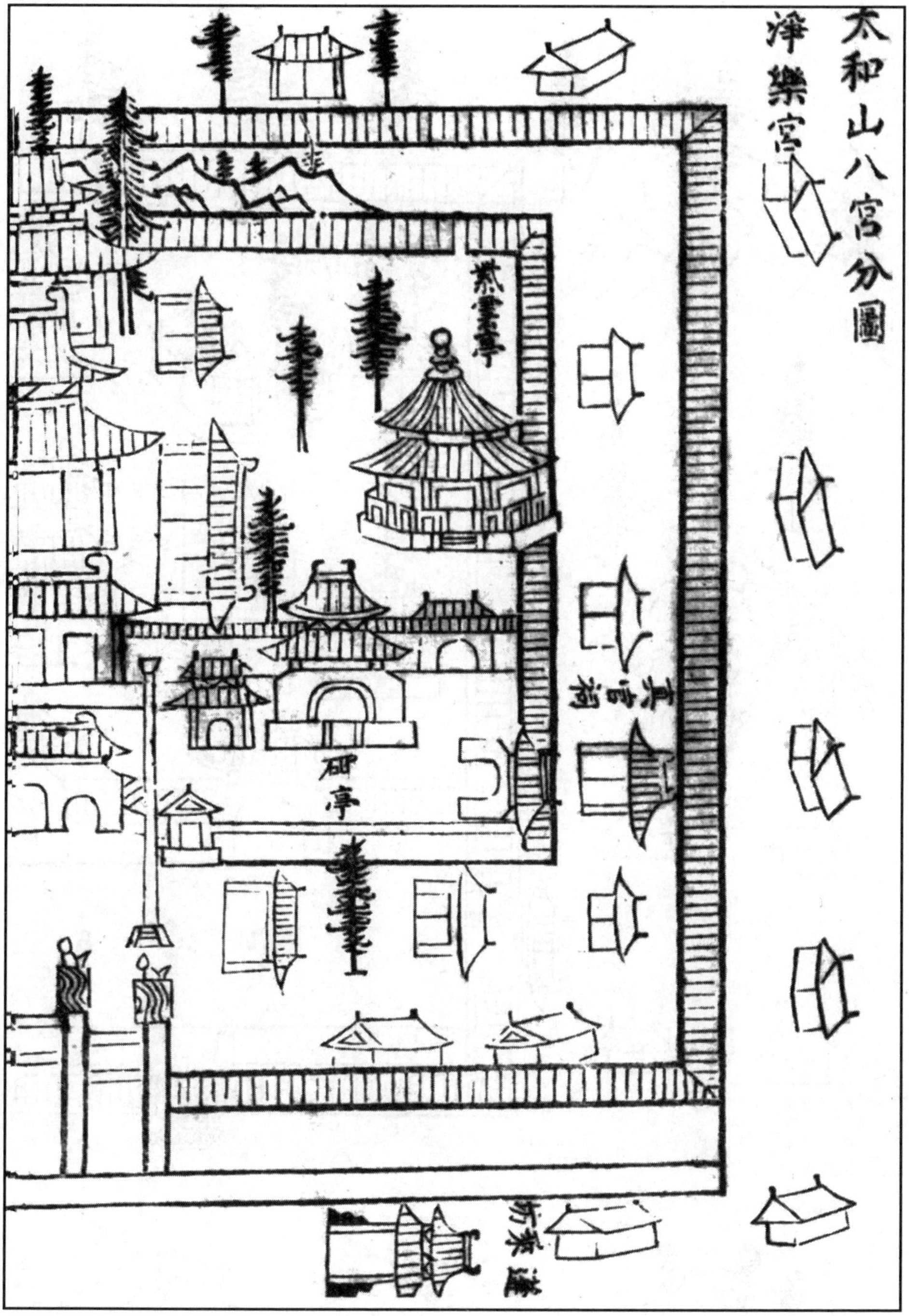
太和山八宮分圖
淨樂宮
紫雲亭
碑亭
真官祠

真官殿
閻王殿

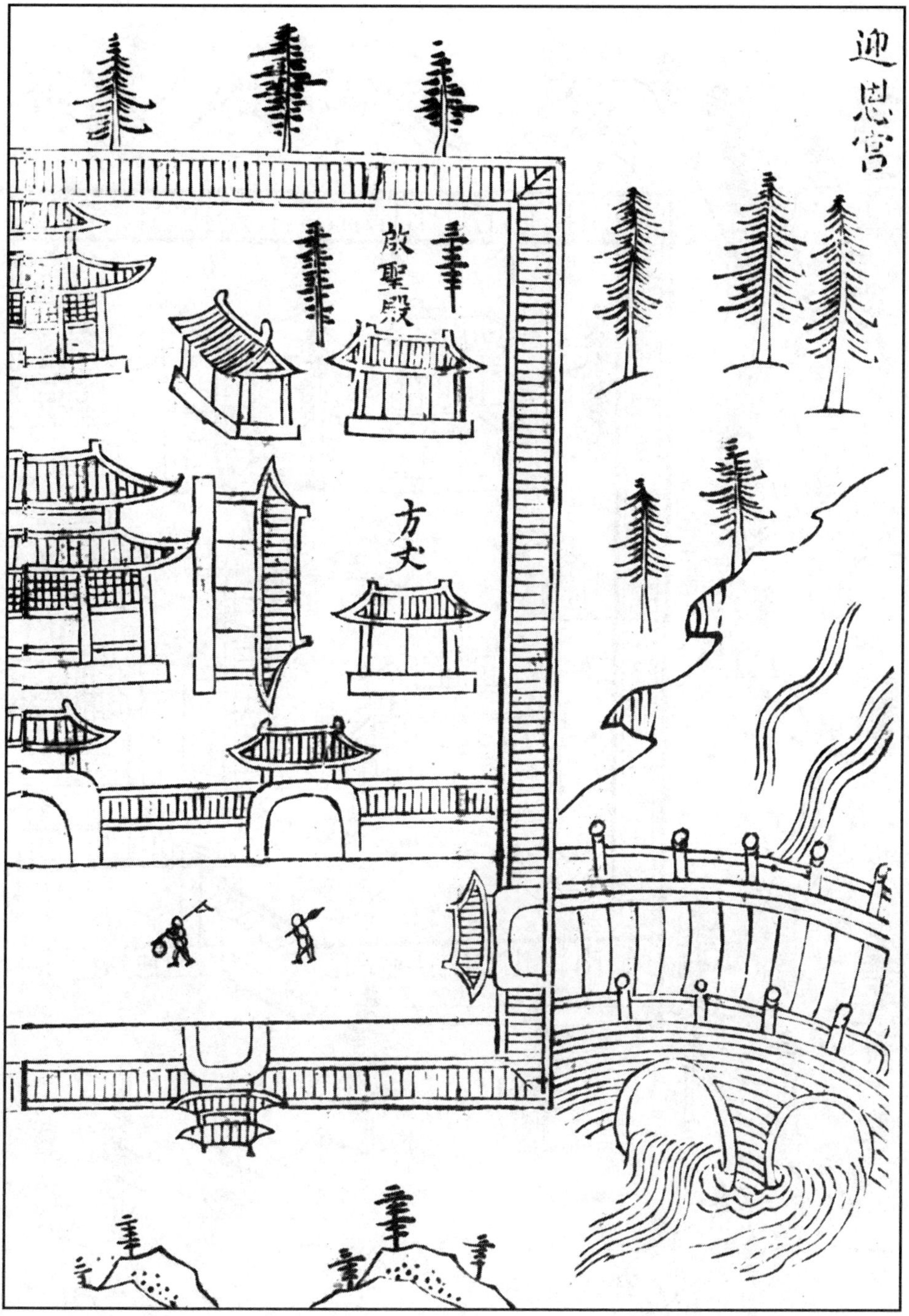
迎恩宫
啟聖殿
方丈

會仙館
黑虎洞
會仙橋

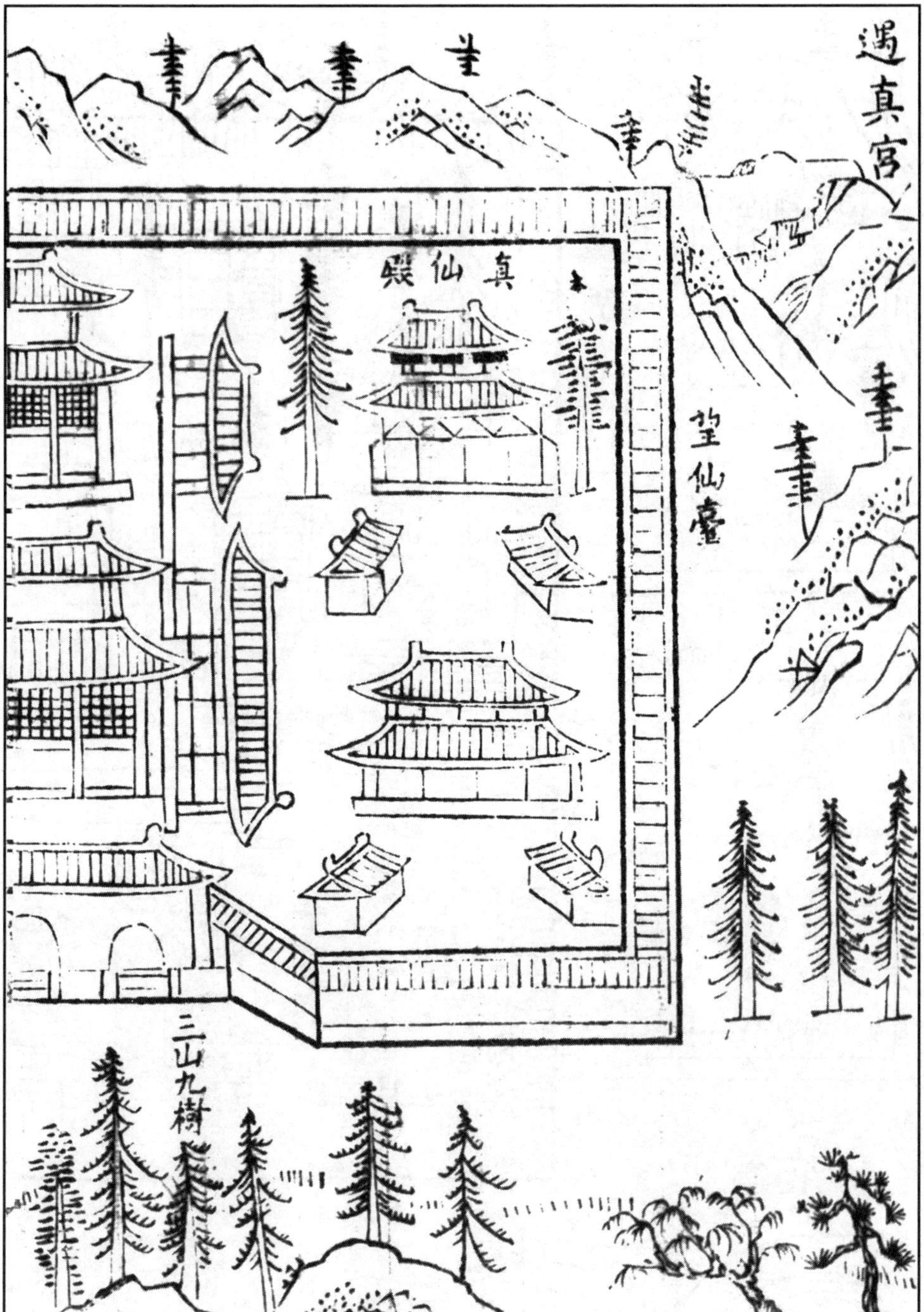
遇真宫
真仙殿
望仙臺
三山九樹

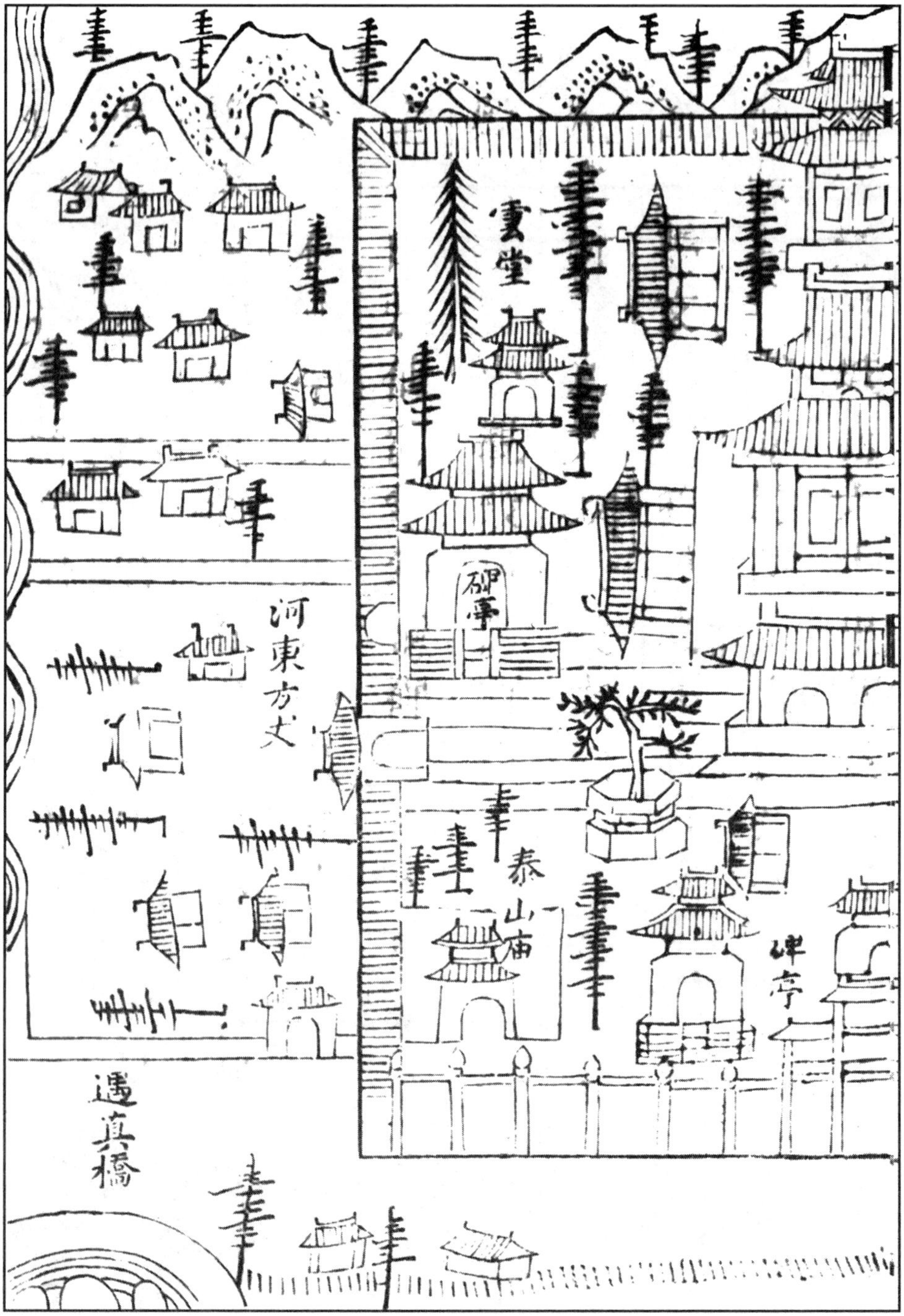
雲堂
碑亭
河東方丈
泰山庙
碑亭
遇真橋

玉虛宮
鉢堂
碑亭
望仙樓
啟聖殿
祀大嶽
真武壇
碑亭
西天門

五龍頂
方丈
自然庵
日池
地池
月池
啟聖殿
碑亭
井

五龍宫
玉像殿
隱仙岩
掛劍樹
天池
碑亭
五

元聖殿
賜劍臺
福地殿
方丈
七星池
殿
真一泉
碑亭
福地門

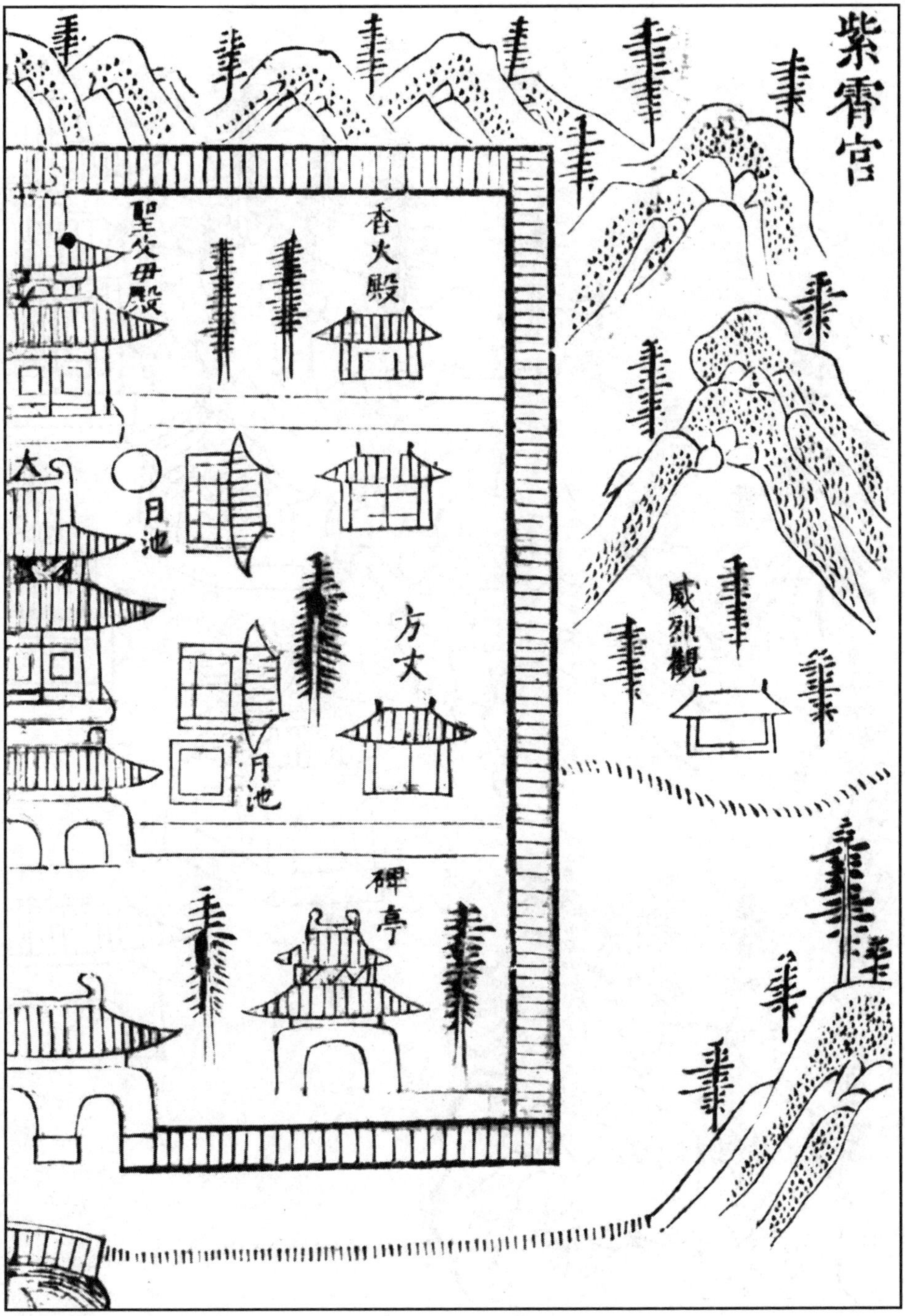
紫霄宫
聖父母殿
香火殿
日池
方丈
月池
碑亭
威烈觀
大

梳粧亭
靈官殿
碑亭

南巖宫
棋亭
天乙真慶宫
甘露井
碑亭
烏鴉廟

殿
朝聖門
元君殿
聖母殿
真官堂
神廚
太和宮

太和宫
金
古銅殿
碧天洞

大嶽太和武當山志卷之七

庵　祠

楊素蘊曰：竊以太和自古高巖深澗，霧鎖雲封，險箐危巒，獸棲魖伏，窮梯者蓋鮮，躡磴者維艱。迨夫帝靈用彰，宸懷式展，宮觀肇闢，仙都炳烺，以是六合耄倪，號呼邀靈于金闕，五方士女，匍伏瞻聖于瓊臺。然猶擇地崔嵬，未免懸燈奥窅，爰有明藩沛帑，構復崇弘，更多道侶募資，製仍鉅麗。用是星分碁布，悉皆瑤宇琳宮，總迓乘輿，咸伺駐蹕，惟不敢上同夫御號，衹相沿常刹以稱名。居者受廛，從者歸市，行者憩息，饑者饔餐，所寓羽服黃冠，稍殊啜醨噬腊，此輩頂禮，合帝疇咨，誠慕道采真，將不啻聚窟鳳麟之境，而洞天福地，亦不遠桑蔴雞犬之區矣。志庵祠。

庵　凡三十二

秦府庵　在州河北响河，明秦藩創建。

玉峰庵　一名朝陽觀，在滄浪亭後山頂。今廢。

樂都庵　在古樂都村後，即今上横山灣。

準提庵　在土橋路傍。

孟津庵 在石板灘，係禹州徽府建。今廢。

周府庵 今改悟真庵，離州南四十五里，明河南周藩剏建。

申府庵 在周府庵右，明内閣申創建。

晉府庵 在申府庵右，明山右晉藩創建。

沐府庵 在周府庵左，駙馬沐昕創建，崇禎五年重修，崇禎九年回禄。

萬壽庵 在周府庵北。今廢。

會真庵 在鉉嶽門外。

襄府庵 在鉉嶽門内。

紫陽庵 明楚藩創建。

自在庵 在修真觀左。

冲虛庵 前有金花樹，傍有舜井。詳見《古蹟》。

瑞府庵 在修真觀右。今廢。

崇府庵 在元和觀，嘉靖四十三年三月建。今廢。

路府庵 在廻龍觀。今廢。

明真庵 在行宫西三里，道人白鉉福重修。

金沙坪 一名遇仙坪，萬曆二十二年剏建。

吸露庵 明河南唐府建。

福府庵 在柳坪堰，天啟三年建，崇禎十年回禄。

自然庵 在五龍宫，張三丰修煉於此，勅建。

接待庵 在五龍宫青羊澗下，勅建。今廢。

延壽庵 在太上巖左。

瓊臺上觀 今廢。

瓊臺中觀

瓊臺下觀

月庵 **白雪庵** **雲窟庵** 以上三庵，見羅霆震詩集。

檜林庵 孫碧雲葬處。見碧雲《仙真集》。

祠 凡十二

吕祖祠 在州治南二里。

浄樂宫真官祠

玉虚宫真官祠

三丰祠　在玉虚宫大殿左。

黑虎祠　一名黑虎廟，在十八盤之上。

老姥祠　在五龍宫磨針澗上。

榔梅祠　在南巖宫，即插梅寄榔處。

南巖宫真官祠

文昌祠　在二天門下，會仙橋上。

文公祠　拄笏峰下，上瓊臺之上。

五百靈官祠

宣慰祠　以上二祠見羅霆震詩集。

庵 祠 跋

經曰："營魄抱一能無離，滌除鉉鑒能無疵。"又曰："致虚極，守静篤。"道如是而已。今道衆哆口焚修，修亦如是而已。即當流傳之後，正一、全真，分門别户，不過如釋氏之分别南北宗，教有二，修原無二也。計當日初建宫殿時，如正一孫碧雲知紫霄，全真李素希知五龍，俱當宁所屬意。嗣後定制，隸居宫殿道房，予之廪餼者，概屬正一。若然，兹山將無以處夫鶉衣籜冠、株守全真之儔也矣。迨豫、楚、襄、晉諸藩分建茶庵，復有羽流力募，如自在、明真、金沙、瓊臺各區，潔清壇宇，統祠上帝。其間棲泊百結之侶，雖未知其蚤作而夜思者，於抱一鉉鑒、致虚守静之真詮，能否一二洞徹，而即其饑渴啜餔，遏絶腥醴，庶幾湛然。夫苟益以澡瀹身心，不至與緇流之誦經遮眼同類並譏，則或不爲上帝所概擯，而高真亦不靳津筏，誕登者將有在矣。是固宜分别標之，以勵夫二教者之齋心精進罔俾失墜焉，其可也。

知州王民皡謹識。

庵祠參攷

八宫之外有庵祠，總以事鉉帝也。有明永樂建宫以答神貺，選正一教以焚修，一時藩邸卿相，咸聞當宁有特典，各欲抒忱佈悰，乃創立庵祠，亦猶古者列侯助祭之義也。不敢擅選正一，聽四方遨遊羽客有苦行篤守者居之，是謂全真。迄今四百餘年，正一之教不混於全真，全真之教未給以廪糈，則庵祠與宫觀似爲二矣。然攷前志，如某庵則屬某宫，遇大典及三九月薦幣行禮仍統于宫，則宫與庵祠又一矣。大約正一之教，洗滌其身，守静好道，耑於道爲道者也。全真之教，不飲酒茹葷，棲清守泊，類於釋以爲道者也。彼所謂無上至道，其統釋道而合一者與?

訓導盧維兹謹訂。

大嶽太和武當山志卷之八

祀　典

楊素藴曰：先王祭帝于郊，所以定天位也。太宗伯之職曰以禋祀，蓋有事於天，祈福於上玄，以報所受。《月令》："孟仲季冬，其帝顓頊，其神玄冥。"即玄武主之。又曰："歲二月，東巡守，至於岱宗，柴而望祀山川，山川神祇，有不舉者，爲不敬。"按五嶽四瀆，祀有常禮，唯泰山與河歲五祀，江水四祀，餘皆一禱而三祠。大嶽太和山祀典，前代宋元不可考，明永樂以後，禮文特崇，專勅中使經理是山，各宮設供香蠟諸品，每歲以鉅萬計。凡春秋仲月，疆牧詣玉虚祀北極真武之神，春秋之季月，提督藩参焚幣金殿，歲以爲常。國朝崇祀，一循舊章。康熙十二年，皇上特遣近臣吴、色等賫金幣饗獻帝座，兼繪山圖，約其尋仞，爲鳴鑾上祀、檢玉探策之舉。雖因諸逆擾均未果，而咸秩無文，上帝歆格，與圜丘郊祀等。將從兹陰相顯翼，太平式遘，綏邦屢豐，①俾朝廷昭答景貺，如封岱禪梁盛事，斯于崇祀休嘉爲有光焉矣。志祀典。

成祖修建各宫祭真武文　兹者命官統率軍夫修建殿宇，報答神貺，上資薦揚皇考、皇妣，下爲天下生靈祈福，謹用祭告，神其相之。

仁宗即位祭真武文　洪熙元年歲在乙巳辛卯朔，越十五日乙卯，皇帝遣禮部左侍郎胡濙致祭于北極真武之神曰：惟神道高玄妙，功運化

① "綏"，原誤作"緩"，據文意改。

權，廣濟生靈，陰翊皇度，兹予嗣位之始，虔修告祀，伏惟歆格，永祚邦家，尚饗。

宣宗即位祭真武文 宣德元年歲次丙午十二月乙丑朔，越十一日乙亥，皇帝遣太常寺寺丞袁止安致祭于北極真武之神曰：惟神參贊鉉化，顯相邦家，我皇祖崇建祠宫，昭答靈貺，兹予嗣位之初，謹用祭告，惟神昭格，茂錫靈庥，尚饗。

英宗即位祭真武文 正統元年歲次丙辰正月丁卯朔，十五日辛巳，皇帝遣平江伯陳佐致祭於北極真武之神曰：惟神丕顯靈化，① 佑我邦家，祛灾凝祥，永世斯賴，兹予嗣承大統，紀元之初，敬用祭告，用祈洪庥，尚饗。

景宗即位元年，遣翰林院侍講徐珵祭真武文 ②

英宗復即位元年，遣定西侯蔣琬祭真武文

憲宗即位元年，遣吏科左給事中沈瑤祭真武文

孝宗即位元年，遣陽武侯薛倫祭真武文

武宗即位元年，遣崇信伯費柱祭真武文

世宗即位元年，遣工部右侍郎陳雍祭真武文

穆宗即位元年，遣尚寶寺少卿徐琨祭真武文

神宗即位元年，遣工科給事中吴文佳祭真武文

光宗即位元年，遣武安侯鄭惟孝祭真武文

武宗告真武祈雨文 今歲以來，雨暘愆候，田苗枯槁，黎庶憂惶，予心兢惕，虔致禱祈。惟神矜民，旋斡太和，式調和氣，以濟民艱，庶民有豐稔之休，神亦享無窮之報，謹告。

---

① “化”字原脱，據王佐《大嶽太和山志》卷二補。

② “珵”，原誤作“程”，據王佐《大嶽太和山志》卷二改。

武宗告真武弭盜文 近歲以來，群盜爲梗，生靈被害，在在有之，命將徂征，稍臻平定，餘灾未殄，尚累天和，水旱相仍，妖祥疊見，永思厥咎，良切痛心，爰於群臣，飭躬修政，同期昭格，庸迓神庥，伏冀神明，憫兹黎庶，轉灾爲福，綏我家邦，不勝惓惓懇禱之至。

嘉靖重修宫殿祭謝真武文 嘉靖三十一年歲次壬子九月庚辰朔越初九日戊子，皇帝遣工部右侍郎陸杰致祭於北極佑聖真君曰：兹者奉修鉉聖宫宇，興工之始，即感神彰顯應，圓光屢現，敬仰真庥，謹用遣官祭謝，伏祈聖真昭格，永垂庇佑，錫慶邦家，謹告。

國朝皇清康熙十二年歲在癸丑乙卯月十九日良吉，當今皇帝御前壹等侍衛加壹級吴當、貳等侍衛色虎立奉旨齎銀五拾两，祭告北極鉉天上帝前，恭祝皇太后壽筭千秋，祚國保民，懇祈上帝靈佑，伏惟尚饗。

修建國醮文附

弘治十六年歲次癸亥二月一日戊戌朔越二日己亥，皇帝遣御用監王瑞、魏倫，御馬監陳玹，敢昭告於北極鎮天真武鉉天上帝曰：惟神星應虚危，靈昭宇宙，助國庇民，歷代瞻仰，朕以眇躬，君臨天下，臣庶歸懷，皆賴尊神維持護佑，是以謹賫香儀，恭詣武當山浄樂宫，特命道衆啟建大齋四十九晝夜，恭設羅天大醮三千六百分位，兹以皇壇肇啟，虔備庶饈，用伸祭告，伏希汪汪如在，赫赫顯靈，佑朕眇躬，延綿萬歲，謹告。

弘治十六年歲次癸亥三月　日勒石。浄樂宫東碑亭。

正乙嗣教天師張彦頨奉勅詣武當建國醮文 臣張彦頨欽奉聖旨："切念眇躬，仰承天命，惟兢業以奉郊廟，思圖治以康兆民，慮承傳之爲重，憂儲嗣之未立，惶惶於懷，用于聖造，擇取今月二十日爲始，特命正乙嗣教大真人，謹詣大嶽太和山，率領官道，於就浄樂宫，啟建金籙，請恩降儲延本，福國保民，消愆迎祥，大齋七晝夜，至二十六日圓滿，袛設羅天大醮三千六百分位，恭叩鉉真，俯垂鑒允。伏願聖化洋洋，福錫普天之下，鉉靈赫赫，茂延儲緒之長，風雨時若，四序和平，欽此。”臣欽承依教奉行。

嘉靖十五年十一月　日勒石。浄樂宫東碑亭。

按：太和祀典，獨盛於明，自明成祖而後，嗣統者及分藩諸王，凡祈禱雨暘，保國延儲，類皆修建醮典，勒石紀虔於各宫之碑亭，茲不具録，僅撮一二於右，以概祀典之盛云。

欽定太和山大小宫觀巖廟各處香燭油蠟附

明

玉虚宫　三年降真香五百五十二炷，宿香五百五十二斤。

十年油蠟燭一千八百四十對，油三千六百八十斤，蠟四百六十斤。

長明燈油七千二百斤。

太和宫　三年降真香四百一十四炷，宿香四百一十四斤。

十年油蠟燭一千三百八十對，油一千七百六十斤，蠟三百四十五斤。

長明燈油七千二百斤。

五龍宫　**紫霄宫**　**南巖宫**　俱同太和宫。

浄樂宫　三年降真香二百七十六炷，宿香二百七十六斤。

十年油蠟燭九百二十對，油一千八百四十斤，蠟二百三十斤。

長明燈油七千二百斤。

遇真宫　三年降真香五十七炷，宿香五十七斤。

十年油蠟燭一百九十對，蠟四十七斤八兩。

迎恩宫 本宫創於成化年間，香炷油蠟原無欽定，今於各宫數内量出支用。

每年降真香五十七斤，宿香一百二十四斤十两六錢，蠟三十二斤。

長明燈油五百三十八斤五两。

清微宫 朝天宫 五龍行宫 元和觀 迴龍觀 太鉉觀 復真觀 龍泉觀 仁威觀 威烈觀 八仙觀 福地殿 黑虎廟 老姥殿 關王廟 榔梅祠 凌虚巖① **隱仙巖 仙侶巖 玉虚巖 滴水巖 妙化巖 太子巖 崇福巖 雷神洞 靈應巖** 以上二十六處，三年每處降真香三十六炷，宿香三十六斤。

十年油蠟每處燭一百二十對，油二百四十斤，蠟三十斤。

祀典跋

傳曰：實沈，參神也。臺駘，汾神也。山川之神，有水旱癘疫之災，于是乎禜之。日月星辰之神，有雪霜風雨之不時，于是乎禜之。然則有合天神地祇以主宰斯世而福吾民，如鉉帝之有赫，有弗利用孚禴者乎？唐開元遣杜昂祭太上于羊角山，太上現紫雲中，語以天下太平符兆。又曰："吾不飲不食，何用祭焉？"夫天地未嘗飲之食之，而從來國家郊社之禮罔敢缺且怠，以云祈，以云報也。是鉉帝何嘗責下方之祀，而歷代典秩，殷薦有加，明乎鉉帝助國佑民，藉以彰答靈貺，而祈無疆福祚耳。又矧合萬姓之恪恭，以大其烝嘗，而其爲歆格肹蠁，寧有涯涘哉！

知州王民皞謹識。

① "虚"，原誤作"雲"，據任自垣《勑建大嶽太和山志》卷十三改。

祀典參攷

古者天子祭天地，諸侯祭境內山川，又天子有事，致祭於所過名山大川。《廣雅》亦云，山神名離，水神名馮夷，例有祀祭。宜鉉帝之高居太嶽，薦聲昭假，爲歷代之不暂也。其在三代及漢唐，主兹山者以時崇祀，無論矣，乃自宋及元，詔勅特增，祭有專官。沿及有明，春秋祀典，命中涓，蓋取近臣以抒忱悃也，然中涓告虔，近於輶褻。我朝仍有明之制，三九薦幣，主祭者惟藩參是任，上可以通誠恪，下可以達祈報，千載定例，罔敢隕越，其制洵爲盡善。至若海内士庶頂禮朝謁者，或以米粟茶果，蘋蘩温藻，用伸結忱，則鉉帝之靈武不可度，鉉帝之歆享又寧有艾耶？

訓導盧維兹謹訂。

大嶽太和武當山志卷之九

仙　　真

楊素蘊曰:“古仙靈上真，多好密緯潛修，弢光隐迹，至證道度世，不爲人知，翳惟山靈是賴，如海外羽仙所駐三島十洲、青城蔚藍之宇，非人所經由習見，無論已，即海内名山洞府，爲泉石之所區分，煙霞之所醖釀，松蘿之所蔭映，風月之所徘徊，皆足以絶囂埃，蒸雲液，藴祟道炁，葆合元真，以是多與真仙冥符默契，托跡棲心，如龍之潛淵，如鳳之騫霄，謂藉是始可以屏凡區而躋聖域也。鉉帝從太和尋幽證道，而後廼舉太初太易無象無形之理詔示後世，不言而教，莫知其神，爲羽流祖，爲道法師，以故是山培毓仙侣，往古來今，渺邈難窮，更僕莫究，殆道靈之窟宅，而聖宗之淵藪也。惟是前多遺軼靡考，兹取其流傳有據者註於篇，亦既如金蠶五斛，暗吐仙絲，瓊節一雙，遥迎真舄者矣。志仙真。

太　　古

太上老君，在天皇時降世，號通鉉天師，一號鉉中大法師。地皇時降爲師，號有古先生。人皇時降爲師，號盤古先生。伏羲時降于田野，號鬱華子。祝融時降於恒山，號廣壽子。神農時降於濟陰，號大成子。神農末降淨樂國，號紫元君。黄帝時降於崆峒，號廣成子。少昊時復降崆峒，號隨應子。顓帝時降於衡山，號赤精子。帝嚳時降於江濱，號緑圖子。帝堯時降於姑射，號務成子。帝舜時降於河陽，號尹壽子。

夏禹時降於商山，號真行子。殷湯時降於潛山，號錫則子。

以上事迹，互見于《帝系譜》、《帝王世紀》、《洞神大有經》、《玉曆經》、《出塞記》、尹氏《鉉中記》、崔鉉山《地理志》、譙周《古史考》、[1]《神仙傳記》、《郡國圖經》。老君雖分身應化，隨世立教，事竟則隱，故在世未有誕生之跡。至殷朝第十八王陽甲庚申之歲，自太清仙境分光化氣，乘日精，駕九龍，化爲五色流珠，託胎於鉉妙玉女天水尹氏，已而孕歷八十一年，當殷二十二王武丁庚辰歲二月十五日，降誕于亳之苦縣瀨鄉曲仁里，即今太清宫也。殷以建丑爲歲首，殷之二月十五日，即今之上元節也。青羊宫碑云："殷高宗御極之世，周文王演《易》之初，神光流入于瓊胎，瑞彩結成于金骨，不坼不副，誕彌于八十餘齡，降瑞降祥，過期者二萬餘晝。"

殷紂丁卯，老君降於岐山之陽，號燮邑子。時周文王爲西伯，召爲守藏史。武王克殷，遷爲柱下史。

隋内史薛道衡奉勅撰《祠庭頌》云：[2]"爰自伏羲至周世，綿歷歲代，易號變名，在文王、武王之時，居藏史、柱史之職，市朝屢易，貌不改焉。"

周成王時號經成子，康王時號郭叔子，仍柱下之職。昭王時去官歸亳，以二十五年癸丑五月壬午，西過函谷關，度關令尹喜，明年甲寅，授喜《道德》五千言。是歲四月，於喜宅南小山忽乘白鹿履庭檜上昇，天即有五色光貫紫微，井水皆溢。

歐陽文忠詩云："青牛西出關，老子始著五千言。白鹿去昇天，爾來忽記三千年。當時遺跡至今在，隱起蒼檜猶依然。"

昭王二十七年乙卯，復分光降生於蜀國李太官家，至二十九年丁巳，會尹喜於青羊之肆。

《唐記》云："青羊肆者，太上鉉元天皇大帝第二降生之所。"

穆王四年甲申，復還中國，東遊扶桑，會大帝校集群仙。

---

① "譙"，原誤作"醮"，今改。

② "史"，原誤作"吏"，今改。

《穆王内傳》云："穆王聞尹真人得道上昇，乃爲修樓觀，置道士七人，以奉祠事。"

平王二十三年癸卯十二月，老君復出關開化諸國，遂至西流麟等洲，考校群仙，事訖復還中國。

敬王十七年戊戌，孔子謂南宫敬叔曰："吾聞老聃博古而該今，通禮樂之原，明道德之歸，則吾師也。"與敬叔偕問禮。

赧王九年乙卯，秦昭王立，老君與尹喜諸仙西遊女几、雞頭、天柱，復出散關，遂昇崑崙，還紫微上宫。昭王聞之，乃與老君所經由處爲置城邑，以表聖迹，故立老停驛、尹喜城。

老君應感無方，變化莫測，或昇或降，莫能究悉。今考傳記并長歷推計，自殷武丁庚辰至周赧王乙卯，凡出入隱顯，歷九百九十六年，在殷一百七十四年，在周八百二十二年，正與史傳及諸經典相合。魏明帝贊云："爲周柱史，經九百年。"太學博士吴楊昊亦云："老君變通，靈應難測，既生商日，又仕周時。計其始終，乃歷千歲。"此舉其成數也。劉向贊之曰："德合元氣，壽同两儀。"① 據諸傳記，説雖不同，莫不稱其歷世享年之多，有不可測識者耳。

皞按《史略三界混元圖》云："太上在天爲衆聖之尊，在世爲萬教之主，先塵劫而行化，後無極而常存，道運御世，開闢鉉通，故號無上三天鉉元始炁太上老君焉。"又云："出自然靈文，演無爲要旨，經圖戒律，應運施行，出幽入虚，無不經歷，説化諸國，調伏群魔，或爲千二百老子應現諸天，或爲百八十道君接引凡界，分靈散景，倏忽週遍，而真一之身湛然虚寂，常在太清太極宫也。"若然，太上既不可與群仙同語，又寧可並諸神例論耶？據考尹真人初授童真之任，隨侍老君遊此宛利天下、五嶽名山、洞天福地、上真下治之所，而太上、文始之歷寓太和，緊即其時。皞竊以太上爲鉉帝師，則志太和者冠神于仙真之前，而必首冠太上于神之前，固鉉帝聖意也。皞惟上繹聖意，而次

① "儀"，原誤作"義"，據謝守灝《太上老君年譜要略》改。

第傳之云爾。

神　列冠仙真之首，凡二十一

龍變梵度天帝　内名搠靈妙光，在無色界之上，其色赤，又曰上妙天，其宫曰靈寶宫，下應浄樂國。

太安皇崖天帝　内名暉蓂阿魂，在色界，其色白，又曰極樂天，其宫曰閉明宫，下應武當皇崖峰。

顯定極風天帝　内名回翘威，在色界，其色黄，又曰廣樂天，其宫曰太赤宫，下應武當天柱峰。

豐乾大天帝　内名未詳。

按宋侍中荆國公宋庠奉旨編《真武啟聖記》第九章稱，真武初學道，遇帝，賜以黑駞虬角斷雄寶劍。

虚宿天卿星君　危宿天錢星君　二星皆天一之象，龜蛇水火之形，玄帝之所統理。

無極上道紫元君　内名未詳。

按《仙傳》，帝傳道付玄帝，示武當山之根源，① 今尊曰聖師。

九天掌籍上仙元皇帝君　姓張，名亞，屬三大神之一，② 掌桂禄籍，凡食禄爲官爲儒者皆隸之，爲水府計度轉運，相輔大道，佐玄帝濟物。

---

① “示”字原脱，據劉道明《武當福地總真集》卷下改。

② “屬”，疑當作“蜀”。

上清天機都承旨神應元惠真君　姓董，名素皇。天至真，① 莫究其旨，輔相鉉帝，開教濟物，位太清西王左上卿。

上清天機都承旨飛霞靈光真人中黄先生太元真人東嶽上卿司命真君　大茅君也。咸陽人，名盈，字叔申。

定籙右禁郎司命真君　中茅君也。名固，字秀偉。

三官保命真君　小茅君也。名衷，字思和。

三茅君，金闕宰輔，東嶽司命，今句曲福地三茅山即昇真之地，事見茅山仙傳。餘見後曹觀妙傳。

中天欻火律令大神雷霆主帥　即黄帝相風后，將軍破蚩尤，② 封河南將軍，因以所封鄧爲姓。後隱武當疊字峰，有神跡尚存。見《雷書》。

五龍峰感應五炁神君　即天一之化，龍變梵度，餘炁下鎮武當，掖鉉帝上昇，訪姚太守降雨於唐，授陳希夷睡法於宋，雨暘祈禱，其感應不可枚舉，五龍頂即其寓處。

五百靈官　洞天福地，上帝遊幸之所，各設靈官五百員主持守衛。修道之士，功業成就，皆隸保舉，察善罰惡之司。

巡山黑虎元帥　北方天一之所化，護國鎮山之神。神通感應，不可具述。

忠智威烈王　唐刺史，名簡，字易夫，隋人也。佐唐太宗，出爲

① “天至真”，不辭，疑有脱文。

② “軍”字原脱，據劉道明《武當福地總真集》卷下改。

武當節度。貞觀中，天下大旱，飛蝗徧起，勅禱名山，俱未感應。姚君被命，詣武當肅醮，有五儒士風貌殊異，從容語簡曰："予等俱非凡士，五龍君也，準帝命守護此山，爲子正直，祈禱精嚴，故來謁爾。予已奏允帝命，公宜速歸，三登可慶矣。"頃之，雲氣地湧，失君所在，雷電霖雨，徧布天下，草木禾稼，具各榮茂。具兹靈異，聞之朝廷，即蒙恩賜。解印之後，挈家隱居武當，志慕虚鉉，成真證道，鉉帝命爲本州守土鎮山之神。宋初，却蝗救旱，靈顯昭著，進封忠智威烈，宣勅建祠紫霄宫之東。

上帝司真佐命武當山真君　武當乃中嶽。

上帝司真洞天佐命位號真君　出《太真道典籙》。

武當山福地仙官宫庭通天大聖里域真官　金頂廣潤龍王　二位即本山仙官，係元封。

周

尹喜　關令尹，周康王之大夫，姓尹名喜，號文始先生。當周之末，大道將隱，預占紫氣西邁，有道者過之，出爲函谷令。未幾，太上度關，喜執弟子禮迎拜，授之《道德》二經，約後會蜀之青羊肆。托疾不仕，隱居谷内，後入蜀，歸棲於武當三天門石壁之下。石門石室，喜之所居，古有銅床玉案，今無之矣。以其所居名曰尹喜巖，澗曰牛漕澗、青羊澗，皆太上訪喜之地。出《輿地紀勝》。

攷《金書内序》云："周康王大夫尹喜，善星曆，退爲關令，結草爲樓，瞻星候炁，忽見東方有紫氣狀如龍蛇而西度，① 喜勅關吏曰：'聖人將過，如有古人狀微行，車駕青牛，勿聽過。'吏諾，掃路焚香待之。

---

① "状"，原误作"壯"，據《太上老君全書内序》改。

後果至，吏留之，咨喜見，拜首稽首曰：‘臣先占紫炁之兆，今觀道君狀貌，豈非上古大神人者乎？’老君曰：‘子能知吾，吾能知子。’喜曰：‘敢問姓名？’老君曰：‘吾姓名渺渺，從刦到刦，非可悉説。吾今姓李名耳，字伯陽，外字老聃。’喜館之精誠，拜請誨言。老君欲授道，使喜至心，忽飛行空中，爲丈八黄金之身，喜乃驚異，稽首曰：‘道君大神大聖，變化不測，臣血誕腥穢，幸覩天顔，敢請矜誨。’老君曰：‘汝敬聽我命，授汝《道德經》，① 克享昇天，爲仙者師。’喜曰：‘臣雖齋心已久，沉迹浮世，實以夙慶，獲奉聖恩。’再拜受經，復曰：‘欽若鉉旨，永惟進修，克以終天，罔敢失墜。’依盟齋誦，退官成真，後詣老君，命喜爲無上真人，二十八天天主。”

尹軌 《神仙傳》：“尹軌字公度，太原人，文始先生之弟子也。博極群書，晚乃學道，常起居林麓間，服黄精，年百餘歲。言天下安危盛衰，未嘗不驗。入太和山去，領杜陽宫太和真人，今爲紫虚陽光道德籙真師。”出《真誥》。

攷《瓊笈考》云：“尹先生字公度，太原人也。以晉元熙元年入南陽太和山中，以諸要事授其弟子河内山世遠。延先承少君勑，初以靈飛術傳薊子訓，子訓亦受傳神丹經。”出《列仙傳》。延即東郭延，字公遊，山陽人也，少好道，師事李少君，密以五帝六甲左右靈飛之術、遯虚招真十二事授延，告之曰：“此要道也，審而行之，亦昇天矣。”延在鄉里，四百歲不老。漢建安二十一年，一旦有數十人乘虎豹迎之，乃與親故别去，云詣崑崙臺。臨去，先以神丹方、五帝靈飛祕要傳尹先生。按此，則舊志稱尹軌爲文始先生弟子者非是。

---

① “授”，原误作“受”，據《太上老君全書内序》改。

漢

戴孟 《郡國志》：姓戴，名之生，漢將軍。武帝遣入北山採藥，棄官學道，號孟盛子，受法於清靈裴真人，得玉珮金鐺之書、石精金光之符。周遊名山，日七百里，白日上昇，落帽於武當山峰之上，迄今呼曰落帽峰。陳希夷有詩云："我愛武當好，將軍曾得道。昇舉入雲霄，高岑名落帽。"出《真誥》及《晏公類要》。

馬明生 臨淄人也。本姓和，字君賢。少爲賊所傷，在路遇神人與藥救之再生。乃師安期先生，因遊天下，勤苦備經，遂授與《太清金液丹經》，入武當山石室中修鍊，藥成，未樂昇舉，先服半劑，爲地仙，展轉九州五百餘年，乃白日昇天。

陰長生 《雍州記》：長生，漢光武陰后之族，鄧州人，馬明生之弟子也。得師太陽神丹之訣，同隱武當，丹成，馭氣飛行，周遊六合，後至中州仙都，白日上昇。

燕濟 舊志姓葉。《道學傳》：名濟，字仲微，漢明帝時人。少好道術，棄官不仕，後居武當，寢息無度，或困積石，倚大木，雖歷四時，衣服不變，居常散髮，亦或練巾，飛步雲煙，人莫之近。

晉

謝允 《真誥·稽神樞》云：允字道通，歷陽人。少英毅，歷仕羅邑宰。博覽群書，道學尤精，政事廉能，有遁世脱塵之志。晉太康中，表辭官入道，許之，遂西上武當，至襄陽，見一道士，語之曰："吾師戴先生孟盛子，非世間人，諭我曰：'若有西上欲見我者，可與俱來。'得無君乎？"因與俱至山，見戴先生坐於石上，神彩洞徹，授以鍊神冲虚之道，俄失公所在。於是結茅石室，不數年，得冲寂之妙，能飛行絶壁，自號其名曰謝羅山，蓋謝脱羅邑之宰也。後仙去，莫知所之。

劉　宋

劉虬　《隱逸傳》：劉虬字靈預，天姿穎悟，博究墳典。宋泰始中，爲晉王記室，解官辟穀，入武當山仙去，所居石室曰劉爽巖，今隱士巖是也。

唐

吕純陽　父姓李，母姓吕，本唐宗胄。中進士，狀元及第，因武后殲唐子孫，乃從母姓。先隱太華山中，道明三元，苦心救世，玉帝選仙，群仙會真，爲天仙狀元，上帝勅命爲傳教祖師。嘗遊武當，居紫炁峰。有詩，見《藝文》。

補　遺

孫思邈　華原人。七歲日誦千言，獨孤信見之，曰："聖童也，顧器大難爲用耳。"及長，好談《老》《莊》，隱於太白山學道，練氣養神，求度世之術，洞曉天文，精究醫藥，務行陰德。偶見牧童傷小蛇血出，思邈脱衣贖而救之，旬餘出遊，見一白衣少年，下馬拜謝曰："吾弟蒙道者所救。"復思邈至家，易以己馬，偕行如飛。至一城郭，花木盛開，金碧炳耀，儼若王者居。見一人袷帽絳衣，侍從甚衆，忻喜趨接，謝曰："深蒙厚恩，故遣兒子相迎。"因指一青衣小兒云："前者此兒獨出，爲牧豎所傷，賴道者脱衣贖救，得有今日。"乃令青衣小兒拜謝，思邈始省昔日救蛇事，潛問左右："此爲何所？"對曰："此涇陽水府也。"絳衣王者命設酒饌妓樂宴思邈，思邈辭以辟穀服氣，惟飲酒耳。留連三日，乃以輕綃金珠相贈，思邈堅辭不受，乃命其子取龍宫奇方三十首與思邈，曰："此可以助道者濟世救人。"思邈歸，以是方歷試皆效，乃編入《千金方》中。遍游名山，歷武當。隋文帝徵爲國子博士，不就。至唐太宗召，始詣京師。永徽三年，已百餘歲，一日沐浴，衣冠端坐，謂子孫曰："吾今將遊無何有之鄉矣。"俄而氣絶，月餘顏色不變。及入棺，唯空衣焉。

楊仙 號華陽先生。詳見巖志。

沈仙 見巖志。

陶幼安 住仙侣巖得道。見王在晉《遊記》。

宋

陳摶 亳州真源人，號希夷。初生不能言，至五歲，戲渦水，有青衣媪置懷中乳之，自是穎悟過人。長習經史，年十五，詩禮方書，無不通究。親喪，曰："吾學記姓名而已，吾將棄此遊太山巔長松下，與安期、黄石輩論出世法，合不死藥，安能出入輪廻間哉？"乃盡棄家業遺人，惟攜一石鐺而去。遇鹿皮處士，謂武當山九室巖可隱，遂往栖焉。服氣辟穀，凡二十餘年，撰《指鉉篇》八十一章，《還丹詩》五十首，又作《鈎鉉》萬餘字，誦《易》於五龍觀側，感五炁龍君授以睡法，聲譽著遠。又遷誦經臺，再遷於白雲巖。五代之末，移居華山，傳云五龍飛空送之。周世宗賜號白雲先生。一日，乘驢遊華州，聞宋太祖登極，大笑曰："天下自此定矣！"太祖遣宋琪問曰："鉉可教人乎？"對曰："摶不知。假令白日冲天，亦何益於世教？聖上有道仁明，君臣同德勤修，無以加此。"琪等白上，上益重之，欲拜諫議大夫，摶固辭。遊峩眉山，鑿石室。端拱元年十月二十二日，於蓮花峰下，以左手支頤而逝，七日容色不變，肢體尚温，有五色雲蔽谷，享年一百一十有八歲。睡法見《神謨》。

陳希夷在五代梁唐間，梁唐士大夫挹其清風，得識其面，如覩景星慶雲，然先生皆莫與交。唐明宗親爲手詔召之，先生至，長揖不拜，明宗待之愈謹，以宫女三人賜先生，先生賦詩謝曰："雪爲肌體玉爲腮，多謝君王送得來。處士不興巫峽夢，空煩雲雨下陽臺。"遂遯去，隱武當山九室巖，服氣辟穀，凡二十餘年，復移居華山，時年已七十餘矣。常閉門卧，累月不起。周世宗顯德中，有樵於山麓見遺骸生塵，迫而視之，乃先生也，良久起曰："睡酣，奚爲擾我？"後世宗召見，賜號白雲先生。初，宋太祖召，不至，再召，辭曰："九重仙詔，休教丹鳳啣來；一片野心，已被白雲留住。"太宗初年始赴召，惟求一静室，乃賜居於建隆觀，扃户熟寐，月餘方起，辭去，賜號希夷先生。兵紛時，太祖之母挑太祖、太宗於籃以避亂，先生遇之，即吟曰："莫道當今無天子，却將天子一擔挑。"又遇太祖、太宗與趙普遊長安市，入酒肆，普坐太祖、太宗之右，先生曰："汝紫微垣一小星爾，輙處上次，可乎？"种放初從先生，先生曰："汝當逢明主，名馳海内，但惜天地間無完名，子名將起，必有物敗之，可戒也。"放晚年竟喪清節，皆如其言。有郭沆者，少居華陰，嘗宿觀下，中夜，先生呼令速歸，且與之俱，往一二里許，有人號呼，報其母卒，先生因遺以藥，使急去可救，既至，灌其藥，遂甦。華陰令王睦謂先生曰："先生居溪巖，寢止何室？"先生且笑且吟曰："華山高處是吾宫，出即凌空跨曉風。臺榭不將金鎖閉，來時自有白雲封。"一日，有一客過訪先生，適值其睡，見傍有一異人，聽其息聲，以黑筆記之，滿紙糊塗莫辨，客怪而問之，其人曰："此先生華胥調混沌譜也。"先生嘗遇毛女，毛女贈之詩，詩云："藥苗不滿笥，又更上危巔。回指歸去路，相將入翠煙。"太宗聞先生善相人，遣詣南衙見真宗，及門亟還，問其故，曰："厮役皆將相也，何必見王。"於是建儲之議遂定。先生以易數授穆柏長，穆授李挺之，李授邵康節，以象學授种放，放授廬江許堅。

吉志通 郃陽人。幼穎悟，博學令聞。居武當山，十年不火食，但餌黄精蒼朮，精神澄澈，行步若飛。一日，召弟子，戒以珍重道教，言訖而逝，元中統甲子也。

王當陽 桐汭人。元初，遇異人，能幻化之術。後遊武當而歸，於郡南平頂山建昇平鼎道院，修煉其中，撰述精語。年九十餘，忽端坐而化。二仙見《列仙傳》，新補。

張士遜 《宛退傳》：士遜，均州人，初居光化，少孤貧，讀書於武當山，有道士見而異之，曰："子有道氣，可隨我學仙。"公不欲。宋太宗雍熙中，登科甲，位宰相，後竟隱武當仙去。

房長鬚 《武當傳》：房長鬚，不知名，宋南渡後，隱居武當，日以栽杉爲事，今五龍宫後之杉，皆公手植之，培植灌漑，靡有暇刻。一日，忽遇鉉帝化形道相，問以栽杉之因，慰諭之曰："神則清矣，惜乎無鬚。"以手頷之，亦以爲常。經宿，但覺有物如絲縈於胸臆，視之，鬚已長尺餘矣。自後建雲窟以奉之，甲午三月一日，雲中隱隱見跨鶴之形，回視故居，惟杖履在。

田蓑衣 《武當傳》：田蓑衣，不知其名，隱武當隱仙巖石室，冬夏止一蓑衣，時人以蓑衣稱之。隆冬則真氣如蒸，盛夏則温凉如玉。人有疾叩之者，摘衣草吹氣與之，服者即愈。煉大丹，端平間失公所在，今丹室爐竈存焉。

謝天地 《武當傳》：謝天地者，不知姓名，絶粒不食，步履如飛。居南巖更衣臺下石室中，石壁萬仞，下臨絶澗，凡人莫能往來，公飛行自若。人有啟問，但應之曰"謝天地"，餘無他語，人以是名之，所居之巖，人亦以是名之。後仙去，不知所在。

孫寂然 記曰：名元政，號寂然子。嗣業茅山清真觀，得上清五雷諸法之妙，遍禮福庭。時汴湖龍去，江漢罹金兵之厄，武當殿宇爲之一空。紹興辛酉，首登武當，興復五龍，開闢基緒，以符水禳禬爲民除疾，衆皆歸之，數年之間，殿宇悉備。高宗詔赴闕庭，以符水稱旨，勅度道士十人。後還山，無疾而逝，藏其蜕於桃源之東。

鄧真官　名道安，孫寂然之弟子也。自幼隨師開復武當，首蒙恩賜，盡得其師上清五雷諸法之妙，駕風鞭霆，其應如答，遠邇疾患，皆奔趨之。繼奏勅住五龍，興建正殿，頑石壁立，鑱鑿甚苦，默施神用，一夕，雷雨爲破其石。度弟子數人，以觀付之，潛調龍虎，内鍊甲庚。嘉泰中，預告徒衆，奄卧而逝，大風拔木，移時方散，人謂乘風而往，劍瘞宫北，遺跡昭然。

曹觀妙　名侍德，峴山人也。幼入道，居武當，嗣五龍之派。天性穎悟，舉止非凡，自作一家書體，飄逸有神仙之態，四方多倣之。道法陰陽，靡不博究，膺觀妙之號，領住山之職，遠近皆師事。後移領三茅崇禧之任，及歸，晚節清高，衆期輕舉。一夕，夢守山之神語曰："三茅真君來日降此，君宜遠迓。"旦即領徒衆迎至會仙峰，久無一人至者。日將暮，真君化爲田夫荷蓑而至，衆莫之識，令挈物以歸。抵觀，拜於堂下，尋欲勞之，不得，但見異香襲人，覆滿庭户，悔無及矣。後誡徒衆曰："此間仙凡混居之地，自今已往，世世不受道俗禮拜。"今武當道人不受俗拜始此。尋立聚聖殿以奉之，嘗謂門弟曰："吾因受三茅真君禮，不免金解。"端平三年十月末旬，① 果罹兵難，白膏凝膚，略無腥血，刃者致拜，釋劍而去，後蜕塚於桃源。

唐風仙　名守澄，隨州人也。幼入武當，姿貌古怪，鶴體松形，葫蘆數十常掛杖上，往來於均、房之間。壬子重復均州，郡守程進令

---

① "端平"下原衍"間"字，據劉道明《武當福地總真集》卷下删。

開闢武當五龍香火，未幾制檄道士王禮常至，退而樂道，人之吉凶悔吝，莫不預述，無不驗者。常叱辱人，被叱者即蒙福慶，人以風仙稱之。或立積雪，或卧道路，常有虎豹守衛，時貴禮敬之。開慶己未，不知所在。

元

汪貞常　名思真，號寂然子。家世徽人，宋丞相汪伯彦之後，生於安慶。嗣全真教法，入武當山。至元乙亥，領徒衆六人開復五龍，荆榛塞途，黑虎爲之引導，興建殿宇，四方師禮之。度徒衆百餘人，任本宫提點，吉凶預知。後無疾而蜕，俗民多夢其步紫雲而北去。

魯洞雲　名大宥，號洞雲子，隨州應山人也。家世宦族，幼入武當學道，遍歷南北。至元乙亥，偕汪貞常開復武當，住紫霄巖。年八十餘，以道著遠，點墨片紙可療疾。度徒衆百餘人。解化之日，面若童顔，其證道可知矣。

葉雲萊　名希真，號雲萊子，辛亥年三月初五日巳時生，唐天師葉法善之族裔。生於建寧，得清微道法之妙。避兵遷古穰，入武當山。至元乙酉，應詔赴闕，止風息霆，禱雨却疾，悉皆稱旨。至元丙戌，欽受聖旨，領都提點，任武當護持，自公而始。後捧御香還山，翛然而逝。

洞陽云:《圖經》:“武當神仙窟宅，自黄老設教，神仙至人栖之者衆。”又曰:“學道者常有百數，心有懈晉，則爲百獸所逐。”夫養生之人多隱其名字，藏其時日，恨山不深，林不密，惟恐閑名落人耳中，是山證道昇真者何可勝計，去古頗遠，劫火屢更，多失其名。今考之傳記，詢諸前輩，間得一二，録之於此，以備山中勝概云。

按：以上神仙皆劉洞陽纂録，共計二十人。

劉道明　號洞陽，荆門人。與葉雲萊同師雷囦黄真人，授以清微上道。居五龍，搜索群籍，詢諸耆舊，纂爲一書，命曰《總真集紀勝録》。

張道貴　名雲巖，號雷翁，長沙人。至元間入武當，禮汪真常爲師，同雲萊、洞陽謁雷囦黄真人，得先天之道。歸五龍宫，潛行利濟，門下嗣法者二百餘人，得其奥旨惟洞囦焉，終於自然庵。

張守清　名洞囦，號月峽叟，宜都人。幼習儒業，長更爲吏。年三十一，聞武當魯洞雲名，投禮出家，修煉金丹，得雲萊、洞陽、雲巖三師之道。創建南巖天一真慶宫，奉詔祈禱雨雪，立有顯應，人皆神之。宣授體鉉妙應太和真人，管領教門公事。後退隱於清微妙化巖，精修上道，棄形蜕去。

黄明佑　字太霞，潭州人。早歲抗志煙霞，歷諸名嶽，禮武當太和張真人，嗣清微法派，凡有祈禱，無不感應。

單道安　本州人。從南巖張真人學，精究道法，執弟子禮，慇懃弗怠。真人昇舉之後，潛藏於疊字峰，屏絶人事，虔奉鉉帝香火。洪武初，遊西華、終南諸山，仍居重陽萬壽宫。一日，以所授鉉秘付與門人而去，弟子李素希携冠履瘞於五華仙塋。

曹古松　義興人，生於元季。自幼入句曲山禮三茅君，出家元符萬寧宫。道士質朴恬淡，懶與人接，手不釋卷，理性明白。後入武當，瞻禮帝座，冀續仙源，煮石茹芝，韜光匿影，《黄庭》《大洞》，一以貫之。後還句曲，復入杭開元。一日，對王眉叟真人作頌辭謝，端坐而逝。數日後，有蔣姓者忽見古松如生，拜辭而去。

鄧青陽 南巖道士，生於元季。資穎過人，不屑與儕俗爲伍，敬慕上仙，早來武當，從高士學黃老、文始、文庚、《莊》、《列》、《周易》、龍虎大丹諸書，精思熟鍊，深得其奧。每與道侶講究真詮，凡所寓興，吐詞發語，皆有激發。遊武林，有“忘情消白日，高卧看青山”之句，所著《觀物吟》，又曰《警世文》。洪武初年，吴中人多有識之者，後不知所終。

明

張三丰 號鉉鉉子，又號張邋遢，遼東懿州人，張仲安第五子也。寓居鳳翔寶雞縣之金臺觀修煉，忽留頌而逝，士民楊軌山殮之，臨窆復生，以一小皷留其家，入蜀轉楚，登武當山。洪武二十四年，詔求之，不得。永樂中，上遣禮科都給事中胡濙遍詣天下名山，訪之不遇。天順末，或隱或見。有問以大道者，專以仁義勸人，事皆先見。往來鶴鳴山半歲，失所在。嘗至甘州張指揮家，遺一中袖及葫蘆。天順間，甘肅總兵官王敬患中滿疾，諸醫不能療，以中袖火煆服之，愈。後葫蘆忽自震碎。留楊氏小皷雖戛，大鏞不能混其聲，後亦亡去。嘗遊揚州瓊花觀，有《題瓊花》詩曰：“瓊枝玉樹屬仙家，未識人間有此花。清致不沾凡雨露，高標猶帶舊煙霞。歷年既久何曾老，舉世無雙莫漫誇。便欲載回天上去，擬從博望借仙槎。”語意蓋自況也。又一説，張三丰名通，號鉉鉉子，金時人，天師之後，寓居鳳翔寶雞縣之金臺觀修煉。洪武壬申，嘗應蜀獻王之召，辭還山。元時，與劉太保秉中、冷協律啟敬同遊，又與寶雞西關道士李白雲善。又一説，張三丰，宋時人，爲華州掾，嘗從州守入華山，訪陳摶先生，遇吕祖授以仙棗，得道。文皇開邸北斗，召見，語有神異，及即位，思慕甚篤，遣胡尚書濙遍海嶽訪求，於秦中邂逅，宣述上意，隨到見上，問之曰：“何爲是道？”曰：“能食能糞，此即是道。”上不悦，曰：“卿有仙術，爲朕試之。”張指一甕曰：“臣欲入此，以觀造化。”即促足縮首，頃刻不見，呼之則諾，視之無形，上命擊破之，使人各執破甕一片，隨呼皆應，上曰：“卿試出。”言訖，張公忽在前，上曰：“卿可更窮造化之道。”張即走入柱中，呼之復出，上嘆曰：“妙哉張卿，出幽入冥，其至神乎？”公取水噀中庭，變巨州，隔岸沙際橫一舟，公舉手招之，登舟而去，不知所之。後上患疾，食不下，始悟公言。初，公留一草與胡尚書，上服之，病愈。又舊志載，張全弌號三丰，相傳留侯之裔，丰資魁偉，鬚髯如戟，頂中作一髻，一笠一衲，自無寒暑，又號爲張邋遢。或處窮山，或遊鬧市，嬉嬉自如。及至議論三教經書，絡繹不絶。凡吐詞發語，專以道德忠孝爲本，事皆先見。或三五日一餐，或两三月一食，穿山走石，行住無常。洪武初，遍歷諸山，搜奇覽勝，乃至武當結庵。庵前古木五株，師栖其下，猛獸不距，鷙鳥不搏，人益異之。常與耆舊語云：“吾山異日與今大有不同。”命丘鉉清住伍龍，盧秋雲住南巖，劉古泉、楊善澄住紫霄。又結庵展旗峰北曰遇真宫，黄土城内曰會仙館，語弟子周真德曰：“爾可善守香火，成立自有時來，非在子也。”洪武二十三年，拂袖長往，不知所之。二十四年，詔遣三山高道清理道教，曰：“張鉉鉉者，可請來。”永樂十年，遣使致香書，書見《神謨》。屢訪不獲。正統元年，誥贈爲通微顯化真人。

李希素 字幽巖，號明始韜光太師，① 洛陽人。元末棄家，來遊武當。洪武初，住持五龍宫，後退隱於自然庵，含光守默，不與人接。永樂三年，榔梅結實，遣道士易本中上貢，詔命道士萬道遠賚勑，賜以表裏鈔錠。四年，榔梅仍實，復遣道士吕正中上進，賜賚如前。是年，詣朝謝恩，賜坐便殿，諮以理國治身之道，惟以道德奏對，上悦，禮待甚厚，賜還本山。永樂十年，勑遣大臣創建宫觀三十餘處，經營之始，訪古跡舊規，皆一一陳之。常以手加額，願皇圖萬歲，天下太平。永樂十九年六月初五日，囑門徒各宜精修學道，“今教門大興，吾去無憾矣”。語畢，端坐瞑目，壽九十三，時户部主事王和在焉。翼日焚化，

① “師”，原誤作“始”，據任自垣《勑建大嶽太和山志》卷七改。

骨齒皆青，人皆傳其爲仙矣。冠劍藏於黑虎澗上。以上舊志。

王越 字世昌，安陸人，登進士。爲人英爽磊落，有經略才，以邊功封威寧伯。後仙去，蹤跡多在太和山，屠大山中丞曾訪之不遇。其子本畯作中丞年譜，云某月日訪故威寧伯王越於山中，即日遁去。耆舊相傳，今尚有見之山中者。

麩子李 在太和得道。屠大山中丞奉詔修太和，曾訪之山中。

雷鬐頭者 名太雲，不知何許人。少爲書生，好道術，入沙門遊，又棄而學仙。成化間，居太和山中，敝衣蓬首，行若飄雲，人或於山下見之，忽失所在，舉頭望之，遙在高崖雲霧中，相距萬仞。荆王求見之，請曰："願乞片言。"太雲曰："予丐人也，何足以語仙？"王曰："汝年幾何？"曰："半歲。"王曰："汝何許人？"曰："幽州生，建康長，廣東編户，遼東應役。"王懣然不悦，大相訾詆，欲執之，忽不見。以上三仙出《鴻苞》《列仙傳》，新補。

修真附 凡一十五

李孤雲 河南人。洪武初，來武當五龍宫，與鄉人李幽巖結方外友。壽九十有二，冠劍藏於桃源洞。

劉古泉 河南人。有躡景凌虚之志。入寶珠巖下，常蒲團獨坐。一旦，告其友楊善澄曰："吾今解帶，正在此時。"語畢而逝。

楊善澄 太行西山人。[1]夙有道契，志在太和紫霄之上，後如其意。與劉古泉爲友人，並敬之。

① "西山"二字原倒，據任自垣《勑建大嶽太和山志》卷七改。

丘鉉清 西安富平人，幼從黄得禎出家。洪武初，來遊武當，見張三丰真仙，舉爲五龍住持，有司以賢才薦於朝，授監察御史，力辭不受，轉太常卿，誥封二代。每遇大祀天地時，上宿齋宫，諮以雨暘之事，鉉清奏對有驗，上深敬焉。公餘，《黄庭》《道德》不輟於口，閑則凝神坐忘。一夕，謂門徒曰："明日乃吾全歸之辰。"至期端坐而逝，壽六十七。朝廷遣禮部侍郎張智御祭，還葬五龍宫黑虎澗之上。

彭祖年 西蜀人。少業儒，詞翰俱美，天文、地理、陰陽、度數、卜筮、醫術，無不研究，從江真人入大都。① 洪武初仍來武當，栖遯養高，如如自樂，壽八十二。

盧秋雲 光化人。從終南山大重陽萬壽宫高士遊，悟全真之理，隱南巖、紫霄之巔。永樂八年，無疾而化。

黎一泉 本州人，幼出家於紫霄宫。元末，遊江右諸名山，訪道尋師，杖履瓢笠，放浪形骸之外，再謁毛公壇、張公洞，得林屋洞天王無偽授以太極上道清微底妙，仍歸紫霄巖。年八十餘，翛然蜕去。

李德囦 號古巖，金臺人。自幼入陝西重陽萬壽宫出家，《道德》《南華》，三教經書，得其要旨。壯年遊武當，於紫霄宫禮高士曾仁智爲師，授以清微雷法，明先天之理，知體用之源，徙居元和觀。洪武二十三年，湘王來謁武當，嘉其有修煉之功，賜住荆州府長春觀。一日，謂人曰："吾將返矣。"作頌示之曰："八十餘年光陰，不染不着毫分。大笑呵呵歸去，一輪明月當天。"王聞之，嗟悼不已，贈曰："爾本無生，何期云没。拂袖三山，金宫銀闕。唉，今日大地光明，萬里秋天明月。"遣官葬於元和觀之東。

---

① "江"，任自垣《勑建大嶽太和山志》作"汪"。

周自然　金臺人。自幼入全真教，及長，遊於四方，以道化俗，以藥濟人。洪武初，來住武當五龍行宫，居民以其道明藥効，咸敬慕之。年將耄耋，貌若童穉。一日，以所藏道書醫術付與門弟子，曰："吾當委順去矣。"翼日，沐浴更衣而逝，葬於桃源洞。

燕善名　號景山，洛陽人。丰姿綽約，貌相朴實。從丘玄清入武當，勤事香火，道俗無不敬慕焉。永樂十八年，無疾而化。

蒲善淵　關西人，從玄清學莊列之道。洪武十五年，除均州道正。永樂間，奉使四方，諮訪賢達，後於章貢玄妙觀無疾而化，葬於黑虎澗之上。

孫碧雲　關西人。幼年穎悟，願學仙，入西嶽華山，追希夷之跡，巖栖穴處，服氣養神，探黃老經旨，《周易參同》，與夫儒釋子史，罔不熟誦。洪武二十七年，高祖徵至京師，賜衲衣齋供，館於朝天宫。明年，賜還華山。永樂十年，成祖復召至，賜詩一章，詩見《御製》。號虛玄子，勅授道錄司右正一，又勅授南巖宫住持。十五年內，謂門人曰："教門已興，吾將往矣。"翼日，沐浴更衣，遙空禮謝而逝。時修山重臣沐昕等聞之，嗟悼不已，葬於檜林庵。有《碧雲集》行世。

簡中陽　字致和，① 武昌人。不喜榮達，得異人授以中黄上道清微秘法。洪武辛未來武當，居紫霄之巔，辟穀坐忘，葆和養素。江右學人聞風而至，見其才器可入道者，必納之，於是道價愈增。永樂丙戌召見，問以玄帝昇真事蹟，一一奏陳，賜以祠部護身符牒還山。既後隱于福地峰之上，杜門守静，凝神太漠。一夕，告門徒曰："吾將謝世矣。"語畢，端坐而去，印劍藏於紫霄之西龕。

① "致"，原誤作"欽"，據任自垣《勅建大嶽太和山志》卷七改。

任自垣 幼穎悟，讀書曉大義，出家三茅山元符萬寧宫道士，遂知名。永樂九年，授道録司右玄義。永樂十一年，選授太和山玉虛宫提點。宣德三年，陞太常寺寺丞，提調本山。所著有《太和山志》，行於世。宣德五年，以壽終，還葬句容。

雷普明 本州人，遊龍虎山，得祈雨法。太監陳喜奉勑送玄帝像於玉虚，舟至均之亂石灘，淺閣不行，普明書符投之潭，是夜大雨水漲。御馬監馬大疫，檄普明治之，遂息。歷淨樂宫提點，先授太常寺寺丞，後陞少卿。

虎皮張 名地俱不傳。今榔梅祠南其最上巔，有樓櫨一區，相傳即其修道處，後於此得道化去。① 餘載徐學謨記。

范丫髻 萬曆時人。冬夏一衲，食一飯，無鹽酪，所栖止一石竇，貌瘦神腴，雙眸炯炯，語多儒者言，後不知所終，名貫俱不傳。

羅洪先 字達夫，號念庵，江西吉水人。進士及第，官翰林贊善，以諫罷歸。初寓南嶽，楚中有給諫祝公詠者，先生同年友也。一日，祝公閽者方啟門，有方袍布巾操吴音者呼祝詠何在，閽者驚訝，奔入告給諫，公曰："此吾念庵也。"攝衣追之，至三十里始及焉，褫馬踏芒鞋，同入衡山，嘯咏良久，乃去。從此先生登太和，棲息于老君洞之對巖，人莫悉其動止，至今人名之爲羅狀元巖云。新補。

李長庚 號皖白，② 青州人。生而好道，於書無所不讀。年二十餘，以公事走長安，見宫闕車馬之盛，遊公卿間，名藉甚。已而嘆曰："京洛緇塵，化盡勞人。富貴幾何，朝華易悴。"從此遂生物外想，慕終南、

① "去"，原誤作"云"，據王概《大嶽太和山紀略》卷四改。

② "皖"，任自垣《勑建大嶽太和山志》作"皖"。

五嶽之勝。以天啟甲子中出遊，遇異人，潛心五千言之學。亡何，策杖入武當，至均陽滄浪亭，遇道者龐眉丹顴，年可六七十許，號爲四維長者，道俗年半百者爲言：“長者居山多年，予等爲兒時所見貌已如此。”人或測之，爲羅念庵云。新補。

李真運 山東人。體肥長，奉三清教，① 以饘粥自娱，坐卧靡常，盥櫛俱廢。赤腳行雪中，募修神路三百餘里，後又修玉虚宫，名貴咸禮焉。明末，無疾坐化，冠劍藏於黄沙河志真橋北，有墖建於其上。

國　朝

二虎王 西秦人，官於明，位至副戎。年五十，棄家出遊，學道武當山，名不傳，有苦行，感二虎爲伴，因以名。每於夜静，持香信步所之，遍走山澗，香盡則還。有强寇執索騾馬，王引至一處，但見二虎怒哮，作欲噬狀，寇惶怖，叩王求免方脱。順治八年，正果朝元，建墖勒石。在太子坡北。

竺野鶴 年一百四十餘歲，明嘉靖年間人。遍遊天下名山，康熙朝始修道武當明真庵。嘗語客言：“無身何處修道，得道又要棄身，正欲棄此身不能耳。”舊志。

白鉉福 號柱峰，係西秦金明延川人氏，世居閥閲，稽譜係白樂天二十八代孫。年不惑，以明經擢職官，未幾掛冠不仕，逕入太和七真洞。後爲諸當事强起巖穴，修復武當宫庵橋樑，嗣修明真庵，爲聚徒講肄之所。囑徒云：“慢理蒲團修大嶽，願成志士闡全真。”壽七十。一日，書偈云：“性返靈明炁返空，太虚似我不相同。只因會得些兒意，撒手撑開混沌中。”偈畢，端坐而逝。

---

① “三”，原誤作“二”，據王概《大嶽太和山紀略》卷四改。

楊常炫　山西人，庚辰進士。明末棄官，登華山頂，禮皇老大神，修真悟性。復還嵩嶽，養氣中方。以門生故吏往來雜遝，迺三遷于武當之北巖，與住山白鉉福相友善，餌精服朮于洞者六年。嗣是預知山中劫數將至，出遊江漢間，爲憲副余公誦經救劫，刊劉洞陽《總真集》行世。詳《藝文》楊先生自序。

皡竊謂先生少年登第，掛冠歸隱，志切修真，自應爲高仙所引掖，獨其自序晤對尹仙諄諭及蒙尹仙誨語，不識尹仙何在，豈先生假託之詞歟，抑或紀夢寐中尹仙陟降晤言歟？先生胡弗明言昭揭，而使人疑爲浮漫語，抑何歟？先生果爾道成，亟請以是語質之。

蔣超　字虎臣，金壇人。登順治丁亥科榜眼，歷官國史院侍讀，提督直隸學院。甘蔬食，好仙佛，棄職，遍遊恒、岱、嵩、華。康熙六年遊武當，著《勿作四種罪業説》，勸諸道子及朝山客。後去峩眉，將坐化，索筆書偈去。以上三人俱新補。

朱一廉　道號現池，其先江西撫州府人也。有道者爲之贊曰："生育麇陽，演法漢水。道彰南服，遨遊北都。辟穀煉丹，存神養炁。每皺腹於幽洞古壑，常露頂於王公大人。造往來之津梁，修兵燹之宫殿。其身不富，其道不貧。乘雲帝鄉，揮手羽化。幼入鉉道，稱爲全真，弟子數百餘人，乃得鉉山修行之真宗也。"閱贊語似過，以朱一廉有功帝山道人也，附存之。

募化重修太和山宫殿全真姓名附

白鉉福　重修玉虚宫、太子坡、老君殿、太和宫神厨。

朱一廉　重修浄樂宫。

李静冠 重修明真庵。

馮太初 重修紫霄宫。

李來宗 重修周府庵。

按：太和山，明歷代勅諭，凡宫殿滲漏，道路崩塌，于存留香税隨即補修，以故二百年來如一日也。自國朝定鼎，諸全真輩以募化之力，而數處之廢者復舉，厥功亦茂，今附於仙真之左，以旌其補修之功，表其二梵之福云。

庠生唐棣識。

禪衲 附

不二和尚 名圓信，北京房山縣人。薙髮白雲山，禮大僧德敬爲師。往來行腳武林、淮安、陸安、終南，嘉靖庚申至武當，住虎耳巖數十年，計賢士大夫之轍以日至，尚方之賜、掖庭之供以月至，而虎耳巖之名遍天下。先于正德間曾入大内施食，有武皇所賜千佛衣尚在，距和尚示寂期已近百年，由此遞推而前，當不啻百二十歲，其爲證果，自非漫語，其概見王元美、汪伯玉、袁中郎、姚履素諸公記中。皡初閲諸先生遊記中，輒述不二和尚晤語，雖謂名噪當時，而以未獲悉巔末爲悵，最後得袁中郎《虎耳巖碑記》，始具其詳，今合讀諸先生文纂入志中，而不二傳矣。夫武當之傳羽仙，正也，傳禪衲，偶也，偶則雖從别從特，亦附之云爾。

仙真補遺

晉徐子平 安帝時爲華陰令，棄官學道，隱于武當山砂郎澗釣臺之下，洞明鍼灸。隆安二年，飛升而去，後人祀之石皷庵，號曰徐真君。至唐，一行禪師與御史李虚中、深明五行，以人始生年月日時所直衰旺，斟酌推人壽夭、貴賤、利不利，百不失一。錢塘東齋徐大升參訪子平真數，不得其傳，夜夢斯文藏于武當山砂郎澗釣臺之下，遂往尋之，果得此文三篇:《定真論》《喜忌篇》《繼善篇》，行于世。

皡偶閱類書，得晉徐子平隱武當山得道仙去一段，因録以爲仙真補遺。第所謂砂郎澗釣臺及石皷庵等名俱無可考，即今九渡澗亦非可垂綸之水，且所祀徐真君庵址，何遂至蕪没弗傳乎？考子平一書爲歷來星家祖述，則今世所集《定真》《喜忌》《繼善》諸篇，當並存其名于兹，以爲神謨補遺可也。按星書，張神峰謂子平爲明時徐均所作，乃訛謬耳。

僊真跋

開闢而後，皆聖帝明王，作神僊宗，爲法道祖。考古三皇伏羲、祝融、軒轅、唐虞、夏禹、周穆、漢文，並在僊籍。劉向《列僊傳》紀七十餘人，葛洪撰一百一十餘人，唐梁以降，《僊苑編》一百三十餘人。古今神僊，舉世知之，然飛騰隱化，俗稀可睹，是以凡僊之潔身獨善，付濁世理亂于不聞，世罔攸賴，故亦末由而崇顯之。惟銥帝掌握圖録，攝制魔蹤，周環六合，普福兆民，故天帝詔稱道参天地，萬真所推，俾世爲僊真模範也。太和一山，陶鈞僊侣，古今稱盛，如太上文始，道源昭揭，不得以群仙例論。至經遊旅息于斯者，則有希夷、三丰諸人，其藏修證果于斯者，則有謝羅山、姚簡諸人，按其行實，惟姚公助國庇民，赫有明徵，唐代璽褒，至今春秋廟祀勿替，餘則高蹈冥契，莫知所之，安得曩昔暨來兹僊真，咸克以銥帝之心爲心，而利澤寰宇，俎豆寥山，不益深人景仰哉。

知州王民皡謹識。

仙真參攷

嘗讀庾子山詩，有云“京兆陳安世，成都李意期”之句，不禁爲之向往焉。第世俗罕覯其人，竊信《史記》所云蓬萊、方丈、瀛州，此三神山爲神仙所居，爲不誣也。及觀崔元山《瀨鄉記》云：“老子爲十三聖師，養性得仙者，凡三十六種，長在人間。”則知仙之爲仙，如玉之在石，珠之在池，人初不之知也。即知之，庸知玉必藏諸石，珠必藏諸池乎？太和峰巒深僻，洞壑幽清，多産藥石，有寄瓠衲於白雲青石間者，或花陰沸鐺，或松風覆榻，故得成黄老静養之術，昇舉之蹟雖不同，而功成解脱之候則一，是太和爲群仙之淵藪也，其姓名不得不傳。鉉帝高居天柱峰，人跡罕至，宋元間剪除荊棘，開闢山徑，前有謝羅山，後有孫、鄧諸人，前明則有張三丰、李素希輩，指點創建，經画規模，甚有人力不能成者，而仙術成之，是群仙又爲太和之功臣也，其姓名更不得不傳。至若仙蹤既杳，繼起者難齊，思中行不得則思狂狷，遨遊至止，有澡躬勵志者，附錄修真之列，其姓名又不必不傳。

訓導盧維兹謹訂。

大嶽太和武當山志卷之十

靈　　異

楊素蘊曰：常攷六經圖緯，河洛所著者，幾深神變之數，吉凶兆朕之符，隨二氣而生，應五行而出，是以景星甘露，神芝靈液，卿雲醴泉，朱草嘉植，應龍瑞鳳，今古所稱，實繁有徒，舉之乍驚于聽聞，驗之實關于感召，大塊芸芸，無日無之，而況福地洞天，爲上真列仙神寓之所，其爲徵信，詎可泯諸。太和山自鉉帝冲舉迄至唐宋，感應漸著，而特盛于元明。明初文皇起事北方，北極之帝應之。按御製碑文，謂興兵靖難，帝輔相左右，風行霆擊，暨即位之初，茂錫景貺，益加炫耀，由是剏建宫殿，昭荅神庥。維時帝屢顯像，光騰霄漢，靈奇變化，莫可端倪。至如草木呈瑞，象器啟秘，又其餘也。噫嘻！山崇而帝靈愈赫，帝現而山靈滋彰，其爲禎祥肸蠁，誠有絶人于推測之表者矣。志靈異。

歸天降日

唐則天朝，有門下侍郎裴濤劄子奏聞："臣濤昨蒙差，充西郊縣令，忽夜夢見太上老君下降，入於卧所，告云：唐朝將有邪禍妖臣，鬪亂國政，不能剪除，是謂大患。有北方神將，名曰真武，合注下界，修第四次天行因果，合當在濤家寄胎降世，臣妻乃生男仲方。近國家收戮西蕃趙弘二千邪寇，生擒回國，並驗本朝奸佞賀全龍五百邪童，與民間斬滅邪禍，救護不少。今爲臣男仲方曾受神應將軍，於是傳播天下，漏泄天機。一日，臣與妻語論次，其男於座前放開两手，有朱砂肉跡篆字，臣將辨認，其左手心‘真’字，右手心‘武’字，繼捻雙拳，更不放開，乃取香湯沐浴，更换净衣，告辭父母而去。‘如要相見，秖於每月一次下降時，普爲天下修善之人消解罪惡’。臣告仲方：‘今既捨父歸天，未審後來每月下降在於甚日，今從何往？’仲方曰：‘復歸北闕。若要知吾下降日分，正月七日、二月八日、三月九日、四月四日、五月五日、六月七日、七月七日、八月十三日、九月九日、十月二十一日、十一月七日、十二月二十七日，是吾下降日也。去從地去，來從天來。’言訖，握手於膝，坐於卧牀而去。臣合奏聞，伏候進止。”奉聖旨，特賜道教威儀法事，差使押香，前去裴濤家祝獻，① 奠使方到，不見仲方肉身，但見空中祥雲垂下仙仗，音樂嘹亮，散花滿空，引聲向武當山路冉冉而去。自唐則天時授得逐月下降日分，方始奉行供養，贈爲武當山傳道真武靈應真君。

參定避忌

中書、門下三司、禮部同奉聖旨，遍行根討真武前後於國於民或因供養、或自然得遇靈驗事實，共成奏章，總爲一百四件事，各有門例切緣。今來内庭刱换殿閣，立於五方五門，名額相異，今參定真武家政殿中正大門，以鉉都大滌爲額，左掖上門係東道，以福清鉉真爲額，下門係南道，以翼勝龍遊爲額，右掖上門係西道，以玉慈金壽爲額，下門係北道，以長生廣化爲額。中門分管啟聖護國求謝感應奏章三十一件，東門分管啟聖行軍祈感助戰奏章一十三件，西門分管啟聖祈請晴雨顯化奏章一十六件，南門分管啟聖行慈救民疾病應驗奏章二十七件，北門分管啟聖救報水火災疫應時奏章一十七件。及有龜蛇顯現事跡，並附五門科目於後門記，蓋以真武殿閣未圓，未敢徑行撰呈，聽候圓備。上祀日，一就取進止勳賜，並今後每遇逐月下降節朔，

① “家”字原脱，據张守清《玄天上帝啟聖録》卷二補。

以常式供養避忌等。凡有“乞”字、“賊”字，合於本殿數目文籍，不可稱用。夏果除李子，冬避石榴，香信不得夾燒麝香，非品官之家，願乘例供養者聽，尋具劄子奏聞，奉聖旨。《道藏》。

進到儀式

伏惟上界真武真君，於今治世，助國安民，欲報恩德，已於内庭建立寶應閣，及括摘到前後感應事跡，共計一百四件，合隨勳贈入閣，次第關送史館，編修删定傳録，依逐處申奏，科目照應，合要閣下，逐月下降節朔、供養儀式。今據住持泰山玉清照應宫青城洞上清法師張子高進到式文，真武真君每年定於六庚申、六甲子、三元五臘及逐月一日下降，常行欲求保敘事意供養者，並於是日天弗明時，取井花水一盂，用楊柳枝一枝浸之，明燈或浄蠟燭一檠，棗湯浄茶各一盞，箋沉乳檀任便一炷，不得用印濕和等香，慮有麝觸。時果素食，供養内果子，夏不用李子，乃是真君去冠除履之忌物，冬避石榴，因未成道時，斬天下作禍鬼王，爲魔法失向羅浮山，不見父母之物。茅香一穗，供養至人定時。戌亥間，再焚香一炷，全金錢一陌，謂之五百貫。① 黑雲馬一匹，不用彩畫，爲恐犯牛膠。隨意願疏一通，外用圓封，庶人不得稱臣。内用羅綵散花，仍備金錢一葉，謂之五貫。符馬一匹，先次露天燒獻。今日直符神吏，僝傳上件數目并錢馬等，謹詣天門，直趨真武遊奕聖前通放，燒化紙錢，不得用油紙爐點火，如此，則不屬天曹地府陰陽百司收領。化爲蠟錢，係東嶽有司名枉積收繫，壘成蠟錢山，見有司録記照證，宜依此式施行。中書點對進呈，宜入寶應閣，准此，仍賜在朝崇信真武宗室文武臣僚等受持，依承供養。見《道藏》。

---

① “謂”，原誤作“爲”，據张守清《玄天上帝啟聖録》卷二改。

朱氏金甎

隰州陸諒，嗜酒好殺，恣餐鰻鱓，其妻朱氏，力戒不改，自將粧奩潛託父母家，命工彩畫真武一軸，請道士錢應方轉經安奉，并受持下降法式，應方曰："供養福神，第一，須是虔誠發心，不可等閑，每月下降日，燒獻金錢雲馬，或有餘力，請道誦經。第二，不得於酒後歸家，高聲觸瀆。第三，大忌啗食犬鼈、鰻鱓、蒜韮等物。第四，憐貧恤老，孝育骨肉，事涉公私，心莫欺諂。第五，語言文字忌諱，切在迴避，始終至誠，勿令慢易。一心五事，保合吉祥，疑惑之間，求之必應。門招龍神衛護，家協福禄滋昌。如或懈慢，折人壽禄，作事不利，子嗣不昌，官事重擾，謹之謹之。"朱氏敬心受持，陸諒不以爲意，雖不買鰻鱓歸家，却在外烹啗，口帶葷穢，朱氏雖遭魔障，供養愈恪。經十五年，陸諒染患，纏綿一歲，生業漸破，視其卧牀席上，惟見一两堆活物，狀如小蛇蟠繞，又發腦癰，裂開臭爛，湧出膿血，皆長三寸，狀如鰻鱓鮮活肉段，蹙聚出入，相次命終，男女未婚嫁。朱氏在家，堅心欽崇真武香火，略無怠倦。雖生計蕭條，僅存日給。忽於本家客堂上，露一片花甎，朱氏將謂街砌甎石，不以爲事。是夜有光，朱氏遂取看，其石太重，與男同扛歸來，揩拭青苔，① 乃是黄金，極有紫磨光彩。朱氏驚訝，不敢收藏，遂用浄帛包裹，來投知州秘監蔣庭堅，云："自夫亡，孤孀貧窘，不知此金從何而來。"庭堅亦知因供養真武，天賜其金，當時秤有一十四斤，朱氏堅意不肯將歸，到官司引用遺拾寶藏條貫，欲均分一半入官。尋勾到金銀匠，方用砧鎚打鑿，忽現無限小赤蛇并碧龜圍繞砧墩，又一蛇稍大，蟠在金片上，良久不見。及挈其金看時，猶有一蛇如絲線，隱隱在金面内。州司詳此應驗，理合給還朱氏，爲本人情願不留，一任官司收納。知州蔣庭堅、通判田逵同狀保明，并匣封上件金片，進奏赴闕。因看詳隰州陸

① "揩"，原誤作"皆"，據张守清《玄天上帝啟聖録》卷二改。

諒無明宰殺，業報疾患，驚示於人。其妻誠心好善，真武應化，特賜黄金，其金顯是天賜，不准支用。遂送入作坊，盡將打造真武一堂聖像，遣使賫送武當山上清玉仙觀，授金字御書看管，每年恩澤度牒一道，充焚修香火。其朱氏特給度牒一道，下隰州支錢絹各二百貫匹爲酬。朱氏所得錢物，半將板印真武出相戒殺圖俵施，上報國恩，及薦亡夫陸諒。其男女婚嫁，仍舊開張絲綿鋪，復獲興盛。朱氏年八十九，偶一日沐浴，易新衣，口誦真武尊號，無疾而終。見《道藏》。

皞按《道藏》唐代集載玹帝感應靈異於國於民事蹟，總計一百有奇，兹特取玹帝聖紀攸甄及係屬武當實跡數則著於篇，以備其概。

黄榜榮輝

朝廷勅命隆平侯張信、駙馬都尉沐昕，統率軍夫二十餘萬，勅建武當山宫觀，聖諭詳明，具載黄榜。永樂十年秋九月庚子之吉興工，首以黄榜揭于玹天玉虚宫前通衢之上，覆以巍亭，護以雕檻，丹漆絢耀，照映山林，使凡官員軍民過於亭下，莫不肅敬，伏覩勅諭，則知興建宫觀之盛，發於皇上誠心，特以昭答神明顯佑國家之惠，上薦太祖高皇帝、孝慈高皇后在天之靈，下爲天下生靈祈福，豈不重且大哉！於是州之人民，扶老携幼，駭而聚觀，盈街塞途，傳聞四方，雖深山窮谷之民以及道釋，亦皆相率爭覩。其長老莫不嗟嘆，以爲自有生以來所未嘗見。是後亭上常有榮光燭天，祥雲旋繞，霞彩交輝，珍禽仙鶴，飛鳴翔集。侯與駙馬，下逮士庶，於是咸相慶曰：歷代興建宫觀，無若今日之興，宜其天人協應，禎祥若此，誠爲聖朝之盛事，萬世太平之休徵。謹因圖其實，并以謄寫勅諭於其亭上，使萬代之下咸知有所敬仰云。

黑雲感應

朝廷勅建武當山宫觀，皇帝御製祭文，遣隆平侯張信、駙馬都尉沐昕昭告于北極真武之神，其恭且嚴如是。侯等奉命以來，夙夜惟謹。永樂十年秋九月至武當，以是月十八日庚子吉致告將事。夜，侯與駙馬率各官齋祓，宿于鉉天玉虚宫。至期，陳設于正殿之基，侯等虔恭肅畏，以入即事。是時天地開明，月星朗耀，仰見黑雲自西北起，大如車輪，來覆山巔，相去一丈許，將升將墜，若往若來，盤結旋繞，倏忽之間，變化莫測，隱隱中有雷電之震作，旌幢之微露，久而不動，神靈赫然，臨之在上，來鑒來歆。祀畢即忽不見，四氣朗清，寂無遺響。衆皆目覩其事，莫不驚異起敬，以謂斯皆皇上興祠報神發乎誠心，大小之臣懽忻奉命，故祭告之日，感格神明，顯兹靈應。敬跡其實，爲之記述焉。

騫林應祥

世傳武當山騫林葉能愈諸疾，自昔以來，人皆敬重，未始有得之者。永樂十年秋，朝廷命隆平侯張信、駙馬都尉沐昕勅建宫觀。明年，春氣始動，草木將甦。先是，天柱峰有騫林一株，萌芽茁秀，細葉紛披，瑤光玉彩，依巖撲石，清香芬散，異於群卉。於是護以雕欄，禁毋褻慢，不旬日間，忽見玉虚、南巖、紫霄及五龍等處，有騫林樹數百餘株，悉皆敷榮於祥雲麗日之下，暢茂於和風甘雨之間，連陰積翠，蔽覆山谷，居民見者，莫不驚異嗟嘆，以爲常所未有，四方之人聞之，亦競趍來觀。及其仙葩競秀，紅光滿林，凝霞照日，炫耀人目，珍禽翠羽，翔集其上，嘹亮喧啁，晝夜不去，觀者愈起敬焉。至是綠葉舒齊，馨香馥郁。侯與駙馬相謂曰：騫林葉尤能愈疾，自古云然，况今年之樹發生繁盛，豈非天真顯化，以彰其靈。謹用採摘，進獻於朝。仍附著《啟聖錄》，庶以揚其異焉。

榔梅呈瑞

武當山五龍宫有榔梅，相傳云高真修道之時，折梅枝寄榔樹上，仰天誓曰："予若道成，花開果結。"後如其言。前董真人記之詳矣。明朝永樂十年秋，勅命隆平侯張信、駙馬都尉沐昕勅建武當山宫觀。十一年春，榔梅發花，色敷紅白，暗香踈影，遠近聞見。五月果成，珠璣錯落，翡翠交輝，纍纍滿枝，莫計其數，凝霞映日，顔色炫耀。觀者嗟異，皆曰：是果也，下有仙翁司之，自古及今，結實未有如是之盛，是蓋由我皇上至誠感格，故雖榔梅仙菓，亦皆顯瑞呈祥。侯與駙馬採取，進之於朝，以彰其靈異，仍著其事，使覽者知所敬信焉。

神留巨木

朝廷勅命隆平侯張信、駙馬都尉沐昕勅建武當宫觀，材木採買十萬有奇，悉自漢口江岸，直抵均陽，置堡協運。永樂十年十一月初拾日，工部侍郎郭進同吏部郎中諸葛平等，督運木植，經過武昌，見有大木一根，立於黄鶴樓前江水中，上露尺許，若石柱焉。奔流巨浪，晝夜衝激，不假人爲，而屹然不動，隨復探視，水深五丈五尺，而木止長四丈，下又虚懸，衆皆奇異，纜繫於船，亦不勞力而隨至岸下，豈非神留以需大用？遂令護運至山，沿江軍民見者，莫不咨嗟起敬，以爲靈異。侯與駙馬於是具皷吹迎送鉉天玉虚宫，復上聞於朝，以爲正殿之梁，使萬代有所瞻仰，仍圖其事，附著於《啟聖錄》云。

水湧洪鐘

朝廷勅命隆平侯張信、駙馬都尉沐昕勅建武當山宫觀。永樂十一年五月十六日晚，湘潭縣民人劉忠等，舟行至光化縣洋波灘，忽遇黑風驟至，雷雨交作，舟不得行，吹泊岸下。須臾風止，見一大鐘湧出水上，形制高廣，於是衆皆合詞禱曰："忠等將欲載送於武當宫觀，以顯神靈，願賜吉卜。"即如所禱，遂載以行，順風恬波，連兩晝夜，至均州。是時，隆平侯與駙馬都尉聞而喜曰："是鐘湮没已久，當武當興觀之日而出於水中，豈非有神明默相之，將以鳴兹山之盛，爲萬古靈異之徵。"於是具皷吹迎送鉉天玉虚宫，永奉晨夕香火，仍爲述其事，庶傳永世不朽云。以上見《道藏》。

皡按《道藏》明初集載鉉帝現像在天在山，昭荅景貺，靈異頗衆，大約與黑雲感應相類，故餘未備錄。

康熙十九年三月初八日晡時，金殿角東南金鳳微作聲，旋即四鳳齊鳴，其聲大若笙瑟，細似蛩螿，逾時殿角騎獸諸神皆有光覆其上，殿前爐瓶諸器物亦然，殿内金像並列像、劍旗、蛇龜光獨大，惟殿脊兩嘲風散出火星，如火樹銀花狀，又逾時有大風從西至，山嶽動搖，兩傍飛棧勢若欹傾，而翔光烱烱，略不撓散，羽衆咸共駭瞻，知爲神顯，肅然羅拜，不敢廹視，退伏棧室中。又逾時倏風徐來，則天朗氣清，星河四燦，孤月懸空矣。擬其光色朗徹，如鏡如珠，就之可注掌，可照衣，洵足異也。越二日，烽煙告靖，禁旅凱旋，始知爲太平先兆。時均學訓導盧維兹躬逢其事。

靈 異 跋

常人信目疑耳，心駭異聞，不知天地大矣，神靈奇幻，覶縷難窮，無論西極東荒，即震旦山川，所在都有。彼夫掌擘靈潮，懸溜趵突，珠泉粉水，紫泥丹砂，悉造設若神工，焜耀區宇。矧大嶽鉉帝之劍杵、榔梅、天池、龍井之屬，關乎顯道行化之赫奕哉！至於放光現瑞，靈異宣昭，如太上之顯於有唐，儀鳳間，降醮壇，乘白馬，履壇石有跡，衆咸瞻仰，至德間，降雲龍巖，自地接天，儀像炳然，詔圖製贊，示諸郡國，烺烺史册中，是則道經載玆山鉉帝種種垂象，其即同夫太上與人國家酬酢之神化歟？蓋惟大道本於混成，至神彰於不測，經誥所以宣奧旨，巖洞所以宅威靈，明感召之非常，驗徵應之不一，庶颺玅理，克暢休風云爾。

知州王民皡謹識。

靈異參攷

古今惟最靈者斯異，異者未必皆靈也。如晉石莘神，恠也，而不得謂之異，芝房寶鼎，異也，而亦不得謂之靈，他如金馬碧鷄之祀，蓬萊方丈之使，其説皆屬無稽，而有識者輙加鄙笑。求其山川草木之瑞應，昭人耳目，默相顯佑之功烈，記載古今，事有莫測，而不流於隱恠，理本至常，而絶人以思議，其惟大嶽赫濯有然。大嶽歷唐宋元明四代，吉凶感應，已非一端，而我朝亦屢有禎祥，屈伸變化，其即至誠前知之謂也。彼愚夫愚婦，聞見有限，巷謌途誦，不無粉飾，甚至以聰明正直之神烈，反流爲荒誕而莫之信矣。今攷其神工之在山谷者，必確有可據，靈應之紀諸史册者，必顯有可徵，既不敢諛詞以汙神明，亦不欲執見以掩休烈，使天下後世登此山讀此卷者，咸崇而仰之，庶知大道充佈，無往不靈，無往不異，洵非尋常臆度所可幾及也。

訓導盧維玆謹訂。

大嶽太和武當山志卷之十一

物　　産

楊素藴曰：大禹經晝九州，定其貢賦，次逮篚包。粵稽豫雍之域，枲紵、纖纊、琳琅、織皮之屬，繁殖其墟，然此特概舉之以紀其凡，而未悉數之以終其物也。均之太和，隸在豫雍南陽之境，巀嶪，①神棲其間，雲涵風撓，雨滋雷動，厥生且殖，奥若靈腑，難可殫紀，鉉真子所謂體大質厚，資生元元，中高外垂，如壇輳物，尊圍八埏，流環九山，骨巖石，毛草木，肉土而脉泉，汗露而氣煙，川瀆漩奔，鳥獸紛還，其即太和之湫盤凝浮乎？用知此中之造化，豁乎包而孕，廓乎堅而壽，殆有非時日之能生，非歲年之能朽者哉。志物産。

産於地爲植物，先五穀。穀之屬凡三：一曰稻，爲香穀，爲早稻穀，爲鴈落黄，爲火裹早，爲百日粘，爲白米粘，爲紅米粘，爲青乾粘，爲麻粘，爲白芒，其名不一而足。一曰糯，爲魚子，爲紅糯，爲鷹嘴糯，爲柳條糯，其名不一而足。一曰粟，爲薄地降，爲柳根赤，爲竹葉青，爲搭過梁，爲毛葫蘆，爲紅酒、黑酒，爲大青、小青，爲攢子糯，爲白沙，爲靠山黄，爲龍爪糯，其名不一而足。豆之屬，爲天鵝蛋，爲八月砟，有黑豆、菉豆、紅小豆、白小豆、紅豇豆、白豇豆、豌豆、蚕豆、蛮豆、扁花小豆、茶褐豆，其名不一而足。麥之屬，有大麥、御麥、鴈麥，爲白芒，爲蚕條，爲金絲黄，爲甜蕎、苦蕎，其名不一而足。又有芝蔴、黍子、高粱，亦皆穀屬。

① “巀嶪”下疑有脱文。

產於地爲植物，次蔬。蔬之屬凡三：一曰園蔬，爲白菜，爲菘菜，爲波稜，爲萵苣，爲莧菜，爲茄，爲蘿蔔，爲芋。瓜之屬，有王瓜、冬瓜、西瓜、南瓜、絲瓜、甜瓜，爲瓠子，爲葱，爲韭，爲蒜，爲花椒，爲茴香。二曰山蔬，爲笋，爲蕨，爲山藥，爲菌，爲羊肚，爲藜蒿。三曰野蔬，爲黄花菜，爲百合，爲碎米菜，爲馬齒莧，爲竹葉菜，其名不一而足。

產於地爲植物，次藥。藥之屬凡三：一曰草部，爲蒼术，爲桔梗，爲前胡、柴胡，爲天麻、升麻，爲半夏、厚朴，爲枸杞子，爲天南星，爲麥門冬，爲地骨皮，爲天花粉，爲藜蘆，爲管仲，爲山桂皮，爲金沸草，爲龍膽草，爲五加皮，爲何首烏，爲覆盆草，爲紫花地丁，爲白何首烏，爲山當歸，爲白蘚皮，爲石菖蒲，爲金銀花，爲大戟、芫花、葶藶、遠志，爲白芷、菊花，爲香附、烏頭，爲黄藥、細辛，爲稀薟、車前，爲商陸、茵陳，爲山地黄，爲牛傍子，爲硃砂根，爲隔山消，① 爲九仙子，爲獨腳連，爲紫草麻，爲四两銀，爲便牽牛，爲黑牽牛，爲益母草，爲靈芝草，爲滛羊藿，爲地榆、血藤，爲白芨、黄精，爲山藥、防己，爲鉉參、牛膝，爲木賊、瓜蔞，爲芍藥、瞿麥、扁畜、連翹，爲重樓、次春、薄荷。二曰术部，爲枸杞子，爲黄柏皮，爲山桂皮，爲桑白皮，爲五倍子，爲青木香，爲辛荑，爲杜仲，爲鳳眼草，爲桑寄生，爲桃寄生，爲常山楓、香楓毬。三曰石部，爲金星石，爲銀星石，爲自然銅。

產於地爲植物，次果。果之屬凡三：一曰園果，爲杏，爲桃，爲梅，爲李，爲櫻桃，爲棗，爲胡桃，爲柿，爲大栗，② 爲梨，爲石榴，爲梧桐子。二曰山果，爲銀杏，爲茅栗，爲山楂，爲榛子，爲橡子。歲饑，百姓以此煮舂爲麵，代餐。三曰水果，爲藕，爲芡實，爲蓮子，爲小菱，其名不一而足。

產於地爲植物，次木。木之屬，爲柏，爲松，爲榔梅，爲芳騫，

---

① “消”，原訛“涓”，據任自垣《勅建大嶽太和山志》卷十改。

② “大”字漫漶，據王概《大嶽太和山志》卷四補。

爲椿，爲楸，爲槐，爲楝，爲榆，爲柳，爲桑，爲柏，爲桐，爲杉，爲梓，爲楓，爲冬青。萬山深處，木不勝載，僅列所恒見者。

產於地爲植物，次竹。竹之屬，有茅竹、青竹、水竹、紫竹、斑竹、叢竹、家竹，其名不一而足。

產於地爲植物，次花。花之屬有二：一曰園花，爲牡丹，爲芍藥，爲紅梅、臘梅，爲紫薇，爲紫荆，爲桂花，爲木樨，爲梔子，爲海棠，爲山丹，爲水仙，爲木香，爲葵，爲薔薇，爲迎春，爲素馨，爲玫瑰，爲鳳仙，爲鷄冠，爲龍爪，爲蕙，爲菊。二曰山花，爲蘭，爲杜鵑，俗名映山紅。爲七里香，或云即芸香，可辟蠹魚。爲野菊。產於水，有荷花、蘋花、蓼花、蘆花。

產於地爲植物，次草。草之屬凡二：一曰陸草，爲芝，爲蒿，爲茅，可誅以覆室。爲苕，爲芭蕉，爲吉祥草，可壓災催產，故名。爲救窮草，見《地輿》。爲艾。二曰水草，爲蒲，爲蘆，爲荻，爲藻。草類繁多，不能悉載。

產於山爲動物，先毛群。毛之屬，爲虎，黑虎，即本山神虎。爲豹，爲鹿，爲獐，爲山羊，爲羚羊，爲猿，爲猴，爲野豕，爲麂，爲狼，爲熊，爲狐，爲獾，爲兔，爲松鼠，其類不一而足。

產於林木窩巢爲動物，次羽族。羽之屬，爲靈烏，即本山神烏，能噪求人飼，飛而接食。傳云有紅喙者，見之吉。爲仙鶴，有鳳凰，見鳳鳴石。爲白鵰，爲錦鷄，爲山雉，爲杜宇，爲寒號，爲竹鷄，爲畫鷄，爲畫眉，爲鸛，爲鵲。禽類繁多，不能悉載。

產於水爲動物，次鱗族。鱗之屬，爲龍，凡潭池所居之龍，皆隸五龍頂，爲五炁龍君所御。爲蛇，爲五色金魚，五龍宫日月池内種類大且多。爲鰱、鯉、鯿、鱔之類，與漢水產同。

產於水爲動物，次介族。介之屬，爲龜，仙龜巖有神龜，藏巖中，傳云時見巖上。爲蛤蚌、蟹螺之類，與漢水產同。

產之奇異，爲我師禽，褐衣金喙，紅足青爪，① 清秋良夜，高峰深

① “青”，原誤作“清”，據任自垣《敕建大嶽太和山志》卷十一改。

林之中，鳴乎我師，終夜不止。

爲半部藥，形如黄雀，數十爲群，音中宫商，有鼓瑟吟唱之韻。

爲掛劍松，傳云鉉帝初入山修習上道，遇豐乾大天帝，賜劍掛於其上，因名焉。

爲萬年松，高四五寸，色蒼翠，生澗石上，取藏策中，雖久不腐，少以净水沃之，立活。

爲千年艾，艾葉菊花，蓬根木幹，至秋葉生，青珠如丹顆，治男子虛耗、婦人血氣之疾。

爲葛乳，色赤脆，其味苦甘。

爲松蘿，生高峰古木上，長者丈餘，能療蛇虎、湯火、頑瘡之疾，嚼汁吞服，吐滓敷瘡，立愈。

爲天花，色紅而秀，上有尺餘懸絲，秋末遍開，幽麗可愛。

爲石燈心，色蒼而直，如腐石之形，浸以膏油，光明洞煥，燃之不燼，故又名千年燈。

爲雲竹，紫瑩黑文。

爲榔梅樹，見《靈異》。

爲騫林茶，見《靈異》。

產於峰巖澗洞，不名物者爲天文。天文之屬有六：一曰雲，爲景，爲慶，並祥瑞。爲油，爲矞，並作雨。爲白衣，爲蒼狗，爲金翹，爲礮車，爲靈潤，爲龍氣，皆雲之昭回于山者也。一曰霞，爲赤水之氣，爲散綺，爲海金，爲汭錦，爲夾月，爲啟暉，皆霞之蒸布于山者也。一曰雷，爲天聲，爲鬱律，爲長男氣，爲軯轟，爲霻霳，爲玉虎晨鳴，蓋雷之鼓于山者有然。南巖有雷洞。一曰風，爲條，爲景，爲閶闔，爲不周，爲融，爲薰，爲颸，爲颵，爲剛，爲雌，爲少女，爲飛廉箕，爲天地籟，蓋風之撓于山者有然。南巖有風穴。一曰雨，爲靈液，爲膏澤，爲元冥，爲萍翳，爲霡霂，爲甘澍，爲醴泉，爲霖，爲零，雨之潤澤于山者如是。一曰露，爲天乳，爲神漿，爲沆瀣，爲湛湛，爲溥溥，爲垂玉，爲零珠，爲軒轅精，爲天池水，露之厭浥于山者如是。

皞竊謂天在山中，以天地陰陽之氣凝合流散爲言，數者名山皆有之，而莫盛於太和，其積之也厚，則其發之也弘，非但以磅礴遙深之謂也。玆帝真言，謂騰天倒地，驅雷奔雲，則以道氣常臻，滙爲陰陽之不測，宜乎成文垂象，利被群生而不言所利，功加萬彙而不尸其功，蓋昭昭乎產之至神而有常者也。匪第志太和之產者不之及，即凡志名山之產者俱莫之及，豈其略而不收，無亦見之未逮也耶？雖然，以所不逮略焉而成掛漏，又不僅□天文矣。

物產跋

嘗考崑崙六層有五色玉樹，有禾穟一株滿車，九層有芝田蕙圃，雲西多龍螭，千歲一蛻，其臟有獸名嗅石，嗅則知有金玉，有藏珠，鳥翔則吐珠，斯所謂草木禽獸，山之不測如是也。武當祖自崑崙，矧帝靈埏埴，蓄洩遥深，其爲不測，不更有神焉者乎？太和之榔梅驗道，松蘿衣聖，玆鴉唱曉，黑虎衛壇，胥啟秘降靈於玆帝之身，而胚胎至今弗息，神矣異矣！至夫芸芸蠢蠢者，可勿紀，而亦槩得而紀之，以著太和之廣大悉備，曲成不遺焉。雖然，又有不囿於物，不得以物名之，而實與產爲類，不得不以產命之者，如蒸蔚之雲霞，鼓撓之雷風，潤澤之雨露，殆與玆山之動植繁滋相爲終始，夫豈旦暮須臾之幾乎息，而千秋萬禩之或有窮者哉！

知州王民皞謹識。

物產參攷

嘗聞天不愛道，地不愛寶，地之利植，所以濟群生也。祀典又云："名山以取材用，於是乎祀之。"太和爲名山福地，產育材用，不獨黃冠羽流之輩資爲衣食，而生民胥利賴焉。故飛潛動植之物，其產既繁，其類愈盛，所謂生物不測，既未可以言盡，而況乎有產之至靈至神者乎？若雲霞之蔚起，雷電之奔馳，風雨之潤澤，皆天之道也，而太和山獨能司其敷佈焉，不可謂非太和之所産也，至矣哉！資生者，坤元也，資始者，乾元也，太和一山，兼資生資，始而用之，可勿紀其盛歟？

訓導盧維玆訂。

大嶽太和武當山志卷之十二

古　蹟

楊素藴曰：两大開闢，芸生滋植，而後山泉洞石著其恢奇，宫室亭臺表其幽特，劍器鼎杵挺其靈異，村落陵墓踞其名勝，或造於天，或構於人，或天與人合而底于成，爲往昔聖神所經歷，仙真所寄託，賢喆所鑒别，品題流傳，厥蹟由開闢至今，皆得以古名之。然歷世脮遙，劫火憑陵，海塵禪代，荆榛灌莽中，蕪没弗彰者不知凡幾，自非託之文字，後世誰當識者？矧鉉帝託始炎黄，自紫雲彌覆，以至入山内鍊，四十二年，凡其葆真委形，如瓊臺玉笈、緑韞珠函之藏，皆莫之攷，其故老所傳聞，斷碣殘碑所紀載，僅寥寥數事，間有遺編具在，亦漠焉置之。彼夫峰之香鑪，澗之蠟燭，語焉而弗詳，邨之國封，墟之陵墓，習焉而弗核，今多致惋于昔矣，苟仍其闕略，不規其證嚮，後之視今，不猶今之視昔乎？時人一樽罍、一圖畫，獵涉古玩，競謂之賞鑒家，盍齋心而銘其大者？志古蹟。

紫雲亭　在浄樂宫東。詳《宫殿》。

玉印　貯金殿内，方三寸許，高四寸許，碧色光潤，交篆“諸天大法主寶”六字，邊旁鎸“郭天祥造進”，不載何代人，亦無年月可稽。

聖父母塋　在州治南二十里，樂都村之北，地名雙塚屯。二塚相連，延袤十數畝，高丈餘，石鼎、翁仲猶存，儼然古帝王陵寢。但久失其傳，莫能名識。皞閲《道藏》乃得其詳，敬勒石碑，春秋崇祀之。詳見《藝文》。

樂都村 離城三十里，在州南上横山灣。《道藏》劉洞陽考稱即古浄樂國，今尚有樂都庵存。詳見《藝文·告帝疏》。

滴淚池 在復真觀内。云昔善勝天后尋訪鉉帝至此。

榔梅樹 即鉉帝修道時插梅寄榔處。

玉像殿 在五龍宫，有玉像五尊，相傳開山時掘地得之。

掛劍樹 與尹仙巖相近，枝葉翠色蒙茸，異于他樹。

雲霧巖 巖上有石，相傳在昔顛覆欲墜，真武以足抵之，今石上巨跡猶存。詳《藝文·詩》。

縮劍坡 一名縮石坡，在均穀交界。昔鉉帝插劍一口，鋒芒藏石腹中，搖之可動，而取之不能出。

試劍石 在二天門上，一石中分，相傳鉉帝試劍處。

金花樹 在冲虚庵前。數柏蒼翠，一枝獨黄，云係明代有一瘋仙鬢上所插，臨去擲著樹上。詳《藝文·記》。

古銅殿 元時所建，明永樂以規制弗稱，撤置小蓮峰，今人呼爲轉辰殿。

遊鐘　上鑄“永樂十三年龍集乙未二月吉日造”，在太和拜殿右懸架上，朝夕搖動不定，人喧視之，則大動。

石魚　在玉虛宮，擊之鏗然有聲，相傳開山時掘地得之。

舜帝廟　在太和山麓姚子舖，今廟止存基。旁有井，相傳即浚井處。後居民時聞内有絲竹聲，每牛馬陷入，不得出，人懼有怪，穴其中，以土填塞。又冲虛庵側亦有舜井，人相傳爲舜當日匿空旁出處，井有八角，旁一門，深不可測。廟有記，載《藝文》。

按：二井道里相距約三舍許，計當日帝舜行空穴中，其孰爲隧道令之潛出歟？抑天地預設之以出帝歟？《人物考》註載亦已然矣。

禹跡池　在紫霄宮前，昔神禹隨刊至此。

禹王廟　在龍山頂。《水經注》所稱龍巢山林木秀茂，隆冬不凋者是。下有險灘，名曰鐵爐，相傳神禹導水至此，迄今江心巨石下有大鐵圈存焉，冬涸，捕魚者嘗見之。

滄浪洲　在漢江濱。酈道元《水經》云：“武當縣北四十里有洲，曰滄浪洲，水曰滄浪水。”即其地也。後人修建滄浪亭於對江石崖上。

仙棋石　在南巖宮，相傳吕祖純陽故物。

孟浩然石像碑　在五龍宮浩然巖下，自題其石。見《藝文》。

草殿　今訛“草店”，距均城五十里，在自在庵之右。昔鉉帝修真，曾趺坐此處。明太祖未遇時，詣太和進香，回路遇滁州陳也先登臺，自稱拳棒無敵，太祖遂與角勝，俄捽也先臺下，也先率徒從數百追之，會義友鄧愈、湯和等力抵乃脱。是夜，太祖止宿殿後，適也先亦至，聞皷樂聲，知也先率所部草殿飲酒，太祖舉火焚之，也先逃去。夜夢帝曰："爾何焚吾草殿？"太祖曰："他日天下太平，償以一座金殿。"至成祖始建金殿，即其舊址立修真觀焉。見《英烈傳》。

按此，則建造金殿乃又永樂承先志事也。閲《藏書》云："成祖遣使於武當山營鉉武宫殿，楣柱甃甓悉用黄金，是時天下金幾盡。"固知成祖之繼志述事，與昭荅靈貺並重，而金殿遂爲亘古今創闢，其亦有由也歟！

古 蹟 跋

五嶽先有嶽而後居帝，大嶽先有帝而後稱嶽，是太和之嶽以帝而嶽也，太和之嶽之大以帝而大也。帝誕生於黄農，其開山作祖亦昉於黄農，由今代遡而上之，蓋五千餘年。歷稽聖德神功，敷賁天壤，而禴祠遍宇下，更無有前於鉉帝者，是古莫古於當日内鍊元真、飛昇復位之聖蹟矣。雖煉丹試劍、受詔啟途炳著篸上，然隱而未傳者不知凡幾。閲歷虞夏以降，蒐羅遺軼，區别仙凡，要不離乎古者近是。抑聞之，隘於取資，即當代猶虞其寡覈，博以廣識，則千秋皆在所攷衷。學者身膺述古明道之任，即奈何有心有知，而敢以帝山名蹟徒聽夫今昔之悠悠已乎？

知州王民皥謹識。

古蹟參攷

鉉帝生於神農之代，至今蓋五千餘歲矣。乃攷其修鍊冲舉之蹟，一爲遊覽，赫赫若前日事，其至德至道，久而彌新，故陵谷無變遷之異，木石無圮坼之虞。第歷世既遠，傳習相沿，不無荒誕訛舛者，以荒人聞見，非廣蒐博採不足以彰太和之名勝也。況自有鉉帝以來即有此山，其間名賢仙侶登眺棲遲者，徽音寄於泉石，芳踪留在川巖，令人景仰嚮往，忍令其湮没無聞乎？悉加考訂，以廣傳聞。

訓導盧維兹謹訂。

大嶽太和武當山志卷之十三

莅　　禮

楊素藴曰：古制，郊廟壇壝，利用孚禴，而祝史有專司，嶽瀆山川，肆行望秩，而祭享有特遣，歷代率由，或勑部臣，或命詞臣，所以重祀事也，此嶽瀆僉同也。而大嶽太和制有獨崇者，廷簡藩參，實俾提督，是以天章琬琬，播在絲綸，匪特尊典禮，蓋又有藉莊莅重臣兼攝之，以資彈壓，而壯屏翰之功焉。明代創置八宫于邃谷危巖，提點而下，廩食道衆，以逮駿奔僕傒，毋慮萬指，泥沙雜揉，易以生厲，窟穴蟠踞，或致容奸，苟非彈壓，末由綏靖。又太和西跨房陵，崇山峻嶺，與秦之紫荆、蜀之琵琶毘連蜿蜒，以故歷來嘯聚雲沓其間，將廓清羹沸，允惟帝山之屏翰是賴。昔太上降羊角之山，宫碑不朽，其節度、太尉、僕射、平章數大臣彪炳于今，則明代迄國朝提督、藩參諸公，以暨郡牧等職，皆當臚備昭垂者也。志莅禮。

明

永樂十六年剏建宫殿提督工務大臣及内外官

張信　隆平侯。

金純　禮部尚書。

諸葛平

何辛　俱郎中。

沐昕　駙馬都尉。

郭進　工部侍郎。

胡驄

鄭伏升

魯謙
孫英
戴同吉
祝銘
王益　俱員外。
陳叔剛
許鎮
沈景隆
沈恭
周璞
管時中
崔藝
陳玘
金叔榮
劉觀
龐瑜　俱主事。
史鑑　司務。
曹昇　都事。
王貫
馬昇
解蒙
楊衡
王思賢
鄭銘
張祺
仲瑄
翟成
田瑄

沈潼
顧粱
吳禮
汪膧
張澈
宋子環
王安
顧文俊
蔡恕
俞泰
謝莊
麻密
尹耕
金中
吳禛
宋行
蘇澤　鳴贊。
邵正　知事。
劉迪
杜容
戴亨
楊以成
李衡　俱序班。
吳昇
李玉　俱都指揮。
顧福
潘成
葉茂

張伯英 俱指揮。	韓多
鄒忠	王啟
朱亮	王賢
蔣銘	夏良
劉富	黄振
周通甫	薛佑
彭成	馬仕隆
許榮	何貴
劉恭	王政
李弘 俱千户。	楊信
龍集	杜青
蒯敬	蕭旺
紀英	蔡玉
王靈	李忠
馬旺	袁清
趙信	帥成
竺禮 俱百户。	

湖廣都司布政司并各府衛所州縣官

張銘 都指揮。	郝鵬 參政。
余士吉	鄧文鏗
胡器 俱知府。	王斌
賁玉	龔信
應堅	黄輔
李春	路坦
朱英	孫貴
秦玉	許興

汪禮
李勳
蔣銘 俱指揮。
陳敬 俱府同。
蕭雲舉 州同。
朱夷
許文
邵隆
馬安
張敬
丁義
汪敬
鄧英
戴明
李榮
張禮
邴正
陳貴
金貴
湯政
羅森
郭智
李鋐
姜英
王弘

鄭果
陳剛
王儁
范淵 通判。
李湘 州判。
張武
馬達
江純
汪俞
李哲
王迪
張彥
徐昇 俱千户。
陳能
劉文
王智 俱鎮撫。
施政
楊忠
陳子雲
于貴
張政
陸清
周朗
高銘
吴寬 俱百户。

嘉靖三十三年重修宫殿提督工務大臣及内外官

陸杰 工部右侍郎。
鄒守愚 右布政。
雷賀 右參議。
陳紹儒
李經 都指揮僉事。
吕顒
黎克勳 鄖陽府。
趙惟興 承天府同。
汪績 鄖陽府判。
劉逵
濮大剛 推官。
范大儒 俱均州知州。
徐元 俱行都司經歷。
仇爵 均所總千户。
郝廷璽 宜城縣知縣。
許子言 鄖縣知縣。
李循道 均州州判。
馮魁 襄陽府知事。
趙邦卿 常德府照磨。
徐坤元 襄陽縣丞。
徐述 蒲圻縣丞。
劉寧 湘潭縣丞。
謝興作 京山縣丞。
楊宗仁 當陽主簿。
劉伯躍 湖廣左布政。
姜恩 左參政。
王繼洛 右參議。
李凌雲 俱按察司副使。
陳惟喬 署都指揮僉事。
胡汝翼 俱襄陽府。
李洛 襄陽府同。
孫興 常德府同。
李賓 嶽州府判。
似昂① 俱襄陽府判。
王彩
王誦
吴民表 納級指揮。
李廷美 鄖衛副千户。
李敦臨 襄陽縣知縣。
周儒 穀城縣知縣。
王宇 均州吏目。
徐鶚 承天府知事。
沈世和 襄陽衛經歷。
羅明臣 黄陂縣丞。
朱魁 龍陽縣丞。
蕭繹 平江縣丞。
阮達 襄陽主簿。
宣詔 平江主簿。

① “似”，王佐《大嶽太和山志》卷十五作“姒”。

王藎臣　棗陽主簿。
許詔　鄖西主簿。
熊禄　房縣主簿。
譚忠孝　南漳主簿。
吴鳳　鄖縣主簿。
鍾應宸　黄陂主簿。
殷朝陽　均州所吏目。
艾周奇　穀城典史。
陳可　鄖西典史。
趙伯偉　南漳典史。
孫熙安　雙溝税課。
湯召　襄陽衛指揮。
褚綸　均州所指揮。
李梅　襄陽衛指揮。
黄松　鄖陽衛指揮。
徐子威　襄陽衛指揮。
張嵒　均州所指揮。
韋偉①
魏瀚
王封　俱均州所千户。
劉詔　竹山所千户。
袁綬　房縣所千户。
程爵
曹棋
丁忠
趙璽
趙琦　俱襄陽衛百户。
魯曾
温和
王懋
吕安　俱鄖衛百户。
潘時
姜永
江夢金
高士元　俱均所百户。

嘉靖四十五年撫治御史劉秉仁題准重修玉虚等宫並一帶橋梁道路提督工程官

張守直　工部右侍郎。
艾杞　主事。
施篤臣　副使。
朱一松　襄陽府推官。
林森　均州知州。
徐大經
狄自元
田大國
張添禄　俱辦事陰陽官。

① "偉"，王佐《大嶽太和山志》作"俸"。

藩　　參

明

諸葛平　永樂二十年任。

吴禮　宣德十五年任。

邵正浙　江金華人，正統五年任。

李倜　進士，河南鄧州人，正統十年任。

樊敦　進士，鄧州人，景泰元年任。

黄順　進士，景泰五年任。

李孟芳　進士，天順四年任。

王豫　進士，河南祥符人，成化八年任。

梅倫　進士，蘇州人，成化十一年任。

韓文　進士，洪洞人，成化十五年任。

李謙　進士，成化十六年任。

龔膺　進士，成化二十三年任。

馬詮　進士，河南人，①弘治三年任。

張轂　進士，上海人，弘治五年任。

陳睿　進士，福建惠安人，弘治七年任。

華山　進士，無錫人，弘治十三年任。

邵棠　進士，揚州人，正德三年任。

白金　進士，江南無錫人，正德七年任。

張瀚　進士，山東博平人，②正德八年任。

林文纘　進士，福建人，正德十一年任。

張良弼　進士，歷城人，正德十二年任。

陸杰　進士，浙江平湖人，嘉靖二年任。

---

① "河南"，王佐《大嶽太和山志》卷十五作"南和"。

② "博"，原誤作"溥"，據王佐《大嶽太和山志》卷十五改。

盧照① 進士，浙江人，嘉靖五年任。
張鯤 進士，河南人，嘉靖八年任。
崔桐 進士，海門人，嘉靖十年任。
劉彭年 進士，四川人，嘉靖十一年任。
鄺灝 進士，任丘人，嘉靖十二年任。
陳良謨 進士，浙江人，嘉靖十三年任。
方升 進士，婺源人，②嘉靖十五年任。
吴檄 進士，桐城人，嘉靖十七年任。
段續③ 進士，蘭州人，嘉靖二十年任。
鍾雲端④ 進士，南海人，嘉靖二十一年任。
泰鰲⑤ 進士，崑山人，嘉靖二十二年任。
王鎬 進士，直隸人，嘉靖二十三年任。
張緒 進士，峽江人，嘉靖二十五年任。
吴子孝 進士，吴縣人，嘉靖二十七年任。
雷賀 進士，江西人，嘉靖二十九年任。
王繼洛 進士，鄭州人，嘉靖三十三年任。
成子學 進士，海陽人，嘉靖三十五年任。
劉子興 進士，海陽人，嘉靖三十八年任。
劉應箕 進士，巴縣人，嘉靖四十年任。
楊儲 舉人，江西人，嘉靖四十二年任。
王楷 進士，浙江人，嘉靖四十三年任。
王應顯 進士，福建漳浦人，⑥隆慶元年任。

① “照”，王佐《大嶽太和山志》卷十五作“煦”。
② “婺”，原誤作“娶”，據王佐《大嶽太和山志》卷十五改。
③ “續”，王佐《大嶽太和山志》卷十五作“緒”。
④ “端”，王佐《大嶽太和山志》卷十五作“瑞”。
⑤ “泰”，王佐《大嶽太和山志》卷十五作“秦”。
⑥ “漳”，原訛“潭”，據凌雲翼《大嶽太和山志》卷四改。

常三省　進士，河南祥符人，隆慶二年任。
李存文　進士，江南泰州人，隆慶五年任。
李貴和　進士，河南祥符人，隆慶六年任。
李日强　進士，山西曲沃人，萬曆七年任。
章甫端　進士，直隸人，萬曆五年任。
陳惟直　進士，四川人，萬曆七年任。
許守謙　進士，稾城人，萬曆九年任。
馮時雨　進士，江南長洲人，萬曆十年任。
李復聘　進士，陝西人，萬曆十三年任。
鮑希顔　進士，山西人，萬曆十五年任。
袁弘德　進士，平湖人，萬曆十四年任。①
詹貞吉　進士，四川人，萬曆十四年任。
陸長庚　進士，平湖人，萬曆二十年任。
馮時可　進士，華亭人，萬曆二十二年任。
楊濟會②　進士，廣西人，萬曆二十五年任。
楊道會　進士，晉江人，萬曆二十六年任。
魏養蒙　進士，洛陽人，③萬曆三十一年任。
王嗣美　進士，陝西人，萬曆三十三年任。
楊松平　進士，四川人，萬曆三十八年任。
何偉　進士，江西人，萬曆四十二年任。
談自省　進士，丹徒人，萬曆四十六年任。
李成名　進士，山西太原人，④天啟元年任。
劉宇烈　進士，四川綿竹人，天啟二年任。
劉廣生　進士，河南羅山人，天啟四年任。

---

① “四”原倒在“任”下，據凌雲翼《大嶽太和山志》卷四乙正。
② “濟”，凌雲翼《大嶽太和山志》卷四作“際”。
③ “洛”上原衍“四”字，“陽”下原無“人”字，今删正。
④ “原”，原誤作“源”，今改。

莊廷臣　進士，江南武進人，天啟六年任。
堵天顔　進士，河南陽武人，崇禎元年任。
楊文岳　進士，四川南充人，崇禎四年任。
程策　進士，江南休寧人，崇禎四年任。
汪泗論　進士，江南人，崇禎。
楊維垣　進士，山東人，崇禎。
周夢尹　進士，浙江人，崇禎十二年任。
萬年策　舉人，貴州人，崇禎十三年任。
高斗樞　進士，浙江人，崇禎十四年任。

國　朝

劉開文　進士，山東人，順治三年任。
蕭時彦　舉人，遼東鐵嶺人，順治五年任。
張溲　進士，直隷邯鄲人，順治八年任。
趙Lv　進士，山東人，順治十一年任。
曹申吉　進士，安丘人，順治十六年任。
郎永清　廣寧人，順治十七年任。
吴健　舉人，寧夏人，康熙。
金朝用　滿州人，康熙九年任。
石琳　滿州人，康熙十三年任。
黄隆　舉人，福建晉江人，康熙十六年任。
楊素藴　進士，延安人，康熙十七年任。
沈志禮　滿州人，康熙二十一年任。

州　守

明

吴禮　永樂。

邢野亨　正德。

茹鳴玉　正德。

葉尚文　嘉靖。

惲夆　嘉靖。

吕箕　嘉靖。

吴彦　嘉靖。

蔣進業　嘉靖。

秦聘　嘉靖。

朱廷亮　嘉靖。

王涵　嘉靖。

王彩　嘉靖。

范大儒　嘉靖。

趙廉　嘉靖。

趙鋭　嘉靖。

張錦　嘉靖。

劉欽命　嘉靖。

黄廷楫　嘉靖。

林森　嘉靖。

葉九金　蒲田人，隆慶二年任。

張著　廣德人，隆慶三年任。

王言　鉛山人，萬曆元年任。

鄒啟元　雲南人，萬曆丁丑年任。

重輅　泰州人，① 萬曆八年任。

---

① “泰”，原誤作“秦”，據党居易《均州志》卷二改。

胡世禮① 山陰人，萬曆八年任。
葉九經 進士，應天人，萬曆十三年任。
李敷華 舉人，山東人，萬曆二十年任。
林繼喬 舉人，福建人，萬曆二十四年任。
王家業 舉人，浙江人，萬曆二十七年任。
方演 舉人，福建人，萬曆二十八年任。
翟洛 舉人，真定人，萬曆三十六年任。
張廷策 舉人，青州人，萬曆四十年任。
胡秉直 舉人，順天人，萬曆四十八年任。
吴廷諫 舉人，南昌人，天啟三年任。
傅冲之 舉人，蘇州人，天啟七年任。
吴鍾② 舉人，瓊州人，崇禎二年任。
張京兆 舉人，揚州人，崇禎四年任。
鄔應鴻 選貢，寧波人，崇禎七年任。
胡承熙 舉人，應天人，崇禎十年任。

國　朝

單惺 舉人，棗强人，順治二年任。
李炳 拔貢，武安人，順治五年任。
陳瑚 拔貢，吉州人，順治七年任。
趙元明 官生，城固人，順治九年任。
李光座 進士，汴梁人，順治十年任。
張一龍 滿州人，順治十二年任。
許遴 舉人，浙江人，順治十六年任。
吕鳴和 拔貢，順天人，順治十八年任。
佟國玉 滿州人，康熙二年任。

---

① “世”，党居易《均州志》卷二作“尚”。
② “吴鍾”，馬雲龍《續辑均州志》卷八作“吴元鍾”。

党居易　廩生，寶雞人，康熙十年任。
楊端憲　舉人，鎮番衛人，① 康熙十七年任。
王民皞　拔貢，臨川人，康熙十七年任。

州　判

國　朝

李明謙　貢生，衛源衛人，順治四年任。
朱紫　監生，山陰人，順治五年任。
張嗣賢　拔貢，大興人，順治十一年任。
陳際昌　貢生，隴西人，② 順治十六年任。
張翰垣　貢生，臨洮人，③ 順治十六年任。
於順治十六年五月裁缺。

吏　目

國　朝

金錢　吏員，浙江紹興人，順治四年任。
何其偉　吏員，山陰人，④ 順治九年任。
李毓茂　儒士，大興人，順治十四年任。
孟洪範　監生，延慶州人，康熙六年任。
楊淮昌　監生，浙江人，康熙二十一年任。

---

① “番”，原誤作“藩”，據党居易《均州志》卷二改。
② “隴”，原誤作“龍”，據馬雲龍《續辑均州志》卷八改。
③ “洮”，原誤作“桃”，據馬雲龍《續辑均州志》卷八改。
④ “山陰”二字原倒，據馬雲龍《續辑均州志》卷八乙。

黑虎廟巡檢

國　朝

胡大章　吏員，錢塘人，順治九年任。

李文奇　吏員，富平人，順治十六年任。

於順治十六年裁缺。

儒　學

國　朝

徐蘭雪

廣大觀

王啟岱　舉人，江陵人。

楊應祚　歲貢，鄖縣人。

王欽命　舉人，廣濟人，康熙五年任。

張維霖　舉人，江陵人，康熙十六年任。

盧維茲　歲貢，黄安人，康熙十七年任。

明設護守山場均所千户官

張嵒

江騰龍　俱指揮。

陸藝

孫詔

姜詔

魏科

李相　俱千户。

褚英

郭寶

王體乾

韋仁

李向陽

張崇

高士元

章可成　　潘一龍
凌坤　　仇繼武
周來　　蔡恩　俱百户。

八宫提點附

浄樂宫

明

趙宗純　張太和　錢若無
吴宗鉉　許永和　馮昌盛
鄭道堅　趙盛泰
雷普明　陞至太常寺卿，見《仙真》《異蹟》。
懷以德　石自新　劉紹鉉
江洞淵　陳祖新　石永源
高崇德　李有仁　戈教静
胡道成　楊月清　唐有能
姜有賢　李演琴　羅理錦
趙仁厚　姜理春　習鉉府三陣中黄秘法，授提點。嘉靖間，屢修國醮，仙鶴呈祥，繪圖進呈，陞太常寺丞，賜大紅金織衣一襲。後將書劍授徒提點顧真鈐，入州南七里山安樂窩老焉。　梁文玉　李理鈐
潘全麒　張文曉　顧真鈐①
閻仙儀　趙合賓　李全鯤
楊真潤　孫本經　鄧從雲
李真嶽　趙本秀　荔浄胡
李得賀　王得瑞

① “鈐”，原誤作“欽”，據凌雲翼《大嶽太和山志》卷四改。

國　朝

楊鉉位	李福祥	楊萬禎

迎恩宫

明

韋永昌	胡崇勝	吴福堂
胡元信	車得富	張貞蘭
景全玉		

國　朝

王修德	張志德

遇真宫

明

羅鳳翔	周存中	楊以清
錢道明	周大潮	梅宗道
錢以昇	張伏明	潘得川
孫從壽	李世暹	陳祖仁
杜理祺	胡志珣	王有仙
張得雲	李緒岳	

國　朝

杜永寧

玉虚宫

明

任自垣	毛守鉉 陞至太常寺卿。	邵慶芳

周惟中	汪惟毓①	倪尊昱
馬景志②	歐惟珵	路道瑛
張道賢	劉盛淵	王克輝
朱善誠	夏禮亨	陳茂先
韓道路③	譚道旭	謝玉名
朱永昌	韋永慶	龍宜升
陳大順	羅祖福	張祖錢
李大緣	孫大誠	梁教演
黄道經	魏本宗	郭景洪
孔崇善	袁得佑	陸祖霄
雷世學	趙元霄	宋演慶
湯紹珣	陳悟貞	尹月山
張進俸	王仙印	趙貞守
陳貞舉	薛從圜	李高節
吴演習	唐嗣忠	郭和玉
王友舜		

國　朝

王鉉傑	魏大祥	萬義潤
習禮官		

五　龍　宫

明

李素希	李時中	吴繼祖
施淵静	魏繼通	倪高亮

① “毓”，方升《大嶽志略》卷五作“敏”。
② “志”，方升《大嶽志略》卷五作“忠”。
③ “路”，方升《大嶽志略》卷五作“啟”。

梁用高	張守道	張得貞
鄭通顯	蘇永貞	陳常松
周月鐸	王恭常	王福中
何仲徽	皮守禄	苗守倖
皮道彰	康元惠	皮合武
朱貞用		

國　朝

彭通鰲	李鎊宗

紫　霄　宫

明

梅月軒	李鉉玉	謝仕彬
李道宏	徐明山	董與全
邵守政	李大濱	姚克仙
晏從希	魏從新	李有欽①
陳世美	張月寶	曹崇王②
李得寶	楊守節	郭得鉉
劉仁定	齊遇壽	李世科
李仁燧	齊理定	

國　朝

施得隆	胡得惠

① “有”，方升《大嶽志略》卷五作“宥”。
② “王”，方升《大嶽志略》卷五作“玉”。

南巖宮

明

王一中	林子良	安隱山
董守寧	王大義	雷明昌
盧復剛	李崇啟	朱志琳
郭守福	陳從晟	劉志洪
屈守乾	汪道爵	蕭得明
楊伏繡	陶仙寶	王尚義

國朝

王仁欽	王真愛	韓真壽

太和宮

明

張古山	章崇信	楊伏玉① 陞至太常寺。
汪子洋②	時本初	王福緣
殷祖諒	朱宗鋐	劉仲易
薛仲貴	王道義	焦常通
譚從正③	胡仲誠	魏道啟
王正月④	李得緒	楊大俸
張得旻	畢元春	陳合凱
薛得山	姚以舜	王志忠
張得瀛	古大瀛	姚得坤

① “伏”，方升《大嶽志略》卷五作“福”。
② “汪”，方升《大嶽志略》卷五作“江”。
③ “正”，方升《大嶽志略》卷五作“證”。
④ “正月”，方升《大嶽志略》卷五作“月正”。

國　朝

甘嗣進	薛詩綸	李用稅
李通徤	毛得龍	

莅禮跋

古者畫疆封畛，設官分職以馭之，一以治民，一以祀神，子輿氏所謂主事而民安，主祭而神享，其觀乎天人交相與之際，微矣哉！漢唐而後，嶽瀆山川，例有祀典，然職其地者無專官，即太和之嵬峩，鉉帝之威靈，仰止景行，衹付之尋幽駐谷、專氣致柔之侶，當時廷宁之精誠未通，璽書未逮，以是宙合亦罔所瞻依。宋元之代，封詔始頒，從而增置提點，然亦未有崇重秩官也。有明永樂，隆祀大嶽，視衡嵩有異等，特勅貴戚卿貳經始兹山，其攝理中使不足論，惟簡命藩參重臣提督，在唐爲觀察都護，在宋爲監司經略使，職要率屬，綏靖巖疆，其爲莊莅之制，何詳以密也。春秋饗嶽薦幣，各以時舉，罔非嚴毖祀事，揭虔妥靈，其爲議禮之意，又何深且遠也。是以明代迄國朝，封疆大臣暨州刺史以下，凡有係屬寥上，例得編次名氏，倣柱下爲大爲特之義，而於是乎書。

知州王民皞謹識。

涖禮參攷

從來分疆命職，凡以爲民也，而境内山川，遇凶荒則禳，遇水旱則祈，遇兵戈則禱，撫有兹土者，時以姓名上通帝座，故神以祐民，而涖民者亦仗神庥以祐民也。太和山舊隷豫州，其先爲縣爲州，不一其名，而涖治者難以彙紀。自宋迄元，始隆崇祀之禮，揔命之曰提點。迨有明則遣貴戚卿貳經營構牓，復命中使爲提督太和之職，匪不崇隆其典，專任其官，獨是貴戚中使，多恣權虐，士民苦之。我朝特任藩參重臣，斧斤入林麓者禁之，宫殿有傾圮者葺之，垣宇有滲漏者補之，羽流有不焚修者督之，春秋享祀豐潔，一年之内，兩致其精誠，凡所有事，州刺史亦得理所不及，是知鉉帝之所憑依在德，而監撫兹山者摠以嘉惠元元，故得編次姓氏云。

訓導盧維兹謹訂。

大嶽太和武當山志卷之十四

神　謨

楊素蘊曰：對時育物，默領會於高天；考神較僊，顯凝承於上帝。爰頒詔令，並降册文。玉板金書，命製司經之院；雲錦瓊匣，授譔翰墨之林。凡以宣大道之樞機，儲靈煒曄；因之紀至真於玉曆，開化熒煌。亦有集玉京之山，以敷揚妙法；或復臨金闕之位，而闡繹玄言。咸仰九極之華，並昭三才之秘。次考高真，洋洋撰述；仍搜仙侶，娓娓賡唫。靡不錯落珠琲，上增太和之鉅麗；抑用鋪張黼黻，備頌玄帝之威尊。彩媲雲霞，輝爭日月。既庸誕彰夫寶笈，寧復下等于塵詮。志神謨。

老君曰：夫三洞寶經，皆三清之上道也。吾昔受之於元始天尊，于今七億萬劫，天地成敗，萬品生滅，唯吾獨尊。今猶修之於景雲之上，嘗以玉清玄簡出付真公於無量壽天，又付方諸青童太君，依九天品格，萬劫一出，自開皇以來，傳付後學應爲真者，九千年聽傳三人，或四十人九年中遇有其人，聽頓傳之。欲受吾經，當依《四極明科》齋信詣師，授以佩身，閑心修行，慎勿輕傳。修奉行上道，常當沐浴清齋，盛潔法服，並嗽蕩口腹，令内外清虚，口無餘味，腹無餘臐，眼無餘穢，體無餘塵，淡泊静嘿，唯道是身，然後修行焉。

太上道君復命老君開化西域，即昭王之二十三年癸丑歲也，老君五月晦日壬午，駕青牛之車，薄版爲隆穹，徐甲爲御，無極先生、鬼谷先生、北郭先生從焉，將西度函關。尹喜志慕道術，喜字公文，康王朝爲大夫，後召入爲東宫賓友。少好三墳、八索之書，善天文、緯候，乃結草爲樓，仰觀乾象，精思志道，號爲樓觀。今終南山盩厔縣神龍鄉問僊里中有草樓，爴壇祠宇，即其故室也。周穆王再加修飾，召幽逸之人爲道士，自爾相承，至今不絶焉。喜於是時見東方有紫炁西邁，天文顯瑞，知有聖人當度關而西，乃求出爲函谷令，關在陝州桃林縣十二里，故墟存焉。王從之。按《樓觀先師傳》及《樓觀記》，並云周康王聞喜有神仙度世之志，乃拜爲大夫。至昭王時，喜遇老君，得道，遂侍雲輿西邁。其後穆王欽尚遺塵，乃爲建祠修觀，故其碑文曰："樓觀者，①周康王大夫關令尹喜所立也。以其爲樓，故因以爲號。"又曰："周穆西巡，秦政東獵，並枉駕回輪，親崇教道，始皇建廟于樓南，漢武立宫于觀北，晉宋謁板，于今尚存，秦漢廟户，相繼不絶。貞觀二年，改爲宗聖觀。"由是觀之，乃驗老君度關在昭王時也。或云東周時者，蓋後世人但見孔子時老子猶在，故爲此言，不知老子化胡之後，復還中夏，幽隱子乃得師之也。

喜至關曰："夫陽數極九，星宿直金，歲月並王法，應九十日外有大聖人經過京邑。"時周都鎬京，在函關之西。乃先勅關令吏孫景曰："若有形容殊俗，車服異常者，勿聽過。"喜即預期齋戒，使掃路四十里，夾道燒香，以俟天人入境。至七月十二日甲子，果有一老人，皓首聃耳，乘白輿，駕青牛而至。關吏曰："明府有教，願翁少留。"乃入白，喜曰："道今來矣，我今得聖人矣。"即具朝服出迎，跪服叩頭，邀之曰："願大人暫留神駕。"老君謝曰："吾貧賤老翁，居住關東，田在關西，今暫往取薪，何故見留，幸聽度。"此一試也。喜復稽首曰："天人豈復取薪，久承大聖當來西遊，勞神暴露，願少憩聖駕。"老君曰："吾聞大秦有古先生，其道無爲，欲往觀焉，是以昇車就道，經歷子關，子何苦留也？"此二試也。喜又曰："今覩天人聖姿超絶，乃天上之至尊，邊夷何足往觀乎？願不託言，少垂哀愍。"老子曰："子何所見而知吾？"此三試也。喜曰："去冬十月，天理四星，西行過昴，自今月朔，融風三至，東方真炁，狀如龍蛇而西度，此兆大聖人之徵。喜少好《墳》《易》及天文、秘緯，凡仰觀俯察，未嘗不驗，故知必有聖人度關，夙夜存

① "樓"，原誤作"數"，據謝守灝《太上混元老子史略》卷下改。

思，未嘗暫息，今似有緣，果遇仙駕，願垂慈憫，開濟沉冥。”老君既三試之皆過，乃恬然含笑曰：“善哉！子之知吾，吾亦已知子有通神之見，當得度世也。”

老君爲喜留關下有一百餘日，喜齋戒，叩頭再拜，跪請曰：“塵凡孺子，幸遇聖人，投身委命，願聞大道。”老君曰：“微哉！子之問也。大道守真，三品爲則，以一爲度，以政爲德。”喜曰：“道品有三，要得升仙，其可得乎？”老君曰：“子能知一萬事畢，閉塞情慾入奧室。鍊金食氣爲第一，子能知之守無失。”喜踴躍，稽首曰：“鍊金奈何？”曰：“神方也。自至真上帝，莫不由金丹而得道，履九幽而入杳冥，上下虛無，因神明而俱升。”喜復稽首曰：“願聞其旨。”老君曰：“紅鉛黑汞大丹頭，從紅入黑是真修。黑中取精赤取髓，解取赤黑藥無比。用赤入黑保長生，用黑入赤天仙矣。”喜曰：“道則高矣妙矣，未覺未究，願賜指示。”老君曰：“一者是鉛，鉛爲君，二者是汞，汞爲臣，若鉛不真，其汞難親，若鉛是親，不失家臣。青腰使者，赤黑將軍，和合两姓，異族同群。白汞作胸，黄芽爲根，化鉛爲粉，鍊汞成塵。陰居陽位，陽數陰均，月盈日昃，寒暑區分。開設法像，赫然有文，唯吾此道，天地長存。”喜拜曰：“藥物之旨，敬聞命矣，爐鼎之制，水火之候，奈何？”老君歌曰：“圓三五，寸一分。口四八，两寸唇。長二尺，厚薄均。腹三臍，坐垂温。陰在上，陽下奔。首尾武，中間文。始七十，終三旬。内二百，善調均。陰火白，黄芽銀。來去遊，不出門。漸成大，性精純。即歸一，還本元。至一周，甚殷勤。密防護，莫迷昏。途路遠，甚幽玄。若達此，會乾坤。子午活，淨魄魂。得長壽，入仙村。樂道者，尋其文。諦思之，勿須論。”又歌曰：“日月本是乾坤精，卦象周還甚著明。前三五兮後三五，五六三十復還生。復還生兮周十二，十二中分二十四。二十四氣互推遷，萬象友銖都在此。水銀一味番爲二，變化陰陽成既未。既未却配於夫妻，始覺壺中有天地。”又歌曰：“金液還丹仙化流，高飛雲翔登天丘。赤黄之物成須臾，當時雌雄紛亂珠。可以騰變到行厨，靈童玉女我與俱。出入無間天地符，其精凝霜無沉浮，汝其震驚必來遊。金液之訣，皆盡於此矣。丹成作金，以爲食器，亦得長生。先試作金，成乃可服，故曰金可作、世可度也。”於是授喜《太清八符經》《太清觀天經》《九都經》《神丹經》《金液經》及大丹九轉還丹伏次訣焉。

喜復焚香再拜請曰：“喜幸聞至道，欣慶難言，願賜著書，闡揚道旨，以貽後世。”①老君曰：“善。汝應爲衆真之長，當於此宛利天下棄賢世界傳弘大道。”即以《道德》五千言授之，曰：“吾此文未嘗輕以授人，凡經千二百載方一傳爾，子其勉之。”

皞按太上經典，《道德》《黄庭》而下，《太清》《靈寶》，篇籍槩不勝書，今惟以太上文始之歷寓太和，藥鼎丹爐，猶名仙洞，故取金丹歌訣備載于篇，俾後之有志學道者得藉兹爲考衷津筏焉可耳。

玉皇詔封按《實錄》云：東漢之季，太上降蜀，授張真人道陵鉉武之經，使流傳於世，真人乃以金篆詔書文義易作凡間書體，接濟學道之人。

詔文曰：“學仙聖童，浄樂國子，惟卿鉉元之化，天一之尊。不言而教，莫知其神。渺渺劫仞，綿綿若存。虚心實腹，和光同塵。鑿開造化，樸散胚腪。六百萬歲，八十二身。曲全枉直，窪盈弊新。生陰育陽，起死成人。其功不恃，其德乃真。今宜再顯，高輔三清。上罰逆象，下滅妖氛。掌握圖籙，攝制魔蹤。帝真靈會，驅神駕龍。甲庚之將，贊衛爾勳。周環六合，普福兆民。道參天地，萬真所推。可特拜太鉉元帥，領元和遷校府公事，册到奉行。”

按天師杜光庭集云：“道炁初布，混漠無形，炁凝于沆莽之間，文結于太空之内，曲折成字，八角飛芒。元始命天真皇人象形書寫，名曰天書玉篆，乃爲文字之祖體也。”

帝册曰：“赫赫至真，皇皇大道，太景開判，鉉元化生，妙藴樞機，萬天尊仰，其休隆廣，宜有褒崇。惟太鉉元帥、鎮天鉉武大將軍、三元都總管、九天遊奕使、左天罡北極右垣三界大都督、領元和遷校府

① “宛”，原誤作“挽”，據謝守灝《太上混元老子史略》卷下改。

公事、判鉉都佑勝府事、太上紫皇天一天君，靈通大妙，道備欝明，上開混沌之鉉，下統虚危之宿。撫成地紀，寶育天元，持造化於四時，推紀綱於八節。分身下降，普福乾坤，功高五十萬劫，德並三十二天。洞杳飛芒，幽微暐曄，按遵簡録，當亞帝真，不有徽崇，何以明德？遣金真紫陽大夫、金闕侍中、素靈殿大學士、主管三天金闕門下直日儲靈典奏事、含光上德仙君軒轅，齎捧玉册，可特授玉虚師相鉉天上帝，領九天採訪使。道生一炁，威化三才，結真于九極之華，晨麗於六天之秀。功高難極，合示嘉尊，惟當上輔大道，劫劫長存，下佑兆民，綿綿永祉，龍文昭降，永鎮鉉都，册至奉行。”

帝册曰：“惟卿混黄炁之瑞，道備九陽之尊，德隆僊品，威貫神真，出號三千五百春秋，功齊四十二劫，甲子校遷民庶，無失毫分。兹以數運大劫，邪正混同，感生六天魔王，傷害九地黎庶，儻非真力，何得清寧？三清是賴，九聖得依，再扶道法之隆，又復邪魔之正，降水火二精於掌握，攝甲庚两將於紀綱。因兹神化，萬彙咸榮，功高衆聖，難盡褒崇。當容返本還源，理許歸根復位，若不徽稱，焉可顯德？璽書錫降，厥勿謙辭。”

鉉帝真言

北方鉉天，杳杳神君。億千變化，鉉武靈真。騰天倒地，驅雷奔雲。隊仗千萬，掃蕩妖氛。雷公侍從，玉女將軍。鬼神降伏，龍虎潛奔。威鎮五嶽，萬靈咸遵。鳴鐘擊皷，遊行乾坤。收捕逆鬼，摧斬魔群。除邪輔正，道炁常臻。

鉉帝真言

太陰化生，水位之精。虚危上應，龜蛇合形。盤遊九地，統攝萬靈。無幽不察，無願不成。劫終劫始，剪伐魔精。救護群品，家國咸寧。數終末甲，妖氣流行。上帝有勅，吾故降靈。蕆揚正教，蕩邪辟兵。化洽黎兆，協贊中興。敢有小鬼，欲來現形。吾目一視，五嶽摧傾。

鉉帝真言

太初太易，無象無形。莫知重濁，孰辨輕清。吾於混沌，分其昏明。天得以健，地得以寧。民得以養，物得以萌。邪得以正，神得以靈。三才之内，萬類咸亨。大道既散，仁義乃興。禮樂既作，姦邪斯行。六義或失，四民有爭。上不寬恕，下不忠貞。或魔或鬼，或妖或精。恣横荼毒，干擾生民。全家染患，累歲刑名。財物耗散，骨肉伶仃。性命枉逝，災禍相縈。穢雜之氣，上達天庭。天尊有命，令吾安平。有妖皆剪，無鬼不烹。瘟疫之吏，束手服膺。鬼精滅爽，邪魔摧傾。吾有十億烈士，五千萬兵。天上天下，從吾降昇。拒吾者滅，奉吾者生。忽吾者辱，敬吾者榮。禮吾者壽，非吾者薨。吾有此令，人鬼咸聽。

鉉天上帝説報父母恩重經

知州王民皞註

妙緣無修，妙行無積。

天命之性謂之緣，率性之道謂之行，妙緣妙行所謂孝，乃至德要道，天之經，地之義，至妙之緣，至妙之行也，此從良知良能上來，非從修爲積累而得者。

從修有修，修緣證妙，從積有積，積行通妙。

若從修爲而有其修，則必所修之緣合乃可以證至妙之緣，若從積累而有其積，則必所積之行成乃可以通至妙之行，蓋言孝爲修積之本，又不可不加修積之功德以全其孝也。

妙本從無，修積自有。

孝由性生，非自外得，故曰從無。修爲積累，工夫由外，故曰自有。前合言而此又分言，以起下文。

廣演妙緣，顯言勸修，烜赫妙行，示相有積。

由是廣舉演説至妙之緣，自當顯著其言以勉勵其修，爲烜昭赫濯其至妙之行，自當標示其相以敦崇其積累。此見孝固性生，而修積復不可少也。

妙緣妙行，既通修積。

此承上文而言。孝道復當修積，以見勉勵敦崇，不可泛視，方引到衆生身上言之。

若世衆生，一念一動，緣行自在，迷惑本來，毁無失有。

凡人皆具良知良能，其性其道，原非外假，總由後來嗜欲漸深，如妻子備而孝道衰，古今同慨。本來既昧，安得不自毁爲無而喪失其本有哉？

如人父母，誕生男女，始相不見，託相爲有，其中有相，相化萬狀，艱難苦惱，憂慮悲戚，悉從相起。

父母之生男女，初未見男女之相也，及託父母之相，而始爲有相，其相有於胎中，時刻變化，如《太上經》所謂懷娠十月，縈妊胞重，坐卧失常，氣息奔喘，或時寒熱，腹皮拆裂，心胸填滿，髪落消瘦，不能飲食，豈非艱難苦惱，憂慮悲戚，悉從相起者乎？相之爲言，與《般若經》所謂“我相人相”同義。

我既託相，日惱父母，令我父母，日夕悲酸。

此託相母胎將誕育之候，《太上》所謂“其母恐怖性命，惙然惻怛，父母此時，心神憂喪”是也。

我相既有，父相母相，日漸衰朽，緣我相故，令我父母，始相沉埋。

此既免父母之懷之後，教養婚娶，竭力勞心，有不日就衰朽者乎？伊誰爲之？而父母衰朽始相沉埋，坦然勿恤有若斯。

父母男女，輪轉無已，是有此相，同歸苦惱。

父母既生男女，男女又爲父母，有相即有輪轉，同輪轉即同苦惱，此又是鉉帝念欲現身説法，唤醒衆生，不但教孝已也。

我從今日，從我相中，悉滅貪嗔，悉破嶮峻，持念平等，用報始相。

《太上》所謂“衆生聞此經者，忽生孝心，供養父母，福德無量”，則今日者，即從前未有此猛醒之一日也。我相原以貪慾而忘父母，以嗔怒而忘父母，以嶅嵬迕逆而忘父母，今則悉行破滅，孝之至也。孝原非畸情瑰行之事也，可用以上報父母矣。

使我始相，大得快樂，無諸苦惱，世世生生，託相全具，不致衰朽。

令我相前託始於父母，今大得快樂而忘其苦惱，且令男女輪轉而爲父母者，託相皆同此全具之孝心，而不致父母嘆其衰朽。

然後滅除始相，令無相著，將此無著，同滅始相，我相始相，悉歸無著。

然後滅除始相之苦惱，並不見其滅除之相，既無滅除始相之相，而我相與父相母相悉已渾化。《中庸》曰：“父母其順矣乎？”《書》曰：“惟舜克諧以孝，祗載見瞽瞍，夔夔齋慄，瞽瞍亦允若。”其斯無著之謂歟。

相既無著，不見不有，不起不爲，無礙無障，無閉無塞，自然去累，不墮苦海，普願欽信，日持奉行。

相既無著，則是凡爲人子之事父母者，不見所不當有之事，不起所不當爲之心，將見至德要道，光融天壤間，有何障礙閉塞，而累猶弗祛，乃尚煩太上以地獄變相爲斯世苦海之慮乎？噫嘻！鉉帝垂是經而天下化，衆生欽信持行鉉帝是經，而天下之爲人子者定斯之謂至聖極神之孝也歟。

鉉天上帝説報父母恩重經跋

讀《鉉天上帝説報父母恩重經》，僅三百言，垂示人間，竊憶帝道成受詔之日，聖父母已登九霄，帝之報恩至矣！特因慈憫後世，宣布一經，其文質古奧渺，該括群有。蓋經出姚姒之前，旨在典謨之上，數千年蘚蠲埃封，鮮人測識，不獨鈍根茫茫津涯也。篇中不著“孝”字，而論孝之旨連貫琲珠，由繹靡竟。皞乃逐段詮註詳明，援後代聖賢文義合闡之，務令賢愚周知，勿替持行而已。舊跋云：“鉉帝入太和山冲舉位帝之後，感父母恩重而説此經。”爰集著《神謨》志中，而是經之垂是山，如日月經天，嶽瀆振地，乃知帝之自感感人，與太上同一意者，當與天地悠久，無窮極焉。

知州王民皞謹識。

《文始經》 心感物，不生心生情，物交心，不生物生識。物尚非真，何况於識，識尚非真，何况於情。以神存氣，以氣存形，所以延形，合形於神，合氣於氣，所以隱形。吸氣以養其和，孰能饑之，存神以滋其煖，孰能寒之。

《三茅真經》 谷虚應聲，心虚應神，神虚應氣，氣虚應精。虚極則明，明極則瑩，超乎精神，而無死生。精從内守，氣自外生，以氣取精，可以長生。

純陽真君題 一日清閑一日仙，六神和合自安然。丹田有寶休尋道，對鏡無心莫問禪。

孫真人修真説 天地之間人爲貴，頭象天兮足象地。父母遺體能寶之，洪範九疇壽爲最。衛生切要知三戒，大怒大慾併大醉。三者若還有一焉，須防損失真元氣。欲求長生須戒性，火不出兮心自定。木還去火不成灰，人能戒性還延命。貪慾無窮忘却精，用心不已失元神。勞形散盡中和氣，更杖何因保此身。怒甚偏傷氣，思多太損神。神疲心易役，氣弱病相縈。勿使悲歡極，常令酒食均。再三防夜醉，第一戒晨嗔。亥寢鳴雲鼓，寅晨漱玉津。妖邪難犯己，精氣自全真。若要無諸病，常常節五辛。安神宣悦樂，惜氣保和純。壽夭休論命，修持本在人。君能尊此理，平地可朝真。

按《道藏》丹經養生書非一，兹數段得於瓊臺石函中，字畫殘缺，考正録之，即以作武當仙真衛生格言，弗容泥也。

吕祖純陽題太和山 混沌初分有此巖，此巖高聳太和山。面朝大頂峰千丈，背湧甘泉水一灣。石縷狀成飛鳳勢，龕紋绾就碧螺鬟。靈源仙澗三方繞，古檜蒼松四面環。雨滴瓊珠敲石棧，風吹玉笛響松關。角鷄報曉東方曙，晚鶴歸來月半彎。谷口仙禽常唤語，山巔神獸任躋攀。個中自是乾坤别，就裏原來日月閒。此是高真成道處，故留踪跡在人間。古今多少神仙侶，爲愛名山去復還。

宋

陳圖南曰：飽食逸居，汲汲惟患衣食之不豐，饑而餐，倦而卧，鼾聲聞於四遠，一夕輒數覺者，名利聲色，汩其神識，酒醴膏羶，昏其心志，此世俗之睡也。若至人之睡，留藏金息，飲納玉液，金門牢而不開，玉户閉而不啟，蒼龍守於青宫，素虎服於西室，真氣運轉於丹墀，神水循環於玉内，呼甲丁以直其時，召伯靈以衛其室，然後吾神出於九宫，恣遊青碧，履虛如履實，昇上若就下，冉冉與翔風遨遊，飄飄共閑雲出没，坐至崑崙紫府，遍履福地洞天，咀日月之精華，玩烟霞之絶景，閱滄海以成塵，指陰陽而舒嘯。興若欲返，則足躡清風，身浮落景。故其睡也，不知歲月之遷易，安愁陵谷之改移。

皞備閲《瓊笈考》云："希夷先生隱武當，有五老人來聽講《易》，謂希夷曰：'吾輩，日月池中龍也，此非君所棲。'令其閉目，凌空馳風，及張目，已在華山石上。"希夷之睡，乃五龍蟄法，龍所授也。今讀先生睡説，出顯入微，皆非塵詮所克附儷，世僅知先生之睡傳千古，安知其仙凡逈絶，廼有淵源哉？

神 謨 跋

聖人以神道設教而天下服，此謂神之自立其教歟？抑謂聖人爲之代明其教歟？竊謂神之爲教，非聖人明之則不尊，非聖人明而行之則不信，是神之教即聖人之教，而聖人實不自以爲教，乃以爲神之教之也，夫然後教乃尊且信于天下而無疑。太和山鉉帝之神昭昭也，道書曰："自帝於兹山昇舉，而後神仙卜棲者衆矣。尹仙修息，太上遊訪，嗣是僊真旅處非一，有有言可傳者，有無言可傳者，有爲太和言者，有不必爲太和言者，皆得分别彙收之，以垂諸後。"噫嘻！人第知兹山藝文之盛，而至於紫霄瓊臺，拜詔受册，老君丹洞，爐鼎依然，是則元始詔册，鉉帝真言，以曁夫太上爲文始剖析丹訣諸歌，實爲太和文字開闢之祖，而厥後僊真篇什咸得蒐附一帙，命曰《神謨》，廼古今人所未及知而未克言者，以是冠諸藝文，其亦彰夫聖人神道設教之微詮也歟。

知州王民皞謹識。

神謨參攷

文字之始，肇自三墳，鉉帝生於上古，去三皇未遠，故其文字簡貴，如道經所載數言，大約體類墳典，總以修身立性爲神道設教之旨也。但世遠無徵，亦不槩見，今特標著數篇以垂世。至若仙真慕道，寄栖於大嶽洞谷間者，不無創記，雖不同於謨訓之深奥，亦有裨於身心性命之言者，並附存之，其亦聖門坐忘之賢，雖篤學附驥尾而行益顯之意云爾。

訓導盧維玆謹訂。

大嶽太和武當山志卷之十五

御　製

楊素藴曰：凡帝王出話，異于儒生，詔誥敷詞，殊于文藝。此如黼黻絺繡，陳諸上而黂枲奪鮮，建鼖巨鐘，播其前而盆缾失響。以是諭衆，則屹然惇大如衡嵩，以是告神，則湛然澄潔如江漢。爲銘爲贊，俎豆常新，有詩有歌，笙鏞迭奏。自太和以下，由浄樂而升，各宫設亭，各亭庋碣，文成數萬，旨滿大千。由是日月星辰之墟，融爲洞府，川壑岡巒之藪，標作仙都。真璞無瑕，明珠匪纇，藏根荄于浩素，剖橐籥于厖洪，凡皆祈天永命之誠，罔非保黎錫福之義爾。志御製。

歷代加封

宋

伏以丕顯聰明，聿求孚祐，旌賁殊號，率循舊章。恭惟真武之靈，茂著陰方之位，妙功不測，冲用潛通。尹京邑之上腴，有龜蛇之見象，允昇地寶，毖湧神泉，自然清冷，飲之甘美。資中國之利澤，奏民疾以蠲除，倍慶濟時，虔思報德，就其勝壤，建以珍祀。既修奉於威容，合登隆於稱讚。爰稽懿實，永耀鴻禎，真武將軍宜加號曰鎮天真武靈應祐聖真君，當體寅恭，咸從布告，故兹昭示，想宜知悉。

真宗天禧二年七月七日。

太上紫皇天乙真君玉虚師相玄天上帝

仁宗嘉祐四年正月上元日。①

同德佐理至應大道顯明武濟陰威翼聖左正侍雲騎護國保寧輔肅玄初太一天大左將軍

同德佐理至惠誠重威慈普濟陽辨武聖右正侍雲騎護國保静輔肅守玄太一天大右將軍

嘉祐四年封水火二將。

仰止層霄，巍乎北極，瞻百神之環衛，有玄武之尊嚴，顧像設之已崇，而名號之未備，肇稱縟典，以介蕃釐。北極佑聖助順真武靈應真君，天之貴神，國之明祀，威靈在上，常如對於衣冠；光景動人，遂莫逢乎魑魅。赫然祥異，著於見聞，在天禧時，瑞表醴泉之觀；若熙寧日，事傳大順之城。祖宗相繼，禮文有加，祠宫廼剏於阜陵，匾榜爰新於佑聖。肆朕尤嚴於祭報，而神每鑑於禱祈，載惟肹蠁之孚，曾靡窈冥之間。福詒冲眇，將垂萬世之子孫；德及高深，普洽四方之黎庶。誕揚盛美，庸侈徽稱。金闕玉京，密增於神筴；雲車風馬，永鎮於人寰。尚冀宴娱，遹觀薦饗。可特加封北極佑聖助順真武靈應福德真君。

寧宗嘉泰二年十月十四日。

北極惟尊玄武，允謂穹崇南面，雖主百神，必嚴寅奉。既殷受護持之貺，宜顯加旌表之儀，申衍榮章，用昭敬事。北極佑聖助順真武靈應福德衍慶真君，道周六合，威攝萬靈，鍾元黄一氣之真，陰功有賴；握坎離二精之妙，神化無邊。以玆蕩邪而辟氛，莫匪救民而護國。惟我朝之累聖，殫至敬之一心，在真廟、仁廟，則表靈應而彰感通，②在孝皇、寧皇，則奉佑聖而崇福德。迨予眇冲，固當增衍慶之封；嘉神

① “嘉”，原誤作“禧”，據任自垣《勑建大嶽太和山志》卷一改。

② “表”，原誤作“彰”，據劉道明《武當福地總真集》卷下改。

聰明，亦既述均陽之讚。肸蠁冥冥而默應，威靈赫赫以旁昭。無願不成，錫庶民之福祉；何幽弗察，清四海之妖氛。凡同普率之間，均在包函之内。惟仁則所濟之博，惟正則丕烈之洪。强贊上真，難名至德，尚宏道蔭，永庇人寰。可特封北極佑聖助順真武福德衍慶仁濟正烈真君。

北極惟尊鉉武，允謂穹崇南面，雖主百神，必行褒禮。謂元者善之長，聖德合於一元；聖則化而神，元功同於三聖。拯濟民生而仁周宇宙，廓清世運而威暢風霆。訂鴻名而既加，宣寵光而何忝。於戲！天道主宰謂之帝，四宇永鎮於山川，帝室眷命受於天，萬年永安乎宗社。思皇多祜，佑我無疆。特加號曰鉉天元聖仁威上帝。

理宗寶祐五年二月前後加封二勑。

元

上天眷命，皇帝聖旨：武當福地，久屬職方，靈應鉉天，宜崇封典。睠言真武，昔護先朝，定都人馬之宫，嘗見龜蛇之瑞。雖昭應已修於明祀，而仙源未表於徽稱。爰命奉常議行褒禮，謂元者善之長，聖德合於一元；聖則化而神，元功同於三聖。拯濟民生而仁周宇宙，廓清世運而威暢風霆。訂鴻名而既加，宣寵光而何忝。於戲！天道主宰謂之帝，四宇永奠於山川；帝室眷命受於天，萬年永安乎宗社。思皇多祉，祐我無疆。特加號曰鉉天元聖仁威上帝，主者施行。

成宗大德八年三月　日。①

上天眷命，皇帝勅旨：朕聞越有貴神，是爲鉉帝，發祥大國，學道名山。位鎮北方，開皇家之景運；威加海内，殄庶域之妖氛。既昭報於純釐，② 宜推尊於聖父。元包有極，所以融一炁之胚胎，慶衍真元，所以綏萬年之祉禄。庸加美號，用荅殊休。聖父净樂天君明真大帝，可

① “宗”，原誤作“帝”，據任自垣《勅建大嶽太和山志》卷二改。

② “報”，原誤作“服”，據任自垣《勅建大嶽太和山志》卷一改。

加封啟元隆慶天君明真大帝，主者施行。

仁宗延祐元年九月　日。

上天眷命，皇帝聖旨：昔有上仙，降生鉉帝，一炁難名其妙用，萬方咸仰其英威。睟宇天臨，顧洋洋而如在；祥光日耀，信赫赫以長存。昌期既恊於剖符，大號宜加於鏤牒。著母儀之特盛，配父道之常尊。聖躬有賴於擁全，慈仁永洽於帝祚。益期昌熾，福禄來仍。聖母善勝天后瓊真上仙，可加封慈寧毓德天后瓊真上仙，主者施行。

仁宗延祐元年九月　日。

上天眷命，皇帝聖旨：咸秩無文，異於灾旱，①寰轍有規，□□□□□□一典也。惟爾火神，原於道家之説，式著天關之名，克相予守土之臣，傷農憫雨，使年穀以順成，厥靈赫然。於戲！二氣良能，以至誠而有感；百神受職，宜定功以行封。可封靈耀將軍。

上天眷命，皇帝聖旨：建用皇極，以恊雨暘，敬重明神，而消旱暵，感通一理也。惟爾水神，原於道家之説，於昭地軸之名，克相予守土之臣，傷農憫雨，使年穀以順成，厥靈赫然。於戲！靡神不舉，用追跡於先王；依人而行，尚睠懷於下土。可封靈濟將軍。

大定二年十二月　日。

賛　凡三

宋

萬物之祖，盛德可委。精貫鉉天，靈光有煒。興益之宗，保合大同。香火瞻敬，五福攸從。

仁宗嘉祐二年正月。

---

①“異”字原缺，據任自垣《勑建大嶽太和山志》卷二補。

明

天地定位，陰陽協和。星辰順度，日月昭明。寒暑應候，雨暘以時。山嶽靖謐，河海澄清。草木蕃庶，魚鼈咸若。家和户寧，衣食充足。禮讓興行，教化修明。風俗敦厚，刑罰不用。遐邇歸仁，遠近賓服。邦國鞏固，宗社奠安。景運隆長，本支萬世。

正統十年十一月十一日。

鉉元一炁，歷化無形。勛昭北極，炁貫大陰。經呈秘奥，註洩天文。虔誠禮誦，壽福增崇。邦家永鎮，海宇昇平。福神默相，佑我大明。

萬曆。

碑　凡五

明

大嶽太和山道宫碑記

蓋聞大而無蹟之謂聖，克周無窮、妙不可測之謂神，是故行乎天地，統乎陰陽，出有入無，恍惚翕張，驂日馭月，鼓風駕霆，倏而爲雨，忽而爲雲，禦災捍患，驅沴致祥，調運四時，橐籥萬彙，陶鑄群品，以成化工者，若北極鉉天上帝真武之神是已。按道書，神本先天始炁五靈鉉老太陰天乙之化，生而神靈，聰以知遠，明以察微，潛心念道，志契太虚，乃入武當山修真内鍊，心一志凝，遂感玉清元君授以無極上道，功滿道備，乘龍天飛，歸根復位，顯名億劫，與天地悠久，日月齊并。武當舊名太和，謂非鉉武不足以當之，故名曰武當。蟠踞八百餘里，高列七十二峰，三十六巖之奇峭，二十四澗之幽邃，峰之最高曰天柱，境之最勝曰紫霄、南巖，上出遊氛，下臨絶壑，跨洞天之清虚，凌福地之深窅。紫霄、南巖皆有宫，又自南巖北下三十里有五龍宫，又四十里抵山趾有真慶宫，俱爲祀神祝釐之所。元末悉毁於兵燹，荆榛瓦礫，廢而不舉。

天啟我國家隆盛之基，朕皇考太祖高皇帝以一旅定天下，神陰翊顯佑，靈明赫奕。肆朕起義兵靖内難，神輔相左右，風行霆擊，其蹟甚著。暨即位之初，茂錫景貺，益加炫耀，至若榔梅再實，歲功屢成，嘉生駢臻，灼有異徵。朕夙夜祗念，① 罔以報神之休，仰惟皇考、皇妣劬勞恩深，昊天罔極，亦罔以盡其報。惟武當神之攸棲，肅命臣工，即五龍之東數十里得勝地焉，剏建鉉天玉虚宫，於紫霄、南巖、五龍剏建太鉉紫霄宫、大聖南巖宫、興聖五龍宫，又即天柱之頂冶銅爲殿，餙以黄金，範神之像，享祀無極，神宫僊館，焕然維新。經營之始，至於告成之日，神屢顯像，祥光燭霄，山峰騰輝，草木增色，靈氛聚散，變化萬狀，衆目咸覩，跽拜喈喈。榔梅垂實，加前數倍，九地啟秘，金杵躍出，陰陽儲精，鉉質流潤，靈異紛員，莫能殫紀，神之響應，有如此者。遂命道士爲提點，主管各宫，飭嚴祀事，昭答神貺，上以資薦揚皇考太祖高皇帝、皇妣孝慈高皇后在天之靈，下以爲天下臣庶祈迓繁祉。雖然，神之浮遊混茫，變化無方，此感彼應，無往不然，非此無以達朕之誠，系天下虔敬之心也，又況山川沖和之氣融結於斯，與神相爲表裏，神之陟降往來，飄飖揮霍，顧瞻舊遊，豈不徘徊於斯者乎？則是宫觀之建，有不可無。謹書爲文，刻石山中，以彰神功，永永無窮焉。

永樂十六年十二月初三日。

皞讀明永樂御製太和山碑，文内“肆朕起兵靖内難，神輔相左右，風行霆擊，其蹟甚著”之語，而卒未悉言其蹟爲何蹟，竊疑之。及閲李卓吾《續藏書》所載靖難功臣廣孝姚公傳云：“成祖問公師期，姚曰：‘未可也，俟吾助者至。’曰：‘助者何人？’曰：‘吾師。’越數日，曰：

① “朕”字原脱，據任自垣《勅建大嶽太和山志》卷二補。

'可矣。' 出祭纛，見被髪而旌旗者蔽天，成祖顧公曰：'何神？' 姚曰：'嚮固言之，吾師北方大將鉉武也。' 於是成祖即被髪仗劍相應。" 玆其鉉帝靈蹟之彰明者歟？太史公所謂"其軼乃時時見於他説"，此類是也，是不可質前疑乎？特姚公衣伽黎衣事文皇，乃過稱鉉帝爲吾師，且言未幾而鉉帝顯徵如期而至，其爲鉉帝之神，與姚公之所以神鉉帝者，均莫可究詰也已。

真武廟碑文 廟在北京

朕惟凡有功德於國者，無間於幽冥，必有酬報之典，天人之際，理一無二，惟北極鉉天上帝真武之神，其有功德於我國家者大矣。昔朕皇考太祖高皇帝乘運龍飛，平定天下，雖文武之臣克協謀佐，實神有以相之。肆朕肅靖内難，雖亦文武不二心之臣，疏附先後，奔走禦侮，而神之陰翊默贊，掌握樞機，斡運洪化，擊電鞭霆，風驅雲駛，陟降左右，流動揮霍，濯濯洋洋，繽繽紛紛，翕欻恍惚，迹尤顯著，神用天休，莫能紀極。今夫臣鄰之功，揆厥上下，凡近易見，故報之亦易。若夫神之宏功偉烈，行乎天地，統乎陰陽，充周普遍，幽深鉉遠，窈乎莫測，浩乎難窮，而報之爲實難，不有爲永久之圖，則亦無以稱朕之心焉。嘗以武當山神之修真凝道、超舉升化之地，已命創建宫觀，永永祀神，上以資薦皇考、皇妣在天之靈，下爲天下生靈祈豐年，綏福履，自經始至于告成之日，神顯靈應，嘉生屢臻，異靚殊觀，千態萬狀，言難罄述，筆莫殫紀，雖有善巧者，亦莫能形容其彷彿也，稽諸載籍，曠乎前聞。夫以神之昭貺於朕者又若此，抑朕復何以爲神之報哉，其不尤難矣乎？顧惟北京天下之都會，乃神常翊相予於艱難之地，其可無廟宇爲神攸棲與臣民祝祇倚庇之所？遂差吉創建，① 崇殿修廡，締構維新，亢爽高明，規模弘邃，神靈感孚，來遊來止，星麾飆馭，飄飖旖旎，儼然視瞻，歲時蠲潔，以虔祀事，庶幾朝夕神保無

① "差"字原缺，據《御製真武廟碑》補。

斁。雖然，神之佑相於朕者，固不係乎報不報，而朕心之拳拳不已者，故無所用其至，惟盡其誠而已。然則神之爲貺，亦豈啻此而止？覆而爲雲，澤而爲雨，皷之爲雷霆，明之爲日月，驅袄殄沴，無水旱札瘥，以生夫萬物者，其廕庇於吾民，又豈有窮乎？於是爲文以記之，并系以詩。見《御製詩歌》内。

憲宗奉安紫霄宫神像碑記

朕聞自開天以來即有此山，自元始以來即有此神，神乃北極鉉天上帝真武是已，山乃大嶽太和是已，神非兹山無以爲棲真之所，山非兹神無以侈靈勝之名，是故歷代構造殿宇欽崇之不衰。我太祖高皇帝平定海宇，惟神默相，① 靈明赫奕，嘗於南京建廟奉祀之矣。太宗文皇帝肅靖内難，惟神陰佑，厥蹟誕著，特於兹山大造宫祠，又於北京復建行宫奉祀之矣。英考睿皇帝光復大位，惟神屢現奇應，亦既命官凾香奠幣，致敬尤篤。朕繼紹大統十有五年，仰思先志，敢不祗承？矧家國乂安，四裔懷服，無爲之治，於斯爲盛，豈不賴於神之翊贊而能爾邪？昭答之典，在所必行，肆命工爲像，往安於太鉉紫霄宫，聖像一，從官像四，皆範銅爲之而鍍以金，水火神二，亦銅體金飾，而各類其像，供器、香鑪、瓶盂、鐘磬，總十一事，既堅既完，載鮮載潔，特遣太監陳嘉送詣宫所奉安，② 永享四方之香火，永壯世人之觀瞻。夫神分身降世，變化無窮，恍惚翕張，出無入有，禦灾捍患，濟物度人，數出禎祥，祚我家國，繼自今願丕揚神道，斡運化機，俾上而聖母福壽無窮，于以昭朕之孝，下而儲嗣繁衍未艾，于以昭朕之仁，宫闈清吉，于以昭朕治内之嚴，臣僚效忠，于以昭朕使臣之禮，黔黎於變，于以昭朕之化，四裔來王，于以昭朕之威。以迄四時行，百穀登，群生遂，化工成，庶乎神有感必應，而朕虔恭之誠亦不虚矣。雖然，朕之所望庇于神者，豈止一時如是而已哉？謹爲文刻碑，以彰神功於不

① “默”，原誤作“點”，據方升《大嶽志略》卷一改。
② “嘉”，方升《大嶽志略》卷一作“喜”，下同。

朽云。

憲宗奉安太和宫神像碑記

宫在均州南百二十里太和山天柱峰之上，乃我皇高祖、太宗文皇帝栩建，以奉北極鉉天上帝真武之神之所也。神向於此修真得道，神功威烈，最爲顯著，以故歷世往往建祠崇奉之不替。方我文祖肅清内難之初，神每陰護顯相，用寧邦家，是以文皇感焉，乃即神肇蹟之地弘構宫殿，以爲崇奉之所，又於絶頂冶銅爲殿，飭以黄金，其崇奉之典，萬古未有也。暨朕嗣統，君臨億兆，十年于兹，固由我祖宗德澤流衍，皇考、聖母教育所致，然亦豈有不陰賴於神靈之贊祐歟？兹欲昭答神貺，① 無以表誠，乃命工範金，爲像二堂：安於大嶽太和宫者，真武聖像一，從官像四，皆銀爲之而飭以金，神帥十，皆銅爲之而鍍以金，又爲飭金雕鏤重簷木殿覆焉。② 安於鉉天玉虚宫者，真武聖像一，從官像四，皆銅爲而金鍍之，俱琢白石爲之坐焉。二堂水火，以銀以銅，各從其像，硃漆梓金供棹各一，其供器銀鍍金者十有四，銅鍍金者二十有二，總三十八事。③ 銅提爐二，石磬二，銅鐘一，綺羅銷金旛幢傘并雜色旛總百十有八。特遣中官太監陳嘉、廖恭、韋輝、劉斌，④ 右少監李本、奉御監富送詣宫所，⑤ 設齋奉安，永爲瞻仰。惟神陟降往來，益著靈貺，儲祥賜福，佑我國家，俾朕上奉慈闈萬年，下延嗣胤千億，内而宫壼協吉，外而邦國平寧，近而黎庶乂安，遠而蠻貊賓服，凡厥有生，無不成遂，庶有以副朕崇奉之誠，見神響應之妙也。因紀以文，用垂示於久遠云。⑥

---

① “欲”，原誤作“欽”，據方升《大嶽志略》卷一改。
② “木”，原誤作“永”，據方升《大嶽志略》卷一改。
③ “三”，原誤作“二”，據方升《大嶽志略》卷一改。
④ “輝”，方升《大嶽志略》卷一作“惲”。
⑤ “監”，方升《大嶽志略》卷一作“藍”。
⑥ “用”，原誤作“同”，據方升《大嶽志略》卷一改。

肅宗重修太和宮宮殿紀成碑文

朕惟大嶽太和山，廼北極兹天上帝修真顯化成道之所，帝以天一之精降靈人世，感召天神授無極上道，丹成上昇，歸司之位，瓊臺受册，功德巍巍，莫可殫述，歷代崇封，罔不祀事。肆我成祖文皇帝，惟帝陰翊皇度，赫有顯徵，特勅隆平侯張信、駙馬都尉沐昕等，①率領官員、軍夫、人匠二十餘萬，建宮觀凡三十三處，天柱峰冶銅爲殿，黄金飭之，範金爲像，置設精嚴，落成，勅名爲大嶽太和山。其地之形勝，與神之靈蹟，宮宇之宏壯，載於成祖御製碑文。朕皇考封藩郢邸，②實當太和靈脉蜿蜒之勝，歲時崇祀惟謹。肆朕入承大統以來，仰荷垂佑，洊錫庥祥，祗念帝功，報稱莫罄，深慮歲久宮殿圮壞，宜加修飭，爰發内帑，申命部臣往督其役，以嘉靖壬子年六月肇工，凡宮殿、門廡、齋堂，籍以妥靈而供祀者，悉鼎新之，仍揭以坊，額曰“治世玆嶽”。經營之始，即蒙真光顯現，瑞氣氤氲，變化不一，豈帝昭靈貺以嘉答寸誠，故所應若斯之偉異歟？大工告成，部臣具奏，請朕文勒碑，用垂永久。惟《書》有之：“類于上帝，禋于六宗，望于山川，徧于群神。”故嶽鎮海瀆，在祀典有常秩，奉妥有常享，③惟此大嶽，特超中土，峰嶺峻拔，亘天關而盤地維，信爲仙聖所都，而帝護國翊運，威靈顯彰，致我祖宗丕建大業，既而定都幽燕，位應玆冥，是以廓清華夏，惟神陰助，風行霆擊，天戈所臨，無往弗蹟。二百年來，民安國阜，媲隆三五，雖或一二氣數不齊，邊疆小警，旋而殄滅。至如庚戌，内生大奸，旋用褫殛，豈尋常山川之神，能出雲雨，捍灾患，一節之功所可並者歟？此神宇之修嚴不可少懈也。④《書》曰：“鬼神無恒享，享于克誠。”朕仰法祖宗，祗若明祀，神之佑之，庶其益加隆盛，

① “特”，原誤作“時”，據王佐《大嶽太和山志》卷二改。

② “邸”，原誤作“部”，據王佐《大嶽太和山志》卷二改。

③ “享”，王佐《大嶽太和山志》卷二作“宇”。

④ “宗”，原誤作“宇”，據王佐《大嶽太和山志》卷二改。

薰蒸和氣，覆育群生，宗社靈長，山河鞏固，則神其永永無疆惟休，①朕躬亦荷無彊惟慶矣。是用勒文于碑，與天地而同其悠久云。

嘉靖三十二年十月二十五日。

真武本傳經序

道之顯微，非經無以明其理，人之善惡，非經無以檢其心。經以明道，道由心生，悟則超凡入聖，昧則著境迷真，即《書》所稱“作善降之百祥，作不善降之百殃”，此感應之常，亦大道之不可誣也。玄元皇帝應化分真，生于混沌之中，居於太清之上，憫世迷謬，夭喪天年，故八十二化，復化玄天上帝，尊居北極佑聖府，上至人君，下及黎庶，吉凶消長，動静安危，莫不覆者起之，溺者援之，使物物各得其生，而樂躋仁壽也。朕萬機餘暇，偶得《真武本傳妙經》，與道教日所誦習者珠玉逈别，首言道化道體，次及善惡攸分，且討論諸家疏解，斟酌增損，追古驗今，隨句解之，其文隱密，其意幽邃，非玄元聖祖無以啟生生之徑路，非北極佑聖無以明物物之權衡。若人了悟，不仙則聖，入無礙之閫，登歸真之門，皆本道也。朕獲覩斯經本末如是，乃捐内資，特命正一闡教大真人林永誠虔書重梓，與天下共之。於戲！遏惡揚善者，聖王之予奪，勸善戒惡者，聖賢之訓謨。載諸簡册，炳如日星，亘古窮今，賴以綱紀，神而明之，存乎其人，蓋以至道無言，至言無迹也。朕既有得於言語文字中矣，推致其功，乃復有得於言語文字外者，體前聖生物之心，啟後學崇玄之步，庇佑眇躬，康寧筭祉，輔宜家國，福溥臣民。玄帝仙將，咸贊太成，經力果報，豈小補哉？用題卷首，以昭太上説經本意云爾。

萬曆四十五年三月吉日。

---

① “永永無疆”及“休”字原缺，據王佐《大嶽太和山志》卷二補。

勑召孫碧雲赴闕問答

明

太祖因夢遣奉御張伍等賫捧勑道士孫碧雲赴闕下，季冬月，謁帝於奉天門，賜座與語，甚悦，命居朝天宫，遣官賜衣。十一日，至右順門，帝命就席，問："爾今道成否？"對曰："臣今已得道，未曾成道。"帝又問："三教優劣何如？"對曰："於道言之，原無優劣之辨，教雖分三，道乃一也。歷代以來，聖帝明王，南面垂衣而理，世咸稱尊。孔子陳三綱之禮，設五常之教，萬代則之。太上訓道德無爲、修身治國之大理，演清浄太朴、正己正人之聖化，上古明君咸準則焉。釋迦文佛出自西極，而教流東土，闡檢身治心真實之微言，説過去未來不虚之因果，遵而守之，超出十地。三教之説，途雖殊而歸乃同也，慮雖百而致乃一也，本無優劣之辨。"帝大悦。

洪武二十八年正月，宣至武英殿，與語論道，自辰至申，①帝謂之曰："雖時代不同，朕便是軒轅，爾便是廣成子。"孫碧雲叩首而謝。閏月十五日，宣至右順門，帝曰："朕想爾久在山中處静，今在朝悮了辦道，命爾回山。"賜賚甚厚。碧雲叩首辭謝。十八日，大宴於奉天殿，賜以御膳珎菓，②遣内臣送行。

剏建紫霄五龍南巖勑

勑右正一虚玄子孫碧雲 朕仰惟皇考太祖高皇帝、皇妣孝慈高皇后，劬勞大恩，如天如地，惓惓夙夜，欲報未能。重惟奉天靖難之初，③北極真武玄帝顯彰聖靈，始終佑助，感應之妙，難盡形容，懷報

① "申"，原誤作"中"，據任自垣《勑建大嶽太和山志》卷二改。

② "賜"字原脱，據任自垣《勑建大嶽太和山志》卷二補。

③ "重"字原脱，據任自垣《勑建大嶽太和山志》卷二補。

之心，孜孜未已。又以天下之大，生齒之繁，欲爲祈福于天，使得咸臻康遂，同樂太平。朕聞武當紫霄宫、五龍宫、南巖宫道場，皆真武顯聖之靈境，今欲重建，以伸報本祈福之誠，爾往審度其地，相其廣狹，定其規制，悉以來聞，朕將卜日營建，其體朕至懷，故勅。

永樂十年二月初六日。

刱建遇真宫勅

勅右正一虚玄子孫碧雲 朕敬慕真仙張三丰老師，道德崇高，靈化玄妙，超越萬有，冠絶古今，願見之心，愈久愈切，遣使祗奉香書，求之四方，積有年歲，迨今未至。朕惟武當遇真實真仙張三丰老師修鍊福地，雖未見真仙老師，然於真仙老師鶴馭所遊之處，不可以不加敬，今欲刱建道場，以伸景仰欽慕之誠，爾往審度其地，相其廣狹，定其規制，悉以來聞，朕將卜日營建，爾宜深體朕懷，致心盡力，以成協相之功，欽哉！故勅。

永樂十年二月初六日。

勅

勅隆平侯張信、駙馬都尉沐昕 今早命爾等啟行，俄有風雲雷電自西南而至，其勢不徐不疾，顯是神明感應之嘉兆，然神明之所感者，一誠而已，爾等宜體朕誠心，益加敬謹，竭力用工，以答神貺，不可有纖毫怠忽，故勅。

永樂十年七月十一日。

勅

勅官員、軍民、夫匠人等 武當天下名山，是北極真武玄天上帝修真得道顯化之處，歷代都有宫觀，元末被亂兵焚盡。至我朝真武闡揚靈化，陰佑國家，福被生民，十分顯應，我自奉天靖難之初，神明顯助，威靈感應至多，言説不盡，那時已發誠心，要就北京建立宫觀，因爲内難未平，未曾滿得我心願。及即位之初，思想武當正是真武顯化去處，即欲興工創造，緣軍民方得休息，是以延緩到今，而今起倩些軍民去那裏創建宫觀，報答神惠，上資薦揚皇考、皇妣，下爲天下生靈祈福。用工夫不多，至容易不難。特命隆平侯張信、駙馬都尉沐昕等把總提調管工官員人等，務在撫卹軍民夫匠，用工之時，要愛惜他氣力，體念他勤勞，關與糧食，休着他受饑寒，有病着官醫用心調治，不許生事擾害，違了的都拿來重罪。軍民夫匠人等，都要聽約束，不許奸懶，若是肯齊心出氣力，神明也護佑，工程也易得完。我這件事不是因人説了纔興工，也不是因人説便住了工，若自己從來無誠心，雖有人勸，着片瓦工夫也不去做，若從來有誠心要做，一年竪一根椽，起一條梁，逐些積累，也務要做了。爾官員軍民人等，好生遵守，早完成了，回家休息。故諭。

永樂十一年八月二十五日。

勑正一嗣教真人張宇清①

武當天下名山，真武成道靈應感化之地，元末宫觀悉燬于兵，遂使羽人逸士、修鍊學道者無所依仰。朕積誠于中，命剏建宫觀，上以資薦皇考、皇妣在天之靈，下爲天下生靈祈福，俾雨暘時若，災沴不生，年穀豐登，家給人足。今宫觀告成，神明屢顯休應，圓光煜燿，五色燦爛，神像昭彰，見于光内，觀者數十萬人，咸加歎異。已賜名曰銥天玉虚宫、太銥紫霄宫、興聖五龍宫、大聖南巖宫。然此名山勝境，必得高人羽士以住持看守。大聖南巖宫，已嘗令右正一孫碧雲爲住持外，其二處爾即選有道行者各二人爲住持，别選至誠敬謹道士，每處各五十人看守，如一時選不如數，隨爾所選得若干人，就分派四處看守，精進修行，興隆道教，故勑。

① “宇”，原誤作“守”，據任自垣《勑建大嶽太和山志》卷二改，下同。

永樂十一年八月二十五日。

勑

勑隆平侯張信、駙馬都尉沐昕等 今正一嗣教真人張宇清舉保道士，分派各宫，道官任自垣、道士邵慶芳爲鉉天玉虚宫提點，高道周惟中兼提點，林子良爲副宫，興聖五龍宫以李時中爲住持，道士吴繼祖爲提點，太鉉紫霄宫以李幽巖、胡古崖爲提點，大聖南巖宫已命右正一孫碧雲住持，以王一中爲提點副之，各處宫名，只依此勑爲定，報汝知之。故勑。

永樂十一年九月十一日。

勑五龍宫全真道士李素希 昔者高真學道於武當名山，折梅枝寄榔樹，且祝曰："道成，此枝即活，花實而熟。"後果如其言。自是以驗歲之豐歉，太平歲豐，花實而繁，其遇歲歉，花而不實。今樹尚存，問諸故老，久無花實。比者爾素希以實數百遣人來進，誠爲罕得，莫非爾以精誠所格，祝釐國家，故能感動高真，降此嘉祥，以兆豐穰也。兹特遣道士萬道遠齎香詣高真道場焚焫，以答神貺，并以綵緞一表裏、紵絲衣一襲、鈔四十錠賜爾，爾其恪盡乃心，以祈茂祉，故勑。

永樂十三年六月十九日。

勑五龍宫全真道士李素希 去歲高真效祥，榔梅呈實，已兆歲豐，爾遣人來進，今歲復然，誠爲難得。稽之於古，間或一見，尤以爲希遇，矧兹二年，两見其實，皆由高真翊衛國家，爾輩精意祝釐所致。兹特遣道士陳永富齎香詣高真道場，① 以答神靈，并以綵緞一表裏，紵絲衣一襲、鈔四十錠賜爾，宜益茂精勤，以臻至道，故勑。

永樂十四年七月初五日。

---

① "永"字原脱，據任自垣《勑建大嶽太和山志》卷二補。

剏建紫雲亭勅

勅隆平侯張信、駙馬都尉沐昕 浄樂國之東有紫雲亭，乃鉉帝降生之福地。勅至，於舊址仍創紫雲亭，務要宏壯堅固，以稱瞻仰。其太子巖及太子坡二處，各要童身真像，爾即照依長短闊狹，備細畫圖進來，故勅。

永樂十七年四月二十九日。

剏建紫金城勅

勅隆平侯張信、駙馬都尉沐昕 今大嶽太和山大頂砌造四圍墻垣，① 其山本身分毫不要修動，其墻務在隨地勢高低，不論丈尺，但人過不去即止，務要堅固壯實，萬萬年與天地同其久遠，故勅。

永樂二十一年八月十九日。

勅藩參

勅湖廣布政司右參議諸葛平 朕創建大嶽太和山宮觀，上資薦揚皇考、皇妣二聖在天之靈，下爲四海蒼生祈迓福祉，以敷利澤於無窮。然工作浩繁，皆天下軍民辛勤勞苦，久而後成。今工已告完，特勅爾常川巡視，遇宮觀有滲漏處，隨即修理，溝渠道路有淤塞處，即便整治，合用人工，就於均州千户所官軍撥用，務使宮觀完美，溝渠道路通利，庶不隳廢前工，以虔祀事於悠久。如此，則神明昭鑒，使爾享無窮之福，若玩法偷安，致宮觀損塌，溝渠淤塞，則罰及爾身，將不可悔，故勅。

永樂二十二年二月十九日。

① “大”，原誤作“金”，據任自垣《勅建大嶽太和山志》卷二改。

按：均州太和山，自永樂創建宫殿後，凡任藩参者，皆有勅諭專司守護，其勅大同小異，故未悉録。

勅　内　臣

勅諭尚膳監左監丞陳埜　昔我皇曽祖太宗文皇帝創建大嶽太和山宫觀，虔奉祀事，實欲福佑我國家及天下蒼生於無窮。迨至皇祖仁宗昭皇帝、皇考宣宗章皇帝臨御之日，克紹先志，特將均州一千户所軍餘雜派征差及屯田子粒盡行優免，但遇宫觀有滲漏損壞之處，隨即修理，溝渠道路有淤塞不通之處，隨即整治，俾宫觀永遠堅固完美。兹特命爾前去，與原差禮部員外郎吴禮一同提督，凡有未修殿宇房屋及衝塌橋梁道路，就行修理，已勅吴禮知之。爾宜恪遵朕命，恭勤趨事，不許怠慢，更不許在彼生事，私役軍餘，虐害下人，以取罪愆，故勅。

正統十年三月十六日。①

按：均州太和山，永樂間已勅分守下荆南藩参專司，後於正統十年復遣内官陳埜協同藩参吴禮，遂爲常制，明末始廢。國朝復屬藩参專司。其明時自正統後内官勅諭，皆大同小異，故未悉録。

勅存留金頂香錢

禮部爲遵勅諭，請明旨，以便祀神修理、預備凶荒賑濟事。奉世宗肅皇帝聖旨："是，這香錢着存留本山，備用修理賑濟，禮部知道，欽此。"

嘉靖二十一年三月　日。

---

① "正統"，任自垣《勅建大嶽太和山志》卷二作"宣德"，下段同。

嘉靖重修太和山勅

勅原任工部右侍郎陸杰 朕惟我成祖大建鉉帝太和山福境，安鎮華夏，顯靈赫奕。計今百數十年來，宫觀祠宇等處，不無損壞，若不及時修理，慮恐日就傾頽，其何以棲真妥神，祝釐保國。已令湖廣撫按官勘視回奏，兹據各官備將應合修理處所併估計工費等項前來，今特命爾前去提督工程，爾宜查照該部題奏事理，會同撫按官，將應修宫觀祠宇處所會勘明白，即便興工修理，合用物料，於見頒去官銀及有司動支措辦聽用，其一切應行事務，爾等須酌議停當，隨宜增損，事完，通將辦過工程、用過物料銀兩數目造册奏繳。朝廷以爾素有才望，特兹簡任，爾宜敬慎從事，體朕崇奉鉉聖至意，不可纖毫怠忽，務期工作堅固壯實，用副我皇祖功烈，萬萬年同其久遠，欽哉！故勅。

嘉靖三十一年六月。

旨 凡一

明

大嶽太和山各宫觀，有修鍊之士，怡神保真，抱一守素，外遠身形，屏絶人事，習静之功，頃刻無間，一應往來浮浪之人，並不許生事喧聒，擾其静功，妨其辦道，違者治以重罪。有志誠之士，慕攝鉉關，思超凡質，實心參真問道者，不在禁例。若道士有不務本教，生事害群，傷壞祖風者，輕則即時譴責，逐出下山，重則具奏來聞，治以重罪。

永樂十一年十月十八日。

詔 凡三①

元

賜張守清詔

朕嘉修真之統，② 貴得道之士，形神俱妙，僻處山林，精氣純全，能興雷雨，信若人之高躅，實斯世之罕聞，欲示褒揚，其頒渙汗。凝神靈妙保和法師武當山天乙真慶萬壽宮住持宮事張守清，爲老子學，奉玄帝祠，登萬仞之層巔，構千間之大厦。功用雖成於使鬼，行能自足以服人。龜蛇交媾以現形，虎狼隨奔而斂跡。素心既固，③ 玄化彌彰。爭稽首於講筵數十輩，不及脅於卧席三十年。近臣有稱贊之言，太后有徵求之命。屢逢亢旱，方虞率土之灾，申禱上玄，並獲甘霖之喜。功已沾於庶物，身宜佩於殊榮。嘉賁冠簪，增輝巖壑。於戲！鎮安侯服，真慶爲南紀之靈祠，輔翼邦家，玄武主北方之王氣。惟竭心誠而致禱，庶幾福禄之來崇。欽哉惟時，服我明訓。可賜體玄妙應太和真人，宜令張守清准此。

延祐元年十月。

賜丘玄清詔

明

太祖賜丘玄清詔　祀神之道大，所以古人於此虔恭寅畏，特專職以典掌之，使壇場浄，牲牢潔，不敢有怠。今之設官與漢唐同，官職太常，所供之事，夙夜在公，欲周旋於上下神祇之左右，必欲使神歆悦，福及將來。國之祀至尊者，惟天地是也，可不慎選其人而責任之？爾丘玄清，昔本黄冠，處心清浄，故命爾爲嘉議大夫太常寺卿，爾其

① “三”，原誤作“二”，今改。

② “統”，原誤作“流”，據任自垣《勅建大嶽太和山志》卷一改。

③ “固”，原誤作“用”，據任自垣《勅建大嶽太和山志》卷一改。

懋哉！

洪武十八年六月初八日。

英宗賜張三丰詔

朕惟仙風道骨，得天地之真元，秘典靈文，奪陰陽之正氣。顧長生久視之術，成超凡入聖之功。曠世一逢，奇蹤罕見。爾真仙張三丰，芳質穎異，雅志孤高，存想專精，煉修堅定。得仙籙之真訣，餌金鼎之靈膏。是以名隸丹臺，神遊玄圃，去來倏忽，豈但煙霞之栖，隱顯渺茫，實同造物之妙。茲特贈爾爲通微顯化真人，錫之誥命，以示褒崇。於戲！蜕形不老，永惟物外之逍遙，抱道絶倫，益動寰中之景慕。尚期指要，式惠來英。

書　凡一[①]

明

成祖賜張三丰書

皇帝敬奉書真仙張三丰先生足下：朕久仰真仙，渴思親承儀範，嘗遣使致香奉書，遍詣名山虔請。[②]真仙道德崇高，超乎萬有，體合自然，神妙莫測。朕才質疎庸，德行菲薄，而至誠願見之心，夙夜不忘。敬再遣使，謹致香奉書虔請，拱候雲車風駕，惠然賁臨，以副朕拳拳仰慕之懷。敬奉書。

① “一”字原缺，今補。

② “山”，原誤作“出”，據任自垣《勅建大嶽太和山志》卷二改。

詩 凡二①

明

成祖題真武廟

先天始氣五靈君，玄老太陰實化成。察微知遠生神靈，修真内煉心志寧。潛契太虚感玉清，功滿道備乘龍行。歸根復位以顯名，天地悠久日月並。神昭功德翊我明，手握化機佐運興。武當毓秀何崢嶸，琳宫仙館敞瑶瓊。用報神貺表孝情，神敷嘉錫備休徵。翼翼寢廟建北京，人徼貺兮神幪帡。晨鐘暮鼓聲鏗鍧，神之來兮風泠泠。駕飛龍兮驅流星，飄翠蓋兮翳霓旌。八鸞九鳳先後迎，倏而來兮忽而升。劍光吐納陰陽精，焱爲電兮擊爲霆。陶鑄萬彙無留停，祥風甘雨宣和平。高宜黍兮下宜秔，祛妖蕩札民物亨。清酤進兮肴核馨，報萬祀兮毖一誠。

賜虚玄子孫碧雲

太華山高九千仞，②幽人學道巢其巔。雲邊一卧知幾年，懸崖鐵鎖常攀緣。③世間萬物無所累，饑食瓊芝渴乳泉。鍊就還丹握化權，三關透徹玄中玄。高奔日月呼紫煙，絳宫瑶闕長周旋。五華靈芽植丹田，④明珠一點方寸圓。左挹神公右白元，⑤夜開明堂相與言。⑥窈冥恍惚合自然，飄飄直上大羅天。時人欲見不可得，三峰下俯飛鴻翼。丹丘羽人常往還，洪崖赤松舊相識。⑦只今邂逅契心期，青瞳緑髮煙霞姿。福地洞天遊欲遍，逍遥下上驂虬螭。若遇真仙張有道，爲言佇竢長相思。

① “二”字原缺，今補。
② “華”，原誤作“和”，據任自垣《勅建大嶽太和山志》卷二改。
③ “崖”，原誤作“巖”，據任自垣《勅建大嶽太和山志》卷二改。
④ “芽”，原誤作“茅”，據任自垣《勅建大嶽太和山志》卷二改。
⑤ “元”，原誤作“丸”，據任自垣《勅建大嶽太和山志》卷二改。
⑥ “開”，原誤作“間”，據任自垣《勅建大嶽太和山志》卷二改。
⑦ “洪崖”，原誤作“紅巖”，據任自垣《勅建大嶽太和山志》卷二改。

歌 凡一

明

仁宗蟾宇歌

太初灝灝氣窈冥，混沌肇判分清寧。輕清懸像濁成形，二儀坤乾萬彙生。孰綱維是道乃經，二五之精妙合凝。参爲三才人至靈，箇中孰能尤粹精。瀟然物外離塵纓，① 若人賦稟淑且清。早歲學道栖巖坰，葆和修真久乃成。虚室生白斯其徵，皓如蟾魄涵晶明。放之六合彌光瑩，歛之方寸何虧盈。抗志雲霞豈慕名，和光時俗匪躭榮。道積厥躬聲乃宏，奉祀大嶽昭虔誠。祝釐祚國召嘉禎，景星煌煌泰階平。醴泉泠泠甘露馨，有時飛舃來瑤京。② 校讎鉉文司權衡，③ 淋漓金薤昭日星。献納承恩道譽增，鉉門光顯揚休聲。願言功行如月恒，竚看躡雲登蓬瀛。

祭　告

國　朝

皇清康熙癸丑，御製祭告北極鉉天上帝文，見《祀典》。

御　製　跋

三代而下，詔令之詞，本于謨誥，吟咏之什，昉乎賡歌。誠以典册炳若日星，匪同夫箭風牘月，絲綸昭若雲漢，寧等于畫脂鏤冰。自非福地名巖，鮮以動穆清之景慕，苟微仙都洞府，胡以展螭陛之辭章。如大嶽之錯列貞珉，穹樹表石，宋元猶在，明代爲多，歷年既久而隨湮，遭亂以殘而致毁。兹也拂摩荒草，搜訪懸巖，務令密勿之精思，

① “纓”，原誤作“瓔”，據任自垣《勅建大嶽太和山志》卷二改。
② “舃”，原誤作“鳥”，據任自垣《勅建大嶽太和山志》卷二改。
③ “讎”，原誤作“瞻”，據任自垣《勅建大嶽太和山志》卷二改。

焕披卿景，更俾宸嚴之令緒，麗瀉芝英。前代萬言一哉之指，本朝數語大哉之謨，所爲歌誦帝功，何啻軒轅之昭垂于崆峒、宛委，而其煇煌聖德，寧僅神姒之表建于岣嶁、巫峰哉？

知州王民皞謹識。

御製參攷

粵稽封禪之典，始自軒轅，至周則有七十二家，迨秦漢不可勝紀。司馬公有云："名山顯位，望君之成，其寶籙瑤篇，藏居石室，制用金泥銀繩，所以昭天府之隆章也。"太嶽原不與五嶽比肩，而宋、元、明三朝饗祀無輟，① 璽册時頒，稱頌美於形容，碑銘彰其勳德，勑誥讃揚，有加無已，其所以爲當宁之勒石鏤金、深宫之陳珪將帛者，蓋不必對越壇塲，而欽若祈報之意已殷殷如在矣。太和屢遭兵燹，碑碣殘燬，今爲洗苔滌蘚，編集成帙，俾往代精誠爲名山福地之逸響者流韵千年，即我朝綸綍爲敬天保民之遐舉者遺徽萬世，庶不等於無字之碑，爲後人莫可攷究云爾。

訓導盧維兹謹訂。

① "宋""元"二字原倒，今乙。

大嶽太和武當山志卷之十六

藝　文　一①

楊素蘊曰：夫宇宙所謂河嶽英靈，人倫精采，日月騰輝，草木含潤，天地秘之，鬼神護之，雖金石可泐，而在兹不磨者，非藝文其誰屬乎？蓋用以發造化之奇，闡高深之藴，俾光照六合，垂布千禩，未可盡作蟲魚篇翰觀也。太和神謨赫濯，御製焜煌，復何假乎黼黻笙鏞以侈觀聽，然試令上林、長楊而可無賦，未央、長樂而可無詩，亦未免炳蔚之闇弗章，而追琢其缺有間也。唐宋而後，代有名賢，掞藻摛詞，洋洋纚纚，以抵今兹，盈篇累帙。匪第繪兹山之面目，實有以抉一山之神靈，殆克佐乎插架之《神異經》《拾遺記》《靈憲》《博物》《真誥》《典符》諸書，可扣可捫，不剥不爐，壽諸天壤，與山靈相終始，其在斯編乎？志藝文。

賦

明

楊珺　參議

惟大岳之爲山兮，形肇奠於鴻荒。迺渾淪而磅礴兮，鍾秀氣於鉉黄。顧發源於嶓冢兮，擁翠浪於武當。肆連峰而接岫兮，復積嶺而重岡。峙漢水之南隅兮，跨均房之两疆。控翼軫之分野兮，應列宿於上

① 原文無一，编者據原書目録改。後同。

蒼。羌廻旋乎地軸兮，扼天關於古襄。衍脉絡於荆山兮，析支派於内方。七十有二峰，根盤八百里。崔嵬巑岏，㟅嶢岃㟟。竅䆉如對，森列如竢。若廻而馳，佀行而止。若豁而谺，佀立而跂。或俯焉而復昂，或仰焉而崛起。或蜿蜒兮如龍如蛇，或蹲踞兮如虎如兕。或尖鋭兮如筆如鋒，或正直兮如屏如几。若乃三十六巖之幽虛，二十四澗之迤邐，五臺五井之悠悠，三泉二潭之瀰瀰。厥石則有金星銀星，厥産則有地髓石髓。堯韭禹糧，雜沓而竝美，秦檜漢柏，偃蹇而長清。木實而有梳、楸、桊、檎、棉、樴、棪、榑、樉、樣、楸、櫻，野蔌則有菌、萸、笋、蘫、薯、菜、蕨、葵、藿、葼、蒟、菁。以至迷窮草、①交讓木、靈䨩杖、石磴心、棚梅、赭斞、年乳、騫英、天花、雲林、芳芷、徽蘅、枝柑、房李、鄧橘、襄橙，無物不有，雖茅亦馨。萬年松、千歲艾、九仙子、天南星、白何首烏、紫花地丁、苦參、白合、甘菊、黄精，采之可以療諸疾，服之可以制頹齡。又有石如火焰之紅，樹如龍爪之倪。飛泉滴溜，潄乎瓊瑤，松風響籟，鳴於遠邇。四季常見靈鴉，雙雙繞林坰，五更或聞天鷄，喔喔號雲岫。白鷳錦雉，同飲啄夫巖頭，神虎仙麋，迭巡行乎山趾。紫芝瑞卉，②百千其名，珍禽恠獸，不可殫紀。又如龍宫雷洞，深窅虛明，風穴星牖，沉寥呀哆。表以禹跡步雲之橋，帶以太乙天池之水。日出則嵐飛靄收，蒼翠滿前，月明則鶴唳猿號，③清幽無比，兼有洞天福地之靚深，孰謂蓬萊方丈之不在是也。

有若大頂之峰，端然正位，處乎其中，吾不知其幾千萬仞，但見形威峻極，與天而爲柱，氣象巍峩，杖地而撑空。其高無竝，其旁靡從，匪衡匪岱，匪華匪嵩。既非醫閭之可擬，亦非恒霍之可同。前有五老，後有五龍。右有搢笏、九卿，左有手扒、三公。東有始老、展旗、九渡、④金鎖，西有隱仙、疊字、千丈、鷄籠。北有皇崖、顯定、貪狼、

① "迷"，方升《大嶽志略》卷四作"救"。

② "卉"，方升《大嶽志略》卷四作"救"。

③ "唳"，原誤作"唳"，據方升《大嶽志略》卷四改。

④ "九"，原誤作"兀"，據方升《大嶽志略》卷四改。

獅子，南有仙人、隱士、伏魔、降龍。又有聚雲、香爐、大名、① 蠟燭、大蓮、小蓮、文曲、武曲，天馬、玉筍之重重，丹皂、竈門之矗矗，千巒萬嶂，各獻幽奇，四面群峰，互相倚伏。乃獨孕秀居奠，盱睥駭目，上接青雲，下臨深谷。其視衆山之周遭廻繞，拱向環簇，有如王者之臨諸侯，大宗之俯族屬。是乃五岳之長兄，四鎮之伯叔。遠若蒼梧之九疑，巫山十二峰，竝呼爲其家督。近則赤龍寶砲，② 横黄方界，皆目爲其幹僕。此我皇明所以表章謂之大岳太和，而咸五爲六也耶。

是宜玉臺高疊，石檻玲瓏，闢以門闕，繚以垣墉，金殿之據乎其上，焕棟宇之穹隆，天帝之宅乎其内，躡龜蛇之鉉蹤。捧劍兮玉女，執旗兮青童，侍從兮靈官，導引兮先鋒。照日月兮層構，映上下兮天宫。耀金光兮燦爛，洞遐矚兮昭融。飛複檻兮霄際，縹雲靈兮瞳曨。信真僊兮所棲，③ 豈塵俗兮可容。外有天門三重，雲梯萬級，自卑視高，曼延壁立。掛懸空之霽虹，逼霄漢於咫尺。歷參井之鉤連，詎跬步之可即。躋欲半而悸驚，凴危欄而上陟。慨登望之多囏，夢徒兆於生翼。及夫天門之外，則隨山通道，跨澗架屺，剪除榛蔑，辨域定規。或聳琳宫而開寶殿，或興古廟而建神祠。或敞珠龕於巖畔，④ 或刱桂觀於山碑。築石室以藏僊服，峩彩亭以貯御碑。彌東南而亘西北，彷閶闔而廣棼楣。雕墻横截乎山谷，仙廬盤欝乎坤維。熾丹臒於林杪，鳴鐘皷於厜㕒。境之最勝者無如紫霄，峰之至高者莫踰天柱。南巖五龍兮幽雅瑰奇，玉虚浄樂兮輪奐規矩。清微真慶兮非不霄崢，遇真朝天兮俱號紫府。似兹宫觀兮三十六所，其餘庭院兮更僕莫數。丹房石室兮雖寒不寒，雪窩凉亭兮當暑不暑。甚至萬松一泓，各有軒亭，鉢堂方丈，亦爲峻宇。隘四衝而騰八達，張千門而啟萬户。宗大岳而朝鉉穹，翼

① “名”，方升《大嶽志略》卷四作“明”。
② “近”，原誤作“邃”，據方升《大嶽志略》卷四改。
③ “真僊”，原誤作“直馬”，據王佐《大嶽太和山志》卷十七改。
④ “敞”，原誤作“敝”，據方升《大嶽志略》卷四改。

太和而壯今古。人皆疑其天造而地設，或出於幽贊而陰輔。不然，何以楹柱林林，梁棟楚楚，而有此廓度宏模，福區鉉圃。壯神僊之窟宅，聳人世之瞻睹。

吾想夫永樂之初，内難既夷，四海寧謐，民物熙熙。是以奉委之臣，以謂聖君有作，我儀圖之，敢不盡瘁忘疲，董督指揮，朝斯而夕斯。由是智者售技而無所隱，壯者効力而不敢欺，雖山林谿谷亦不愛其材，孰謂我朝長府之積，皆在所供億，而其用不貲。又況工咸爂贔，匠賽輪倕，萬指揮斤而呵氣爲霧，六軍荷鍤而瞬息爲堢。① 庶民子來，若有神司，經之營之，倏爾成之。于以答景貺而廣孝思，于以奉明祀而祝丕釐。神必徘徊容與于兹，康濟邦國，② 福祉黔黎，以陰佑我皇上聖子神孫，集慶禧而撫有太平萬萬載之洪基。③ 賦已，復撮其要爲頌辭曰：

倬矣大岳，摩青蒼兮。背漢偭漳，鎮一方兮。奕奕宫殿，闐山岡兮。天帝菈止，周相徉兮。④ 氛沴斯靖，時雨暘兮。慶祚靈長，神化彰兮。我皇崇祀，佑八荒兮。玉質金相，昭寵光兮。四夷來王，徵休祥兮。海宇乂安，垂衣裳兮。本支繩蟄，世萬其昌兮。俾臣之後嗣，亦如諸峰之拱岳，永篤爲忠良兮。

大嶽太和賦

王世貞　吴郡人　都御史

太和山者，蓋中州之脊而上帝之靈腑也。其始不甚顯，一曰武當山，又曰參上山，又曰仙室山。晉咸和中，歷陽謝允棄羅令遁兹山，遂名之曰謝羅山，見酈氏《水經注》及《荆州圖副記》。蓋是時絶頂峻，不治不得上，諸所棲息者山之阯，以故靡甲稱云。至宋而謂鉉武神實

① “鍤”，原誤作“鍾”，據方升《大嶽志略》卷四改。

② “康”，原誤作“麇”，據方升《大嶽志略》卷四改。

③ “之”字原脱，據方升《大嶽志略》卷四補。

④ “相”字原重，據方升《大嶽志略》卷四删。

主之，封鉉武，又改曰真武，而宫室由創矣。元始加帝號。至太宗朝尊之曰大嶽，世宗朝復尊之曰鉉嶽，而五嶽左次矣。歲旃蒙之大淵獻春三月，吴人王世貞，鎮撫之閒，一登謁焉，感其峰頂宫闕之盛，① 與其事而爲之賦。

昔在帝太始氏，制陰陽，剖澄凝，掌别五嶽，以授七十二聖。昉岱首而亘金天，焜煌黼芾，以躋九命，乃眷西顧，有亭亭類博山者出焉。下盤嗛而踰廣運，鋭直割乎黔界之闕。② 嵣嶫横揭，壽昪哮豁，其西北引賀蘭、絡終華而首飲乎中原，爲嶽若八九者吞焉。帥其支峰以媚帝閽，恫帝之不晉，敢以測霄之圭與亥步其四藩。不然，請外託而季從乎崑崙。惟帝曰咈，天契有因而顯有辰，時不遽取，主必擇真。是故天水氏之奄宅也，爲寓公宫，若存若亡，以竢鉉冥之時巡，元祠蹛林，諱其真人，水德用彰，瑤宇岹嶙。

我文皇篤志鴻緒，回面内蹂，獨奮神武，亦駕天授。怳靈威之轇轕，披髮立而三光蔀，揭燕彈之百一，俄宇割其十九。嗟九靈之革變，黯二儀其霧雺。聆火鈴之豁落，駭烏旟之敥斁。③ 咄元緒與率然，亦纠紛其來從。既闡教于神道，朅疑功乎惟重。苟神貺之昭荅，何恫乎民力之侈用。於是乎太史覛土，奉常告時，五鳩鳩民，將作庀材，左駙馬而右中涓，六傳騷以趯催。襄鄧宛洛之民，蹄擊轂磨。楚峕邍午以逆上，隴木騈闐而順來。于于禺禺，千唱萬隨，陸歗激湍，冬讙驟雷，乃使倕輸施巧，④ 獲賁既力，分模紫宫，取則宸極。又似踔翼乎九閽，歷清微而叩大赤。命蓇陬而佐之，俾象鏘鏘之積石。恍若入于函谷，歷落乎離宫之四百。浄樂依稀乎東朝，玉虚彷佛乎未央。紫霄桀鶩乎甘泉，南巖差池乎阿房。五龍窈窕乎馺娑，迎恩雖龢乎鼓簧。太和密邇乎紫微，遇真遙接乎建章。觀則復真胚始，仁威攝降。元和遷校之

① “頂”，王世貞《弇州山人四部稿》卷一作“嶺”。
② “闕”，原訛“關”，據王世貞《弇州山人四部稿》卷一改。
③ “敥”，王世貞《弇州山人四部稿》卷一作“敪”。
④ “倕”，原誤作“垂”，據王世貞《弇州山人四部稿》卷一改。

府，龍泉鍊炁之場。莫不堞嶺隍壑，冠峰帶岡。分背寒暑，理别陰陽。潺湲瓊澀，絪緼象郎。裏鬱崔而逕庭，表蹇産而直當。彩楠扠枒以戢晷，文槐鞞鞣而縱横。晨星熒皇乎璧鏡，雌蜺夭蟜乎茄梁。①乃復發重鼂氏之所藏，使和氏選而攻之，玫瓌枝斯，璀璨玗琪，像帝之真，理别鬢眉。琥瑋瓕琂，竪瑦琟珽，琢爲扆座，蹽踂虯螭。乃籍濞鄧，付區嵇，和合鋳釟，鼓熇鑪椎。細則禹鼎之頯嚌，鉅則秦庭之欺偲。鋸牙鑿齒、燕頷鼩翼之類，足方良，手蜮魃，睨蜂眸，而欲搏豸血吻以將噬。感豐融之肹蠁，意嫉婁而求退。藥房寥窲，欏槅膚緻。寉蓋棽麗，鸞吹流利。餕巹餘之泔淡，眠歸雲之霳霸。此其陶然樂而跳塵世者也。

夷寏方軌，馳道如砥。纏柏周絡，金椎盈趾。綿蠻格磔，娟不絶耳。葳蕤峭蒨，當眸而蕤。泮乎其殊可喜也。紛彼靈圄，前奏鈞天。忽斷忽續，從颸曼延。乍顯乍曶，與雲流連。霓罥虹旃，眇若騰騫。怏然精氣，溢而欲仙也。俄而悦兮，使我惘兮。躡峛崺，穿弇中。下峪窞而囓趾兮，上嵓嶈而盪胸。俯窅窱其隔遠兮，仰又棧巉而不可窮。前呼要眇幾若絲兮，應碨柍而類虒甂。輕陰釀而裾涅兮，蒼翠撲而睫覾。忽徑絶於陁堵兮，使人魂蕋而精降。頵砿衡截，屹巑疇援。足不謀目，絫息股弁。②五步一止，左袒呈肵。天門杳靄，若啟尺綫。破霒霴，穿軋茐。兆庶罷跂，爭先跋躠。魚貫蹀皶，揉牽摑揄。肱嵎臂隴，肝吴胆越。魋瑕二董之俊，錯以敦餅駘趴。爰有姬姜貴祕，陽蔡姝絶。□□蛾媚，夭冶嬉嫛。綦履不任，芬澤微發。莫不羽鬘犀紕，露紒練帢。澀譶殿屎，嬖跚勃窣。擎琅瑠以稍振，扣陰牡而嗚咽。哀嚻徹空，宛潮音之迤邐；悲涕懸河，儼秋霖之汨活。銅虬左啟，羊角瞥至。拔圻坤两，嗡欱巽二。游蓋飄飖其纖翮，幾欲擲乎荒之裔。黄冠所廬，可以假憇。層樓帖石，周閣無地。挐莖葩襍，捷獵鱗次。密蕕乎寒房之聚蜂，獭椽兮春潮之歸蠣。③神搖搖而時訑，心栗栗其如讋。於是黜聰明，耑

① “雌”，原誤作“崔”，據王世貞《弇州山人四部稿》卷一改。

② “股”，原誤作“服”，據王世貞《弇州山人四部稿》卷一改。

③ “獭椽”二字原脱，據王世貞《弇州山人四部稿》卷一補。

精深，薌沐滌躬，清齋盟心。窮太和之嵕罬，遂底乎天柱之岑。覩重欒之宛曲，與綺寮之麗淫。列將吏之蘭錡，若觩瓚之崇森。①悉都官之赤仄，塗以裹蹄之上金。芒穎注射，②睛不停眴。赫烜灼爍，煌曄爟炫。芬壒蓬勃，忽似處乎涳濛，潤衣裾而不浼。哀音麠至，幾若閧乎邯鄲，卷屋瓦其如霰。度群喧之屏寂兮，始騁望以逍遙。

竊忻夫塵世之判闋兮，察天人之所交。玉女瞖嘘而一粲兮，雹碣磕横亘乎巖腰。霆霓驚乎百里兮，雙禮珠微撥乎雲璈。夜澄澄其湛露兮，冷然若初滴于絳杓。九苞曆鹿于楹表兮，幾欲奮翮而求巢。雙丸搏娱于早晚兮，屏翳卑處而不得嬈。儼帝聰之呼吸兮，杳旭卉其莫昭。于是俯踞三垂，流覽大荒，寄寓一瞬，投心渺茫。或翔陽弄晴，潋灧冲融，熤乎若五金之在鎔。喬雲呈姿，異態同輝，皚乎若瑤臺之刊夷。白不封尖，峭碧摩天，晃乎若䕲鏃之辭弦。晦明參差，旁午紛挐，沓乎若銀漢之盪層波。時隱時現，襄江一線。或滅或浮，夢澤一抔。遠則仙掌巨靈之贔屭，峨嵋五丁之斤鑿。丈人偃蹇乎青城，華存徜徉乎衡嶽。太室少室之崴褢，中條終南之岿粤。陰脉潛通，外勢包絡。雖未甘乎臣僕，感時趨之曦爝。邇則香罏凝靄，玉燭華峙。九卿棘列，三公槐植。七星斗矗，五老掌骽。中笏上朝，玉筍排次。淋瀋雙筆，飛翰疊字。紫蓋飄颺，眉稜鎖翠。天馬翀瓎而騰上，靈狻髵髼而斜睨。蓮峰大小以掩帶，陽隺鳴和而鼓翅。春淡冶其微莞，夏沈穠其幾醉。秋净皎其初沐，冬慘淡其若睡。雖崔嵬乎麗億，③靡不環拱極而思媚。獨房陵之一岊，乃嶮剌崆峅乎境外。鴻烺爌之獨建，托平巘其稍息。聊賈壯以敻勝，信足跡之羃歷。俯巨壑乎萬尋，白日皆而蒸雲圛。苟貏豸其稍邇，踝跢盩其焉恤。陀嶭嵦峁，嶅嵍岃崱。醜若島瞯，雄若贙鼕。似乍伏而俄奮，挺牙距而虙擊。復有千章叢挺，黝黮阜壠，萬古不死，輪囷擁腫。其爲蘋末之所鼓，卉歙瀏涖，蹭竑洶湧。根槷刖而弗奠，類蛇跗之鱗起，

① “觩”，原誤作“球”，據王世貞《弇州山人四部稿》卷一改。
② “穎”，原誤作“影”，據王世貞《弇州山人四部稿》卷一改。
③ “雖”，原誤作“凡”，據王世貞《弇州山人四部稿》卷一改。

即且監腦而蟆動。憭乎栗，悚乎恐，懔乎其惕，而左顧余踵也。

爾其清泚徐傾，蕭瑟泓渟，① 遘噗不涓，觸石自聲。潀潀汩汩，鏦鏦錚錚，乍徵而商，絲肉雖鳴。芙蓉倒插，散鬌微升，神瀵湧璣，金沙流螢，枕聽酌歃，九咽爲澄。其澗則青羊玉局，仙龜鉉鎮，② 梅溪勝越，桃源比晉，靡不插壁留霞，飛梁吐蜃。③ 其橋則仙源仙都，遇真會真，夭矯梯雲，遙裔天津，靡不長虹飲渚，圓月麗旻。磐陀之石，橘叟所奕。削脯角飛，盤挐現跡。瓊臺迴顧，帝所授册。封泥散紫，餘檢成璧。宛委探書，浮提副墨。玉牒金題，靈符祕策。太乙天乙，日沼月澤。燭龍布涎，神瀵流液。丹砂九轉，白茅三脊。璘彬雲母，以資服食。木則杉、檜、樅、棫、松、梓、椶、柏、梳、楸、柒、樀、槔、機、楩、檍，交讓成蔭，靈壽支策，梢無礙漢，根不避石。恣傲四候，歷閲千昔。結爲碩果，鮮殷酷醲。襄橙鄧橘，張梨房李。含桃女脣，火棗仙餌。飣座襲目，咀瀋溢齒。榔梅標瑞而螫舌，石蜜借浸以爲醷。冰芽之荈，産自鶱林，顧渚慙芬，鳩阬遜甘。蟬翼霏塸，雀舌沸鬻。篠簜蔓葑，編町繡丘。霡霂初滋，潛萌未苗。㲉玉含腴，衣以金苞。濯江漢，暴秋陽。椷紫泥，籍朱筐。八足騰傳，披星犯霜。九重涓吉以奏新，六宫舌羡而不敢嘗。乃有庶鐵，土德所遺，千年之艾，松齡十之。④ 荃葯繭茵，蕿菩卷施。晻薆咇茀，入鼻薰禠。天葕秋發，映山春滋。百里障錦，又若紫絁。一醉枕籍，若馮夷施。忽有哇妖，因風徐來，睍睆和囉，含糊嘽喈。⑤ 嚶嚶關關，嬈嬈靡靡。覩黄口之蠛蠓，疑天樂而復非。⑥ 意調衵而甫紓，喟駛景之難肄。覩扶羸之妙藥，指長欃而思采。亦何勞訪乎亶州，兹實仙都之陸海。固炎帝之所欲嘗，

① “渟”，原誤作“停”，據王世貞《弇州山人四部稿》卷一改。
② “鉉”，原誤作“聳”，據王世貞《弇州山人四部稿》卷一改。
③ “蜃”，原誤作“唇”，據王世貞《弇州山人四部稿》卷一改。
④ “齡”，原誤作“柏”，據王世貞《弇州山人四部稿》卷一改。
⑤ “嘽”，原誤作“蟬”，據王世貞《弇州山人四部稿》卷一改。
⑥ “疑”，原誤作“凝”，據王世貞《弇州山人四部稿》卷一改。

而隸首之所不盡解者也。不覩夫葽繞勝舄，① 白蘚紫扶，甘根蒻距，茵陳茈胡，南星帝女，將離荑蕪，香蔛篇蓄，重樓藜蘆，益母鋋生，② 防己夜呼，③ 苇蘡天蔴，薔鬱地榆，皆能撐距二豎，㪿殪群魖，百勞賴其禁圉，五官之所儲胥。又若三暴之煉雞格，九節之辨菖陽，紫莖之貴牛膝，元參之字鹿腸。枸杞夸仙人之杖，麥門表禹餘之糧。豺漆供而濕消，④ 玉延餐以生肪。瑶羊之藿，靈脾别呼。交藤布根，何首不烏。是皆皇仁所寄，祇不愛輸。澤瘁實空，動與益俱。肉翮頃以鶣鶚，朱顔藹其菖蓊。忽倏然而穢世，撫萬期之須臾。遂誦茂陵之言曰："唉！得從安期生遊哉。"

乃集三管之所述，相與考諸真之所起。或誦周季，二尹軌、喜，或哆两生，明、長禪美。第彼顯則此隱，豈後核而昔誣。意者戴生遺帽，仲微曳裾。辭今道通，納節易夫。田寒暑其一簑，房旦夕而長鬚。庶幾其猶可指踪歟？粤大道之慧祕，實上真之蠡良。功留跡隱，用彰體藏。暫閃屍而可即，忽希夷其難方。俶使夫人主常伯若虞初之小吏，騑驄衣黄者二十餘霜，卒莫得其要領，徒文繡乎土木，而宫室乎陵岡。於乎！皇哉明哉，明哉皇哉！

亂曰：因天成人，合乃神兮。虚有實無，衆則愚兮。靈寵光豔，趣則驗兮。岑牢往祀，嚇來世兮。當心者真，豈必聿兮。彼美洸洸，永無鴹兮。

太和山賦

馬一龍　國子監司業

予昔丁卯之疾，禱鉉帝而承天烋，乃今庚午之歲，謁太和以答神貺。大哉巍乎！天地中有是山，故造化中有是神也。神顯駿功，世享

① "勝"，原誤作"馬"，據王世貞《弇州山人四部稿》卷一改。
② "鋋"，原誤作"挺"，據王世貞《弇州山人四部稿》卷一改。
③ "夜"，原誤作"两"，據王世貞《弇州山人四部稿》卷一改。
④ "豺漆"，原訛"乹黍"，據王世貞《弇州山人四部稿》卷一改。

崇祀。予謬司東壁之府，可無汗青之書耶？爰作賦鏤諸石云：

儵忽鑿渾敦之竅，廣莫分翼軫之圻。惟一元旋機在子，乃萬物化源所滋。天載鉉默，地開靈奇。常陽擴其無際，積塊纍於纖塵。崑崙定樞以突兀，太和分脉而嶙峋。龍漢劫象帝之先兮，守孩中而自老；紫墟煉浄樂之國兮，出大帝以爲神。奠位參两儀，總章聯五岳。破元氣之絪氲，啟撐黎而結幕。含鉉黄之孕精，傑巨麗以厞廓。膺撫三關，夤帶百粤。涪湛漢沔之縈廻，燥潤梁洋之汋勺。媪軸炳靈，璿衡揆律。抗勢蘧廬，摽影鰲極。張堪輿之形勝，崇法象於天則。亘地八百里，環峰七十二。岧嶢上羅穹，巑岏擁縹翠。列離宫之譜，則太穌紫霄，南巖貞度，五龍玉虚，清微樂土，遇真朝天，左右紫府。計羽衣之廛，則太鉉威烈，元和八仙，修真復真，廻龍龍泉，仁威真武，鉉圃後先。樓觀崢嶸，壇墠盤旋。三十六巖之窅窕，二十四澗之委蛇。井臺窬竅而杓掛，泉潭冥渚以蒙漪。玉梁爲虹，鯨吸湟陂。素瀨卷雪，人鑑冰池。若試心試劍之永肩，金星銀星而两曜。尹仙右棋，惟石之肖。肺腑收春於榔梅，雷神表步於天一。白龍增應谷之靈，桃源括避秦之逸。濯土之毛，彙將不億，姑舉其一二者。堯韭禹糧，秦檜漢柏，房李枝柑，襄橙鄧橘，菌荑蔆芷，蘁蔲蒟菁，柒樆匠具，蒡菲綴馨。蒲柳之質，無不含英，苦窳之器，亦皆萃精。年遐松艾之資，品列甘黄之上。雖混所生，匪同色相。又其飛走昆介，爲物且饒。文貝華虫，鵕鸏寒號。嶲周之鴂，意而以鴳。於菟澤霧兮，蔚變而驕。跋胡明眎兮，窟營其狡。種别類差，不可殫紀。

乃惟地靈所鍾，斯則傑人萃止。事載方册，聲在人耳。喜棲石壁者，軌度天樞，練巾飛舄者，①解組遁居。戴孟落帽，②馬明架廬。勑遇姚簡龍，③笑堕希夷驢。④雲溜房長鬚之杉，丹入田簑衣之鑪。真常觀

① “舄”，原誤作“寫”，據凌雲翼《大嶽太和山志》卷六改。

② “孟”，原誤作“盆”，據王概《大嶽太和山志》卷六改。

③ “姚”，原誤作“堯”，據王概《大嶽太和山志》卷六改。

④ “夷”字原缺，據凌雲翼《大嶽太和山志》卷六補。

妙，洞雲祖年。青陽全弍，① 德邁風仙。連雲孤碧，駢古松泉。明道明祐，善澄善淵。駕風鞭霆，尸解蟬蜕。究水華之靈奥，洞陽精之神秘。披寶歆青，服食方劑。黄庭見僮，鉉霜度世。尋穴天之寶衢，棼海嶼之雲術。神欲守而鶉居，體將伸而蠖屈。遡本鉉真，開山啟兆。簡奉元君以悟真，鍼磨神姥而契道。誓寄樹兮一念通靈，命懸崖兮五龍夾抱。功成六七之年，道顯億萬之劫。玉帛冠裳，方來宸翼，罔两妖魔，潛形遁跡。神功宥密兮作配泰元，佑我皇祖兮聲猷赫宣。鄱陽弭難兮燕國揚旌，外戢内靖兮乾清坤寧。遭際帝王之繼聖，宰制山川之百神。豈非水土中，陰陽萃，日月交，龍虎配。躍疏柱之汩越，肅坻鄂之鏗鏘。瞻鉅鎮之穹崇，繕綺構而高驤者乎？

噫吁欷，大哉巍乎！天下無以尚之。光采陸離，揮霍爛熳。入以天門之三疊，懸以雲梯之萬級。井蛙管窺兮中天半壁，木希蹴進兮跬步莫逮。豁然展士衡之翅兮，飄然御列子之風。闖烟嵐之磊砢兮，越日嶺之巃嵸。仰視參井兮，頫歷霽虹。雚宸光之熙逗兮，遻龍見而雲從。欽頤夷鼎，遍禮琳宫。擷珊瑚於脰烏，搖爂屭於膎功。探黍珠於月偃兮，拔泰阿於雷豐。誦綸音之焕發兮，求縭章於蔓揭。薄仙廬之厜㕒兮，訪遺書於石室。誕真誥之瑤凾兮，遡仙宗於玉牒。時乃飛花舞筵，高鳥在空。嗽天溟之芳潤，② 聆滴露之驚淙。汲沆瀣之液，溉華渚之躬。禔身紫翠之上，掩袂天柱之峰。雲霞繚繞，巒岫岍幪。前挹五老，後係三公。右遜九宰，左挽七雄。東搴太始，而展旗九度之金鎖，西望隱仙，而疊字千丈之鷄籠。皇厓顯定之家，皆燃藜而髓石。潛真悟道之士，能伏虎而降龍。觀其雲聚香罏，慧明蠟燭。大蓮小蓮，文曲武曲。天馬玉筍之躪踔，丹阜竈門之起伏。流軿晏景，森羅象數。促息引領，吐納雲霧。測深不可幾，致遠莫能負。何神山之峻美，羌元苞之綜固耶？

衆賓抖擻，而談叱縱横，獨士沉吟，而神發智生。蔀屋斗目兮，

① “弍”，原誤作“式”，據任自垣《勅建大嶽太和山志》卷六改。

② “潤”，原誤作“澗”，據凌雲翼《大嶽太和山志》卷六改。

約牖納明。雲村麥耳兮，拔宅上昇。朱干立準兮，琪樹流鶯，火鈴噴焰兮，龍師聽經。家據蓬壺之盛，人傳金闕之名。疆畛井畫而阜成，桑麻櫛比而敷榮。城郭鈎連兮衛護，閭閻鱗次兮章平。是則郡縣良吏之所宣承也。測圭表方，奠麗中央。風雨時會，江漢之陽。沃野大麓，符分膰脤。黼黻所與，弁蓋如雲。蒼生蠕選而得所，香軓蟬聯而依輔。民近旱麓之遺，兵釋潢池之武。禮義經籍之所漸陶，慷慨激烈以爲鼓舞。陳麟趾騶虞於二南，别民情俗習於九土。是則觀風諸臣之所駿翊也。翹首潛邸，掩映神京，氣吞雲夢，波撼洞庭，控南北而混胡越，浸乾坤而浴日星。激商羽於陽春之籥，占醇和於瑞靈之鵲。祥光常擁銀潢，灝氣遥瞻玉峽。上應薇垣，竝三都之壯麗，下通地脉，綿兆襆而曠綽。緣壕泝洛，亂漢抱岳。擒洪藻，申景鑠。黄道轉度，翠華駐方。蟠踞雄於天造，茐蒨揭於帝鄉。感威靈於鳳翥，作物睹於龍飛。輿圖協應，丹臒興思。是則先皇繼統之所造基也。謁羲農於沔陽，祖神禹於是别，吴闔之胎，楚昭之恤。悵吾道於坡回車，弔幽忠於衣禱石。陽臺留宋玉之悲，君山瘗舜妃之璧。酉陽善祠，長沙賈宅。蜀地偏安昭烈而中興，荆州必分吴魏爲三國。不數騷賦之才，還高鹿門之節。是則聖賢豪傑之所履歷也。泰華鼎峙，衡岳中嵩，環廻匝遶，臣僕甚恭。蛾眉、匡廬之秀，陽明、太白之奇。崆峒、鬼谷，終南、武夷，勾漏、天臺，隱觀、九疑，青城、五臺，金庭、王屋，宫寢佇望金陵，仙都遥連勾曲。瞬絶西方，罽賓身毒，横絶法界，紆蟠其躅。儼然王者綴旒於諸侯，太宗統系其群族。此則太和元氣之所聯屬也。至于濛汜、崦嵫，朱厓、鐵勒，入我版圖，統在疆域，辮髪雕題，輸誠效役，夷靺、兜離，罔不化育。六合混一而塵清，四海不揚而波澄。二都拱放勳重華之主，洊席列社稷股肱之臣。四時成序於羲和，五星叶光於蒼旻。嘉禾擢秀，醴泉薦馨。遐荒不驚兮華夷相鍔，淳風大同兮彬彬禮樂。然安不忘危，大閲以作。神武懋昭，爰及朔漠。是則聖君晉相參贊乎高博者也。

轉眄綿視，心神曠怡。簫籟既寂，月來如期。已乃返乎圭中，蜉蛴以容。黄金綽體，照我參同。又則探天一生水兮，① 坎起元爲之宔，地六成象兮，外週數由於内。孰爲鑄劍兮，即慧性以斬諸魅，如水沃焚兮，抹撒萬緣之溷穢。孰爲龜蛇兮，即水火之既濟，紅鉛黑汞兮，藴先天之祖炁。慨危途之碌砑兮，趣功名與富貴。胡世人之懵懵兮，其腊毒爲炙膾。渺浮雲之過太虚兮，悟本來自有量劑。寔往來聚散之無常兮，曼駟隙儵然流逝。况造化者亦以天地爲逆旅，而光陰者總視浮生若過客。知黍珠在吾身之寶兮，毁天地而不到。當知吾生塞萬機之原兮，踵鉉關之一息。紀勝槩於遊觀，表名山之神烈。

碑

元

大五龍靈應萬壽宮碑

揭傒斯　集賢直學士

至元二年歲在丙子，武當山大五龍靈應萬壽宮武當殿成，鉉教太宗師特進上卿總攝江淮荆襄等處道教吴全節爲集賢院言：翼軫之墟、襄漢均房之間有山焉，根蟠八百里，峰之高者七十有二，巖之幽者三十有六，澗之深者二十有四，天垂地接，陽噓陰噏，不可名狀，名曰太和之山，鉉武神得道其中，改號武當，謂非鉉武不足當此山也。山多神宮仙館，其大者有三：曰五龍、紫霄、真慶，而五龍居其首。唐貞觀中，② 均州守姚簡禱雨是山，五龍見，即其地建五龍祠。宋真宗時，陞祠五龍觀，賜額曰五龍靈應之觀。其後廢于靖康之祸，孫真人元政興之，又廢于金朮之兵。皇元受命，與天地合德，大興老氏之教，扶運翼世，以迎休祥。山之有道之士汪思真奮然特起，辟草萊，剪蓊翳，一舉而新之。先太宗師上卿張留孫初總攝江淮荆襄道教，奏以其山葉希

① “探”，原誤作“深”，據凌雲翼《大嶽太和山志》卷六改。

② “貞”，原誤作“真”，今改。下“貞觀”同。

真朝覲，天子大信其道。至元二十三年，詔改其觀爲五龍靈應宫，以希真主之，居八年而侯道懋繼之，又二十年而續道成繼之。仁宗皇帝天壽節，實與玄武神同，遂加賜其額曰大五龍靈應萬壽宫，仍甲乙住持，歲遣使以是日建金籙醮祝釐其山。自是累朝歲遇天壽節，一如故事。此後大建玄武殿，宜得詞臣文而勒之石，以彰國家之美，以重此山。明年三月二日，集賢以聞，詔以命臣傒斯。

臣傒斯竊謂名山大川，能出雲雨以澤萬物，産財用以利萬民，毓英賢以輔萬世，必宅天地之奥，當陰陽之會，磅礴融液，與大化終始，故中必有神，出幽入冥，此感彼應，如風之在谷，① 所觸皆通，水之在地，無往不達。况此山葆乎中和，統乎陰陽，應變合行，與神俱藏，群仙四朝而特起乎中央，非玄武焉足以當之？則其宫室之崇，享祀之嚴，應國家之運，爲生民之依者，固有在矣。殿之建，玄教大宗師臣全節實出私錢萬緡爲之倡，而住山續道成、張道真、吴明復、邵明庚、李明良先後贊而成之。其屋壯麗嚴峻，洞達高廣，蓋與兹山相雄，世所稱神仙曰陰長生、② 房長鬚、馬明生、田簑衣之徒皆成道于此，是以論人傑必本於地靈也。其辭曰：

虚危之精玄武君，上臨玄天貴且尊。穹龜贔屭螣蛇蜿，手指北斗酌乾坤。武當之上號太和，神君居之降百魔。五龍守衛嚴不訶，沴氣自少元氣多。③ 神君生在天地先，谷神自養天地根。二十四炁如環旋，七十二候無頗偏。四十二載昇玄天，玄天之樂不可言。身着玄衣坐紫府，蒼龍在左右白虎，朱方翼翼朱鳥舉，騰精躡景我爲主，百靈守之誰敢侮。或按長劍坐黄庭，④ 吐納日月含風霆。五龍冉冉隨降昇，倏而去之若流星，忽而來兮雨冥冥。鬼車九頭匝火屋，山鬼倚樹惟一足，飛蝗蔽天食百穀，長蛟鼓浪沈平陸，神君一顧赤爾族。神君自居武當山，

① “在”字原脱，據任自垣《勅建大嶽太和山志》卷十二補。
② “陰”，原誤作“殷”，據本書卷九改。下“前有陰房後馬田”之“陰”同。
③ “沴”，原誤作“冷”，據陳垣《道家金石略》改。
④ “黄”，原誤作“横”，據任自垣《勅建大嶽太和山志》卷十二改。

人能學之盡得仙。前有陰房後馬田，陳摶尹軌相攀援。新開大殿凌紫烟，璿題藻井相鈎連。神君居之樂無邊，保我聖曆億萬年。

大五龍靈應萬壽宫瑞應碑

前人

世祖皇帝初營燕都歲十有二月，龜蛇見于高梁河之上，召問諸儒臣，翰林學士承旨臣孝祺等對曰："國家受命朔方，上值虚危，其神玹武，其應龜蛇，其德惟水，水勝火，國家其盡有宋乎？此水德之徵應也。"詔即其地建大昭應宫，以祠玹武。後七十有四年，復以今上天壽節見于均州之武當山大五龍靈應萬壽宫。武當相傳，黄帝時玹武以三月三日降于此山，仁宗天壽節適與神所降辰同，① 歲遣使建金籙醮祝釐其山之五龍，後以爲常。歲四月十有七日，是爲今上天壽節。至正二年，集賢院以玹教太宗師臣全節言，② 奏以法師陳斯與行使事。時均房之間久旱，入山而大雨。及竣事之旦，焚章殿陛之東，③ 有赤蛇緑龜見其所，盤回久之，忽不見。自郡縣陪祭官以下數百人，莫不驚覩，以爲禎祥，皆呼萬歲。襄陽守臣上其事集賢及玹教大宗師，集賢遂聞之天子，且請勒石本宫，以昭神庥。乃詔臣傒斯爲之文。

臣聞天地之應，必於其類。惟於我朝，莫盛世祖，④ 而龜蛇於冰凝霜冱水德行令之時，見于定鼎之地，不十年而宋亡，天下爲一，此所示天子受命之符也。今復以雲行雨施水德布澤之時，見于天壽節祝釐之所，必將復見中統、至元之治，⑤ 如世祖時也。矧皇上自即位以至于今，罷遊畋，遠聲色，日進儒雅，講求聖學，聞一言之善，一諫之切，未嘗不嘉奬采納，宵衣旰食，憂勤天下，思復中統、至元之治，蓋十

① "辰"，原誤作"神"，據任自垣《勅建大嶽太和山志》卷十二改。
② "全"，原誤作"傒"，據任自垣《勅建大嶽太和山志》卷十二改。
③ "殿陛"，原誤作"嚴陛"，據任自垣《勅建大嶽太和山志》卷十二改。
④ "盛"，原誤作"成"，據任自垣《勅建大嶽太和山志》卷十二改。
⑤ "至元"二字原脱，據任自垣《勅建大嶽太和山志》卷十二補。

年于兹。若以時則可矣，以其像固已兆矣，是祥也必不虚應，天下何幸即日見之。宫舊有閣，在鉉武殿後，至正元年夏，本宫住持邵明庚、李明良節歲計之贏，會檀施之積，重建之。累土爲臺，崇二尋有半，樹三甍之閣，而三其臺之崇，上六楹以奉三鉉武像，下十楹列爲三祠，中以祀神父母，左以棲蓬萊十真，右即蜀之梓橦神，總名之曰玉像閣。閣方落成而使者至，神人若交焉。臣傒斯謹拜稽首而作歌曰：

聖人作兮百神依，水德集兮應虚危。指靈山兮祝皇釐，玉虹拖兮紫電飛。笙磬合兮斗柄垂，冠七星兮九霞衣。進有秩兮退有儀，緑章騰兮啟天扉。風蕭蕭兮雲披披，永介帝壽兮億萬期。赤蛇蜿兮繞緑龜，外不驚兮内不疑。來莫知所從兮去何之，神皇皇兮憺忘歸。旆鉉旂兮劍陸離，嘉祥見兮大慶隨。吾皇永兮繼黄羲，如世祖兮御九圍，神降祥兮無已時。

大天一真慶萬壽宫碑

程鉅夫　翰林院學士

皇慶元年春三月，京師不雨，徧走群望，詔武當道士張守清禱雨而雨，明年春不雨，禱而雨，夏又不雨，① 又禱又雨，既霑既渥，仍大有秋，兩宫大悦。初，均房之間有山曰太和，又曰仙室，以鉉武神居之，名武當，踞地八百里，峰七十有二，最高者紫霄之峰，峰之最勝者曰南巖，巖前有洞天二，曰太安皇崖天、顯定極風天，上出浮雲，下臨絶澗，猿啼鳥嘷，豺虎所家，人可投足者僅尋丈許。道家言龍漢之年，虚危之精降而爲人，修道此山，道成，乘龍天飛，是爲鉉武之神。至唐貞觀益顯，天下尊祀。宋理宗時，詔道士劉真人住宫南巖，不克。

漢東異人魯大宥隱居是山，草衣菲食四十餘年，救灾捍患，預知禍福，時人神之。天兵破襄漢去，渡河訪道全真，西絶汧隴，北踰陰

① “夏又不雨”四字原脱，據任自垣《勑建大嶽太和山志》卷十二補。

山。至元十二年歸，與道士汪真常等修復五龍、紫霄壇宇，獨結茅南巖，或請作宫庭，曰："非爾所及也，其人將至矣。"二十一年秋九月，師自陜西來，① 年三十有一，② 願爲弟子，大宥欣然曰："吾遲子久矣。"即授道要，明年春正月，大宥僊去，③ 師躬執畊㽜，墾山鑿谷，種粟爲食，繼帥其徒剪檜翳，驅鳥獸，通道東自山趾絞口七十里至紫霄宫，五里至南巖，巖北下三十里五龍宫，又四十里抵山趾蒿口。三月三日，相傳神始降之辰，④ 士女會者數萬，金帛之施，雲委川赴，乃構虛夷峻，拔木窮谷，刊石窮崖，即巖爲宫，廣殿大庭，高堂飛閣，庖庫寮次，既嚴且備，炫晃丹碧，轇轕雲漢。像設端偉，鐘皷壯亮，引以石逕，蔭以杉松，積工累資巨萬計，歷二十餘載乃成。墾田數百頃，養衆萬指。

至大三年，今上皇帝、儀天興聖慈仁昭懿壽元皇太后聞師道行，遣使命建金籙醮徵至闕，⑤ 及禱雨輒應，賜宫額天一真慶萬壽宫，置提點甲乙住持，制加神父號啟元隆慶天君明真大帝，神母號慈寧玉德天后瓊真上仙，賜師號體鉉玅應太和真人。延祐改元春二月，大司徒臣羅原奉皇太后旨，命師乘騎奉香幣還山致祭。冬十月，集賢大學士臣陳灝請加賜宫額大天一真慶萬壽宫。

竊惟聖天子端源清之本，躬垂拱之化，父天母地，懷柔百神，陶成萬類，子育群姓，宵衣旰食，可謂至德也已。師以雲棲霞舉之侶，而能振道濯德，焦心苦志，奮樹堂壇，以承天庥，亦可謂豪傑之士矣。師閫疏果毅，方嚴質茂，雖大祠祭，不待沐浴更衣，所感必應。雖身被顯寵，如始入山，其有道者耶？若神之德，廣大混沌，變化無方，謂列宿所鍾，詎不信然？臣鉅夫謹拜首稽首而獻詩曰：

---

① "陜西"，任自垣《勅建大嶽太和山志》卷十二作"峽州"。
② "三十有一"，程鉅夫《雪樓集》卷五作"二十有一"。
③ "僊去"，原誤作"先法"，據任自垣《勅建大嶽太和山志》卷十二改。
④ "辰"，原誤作"神"，據任自垣《勅建大嶽太和山志》卷十二改。
⑤ "徵至"，原誤作"微罡"，據任自垣《勅建大嶽太和山志》卷十二改。

翼軫之墟均房間，白雲峨峨武當山。根盤千里阻且艱，七十二峰羅煙寰。帝遣鉉武驅神姦，披髮仗劍衣黫黫。穹龜修蛇猛且閒，乘雲而來御風還。①跂予望之杳莫攀，真人學道鎸堅頑。飛上千仞誅榛菅，②斡旋天機啟天關。瓊樓珠宫翠廻環，霞披霧映黄金鐶。湛恩大號帝所頒，③神來居之珮珊珊。寒松蕭颸水潺湲，飛香滿空馥蕙蘭。願神永永哀民艱，汛掃穢濁無恫瘝。我皇萬歲御九寰，興聖怡愉長朱顔。

明

武當五龍靈應碑

劉三吾　學士

武當山在襄陽均州南三舍許，盤亘八百餘里，上有七十二峰，中有三十六巖，二十四澗，群峰擢秀，靈氣攸集，是爲嵩岳之儲副，荆襄之洞天福地也。相傳鉉天之氣之神，當軒轅氏時震夙浄樂國王家，乳于母之脇左，瑞雲垂覆，天花飛雨，異香滿室。年十五，辭親出俗，誓斷妖魔，匡扶劫運，主玉清紫元君授以無極上道，俾之越海東，歷翼軫之下，訪登是山，擇衆峰中冲高紫霄面陽者居之，當契太和，逮昇舉之後五百歲，被黑衣，披髮跣足，履坎離之真，歸根復位，鎮極北方。自兹風穴雷洞，霄舘龍宫，神功顯赫，靈異非常。時則于紫霄天柱峰蓋勅建宫殿，棟梁楹甍，集桷闌楯，一不假木，悉範銅爲之，中設金像，興雷吐雲，變化不測，以故歷年弗壞，得賜觀額曰真慶，曰護國，曰聖佑，曰紫極，曰靈應者非一。唐貞觀中，歲苦暵旱，詔有司禱名山，④武當軍節度使姚簡身詣是山齋禱，其夕有五儒具衣冠者見謁，自謂五氣龍君，頃之鉉雲四興，甘澍如注，在田之槁，獲遂有

① “乘”，原誤作“垂”，據《玄天上帝啟聖靈異録》改。
② “千”字原脱，據任自垣《勅建大嶽太和山志》卷十二補。
③ “號”，原誤作“兮”，據任自垣《勅建大嶽太和山志》卷十二改。
④ “禱”，原誤作“儔”，據任自垣《勅建大嶽太和山志》卷十三改。

秋，簡具以聞，太宗勑于中山别剏五龍觀以旌靈異，緣此名聞天下。鉉天之神，則以黑駝裘角之劍斷魔削邪，爲國爲民興利除害，民所禱禬者，往往于是龍宫獲靈貺焉。

夫何元季薦罹兵燹，殿宇赭然爲墟。會陜咸寧丘公鉉清偕其徒蒲善淵道漢中，抵四川，至金川商山，①求勝地栖息不可得。洪武四年，復自襄陽歷均之武當，顧瞻徘徊，閔兹福地罹爾厄會，首兜拾瓦礫，理其故墟，師徒苟得廬就處已，即積精存神，修真導和，服行清浄，承學大來。明年壬子，鉉清規復龍宫其故所，稽材陶瓦，覆墉貌堅，遠近樂施，不期歲間，宫殿廊廡，栖止廬舍，次第一新。殿塑聖像其中，神將前列，鐘皷在懸，考擊以時，群神百靈，有位于廡，是使遊者入山，如行畫圖，樓觀翺峙，洞户窿綴，堂庭截然，可謂曰完。嗟乎！自開闢以來，武當有山，聖真出世，其八十二化，宜與天地同久。燬而復隆，有吾鉉清，道宫是復，鉉宰是奉，胼胝拮据，勞勩萬端。凡道緣所致，將不與是山同垂名不朽也哉！

洪武辛酉春，鉉清以行能被薦，拜監察御史，賜之室，辭。明年壬戌，超擢太常寺卿。其徒蒲善淵則選爲均州道正。善淵來京，以公紹開兹山，丕闡神貺，懇予文壽諸石。相是役者，善淵及善寧等也。

榔梅碑陰

胡濙　禮部侍郎

永樂二十一年九月二十四日於文華門啟，大岳太和山興聖五龍宫提點李素希讀書明理，煉性修真，志節孤高，廉静寡慾，薄於自奉，矜恤貧難，糲食粗衣，心常自足，不時舉手加額曰："願聖皇萬歲，太子千秋，國泰民安，時和歲稔，物無疵癘，四海昇平。"凡人慕其德而趨向者，莫不諭以忠孝，導以慈仁，勸善懲邪，咸蒙感化。年九十三歲，無疾端坐而終。羽化之後，齒骨俱青，人皆驚異。皇上備詢其故，

① "川"，原誤作"州"，據任自垣《勑建大嶽太和山志》卷十三改。

再三嗟悼稱許，遂諭臣濙并翰林大學士臣楊榮、臣金幼孜曰："此老一生，精勤至道，忠君愛國，人罕能及。觀其骨青，死必爲神矣。"至於次日早，皇上又復惓惓軫念，所有原賜勑書二道，未經勒石以傳永久，奉皇太子令旨："他真是修行得道的好人，父皇比先賜他的勑書，你而今去，都與他鎸在碑石上，休泯没了這等好處。敬此。"謹同欽差到山建醮，隆平侯臣張信、禮部尚書臣金純、工部右侍郎臣郭進，委令均州守禦千户所正千户臣朱夷，斲取貞石一方，① 以正一嗣教真人臣張宇清篆額，② 鉉天玉虚宫提點臣任自垣書丹，遇真宫提點臣羅鳳翔鎸刻。偕户部主事臣王和、湖廣布政司右參議臣諸葛平、均州知州臣吴禮、興聖五龍宫提點臣吴繼祖、臣施淵静、道士易本中等，同徙立石于本宫榔梅樹之原。

碑　　陰

洪熙元年二月望日，皇帝用香帛祝文，分遣大臣遍祀嶽鎮海瀆、歷代帝王明神、先聖祖陵及諸王陵寢，俱以太牢。惟大岳太和山廼鉉帝登真之所，太宗文皇帝勑建宫觀三十三處，金碧交輝，仍於天柱峰冶金爲殿，範神之像，繚以石城，壯觀堅麗，曠古未有。今天子繼志述事，陞進兹山，同於嶽鎮，命臣胡濙代祀。臣濙奉命惟謹，恪同湖廣布政司右參議臣諸葛平、均州知州臣吴禮、臣張亨、均州守禦千户所正千户臣朱夷及本山鉉天玉虚宫提點臣任自垣等，登山之日，忽有鶴一十五雙盤旋於金殿之上，良久始去，五色祥光，照耀山谷。將事之時，陰雲四合，方祭之頃，星斗燦然，祭畢，陰雲復合，儼若神靈歆格聚散之狀，官民道衆皷舞懽忻，咸以爲朝廷精誠之感，千載一時之遇也。

① "斲"，原誤作"斷"，"貞"，原作"真"，據武當山五龍宫現存原碑改。

② "宇"，原誤作"守"，據武當山五龍宫現存原碑改。

聖德昭應碑記

李衍　都御史

天人一理也，盡乎人以格天，而天昭應之，此理之必然也。昔雖一匹夫之微，一言行之善，猶能動天地，況父母天地而爲之子者，體其塞，性其帥，而與之合德者乎？世傳真武神者，即北方鉉武之神也。神以帝稱，蓋天之主宰也。天之爲天，理與氣而已。有是理必有是氣，氣有陰陽變合，以生五行，播於四時，造化萬物，理實主宰之，于是乎有帝之名。然五行之生，① 各異其質，各居其方，各司其時。故其行木，其方東，其時春，其色青，則其神曰青帝。其行火，其方南，其時夏，其色赤，則其神曰赤帝。其行土，其方中央，其時四時之季，其色黄，則其神曰黄帝。金行時秋，白色，其方曰西，是爲白帝。水行時冬，鉉色，其方曰北，是爲鉉帝。帝一而已，兼統五行，分居五方，流行乎四時，變化既成萬物，無乎不在。其居無迹，其妙莫測，兹帝之所以爲神也。然天包地外，而其氣常行乎地之中，則其神之靈，必常于其氣之所聚，高明秀異之地發焉。

武當之山，周廻八百餘里，峰嶺秀拔，中有三十六巖之勝，去嵩岳爲甚近，是亦天地之中，五行清淑之氣之所鍾，蜿蜒扶輿，磅礴而欝積者，則鉉帝之神恒於是焉著其靈異，亦其理也。帝其可以方所求哉？故昔之人建祠兹山以祀之，歷代相襲不替。我朝太宗文皇帝克慎在位，昭受上帝申命之休，即嚴郊社之禮，徧望之儀，復於兹山因往蹟更新神宇，以極其崇奉之典，宫殿嵯峨照耀，蓋振古所未嘗有也。皇上紹承大統，爲天地民物之主，懋昭大德，盡仁孝誠敬之心，肆致道行化洽，邦家輯寧，風清俗美，遠近悦服，聖心欣慰，以謂皆自天之祐，惟神之貺也。於是思荅帝之休，益隆崇奉，乃鑄銅爲神像一，從神像四，供器全，皆餙之以黄金，承之以白石，簡命近臣太監陳喜、左監丞陳道、右監丞林茂祗送到山，會同太監韋貴暨藩臬郡邑諸臣僚，

① “生”，原訛“主”，據王佐《大嶽太和山志》卷十六改。

迎奉于紫霄宫，協心致齋，設醮以妥之。醮設始於十一月初七日甲子初八日未刻，近宫展旗峰瑞光現者三，南巖宫現者一，皆狀如月望而圓，紫蓋峰光現者一，狀如錦垂而直，色皆五彩。及申，復有光如上弦之月現于宫上及玉虚宫之正殿，色皆如初現。次日申刻，光復疊現於紫霄殿南與西，狀與色皆如初，而五老峰、玉虚殿西皆有光現，狀類五色虹，復有鉉雲如旌旗狀現於太和宫大頂東天門之上，其下有五色祥光翔擁，久之方散。至初十日，太監陳喜等相率行祝延聖壽禮，畢，以其月十五日妥神于宫。仰惟聖德，感格帝心，焕發祥光，層現疊出，皆不勝懽忭，既具實以聞，以衍方被命，有事荆襄，亦嘗快覩其勝，謂宜有言以記，垂示無極。

伏惟天地以生物爲心，帝即天地之心，主宰生成者也。其在北方司冬令，則其職在凝固太和，以幹造化生長之仁也。物終于此，復始于此，帝之仁覆萬物，其有窮乎？皇上祇承于帝，所祈者上延慈壽，下昌聖嗣，内和家邦，外寧海宇，以遂萬有之生成，皇上之心，亦帝之心也。然皇上克體帝之心，使奉而安之者弗克仰體皇上之心，① 則澤將壅于下矣，何以至民物乂安而神罔時怨恫哉？今諸中貴臣皆知畏天之靈，遵國之度，不倚神而慢，不倚公而私，不倚威而虐，② 可謂克體皇上之心，疏導德澤，而覃及民物矣。此神所以日監在兹，歆悦于上，故彰其靈異而降祥也歟。斯其可記也，故謹書以勒而係之以詞，詞曰：

峨峨武當，鉉帝攸宫。報祀以典，盛始太宗。於皇肅穆，纘承大統。像帝于宫，益隆崇奉。曰帝有神，享于克誠。洋洋如在，瑞光疊呈。惟兹臣庶，于焉快覩。稽首嵩呼，紛其屢舞。③ 余曰於皇，一德格天。有感則應，效斯昭然。臣時被命，撫臨勝境。祇謁椒庭，躬奉其盛。嗟惟中貴，克廣皇仁。民康物阜，帝悦神歆。勒詞貞珉，庸紀其事。覩者鑒焉，或識予意。

---

① “使”，原誤作“便”，據王佐《大嶽太和山志》卷十六改。

② “虐”，原誤作“靈”，據王佐《大嶽太和山志》卷十六改。

③ “屢”字原缺，據王佐《大嶽太和山志》卷十六補。

金籙大醮碑

黄衷　都御史

聖天子繼天御寓，于兹五年，大禮告成，世廟有翼，二儀太清，海岳寧謐，三光五緯，上循其度，曰臣曰民，下若其軌，猗歟盛矣！聖心猶不自滿假，兢兢惕惕，以祖宗委祉錫禧，盛自今日，必暢好生之至德，衍垂裕之繁休，謂非神明之力曷可憑者。乃考先代之故事，憲祖宗之舊章，以大岳太和山玄武神道大功廣，效靈自古，惟我皇朝，尤謹崇事，於是範金像儀，制器備物，命内官監臣李瓚虔奉以往，命湖廣鎮巡三司等官度材制役，費罔煩民，具景命之青詞，表聖心之祕祝。命正一嗣教真人張彦頨、左至靈吴尚禮，率羽衣之士四百六十衆，涓辰日之吉，即浄樂之宫，敷寶笈之大科，演玄祖之大法，設金籙大醮，爲壇二，爲日以三以七，爲分位三千九百總焉。時則鎮守湖廣地方御馬監太監潘真、總兵官清平伯吴傑、巡撫湖廣都察院右副都御史黄衷、撫治鄖陽地方都察院右副都御史蔣曙、湖廣布政使余祜、按察司副使程昌、侯綸、都指揮僉事余承恩、馬聰先後來集，① 執事有恪，晨夕瞻禮，則太監臣李瓚、右參議盧煦主之，② 守備安陸州地方内官監太監楊保、巡按監察御史鄧顯麒、右參政胡忠、左參議楊易、蔣同仁、右參議許路、按察使盛儀、副使劉士元、楊守禮、夏邦謨、僉事林遂、許宗魯、毛紹元、鄭光琬、汪溱、何鰲、都指揮僉事申錫、段輔，③ 罔不齋心潔慮，協相厥成。先是，告肆供張，天高氣肅，瑞霞呈彩，五色絢爛，被冒陵谷，合郡士庶，縱觀欣忭，咸曰天子萬壽，三宫茂祉，前星早耀，此其祥矣。

臣維古者聖王，雖化被無外而立德有敬，雖富盡四海而居福有本，是故辨方秩祀，類上帝而徧百神，昭其敬也。巍巍帝堯，祝獻多男，

---

① “程”，原誤作“陳”，“聰”，原誤作“總”，據王佐《大嶽太和山志》卷十六改。

② “煦”，原誤作“照”，據王佐《大嶽太和山志》卷十六改。

③ “琬”，原誤作“班”，據王佐《大嶽太和山志》卷十六改。

赫赫宗周，頌歌百世，重其本也。今我聖天子孝隆两宫而不以爲德，仁被幽遐而不以爲功，猶敬恭明神，爲民祈福，洋洋在上，有感必應，殆將發大地之儲精，合山川之正炁，鍾爲元良，應期而出，尚繼繼繩繩，以綿我皇祚於億萬斯年者，① 其端在兹乎？在列者咸謂臣衷宜記，敢頌以詩，詩曰：

於維大岳，盤均踞房。吐靈納異，萬神之藏。群峰矗矗，以翼天門。孰奠厥位，高乾厚坤。於惟上帝，妙斡道機。闢陽闔陰，昭假匪私。千巖萬谷，有宫有庭。雲旂來止，丹户朱楹。於穆聖皇，神明厥德。普照爲春，遐燭爲日。大道斯同，廼究鉉懿。惠不謬施，霈澤爲川。縟儀維腆，曰惟神宗。睠兹福地，轉歉而穰。化沴而禧，雨雨暘暘。若金若繪，匪制崇典。孰視精誠，駿奔有位。登視鑒歆，承華世世。百靈既職，九有既育。作此頌詩，以永真玉。

大岳文昌祠碑記

汪道昆

《天官書》：斗魁戴匡六星曰文昌宫：一曰上將，二曰次將，三曰貴相，四曰司命，五曰司中，六曰司禄。”祠家則以其降神于蜀，率象神而祠之，尊北極者主鉉君，尸祝之義鈞也。大岳專祠北極，百神附焉，顧文昌迄今不祠，不佞嘗言之柳使君所，使君謝曰：“昔在司禮，先帝幸以文昌像賜朝，朝至于今奥事之，毋敢失隊。先帝崇事大岳不啻介丘，今上幸而使朝奉璽書主祠事，方懼無以稱上任，使倍先帝恩，乃今依北極祠文昌，且尊君賜禮也。”於是相與經始，得隙地于三公峰之陽，東距天門，可當斗口，甃石高若干尺，爲堂廣若干筵，堂外層軒，待乞靈者。

夫北斗定四時，繫八極，而文昌用事，則文武爵禄之司，其命曰文，右文事也。我二祖用武定天下，以文守之，當時若劉文成以下諸

① “皇”字原脱，據王佐《大嶽太和山志》卷十六補。

臣，庶幾名世。孝宗守文繼治，王文成乃在公車，關中洛下竝鳴，文始興矣。世宗操禮樂爲治，天下文明，在事之臣各用其職，諸尚書郎奮起，若駕八駿而馳崑崙，何翩翩也。今天子聖明，無改先帝之舊，閎儒秉國，莊士盈廷，海内名家，罔有遺佚，以故文德四洽，遠人來歸，得全全昌，此其時也。禮時爲大，祠不亦宜乎？使君故嘗主藏書，以知禮顯。

是役也，則天象，協地宜，興人文，尊主德，於禮合矣，故使君決筴從之。其經費悉取諸舍中，筦庫之士無所預。會藩大夫李君以部署至，計日而祠成。楚人祠故有歌，祖迎皆用此，大岳在楚，請爲神楚歌，歌曰：

列幽宗兮天閶，疏文石兮華堂。躧瑤光兮當户，帥三公兮鴈行。靈之來兮雍雍，乘歕玉兮雲中。臣聖哲兮爲役，黜口耳兮鴻濛。①履遠遊兮璆鏘，②升天衢兮張皇。導群賢兮先路，熾明德兮無疆。釋餘驂兮閬風，緩余佩兮離宫。覲昌暉兮當世，歷千祀兮升中。

隆慶五年夏四月壬寅，新都汪道昆題石。③

重建漢水普濟龍王祠記　槐樹關龍王廟碑

郡人陳詔　户部司務

均州北五里許有津曰槐樹渡，距滄浪百餘武，發源嶓塚，即古所謂漢水者。南接州城，北通梁晉燕趙，蓋州之要津也。旁祀古刹龍王廟一區，昔人所爲，以祈利涉者。規制隘狹，且歲久圮壞殊甚，提督敬齋王公見而訝曰：④“民保於神，神享於廟，廟之敝也若是，其何以妥神而佑民哉？”遂悉撤其舊，因其地擴而大之，廣内外一十二丈，深四丈，甃之以石，繚以周垣，中構廟三楹，恭設龍王神像一、從像

① “黜”，原誤作“點”，據凌雲翼《大嶽太和山志》卷五改。
② “遠”，原誤作“達”，據凌雲翼《大嶽太和山志》卷五改。
③ “石”下原衍“表”字，據凌雲翼《大嶽太和山志》卷五删。
④ “敬”，原誤作“近”，據吴道邇《襄陽府志》卷四十八改。

二，扁曰漢水普濟龍王祠，皆昔無而今有者。基之下築磚岸三層，墻之右爲道房七間，以居司守之士。其費用之需，咸公自捐廪值，於有司一無與焉。工始於乙卯秋九月，訖於丙申八月。巍然焕然，瞻視尊嚴矣。

乃屬詔以紀顛末，詔惟事之有利於民者，君子不以改作爲勞，故曰有其舉之，莫敢廢也。顧此槐津寔當孔道，况慕太和之勝而往來於兹者猶無虚日，欲不病涉，匪神孰佑，此公之所以慨然興懷而祠之所由重建也。① 繼自今風波不作，舟楫無虞，莫不曰神之佑庇之功，抑不知所以感乎神而獲其佑庇者，則公之功也。蓋祠建則神安，神安斯靈著矣。② 公之功不其偉歟？雖然，萬古此水，萬古此神，即萬古此祠，然則公之功，不將與漢水同其悠久矣乎？是用記之以告之。公諱佐，由司禮監文書房調内官監太監，奉勑提督太和山，修建非一，備載于志。是祠之創，則其涖政之十八年云。

嘉靖三十五年丙辰歲中秋之吉。

均州姚子舖舜帝廟碑記

陳大道　主事　光化人

軒祈而下，稱神聖者，無逾舜矣。舜德休明，載在《虞書》及孔孟所稱述。又孟氏所謂“遷于負夏”者，其可考信，誠爲有據。參考負夏乃衛地，舜遷負夏，至鄧之墟，有秀士七人雄陶輩相與爲友，既禪，七人始逃之。均與鄧原爲接壤，故古志謂均爲唐鄧之交，則均爲舜所經歷之地也奚疑？且云七人皆徵辟不至，去隱于山，于時山之可隱者，亦無逾于參山。天柱峻峭，謂惟真武足以當之，故名武當。迨我明成祖靖難，謂其空中真武助順者，始以太和登封祀之，奔走四方士，祈籲響答，將與天地無窮極。

去此山六十里，有地名姚子舖者，近訛爲窑，鮮高明釐正之。此

① 上“之”字原脱，據吴道邇《襄陽府志》卷四十八補。

② “靈”，原訛“費”，據吴道邇《襄陽府志》卷四十八改。

舖有舜帝廟者，適襄藩主食采棗陽號虎洲者夙稱尚義，與欽分守太和藩臬詹公諱貞吉爲巴蜀世家，① 蚤蜚甲第，藉鎮兹土，三載化洽政成，軍民挾纊往來經歷，見此廟規模狹隘，廼義動虎洲，謀與更新，各捐廩俸百鎰，委均禦所百户邵可聘、義民王斌督創而更新之，不煩民力，不預公帑，數月廟宇告成。殿亭門廡，鐘樓鼓樓，赫然並盛，始于壬辰歲孟夏，落成於本歲仲冬，工成，謂當有記以紀其事，可聘與斌走鄙，假不佞爲執事之役。不佞愧不能，聊據考見叙巔末若此。

竊謂舜有天下而不與，固不以後之祀不祀、享不享爲欣戚，第其聖德根極于天理人心之正大，要無過孝弟两端，萬古有此人心，則萬古有此大舜，不求舜於聖神，而求舜於家庭昭事之間，不求舜於渺茫，而求舜於方寸睹聞之際，則此心有和順，此心有太和矣。此心有太和，則羹墻皆大舜矣。即質之鉉天，有降鑒錫祉，詹公廟祀舜帝之意，其在斯乎？是爲記。

萬曆壬辰歲仲春之吉。

武當山勑賜冲虛庵鉉帝祠古銅碑

劉正廉　翰林侍講　姑蘇人

鉉帝祠殆遍天下，於武當最重。明永樂定大統，帝實陰佑之，即禮絶百神，亦宜五帝五肖，龜蛇，北肖也，豈其帝？《山海經》云："大荒中有聖人焉，足履龜蛇。"北帝於傳曰亥矩，或曰協光紀，莫能詳之，而或以爲帝嘗行道此山中，其説多類佛書。嘻！神彰山哉，山彰神哉？東漢來多隱士，自謝羅仙後，云往往有之，近世則有張三丰者，上召之，竟不至，復使尚書胡公持手詔求之，終不得，仙風高蹈，有如是者。諸仙經論，予嘗徧觀其梗概，大約作用不離水火龜蛇、金木龍虎。水火南北，在人爲精神，在卦爲坎離，以離南之火鍊坎北之藥，水上火下，既濟之義也。金木東西，在内爲魂魄，在外爲性情，情來歸性，

① "貞"，原作"真"，據本書卷十三改。

故稱還丹，正吾儒之復初、釋氏見性之義也。群仙咸祖老子，老子之書亟稱於水，與仲尼同，如來亦指恒河水以喻見性，三教之旨，殊途同歸，鉉矣深矣。嘗竊言之，夫水納而不汙，類戒者，險行不失其平，類定者，澤萬物而已無所愛，類善施者，盈科後行混涸，不舍晝夜，類精進者，處衆所卑而不辭，類忍辱者，外暗内明，不鑑物而物以之爲鑑，類智慧者，故聖人咸稱之，以爲似道。蓋五行各以其德，帝德之盛，宜莫水若已。今祠官事鉉帝最謹，故武當稱太嶽，巍然爲五嶽長，豈偶然哉，豈偶然哉！

吾往好養生家言，從友人楊尚璽補亭氏獲見異叟聞丹訣，然疑道不盡於此，深求之《易》，乃若有會，以會於《道德經》及西方書，閒語補亭，欲謁告，遊嵩少，登東岱，至於絶巔而還，庶幾哉廣吾之陋。補亭謂予曰："有相識者李太監，逮事世廟，以爲自嘉靖至今，寓内有警輒往，時國有大慶，率歸之神庥。幸得從祠官後，敬竭生平所有，範銅爲碑，勒於山以彰之，亦藉手以報國家之萬一。今夫怙勢鑿空，妄積妄散，而無毛髮於公家者，皆是也。若李太監者，豈易得哉！其僚羅公，皆甘澹漠，遠世利，而尚清虚，勤道術，假令遇人不若欒巴也者，願子爲一言。"予不得辭，乃爲是説貽之，使先於山靈，異日入山，幸毋以予爲生客。李公名至惠，號仁野。

萬曆二十八年庚子秋月。

國　　朝

興復武當碑

劉執中　推官　襄陽人

天生偉人，爲一代神人之依，秉旄鉞，爲當宁長城之寄，獨當一面，不但爲據其要土，抑先爲神護其靈山，亦古時巡而首云亭，封玉哀對而先懷百神之遺意也。壬辰歲，無端烽火，遙自千山中突來房縣，備猖獗之態，大嶽八百里，罄斷人煙，竟爲蹂躪場矣。焚修道衆，百存其一焉。宸慮難其人，人皆難其任，久之僉謀獲同，乃命胡公開府鄖襄，節制三省，以任濯征。公下車即披圖咨敏，復慨然曰：“大嶽香火，開皇啟圖，奕世欽崇，祚國靈長，治世福神，海隅之衆，莫不瓣香而朝請，徜不汲汲于此，山靈恫焉。況爲鄖襄咽喉，在所必爭乎？”于是簡將于乙未歲春王正月，投鞭斷漢，頃復太和，恩覃道民，無不仰賴，四方朝謁者依然不絶如縷，而房縣之刀劍化爲牛犢，可跂待也。較古封玉懷柔，何多讓哉？昔晉羊公鎮襄陽，好遊峴山，後思之者，見峴山即墮淚，今碑存焉。大嶽，名山也，豈特峴山而已哉？敢不覼縷數言，以爲奕世墮淚之一借與？

飛昇臺禁止捨身碑文

蔡毓榮　川湖部院

南巖飛昇臺者，真武上帝飛昇處也。世俗訛稱爲捨身巖，山中道人傳習其訛，又從而神其説，愚夫愚婦誤於其名，或以迷惑之見，或以一朝之忿，輕生隕命，莫之拯救。夫天下名山絶頂不可勝數，緇黄之徒，因其危峻，往往皆以捨身目之，沿襲妄謬，眩惑流俗，不獨南巖也。惟南巖以飛昇之所，亦受不經之名，遂使瑤闕瓊臺，血肉狼藉，瀆嫚上真，陷阱愚昧，肇斯名者，不仁甚矣。世人不悟，相率從之，生爲下愚之民，没爲枉死之鬼，必其宿業所招，墮此現前地獄，上帝垂慈，寧無悲憫？今不立禁，傷生必多，故考訂圖經，正其名曰飛昇臺。學道之士，棲心世外，滅景寰中，名列紫府，冲舉將至，登斯臺也，於以驂駕鸞鶴，翱翔雲霞，斯上帝之弘願也。若其功行未滿，猶當望岫息心，而況五濁之愚頑，何可捐彼革穢，仰滓仙巖哉？自今以後，不得復稱捨身巖。本宫住持暨諸道衆隨時曉誡，永遠禁止。如有違犯，有司治以見死不救之罪。其遵行勿忽。

南巖禁止龍頭香碑文

蔡毓榮　川湖部院

南巖之下，倚巖立殿，以祀靈神，不知何時鑿石爲龍首，置香爐於前，下臨絶壑，凴高俯瞰，神悚股栗，焚香者一失足，則身命隨隕，此俗庸妄人所爲，非上帝慈惠群生之意也。今徙爐殿内，以便焚香者，使知孝子不登高、不臨深之義，立石檐前，永杜小人行險僥倖之路。本宫住持暨諸道衆隨時勸誡，毋蹈前轍。其遵行無忽。

重修悟真庵大殿碑文

王民皞　均州知州　臨川人

太和武當山八宫，規制崇宏，文彩焜耀，記稱首玉虛，次浄樂。至夫古庵二十有八，其制廣邃，莫隆於悟真，即古所稱周府庵是也。庵址脉由紫霄展旗峰迤邐東來，森然聳秀，闢基恢厰，負坎抱離，右伏左撑，如城之有關，營之建壘，水繞山迴，若拱若衛，而不敢踰班亂次者，以是基闢刱鉉帝之居，固宜前揭層門，皋應懸峙，中凝廣殿，則帝之太極嚮明垂裳也，進之爲細旃之幄，又進爲蕊珠之宫。其上瓊宇絳闕，玉帝蹐寧，後則七重激水，九柱流雲，藏經處也。两翼各爲堂廡，十步五步，抱勢鈎心，分趣鬬角，閈庭繚繞，户百門千，散之而閑雲貯洞，野鶴留巢，措置俱有思理，以逮炊房則百肱集爨，饗座則萬指分齋，鮮不寛然優洽於松楝雲牖之中，斯亦庵製之最麗且侈者矣。歷三百年來，適丁叛亂，蹂作疆埸，叛党甫脱厺，而大殿脊甍圮塌，延袤以東，悉爲擲礫，其亦帝厭彼穢濁而樂與更新之候歟？本庵首座住持道人李來宗寤寐跛踖，蹷然奮興，以締構之艱大爲己任。天時人事，會有其幸，帝亦從而啟翼之。值鎮安將軍噶統率禁旅，撫輯均境，暇日抵庵，目擊斯殿之頽蝕也，神恫心惻，爰命李羽庀材鳩工，特捐俸貲三百金爲經始計，都統以下諸大護法，並有梁棁楣栭之助，而巨材粗備，工師裒集，三年於斯，甫克垂成。

噫嘻！帝以大願力運大威神蕩大氛祲，今廣居既奠，而後羽流獲有奉持，人天四衆，咸生嚴翼，片善染神，如磁引鐵，群魔掃雪，若火銷膏。凡判儀象而參三才，協清寧而亨萬彙者，胥由此出，殿之攸係，顧不重歟？夫然後知悟真與浄樂、玉虚相爲表裏，設非諸大護法爲之主持，則李羽雖肩創修之役，而亦安在克觀厥成，環至立效若斯乎？皞所謂天時人事，適有其幸，並藉帝之若啟若翼，匪誣也。更念者，李羽願力堅猛，晨夕從大殿帝座前搏顙各千計，務底竣工而後已，凡李羽所爲極難耳，當今善信必更有憫其精勤，且從而佑助焉者，因序而并及之。

康熙癸亥增。

序

元

武當事跡序

息剌忽　承務郎兼勸農事

朱漢上曰：坎爲天地之中，聖人得天地之中，則能與天地日月鬼神合，先天而天弗違，聖人即天地也，後天而奉天時，天地即聖人也，聖人與天地爲一，是以作而萬物覩。坎，北方之卦也，大元運啟于北，眷命自天，統御乾坤，竝明日月，山川鬼神，亦莫不寧。至元庚午冬，鉉帝現龜蛇瑞相於大都高梁河金水中，此後天而奉天時之驗也。① 鉉帝，北方鉉武之神也，尊居天一，位鎮坎宫，威攝萬靈，周行六合。武當山，鉉武之所寓，鉉武非此山不足以顯其靈，此山非鉉武不足以彰其名，此先天而天弗違之理也。大元鉉帝，皆北方之聖人，是以與天地爲一，聖作物覩，天道之常。

僕蒙古人，玐魯古氏，祖父以恢拓疆宇之功分駐東魯，僕自幼從

① “天”字原脱，據任自垣《勑建大嶽太和山志》卷十五補。

銀青榮禄大夫行中書省左丞相蒙古臺南證，三教之書，頗嘗涉獵，雖累歷仕途，心未敢怠，兹欽奉宣命，來守于均，而武當福地正居境内，到任之初，詢問此山事實，所傳不同，未委堪信。或告之曰："此中有前承應劉洞陽，道學進士也，必能知會。"一日訪之，乃出所編《武當總真事跡》三卷，寔符所願，盥手閱誦，不出户庭，則武當萬古之靈蹤已遍歷矣。至於前代之沿革，佑聖之仙踪，宫觀之本末，神仙之隱顯，與夫峰巒之秀，谿澗之幽，昆蟲之靈，草木之異，井井有條而不紊，因索之以廣其傳，願與四方樂善好事君子共，亦足以彰北方聖人與天地合德之大。

啟聖實錄序

趙孟頫　集賢學士

《易》曰："天一生水，地六成之。"天一者，數之始也，水者，萬物成形之始也。生數奇，成數偶，於位爲北方，北者背也，北方象人背，故北極出天最高，又北之爲文，從人相背，陽至冬至而止，又自冬至而復生，於卦爲坎。水之爲文，象形，爲坎卦，東西分流，於乾坤之四德曰貞，貞者，正固也。二儀在天，斗、牛、女、虛、危、室、壁七宿，列於北方，成形爲玹武，玹武者，龜、蛇，青龍、白虎、朱雀皆一物，玹武獨二物，不謂之龜、蛇而謂之玹武者，玹之爲色赤而黑，龜蛇則皆有鳞甲，武之象也。玹武之神，始於宋真宗時，爲祠徧天下。皇元之興，實始於北方，北方之氣將王，故北方之神先降事爲之兆，天既告之矣。武當山在西南方，巍然高且大，玹武神依焉，黑衣披髮，仗劍踐龜蛇，人往見之，至今常然。

天一真慶宫主張君洞困，篤於信道，强立不撓，皇太后聞而召之。會京師旱，去年九月不雨，至于三月，天子以爲憂，皇太后使人持香從張君禱焉，先雨，張君爲之日時，已而果然，雨數日乃止，遠近皆沾足。皇太后厚賜之，盡散與其衆，不以一錢私己，其行若是，真所謂絶無而僅有者哉，是宜神之相之也。張君持所刊《嘉慶圖》徼余爲叙，余爲誦所聞而書之。

嘉慶圖序

虞集 學士

天之高，不可知也，日月星辰之象，吾得而觀焉。地之厚，不可度也，山川草木之形，吾得而察焉。神之妙，不可測也，變化應感之跡，吾得而擬議焉。是道也，洞囦張先生其知之，其作《鉉武嘉慶圖》是已，① 其言曰："武當之爲山也，七十有二峰，皆奇偉恑絶，而所謂紫霄峰者，又七十二峰之中峰也，然則其能出雲雨、見靈恑也固宜矣。"又曰："其帝而神之者曰鉉武，鉉武者，在天爲虚危之宿，在地托龜蛇之靈，於五行爲水，於五色爲鉉，而其數則一也。夫一之爲一也，離數而言之，則一固造化之所由分，即數而言之，則一固十百千萬之所由起也。"然則其寓天地之中而行乎天之一，非天下之所謂至神者與？洞囦曰："自是而上，吾不可以言喻也，自是而下，吾猶得以迹言之。"於是與其徒唐中一、劉中和，取其瑰異顯著者圖而傳之，將使天下觀者動心駭目，必有以啟夫警畏感慕之意焉。

予從鉉教太宗師嗣宗師知洞囦之有功於武當也，曰：洞囦居武當，② 攻苦食力廿有餘年，梯危架險，經營締構，作宫室以奉香火，夫以窮山幽谷比壯麗於通都大邑，則洞囦規畫運量，其可以淺淺窺哉？其佐而成之者，同棲巖穴之士也。會予弟佐邑，在武當爲近，故得詳言之。

① "已"，原誤作"以"，據任自垣《敕建大嶽太和山志》卷十五改。

② "居"，原誤作"有"，據任自垣《敕建大嶽太和山志》卷十五改。

明

大嶽太和山志序

王繼洛　副使

大嶽距均州百里許，古爲豫雍之域，寔惟玆武之神當之。成祖文皇帝起自燕邸，入正大統，惟神陰佑，靈蹟丕著，用是大啟宫宇，以答其貺，而武當之勝，遂甲于天下。洛少即聞之，無從一寓遊，以慰仰止之想也。嘉靖壬子，承乏晉臬，側聞我皇上法祖敬天，屢感玆應，特遣大臣重事修葺，惟時海内臣民益加仰慕，而洛願見之心猶切。未幾拜命來督玆山，歷太行，經唐鄧，注望天表，峻拔特立，既而踰光穀，入均陽，祇詣極頂，則奇秀爭勝，動目駭心，而神宫仙舘之厝置，俱有非人力之能構者，洛乃竊嘆曰："猗歟盛哉！其天造地設者與？《詩》曰：'天作高山，大王荒之。彼作矣，文王康之。'惟斯之謂與？"乃觀舊志，則有未備焉者，因語提督王公佐曰："聖皇聿新此山，公寔効有勞焉，顧于志也獨可諉乎？"公曰："玆佐責也，業已有成帙矣。"因取而讀之，綱提要舉，爲卷凡十有七，① 志宫觀之勝，則圖可攷也，志玆聖之跡，則紀可攷也，志御製諸文，而褒錫之禮著，志創修諸勅，而崇奉之典彰，闡列聖垂眷之休，則像器征差有志，山場香幣有志，昭守臣提督之責，則内臣之勅有志，藩臣之勅有志，以至上供之志，示惟正之義，欽賜之志，明特異之恩，而仙真之蹟，禎祥之應，靈物之産，職官、詩賦之類，諸凡因山而有者，亦各有次附焉。詳而悉，簡而覈，質而不俚，而我成祖、今上修建之功烈，與天地同其悠久者，猶章章明甚。

嗚呼！公之用心，其亦可謂勤矣，而不足以傳乎？且今天下海隅蒼生，孰不知有是山也？雖朝謁而來者月無虚日，而未得其勝者尚多也。今而後凡有知者，即按卷可悉，而亦弗苦于聞見之不侔矣。公之

① "凡十有七"四字原缺，據王佐《大嶽太和山志》卷首補。

功不其偉歟？抑公之被簡於兹也，十有八載其久也，蓋前此之未有者，良由敬事之心有以上徹于宸衷，故聖恩之所以寵顧之者日厚。是舉也，雖不足以盡公之忠勤，而其體國之忱，于此可以徵其槩矣。洛也固亦有事於斯者也，因敬爲公序之。

合刻武當總真紀勝集序

楊常炫

炫以少年科第，宦海沉身，習聞我師元宏上宰慈仁廣濟真君道德遠著，即於明思宗烈皇帝時掛冠華嶽，蒙慈悲諄誨，已得師寶。西嶽石壁，直上如削成，内有玉女、明星、蓮花三峰，日月、仙掌二巖，與蒼龍嶺猶奇峻，昔韩昌黎賈勇而上，及下則心悸目眩，發狂痛哭，投書與家人永訣，邑令百計取之，然後下。予發威德力，欲證無畏心，蒙嶽靈，上下如履坦途，益砥礪頂禮皇老大神，祈攝炁會神，獲寶光奕奕，照我命根，安鎮肺華，萬劫長存。詎以同年王覺斯奉命柴望，必欲見予，卻之不獲，致劇賊狂逞，圍燬嶽廟，蹂躪道衆，雖得舊知遊擊趙繼美率衆援勦，而閒名已徧人閒，且密邇河東，兄弟子姪，絡繹來往，不得已，辭我師而蓦遷嵩嶽，隱名姓於太室、少室之中。履北麓之雪亭，見惠可之面壁九年，知西來大意，覩西麓之貝多子樹一年三花，悟知常復命，遂證盟中皇高尊，旦夕廻風混合，俾五帝交芳，以安鎮黄脾，養炁中方，保齡度劫。又以門生故吏往來雜遝，殊爲厭人，乃三遷於武當之北巖。高聳雲煙，俯視漢水，石如玉壁，呈瑰納奇，即古神仙尹喜、尹軌所居，决志伏氣養性於此。有主山白提點密護於外，因得餌精服朮於此洞者六年，不但家人子弟咸莫知所之，即道侣儕友亦莫悉動定。時每對尹仙諄諭耐煩，予益以此二字自勉。

至康熙八年，蒙尹仙誨語："大劫將至，子當下山。"因雲遊江漢，蒙憲副余公延誦藏經，爲國爲人，救劫回天，又次第刊經淑世。予惟武當有《總真集》，乃至元辛卯洞陽道人劉道明所輯，實會萬古之精華，斂一山之風月，予久居斯山，耳濡目染，不能增減一字。又羅霆震將武當圖本逐一作七言《紀勝》，發揮點綴，至矣盡矣。惜甲申洪災，俱灰於劫火。吕師順曰：“微此山不足以稱鉉帝之居，微鉉帝不能以彰此山之勝。”予亦曰：“微洞陽《總真集》、霆震《紀勝集》，不能盡知鉉帝與此山之所由來。”敬付棗梨，以壽不朽。若夫帝真行實，已載本傳與《啟聖記》，而此之神仙靈蹟，與峰巖溪澗、潭洞宫觀、庵祠壇爐，及仙禽神獸、奇草靈木，具載二集，又奚容予之贅疣哉？

旹康熙十六年歲在丁巳道德臘之吉。

贊

元

真武像贊

虞集

真武像，吴興趙公子昂寫其夢中所見者，而上清羽士方壺子之所臨也。

吴興趙公，前代公族。① 神明氣清，静處真獨。乃夢天人，披髮跣足。鉉衣寶劍，坐臨巖谷。再拜稽首，仰視退伏。念昔敬事，存思莊肅。致意接對，光輝心目。如聞教言，嘉子誠篤。爾善繪事，追步顧陸。凡吾真儀，子善記錄。審而傳之，與世瞻矚。傍有介士，玉板金籙。曰帝告汝，錫爾榮禄。冉冉而升，夢亦遂覺。明月在户，香彩徧屋。取火亟寫，神運掌握。毫分無失，三十其幅。丹青既成，齋戒韞匵。有堂授受，先事穆卜。而其祕夢，初不以告。晚有相師，泄其鉉躅。人始得傳，錦標鈿軸。方壺仙人，潔以薰沐。臨池擬容，誠比鉉玉。有得之者，昭事毋瀆。上帝臨汝，介以景福。

---

① “族”，原誤作“旋”，據任自垣《勅建大嶽太和山志》卷十四改。

湘王贊真武

皇皇上帝，一氣分形。虚危鍾秀，坎離孕精。功高衆聖，德輔九清。小臣凡昧，罔敢爲名。

贊趙元帥

胚腪梵炁，挺性自然。稟金精乎孕秀，正水德以通鉉。樞機造化，威震八埏。① 尋聲赴感，如意慈憐。② 恩霑品彙，靈變三天。振宗風於永劫，闡教法於萬年。

銘

元

銅像銘

劉辰翁

天地仙，水中鉛。範合堅，凌風烟。生青蓮，劍蜿蟺。按大千，龜蛇纏。劫運遷，飛乾乾。鉉鉉天，萬萬年。

明

太和山銘

汪道昆　巡撫都御史

赫赫成祖，張皇聖武，中外以寧。左右六師，鉉君陟降，抗我皇稜。大報神休，敬修祠事，帝時用興。疆理隩區，離宫錯起，粲若繁星。太和崔嵬，金城千仞，以象勾陳。厥有神皋，冠以黄屋，俯擥八

① “八”，原誤作“分”，據任自垣《勑建大嶽太和山志》卷二改。
② “慈”，原誤作“玆”，據任自垣《勑建大嶽太和山志》卷二改。

紘。嵩少及肩，參居二華，雄視南衡。江漢分流，會于二别，神物有徵。禔福邦家，韃櫜不試，民物孔殷。肇祀迄今，莫不祗敬，崇事明禋。亦越世宗，穆穆鉉德，通於神明。申命司空，有事吉土，百度維新。費出上方，鳩工程物，勿以罷民。在宥寰區，四十有五載，治定功成。皇帝承之，翼翼昭事，罔或不欽。三事大夫，咸有一德，夙夜惟寅。嗣服不愆，率由其舊，至治烝烝。百粤三苗，駢首伏質，境内皆平。威行海甸，名王稽顙，款塞稱臣。凡厥有生，舉首内嚮，天子之勲。介福宣威，保兹天子，維岳效靈。自古七十二家，登封有跡，猶侈令名。煌煌我明，世修鴻業，振古莫京。不佞守臣，敬共方祀，三謁帝閽。徽惠文昌，用章盛美，播於無垠。

疏　　文

國　　朝

浄樂國王聖父母塋碑告成上鉉帝疏

王民皡　均州知州

均南有屯，厥名雙塚，封樹相合，閲幾千秋。徧詢塚之流傳，杳莫稽其來歷。因繙藏經《總真》之集，爰考秘録圖記之文，乃云浄樂國王之塋，實傳往昔耆舊之口。何緣今代荒略無聞，矧復後來湮没是懼。仰惟聖父聖母，祀典宜崇，是用諏吉諏辰，貞珉攸建。闡幽克著，匪僅過墟墓而生哀，明禋告虔，庶獲奉山陵而展敬。松楸愴夫霜露，念體聖衷，粢盛潔於春秋，禮存疆吏。從前抔土，祇付荒煙蔓草之中，繼此豐碑，共仰鼎湖烏號之上。上隆三五之代，下昭億萬斯年。謹疏悃誠，用希帝鑒。

按本傳載《紫光經》云：浄樂國爲海外仙國，在西域月支國之西，而劉洞陽撰《總真集》乃謂考之古史仙傳，古浄樂國即均州無疑。據厲山、有熊、有麋之墟，地既相距匪曠，而赤帝、黄帝、鉉帝之生，時復相後非遙。又謂其民安静樂善，不欲以有麋之國名之，易之曰浄樂。載稽昔人有云，帝爲神農介子，則浄樂實爲炎帝封建舊疆，而今均州之南三十里，樂都尚存其名。隔溪雙塚，爲浄樂國王聖父聖母之塋。洞陽考覈，鑿鑿足據，良非誣者。彼海外仙國，不幾屬荒唐語耶？第閲《山海經》，備載海荒之外，亦有堯舜塚名，則海外亦有浄樂國號，其即傳註所謂遐荒仰慕中土聖神，而爲是塚與國之稱，以崇其敬祀，理或然耳。

謝鉉帝沛雨疏

王民皞　知州

竊惟天心仁愛，恒篤意於栽培，帝德含弘，每垂恩於施濟。兹者辛酉仲夏，亢旱爲殃，爰從甲子良期，虔誠致禱。湛齋肅戒，持呪誦經，尚未浹旬，早已蒙澤。嚴威用霽，雲既出於山川，美利不言，章復合於雷電。由辛未以迄癸酉，大沛甘霖，自腴壤以逮荒堧，遍資膏澤。涸土含潤，槁植立興，民命於焉可甦，國賦於斯咸賴。明農克慰，下吏騰懽。謹抒微忱，恭申謝悃。伏願五日風而十日雨，成始成終，千斯倉而萬斯箱，苟完苟美。跽陳積愫，叩答洪恩，統冀慈仁，俯垂昭格。謹具疏以聞。

皞遇旱必禱，帝鑒禱即應，以是均陽連歲雖未獲大有秋，亦未至大凶饑，人患不虔敬耳，帝則罔弗仁愛下土者也。祈謝疏文數篇，錄一則以例其餘。

上鉉帝祭祀不設牲醴疏

王民皞　知州

竊惟郊社之禮，用備犧牲，壇廟之文，薦逮羊豕。至夫名崇大嶽，潔清本乎山靈，位鎮鉉穹，精純徵夫帝德。載考祀事，惟宜浄水豐香，爰按道經，祇重潔粢嘉菓。總忌腥穢，無取血膋。兹當壬戌之春，虔申烝禴之典，跽陳下悃，叩達愚誠。罔敢陳牲醴之儀，是用薦明馨之祀。恭疏先達，伏懇鑒歆。微臣民皞無任激切屏營之至，謹奉疏以聞。

往者祭嶽，例用牲醴，第考舊設神位，書曰大嶽太和山北極真武之神。夫牲醴，嶽祭也，衡嵩之神皆然。惟大嶽則鉉帝主之，而亦例舉牲醴之祭，不知昉於何時，彼道俗哺糟噬胏之徒，至藉口妄謂帝山爲酒肉道場，瀆穢滋甚，律以參定避忌，豈明德薦馨之初意乎？皞因相沿已久，而中實踧踖，迨戊之春仲，乃釐正祀事，預疏帝位之前，祭日雷雨，蕩滌俎豆，一清帝懷，歆格可知也。

祭　　文

祈豐年祭文

吴廷舉　都御史

與造物遊，必其視天下如敝屣者也，享萬世祀，必其出斯民於水火者也。惟神棄王位而不居，試諸難而不變，戮群妖而不懼，度世教而不迷，功滿道成，天行雲卧，受天明命，坐鎮名山，衮冕圭璋，不生不滅。星辰雷電，倏顯倏藏，相我太宗，功烈猶偉。紫霄天柱，崇高踰五岳之尊，金殿琳宫，華麗極百王之奉。永惟翼軫之下，地屬荆湖，是以桑梓之邦，仰如父母。水旱必禱，疾痛必呼，趨者如川，應之如響。邇來連歲洪潦爲殃，穀麥失收，室家漂蕩，廷舉欽承上命，賑濟一方，謂府庫有限錢糧，僅續饑民之命，憫青黄不接時月，豈勝餓莩之多。群心所欲者，五日一風，十日一雨，衆情所憂者，夏月大水，秋月亢陽。廷舉跽進瓣香，爲民祈禱，伏願體天行化，旋乾轉坤，使四時和而品彙亨，五穀熟而萬民足，非但廷舉免瘝官惰事之罰，而神亦丕顯憂民助國之靈。若今歲再遭水旱蝩蝗，而楚人必爲魚鱉鬼蜮，諒非神所忍見，抑豈廷舉之所忍言哉。

祈雨文

王世貞

都御史無似，以天子命領鄖節，① 其荆襄漢南之山川土地人民，今旱自五月至六月矣，禾黍之地，高者蠏螺而卑者沮洳，日夜恃雨以爲命，而不能希涓滴之賜，今土尺坼而膏寸涸，本下萎而末上焦，② 其父老子弟食寢之不遑，以爲歲憂。夫天下稱名山者無踰大嶽，而稱名江者無踰漢，其神當最靈而又尊貴，即子弟父老之所循省以爲媚事者，亦無如神，神不當坐視其困也。且天子方齋明其德，以奉上帝，惠鮮下民，百執事精白一心，恪共乃司，神罔時恫。即都御史之不蔽職而神督過之，亦不當以移于民也。都御史今貶車服，減騶從，從事壇壝，而敬與神約，③ 其惠我甘霖三日，以起焦枯，當從父老子弟百拜稽首，以謝神之大貺，而光照其盛德。抑語云：“天災流行，國家代有。”意者神乃不能得之歲耶？都御史無似，尚能以五郡吏民請命天子，④ 而神不能以五郡吏民請命上帝者，未之有也。

謝雨文

王世貞

嗚呼！二五之靈，其用爲神。神佐上帝，以宰生民。帝有至仁，神實撰之。凡此滂沱，疇非民命。兹有長贏，魃爲厲首。如炎如焚，爍石焦畝。單辭朝聞，夕奏絪緼。江漢立波，嵾嶺蒸雲。龜者爲合，朽者爲腴。仆者爲起，卷者爲舒。雨之驟來，其滴瀝瀝。匪雨之滴，實生民食。雨之將收，其絲霏霏。匪雨之絲，實生民衣。貞實無長，六事何飭。爰借神休，脱我於責。諸二千石，黄墨綬吏，敢不滌心，以

① “以”字原脱，據王世貞《弇州山人四部稿》卷一百五補。

② “下”，原訛“不”，據王世貞《弇州山人四部稿》卷一百五改。

③ “敬”，原訛“欲”，據王世貞《弇州山人四部稿》卷一百五改。

④ “郡”，原訛“都”，據王世貞《弇州山人四部稿》卷一百五改，下“五郡”之“郡”同。

承神賜。田峻里父，率其子女。崩角厥稽，式歌且舞。人亦有言，欲而不貪。貞有百城，神澤所覃。勉勉我皇，祗恭惠矜。毋使雲漢，流歌中興。

祭聖父聖母陵寢文

王民皥　知州

聖父聖母，德配乾坤。孕毓神靈，鏤牒稱尊。神升無上，慶衍長源。魄隆泉壤，綿綿永存。時屆秋孟，嘗祭於屯。均吏與民，雲仍駿奔。尚饗。

康熙十九年七月中元日。

大嶽太和武當山志卷之十七

藝 文 二

記

自均州繇玉虚宿紫霄宫記

王世貞 都御史

規均州城而半之，則皆真武宫也。宫曰浄樂，謂真武嘗爲浄樂國太子也，延袤不下帝者居矣。真武者，鉉武神也，自永樂朝尊寵之，而道家神其説，以爲修道於武當之山，而宫其巔，山之勝既以甲天下，而神亦遂赫奕，爲世所慕趣。春三月望，余晨過浄樂，憇紫雲亭，少時，出南門二里許，乃行田間，两山翼之，平緑被壠，時積燠頗困人，少女風襲肌，爲之一快，不知其媒雨也。已一舍，飰迎恩宫，殺浄樂之半，又數里，稍稍入山，然漸爲馳道，山口垂闔，棹楔跨之，榜曰治世鉉岳，嘉靖朝所建也。山初不以岳名，按酈道元《水經注》云："武當山，一曰太和，一曰篸上，又曰僊室。《荆州圖副記》曰：'晉咸和中，歷陽謝允棄羅令，隱遁兹山，曰謝羅山。'"而永樂朝爲特賜名曰大岳，至世宗乃復尊稱曰鉉岳，以冠五岳云。謂武當者，非真武不得當也。自是爲修真，爲元和，爲遇真，凡三觀，橋間之馳道益闢，左右杉松萬株，大者合抱。自遇真五里而爲玉虚宫，曰玉虚者，謂真武爲玉虚師相也，大可包浄樂之二。其東廡有三丰道人像，三丰姓張，當洪武時，遊人間，築浄室於兹地，曰是不久當顯，俄棄去，而永樂朝數使都給事中胡濙奉書招之，凡十餘年弗得，則爲之像，又贈以真人誥，今所奉書及誥猶在。已飦玉虚，出，取右道逶迤而上，稍有澗壑之屬，微雨時時將風來，衣輒益輒單，乃稍有峭壁，折而龍泉觀，其陽爲大壑縮口，相距三丈許爲橋，橋下水流潺湲不絶，恠石憤起若鬪，四壁無所不造天，杉松衣之。吾嚮所記洞庭資慶包山之勝，蔑如也。

度橋，徑已絶，前旌類破壁而出。自是皆行巉巖間，而雨益甚，舁者强自力前所，指問道人掌故，氣勃窣不暇荅，山之勝亦若馳而舍我，獨峰頂蒼白雲冒之，倏忽數十百變，喬夭得雨，秀蒨撲眉睫，以此自媮，適忘其濕之侵也。度日影已下舂，始抵紫霄宫，宫前爲池，曰禹跡，有亭踞其右，池合宫之溜滙焉，潺湲蹭竑，所受滙已衆，又暴得雨，上奮若有蟄借以起者，浮鴨數頭，緑浄可翫。既入門，雨益急，衣濕透袙服，顧左右分謝候吏，齒擊不能句。乃入道士室，構火燎衣，探案頭得《黄庭》一卷，讀之，命酒三爵，時雨聲不可耐，且爲次日道路虞，而倦甚，目不勝睫也，乃就枕。

繇紫霄登太和絶頂記

雨潺湲不已，若夢中度三峡也。比五鼓醒，而絶不聞雨聲。質明，起禮前殿，其後壁鐵色横上千仞若屏，曰展旗峰。出憩禹跡池，泉聲益怒，飛流縹碧可愛。仰視雨脚下垂，而暫若閣者，甚畏之，然已决筴，則勵輿人前。池之右爲福地，古七十二之一也，宫其上，弗及訪。俄而漸開霽，所入皆陋徑，兩壁直上無盡，而三公、五老諸峰以次現，乃更用濯雨故，① 蒨潤葱蔚，因詠唐人"群峭碧摩天"語，歎其指意之妙。久之，崖忽闢其陽，丹碧出没杳靄中，稍迫而視宫之額，則南巖也。舍弗止，乃度宫西嶺，下視大壑若盂諸，席以古松長杉之屬。自是度榔梅祠，地益高，壑益雄深，仰而睇，俯而瞰，無非以奇售者。

① "用"，原誤作"見"，據王世貞《弇州山人四部稿》卷一百五改。

所歷宫觀，羽衆以笙管導之，出没雲氣中，時亦爲風續斷，或前薄巖而爲回風調穿，入窪幽則若甕呼者。度半舍許，得一澗，輿人來請曰："從此陿中穿，則故道也，當步上三天門，此而下趣澗，則改徑，可以輿，亡苦。"乃聽其所之，以得雨，稍走沮洳，恠石錯道，古木偃蹇。其右仰而諸峰之高以爲亡踰矣，左仰而峰勢益峻，遂失其右所在。久之，蛇行，爭鳥道，凡數千級，而躋太和之西嶺，又折而下，泥滑益甚，舁人足前趾恒蹈空，又數失，而顧其身乃空懸數千仞，悔不若步之小安也。

已上太和，憩傍室，顧視諸道人舍，其趾半附巖，則重累而度之，多者至七層，若蜂蠣之爲房，罡風蓬蓬，勢欲墮不墮，甚危之，而竟無恙也。改服禮真武，遂登絶頂，曰天柱峰。由太和而望天柱，高僅百丈耳，而行若數里者，① 左挽懸而右肩息，不能得懸之十一輙喘，定乃復上，遂禮金殿。殿以銅爲之，而塗以黄金，中爲真武像者一，爲列將像者四，凡几坐供御，皆金餙也。已出，而顧所謂七十二峰者，其香鑪最高，然猶之乎榻前物耳。《荆州圖副記》云："峰首狀博山香鑪，亭亭遠出。"又郭仲産《南雍州記》云："有三磴道，上磴道名香鑪峰。"然則後人易香鑪爲天柱，而以其從峰稱香鑪也。餘峰夥，不能臚述，而其大都皆羅列四起，若趨謁者，又若侍衛。時乍晴，蒙氣猶重，不能得漢江，而三方之山若大海挾銀濤，層湧疊至，使人目眩不暇接。古語云："嵾山，輕霄蓋其上，白雲當其前。"有味乎言哉！諸山皆培塿，獨東南一山最高，意不肯爲天柱下者，而又外嚮，問其名，曰外朝峰，乃在房陵官道也。凡山所有，峰澗巖泉之屬，不可指數，而其名即道流輩剽它志被之，又舉以傳真武，爲真武稱者不可指數，而皆無據。

時分守李君元莊從，爲飦神庫之後院，謝去。客有言范丫髻者，居二十餘年矣，冬夏一衲，食一飦，亡鹽酪，所棲止一石竇，試跡之，則已至矣。貌瘠而神腴，雙眸炯然，即一衲鶉懸，歷寒暑亡穢也，與

① "行"字原脱，據王世貞《弇州山人四部稿》卷一百五補。

之語，不能爲虚，而能爲不虚者，亦雜用儒家言，顧謂得道可以遺身，然何渠能外身以求道耶？爲作白湯飦供，盡两堰而别。

自太和下宿南巖記

余將以鷄鳴起，作泰山日出觀，而二傔欲寐，呼之不應。旋有謦欬者，①則已辨色矣。然亦以足不謀，凭欄徙倚久之，乃就籃轝而下，百餘武不可轝，舍之，逶出天柱峰後，爲三天門。降之，易屣於陟，而用陡絶，故數踸踔，腰膂不相攝，累息股戰，賴道士時時奉酒脯紓其困。顧視中笏、七星、三公、千丈、萬丈諸峰，差池頡頏，色若可餐，數步一回首，不忍失之。下二天門，爲摘星橋，有文昌祠，讀汪司馬伯玉所爲文，甚麗，中謂國家創述右文，盛高孝廟，而以劉、王两文成當之。夫伯玉殆自命哉，乃不佞所不敢知也。稍數百折，得昨所取道，晴日獻麗，原谷詭瑰異狀，觸目若新，亦忘其所覩記矣。

亡何，抵南巖宫，新蔡張助甫約以望後一日登太和，而所遣候人不得報，乃憩以俟之。飦後，有舉僧不二所休巖告者，即伯玉記佛子巖也，欣然許之。復以籃轝往，從宫門傍左折，逶迤上行百步，有巖曰歘火，石文如燄起，樹作龍爪，其中窪深，而旁有靈池，水甚甘，傳以爲雷師鄧君修真地也。道流輩飾像蒙之，後若爲寢室者，其美遂爲襲矣。乃復行嶺間，回穴紆磴，足相躡者十餘里，而始抵巖。巖踞嶺之腹，而嵌空若室者三，中最寬，鑿大士像，虚左席客以地，而皮其右以榻，不二髮鬖鬖白覆額，而狀甚腴，出肅曰："公貴人，乃羸服耶？"坐餘榻，屏人耳語，謂"公自此中來，將毋不從此中去乎？奈何自失之？"予爲悚然，第其所稱握拳閉齃流羡入丹田法，與一切空所有，皆予素聞者。已乃引予左邪而上至頂，有池延袤不二丈，而水旱不溢涸，蓮葉田田其中，前後爲一，池僅半之，亦有雜花木之屬。蓬室方廣當身，一木榻匡坐，嗒然久之。其嶺左右皆大壑，壑盡皆爲

① "謦"，原誤作"罄"，據王概《大嶽太和山志》卷七改。

絶壁，四周靡所不際天，其色以三春奏異。已乃却引穿美箭，下臨前澗，磐石若峽，水潺潺流其下，小爲隄扞之，滙爲一池，茂草沿絡。傍巨石題作梵字，刻丹填之，仍爲予釋其義，予笑不答，尋又爲予言所以結構之詳，皆手任之。予曰：“是空有耶？”曰：“吾空有而時有，有而空空，毋害空也。”已又飦予於室，蔬豉皆香美，尋飦予從者，數十人皆徧，毋畸嬴。乃謬謂予曰：“適襄邸涓人來授餐耳。”臨別握手，不能釋，且曰：“毋忘兜率會也。”予顧謝師自愛，度我不能得師境，而師或墮我趣，奈何？

還南巖時，返照猶未斂，乃入謁真武殿。從殿後歷元君殿、南薰亭、獨陽、紫霄諸巖室，徘徊顧望，諸峰爭雄而趣太和，若遊龍。天柱金觀，色煜煜射目，所謂禮斗、飛昇臺、捨身巖，其奇險詭卓無論，道家皷掌鉉帝，事若覿也。予語之，若曉僧不二耶？是欲空一切有不得，而子乃有一切空乎？因大笑，命酒數行而罷。

自南巖歷五龍出玉虛宫記

由南巖右折而下半里許，爲北天門，出北天門稍折而上，曰滴水巖，若肺覆，時時一滴下，小池承之，即不以雨暵緩速。有澗，傍亦饒奇石，泉瀌瀌下流，橋度之，頗勝而名不雅，曰竹笆，然亦未有以易也。自是壑益深曠，樹益老，高者徑百尺，大可數抱，而根皆露，交縱道上，數百千萬條，其麄者若虬蟒，次爲蛇爲虺爲□，且樹得風簌簌鳴，則根皆應而鱗起，若囓人趾者。崖顛恠石俯下欲墮，亡所附麗，其澗石又突起，若象若獅，若龍若鵰鶚之屬，意似欲攫人，令晦之夕、冥之晝過之，不憭慄縮足耶？有僊龜巖，衡縱數百尺，作緑荇色。沿澗而下，至青羊橋，石益奇詭百狀，水益壯，嘈嘈若笙鏞之乍奏而自律也。下流方巖陡上無際，水乃從其趾穿度矣。呼酒盡三爵，酌水復盡一爵。自是舍澗旁道，頗行谷間，迷陽茀蘺，不可以捷，可數里，乃復攀緣而上。其岡嶺故已皆土，忽復石，石遂多奇，而樫杉松柏之屬忽盡偉蔚整麗，余謂是且得五龍宫乎？而道轉上，轉不可盡，輿人喘而嘘，數息數奮，乃抵焉。

入門爲九曲道，丹垣夾之，若羊腸蟠屈，其垣之外，則皆神祠道士廬也，美木覆之，陰森綜錯，籠以微日，猶之步水藻中。其臺殿因山，獨峻出宫表，紫蓋、金鎖諸峰，彷彿欄檻間物矣。庭左右有池二，以螭口出泉，傍復有井五，所謂五龍是也。廡之西復有池二，若連環，名曰日月池，日池黛，月池赭，云其色亦以時變，不可知也。飦已，道士奉真武玉像來觀，已又出文皇帝所賜道士李素希二衲，被之正與余體適，因笑謂此衲出尚方，而復不偕鸞鶴逝者，亦胡異中丞紫耶？所聞凌虚巖、自然庵尤勝，而意不欲往，乃出。自是稍坦迤，而嘉樹美箭益夥，鳥聲雝和。會所使上事人還，發尚璽弟書，稍問燕中事，不覺至仁威觀。觀前石梁曰普福橋，橋之勝，下靚深，伏泉竇焉。上顧四山，若甂口而微缺，從缺之所而得日，草木皆媚。自是復蛇行下，數里至五龍行宫，踞其前門小憩，山忽左右闢，多爲平疇，青碧布壠，除道益廣，而留羽儀亦至。乃改服，度華陽亭，躡石梁，挹蓮花池，驟喜其脱險艱，而忘諸山之盡去我也。

已尋抵玉虚，而分守君復來候，觴余望仙樓，酒數行則驟晦，冒雨之迎恩宫宿焉。王子曰：夫余之山宿者四，而歷不能得十之三也，然亦足以雄生平遊矣。夫物顯晦則有時哉，彼夫封禪家七十二，柴望之禮，稱岳稱鎮者各五，而兹山固泯泯也。一旦遭逢盛時，膺特拜，遂超五岳而帝之，宫殿大者擬建章，小者凌祈年、望仙，道流非耕蠶而衣食者以萬計，奔走四海之士女，爭先而恐失，號泣鼓舞，望之若慕，即之若素，彼何所取繇來哉？謬矣夫太史公言也，曰惡覩所謂崑崙哉？夫近有一武當而不能舉，彼將以爲無之也，無之，惡在其無崑崙也。

遊太和山記

陳文燭　参政

昔漢司馬遷謂自古帝王蓋封禪云，後世功不至矣，德不洽矣，日不暇給矣。且三代咸起河洛，故嵩高爲中岳，而四岳如其方。明興起南服，永樂賜太和爲大岳，嘉靖又起郢上，賜曰鉉岳，建顯號，施尊名，明德逶涌原泉，未有過于兹山者。余感焉，作《遊太和記》。

隆慶四年庚午六月，余由大理寺正奉命出守淮安，歸省家按察公，道經襄陽，望太和在步武間。憶大父承德公嘉靖初年登之，承德公身長玉立，聲如洪鐘，聞數十里，遊者目攝公曰："偉丈夫哉！"不穀兒時，大父津津道焉。歲丙申三月，按察公再登，禱絶頂得奇夢，四月八日甫歸而不穀生，小字武當，人以爲異云。不穀稍長，有意乎萬里之遊，嘗嘆曰："名山在天壤間，可少吾杖履哉！"而太和託始矣。

是月六日，由襄陽至穀城，明日至界山，是夕大雨，晨起復晴，望諸峰崗巒如沐，千鳥競翼，百猿接臂。過遇真宫，諸黄冠走謁。其鳳凰峰、鴉鵠嶺，廻繞奇特，溪水隨之，松杉夾道以萬計。謂之遇真者，非以真武遇真人得道處耶？行少許，過治世鉉岳坊，走太子坡，謁老君殿。時方午，就玉虚宫宿焉。登望僊樓，尋雪洞、聖水池。謂之玉虚者，非以真武爲玉虚師相耶？東廡有張三丰道人像，永樂所賜真人誥，就月下誦之。月明如晝，湛露濕衣。越九日，由玉虚憇龍泉觀，度橋捫巖，時有道人多坐樹間，聞談經聲，又風送鐘磬不絶，暮抵紫霄宫宿焉。前爲福地巖，後爲煉丹池，有七星、三清諸處。謂之紫霄者，非以凌霄漢、騰紫氣耶？明日，遊禹跡池，徘徊臨清、萬松亭，真水月雙清。又明日，酌上善泉，甘異諸水。有垂白一道人李者，問按察公起居，出向來贈詩，墨猶新也。詩云："已入無生境，仍逢不老仙。形栖翠微上，神想大初前。丹鼎君初就，紅塵我尚牽。何時婚嫁畢，來此問真筌。"和歌而別，重余徘徊云。

十二日，由紫霄經烏鴉、黑虎廟，過榔梅祠，其地益高峻，令人心骨俱寒。又入清微觀，皆懸鐵索、攀石欄以躋者。少頃，入大門，謁鉉帝，次太和宫，宿焉。十三日，乃按察公壽，再拜祝焉。是日大晴，立天柱絶頂，星辰如斗，欲墜不墜，望白雲在下，忽有雷聲中起，其諸峰若玉筍，若天馬，若伏魔，或見或隱，最著者止香罏耳。余遂就枕。明日天稍陰，辰刻始霽，見湘河如一線云。讀永樂御製碑，求唐宋片碣無有，况秦漢乎？乃宫殿之盛，若連閣罘罳，輦道相屬云。由太和至南巖，宿焉。石上有蒲圻廖公道南、① 沔陽童公承叙來遊題字，其詩剥落不存。有捨身巖、飛昇臺，望之深萬丈，不能久視。有龍頭焚香處，余若履平地。②

十五日，過虎耳巖，中有高僧不二，又呼爲佛子巖，余未及至，而此僧炊飯相待矣。引余坐石榻，耳語甚驩，叩所從來，多不答，其言大都彼教中度一切苦厄、照見五藴皆空云耳。巖頂有蓮花池，水旱不乾，余欲題詩巖間，不二止之曰："公何色相哉？"大笑别去。日暮，過滴水巖，傍有大樹，皆千年物，其水中龍蟒，欲作雲雨狀，其樹聲若虎嘯，令人恐恐速行，就五龍宫宿焉。道士出真武玉像五，蓋五色玉云。其山爲青羊峰，爲繫馬峰，其水爲日池、月池，爲白龍潭，爲萬虎澗，一一經目。自然庵中，有永樂賜李素希衲衣，余披卧一夕，忘暑矣。十六日，飦迎恩宫，投浄樂宿焉。謂之浄樂者，非以真武嘗爲是國太子耶？自余山行十日，經風雨陰晴，乃千澗之聲在耳，萬仞之形在目，烏覩人世哉？③

陳子曰：太和蟠踞八百里，其七十二峰、三十六巖、二十四澗，余莫能狀也。讀永樂御碑，謂其跨洞天之清虚，凌福地之深窅，大哉王言！可狀兹山乎？至云大而無迹之謂聖，妙不可測之謂神，即太和融結，亦元氣之流行宇宙間耳，何可名焉？語曰，荆山爲地雄。果雄哉？

---

① "蒲圻"，原誤作"浦溪"，據陈文燭《二酉園集》卷九改。

② "平"字原缺，據陈文燭《二酉園集》卷九補。

③ "世"字原缺，據陈文燭《二酉園集》卷九補。

余爽然自失矣。

太和山新建襄府茶庵記

徐學謨　禮部尚書　吴郡人

當太和之椒，有茶庵一區，爲今襄王所建，以茶施十方士衆之經行是山者也。工始卒於萬曆丁丑之秋，至是其藩史周紹稷具事本末，丐余爲之記。記曰：

太和山故名武當，武當者，謂非鉉武之神莫當之也。其延袤八百里而遥，其巖洞澗壑，上下登頓，與其宫觀樓閣廡棧若遞遽屬者，以千數百計，極宏遐要眇之觀，蓋崧岱儲副，仙靈之窟宅也。然於往記亡考焉。自勝國起沙漠，即稍是崇祀鉉帝。逮明永樂間，神扶燕鼎，其靈驗較著，永樂間殫帑營構，規制雄麗，遂擬於天闕帝居，而十方香火於是愈益熾盛，歲時謁禮焚修之衆，無問男女士庶，駢肩跂踵，踆踆來歸，偈鐃唄誦之聲，① 響震林谷，前驅後踵，即寒暑晝夜罔間也。顧兹山由治世鉉嶽坊而上，經遇真宫、八仙觀，歷紫霄、南巖，迤里陟三天門，至太和絶頂而止，其經途悉稱跕鳶懸猱之境，② 凌摠巑巃，愈進愈陡，跋蹠棘踽，勞悴萬狀，累息喘汗，姑無論蘊隆之月，即巖霜觱栗之候，其延領涓滴以潤乾吻者，③ 有若大旱之望雨焉。乃是山泉脉多伏於五龍、青羊之隩，而九渡一澗雖當孔道，但巖石崩裂，吸取極艱，然則是庵之建可得已乎？自王之蠲愿力建是庵，以普利濟於兹山也，而勞而思憩者，渴而思飲者，不啻若赴其家，而隨至辦給，即歲所費綿錢無筭，而王之功德所大造於封内者，豈譾譾故哉！

蓋余於是而重有感焉，國初分封同姓，當是時，如晉、楚諸王，皆得參預朝廷征伐大計，與將帥頡頏論首功。承平既久，文法滋章，

① “鐃”，原誤作“饒”，據武當山現存原碑改。

② “跕”，原誤作“站”，據武當山現存原碑改。

③ “潤”，原誤作“澗”，據武當山現存原碑改。

於是維城之賢，弟令承祧主鬯，而民間疾苦已闋不相聞矣。若乃衣食租稅，輸將或後，歲之所入，或不支其所出，往有空匱之虞，則所謂利濟於人者，匪直其愿之所不欲爲，而力固莫之能爲也。襄國於漢濱土故瘠鹵，而王之先世咸喜賓客，樂施予，以是國無厚藏，逮王丕紹令德，修其禮物，宣其慈惠，凡有所興舉，罔非爲社稷之毗也，視昔加謹焉。輒忘其力之所不能爲，而必毋闕其愿之所欲爲，① 夫是以國人頌之也。按漢法，諸侯王行事郡國，得以時上聞，天子從而旌異焉。余两部襄陽，雅習王所爲，以絀於格，無從而章王之美於朝，而建庵一事，知未足以概王也，姑識而授之藩史碑焉，用表江漢云。

萬曆十年夏五月。

太和山記

汪道昆　巡撫都御史

我國家尊大岳爲帝畤，帝鉉君。昔帝降于麇，今治故宫曰浄樂，其東當始降之室，治紫雲亭。去州五十里，入西南表峽口，曰鉉岳。環中山四合，溪流出入無端，負坎抱離，可當吉土。文皇帝跡異人所在，爲之築遇真宫，異人遺杖笠，悉留中，命尚方鑄金像之，歸守者。入僊關，爲元和觀。西入馳道，其南爲玉虚宫，山水修廣倍遇真，舊爲武當縣，南山如負扆，信非鉉武不足以當之。宫制視漢未央，即祈年勿論已。其西池亭洞闥，亦異人所棲。西上望僊樓，惝然若將有遇也。馳道西爲僊桃觀，② 通八仙臺，又西爲華陽亭，跨石橋，臨芙蓉沼。西出則田廬鷄犬，亦爲一區。去玉虚宫西南，進次廻龍觀、太鉉觀，入紅門，通房陵道。道傍有太上巖，巖中鑱石象太清，其左二龍蜿蜒巖石下。又南則八僊觀，中堪輿，右入七里溝，修木千章，如宎夏。緣岡爲開山故遊，遺巨石在焉。賓太上爲羅公巖，高出絶壁，往年屋之，

① “闕”，原誤作“闞”，據武當山現存原碑改。

② “馳”，原誤作“池”，據汪道昆《太函集》卷七十三改。

居羅太史，凡七楹。舉目望西南諸峰，盡在目眦。反紅門入官道，進次太子坡，陂陁中分，扼其阨，爲復真觀，周垣跨道逶迤，高下因之。出垣下行，乘天津橋，濟九渡澗，澗道幽絶，其陽則淵默亭。沿澗東入玉虚巖，石嶂夾流，若千里嶂，若步障，雜樹繪之。深入，石磴浸高。若自明河趨閣道，磴窮則棧，棧窮則巖，巖上視有龍虎文，其右雷文，故中奉帝居，右奉雷部。西南望，則天柱當峽中。

循故道還，由淵默西南上，除道曲折，望行者如登閬風。紫霄附展旗峰，石嶂崇廣，皆數十百丈。三公五老前侍，亦一隩區。宫制高倍玉虚，修當其半，奉祠者無慮數千指，其廬率高下居。宫前爲禹跡池，築小亭出池上，池右福地，其陽爲賜劍臺，其陰則萬松亭，出木末，太子巖出宫後，亦有亭。由禹跡右旋，古道甚治，及今多徑者，廢勿行。古道西上，當南巖之南，舍南巖，西歷黑虎巖，泉石相望于道，昔有巢居者，遺構猶存。進次杉木林，分二道：其右下行，涉澗，①遵宿莽，容單車，峽中轉入西南，出峽爲清風埡，蓋故爲糧道也。左上行，躡萬丈峰下，登朝天宫，其東由鳥道出三公巖，則上巖也。路險絶不容足，學僊者劉媪居之。其下亦爲三公巖，相距三舍。巖南鄉，爽塏可居，然必取道玉虚巖，多歷險阻，始得至朝天。西上拾級，八百五十有五，當天門，三天門皆竇石峽，中有巨靈斧跡。初入門，降數等，稍平衍，依三公峰爲文昌祠。過祠則摘星橋，橋下澗水如神瀵。緣絙由天梯上，梯如竿揭云端，距躍五百，達重門，足力竭矣，倚試劍石箕坐，更百步，達三天門。由此折旋而升，坦行數百步，②歷階南下，又折而東上，爲太和宫。宫面南，香爐、蠟燭三峰當席，宫前則先朝神室，徙置于兹。由南天門入紫金城，丹梯九轉，出天柱峰絶頂，範金爲黄屋，承以瑤臺，帝位中央，群神列侍，精美奪目，儼若化人之居，即今之國王疑不及此。正位東鄉，高出七十二峰，如群弟子侍先師，莫不齋立，近則金童、玉女峰二當膝承之。左三公，右

① “涉”，原誤作“步”，據汪道昆《太函集》卷七十三改。

② “坦”，原誤作“垣”，據汪道昆《太函集》卷七十三改。

九卿，帶七星，揖五老，僊人隱士，順風而翔，白雲出没衆壑間，如觀陸海，諸峰或如碣石，或如蓬萊，鉅如斷鼇，幻如結蜃，細如漚鳥，修如北冥之鯤，雜出如珊瑚枝，浮如萍實，纍纍乎如鞭驅石，汜乎如漢使者之乘槎。遠而望之，方城一耜，漢水一瓴，① 掩楚蜀，略周秦，即嵩、華、衡、霍、匡廬、峨嵋，悉辟易無何有之鄉矣。

乘磴西下，爲清微宫，僻居深谷中，其制不廣，然以幽勝，妙華巖著焉。南巖當太和之陽，宫北面，據五龍之奥。宫右石延覆於道，其上有巨人跡若倒懸。宫後即南巖，修數十丈，高數丈。巖下峭壁數十丈，東西修數百丈，如高墉。巖中列祠事三、亭二，即神山多倬詭，此爲擅場。其下有禮斗臺，徑絶罕至。西出如乘墉，右上，躡飛昇臺，其旁路臺，臺當志心石。臺端有蛇徑，通一室，當其杪以居。宫東北欻火巖，亭附巖畔，距展旗峰近，下視紫霄。展旗北爲尹喜巖，② 今居比丘，修不二法。由南巖宫下，爲滴水巖、僊侣巖，度竹笆橋，③ 入青羊澗，青羊巖當澗之曲，虚無廬。渡青羊橋，躋五龍，千步而峻，門垣九曲，始達應門。宫制九重，前列階八十有一，後七十有二，至高矣。左高殿奉玉像五，相傳掘土得之，其制不異庸工，好事者神之耳。宫前有五井、天地池、日月池，宫後當五龍峰，其上有五龍池，則其窟宅也。凌虚巖去宫五百步，一黄冠居之，每飯必有餘，以待衆狙，衆狙皆喜，否則破釜甑去，莫之誰何。巖前則希夷誦經臺，今尚盛。臺出臨澗，當其上爲亭。去宫五十步爲自然庵，故有鍊丹池，今始復。出五龍，渡磨鍼澗，過隱僊巖，巖虚明，視北道諸巖爲勝。次繫馬峰，爲仁威觀，繚垣方廣數十丈，石渠衡之，就中爲石梁，當門以度。出茅阜峰下，爲五龍行宫，地始平，修廣楚楚，過此則玉虚道也。

譬之宫室，遇真爲垣屋，玉虚爲廷，浄樂爲沛宫，紫霄爲廣内，太和則帝坐也。南巖、五龍、清微之屬，皆爲離宫。朝天爲掖門，元

---

① “瓴”，原誤作“瓬”，據汪道昆《太函集》卷七十三改。

② “北”字原脱，據汪道昆《太函集》卷七十三補。

③ “笆”，原誤作“笣”，據汪道昆《太函集》卷七十三改。

和爲象魏，廻龍、復真、仁威行宫皆行在耳。語規制，則首玉虛，次浄樂，語形勝，則首南巖，次紫霄，次五龍。至若群山萬壑，泉石巖阿，各擅一奇，更僕不可悉數，大都天閟靈秀，以待明時，帝力神功，于斯爲備。且也稽古定制，不籍有司，遞遣中貴人、藩大夫掌其禁令，以故草木茂、鳥獸馴，其斯爲地道之章、游觀者之至樂也。人言山嬴水詘，猶若有憾焉。夫右灔澦，左滄浪，江漢交流，振以鄂渚二别，則鉉武之象，外户在焉。日觀孤高，下臨湯谷，古者海岳爲匹，亦通山澤之義與。彼規規而闚一隅，是以距臣目者也。

太和山記

汪道昆

余三仕楚，太和竝載方祀中。戊午冬，余以二千石至，從所部修祀典，三宿太和。天鷄鳴，輒登絶嶺觀日出，下視無際，熠若燭龍之躍九淵。頃之天門開，始辨色，山積雪如群玉，觀益奇。乘輿過妙華巖，就辟穀者與語，獨歸齋室，從者莫知所之。比下南巖，循步欄望天柱，皚皚乎五城萬雉，夫非白玉京耶？俯闞五龍，冰雪塞路，不果往。過紫霄，履雪出禹跡亭上，若從蒙莊子游，徧歷福地亭臺。奄忽昏暮，[1] 月幾望，對展旗峰，如雲母屏。歸卧神樓，屏明燭，户牖生白，視懸寓若冰壺。蚤起，登太子巖，過巖棲者，相揖出亭下。下紫霄，行者肩摩入山如市。一徑東涉澗，徑玉虛巖，澗道陰陰，人跡幾絶，避喧而見獨，不亦僊僊乎哉？暮抵望僊樓，月滿魄明，視紫霄較甚，且日歸矣，譬之染指，曾未屬厭。

辛酉將入閩，乃再至，槖中載父乙爵，襄王孫遣歌者從余。先入玉虛巖，雨大至，巖中望雨，如機絲百丈引澗中，澗水盈，從者後至，皆没馬腹。止巖下宿，從黄冠飯黄粱。明日次天門，余下車納屨以往，車人曰："無畏，請以肩輿登。"於是駕壯夫二人，百步遞更代，若摶羊角

① "奄"，原誤作"庵"，據汪道昆《太函集》卷七十三改。

而上薄太和。將事及期，雨不絶，從祠官造帝所，即擁蓋猶霑衣，至則天劃然開，雲如席卷，明霞奉白日出當黄庭，禮成，雨復集，人人以爲神應，雖余亦不知其繇。旦日周游，載酒復登絶頂，當軒奠父乙爵，稽首颺言："道昆幸得服事名山，亦越三祀，今且辭去，請飲餞以行。"乃長跽舉釂者三，徧禮群神，釂各一。其右有奉劍者，余挺劍出之，祝曰："寇數入閩，願借太阿，以張國討。"振衣而下，天將當關，余舉爵進曰："公以赤心奉至尊，不佞庶幾可質。"引滿立飲，釂如初。下摘星橋，歃流水，歌者進爵，爲天風之歌。頃之天籟皆鳴，若相倡和。余以爲鈞天之樂，戒勿歌。由南巖趨五龍，所至皆信宿。道中樂青羊澗别業，樂誦經臺，行次玉虚，月望矣，登樓命酒，以次觴列僊，至洞賓觴者二，公好飲，則真吾師。質明發滄浪，從此出境。

後十年至，余將出鄖關，望夏門。柳侍中請行期，先期往，乃燂湯治浴室，逆余宿沐浴堂。明日，由間道入羅公巖，道中饒木石，苑即不治，假令刊木疏石，宜多奇。始至，望天柱諸峰，猶宿雲際，無何，浮雲立盡，如出青芙蓉，既而明滅縱横，如羽衣，如縞帶，已復盡，冉冉如跕鳶。① 余宿羅公房，六月衣袷。明日，盡東略，乃出復真，過玉虚巖，不果宿。尋登福地，有䙀樹，樹掛劍松下，拔劍斫之。五夜，雨師清路塵，旦日杲杲，侍中命工除間道，余乘小車登太和。日方中，其下五色雲見，祠官以告，侍中亦自南巖望見之。既禮鉉君，退就南榮，嗒焉隱几。居有頃，起而周視舊游諸峰，變幻多神奇，即三至未可僂指。曳杖出香爐峰側，命黄冠據其上作步虚聲，間以洞簫奏雲門曲，興盡乃反。

質明就道，憚乘危，杖至摘星橋，指橋東遺址，是當閶闔，扈三公，宜祠事文昌，以應天象。次萬丈峰下，刻石爲銘。過南巖，侍中語雲物狀，余聞諸有道者具在山中，開士周泰享居玉虚西隅，② 舒復初、石教會居柳林，佛子圓性居尹喜巖，獨顏希子出就鄢郢。周故宦者，事

① "站"，原誤作"跕"，據汪道昆《太函集》卷七十三改。
② "開"，原誤作"閒"，據汪道昆《太函集》卷七十三改。

靖江王，性通明善悟，入與柴山人相師友，竝稱法眼云。① 舒善長生之術，深入無生，具大辨才，其先爲柴山人弟子。石故秦將，西域法王子崇事之。圓性祝髮京師，具法相，目攝諸徒屬，卷舌不談，談則纚纚不休，適其意所欲出。余先以使往，畢爲之期，余留南巖，石子先至，余執舊聞與語，石灑然："公豈宰官身耶？不揭不厲，而登彼岸，其未也。"坐待明月，琴師就巖中奏琴。

旦日，問尹喜巖，過佛子，巖東北向，門外多美箭爲藩，② 巖中列兩楹，虛其中奉佛。佛子肅客入坐，客當中霤，既而謝從游，引客入卧内，摩客腹私語："佛邪佛邪，由往劫以來，乃複相見。"抱膝就客，亹亹多所開陳。已而謂客喜遊，③ 請先客，乃授客杖。先從竹徑出澗濱，磐石據澗交流，隄其下，樹水草，傍一巨石出臨岸，斷木作曲欄當之，④ 咫尺若在濠梁，⑤ 其幽致可入繪事。巖上草木益茂，柴荆爲周廬者三。中有蓮池，池水四時不涸。池上一室蓬户，室中置繩床，户外竝列招提，懸彩旛，作滅度法。池外一池差小，自爲一垣，垣中花木成畦，多芳草。其後由蓽門入，中爲草亭，方廣當身，設坐具。⑥ 亭前分列八石，宜坐門徒。⑦ 客笑曰："公所居足稱精舍，公安事此，其遊戲三昧者耶？"佛子曰："嘻！此故豺狼居耳。吾日事樹藝，遂成園林，客勉矣。"出就谷口，客廻車。

旦日，期周子五龍宫，周後至，中道遇暑雨，畢易衣屨，始相見西齋，周告勞，余不欲煩以口舌，乃出日月池上，過誦經臺，群雉遞鳴山梁，不避人語。侍中請臺端行酒，列炬乃歸。旦日次行宫，石子將舒子至，舒即次以機投余，石數目余，機不入，石笑曰："公將以聞見取，

① "云"，原誤作"去"，據汪道昆《太函集》卷七十三改。
② "爲"，原誤作"惟"，據汪道昆《太函集》卷七十三改。
③ "謂"，原誤作"許"，據汪道昆《太函集》卷七十三改。
④ "欄當"，原誤作"門二"，據汪道昆《太函集》卷七十三改。
⑤ "濠"，原誤作"濠"，據汪道昆《太函集》卷七十三改。
⑥ "坐"，原誤作"生"，據汪道昆《太函集》卷七十三改。
⑦ "宜"，原誤作"宣"，據汪道昆《太函集》卷七十三改。

乃今不涉聞見，惡乎取之，故不入也。”語未卒，相與過玉虚，列坐月明中，將叩實義，會侍中倦而思寐，罷勿談。明日登望僊樓，語其概，乃余猶多扞格，然亦有味乎其言。是夜月始盈，遂還行部，計期則十年周矣。

余適有天幸，十年三遊，始與貴遊者俱，局趣不自得，再至則余爲政，然亦不失爲俠少遊，乃今吊詭得朋，視昔遊爲猶賢矣。要以遊方之外，時而汗漫，時而逍遙，其斯爲采真之遊，余未能也。

遊太和山記

王在晋　太倉人　明提學副使

始余有慕乎寓内名山，而欲探參上諸峰勝也，期與武當君一遇焉。丙午濫竽荆楚，秋七月，供事棘闈中，時大中丞使者黄公建節鄖陽，例當以屬吏之禮見，試事竣，余乃從省會輕車往謁鄖臺。提督太和分守鄖襄者爲含虚王君，君撰所爲《太和遊記》併詩章以授余，余躍然喜王君授我以遊券也。還至均州，會州守方君亦爲予趣行，先期治遊具，且告予當從僻道至太和頂，歸從三天門直下爲徑捷，予心識之，而輿人苦僻路坎坷，弗應也。方君又謂謁太和，例當先謁浄樂宫行香，余乃晨興盥沐，至宫門步行，道士焚香前導。宫制閎麗軒敞，朱甍碧榱，凌霄映日，儼然祈年、望仙不啻也。瞻拜畢，即攬轡出均陽城南門外，甬道周行，悉砥以石，平坦亘延，直接太和，而民居亦鮮整絡繹，無復楚地之蓬壘不餙者。

行四十里而爲迎恩宫，宫外石橋，蜿蜒跨澗，水聲潺潺，如扣絃滴溜，羽士笙簫列隊，引車以過。四望週遭，黄山團團，童而不木，如城垣包裹，而太嶽天柱諸峰挺然森秀，峁崯回叢，紫雲萬片，一湧墮地，曠埜招摇，妍麗更絶。踊距向前，將落村市，則林條幼靡，莽氣晻嚮，忽杳然不知其所向。由艸店折而西，徑益修曠紆斥，兩傍杉榆松檜，摩雲翳日，蓊薈鬱葱，道無點塵，蕭灑逸神。南部洲有此極樂境，其於閻浮世界，恐不可數數得之。是時秋高木脱，霜篠吹籟，敗葉喻風，四野寥索，而此境中猶重陰廣翠，交眉映睫，不知穐之遒、寒之屆也。五里過治世鉉嶽坊，蓋肅皇帝顔之以冠五嶽，棹楔於皇燦爛。已折而北爲會仙橋，於路勒石標題“嵩祝聖壽”者以萬萬計。橋之陰，則宫殿崔嵬，廣厦千落，是爲遇真宫，仙人張三丰結廬黄土修真處也。宫負鴉鵠諸嶺，左望僊臺，右黑虎洞。成祖革命，數使都給事中濙訪張仙人，而僊人不可致，今御書宛然在焉。入山諸宫，以遇真爲托始。予入宫，餘于丈室，乃登環輿而行。石街逶迤，濃陰黝黵，輦可適，馬可馳，仰首瞰空，不知亭午。已過一嶺，層巒嶒嶝，山勢廻複，憑高而眄，嶺岫嶁擁，如六軍排列，未得瑕隙可攻。峭石崚嶒，增嶄重崒，初無平田曠埜，爲寥天域外之觀，布勢列圖，亦大奇已。由是闢山爲路，一面懸巖崿峴，一面傴側萬仞之淵，小木扶蘇，大木虬結，雜以莎蘿藤葛，臨淵不知其深，第聞響溜潺湲，鶬鶖狎人。或自上下下，或自下上上，雲來空谷，沾衣拂袖，睇目視之，陽烏西墜，而高峰已啣其半矣。趾高下行，過斜垣曲道，輿人指爲太子坡，是爲鉉帝修真處，殿前有聖母滴淚池，以日暮不及觀。趨蹌而行，舁者請將乘輿轉鍵，以昂其前，予問何爲，曰過十八盤，皆石磴，轉折而下，不知幾百級，行數里許，又復轉折而上，不知幾百級，高之不可勝，卑之不可頫，手指把握不敢釋，而從者亦蹜蹜如有循。於時沆瀣暗濡，嵐煙漸合，山色如濛，林梢滴露，悄然寒襲，呼童而益之衣。廻翔鳥道，千峰萬粤，目睹之而怡愉，與幽巖邃谷，心悸之而錯愕者，俱爲晛光收拾去矣。頃之，野燎出林莽間，乃紫霄宫，道士前爲嚮導，予乃就紫霄宫而宿焉。

詰旦，期登太和，囑從者蚤興。夜半山鷄喔喔，月照綺牕，雲璈石磬，從半空中點滴。道士炊黄粱已熟，余乃披衣而起，以爲天光將曙，不知其猶未徹丙也。餘畢乃隱几卧，久之，乘月出步庭除，殘星依稀，若明若滅，翹首望天，見黑雲壓屋，訝其欲雨，道士謂此展旗峰也，峰銕色，巖巖累峗，不翅百丈，如中軍旗纛，隤然落半空中。

紫霄背負旗峰，崔嵬岸聳，高出諸宫。予乘月踏峰頭，披雲吸露，蒼焉漭焉，依微辨色。行至南巖，曙霽忽開，紫霞紅靄，旭輪湧出珊瑚堆，如繪如縷，金光閃倏，燭龍螢照，曖昒漸收，而飛烏嘈嘈，聲出林藂間。徙倚南巖宫門，凭高望之，恍然身在閶闔，目瞬八極，羲和之鞭可執也。過南巖宫不入，隨日腳漸走，两山陡絶，惟中有一線通路。逾嶺爲榔梅祠，循祠以往，則三天門路徑也。行過里許，而方君所命使急足先至，候於岐路，請自此以從間道登頂，輿人苦之，然無敢違守君命，則躡蹻崎嶇，一步一跆，扳肩援手，相與呼應，聲震空谷。道口有古松數株，勁幹参天，清蔭婆娑。其盤石穿嶠，輪囷臃肿者，不可勝數。背巖而馳，環峰密匝，如在甕甃中，鑽隙窺穴，它無所見。轉折數百武，乃從山根繞上度嶺，俗謂之懽喜坡。夫予方惴惴汗洽，以虞跻蹞，而惡在其可喜也。過懽喜坡，而太和金頂乃燦然在目。又折二三里，過飛巉曰六十搭，蛇行委曲，悉從石塹攙越，竭蹶攀躋，而太和道士已班班伏謁道左矣。余乃宿神厨少憩，而加餔焉。初，余先于十九日命吏太和宫設醮，至則菊秋之念日也。餔已，整衣朝謁聖殿。復折而左，爲太和宫，宫如帝寢，環以金城，重雲擁護，以象天闕。宫之左盤旋而上，傍列歷朝御製碑石。梯經幾轉，重累而度之，足搖搖不勝戰慄，而始陟天柱之巔。四維石脊如金銀色，飛鳥不集。間生異草，細葉蔓延，秋冬弗凋，怪松數株，盤桓如結，高不滿丈。絶頂甃以花石，金殿兀突，供案皆銅質，液金爲之，殿製精巧渾成，疑爲鬼工，因思明初物力甚饒，乃能爲之。聖像莊嚴，肅顒瞻叩，萬慮屏息。告虔禮畢，復循故道而下，觀元時銅殿，至神厨少息焉。是日寒雲四布，陰霾障天，悲颸忽起，山木叫號，小雨濛濛，群峰若失。余謂來朝觀日色東升，其不可夙約。是夜伏枕就寢，户外雨聲且歇，而山風咆哮未已。

晨起，冒寒登頂，欲觀日出，而時已過卯，扶桑吐丸，躍然三竿上矣。因伏謁載拜，步入金殿，展拭聖容，光明潤澤，而道士併發金匱之藏，出所爲上賜丹書玉像。遊者往來萬億，此不可得而窺其鉉扃也。出殿門，汎閱野望，群峰萬壑，偃伏蹲息，如尊帝高居，上羅三關，① 下列九門，冠蓋雲合，四海八荒，獻珍貢琛，俯伏輦下，不敢仰視。重山四繞，② 如驚濤汩浪奔赴雷門，排空震蕩。其青紫分行，黛綠成隊，則又似翡翠畫屏，芙蓉裀褥，倩秀艷冶，美麗閑都，光彩炫目。香爐、顯定諸峰，予向以爲巋矗插天高不可及者，今始藐乎其小矣。是日天風雖峭，然步趁岌嶪，汗背沾沾，不甚怯冷。比下山而風且漸息，予乃步朝聖門，從者請登輿，而石級逼窄曲詰，峻削如瀉，鐵絙石檻，動多窒阸，環輿不可行，舍車而徒，出三天門。四方朝禮者，蟻度魚貫，扳援而上，到處狂呼，荷荷聲聞，徤夫喘息，即軒冕貴人，與村媪俗子肩相摩也。如是者數里，而始達一天門。予恃其壯劮，不用扶曳，躦步直下，初不甚苦疲，至三日而兩腿猶木彊，始知足力勸矣。出朝天門，循入山故道，回視皇崖、三公、五老、玉筍、天馬諸峰，簪盍透露，得以自雄。過崖陟陂，③ 輒見林杪石角，懸筐籃以乞布金，仰瞰有人巢居穴嶺虎皮張修道處，亭亭孤懸。無何，復經榔梅祠，即昨所分岐處，過此爲烏鴉廟、雷神洞，朱垣紺宫，指不勝屈，余亦不能筆其詳。

路從幾折而經南巖宫，則王君已走使邀入客堂，庀供饌矣。余乃登殿禮謁，從大殿左折，過元君殿，爲南薰亭。亭外有石枰，縱橫十八道。復從元君殿折而下，過獨陽巖石室，巖前刻龍頭橫檻外，下臨不測深壑，朝禮者輒步虚踏石龍進香，以白至誠。道士搖指捨身臺，孤危若墜，而太和金頂正當巖前，縹緲金光，爍爏欲射。巖傍有石壁，穹窿高起，如堆雲積雪，層層停壓。用片石刻五百靈官像，僅可半尺，亂置石竅間。又東爲風月雙清亭，上有石枰，亭倚巖窟如築成。踞亭嚼茗，橫襟流覽，百岫森疊，翠微駢映，此參上一大觀也。坐久，日已過中，王君使者請遊五龍宫，輿人謂五龍道險，距兹三十里，至五

① “關”，原誤作“闞”，據王在晋《楚篇》卷二改。
② “重”，原誤作“童”，據王在晋《楚篇》卷二改。
③ “陟”，原誤作“涉”，據王在晋《楚篇》卷二改。

龍，須來日返遇真。余以出署两月，棼滞日積，亟欲下山，遂不果往。然出南巖，而五龍宫殿高出灌莽，且神遇之矣。乃循故道過紫霄宫，宫前所爲日月池、禹跡池，乘籃一寓目焉。路出廻龍觀，從者曰玉虚爲八宫之首，當一遊，於是悉屏騶從歸遇真，① 而以單車往玉虚。過廻龍觀五里許，千巒收斂，眼前磈磊盡去，惟荒山旋繞，脉絡未斷，皆㟝嶁耳。透出原田遼曠，景色漸舒。忽有層宫廣宇千間，兀落平疇，如郡城都市然，詢之，知其爲玉虚宫也。玉虚廣闢雄峙，甲于諸宫，與王者離宫别苑相埒。西塢西山下曰仙衣亭，亭後有張仙洞，壁有銅碑。西塢北山下曰望仙樓，樓有純陽祖師像。下樓入後廡，觀石魚，敲之鏗然有聲。殿有銅鼓，曰此開山時物也。覽畢出東天門，流水灣灣，蒼松古檜，翛然數里，神閒意廣，由此以達遇真宫，皆非人間境也。遇真宫道士，出張仙人之銅杖、銅笠示余，皆上所賜，仙人不受，蹩然而去，不知其所適云。

至遇真，日已晡，余促裝治行，而會有巴東張令來，坐語少選，王君復遺書問予:“玆遊也，當有謝朓驚人句。”余出詩十章應之。是晚，遂之清微公舘宿焉。有雷電自西北來，微雨隨之，季秋之念有一日也。王子曰：余之有槩乎玆山，而竟不暇爲五龍遊也。山之奥窔幽遐，即未能一一以窮縷覼，然亦得山之大都已。説者曰：禪主七十二，柴望稱嶽稱鎮，而獨遺于此山，豈山靈有時晦邪？夫以祖龍之雄，週行海上，金泥玉檢，徧靈山洞府之藏，而海上三神仙山，卒可望而不可至，彼可至者，非其至者也。蓋造物靈源，聖蹟不顯，然外露必鈎深致遠乃能闡極秘藏，玆山不遇主闢途衍勝，土木被文繡，當爲豺虎之區，探求所不到，故不登太和絶頂，不知天柱之高也，不得金城玉闕，翠宇璚宫，憑虚度空，天柱不可得而登也。真仙張三丰謂此地當大興，後果大其宫址，以爲祝釐之所，榔梅重實，金杵躍地，以應其符。詎秦漢以來所能闢其奇扃，標其絶勝，而以乾封石碣之文重哉卑之乎？晉

① “屏”，原誤作“进”，據王概《大嶽太和山紀略》卷七改。

魏之無足觀也，而以謝羅名，謝羅不足爲山重，而羅以山傳，則是山也，非真武何足以當之，故名之曰武當，王子載筆而爲之記。

重登太和遊五龍宫記

黎陽王在晉　提學副使

曩余縱遊鉉嶽，流覽諸峰，托墨卿紀其事，而獨不暇爲五龍遊。攷諸傳志，曰五龍勝也，質諸遊者，曰五龍勝也，迋一登南巖之嶠崒而目遇之，龍君將無笑王生爲空虛廣莫之觀耶？余意堅欲往遊，而會戊申正月校士事竣，歲始且暇，均陽守方君趣余戒裝。約先次玉虛，及五龍，而後登天柱，余首肯之，而問之輿人，謂五龍路險，自上下下易，自下上上難，先天柱而及五龍，便藉其力以爲驅，不獲不是其説，乃至遇真，解行驂，乘鍵輿，循周行故道，凡所至，皆筆乘中所載，不復贅詞。惟是時霜老風寒，草枯石出，悲颸叫篠，萬象寥索。登高極眺，蒙茸稍稀，蓊翳無色，而峰頭凍雪凝結，白雲間出，雲出而疑爲雪，雪積而疑爲雲，氤氤氲氲，漱玉吹煙，寒碧吐氣，七十二峰，半爲化工點綴。迎曦近旭，則積蒼掩映，傍陰連莽，則淡墨淋漓，瑤筆零落，青翠間錯，而金墉紫蓋，橥桷參差，亭亭矗立。望若絢霞紕織，乍見乍滅，半明半黯。木落天空，窮奥極曠，則於盛夏濃陰揭揭，而殊睇眄焉。盤險經行，嵣峵崛崓，迂紓而過太子坡，日色晻崦西下，明燎燃棘，見野燒起荒皋，低回曲詰，趨紫霄，就展旗峰而宿，則漏下更深，衣潤沾沾如雨矣。

夙興走南巖，過榔梅祠，而尋隙徑，以逶出天柱之西，俗所稱懽喜坡路也。次第走陰墺，險巇偪側，山腰石角，磨礪屹巑，四顧岑閬，如重關閉塞，萬馬咆嘶，不得駊騀跳躍。于時泉咽不流，磵空百尺，冰挂木石，短于銀簪，長于玉筯，高下垂垂，欲墜不墜。雪深石滑，寒氣凌兢，坎坷躑躅，上如九天，下如重淵，縮縮股栗，未有能濟。從人俱杖藜躡雪，互相縮脅，行過一壑，霿雺近晦，油雲靉靉，峭寒逼人。頃之而白花六出瀰漫，遍空下矣。雪盛，輿人以帷蓋茀車，前目無所睹，惟以十指把握輿鍵隨其低昂。久之悶懊，令去帷以敵雪，雪到而即降，若余所衣狐貉裘，白毛之在内在外者，不知孰爲深厚也。

踰坡登嶺，天柱及香爐諸峰隱隱現出之。以玉屑飛揚，可望氣而不可望色，亦以心意凛凛，顛越是懼，不復敢昂首揚眉，歷險□盡，而太和道士冒雪來迎矣。憩香厨少飦，而雪益紛墮，慮不可登金頂，道士進曰："當祝之，令雪少間。"余曰："天乎可罔耶？毋，吾當衝雪升高，一寓目耳。"扶曳登岌嶪，石磴如油，傴僂喘息，捫鐵繩，亘布索，而躋頂巔，肅穆展叩，祝史告虔。禮畢，馮虚回瞬，煙霧濛濛，白雲生足下，身居兜率，超然逸出風塵上，若姬穆之周行八極，未必爾爾。第云數高峰，望初日，則人人遇之，而輕霄上覆，碧空萬頃，扶輿渾合，蒼素莫辨，則從太極圖中捫鉉竅以窺混沌，尤勝于異日之横襟極覽矣。循石梯逡巡而下，返于齋廡，彤雲愈密，如日將晡。先是，余與巡道登吾崔君約期新正初五日至均陽，同謁郧臺，計是日必宿南巖，而翌日方可達州城，遂促從者下山。顧下山有二道，一從舊路，一從三天門，三天門石階陡窄，不可輿，而雪滑又不可步，强輿人仍由僻路，而令從者俱從三天門直下。僻路雖間關險巵，而自上下以索維其後，頗幸不顛。其自三天門下者，數武一跲躓，無不滿塗泥淖，見屐齒之折者。余從榔梅祠故道入南巖宫，從者曰："倦乎？"予曰："否否。"曰："樂乎？"予曰："否否。"蓋崔嵬九折，以離于險，仰而扳緣，俯而跼蹐，居者悚忺，行者皸瘃，不知其爲樂也。然迍邅蹭蹬，觸目離奇，幽壑靈巖，興雲布雨，鉉黄初剖，大塊如瑑，情與境合，趣以天成，不知其爲倦也。至南巖，晴光瀲灎，陰霾開霽，而時纔及申，予乃踞石床而坐，及南薰亭，讀古磨墨蹟，觀石室，瞰龍頭，遙望捨身臺，遲廻久之。金頂及千丈諸峰，檀欒簇擁，環拱而前，若喜睹前度遊人之再至，而峰峰展色者。愷哉斯遊！不知斜日之盡收，而初月纖纖在木末也。

余深有遊五龍之興，而問諸左右，靡不謂雪積途窮，未可直達者。

一老吏進曰："两度登太和，而有未到處，逢人問及，何以應之？"余躍然喜曰："知言哉！詰朝視天光耳。"而是夜大風括樹，枕邊皆風雨聲，半寤半寐，夢未嘗不向五龍遊也。而以風狂怯冷，反側躊躕，惺惺達旦，披衣而起，則曙色大開爽矣。余乃决意向五龍，從者亦踴躍請行，遂從南巖出北天門，由天一橋及欻火巖，巖石焦爛，靈池瀦水，爲能已疾。再折而北，爲滴水巖，石懸如肺，泉自上滴者，有聲潺潺。又行里許，爲仙侣巖、百花泉，陶幼安得道處。逶迤數十折，盤跚跨崒，批巖排磴，崖懸欲覆，崵削如擎蓮花朶朶湧出，令人爽心奪目。其昂然聳秀，石爲緑珩色者，爲仙龜巖，神龜時吐煙嘘霧，滴溜可盛注。過巖轉旋山凹，窺見日色，嵐寒邃合，潛穎如被陽春。舉趾登高，又俯躬瞷下，跐蹍峘岋，石齒斷齶，砂骨聱岈。時復躡足出嶠穿岫，竹箭成林，薜蘿糾轕，牽衣扎裾。步移出竇，忽聞巖下敲魚聲，有道人坐盤石諷經。其巢木縋筐而下者，筐以籜葉爲之，藤絲百丈，不藉繩麻爲綆，隨取隨足。傍磵遡流，石竅岭嶝，中窟空洞，當有神功潛伏，問之，則曰青羊澗也。澗滙磨針、牛漕、桃源、萬虎、陽鶴、金鎖、飛雲、瀑布諸澗之水，春夏間沸騰澎湃，兹則細流淙淙，不復作潬沙搏石聲。澗上有石橋，平坦可踞，而東壁两山聳峙，劍門中劈，恍甕中開牖，陰邃不可窺測。橋之下亂石砰磕，如馬牛獅象，雌雄昂伏，肖貌匪一。過橋有峻嶺摩天，白日蒸雲，岃崱萬尋，非復人間墻壁矣。從南巖至青羊澗，路徑旋匝，馳隟阤委，雖崎嶇棧齴，間復平衍，廣甃少石，而夾道古檜、老柏，杉樫、冬青，合拱圍抱，千章拂雲，鬱鬱箏箮，上翳天日。即嚴冬凛烈，樹色葱蒨，絶無敗葉摧枝遝褋，而路徑瀟灑，行過二三里，不見一人。清芬載道，幽香撲鼻，其視紫霄、南巖大道，半爲匄兒遊客溷亂，則又天路中之塵境也。

行過青羊橋，度鑽天嶺，累級盤空，瞻顧蒼茫，廻翔閃忽，萬籟清悠，耳目易界。泠然者，泉琴也，謖然者，松風也，啾然者，鳥聲也，澮然者，雲氣也，跫然者，空谷之足音也，鏗然者，嶺上之雲璈也，穹然而直出者，五龍之靈應宫也。宫東南逆折其門，入門爲道，九曲十八折。殿堦合九重，前五重，爲級八十一，後四重，爲級七十二。前列金鎖峰，右繞磨針澗，宮制巃嵸，摩霄踞嶺，松石峻垝。殿前天地池二，西背陽水結，東近陽水泮，以龍嗹出水。左龍井二，右龍井二，水與堦平，而堦從嶺築，滿不至汎溢。汲一井則五井水動，若殿宇爲浮梁，水閣天池浸其下，而此特開七竅者。自右廡逗而西，有日月池二，水色黛赭，變换不常。志傳此處下臨洞府，群僊龍神居焉，有甲士以劍氣觸之，龍驚突，天地震晦，言雖近誕，或亦有據。右山坎有古碑六，爲元時故物，揭傒斯所撰者，予不及觀，而道士出上賜道士李素希勑及衲衣觀之。按記，五氣龍君教希夷先生以睡法，希夷故善睡，余惟此處天高地曠，剥啄既稀，囂紛迸絶，漱流枕石，坦腹偃息，自可融融洩洩，掩扉酣鼾，至紅日三竿，何必五龍導引哉？山之右有自然庵、凌虚巖、桃源澗，余以行迫，不及徧匝。出宮可二三百武許，過老姥祠，澗邊磨鍼石，石痕如新。轉折而東，平岡路斥，而幽篁嘉卉，扶蘇叢薈，晴光透林，和風煦煦，回意昨朝雪色變幻天光，而輿人疑其有積凍者，絶無點雪沾埃，豈茂埜廣藂，地暖氣結，吹寒所不到耶？東行十餘里，爲仁威觀，觀前爲普福橋，局面寛廣，山隤峰缺，境如遐荒，人静鳥閴。南望茅阜峰，① 巉巖攢蹙，樵徑野僻，五龍行宮在焉。折而東又十餘里，而平田四豁，桑柘村落，宛然田隣農舍。轉顧鉉嶽諸峰，皆從此别去。玉虚址隱隱薄林叢，而華陽橋咫尺矣。

抵橋，而候吏走馬急奔，報崔君已至均陽相候，余乃趣從者遄返，而從玉虚宮門逕過，薄暮至均州，未嘗有雪色也。即問之崔君，而界山五十里内，亦未嘗有雪色也。深山大澤，爲霧爲雲，倏忽黝冥，而絶巘罡風，翻空動盪，氣聚成雨，雨散成雪，野馬長嘘，爐錘立變，北山之遊，幾欲令人終止，豈山靈自愛其奇，無樂點磨光景入遊人之鋪叙，而爲一篇收拾去耶？然無奈乎意之堅，何也？心堅則杵可化爲

① “阜”，原誤作“埠”，據本書卷四改。下同。

鍼，而何地不可至。靈山秀水，方壺員嶠之奇，人必有能至之者。秦皇漢武，雄風大略，第可鞭山駕海，而魔心未降，真魄漸耗，猶鐵杵之自成其爲杵耳。十洲三島，豈咸陽宫、望夷宫所得而通輦道耶？老姥當秦漢間，必不以苦工奇術示之，即得五龍引睡法，而秦皇漢武必不能除繁滌苛，寬桎梏，解羈紲，得天下而卧治之，惡在其真能求神仙者哉！

是遊也，三日而徧七十諸峰，遊意甚愜，然爲風伯雨師磨鍊覆苦，從者皆蹙額，而予獨翹然自快，從磨鍼澗邊有會心處，請志之以語知者。初登太和，爲萬曆丙午秋九月，兹則戊申之正月三日也。是爲記。

報國自在庵記

郭正域　江夏人

佛法惟觀音大士稱觀自在，夫能空五藴，度一切苦厄也。有如身在苦厄，安能度一切，安能自在乎？然則苦厄不自在，自在不苦厄也。衆生著有汨没利名，駑馬戀棧豆，至老不休，以身殉之矣。外被珠玉，中懷荆棘，口厭甘肥，足罥綱畢，何得片晷之閒適，一步之逍遙乎？

内翰劉君少負奇想，與余交久，語及時事，顰蹙嘘唏，慨然遠念，優遊遁思。余自南來，三年不見，忽聆其語，超超鉉著，亡何，掛冠往矣，莫可踪跡矣。又一年自武當來，脱緋玉，披鶴氅，作道人裝矣。及詢所遊，則已抵青齊，歷吴會，遊江湖，上參嶺禮鉉真矣。乃構數畝之地，數椽之屋，于武當冲虚之左，題曰報國自在庵。夫天柱穹窿，何似大内，焚香持唄，何似嚴更，禮拜虚皇，何似人主，黄冠道伴，何似貂佀，於是君長嘯曰："吾今而後知身爲吾有也，吾今而後知天地之大也，吾今而後知皇恩之難報也，吾今而後知前者之不自在也。"夫東漢之末，濟陰丁肅、下邳徐衍、南陽郭躭、汝陽李巡、北海趙祐，並清謹，退居里巷，不爭威權。甘陵吴伉，博達奉公，① 退還寺

① "奉公"二字原脱，據郭正域《黄離草》卷二十二補。

舍。未知其能空五藴，度苦厄否？而有身之患，當時免矣。數十餘年，載在史册。夫武當鉉帝栖真之所，彼以神農介子，道書所稱净樂國王，而捨彼崇高，來此丘樊，一謝人王，遂證天果。由此而觀，人世修行，各辦肯心，何有崇卑？即帝王之尊，不修不證，同此輪轉，同苦同厄。瞬息榮華，有時而盡，福盡報來，有何自在？鉉帝要言不出數語，所云滅盡險岌貪嗔，佛乘五藴，入此細微耳。

君既以所謂寰真子、渾然子爲師，① 夫道不遠人，世不乏仙，白日冲舉，何代無之。君既勇猛出家，一切唐捐，第加精進，在我而已。有大解脱，名曰自在，有大無畏，名曰自在，有大遠離，名曰自在。千載黄門，風流萬古，以君視之，更爲鉉遠。君又曰："吾之自在，吾以報國也。每旦焚香，爲國祝釐。"夫上界仙真，皆忠臣孝子之爲也。惟忠孝能合天心，惟忠孝能爲純陽，惟忠孝能冲舉。忠孝之至，乃能不欺，忠孝之至，乃能不貪，忠孝之至，乃能不墮，是真自在，是真報國。余方視君爲閒雲，爲野鶴，不勝羡心，而今幸得與麋鹿魚蝦徜徉于江湖，且以君之自在，而愧余昔之不自在也。安能多言，遂爲記。君名成，又名觀光，號文希子。

太和山遊記

馮時可　右參政　吴郡人

余以甲午夏入楚，奉璽書提督大嶽，兼領祠官，顧列署郎鄉，去帝君香案尚百八十里，數欲往謁，以冗未得閒。是歲八月，殘燠既清，凉吹初喧，乃請於中丞董公，公曰："我將往南陽，請聯舟下均陽而别可也。"擬以二十五日庚午發舟，會積雨後漢水大溢，不果，更期二十七日壬申，是日早復大雨，中丞傳令輟駕勿行，從吏報予，予曰："中丞期可不顧，雲中君不可慢也。"棹而先往，日加巳，天復霽，中丞亦遂放舟。申刻，余先至均陽，徙倚滄浪亭。亭踞絶壁，下臨江水，

① "以"及"渾然子"四字原脱，據郭正域《黄離草》卷二十二補。

壁上鑱有“孺子歌處”四字，亦佳境也。坐久之，望江中有如野鳧隱隱動者，從吏曰：“此中丞畫鷁。”有頃至矣，余同閫帥安如山、陳宗諫入謁，坐語移時。日既暮，余與安君輩入宿公署，而中丞舟尚次江上。癸酉質明，中丞解維往光化，余出送之，遂謁浄樂宫。

乃出南門可二里許，始行田間，原壠平濶，遠山四斥，車馬如從裀褥上度也。四十里過迎恩宫，又十里過艸店，始入山，從沐浴堂而西，兩傍皆有杉松，蓊薆成趣。五里入嶺口，棹楔跨之，榜曰“治世鉉嶽”。傍有小廟，折而北，度會仙橋，橋之陰爲遇真宫。宫負鴉鵲諸嶺，仙人張三丰結廬處，青松成林，廊廡翼張，自是王者離宫景象。出宫入仙關，自此咸爲馳道，皆行陂陀中。行可五里，忽見平疇沃野，萬棟駢延，鷄犬烟火森然成聚者，爲玉虚宫。宫甚鉅麗，諸臺殿離離森列，雲蔚霞駮，若陰若陽，爲九宫之首。遊者從東天門而入，徐度石梁，如在九陵道上也。自門至殿，幾二三里。殿左有銅鼓，右有石魚，叩之鏗然成韻。道士云開山時得之，未知然否。下殿，適均州守林繼喬來，與登望仙樓。樓四面皆峻壁，翠色圍繞，中座列老君像，傍列六仙。予往年曾夢中登此樓，恍惚神遊景也。下樓，至雪洞少憩。其後爲三丰洞，室傍有聖水池，徜徉久之。薄暝矣，還宿環除。嵐寒籟寂，凄神清骨，疑非人世。

甲戌曉，出西天門，過華陽橋，橋跨蓮花池，亭其上，四野秀色可攬擷也。過橋，除道楚楚，田廬桑柘，宛然村落，不類深山景。十五里至五龍行宫，宫負茅阜峰，出宫門，由左折而上岡，兩傍峰巒攢蹙，雜樹陰翳，雨聲颯颯，與落葉相應和，可聽。又十里下陡陂，林木漸巨，山峰四轃，中爲仁威觀。觀前有普福橋，從右折而上岡，山益深，樹益老，翠蔓蒙絡，霾天晦日。如此又約十餘里，人聲鳥聲並寂，其逕如太古，如遐荒景象。已從間道入觀隱仙巖，巖甚虚明，深可二丈，屋其下，以祀祖師及四仙。折而右，過磨針澗，登老姥祠，道士指磨痕石，疑好事者所爲。從祠上望，山勢縷脉相結，蒸嵐湏洞，① 彌見其幽，遊目久之。雲霧倏開，天柱峰如青芙蓉出於霞表，祖師金殿亦依稀可見。又三四里至五龍宫，宫門爲道九曲，丹垣繚之。入門見殿閣高下，磊砢相扶，與山爭雄，竊嘆非般倕何以構此。入左方丈飦焉，飦畢上殿禮祖師座，出從大殿左，謁玉像殿，像有五，皆鏤碧玉爲之。殿前有方圓二池，名天地池，池左右疏龍井五，水皆清洌。自右廡出，有日月二池，其一碧色，其一黛色，内各畜金魚萬頭，浮水瀺灂，同林守立玩久之。從山右股折而北，松杉蔽天，可里許，至自然庵，前有方池，其景最幽。已復南行，登降可二里，至凌虚巖，爲孫思邈、陳希夷修鍊處。巖如隱仙巖而深整，欄其外，下皆絶壑。從巖左折而南，有希夷誦經臺，其臺南向天柱諸峰，下窺無際。旁有桃源澗，瀑聲淙淙，喧於樹杪，晝夜不絶。臺内有八角亭，亭後有晒經石，四面穹巖，樫杉文杏，羅列成障。出臺迤邐東行，舉首南巖，朱垣碧殿，如空懸虚綴於翠微之表。又里許至啟聖殿，亦據一岡，正拱天柱峰，若朝謁者。已從左折，觀榔梅樹，枝葉扶踈，不類尋常梅也。樹後有小亭，徙倚久之。白日没山際矣，遂還方丈。

乙亥曉，出宫門，行山岡上，諸峰廻合，高樹美箭，錯綜蔽覆，微陽籠其半，陰晴異狀，行者如在圖畫中也。已歷梯石數十折，輿者支肩盤躄而下，若墜千尋之塹。蓋余初入五龍，見宫藏巖底，疑爲平地，及出門俯睇深壑，知宫在山腰，至此回首，五龍已在天上。又行數里，峰勢四逼，艸木蔽虧，引脰望前隊無所見，惟聞笳鼓聲隱隱巖際，始知道路所自往耳。下坡過一橋，曰青羊橋，四壁造天，樹色衣之，與水爭碧。橋下水聲喧豗如雷，出亂石中，石皆白色，多奇狀。度橋沿澗，折而南行，諸峰駢立，爭奇競秀，其側立千尺，形如豐蔀者，曰仙龜巖。又二里過仙侶巖，旁有百花泉。又東行爲滴水巖，巖若肺覆，水自頂滴下，有池承之，晴雨不斷。過滴水巖，即瞰見南巖宫殿，然山徑曲折，陟降縈紆，數相背數相朝也。迤逦數里，然後至天

① “湏”，原誤作“傾”，據馮時可《馮元成選集》卷二十二改。

一橋，自天一橋入北天門，山勢若蓮花拔起。又數十武至小天門，有巖垂下，疑欲墮者，上有巨人跡可異。從小天門入大殿禮帝，由殿後左折，大石延袤百丈，如欲躍者。其上朱桂蒼松，黝儵婀娜。巖中曰紫霄巖，閣其下，閣前一龍首石出欄外五六尺，下臨萬仞之壑，旁瞰者股慄，而道人顧坦步其上，無所畏，其爲伯昏瞀人哉？巖東有五百靈宫，閣旁有逍然亭，西爲元君殿，旁有南熏亭，皆屋于巖下，規製精巧，如王公家山園也。出亭又從殿後右行，陟降數十折，有捨身巖。自捨身巖級而上，可二三百步，有亭其顛者，即祖師昇真處，是爲飛昇臺，亭亭獨竦，下有試心石。從臺上瞻天柱峰，真如帝座，旁峰附麗之，若相若佐。其南巖以下諸峰，譬兒孫僕妾也。出南天門，過攝孤嶺，① 嶺長而平，儼若千尺石梁。蓋南北两山，壁絶徑斷，惟此一線爲通路。過嶺爲榔梅祠，祠西一巖高起，曰黑虎巖，有廬其半壁者，是爲虎皮張修道處。過巖爲朝天宫，两山廻合，其右有羊橋峰，千仞直上，下爲平橋，飛泉淙淙然。過朝天門，爲萬丈峰，下有斜橋。自此拾級幾千數始當天門，歷天門者三始入朝聖門，又數折，遂入紫金城，歷梯而上，是爲天柱峰絶頂。平臺石欄，中爲金屋，開牖東向，屋如暖閣，製甚精工，絶無鑪鎚跡。時已日晡，既禮帝像，憑欄遠顧，四隅萬山，層擁疊至，若拱若衛，若動若岋，又若飛濤，若走浪，若駕鰲，若搏鷲，若聚米，若列陣，遠望漢江，若畎若溝。舊志至此遺失一篇。

盂而别，遂從故道下山，徙倚文昌祠，見梯上行人作蟻渡狀。比至南巖，日將中矣，入坐南薰亭小憩。時霧氣甚重，群峰坐失。少間，風驅霧薄，對山祠觀時露氤氲中，若見若没，變幻無定，如海上蛟宫蜃樓，亦爲奇觀。出南薰亭，從間道走虎耳巖，即佛子巖也，僧號不二者屋其下，出迎客，飦焉。語亹亹近鉉，中含譏譴，數問貴人姓名，又數指两宫所賜旛蓋誇客，已引客周視所結構，附山倚澗，綴以雜卉，大有幽趣，閲畢，從高嶺回穴，崎嶇可數里而至紫霄宫。宫背展旗峰，

① “攝孤”，馮時可《馮元成選集》卷二十二作“曬榖”。

千仞如削，有皂纛之形，宫當之，若負扆然。前對竈門峰，左右两峰如翼，爲大小寶珠。宫前有禹跡池，其色縹碧，風吹雨激，嵈涌自浪。池可二畝許，前後皆有小亭，其旁杉木，高不見杪，大可數抱。池右有山，爲福地，道書七十二之一也。入宫，登百級堦而升殿，殿比諸宫猶麗，修梁彩制，下褰上奇，令人目眩。禮帝後，下殿觀日月二池。復出，從宫後數十折而上，山椒有小亭，由小亭折而上，有太子巖，眺望久之。度宫門折而上西岡，登試劍臺，從臺東北折而登萬松亭，千章大木，如宎夏然。北望展旗峰，如雲母屏。時已昏黑，燎行至方丈宿焉。

丁丑早行，出宫門，從左行山岡上，見群峭摩天，松篁如翳，時值雨後，益覺蒨潤，令人两腋習習風舉。折而東，經威烈觀，又行數里，有黑虎廟。歷十八盤而下，樹色四合，其下爲九渡澗，比青羊稍澗，而幽絶無異。已過天津橋，經龍泉觀，又十八盤而上，過復真觀，觀迫太子坡，前爲曲道，面面皆翠微也。出觀度復真橋，過太鉉觀，山始舒，路始平，遂從間道走玉虛，日晡抵均州宿焉。次日爲之記。

馮子曰：大嶽之穹如，視五嶽爲衆父父也。乃禪主絡繹者七十二，而柴望獨缺于兹山，豈顯晦有時耶？荆蠻之爲域也，在三代以前固闇昧之區也。地阻而迂，山深而峭，非萬乘所能馳驟，宜其泯泯哉。自國家荒度穰剔，而構結以崇欄傑閣，始成鉅觀。顧山之遐奥窅眇，以芟夷而失其半，山之蒼古奇詭，以藻餙而奪其半。至於香火之所叢依，姦宄之所窟穴，軒蓋之所題鎸，而玅境净界，盡爲緇染，無復太始混元之色矣。木瘻石暈，取妍于人，正物之病，夫彼土木宫庭之美麗，亦兹山之瘻暈也。雖然，孰爲嶔岑而丹雘之，孰爲厜㕒而金碧之，天成聖作，神謀鬼工，使覽者若駕蓬瀛而瞰閶闔，人間倜儻博敞之觀，此其擅場矣，即甘泉、上林何讓？或曰，山贏水詘，厥觀未備。噫嘻！高山巨嶽，豈其階藪而户澤，氣通脉接，所配偶者遐哉？岱有海，華有河，嵩有温洛，衡有洞庭，此固其徵。漢自天來，流爲滄浪，湯湯洸洸，久矣其襟帶兹山矣。吾請從夫天柱峰頭一望而質之，奚其詘？

遊太和山記

顧璘 刑部尚書 蘇州人

曩昔聞客談太和山高且奇，宮觀偉麗，皆天下所無有，竊疑未信。嘉靖戊戌冬，余以臺務巡方至襄，乃謀觀其勝。十月二日，出襄陽，信宿於穀城界山，① 道中見岡阜迤邐相屬，② 人曰：“此即山麓也。”蓋相去二百里已然矣。四日入山，將至遇真宮，則童冠羽衣人數十，提香鳴樂，持旛旆來導。悠然度灌木溪橋之間，恍陟仙界，自是凡過一宮觀皆然。是日宿玉虛。五日曉，尋澗道往尋玉虛巖，③ 凡三里始至，徑險石益奇，靈艸異木青葱，不類人境，平時人所不至也。宿紫霄。六日，乃登天柱峰，謁真武君金殿。歷路門者四，皆金榜，石磴曲折不可計。旁有石欄鐵鎖，人攀援以升，或憊，則引布推輓，④ 凡數十憩始躋其巔。平臺設真君殿，殿可三咫許，冶銅爲質，外鋏以金。棟柱、門屏、題甍並具。其像與四天兵皆銅，精工踰土木，非竭天下之力不可，誠盡美矣哉！其上四望莽蒼，凡山皆下莫見，惟北顧華山隱隱。再拜瞻禮贊嘆，徘徊良久始下。入南巖，石壁無古人題識，惟今少傅夏公大書“福壽康寧”四字，殊雄偉。其雷神洞、捨身巖，皆險峭可駭。初七日，向山北僻道，訪五龍宮，景甚幽邃，澗泉清泠可聽。時從高崖，低緣澗道，不啻千仞，如飛鳥翻然下青壁，愛且悚惕。荒茆密竹，聞往時多虎，今人盛，亦不見也。蒼杉參天，有大十圍許者時成林，亦他山所無。間訪巖居道士，問吹呴吐納之方，頗指鍾、吕、孫、陳諸仙人居處相示，使古無仙則已，有則不居於斯，將安往哉？八日，仍抵玉虛，得故人司法陳羽伯自南陽至，乃共再宿而別。入均州，遊浄樂宮，

① “界山”二字原倒，據顧璘《凴几集續編》卷二乙。

② “見”字原脱，據顧璘《凴几集續編》卷二補。

③ “往”，原誤作“涇”，據顧璘《凴几集續編》卷二改。

④ “輓”，原誤作“脱”，據顧璘《凴几集續編》卷二改。

至紫雲亭，云是真君誕所，或有之云。

山遊凡五日，歷宮九，皆絶工麗堅壯，而南巖、五龍多石爲幽。觀凡十一，多居巖阿，仁威觀前有白石特奇，余題曰“玉麟”。榔梅舊木已無，今乃後植者。廟凡三，因事而作，無幽概。巖名者五，玉虛、太子、隱仙，尤潤色奇觀。澗不可數，九渡、磨鍼，特名重真君也。凡宮殿皆擬天庭帝座之崇嚴，雖行寮寄寓，皆費中人百家之産，莫狀其勝。志云：“聚南五省之財，用人二十二萬。”不知作之若干歲，信有之乎。按真君其書所傳，本清修得道士也，其後乃有大威力，所顯於宋元及聖朝如此，唯我文皇大聖，首物垂訓，作事爲天下法，非真君有大功於國，大惠於民，報典奉祀，烏能臻是哉？遽未可考，若客談則固嘆其未盡矣。①

勑建大嶽太和天柱峰第一境北天門外蒼龍嶺新建三界混雷壇神像記

鄢懋卿　都御史　豐城人

大嶽太和山雄踞襄漢，盤礴八百里，起乾兑，控翼軫，群峰矗矗，逶迤攢蹙，而天柱峰猶嶔崒特聳，天然詭異，誠宇内之標格，仙靈之奥區。舊有鉉宫，崢嶸中極，金殿齊雲，紫垣耀日，奉鉉像以安靈，儼精爽之赫奕，幽贊每先意而啟，景福必應期而集，故神道之教，萬古如一焉。羽士王子紹瑞乃於其宫之後，復圖構壇于上，②懼費詘弗葺，于是走至京師，募資鳩工以鼎建之，範金設像，踰四載工始告成。羽士懼匪志諸久，踽請予以記之。

竊謂天地之道，③始于一，分而爲二，行而爲五，散而爲萬，而其本則謂之天，其主宰則謂之帝，其變化不測則謂之神。視之不見，曷

① “客”，原誤作“容”，據顧璘《湧几集續編》卷二改。

② “復”字原脱，據武當山現存原碑補。

③ “謂”字原脱，據武當山現存原碑補。

居以祠？聽之無聲，曷象以像？蓋神之所以無微而不顯者，誠之不可掩也。人心之所以事神而通微者，亦誠之不容已也。故祠以虔祀，肅厥敬也，像以示儀，崇厥畏也。敬則民莫敢慢，畏則民莫敢易，而事神之誠備矣。惟神享誠，日監在兹，以陰翊皇祚之昌，以默佑生靈之祉，以廣錫方來之禧者，莫可限量。則今是壇之構，像之設，不亦無疆惟休哉？用述其事，而頌之以詩，詩曰：

巍巍太和，萬山嶙峋。金龍蟠蜿，有赫其神。於惟玄帝，混一道真。斡施元化，闢闔無垠。咸秩元祀，世世相因。猗歟斯構，輪奐維新。門闕有翼，風雷聿陳。繡楯雲楣，丹户朱闉。①粹容永妥，瞻對如臨。丕徵疊見，景鑠紹伸。翊我皇祚，庇翌烝民。雨暘時若，萬彙咸忻。匪崇禋典，孰視精勤。②肅肅清獻，明明鑒歆。惟神享德，福禄攸臻。勒碑記積，百千萬春。

嘉靖三十九年二月吉日。③

剏建瓊臺觀記

趙志皋④

宇内稱巨觀者，無踰五嶽矣。太和山以嶽顯，五嶽稍左次焉。太和山者，實踞秦楚交界之墟，爲上帝靈腑，一曰仙室，一曰參山，一曰武當，見酈氏《水經注》。宋以前不甚顯，豈兹山之勝皆崇造天，而所謂天柱瓊臺者，棲真之士竟未覩也？自成祖朝膺特拜，賜名大嶽，世宗皇帝復尊稱玄嶽，于是兹山甲天下，而七十二峰之間，歷落離宮，延袤不下帝者居矣。其峰之中起而特絶者曰天柱，⑤其上多金玉之石，

① “闉”，武當山現存原碑作“楹”。
② “孰”，原誤作“郭”，據武當山現存原碑改。
③ “三”，原誤作“二”，據武當山現存原碑改。
④ “志皋”，原誤作“治高”，據武當山現存原碑改。
⑤ “峰之”二字原脱，據武當山現存原碑補。

多虬松之木，鉉帝之宫在焉。攀緣而登，諸山皆在几席下，岈然洼然，尺寸千里，攢蹙累跡，莫得遁隱。極目力而微白者，漢江導天外一髮也。前有两峰，亭亭並出，如榻前物，曰香爐峰，曰蠟燭峰。峰之前有澗，又一峰呈出于其前者，瓊臺也。其上多瓊花瑤草，① 其下多巨壑，其傍多奇巒絶壁，冥杳巖洞，其樹多榔梅，大數十圍。② 有石焉，負土而出，其狀如龜蛇，相傳爲鉉帝登真之地，③ 舊有道場，燬于元末兵燹。明道人王、丘两丫髻始披荆斸疏，④ 葺茅以居雲水，然亦僅備杖履而已。皇帝御極之二十年壬辰歲，有司禮張公者，乃即其地宫焉。越半載而功成，名曰瓊臺觀，堞嶺隍壑，冠峰帶岡，廻環日星，臨瞰風雨，翠羽之木，龍鱗之石，交映丹碧，靡不助麗。逮夫朝曦夕昏，鬪角参差，雲君霓師，金支翠旗，髣髴扈從，直欲界之三天，信非人間目境也。頃司事者請余言爲重，余喟然嘆曰：

夫亦知所由來哉！彼其摩霄凌雲，大者擬建章，小者凌祈年、望仙，盛矣！然非一手一足之力、一木一石之費也。國家數百年來，民去湯火，盡登衽席，今上綏寧太平，⑤ 内外臣民幸生無事之時，固得從容以其餘佐綺寮之餙，而内廷諸臣亦往往以勤勞徼上賜賚，亦復散於是。今燕山之陽，佛事最盛，然其所崇餙，必其平泉之埜，梓桐□澤之園，⑥ 趾相屬也。彼雲房仙院，紫閣朱宫，⑦ 亦往往求合於耳目之所嗜，未必盡爲祈天永命計也。鉉嶽去京師數千里，瓊臺之盛，不可籠而有也。公不以無所嗜而奪其意，盡出其上所賜金帛以奉斯事，上爲主上祝釐，以惠民壽國，舍此一念，知公無有也。余嘗聞公之清慎忠勤，事上二十年如一日，若是，則公之意念深矣。余因樂而紀之。觀

① “多”字原脱，據武當山現存原碑補。
② “十”，原誤作“尺”，據武當山現存原碑改。
③ “鉉帝”二字原脱，據武當山現存原碑補。
④ “始”字原脱，據武當山現存原碑補。
⑤ “今上”二字原無，據武當山現存原碑補。
⑥ “梓桐□澤”，武當山現存原碑作“梓澤”。
⑦ “朱”，原誤作“諸”，據武當山現存原碑改。

凡三殿，一居中而两翼之，前山門，後浄室，左賓舘，右道院，厨湢、倉庫、幡幢、經藏咸備，樂得而記之。①

① 此下武當山現存原碑尚有銘文一段。

大嶽太和武當山志卷之十八

藝　文　三

記

明

虎耳巖不二和尚碑記

袁宏道

余童年熟不二師名，以爲古尊宿也，既而閱元美、伯玉二先生集往往道之，始知爲近代禪伯，然二先生亦以夏臘高嚴事之，度其時皆壯盛。二先生既悠遊老去，奄忽若干歲，白楊可棟，而師猶鬖鬖如舊時，逆其生，當在宣成間也。諸徒屬試以臘叩，不荅，嘗檢其篋，得舊衲衣，忽云此武皇帝七年王城中施食所得衣也。扣之，復不荅。或云師名圓信，京兆之房山人，薙髮白雲山，禮大僧德敬爲師，往來上方紅螺之間一十餘年，行脚所至，爲武林、淮安、六安、終南，每住輒數載。以嘉靖庚申至大嶽，駐錫虎耳巖，穴而哮者爭避匿去。師倚石爲屋，稍稍剪夷其積，圜瓢數十餘，踞石沿澗，① 出入幽花美箭之中者，纍纍如笠。巖上蓮池二，濶可二丈，旱歲不竭。蓬室三，方廣當身。所得一縷一粲，盡以供十方遊衲，行之數年，遂成叢林。傾震旦士女號呼悲啼而至，② 若不至虎耳巖，猶未躋嶽也。至巖不面頂禮者，自以

① “石”，原誤作“口”，據袁宏道《瀟碧堂集》卷十四改。

② “震”，原誤作“辰”，據袁宏道《瀟碧堂集》卷十四改。

爲慳緣，必痛哭去，否則謹伺巖扉外，經數日得一見，則喜過望。以故虎耳巖之名遍天下，好奇者至附益之以古神僧事，家譚户艷，雖齡男稚女靡不道。計賢士大夫之轍以日至，尚方之賜、掖庭之供以月至，自嘉隆以來，耆宿之著聞，未有若師者也。然師務爲密行，不以解顯，應機之言，多依孝敬，撫摩煦煦，猶乳母之於驕子。金錢湧而至，拒不納，有贈糈者，付常住作供。四十餘年，影不出山，趺坐一龕中如朽株，雖利根之士，好爲奇談詭學者，睹其顔，莫不肅然增敬。

余慕師久，常以耄恐不及待，今年侍大人山行，獲一拜師於巖間。師貌甚腴，額隆隆起至頂，光滑可鑑，短髩數莖如雪，見人闔其目，聞根甚利，語清健，望而知爲有道。會慈聖出内藏金，爲師治墖，墖甫成而余至，師之孫真慧等以記屬余。世系年甲既不能詳，不敢妄載。庚申以後詳之，抑其大者。至若游人之所傳，① 好事之所述，俟他時入山實而志之，今未暇也。

游太和記

關中王嗣美　參政

太和名勝甲宇宙，不佞夢遊久矣，苦無羽翰，得遂杖履。萬曆乙巳，承乏下荆南道，太和寔在境内，且奉勅提督，有群望責。往時每歲三九月，守臣躬詣修祀事，不則遣官往代。余履任之明年季春，坐案牘旁午，奔走未遑，每過均州，翹首天柱諸峰，神常飛越，守土之謂何。丙午九月，祀典又當舉，謀諸治臺，以爲不可廢，遂卜於初六日啟行，減騶從，約行李，齋沐三日而後發，肅祀事也。

是日抵均州，次日謁文廟，隨禮浄樂宫，經迎恩宫、沐浴堂，再轉而上，兩山相夾，中樹石棹楔，榜曰“治世鉉岳”，嘉靖時所建。再過遇真宫，遇真者，張三丰修真之處也。道人藏有永樂頒賜誥勅，並銅像暨斗笠、拄杖在焉。是日昏黑，憩玉虛宫署。詰朝，上殿禮神，

---

① “游”字原脱，據袁宏道《瀟碧堂集》卷十四補。

因徧觀左右廊廡、神厨、樣殿及望仙樓諸處，皆宏敞壯麗，可比未央。晨時，取右道登，所歷有回龍觀，觀前有深澗，貫以石梁。折而南，爲關王廟、老君殿、元和觀，再轉爲太子坡。自此山徑蜿蜒，皆羊腸鳥道，俗所謂“上下十八盤”是也。再過爲龍泉觀、九渡澗、威烈觀，沿途山澗菁深，草木茂密，而幽禽野猿，聲相唱和，令人塵襟頓洗。羽流以笙管前導，如奏鈞天於雲霧中。又有黑虎廟、烏鴉廟，俗稱黑虎開山、烏鴉引路者即此。過紫霄宫，宫後枕萬仞崇山，即展旗峰也，峰形類軍中皂纛，故名。前有禹跡池，衆水滙焉。左有福地，山腰有太子巖，乃真武爲太子時潛修之所，余以道險俱未之訪。過是不五六里，即爲南巖宫。南巖山勢巉巖，懸崖若墜，而太和七十二峰環列於前，若屏障然。且七十二峰者，又巑嶸翠聳，不類群山，如浮圖縹緲，纓絡森布，秀色可飡，真所謂“天外三峰削不成”者。余不覺驚心駭目，大快平生，太和太觀，盡在是乎？

余時以日暮徑趨太和，姑留此以爲廻路。稍折而西，爲榔梅祠，乃真武插梅之地。路傍有杉樹七株，皆亭亭直立，上冲雲霄，俗稱爲七星樹。過此爲朝天宫，自是以上，皆壁立陡絶，千尋萬級，雖兩面有石欄鐵鍊，然陟者不攀挽則不可上。余念輿夫力疲，徒步以登，纔數步即氣促，少憇俟喘息定又登，若是者凡數十次，始達一天門，而两股戰慄，不可支矣。然已决筴，無可奈何。過遇仙橋、文昌祠，令左右以布牽挽而上。及至二天門，則日已落崦嵫，左右云：“此處有間道可以直達別業，不必上三天門也。”余耳之躍然，間道亦險絶難行，視天門則稍平云。抵別業，已張燈少頃，道人請謁元君殿發牒，元君殿者，即所謂太和宫也。宫殿基湫隘，不盈數武，絶與他宫不類，蓋限於地云。余稽首再拜，對越凛凛，直所謂如在其上，如在其左右者。

次日未鷄鳴，余即盥洗登頂，禮金殿。殿範銅爲之，飾以金，然榱桷簷牙，無一不備，規制精巧，殆非近時工人所能，且金碧輝映，光彩奪目，而真武神像莊嚴若生，不覺艶羡，以爲真武之神固古今卓絶，萬世瞻仰，而我國家制度宏備，又前代所未有者，即世所稱五城十二樓何以加焉？旁有棧房，稍憩，天已質明，左右云："請看扶桑日出。"余舉首東望，見一輪如火，半吐半隱，閃爍於滄海之中，四面霞光，焜耀萬丈，而日下有紅影如盆然，且日之東又隱隱若青山狀。昔有登蓬萊日觀峰者，爲余道日盆之景，疑而未信，今始目擊之矣。余一舉而得两奇觀，且省數千里跋涉之程，畢此生向平之願，詎不誠愉快哉！少間，住持上殿宣表，誦經祝釐，余隨班長跪，默爲贊禱。醮事畢，余徘徊不忍去，因週圍散步，縱目極觀。四面群山，引首俯伏，若丘垤培塿，又若侍衛拱立，趨蹌後先，莫敢仰視。昔人題華山者曰："諸峰羅列似兒孫。"誠不誣哉！提點陳真碧出殿旁櫝中累朝頒賜袍袱旛蓋，及真武黑白玉像、金銀香鑪鐘鼎之類，皆珍奇陸離，平生未睹。

是日回過南巖宫，觀南薰亭並吕純陽棋亭，壁間名人題咏多佳句，不能記述。憑欄南眺香鑪、蠟燭諸峰，四面環列，或起或伏，若遊龍矯矯，醉心悦眸，較前更逼。載觀龍首突出半山，下視令人心怵，而遊人猶有於此爇香者。折而西，觀玆帝捨身崖，崖壁立萬仞，下臨深澗，幽窅莫測，不審巨靈斧削，何以如是之奇。繼而下巖入澗，出北天門，仰睇道流方丈懸掛半壁，參差錯落，欲墮不墮，如繪圖然。行二十里，過滴水巖，巖有深穴，懸石如肺，中有螭首吐水，以小石池承之，亦天造也。再二十里，見孟浩然画像，像在懸巖中，刊碑其内，其自題云："假合身軀用墨圖，晶晶一點紙難模。上天之載無聲臭，此箇清光何處無。"亦清逸有致。未幾，過青羊澗，澗在深壑，横有石橋，清泉滃滃，流出山底，四面皆削壁，林木交加，渺不見日，即盛夏亦無暑。過是山益峻，路益險奇，再上鑽天三里，陡絶亦如三天門。傍晚始抵五龍宫，宫深在萬山，前有曲道，幽奇孤杳，不異桃源、天台。殿前有五井、日月二池，皆石甃爲之。井水相通，擊一井則四井皆動。池養金魚，投以餅餌則爲之出。左右有自然庵，道人出玆帝玉像二堂，像不滿尺，青白二色，傳言初建宫時掘地得之者。

次日過老姥巖，昔日老姥磨針之處。又過仁威觀，觀在山谷，四面峭壁環之，若瓶口然，缺處始得日。迤邐數里，山忽開朗，路亦坦夷，樹草亦稀疏，視玉虚眉睫間耳。未幾，過五龍行宫，心雖稍抒，而翹首太和諸峰，神魂依依，若陽關故人，有不能捨者。薄午抵玉虚，余因跋踄過勞，遂成委頓，休息過夜。以昧爽行，即日抵均，次日回郧。

是役也，天日晴和，風雨無阻，不三日而三十六巖、二十四澗、五臺、五井、三泉、二潭之勝，一覽無遺，人咸以爲鉉帝冥漠之助，而余亦自嘆其有緣云。嗟嗟！假令余跧伏里居，不補官，即補官，不楚，即楚，不下荆南，即荆南，而或風雨晦冥也，又安得舉生平之夢遊而不可得者，一旦畢收之哉？余於八宫俱有詩以紀其盛，詩雖不工，亦一時之實録，似不可廢也。其他幽巖細剎，更僕難數，不具述，姑述其鉅且顯者如此云。

王子曰：余遊華山，見三峰之奇，以爲隻宇内無两。今載觀太和七十二峰，峰巒峭拔，林壑秀美，視太華奚啻倍蓰，而《禹貢》《山海經》及古今載籍無述焉。至宋元以後，始稍稍著此，其故何也？豈山川之顯晦亦有數歟？抑天故秘其靈耶？不然，自黄虞以降，真武之神曷嘗一日不在宇宙間，至文皇靖内難始默助武功，創基業，迨天下大定，思所以報之，故不愛内帑，遣重臣，合江以南財賦首尾數年始畢厥役，而八埏九有士若女祈福澤者絡繹於道，其神赫奕，遂與天地日月爲烈。假令此山非真武棲靈顯聖，則必不得如是之顯且大，真武非遇文皇爲之表揚，則亦闇沕無聞，與他山等耳，又安能於赫隆著，萬世崇祀無窮也？余故並揭之，以爲天非人不成，人非天弗助，而顯晦之跡應有時也。

續遊太和山記

王嗣美

萬曆丁未夏五月，景風至，余代匱閲載祼，值直指武麟史公按部郧襄事竣。舊例，境内名山，持節使者俱得柴望，而守巡二道以守土故亦當與陪。史公約於初八日行，時巡道缺，余代庖，乃先期减騶從，初七日戒塗。是日天氣晴朗，路無泥淖，即日抵玉虚，所過遇真等宫、元和等觀，前記已具，兹不贅。公署偃仰，提點、住持諸人麇至，以次謁，進蒲香餠。余勞于簿書，兼時溽暑，體委頓，據梧假寐，而郵報直指薄遽，且云傍晚欲憇紫霄，余不得已，櫛沐復行，躡危嶺，踰長坂，張燈過威烈觀，羽流進茗。經烏鴉、黑虎二廟，及上下十八盤等處，時值陰晦，林菁茂密，不見星月，惟聽澗底水聲潺潺，如鐘如鼓，而火光前道，恍在天上。其羽流笙樂與隨行皷吹互相響答，如奏雲璈，余亦忘倦，促輿夫疾驅，及抵紫霄，則漏已三下矣。俄焉，武麟公至，差官止余不必面。詰朝進謁，又力止余勿往。余以舊例當貫行，乃先馳，踰南巖宫，未及入，折而西，躋長嶺两巖，俱深壑，一嶺横亘。又過榔梅祠，輿人指舊路曰：“歡喜坡可直達太和，且不苦。”余從之。時積雨初霽，千澗俱□，而石泉噴礴，如雪如練，真令人肺腑俱清。其峰巒聳翠，林壑蔚美，與夫鳥聲上下，雲霧往來，視昔所睹，又不啻過之。及抵二歡喜坡，則五老、三公、千丈諸峰盡現於前，若喜余之來，而開顔解頤以相揖者。無幾，過鷄公嘴，山石險峻，徑路崎嶇，如鳥道羊腸，俗名“鳳凰三轉身”，余畏其險，下車而步，行數里，足縮朒作盤躃狀，稍平始復登輿。再轉而南，遥望太和在眉睫間，旁一石級斜掛若虹，詢之，曰：“此三天門也。”余難其登，由右道往，路亦險絶，然有石階若梯齒然，輿夫攀挽而上。日亭午，抵太和宫，四面環視，諸方丈高下柧稜，俱依崖爲基，大都多樓居，豈仿昔日仙人之制耶？然山光梵影，青紫相映，即五城十二樓無以過。

少間，武麟公至，盥洗畢，詣元君殿行香發牒。余與州郡俱送青精，俗名點茶，亦舊例也，武麟收以犒醮士。須臾易服，登十數轉始陟其巔，級两傍俱貫以琅瑠，左右攙扶緣之以上，不則目懾心悸，股弁彖息，將稱天限矣。武麟公縱目四顧，環以周旋，抵掌羡曰：“奇哉！若不至子之庭，將不虚此一生乎！”因遍訪某山某峰、某溪某澗，禮生一一條答，曰蠟燭、曰竈門、曰香爐、曰五老、曰三公、曰千丈，詳如指掌。少憇，易吉服，開殿拜謁，提點真碧率衆上殿宣表。醮事完，武麟公又徘徊不忍去，曰："真境不常有，奈日云暮何？"余勸以信宿，而武麟公以簡書是畏，遂不肯留，下頂，禮生引覽元時舊殿，殿亦範銅爲之，第視金頂則規制廣狹不啻逕庭，始信國家制作宏麗迥越前人，因嘆玆帝遭逢之奇，以爲神人相須，非偶然也。未幾，陰雲四布，萬山皆紫，而濛濛細雨俱從七十二峰中飛來。余與武麟避雨萬佛閣，倚欄凴眺，煙景可人，而仰視天柱諸峰，則日光晶晶，另是一番景象。州守万君進盒酒，酒數巡，謀歸路。武麟曰："予聞諸鄉人，稱三天門之奇不容口，今既來，不可不一覽。"余以力疲道險，有難色，武麟曰："予勉旃策杖一登，公由舊路往，如何？"余唯唯，遂訂南巖之遊。乘斗輿，由歡喜坡旋轉，時時角槍，及抵南巖，候久之，不至，日將暝，始聞皷吹聲至，則蹎仆若傴僂丈人，見余，笑曰："予不負天門，而天門負予，两足痛，即跬步不前矣。"左右扶掖至棋亭，觀棋枰及龍首、捨身巖諸勝，其遊人題咏滿壁，以晷限不及覽。時陰霧四塞，白晝如夜，即蠟燭諸峰羅列在前亦不之睹也，武麟公憮然者久之。舊例，此地有司俱有盤餐相候，畢，稍移席，見霧氣漸收，丹碧較然，而諸峰環列，如屏如障，武麟公始沾沾喜，以爲大奇，且恨相見之晚。

是夜，余暫辭前行，武麟憇紫霄。次日晡時，抵玉虚，而余已張具于望仙之樓矣。武麟至，不及易服，徑赴宴，樽俎羅列，酒餚疊進，且侑以梨園，武麟公逌然曰："我輩凡人，仰仗僊靈，亦有生天之想，當作步虚、遊僊等曲，即侑人亦不能彷彿此意，可乎？"因命藍關等題。是日，武麟公懽甚，席畢，因遍觀長房、曲閣、鞦俎、智井諸處，而余亦自幸其有緣得附驥云。及旋至均陽，日尚未暝，次日由水路下襄陽。

是役也，山川猶舊，宫觀如前，而瑤草異木、奇禽杙狚之類，亦視昔不異，第前之遊也以晴，今之遊也以陰，晴則皜皜朗朗，爍爍輝輝，萬里無翳，而曦車初馭，其景尤爲奇絶，陰則淒淒霏霏，寥寥冥冥，雨隨風至，而雲霧往來，衣袂爲濕。昔蘇子謂西湖有四奇，又云淡粧亦相宜，真有味乎其言哉！

王子曰：余每見向平欲俟婚嫁畢遍遊五嶽，未嘗不嘉其志，而韓昌黎登華山，懼險，泣不敢下，至煩有司百計取之。余不佞，徼使者寵靈，不三日即再睹七十二峰之奇，固無俟婚嫁畢。其間道路迂且平，輿人得直達其巔，又何事泣書以後事爲囑也，詎不稱奇遘乎？夫世之躡磴捫蘿，竭蹷于數千里者，豈少其人，然不曰祈冥福，則曰答休嘉砰隱，至問山林之奇，則不知也。即昌黎文起八代之衰，詎不稱一時山斗，而文集中亦少華山一記，迄今以爲恨。今觀太和志前後題識，皆宇内名碩，而余不文，亦得以雕蟲之技附名于後，玆其遘益又奇矣。雖然，山林猿鶴，何地不有，惟閑者便是主人。余困於簿書，羈于牛馬，不得于名山朝夕，致使白雲滿地，無人爲掃，嗣是儻有移北山之文者，則又余之罪也夫，則又予之罪也夫！

遊大岳記

徐學謨　副使

始余兩遊大岳，其一爲嘉靖辛酉孟諏祠膏之夕，明年壬戌，會上計京師，還渡大河，歷宛鄧，取道穰東山中，浮漢江，抵均州，將有事于鄖鄉，以是歲三月既望復遊焉。當是時，余方領荊州牧事，輒迫于役，僅涉覽諸宮大都而去。乃諸宮獨五龍依岨巇絶，非旅遊之力可至，[1]徒北望指異久之，竟無緣一至，以爲嗛。余既罷郡歸，至是荏苒八年，爲今上之二年戊辰，余幸再起分臬玆土，而同年少參王君適嗣保釐飭岳典。王君雅負奇好，而又爲西道主，因數要余同遊，余因龐冗未閒。是年冬，王君以祈嗣故，先往謁禮，亦未至五龍而還。

今年己巳夏四月，余復有鄖鄉之役，維時清和既届，棼滯漸解，乃以是月之十九日壬辰，移書王君會遊。甲午，發漢江，是夜宿穀城，迤西行，睥睨四山，陰曀作雨狀。比午，歷石華，行千佛巖下，霁晦稍豁，亟組輿，度界山。忽夕陽逗嶺，大岳諸峰，總總蹡蹡，如揖余

① “可”，原誤作“所”，據徐學謨《徐氏海隅集》卷十一改。

而前者。晡舍界山候館，而王君亦以書至，約明日丙申自均州東發，候余於沐浴堂。遲明發自界山，抵清微館，迂折而南，赴所謂沐浴堂者，王君果先至，相見握手，驩甚。時未卓午，即屏御入山，循治世銥岳坊而西，坊琢文石爲之，跨峙雄槩，創自嘉靖間，賜今額，以冠五岳云。

初入山，如行郊藪，① 林莽蓊薆，遠山四隤而迎人。中列周道，咸甃以巨石，境始斥，稍陟愈益修曠，約二里，有杉檜萬株，盤桓夾厎。折而北行三百步，度會仙橋，下有石池，方廣數丈，瀦泉澄澈，林影覆之，漾琉璃色。橋之陰爲遇真宮，宮負鵶鶻諸嶺，左峙望仙臺，右黑虎洞，環翼而墻立，故名黄土城，即仙人張三丰結廬處。今宮之東廊有三丰遺像，初名會仙館，永樂初宮成，改賜今額。往年余宿東方丈，道士爲余歷歷指語如此，至是與王君飰於西方丈。移時出宮，復循杉檜林而南，折而西行，不二百步，入仙關，關薄阸隘 ② 駊騀中啟，行者蹻而登，寖尋乘陟，③ 石勢差互，隱轔鬱嵎，批巖排碕，漸昂漸艱，然所至除館懸崖介，綴若錦遞，以便休舍。

經元和觀折而東，偃次三橋，行六里，再折而北下，峰廻路衍，俯瞰平疇，壇曼陁委，徐佪羡沃，有萬宇突起，連棟駢延，烟火庵熾，儼成都邑之觀者，爲玉虚宮。宮故址亦三丰所棲，嘗語人曰："此地會當大顯。"已而永樂靖難，後果首創是宮以承釐祝。宮製視他宮特巍敞，其中爲正殿，奉銥帝座，皆繕以虬柱，鏤以龍梁，列以雲榱，飾以藻棁，翼以飛櫨，闢以綺寮，甓以文磚，覆以罘網，護以繡楹，週以覆廊。殿之外爲層臺，臺之外爲石欄，欄之外爲丹城，城之外爲墀，墀之外爲二山門，門之外左右列亭二，亦峙以崇臺，高可三丈，貯御製穹碑。正殿之陰，其殿曰啟聖，左曰元君，又左曰小觀。④ 迤西塢楹

① "郊"，原誤作"交"，據徐學謨《徐氏海隅集》卷十一改。
② "關"字原脱，據徐學謨《徐氏海隅集》卷十一補。
③ "寖"字原脱，據徐學謨《徐氏海隅集》卷十一補。
④ "左"，原誤作"右"，據徐學謨《徐氏海隅集》卷十一改。

者曰仙衣亭，亭後爲三丰洞室，室外銅碑一，其左爲聖水池。西塢北山下爲望仙樓，樓之外爲雪洞一。石渠之北曰齋堂，其西曰浴堂。宫門之左曰鉢堂，右曰雲堂。西塢之北曰圜堂，後鉢堂而除者亦曰圜堂。其東西各有道院一，爲楹者以千計。出一山門外，爲真官祠者二，宫之外東、西、北向爲天門者三，① 爲臺者一，曰八仙，爲觀者一，曰仙桃。他宫之製略倣玉虚，而支簃子亭、曲房奥窔之數，則各視其址之崇卑舒陿以爲盈縮焉。

憩玉虚，頃之，以與王君俱故遊，不復周瞭，問訊道士以五龍遠近，咸曰相距可三十里。時日未晡，王君即促余弛裝齎，用環輿易所乘輿行，環輿者，以鍵衡輿座中，可轉而下上，以便降陟，山中製爲濟勝具。輿自西天門出，度蓮花池，石梁跨焉，屋其上爲華陽亭。自華陽橋折而西上，岑嵛旁袤，境塢寥闃，沿嵑而望，鈎盤瀰鬱，環林叢薄，目盡方窮，乃知二百年樵蘇所不及，故生植暢遂如此。又折而北，行四五里，爲五龍行宫，宫負茅阜峰，迤宫後，斗折而上，衆峰攢蹙，騰突撑拒，聱岈傴側，莫省向詣，轉矚凹處，役者絙輿而上，縱縱作蛇行，崩石臨隧，② 乍開乍合，③ 乍起乍蹶，惝怳萬狀。忽有介丘直前，紆譎而登，有仁威觀在焉。觀前石梁宛轉，曰普福橋，橋之下洼然深黑，漩瀨退貯，潛潛噴震可聽。其上四山黔然，類缺甕刳其中而巉其外，一隟射天，光怪晃爍，丹碧之華葉，隱隱森動，以其地幽而巒結，迫阨裒斂，④ 回眸頓趾，若乘塞障不得下。旁扃忽啟，轉逗而西，度隱仙橋，又折而北行，两崖岬立，⑤ 廻谿股引，嘉卉美箭，不土而植，翠蔓蒙絡，白日如晦，鶬鶩狎人，翔鳴應答，如是者約十餘里，

① “外”，原誤作“門”，據徐學謨《徐氏海隅集》卷十一改。
② “隧”，原誤作“隊”，據徐學謨《徐氏海隅集》卷十一改。
③ “乍開”二字原脱，據徐學謨《徐氏海隅集》卷十一補。
④ “阨”，原誤作“阮”，據徐學謨《徐氏海隅集》卷十一改。
⑤ “崖”，原誤作“岸”，據徐學謨《徐氏海隅集》卷十一改。

其逕若混元始鑿，[1] 迥遐窅渺，[2] 非常遊者所至。又折而西上，至老姥祠，祠在磨針澗上，澗立大石，磨痕如新，道家相傳，即神女以鐵杵示帝處。又行三百步，始降輿，扱衹梯石而南上，[3] 遂入五龍門。門内爲道九曲，丹垣繚之，旁夾青松。殿製如他宫，而址獨聳峻，前後階九層，前之爲層五差，其級八十有一，後四之級如前之數，[4] 而貶其十有一焉，以故棟宇尤巃嵸峭拔，幾摩霄漢。前列紫蓋、金鎖諸峰，旦暮出雲氣以護儲胥。時薄暝，余與王君坐語移漏，尋宿。對榥奥如丹穴，[5] 山鬼屏匿，夜籟寂然，擁綈偃仰，嵐寒凄骨，疑非人世。

丁酉，具衣冠登殿，欵禮玄帝座。道士引詣殿陛下，觀天地二池，池上有石罅，鑿二龍口以竇泉液，晝夜滲灕，入池作跳珠聲。左右疏龍井五，渟膏汩汩，即歊烝時常盈。自右廡逗而西，有日月二池，下上鐶屬，[6] 日池如黛，月池漾赭玉色，天降時雨，其水變現不常。或云此即龍湫，昔有甲士掬池水滌劍，龍擁脊出，天地震晦，其説近譎，然以其水色怪異可信。宫之後上爲五龍峰，巉削千仞，其巔亦有靈池一。客嘗爲余言，池貯鯉魚數頭，或沉或見，疑爲神物變幻。上建石廟一區，其殿曰真源，以茅茷未剃，砠磩棘肘，不得陟。復迤左謁玉像殿，觀玄帝及從像，皆鏤碧玉爲之，開山時出自瘞中，不知爲何代物。林之坎列勝國時碑六，一仆焉，字漫滅不可讀。出宫西北行約二里，登凌虚巖，爲唐孫思邈、宋陳希夷修煉處，今巖次有希夷誦經臺。自凌虚巖折而西上，爲自然庵，庵前甃石爲方池，橋而入，恭覩文皇賜道士李素希勑衲。庵前後穹崖，羅榧杉、文杏千章，婆娑蔽天，蔭其下，東瞰昕日，旋盪杳靄間，殊幽麗可念。已復南行，過宫門，復從

① “逕”，原誤作“境”，據徐學謨《徐氏海隅集》卷十一改。
② “迥”，原誤作“廻”，據徐學謨《徐氏海隅集》卷十一改。
③ “扱”，原誤作“扳”，據徐學謨《徐氏海隅集》卷十一改。
④ “四”字原脱，據徐學謨《徐氏海隅集》卷十一補。
⑤ “榥”，原誤作“幌”，據徐學謨《徐氏海隅集》卷十一改。
⑥ “鐶”，原誤作“還”，據徐學謨《徐氏海隅集》卷十一改。

九曲道紆而出，傴歷梯石數十折，輿者支肩下磐躄數里，① 若墜千尋之塹，引領五龍，已在天上。山崥藏大麓中，灌莽蒙茸，鉷岈缺圮，不可步武。沿谿趴踑行，若有伏流在偃石下，以草木茂翳，無所覩，静聽之，隱隱作滛灩聲。又折而東南，行五六里，旁睨两崖崩石離列，水自北來，砩激而南，潏淈散走，其聲澌沸。又折而東行數百步，有橋横澗上，是曰青羊橋，橋之下水聲益峻盪，石卧澗中，如斷如齶，如蚪如鼉，如牛馬首者，不可勝計。渾沙暴囓，奔撞擊汏，匯爲奇觀，訇礚駭目。余與王君箕袒列籍，偃而歌，揭而漱，雲浮鳥飛，四顧岑闃，宛然濠濮間也。蓋水自五龍頂股分磨針、萬虎、牛漕、桃源、黑虎、陽寉、金鎖、飛雲、瀑布諸澗，悉會于青羊一澗以入漢，源邃而委迂，故青羊橋之水特勝。度青羊橋，沿澗折而南行，澗邊皆連峰拂雲，岭嶒合沓，蒙以豐卉，蔓綴虧蔽，逕盡始通，既通尋阸，故澗道乍細復巨，暫起忽伏，杳不知其所窮。余與王君以其地巔崾，特降輿行，遇會心處即盤石坐，移時復行。澗邊諸林壑駢立聳秀，其尤美者曰仙龜巖，巖側立千丈，形如豐蔀，石緑珩色，或曰上有神龜，時吐烟霧。旁瀑泉滛滛，下以手承之，輙盈掬。

自仙龜巖再折而東上，澌露梯石，紆延百數十折，跋而登，復窮山之巔而止。頃之，又循級而下，逕稍闢，始見院宇，知已逼南巖。出仙侣巖，觀百花泉，爲陶幼安得道處。又東行一里，爲滴水巖，石肺覆赭色，泉水自巖上滴小石池中，瀸瀸不絶，邇昵之，不見石罅。又行一里，爲歘火巖，石色如焚，烈勃吐焰，② 中瀦靈池，其水能已疾。自歘火巖對瞰南巖宫殿，③ 幾不盈武，然跼促迂歷，盤岋跋峘，猶迤邐五六里，然後至所謂天一橋者。自天一橋入北天門，山勢如千丈蓮花初發盂盎中，花葉紛矗，璀璨葳蕤，諸所鼎構，皆嬋連擎聳，④ 峻

① “躄”字原脱，據徐學謨《徐氏海隅集》卷十一補。
② “烈”，原誤作“列”，據徐學謨《徐氏海隅集》卷十一改。
③ “南巖”，原誤作“五龍”，據徐學謨《徐氏海隅集》卷十一改。
④ “聳”，原誤作“茸”，據徐學謨《徐氏海隅集》卷十一改。

坂覆之，翼以飛棧，斗折而上。循山左支行數十步而右，又百步復折而左，登小天門，有大巖石若將墜而復止者，仰睇之，上有巨人跡，指趾悉具，莫省其所自來。自大巖折而東，又折而北下，入方丈，餠而出，① 還逕大巖，折而南，禮大殿，歷大殿左諸楹，山復起突爲小阜，爲圓光殿，黑虎巖蹲伏而負之，巖深洞莫測。自大殿後左折而東二十步，陟崖上，復折而西行，過元君殿，殿之左隅爲南薰亭，亭外有石棋枰，棋道縱横，儼刻畫狀。自元君殿折而南上，又折而東，過獨陽巖，巖之東有石室，因山而坎其中，高廣可丈五尺，深如之，鏤鉉帝石像。其外爲紫霄巖，護以石欄楯，欄楯外故有石突而鋭出，長可五尺，類神龍矯首，好事者穴其頂以承薰爇，下臨絶壑，瞰之蒼茫閃忽，疑無地，朝禮者往往慄足而趿，投香于頂，匍伏而南向，謂之龍頭香。其前似崛䃶而特起者，爲禮斗臺，臺之陰横崖石，大如垂天之翼，刻靈官像五百，飾以黄金，貯石罏中。又迤東皆懸巖，不可逕，復折而西，再折，梯磴降陟，凡數十折，捫附蘿蔦而行，可通捨身巖。自捨身巖級而上，約二百步，有櫨其巔者，即鉉帝昇真處，是爲飛昇臺。自臺上仰瞻天柱一峰，巍然當頭，儼紫垣帝座，② 擁翠旒，建雲梢，御風駕，執梃而照臨太隅，旁峰凴麗之，即泰階六符之使，乃南巖以下諸峰列三十六，類帝之外臣，③ 冠冕珮玉，林林翼翼，各次峙以朝宗於上。其下小山，屈伏林莽，爲嶼爲嵁，爲穴爲陵丘，自高而下，蹄股支撑，若爭欲欵獻，而偃蹇廻翔，無以自效者，又類遠臣。

余與王君憩臺上久之，有踈雨涔涔東來，廼復尋故磴，還於紫霄巖。迤宫後出，折而西行，巖道揵而斗偪，廣盈趾，兩山歃豁處，以木梁之，循巖行，輿者僅以隻趾襲陟而度，三百步始出宫門。雨止，折而南，忽臨入山孔道，目愉心舒，可輿行。春時遊徒淆擁，頗淄清境，至是經塗若滌，山形增媚。再折而西，度千尺石梁，其下淙淙然

① “出”字原缺，據徐學謨《徐氏海隅集》卷十一補。
② “垣”，原誤作“微”，據徐學謨《徐氏海隅集》卷十一改。
③ “類”字原脱，據徐學謨《徐氏海隅集》卷十一補。

鬲津而流者，爲武當澗。澗受黄巖諸峰之水，北入紫霄澗，紆廻數里，循澗而陟，緣以皋陸，多經行頭陀，鐘梵之音，與澗水相應答。隥壁繡錯，轉跂上遊，皆巢居之客，屏絶烟火，日從木杪縋應器以乞施。①其冣上跕鳶之崖，有樓櫨一區，行人指爲往年虎皮張修道處。虎皮張者，不知何許人，後得道於此化去。迤北爲榔梅祠，自榔梅祠南上二里，至朝天宫，小憇。轉折而西，其逕愈勾棘，役者始翼輿而登，曳掣退遂，且行且踣。又折而西行二里，經杉木林，結蔭可坐，或云自杉木林迤南有入頂一徑，以翳砠，蛇虺穴之，非常遊所經。復西行，愈抖擻凌逼，其上山勢鋭如卓筆，道左右書“昇天梯”三字。至是，即大貴人不可輿，余與王君乃降輿，勾袂躄躠，走數十步，始跋而上天門。天門者，開山時設施，以象三界，斧崖而梯。次第登梯，廣僅二尺，鐵緪之，士女曳而魚貫行，陟降凡數十百折，悉循巖勢以爲縱衡，級如之，即壯夫之力，歷數十級輒攝脅而止，久之氣平，復行且止，如是者凡數十廻，始窮天門。一至三天門，則空中磴道，如自上搖掇，跋履震撼，尤岌業艱苦，故朝禮者非繭足皸瘃不得歷頂。比至大頂，則狂呼大叫，悲愁嘯啼，以驗白至心，余嘗笑其愚，至是與王君亦幾作韓退之華山之慟。

出三天門，東折而上，入朝聖門，又折而北上，厜㕒鈎錯，乘險距阸，各有樓棧廡房，以居道士，夷峻而起，墳其陽而塹其陰，狀類懸瓠。②又西折而上，③爲小龍池，屋焉，以祀龍神。又迤東爲神厨，爲真官堂，爲聖母、④元君二殿，如他宫之製，加縮焉。又折而左上，爲朝聖殿，前翼麗樵，以棲鐘皷。其東上榮藏列聖即位祭告碑，自祭告碑又折而北上，梯紫金城，匝城而盤蹳，復數十曲，益促數累息，竟翹奮而升，入南天門，如世所繢五城十二樓者，是爲天柱峰絶

① “縋”，原誤作“鎚”，據徐學謨《徐氏海隅集》卷十一改。

② “瓠”，原誤作“弧”，據徐學謨《徐氏海隅集》卷十一改。

③ “西”字原脱，據徐學謨《徐氏海隅集》卷十一補。

④ “母”，原誤作“武”，據徐學謨《徐氏海隅集》卷十一改。

頂。其上石瘠而峐寒，草木童如，飛鳥不至，間生朱草靈藥。有蒼檜數株，高不盈丈，其柯半枯，類老龍蜕甲，環而夭喬。中崇階壝，以鞏金殿，殿液銅爲之，金盪其外，榱橑、楶桷、棟欒悉具。視其桴棼，絶不見鑪錘迹，疑爲鬼工。殿東薄飛棧二，① 可頓而更衣。殿前薰茀，散爲白烟。時薄暝，夕陽半吐，下方已昏，遂與王君禮鉉帝像而退，返於真官堂飯焉，約以申旦戌戌來觀扶桑出日，② 各旋寢去。夜參半，松濤颯響，疑雨至，啟疏寮視之，缺月在户，星河森煜，復就寐。久之，空中天鷄喔喔鳴，余亟促王君起，偕余捉襟儐厭而登頂，霏微颸拂，沆瀣沾衣，東望紫雲如蓋，泱鬱綺結。頃之，昒昕漸爽，朱光迸徹，景風澄廓，踆烏翔空，盪射萬山，金碧晃映。③ 爐燭三峰，近聯几閣，而皇巖、三公、五老、玉筍、天馬、鷄籠諸峰，若動若岋，屬繹而來，奔走不暇，埃壒屏翳，宛虹芒碭，遊目八極，眇忽萬象，不知此身已在九閡之上，接招搖而迴遊也。王君曰："噫嘻！烏足以窮此山之變幻哉？若夫冥雲滃發，靈雨乍至，蒼焉漭焉，驅爲混合，群峰坐失，僅呈毫末。及延頸閶闔，懸曜如故，馳景飛燭，光涵大浸，④ 豐隆忽裂，劃然朗霽，兹余曩之所未覯者。矧昭冥迭變，萬形殊詭，乘化往來，曷其有極，而子姑漫羡于馳隟哉？"⑤ 余嗒然一笑，曰："子欲揭揭而觀其竅耶？將冥冥而締其妙耶？"王君亦嗒然大笑。

復迂迤梯武鋭而退，駊騀飛越，了無怛讋。歷二天門，憩摘星橋，延睨二界行人，皆作經踱佁儗，伏躍而起，委麗連卷，揚袘而下。出一天門，若逢武陵舊路，仍升輿行，戌削嫯姗，低迴杳眇，南巖蒼翠，舒擥可拾，叱徒曲踊，一躍而至，不復住，遂盱衡而東下，經太上巖，折而北行十五里，入紫霄宫。宫負展旗峰，峰形類軍中皂纛，巋

① "東"下原衍"西"字，據徐學謨《徐氏海隅集》卷十一删。
② "申"，原誤作"明"，據徐學謨《徐氏海隅集》卷十一改。
③ "晃"，原誤作"愰"，據徐學謨《徐氏海隅集》卷十一改。
④ "浸"，原誤作"碧"，據徐學謨《徐氏海隅集》卷十一改。
⑤ "羡"，原誤作"託"，據徐學謨《徐氏海隅集》卷十一改。

矗數十丈，箕伯翕張之，① 霍然搖動。前列五峰如拱，其右轉三峰屹然中立者，即大頂所摩撫五老、三公諸峰，至是始雄特不可傲蔑。宮之左右亦有日月二池，七星池麗焉。自大殿後右轉，山之椒壁立而龕其中者，曰太子巖，左爲蓬萊第一峰。自巖下出小圜亭，折而左，復北，爲煉丹巖，又折而右，復西上，爲七星、三清二巖。巖之上非人跡所至，其下爲榔梅園。自榔梅東下，又轉而南上，爲福地殿，殿墀鑿丹井二，② 迤北爲萬松亭，其東賜劍臺，相距不數武。左右山缺而復圓起者，爲大小寶珠峰。諸巖水合而東流於脅右者，爲金水渠，方廣八九尺，北折而流經宮前，赴小寶峰，不得出，疏其頂以行，爲後渠，復東趨，合于大寶峰，匯於岬下，爲禹跡池，橋焉亭焉。余往年月夜經宿，枕籍圜堂，聞雲璈聲徹曉，已疑爲鈞天清都，③ 不謂入山之路至是僅僅始半。

余既與王君餂，聞迤南虎兒巖有不二和尚者能説真乘語，以路曲逆不得去，乃出宮循禹跡橋而東，經威烈觀，折而東北行，度天津橋，可望玉虛、黑虎諸巖。巖之下爲九渡澗，澗會紫霄、黑龍、白雲諸澗之水，流入梅溪，達于漢濱，轉騰瀲洌，略如青羊，而漵漻不逮。澗路迂欹，④ 亦跋磴而降陟，梯下上凡十有八。又折而東行六里，爲復真觀，觀迫太子坡，前爲曲道，扃其垣而堞其宮，面山皆翠聳，輿始至，適故所善詩人趙郡宋生者荷擔自東來，延之入，生曰："吾行老矣，世間佳山水乃有如是。" 余笑曰："唉，而方入大官厨，竊一臠即屬厭耶？"因與觀殿前聖母滴淚池而別。度復真橋，又東行十五里，山漸緩，至廻龍觀，巒勢廻復，若山至此而轉盻也。折輿而西，仰睇太和諸峰，神魂依依，甚類陽關出客。降行又五里，乃復于玉虛宮。

昔柳子厚謂遊之適有二，曠如奥如，兹山自南巖迤南及東爲曠，

① "翕"，原誤作"翁"，下又脱"張"字，據徐學謨《徐氏海隅集》卷十一改正。
② "墀"，原誤作"池"，據徐學謨《徐氏海隅集》卷十一改。
③ "鈞"，原誤作"鈎"，據徐學謨《徐氏海隅集》卷十一改。
④ "欹"，原誤作"碕"，據徐學謨《徐氏海隅集》卷十一改。

北爲奥，常遊者輙自紫霄取道禮頂而還，彼其所謂崇峰傑構，回日星而瞰風雨者，已酣登飫歷，① 其心無復之已，故往往不及五龍，而反病其邃。玆遊自奥抵曠，軒窈纖巨，已次第舉之，而窮幽搜峭，攄物之祕，兼人之棄，若于奥焉有獨詣者，王君亦謂爲然。將就玉虚休焉，以明日出山。頃之，有客持酒肴遲沐浴堂，要余两人弛齋者，復促輿東行，就客食，余遂止宿沐浴堂，而王君自丙夜復燎行六十里還均州。王君名應顯，閩之漳浦人。

提督藩臣公署記

陳良謨

按均志，參議行省故在城外，劉石冠興，爰徙城内。地偏坤隅，堞雉臨壓，繚垣之表，蕭艾之墟，以高則邏卒俯瞰其闔闑，以卑則雉雊升棲於罘罳，陳子居之，心竊病焉。東距百步閒廨一區，名曰舊府，蓋提督内臣之遺第也。堂甈陔廇，偪錯無次，於是陳子撤而新之，剷隆爲墀，築庳爲基，覆其基爲廳事，翼以二厦。廳之後爲甬廊，廊之後爲燕寢之堂，其前爲門二，其左右爲廡舍四，凡爲楹者三，惟堂之楹五。其東别有屋八楹，以居胥吏。其西又有廳，有堂，有寢室，有庖湢帑圊之所，以居家衆。凡爲楹總二十有四，大略如其中之制，而微材匪别構，② 工弗民役，③ 七閲月而告成。陳子居之，心安而體便，因自諗曰：是何前之病而今之安耶？君子明德理下，不求重内顧外焉，④ 是毗舛也甚矣。雖然，外内一者也，鳥鼠弗祛，君子焉芋，重門洞開，心體斯豁，謂作室無與於治躬，猶言盛服無與於修敬也，而况莊蒞之所哉？工既竣，知州吕箕、指揮江山，暨監役鎮撫王暉、典術孫繼

① “飫”，原誤作“沃”，據徐學謨《徐氏海隅集》卷十一改。

② “微”，原誤作“徵”，據方升《大嶽志略》卷四改。

③ “弗”，原誤作“夫”，據方升《大嶽志略》卷四改。

④ “顧”，原誤作“願”，據方升《大嶽志略》卷四改。

本，① 咸請紀其事示永久焉，弗許又請，乃麤舉其略，鑱諸石碑，陷於壁，以識所由。

神惠倉記

方升　參議

神惠倉者，佃民之倉也。倉諸費皆取之宫中，而人無與焉，以是爲神之遺之也，故名神惠。永樂十一年，天子有事於大岳，于時宫庭之屬遍嶕嶢，道士廩食者四百人，人給之田，復徙民往爲之耕，凡五百五十户，謂之佃民，佃民不屬有司征徭，賑貸不相及。予奉命提督諸宫，至之日，問起廢，知荒備缺狀，大懼無以應待舉火之民，謀之提督少監滇南李公曰："唯弗事事無備，無備多惠，民弗捄也，奈何？"李公曰："君蓋圖之？"明年歲饑，佃民告貸，乃發宫中錢，户十百，約歲稔入穀四石，② 於是得穀三千二百二十石。先是，佃民之輸於宫者，歲餘米八百石，③ 吏弗詰也。乃籍其數隸之官，改令納穀，於是復歲得穀千二百石。④ 予喜曰："可以成事矣。"南城下西偏，佃故有倉，歲無所入，毁爲溷壤，遂即其地復建焉。中爲堂，堂之北爲九廒，東西各五廒，前爲門，門之外爲池，既落成，乃進諸民而告之曰："唯江河之不廢流也，唯行潦之朝盈而夕除也，無他，能繼與不能繼也。今與汝約：歲饑則盡出以貸汝，⑤ 歲稔則還之官，弗出息，弗加量，石納耗五升，違期者罪之，過取者罪之，欺以濫惡者罪之，及盜一貫以上，悉抵其罪，加墨，不用吾命者，視吾按。"於是佃民相率而前曰："大夫匪便其私，惟恭生生，敢自隕越于下？"

是役也，予與提督以命諸佃，諸佃竝作，判官陳大策、指揮江山

---

① "本"，原誤作"卜"，據方升《大嶽志略》卷四改。
② "穀四"，原誤作"設而"，據方升《大嶽志略》卷四改。
③ "餘"，原誤作"入"，據方升《大嶽志略》卷四改。
④ "二"字原脱，據方升《大嶽志略》卷四補。
⑤ "出"，原誤作"除"，據方升《大嶽志略》卷四改。

實綱紀之。千户韋乾、吏目楊遷、義民郭秉鉞暨群工百執事，五里之晢，各程其勤，作之二十有三旬，始訖事。于今丁酉三月五日訖事之旦，予有閩命，刻石紀諸門左而後即衢，蓋不忘其所有事也。

遊太和山自均州抵玉虚宫記

姚履素　武林人

昔向子平蓋誇五嶽遊云，迨今文人隱君子輒膾炙太和山，苟得擔簦躡屩以從事，不啻窶子之獲重貲，其希冀福澤者固無足比數，自非耽心鉉理、溺志幽棲，倘亦有搜奇險、慕名勝而容與者焉。余結覽既竟，則臚盱衡所收，以托之毛穎。冬仲晦前一日，出均陽道，道皆石墊，坦然康莊十數里，或里許而時脉發，間於阜爲觀爲宫。有曰打兒窩者在山壁間，俗謂擊石可得嗣。下曰朝陽洞，深以丈許，鏤五百靈官像，楝柱皆仍山石稍施斤鑿焉。四十里入冲虚庵，庵負望仙臺，傍鴉鵲嶺而近，陵巒環合，雖咫尺通衢，寂若鉉曠，多教父隱於中，余渾然、陳鏡水，其杰也。入治世鉉嶽坊，度會仙橋，經遇真宫，沿途杉檜，若斂青蒼避道左拱立，而伺余輿也。入仙關，塗漸趨峻，抵玉虚宫，日就晡，登望仙樓，山色陰鬱，如有相逼之狀，两腋颯颯，欲與俱凌空虚矣。宫中之藏，石磬爲最，鏤若魚形，鱗鬣皆具，如掉尾而欲逝者，擊之聲鏗鏗然，出於土瘗者，不知何代物也。

由玉虚宫登瓊臺觀記

晦日易山輿，登好漢坡，坡石赤墳，出入山谷間，木葉盡脱，層岡外皆可背度，不知春夏之交，萬綠凝蔭，當作何狀。二十里入紅門，揭曰“洞天深處”，山路連綿，夾岸幽勝，非經行孔道。數里抵太上巖，壁間鎸仙靈像殆遍，巖右結圜亭，對落帽峰，踏躡山谿，陳柯不剪，意其潛虎、豹、蟠、虺、蜴、猿、鹿之屬，踪滅跡絶矣。折而南爲八仙觀，觀左小閣，西向，虚窓深樹，竈門峰突峙于南，以煙瘴得名。岡岵屹巙，干霄舒丹，遊屐所不到，廻龍、復真之間一佳境也。觀右披棘行百武，得龍洞，藏石穴中，潏潏汩汩者，悉從石龍噴出。今築墻數尺于下，令人企足而睒視，不知何故作此瘴礙也。閣中設蔬飦畢，西行，逾七里溝爲孔道，轉而逆行里許，度平臺，有峭石自澗中直上，覆以古木，根株四面垂若擿，意甚奇之。一二折爲太子坡，負巖而宇，面展旗峰，右延袤上數十石級，小構設太子像于峮嶙中，望天柱峰頂焉。稍回至平臺，由十八盤下，略聞潺湲聲，則九渡澗也。上爲龍泉觀，虹而飲者，曰天津橋。過橋循九渡崖，經淵默亭。繞澗水而東，林木蒙密，約三里而屆玉虛巖。飛棟翼厦，皆巖石所覆，紆廻登陟，如處樓之下，臺之上，二三十級，石益盤礴，覆益廣，若削若劃，若懸若墜，堪窮設簷，輿窮設版，蹲踞而屏蔽于隔岸者，爲墮爲喬，咆哮而屹崒于左方者，爲嶠爲岫，漣漪而瀠洄於深谷者，爲澗爲壑。已乃循級而下，渡澗水，還顧巖壁，又如瓊樓蜃閣，梯連棧屬，層累而上，若斷若續者矣。行五六里，上下有丘隴，多奇狀，有兩崖對峙，中泐一逕，如巨靈擘者，有雲根獨聳，上着老虬，如仙人掌者，有望之山蔽蹊阻，頃穿石而出，豁若雲開者，而玲瓏峭崿，遠近異視，晨昏變態，恐解衣槃薄羸未免爲之閣筆，玉虛、平臺之間一佳境也。遵太和澗而西，二三里入瓊臺觀，輿人告力殫矣。環觀後團瓢數龕，與二三煙客敷坐，暝色漸近，惟聞歸鳥諠林木，亦不憶其爲人間世也。

由瓊臺觀登天柱峰記

嘉平之朔，遶觀後，緣坡坂行道中，始有冰雪，蓋負陰所積也。半里許爲瓊臺峰，巑岏入雲際，幾欲埒天柱而两之，然未免面而折服，此其鉉址耳，署曰仙跡流風，曰瓊臺受册門。五老峰自其後環珮而來，三公、香爐峰盡爲比肩，而竈門諸峰亦由西北迤邐而相揖讓。東望一峰留雪不融，在嵱嵷之中皭然自見。北行數武，坡間雜置驛使十餘株，以儲棡梅之錫。循坡上七八里，東望白雲洞，嶮巇不能到，遙矚壁間，羸而吐者爲巖，詘而内者爲洞，所在而是。煙客隱淪，率緣以蔽風雨，略取楓葉石片點綴户牖而已。或設棧道，或躄躠而上，或縋曳而下，則不復出，米醯之屬，任之者率以縋致。時見形影追隨，若真若虚，恍惚于青屏翠巘之間，而説者以爲黄符之侣亦雜遝爲出没，即之則空筌也。西北上崛崎險曲，兼以冰雪載道，扶掖而登，山輿并廢。行五六里，攀援石磴，不憚頳彭骫僊，而陟太和宫，則又攀援石磴，不憚頳彭骫僊，而陟天柱之巔。蒼松數株，偃仰離披，凝碧雲穿，日光爍爍落落，爲羽爲旌。古木寒枝，留冰雪百千萬片，如壯士稱戚揚干，露刃外向，鋒芒不敢逼視，而晶瑩霞帶於衣被戛擊有聲。然而摇風亦輒隤，行人苦之。既肅容禮鉉帝座，黄冠示余藏玉數重，葢出于尚方者，龜蛇爲最奇，蛇圓瑩，龜稜隅，蛇遶龜腹背，色黟如漆，而龜潔如脂，因其玉質，極人工之巧矣。

仰而瞻天維，則馮翼氤氲，格澤靡寧，而八風蓬龍之中，疑有鼓吹而讙呼，五雲縹緲之際，疑有冠珮而周旋，説者以爲排閶闔，低日星，未得其高也。俛而察地軸，則培塿垤陳，岃嵼牙張，而窦入于黄泉，疑淵汩川没而無垠，孑峙于坤元，疑龍擎鰲駕而欲傾，説者以爲鎮百靈，吞萬鯨，未得其深也。當其前而流睇，則有竈門風煙，紫霄瑞雰，展旗耀綵，香爐炷馨，五老三公，更入遞進，若海之逆潮而横衝于東也。廻其左而側視，則有顯定駐霞，獅子懸星，萬丈嵯峨，皇崖崀嵬，而七星靁石，連袂牽裾，若鵾之怒飛而紛起于北也。引其右而睨望，則有伏魔揮刃，九卿拱宸，柱笏趍陛，玉筍聯班，而仙人隱士，竦壑昂霄，若舶之貢琛而競檣於南也。遶其後而狼顧，則有天馬踁馳，鷄鳴翼飛，大蓮小蓮，媚容冶姿，而外朝見擯，不與會盟，若弱水之隔而棄置于西也。凡山所有勝美，爭奇鬬譎，曬就于人，而應接不能斗粟之一，禆患于飽而棄餘，然以四方輻輳，肩摩袵連，各有所取，而又若不能使人屬厭者。返太和宫，設供具，有頃，登千佛閣，閣之瞻眺，庶幾盡大頂所有，惟東面爲頂所屏蔽，而以丹堊琉璃增勝，遊人不至，旁午可以舉一觴。

由天柱峰至南巖宫記

歷三天門而下，千磴萬級，備諸險絶，而始得平。撫七星樹，過杉木林，歷蝦蟇石、鳳凰石、蓮花石，壁間鑱"帝畤"二大字。下爲巨壑，隔岸對飛昇臺焉。經黑虎巖，相傳當日伏虎處，其在南巖宫之左負圓光殿而蹲者亦曰黑虎巖，豈虎原無定趾耶？自天柱峰而下，二十里抵南巖宫，蓋於諸宫中獨以眺覽勝者。由天一橋入北天門，山勢棋布，若與神垣支亭間置，所由徑亦委蛇斗折，怪石一片，龍頷而伸者丈許。入宫，經行其下，巖峭壁如堞，東西幾百雉。仰承懸巖，頫瞰絶壑，而獨陽巖據于右，根綿蒂引，不及其垠。北望太和，見中峰端冕而凝居，諸峰環向而朝宗，尤爲奇壯。壁間多詞人題詠，石室處巖下，署曰"瀟然物外"。由巖西下，再登數十級，曰禮斗臺。横石於臺之陰，如欲墮者。西行百步，抵飛昇臺，與鑱"帝畤"二字之壁爲東西向，然俯而臨之矣。舍身巖在焉，憑虚翼空，躡者足逡巡，不能出半趾。有曰仙人巖者，路險不能到。返南巖宫，土人以儲荒苦豆根蒸余，大有山林味。入子夜，羽士王凌虚爲援琴皷三闋，山間靈物，疑有竊聽者矣。

由南巖宫紫霄宫至虎耳巖記

二之日，出宫西南行，環視欻火巖，如山東之望秦關，惟見其葱嶺叢薄空住雲懸，若以爲鳶肩猱臂所不能到也。五里入紫霄宫，三公、五老諸峰列峙于前，而展旗峰抱其後而翼之。宫門之外數十武，方塘清凝，曰禹跡池，上遊而構者曰禹跡亭。逾小阜東下，轉而南，曰福地殿。殿前嶄而立者曰寶珠峰，足當太和之一拳。禹跡池之水，則由寶珠旁溢而東注之者也。北數武曰萬松亭，東曰賜劍臺，各于望中收東南之勝。返方丈稍憩，繞宫後，登太子巖，蓋展旗峰之麓崛㠊而起者，多古杉。左爲蓬萊第一峰，其七星巖、三清巖，道險不能到。折而西上，則在展旗峰之脊矣。下視錯落諸山，僅如麗贅，蓋岑巋之屬各欲跳跟以自見，而竟廻翔偃伏者也。徑稍坦可輿，而凄淡之容，林谷俱寂。

五里許而至虎耳巖，往不二和尚居巖中説上乘法，接引衆生，以是因緣，善知識焚香頂禮而來，今和尚於四年前證菩提果，山中足音蔑如也。其徒爲言涅槃事甚悉，復引余至巖上，竹逕蓮池，磐石斷岸，每適意輒編荆爲廬十餘處，皆禪定遺跡，藏蜕于龍山塔。和尚存日不言歲年，據汪伯玉、王元美諸公彼時皆稱其髮鬖鬖白覆額，而正德間曾入大内施食，有武皇所賜千佛衣尚在，距示寂期已近百年，前此固不可考，其徒謬稱百二十歲，以促爲延者也。

由虎耳巖至五龍宫記

循故道回展旗峰，北行五里，則越南巖宫後矣。黄冠告余至歘火巖不遠，因强輿人折而西，纔百武耳。由側門入老君堂，遶階屏中門立，則天柱峰諸勝如列掌然，亦猶南巖之北望也。折而左即歘火巖，陡壁忽開一洞，高深皆丈許，寛倍之，列炬入始可見，下爲滄水池。巖外瞰孔道，僅如繩引，初之望若不可階者蹻捷而達，亦無所苦，以輿人愛力幾而失之。返老君堂，出就道，則誤入荆棘中，茀不可行，巖且盡欲墮，幾如襄城之野，遇樵者始得達。下至滴水巖，巖若覆盂，高塏洞豁異他處，就山間汲水烹柏葉，飲一盂，心神俱滌。沿途多巨木，杉松檜柏，交蔭疊翠，其皮葉俱脱者名槲，雜立于巖磴間，若乃據石而根四垂如搗者，觸目導迎，不知其奇矣。頃之巨木略盡，徑邊皆篠竹。里許度竹笆橋，清流涓涓而來，碧靄蒼煙，迷漫欲滴。上東岡，回首南望，始見两巖巔編篠竹也。木石滋益奇，直者凌雲霄，縱横者覆蔭道路，龍攣虎跛，夾道合抱，記所謂巨人力士執雲幢星蓋以從，不誣矣。而纖蘿覆鶴，猗萎披風，與雲蓮苔錦競秀，目涉徘徊，不能舍去。

過仙龜巖里許，有巖三两相屬，道人廬其中，大爲炊爨所淄，問之，曰："此白雲巖也，以石潔得名。"或謂白而涅之，當若何？余語以色受涅，本來不受涅，涅有時盡，不涅無時盡，姑聽道人廬。五龍峰盤旋入雲，望之在咫尺間，計可一蹴到，而排山跌壁，尚隔十餘里。度青羊橋，下臨澗水，石岸堅冰，惟波心如帶，受萬虎、桃源諸澗之水，泌瀄奔衝，方作遊龍夭矯態，不暇凝結，而觸石有聲。繯顧巖谷間，若繚絙而四維之，靡不爲響應者。踈林幽鳥，亦若愛而自適，仙侶、華陽之間一佳境也。緣石級升，與天柱同峻，人謂之鑽天三里焉。華陽巖遶澗水而壁，古木凝秀，中空澗無所有，令石紋山骨露其巧，或謂曾有建浩然亭于内者，余亟止之，曰："亡乃稱其沁入澗下窪而洞者曰華陰，若與頡頏。"蓋二三折入五龍宫矣。

由自然庵至長生巖記

自然庵去五龍宫半里而遥，負壟面岡，山勢環抱，南北相距僅五丈許，東西亦不過十數丈，其两巖巨杉皆二三人合抱，陰森蔽雲，殆無虚處。庵内石池畜金鯉數百頭，升沉出没，如遊于濠，從層冰之上闚之，不爲晶宫虬澤乎？西南半里爲凌虚巖，於岡脊外横開數十丈，坦其巔，與岡相屬，如坪然。巖畔似坏城而下者，巨杉爭偃，其深陰覆露於巖外，又如聳身欲下投者。折而西，傍山巖踽步，雖時有登降，然蹊路不甚峻，或行榛莽中，三四折，約二里許，得石壁，鑿山爲階，鑿不可入，以一木引之，始得洞，則長生巖也。方廣皆丈二三尺，據半壁間，李道人廬其中，道人不出洞者十年，不穀食者亦三年所矣。逆知余至，設版焉。洞外稍下，有隙地數武，東望天柱峰諸勝如圖，下視若臨巨壑，耳目所及，無一障礙，據形勝最小而收覽遐盡者，此爲得之，遊屐所不到也。

由五龍宫回玉虚宫記

詰旦，復出宫之西，折而南里許，蓋在凌虚巖下矣。數十蒼髯叟立百仞崖上，欹身下視，而顧人語。登希夷誦經臺，望桃源洞，窅窱奇幻，不可端倪。澗水自紫蓋峰發源，伏流薦莽中，淵潛莫測，而會心處如居閬風，餐丹霞，雲螭鳳簫，皆若可招致，豈思邈未往，希夷尚存耶？回故道，北度磨針澗，過隱仙巖，西北至普福橋，約十餘里，出入於會仙、繫馬諸峰之下，山僻韵幽，極目蕭蔓，引以青羊澗之水，浘浘不停，視山谷與故吾，則若偕入於杳冥者。或云夜籟澄寂，常聞步虛聲，雲堂、仁威之間一佳境也。

折而北，由連三坡入金沙坪，李道人新建凝虛觀，尚未卒役。道人故中涓也，匿金沙坪若干年，空谷無足音，幾不知有漢。因詢今上起居，對以前星燕禖之慶則手加額，告余治國莫若惜民，養身莫若惜氣，外無一長語，大類有道者。設蔬飦，下至輿厮俱遍。復引余入其廬，茅齋僅容膝，門外澗水一泓，陳農人畚鍤，山色排闥而入，泊如也。乃出連三坡，經五龍行宫，度蒿口橋，返玉虛宫矣。冲虛庵两道人贈我藜杖瘿罍，拂麈丹餌，寓招隱之意焉。

遊子曰：余觀太和天柱峰，貫列缺之倒景，便欲鞭駿浮槎，惟患宇宙小耳。及登玉虛巖，倬詭巉崄，得其奇，入長生巖，人境寥閴，得其寂，經太上巖，道中風柯霜條，經竹笆橋，道中輪菌虬蟠，得其蒼。訪金沙、虎耳，山外有山，得其深，渡青羊澗，壁合雲流，清泉白石，得其秀，陟瓊臺，目涉彌遠，望白雲洞，意測彌微，得其曠，坐滴水巖，逌然杜德機，得其雅，凌虛、隱仙之間，泬寥誕漫，得其幻，合奇、寂、深、秀、蒼、雅、曠、幻，以會於太和，而益見太和之大。或言與終南山相屬，盤亘起伏，中間石田鉅萬頃，惟無所用之，故人不爭，今皆爲廣成、羡門之跡，然山形所跨纔均、房两境，即志稱歷關隴萬里，但遡其發脉耳，彼廣衍者將安所頓置哉？若乃艷述鉉天之靈應，侈口古今之明禋，壯談宫闕之巍峩，浮誇民氓之向往，則前有作者，不敢以漫遊轍跡點綴名區也。

遊大嶽記

譚元春　竟陵

自寒河七日抵界山，山始衆，是時方清明，男婦髩生柳枝，凄然有墳墓想。至迎恩觀，舁人忽下肩向井東叩首，復舁上肩去，肅肅悸人矣。過沐浴堂，夾道古柏陰黑成市，與王子坐柏下，告之曰："此物豈無神乎？矧今且萬林。"入遇真宫，復出行于柏，窮其柏之際，仰眡枝，頫盼根，無一株遺者。柏窮爲仙關，關阨塞，他木老秃，與細竹點两山。又行陂陀中，指元和觀東路行人紜紜者，何所也？同行僧曰："十八盤道也，返則徑其處。"又行沃野，乃見玉虚橋，橋渡之以入於宫耳。舍橋，由樹隙傍至道人室，由道人室躡板渡溷渠旁至宫。宫麗甚，制乃不可詳，且非野人所好。旁至會仙樓，峻壁四周，蒼翠無間。啟後窗，有樵人方負薪過。出宫，柏數十層亂于門。又旁至先所謂橋者，微聞水音，不能去。返道人室，語同行僧曰："遊他山人跡不接，① 從本路出入，稍曲折焉，即幻矣。此山有級有鏁有絙，以待天下人，如人門前路，天下人咸來此山，如省所親，足足相躡，目目相因，請與師更其足目，以幻吾心。"同行僧曰："此而去有金沙坪。"② 明日，從望仙樓後，由昨所謂樵徑者，漸不逢人，橡葉正秀，壑平其阜，③ 柳家澗初自林出，嶺行屢折，④ 橡轍隨其折處。忽從萬橡中下一壑，高低環青，有石可坐，澗亦送聲來坐處。將至坪，左山深杳，道者結廬。纔引脰望之，有二山雞從澗中衝起。入觀中，道人方煮橡麪接衆，食隨磬下。由齋堂啟窗，群山墉如。出與王子坐泉中，而同行僧從左右遙呼，已先得一處爲閒亭者，爲煙客居者，皆可淡人情慮。去坪回望，坪中殊秀絶，然壑漸深，樹皆如其深數，高卑踈密，非聰明所能施設。過繫馬峰，忽一巖奇甚，連延數處，怪石與樹與草與澗，若一心一手，彼隙則此充之。與王子復返其起處，詳觀焉。巖未窮即爲仁威觀，有落葉數十片，背正紅，點橋前小池，若朱魚乘空。過觀十餘里，桃李花與暎山紅盛開，如春。接葉濃陰，行人暍而憩，如夏。蟲切切作促織吟，

---

① "遊他山"三字原脱，據譚元春《譚友夏合集》卷十一補。
② "而"，原誤作"面"，據譚元春《譚友夏合集》卷十一改。
③ "平"，原誤作"乎"，據譚元春《譚友夏合集》卷十一改。
④ "行"，原誤作"得"，據譚元春《譚友夏合集》卷十一改。

紅葉委地，如秋。老槐古木，鐵幹虬蜷，葉不能即發，如冬。深山密徑，真莫定其四時。有猿綴樹中，方自嬉，童僕呼于後，猿挂自若。入隱仙巖，無居人，惟異柏一株類垂楊，裊裊然新青欲墮矣。自老姥祠而上，望天柱、南巖諸峰，嵐光照人，層浪自接者，爲一重，而其下松柏翼嶺，青枝襯目，稍近而低者，又爲一重。两重山接魂弄色於暄霽之中，萬壑樹交蓋比圍於趾步之間，① 目不得移，氣不得吐，遂休五龍方丈自恣焉。宫所負山峰，峭然豪立，所謂五井二池，碌碌不可照覽，一入即出。又途中經奇踰險，聞有凌虚巖、希夷誦經臺、自然庵皆勝，皆略之。是夜眠不穩，樓下有繫猿啼到曉。

早起，梯石穿岡上竹樹，幾不可止，細流時在耳邊，與蒙茸爭路。又行四五里，俯看深壑，芒若墜煙，身在塹底，五龍忽在天際。下級，水自北來，南響始奔，自南折東，始爲青羊澗。澗上置橋，高壁成城，相圍如一甕，樹色徹上下，波聲爲石所迫，人不得細語，桃花方自千仞落，亦作水響聽，澗自此橋始快焉。② 沿澗而折，過仙龜巖，如龜負苔蘚而坐，泉從中噴出濺客。此而上石多怪，向外者如捉人裾，向下者如欲自墜，突起者樹如爲之支扶，中斷者樹如爲之因緣。其爲杉松柏猶奇，在山上者依山蹲石，根露獰獰，必千尋數抱而後已。其在深壑者力森森以達於山，千尋數抱，纔及山根，而望其頂，又亭亭然與高樹同爲一蓋，此殆不可曉。覺山壑升降中數千萬條皆有厝置條理，參天拔地，因高就缺，若隨人意想見者，始猶色然駭，中而默息，久之告勞焉，如江客之厭月矣。然每至將有結構處，猶警人思。自仙龜巖過百花泉，東至滴水巖，觀其水所滴如刻漏。是時南巖宫殿已迎瞻矚，猶尋徑左行，右見五龍，已如舟中望岸上送者欠立未去，而五龍前所見衆山紛紛委於壑，松柏各隨其山下伏安然，與荇藻不異。自顧身所經處，怪石奇植，非無故者。

度天一橋，山蕊自吐，道人室層架其上，峻坂危棧，相爲奔秀。及

① “比”，原誤作“此”，據譚元春《譚友夏合集》卷十一改。

② “此”，原誤作“成”，據譚元春《譚友夏合集》卷十一改。

登小天門，有巖石垂垂冒人，但所謂巨人跡者，貿貿不可踵趾。王子亦曰："巖間紋多類此者。欲入殿觀諸巖之奇，而两日間木石多變，心目賢勞。若更以諸奇巖惑之，縱觀費目，分觀費心，参差觀心目俱費，費必將有所遺，① 曷寓道人室，明晨淡然一往矣。"日未午，道人不可久對，與同行僧謀："此半日亦無坐理，當以了虎耳巖。"同行僧曰："若太子巖取道之虎耳，則并可了紫霄。"乃往紫霄。其宫背展旗峰，卷雲切鐵，有起止之勢，使人眩栗。已入宫，問禹跡池及福地所在，則已過。復出宫觀池，遶池登福地，參嶺以下諸峰，赤日直射，有光無色。由宫上太子巖，磴道迢迢，疲乃造極。參頂别爲一重，不可見，以下諸峰，嵐息煙滅，暄多而凄少。由巖歷山上行，臨睨紫霄，指隔嶺朱垣問同行僧，云爲威烈觀。行穿後山，下趨虎耳，此路無林木，見一松，追而憩之，虎耳僧適來松下會，因同進。近巖有竹數竿，水一泓，與王子堅坐。比入巖，嵌空成屋，故榻尚在。僧導至頂上，凡老僧、花木、亭榭殆盡，惟藕塘水猶與泥相守。僕有善取藕者，跣而下，两足踏藕之所在，如梭往反而手出之，山僧以爲樂，送余從嶺間還，不由向路。忽循展旗峰後，過其隙中，峰方削而突古，竟離爲一處，非先所見皂纛相連者矣。稍進，復會於五龍來路之杉松下，較始見覺親，蓋虎耳心目閒於無林故也。

晨起，往觀巖，巖在殿後，大石百餘丈，詭祕峭刻，有骨有膚，有色有態，有力有巧，高者上躍，壑以下至不可測，使鬼爲之勞矣。内察巖之高下思理，外察頂之起伏神情，不覺遂窮亭際，憑欄坐楯，遠望人客佛號沸然。是日，天風吹木作瀑布聲，常以之自愚，爲巖中補遺。已而詳所過幾處亭閣蜿蜒，天與人規制若相呑。西去爲元君殿，數十折至捨身崖，大木隊而從。由級以登，爲飛昇臺，臺孤高亭其上，天柱峰聳然在五步内，不望亦見矣。臺傍有一樹，下窮壑，上出亭，挾千章萬株之氣，而葉未能即發，作枯木狀。臺上石後老松，有一株

① "必"，原誤作"心"，據譚元春《譚友夏合集》卷十一改。

散作數枝，銜石而披，大風搖之，宜可折偏，以助此臺靈奇。臺旁又有露臺，露臺下有巢穴者①能休粮，呼之久不應，慨然舍去。行攝孤嶺，②經黑虎巖下，精魂方爲諸巖所奪，至此都不經意。過斜橋，問斜橋人，上頂有三徑：一爲磴道，人所由三天門是也。一爲官道，由歡喜坡往。一爲樵人道，由銅殿崐入。予樵人，當由崐入，同行僧别去，上三天門，獨與王子次萬丈峰，向背香罏諸峰，行枳棘中，數息數上下。道人家汲水者，負土築者，稍稍遇於路。乃至崐，石巖高危，嶺横如界。同行僧先至，迎我太和，一見而笑："由磴道者近耶？"小憩道人室，室七層，有鴉數十頭方向板屋上飛。喘而登天柱絶頂，禮真武殿上，觀其範金之工，四顧平臺，萬山無氣。近而五老、罏燭，遠則南巖、五龍，在山下時了了能指其峰，今已迷失所在，惟知虚空入掌，河漢西流而已。出返銅殿，是元大德年物。③坐觀天柱峰，草木童稀，石骨寒瘠。壑而上石稍開，因築城銜開處，城而上石復結，稍歛之以護頂，至于頂乃平焉，高削安隱，天人俱絶。因想山初生時，與人初上此峰時，皆荒荒不可致思。私語王子曰："水猶不滿人意，如此大名山，苟有千瀑萬泉流之使動，樹杪石罅，受響不得寧，吾何思廬霍哉？"同行僧曰："此而下蠟燭諸澗，純是水矣，且可了瓊臺。"但察僧意以失三天門爲恨，然予以避三天門，益力從瓊臺往，④非避其險，避其雜也。他日談山中事，獨不知三天門何在，亦奇矣。乃復自崐出，枳棘隨人衣裾，漸覺又有山石傲岸，與他石離而立於前者無數，⑤皆默領其要。王子恐予未見，輙從後呼語之。至上瓊臺，瓊臺峰落落有天地間意。去投宿中觀，桃花開我立處，松古於門外，有數鳥拍拍飛而東。入登其樓，蠟燭两峰正當窗，不知其名而圍者同照眼。是時天欲暮，白雲起

① "臺"，原誤作"亭"，據譚元春《譚友夏合集》卷十一改。
② "攝孤"，譚元春《譚友夏合集》卷十一作"矖穀"。
③ "物"字原脱，據譚元春《譚友夏合集》卷十一補。
④ "力"字原脱，據譚元春《譚友夏合集》卷十一補。
⑤ "無數"二字原脱，據譚元春《譚友夏合集》卷十一補。

壑中，然氣甚暖，力不能上山，閒步静室，有道人瞻視不凡，與之語，導以山下僻處，松石依依可坐，而即促予起曰："鐘時虎過此。"因明日行澗上，夜夢即焉。

踰一岡爲下瓊臺，两燭峰已向後數里。始入澗，山束爲峽，水穿其腹，石伏者爲底，① 豎者爲埭，大者爲激，最大者爲分湍，石少者爲衍，多者爲毶，石不勝水者，狹爲溝，寬爲塘，水石并勝，則狹聲急，寬聲遠。長石爲橋，方石爲水中臺，圓石爲座，植木之朽而倒於中央者，亦賴之爲橋。水趨左而傍右嶺行，水忽趨右，人從右穿左。水分爲二道，則人踏水聲，相石之可過者託履焉。心在水聲者常失足，視在水聲者常失聽，心視聽俱在水聲者常失山，恐其失也，常坐石两崖望。王子常越數石坐水中大石，予望其自石過石也若蹈空，亦常徙數處，而两崖山斷復合、開復收、削復平者，樹層層翠水光中，妙高夾立，畫雞驚飛自山半，亦思返。日非斷崖不得露，澗二十餘里皆陰陰，而山香四發，不辨其自何來。惟左山一隙，有行人由山路出。同行僧曰："此自威烈觀來，前紫霄山後所望丹垣者也。"至此一嶺横於前，以爲不復峽而趨過之，又峽焉。澗聲直汩汩喧至玉虚巖下，九渡澗旁出與之合。巖两收其響以爲幽，遂欲爲諸巖冠。澗中觀巖，巖上望澗，上巖水聲若在空中，下巖水聲若在木末，而其間結構，天爲之屋，人爲之棧，無此一段，是山猶不可竟也。遂自此竟之，以爲武當記。其下十八盤與其出路，不足論。

國　朝

登太和山記

蔡毓榮　川湖部院

五嶽並峙海内，尚矣。太和山以崇祀真武上帝特稱大嶽，又尊之曰治世玄嶽。雖昉於前朝永嘉之代，而其兆靈北極，符協徽名，實維

① "石"，原誤作"右"，據譚元春《譚友夏合集》卷十一改。

我國家肇基王跡，皇上誕膺景命之祥也。毓榮持節入楚，禮得祀其封内名山大川，寤寐䕬上，四載於兹矣。癸丑之春，皇上特遣近臣馳視繪圖以進，此《詩》所謂"懷柔百神，及河喬嶽"者也。毓榮縻於官守，未獲對揚休命，竊怦怦焉。未幾有鄖襄之役，由襄入鄖，兹山爲孔道云。以五月戊子至襄陽，辛卯抵悟真庵，期以翼日登天柱峰。問途山中道人，似有難色，心殊易之。

壬辰，決策登山，過遇真宫，禮三丰張真人像。既入仙關，馳道廣斥，松杉蔽虧，懸巖峭壁，左右紆折，初忘其登頓也。午至復真觀，舍騎而輿，由紫霄宫展旗峰以上，磴道漸峻，輿者告疲。至朝天宫，屏輿而步，仰望所稱天門者猶在雲表，始信道人之言，而自笑其賈勇之易也。從者或推之，或挽之，攀援鐵絚，數武一息，乃歷三天門，入朝聖門。自太和宫以上，磴道又數折而登絶頂，則天柱峰也。上帝殿在峰巔，衛以紫城，瑤臺金闕，儼若禁籞。初自下望之，天柱與群峰若肩隨然，至是乃踞群峰上，遠者環墉，近者列几，或趨或揖，如立如伏，一山外朝，翼如負扆，蓋天地之大觀止矣。日晡，自頂下，齋宿太和宫，從者曰："頃見頂上發光明焉。"道人曰："此神光也。歲不恒見，今見已三日云。"

詰日癸巳，夙興再登，肅衣冠，入殿禮上帝。維時罡風四合，漭泱一氣，琅璈步虚，飄颻天外，風止雲開，旭日東昇，正射殿中，光華焜燿，威容赫濯，儼有掃蕩八極、凌厲九霄之象。瞻仰久之，形神肅穆，猗與盛哉！取間道下頂，循故道入紫霄巖，憇南巖宫，擅林壑之勝，暮宿玉虚宫，在展旗峰北别爲隩區，規制視紫霄、南巖尤弘麗，張真人所習遊也。問五龍宫道，咸云山徑險遠。及三瓊臺，已廢其二，時方暑暍，馬瘏僕痡，乃輟行。甲午，遂趨鄖陽下漢水。丁酉入均州，謁浄樂宫而還。

是役也，上祝聖天子萬年，下祈家大人眉壽，臣子之悰，於斯遂矣。至於仙真顯示之蹟，載於道經，歷代宫觀之盛，列在祠官，以及山川諸奇，前游覽皆有記譔，無俟駢枝。若乃山名仙室，古稱福地，或棲真於洞府，或遐舉於霄途，必有人焉，髣髴遇之，而非馬足車塵之所遑及也。毓榮少而慕道，壯歲無聞，他日者畢向平之餘願，① 追謝羅之逸蹤，舍茲峯山，其誰適歸乎？倚舷攬筆，聊紀歲時，敢告山靈，共聞斯語。

太和山磨鍼井鼎修純陽宮記

党居易　均州知州

太和山何以有磨針井，磨針井何以鼎修純陽宮？太和山者，乃鉉帝真武祖師之道場也。昔帝居茲山修道三十有九年，未底厥成，乃下山，將以訪師問道也。惟道有靈，惟天佑道，惟誠格天，忽於山半遇老姥，手捧鐵棒磨於井邊石上，帝曰："何？"母曰："予有姑需針，是以磨茲。"帝曰："何日成之？"姥曰："功到自然成。"帝悟，返厥居，懋修三年，乃於重陽日克臻厥成，此太和山所以有磨針井歟？井上有亭，亭之司者李常桂踵門而告曰："撫臺林公夜夢吕祖點化，乃志誠皈依。"謀及道臺金公，謀及府尊杜公，謀及郡伯佟公，於磨針井鼎建純陽宮，用訖喜施銀百两有奇，本山田餘糧七百石有奇。今既告厥成功，廟貌鼎新，道象觀光，一時丕建，萬年仰止。高宗恭默，思道三年，夢帝賚予良弼，西伯夢飛熊入殿，得吕尚於渭濱，軒后夢風后、力牧，孔父夢見周公，林公之夢，將無是耶？抑吕祖開天明道，於茲偶透一針耶？此磨針井所以鼎修純陽宮歟？

此宮一修，則太和山爲鉉帝真武祖師之道場，而太和山磨針井純陽宮又爲三元上帝勅命傳教祖師警化孚佑帝君吕真人之道場也。恭惟真武修道而成帝，吕祖修道而作師，其道一而已矣。帝之修道以鉉關，師之修道以鉉牝，道家曰"鉉關不離鉉牝竅"，此旨孰能會之？夫鉉關在天中，鉉牝亦在天中，天之中，人之中也，人之中，天之中也，中中復有中，極之而盡乎化矣。是以堯命舜曰"允執厥中"，舜命禹曰"人

① "向"，原誤作"尚"，據馬雲龍《續輯均州志》卷十五改。

心惟危，道心惟微，惟精惟一，允執厥中”，帝王師相相傳，只是這箇中。惟孔門彰明厥旨，而曰“喜怒哀樂未發之謂中。中也者，天下之大本也。惟天下至誠爲能立天下之大本，能立天下之大本則能經綸天下之大經，知天地之化育，天地位，萬物育”，一以貫之矣。子曰：“吾道一以貫之。”其所以修道者，在於戒慎乎其所不覩，恐懼乎其所不聞焉耳。戒之如操戈，邪情妄念，一毫不得入其舍。慎之心真，至誠至真，百慮摠以歸於一。恐者心上用工，懼者目中凝神，此修道之方法也。程化樂曰：“明光默渡過鉉關，養就純陽體自堅。夜半秋空鶴唳碧，萬里西風一劍寒。貞元會合大道同，人純乾大有定泰天中。①金針撥得紅輪轉，寶劍捧來碧漢平。”由是則母之針一師之針也，帝之劍一師之劍也，而師之道一帝與母之道也，是在人之知所修。

太和山記

鍾岳靈

太和山即峯山也，踞楚之麇地，初以謝允棄羅令隱其中，②曰謝羅山。自宋仁宗、英宗時，嘗特加祭告，如古崇祀方嶽禮。至於明代，封曰大嶽太和山，謂其巍𡾊靈異，更加於五嶽也。勑建之宫有八，觀有二，所以崇祀典也。古來封禪之君七十有二，③皆志在祈福，而至於茂陵遺稿祇頌美祝釐，山靈反有所不取。後之君臣雅鑒乎此，凡建立之規與祭告之文，皆巍峩正大，一代之王章，爲千古山靈志奇焉。余生於峯山之麓，滄浪之滸，覽舊日書志，多所不足，以其徒言規制人事，而山水或反缺略。夫山爲地骨，水爲地液，其中有妙理存，况嶽之大者乎？

太和去滄浪百餘里，盤礡延亘，以八百里爲周，以七十二峰爲錯處，其峰之最峻絶者曰天柱，次曰紫霄，曰南巖。峰之勝不可悉紀，

① “人純”二字疑衍。

② “初”，原誤作“後”，據党居易《均州志》卷三改。

③ “禪”字原缺，據党居易《均州志》卷三補。

舉其最奇者言之，而諸峰之名勝可以取似也。有峰則有澗有崖，有嶺有洞，有橋有坪，其名勝亦不可勝紀，取其最奇者言之，而境地之秀異可以摹寫也。大約參之高不在臨境仰扳之際，而在起址憤盈之中。均至艸店六十里，周道砥矢，山勢平衍，諸庵廠於斯疊見。越數里至仙關處，人呼爲進山門，山口頗狹隘，似武陵初入，林木森翠。歷六七里則有東西两橋，稍爲轉折，而層坡峻嶺突起人面，驚心駭目，不敢作人間視矣。此處適參有两路焉：一從玉虚宫入，一從好漢坡入。從玉虚入者，行山之腹，洪敞逸宕，起伏險遠。松杉之木，一望數里，疊疊而上，廻環於青暎之中，大木過十圍者奇且衆。忽而路無平步，逕爲澗偪，石壁插空，陰崖叢冷，行者虩虩然如聞虎豹氣，陟高阜行宫處乃得安踞。過此則至遇仙坪，山開列嶂，似海中鰲背遮天，雲擁層巒，比義渠龍巢吐霧。① 予昔夜宿於此，月下望之，見山勢奔驟，如渴驥怒猊，乃知山之結聚精靈，雖艮止能躍動也。若五龍一宫，池井之玩，殆以人工取勝，而山意不與焉。② 從好漢坡入者，行山之脊，一往景物，較玉虚又有異。大率宫殿庵觀，因境著名者最多，而山之光影，别自有説。

行三四十里，至天津橋、九渡澗，峰廻路轉，山中之流泉崖瀑滙此而出。此處登參又有岐路焉，然人多從九渡峰行，若九渡澗三十里每回首，乃由此過此橋，則峰益多，見益親，應接不暇矣。盤旋上下，蜿蜒相生，時而身高於樹末，時而首仰夫巉屼，嵬巃崛起，策笻杖以穿雲，横亘摩空，跨玉虹而躡蹬。蒼苔琇石，若琳珉之繽紛，瑶草琪花，類珠璣之的歷。至於飛昇黄白，存器境於丹爐，濯磨幽鉉，養神工於針杵，皆可以懸空設教，幻化移人。若夫步武平臺，廓清蹊徑，穹窿紫蓋，陡起煙嵐，③ 則觸目標新，引人入勝，峊紋縐緑，列碧落之

① “比義渠”三字原缺，據党居易《均州志》卷三補。

② “不”字原重，據党居易《均州志》卷三删。

③ “陡”，原誤作“陟”，據党居易《均州志》卷三改。

翠屏，嶃崠霏英，展青冥之絳旆。橋留禹跡，宫曰紫霄，地接雲衢，① 背倚丹崖之秀，殿依星洞，臺通玉井之泉。嶺界中天，形分絶巘，踰此則石氣生陰，衣霑翠潤，峭風哨樹，肌浥嶢寒。南巖之奇，在峰稜側起，宫若騎龍，天柱當前，横拖半面。觀香爐之插澗，削地軸以無根，驚亭榭之飛空，望金城而縹緲。峽延成隮，不測鬼鑿神開，曲折微行，確是天梯雲路。至於連行者似鴈，蹻行者似雀，遠行者似蟻，下行者似蠕，扳行者似猿，側行者似蟹，② 其呈形於升阜入谷者，不可勝狀也。峰復有峰，高下無定，逕中藏逕，隱顯不常。

自斜橋至金頂，峩之身約二十里許，爲巖者三十六，爲澗者二十四，爲洞壑橋梁者不可悉舉也。由黄龍峰而上至顯定峰，③ 回瞰層巒，又渺然下矣。疊起三徑，名曰天門，初起則磴道峻而遠，旁有澗水潺湲，而下行里許，則石磴壁立千百丈，望之若車輪竪起於空中，牽挽鐵索以升，不敢一步稍蹉。有從銅殿崾上者，則迂廻邁此險耳。至於筋力既竭，高未可窮，仰視插劍、獅子諸峰，若青虹倚天，烽煙特舉。再登而上，始見拜謁帝城處，然離金頂尚遠也。又越數百丈，乃進紫金城而登絶頂矣。聳然孤立，四壁無倚，但覺灝氣凝空，去天尺五，遙瞻秦晉楚豫，④ 可以指畫分野，而天邊群岫，宛丘垤之偃伏，即足下諸峰，若兒孫之環列。蒼茫破處，白牽一線者，漢江也。隱約相參，點若浮漚者，郡邑也。觀日月之出没，光影不類於人寰，俯雷雨之奔騰，聲響祗存於澗壑。雲光鋪滿，渾若潮海汪洋，雪色凌虛，遠過峨眉天半。乃若晴陰之變幻，寒煖之乘除，四時之氣候不一，頃刻之聲容頓異。初無成跡，詎可方物。自天柱峰而下十餘里，則入蠟燭澗。澗之幽清深秀，别一乾坤。峰嵽嵲若槎枒，崖玲瓏如飛閣。其中有瓊

① “接”字原缺，據党居易《均州志》卷三補。

② “似雀，遠行者似蟻，下行者似蠕，扳行者似猿，側行者”二十字原脱，據党居易《均州志》卷三補。

③ “上”字原脱，據党居易《均州志》卷三補。

④ “瞻”，原誤作“擔”，據党居易《均州志》卷三改。

臺三觀，每爲遊覽者之所寓。山冷肅而無塵，境奥窅而絶響。群嵌夾出，天如雲漢昭回，一水百盤，人疑鳥蟲跳越。澗行三十里，而還集於天津橋，此往返之大槩也。

若夫峰之有遠有近，有正有側，有斷有連，有横有直，有濶有狹，有壯有削，目力所未及，足跡所不到，對待之有限，領略之異時，太和之名勝，未可以舉似窮也，僅撮其最奇者表之，以當紀略云。

八宫紀勝附記末

馬如麟　秀水人　鄖陽同知

竊惟北極崇高，衆星還拱。鉉天險絶，中外咸皈。名山俱培塿以齊驅，五嶽僅太華之可步。姑從所覧，聊紀勝游。

仰觀金殿崔巍，高聳太和之頂，玉階縹緲，徘徊雲漢之間。七寶光中，仙仗擁九華之蓋，三天門裏，真官萃五伯之靈。儼若臨軒，昭如在上。執香捧幣，懸鐵索以躋攀，瀝悃攄丹，叩帝閽而號泣。清微隱隱，獨對龍樓，朝聖巍巍，雄當鳳闕。紫霄峰巒秀拔，勢若凌空，福地沙水清奇，居然仙府。南巖迤邐逕竇，明堂萬頃玻璃，五龍曲突嶙峋，水口千重纓絡。榔梅臺聖蹟燦然，試劍石光芒猶射。井分五路，龍光時吐于雲端，池列四隅，蜃氣常盤於空谷。仁威門鎖煙霞，清流玉映，行宫地多禾黍，緑野春酣。玉虚乃創始之宫，别有方壺員嶠，老營爲開山之地，故多道院丹房。萬木參差，到處緑陰團蓋，千峰攢簇，滿前空翠流芬。石鼎丹爐，煙迷白晝，踈鐘清磬，響協鈞天。關接仙源，隱三島十洲之羽客，門通鉉嶽，度九州萬國之蒼生。遇真宫龍章寵錫，永樂流恩，自然庵繡衲浮香，三丰遺跡。古傳浄樂，今即均陽。紫雲瑞兆于軒轅，寶月光明于昭代。①

嗚呼！隆平智巧，可謂超凡，駙馬聰明，亦爲絶世。按紫微之垣局，因地制宜，會江漢之朝宗，河山盡拱。雖屬一臺一榭，必求巧奪

① “光”字原缺，據王概《大嶽太和山紀略》卷七補。

公輸，以故如革如飛，無異高居絳節。雄哉十宫規制之恢宏，論者以爲两都之莫過。龍文鳳彩，奪目驚魂，寶劍星旗，煇煌交錯。月涵西兔，光搖白玉之高臺，日盪東烏，掩映黄金之世界。誠矣亘古無雙之勝境，天下第一之名山。

吕祖金花仙蹟記

龍起潛　鳳陽推官

蓋仙因跡顯，跡以人傳，仙道無尠有竅，跡不存則渺茫而難信，蹟徵歷古及今，人不彰則泯絶而罔據，甚矣，表彰之賴大矣！

武當山冲虚庵檜松一株，寄生金花翠樹於上。考其事，乃明季萬曆年間，朝遣内宦致祭鉉帝，兼頒賜諸山饌食，一時道衆會聚如鱗，内一瘋狂，於分例之外重索之，不足，又次之，向宦厲呼："能棄富貴從我遊乎？"人視爲顛廢，被衆道擯斥而出，遂口吐前食，變金花二樹，一插鬢中，一插松腰，乃曰："冲虚庵，火中蓮，龍脉興騰仙客言。終不肯爲凡俗地，他年必有上仙傳。"又曰："如有□□先生見于今日，誰能信之？"化清風而去，迄今花樹燦然。

余朝山過此，遇羽士郭守廉者，於邂逅斑荆之餘，叙及前事，因年深碑没，欲重建立，請序于予，予曰唯唯。太上妙道，下士不知，雖有靈顯，悉以爲幻。余方栖機鉉門，凡神仙奇蹤，遊覽敬禮之而未遑，若斯之神奇，幻也非耶？夫黄鶴樓頭，邯鄲邸舍，諸若仙踪，千古稱羡，亦豈幻乎？遂援筆而記之，冀觀神仙於萬一云。

金頂門限靈異記

孟洪範　均州吏目

太和靈異，唐宋以來漸著，迨明文皇以帝輔相左右，崇祀昭答，冶銅爲殿，餙以黄金，自甍棁榍楄，以逮一閾之微，罔有纖缺。嗣是朝謁者趾相接，殆遍寰中，數百年來，咸見閾之蠹蠲于踵履，而未全釁者僅寸許耳。

範以康熙丁未歲承掾於均，越己酉始得登太和而瞻禮帝容，俯視門限，凹然如新月狀。至庚戌歲再登太和，僉曰異哉，殿之門限，視之若復隆起。壬戌歲春杪，復覲帝闔，則向之所謂凹然者，已平衡如新朔矣。人力無所施其巧，附會不得飾其詞，其靈異當何如耶？

是歲，藩參楊公以堂憲王公才擅三長，命修太和一志，公遂除荒唐，斥影響，凡所著述，不憚搜討，必期傳玄帝與茲山之真面目，固不敢以耳聞者效粉飾之詞，又何敢不以目擊者彰玄帝之靈哉？故記之。

金頂門限靈異記

陳言　均州生員

武當雄峙楚疆，爲真武上帝修真演化之區，其種種靈應，臚載於舊志，散見於群書，不可殫紀。予始疑操觚之士或過於好奇，未必皆爲實錄。及先後親覩殿閾之異，然後信一切靈應之匪虛，而深愧向之少所見、多所怪也。

蓋明成祖靖難時，帝屢施翊護，登祚之後，遂易元之銅殿而式廓之，週殿上下，飾以黃金，極其壯麗，由是祀典獨隆，而四方朝謁善信歲且以億萬計三百年來，出入殿門者，曳踵躡足，日漸月磨，故其限旁隆而中綴，隆者尚五寸，而綴者僅存寸餘，僉謂不再百年且當中斷矣。及癸丑春季，少參金公登峰謁帝，予備相禮，竊見門限稍稍隆起，既心異之。自是以來，歲復加長，今則已平滿如砥，略無缺陷。於乎！即一限而神奇瑰異一至於此，帝之靈爽昭昭，其他可類推矣。然非十餘年來身遇目擊，即予且不敢以自信，況欲取信於天下後世乎？故爲特記其略，以彰帝靈，且以醒世之少見多怪者。

大嶽太和武當山志卷之十九

藝　文　四

歌

宋

天柱峰歌

高本宗

祥風自天來，吹我遊紫清。高高着天起，巍然一柱連平撑。巖有三十六，澗有二十四，隱映七十二朵芙蓉青。丹梯貫鐵鎖，十二樓五城。壓穿鯨鰲背，幻出龍鳳形。鸞鶴亦馴擾，猿猱不能經。於菟式長嘯，我來一時鳴。古來仙人據其上，往往白日皆飛昇。我來適清和，雲朗天亦晴。初望一天門，碧澗水落冰泠泠。再登二天門，瑤草葳蕤雜敷榮。三登三天門，雲霧翕歘飄金莖。須臾望絶頂，身在空中行。西望崑崙黄河一線天瓢傾，東望蓬島半勺緑水浮滄溟。手撚日月彈丸子，足踏震霆巖下驚。夫人若果住天上，附耳若可低低聲。華嵩恒泰左右先後若朋輩，諸山峼嶁在下何伶仃。八表望不極，因之望神京。神京遙遙幾千里，雙目掣電心懸旌。神君端居面東瀛，黄金鑄屋玉作楹。赤蛇鼓鬣，黑龜效靈。旌旗招搖，森然列星。敬將一瓣香，上訴神君聽。

元

贈張洞囦祈雨歌

趙世延①

京師大旱連三年，地蒸熱氣如雲煙。林林佳木盡槁死，毋論黍稷生秋田。武當真人張洞囦，爲道有心如鐵堅。食粣衣惡夜不眠，两眸奕奕光射天。天子有詔承相宣，召君禱雨紓煩煎。君不默不語，奏達虛皇前。將吏驅蛟龍，雷電相後先。垂垂雨腳晝夜喧，平地湧水如通川。稚禾出吐芃芃然，小草大草爭芳妍。都人士女喜懽顛，②謂君有道真神仙。我今爲賦喜雨篇，勒之金石傳千年。

明

武　當　歌

王世貞

黑帝不卧鉉冥宫，再佐真人燕薊中。乾坤道盡出壬午，日月重朗開屯蒙。人間大小七十戰，一勝業已歸神功。久從北極受尊號，卻向西方稱寓公。武當萬古鬱未吐，得吐居然壓華嵩。是時豈獨疲荆襄，雍豫梁益皆爲忙。少府如流下白撰，蜀江截雲排豫章。太和絶頂化城似，玉虛彷彿秦阿房。南巖宏奇紫霄麗，③甘泉九成差可當。十年二百萬人力，一一捨置空山傍。嗚呼英雄御世故多術，卜鬼探符皆恍忽。不聞成祖帝王鬚，曾借鉉天師相髮。漢武空邀王母過，高真不顯宋宣和。功名雖盛毋乃晚，混沌時來當奈何。

---

① “延”，原誤作“廷”，據任自垣《勅建大嶽太和山志》卷十四改。
② “顛”，原誤作“願”，據任自垣《勅建大嶽太和山志》卷十四改。
③ “霄”，原誤作“霞”，據任自垣《勅建大嶽太和山志》卷十四改。

天柱峰觀日出歌

徐學謨

夙齡慕日觀，岱宗阻瞻眺。引矚閶闔間，圓靈詎殊曜。何必朝陽區，可抉扶桑竅。兹山麗軫垣，沿嵑眇蓬嶠。寤聞天鷄鳴，起唤踆烏翾。無端見海底，少選發濳耀。稀宿莽飛流，明霞結繚繞。何人鞭赤丸，大地朗華照。翳屏下界清，光分列真頫。魯陽不可揮，夸父徒爲僄。人生苦棲卑，豐蔀祇見誚。兹晨覽八埏，決眥遵衆妙。

天柱峰觀月出歌

徐學謨

虹橋誰鎖千尺鐵，天梯雲棧開巀嶪。飛鳥廻翔掇羽翰，輕身直上雲霄闕。紫霞山人白羽裳，絳節飄飄羅我旁。松濤颯颯捲煙霧，雙童把贈明月光。東林猿啼西虎嘯，箕坐峰頭欲狂叫。不知三界眇何許，俯視冥濛通一竅。千山萬山森戟推，小星大星當面廻。光芒盪射天河倒，欲與濁世洗浮埃。太華如拳江漢立，醉來翻覺天柱窄。振衣千仞歌者誰，南紀飄零老賓客。

五　龍　歌

王世貞

昔時五龍化五公，口授睡法希夷翁。恬然一境天地外，晉漢周宋皆爲空。君不見，南陽卧龍卧隆中，魚水萬古君臣同。定軍山頭葬龍蜕，赤帝燼息龍何功。嗚呼五龍之睡睡亦濃，左耳忽割不可踪。龍潛龍躍各有會，即使終卧誰知龍。

南　巖　歌

胡尚禮　山陰人

曉寒來自太和巔，路入南巖又一天。一逕縈迂丹室杳，萬山廻合碧螺連。下臨絶壑深無底，仰視天柱雲霄裏。石殿裁成秘且奇，龍頭突出驚還喜。南亭北軒巖石幽，蒼松古檜枝相樛。瑶篇玉畫説今古，玩之欲去且復留。道人佛子紛來往，珍禽異獸鳴下上。我欲如此開丹房，何日超然謝鞅掌。

武當歌

艾暉

武當形勝天下奇，瓊臺翠壁何崔嵬。瑶池尺五鳳凰琯，上邀嬴女冷風吹。碧峰倚天三十六，二十四澗鳴蒼玉。鷄犬無聲萬壑幽，靈烏樹杪啼晴旭。宫中仙人美丈夫，披髮跣足提湛盧。鉉功千載亦莫測，下土寔賴神明扶。我行欲藉靈胥手，真擬天津援北斗。霧合凌虚覽八荒，俯視群山如嶆嶁。

太和歌

盧大雅①

太和之山高插天，虚危墮地知何年。鯨鼇割斷萬丈壁，霧雨洗出千枝蓮。仰看固信嵩華小，俯視豈獨均房連。紫霄臺殿北崦外，鉉武旌旗南斗前。薜荔爲衣草爲履，犂煙斲霧皆群仙。②或馴猛虎笑嘻嘻，或翳紫鳳來翩翩。柔兆攝提格子月，遠承王命祠其巔。鉉酒雖同澗蘋薦，寶翰金磐蒼壁鐫。初尋龍湫歷煙島，稍紆鶴塚行芝田。白雲淑傍晚羅弱，紅葉絶類春花妍。欲杖青藜燭徑洞，③恐觸虹氣衝星躔。匏笙明日載黄鵠，浩歌寫入凌雲篇。

---

① “盧”，原誤作“虞”，據任自垣《勅建大嶽太和山志》卷十五改。

② “犂”字原缺，據任自垣《勅建大嶽太和山志》卷十五補。

③ “藜”字原缺，據任自垣《勅建大嶽太和山志》卷十五補。

山水圖歌

張來儀

昔聞安期生，飄飄入秦京。上書三月空報罷，① 拂袖去作蓬萊行。卻笑叔孫通，俯仰咸陽城。② 長生竟何補，世上留空名。何似長安少年客，天柱峰頭煮白石。朝辭猿鶴下雲中，暮逐夔龍侍君側。繡衣青驄馬，③ 蹀躞臺城下。愛道心不忘，焚香坐清夜。太平天子親齋祭，新擢祠官捧圭幣。紫壇爟火曉如星，獨侍衮衣朝上帝。還思舊隱地，石室生青苔。來時壁上倉精劍，七星剥落空塵埃。丹砂不復化，蘿衣誰更裁。④ 人生窮達會有命，何須千歲如嬰孩。草衣木食苦復苦，王喬偓佺安在哉。寄語空山舊泉石，不須爲我生悲哀。功成倘遂乞身願，萬里青天騎鳳來。

武當歌送廖氏兄弟

李仲訓

武當山，何崇崇。下瞰乎荆豫之境，當乎秦關之衝。行人過客千里外，杳渺望見七十二朵之青峰。或拱而西，或揖而東。或北而背，或南而胸。中央高平者大頂，重壓厚土摩蒼穹。迺知玄聖昔日飛昇處，上有宫觀知幾重。鸞鳳起舞，龜蛇現蹤。閃閃旗纛，玲玲磬鐘。簷牙馳列缺，殿角騰豐隆。早聞天鷄啼，晚見月兔舂。玉澗流水響，丹巖太古封。金銀石精照白日，松柏偃蹇成蛇龍。靈苗異蕊莫盡記，仙老隱士長相逢。世上會登罕能到，天下玆地斯爲雄。廖家兄弟好風骨，素願謁拜中誠通。去年二月兄獨往，今年三月弟更從。二人矯矯良可羡，飄然乘着鶴背風。歸時好摘榔梅實，惠我狂吟霜鬢翁。解此久渴懷，

① “報”字原缺，據任自垣《勑建大嶽太和山志》卷十五補。
② “咸”，原誤作“感”，據任自垣《勑建大嶽太和山志》卷十五改。
③ “驄”，原誤作“總”，據任自垣《勑建大嶽太和山志》卷十五改。
④ “蘿”，原誤作“羅”，據任自垣《勑建大嶽太和山志》卷十五改。

慰此衰謝容。明年倘遂生羽翼，亦欲與子凌虚空。

蟾　宇　歌

胡儼　祭酒

八荒蕩蕩天宇清，銀漢星稀孤月明。茶煙消盡鶴初睡，雲窓洞達虚白生。道人宴坐收金經，鼻端有白心無營。招搖此指紅日昇，絳宫月魄蟾光凝。① 廻風混合歸黄庭，天門夜開飛爽靈。廣寒宫闕當晴昊，霓裳曲度春光早。嫦娥有藥不須嘗，桂樹青青後天老。陰火流金出太淵，莫笑五行顛倒顛。鉉谷虚明神不死，② 夜夜蟾光清徹天。

紫霄仙洞歌

許宗魯　提學副使

披藹躡石磴，凌虚趨壁壇。路崎足力蹇，氣甬衣裳單。裊裊御風邁，翛翛拂煙還。幽光薦瑤草，遠風結崇蘭。激澗淙哀玉，懸松漱鳴湍。日借暮山紫，霜變秋林丹。珠宫隱半壁，貝闕飛霞端。雲轉入翠微，飄飖步高寒。展爾謝塵壒，翩然生羽翰。霞徑遂長往，服食青琅玕。

登天柱峰還至南巖宫歌

曹忭　参政

大人志廖廓，四海安足拘。飄飄凌風翰，常欲遨天都。仙童爲我迎，玉女爲我扶。上爇五名香，六草生煙蕪。俯視塵寰内，踽踹如一區。衆山何足道，纍纍盡丘隅。中逢費長房，日月收入壺。子喬乘雲軿，邀我領清酤。即此昇仙境，何物可等吾。從今金石軀，與帝合靈符。

---

① “凝”，原誤作“扃”，據任自垣《勑建大嶽太和山志》卷十五改。

② “明”，原誤作“名”，據任自垣《勑建大嶽太和山志》卷十五改。

由南巖穿青羊過五龍宫歌

曹忭

鶩節辭仙館，升輿凌峻谷。爽氣流昊蒼，晨光散林木。前瞻山若連，還顧徑已没。高翔入天雲，俯涉穿地軸。恍惚屏嶂遷，俄傾金碧伏。登陟倍爲艱，延攬景愈促。息駕未能休，賞心難具述。雲巖石髓香，玉田瑶草緑。俛仰各殊觀，應接咸快目。靈境既崛奇，華構更屼突。憑虚面巉峭，歷險坐超忽。探奇稀前蹤，兹遊果誰續。

登太和山行

王圻　上海人　督學

太和苞結逈靈異，名峰環聳七十二。泉潭巖澗事事幽，天柱崚嶒玉虚位。掀裾携杖試躋攀，① 榾風翛然助羽翰。崧岑屺岵開隙徑，五丁剜鑿非人刓。有時緣蘿度絶巘，有時捫壁凌飛湍。飛湍歕激散旭澍，丹丘白石今如故。須臾雲氣騰山腰，慘淡接眼迷四顧。仙闥法宇重復重，一登一眺一悸怖。② 舁兒且喜歷紫霄，六天開朗晴空遥。混元廓落隔凡迹，叢林遊鳥相喧囂。載循鐵鎖上絶磴，十步百喘真岧嶤。頂巓羽衣出石磚，手携簫管相遲迓。且行且説古道場，元君丹成此昇化。路傍酌我騫林茶，引入精城就精舍。坐令沃盥具衣裳，相將追躡禮上方。焚香九頓啟鉉户，鑄銅爲殿金爲裝。懼然心畏貌增肅，靈威閃爍神旁皇。周遭縱步眼境豁，清都日觀手堪掇。三公五老拱至尊，俯瞰浮甍接飛闥。飛闥浮甍倚墜巖，何異危巢託木末。神基剏劈古如兹，佇立踟躕轉忉怛。道人請從下壇路，千宫萬觀斜陽暮。言旋解袂清泠齋，息機凝坐差成悟。夜寢形安神亦安，恍有真詮夢中遇。黄庭内外理分明，翩翩俗諦皆沉痼。重樓雙闕自坦途，赤坂龍堆世爭赴。陽轡西飛豈復東，

① "携"，原誤作"儶"，據王圻《王侍御類稿》卷十四改。

② "眺"，原誤作"跳"，據王圻《王侍御類稿》卷十四改。

古來榮瘁等朝露。① 勉我長生久視方，我欲從之駕煙霧。啞喔天鷄雲外啼，两聲三聲忽驚寤。起床披髮仰太清，北斗横天天月吐。

國　朝

滄浪亭廣孺子歌

蔣永修　督學

昔年曾過滄浪水，今日復來滄浪下。滄浪有水復有歌，我爲傾耳聽歌者。歌聲杳杳不可名，還看水之濁與清。水清難禁濯之足，未有水濁濯之纓。人事翻覆有何常，鳳鸞斂翼群鴟張。或有皎皎疑生謗，或有汶汶寵來章。或有蹶蹶終淪落，或有冉冉忽高翔。下士見俗不見道，紛紛舍道趨時好。苟從時好甘泥塗，視我一身直草草。君子寶道守吾真，濯纓濯足聽之人。淆之不濁凝於神，滄浪之水浩浩流無塵。

太和山歌有序

王民皡　知州

皡叨備員鉉帝輦轂下已四稔，既得四禮帝闕，自揣於山靈宜有言，宜多有言，如王元美先生之賦之記之詩百首，乃可云不負帝山，而究不遑舒腕出一言，非不能言，以前人言之備矣。矧帝山之天巧人麗，非檃括所能該，即更僕未易竟，故弗言也。兹遘志役，獲潛觀《道藏》，遍捫貞珉，知以太古之天帝位，太古之靈山，乃得綜言於其遠且大者而爲之歌，自謂出之非勦襲，庶聞之不苦雷同耳，然則言不能多乎？《易》曰："書不盡言，言不盡意。"《春秋》之義，於凡善不勝書者，將一書之而已，故皡於上帝靈山亦云。

鴻濛初判澎湃驕，寥廓惟有漚沫積。剛風浩氣晝夜轟，化工鎔鑄巨靈擘。溟涬中將樞紐含，脉理崖峩成山石。阿耨瑤房天之中，結萃崑崙爲太極。迤邐儀象東南生，太和真形霄漢闢。軫翼之墟鬱岧嶢，

① "瘁"，原誤作"悴"，據王圻《王侍御類稿》卷十四改。

上帝靈腑中州脊。或狀青螺鬱嵂巔，又擬曾城玉岑隙。博山爐像遠亭亭，不解阿誰真摹畫。惟留縹緲摩蒼穹，千尋萬尋褫心魄。《山經》列作荆山首，先孕岷嶓發两腋。江之永兮其支庶，漢之廣兮其長嫡。滄浪瞿塘分别流，天生二水環羽翮。緬彼泰華衡嵩峙，未聞逢源左右役。襄郢荆沔派不殊，遠列門墻近几席。繚以大别江漢交，太和醖釀深靡測。山水有神神有真，元君指點開阡陌。太古五嶽無主盟，帝師盍示帝棲宅。知帝敞屣視天家，偏喜巉嵒理岑寂。五方正位匪攸躋，坤地幽峭斬荆棘。虎兔猿鶴雜嘯哀，雪霜風雨恣摧擊。不聞授受何丹經，入奥履虚何詮譯。四十二年歲序忘，峰巖澗洞弛巾舄。環炎遼遠煙火冥，中宸蔚藍差不隔。一旦天詔青城飛，帝昇驚來蚴虬掖。嘆息帝昇山已空，風雨猿鶴共蕭瑟。詎幸飄颻重鑒臨，不似鼎湖去無跡。受册驅魔扶葛懷，不辭太阿勞蕩擲。天一赫聲會有辰，唐宋天闕恢文蹟。皇哉元明封禪增，太清含元輝丹碧。十絶靈旛縠繡屯，甍標几筵黄金液。吁嘻哉！後先千年間，丹丘誦山靈，朱垠歌帝力。曾不知山之自來，帝之攸格。盍來登高之長歌，啟亥步劫躔之負智含靈，展爾由繹。

八仙觀外望歌

張維霖　均州學正

陽春白日碧照浮，御風冉冉鳳麟洲。瀑泉倒噴練波流，松聲長帶白雲謳。若有人兮山之陬，何必漢武之高樓。鶯花有意邀贈投，騎氣排空隨興酬。情不溺焉眺聽幽，那能駐馬不淹留。

滄浪亭歌

盧維兹　訓導　黄安人

十年曾卧滄浪石，今日復飲滄浪水。滄浪之水清且漣，滄浪之石瘦且峙。水清吾欲比其流，石瘦吾將礪吾鄙。洗耳幾廻聽孺歌，孺歌多因畫角止。近年烽火始無驚，屢卧渔簑煙雨裏。江上徘徊日月長，有懷未吐難自已。乘兹酒熟埜花開，對波長流間徙倚。仰覩吾纓不須濯，清泉雖潔無用矣。俯看吾足本無汙，豈令濁流汙吾趾。清濁無常我自期，扣舷請以問孺子。

王刺史表章聖父母歌　有序

沈冠

雙塚之巋然獨存於均城南也，蓋不知幾歷春秋矣。故老相傳，謂此即浄樂君后墓。然以時代遐遠，疑信參半，終莫敢以爲確然也。會王孟遷刺史，以江右名賢來守是邦，間以繙閲藏經，得其明據，按圖考地，不謬累黍，由是數千年疑似之墓一旦核正而表章之，誠快事也。立石之日，此中紳士莫不踴躍追趨，僕獨以采薪之役，恨不得躬與其盛，故作此以紀之。

相傳北極真武神，遐哉起自軒轅氏。浄樂君后實開先，蜕骨當年聞瘞此。巋然雙塚峙城南，神物呵護祥光紫。臆聽耳食鮮冥搜，此曰否否彼唯唯。聖蹟顯晦各有時，表章安能望俗士。臨川使君命世賢，讀書好道精禪理。慨兹湮没久傳訛，苦心探索求遺址。精誠若或神啟之，繙經一旦得其委。四千餘年冥漠君，馨香俎豆從兹始。從兹更歷萬斯年，神人皆發大歡喜。我感使君篤信心，作歌用告後君子。儒生稽古患不深，莫謂鴻荒無信史。

嵾　山　歌

段光文　襄陽府訓導　黄岡人

我觀嵾山兮，當翼軫之西北。群峰簇聚兮，嶔奇歷落。突出而爭雄，各抱天地之大力。若中笏萬丈之巖巖，陽鶴天馬之仄仄。師保傳之巍峩，紫蓋白雲之秀刻。既屈指而不勝數兮，亦難肆力以攀陟。緊天柱之崒嵂巀嶭，昂首奮身，排群嶺以峻上兮，摩碧漢而不可極。誠靈異之獨萃兮，豈白眼之能識。迺五丁之既通兮，群遊憇乎山側。嘻！來者如斯，我不知爲誰。我有雙眸嘗欲寄之高處兮，孰有如此山之峻特。爲憑虚而遠眺，覺日月星河之易位兮，回瞰下方，忽七十峰之盡匿。神奇哉！

儻晦暝變化，或風雨雷電之交作，雲霧霜雪之積委，吾又烏能以預測。安得切松煮术，棲遲于兹，經旬匝歲兮，俟奇景之到目。即與拔取大筆峰濡墨揮毫，爲此山物色。

詩

明

四　言

謁參嶽七章

蔡復一　都御史

天作高山，洪濛荒之。歷禩百六，奕世昌之。嶽靈燕鼎，臣民受福，一人康之。

二

鉉鉉道府，不如真武。太和有怒，仙室有虎，參山嶽五足千古。

三

是空是宫，惟叢惟峰。億萬斯年，杉橡柏松。樹石巖壑，此隙彼充。莫知其故，鬼斧神工。費心目趾者勞勞，嘆自若之鳥蟲，遊元氣中。

四

何碑何字，其中無異。穆穆皇皇，神乃受備。巖三十六，澗二十四。五臺五井，泉三潭二。灝灝乎上浮，蒼蒼者下界，功德不思議。

五

四時皆春，不斷吟呻。皇衷曰民，帝鑒曰人，非然者曷神。

六

六時皆聲，不遑問清。高聽曰萌，卑詞曰情，非然者曷誠。

七

中外奔赴，插空一柱。雲爲荇藻，風爲瀑布。想其初生，奇光香霧。削成安隱，匪天匪護。受以縷縷，報以懼懼，無疆之休聚。

恭謁大嶽七章

譚元春　竟陵人　丁卯解元

惟雷啟蟄，先之以電。惟風動物，播之以扇。乃神暨人，乃主暨臣。風止電息，爲天下春。

二

水短山長，風物有鄉，天柱斯光。

三

爲帝者師，爲五嶽長。以德以時，德馨孔仰。天子宫止，諸王庵止。海隅日出，稽首龕止。

四

眺彼洩雲，與煙俱養。雲杳在下，煙無所往。亭亭澗木，千章必響。衆香同來，一香自獎。

五

凡爾蒸民，貿貿皇皇。所希纖微，號輿扳裝。彼有寸縷，此有盂粥。

彼有一鍾粟，① 此有巢枝木。乃知山靈，哀此煢獨。

六

誰貽神羞，識潛者希。殃祥由己，應之以機。吉人坦坦，上帝剡剡，匪齋匪濟。

七

慨世蒙頑，宜莫如我。既善其摎，庶求其可。巖谷惟晴，水木惟陰。浩浩蒼蒼，以起我心。

行界山道中

高潯亭

女夷駐芳景，條風振前楹。四垂穆以愉，黄鳥鳴嚶嚶。我行界山道，躊躕念浮生。昨日枯楊枝，今日青已盈。云胡鏡中面，老去不復頳。所以陶阮流，微辭寓深情。感悟增嘆息，勉旃懷素貞。

又

貞素守丘壑，孰與天爲徒。青郊促羽節，逡巡悲故吾。豈不愛光景，所志萬里途。雲龍沓難合，山川欝以紆。遠懷鹿門子，千載稱達夫。願言培松苓，終當還舊都。

又

舊都魚梟墟，乃在天一涯。吾家青城下，松桂翳茅茨。朝看鹿豕群，暮見煙靄奇。門無九州轍，焉知路多岐。朅去人寰遊，寤寐多所思。軒轅故留躅，予將赴心期。

① “一”，原誤作“二”，據譚元春《岳歸堂合卷》卷一改。

又

心期在鉉古，頓轡無何鄉。嗒然見純白，焉識青與黄。云胡大僕散，莽昧俱亡羊。至訓逾萬言，翻以蔽天光。感慨發情素，默默嗤予狂。

遇　真　宫

靈境負夙約，真宫欣始遊。虚無上煙霄，杳藹親霞樓。赫赫珠殿午，蕭蕭琪樹秋。雲軿嶺表度，仙樂空中流。入門覽衆妙，啜水離群憂。仙人倘可遇，携手凌崑丘。

登天柱峰

屠大山　都御史

重陟天柱峰，稽首謝鉉帝。霞光表格思，雲彩衆咸覿。職司馳疏章，皇命赫臨賁。真官走傳奉，内帑降香幣。司空主祝釐，守臣厠陪位。宫殿欝葳蕤，恩數極隆異。顧兹感應祥，肇發昭明世。誰云神教虚，甘此民膏費。俗士若猜疑，淵衷有真契。巍巍鎮闕維，顯顯窮天地。祀禮秩宋元，靈跡盈志記。恭惟永樂年，遂超往古制。迢迢播風徽，稍稍缺修治。神情妙感通，聖政弘述繼。舊典既克新，瑞應亦時晰。鉉交本自然，景耀匪虚致。一人蓄虔誠，萬國蒙利濟。時月維菊辰，齋心宿嵓際。簫管裊鳳音，爐煙焕龍氣。草木肅森沉，乾坤徹氛翳。胡星縮光芒，仙宇敞明麗。獨覺真性融，頓令諸相廢。脊蕭訖精禋，麾幢恍搖曳。保祐有恒徵，休禎詎暫值。延首詠時康，陳詩愧末藝。

曉發遇真宫由九渡澗歷玉虚巖作

龔秉德　副使

捫石躡重巒，凌虚俯幽谷。登陟盡險艱，蒙茸穿水竹。潭古潛蛟龍，林深走麋鹿。激澗瀉潺湲，奇花吐郁馥。鬼斧伊誰運，鑿此仙人窟。華構嵌嶇嶔，飛簷懸突屼。恍披九華峰，疑入三天竺。石髓呈異香，瑶艸抽新緑。忽聞鳳簫聲，雲軿下廣陸。南巖午鐘餘，西林暮景促。

翩翩王子喬，邀我洞中宿。戀兹鉉府寂，願言謝微禄。

登望仙樓有懷

李蓘　内鄉縣人　翰林檢討

靈峰各崒峩，兹方稍平衍。登樓一望仙，宛宛日將晚。泠泠修竹鳴，英英白雲滿。陽烏帶餘芳，遊儵趍新暖。山風吹我裳，飄飄空外卷。目與萬里闊，心隨四天展。有美丹江人，夙約同登踐。蹉跎俗鞅乖，錯落斯盟舛。惆悵下危闌，豪心爲君短。

升仙臺雷公洞同二三道者作

力疾上名山，狂心困束鹿。清晨覯道流，移尊出蘭隩。身披紫霞衣，手持赤篆籙。携我探諸奇，萬里縱遙目。首夏氣候清，千崖發新緑。冉冉白雲來，須臾滿巖谷。丈夫有奇抱，豈必在榮禄。歸來賦招隱，浩歌掩巖屋。

由南巖尋北巖謁不二和尚

王世貞　都御史

陟降雖疲跡，眺覽用怡心。心怡體自調，支策探道林。是時春初暮，遙緑結屯陰。一幡颺空表，雙樹吐緑尋。① 初窺但絶壁，緩步得精岑。開士久杜機，眄睞不能禁。延我坐芙蓉，啖我以林檎。清梵和流泉，蹭竑海潮音。忽覩西岫景，圓規已半侵。歸來愧禽魚，自得忘高深。

由紫霄歷青羊橋憇五龍出仁威觀有述

躋危意方倦，入幽良自適。巖巒非一態，雲日饒奇色。活活伏流來，泠泠深巖滴。騰虬悟風樹，渴猊知飲石。拏攫令魂驚，蜿蜒覺根坼。俶詭青羊澗，窈窕五龍室。彼美如有待，余欣寧無獲。改轍見平疇，

---

① “緑”字原缺，據吴道邇《襄陽府志》卷四十五補。

藹藹禾黍夕。歸慮中未攬，目境時有失。安得乘蹻道，遙青庶可摘。

贈不二和尚

苦無道民好，披緇禮遠公。勞師破吾執，所破隨亦空。餅罷了無語，趺坐蒼山中。

贈范丫髻

一瓢更一杖，此外都不聞。瓢還潁水月，杖付葛陂雲。揮手參山頂，卻笑洪崖君。

過虎耳巖與不二上人談道

袁應文　嶺南人

人心本惟一，有二皆識神。識神是緣影，錯認爲天真。所以衆生妄，永劫甘沉淪。晝夜紛馳逐，駛車無停輪。霾雲翳太空，轉動惟五陰。去來幻夢場，猶執四大身。四大是假合，何關本來人。一朝分散後，問君是誰親。臭腐歸荒郊，以何爲保任。豈知摩尼珠，亘古色常新。欲得真受用，惟一不二分。不二緣影滅，六門無六塵。木人見花鳥，師子行無群。拾得衣中珠，貧子寧等倫。高駕白牛車，遊覽無梁津。巖棲不絕俗，無佛亦無人。枝頭果已熟，萬物皆同春。虛空本不染，何礙興慈雲。不同斷滅禪，但免火宅焚。吾儒露真機，黄面老亦云。請事吾師訣，太始爲比隣。

出北天門行度竹笆橋入五龍宫有述

彭凌霄　翰林院檢討

福地探不盡，兹山尤幽窅。陰壑響伏流，陋徑迷竹篠。珠露滴巖龕，喬木盤夭矯。風聲龍虎鬪，雲根虬蛇嬲。下視駴曾淵，上陟破蒼旻。薄暮抵瓊宫，笙璈發縹緲。漱齒五井甘，洗劍雙池小。睡思希夷理，行念簑衣道。榔梅春自實，賜衲日空皦。安得契真詮，長此除煩擾。

遊浄樂宫

徐學謨　副使

名州信廣深，遺封表浄樂。帝子昔昇真，神棲玆永託。仙室亘楚疆，天峰麗鉉嶽。靈光倏變現，神德布遐邈。玉巖肅陰森，金闕紛廻薄。翼聖掃攙槍，乘時奮廖廓。以玆感衆生，相携禮群壑。充途集士女，攬涕祈恩澤。修因故眇茫，證果亦鉉漠。① 逐物諒有遷，在化疇能覺。庶幻詎足嗤，② 浮榮坐自縛。擾擾隨劫塵，何時悟龍蠖。

南　巖　宫

蘇濬　晉江人　陝西参議

古洞結層陰，乃在山之曲。仰眄天柱巔，浮雲自相屬。俯睇層陰間，扶桑森以緑。穆如鉉圃丘，粲若珠璣落。徙倚飛昇臺，閬風振陵谷。更有羽人居，巢棲不盈匊。相顧嗒然空，一醉萬事足。

五　龍　宫

上山凌雲門，下山翳荒林。鉉冥司北陸，龍宫窈且深。陽光濯中流，重輪洗層陰。游鱗戲其下，萬竅自悲吟。羽人持卮酒，邀我溪之潯。錦瑟無朱鉉，激石有餘音。虚舟不可極，遺珠詎可尋。且盡杯中物，餘生任陸沉。

宿玉虚宫

太虚歸泬寥，松林鬱蒼蒼。白日忽西馳，望舒流素光。道人邀我宿，醉我以瓊漿。更殘不能寐，攬衣出翱翔。蛟蜃嘘其氣，霞綺散其章。流水相逶迤，側耳宫與商。天巧無遺技，人力詎可量。我欲訪帝子，乃在何有鄉。仙人好樓居，方士自渺茫。

---

① “鉉”，原誤作“玆”，據徐學謨《徐氏海隅集》卷二改。

② “詎”，原誤作“距”，據徐學謨《徐氏海隅集》卷二改。

將遊大嶽書懷二首

陳文燭　参政

弱齡賦采真，頗有山水癖。千仞神亦翔，群籟心若適。結束在金門，煙霞與之隔。每誦景純詩，遊仙慕夙昔。一麾乃江湖，杳杳宫雲碧。飄颻入三湘，漾漭仍七澤。靈境可淹留，長往無足惜。奈何尚平生，徒爲婚嫁迫。

其　二

人生不滿百，奄忽真寄居。歡娱及時爲，九州安所如。夜夢羨門侶，要我於天衢。丹扉啟閶闔，紫霞流瓊車。排霧奮逸翮，指我太和隅。景雲嵯峨起，好風與之俱。匪徒問神藥，意欲合靈符。揮手謝塵世，明日凌太虚。

虎　耳　巖

深山夏亦寒，問巖爲虎耳。萬疊白雲中，千丈幽溪裏。交藤步果難，捫葛差可起。聽鳥不知名，積雲墮深水。雲竇渺無窮，堅崿亦堪倚。胡爲履險危，來訪參禪子。時訪不二禪師。結社有蓮花，賞心聊寓此。兹豹隱南山，從兹吾已矣。

天　柱　峰

靈區何鬱盤，中有黄金殿。極力登天門，標峰時隱見。亭亭車蓋雲，四顧目欲眩。上可摘星辰，下忽走雷電。壇宇締構工，文皇禮殷薦。赤館與青蓮，遙望羅簪弁。夜卧露氣侵，芙蓉落面面。丹砂倘可成，兹鬢當不變。

滴　水　巖

眷言遊遠壑，兹川亦可登。清泉出碧障，霜葉滿高陵。乳竇既滴瀝，崇巖相崚嶒。濯纓清可愛，盪胸雲欲凝。過此不佇立，絶險安可憑。瑤艸在何許，臨流思不勝。逡巡既良久，斷巖若爲崩。飲之頓忘暑，何須玉井冰。

飛昇巖

南巖山本奇，到此深且逈。怪石緫磷磷，白日常冥冥。仙人駕雲螭，丹爐空絶頂。長生藥尚餘，鷄犬亦舐鼎。金銀氣有之，四望多烱烱。天風蕩清波，披襟誰獨醒。思得壺公遇，而與安期等。巖頭萬丈松，飛去那能並。

自然庵

方橋池可通，四圍多甃石。昔有李素希，冥棲乃其宅。文皇召之來，殷勤賜束帛。至今璽書存，光芒動晨夕。披玩我重來，清風生兩腋。閴寂慮欲空，坐久意堪適。十載苦風塵，今日還行役。何以駐我顔，流光真過客。

自南天門轉南巖宮入巖看鉉武諸跡

朱之臣　成都人

着雨巖上行，不知巖下佛。天門山之脊，圜徑滑側谷。盤西俯松殿，松輒入雲腹。殿影壓濕痕，隔步不入目。道人余前指，曰南走石屋。懸石覆胏然，鉉武跡其足。鑱骨爲之龍，昂昂不欲伏。左右向亭際，瀟然而一局。垂垂煙相逼，摩巖叩石族。語煙且開晴，南放金光出。

登太和絶頂恭述

一氣挾以上，懸度然未然。是身平其雲，手目不得專。道窮峰一息，齋心禮上鉉。肅肅憑虛無，足知願力堅。詳視殿楹柱，物力憶盛年。徽徽房陵道，亭亭香爐巓。萬象趨以奔，左右而後前。

觀南巖宮諸跡次朱道臺韻

胡維翰 高安人 鄖西知縣

討勝攀南巖，一一玆寓目。舍宇相連開，負壁瞰深谷。仰循巖上路，降尋巖下屋。蒼然俯殿松，疑有老精伏。險哉捨身巖，明以死成佛。猿鳥依道場，法教攝萬族。龍首昂砌間，似待雷雨出。倒踏欲壓石，印跡宛然足。仙人何處去，亭上遺空局。詩成付鐫摹，萬石□捧腹。

天柱峰謁帝

袁宏道

除却善法堂，人間無此麗。甍題鑄黄金，玉版花紋地。羲和曳長輪，鋭碧返籠轡。霞裹召仙官，飛斷青溪翅。茫茫諸夏人，綃綺被山翠。號呼夾笙鏞，醒却天娥睡。燔珠薪水沉，千里薰燎氣。長髯老真人，曉暢天家事。逸典絶云亭，功高七十二。鞭山駕鼋鼉，一笑秦皇帝。

南巖望絶頂及五龍諸宮有述

珠題篏絶壁，人巧依天匠。峭緑疊頹嵐，青天怯磨盪。濛濛太始雲，曠劫相醞釀。一自闢鉉宫，斧作仙家障。蒼巒夾欹竇，高天入盆盎。終古客清虛，諸仙幾回喪。真人將上昇，先此規圖樣。十二樓五城，某天如某嶂。宮成付黄冠，仙郵侈供帳。道裝俗鬟眉，只此輪天上。

遊玉虛巖

一壁繡煙霜，石老巘巘露。蜕骨留空巖，青山也仙去。或纖削而清，或高古而怒。瘦過必成研，喜極多由怖。咽者爲奔泉，古者爲杉樹。種種出天成，幽奇互遭遇。翹首告仙真，此地好流寓。未必三神山，有此奇絶處。

再登大嶽以詩紀異

章拯　都御史

鷲嶺淪異域，蓬山墮蒼茫。何如虚危宰，坐鎮翼軫疆。天柱猶卓越，金殿何煇煌。朅來披層雲，亭午欣明陽。横穿九折坂，直上千仞岡。下視人間世，宛在天一方。祖師亦欣然，爲我發靈光。五雲方晻藹，六花歘呈祥。萬狀紛怪詭，群峰互低昂。平揖飛仙語，新餐沆瀣香。道流詫文曲，昨夜照武當。

又

戊癸既妙合，龜蛇非混茫。鉉元本無始，神化詎有疆。異言徒喧豗，香火劇熒煌。踏月上大頂，出海寅東陽。須臾白雲起，變幻群玉岡。夏峰未足奇，雪嶺那可方。麗日忽五色，①紫氣有餘光。烈風亦不卷，造物若爲祥。仙家足幽致，上界何軒昂。更酌天地水，一試騫林香。②兹遊信奇絶，險語未易當。

國　朝

齋宿均陽

張濩　參政

環我均陽境，嵾山據大半。置瑲于其間，岳反發其嘆。祀褻貢爲尊，恤忘寇不憚。今日萬靈奔，聲情入霄漢。天際想真人，觸手生波瀾。

① “日”字原缺，據方升《大嶽志略》卷四補。

② “試騫”，原誤作“誠嵾”，據方升《大嶽志略》卷四改。

浄　樂　宫

楊素藴　荆南道

文皇晚好道，宫創于明成祖十六年。所念在鉉空。既表報恩寺，復立浄樂宫。百道祈年碑，千尺參天松。宫殿一何麗，傳與雙闕同。璇題納行月，綉甍結飛虹。中有金碧身，丹臒極人工。左若揖浮丘，右若訪崆峒。我行均水陽，典祀若華嵩。雲裝餐石髓，煙駕弄輕鴻。長揖當途人，遊仙味無窮。

宿周府庵

亭亭門前柏，青青林中竹。灼灼澗底花，呦呦山下鹿。此地足幽棲，① 豁達開心目。近閣樹乍明，遥峰月漸伏。② 徙倚引芳柯，夜凉風出谷。更有桂八株，叢生香馥馥。名境如高人，作意在嚴肅。我來宿其中，塵襟資盥沐。彈棋香更焚，③ 揮琴茶正熟。安得素心人，共抱道經讀。

朝玉虚宫

夙齡侍金鎖，晚涖謁玉虚。紫宫綵虹住，飛宇白雲居。逸翮思野雀，吞舟羡遊魚。赤松顧我笑，粲然啟素書。中有一道士，高蹈金銀車。昔有道人曾于此羽化矣。豐碑草欲長，玲瓏碑在焉。神厨粟無餘。有大碓、大杵臼尚存。堪笑魯門饗，雜懸悲鶢鶋。

登太和山頂

地爲仙家囷，靈異插天柱。三十六巖霞，二十四澗雨。雲中炊釜鬲，天際鳴臼杵。忽而遇嚴城，規模類宫府。一闗當其中，左右列樓

① “足”，原誤作“是”，據楊素藴《見山樓詩集》改。

② “遥”，原誤作“逢”，據楊素藴《見山樓詩集》改。

③ “更焚”，原誤作“可分”，據楊素藴《見山樓詩集》改。

櫓。循級緣鐵繩，石磴作廊廡。投足疑無地，蒼茫五丁斧。周廻數百步，乃得禮真武。金光何滉瀁，宮殿及門户。不獨鑄法象，兼以餙篚簴。旁有四神人，列侍事鉉祖。或捧劍倚天，或執旗飛羽。或纍印綬垂，或作虬龍舞。縱目皆奇觀，一身任仰俯。杖底撥殘雲，了了見湘浦。始知真境杳，坐劈麒麟脯。他年名山封，還將大嶽補。

題太和圖　時王孟遷寅翁以圖賦見貽，賦答

劉鴻　山陰人　南漳縣知縣

西嶽孤峰峻，九華緑水流。每吟太白句，尚待少陵遊。荆楚崚嶒秘，乾坤開鑿愁。天文翻翼宿，地軸捲中州。蓬島三山伏，長江一線留。玉虚鳥跡滅，寶蓋日光收。疊嶂青飛漢，環波碧湧秋。蜿蜒迷法界，縹緲失滄洲。金頂巒猶絶，閟宫洫更悠。微雲甫起麓，空雨已沾疇。北曜璇璣轉，南方瘴癘瘳。高深鍾間氣，崇祀重皇猷。朮老茅香出，梅開榔樹幽。秦人問世故，靈運恣奇搜。翹首輞川入，揮毫摩詰儔。使君多清興，几席遍丹丘。

題太和圖　時王孟遷寅翁以圖賦見貽，賦答

薛載德　山陰人　鄖西縣知縣

大道本咫尺，豈在山水間。方寸有太和，奚事遠躋攀。明心可證果，應寂皆空山。所以特達人，隨地得至誠。凡庸心易動，即境與往還。譬諸聞歌者，悲歡而改顔。要知聳靈異，蓋爲醒鈍頑。嗟余質最下，仰止憂如惔。王君開圖示，豁然五内湛。幽奇風雨薄，竦峻天地參。塋神黑虎澗，澤骨白龍潭。燦爛金殿古，餘光古柏嵌。瀑泉飛左右，花木護青嵐。信是天人居，萬籟寂深巖。披圖心影化，閉目自喃喃。衆峰青魂魄，所未叩山龕。即道以見道，白雲秋水涵。

明

七言古風

成祖賜孫碧雲詩　見《藝文》

武當道人詠四首

李宗木　郎中

道人自愛碧山住，武當結屋雲深處。屋後新添五粒松，門前舊有三花樹。冬夏不思葛與裘，葉生葉落知春秋。大還已得神仙藥，卻笑世人空白頭。

其　二

道人自愛碧山眠，白雲遲度窓之前。石壇松影蔭千尺，老鶴一聲開松煙。起來手檢丹霞篆，魍魎潛歸俱遁散。天柱峰頭清嘯長，世人可聞不可見。

其　三

道人自愛碧山行，寒泉潏潏金石聲。雙耳無染不用洗，此音聞之清更清。溪邊樹色含青靄，洞口有花人不採。南巖石上一盤碁，世上流光已千載。

其　四

道人自愛碧山坐，山下唫詩山鳥和。琪花珠蕊笑欲來，峭壁懸巖牢不墮。紫霄有客夜深歸，天風吹月鶴雙飛。起跨鶴背上天去，銀漢誤觸織女機。

宿南巖宫題壁

胡汝霖　少卿

昨日太和登絶頂，金檻寶臺日流影。一水悠悠見漢江，萬峰矗矗連秦嶺。下腳南巖聽暮鐘，天聲夜發呼虬松。朝來白雪迷笙鶴，人在青霄跨玉龍。

宿大嶽絶頂夢中成長短句

陳文燭

大嶽之山何其高，長江一線飛洪濤。纖纖明月真可拾，浩歌一曲仍持螯。吾家杖履掛雲樹，冉冉流光三十五。嘉靖丙申，家大人禱兹山生余。踈薄誰言嶽降神，今日重過頻起舞。青童两两何處來，雲鬟素手相徘徊。謂我玉皇香案吏，遺我一二流霞桮。希夷練修有遺礎，神女解珮如可語。飛揚不在宇宙間，十洲三島非延佇。呼吸真如帝座通，高標浩蕩摩長空。白雲在下衆山小，意氣泠泠思御風。嗟余本有山川癖，遥向青冥拜奇石。林猿野鶴總堪題，獨少仙才李太白。

南　巖　宫

南巖石勢何崛奇，閣道百折盤空危。到此不覺神色動，翠煙丹壁當前垂。倏忽卻步地轉平，珠殿瑶堦麗且宏。笙簫鐘磬知何處，廻廊别院皆仙聲。劃然長嘯巖頭立，松蘿萬樹香風襲。縹緲不知雲霧生，良久但覺衣裳濕。石殿誰將洞中入，架閣神巧百靈集。更有龍頭躍半空，下臨萬仞良岌岌。如拳片石倚半壁，幽亭曲檻掩原隰。徘徊巉巖頻嘆息，自是神工非人及。昨夜太和峰頂宿，俯視南巖若深谷。今日南巖一縱目，卻訝紫霄在其足。吁嗟紫霄猶在足，此巖奇怪聳峻那能述。

登太和宫

孫健　浙江人　貴州参議

太和之山上插空，盤旋起伏如蒼龍。何年養就精靈氣，至今鱗甲生秋風。秋風起兮山四霧，蒼龍聳角如天柱。揚鬐勢欲吞天池，横海妖鯨泣無寓。我來豈是凌虚人，翩而凝與太清隣。安得乘龍行上界，睥睨六合之紛綸。紛綸塵氛競相起，江河東下何時已。太清中含一點靈，神與名山至今俱不死。

㠋上山

唐顯悦

武當山初不名嶽，加之以鉉失其朴。道元《水經》注爲三，太和仙室又名㠋。如此名山豈易方，謂非真武未得當。我來品題山水間，定爲一尊曰㠋山。㠋山知己識㠋少，泉瀑遜衡缺陷好。

贊張真仙

湘王

張鉉鉉，凌神仙。朝飲九渡之清流，暮宿南巖之紫煙。好山劫來知幾載，不與景物同推遷，我向空中不見徒悽然。孤廬空寂大松裏，獨有老獼松下眠。張鉉鉉，凌神仙。匪仰乘飈游極表，① 茅龍鶴馭上青天。②

賜五龍李孤雲

煙山蒼蒼煙樹紫，行來日斜逢真士。逢真士，石爲餐，碧莎鶴唳清光寒。

---

① “游”字原缺，據任自垣《勑建大嶽太和山志》卷二補。

② “上”字原缺，據任自垣《勑建大嶽太和山志》卷二補。

賜洞微觀妙上照鍊師王休休遊武當

我生夙好方外之高情，① 遐追子晉懷蓬瀛。三山遼邈不可及，亘古仙者傳其名。金銀臺觀煙霞外，琪花珠樹森交晶。紅霞白日春常在，巨鰲不動天風平。② 鍊師自是三山客，貌奇心古丰儀清。拂袖御雲氣，翩翩來南荆。風物老秋色，湘江波静荆山横。玉蟾吐白滿空闕，③ 手携北斗酌我湛醁傾滄溟。④ 琅笈瓊文覈鉉秘，掌中金策何鏗鏗。君衣緑霓羽，我着紫霞瓔。君詠步虚曲，我吹青玉笙。我笙吹星星歷落，君曲遏雲雲不行。杖花銀棹不足數，吴中鱸鱠爲君輕。肘後寒光破晴碧，壺中丹氣凌青冥。興來醉舞招白鶴，跨向五城之玉京。翛然笑傲忘甲子，一身汗漫遺死生。五嶽撮土，八海一泓。滔滔昔人付一笑，悠悠終古惟高噬。先天獨存兮後天不老，吞吐造物含元精。白漚兮白漚，與君共結滄洲盟。

題馮虚滄浪圖

張廷弼　光化知縣　臨川人

馮虚亭子凌嚣壒，俯聽寒飈發天籟。參嶽千峰聳作屏，滄浪一水縈如帶。水流山峙自年年，亭子荒凉鎖暮煙。我欲馮虚遊八極，題詩天半石應穿。

南巖晚望金頂八韻

李蓑　再見

曉起望金闕，千山旭日華。夢猶恋霄漢，身已隔雲霞。窈窕神仙宅，籠葱帝子家。方壇騰瑶氣，高樹綴瓊花。異鳥翩翩下，靈巖面面遮。

① “夙”，原誤作“肅”，據任自垣《勅建大嶽太和山志》卷二改。
② “平”，原誤作“升”，據任自垣《勅建大嶽太和山志》卷二改。
③ “闕”，原誤作“門”，據任自垣《勅建大嶽太和山志》卷二改。
④ “傾”，原誤作“領”，據任自垣《勅建大嶽太和山志》卷二改。

松香熏桂醑，天樂侑胡麻。① 覽秀壯懷發，尋真道意賒。不須勾漏令，此地有丹砂。

浄樂宮　宮即古浄樂國也

王世貞

神農昔撫世，浄樂已名都。末法開金相，真王得寶符。天從百戰順，人役萬靈趍。羽衛齊宸極，丹青出睿謨。神功隨現有，至理入論無。莫尼群真位，遺編悞老儒。

玉虚宫　即真武所拜玉虚師相名也

霞矗黄金界，虹飛白玉橋。帝居開顯赫，天路入岧嶢。薜網雲常掛，松珠露不消。步將塵世隔，境許俗心調。聖水流仍暖，仙衣静自搖。可知笙鶴度，特底引王喬。

遇雨投紫霄宫宿

千山入窈冥，萬壑助泠泠。鳥道春元合，龍宫夜不扃。摩雲峰展纛，擲火帝流鈴。倦引投枝易，寒驚灑面醒。更衣朝紫極，添篆讀《黄庭》。卻憶明朝路，峰峰洗更青。②

謁太和宫

一柱太和宫，千巖元氣中。芙蓉寒不謝，仙掌近還空。地是勾盤上，橋從貫索通。日輪團倏火，天樂斷罡風。麇氏爲宗國，幽方反寓公。赤明無信使，吾欲證崆峒。

---

① “侑”，原誤作“有”，據李蓘《李太史集》卷六改。

② “青”，原誤作“清”，據王世貞《弇州山人四部稿》卷三十二改。

登嶽道中

董裕　再見

褰帷瞻太嶽，縹緲駐雲端。一柱蒼穹倚，諸峰紫翠攢。日華浮狄掌，霞彩駕瑤鸞。洞有還元籙，人生拔宅翰。三山來海上，五嶽集江干。鉉武何年宅，仙都此際看。深松排道出，危蹬擁嵐盤。驟雨龍泉躍，長風虎谷寒。感時憐赤子，浮世覓金丹。幽贊功殊渥，明禋禮自寬。天門剛咫尺，謁帝詎云難。①

九月晦日太和道中詠楓樹

春紅點素秋，着葉便堪愁。已失芳菲候，誰將艷異求。地違温室樹，天遠未央溝。黄落心嗟悴，丹存晚見收。籠霞輕拂袖，濯錦濫盈流。瑟瑟廻金勒，蕭蕭映綺樓。颯看渾是雨，欲去轉凝眸。色借紺園夕，沙明珠鷺洲。沾塗泥未辱，曳紱老宜投。寂寞文章著，悲凉鴻鴈謀。過時非有競，鳴夜詎應休。零落留孤幹，懷湘等遠遊。年年行路客，此地拂吴鈎。

題太和山

賈大亨　御史

山峪凌虚灝，神尊握化權。珠宫壓鰲極，金像體星躔。樹古元無紀，霞深卻有仙。希夷丹氣滿，邋遢劍光妍。十載頻飛夢，孤攀尚阻緣。信知俗士駕，難遡洞門天。圖志酬真覽，仙香寄遠虔。鉉庥綿聖壽，②和氣降豐年。③

① 自“此際看”以下原缺，據董裕《董司寇文集》卷十四補。
② “庥”，原誤作“休”，據王佐《大嶽太和山志》卷十七改。
③ “氣降豐年”四字原缺，據王佐《大嶽太和山志》卷十七補。

國　朝

五言排律

登太和山　有序

王柏榮　臨川人　貢生

榮家世崇奉鉉帝，至今頂禮益虔。戊午之臘，家大人來守均陽。舊例，春秋詣玉虛宫行祭嶽典，祭竣，登頂祀帝，余小子亦得齋心隨家大人後，朝真攬勝，誠快事也。瞻仰金殿，玉陛深廣，各以仞計，高差倍之，端拱東面，光芒璀璨，絢日蒸霞，駭目盪胸，真擅絶寰區者矣。榮不計工拙，拈筆賦之，匪能悉鉅麗之萬一，聊紀其槩，以告夫企懷帝闕仙都而未獲躋謁者云爾。

夙仰名山蹟，欣依勝地前。珠宫寥以廓，紺宇斷仍連。横向崑墟擘，遙從閬苑騫。春秋開混沌，日月紀黄軒。危磴神丁鑿，磨崖浩劫懸。衝霄森列戟，墜石接飛鳶。藥鼎渟勾漏，丹爐出墜仙。盤盤姑射影，曲曲蔚藍天。聳對憑虚客，寂同入定禪。谷風腥虎豹，巖霧繡楠楩。險可昌黎悸，驚幾謝朓編。嵓峿輿馬絶，突兀首尻聯。牛斗光當犯，蟾烏手欲援。蒼茫麾岱霍，縹緲數秦燕。長樂儲精一，明光藐大千。蚴虬騰寶舄，鸞鳳下雲軿。既脱諸般械，凭登上品蓮。圂楹昭盥薦，禁籞繞祥煙。玉璽垂高陛，瓊函檢細旃。劍飛神虎吼，纛静老龍眠。號佛千峰震，流恩八極闐。瓣香酧上界，抒素滌塵筌。仙覺知無盡，吾生信有緣。

題太和山

賈待聘　夏縣人　竹山縣知縣

地幽生静悟，境曠滌塵煩。況復靈山古，能令大道存。漢江千里外，大嶽百川吞。窅渺元天巧，煇煌接帝閽。氣真籠宇宙，高已並崑崙。澗水魚龍伏，奇峰虎豹奔。松杉青鬱鬱，花藥緑翻翻。曲院苔迷徑，深房鳥叩門。過程疑幻影，前路踏雲根。萬念此俱寂，群音總不喧。低徊若見性，惝怳竟忘言。則是心明處，功名何足論。①

題太和山圖二十韻

沈冠

天柱三千丈，移藏半畝宮。雲陰生户牖，樹影動簾櫳。置壑繩牀北，標峰竹几東。枕邊看舞鶴，簷際駐飛鴻。磅礴輕綃外，② 縱橫短幅中。謝公幽賞便，宗子卧遊同。石削崚嶒起，泉流窈窕通。翠屏蒼蘚合，丹嶂碧霞籠。蘿黛疑懸雨，松簧若奏風。鐘聲聽髣髴，日景辨曈曨。嶺雪長凝白，巖花不謝紅。嚴冬榮月桂，永夏得霜楓。氣勢飛揚甚，神情點綴工。丹青窮巧妙，金碧焕遥空。絶頂宸居壯，環山帝制雄。諸天撑泱漭，一氣俯鴻濛。恍惚臨真宰，精靈赫寓公。遊仙探閬苑，訪道揖崆峒。丘壑心亡恙，煙霞興不窮。何須圖五嶽，直此置微躬。

唐

七言徘律

題太和山 見《神謨》。

呂純陽　天仙

---

① “足”，原誤作“是”，據王佐《大嶽太和山志》卷八改。

② “輕”，原誤作“經”，據王佐《大嶽太和山志》卷八改。

明

題太和山

白悦　尚寶寺丞

秦關初轉漢江東，薦藻靈巖問楚風。蜿蜒玉梯躋上界，嵯峨金闕列遙空。重林蔽壑深藏豹，峻嶺干雲半落鴻。西掖華嵩遲遠照，南襟巴隴伏長虹。瓊簷入夜星辰燦，貝樹含春歲序同。香拂彩霞龍女度，旗翻赤電鬼神通。岡巒交秘乾坤秀，鼎竈常烹日月紅。定有天仙留逸駕，欲辭塵鞅入玹宫。飛騰歷覧萬山小，盤礴今看此地雄。

又　步純陽祖師韻

曹大顯　僉事

真仙煉養借斯巖，巖穴孤高托此山。覿面峰巒千疊翠，掛瓢谿壑幾廻灣。懸空石磴滴清響，繞樹煙藤結黛鬟。泉湧三支源一派，澗分九渡遠相環。垂手尋常探月窟，洗心兀自透鉉關。①巽風起處陽來復，地脉朝時路轉彎。五百靈官高壁立，一條龍首易緣攀。紅塵地遠非難到，丹竈春深許自閑。塵世多疑仙術幻，蓬萊誰信箇中閒。我來不作而遊戲，②也欲依巖煉九還。

藉寵張明府得登眺武當寄謝　明府謂知州張廷策

洪翼聖　歙縣人　汝南参政

仙山奇峭亂嶢崢，遊楚揮鞭入望明。賤子無緣尋白鶴，大夫有意促啼鶯。逢君喜見琅玕樹，逸氣招邀畫鏡行。天到三層扳斗便，峰高萬巘摘星驚。尋山分我龍宫勝，回馬還霑漢水清。話別舟中情未已，仙風携入棹歌輕。

---

① “鉉”，原誤作“方”，據王佐《大嶽太和山志》卷十七改。

② “而”字原缺，據王佐《大嶽太和山志》卷十七補。

㕘山記

楊鶴　武陵人　少傅

癸亥秋七月，余將北上，蔡敬夫先生貽書，謂道出襄陽，宜爲㕘山之游，游畢，約會滄浪亭下。至襄陽，再申前約。余乃戒行，以八月八日宿柴店，九日宿界山，十日宿遇真宫，十一日游紫霄，十二日游五龍，十三日登頂，十四日游瓊臺，晚宿玉虚，至十五日夜，會敬夫於滄浪亭，話山中游事。明日復會，十七日别去。舟行，次第前語，作㕘游筆記曰：

余游㕘山者再矣，相傳此山發源秦隴，蜿蜒東來，不知其幾千里，突起均房之間，孤聳天柱，環以七十二峰，出入風雨，呵護百靈，蓋神明之居也。其間隱隱紫翠千里，外以屏風九疊障之，天清日霽，眉目分明，遠勢峩峩，秀可攬結，惟是層巒虧蔽，隱見不常，元氣空濛，常如渾沌，游人入山，至有不得見其面者，譬之絶代佳人，傾城一顧，百媚横生，肰自非流波將瀾，欲一啟其嫣肰笑齒，杳不可得。至於嶔崎九折，磴道盤紆，上出青天，下鄰絶壑，怪石虎蹲，老藤猿挂，殆非人間。自山足達峰巔，凡七十里，界山道上，微露髻尖，至遇真宫前，天柱、香爐、蠟燭諸峰，正直九龍山缺處，如月圓當户，隱其半規。復從宫頂鳳凰山遥望，如見三神山在海中，褰裳欲就之也。嗣昌曰：自界山露尖至返南巖望尖，經如許縈紆，而山常在眼，何以故，尖故也。髣髴此尖者，其保定之郎山乎？肰不道紫荆，曷由知其的的如是也。

明日，歷好漢坡，至回龍觀，天半藍翠横空，再望之於太子坡，如一片青芙蓉湧出緑波，瓣萼可數。峰迴路轉，忽復滅没。及抵紫霄宫，天柱在其右矣。紫霄背負展旗峰，① 前有禹跡池、大寶珠、小寶珠、賜劍臺、萬松亭，後有太子巖、太子亭，四山拱揖，② 自爲奥區。

明日，過南巖小憇，以雨故，先遊五龍。五龍山勢巃嵸，宫闕壯

---

① “眉”，原誤作“負”，據吴秋士《天下名山記鈔》卷九改。

② “拱”，原誤作“共”，據吴秋士《天下名山記鈔》卷九改。

麗，肰不如南巖奄有衆山之美。南巖望天柱咫尺，肰太了了，又不如五龍回顧有情。起聖殿榔梅臺，竝對峰面望之，端麗秀削，緑峭摩天。山中雖雨而不霧，① 雲氣觸石，如以輕綃薄縠蒙罩蒼煙，覺雲溼轉好。两宫臺殿相望，② 金碧陸離，若日射火珠，當不減蜃樓海市矣。昔年遊青羊澗一帶，愛其幽蒨，此番殊無意緒，物候未是秋冬之交，意風霜高潔、艸木刻露爲佳耳。仙龜巖如夏雲欲墜，两旁瀑流瀉之，直漱其根，如有活勢。自仙侶巖至滴水巖，步步可望天柱，松杉茂密，石路陰森。

明日，天大放晴，返南巖，可巳刻，望見峰尖宫闕，亟起循曬縠嶺，經榔梅祠，度斜橋，遂下籃輿，諸峰離立，不能辨某爲三公、五老。峭壁萬仞，展轉玩之，欲去不忍。攀巖度索，忽得文昌祠、會仙橋，平臺如掌，自欲息心。再上朝天宫，左折，仰視山腰峽口，箭括通天，有一門矣。自一天門至二天門，道中奇峰突兀，遠岫參差，游者戒心畏途，往往當面錯過，不知身在陸探微畫中也。余語同行："天門信險，若三步回頭五步坐，不覺登頓爲疲矣。"盤數折始陟三天門，息神厨，洗沐登頂，拈香謁帝畢，解衣四眺，此身在千葉寶蓮之上，千峰萬峰，如海波自潮，一層堆疊一層，有廻濤捲雪之勢。峰起天馬巖，真如天馬行空，昂首萬里，風鬃雨鬣，煙霧青冥中，有真人御風騎氣，五丁六甲擁矛杖劍從之也。西南諸峰當是蜀中，極目不知所際。北面忽見群山之上有山矗出，削成四方，疑爲嵩少，問之道士，果肰，相去蓋數百里矣，肰的的分明，如在百里内者。東望襄江，白波如帶，鹿門峴首，似可得之指顧。山中積雨彌月，是日始霽，自亭午看山至暮，天朗氣清，略無片雲遮障游目。暝色欲來，四山盡紫，夕陽既收，東方月白，光采澄鮮。因憶往者登太華、九華，覺山頂下瞰，殊不耐觀，蓋千巖萬壑，難於一一向背有情，且多童山，無艸木蓊鬱之狀。獨此山一氣融結，綿亘八百里，皆如勾陳之護紫微，遠近色同點黛，所以

① "霧"，原誤作"務"，據吴秋士《天下名山記鈔》卷九改。
② "两"，原誤作"雨"，據吴秋士《天下名山記鈔》卷九改。

勝也。

明日復雨，游蠟燭、瓊臺觀，多幽意，所謂“山静似太古”庶幾近之。玉虛之田廬楚楚，雞犬桑麻，殆類桃源風物，與紫霄、南巖、五龍又自別矣。

是役也，山行五日，一日晴，四日雨。雨後千山飛瀑，萬流俱響，耳中如聞三峽流泉，可補山靈缺陷。又以新霽一日，盡收天柱之奇。先是，敬夫書來，謂參山之勝，非五日不能領其大略，何日可抵均陽，即豫訂息壤，當鼓棹赴之。至是如約，兩人握手道故，相與品第參靈，敬夫詩曰：“客憐命駕十年約，天放登山一日晴。”蓋實録也。嗣昌曰：先人初奉先祖以乙卯初遊，故癸亥稱再。孤亦以癸亥九月後先人入山，復入鄖謁敬夫先生。兹山於楊氏三世有緣，蓋亦如大□云。

登天柱峰與王鹿父飲酒限次馬仲良與來道之四十韻

楊嗣昌　武陵人　太傅

造物爲名山，鬼工不能揉。真氣冥橐中，虛動伺籥口。莽莽吹雲煙，平蕪秀禾莠。蠻方讓靈奥，中國則斯取。五岳其職殷，逸者不臣友。幽顯刊奠前，如日未見斗。金泥七十二，詎落俗皇手。① 明代通混茫，忽若無而有。爭言陟天柱，即帝非左右。巖澗呀呷間，化佛生齒臼。人生不步目，趹刖詎償負。② 聞健勿疾攀，③ 當遲面皺否。吾炊蠟火香，子意寒蔓紐。携手將太虛，鹿胃期盡嘔。④ 如何青冥際，想陰忽注酒。大叫拊危壁，不甕亦合缶。深杯坐澆午，斜景弗畏酉。頭帢恣膩顔，卷書信囊垢。請爲天帝言，視汝鞭其後。高尋漸一握，下囑影煙九。眼盡精絶邊，能皆浄於帚。厥初戞萬仞，至乃不凝阜。太極方静倪，形奇未形耦。藴深終古力，兹峰遂孤受。險豁外潛思，綿綿理

① “皇”，原誤作“凰”，據楊嗣昌《楊文弱先生集》卷五十四改。
② “負”，原誤作“員”，據楊嗣昌《楊文弱先生集》卷五十四改。
③ “勿”，原誤作“忽”，據楊嗣昌《楊文弱先生集》卷五十四改。
④ “期”，原誤作“斯”，據楊嗣昌《楊文弱先生集》卷五十四改。

何厚。左侵亥子位，有物峩其首。神光隱玄霧，望若不瑩玖。云是落雁峰，愁予別來久。右睇已午遥，荆蜀峻莫剖。周諏指掌謬，流轉心目咎。傲岸房縣山，不朝豈頑醜。琳宫萬壑路，静者或農畝。松檜入茅茨，森肰學槐柳。人行布金地，衣履鑒髹黝。悲仰如一心，多生子誰某。今觀覿面失，復以萬劫守。浮木海波中，逢無一二數。安得墮地來，不爲奔角走。文皇輔世教，① 玄牝良深扣。吾汝陟兹巔，羊鄒期不朽。

由天柱上下觀仙人隱士玉女諸峰酌泉題壁與何景星詩次馬仲良與徐象一四十韵

游目恐稍恨，天人嗇佳時。得先了峰極，迺後精路岐。我夢食嵾翠，滴滴盈秋期。與子江閣要，安榴方鬬葵。初鴻洞庭末，孤捩思其儀。子也跨踔徒，② 朋心故憐夔。踊身觀大地，節節如展披。體肅帝座尊，魂輕角雲姿。金門生日月，跣往不及綦。欻得天耳通，聞樂非箏箎。漢渚逼無象，繫星脱肰離。掌果開白榆，滑足驚其皮。渾淪詎名字，浪詑驢脣知。③ 寒立久生悸，④ 欲下趣轉遲。嬌兒劇戀乳，將斷若何其。步底衆峰色，分妍相競貽。奈無舒空足，遥心焉盡追。青蓮千萬蘂，高下淺深池。我恠無枯枘，根蟠金屈支。伊誰把山鏡，聚照影差差。付若輞川人，爲拈畫中詩。取徑夾古壁，⑤ 天閑充鐵驪。磊砢千仞强，寧唯十二碁。玉女髮垂額，嫣肰侍童姬。隱士獨寤言，⑥ 松門閉逶迤。我行默而憩，從違思未宜。仙人裂寒井，清我時一巵。⑦ 燥溼有恒性，反之猶石脾。齎志不能言，所嗟仍重移。微雲起幽壑，風影吹

① “皇”，原誤作“凰”，據楊嗣昌《楊文弱先生集》卷五十四改。
② “徒”，原誤作“從”，據楊嗣昌《楊文弱先生集》卷五十四改。
③ “脣”，原誤作“胥”，據楊嗣昌《楊文弱先生集》卷五十四改。
④ “生”，原誤作“深”，據楊嗣昌《楊文弱先生集》卷五十四改。
⑤ “徑”，原誤作“鏡”，據楊嗣昌《楊文弱先生集》卷五十四改。
⑥ “寤”，原誤作“晤”，據楊嗣昌《楊文弱先生集》卷五十四改。
⑦ “巵”，原誤作“危”，據楊嗣昌《楊文弱先生集》卷五十四改。

漣漪。舉世飄忽間，誰與歸吾師。海中頻大偷，殿上恣小遺。仕農自言代，嘗聞牖中兒。跡已誕其世，道爲千古思。龍蛇互通詘，孔釋詎相疑。鶣鬌谷中子，毛羽何褷褷。信信徂清夜，無聞聲采芝。身心寧木石，的的忍甘悲。命也有慧焉，毋爲鬼頑癡。桃源未秋冷，吾汝歸其湄。

大嶽太和武當山志卷之二十

藝 文 五

明

五 言 律

登太和山

戴珊 都御史

雨霽遠登高，乘閒不見勞。陰凉分路柳，濕翠引田毛。獨立雄天柱，群仙散海濤。廟堂窮北望，雲氣拂霜髦。

又

多年知仰止，此日慰躋攀。秀異鍾千態，神靈妙兩間。仙凡心了了，花樹雨班班。祠祀隆褒典，文皇豈浪頒。

又步戴韻二首

鄧庠 尚書

崔嵬石磴高，心賞豈知勞。瑞鶴巢巖頂，幽蘭繞澗毛。雲中聞玉磬，天外度松濤。千古真仙境，題詩愧俊髦。

又

武當懷寶地，公暇試追攀。天柱青雲上，瓊臺翠壁間。榔梅花樹古，鍼石蘚苔班。歷代多崇祀，重承紫詔頒。

又

楊言　知州

毅陟瞻仙帝，清高坐紫霄。天晴金殿閃，徑昃玉臺遥。石洞生瑶草，松蘿起鳳簫。榔梅花正發，白鶴遠相招。

又

楊琇　知州

入山心自遠，眺閣眼偏寬。臺逕雲蒙險，松杉雨濕寒。故人憐未見，諫議幸相扳。去住隨春意，悠悠坐水潺。

南　巖　宫

崔桐　参議

古木懸孤嶂，虚巖綴百靈。亭陰侵座爽，林影上衣青。地寂年爲日，雲屯晝欲暝。何方廻白首，于此問參苓。

又

傳聞天柱下，幽勝更清微。峰合天長隔，谿寒雲不飛。花巖懸乳石，竹隖對瓊扉。未有凌雲翼，空成悵望歸。

又

宫殿藏巖裏，陰陰千尺深。祇容雲霧入，不受雨暘侵。樹影摇金鎖，鐘聲帶碧潯。慚非謝公興，雙屐倦登臨。

太　子　坡

許宗魯　副使

太子何年去，名坡萬古傳。羊腸雲外險，蜃市海中鮮。委巷通群帝，飛巖接九天。羽人栖碧落，清磬下泠然。

又

夜榻栖鉉境，秋空近紫霄。巖虛雲氣濕，天静斗星摇。逸相懷鸞鶴，浮生等韮蕉。前山王子晉，清唱坐相邀。

太和山

倪組　御史

白虎踞欲吼，赤貙招不來。静定涵元氣，皜潔出塵埃。萬里明威練，① 孤高列上台。廟廊如鎮重，國勢仗崔嵬。

太和宫

王鎔　副使

太乙漓元氣，中原獨此山。神功移閬苑，帝力壯仙寰。嶂合茅堂杳，林廻野色閒。煙霞酬夙志，解組扣松關。

紫霄宫

福地臨仙館，旗峰列蕊宫。劍亭雙樹直，丹井百泉通。雲卧宵衣薄，天青斗柄融。坐觀時復暇，疏奏理絲桐。

朝天宫

峻極封山嶽，凌空嚮珮珧。雲開金闕逈，磴轉玉臺遥。紫翠群峰抱，香燈萬國朝。星辰疑可摘，羽翼上煙霄。

南巖宫

採芝凌絶巘，對奕坐虛亭。洞古雷神秘，潭沉龍氣腥。紫霄仍下界，

---

① “威”字原缺，據方升《大嶽志略》卷四補。

青鳥自東溟。已覺非人世，應無俗慮嬰。

五　龍　宫

削壁塵區隔，叢林過客迷。泉池分日月，臺榭引虹霓。候駕青羊出，當關黑虎啼。折梅曾寄棢，於此問希夷。

玉　虛　宫

隱隱仙巖度，冥冥霧靄收。雲汀朱鴈落，春草赤麟遊。貝闕諸宫亞，真源九曲流。羽人衣舄在，天樂下西樓。①

太　和　山

廖道南　學士

大嶽盤千嶂，仙關隔五雲。虹橋通澗遠，石徑入林分。飛閣懸丹極，虚堂尋紫氛。傠然起遐想，天樂坐中聞。

其　二

天柱丹梯上，皇崖紫氣深。銀河浮碧落，玉宇隔遥林。露濕仙人掌，雲分帝子岑。詞臣多逸興，春賦有餘音。

南　巖　宫

信步南巖下，傠傠物外情。瑶壇青鳥落，玉洞紫芝明。龍去虛丹井，仙歸有石枰。何當謝塵鞅，② 于此學長生。

又

峻陟鑽天嶺，幽尋伏地菁。山空麋鹿擾，闳静斗星明。榻愛煙雲窟，清酣道侣情。五更談睡法，好似五龍精。

① "樓"，原誤作"棲"，據方升《大嶽志略》卷四改。

② "謝"，原誤作"榭"，據王佐《大嶽太和山志》卷十七改。

太　和　山

蕭一中　参政

紺殿凌霄逈，輝光望日研。山虚自千古，香火已多年。縱眺窮三楚，開襟望九天。忽看絳節下，飄緲望群仙。

又

雲漢雙無逈，乾坤一望中。鈞天聞絶響，太乙自生風。海色摇空碧，蓬萊映日紅。桃源知不遠，無地覓仙蹤。

九　渡　澗

方升　参議

平橋通九渡，仙蹟想群賢。旆動雲煙外，兵連草木間。寧辭將命辱，共得入仙便。因憶田横客，空思向海邊。

紫　霄　宫

萬劫紫霄古，諸龕翠柏扶。殘山分斷石，流水落高梧。五老行相引，三公勢可呼。橋邊還倚杖，獨立弄雙珠。

南　巖　宫

盡日經神院，南巖坐客亭。井圍甘露碧，峰出小蓮青。殿勢参差起，鐘聲曉夜停。試心臺下石，無語合惺惺。

登　天　門

漸向天門去，艱虞生百憂。側身猿鳥道，破膽虎狼秋。落日猶三舍，他山更一樓。焉能添羽翰，遍作九天遊。

登太和山步廖學士韻二首

朱箎　御史

一嶽撑空碧，凭欄俯岫雲。堯天孤立柱，楚甸一江分。遠壑生靈籟，香煙吐瑞氛。黄冠來問訣，愧我尚無聞。

又

石磴依山轉，肩輿日漸深。樓臺憑絶磵，煙霧暗前林。仙子終丹壑，孤懷亦翠岑。鉉天千仞上，還去訪知音。

謁太和山

毛伯温　御史

武當天下奇，夢想亦多時。高聳雲依半，清虚仙所嬉。峰巒迷眼望，煙雨負佳期。早發龍山迥，孤城皷角悲。

太　和　山

李延康　僉事

洞口含煙碧，山腰倚閣虚。羽衣黄髪老，靈境白雲居。石髓通丹竈，松花落枕書。長生如可學，解組望霞裾。

又

一柱蒼茫立，群峰紫翠圍。玉霄開望氣，金殿映朝暉。門徹三天曉，香飄萬壑霏。塵凡有遐想，欲跨彩鸞飛。

又

陳松　僉事

芳草填迂路，危巖倚太虚。①石龍噴紫霧，林鳥話山居。臺滿求仙月，碑餘寶篆書。會當挹妙指，跨鶴曳鉉裾。

① “倚”，原誤作“倍”，據王佐《大嶽太和山志》卷十七改。

又

江滙　副使

玉宇凌丹壑，琳宮近紫霄。懸巖通霧杳，飛磴入雲遥。空翠浮天曉，雲璈下洞簫。誰知人世外，有路接松喬。

南　巖　宫

戴時宗　都御史

始入南天路，還知别有天。仙宫懸石壁，道室插雲巔。丹壑聞清籟，青松記昔年。飛昇臺尚在，欲結愧無緣。

早謁太和

雷賀　豐城人　參政

聖代褒崇盛，微臣禮拜虔。山疑海上島，人是洞中仙。鐘啟千巖曉，香分萬井煙。焚修應有格，國祐自年年。

又

福地方今勝，玄天自古神。乾坤尊廟貌，日月揭皇綸。雲合朝還暮，天低楚接秦。寸心瞻望切，香炷裊明禋。

薄暮太和

玉削中天柱，青廻萬疊幃。雲壇蒸碧溜，霞殿鎖金輝。力倚危欄峻，回看下界微。山神如有意，爲我放晴暉。

又

金屋倚天開，環闉洞九垓。夕陽初餞谷，蘿月已臨臺。暝色依烏鳥，秋痕上栩梅。異人逢夜話，更覺洗心埃。

紫霄漫興

石磴籠青靄，丹梯逼紫霄。花香沾石好，鶯語倚山嬌。風壑傳仙磬，晴巒媚使軺。金峰入望近，鳥道尚迢遥。

又

峰展天旗秀，池開禹跡明。祈鉉來萬國，覓勝駐雙旌。燭閃山間日，鐘敲谷外聲。奇觀環入座，神與物俱清。

入南巖巖下

章焕　都御史

誤入南巖路，頻疑别有天。深谿千仞落，飛閣一巢懸。鳴澗當窓急，長松拂障眠。此中能避世，端坐已忘年。

經仙桃觀過玉虚宫

散步仙桃觀，穿雲過赤城。瑶光開净宇，踈影墮空明。澗底爐煙淡，松間玉磬清。絹衣朝斗立，微聽度虚聲。

玉　虚　宫

縹緲丹丘上，清虚隱玉臺。霓旌雲外度，鸞鶴鏡中回。林籟嘘還寂，明霞掃不開。澄心元不染，對此一徘徊。

登天柱峰絶頂謁鉉帝祠二首

龔秉德　副使

千尋盤石磴，一徑躡雲梯。漸覺諸天近，廻看萬嶺低。金庭懸日月，仙掌接虹霓。空外無人語，鉉關報午鷄。

又

巍巍標上界，隱隱鎮中原。香靄青冥散，煙霞白晝屯。帝靈金作闕，山險石爲垣。縹緲紅雲裏，虔心禮至尊。

飛昇臺下訪劉道人不遇因題其壁

蹊徑通幽壑，言尋静者居。蒲團留敝衲，石壁挂丹書。巖鳥鳴還去，松花落未除。朝元何日返，延佇幾躊躕。

過五龍宫

萬疊與千重，尋真過五龍。瑶臺清靄散，丹井白雲封。地僻猿棲樹，林深虎卧峰。相逢多道侶，良夜話仙踪。

贈自然庵道士

問訊清虚客，修真尚此庵。鉉宗應自悟，大道頗能諳。汲水龍歸鉢，燒符虎入籃。因君脱世網，吾意欲投簪。

登太和山

張錦　知州

鉉嶽摩霄漢，清晨禮石壇。雲門仙吹響，柱史法冠寒。精意通金闕，祥光遶壁闌。恍聞天際語，縹緲著雲端。

太　和　宫

孫應鰲　都御史

天柱開金闕，虹梁綴玉墀。勢雄中漢表，氣渾太初時。日月低雙壁，神靈肅萬儀。名山遊歷遍，誰似此山奇。萬儀見古樂府。①

---

① “見”，原誤作“是”，據凌雲翼《大嶽太和山志》卷八改。

入　仙　關

李宗木　内鄉舉人　禮部郎中

雲履緣青磴，搴芳藓石隈。虎風寒白晝，龍氣隱春雷。鳥向日邊度，人從天上廻。清寧屬勝境，終古仰崔嵬。

眺　福　地

珠樹連高下，旗峰摩太虚。龍收天柱雨，鶴度海門書。紫氣留仙跡，紅雲近帝居。飄然生羽翼，崑閬更何如。

登太和即事四首

王世貞　都御史

名出登封晚，功存象帝先。路疑鞭石就，室似鑿空懸。有壑難窺地，無峰不刺天。所遊疑夢境，回首即茫然。

其　二

天門揮手是，宛轉尚千盤。但語中原小，那論行路難。夜分先得日，春去獨留寒。不盡登臨意，翛然思羽翰。

其　三

脉借崑崙遠，聲欺太華卑。上分天一半，横跨地三垂。不盡松杉壽，毋妨鸛雀危。祇憐來往客，未解治貪癡。

其　四

童冠六七輩，銀管雜瑶笙。一奏鈞天樂，聲聲薄太清。風來時斷續，雲過復分明。似我仙才淺，猶然病骨輕。

登太和山 有引

陳省 長樂人 巡撫都御史

余昔按部襄陽，承肅皇遣祀太和，爰成短吟，塵之篋中，十五年往矣。間者薦撫茲土，觸時感事，復有長歌，因出前什，授之黄冠，亦曰下里巴歈云爾。①

峻極層巒上，清虚咫尺前。摘星看日出，禮斗與雲連。靈斧開青障，南巖瀆玉泉。明禋承帝遣，身在蔚藍天。

又

天柱插雲端，流虹繞一壇。千年開洞府，萬木護琅玕。神瀵青霄濕，閶風白日寒。玉虚宫上月，何處是長安。

宿紫霄宫

裴應章 清流人 都御史

竟日探奇倦，投栖此地幽。窓虚雲氣入，山紫夕陽留。澗響松林雨，風生麥隴秋。塵襟都滌盡，清夢到瀛洲。

南巖同詹大参劉副憲陳都閫小坐

勝境仙留跡，幽巖雲鎖重。人乘鉉鶴去，棋落碧苔封。殘碣詩魔引，青山酒興濃。陶然坐笑處，四皓恍前踪。時坐中四人。

鄖江舟行達均陽

董裕 樂安人 都御史

一水巧廻轉，萬山紛送迎。青蓮兼浪吐，皎鏡盪峰明。巖應馮夷皷，波摇熊隼旌。太和在雲際，髣髴玉簫聲。

---

① “歈”，原誤作“歙”，據凌雲翼《大嶽太和山志》卷九改。

自遇真宫肩輿入紫霄

歇馬雲林僻，肩輿石磴遥。仙宫懸碧落，閣道入丹霄。泉響千巖樹，霞紆萬壑飈。恍疑生羽翰，絳節紫宸朝。

虎耳巖訪不二上人

談經傾虎耳，不二定禪心。小院函空翠，深林出梵音。金輪參上乘，蓮社結東林。一飰分香積，諸天生夕陰。

自太子坡歷紫霄宫有述

彭凌霄　翰林檢討

群峭猿相引，紆廻十八盤。壑平巖樹合，壁折澗雲寒。禹跡虹橋瑣，旗峰鳥路殘。胡麻香飰罷，日暮更凭闌。

入青羊澗作

牝谷深無際，酣遊意未央。禽言雜入韻，花氣遞生香。闕口垂天色，晴林閟日光。何人叱石起，我欲跨青羊。

念賣藥者住懸巖一小龕中贈五龍吴道士

豈是韓康後，逃人入窈冥。捫壁窮千丈，巢雲借五丁。現前皆白石，合下有《黄庭》。曾否探鉉理，因之脱穢腥。

太　和　宫

李日强　参議

鉉宫何縹緲，崒嵂浮蒼旻。上吸煙霞近，下瞻江漢真。蓬萊棲羽士，巖穴遁幽人。無計尋丹訣，逍遥養谷神。

望　仙　樓

何宇度

春樓花已落，朝雨客初登。仙侶無由見，危欄祗自凭。丹爐香燼滅，經榻石苔凝。翹首浮雲色，翛然憶羽翻。

宿太和宫

于業　金壇人　提學副使

鉉閣開天柱，登臨轉萬盤。風雷生足下，簫鼓引雲端。睥睨星辰近，徜徉天地寬。塵緣都謝卻，清夢即還丹。

宿紫霄宫

李長春　四川人　翰林侍講

沓嶂太崚嶒，行行不可登。虬蟠危磴外，鳥度亂雲層。碧殿鐘聲杳，青林暮靄蒸。天閶元此近，清夢自飛騰。

太　和　宫

陳文燭　參政

孤枕傍嵯峨，平臺是太和。斗間星亂落，月下露偏多。忽聽霓裳曲，誰同子夜歌。擁衾渾不寐，吾亦病維摩。

紫　霄　宫

杖履來仙館，蒼茫路正遥。白雲常在户，紫氣欲凌霄。鳥語沉芳樹，虹飛鎖斷橋。亦知天路近，明月坐相邀。

南　巖　宫

怪石從中起，巖扉百丈陰。摩空驚過鳥，積雪在深林。到此真無暑，令人發朗吟。飛昇如可托，肯復戀朝簪。

五龍宫

仙子今何在，宫名尚五龍。山深時作雨，溪響不聞鐘。獨往無同伴，何緣覓去蹤。諸峰羅列處，一一綉芙蓉。

遇真宫

正有真人想，其如遇緲然。人言臨福地，吾意在先天。歲月山中老，乾坤此際懸。偶來仍駐屐，笙鶴下翩翩。

玉虚宫

已覺樊籠累，尋幽此更舒。樓臺金作闕，鐘磬玉爲虚。野色荒煙合，寒雲古木踈。文皇當日幸，蒼翠滿鑾輿。

迎恩宫

睿藻題仙跡，須知是聖恩。碑殘多鳥篆，坐久識禽言。樹隱深盤徑，泉廻曲抱源。① 向來臨險阻，回首亦銷魂。

浄樂宫

城郭還如舊，闕門望更新。亦知封浄樂，何意竟修真。獨鶴依然舞，神龍不可馴。至今餘夜氣，千載識金銀。

望嶽樓

胡尚禮　山陰人　均州知州

仙祠團翠阜，仰止拜金容。蠟燭燃雲表，芙蓉醮島中。南條不二境，中宇無雙峰。無限登臨意，飄飄欲御風。

---

① “曲”字原缺，據陳文燭《二酉園詩集》卷六補。

浄　樂　宫

古郡臨滄水，當關起閟宫。紫亭雲縹緲，碧殿日春容。複道靈圖啟，穹碑御撰工。依人有孤鶴，清唳伴長松。

宿太和宫登天柱峰次韻二首

望來何突兀，行到轉悠然。上帝銨關啟，中天瑞靄連。千峰森畫戟，一水迸珠泉。笙鶴時時度，人間别有天。

其　二

曲磴盤千級，危欄俯萬端。澗聲諧律吕，巖色秀琅玕。虬鳳騰山殿，風雷遶石壇。景殊情自異，吟眺不勝寒。

玉虚宫訪周小巔

李蔭　順陽人　刑部主事

在昔聞高蹈，相逢愜此心。片雲丹竈冷，飛雨翠巖深。招隱非無意，懷仙時有吟。枯桐空自搏，猶未遇知音。

太和春望

太和春一望，景色劇無邊。谷篠臨風語，巖松映日懸。虹光深燭地，鶴馭遠翀天。未論還丹術，□今跡已仙。

贈紫霄温道士

雲林有仙客，何意一相逢。籜幘青臨水，蘿衣緑御風。景歸無象裏，道在不言中。酌醴疑金液，長令病頰紅。

送法光遊武當次元韻

道人元不住，逸迹任天涯。此去看銨嶽，翱翔帝子家。題詩當澗竹，淪茗對巖花。應共吹簫侶，三天弄紫霞。

仙　　關

閔繼迪　梁南人

不藉江山險，人天一步分。入門俱法界，出路即塵氛。古樹危騎石，仙衣舊掛雲。何時謝簪紱，來就鶴猿群。

登太和二首

郜永春

平步超玆境，層雲媚晚晴。笙歌山竹韻，花笑野人情。渡澗聽流激，扳輿拂露清。盤桓燒燭短，不見紫霄城。

其　　二

霄駕憑孤峰，浮雲下萬重。爐煙成殿閣，春思結鴻濛。白髮關心處，青山醉眼中。登臨意不盡，控鶴須仙翁。

同吴明卿登望嶽樓

梁嶽

剩有三天興，同登百尺樓。地緣參嶺勝，城帶漢江流。縱酒談偏劇，憑高思轉幽。多才憐季重，延賞恣賡酬。

梁仲登使君招飲望嶽樓

吴士良

萬井羅山市，城南更有樓。尊開玆嶽近，目極楚天浮。駐席春雲亂，凌空野鶴幽。使君歡不盡，促膝送金甌。

雨宿清微館作

徐學謨　副使

故館清秋暮，閑堦赤葉平。驚心一夜雨，側耳十年聲。已是愁無賴，寧堪滴到明。重來多難後，逆旅念殘生。

國　朝

紫　霄　宫

楊素蘊　荆南道

客過松間飦，尋雲上紫霄。細泉穿石腹，老樹踞山腰。洗藥猿鳴澗，啣芝鹿過橋。何年從此住，谷口看歸樵。

南　巖　宫

愛兹山水趣，寄勝在南巖。帝武猶存石，神泉不住凾。峰巒親枕席，宫殿出松杉。明早天門近，何妨露濕衫。

中秋謁玉虚宫行丁祭禮

党居易　寶雞人　均州知州

秋告入仙關，衣浸玉露斑。臺臨丹嶂外，殿出白雲間。樂奏竹林曲，酒開松葉顔。塵埃無半點，聖境喜追攀。

其　　二

晨起叩天關，桂花點竹斑。鐘鳴山静處，人到帝城間。遊久雲歸袖，坐深鶴解顔。安得三丰在，尋真斷夙攀。

悟真庵

宋夢桂　磁州人　鄖推官

客情因野勝，庵趣以山幽。入閣看林鹿，出門狎水鷗。松風可永坐，桂月足深留。不覺徘徊久，鐘磬一枕收。

遊鉉嶽門達玉虚紫霄道中望天柱峰

應接皆佳勝，意留足不前。松杉全蔽日，宫殿足籠煙。夾谷苔生潤，孤峰樹挺研。遥瞻天柱闕，高出五雲邊。

遊悟真庵

李炳　知州

散步洞天處，同來看月華。光容花葉底，明篤道人家。領味過居竹，聽香勝品茶。韻成桂影動，月亦愛詩家。

太子坡

山勢崚嶒入，紆廻疊嶂多。黄封雲久閉，帝室鳥常羅。道大仙忘貴，丹成氣太和。至今千載下，太子尚留坡。

天柱峰

高峻開千古，惟武可以當。上天尊北極，絶頂映東陽。五嶽群爲吏，一峰獨自王。帝真應坐此，我亦到青蒼。

紫霄道中

楊應祚　鄖陽人　遂溪知縣

入山知幾重，纔半紫霄峰。俯視山浮翠，遥聞澗度鐘。徑危千丈石，樹老萬株松。仍説南天路，崎嶇欲杖筇。

望太和山

天柱高無極，遥從霧裏看。紫霄千樹隱，蠟燭两峰寒。谷鳥鳴應寂，巖花落未殘。山中三月暮，幽客自成懽。

望武當山

劉順昌　漢陽人　進士

宇内名山廣，太和分外奇。高峰銜日落，絶頂借雲持。目斷磨鍼澗，魂飛寄榔枝。從來福勝地，一望使人癡。

悟　真　庵

張杞　偃師人　進士　鄖縣令

大地多名勝，此庵獨出群。花多月令譜，鳥異山經文。碧殿貯丹炁，瓊宫隱白雲。莫云瑶島遠，兹已絶塵氛。

五　龍　宫

徧選諸峰勝，五龍更罕聞。飛泉繞殿脚，聖水向宫沄。危蹬攀難勝，重巖躡愈慬。蓬山最窅處，應與此無分。

平頂山望天柱峰

鍾嶽靈　本州人　明經

嵾峰突起處，群嶂失岧嶤。青氣接天壘，白雲上海潮。十圍松似艸，一棧路通霄。安得端居此，門邊望不遥。

雨後望嵾嶽

南山雨後出，翠底遺流雲。光向一窓静，靄從百里分。丘陵偏近客，霄漢遠存君。細憶登臨處，遥天助夕曛。

看紫霄殿展旗峰

崔嵬宫殿起，山翠作雲屏。巖溜穿臺出，松門帶雨扃。霄寒聞犬吠，磴聳見人形。入此已深窈，前途况未經。

春半見參峰雪

百里參峰雪，春中尚插天。光生晴處冷，白破晚來煙。鄭谷松初茂，陶門柳正眠。丘陵夕照直，一曠眼眉邊。

山行望天柱峰

沈冠　浙江人　武進士

峭壁倚巑岏，登臨豁大觀。馬蹄行樹杪，人影落雲端。廻折千峰合，冥濛五月寒。巍然天一柱，還向碧霄看。

其　二

山行良自愜，吟眺復誰同。秋色千峰雨，濤聲萬壑風。懸梯荒薜合，曲徑暗泉通。策杖輕三陟，悠悠思不窮。

遊玉虚宫

十載名山夢，今來到玉虚。忽凌遊子屐，如揖化人居。宫闕盤青嶂，煙霞護碧墟。未能窮奥竅，日暮重躊躕。

立天柱峰俯雲

王重彦　均州人　明經

縷縷山雲起，須臾萬壑平。淺深識磴級，簷砌判陰晴。白抱峰生浪，青浮樹點苹。恍居天以外，鐘磬但分明。

天柱曉晴 均州八景之一

徐京陛 竹谿縣知縣 安義人

早起看山色，煙光蕩曉暾。霞明千嶂麗，天縱一峰尊。突兀黄金殿，崢嶸黑帝閽。列風如可御，何處是崑崙。

登望仙樓

楊端憲 知州 鎮蕃人

神仙不可望，且上望仙樓。曲洞丹書閟，層巒紫氣浮。步虚聲緲緲，倚檻思悠悠。目竭遥天外，何方是十洲。

蠟燭峰

朱錦幖 均州貢士

並峙嶽山案，猶如两炬叢。既能輝帝闕，亦自映天宫。日月平分焰，煙雲遠護風。千年調玉燭，四海仰華嵩。

南巖

盧維兹 均州訓導

摳衣窮澗壑，信步陟崔嵬。曾向龍邊宿，道由五龍宫。飜從鳥外來。檻雲浮石出，樓勢逼天開。夜夜鄉關夢，① 今宵獨不回。

題參山圖

馮訓方 句章人

自入荆南路，名山説太和。長懷人躑躅，郤恨歲蹉跎。金殿徒懸夢，丹罏𧏙掛蘿。輞川重披閲，塵坌竟如何。

① “鄉”，原誤作“香”，據文意改。

又

昨歲遊南嶽，衡陽鴈幾群。那知湘水雨，元接玉虛雲。天馬行空際，龍池躍紫雯。元猨歸洞㖂，督亢地圖聞。

坐南巖棋亭

朱琪　均州文學

絶巘倚虛壁，暉光盪紫岑。山虧雲自補，樹斷日分陰。敲局當年事，狂歌此日心。坐來忘我相，笙鶴韵同深。

雨宿太子坡

雲密綺疏静，香消更漏殘。啼猿悲夜雨，㖂鶴激秋湍。殿古侵衣薄，泉新入夢寒。徘徊滴淚處，坡有聖母滴淚池。① 多勝習池看。

過天柱峰喜晴

葛如竹

山獨能冲漢，牽身過九重。頻瞻雲放闕，冷接日歸峰。燕語增春詠，花香出曉松。群巒一望削，冰瀑下飛龍。

又

絶頂平天際，嵐光四面開。松濤流翠谷，澗響上雲堦。鳥舌勻金磬，香煙紛御臺。啣杯值舊侶，親若異鄉來。

天　柱　峰

文錦繡　壬子選拔

嵾峰高不極，帝時接丹梯。路自千盤上，天將一柱齊。振衣秋色至，俯檻岳雲低。盛世須封禪，何年勒御題。

---

① “淚”，原誤作“㖂”，據文意改。

其　二

北極開金闕，虚皇握玉樞。清煙疑蠟燭，紫霧擁香爐。劍珮群真集，衣冠萬國趨。遥空天籟發，髣髴聽嵩呼。

太和山即事　有引

馬信　醫隱　郡人

刺史王公撰志之役，搜討碑乘遺蹟，信不憚攀歷，匝月以勷厥事，書此紀之，非敢自侘能詩也。

雅有登臨興，窮幽路不迷。杖堪葛陂化，屐爲謝公携。披棘探遺蹟，摩崖勒舊題。勝情殊自挾，身已白雲齊。

元

七　言　律

太　和　山

虞集　學士

雪樹生香滿佩巾，紫霄最上集仙真。苔荒鶴跡渾無路，花暗笙聲不見人。瑶圃月寒通白曉，丹臺雲暖駐長春。莫教流水山前去，恐似桃源客問津。

太　和　山

揭傒斯　學士

太子巖吞獅子峰，洞深雷響半虚空。黑龍去作人間雨，白鶴來棲澗上松。日吐金芒朝五老，煙横玉帶遶三公。七星旗展飈輪降，時有天香下九重。

明

太和山八景

天柱淩雲

沐昕　駙馬都尉

黛色參天玉削成，斷鰲誰識太初形。慶雲繚繞鉉都近，石磴參差黄道平。夜半風雷山下起，秋清星斗樹梢横。衹今昭代超前代，徽號穹碑萬古榮。

玉虚環翠

琳宫環拱萬山齊，翠滴晴嵐映碧溪。鉉鶴遠歸香霧合，青鸞高舞瑞雲低。尋真羽袂迎風濕，種玉仙畦去路迷。多少道傍名利客，誰能林下問刀圭。

五龍披霧

玉立崚嶒翠欲流，五龍潛處景偏幽。煙消遠嶠猿聲斷，日射靈湫蜃氣收。捧聖神回山寂寂，插梅人去水悠悠。應期莫負生民望，四海長令歲有秋。

九渡鳴泉

越壑穿巖勢轉分，長年流碧浄沄沄。三千環珮聯翩下，一派簫韶遠近聞。鷗鷺浴時飛急雪，蛇龍蟠處潄寒雲。好教直上青冥去，徧作甘霖翊聖君。

南巖削壁

秀拔中天戴巨鰲，瀑聲直下鬼神號。氣吞泰華銀河近，勢壓岷峨玉壘高。日上群峰明鎖闥，風回萬壑湧秋濤。紅塵一點飛難到，跨鶴人來醉碧桃。

紫霄層巒

紫蓋重重列上臺，根盤百里勢縈廻。丹巖翠壑參差見，琳館珠宮次第開。燦燦祥光環太乙，飄飄仙佩下蓬萊。客來莫問當年事，且倚雕欄看榔梅。

雷洞發春

巖扃寂寂草芊芊，誰識中藏造化權。百里震聲初出地，三陽氣象已無邊。芝生石室連雲秀，榔發瓊林帶雨鮮。海内生民沾德澤，欣然鼓舞頌堯年。

瓊臺霽曉

玉作層臺氣相巍，宛然圖畫映朝暉。扶桑弄影雲將斂，瑶草呈香露未晞。虚室光浮青鳥去，洞簫聲徹彩鸞飛。登臨絶頂微風起，吹得天花點客衣。

太　和　山

李東陽　大學士

神仙宫府事何如，親見分符上紫虚。山擁帝宫三十六，地屯兵衛五千餘。人言才大難爲用，我愛官閑好讀書。臨别與君堪一博，肯將青紱换緋魚。

天柱峰

沈鍾　副使

千峰並讓一峰尊，鳥道垂蘿手費捫。壁立半空驚縹緲，根盤萬里自崑崙。上真臺殿黄金結，下界煙霞紫翠屯。宇宙大觀奇怪甚，不知五嶽可同倫。

天柱峰

沈暉　都御史

縹緲珠宫映翠微，靈風長日滿龍旂。函關伊昔青牛去，華表何年白鶴歸。花落石壇春不掃，露零仙掌曉還晞。樓船海外無消息，山上閒雲萬古飛。

南巖宫

洪鐘　都御史

南巖宫殿枕山頭，平寇歸來此一遊。閣頂雲從巖上渡，石根泉向竹邊流。岡嵐疊疊群峰小，紫翠重重萬木稠。獨倚欄干時遠望，無邊光景入吟眸。

遇真宫

潘旦　都御史

入遇真來境便幽，仙關此日不虚遊。晴峰過雨雲猶濕，石鼎無香煙自浮。絶嶠旌旗摇樹色，紫霄泉溜滴龍湫。清風两袖升天柱，卻怪新凉近暮秋。

登太和山

劉丙　都御史

翠倚晴空石磴斜，一層高更一層加。山從雲上應生路，人向天邊卻作家。徑滑濃飄千種葉，巖香常帶四時花。禮餘玉帛經行處，在在仙宮護彩霞。①

玉虛宮

徐祐　布政使

規畫恢宏羨玉虛，琳宮無數總難如。②惟憑帝力纔堪創，只恐仙靈未肯居。大道當時人服食，淳風今日孰吹噓。③我來瞻眺應多感，追憶羲農始結廬。

浄樂宮

賈詠　大學士

浄樂宮幽遠市朝，誕真福地紫雲饒。南瞻大嶽凌霄漢，北望神州近斗杓。物外乾坤容我到，壇前風雪自天飄。果然乞得長生嗣，爲禮仙宮不憚遥。

南巖喜晴

白悦　尚寶寺丞

積霧經旬喜乍晴，珠宮貝闕四山明。巖前日動金幢影，雲際時聞玉磬聲。④古洞陰霾鉉虎伏，長橋流水素霓横。危欄静倚幽懷爽，萬木蕭蕭下廣庭。

登太和山

杜海亨

重疊山頭一覽空，人間天上許誰同。碧桃楊柳朝含雨，翠竹蒼松

① 上“在”字原缺，據方升《大嶽志略》卷四補。
② “琳”，原誤作“林”，據方升《大嶽志略》卷四改。
③ “孰”，原誤作“就”，據方升《大嶽志略》卷四改。
④ “際”，原誤作“霽”，據方升《大嶽志略》卷四改。

夜吼風。鐘磬音隨香篆杳，修真人與道心通。紅蓮碧藕天遺種，鉉妙原非斧鑿工。

登太和山次韻

李宗木

七十二峰宿雨晴，諸宮羅列蕊珠明。乾坤新幻蓬壺影，霄漢時傳鐘皷聲。漱石泉從雲裏聽，振衣身在斗邊行。奇遊到此飜成媿，坎壈浮名絆此生。①

題太和山

高濤亭

聞道神山三楚尊，乘春吾欲上天門。卻看翠壁收殘霧，漫折瑶枝度遠村。隱隱仙源俱殿閣，蕭蕭民屋自鷄豚。攀蘿明日巖頭路，莫遣浮雲白晝昏。

又

靈境絶塵今始到，翛然雙屐歷莓苔。沿巖門殿春煙合，繞徑松杉野鶴哀。白犬自牽真自得，青牛相遇莫相猜。棲霞有約須捐珮，石洞籬門恣往來。

又

春橋行遇送寒梅，斜日東風忽遞催。訪勝予沿青嶂入，乞靈人佩紫檀來。翩翩鶴氅逢仙侶，宛宛樵歌動野懷。②歷遍靈巖三十六，不知何處是丹臺。

---

① “壈”字原缺，據王佐《大嶽太和山志》卷十七補。

② “樵”，原誤作“醮”，據方升《大嶽志略》卷四改。

登太和山

龔輦 太監

無鎖仙關晝夜開，入關疑我在蓬萊。白雲走上青山去，綠水流將黄葉來。未得醉時心已樂，欲求銥處道難猜。老松影瘦靈堪服，不用賫糧坐石苔。

登太和山

吕憲 太監

乘風初上望仙臺，四面奇峰亂戟排。白虎嶺頭香霧散，青龍山外紫雲開。琳宫桂放三秋影，浴室池無半點埃。試看鳳凰生鸑鷟，祥光飛下九天來。

登太和山

林豫 僉事

萬峰俯仰祖孫如，到此名山信不虚。殿宇廓清氛沴遠，英靈昭假瓣香餘。欲從仙子開丹鼎，尚爾微官縛簿書。石刻摩挲太宰筆，篆文芸觸魯淆魚。

登太和山

黄仲芳

三十六巖何勢雄，南巖高出摩蒼穹。天低蓬島星辰近，水接仙源道路通。瓊館雲深鴻寶秘，藥爐丹服碧壇空。登臨總喜瀛洲客，謾詠新詩興不窮。

登太和山

何遷 少卿

帝子九龍遊海上，太和千古亦蓬壺。遥憐劍閣有巫峽，那復祝融雄楚都。雪發松杉雙屐近，風連河漢一笻孤。好尋大藥清虚表，三十六巖今有無。

又

太和佳氣來天地，我向寒峰卧碧霞。樹裏波濤開七澤，雲中樓閣帶三巴。蒼巖古字留函谷，石洞香牀隔太華。悵望彩鸞何處所，人間聞亦有丹砂。

登太和山

楊守禮　副使

白鶴迎人下紫霄，乘風仙子任飄飖。山頭雨洗黄金殿，檻外蓮圍白玉橋。虎伏靈龕迷澗水，鸞隨明月下笙簫。紅塵不到仙家處，回首繁華一夢消。

望太和山

許宗魯　副使

南望仙關煙霧深，玉霄宫闕擁虚岑。靈淙似有青牛渡，① 物色時看紫氣臨。② 夾路雲松寒翡翠，懸巖風篠振球琳。相逢尹喜無多説，柱史遺文好共尋。

登太和山

范應祥　州判

霽雨初收天氣晴，南巖諸境極分明。人間果有蓬萊島，疆界絶無鷄犬聲。遠近奇峰濃且淡，高低老幹直還横。數椽處處王維筆，誰説諸山不到庭。

---

① "牛"，原誤作"羊"，據方升《大嶽志略》卷四改。

② "臨"，原誤作"侵"，據方升《大嶽志略》卷四改。

登太和山

朱隆禧　給事中

紫翠光華楊柳天，東風扶上太和巔。吟猿曉掛仙人掌，瀑布春洄玉女泉。① 佇聽松聲諧雅韻，乍看晴壑起蒼煙。追遊况得携摩詰，刻石相將記歲年。

登太和山

張臯　郎中

九日登高大嶽巔，直從玹帝探真源。褰衣飛步三天外，吹帽驚捫北斗懸。混闢陰陽奔日月，蒼茫塵土隔風煙。神功綿邈歸明祚，長似文皇創造年。

登太和山

吴允禄　参政

天際群峰果絶奇，丹青那復羡王維。参差玉筍高還下，錯落晴雲亂不攲。西望豈徒三楚勝，北來真慰十年思。應憐匹馬衝寒久，願借春陽幾日暉。

又

步到天門景絶佳，名山此外更無加。千尋鳥道懸丹壑，百尺龍宫枕紫霞。羽客乍鳴金殿樂，仙童時獻玉巖花。由來真境非人世，無怪希夷薄宋麻。

---

① “洄”，原誤作“回”，據方升《大嶽志略》卷四改。

登太和山

劉勲　参政

仙關今日慰瞻馳，太子坡頭路轉危。萬里拜呼環老幼，百年禮祀逵崇卑。名山豈是神靈異，真境將非木石奇。獨上太和峰頂立，徘徊金殿有餘思。

又

陸詮　参政

天工人巧萬山奇，簫管仙童到處隨。月宇金門凌壑迥，星橋鐵鎖傍雲垂。滿山樹靄雲煙合，遶殿晴幡樹影移。两度來遊遊不盡，肩輿臨發又遲遲。

登太和山

顧璘　尚書

天柱峰高白日晴，華嵩相對最分明。扶桑倒射東溟影，銀漢平留上界聲。空裏金宫陳帝座，雲邊鐵鎖度人行。不緣旌節巡方嶽，孤負塵埃過此生。

紫　霄　宫

章拯　都御史

展旗兀向半空紫，賜劍虚傳萬古鉉。自是龜蛇藏竗用，准從龍虎得真詮。人間福地信有此，海上仙山恐未然。天柱歸來三嘆息，月墀重酌一泓泉。

太　和　山

路迎　都御史

奇遊恰得片時晴，萬壑千巖眼界明。天上神仙合有宅，雲中鷄犬故無聲。虚疑天近捫星過，實恐巖高礙日行。堪嘆世人空碌碌，誰知此地可長生。

南　巖

聞道南巖景絶奇，我來正值暮春時。① 畫圖原自天分設，詩料何須客構思。風雨龍吟千丈壑，煙霞鶴寄萬年枝。青香漫引山林興，欲報君恩未有涯。

登太和山

喻茂堅　都御史

幾年夢寐太和山，此日瞻依上帝顔。翠積青霄擎碧柱，芒生金劍鎮瑶寰。鉉機訣化三千界，瑞氣浮懸百二關。不是紫微星拱極，安來赤紱日登扳。

登太和山

歐陽必進　尚書

三門遥入太和宫，霄漢誰知有路通。柱嶺天連真作極，燭峰雲起欲然空。堦欄白玉紅塵斷，殿閣黄金紫霧籠。福澤八埏昭主宰，英靈長鎮楚江東。

又

萬丈丹梯倚帝宫，紛紛求福往來通。我來訪古五峰下，到此令人百慮空。回首千巖紅日麗，舉頭一柱白雲籠。修真苦行當年事，欲問頻催玉兔東。

① “值”，原誤作“直”，據王佐《大嶽太和山志》卷十七改。

登太和山

曹忭 御史

蓬山瀛舘待高車，羽蓋翩翩春暮餘。洞口留花瑶樹色，雲邊遲月寶壇虚。玉臺金闕朝鉉帝，石室丹房問道書。並是天都遊戲侣，霞觴好共泛西廬。

登太和山 和前韵

吴子孝 参議

花發空山見使車，春殘風雨乍晴餘。雲中笙磬迎珠蓋，巖下星辰俯碧虚。豈料豸冠初倚玉，卻憐鸞翮早傳書。赤霄望望登仙去，似憶承明有舊廬。

又

長願龍門一御車，山中相見落花餘。千峰碧樹留黄鳥，五色春雲滿玉虚。香裊瑶壇紛舞鶴，草封丹洞有藏書。神棲真境清無夢，夜半仙人來問廬。

登太和山

潘釴 副使

相傳神降自軒轅，香火無如此地專。薦藻即今臨絶嶠，茹芝何處覓長年。路通上界非人世，雲鎖重關是洞天。不爲躭詩銷病骨，登高漫喜九秋便。

登太和山

王忬 御史

久傳仙子輕黄屋，何意經生禮白雲。數點神光齋後見，① 隔林天樂

---

① “齋”，原誤作“霽”，據王佐《大嶽太和山志》卷十七改。

静中聞。御風泠泠探金策，仗劍英英辨斗文。自嘆亡羊猶未達，爭如孤鶴解離塵。

又

手執芙蓉禮上皇，丹梯凌絶思茫茫。聖泉能解文園渴，石室長封寶枕方。① 雲護天門呈瑞色，風吹法從舞霓裳。今宵幾欲從鉉度，猶恨憂時念未忘。

登太和山

陳紹儒　副使

金殿瑶臺碧落齊，三門萬仞轉丹梯。雲雷互變中峰出，河漢分流下界迷。帝子嚴禋供寶篆，神人真訣秘刀圭。年來獨覺塵根净，喜傍名山學品題。

五　龍　宫

爲愛虹橋碧玉浮，更宜青障赤松遊。② 林間雨氣花如沐，樹裏泉聲葉似秋。八極爲霖爭響應，九霄興聖尚名留。因思睡法非金墜，一枕希夷夢獨幽。

登太和山

萬嶺高攢劫仞阿，振衣無奈吏情何。徒聞佩玉参鸞輅，不見傳書度鶴坡。石室剛飈陰靄斷，絳霄晴日瑞雲多。空濛下看昇真處，唯有紅桃映碧波。

---

① “封”，原誤作“新”，據王佐《大嶽太和山志》卷十七改。

② “更”，原誤作“便”，據王佐《大嶽太和山志》卷十七改。

又

駐馬鉉都路轉危，旗峰横絶在雲逵。① 林光巖靄輝相映，人語鷄聲迥别居。杉樹幹奇猶占麓，栶梅根異亦開祠。遊人到此多休沐，两两瑶臺歌步虚。

又

名區削琢碧玲瓏，秀水奇峰不易逢。正憶玉書寥落後，② 每疑金訣有無中。九天夜月滋華屋，萬里春雲射彩虹。步入青坪導青佩，鳳簫如縷滿瑶空。

題太和圖二首

軒黄身後憶寥寥，縱説青羊詎易招。華嶽西封分氣象，蓬門東望駕煙霄。丹青想像紅塵遠，銅墨凄凉碧殿遥。③ 猶自乘風問衣笠，始知方外落漁樵。

又

雲潛仙子樂蓬壺，脱屣今遺大嶽圖。水散滄浪環漢沔，山盤八百望荆吴。壇花醉蝶春風細，圃樹棲鸞夜月孤。天路側身如可到，王喬遥爲倩飛鳧。

午過南巖

雷賀　参政

宛轉璿房逐地斜，山南風景迥仙家。境於人静添秋色，日爲巖高障午華。雲霽玉臺通欻火，天清琪樹下靈鴉。芳亭坐對金峰近，萬載休徵仰瑞霞。

---

① “峰”，原誤作“蜂”，據王佐《大嶽太和山志》卷十七改。

② “憶”，原誤作“億”，據王佐《大嶽太和山志》卷十七改。

③ “銅墨”，原誤作“洞壑”，據王佐《大嶽太和山志》卷十七改。

中秋五龍

靈應寒凝玉宇秋，中天月色借雲流。軒當寶篆真幽賞，人在鉉宮是勝遊。緱嶺笙簫聞下界，桃源煙火接高丘。荒臺試問希夷跡，光浸松蘿露未收。

九日太和

重九常年覽興幽，太和今日更奇遊。丹煙縹緲三天暮，松雨蒼茫萬壑秋。自古龍輿躋聖界，何時鶴馭賁仙丘。軺塵未息征夫促，空使巖花負酒籌。

雪夜玉虛

玉灑寒霄浄太虛，名山飴寢宦情餘。仙源有路花相約，丹室無煙火自噓。伴鶴松風廻素澗，轉經簫鼓動瑶除。覺來閴寂軒窺白，恍看蓬萊第一廬。

登太和和韻

霜臺入嶺肅餘寒，萬疊晴開翠欲團。日助殿光懸貝錦，雲依山勢擁波瀾。興幽羽客堪成伴，心静吾儒自有丹。喜向仙臺追玉節，百年風景幾衣冠。

題太和山二首

屠大山　都御史

仙界高躋碧玉叢，雲端親謁紫金宫。欲尋勝處看皆好，稍豁幽襟力已窮。萬里山川收氣脉，千秋臺殿轉尊崇。塵容俗狀那來此，蘿月松風尚許同。

又

琳宫璇榭遍山川，閬苑蓬臺在眼前。道士虚沾清静域，使臣驚入杳冥天。雕鏤已竭工師巧，凝結真疑造化偏。聞説松蘿留舊服，莫因華麗壓廻檻。

仙　關

胡宗憲　御史

一入桃源路轉艱，天風吹我渡仙關。千層樓閣空中起，萬疊雲山足下環。攬轡自知王命重，杖藜聊與道心閑。鉉房寂寂春宵冷，月上踈簾手可攀。

仙　人　峰

仙人峰下聽鉉談，萬里春歸一草庵。道眼看來渾是土，丹煙飛處總成嵐。真機誰解無中有，至味原從苦後甘。顧我本遊方内者，臨風三嘆下龍潭。

南　巖

沈良才　都御史

路入南巖景更幽，憑虚高閣逈生愁。雲浮石檻簷疑動，雨過松林碧欲流。别澗泉聲時細細，隔溪禽語晚啾啾。道人指點神仙跡，苔鎖荒臺滿目秋。

登太和山

吕顒　知府

芒屩登山日欲斜，暫携竹枕卧煙霞。瑶函書啟千年秘，寶燭春開五色華。雲擁紫龍聯檜葉，風來黄鳥落桃花。清宵有夢誰相約，冉冉紅塵路轉賒。

登太和山

朱瑞登 御史

曉攀雲磴禮高真，金殿重輝皂纛新。法界渾疑塵外象，鉉機猶憶箇中身。瓊花紛舞迎仙侶，丹竈長封扣谷神。悟到鉉關人不識，萍蹤何日寄山隣。

登太和山

張舜臣 都御史

靈峰瞻仰不勝情，盡日窮探興轉生。昃徑曲披雲霧入，峭巖危傍薜蘿行。三山未必能雙峙，五嶽何由獨占名。元老同遊真勝事，龍頭灘畔聽泉聲。

玉 虚 宫

汪大受 都御史

寒流窈窕洞門深，列騎飛旌照曉林。境會桃源秦世界，宮開福畤漢光陰。冕旒高拱瞻鉉象，香火靈祠識聖心。釐祝幸逢宣室後，清齋空閣夜沉沉。

紫 霄 宫

峭壁中天翠展旗，瓊臺疊疊紫虹霓。金光殿閣明霞爛，瑞氣峰巒遠漢移。六月杉松深帶雪，千年芝草浄依池。忽聞仙樂從空下，恍覺身遊玉帝墀。

南 巖 宫

五老峰前嶺路廻，南天勝地倚崔嵬。百泉歸壑秋初静，萬木攢雲晝未開。鰲負珠宮懸翠壁，龍蟠瑞霧隱丹臺。仙碁巖畔青鸞化，留得神功度榔梅。

太　和　山

李凌雲　副使

聯步層霄一望幽，千年勝槩共豪遊。群峰羅列高還下，萬壑荒茫春亦秋。地接中嵩通遠脉，天臨北極擅名流。追陪共向山靈祝，金闕遥添海屋籌。

登太和山

李遷　副使

春山乘輿陟層巔，霞巘星巖幾洞天。萬樹風煙紛疊翠，九霄宫闕獨棲鉉。藥爐丹火何年伏，閣道峰旗盡日懸。卻笑勞生空白髮，願從此地覓真銓。

又

平生丘壑多幽興，春暮還登大嶽巔。豈爲塵緣貪出世，翻因吏事得尋仙。瑶臺路浄衣裳冷，石隖花深錦綺鮮。落日洞門歸路杳，坐烹薇蕨酌山泉。

謁　武　當

李洛　同知

湖海名聞大嶽宫，勝遊今始慰閒衷。碧天有路層雲隔，紫禁無塵道炁籠。蓬島數疑銀漢外，華胥一夢太微中。從今眼界超凡世，准擬還丹共葛翁。

入天門謁太和宫

章焕　都御史

天梯歷遍見天門，始覺鈞天帝座尊。玉几平臨當露掌，瑶壇羅列盡雲屯。階符次第連宸極，① 華蓋分明見紫垣。身在迷方今始覺，將因太上問真源。

南 巖 宫

三十六巖何者奇，南巖巖壑多幽姿。飛空欲作翔鸞舞，跨澗真看渴虎垂。樹杪廻闌時隱見，雲中棧閣故參差。歸旌欲問來時路，洞口雲深已不知。

紫 霄 宫

行盡青山入紫霄，凾關紫氣鬱岧嶢。乍看雲霧生巾舄，轉覺簷櫳隔絳綃。池上七星低可掬，峰前五老坐相邀。空中冉冉聞清樂，指引鸞驂路漸遥。

玉虚橋上步月

偶向池邊問月明，不知身在月宫行。玉虚元是清虚府，午夜今開不夜城。姑射仙人真綽約，水晶宫殿自輕盈。冰姿皓魄嬋娟浄，弄影相看浸碧泓。

遊太和山次韻二首

龔秉德　副使

疊嶂層巖石徑斜，② 虚空樓閣迥仙家。北來瀚海通雲氣，東望滄溟閃日華。樂奏瑶臺疑度鳳，香浮寶樹漫棲鴉。遥瞻絶頂多靈異，幾向峰頭卧碧霞。

其 二

穿巖度壑路紆斜，言坐東林羽士家。星劍自知懸北斗，道經未許

① “宸”，原誤作“辰”，據吴道邇《襄陽府志》卷四十六改。

② “嶂”，原誤作“障”，據王佐《大嶽太和山志》卷十七改。

續《南華》。山橋雨過啼春鳩，石壁風生噪晚鴉。見説真人開寶笈，將從此地訪丹霞。

宿南巖宫次章鄧山韻

雲卧丹房敞玉扉，遥瞻帝座隔重圍。乍驚羽客鸞笙度，虚擬仙人鶴駕歸。撫景未題西澗竹，禮真先薦北山薇。夜深何處發清籟，絶壁泉聲百道飛。

遊太和山

成子學　參議

縹緲遥瞻江上山，忽從仙子度松關。金開洞宇籠朱旭，玉漱巖泉噴彩鸞。瑶圃丹凝雲氣冷，鈞天樂奏鳥聲環。憑虚爲想桃源路，惆悵胡麻水一灣。

又

覽遍巉巖最上頭，踈林月色浸寒流。松盤石磴千峰曙，泉湧溪橋九渡秋。寶劍懸巖龍欲吼，靈旗捲霧鬼應愁。王喬定有飛冲訣，不是尋芳汗漫遊。

玉　虚　巖

李元　中書舍人

九渡溪頭入洞天，森森萬木護雲煙。岧嶤有徑通蓬島，寂寞無聲隱浪仙。卻笑桃源空自秘，還疑壺景未能先。虚巖獨坐澄諸欲，惟聽潺湲瀉玉泉。

太和道中

李燧　參議

夢遊大嶽幾多年，此日登臨一爽然。仙樂依稀流漢外，貝宫縹緲倚雲巔。重巒疊嶂應無地，琪樹瓊花別有天。自笑塵緣何日淨，願從此地學飛仙。

登太和山漫興

陳孟章　户部主事

何處高真是所棲，危危天柱更無齊。振衣萬仞乾坤濶，回首諸峰日月低。欲向玉臺朝帝闕，先攀金鎖上天梯。屏息堦墀端虎拜，不知身世入雲霓。

又

幾廻夢與赤松遊，清賞今逢玉露秋。寶殿玲瓏回碧落，丹梯宛轉入丹丘。彤雲冉冉簷楹動，遠嶠重重海浪浮。空裏漸聞天樂近，函關應有跨青牛。

又

袖帶飄飄入翠微，幽關真與世情違。花從削壁含香放，鳥向叢林得意飛。四面青巒攢畫戟，半天祥靄罩羅幃。鼎湖信有乘龍侶，更喜巖頭掩竹扉。

謁　太　和

王格　僉事

滄江一卧幾經秋，忽爲名山賦遠遊。髮變逢人從白眼，心鉉到處即丹丘。朋徒共飯安期棗，道路咸驚老子牛。此去暫辭猶萬里，家人不必問刀頭。

過清微望太和

鸞驂凌曉度清微，遥望靈山紫霧霏。百里松杉濛上路，八宫臺殿鏁仙扉。春留雪色粧銀闕，日引花枝映羽衣。三十餘年慕真意，今來始得一皈依。

宿紫霄宮

真仙昔向此中依，百尺瑶堦啟玉扉。① 福地樹頭曾掛劒，古巖石上尚藏衣。行人暫借天閶住，② 羽客疑於世界違。一宿雲房孤夢醒，頓驚心事舊來非。

鉉嶽道中

章士元　副使

籃輿拂曉及山陲，試着芒鞵陟翠微。北瞰懸巖凌夜斗，東窺溟海盪朝暉。雲凝芝艸留仙室，風落松英點客衣。一度蘢葼一念爽，好將凡格悟真機。

登　武　當

黄廷用　洗馬

尋真久矣聞鉉嶽，今日遥臨路始通。絶磴千層凌過鳥，危欄萬丈鎖飛虹。登天杳在煙霞裏，謁聖翛然日月中。安得芒鞋分半榻，探源採藥老春風。

宿玉虛方丈

俞憲　按察使

每憐迂癖重周遊，覽勝無如此地優。林壑景參宫闕麗，仙人宅與帝王侔。心懷神聖形如見，身住清虛夢亦幽。自是不能辭世網，何須海外覓蓬丘。

① “尺”，原誤作“凡”，據王佐《大嶽太和山志》卷十七改。
② “閶”，原誤作“閻”，據王佐《大嶽太和山志》卷十七改。

登　太　和

張守直　工部侍郎

天上芙蓉貝闕齊，千巖功德鬱標題。虔修到處通金頂，秘檢封時化紫泥。爲憶靈簷雲氣濕，更攀危檻斗星低。仙源誰許人間到，流水桃花路不迷。

又

森羅仙逕接珠林，塵世清都詎易尋。帶露壇花常灼灼，棲鸞圃樹自陰陰。山當八百荆吴壯，水落東南漢沔深。自是名寰招隱地，何人不動紫芝心。

登太和和少司空張筆翁韻

艾杞　工部主事

瓊宫上與碧霄齊，曾入仙人舊品題。谷口桃花翻白雪，洞門石髓護青泥。龍幢一去乾坤老，法座常懸日月低。自是陽春難屬和，登高極目五雲迷。

又

笙簫隱隱出高林，使節乘春興易尋。曲檻飛虹懸壑穩，層巖積雪上方陰。五城瑶草煙霞近，萬疊靈巖花木深。卻笑劉郎緣底事，仙源忽動故園心。

又

天門如柱轉紆賒，廻首群峰似列牙。高閣御風瞻北極，故鄉落日望西華。花當三月明金殿，仙去千年秘玉砂。盡日看雲歸岫晚，香爐石上數株花。

登太和和少司空張筆翁韻

施篤臣　副使

岧嶤天柱紫宸齊，帝子高居揭玉題。卿月重來通鳥道，使星遥望隔雲泥。飛橋斜度南宫近，虚閣平臨北斗低。自是張騫仙骨異，乘槎天上出塵迷。

又

誤來採藥入仙林，仙去林空何處尋。石上黄芽春欲暖，洞前白雪晝常陰。時時笙磬天門杳，歷歷樓臺煙樹深。歲暮山中無一事，抛書終日獨觀心。

又

步上天關望轉賒，群峰隱見疊崇牙。煙巒八百連嵩嶽，雲洞三千接泰華。龍虎何年藏迥谷，龜蛇依舊護靈砂。鍊師寄語遊玆圃，策杖同看珠樹花。

玆武以水德帝北極成祖許祀

馬人龍　學副　太湖

聖祖戎衣百戰經，千秋祀典報立靈。天開東震連西域，地轉南離作北溟。王氣两都依闕紫，神州九點撲欄青。古今世事留昭代，封禪何由入舜廷。

天柱峰雪後雨霧

鴻濛萬丈是立都，曉霧冥冥色更殊。鐵柱岹嶢千嶂失，金天縹緲一莖孤。烟沉鑪炬垂霄漢，蜃結樓臺入蜀吴。日出群方聊可辨，蓬萊山盡五雲扶。

五龍遊覽

龍飛玉井依天闕，鳳舞瓊簫出帝墀。梅老無皮千歲實，杉青如髮半空枝。靈岩石尚遺仙侶，法座禽能喚我師。物理不殊人事幻，丹成亦恐客來遲。

遇　真　宫

世傳文皇慕張三丰而宫之，或曰非訪三丰也，靖難兵入，建文走焉，登封以物色耳。文皇叔也，志伊周者，靖方黄也，惜哉物色罔所得覯，放甲匡姬，厥志不果，野人之料，不亦宜乎？

靖難兵迷少主踪，文皇云此訪三丰。安劉早不臣黄綺，避漢何由見赤松。王自有真誰揖讓，仙非盡妄亦登封。放桐志與金縢合，物色當年恨未逢。

登太和和張筆翁韻翁曾同官銓曹，舍弟篤臣亦曾和其韻于壁間

施堯臣　參政

憑虚一望入燕齊，五嶽真堪共品題。疊巘層巒開洞府，天梯石棧絶塵泥。神遊十載良非幻，身到三天信不低。好景便須留作主，桃源再覓恐多迷。

又

千峰如戟復如林，臺殿高低並數尋。今古空中懸倒影，晨昏地底見浮雲。化工裁剪德何厚，列聖崇嚴道亦深。① 江漢旬宣因謁此，萬年稽首召臣心。

① “嚴”，原誤作“巖”，據凌雲翼《大嶽太和山志》卷八改。

又

尋春十月興猶賒，酌取靈泉嗽齒牙。磬折瑶堦儼北闕，掀翻玉檢讀《南華》。長生自古原無訣，少病須知别有砂。閑處令人發深省，明朝空憶眼中花。

雪天同林梅窓登太和

葉九金　均州知州

一入桃源路不賒，萬峰樓閣倚雲斜。天遺帝座開鉉嶽，人度仙關拂紫霞。檻外玉簫鳴别澗，空中瓊樹亂飛花。煙蘿深處還堪賞，晚色遥看接太華。

又

緩步尋真上九霄，壯遊何曾得聯軺。東山不愧謝安石，葉令猶慚王子喬。疊嶂層雲鋪錦繡，懸巖墜雪掛瓊瑶。浮生恍惚知何處，雲漢誰云萬里遥。

又

直上天門景更幽，金城臺殿甲中州。丹梯萬丈雲霞杳，白浪千層雪霧收。點點秦山横地出，悠悠漢水接天流。銀河夜色清如許，蓬島何須海上求。

憇遇真宫

徐學謨

長苦紅塵攬鬢班，西來詎意訪名山。聊因白石留心賞，敢乞黄金駐俗顔。司馬好遊書未著，向平何日事方閒。天峰雲壑如相憶，肯許他年問九還。

太子巖觀月

野煙初散伏龍崗，誰轉金輪現佛光。千劫塵寰銷混濁，三清樓觀鬱低昂。不知下界逢元夕，暫遣浮生寄上方。揮手千峰凌縹緲，玉笙吹斷夜聞香。

登天柱峰

盤礴西南插楚都，遠襟嵩華控巴吴。蓬壺亦在人間世，靈秘如探肘後符。龍虎雄瞻丹闕迥，煙霞秀瑩玉城孤。南巖指點昇真處，恍惚仙靈定有無。

又

絳節雲幢謁聖遥，諸天森拱列真朝。煙籠五色爐香裊，日射三台燭影摇。① 悟世未銷金杵石，度人長鎖玉虹橋。山中亦有迷方客，浄掃明霞禮碧霄。

仙　關

仙關窈窕破煙蘿，遥指高天是大羅。佛供入筵金磬杳，僧齋傍午木魚多。布輿力盡廻雲磴，山履聲微度雪坡。爲借白龍龕下坐，道人休擬病維摩。

宿遇真宫

千尺虹橋度檜林，亂山廻合翠微陰。虎崖未叩還真訣，② 鴉嶺先澄出世心。③ 丹竈歲深銷火伏，④ 石牀春冷覺雲侵。⑤ 玉除倚杖瞻銀漢，

① "燭"，原誤作"竹"，據徐學謨《徐氏海隅集》卷十三改。
② "虎崖"，原誤作"虛巖"，據徐學謨《徐氏海隅集》卷十三改。
③ "鴉"，原誤作"雅"，據徐學謨《徐氏海隅集》卷十三改。
④ "銷"字原脱，據徐學謨《徐氏海隅集》卷十三補。
⑤ "侵"，原誤作"浸"，據徐學謨《徐氏海隅集》卷十三改。

天外盧敖何處尋。

過龍泉觀冒雨行即景

王世貞

峭風含雨自成悽，宛轉襄城轍漸迷。巖電忽垂疑帝笑，① 江雷初上似兒啼。遥旌破壁看初没，② 雜樹含煙暈卻齊。恍惚淮南成道過，西巖喔喔午時鷄。

由太和登絶頂

千盤轉盡見三門，七十二峰朝至尊。下插香爐勝廬嶽，中懸天柱即崑崙。銀璈挾籟晴疑雨，金殿摇光夜不昏。欲指群方無可問，青山處處白雲屯。

其　二

絳節朱幡縹緲間，縱非天漢不塵寰。平超五嶽王公位，肯數三峨伯仲山。千嶂霧深銀作海，九霄雲浄玉爲關。空餘沆瀣零仙掌，消渴相如可再攀。

宿南巖宫

欲凭籃筍數嵬峩，刺眼龝愁勝地多。絶頂夜懸金觀出，斷崖晴挾火輪過。池從太乙真人卧，亭憶南薫帝子歌。莫話古來冲舉事，一官雙鬢已蹉跎。

① “帝”，原誤作“地”，據王世貞《弇州山人四部稿》卷四十三改。

② “初”字原缺，據王世貞《弇州山人四部稿》卷四十三補。

太和宫三首[①]

裴應章

乍入鉉天絶頂門，分明别是一乾坤。勝疑東海三山徙，雄峙中原五嶽吞。秋耿銀河懸瀑布，夜横斗柄挂雲根。自從昭代禋封後，峰若增高名愈尊。

又

崒嵂奇峰北斗齊，等閑信步躡丹梯。高春亭午雲封洞，暮雨斜陽澗飲霓。長嘯一聲天地應，遠舒雙眼華衡低。飄飄塵世身何似，六合蒼茫眇粒稊。

又

居然鰲極載蓬萊，金闕凌空次第開。雲擁龜蛇浮帝座，月明鸞鶴度瑶臺。雞鳴先得人間曙，龍起時聞山下雷。七十二君金檢秘，千年直待聖皇來。

古銅殿望月

皓魄浮波出海隅，寒光滉漾浸冰壺。鸞臨玉女峰頭鏡，龍攫蒼松頂上珠。雲破明開千壑溟，雨餘清徹一塵無。因風訝聽霓裳曲，便欲飛翰萬里衢。

玉　虚　宫

登臨幾日盡岧嶤，獨此平原更廓寥。一水横流環作帶，三門背倚迥凌霄。石魚銅皷悲前代，玉宇瓊宫識聖朝。悵望古今成感慨，暮林風雨忽瀟瀟。

---

① “三”，原誤作“四”，今改。

謁太和鄖江登舟

董裕　都御史

日射波光擁客舟，凌空一葉即仙遊。漢津故與銀潢接，鉉嶽疑從弱水浮。白鴈影隨沙島度，丹楓寒傍水淙流。回看鄖子城頭樹，十里煙嵐澹素秋。

夜宿紫霄次日登太和

雨洗晴嵐秋更清，丹梯萬丈接雲平。巖頭日借松蘿色，空裏風傳猿鶴聲。黑虎嘯巖飛雪液，烏鴉控御入瑶京。道傍多少黄冠侶，誰共乘鸞吹玉笙。

登太和絶頂

徙倚璚闌眺十洲，① 煙空雲浄敞深秋。東呑溟渤浮杯勺，西蹴崑崙眇垤丘。漢水巧分巖溜出，□□寒傍掌珠浮。② 虚疑一覽乾坤小，瞥眼寰區是此遊。

登太和宫

袁應文　嶺南人

朝天歸客當雲遊，策杖名山最上頭。金碧輝煌瞻帝闕，煙雲葱鬱望神州。蒼生涕淚瑶堦落，羽客瓊漿丈室浮。躡遍丹梯尋去路，層空笙樂帶星流。

仙關道中

俞士章　宜興人　提學道

路入仙關别有香，輕綃不耐曉生凉。嵯峨翠岫雄三界，偃蹇喬枝

① “璚闌眺”三字原缺，據董裕《董司寇文集》卷十八補。
② “□□寒傍”，董裕《董司寇文集》卷十八作“寒星偏傍”。

老萬霜。隨地羽衣迎管籥，傍巖茅屋絶梯航。两溪玉液清于鑑，滌我塵襟未可量。

遊玉虚巖

九渡溪頭一徑通，海棠花落水流紅。琳宫不盡懸巖半，棧道孤浮絶壁中。王子笙歌青漢落，劉安鷄犬白雲籠。入山何事非尋勝，獨此幽奇自不同。

宿太和宫道房即事

彭凌霄

小窓空翠入沾裳，爽氣疑秋枕簟凉。閶闔天邊開蜃閣，芙蓉嶂杪插蜂房。踈星近宿依前殿，飛電回看落下方。身在此間難穩卧，驚心已到白雲鄉。

登天柱峰

巑岏靈嶽倚寒空，蠟屐霾雲石磴通。地絶鄖襄瞻帝腑，星連翼軫挾天風。金芝瑶艸虚無裏，貝闕琳宫杳靄中。七十二峰清興滿，飄然身世出樊籠。

曉登天柱峰

徐中行　長興人　参議

振衣秋色散鴻濛，絶頂遥看萬里空。不是三山飛海上，那能五嶽聚天中。曜靈倒射黄金殿，玹武高臨赤帝宫。細數巖巒三十六，朝來鰲抃總相同。①

① “抃”，原誤作“極”，據徐中行《天目先生集》卷八改。

又

帝居天上五雲重，朝罷風清萬壑鐘。山擁百城皆翡翠，殿開千嶂盡芙蓉。堦前香靄黄金鼎，檻外星懸玉女峰。總道登封天子意，每從雷雨見飛龍。

天柱峰謁帝

方九功　吏部員外郎

攀緣石磴陟危巔，始信人間有洞天。大嶽中蟠雄楚塞，亂山西擁接秦川。側身直入青雲裏，舉目平瞻赤日懸。帝子已乘龍馭去，今來此地叩重鉉。

謁鉉帝回過南巖宫

南巖崒嵂鎖長空，巖下瓊宫有徑通。瀑水懸崖垂白練，山橋隔澗駕飛虹。龍泉九渡傳神異，鴉路千谿謁帝同。還倚石欄回首望，輝煌金殿碧雲中。

宿五龍宫

數杯白酒罷殘更，一榻蕭然伴月明。訪道何年逢辟穀，偷閒今日且辭榮。寰中夢覺邯鄲枕，方外風傳子晉笙。擾擾紅塵成底事，總來不似學長生。

登天柱峰

絶頂摳衣禮北辰，俯看蒼翠拾嶙峋。蘓門嘯振千山木，黍谷吹廻大地春。肩拍洪巖嘗作客，心遊黄綺不稱臣。笑呼向長淹婚嫁，猶愧當年五嶽人。

同陳郡伯何郡丞望太和山

温純　少卿

危樓縹緲倚雲成，西望名山勢若平。太液揚波晴亦雨，天門返照夜還明。相逢李杜饒新句，幾遇金蘭感舊盟。安得乘風凌絶頂，紫霄長聽步虚聲。

遊太和宫

高薄層霄禮上玹，徘徊回首笑塵緣。煙生萬壑疑無地，雲散孤峰忽有天。虎豹關開風送入，丹鉛竈冷火迷傳。榔梅似是真消息，獨立蒼茫思渺然。

登太和絶頂

盧仲佃①　副使

天柱峰頭帝作宫，四門高闢太虚中。摩雲一點松山小，浴日千披海水紅。卓筆森森撑太宇，紫煙嫋嫋匝華封。一從墮落塵寰久，滌骨重來世已空。

宿太和絶頂

蘇濬　参議

飄然雙舄出雲門，一柱孤高帝者尊。巴楚諸流環疊嶂，燕秦千里薦芳蓀。經繙海藏龜龍出，劍指招摇虎豹蹲。七十二峰俱侍側，便堪倚杖看兒孫。

又

漢秦封禪祇紛紛，帝子高居世豈聞。一自中朝崇大嶽，卻令千古識玹君。水綃夜落□□影，貝闕朝看玉檢文。足下峰巒憑指點，數聲

① “佃”，原誤作“田”，據凌雲翼《大嶽太和山志》卷九改。

雞犬出殘雲。

遊 太 和

梅國樓　麻城人　給事中

鰲極何年駕地靈，洞門寒雨晝冥冥。雲開菡萏三千里，天列芙蓉十二屏。玉柱半懸雙闕紫，金宫遥插萬峰青。層霄咫尺瞻依近，指點仙槎問客星。

登天柱峰

鄧啟愚　南陽府知府

凌空一柱曉擎天，綰霧披雲到大千。晴挾萬峰花作雨，寒生五月日爲年。露華浮動黄金殿，巖氣蒸成碧玉泉。欲洗幻緣澄浩劫，手携銀漢下風煙。

又

天路相邀去不迷，何緣超忽與天齊。陰巖晝暖開丹竈，虚閣春寒護紫泥。日月倒懸雙璧小，華衡遥落两峰低。飛梁到處斜堪度，十二峰頭一杖藜。

太 和 宫

何宇度　安陸人

貝闕琳宫倚日浮，① 牛車鶴馭两悠悠。風來古樹青相壓，雨過遥岑翠欲流。業已中原無五嶽，亡論東海有三洲。它時倘結凔霞室，好在香爐澗水頭。

① “貝”，原誤作“具”，據凌雲翼《大嶽太和山志》卷九改。

太和山道房晴眺

于業 金壇人 提學

飛樓峻閣倚空開，迥眺青天百尺臺。晴日似從峰頂度，浮雲反自地中來。蒼蒼草樹連幽壑，隱隱笙簫接上台。極目絶無塵事擾，分明身世在蓬萊。

送陳寅齋分守大嶽

李長春 四川人 翰林

絳節遥從鉉嶽開，祠官初下鳳城隈。層霄星斗捫巖入，子夜琅璈謁帝來。林外篆煙浮彩袖，松間珠露湛仙杯。玉京此地如回首，應上飛虹百尺臺。

宿大嶽絶頂

陳文燭

振衣直上太和巔，天柱峰頭更一眠。虎豹石蹲浮遠霧，虬龍樹色隱寒煙。丹梯益覺乾坤小，青靄常看日月懸。縱有謝公登覽屐，夜深蘿薜不知還。

萬曆八年冬十月受命知均事登謁鉉帝作此以識勝槩云

胡尚禮 山陰人

力學當年慕此山，而今何幸得躋攀。眼前飛澗投巖急，步底流雲遶澗閒。百代神功留上國，千秋帝寵壯天關。勝遊料應非虛值，會看咸和遍宇寰。

送吴海簑歸武當

李蔭　主事

萍合萍分未足吁，① 雲來雲去本無拘。仙人謾説乘黄鶴，空谷今看有白駒。好向地中尋琥珀，想於石上種菖蒲。他時倘遇文園客，藥裹還期振槁枯。

廻龍觀至玉虚宫

十年塵土客京華，此日名山躡紫霞。谷鳥欲停將倦翼，溪桃猶放未殘花。鏡能照膽渾無恙，鼎是懸胎剩有砂。矗矗雲房干上界，卻疑人世等仙家。

從顔老師登武當絶頂

脱卻紅塵駕紫煙，振衣雄視太和巔。深山四月還飛雪，野客孤笻可柱天。咫尺直堪朝上帝，遨遊何翅挾飛仙。太虚寥廓無纖翳，長嘯琅風共灑然。

遇真宫逢崔登吾憲使

閃繼迪　梁南人

煙裊籃輿翠萬重，碧雲臺殿散芙蓉。銅碑壁掛真人杖，玉檢書探帝時封。身到洞天仙侣共，道經雨雪故人逢。橋頭但説當年事，萍水青山總異踪。

紫霄宫阻雪

洞天深鎖白雲遥，雨雪攀躋上紫霄。不見河山開錦繡，祇看宫闕化瓊瑶。路迷華表人歸晚，望入吴門練影消。盡日孤亭頻徙倚，愁將遊目對蕭條。

---

① “萍”，原誤作“平”，據王概《大嶽太和山紀略》卷八改。

天柱峰絶頂

巍峩天闕聳雲根，萬嶂廻環一柱尊。座湧黄金飜日月，人從青漢認乾坤。嵐光半落齊梁細，龍氣遥將隴蜀吞。世界蒼茫煙霧隔，不知何處有平原。

其二

誰將巨斧劈鴻濛，削出雲標萬仞雄。人世畫圖應不到，道家方丈半懸空。瓊花夜灑峩嵋雪，絳節朝廻閬苑風。橋路那須藜杖化，步虚人在廣寒宫。

其三

天柱峰頭向日寒，暫因謁帝一憑欄。光迷翠巘雲成海，氣繞金莖露在盤。自合五城廻首近，料應三觀比肩難。乘風頓起吹笙興，不待緱山振羽翰。

五　龍　宫

王在晉　提學道

太虚高敞絶風煙，極樂逍遥最上天。聖井曲周占蟄氣，靈源活潑吐龍涎。池臨二曜分烏兔，色映三光混紫鉉。一睡儘堪消世態，華山道士有真傳。

晚至玉虚宫

馮舜臣

步入西天日色低，蒼煙翠嶂擁丹梯。廣輪錯繡方千頃，危閣探鉉許寸躋。蜃氣化龍凋白玉，鬼工撾皷卧青蜺。周原東去微茫裏，回首仙臺路欲迷。

武當山道中雜詠

洪翼聖　歙縣人　汝南参政

五里一庵十里宫，丹墻翠瓦望玲瓏。樓臺隱映金銀氣，林岫回環畫鏡中。門裂雙巖容馬度，天開一徑許人通。當年丹竈傳猶在，羽翮何由聳碧空。

太　和　山

胡維翰　高安人　鄖西知縣

青山成畫水成音，夾道連綿走緑陰。雲氣上依仙在眼，鐸聲振耳石寒心。度身峰頂愁飛去，回首人間似陸沉。忽意武夷舟上興，名山遊宦每能尋。

登天柱峰

費尚伊

籃輿清曉度高秋，域内名山此壯遊。翡翠平鋪金作闕，芙蓉四起玉爲樓。包羅五嶽真拳石，襟帶長江只細流。便欲鞭龍從此逝，居然人世一丹丘。

又

千峰壁立插青霄，絶頂煙霞逈自超。遂有神明趨黯淡，豈無人物護岧嶤。垂簷北斗真堪摘，俯檻東皇乍可招。舊識仙人王子晉，天邊鸞鶴坐相邀。

又

高巖晴色隱危欄，曾説垂天八百盤。紫氣半從峰頂出，紅雲低傍殿頭看。振衣人境摩黄鵠，岸幘天門跨紫鸞。欲按霓裳歌一曲，恐驚星斗落欄杆。

由太和入南巖

張維

千丈峰前試一過，盤旋石磴鎖煙蘿。清泉遶澗環蒼壁，翠篠吟風散玉珂。樹暗虎巖人語少，花香龍洞鳥啼多。飛昇臺上看仙蹟，爲問長生事若何。

宿遇真宫

陳鳴華

縹緲琳宫駐節旄，霓裳五色奏雲璈。碧涵霧擁神仙宇，削壁寒侵使者袍。一派古松當徑下，半窓新月映峰高。至尊只此堪封禪，方士無煩海上勞。

登天柱峰

錢岱

曾聞東嶽號天齊，此地躋攀境益奇。名時漫令誇往代，巨靈偏許屬清時。根連紫極千峰合，界逼青旻萬象低。我欲直探無上境，塵緣終自隔丹梯。

紫　霄　宫

王嗣美

天作旗峰映翠微，丹巖空壑尚依依。樹臨紫氣乘牛過，路入青霄看鳥飛。仙樂忽從天外轉，嶺雲盡向洞中歸。羨門久訂飡霞約，直入玹關與世違。

暮抵玉虚宫

朱器封

玉局千林日易斜，榔梅春落樹頭花。香綿三月晴飛雪，氊帽千峰晚帶霞。紫氣乍沉師相府，鉉冥應號寓公家。靈巖東畔人間路，江水長停貫月槎。

夜宿玉虚方丈

梁嶽

日暮千林散夕暉，上方寥寂鎖鉉扉。巖頭月色連青嶂，樹杪鐘聲出翠微。華表雲深猶駐鶴，荒亭仙去尚留衣。夜闌一枕煙蘿畔，清夢時隨絳節飛。

南巖宫

周紹稷　御史

靈樞開闢自何年，洞外芙蓉萬雉連。上界簫韶凝碧落，下方雞犬隔蒼煙。雲深石洞疑無地，旭射崩巖忽有天。便欲乘風吹鐵笛，遥空黄鶴舞翩翩。

國　朝

登望仙樓

聶玠　長史

昔傳仙跡聚瓊樓，浩劫經年此勝遊。紫氣凝霜天外碧，瑶臺飛玉坐中幽。① 虬松矗矗勝雲霧，曲水盤盤見斗牛。塵俗脱然鉉度寂，新蟾出掛萬峰頭。

壬子中秋登太和山

党居易　均州知州

大嶽崚嶒立漢東，虚皇正位太和宫。松間明月巢丹鳳，天際真人御曉風。尊踞荆襄千嶂上，光連雍豫二州中。登峰此日秋思逈，寥廓

① “瑶”，原誤作“遥”，據党居易《均州志》卷四改。

金城帝座通。

迎恩宫

王欽命　均州學正

垝垣殘宇策征軺，望闕迎恩事已遥。雨暗垂楊迷古道，沙廻斷岸鎖荒橋。畫欄空舞巢新燕，老衲閒歸戀舊瓢。日暮天涯問往事，幾聲啼鳥雜悲簫。

玉虚宫

仙源景物盡空霏，① 縹緲琳宫隱翠微。鐘過萬峰吞遠色，亭迎落照繫晴暉。嶺雲含碧松花老，澗水流香石乳肥。此日閒遊疑夢幻，身從碧落踏虚歸。

附朝天宫

道裝輕束到山阿，咫尺朝天願已過。星散踈林曙色静，泉通幽澗漏聲多。彤闌簪筆繙青軸，月殿裁雲補緑蓑。遥憶羽衣鵠立久，天風徐下動鳴珂。

題天柱峰

沈冠

合沓千峰翠靄重，帝居雄踞碧芙蓉。西來紫氣連華嶽，東望高盤俯岱宗。風擁松濤摇澗壑，雲翻石壁起虬龍。何人爲奏相如草，更覩金泥玉檢封。

---

① “源”，原誤作“原”，據党居易《均州志》卷四改。

雨中自天柱峰下

攀崖陟巘不知難，歸路猶餘興未闌。杖笠全沾雲氣潤，襟期遥逼雨聲寒。千峰檜柏含秋色，萬頃玻璃縱大觀。焉得虎頭丘壑筆，持身畫向此中安。

登南城望天柱峰

崢嶸一柱倚秋空，絶頂高懸黑帝宫。日麗芙蓉千嶂曉，氣蒸龍虎五雲籠。登封莫啟金泥秘，陟降如臨絳節雄。此日寒城徒竭目，何當枕卧落霞紅。

五龍訪羽人不遇

幽人何處閉仙關，鐘磬無聲鶴未還。誰遣藤蘿迷曲徑，獨留煙靄鎖空山。堦前澗水流逾静，洞口松風聽自閒。何用相逢論出世，已疑身不在人間。

嵾山曉晴

朱錦幖

奇峰聳峙接雲霄，湛湛清光萬里飄。曙映杉松山現彩，霞飛崖壑澗生熛。龍乘曉日舒鱗早，鳳舞和風翽羽遥。纔到中天寒谷暖，紫芝白石共瀟瀟。

嵾山 有小引

沈聯鑣 淅水人 襄陽同知

筠翁楊憲臺偕州牧王熙園年翁譜成《太和圖志》，余披閱良久，神與俱遊，爰賦短章以志勝，兼訂山靈約焉。

未到蓬萊第一峰，披圖已覺遇三丰。蓮花朵朵天風下，仙掌亭亭曉露濃。金屋雲中飛白鶴，玉虚洞裏吼黄龍。關西夫子臨川筆，幾度摹成鐵杵蹤。

二

山靈久與岱宗齊，呼吸衡廬煙樹迷。懸象勾陳滄水曲，居馨元武楚江西。林巒面面招劉阮，帝力輕輕靖鼓鼙。千載流觴幾醉客，夕陽歸去鷓鴣啼。

三

誰説桃源好避秦，却將隱谷號天津。紫霄神女時來往，丹洞仙霞孰故新。折屐詞人多麗句，壽梨彩筆勝陽春。登高若眺房陵近，帝子可能幾會真。

四

宦途役役總沉浮，那得金童引杖頭。會覽太和圖半幅，卻教大地目全牛。雲亭封禪何年事，天柱嶙峋幾個遊。今日擬成山水約，捫蘿次第步瀛洲。

太　和　宮

張維霖　均州學正

千尋絶壁疊瓊樓，佳氣空蟠拂斗牛。洞口炯光涵曉日，松門踈影照丹丘。聲聲鳳管仙韶奏，色色金波香露浮。静裏精瑩何所似，飛霞匝翠締瀛洲。

遇　真　宮

物外飄然任去來，煙光繚繞動徘徊。個中消息曾何待，静裏分明豈用猜。欲覓仙源浮漢淼，將尋勝事卧雲堆。一時嘉會成千古，遥憶風流山水隈。

周府庵

盧維茲　均州訓導

筍輿雲外訪蓬瀛，洞口平虛谷自鳴。簾捲罘罳猶洛邑，①風吹鐘皷是周京。青泥近水新芝長，白石當軒翠竹生。幾幅畫圖丘壑裏，留人多在白雲情。

天柱峰積雪

輕盈粿粉上崆峒，變幻虬龍蕩碧空。萬壑壁連藏翠靄，千枝珠瑣綴玲瓏。欣逢積素堆清禁，爲祝飛花舞玉宫。何必漢家求絳雪，餐來瓊屑與仙同。

紫霄夜宿

盧晨　黄安縣學生員

碧霄雲裏紫霄宫，古木森森一徑通。劫火燼餘金燦爛，殘碑篆鎖玉玲瓏。香凝曉氣煙籠閣，花覆懸巖翠滴空。留得神功傳禹跡，一池宫殿月明中。

太和山

侯世忠　鄖縣知縣

漢江南岸結幽區，中有元君握道符。呼吸風雷通帝座，煇煌殿宇席靈都。奇巖疊巘徵神異，丹竈鍼峰醒鈍愚。幾欲登臨思習静，憑虚清籟樂于于。

---

① “簾”，原誤作“廉”，據文意改。

天　柱　峰

劉玶　漢陽人　穀城縣教諭

日射黄金繞殿光，憑高放眼倍神王。嵐開楚蜀千山小，雨過岷嶓二水長。但見衣冠同拜舞，不知歲月幾滄桑。榔梅歷歷傳消息，莫謂仙家隔渺茫。

自天津橋至瓊臺觀巖側小憩

沈士京　均學庠生

千峰牙距馬蹄前，老樹陰森欲障天。澗底流泉如戛玉，林中啼鳥勝鳴絃。誅茅好共幽人住，劚藥遥通曲徑懸。到此頓令塵慮絶，且支高石枕雲眠。

登天柱峰

葛如竹

氣接崑崙頂接天，到來身已覺登仙。仰瞻日月光輝近，俯視巒峰僕御前。戀世肺腸忽澹漠，出塵鸞鶴自翩翾。松杉况引千秋韻，銷盡人間風雨牽。

登太和絶頂

朱琪

金闕森嚴北帝宫，飄飖仙仗插天空。氣凌霄漢五城上，思眇寰區一粟中。澗底煙光浮陸海，巖前瀑影掛飛虹。倐然身世塵緣净，何用乘槎泛始通。

登太和山四首之一

樂醒　方外

嵯峨衆派獨巃嵸，應是崑崙第一峰。四大名山皆拱極，五方仙嶽共朝宗。鳥啼隱隱聞天語，鶴影翩翩度晚鐘。我正欲尋招隱地，桃源洞口白雲封。

酬墨隱李仲飛以太和圖見贈

峯峰奇勝杳難尋，誰道深藏逸士心。摩詰輞川應得似，青蓮天姥更堪吟。眼前風景皆虚幻，筆底烟霞自古今。曾記昔年流覽處，仙踪隱隱白雲深。

禮太和

仇得祥　貢士　本州人

峯巒縹緲散輕煙，馬首雲生曲徑縣。萬仞壁中尋磴道，千峰窟内聽流泉。霞移樓影旋收落，霧繞山光時斷連。此日攀躋瞻帝闕，曠懷高結欲登仙。

登南城望嶽

蔣一桂　新田訓導　均州人

翠微縹緲嶽光寒，尚憶登臨縱大觀。一柱宛從天上落，千峰如向掌中看。年來豺虎傳烽急，亂後風塵命屐難。拄頰西南還極目，空憐爽氣散晴巒。

題太和圖

收來天柱倚雲霄，七十餘峰卷素綃。筆挾煙霞丘壑幻，氣凌雷電鬼神朝。崚嶒直與三山壯，咫尺真看萬里遥。安得更煩圖五嶽，卧遊終日謝鳴鑣。

題天馬峰

楊元豹　穀城尉　鄞縣人

峰高萬丈勢參天，此馬何人曾着鞭。追日卻能先夸父，行空常自過飛仙。霜蹄不躡人間路，貝齒長呵雲外泉。偶駕玉皇行輦出，一聲嘶徹斗牛纏。

登天柱峰絶頂

郭弘緒　均州生員

攀崖直上碧雲邊，身近崆峒可問天。隱樹樓臺含宿雨，昂霄巖壑散輕煙。仰探日月聊舒臂，勘破虚空解悟禪。貯立孤峰思浩渺，泠然風御已騰騫。

題太和山圖

沈志禮　荆南道

縹緲千秋赫帝居，况看名勝甲坤輿。謝公雅有登山屐，漢史曾收《封禪書》。一柱迥懸天咫尺，五雲長抱日扶踈。相期高勒韓陵石，春滿文成五利廬。

二

參峰生面本幽妍，宫闕輝煌豈偶然。望岫息心窮象緯，憑高放眼失山川。多云真宰常居此，屢著神靈别有天。歷數寰區誰伯仲，峽爲雲雨嶽爲蓮。

詠太和山并序

范明宗　襄陽郡守

予半生宦遊楚中，每注想太和，以不獲一登爲恨。比年承乏襄城，瞻禮頗近，乃軍供絡繹，疲民煦燠之不暇，登臨之興，旋起旋消，懷恨更十倍于前。近者新志告成，覽圖漫賦，少抒高山流水之想，并爲異日登太和之符券云。

廿載驅馳楚地勞，洞庭遥對太和高。香罏篆接穿雲路，丹竈鉛飛點雪濤。思挾勝情勤仰止，懷深民病阻遊遨。攀躋終擬凌天柱，手摘星辰一嘯號。

二

太和無朕象冲融，元氣何年闢混濛。一柱擘成蒼玉亞，六鰲擎插絳霄空。高清俯受龍脣雨，直下平臨鶴背風。爭敢久留天咫尺，飛仙欲語就簾櫳。

三

鐵鎖危攀竟泬寥，紫垣香氣隱層霄。岷嶓坐鎮還司北，翼軫當躔卻應杓。五色雲端蜺擁節，九重天畔鳳諧簫。自憐腸胃皆塵土，弱水微茫幾見招。

四

梯雲躡蹬敢辭艱，崱屴連峰幾度彎。小九州中雙岱嶽，大千界内四神山。繡屏錦石何工畫，曲磵幽花作意斑。多少朝宗邀福利，阿誰看到碧螺鬟。

咏太和山圖

崔瑶　襄陽知縣　太平人

不盡幽奇次第逢，誰云登陟仗枯筇。飛流直界千尋壁，怪石斜盤百尺松。飽我煙雲留洞壑，移人情性幻聲容。徘徊莫禁飛揚意，影落遥空翠萬重。

題太和山圖

韓宗愈　光化知懸　遼東人

山容雲勢两參差，潑墨雲山更獻奇。翠色欲飛看歷歷，嵐光如醉舞僛僛。支頤漫挹王猷爽，搔首空携謝脁詩。咫尺薜蘿搴未得，浪言五岳有遐思。

雨中登太和絶頂

孟洪範 均吏目 延慶人

嶕嶢危磴阻攀躋，千嶂氤氳極望迷。哀壑怒風號古木，懸崖飛瀑瀉寒谿。足蹔濟勝雲中息，身若凌虛島上栖。爲語金庭三景客，仙家紫氣坐堪携。

宋

五言絶句

落帽峰懷戴孟 見《神謨》。

陳希夷

明

松 蘿 峰

孫應鰲 都御史

幕地翠宮滿，松蘿拾作衣。憑衿不盡興，凝眺淡忘歸。

七 星 峰

雲蕩金城北，天廻斗極東。解衣聊宴坐，盤礴七星中。

繫 馬 峰

懷仙空望遠，繫馬不知年。石斷疑無地，巖窮忽有天。

茅 阜 峰

冥心觀太始，天嶺氣相交。真訣何由得，乘風訪大茅。

五龍宫

岸容初得雨，山勢欲飛天。王母乘雲至，班龍九色鮮。末見《漢武内傳》。

紫霄巖

芳巖芳草暮，桂澗桂波凉。獨立思君子，徘徊一斷腸。

太和山

黄仁榮

天柱高無極，誰云五嶽尊。祀家七十二，虚此一乾坤。

茅阜峰

王世貞

茅君顧我笑，誰校從官多。欲語囊中秘，其如六耳何。①

健人峰

共工觸不周，巨靈擘太華。何似此健人，立石天門下。

繫馬峰

天馬走長空，兹峰偶一繫。萬象欲現時，聊將繫吾意。②

隱仙巖

真仙不住山，那有山中跡。同是謫仙人，相逢不相識。

---

① “六”，原誤作“大”，據王世貞《弇州山人四部稿》卷四十六改。

② “聊”，原誤作“神”，據王世貞《弇州山人四部稿》卷四十六改。

滴水巖

一滴一露珠，病渴猶恨少。倘借行雨缾，郊村成浩淼。

獨陽巖

朔風寒不盡，慘淡結浮陰。念此閉關日，悠然天地心。

凌虛巖 希夷誦經所

誦經凌虛臺，留骨希夷峽。何似學劉伶，未死先荷鍤。

青巖

斷巖數千尺，隱然一輜輧。即看摇落候，不改芙蓉青。

淵默亭

兹亭字淵默，我憩亦何言。忽有天門闢，森然帝坐尊。

瓊臺

當時受册地，今日瓊臺宫。阿母瑶池色，能如晚照紅。

試心石

陡出三尺巖，下臨千尺地。道人呼試心，無心可將試。

摘星橋

夜半橋上星，如螢拂衣袂。爲摘歳精來，欲驗偷桃事。

憩太鉉觀

何宇度

花逐巾車至，雲隨竹杖登。欣然如迓客，七十二峰青。

甫登南巖均陽鄒使君壺榼繼至遂觴于雲霧巖下

飛舄天際還，壺尊雲畔至。醉倚白玉闌，片月當巖墜。

秋夜宿清微館追意嘉靖庚申與汪襄陽夜話於此感賦

徐學謨

方來俱是夢，① 過去莫頻思。此是邯鄲肆，盧生知不知。

出　　寥

鄧希稷

恍是遊天漢，寥雲沾我衣。仙凡如隔世，安得便忘歸。

天　柱　峰

馮舜臣

上下山間路，應如天未分。莫言混沌鑿，古色尚氤氳。

七言絶句

唐

自題石像

孟浩然

假合身軀用墨塗，晶晶一點紙難摹。上天之載無聲臭，此個清光何處無。

① “方”，原誤作“古”，據徐學謨《徐氏海隅集》卷二十改。

元

磨劍澗

羅霆震

帝真合是鎮鉉天，奉勅鎔金冶紫煙。三尺展開横海嶽，肅清宇宙一龍泉。①

桂籍殿

職聯上相主文昌，積行名賢席寵光。到此即登蟾闕内，高枝攀動九天香。

鐘樓

擎天立柱駕梁虹，發越鯨音氣量洪。如法大鳴應大扣，金聲玉振九霄中。

繫馬峰

待詔金門陟翠微，玉驄停駐踏朝暉。劃然雲路牽騏驥，得意朝天去似飛。

明

飛昇臺

方豪　僉事

禹跡橋邊步漸危，後旗前竈两峰宜。忽聞仙樂雲中起，人在紫霄渾未知。

① “宙”，原誤作“内”，據羅霆震《武當紀勝集》改。

玉虚道中望嶽

丁致祥　參政

廻龍觀前雨脚收，松風瑟瑟鬢蕭颼。遥望天門渺何許，碧峰入指出雲頭。

蠟　燭　峰

郭希顏　編修

蠟燭山高照日明，太和曉闢五龍迎。猱猿石逕行疑斷，旗劍峰巒削不成。

登太和山

高遷　同知

仙宫遥在紫雲邊，仙樂曾聞白雪篇。莫怪武陵迷去路，可能天上住千年。

坐南巖棋亭

曹亨①　副使

萬壑懸巖一小亭，坐來風雨變陰晴。遲回不見神仙侶，白髮連愁日夜生。

題　武　當

魏良輔　參議

涑梅偷暖着枯枒，石逕雲封第幾家。雪色風香尤會意，青鸞啣出過墻花。

---

① “亨”，原誤作“享”，據王佐《大嶽太和山志》卷十七改。

登天門

桂榮　御史

山石離奇雪骨生，紫虚何處聽鸞笙。孤雲不鎖鉉關夢，卧看松枝掃月明。

題太和山

張舜臣　都御史①

神宫高峙紫雲間，石磴岧嶤盡日攀。回首雲煙迷萬壑，翩翩獨有鶴飛還。

自然庵謁希夷像示諸生

章焕　都御史

希夷入道太華峰，睡法相傳自五龍。一蟄深功藏奥竅，仙關長日白雲封。

凌虚巖對桃源洞

懸巖浮動欲凌虚，彩鳳翩翩两翼舒。桃源洞口人相待，爲寄青鸞海上書。

題太和山

吴百朋　堯山人　都御史

春日無心度物華，且尋幽事到仙家。捲簾卻對道人坐，閒數棋枰看落花。

---

① “史”，原誤作“使”，據王佐《大嶽太和山志》卷十七改。

山遊雜詠

龔秉德　副使

鐵鎖鈎連上碧霄，萬峰蒼翠鬱岧嶤。夕陽何處動幽響，疑有仙人下洞簫。

又

夜來雲卧在蓬瀛，夢裏分明謁太清。醒後忽聞簫皷沸，依依猶是步虚聲。

萬　丈　峰

萬丈峰高客到稀，摶風時有彩鸞飛。何當借我凌雲翼，直上峰頭一振衣。

度三天門

天門三度叩仙關，銕鎖千尋盡日攀。帝座遥瞻天尺五，鐘聲隱隱落雲間。

望天柱峰

一柱凌空翠萬重，青天倒削玉芙蓉。群峰拱向多靈異，日觀何由擅岱宗。

天　柱　峰

孫應鰲　都御史

中天縹緲開雲域，特地雄標山影直。曉日初臨大頂東，萬峰散盡黄金色。

天柱峰

王世貞

生平漆室意堪憐，見語中峰便躍然。盤到最高金頂上，依然無際蔚藍天。

皇崖峰

雨腳霏霏暖不收，皇崖風起忽成秋。浮雲半捲青天外，一線襄江抱日流。

大小筆峰

七曜天文萬古看，長餘綵筆插空寒。欲書人鳥空中事，龍漢年來罷史官。

白雲峰

春來元氣日氤氲，大巖小巖屯白雲。山人自是陶弘景，縱有那應分贈君。

五老峰

前年踏雪匡廬過，今年暮春遊太和。五峰老人如舊識，不似當時白髮多。

香罏峰

日氣初濃雨色孤，青煙片片起香罏。還將一瓣祈天帝，乞取真形五字符。

玉筍峰

初開噫氣吐青蘋，萬木峰頭自起皴。卻似渭濱春雨後，籜龍無際欲張鱗。

丹竈峰

縹緲仙踪未可非，至今猶説彩雲飛。祇愁天地終須盡，煉得丹成無處歸。

松蘿峰

清泉古樾坐盤陀，覽處無多會處多。土木時來俱綺繡，兹峰不改舊松蘿。

金鎖峰

鐵柱洪都壓恠螭，龜山金筦繫支祈。何如鉉帝峰頭鎖，問着仙人總不知。

尹喜巖

太上流沙去不還，猶餘真氣在函關。不知元始真人位，玉局張卿第幾班。

飛昇臺

鵝笙鳳管奏春風，玉節金麾滿太空。今日廣成成後進，不知何事戀崆峒。

禮斗臺

斗柄横斜河漢微，輕風欲襲五銖衣。鈞天一派初收響，摘得金盤玉露歸。

鬼谷澗

捭闔書同用不同，可甘王詡易仙宫。欲知幽谷原名鬼，六國遊魂出此中。

太乙池

淺碧泓停一鏡開，探瓢欲酌更遲徊。孤峰倒插青蓮影，疑是真人坐葉來。

七星巖

袁宏道　公安人　僉事

紅霞一抹霧千重，石骨如斑翠點濃。何事丹砂炊不轉，諸仙長爇竈門峰。

金花樹

龍起潛　棗强人　鳳陽推官

虬枝鬱秀發仙葩，翠蓋凌空羨彩霞。雲隱石樓飛雪靄，靈芽四季吐金花。

萬丈峰在天柱東

董裕　都御史　樂安人

萬丈岧嶤出翠微，東看蓬海浴朝晞。若乘鵬背摶羊角，猶是滄溟一釣磯。

八仙洞

八仙當日會仙橋，瀛海翩翩此駐鑣。蘿薜四垂井竈冷，月明空外聽雲韶。

登太和絶頂

千盤萬折到虚空，尺五青天似可通。可憐漢武誇封禪，玉檢何曾向此中。

又

曾佐真人出薊中，戎衣一着見神功。車書萬古應無改，一瓣名香禮寓公。

又

歷井捫參意未休，蘂珠宫外紺雲稠。挾來葱倩峰峰秀，徜恍華胥是夢遊。

辛未冬謁大嶽回過遇真宫胡羽士相邀賦此以贈次堯山吴公韻

方九功① 吏部員外郎

心慕名山幾歲華，今來始得訪仙家。道人邀我碧雲舘，童子迎門掃落花。

登天柱遊南巖五龍諸宫旹萬曆己卯仲春也

熊養中 乙丑進士 黄岡人

春來一枕太和山，身到名山夢亦閑。仙人笑指遊人路，一洞天深一洞天。

沐 浴 堂

何宇度 安陸人

一到名山意自長，四圍春樹鬱蒼蒼。幽人心地原如洗，不向黄冠乞浴湯。

遇真宫觀張三丰所遺杖笠

仙人一去白雲閒，杖笠依然在舊山。月過石壇清籟起，只疑猶駕彩虬還。

① “九”，原誤作“元”，據凌雲翼《大嶽太和山志》卷九改。

禹跡池

閔繼迪

磨成石鏡照長空，古跡徒傳治水功。此地若經神禹到，肯教五嶽獨稱雄。

梛梅

老幹孤根樹裹仙，道成消息破先天。不須細問花開落，賸有清香萬古傳。

太和遇雪

何士林　金川人

朝靄晴霞開萬壑，暮看積雪舞千家。只因磨卻鍼頭鐵，散作人間六出花。

又

天柱峰聯白玉京，夜來獨宿聽鳴鸎。洞邊三弄胡床笛，疑是緱山子晉笙。

國朝

清微宫　有引

党居易　均州知州

余登大嶽絶頂，躬睹太和宫爲第一，而清微宫次之，蓋合南崖、紫霄、五龍、玉虚、遇真，迎恩，净樂而爲九宫也。①按道經，天上有九宫，昔人肇造帝宫以象天，其知道乎？今人但知有八宫，而清微闕焉，殊失昔人法天之指，故特表而出之。

① 自“余登大嶽絶頂”至此原無，據党居易《均州志》卷四補。

誰將天上五雲裁，元氣絪緼翠作堆。此日清微昭法象，玉樞長擁九宫臺。

七　星　樹

楊素藴　荆南道

移栽北斗應星文，犀甲龍鱗自出群。老幹千年如溜雨，霜皮百丈欲干雲。

雷　神　洞

秋窓把酒讀《離騷》，洞有雷神擁節旄。霹靂不行江漢雨，時值求雨。蛟龍欲泛海天濤。

太　子　泉

望親有淚即甘泉，忠孝人間是洞天。誰爲陳情通紫府，翻因思子下青煙。

三　丰　衲

仙才無處覔三丰，破衲鍼須老母縫。山有老母磨針井。巧婦鴛鴦空費手，何如瓢笠亂雲封。

仙　人　峰

盧維兹　均州訓導

誰人卜得五城居，怪石山頭曝素書。煙火隔林看不見，世間遥望白雲廬。

大小筆峰

兩峰直立白雲邊，不畫丹青不紀年。鳥篆龍章皆粉餙，惟餘雲漢作瑶篇。

紫霄峰 一名展旗峰

唐士禎 明經 郡人

上帝高居御斗杓，雲旓展處萬靈朝。於今化作盤陀石，紫氣猶看徹碧霄。

三 公 峰

造化絪緼總帝功，爭言爕理有三公。山中宰相徒文具，猶竊千秋坐論風。

香 鑪 峰

唐棣 庠生 郡人

亭亭直上邈難攀，絶頂孤圓似博山。我欲置身香案側，隨君日覲至尊顔。

大 筆 峰

唐榛 庠生 郡人

濡毫染翰擁雲煙，獨峙詞壇不記年。但得從君稱大手，可知不復羨如椽。

明

六 言

凌 虚 巖

孫應鰲 都御史

俯仰虚空無語，佇立巖巉有思。丹水依依可戀，白首擾擾何爲。

卧龍巖

巖下何年龍卧，深澗獨抱明珠。我欲鞭龍四起，爲霖遍灑寰區。

尹喜巖

夢中鑑中天地，有用無用輻輪。遠矣鉉元老子，翛然文始真人。

沈仙巖

仙桂叢生綉石，靈芝煥發瓊田。芒履策臨木杪，萬扉路出天邊。

硃砂巖

陰康赫胥身世，標枝野鹿襟期。笑指紫宫丹澗，金光艸發含滋。

雲母巖

泛泛桃花春水，萋萋靈草孤洲。煙斷石巖欲裂，雲飛萬木俱浮。

楊仙巖

出岫水春雲碓，掬泉風漾煙簑。複峰斜陽返照，反徑歸樵浩歌。

武當澗

紫極孤岑斜入，黄崖衆水同沉。天邊微生岸影，澗裏驟結浮陰。

遊五龍宫

王世貞　都御史

聽雨過青羊澗，披雲出紫蓋峰。曲曲蜿蜒複道，層層歷落怪松。嵌巖幾點鞅韉，擁殿千朵芙蓉。倦時但引三爵，睡法不輸五龍。

疊　字　峰

千丈霞牋燦爛，數行雲篆横斜。莫驚此峰疊字，西去水亦成巴。

金　鼎　峰

十年文火武火，一夕星飛霧飛。惆悵雲臺夜色，子春獨自東歸。

雲　母　巖

朵朵傲風雲葉，層層薄日霜華。傳得彭翁飡法，移來此地爲家。

黑　虎　巖

何事山居變服，弭首銡武行宫。不憂西華白帝，可怕東海黄公。①

白　龍　巖

朝來卯色初動，②白雲四馳不寧。疑是五龍行雨，滿山鱗甲崢嶸。

硃　砂　巖

毋煩安期遺信，何用勾漏遠尋。方寸不生凡火，大地盡作黄金。

皇后崖　太子崖

太子宛如悉達，皇后亦似摩耶。一卷西來勘罷，五斗無復生涯。

歘火巖　鄧天君修煉處

五十餘年清浄，一念歘火纏糾。卻似班生投筆，虎頭燕頷封侯。

---

① "可"，原誤作"何"，據王世貞《弇州山人四部稿》卷四十六改。
② "卯"，原誤作"曙"，據王世貞《弇州山人四部稿》卷四十六改。

萬 松 亭

蘇門山人坐嘯，華陽隱士卧遊。嗜然數部鼓吹，猶自傳響山頭。

龍 泉 觀

摩天群峭石骨，護壁萬緑松髯。① 過橋泉聲忽怒，破竇風意時尖。

烏 鴉 廟

不學淮南雞犬，一時相隨上天。試問叢祠受賽，何如江畔迎船。

仙 碁 石

山中爛柯樵者，世上負局先生。最是聖凡難别，欲煩橘叟題評。

雙 溪 澗

一泓蟖眼吐沫，雙澗燕尾分流。人道渭清涇濁，俱從天柱西頭。

飛雲澗　瀑布澗

急淙瀑布千丈，飛雲冒絮百重。更許餐霞煮石，山人衣食從容。

天 池

天上莫疑銀漢，池底亦自青天。白雲徐動玉皺，明月初起珠圓。

玉 虚 宫

高任重　南中人　四川参議

仙院高居峻坡，斯宫獨占平原。繚繞宫墻數仞，参差道侶千門。

---

① “緑”字原脱，據王世貞《弇州山人四部稿》卷四十六補。

又

環渠尚擎荷蓋，客院初放菊花。聖井已無源水，仙衣深鎖煙霞。

上太和山尋歐陽公乾德蹟即光化

江涯

一問山川人物，八城今昔誰同。但推嵾嶺冠嶽，寧獨太和稱宮。浮名立立潭上，佳氣葱葱郭東。倏訝無端悉數，千年乾德文忠。

表仙室不以謝羅得名

楊正芳　均州人　進士

謝羅驚奇姓字，太和喬設山川。有巔專當帝祀，無室許住行仙。五嶽鉉能擅長，一柱峰可稱天。元氣上嵾如海，飛雲下嵾若煙。

藝　文　跋

嘗聞靈明一竅，剗有觀空，盡遣紛泊之塵，而獨湛于條寥之上，惟名山之傳業爲然。夫所謂傳業者，藝文是也。苟名山而載帝靈以宣昭，如太和之龜趺林立，則其爲文之離塵絶類固當蒐括之，以抉夫金液玉光而靡遺焉。鉉帝去羲皇未遠，河洛既已啟秘，而江漢用是炳靈，羲皇一畫，由屯蒙而開履泰，鉉帝數言，剖混沌而分昏明，是其明天道，察民故，神明其德以前民用，一也。然則兹山文字，敢弗欽鉉帝太上爲創闢之祖哉？至夫名公鉅卿，仙客騷人，登臨遊歷，編摩吟咏，闡繹鉉宗，頗于山靈有藉蓋竦立罡風之上，棲息碧虚之中，千峰如螺，萬木如薺，星河摩乎冠頂，煙雲生於襟袖，日月往來，掠髻鬟而過之，即嘯語弗敢縱，殆咫尺通帝座矣。序暢靈風，記噓奥趾，銘贊以幽峭吐奇，賦詩以工逸寫麗，合千百代無窮之精思，繪億萬禩不朽之名勝，譬之飈生土囊，蓬蓬勃勃，溜沿石磵，淙淙泠泠，用知高潔之詞，必不發于濁壤，滓穢之語，必不標于清虚。凡瞻覿太和之山，即紉佩太和之山之文，山以文傳，昭文之盛，豈文以山傳，而不頌山之靈也歟？

知州王民皡謹識。

藝文參攷

嘗聞天位乎上，地載乎下，而山川錯繡其間，是山川即天地之藝文也。山峙其高，水潔其流，而草木點綴其間，是草木即山川之藝文也。然能表揚山川之勝槩、草木之榮華者，非名公鉅卿，騷人詞客，罕能歷百世而不朽。大嶽自玆帝昇舉歷有年所，山谷增秀，木石增奇，宋元以來，凡朝禮登臨者，雖曰皈依至道，每於林壑幽深，洞澗沉寂，寄身朝煙夕月之下，恍如身在蓬瀛，故其鏤句繽紛，構詞藻麗，讀者咸謂詩文之勝，而不知詩文之勝實有以勝之也。惜自兵燹後，碑碣苔封，今蒐羅彙集，編次成帙，庶不使錦心繡口、戛玉敲金者，徒付之秋風夜雨，即七十二峰之翠靄，三十六巖之幽清，空等諸海市蜃樓，夫豈特寒山片石而已哉？

訓導盧維玆謹訂。

大嶽太和武當山志總跋

聞之朱靈西鑒，玉曆雷布於中天，紫炁東臨，金匱雲垂於震旦。在無象無形之内，居太初太易之前，二神贔屓以俱來，三氣氤氳而互結，太和之峰遹峻，天一之帝由崇，匪僅掩悉達王舍之城，早已啟廣成崆峒之室。歷世二百三十餘代，留丹竈之清虚，閲歲四千五百餘年，開羽仙之奥窅。畫乾坤於北户，握陰陽於南交。法界弘開，義天宣朗，文之是亟，志乃攸宜。

悼蠹簡之叢殘，布覃懷之杼軸。第非有上憲光開萬丈，鮮不爲熠燿之燎山，且不資鉅公力振千鈞，亦衹同蚍蜉之撼樹。於是引芒針于磁石，類喜相求，因之扣石皷以桐魚，理須遥應。如天文象緯，璇璣之軌同鑣，星野。地勢規恢，繡壤之牙互錯。圖攷。閲世愈遠，烜赫彌彰，隱顯。攬勝綦懸，高深備著。山水。稟神靈而開造化，説法現身，聖紀。侈金碧而麗莊嚴，垂裳出治。宫殿。全真致潔，上擬紫微之居，庵祠。孚禴謹齋，永滌血膋之薦。祀典。允矣紺雪鉉霜之窟宅，仙真。展也赤明丹蕊之奇觀。靈異。紛茂對之隱淪，物産。徵瑶鴻於象外。古蹟。鳥雲分職，曰旦而曰明，莅禮。鳳篆呈文，有嚴而有翼。神謨。彤廷黼繡，俎豆爲光，御製。牙軸縹緗，皷吹聿盛。藝文。凡皆吸水而擇乳，用是披衣而得珠。筆騰墨飛，不啻弘璧琬琰，花駢葉麗，上媲夷玉河圖。云挽劫灰，全資帝力。條次其篇目，撈漉諸家，洮汰其繁茐，囊括群有。在當年掇拾之長物，咸可入爐冶而成丹，即昔人組織之餘材，兹且施彩色而作服。七百九十篇，星緯鋌飛於帙裏，二十四萬字，雷風噴薄於行間。夫乃知景慶停空，太和爲元始太鉉湧現之地，益以徵花鬘徧覆，武當爲天龍神鬼擁護之區爾。

均州知州臨川王民皞敬題於均署之湛然軒。

大嶽太和武當山志後序

五嶽之外有大嶽，以其獨尊也，由來舊矣。先外祖冢宰李公曾躡屐其巔，備述其勝。維兹於成童時，耳聆而心慕之，迨後雖有名山遨遊之志，相距千餘里，無由跋涉。康熙戊午秋，維兹司鐸均陽，入其境，望層巒疊聳，一峰屹立，插入雲端，而莫敢並者，知爲天柱峰也。衆山排列，奔走侍衛，群相朝嚮環拱，而罔敢違背者，知爲七十二峰也。若隱若見，若有若無，深藏於翠藹煙霧中，可望而不可即者，知爲六十二巖廟也。且大嶽雄峙均邑西南，與學宫相爲掩映，春雲冬雪，仰止彌殷。

己未春，守憲楊宗師循例薦幣，維兹步後塵，夜憩野鶴巢軒，守憲命曰："予欲志太和，累汝筆墨。"維兹舉州刺史王公以對，守憲曰："往哉！汝諧王公。"搜舊志，得前明遺刻出自中使者，詳略失宜，又得鄖郡纂本出自李明經諱紹賢者，編集未悉，乃博訪蒐求，暨洗碑滌碣，廣羅彙輯，至累案盈笥，匝歲成帙，計二十卷。附梓未竣，守憲楊宗師即榮擢山右學憲矣，守憲沈宗師下車，乃董厥成焉。

嗚呼！志名山者屢矣，能志山巖樓閣之盛者，未必能志神靈，能志草木文章之奇者，未必能志雲水。是志也，爲大嶽峰巒洞澗開厥面目也，爲歷代之騷人名筆留彼金玉爾音也，爲唐宋元明紀厥勝蹟也，爲昭代文獻傳彼久遠之芳踪也，爲漢南鄖北圖一洞天也，爲藩參楊、沈二宗師存彼不朽之遐舉也。維兹以一介腐儒，側名珥筆，用是以片言紀其終始。

時康熙二十一年孟冬月立冬日，均州儒學訓導黄安盧維兹謹識。

大嶽太和山志成後序

憶昔淮於垂髫之年，每值輟讀時，最喜披閱《淮南》《山海》諸書，其中論及神仙出處，島嶼靈異，輙三復不釋手。迨觀輿考攸載，楚均太和山爲鉉武修真勝地，特列於五嶽之上，號稱大嶽，詢之前輩，具道神靈顯赫無比，歷代崇奉故事，往往心軼神馳，以不獲一陟禮爲悵惘也。厥後淮援例國子，數奇不遇，自慚菲薄，龍門、鳳池之際，業已絶想，尚欲儕列於縉紳先生，實惴惴不敢出，遂俯就佐職。壬戌之秋，適楚均員缺而除授焉。赴任之吉，即參謁王夫子於堂廡，温文備錫，獎勵交加。越明日，賜飲公署，觴數行，呼淮而命之曰："子初涖止，亦知我均大嶽太和之已事乎？"淮起曰："唯唯，敢奉教。"因出所撰志書示淮，淮迂踈俗吏，安所掇其精，萃其華，昭融其始末，而一一默會耶？然誦之讀之，朝斯夕斯，衹覺當日洽幽明、通神人以告成者，如神禹鑄鼎，百物而爲之備，至魑魅魍魎，無所不有，如姬公繫六十四卦、三百八十四爻之象，顯微闡幽，不啻燭照數計而畢集也。

而淮於兹重有慨焉，古來名公鉅卿，才子墨客，代不乏人，間有詞賦文章，藏之名山，傳之後世者，其追琢金玉，探奇搜隱，率皆經史之遺言，傳記之往事，然且竭畢生之心思，或十年而成賦，或一紀而著書，方得此出而問世之一日。若今之鉉帝、太和，神由太古，而山亦闢自洪荒，溯洄淵源，研窮幽渺，條分而縷析之，况深山絶巘，捫碑摩崖，紛紜錯陳，爲之收羅考證，不綦難哉？讀王夫子志，累數十萬言，閱歲而書成，凡川嵓風物，幾經討論而燦若日星焉，詩詞記序，幾經編緝而浩若江漢焉。淮於是知《淮南》《山海》諸書，蓋誕幻不足取益，何如此志之彰明較著，深人考稽，增人神智哉！

暮春讌談之餘，命淮爲文，附以不朽，淮未學古，然不敢以不敏辭，爰爲之紀數言於篇末。雖然，皇甫謐之弁《三都》，足以重左太冲，而陳師錫之表《五代史》，不足以當歐陽永叔，則淮雖無言可也。

康熙癸亥季夏，均州吏目錢塘楊淮昌謹識。

荆楚文庫

續修大嶽太和山志

熊賓 修 趙夔 等 纂

張全曉 范學鋒 點校

武當風景記

王理學 修

張全曉 范學鋒 點校

荆楚文庫編纂出版委員會
湖北科學技術出版社

荆楚文庫

續修大嶽太和山志

XUXIU TAIYUE TAIHESHANZHI

武當風景記

WUDANG FENGJING JI

圖書在版編目 (CIP) 數據

續修大嶽太和山志/熊賓修，趙夔等纂；張全曉，范學鋒點校.
武當風景記/王理學修；張全曉，范學鋒點校. —武漢：湖北科學技術出版社，2020.10
(荆楚文库)
ISBN 978-7-5706-1183-6
Ⅰ. ①續… ②武…
Ⅱ. ①熊… ②王… ③趙… ④張… ⑤范…
Ⅲ. ①武當山—地方志
Ⅳ. ①K928.3
中國版本圖書館 CIP 數據核字（2020）第 263375 號

責任編輯：譚學軍
整體設計：范漢成　曾顯惠　思　蒙
美術編輯：喻　楊
責任印製：劉春堯
出版發行：湖北科學技術出版社
地址：武漢市雄楚大道 268 號（湖北出版文化城 B 座 13—14 層）
電話：027—87679468　　郵編：430070
録排：武漢興和彩色印務有限公司
印刷：湖北新華印務有限公司
開本：720mm×1000mm　1/16
印張：24.5
版次：2022 年 6 月第 1 版　2022 年 6 月第 1 次印刷
定價：125.00 元

ISBN 978-7-5706-1183-6
9 787570 611836 >

出版説明

湖北乃九省通衢，北學南學交會融通之地，文明昌盛，歷代文獻豐厚。守望傳統，編纂荆楚文獻，湖北淵源有自。清同治年間設立官書局，以整理鄉邦文獻爲旨趣。光緒年間張之洞督鄂後，以崇文書局推進典籍集成，湖北鄉賢身體力行之，編纂《湖北文徵》，集元明清三代湖北先哲遺作，收兩千七百餘作者文八千餘篇，洋洋六百萬言。盧氏兄弟輯録湖北先賢之作而成《湖北先正遺書》。至當代，武漢多所大學、圖書館在鄉邦典籍整理方面亦多所用力。爲傳承和弘揚優秀傳統文化，湖北省委、省政府决定編纂大型歷史文獻叢書《荆楚文庫》。

《荆楚文庫》以“搶救、保護、整理、出版”湖北文獻爲宗旨，分三編集藏。

甲、文獻編。收録歷代鄂籍人士著述，長期寓居湖北人士著述，省外人士探究湖北著述。包括傳世文獻、出土文獻和民間文獻。

乙、方志編。收録歷代省志、府縣志等。

丙、研究編。收録今人研究評述荆楚人物、史地、風物的學術著作和工具書及圖册。

文獻編、方志編録籍以 1949 年爲下限。

研究編簡體横排，文獻編繁體横排，方志編影印或點校出版。

《荆楚文庫》編纂出版委員會

2015 年 11 月

前　言

武當山位於湖北省十堰市境内，又名太和山，爲世界文化遺産，是聞名遐邇的道教聖地，也是武當道教的發祥地，素有“亘古無雙勝境，天下第一仙山”的美譽。得天獨厚的地理位置和清幽縹緲的自然環境，使武當山自古便成爲修仙學道者心儀神往的世外桃源。宋元明三代，武當山又因主祀玄天上帝而爲皇室所重，政治地位逐漸攀升，至明而臻於極盛，先後被尊爲“大岳”“治世玄岳”。入清以後，武當山的地位雖有所下降，但仍在全國范圍内有着廣泛的社會影響。

武當山既是道教勝地，也是一座絢麗多彩的文化名山，素有編修誌書的傳統。雖然修誌的肇始年代已難以確考，但修誌傳統源遠流長，成就斐然，構成了一個完整的山誌體系，形成了一種奇特的山誌文化。南宋王象之編《輿地紀勝》卷八十五《均州》就曾徵引過《武當誌》和《武當山記》，該《武當誌》和《武當山記》雖早已亡佚，詳情不得而知，但據《輿地紀勝》徵引内容判斷，《武當誌》似應爲郡縣誌與山誌的合體，而《武當山記》則很有可能就是早期武當山誌的雛形。元代，武當山先後有《武當福地總真集》和《武當紀勝集》問世。《武當福地總真集》爲武當山洞陽道人劉道明所編，書成於元世祖至元辛卯年，分上、中、下三卷，收入《正統道藏・洞神部・傳記類》。該誌“會萬古之精華，斂一山之風月”，是迄今所知第一部體例完備分類明確的武當山誌。《武當紀勝集》署名龍興路雲麓樵翁羅霆震譔，大致結集於元代中期，是武當山第一部詩體誌書。

明代，武當山誌的纂修蔚爲大觀，在修誌實踐和修誌理論上都取得了較大的成就。目前，常見官修山誌就有四部，即宣德六年欽差太常寺丞武當山玉虚宫提點道官任自垣纂修《勑建大嶽太和山誌》十五卷，嘉靖十五年湖廣布政司右參議武當山提調藩臣方升纂修《大嶽誌畧》五卷，嘉靖三十五年内官監太監武當山提督内臣王佐修、均州學正慎旦等纂《大岳太和山誌》十七卷，隆慶六年撫治鄖陽都察院右僉都御史凌雲翼修、均州學正盧重華等纂《大岳太和山誌》八卷。這四部官修山誌在明代還都曾有過續修的經歷，有的甚至反復補刻，增入了很多新的内容，前後承繼，相沿不替，比較翔實地記述了明代武當山的盛况。

清初，武當山誌的纂修在經歷了明萬曆以來一個相對沉寂的時期後，又迎來了一個新的高潮。康熙初年鄖縣教諭萬甲與縣人順治拔貢李紹賢增修山誌二十四卷，康熙二十年分守下荆南道楊素藴修、均州知州王民皞等纂《大嶽太和武當山志》二十卷，乾隆九年湖北布政使司分守安襄鄖下荆南道王槩修、襄陽府清軍巡防同知姚世倌等纂《大嶽太和山紀畧》八卷，是目前所知三部相繼修成的清代武當山誌。清修武當山誌，尚有康熙年間陳夢雷等原輯、雍正初年蔣廷錫等重輯《古今圖書集成・方輿匯編・山川典》之《武當山部匯考》四卷，是書采擷舊説，保存了較多亡佚誌書的内容，當以輯録體誌書視之。

民國時期，武當山地區兵戈擾攘，戰亂頻仍，但武當山誌的纂修仍在艱難中前行，先後有兩部山誌問世，使武當山的修誌傳統得以繼承和延續。這兩部民國山誌，其一是民國十一年襄陽道尹熊賓修、道署第一科科長趙夔等纂《續修大嶽太和山志》八卷。另一部是武當山麓朝陽洞廟白衣道人王理學於抗日戰爭勝利前後編撰的《大岳太和山志》稿。據口傳，這部誌稿爲“十行紙”，用毛筆正楷書寫，有一尺多厚，惜於1951年後葬入火腹。現湖北省圖書館存民國三十六年武當山白衣道人王理學重書《武當風景記》一卷，當是這部誌稿的濃縮本。

由於種種歷史原因，武當山歷代所修誌書及堆積如山的古籍文獻，累遭天灾人禍毁壞，或遭兵燹，或被淹没，或被偷盗，流離星散，十不存一，至1981年中共湖北省委、省政府决定開發建設武當山時，全山歷史文獻幾乎損失殆盡，僅存小部分道教經書和兩部山誌，即清乾隆九年山誌和民國十一年山誌。爲繼承和弘揚優秀文化遺産，並爲開發建設武當山風景名勝區找到歷史依據，武當山誌辦公室曾先後組織大量人力、物力分赴襄樊、十堰、武漢、上海、南京、長沙、寧波、鄭州、南陽、西安、北京等大中城市圖書館、博物館和檔案館，廣征博採，先後收集到有關武當山的資料數千萬字，並在首都圖書館找到了明代編纂的四部官修武當山誌，組織相關人員分别複印抄録回山。據清乾隆九年纂修的《大嶽太和山紀畧》記載，這四部明代山誌早已毁於兵燹，清初已不得見。因此，武當山誌辦公室組織力量抄誌回山的盛舉，當時在湖北省引起不小的震動。已流失三百多年的四部明代山誌重回武當，不僅對武當山的保護開發和旅游發展起到了非常重要的資治作用，而且還修正了正史及不少專著和報刊有關武當山記載的錯訛。例如，《明史・職官三》記："……太和山提點一人。"《明太宗實録》卷二〇七記："……仍選道士任自垣等九人爲提點，秩正六品，分主宫觀。"其實，二書所記皆誤。據任自垣《勑建大嶽太和山誌》記載，明永樂間，皇帝在武當山授正六品提點十七員，分主各宫觀。再如，《中國大百科全書・宗教卷》稱，明成祖"永樂十年曾於山上建宫觀，歷時七年，建成净樂、迎恩、遇真、玉虚、紫霄、五龍、南巖、太和等八宫，元和、復真二觀，三十六庵堂，七十二岩廟等"。此説同時爲一些辭書、專著、報刊所誤記，訛傳很廣。其實，明永樂年間在武當山的建築規模，以任自垣纂修的《勑建大嶽太和山誌》最爲翔實可靠。據其記述，明成祖於永樂十年至永樂二十二年，命工在武當山建净樂、遇真、玉虚、紫霄、南巖、五龍、朝天、清微、太和九宫，元和、回龍、太玄、復真、八仙、仁威、威烈、龍泉、太常九觀等三十三處宫觀祠廟，用工時間長達十三年之久。但迎恩宫却並非明永樂年間敕建，而是由武當山提督内臣韋貴創建於明成化年間。

需要特別指出的是，就在我們緊鑼密鼓地對已經獲見的九部歷代武當山誌進行系統整理時，又驚喜地獲知了清康熙二十年分守湖廣下荊南道楊素藴修、均州知州王民皡等纂《大嶽太和武當山志》二十卷仍然倖存的消息。經武當山旅游經濟特區地方誌辦公室范學鋒主任與貴州師范大學張全曉博士等人共同努力，終於將這部傳說中已經亡佚了三百多年的山誌孤本從首都圖書館複製回山。該誌不僅是清代第一部見存官修武當山誌，也是見存歷代武當山誌中卷帙最繁的一部，既上承清康熙初年鄖縣教諭萬甲與縣人順治拔貢李紹賢增修佚名山誌，同時又是清乾隆九年王槩修、姚世倌等纂《大嶽太和山紀畧》的底本，具有獨特的版本價值和珍貴的文獻價值，故這次整理時也將其一並輯入文庫，以臻完備。

在搜集武當山有關資料的過程中，我們發現國内所存武當山舊誌微乎其微，因此深感已收集到的這十部山誌彌足珍貴。這十部歷代武當山誌，除《武當紀勝集》爲詩體誌書外，其他九部的體例、内容雖互有出入，各有側重，但却分陳別類，綱提要舉，濃淡恰當，疏密適宜。分開來看，各部誌書反映了不同歷史時期武當山宗教管理事務的普遍性及特殊性；綜合來看，十部誌書融會貫通，又可見武當山宗教管理事務的連續性和完整性。例如，記武當歷史、建置沿革，上下兩千多年一目了然；誌山水勝境、宫觀始末，圖文並茂，誘人神往；紀武當主神真武大帝，知其起源及發展衍進變化規律；誌歷代帝王崇封誥詞、賞賜饋贈、聖旨王言，顯示武當道教在不同歷史時期與政權的關係及其崇高地位；記珍禽異獸和動物、植物及靈物，顯示武當山美麗、神奇、富饒；隱逸真仙之迹，高士論道之言，可得可考；歷代文人墨客遊記咏嘆之作並遺文軼事，亦盡收其中。

總之，武當山古代誌書中，雖然始終貫穿着道教“清静無爲”“修生養性”的性命觀，儒教“三綱”“五常”的倫理觀，以及大量歌頌封建帝王、渲染神靈等封建迷信的記述，但同時也容納着大量史實，不僅對研究武當山的歷史、政治、軍事、經濟、文化、道教、建築、文學藝術等具有重要的參考價值，而且對當代武當山的保護和建設也具有一定的資治作用。

這次被選入《荆楚文庫》的十部歷代武當山舊誌，所用底本都很精良。其中，元代《武當福地總真集》和《武當紀勝集》以明修《道藏》

本爲底本；明代四部官修山誌皆以國家圖書館藏本爲底本；清代《大嶽太和武當山志》以首都圖書館藏本爲底本，《大嶽太和山紀畧》以湖廣下荆南道署藏版爲底本；民國《續修大嶽太和山志》以襄陽大同石印館刊本爲底本，《武當風景記》以湖北省圖書館所藏鈔本爲底本。我們相信，這十部歷代武當山舊誌的集中點校出版，必將沾溉學林，澤被後代。

二〇二〇年八月二十日

总　目　録

荆楚文庫

續修大嶽太和山志

熊賓　修　趙夔　等纂
張全曉　范學鋒　點校

目　　録

卷之三

卷之四

卷之五

卷之六

卷之七

序

郊祀之有志尚矣。故事凡名山大川之在畫内者，由其諸侯大夫以時祀之，而壇場之盛、儀制之隆靡不載典策、示來許，俾主神民之官敬而不黷，盖所以重神明、崇祀典也。大岳太和山，嵯峩雄峙，峻極穹蒼，号为荆楚間鉅鎮。故自唐迄清，廟祀相承，體制之閎，埒于泰岱。鼎革以後，百度維新，前代祀典率多闢爲妄誕，是以悉封山祠祭之儀舉而除之。而太和山之歲祀，與《圖志》遂浸滛廢佚而不可考矣。辛酉歲，觀察高城熊公來守是邦，慮名山勝蹟從此無聞，因復博採羣蒐，續成《圖志》，都爲八卷。越明年，書成，問序于聯陞。聯陞提軍鄂北，十載于兹，鐵馬金戈，初不暇與文字相周旋，顧太和之崇封大嶽，固以雄鎮荆楚，而非巫覡祆祀之差可擬倫者。然則觀察是舉乃所以闡揚名勝，不使湮没意，固不僅在事神和民已也。聯陞與有守土之責，又安敢以譾陋無文而不頟手以幸斯志之聿觀厥成者哉！謹援筆志其顛末如此。

太歲在昭陽大淵獻上元日，將軍府將軍襄鄖鎮守使者寶坻張聯陞謹序。

序

太和山爲楚之名山，自明永樂以迄於今，代有祀典封贈，以昭帝德，良以山川靈異，神靈所居，所以參化育而蔭蒼生者，至爲崇閎。報功崇德，理固然也。近年以來，人事日趨浮靡，異説飈起，根本漸忘，太和祀典亦不如前此之盛矣。舊有太和志書一種，今已散佚。旁求不獲，鄙人觀察是邦，有守土之責，不可以不修艺，多方搜集，只得《太和紀畧》一書。其言略而不詳，惟尚確鑿，爰聘委採訪多員、編纂多員，廣搜舊家藏書、寺觀佚聞，續編《太和山志》，都凡八卷，付梓。以顯神績而崇典禮，俾後之來者，得藉此志，以追溯往古，示戒來兹。或亦玄帝之靈所默許乎？用序其巔末於此。

歲在中華民國壬戌年嘉平月，襄陽道道尹熊賓。

原序一

國家王迹肇基，鼎建北極，而北方之卦曰坎，天一生水，五行最先，上符列宿，則為真武，是以源遠流長，澤被九有，而星辰之協應，理固信而有徵也。真武聲靈赫濯，齊州咸仰，而大嶽蜿蜒磅薄，神尤凭之，負坎抱離，居天地之奥，宣水火之用，襄贊化育，光賁社稷，厥功偉焉。自唐迄明，崇報綦隆，維我聖祖仁皇帝加封錫額，寵溢山靈。逮我皇上聖相承，詔諭褒頒，禮同泰岱。盖真武為龜靈之宿，而大嶽又為荆楚之鎮，故懷柔鉅典，有加無已。官斯土者，罔不宣播德事，以崇祀於不衰。

顧大嶽太和山志缺焉未脩，前之人若遲之以有待者。觀察王公起而任之，王公閥閱名家，自西曹出巡荆南。荆南，火方也，水德足以鎮焉。大嶽之廻盤，真武之靈异，不可無志，以助郡志、州志所未及。爰集諸名流，訪輯舊本，薈萃加纂而捻其成。無他，真武鎮物以神，而觀察鎮物以政，是有默相感孚者矣。

余按试各郡，由襄抵鄖，道過均州，得望太和山，層巒叠嶂，郁郁紛紛，神靈攸宅，雲氣佈護，册中所载七十二峰、二十四澗诸奥區，雖未親歷其勝，而彷彿間若或至焉者。山之為靈昭昭也，而觀察盖於卷帙中尽之。夫觀察率属撫民，鉅細咸理，肅軍政，興水利，正風俗，建書院，夙夜匪懈，康人士庶，歌功頌德聲徧安、襄、鄖三郡父老口。而公餘稍暇，復捻理成書，以垂不朽。自星野、山川、圖攷，暨歌、詩、碑、記諸卷，綱目瞭如，事核文省，斯固大嶽真武之神所醪釀蘊積，而非具我觀察公蒐羅纂採之盛心，亦不能悉舉也。盥手雒誦，余亦藉以上祝國釐，下祈民福，惟曰至於萬年與天無極焉爾。

日講官起居注提督湖北等處地方學政翰林院侍讀加一級紀録六次長洲宋邦綏拜手撰。

原序二

昔王者封名山而禮其神，以各奠其方，尊之曰嶽。著於周禮，則謂之鎮山。又建國設官於方嶽之下，使主祀事，期於調爕雨暘，祈報歲功，綏厥土疆，以資爲彈壓，亦名之謂鎮。豈不以天之所主有鎮星，故地之所主有鎮山，而人官之持节以鎮於其方者，寔有以寓夫山鎮之義責之職守，而所係於地方者爲甚重哉！

檕於辛酉歲被簡命，自西曹出守安襄郧道，所轄襄陽属之均州，有大嶽太和山，舊武當山也。自唐以後，代奉真武尊神。其地於秦漢時置縣立郡，洎宋元又置軍分路，皆武當名。及有明永樂間，加封大嶽，易名太和山，勅藩臬典司歲祀。至我朝復加崇重，聖祖仁皇帝屢遣部員内臣致祭，錫額賜帑，輝煌神嶽。我皇上特降諭旨，豁免山税，比於泰岱。其隆文徽號，儼與五嶽争烈，稱鉅鎮焉。而其效靈於軍國民生，歷著神異。

檕嘗於巡視所經，必登而致祭，覽其奇秀，仰其赫聲濯靈之威，不可思議。懼勝蹟漸湮，帝功未盡顯彰，思有所紀録，藏之名山。惜前明所編，已燼於兵燹之餘。至我朝康熙初年，有均州牧王君民皡，承觀察楊公素藴所委，復爲搜葺，所刻又失於浄樂之火，僅得山間所藏鈔本。擬再爲刻之，猶嫌其辭浮於事，且多引科籙，頗近宋人清詞，疑道士家或有假而竄入之者，未敢盡信。夫大禮必簡，至敬無文。太和，名嶽也。真武，尊神也。藻繢則恐失真，恠誕亦爲褻體，而山經久闕，又不敢不及今以爲之紀。爰是不揣謭陋，於舊志採其言之雅馴，又彔之以列史所載，舊民所傳，為紀畧若干卷，寧約毋雜，寍質毋華，庶幾於職方氏所稱九州鎮山之典。而官兹土者，因名思義，禮嶽尊神，上祝國釐，下保民依，以仰答聖天子懷柔百神綏邦屢豐之至意。至于詞之不工，採之不廣，亦姑存其畧，以俟後之閎覧博物而為是志者。

旹乾隆九年甲子春月湖北布政使司分守安襄鄖下荆南道兼理水利按察使司僉事紀録十九次琅邪王槩題。

目　　録

原修大嶽太和山紀畧姓氏

總　　修

湖北布政使司分守安襄鄖下荆南道兼理水利按察使司僉事紀録十九次　王槩

纂　　修

湖北襄陽府清軍巡防同知　姚世倌

原任陝西寶雞縣知縣襄陽鹿門講堂掌教　李之蘭

分　　修

襄陽縣學教諭　鄭家禹

太學生　倪谷豐

候選教諭　李質

太學生　馮文燦

太學生　王楊

太學生　張夢鹿

分　　校

鹿門講堂肄業生員　劉選、王萬年、劉安仁、李魁元、梁玳、嚴珩

鹿門講堂肄業童生　范廷静、彭年、王育萬、雷先聲

續修太和山志纂輯姓氏

督　　修

二等大綬寶光嘉禾章三等文虎金質章襄陽道道尹熊賓晉閣河南

協　　修

五等嘉禾章襄陽縣知事謝震篠東湖南

均縣知事賀作霖雨亭湖北

總　　纂

五等嘉禾章道署第一科科長趙夔幼星山西

分　　纂

五等嘉禾章道署第二科科長謝生癸石潭湖南

五等嘉禾章道署第三科科長陸尚功詩鳴河南

五等嘉禾章道署第四科科長萬慶龢紫衡河南

編　　訂

道署第一科科員李兆元雲陔鍾祥

校　　勘

道署統計專員張光桂伯丹京山

道署第三科科員楊孔熾伯昌河南
道署第二科科員黄憲祖繩午河南
八等嘉禾章襄鄖鎮署書記官熊春烈季武河南

采　訪

道署諮議員杜椿子元河南
均縣自治學員費廷銓
同上侯炳炎
武當山紫霄宫各山代表總道總徐本善
武當山太和宫正道總姚教春
武當山太和宫副道總李能銨
武當山遇真宫道總林理培
武當山五龍宫道總劉明河
武當山南巖宫道總劉理卿
武當山周府菴道總蒲高衡
武當山自在菴道總陳乃積
武當山紫霄宫道士伍陽輝

繕寫書記胡承恩
同上李瓊芳
同上王學禮
同上胡樹棠

卷之一

星　野

《周禮》：保章氏掌星土以辨九州。《天官書》云：衆星列布，體生於地，精成於天，星土之精氣相感，分野屬之矣。荆之分野爲翼軫，山川之麗於其域者，應亦屬焉。《禮》曰：名山升中於天，在天爲星，在地爲嶽，尤精氣之必相感者。大嶽，嶽也，分荆土之星其較著者矣。紀星野。

大嶽太和山在漢之南，江之北，屬下荆南道襄陽府之均州，漢南陽郡地，《禹貢》荆州之北境。《史記·天官書》云：翼軫，荆州。《正義》云：翼二十二星，軫四星，長沙一星，轄二星，合軫七星，皆爲鶉尾，於辰在巳，楚之分野。《晉書·天文志》云：翼軫，楚荆州。南陽入翼六度。《宋史·天文志》：北斗第二星曰璇，其分爲楚。《寰宇記》云：南嶽衡山，宿當翼軫，度應璣衡。衡者，北斗第二星玉衡也。《春秋緯》云：自大别以東，至雷澤、九江、荆州，屬衡星。《星經》云：玉衡星，主荆州。

按：《禹貢》：荆及衡陽惟荆州，江漢朝宗於海，凡在江漢間者，皆荆州。《史記》謂：翼軫，荆州。王子安曰：星分翼軫，是就九州分野而統以屬之者也。然堯以前分九州，舜分十二州，周分千八百國，秦以後，又分置郡縣，以二十八宿分之，寧無疆域之界。故《晉書》又分郡國躔次，以荆之翼軫分南郡入翼十度，江夏入翼十二度，零陵入軫十一度，桂陽入軫六度，武陵入軫十度，長沙入軫十六度，而南陽入翼六度。今光化、棗陽、穀城、均州，漢南陽郡地，應入翼六度。是以湖之南屬軫，湖之北屬翼，於地分星，於星分度，而分以屬之者也。又魏陳卓《郡國躔次》云：自張十七度至軫十一度，楚之分野，屬荆州。《明史·天文志》：湖廣布政司所屬德安府之隨州，襄陽府之均州、光化縣，皆張，分張十六度，軫九度，鶉尾之次也。考《郡國星度》：張屬河東、河内，與南陽相近，自張至軫，包翼在内，是又以壤地交錯而兼以屬之者也。又《寰宇星經》有度應璣衡、玉衡星主荆州等説。考《前漢書·天文志》云：斗爲帝車，運於中央，臨制四海，分陰陽，建四時，均五行，移節度，定諸紀，皆繫於斗。用昏建者杓，杓，自華以西南；夜半建者衡，衡，殷中州河濟之間；平旦建者魁，魁，海岱以東北也。《宋史·天文志》云：北斗第一星曰天樞，其分爲秦；二曰璇，其分爲楚；三曰璣，其分爲梁；四曰權，其分爲吴；五曰玉衡，其分爲燕；六曰闓陽，其分爲趙；七曰摇光，其分爲齊。據此，均州西接梁益，在華西南，應主璇星，不得兼言玉衡。是蓋以北斗指時則爲月建，指地則爲分野，又運於二十八宿之中，而總攝以分屬之者也。

若夫太和，居真武之神，上應天星。或又有説，《天官書》：北宫元武；《索隱》曰：北宫黑帝，其精元武；《正義》曰：虛危爲元枵，於辰在子；程鉅夫記：龍漢之年，虛危之精降而爲人，修道此山。是北宫正當坎位，虛危降生真武，理或然也。斗之魁杓所建，界以岱華，太和叅居五嶽之間，故有七星峯以應北斗。然則真武屬虛危之宿，太和當斗極之魁，義又有取，固不僅拘拘於翼軫間而争較分數也。至於原志，有以諸星名爲神號者。考《史記》中宫天極星，其一明者，太一常居也。《文耀鉤》曰：中宫大帝，其精北極星，含元出氣，流精生一也。《正義》曰：太乙，天帝之别名也。太一南一星，曰天一，亦天帝之神。如祀典内稱真武爲北極，封諸神或曰天一，或曰太一，豈以真武居北擬諸北極以尊之，而諸神亦取北極中之星而名之耶？

又，原志有以諸天名其峰及元帝昇天後之所居者。攷《離騷》有九天之説，《明史》引西洋人天有九重，最上爲宗動天，無星辰；次曰列宿天，次曰填星天，次曰歲星天，次曰熒惑天，次曰太陽天，次曰金星天，次曰水星天，最下曰太陰天。本朝《御纂性理案》稱古有九重之説，然未實稽其數。今推得最上一重爲宗動天，乃一氣運行羣動之宗也；次一重爲恒星天；又次一重爲土星天；又次一重爲木星天；又次一重爲火星天；又次一重爲太陽天；又次一重爲金星天；又次一重爲水星天；又次一重爲太陰天，其高下遠近，各有層次。朱子嘗言：天有重數，漸高漸寒，外有堅殼以束之。《彙書》載道家有三十三天名目，更有謂三十六天者。如山川内以顯定天、皇崖天等名其峰，至紀内以梵度天、禁上天、常融天等爲元帝所居，豈以天有重數色目取而色之耶？各書互有同異，未暇深辨，因於星野先爲附及之，後不復贅。

圖　攷

太極分而天地圖矣，二儀象而山川圖矣。化工之造山川，拔其秀爲太和，而宫殿綴之，人間粉墨不肖也。雖然，不可以無圖。圖生數，數生變，變生文，而文字興焉。字以象形，文以寫意，皆圖之餘，有圖而文字如繪矣。紀圖攷。

襄陽府均州武當山，加號大嶽，易名太和，自有明始，今因之。爲峯七十二，崖三十六，澗二十四，臺九，洞九，井九，池十五，泉九，潭三，石七，洞天三，福地一，宫殿八，金殿一，元銅殿一，列圖如左。

八宮圖

民國壬戌年
三寬山民繪

大嶽太和山大和宮圖

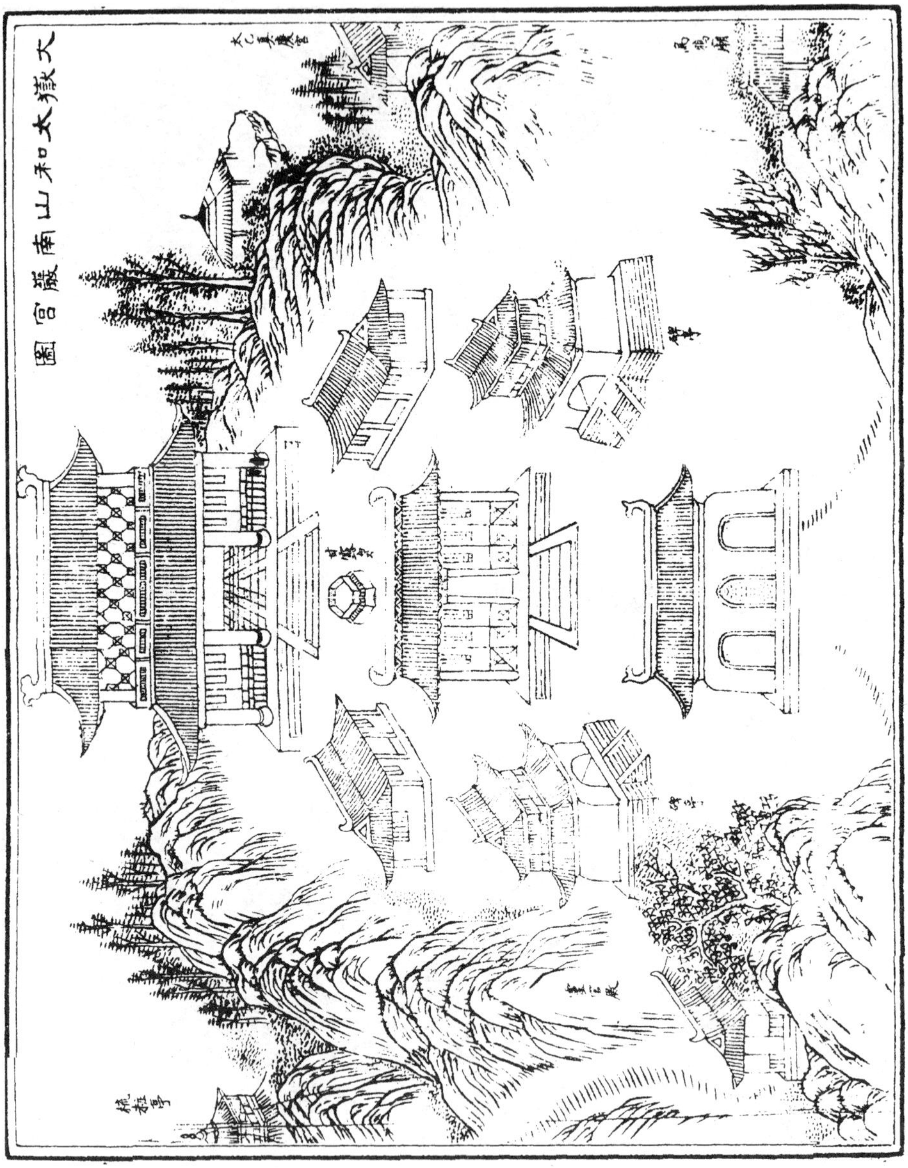
大嶽太和山南巖宮圖

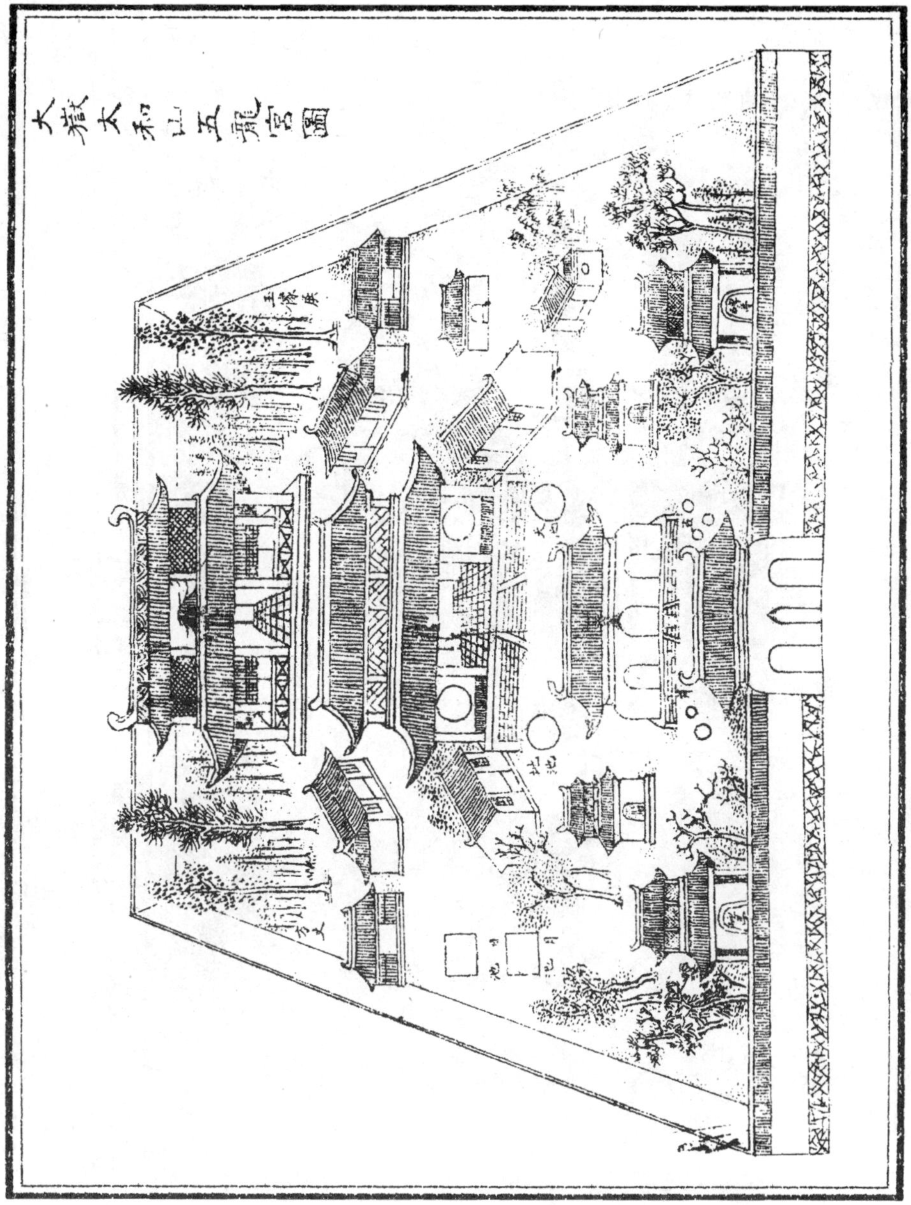
大嶽太和山五龍宮圖

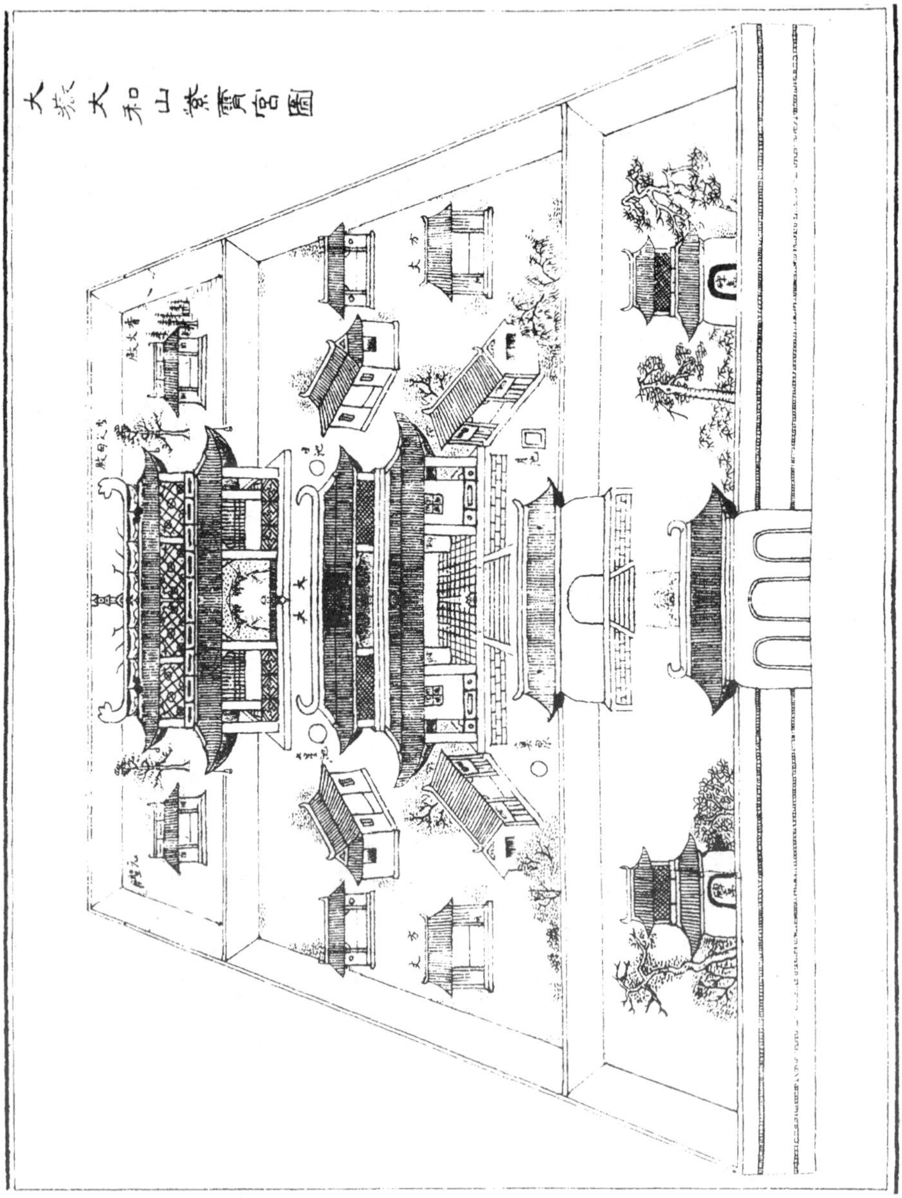
大嶽太和山紫霄宮圖

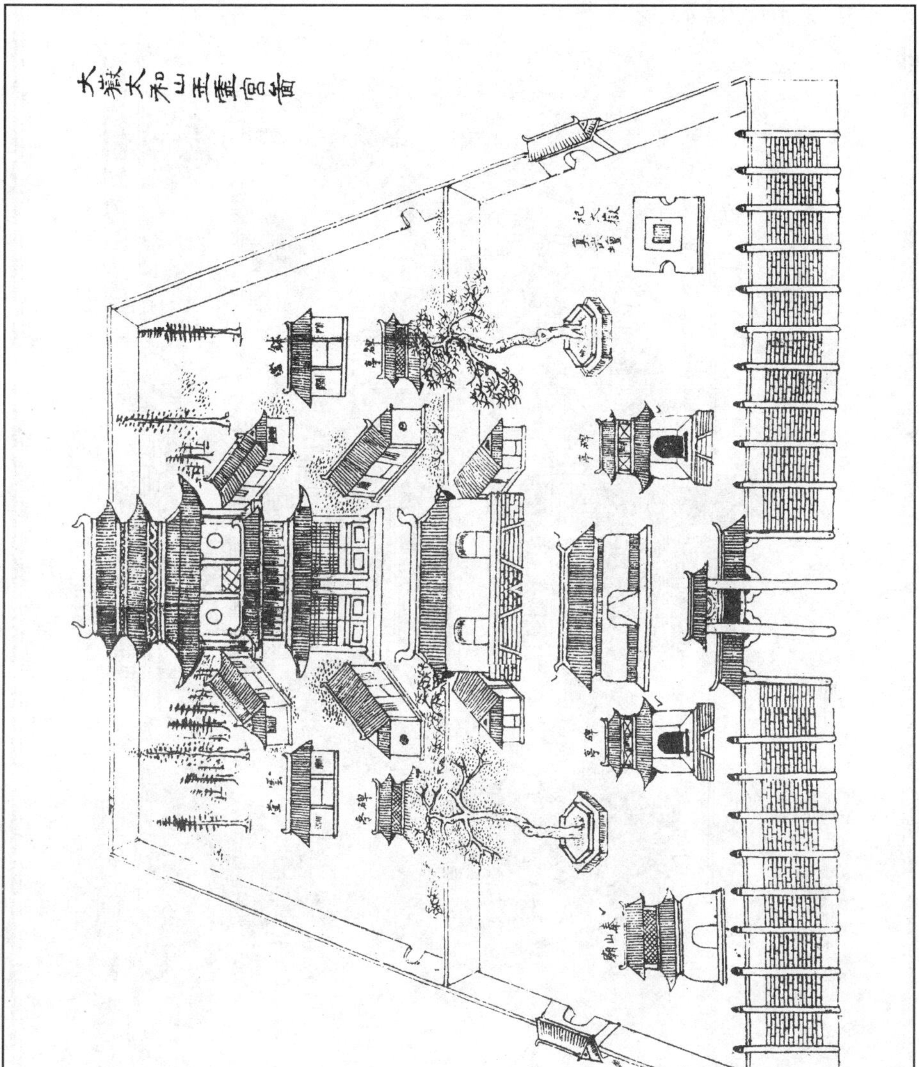

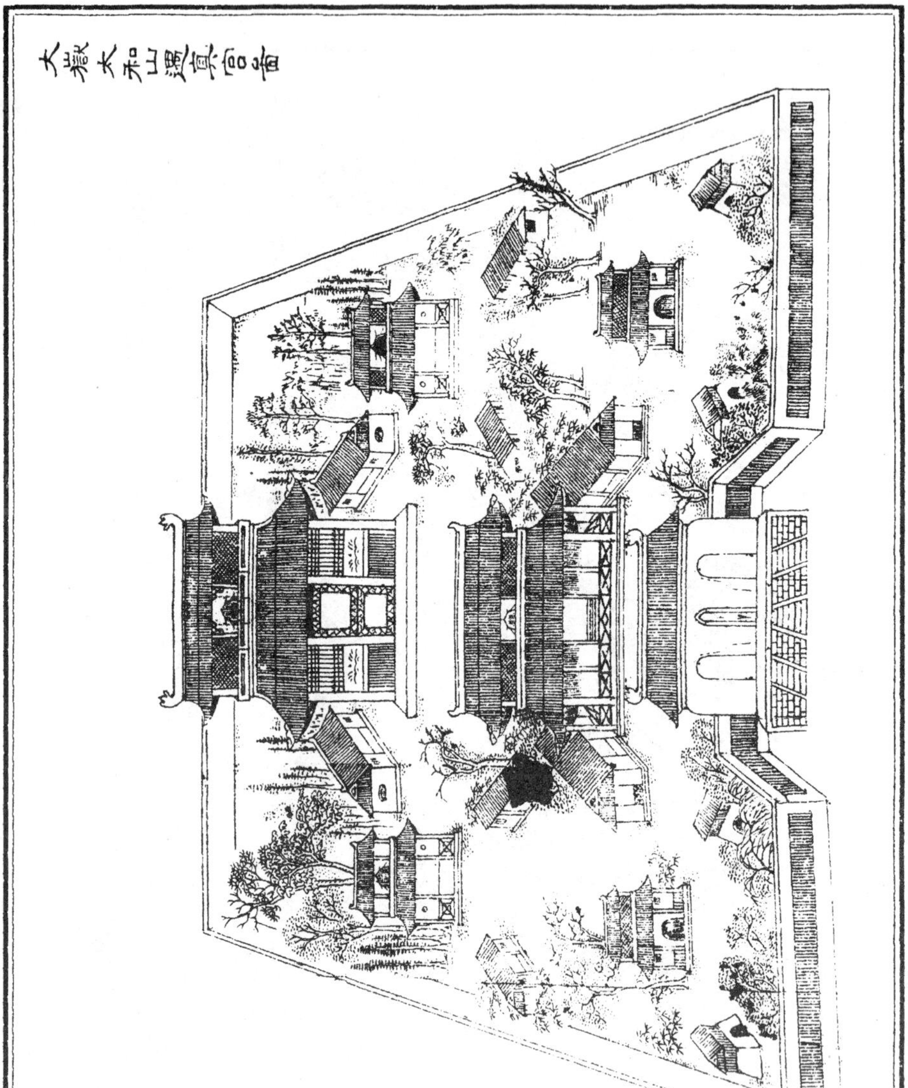
大嶽太和山遇真宮圖

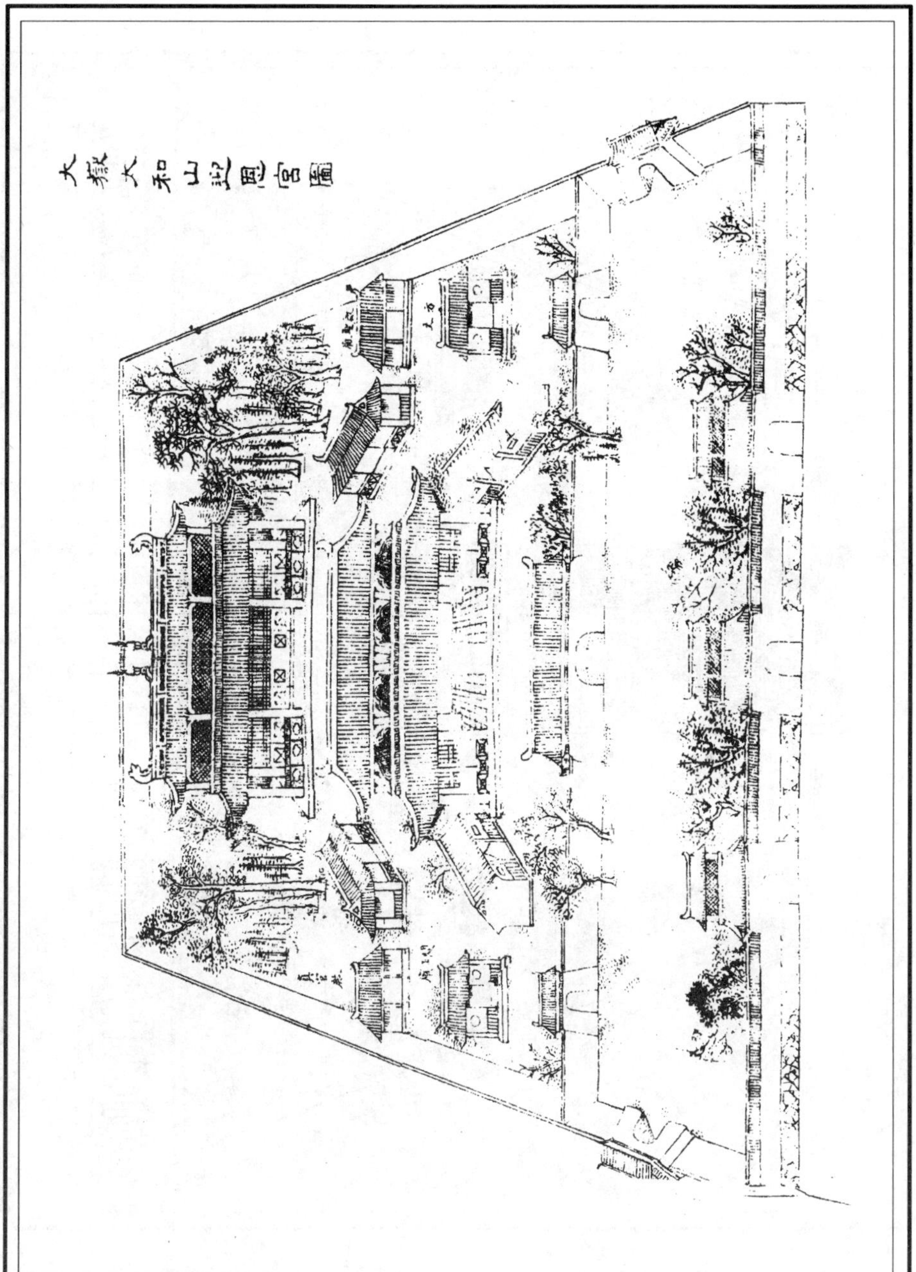
大嶽太和山迎恩宮圖

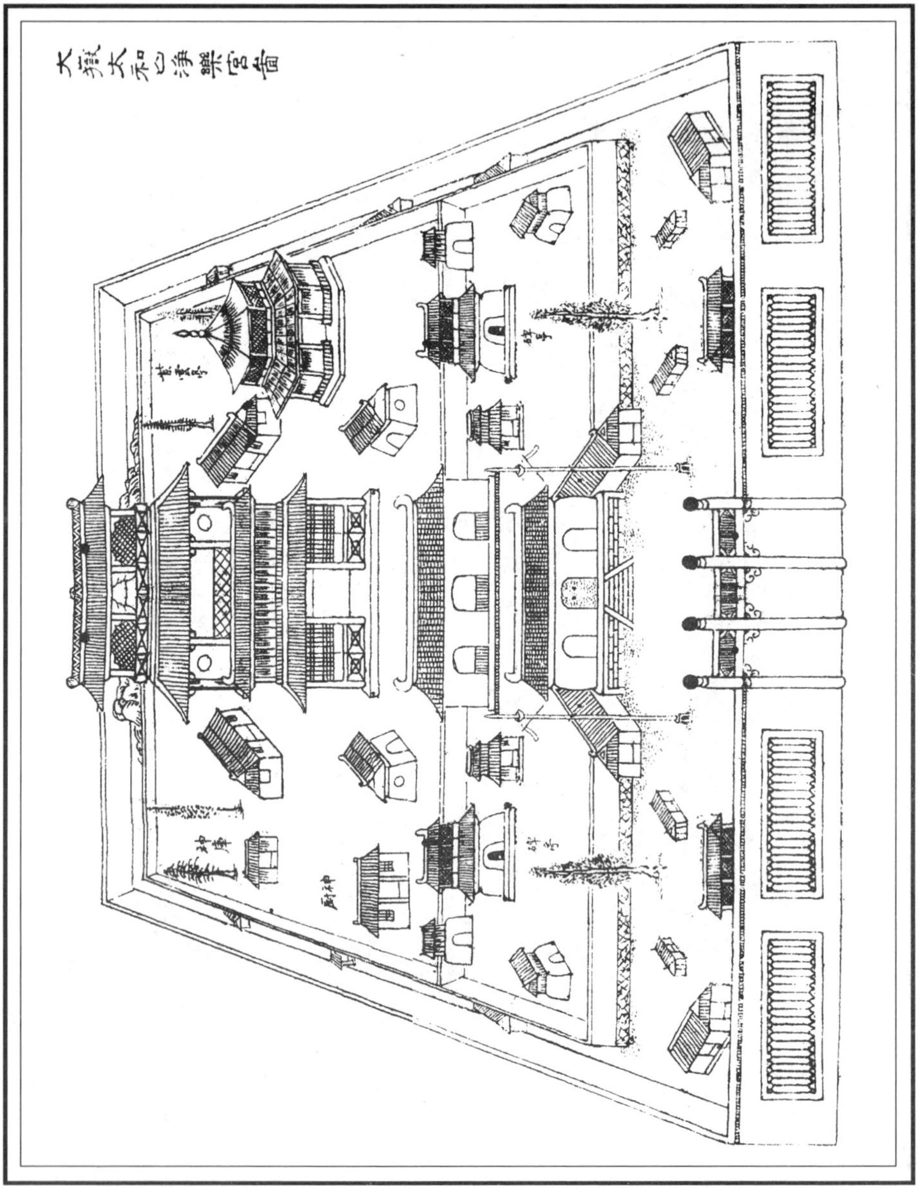
大嶽太和山淨樂宮圖

大嶽太和山全圖

方山晴雪
滄浪亭
觀音閣

泰山廟
楊四廟

城隍廟
營署
御書樓
報恩寺

黄峯晚翠
迎恩樓
校軍場
州治
學宮
唐家洲

呂祖堂
三皇廟
龍山煙雨

七里屯
七里橋

祖師廟

隶園
范家橋

嗎馬寺
太橋

興隆廟

元和觀

打兒窩
胡陽古洞
第一山

迎恩宮
大橋

黄公望作

趙公橋

晉府庵
草店
大士閣

烏公橋

中臺層
修真觀
金花樹

會真觀

元岳門

遇真宫

仙關門
遇真橋

營府庵

玉皇閣
好漢坡
元和觀

金沙坪
回龍寺

磨針井

關帝廟

老君岩

復真觀
紅門
復真橋

平臺
下十八盤

龍泉觀

天津橋

洪默亭
圓光庵

黑虎廟

掛劍亭
威烈觀
臨清亭

展旗峯
雷神洞

南岩宫
丹仙峯
五龍宫
烏鴉廟

蠟燭峯
靈應峯
飛昇臺
梳粧樓
南岩
龍頭香
榔梅祠

金鐘峯
武當

五老峯
七星樹
七星峯
七星道院
下斜橋

黃龍洞

金仙峯
始老峯
掛劍峯
一天門

破軍峯
二天門
嘉岩峯
貪狼峯

金童峯
祿仁峯
文曲峯
康貞峯
太保峯
天馬峯
巨門峯
伏龍峯
伏虎峯

天柱峯
金頂
玉女峯
北天門
武曲峯
鳳凰石
朝聖門
神廚
三公峯
太和宮

中笏峰
小筆峰
大筆峰
大藥峰
玉爐峰
大蓮峰
上瓊臺
中瓊臺
下瓊臺
丹灶峰

白雲峯
皇君峯
民國壬戌年嘉平月

按：紀武當者，謂惟真武之神足以當之。元揭徯斯撰碑云：元武神得道其中，改號武當，謂非元武不足當此山也。夫山之奉元武者多矣，此何獨以武當名，意者荆南火方也，楚主祝融火神也，武當度分在翼，翼於南方七宿爲翼火蛇，又天之火宿也，於九星爲廉貞，於五行爲獨火，於天機爲燥火。攷山圖孤峰燄起，羣峭攢空，象亦火也。惟奉北宫真武之水精以鎮之，乃有水火既濟之功。武當之名，太和之義，或寓於此乎！抑更有進者，均陽連比房陵，西通蜀漢，北接終南，山菁險深，自昔防之。且襄爲重鎮，南北朝關隴之師多出武當，前代建武當郡、武當軍、武當路以扼之。明置守山大璫，例比監軍，未必無意也。古人圖山川於屏間，意存聚米。身任地方牧伯者，按圖知懼，必思所以敬其神明，綏靖山川，合於禮樂治明、鬼神治幽之理，下祈民福，以上副聖朝巡嶽翕河之盛典。圖之者，固不僅爲峰巒秀麗、宫殿嵯峨矜繪事之工，供卧遊之勝而已也。

卷之二

山　川

山　水

《虞書》稱四嶽，《周禮·職方氏》但稱九州之鎮山，不稱嶽。然嶽鎮亦通稱之號，如稱雍州其鎮山曰嶽山是也。嶽山卽汧隴之吴山，稱曰嶽山，固知古有名山稱嶽之禮。《詩註》云：嶽乃山之尊者。太和居荆與梁豫之交，下蟠地軸，上貫天樞，左夾岷山，長江南繞，右分嶓冢，漢水北廻，其層峰叠壑，標奇孕秀，作鎮西南，體誠尊矣。稱曰大嶽，而與五嶽比靈也，諒哉！紀山水。

大嶽太和山，在均州南百二十里。舊曰武當山，謂真武之神足以當之也。自秦漢以來，置武當縣、武當郡，皆因山名之。《水經注》："武當亦曰參上山，又曰仙室。"《後漢書·郡國志》："武當有和城聚。"《荆州圖記》："縣有女思山，南二里有武當。"《隋書·地理志》："均州有石階山、武當山。"《唐書·地理志》："武當郡東南百里，有武當山。"又《水經注》引《荆州圖記》云："晋咸和中，歷陽謝允爲羅令，棄官隱遯兹山，得道僊去，故名謝羅山。"《明史·地理志》："均州南，有武當山。永樂中，尊爲大嶽太和山。山有七十二峯，三十六巖，二十四澗。又南，有黑虎廟巡檢司。"《舊志》云："太和乃嵩高佐命之山，七十二福地之一。發原乾兑，脈緣隴蜀，岷嶓既藝，江漢攸分，綿亘八百餘里，房襄之奥區，荆湖之巨鎮也。”山水之名與數，不能指悉，因舊所志者，臚列於左。

峯 凡七十二，亦云七十九

天柱峯 一曰金頂，又俗云大頂，因金殿名之也。居七十二峯之中，高可萬丈。上東西長七丈，南北濶九丈，員平如香鑪頂。體質皆石，作金銀色，拔空削立，旁無依附，必緣磴搦鏁以上。自下望之，僅與羣峰等。陟其巔，獨出雲表。如萬丈諸峯，及腰而止，餘俱低在膝下。遇清曉，遠望西南層碧若山者，當是蜀道，極目不知所際。北見羣峯外，有山矗出，削成方形，爲嵩少。近眺漢流如帶，均、房、樊、鄧，可得之指顧間。夜視，星如斗，月大如玉盆。質明，看扶桑日出，引首東望，見大輪如火，四面赤霞萬道，下有紅影如盆。日之東，又隱隱如青山狀，初爲半吐半吞者數次，忽一湧出，已高二三丈。下方尚未辨色，俯瞰空蒙一色，如陸海奔潮，青螺攢簇。仰觀惟覺去天尺五，輕霄蓋頂，河漢西流而已。四顧茫茫，如碧圈空洞，身摇摇無所着，浩氣罡風，砭滌肌骨，萬慮俱盡，不復作人世間想。其上，不生雜卉，有異草細葉延蔓，四時不凋，味頗辛。蒼檜數株，蟠屈如虬蛇，高不盈丈，其柯半枯，生意盎然。凡鳥雀不棲，人亦不敢厲聲妄指，而烈風雷雨每頃刻至。頂之弦稜，作紫金城，金殿居中。金城之崖下，爲太和宫。其南峭壁下，有池如井，曰天池。又有洞，曰碧天。

顯定峯 在天柱峯北，一名副頂。《道藏》云："上應顯定極風天。"翠巘倚空，祥雲瑞靄，時覆其上，非人間之山可擬，因取道書中諸天以名之。舊傳真官檢校僊籙於此。

萬丈峯 在天柱峯之東北。高入雲際，自黑虎崖左上躡萬丈峯，而後下登朝天宫，向金頂最近。

獅子峯　在天柱北第一天門之上，於中峰側。蒼巒突出，雄傑猙獰，儼如獅猊之象，蹲踞天門。下卽尹喜所棲之地。

皇崖峯　在天柱峯北。《道藏》云："上應大安皇崖天。"近接金頂，紫氣浮空，白雲在下，每夕陽回景，雨霽虹垂，與金殿霞光交映，人望之而不可及。下有崖，曰皇后崖。

小筆峯　在天柱東。單峰獨秀，卓立如束，幾欲染翰雲箋，揮毫碧落。

紫霄峯　在天柱東北，與金頂亦近。峭拔端凝，影入霄漢，峰色如廻瀾生紫，日華烘煊所爲也。《道藏》有"於衆峯中，擇冲高紫霄者居之"等語。又，元虞集《嘉慶圖序》云："武當七十二峯，皆奇偉徑絶，而所謂紫霄峯者，又七十二峯之中峰也。"豈天柱初亦名紫霄，後易名天柱，而移紫霄於此峯耶？山川異名，古今多有之。

雷石峯　在天柱西北。山南之路經於此，荒僻如太古，多藏蛇虎。石之壘壘而起者，負岩架空，似猛獸欲搏人狀。有石土地，踞石虎而坐，甚可驚怪。下有泉，曰參斗。

貪狼峯、巨門峯、禄存峯、文曲峯、廉貞峯、武曲峯、破軍峯　七峰在天柱北，若北斗拱極之象。昂霄聳漢，左參右互，上擬璇衡，乃北極星象帝之本宫也。按：唐楊筠松用九星看地行龍，一貪狼，屬艮；二巨門，屬巽；三禄存，屬乾；四文曲，屬離；五廉貞，屬震；六武曲，屬兑；七破軍，屬坎；八左輔，九右弼，屬坤，居武曲左右，在七星之外。北斗爲天樞天一所生最初氣也，真武稟水之精，太和上應斗極，七星名峯，義取諸此。或傳爲真僊校籙之所。下有長春、朱砂、北斗三巖。

中笏峯 在天柱北。端竪如圭，石瑩潤如玉。南向金頂，勢若僊官執簡乘鸞鶴而上謁天門。

千丈峯 在天柱西。羣山参差，一峰超然獨出，上插層霄中。曰萬丈曰千丈，約形其高耳。其右卽房陵宋仲所居，仲有縹仙李，世所希有，因名曰仙李園，今已廢。

大蓮峯、小蓮峯 二峯在天柱西。太和如千葉寶蓮，湧現碧波。此更如並蒂芙蕖，亭亭競秀。春夏間，明媚尤絶，不減西嶽蓮華峰也。

大筆峯、中筆峯 二峰並峙於蓮峯之間。石筍抽出巔頂，抹黛塗黄，居然雙管齊揮。原名大小蠟燭峯，下臨蠟燭澗。因其穎秀，改今名。

落帽峯 在中筆峯之北。峰頭岸異，雲覆之，如冠紫霞。昔仙人戴孟在此飛昇，落帽於其上，名或因此，下有石橋。

白雲峯 在天柱西。紫蓋、皇崖，東西互映。淡色輕肌，天然秀異。古云：白雲滿地無人掃，殆其近之。傍一石穴，虚明如涵星，名曰星牖，亦絶景也。下有巖，亦曰白雲，陳希夷常辟穀居此。

紫蓋峯 在天柱西，五龍宫之南二十里。屏立而頂若覆，狀類華蓋三台。每曉光初照，有紫氣冒於上。夜分，頻見僊燈往来。傳云：有仙丹瘞此。屢有覓之者，不能得。下有洞，曰黄龍。

松蘿峯 在紫蓋峰之西。下有山埡，亦以此名。昔帝修真之時，常服松蘿衣，此峯最盛，今猶遍覆於山間。北有崖，曰卧龍。

桃源峯　在紫蓋峰之北。山之口如峽，入而透迤，中則寬平。峯巒拔翠，下有桃源澗、桃源洞，流水落花，彷彿武陵，因以名其峯。

疊字峯　在五龍頂南。三山疊映如字，複壁重岩，移步視之，形屢變换。有石磴緣之，松竹扶踈，清陰引之不窮。壁中有石穴，曰雷巖。

金頂峯　在疊字峰西。山形類鼎，與五龍頂近。陰氣森森，非遊屐所及。下一崖，曰藏雲。

伏龍峯　在五龍峯西。山勢屈伏，若暫蜿蜒而勢將奮飛者。龍湫密邇，人跡少到。

五龍峯　一名五龍頂。《道藏》云：“上應龍變梵度天。”五峯羅列互見，奮迅湧起，有羣龍天半拏雲劈海之象。頂有石廟一區，曰真源之殿，即五炁龍神所寓。有靈泉，曰龍池。

靈應峯　在龍宫後，亦五龍之侍從也。峰勢相接，巖壁亦委折相連。附五龍峯者，曰五龍巖；附靈應峯者，曰靈應巖；其實總一峯一巖，而别爲名耳。昔房長鬚手植木於此，遇元帝現相點化，至今松杉猶存古榦。其西即宫門，蔬果園、芡池、蓮沼，分置上下。

隱僊峯　在五龍頂北。其下爲隱仙巖，前曰竹關，即宫中之第二門，山神堂在路之左。

陽鶴峯　在龍頂之西北。連峯叠嶂，高朗冲虚，老杉數株，有仙鶴常巢於上，庵宇亦以此名。中有藥圃、蓮池，爲隱者遺居。嶺畔乃上山道路，有姚靈官祠，即威烈王也。

健人峯　在天柱東北，三公山之右。其峯勢直上，孑立雲霄間，如五丁開山巨靈劈峽之狀。下有巖，曰道者，不甚顯，畧之。

太師峯、太傅峯、太保峯　三峯在天柱東，亦曰三公山。當紫霄宫之前，三臺拱揖，如玉笋分班，鸞停鵠立，曳紫拖藍，勢與天柱相擁戴。所謂天外三峯削不成者，彷彿遇之。下有巖，亦曰三公。

始老峯、真老峯、皇老峯、玄老峯、元老峯　五峯在天柱東南，一名五老峯。趾連巔岐，錯列如筆架。相傳帝功成上昇，五老奉詔啟塗，駐輦於此，因以名其峯。下卽昇真巖、白雲澗。按：五老卽五星之精，五方五帝别號也。凡五老五炁等名，皆因元門修煉升降水火以取義。

僊人峯、隱士峯　二峯在天柱之南。嶺斷山峙，孤峭而清高，象僊人、隱士順風翔舞。白雲堆衆壑間，如觀陸海，蓬萊、方丈浮游波濤之上，可望而不可卽。

大名峯　在天柱西。數峯矗矗，正處陽明，竹木泉林，撑天蔭日，山深路僻，畬原沃壤，學道者多卜居之。中有庵，名曰王母宫。大松數株，羅列四畔。相傳聖母尋太子於此，因名。

中鼻峯、聚雲峯、手扒峯、竹篠峯、搓牙峯　五峯在金頂之東南。一嶺綿亘，五峯叢錯，分布岡阜，叠翠幾數里。中有徑，曰主簿埡，當均房往來之道，其境陰晦，蛇蝮爲患。如手扒、槎牙等峯形，望而畏之。

竈門峯　在天柱東南。雲嶺横鋪，巖石中裂如門，烟霧常出其内，清曉望之如炊。

九卿峯　在天柱南。峰影秀麗，葱蒨如畫，亦中峯近侍也。傳云：

衆真校籙之所。意者帝爲玉虚師相，三公九卿比接班聯。抑或帝昇金闕，而公卿隨侍耶？下有九卿巖。

伏魔峯　在天柱南。接天馬西來之脈，山勢雄拔挺特，若欲壓衆峯而屈伏之。常有靈龜、巨蛇遊走上下。或傳云：乃帝收魔奏請之地。下有大小鬼谷澗，水聲喧豗如雷。

玉筍峯　在天柱南。亦曰石人山，以其峯巒之類人也。其北名雞冠嶺，羣峰裂地而上，有新篁未籜之象。南澗外即房州界，有山徑可通。下有碧峰崖。

柱笏峯、大彝峯　二峯在天柱西南。比肩聯立，峯壯①各殊，岡嶺横亘如帶。一峰回仰，如搢牙笏；一峰坦其巔頂，如掌之托天。其地幽僻，爲猛鷙之所棲。

把鍼峯　在天柱西。岑小而尖鋭，如穎之初脱於囊，勢欲刺空。自金頂俯視，如可拾而把也。或云元帝頓悟後，元君飛鐵杵於此，因名。

丹竈峯　在天柱西。其山類偃月形，石文如丹。昏曉有青煙紫霧出其間，人謂丹竈凝煙。自紫霄隔溪望之，足跡不可到。

天馬峯　在天柱西百里。一名馬嘶山，一名西望峯。當均房官道中，昂首青霄，如天馬西來。《圖記》云：山自乾兑發源，歷關隴金房之地，盤亘萬里而至於斯。此峯正武當來脈頓起高頂處也。下有泉，曰龍井。西下一巖，曰天馬巖。

---

①　壯：應爲狀。

雞鳴峯、雞籠峯 二峯在天柱西，天馬峯之北。當均房官道，狀類雞之聳冠奮吭而鳴者，俗呼山曰大雞鳴、小雞鳴。相傳昔有丹鳳集於山巔，和鳴上下，人莫之識，指之曰天雞。又移棲於次峯，因名曰雞籠。下有金雞澗。

眉稜峯 在五龍頂之西，房陵登山之路。高聳昂藏，盤曲三十餘里，以至五龍宫。石脊連蜷，眉稜生紫，與龍宫相向。黑虎或時見此，登者畏之。

復朝峯 即外朝山也。羣峯趨赴天柱，獨東南一山最高，意不肯爲天柱下，而若自爲向背，曰外朝峰。去有可復之理，因又名復朝焉。其北平田敞豁，桑麻蔽野，雞犬相聞。自山而南百里，爲房陵官道。峰之東有龍湫，民常禱之。

香鑪峯 在天柱東北，仙關之南。巉崖磊落，浮風晻靄，取鑪香近於帝座而名之耳。下有紫霄澗，卽登山道路。《荆州圖副記》云："峯首狀博山香鑪，亭亭遠出。"又《南雍州記》云："有三磴道，上磴道名香鑪峰。"二記所云香鑪，指今之天柱也。博山乃海上仙山，鑄鑪者象焉。天柱高員而頂平，似之。然則天柱原名香鑪，後易爲天柱，而以香鑪名其從峰也。

九渡峯 一名仙關，在天柱東，紫霄宫之正路。峭㟼屹巇，上摩青蒼，石徑環曲，轉而益高。下有澗水莪滙，橋渡重叠，不啻百步九渡，因以名峯與澗。或云：淨樂國王遣校尉五百，訪太子至此，不得渡，故名之。

展旗峯 在天柱東，紫霄宫之後山也。峰色如鐵，類中軍皂纛展起半空中，幟旒飛揚。自宫前望之，疑墨雲墮屋，垂垂欲雨，峯中之最雄奇者。或云：真武常執皂旗，北方正色也，因名之。中有玉清、太清、太子三崖。

金鎖峯　在展旗峰北。地形類臺閣，上倚蒼穹，下臨青澗。在金闕之下，仙關之前，巖封峽束，有玉門金鎖之象。或傳云：帝收攝妖魔，悉鎖於其下，指山下澗水以誓之，今石壁即其門也。

青羊峯　在金鎖北。高聳突兀，林木蔚茂，其嵐色正青。傳云：太上駕青羊遊此，因名。下卽青羊澗。太和山水，莫奇妙於此。

七里峯　在隱仙崖北，竹關之下。一徑七里，百步九折，越山度嶺，卽鑽天五里。所謂七里溝者，峰下所由路也。下卽五龍接待庵，土花盈砌，山桂飄香，駐鶴迎賓，烹茶炊粟，饒有仙家風景。

繫馬峯　在接待庵西北。當登山正路，一峰特起，卽天馬臺。因山自天馬峰來，又以繫馬名之。或傳云：昔帝現真容，乘白天馬立其上。下有殿，曰黑虎大神之祠。

會仙峯　在登山大道之間。入山至此，始見峰巒。峯卽阜之隆起者，古松老橡，夾馳道旁，翠光清影，漸與僊源近矣。宋端平中，曹觀妙迎三茅真君於此，因名之。有會仙都土地祠。

茅阜峯　山之初一嶺也。人閒鳥靜，境如荒遐。樵徑紆徐，將通雲路。上有守山土地靈官祠，常示靈異。

紫炁峯　在五龍西南。尖峯獨聳，位值南離，亦因紫炁神君而名之也。純陽祖師憩此，有詩歌。

蓬萊第一峯　在紫霄宫後，太子崖左。縹緲如海上仙山。

太寶珠峯、小寶珠峯　二峰在紫霄賜劍臺之前。左右相距數武，斷而復起，雙頂員突，如小兒擎拳狀。

逍遥峯　在太和宫下。下爲清微宫，迤西爲妙華崖，其頂則逍遥峯也。

金童峯、玉女峯　二峰在天柱前。左右對峙，當膝承之，如在榻案前。

巖　凡三十六，亦云四十四

紫霄巖　一名獨陽巖。在天柱之北，更衣臺之東，歘火巖之西，仙侶巖之南。上倚層霄，下臨虎澗，高明敞豁，乃帝煉丹之地。至元中，住巖張守清興修之，叠石爲路，積水爲池，名以紫霄。巖上列殿庭，中有泉，曰甘露。西上百餘步，有石，曰試心石。又十餘步，卽更衣臺。後有洞雲道人魯大宥復開香火，受供與五龍、紫霄二宫等。

隱仙巖　一名尹仙。出五龍，度磨鍼澗，過隱仙巖，在竹關之上。高聳而虚明，古仙尹軌所居，丹室爐竈存焉。近代田簑衣隱此證道。巖右大木下，有石棋盤，左右列石爲坐。傳云：尹仙枰棋之所。今猶常聞步虚玉磬聲。

僊侶巖　在天柱北。面朝天門，山畬平坦，築居深秘。昔陶幼安隱此得道，後修煉者多棲之，故名仙侶。有泉，曰百花。

卧龍巖　在松蘿峰下。面向東北，豁達高潔，霜天月夜，鶴唳猿啼，清幽而無雰霾。

尹喜巖　一名仙巖。展旗峯在北巒，拔如聳筆，玉澗調琴。昔文始先生隱此，故名。下有澗，曰牛漕。

玉虚巖　一名俞公巖。在仙關之東，九渡澗之上。由淵默亭沿澗東入，壁立半空，巖之高以千仞，澗聲雷震於其下。巖有龍虎文，其右雷文，中奉帝君，右奉雷部。昔有隱者俞惠哲誦經於此，一老人常往聽之。忽一日，語曰："我東溟之子，謫居於是。限滿得還，所居願有奉於長者。"一夕雷雨，爲震其石。近代人往避兵，火焚石落，不可居。

五龍巖　一名靈應巖。在五龍峯迤東。内奉五炁龍君，祈禱如響答。又曰：靈應巖每建宇殿，卽爲風雷所移。石徑崎嶇，蛇虺雜處，草木蒙昧，不可常至。其東，則靈應峯也。

玉清巖、太清巖、太子巖　三巖在展旗峰下。一名三清巖。太清原名修道巖，昔黄太清得道於此，因名之。峯腰有太子巖，乃昔真武爲太子修道處。下卽太子坡。右延衺上數十級，有小構，設太子像於中。

皇后巖　在皇巖峯下。絶壁斗立，鳥飛猱棲之所不到。相傳善勝后訪太子經此。

白雲巖　在白雲峯下。巇巇不可到，望壁間懸而吐者爲巖，詘而内者爲洞。旁有石穴，曰星牖。幽棲者設棧以入，則不復出，米醢率以縋致，或彷彿時見形影。昔陳希夷辟穀，曾三遷於此，後徙五龍。

三公巖　在三公峯下，卽太師三峰也。自朝天宫東出，三公巖則上巖也。路險絶，不容足。其下亦爲三公巖，相距三舍。巖南向，爽塏可居。

天馬巖　在天馬峰下。西澗自西來，過巖下。路當孔道，巖石嵌空，可蔽風雨，商旅常宿於此，俗呼巖屋者是也。

藏雲巖　在金頂峯下。地近風穴雷巖，雨則雲起，雨後雲歸，其氣青濛，故名。

隱士巖　在仙人、隱士二峰之陰。相傳有仙人出没於其間，或槲衣披髮，形相怪異，手足甲長數寸，時坐磐石，濯澗水，恍惚跡之，失所在。

楊僊巖　在五龍宫東二百步。龍峰深峻而合沓，桃花夾徑，一帶清陰不斷。又有相接對峙者，曰雲母巖，狀如雲母屏也。昔隱士楊華陽先生服朮於此，年百餘歲，人往訪之，飛步而走，後不知所在。

沈僊巖　在飛昇臺西，與桃源洞對。巖之最高且深者。有泉滴瀝清幽，内藏石室。昔有沈仙成道於此，因名。

滴水巖　在仙侣巖南。石中裂，而上垂赭色如肺。蓋泉時一滴，似刻漏，下有小石池盛之。就視之，亦不見石有隙竇痕，不知滴所從出。

集雲巖　聚雲峯之間。五峰相虧蔽，巖壑如罌，深澗不可探，宿雲常堆於其間。

謝天地巖　在南崖更衣臺下。壁臨絶澗，高不可階，非飛行不可到。中窪如石室，昔謝天地居此，故名。

長春巖、硃砂崖、北斗巖　三巖在七星峰叅錯之間。南向者高爽敞豁，常如陽春，爲長春岩。向北者上納太虛，清寒碧峭，仰七峰如在斗口之魁柄中，爲北斗巖。其西出突兀者，壁間石磧爲夕陽照射，望之若丹砂一片，赤燄飛空，則硃砂崖也。

欻火巖　一名雷洞。在紫霄崖北。陡壁忽開一洞，高深皆丈許，寬倍之。石紋如火燄列炬，入始見之。泉滲出爲滄水池，云能已疾。

上黑虎巖、下黑虎巖　上崖在仙關、九渡澗南，龍潭之上。相傳爲伏虎處。下崖在南岩左，負員光殿，突崛蹲踞。豈虎無定趾，隨在可名，抑各以形似之耶?

白龍巖　在飛昇臺下，龍潭之南。與上黑虎岩俱近龍室，不可居。

昇真巖　在五老峰下。峯勢層現，如地神湧出，岩亦緣之，若拔空騰起。曰昇真者，或因五老翼元帝上昇而名也。

碧峯巖　在玉筍峰下。峰遠秀似碧紗，岩地敞塏，水土甘美，隱居者便之。

僊龜巖　在天柱峰下。側立千尺，石員起作綠珩，色如龜衣苔蘚。而坐旁溜點點滴下，以手承之，輒成掬。或云有神龜藏此，時吐雲霧。

雷巖　叠字峰下。有石洞，深不知底，雷聲每起於中。云律令鄧天君曾煉丹於此，其神寓於其内。

風巖　在天柱下，下卽萬虎澗。四山圍逼，陽不能舒。而噫氣生風，卽少女不動，亦呼號怒吼，震響林壑，人莫能近。

九卿巖　在九卿峰下。嵐氣清迥，遠隔塵寰。曾有道流露宿其下，夜靜聞金鐘玉磬聲，縹緲不知所在，疑玉府仙卿所隱棲也。下有深潭，不可測。

凌虛巖　在五龍宫西南二里許。於岡脊外横開數十丈，坦其巔，與岡相屬如坪，岩畔似坏城，築墻圍之，便於憑眺。下皆巨杉，蓊偃陰深。唐孫思邈、宋陳希夷，俱修煉於此。路側有希夷誦經臺。

太山巖　卽太上觀。在玉虛南二十五里。東西有二泉，岩間鐫仙像殆遍。右二石龍，蜿蜒垂崖下。右結員亭，對落帽峰。陳柯不剪，最爲幽翳。

青巖　在天柱北，淄河南。山勢劈削，望之藍翠撲空，蛇徑曲抝以上，可以避兵。

獨陽崖　從南岩宫轉西，由元君殿折而下，向東行，有二室，石室曰紫霄，磚室曰獨陽。舊志又載北崖、西岩，未指所在。意者南崖其總名也，在東曰獨陽，取向陽之義，在北則曰北岩，在西則曰西崖。記稱八宫，惟南岩形勢最勝，崖之争奇叠秀者夥矣。

華陽岩　在五龍之南。繞澗水而斗覆，古木凝秀，中空濶無所有，惟山骨石紋露其巧。曾建浩然亭於内，有石刻遺像。其澗下窪而洞者曰華陰，相與頡頏上下。

悟真崖　在蠟燭澗之北，白雲崖之東。山勢陡削，天籟清絶，隔斷紅塵，可悟元機。

妙華巖　卽清微宫也。自太和宫乘磴西下，爲清微宫，僻居深谷中，以幽勝。自永樂十年建爲宫目。宫西爲妙華岩，昔張守清、張三丰嘗修煉於此。

羅公巖　與太上崖對。自七里溝入，由開山故道而登之，石壁削出。往年有屋，居念菴羅太史。望西南諸峯，盡在目眦。

崇福巖　在南崖宫南天門外。左曰雲霧崖，穹窿如屋，仰視石上有痕，似巨人跡。傳云：元帝修煉於此，岩將崩，以足抵之，有遺跡云。石上刋雲霧勝跡並詩。

虎耳岩　亦名佛子崖。與尹喜巖近，昔不二和尚居此爲名也。岩嵌空成屋，頂上舊有蓮池，水四時不涸，池上復爲室。今花木亭榭殆盡，藕塘亦廢，僅存泥淖迹。

澗　凡二十四，亦云二十六新添一

大青羊澗　在青羊峰下。一名青羊河。有橋跨之，曰青羊橋。承萬虎、桃源諸澗之水，泌瀄奔赴，激湍之聲出亂石中。石皆白色，多奇狀，四壁圍若繚垣，山與水相响應，島竦川廻，以達於淄河，澗中之巨觀也。

萬虎澗　在天柱北。地故稱風穴，風水激盪，如萬虎之咆嘷，會於青羊澗。

牛漕澗　在尹喜岩下。相傳老君訪尹喜，青牛卧此，故名。其飛湍西入青羊澗。

桃源澗　在桃源峰下。瀑聲淙淙，喧於樹杪。内有八角亭，亭後有曬經石。其澗自紫蓋峯發源，由龍潭東入青羊澗。

下黑虎澗　在下黑虎岩下。有廬其半壁者，是爲虎皮張修道處。

磨鍼澗　在老姥祠前。上有磨針石。合黑虎澗水，起自五龍頂，會於白龍潭。

小青羊澗、陽鶴澗　二澗俱接流自陽鶴峯，穿林麓，東入於大青羊澗。

金鎖澗、飛雲澗、瀑布澗　亦名水簾。三澗曲折相連，而飛瀑懸灑，水簾尤奇勝。先後起於金鎖、青羊二峯之左右，西流同入於青羊澗。

會仙澗　在五龍頂之北。過遇真宮①，承龍頂以下諸峯之水，會而北出蒿口，會於蒿谷澗。

蒿谷澗　在蒿口。上流近玉虛宮，去州南六十餘里，自梅溪東諸山之水，西入於青羊澗，會之以出淄河。

武當澗　在天柱之東。受皇崖諸峯之水，北入於紫霄澗。

紫霄澗　三公山之水，轉自紫霄宮南，迤北會諸澗，入九渡澗。

上黑虎澗　在上黑虎岩下。香鑪諸峰之水，會前二澗，自龍潭飛流，東入九渡澗。

---

①　遇真宮：應爲“五龍宮”。

白雲澗　在白雲峰與崖之下。自五龍峯出，接九渡澗。

九渡澗　在九渡峯下。會紫霄、黑龍、白龍諸澗而出梅溪。

梅溪澗　因近椥梅而爲名。自武當以下諸澗出梅溪，左而爲淄河。

西澗　自馬嘶山龍井發源，而北總山西諸澗，滙爲西澗。

金雞澗　在大、小雞鳴峰之間。其水會於西澗，灣回湍激，夏秋泛漲，商旅經月不可渡。諺曰：上得馬嘶山，四十九渡不曾乾。是此水也。

雷澗　自叠字峰雷洞之水，由南會於五龍澗。

五龍澗　自伏龍諸峯之水，由雷澗出西澗，自蒿口會青羊、梅溪二澗，合爲淄河，東北入於漢。

鬼谷澗　在伏魔峰之間。承天馬西來之水，會山南諸峯之水，東會雙溪澗。

雙溪澗　自天柱東南諸峰之水，交會鬼谷澗，由浪河西北入於漢。

蠟燭澗　在天柱南。自上瓊臺至下瓊臺，兩燭峰在後，水至此成峽。石之伏者爲底，竪者爲岸。大者爲激，最大者爲灘湍。石少爲衍，多則爲甃。石不勝水，狹爲溝，宽爲塘。水石並勝，則狹聲急，寬聲遠。長石爲橋，方石爲臺，圓石爲坐。木之卧於水者，亦爲橋。非斷崖，日光不露。曲屈二十餘里皆陰，陰而山香四發，不知何來。再越一嶺，又峽焉。直至玉虛岩下九渡澗旁，出與之會。太和之水，於斯爲勝。昔人云：山贏水絀，非篤論也。

飛星澗　在金鎖橋下，崖壁對峙，中有夾道，九曲之水，順流而下，月下觀之，濺如飛星，因名。

洞　紀畧凡八新添二

雷洞　叠字峯巖壁間，有石穴，從上繩貫而入，石色作火燄雷文，有卧形足跡存焉。遠聽之，常有聲轟轟然，卽鄧天君修煉處。崖曰雷巖，洞曰雷洞。

桃源洞　在桃源峰北。境象遠濶，杳與塵絶。西有穴，曰桃源洞。焚修者蜕形，瘞劍於此。東卽陳希夷誦經臺。

白龍洞　在竈門峰東。卽石裂如門之處，而名之爲洞。洞中時有白氣如龍，大雨立注。

碧天洞　在天柱峯南巖下，天池之上。如天牖高開，星辰在户，俯凌萬頃之茫然。

太元洞　在柱笏峯下。峰與大彝相連，幽邃苞胎。元之又元，衆妙之門，此洞有焉。

黄龍洞　在紫蓋峰下。峯最荒僻，詭怪出没之所。有洞，不可居止。原志載：昔有劉隱者棲此，焚修士也。忽一夕，有童子傳詔召之。門人疑曰："天詔當於清曉日中，暮夜陰暗，恐魔劫之。"默篆雷符焚之，忽霹靂一聲，寂無所見。及旦，見血跡，尋之至一石穴，一巨獸擊死。録此，爲修煉墮魔者戒。

老君洞　在八仙觀下。自太上崖折而南，爲八仙觀。觀下巖谷窪欹而側入者，爲洞。因尹喜曾隱武當，老君過访，因名之。

靈洞　在玉虛宮望仙臺下。自玉虛西塢北山下，曰望仙臺。下有石洞，泉流飛下，如大珠小珠之落玉盤，一名水簾洞。以上舊志。

朝陽洞　在距縣三十五里之打兒窩，原係一石穴。清光緒辛丑，道士王至公鑿石引水，始以洞名。並建有廟宇十餘間，以濟善緣。

天仙洞　在香爐峰左，原名白元洞。相傳爲白元福修真之處。後元福超升法岸，證大羅天仙，故又以天仙名之。矗峰絶岩，有萬刃森立之象。民國初元，道士周慶魁建四層樓於此，高五丈餘。

潭　凡三

黑虎潭　在仙關之上。卽上黑虎巖之下，紫霄澗水之中。二石從水底夾出數丈，下澗如屋，洄漩黝黑，深不可測。大旱，禱之立應。有廟在其上。

白龍潭　二所。一在磨針澗中，巖上瀑流如布，下瀦爲潭。崖内有廟，祈禱屢應。一在飛昇臺下，潭黑而深。有雲氣上昇，立雨。地極峻險，人罕有至者。

泉　凡九

甘露泉　在紫霄巖下。山氣冲和，無瘴癘。崖下有泉，湧如濺珠，飲如吸露，甘香清冽，幽人多遊居於此。

参斗泉 在雷石峯南石巖下。一泉如井，前積爲二池，朗映如星。因北有北斗七峯，若星斗之參横也。

百花泉 在仙侣巖旁坦平處。泉出於崖下，一抔湛然。昔老媪浣衲，百花浮溪，故杜工部有“百花潭水卽滄浪”之句。因漢名滄浪水，又因陶幼安居此得道，百花之名雅矣。

真乙泉 在紫霄宫左右竇間。紫霄已近天闕，靈氣化液，泉從地湧，如自天來，屬坎宫，天乙所生，此真乙、天乙、太乙之所由名也。

一泓泉 在關帝廟前，飲馬池偏東，泉視池爲尤潔。

益人泉 在廻龍觀上。泉在山隴盤旋之處，四時澄鮮，飲者便之。

東靈石泉、西靈石泉 二泉在太上巖。崖高峻無水。宣德三年，於此纂輯《太和志》。巖東隴石穴下，泉忽湧出。已而，岩西路旁石根下，亦復出泉。鑿砌成池，俱清洌可飲。

甘泉 在南巖宫内。南崖之水最多，惟此泉甘洌稱上品，亦名一泓泉。

池 凡十五

天池 在天柱南峭壁下，卽碧天洞之流處。下視諸峰泉水，如河源天上。進封廣潤龍王。

龍池 在五龍峰窔奥處。靈池淵亭卽五炁之神所寓，其餘散爲池井。

太和山多神泉，惟五龍尤靈顯。

天池、地池 二池在五龍宫日月池後。圓曰天池，方曰地池。鑿二龍口以竇泉液，晝夜滲灕，入池作跳珠聲。天池水藍色，不可食。惟地池水甘美，可汲飲。

日池、月池 在五龍宫天寶壇南廡後。二池相並，月池時草延蔓，色如黛。日池周二十餘丈，漾赭玉色。晴雨不加涸溢，色或時時變。面南皆連山之石。每霜降清曉時，有白氣如雲上昇。有明，管轄曹侍德擬建寶藏於池南。夢神語曰："此下卽洞府，神龍居焉。若法輪運轉，神靈恐弗安。"同僚夢悉符。於是設藏殿不敢連池，榜之曰：洞天在近。中統庚申，宣慰孫嗣内附，有甲士諸池洗劍，神龍擁脊而現鱗鬣，天地昏暗，雷雨大震。至今朝禮者不敢飲犬馬。

煉丹池 在五龍西五十步。自淩虚岩折而西上，爲自然庵。庵前甃石爲方池，卽煉丹池。池據勢幽勝，古木蒼藤覆之，值炎蒸，冐無暑氣。池底巨石下一穴，有龍居焉，人常見之。虎豹鳥獸，常飲於此。按《圖經》記：馬明生煉太陽大丹於此，鑪灰尚存，非鐵非石，故迹宛然。後陳希夷亦居此，感五炁龍君授以睡法，因避喧於誦經臺。

鹽池 《唐書·地理志》："均陽南百里，有鹽池，有武當山。"《均州志》："州南百二十里，水斥鹵，可爲鹽。"按此，則池在太和山内。舊志不定所在，但以爲伏魔之處，事無可考。

飲馬池 在關帝廟西，因關廟以名其池也。

天乙池、太乙池、滄水庫池 三池俱在南崖宫内。天乙、太乙相連。從方丈左折後，上分二道，右穿道院，中爲滄水庫池，池上有間道可通行。凡洞岩中名滄水池，因龍宮海藏有滄水使者而名之也。

禹跡池 在紫霄禹跡橋南。池廣畆餘，水自小寶珠峯至大寶珠峯溢爲此池。

上善池 在紫霄東方丈之北。酌之，如餐沆瀣。今易名上善泉，亦名聖水池。

井 凡九

龍井 在天馬峰下。深不可測，水甘而清。當均房官道中，商旅往來汲之，以供飲爨。

五龍井 在五龍宫大殿前之四陲。中一井在拜殿内，卽歷代投簡之所，今以石掩之。左右各二井，水與堦平。汲一井，五井皆動。殿宇若浮梁島屋，水色清瑩，味甘美。巖居者多瘦贅，住此自消。以之和藥，可蠲沉疴。

甘露井 在南崖宫前。宫内曰甘泉，宫前又曰甘露，互爲之名耳。

神泉井 在玉虛神厨後。宫在仙巖，神泉隨湧。因在神厨後，從而神之。

舜井 一在山麓，一在會真庵、冲虛庵西。原志載姚孝子廟，因有舜井之名。

石　凡七

磨鍼石　在五龍宫北一里許，磨針澗上。喬木芳草間，有石横於澗濵，彷彿磨礲之跡。相傳云：元帝修真，時久未契，欲出山，因見澗下一女磨鐵杵。問曰："磨欲何爲？"應曰："欲作鍼。"謂曰："成之不亦難乎？"答曰："工至自成。"帝大悟，愈加勤修，乃證天真。女卽紫元君之神所化也。按：帝豈有蘽念出山，感磨針復返之事？或幻化以勸來者。

試劍石　在金頂二天門内。一石中分，劍跡昭然。傳云：元帝試劍處。自摘星橋上五百步，達重門，倚試劍石可坐，更百步即三天門。

仙碁石　元君殿之左隅，爲南薰亭。亭外有石棋枰，棋道縱横，儼刻畫狀。相傳尹喜枰碁處。

試心石　在紫霄崖西百餘步。自捨身巖級而上，可二三百步，有亭其巔者，爲飛昇臺。下有石，突出虛壁上，曰試心石。登者悚慄，必自驗誠否。

鳳凰石　在太和玉筍峯側。其嶺曰雞冠嶺，又曰雞公嘴。有石當轉步處，險仄如鳥道羊腸，俗名鳳凰三轉身是也。

金星石、銀星石　在天柱頂上。石鑠粟起，如金銀顆粒。或云：碎爲末，心神不寧者服之可愈。

龍首石　紫霄欄楯外，有石突而鋭出，長可五六尺，類神龍矯首於雲罅，好事者穴其頂以承炷。懸臨絶壑，瞰之蒼蒼然，頭眩足摇。往往有匍伏缘石投香於其頂而插之，謂之龍頭香，旁觀者爲之毛骨鼓栗。再折而西，爲捨身巖。岩石陡出，壁削萬仞，俯而視之，幽深微窅，莫測其所究極，衹覺奇險不可試步。

臺 凡九

飛昇臺 在五龍宫東南百步。松杉扶踈，烟霞交映。登其上，萬壑千巖，一目可盡。按圖經碑刻，元帝奉詔於此，五龍掖之上昇，地皆變金玉色，今舉山皆金星石。

更衣臺 在紫霄崖西。相傳元帝更松蘿衣服天衣處。

誦經臺 自凌虚巖左折而南，有陳希夷誦經臺。其臺南面天柱諸峰，下窺無際。

望仙臺 在五龍宫東北百步，福地門東。一臺巍然，數松森立，有亭高敞，仰眺峯巒，俯臨深豁，望仙樓之崇基也。

天馬臺 在繫馬峰下。相傳帝現真像，乘天馬立於此。

朝聖臺 在飛昇臺西。因五炁龍君掖元帝上昇朝謁上聖而名之也。

禮斗臺 在南巖宫紫霄崖下。徑斗絶，如乘墉。臺之陰，横崖石，大如垂天之翼，刻五百靈官像，長不盈尺，飾以金，貯石罅中。

瓊臺 在天柱東南。巑岏入雲際，幾欲埒天柱。然已北面折服，乃獄頂臺址耳。署曰仙跡流風，曰瓊臺受册門。相傳元帝受册於此。

賜劍臺 在紫霄宫前，禹跡池之右。其陰爲萬松亭，其陽為賜劍臺。

相傳上帝賜劍於此。

亭 凡十二

紫雲亭　在淨樂宫東。相傳帝降生於此，紫雲彌覆，故名。

滄浪亭　在州東門外，漢江東。石壁上刻“孺子歌處”四大字。舊志云：孔子聽孺子歌滄浪，在鄒之嶧山。屈大夫遇漁父歌滄浪，在今湖南龍陽，俱與此無與。又按《禹贡》：嶓冢導漾，東流爲滄浪之水。《史記正義》云：括地志，均州武當有滄浪水。庾仲雍《漢水記》：武當縣西四十里，漢水中有滄浪洲。或借此以名其亭，無不可者。

憑虚亭　在滄浪亭之上。上倚太和，下臨漢江，有憑虚御風之勢。

卧雲亭　在龍山玉皇閣左下。縣志：龍山在州東南七里，下卽勺水口。亭居水雲深處，幽翳濬雅，不少染塵寰氣。

益人泉亭　在廻龍觀上。觀去玉虚西南五里，有益人泉。亭其上，以益飲者。

一泓泉亭　在關帝廟前。廟去玉虚西十五里，亭在一泓泉上，飲馬池之東。

神泉亭　在玉虚宫神厨後。泉卽井，以亭覆之。

萬松亭　在紫霄宫福地内。舊志載：福地殿堦下有丹井二，東有賜劍臺，北有萬松亭，滿目清陰，如綠雲之繞。

太子亭 在紫霄宫太子崖前。因岩以名其亭。

禹跡亭 在紫霄宫前。宫之陽，有禹跡池，築小亭出其上。

淵默亭 在九渡崖下。乘天津橋，度九渡澗，其陽則淵默亭。澗道幽絶，寂無人聲。

臨清亭 在大寶珠峰下。小寶珠峯澗水，東趨大寶珠峰，清澈漩曲，亭臨其上。

橋 紀畧凡三十九新添二

迎恩橋 在迎恩宫北圈門①外。石橋蜿蜒跨澗，水聲潺潺如絲竹。

尋真橋 在石板灘西南。

絞口橋 在石板灘南一里許。

中橋 在石板灘北五里許。灘在漢水邊，太和諸澗水入漢之處。三橋跨之，以通自均入山之道。

冲和西橋、冲和中橋、冲和東橋、春和橋 四橋俱在蛐蟮峪，亦太和澗水入漢之處。

元和西橋、元和中橋、元和東橋、集仙橋 四橋俱在元和觀前。遇

① 北圈門：方升纂修《大嶽誌畧》，王佐修、慎旦等纂《大岳太和山誌》，凌雲翼修、盧重華等纂《大岳太和山誌》均爲“北券門”。

真宫去州南五十餘里，觀去本宫南二里，太和諸澗水繞觀前而出，隨其曲折，設橋以濟。

會仙橋　在遇真宫前。下有石池，方廣數丈，瀦泉澄澈，林影覆之，漾琉璃色。

仙都橋　在玉虚宫北天門内。

遊仙橋　在玉虚宫左。

仙源橋　在玉虚宫門内。

西天門橋　自玉虚西池亭洞達，過望仙樓爲仙桃觀，通八仙臺，又西爲華陽亭，跨石橋，臨芙蓉沼。

西山橋　在玉虚宫西天門外。

北山橋　在玉虚宫北天門外。

東山橋　在玉虚宫東天門外。

登仙橋　在玉虚宫東天門外之南。

東萊橋　在東山橋東。玉虚宫在展旗峰後，已近太和諸峯，山泉漫湧，而澗水自九渡來者，繞出蒿口。橋在宫門内者度山泉，宫門外者跨澗水。

豐和橋　在蒿口石碑東。卽玉虚宫外澗水出蒿口而跨之者。

蒿口橋 在五龍行宫前。蒿口上承諸澗水，出潧河，於上流爲橋。

普福橋 在仁威觀前。橋下窪然深黑，漩瀨濆薄。四山類缺甕，刳其中而窿其外。一隙射入天光，丹碧華葉，隱隱森動。回眸頓趾，若乘塞障不得下。

隱仙橋 在仁威觀上。自普福橋，旁扃忽啟，西度隱仙橋。又折而北，西岸岬立，廻溪股引，翠蔓蒙絡，白日如晦。

聚仙橋 在黑虎澗。香罏諸峰之水，會武當澗爲黑虎澗，爲橋以渡。

磨鍼澗橋 在老姥祠前。祠在磨鍼澗上，自五龍頂股分而下萬虎諸澗，有橋跨之。

禹跡橋 在紫霄宫前。大、小寶珠峯之水溢爲禹跡池，橋跨其上。

通會橋 在紫霄宫北，威烈觀南。觀在紫霄北二百步，水自三公崖南，設橋於其地。

天津橋 在九渡澗。由十八盤下，聞水聲潺湲，九渡澗也。上爲龍泉觀，如虹而飲者，爲天津橋。

黑虎橋 在紫霄宫北，黑虎廟南。因廟以名其橋。

復真橋 在太子坡北。度平臺，有峭石自澗中直上，覆以古木，根垂若檛。再三折爲太子坡，澗自西南來，橋踞之。

天乙橋　在南巖宫北天門外。自橋入北天門，山勢若蓮花拔起。又數十步至小天門，有岩垂下，疑欲墮者，上有巨人跡。

步雲橋　在飛昇臺五龍宫之東。上則石磴接空，躡橋如步雲而登。

梯雲橋　在榔梅祠上。祠在南崖宫南一里，右行百餘步，度北巖，升自南天門橋上，望之如躡雲梯。

摘星橋　一名會仙橋，在一天門上。橋下澗水如神瀵，當兩山缺處，上瞰天柱諸峯，下臨絶谷，緣絙由天梯上，梯如竿揭雲表，仰見人行，如在天上。

白雲橋　在白雲巖南。其澗上承五龍，下接九渡，橋亦以峰與巖、澗名之。

斜橋　在朝天宫下二里許。自斜橋上頂有三徑，一爲磴道，上三天門；一爲官道，由歡喜坡往；一爲樵人道，由銅殿埡入。

金鎖橋　毁於道光十二年。相傳橋下有孽蛟，時從橋下生雲。是年六月，大雨霶霈，平地水深數尺，倏聞霹靂一聲，橋遂奔爲數斷。

馬公橋　在金鎖橋西三十五步。金鎖橋毁後，光緒戊寅始建此橋。橋下之水注於飛星澗。

水

漢水　在太和北百二十里。《水經注》：漢水東南過武當縣東北。漢水又東，平陽川水注之。沔水又東南逕縣城東，又東，曾水注之。沔水又東逕龍巢山下，又東南逕涉都縣東北。

按：漢去武當甚遠，古均陽屬武當郡。漢水經均，卽逕武當也。平陽川，舊志云卽復朝峯，在武當東南，川水過武當山入漢。曾水卽今滄河，武當山水入漢之所經。涉都卽今州之鄉名。《郡圖志》：筑陽縣有涉都鄉，古亦屬武當郡。

滄河、金沙河、浪河 皆在太和北。《水經注》："又東，滄水注之。"是其一也。《三府志》："三河皆發源太和諸山谷中，各自入漢。"按：太和諸澗水，一自天馬山西來，轉南而北出。一自天柱峰南來。一自五龍頂西南來，所會爲青羊、蠟燭等澗最勝，其出山爲蒿口、梅溪、雙溪以入漢。原志稱淄河，查府州志無之，疑卽滄河也。

按：漢水出漢中之嶓冢，太和在漢之南，其山脈與嶓冢同發自蜀，與終南分支。舊謂發源乾兑，綿亘萬里，特極言之耳。天柱周廻百里内，記載且不能悉詳，遊歷者往往迷津，何暇及遠。竊憶登祭所經，按之名賢遊記，聊識入山之大都焉。

自州城淨樂宫出南門，行郥裏官道中，石甃廣平。道傍壁間，有曰打兒窩者，俗云擊之卽得嗣也。夾路古樹交陰，三十里至迎恩宫。漸與山近，謂之界山。自迎恩宫轉西，兩山束如峽口，中樹治世元嶽坊，琢紋石爲之，跨踞雄傑。明嘉靖朝所建，以冠五嶽也。再折而北，度會仙橋。橋之陰爲遇真宫，負鴉鵠諸嶺，左望仙臺，右黑虎洞。張三丰初居此，舊名黄土城者也。自宫南折而西，入仙關，俗云進山門。又五里，如大聚落，如都城市，爲玉虚宫，古武當縣地也。形勢軒翔，規模壯麗，殿藏銅鼓、石魚。其西多亭池，有望仙樓，奉吕祖像。西接仙桃觀、八仙觀。又西爲華陽亭，有橋跨芙蓉沼上。又西南次廻龍觀、太元觀。至此，則野盡峯來，去平將陟險矣。自玉虚南，經好漢坡，坡石赤墳而起。入紅門，揭曰洞天深處。傍爲太上巖，歷太子坡，有殿置太子像，前有聖母滴淚池。再轉由平臺，歷上下十八盤，俱石坎數十百級。再下入九渡澗，上爲龍泉觀，又上爲天津橋。循九渡巖，經淵默亭東三里，爲玉虛岩。轉入太和澗西三里，入瓊臺觀。半里許至瓊臺峰，榜曰仙跡流風，曰瓊臺受册門。過此，見展旗峯。負峰而宮者，則紫霄也。前有禹跡池，池有橋有亭，右爲福地殿，南則賜劍臺，北則萬松亭，後爲太子巖、太子亭。右上數轉，至南巖宮。太和巖之奇而絶大且高者，惟南巖爲勝。而宮於其上，小之益大，平之益高，尤奇之絶者也。右小阜，有員光殿，下卽黑虎崖。西轉爲元君殿、南薰亭，外列石枰。再折而下，爲獨陽、紫霄二崖。其石檻外，有龍首石。又東爲風月雙清亭，其巖上，則飛昇臺、禮斗臺、試心石、捨身巖皆在焉。自南巖歷黑虎岩而上，有二道。其右下循澗道，度嶺爲歡喜坡，又度二歡喜坡，過鳳凰三轉身，又度飛崖曰六十搭轉，自西南出峽爲清風埡，乃間道也。其右則由朝天宮出三公巖、文昌祠，上摘星橋，以達天門，此通衢也。五龍宮去此三十里，僻遠非衢，朝禮者多從紫霄、南巖，直詣天門，留五龍爲返路。若自玉虛往五龍，則自西天門北出四五里爲五龍行宮，宮負茅阜峰。又經仁威觀，度普福橋，由七里溝上竹關，又西上隱仙巖，又西上過老姥祠，歷磨鍼澗，又梯石南上，入五龍宮。由天地池、日月池、五龍井出宮西北行，經凌虛巖、誦經臺，折而西上，爲自然庵、煉丹池。又東南度鑽天五里嶺北，至天一橋，入北天門。又左登小天門，過巨人跡。至此，則會南巖登頂之孔道矣。出南天門，度攝孤嶺，曰千尺石梁，南北壁斷，惟此一綫通之。過嶺至榔梅祠，旁有杉七株，曰七星樹，壁間鐫“帝峙”二大字。祠西爲上黑虎巖，過崖爲朝天宮。又出朝天門爲萬丈峯，下有斜橋，登山要津也。自此上頂有三徑，一爲古道，卽清風埡所由入。一爲樵人道，由銅殿埡入，緣巖迂曲，稍可避險。一爲磴道，直上三天門是也。山起如卓筆，道左書“昇天梯”三字。梯石數百級，僅入一門。三天門尤斗削竪立，廣二尺餘，挽鐵絙，面壁促縮，喘汗數息，乃得躋。又東折而上，入朝聖門。又北上爲小龍池，又折北上，至紫金城。匝城盤級數十曲，入南天門，爲天柱絶頂，金殿所居也。計州城到頂百二十里，中間至草店六十里，玉虛近之。前皆平野原田，至此涉陂陀。入山麓到頂七十里，尚未有峰，望太和如青雲千朵，障於天南半壁。至紫霄、南巖，則峯巒層擁，儼似千葉寶蓮湧現碧空，藍翠撲天，應接不暇也。自斜橋上頂猶二十里，諸峯爭自雄長。登頂則一柱擎天，衆斯下矣。若五龍又別開奥域，歷代崇祀，靈應有由，然也。謹敘入山大畧，以當卧遊而想見之者如此。

卷之三

聖　　紀

聖不可知之謂神。神也者，妙萬物而爲言者也。蘊子曰："在天爲星辰，在地爲河嶽。幽則爲鬼神，明則復爲人。"言天與人之相爲循環耳。北帝之神，降生淨樂太子，修之爲神，復返本宫，托體嶽靈，歸元坎位，天與人一理一氣而已。謹推理氣之常，附以他説之可通者，庶幾帝之神靈近之。太史公曰："百家言黄帝，其言不雅馴。搢紳先生難言之，擇其言尤雅者，著爲本紀。"兹於元帝之紀亦云然。紀聖紀。

大嶽太和山，奉真武祖師卽北帝元武之神也。元揭傒斯記云："世祖初營燕都，龜蛇見於高梁河，後見於均州之武當山，相傳黄帝時元武以三月三日降於此山。"趙子昂記云："武當山在西南方，巍然高且大，元武神依焉。黑衣被髮，仗劍履龜蛇，人往往見之。斗牛女虚危室壁七宿，列於北方，成形爲元武。元武者，龜蛇也，色赤而黑。元也，體具鱗甲，武也。"息剌忽記云："元帝，北方元武之神也，尊居天一，位鎮坎宫，威攝萬靈，周行六合。武當山，元帝之所寓也。"程鉅夫記云："均房之間有山，以元武神居之，名武當。道家言：龍漢之年，虚危之精降而爲人，修道此山。道成，乘龍天飛，是爲元武之神。"明李衍記云："五帝各司其方，水行冬，其色黑，其方北，是爲元武。武當居天地之中，帝之神恒於是焉，著其靈異。"劉正廉記云："帝祠遍天下，於武當最重。永樂起燕京，帝默佑之，卽禮絶五帝。《山海經》云：大荒中有聖人焉，履龜蛇，北帝於傳曰亥矩，或曰協光。紀莫能詳之。或以爲帝嘗修道此山，其説多類佛書。”李卓吾《藏書》云：“成祖初起燕，問師期於姚廣孝。對曰：未也，俟吾師至。及期，出祭纛，見被髪而旌旗者蔽天。問：何神？曰：吾師北方之將元武也。成祖卽被髪仗劍以應之。後崇祀武當，蓋由於此。”按：諸説尊元武爲北帝之神，亦時粂修真飛昇之説，以示帝靈之神妙不測，因録道家所傳出身本末者附焉。

《三寶大有金書》云：一炁分形，三清出號。太初溟涬，元極冥蒙，中有虚皇，分置五刦，曰龍漢，曰赤明，曰上皇，曰延康，曰開皇。是故太極一判，天地始明，東分青九，南受丹三，西成白七，北歸元一，中生黄五，號爲五老，卽元黄植象之根也。五老各布始炁，化成四靈，以定四隅，周環六合，元帝果先天始炁五靈元老太陰天一之化。

《混洞赤文》載：元帝乃先天始炁，太極别體。上三皇時，下降爲太始真人。中三皇時，下降爲太初真人。下三皇時，下降爲太素真人。黄帝時，下降符太陽之精，託胎於淨樂國王善勝皇后，孕秀一十四月淨樂國乃奎婁之下海外之國，上應龍變、梵度二天。是時，正當上天開皇初劫，下世歲甲辰三月戊辰初三日甲寅庚午時，産母左脇，瑞雲覆國，天花散漫，異香芬然，身寶光燄，充滿王國，地土皆變金玉。帝生而神靈，聰以知遠，明能察微。年及七歲，經書一覽，仰觀俯視，靡所不通。潛心念道，志契太虚，願事上帝，普福兆民。長而勇猛，不統王位，惟務修行，誓斷天下妖魔，救護羣品，日夜於王宫發此誓願，國王不能抑志。年十五，辭父母而尋幽谷，内鍊元真。帝念道專一，遂感玉清聖祖紫元君傳授無極上道。告曰：子可越海東遊，歷於翼軫之下，有山自乾兑起跡，盤旋五萬里，水出震宫，上應顯定極風、太安皇崖二天，可入是山，擇衆峯之中冲高紫霄者居之，當契太和。昇舉之後五百歲，當上天龍漢二劫中，被髪跣足，攝坎離之真精，歸根復位，上爲三境輔臣，下作十方大聖，方得顯名億刼，與天地日月齊并，是其果滿也。帝乃如師言，越海東遊，又感豐乾大天帝授以寶劍，告曰：此劍名北方黑蛇裘角斷魔雄劍，長七尺二寸，應七十二候，撫三輔，應三台，重二十四觔，應二十四炁，濶四寸八分，應四時八節。子可佩此居山修煉，降伏邪道，收斬妖魔。帝受訖，歷翼軫之下，果見是山，皆符師言。於是入山。渡澗擇地，隱居內修。國王思念太子，令大臣領兵五百衆，探逐所往，渡澗入山，遇澗水忽漲，不能前進，至九次，方得渡。至紫霄崖，見太子，啟傳王命，部衆忽僵仆不能舉，相謂曰：太子願力，所至如是，回國且遥。乃同聲告曰：願從太子學道。語畢，跬步如故，於是俱隱山中。帝昇真之後，皆證仙道，今武當有五百靈官者是也。帝登山，首於太子崖棲隱，有靈鴉報曉，黑虎衛崖，每食必餌之。時修鍊未契元真，一日欲出山，至一澗，見一老媪操鐵杵磨石上。老媪者，紫元君所化也。帝曰：何爲？媪曰：爲針耳。帝曰：不亦難乎？媪曰：功至自成。帝悟其語，復還所隱。於途折梅枝寄於梛樹，仰天誓曰：予若道成，花開果結。後如其言。帝歸崖修鍊之時，見九美人相貌端嚴，儀矩殊異，往來帝所，帝默識之，必聖人也，故加敬禮。女仙乃謂帝曰：予輩蓬萊仙侶，特來試之。功行已著，宜加精進，尅日冲舉。語畢，跨鶴而昇。帝又居紫霄，潛虚元一，默會萬真，歷四十二年，大得上道。於黄帝五十七年歲次庚子九月丙戌初九日丙寅清晨，忽有祥雲天花自空而下，彌滿山谷，四方各三百里，林巒震響，作步虚仙樂之音。帝於是時，身長九尺，面如滿月，龍眉鳳目，紺髮美髯，顔如冰清，頭頂九炁玉冠，身被松蘿之服，跣足拱手，立於紫霄峰上。須臾，五炁龍君捧擁駕雲而昇。帝稽首迎拜五真，乃宣詔賜九德偃月金晨玉冠，瓊華玉簪，碧瑶寶圭，素綃飛雲金霞之帔，紫綃丹霞絳綵之裙，七寶銖衣，元光朱履，飛紅雲舄，佩太元元師玉册，乾元寶印，南北二斗三台龍劍，飛雲玉輅，丹輿緑輦，羽蓋瓊輪，九色之節，十絶靈旛，前嘯九鳳，後吹八鸞，天丁玉女，億乘萬騎，上赴九清，拜受天詔。易服訖，五真曰：予乃九天五老天君，准上帝命，與子啟途。至午時，浮空上昇，至金闕朝衾玉陛。上帝告曰：卿往鎮北方，統攝元武之位，以斷天下邪魔。帝奉玉旨，謝恩而退，乃居天一真慶宫，在紫微北上太素秀樂禁上天、太虚無上常融二天之間。宫殿巍峩，皆自然妙炁所結，琳琅玉樹，靈風自鳴，皆合宫商之韻，紅光紫雲，常覆其上，此玉虛無色界也。上帝又命曰：卿可當披髮跣足，躡踏龜蛇，建皂纛元旗，躬披鎧甲，位鎮坎宫，天稱元帥，世號福神，每月下降，持扶社稷，普福生靈，億刼不怠，輝光日新。帝欽奉詔，復位坎宫，自斯千變萬化，爲主教宗師，分身降世，濟物度人，無邊無量，洞天福地，無不靈應，佐天罡大聖真君，調理四時，運推陰陽，造化萬物，每知劫數，必先以開濟之誠，上奏金闕，丐減分數，所謂大慈大悲普救無上法王也。是時，帝與上元天官、中元地官、下元水官、天蓬元帥、天猷元帥、翊聖真君，以上元日並受帝號。羣真朝禮四聖，爲都班之首。自帝拜玉虚師相元天上帝之號，崇封聖父曰淨樂天君明真大帝，聖母曰善勝天后瓊真上仙，下蔭天關曰太元火精含陰將軍赤靈尊神，地軸曰太元水精育陽將軍黑靈尊神，並居天一真慶宫云。

按：真武即元武。《明史·禮樂志》云："因避宋真宗諱，改元爲真武，今因之。"攷宋紀，真宗初名元朗，卽位改名恒，於諱無所犯，其易聖號之故，無所據。所傳帝之出身，亦如釋迦佛之爲王子，觀音大士之爲公主，仙佛之所祖，類如此。然神靈變化，亦難拘以一見。《禮記·祭義》曰："厲山氏之子，柱周之祖棄，祀以爲稷。共工之子后土，祀以爲社。"《左氏傳》曰："實沈，參星也。台駘，商星也。"又如傳説入於箕尾，曼倩還於歲星。書傳所紀，未可誣也。先王以神道設教，豈一端已哉。至於插梅、磨杵、試劍及烏鴉、黑虎等類，凡山之奉真武者，所在皆有。王元美以爲道士附會，不必辨也。

宫　　殿　庵祠附　修建附

古祭禮：山用燔，水用沈，土用瘞，設壇以將事，未有神而屋之者。宫殿其興於中古以後，而太和又踵五岳廟而增之者也。秦漢無所考，唐則漸有居山隱逸，宋益多其人，然不傳神祠。元始有五龍及銅殿等處，碑僅有存者。至明永樂，八宫臻盛，嘉靖復修廣之，帝之神赫赫矣，山之靈亦巍巍矣哉！本朝鼎建，不改其舊，間有燬廢，仍録舊制，用壯名山之色。其庵祠近者，隨各宫所領，遠則附之於末。紀宫殿。

淨樂宫

在均州城内。相傳帝之先曾爲淨樂國王，淨樂治麇，而均卽麇地，故因以名宫焉。宫之中爲帝殿，後爲聖父母殿，左右爲廊廡，東爲紫雲亭，西爲香錢庫，前為三門。三門外，左右翙二亭，以覆御製碑。右折而西，爲方丈，爲齋堂，爲浴堂，爲神厨，爲神庫，爲道房。左折而東，爲真官祠，爲預備倉。二門外爲進貢厰，右爲道房。爲楹大小總五百二十。永樂十六年落成，賜“淨樂宫”額，道士廩食者五十人。今不敷數。提點三員，階正六品。今廢，改置道官一員。宫成於永樂十六年，至康熙二十八年正月災，於三十年復募修造，三十六年粗還舊制，四十二年奉到御賜香銀加修告竣。各官修御書樓於朝聖門，於乾隆元年八月復燬，樓亦燬，御書供奉紫雲亭内。本宫領觀一。

真武觀　去本宫三百六十里，在襄陽府城西南二里九宫山。一名龜山，卽峴山之麓。謁太和者先奏表於此。舊有何弗爾①。永樂十年，管運武當山琉璃諸物至襄，小舟萬計泊祠下，時風濤方作，頃之，祥光數

① “舊有何弗爾”：有誤。據方升纂修《大獄誌畧》卷三爲“舊有祠弗稱”。

見，水天一色，咸謂元帝顯應，遂崇建焉。

又紫雲亭在本宮東。

又真官祠在本宮内東。

預備倉在本宮内之東。嘉靖十九年，少監李學奏進香餘剩錢糴穀貯此，備賑本山。今廢。

又香錢庫在本宮内之西。凡貢楮翰於山者，悉翼以入。累朝所賜鐘磬諸器，皆藏焉。今廢。

又進貢廠在本宮二門外。歲時取土物進貢，則董其役於此。今廢。

又滄浪亭在州東門外。

又觀音閣在滄浪亭側。

又玉皇閣在龍山頂。

又禹王廟在玉皇閣後。今廢。

又卧雲亭在玉皇閣左下。

又三義廟在龍山下。今廢。

又三官廟在備用廠左。康熙四年，知州佟國玉重建。

又吕祖祠在州南二里迎恩樓左，公用廠北。

又龍王廟在滄浪亭北濟渡處。太監王佐修。

又公用廠在城南門外。嘉靖六年，太監李瓚建修，以貯修山木植諸物。今廢。

又備用廠在公用廠東半里許。太監王佐因前廠積貯不盡，復建此。今廢。

又神惠倉在州治西南。嘉靖十五年，叅議方升啟建，貯穀以備賑濟。今廢。

又蓮花池在城南二里許。年久淤廢。

又關帝廟在備用廠東。

又崇真觀在順天府正陽門外東首。正統十四年創建，賜額“崇真觀”。本山年例進貢仙物，及朝覲提點，俱寓於此。碑志在本觀内。

又文昌祠在太和宫二天門外摘星橋上。因三公峯山水洶猛，恒衝此橋，提督太監柳朝建祠以鎮之。

又玉峰庵在滄浪亭後山頂。今廢。止遺石坊，刋“振衣千仞”四字。

又分道廠在黑虎廟巡檢司右，採造進貢設此。今廢。

又成鮮廠在遇真宫左。採造進貢及燒置琉璃甎瓦建此。今廢。

又梅鮮廠在玉虛宫前一里許。舊係大監①籽粒。今廢。

迎恩宫

在石板灘。州城南三十五里，係關王廟故址，鄖襄官路也。灘合山前諸澗之水，聚爲川，雨久則積潦四出，行者病涉。永樂間創修本山，始建石橋。成化二年大水，他橋崩齧者多，而兹橋獨完，或謂真武實相之。提督太監韋貴奏請治宫於橋南岸，以昭神功。中爲殿，以祀元帝。殿之左爲堂，以祀真官。殿之右爲廟，以祀關帝。外爲方丈，爲書房，爲倉庫，爲庖湢之所，爲道衆之房，爲楹大小總二百八十。成化十七年落成，名迎恩觀。十九年，改觀爲宫。道士廪食者九人。今不敷數。提點一員，階正六品。今廢，置道官一員。自宫而南，有迎恩橋、尋真橋、絞口橋、冲和橋、冲和西橋、冲和東橋、春和橋。以上諸橋所在，已見山水類。

遇真宫

州城南五十餘里，在仙關外，去玉虛宫八里許。左曰望仙臺，右曰黑虎洞。山水環遶若城，舊名黄土城。洪武間，張三丰結庵於此，名曰會仙館。宫東廊下，厥象存焉。永樂十五年，創建真仙殿、山門廊廡、東西方丈、齋堂、厨室、道房、倉庫、浴堂，爲楹大小總二百九十有六，是年落成，賜額“遇真”。道士廪食者三十人。今不敷數。提點二員，階

① 大監：根據楊素藴修、王民皥等纂《大嶽太和武當山志》卷六爲“太監”。

正六品。今廢，置道官一員。宮東二里許，有治世元嶽石坊。領觀二。

元和觀 去本宮南二里，仙關之内。昔元帝有元和遷校府之名，故名。此處登山有岐路，一行山脊，由好漢坡入，達廻龍觀。一行山腹，自靈官殿左入，達元天玉虚宮。

修真觀 去本宮東二里。太監王佐重修。

鴉鵲嶺 在修真觀東，上有泰山廟。

自本宮至玉虚，有集仙橋、元和西橋、元和中橋、元和東橋、會仙橋。以上諸橋，已見山水類。

玉 虚 宮

州城南六十里，在展旗峰北。因帝爲玉虚師相而名也。張三丰嘗庵於此，語人曰：此地他日必大興。旣而去焉。文皇遍物色之，不可得，遂大其宮，以爲祝釐之所。中爲大殿，大殿之陰曰啟聖殿，左曰元君殿，又左曰小觀殿。西塢西山下曰仙衣亭，亭後磚室一，曰張仙洞，室外銅碑一。左爲聖水池。宮之前爲左右碑亭，厨之後爲神泉井亭。西塢北山下曰望仙樓，樓外靈洞一。石渠北曰齋堂，石澗西曰浴堂，宮門左曰鉢堂，宮門右曰雲堂。西塢北曰圜堂，鉢堂後亦曰圜堂。澗之東曰東道院，山之西曰西道院。山門外真官祠二，前左南向爲祀真武壇，前左北向爲泰山廟。宮外復有東天門、西天門、北天門、八仙臺、仙桃觀、華陽亭、蓮花池，暨方丈、書房、賔所、厨室、倉庫，爲楹大小總二千二百。永樂十一年落成，賜“元天玉虚”額。嘉靖三十一年，遣官重葺本山，復建二亭於二門外，以貯御製碑。道士廩食者一百二十人。今不敷數。提點四員，階正六品。今廢，置道官一員。領廟一，觀二。

關帝廟　去本宫西十五里，崇寧祠故址。前有一泓泉，西有飲馬池。

廻龍觀　去本宫西南五里。

八仙觀　去本宫南二十六里。

其附近山水，有太上崖、玉虚巖、蒿谷澗、梅谿澗、老君洞、靈洞一名水簾洞、一泓泉、益人泉、東靈石泉、西靈石泉、神泉井、一泓泉亭、益人泉亭、神泉亭、遇真橋、仙都橋、遊仙橋、仙源橋、西天門橋、西山橋、北山橋、東山橋、登仙橋、東萊橋。以上巖、澗、橋、亭所在，已見山水類。

自神泉亭，過遇真橋，登山有岐路，一行山脊，自玉虚宫右入，會於廻龍觀；一行山腹，自玉虚宫前入，達興聖五龍宫。

本宫於乾隆十年三月燬。

五　龍　宫

州城西南九十里，卽五龍靈應故址。前列金鎖峯，左遶磨鍼澗，其宫東向逆折，其門北向，宫門内爲道九曲十八折。殿二，曰元帝，曰啟聖，二殿階合九重，前五重爲級八十一，後四重爲級七十二，望之如在天上。殿前天地池二水，從石龍口出。左龍井三，右龍井二，碑亭二，日月池二。殿之左爲玉像殿，殿内藏玉像五，沉香像一。殿右山坡大林下，有石碑六，一爲崇封真武誥碑，一爲揭傒斯所撰宫碑，一爲揭傒斯所撰瑞應碑，二爲戒臣下碑，一仆於地，湮没不可辨，皆元時所遺也。宫門左從曲道北折，陟左山爲神梅臺，下而折左，出大門外爲真官堂，爲雲堂。自雲堂併山西行，下小谷，澗水出焉，卽磨鍼澗也，澗上有老姥祠。宫門右從碑亭下南折，陟右山爲啟聖臺，折而南下，則陳希夷誦經處，直下爲凌虚崖，復從故道折而西上，爲自然庵，内藏文皇帝賜李素希青袍一，衲襲裹各一，吕公絛一。庵前石作小池，池上爲橋，其頂爲靈應崖，其外前爲長生岩。爲楹大小總八百五十。永樂十一年落成，賜“興聖五龍”額。道士廩食者五十人，今不敷數。提點二員，階正六品，今廢，置道官一員。領宫一，觀一，祠一，庵一。

五龍行宫　去本宫北三十里，茅阜峰下。殿後有茅阜石。

仁威觀　去本宫東北二十里，香鑪峯之西。

老姥祠　去本宫北百餘步，磨鍼澗傍。

自然庵　去本宫西五十步。東有煉丹池。

其附近爲紫蓋峰、松蘿峰、桃源峯、五龍峰、伏龍峰、靈應峯、隱仙峰、陽鶴峯、眉稜峰、復朝峰、金鎖峯、青羊峰、七里峰、繫馬峯、會仙峯、紫炁峯、茅阜峰、雷崖、卧龍崖、隱仙岩、靈應巖、凌虚崖、尹喜巖、沈仙巖、硃砂崖、藏雲崖、隱士崖、雲母崖、仙龜崖、楊仙崖、黑虎巖、華陽崖、五龍岩、磨鍼澗、大青羊澗、此澗路達南崖宫。小青羊澗、萬虎澗、牛漕澗、桃源澗、黑虎澗、陽鶴澗、金鎖澗、飛雲澗、瀑布澗、會仙澗、雷澗、五龍澗、白龍洞、桃源洞、白龍潭、五龍池、天池、地池、日池、月池、五龍井、磨鍼石、仙棋石、啟聖臺、天馬臺、望仙臺、誦經臺、朝聖臺、虎溪、風穴、青羊橋、磨鍼澗橋、聚仙橋、隱仙橋、普福橋、蒿口橋、豐和橋。以上峰、崖、澗、洞等所在，已見山水類。

紫霄宫

在展旗峰下，離州城百里。舊紫霄元聖宫，今名香火殿之西宫。前向三公峰、五老峰。宫前之左曰日池，右曰七星池。宫後之左曰月池，右曰真一泉。東方丈之北曰上善池，今更曰泉。從殿後右轉，陟山之椒根，石壁爲龕者爲太子崖，左爲蓬萊第一峯，崖下爲小圜亭。下出道院，左復北上爲煉丹崖。出道院，右復西上爲七星崖。又上爲三清崖，絶頂不可到。其下爲榔梅園。東下，又轉而南上爲福地殿，殿兩階下丹井二，北爲萬松亭，東爲賜劍臺，相距不數武。左右山斷而復，圓起如小兒擎拳狀者，爲大小寶珠峰。諸崖水合而東流於右脇者，爲金水渠，渠廣八九尺，北折過宫前，抵小寶珠，不得出。鑿其項以行，爲後渠。既出，復東趨大寶珠峯，溢於其址，爲禹跡池。池大一畝，池上有亭，北有橋。舊傳神禹導山至此，故名。爲楹大小總八百六十。永樂十一年落成，賜“太元紫霄”額。道士廩食者五十人。今不敷數。提點三員，階正六品，今廢，置道官一員。領殿一，觀三。

福地殿　去本宫南八十步。天下七十二福地，此其一也。上近三公山，下瞰禹跡池，前擁寶珠峯，後倚歘火崖。

威烈觀　去本宫北二百步。中祀威烈王，王卽唐刺史姚簡也。

龍泉觀　去本宫十里，天津橋之上，玉虚崖之北。

復真觀　去本宫北一十五里，一名太子坡。殿階下有聖母滴淚池。

其附近爲紫霄峯、香爐峯、九渡峯、展旗峰、蓬萊第一峰、大寶珠峯、小寶珠峯、太師峯、太傅峰、太保峯、始老峰、真老峯、皇老峯、玄老峯、元老峯、太子崖、玉清崖、太清崖、黑虎岩、白龍崖、紫霄澗、黑虎澗、白雲澗、九渡澗、黑龍潭、真一泉、禹跡池、上善池、賜劍池、萬松亭、太子亭、禹跡亭、淵默亭、臨清亭、通會橋、天津橋、黑虎橋、復真橋、紫極潭。以上峯、澗、崖、洞等所在，已見山水類。

過九渡澗，登山有岐路，一行山脊，由十八盤入達紫霄。一行山足，由澗中入達瓊臺，同會於太和宫。

南巖宫

州城西南百里餘，即天一真慶宫故址。南朝天柱，北瞰五龍。由榔梅祠右循崖百餘步，度北崖，升自南天門，循山左行數十步，又折右百步，復折而左，入小天門，又轉崖斗折而過大崖下，爲大殿。楹外山復起小阜，爲圓光殿，下則黑虎崖也。從大殿後左折而東二十步，陟崖上，又轉西行，過元君殿，爲南薰亭。亭外有石枰，縱横十八道，相傳爲洞賔棋枰。復從元君殿折而下，向東行過甎室一，曰獨陽崖；石室一，曰紫霄崖。崖前刻龍頭，横出欄外四五尺。其傍崛起灌莽中者，爲禮斗臺。岩上片石刻靈官像，高約五寸許，亂置小竅中，不能悉其數，曰五百云。又東爲風月雙清亭，亭外石枰一。復從故道抵大殿後，西望飛昇臺若垂天之翼，臺下爲試心石，又下爲謝天地崖。殿並山爲楮室一；神厨一；碑亭二；泉二，曰甘泉、甘露；池二，曰太乙、天一。殿之前偏右爲方丈，從方丈左折行堂後，其上分爲二道，左爲五師殿，右穿道院中，爲圜堂、浴堂、滄水庫池，池上有小間道，可通鉢堂。陟翠微，折行山之後，爲歘火崖。又轉而前，平行山上，北折則爲崇福崖。爲楹大小總六百四十。永樂十一年落成，賜“大聖南巖”額。道士廪食者五十人今不敷數。提點三員，階正六品，今廢，置道官一員。領觀一，廟一，祠一。

太元觀 去本宫東北二十里。右老君崖山門庵也，内設太上像。

烏鴉廟　去本宫東北二里，南天門之下。傳云：帝修道時，有烏鴉報曉於此。

榔梅祠　去本宫南一里，帝折梅寄榔處。

其附近爲雷神洞、疊字峰、金鼎峯、健人峰、滴水崖、紫霄崖、僊侶崖、獨陽崖、道者崖、崇福崖、北崖、欻火崖、謝天地崖、白龍潭、百花泉、甘泉、甘露泉、天一池、太乙池、滄水庫池、甘露井、試心石、更衣臺、飛昇臺、禮斗臺、梯雲橋、步雲橋、天一橋。以上峰、澗、崖、泉等所在，已見山水類。

太　和　宫

在天柱峯紫金城南天門外。宫之正殿，曰朝聖殿。殿之對峙距數武，爲小蓮峯，元時古銅殿移置其上。殿傍爲鐘鼓樓，又下爲元君殿，爲聖父母殿，爲誦經堂，爲真官堂，爲神厨，爲龍池，爲龍廟。又下西折，爲方丈，爲廊廡、齋堂、道房。復自故道折而北上，爲朝聖門。度門，復東折而下數十百級，遶出天柱峯後為三天門。又下數十百級，為二天門，爲摘星橋。復折而西下數十級，爲一天門。爲楹總五百一十有奇。永樂十四年落成，賜“大嶽太和”額。道士廩食者三十人。提點三員，階正六品，今廢。領宫二，廟一。

清微宫　去本宫七里，即妙華崖也。張守清、張三丰亦修煉於此。永樂十一年建爲宫，西别爲妙華崖。

朝天宫　去本宫東六里，一天門下。

黑虎廟　去本宫三十里，九渡澗之上。傳云：帝修道之時，有黑虎巡山，廟設黑虎神像。

自三天門上入紫金城，爲金殿。在天柱峯極頂，又名金頂。元置銅殿於上，明永樂以規制弗稱，移於小蓮峰，更爲創建。基琢文石，冶銅成殿，沃以黃金。負酉面卯，高丈五尺，横丈二尺，直九尺，式如暖閣。外體精光一片，毫無鑄鑿之痕，内則刻劃瓦鱗及榱桷、簷牙、楝柱、門榻、窓櫺、壁隅、門限，諸形畢具，皆刳銅爲之。上設帝像，聖容豐潤如生，傍侍天兵像四，莊嚴焕發。自殿屋法像至供御器物，悉是銅質金飾，焜煌一色。藏有御賜物數件，龜蛇最奇。蛇員瑩，龜稜隅，蛇遶龜腹背，色黟如漆，而龜潔如脂，因其玉質巧絶人工，非上方不有也。外植銅柱數十根，如欄杆周護之。左右益以飛棧，爲更衣二小室。殿外爲臺，臺外爲楹，楹外爲城，開四大門以象天闕，東西北三門逼臨絶巘，惟南天門通路由之。羣峯捧托，帝闕高居，一朶紅雲，萬道寶光，洵爲白玉乾坤、黃金世界，逈出五嶽珠宫紺殿之上者也。

其附近爲顯定峰、皇岩峯、獅子峯、靁石峯、貪狼峯、巨門峰、禄存峯、文曲峯、逍遥峰、廉貞峯、武曲峰、破軍峯、中笏峯、千丈峯、金童峯、玉女峯、萬丈峯、大蓮峯、小蓮峯、大筆峯、小筆峯、落帽峰、白雲峯、仙人峯、隱士峯、大名峯、中鼻峯、聚雲峯、手扒峯、竹篠峯、槎牙峯、竈門峰、九卿峯、伏魔峯、玉筍峯、柱笏峯、大彝峯、把鉞峯、丹竈峰、天馬峯、雞鳴峯、雞籠峯、風崖、青崖、皇后崖、白雲崖、三公崖、天馬崖、常春岩、集雲崖、北斗崖、昇真崖、碧峯崖、悟真崖、妙華崖、羅公崖、九卿崖、武當澗、蠟燭澗、西澗、金雞澗、鬼谷澗、雙溪澗、碧天洞、黃龍洞、太元洞、參斗泉、天池、龍井、試劍石、金星石、銀星石、鳳凰石、瓊臺、摘星臺、白雲橋、斜橋、星牖。以上峯、澗、崖、洞等所在，已見山水類。

庵祠附

庵　凡三十二

秦府庵　在州河北响河，明秦藩建。

玉峯庵　一名朝陽觀，在滄浪亭山頂。今廢。

樂都庵　在古樂都村後，即今上横山灣。

準提庵　在土橋路傍。

盂津庵　在石板灘，禹州徽府建。今廢。

周府庵　今改悟真庵，州南四十五里，明河南周藩建。

申府庵　在周府庵右，明内閣申建。

晋府庵　在申府庵右，明山右晋藩建。

沐府庵　在周府庵左，駙馬沐昕建。崇禎五年重修，崇禎九年燬。

萬壽庵　在周府庵北。今廢。

會真庵　在元嶽門外。

襄府庵 在元嶽門内。

紫陽庵 明時楚藩建。

自在庵 在修真觀左。

冲虛庵 前有金花樹，傍有舜井。

瑞府庵 在修真觀右。今廢。

崇府庵 在元和觀，嘉靖時建。今廢。

路府庵 在廻龍觀。今廢。

明真庵 在行宫西三里，道人白元福重修。

金沙坪 一名遇仙坪，萬曆時建。

吸露庵 明河南唐府建。

福府庵 在柳坪堰，天啟時建，崇禎間燬。

自然庵 在五龍宫。

接待庵 在五龍宫青牛澗下，勅建。今廢。

延壽庵 在太上崖左。

瓊臺上觀　今廢。

瓊臺中觀

瓊臺下觀

月庵

白雪庵

雲窟庵

檜林庵　孫碧雲葬處。

考晉府庵改爲玉清觀，襄府庵改爲太清觀，慶府庵改爲知白觀，秦府庵改爲守真觀，楚府庵改爲紫陽觀，崇府庵改爲無餘觀，潞府庵改爲無爲觀，瑞府庵改爲開濟觀，福府庵改爲閑心觀，沐府庵改爲元始觀。以上庵改爲觀，乃康熙二十五年知州江闓以名目僭濫，詳請與周府庵一並改正者。見邑志。

祠　凡十二

吕祖祠　在州治南二里。

淨樂宫真官祠

玉虚宫真官祠

三丰祠 在玉虛宫大殿左。

黑虎祠 一名黑虎廟，在十八盤之上。

老姥祠 在五龍宫磨鍼澗上。

榔梅祠 在南崖宫，卽插梅寄榔処。

南崖宫真官祠

文昌祠 在二天門下，會仙橋上。

文公祠 在柱笏峰下，上瓊臺之上。

五百靈官祠

宣慰祠

修 建 附

武當經明末闖、獻及國初劉二虎、王光興等賊，荒廢路絶。康熙二十一年，總鎮蔡公元與撫軍王公捐修山路，起朝天宫至朝聖門十四五里。又修七星樹一帶險徑，砌石設欄，登者賴之。康熙六十年，觀察趙公弘恩以房民載糧上頂，舊由仙人峰青龍背後，懸險多顛覆，又不可鑿傷山脈，捐開别道，較舊路近十里，坦平安行。

悟真庵卽明之周府庵，舊規於諸庵中尤爲閎麗，經兵燹，歲久傾圮，道人李來宗募化修復，適鎮安將軍噶公統禁旅撫輯均房，捐金倡建，越三年而工成。

太子坡復真庵當鄖襄要衝，登頂孔道，舊爲接待所，殘廢久矣，康熙元年，治撫王公倡修，以道人白元福主之，焚修苦行者也。十三年，復壞於兵，元福與徒張静明誓死守之。至二十三年，總鎮蔡公始倡捐成之。

康熙四十二年，王公度昭守下荆南道，涖祀太和，捐建金殿旁陪房二座。既陞撫浙江，聞旁屋被燬，又捐八百兩照舊重建，並添朱欄捲棚二天門、三天門各一座，周建石墻。又修太和古路自河南内鄉縣起至金頂。恭逢聖祖仁皇帝萬壽節勅頒御翰，褒寵山靈，公偕兩浙自漕院以下捐修御書樓及供器、碑亭等，稱太和一時盛舉。原有碑，殘缺於淨樂之火。

淨樂宫後舊有聖父母殿，年久傾頽。雍正八年，前督憲邁公爲捐俸重修，粧塑聖像及侍神像。

净樂宫祖師大殿，明末清初被闖賊火焚。乾隆年間，前住持募化重修。年久損壞，光緒五年重修。宣統二年，風雨飄摇，一概傾圮，神像暴露。至民國二年，僅就正殿舊址修小殿一間，供奉之所餘樑柱木料改造四城門閘板，東西兩廊修蓋社倉局。

又大殿後神父母殿，乾隆五十四年，前住持段陽雲募化山西芮城縣李若信重修。神前供物俱未存留，丹墀前石板官紳起修城南角奎星樓。

又正殿東之紫雲亭，高十餘丈，上有銅頂重千斤。忽被火灾，康熙時御書紅緞默贊皇猷金光妙相軟匾一並被焚，惟長生殿尚存舊址。

又更衣亭，久被闖賊焚燬，前住持段募化重修，改爲皇經堂。正殿三間，東西俱有廊房，共二十四間。光緒二十四年，住持徐募化復修拜殿三間。每年元旦，官紳座班朝賀皆集於此廊房。現設農業學校。

又東西碑亭二座，化錢爐二座，俱已損壞，無力募化。東西配墻俱被官紳拆毁，作爲修堤、修城之用。

又東道院，現存破亂正殿五間，配房俱無。前真官殿三間，内供關聖帝君，香火俱歸紫雲亭道人許清選伺應。西道院正殿配房俱被拆，修高等學校操場。

又小東宫，清同治年間拆毁，移修太和書院。

又三官殿，正殿三間，後斗姆閣三間，西廊配房二十四間，及龍山嘴廟前玉皇殿三間，後禹王殿三間，山頭文風塔一座，兩廊配房各三間，尚存舊觀。

又滄浪亭祖師殿三間，後山嚴魁星樓一座，水邊亭子一座，配房四間，光緒十二年亦被火焚。光緒三十一年，住持徐募化重修。左山岩金塔一座，右山岩銀塔一座。

又城外南關吕祖祠三間，前有彩樓一座，後有老君樓。咸豐年間被水冲壞無存，僅餘路旁靈官殿一座，住持道房六間，廟基地五畝。

瓊臺中觀，舊有二十四道院，前咸豐六年，賊匪張瞎子焚燬一空。同治七年，道士閻成輝、朱信春募建祖師大殿、祖師殿、救苦殿、東西廊房等處。

太和高樓，即天雲樓，舊有樓房殿宇三十六間。光緒十三年，地震傾塌無餘。十五年，道士胡繼雲建修樓房十六間。二十二年，周信春建修廊房五間。民國四年，王龍海建修大門樓房三間，廂樓房六間，漸復舊觀。

龍泉觀祖師大殿，民國二年被匪焚燬。四年募捐修復。

朝陽洞，新建殿宇二間，三清樓三間，玉皇樓三間，吕祖祠三間，客堂三間。光緒辛丑興工，民國七年告竣。道士王至公主建修。

紫霄宫，至光緒以後，歲有傾圮，道房亦不敷用。歷經道士楊來旺、王復渺、苗復青、徐本善、羅本仁、鄒本立、程合星、楊合軒等捐募興修，仍保舊觀。

周府庵藏經樓，上下共十五間。光緒十八年四月燬。二十一年募修十二間。

朝天宫至金頂紫霄宫，山路崎嶇，頗不易行。道總徐本善新修平坦捷徑一條，長約十里，行人稱便。

又玉虚宫大橋損壞，房屋化爲平地，惟經堂大殿現有。胡善女暫爲修補。

此外，如迎恩宫賽宫礄、五龍宫至南岩宫父母礄神路等均損壞已久。道士曾理乾正在募修中。

南巖宫，朽壞不堪，風雨莫避。清同治初年，道士楊來望苦心募化，大啟殿宇，歷十餘年，廟貌一新。光緒辛丑開辦十方叢林。

又經曾理乾、黄至純、張永慧、劉理江、劉宗法、徐本善、劉理卿等先後募建萬聖樓、功德祠、靈官殿、天合院、道院、倉屋、東西街屋二十餘間。

又有馬姓者捐修捨身岩下朝陽洞二間。

歡喜坡距朝天宫二百三十步，香客取道於此者，恒有墮落斃命之虞。前經楊來旺、張善人鑿修土徑。民國八年，徐本善復開拓之，砌成雲梯之勢，設石磴二百有八。次年，又見距歡喜坡三里許之分水嶺勢更狹險，俗稱落魂岩，偶一失慎，形骸粉碎。徐更鑿險開嶂，削葛除荊修石磴四百三十二。嶺上之水分行於路之左右，行人便之。

太和宫金頂，民國七年新建聖父母殿一間。

天乙樓，民國九年新建聖樓五間，廂房八間。

三天門，民國四年新建經堂三間，木樓九間。

會仙橋，民國六年募修正殿三間。

三官臺，民國二年新建正殿三間，廂房六間。

按：原志引道書云：淨樂在奎婁之下，乃海外之國，祖師越海東遊，至於此山。又引《總真集》云：淨樂治麇，均卽麇地，以州之樂都鄉爲淨樂國，因指古坵爲聖父母塚，勒石曰淨樂國王之墓，後知州江闓又詳請革除之。古事荒遠，仙跡渺茫，難以臆斷，姑存其説而已。大抵宫名淨樂，或取淨樂出身之始名之。至於别宫，又踵而增設者耳。淨樂舊規極濶，今尚殘廢。迎恩、遇真，猶然平地樓臺。玉虚麗矣，大而未奇，今亦遇燬。紫霄如羣仙大會，五龍如海門幽深，太和路近天門，然限於巖基，不能展拓。論其據勢高而收攬遠者，惟南巖爲勝。若夫黄金爲屋，碧落飛棲，古傳其名而未之見者，不得不驚爲海内之所絶無者也。至於宫殿既盛，庵祠輻輳，亦勢之所必至。當其山運隆興，豈不家有神仙？不然者，神仙散矣。毋庸另贊，附存其名可耳。前代修建，已見碑記。今有重葺者，畧爲續見焉。

祀　典

禮曰：天子祭天下名山大川。傳曰：能禦大災則祀之，能捍大患則祀之。又曰：九州之名山川澤，以阜財物也。非是，不在祀典。大嶽爲天下名山大川，而帝之神伏魔助順、禦災捍患，皆於祭義有合。漢唐以往，無可考據。自宋元迄明，事多載見遺碑。本朝循行舊禮，功崇德重，爲天子之所登封昭假，著之爲典也宜矣。紀祀典。

大嶽太和山，歲供元帝真武之祀。《下荆南道志》云：祠祀志載真武廟，真武本元武七宿，避宋真宗元朗諱，改真武，至今不能易。曹以寧言：有此宿，則有此神，理或然也。今時最崇重者，大嶽太和山真武及岱嶽碧霞元君。當永樂時，建真武廟於太和，設大璫及藩司守之，董其祀。《明史·方士傳》：嘉靖三十二年，建元嶽湖廣太和既成，遣英國公張演往行安神禮。

又真武號百字：混元六天、傳法教主、修真悟道、濟度羣迷、普爲衆生、消除災障、八十二化、三教祖師、大慈大悲、救苦救難、三元都總管、九天遊奕使、左天罡北極右元大將軍、鎮天助順、真武靈應、福德衍慶、仁慈貞烈、顯佑真君、治世福神、玉虚師相、元天上帝、金闕化身、蕩魔天尊。

歷代封號

宋

真宗天禧二年七月七日，勅封：恭惟真武之靈，茂著陰方之位，妙功不測，冲用潛通。尹京邑之上腴，有龜蛇之見象，允昇地寳，毖湧神泉，自然清冷，飲之甘美，資中國之利澤，奏民疾以蠲除。佑慶濟時，虔思報德，就其勝壤，建以珍祀。既修奉於威容，合登隆於稱讚，爰稽懿實，永耀鴻禎。真武將軍宜加號曰：鎮天真武靈應祐聖真君，又加：太上紫皇天乙真君玉虛師相元天上帝。

仁宗嘉祐四年正月上元日，勅封水火二將：同德佐理至應大道顯明武濟陰威翼聖左正侍雲騎護國保寧輔肅元初太乙天大左將軍，同德佐理至惠誠重威慈普濟陽辨武聖右正侍雲騎護國保靜輔肅守元太乙天大右將軍。

寧宗嘉泰二年十月，勅封北極祐聖助順真武靈應真君：天之貴神，國之明祀，赫然祥異，著於見聞。在天禧時，瑞表醴泉之觀。若熙寧日，事傳大順之城。祖宗相繼，禮文有加。肆朕尤嚴於祭報，而神每鑑於禱祈。福詒冲眇，將垂萬世之子孫。德及高深，普洽四方之黎庶。誕揚盛美，庸侈徽稱，可特加封：北極祐聖助順真武靈應福德真君。

理宗寶祐五年二月，加封北極祐聖助順真武靈應福德衍慶真君：道周六合，威攝萬靈。鍾元黄一氣之真，握坎離二精之妙。以玆蕩邪而辟氛，莫非救民而護國。惟我朝之累聖，殫至敬之一心。在真廟仁廟，則顯靈應而彰感通。在孝皇寧皇，則奉祐聖而崇福德。迨予冲眇，固當增衍慶之封。嘉神聰明，亦既述均陽之讚。無願不成，錫庶民之福祉。何幽弗察，清四海之妖氛。凡同普率之間，均在包函之内。惟仁則所濟之博，惟正則丕烈之洪。強贊上真，難名至德。尚宏道蔭，永庇人寰。可特封：北極佑聖助順真武福德衍慶仁濟正烈真君。

元

成帝大德八年三月，勅封：武當福地，久屬職方。靈應元天，宜崇封典。睠言真武，昔護先朝。定都人馬之宫，嘗見龜蛇之瑞。雖昭應已修於明祀，而仙源未表於徽稱。爰命太常，議行褒禮。謂元者善之長，聖德合於一元。聖則化而神，元功同於三聖。拯濟民生而仁周宇宙，廓清世運而威暢風霆。訂鴻名而既加，宣寵光而何忝。於戲！天道主宰謂之帝，帝室眷命受於天。思皇多祉，佑我無疆。特加號曰：元天元聖仁威上帝。

仁宗延祐元年九月，勑封：聖父淨樂天君明真大帝加封啟元隆慶天君明真大帝，聖母善勝天后瓊真上仙加封慈寧毓德天后瓊真上仙。

大定二年①十二月，勑封：火神爲靈耀將軍，水神爲靈濟將軍。

明

洪武釐定神號武當真武之神。永樂後，稱北極鎮天真武元天上帝。

歷代祭祀

清

康熙十二年二月十九日，差侍衛吳當、色虎立齎御賜香幣並銀五千兩，祭告北極元天上帝，恭祀太皇太后壽算千秋，祚國保民，懇祈上帝靈鑒，伏惟尚饗。並繪武當山圖進覽。

康熙四十二年，恭逢萬壽聖節，差侍衛納、兵部員外郎德、太監南前詣太和山金頂進香，齎到欽賜香儀銀一千兩。又差翰林院宋齎到御書武當匾額五通，一“金光妙相”，懸金頂殿上；一“默贊皇猷”，懸淨樂宮；一“仙籙崇虛”，懸周府報國庵；一“曲成萬物”，懸南巖宫；一“清虛至德”，懸玉虛宮。原頒宸翰，於淨樂宮朝聖門建御書樓藏之。奉到香儀銀，修各宮觀供器，具載碑記。

---

① 大定二年：任自垣纂修《勑建大嶽太和山誌》卷一作“泰定二年”。

明

永樂二十一年，修建各宫。祭曰：兹者命官統率軍夫修建殿宇，報答神貺，上資薦揚皇考皇妣，下爲天下生靈祈福，謹用祭告，神其相之。

洪熙元年，遣禮部侍郎胡濙致祭曰：維神道高元妙，功運化權，廣濟生靈，陰翊皇度。兹予嗣位之始，虔修告祀，伏惟歆格，永祚邦家。

宣德元年，遣太常寺丞袁止安致祭曰：惟神参贊元化，顯相邦家，我皇祖崇建祠宫，昭答靈貺。兹予嗣位之初，謹用祭告，惟神昭格，茂錫靈庥。

正統元年，遣平江伯陳佐致祭曰：惟神丕顯靈威，佑我邦家，祛災凝祥，永世斯頼。兹子嗣承大統，紀元之初，敬用祭告，用祈洪庥。

景泰元年，遣翰林院侍講徐程①致祭。

天順元年，遣定西侯蔣琬致祭。

憲宗卽位，遣吏科左給事中沈瑶致祭。

孝宗卽位，遣陽武侯薛倫致祭。

武宗卽位，遣崇信伯费柱致祭。

世宗卽位，遣工部右侍郎陳雍致祭。

穆宗卽位，遣尚寶寺少卿徐琨致祭。

神宗卽位，遣工科給事中吳文佳致祭。

光宗卽位，遣武安侯鄭惟孝致祭。

武宗告祈雨文：今歲以來，雨暘愆候，田苗枯槁，黎庶憂惶，予心兢惕，虔致禱祈。惟神矜民，旋斡太和，式調和氣，以濟民艱，庶民有豐稔之休，神亦享無窮之報。

武宗告弭盗文：近歲以來，羣盗爲梗，生靈被害，在在有之，命將徂征，稍臻平定。餘災未殄，尚累天和，水旱相仍，妖祥疊見。永思厥

① 徐程，凌雲翼修、盧重華等纂《大岳太和山誌》卷二作“徐理”。

咎，良切痛心。爰訪羣臣，飭躬修政，同期昭格，庸迓神庥。

嘉靖三十一年，重修宫殿，遣工部右侍郎陸杰致祭曰：兹者奉修元聖宫宇，興工之始，即感神彰顯應，圓光屢現，敬仰真庥，謹用遣官祭謝，伏祈聖真昭格，永垂庇佑，錫慶邦家。

有明建太和山宫殿，飭提鎮藩㮚主其祀，又差大璫駐山監之。官役羽衆，廩食不貲。於時祭特祭外，額定各宫供奉燭千餘對、油數千觔、香數百觔外，庵觀二十六處俱定有香油蠟燭之數，糜費不可指計。今惟存原設均州佃地二萬七千五百畝，光化縣佃地二千八百畝，於每年徵收租稞，供八宫祭祀並羽士口糧，俱有一定條規。事隸守道，耑派均州吏目經徵。復於乾隆六年通詳立案，以免隱槩，附識之。

清

加封：北極鎮天真武祖師萬法教主元天元聖仁威上帝金闕化身蕩魔天尊。

按：《明史·禮樂志》載弘治元年禮科張九功、禮部周弘謨等議，北極佑聖真君者乃元武七宿，後人以爲真君，作龜蛇於其下。宋真宗避諱，改爲真武。靖康初，加號佑聖助順靈應真君。《圖志》云真武爲淨樂王太子，修煉武當山，功成飛昇，奉上帝命鎮北方，被髮跣足，建皂纛元旗，此道家附會之說。《國朝御製碑》謂太祖平定天下，陰佑爲多，嘗建廟南京崇祀。及太宗靖難，以神有顯相功，又於京城艮隅並武當山重建廟宇，兩京歲時朔望各遣官致祭，而武當又專官督祀事。憲宗嘗範金爲像。今請止遵洪武間例，每年三月三日、九月九日用素羞，遣太常官致祭，餘皆停免。孜真宗拜受天書，至徽宗自號神霄玉府宣和羽士虚靖道君皇帝，其時元老休沐，提舉各宫。朱子亦嘗提舉雲臺觀，謂之祠俸。宋之崇道教固矣。《唐書·藝文志》載葉靜能《太上北帝靈文三卷》。《三府秩官表》載姚簡爲均州刺史，所傳禱雨五龍，太宗秩祀，未爲無據。《荆州圖記》晋咸和中，謝允辭羅令，隱武當，遇戴先生。《郡國志》戴孟卽漢武帝所遣上將軍戴甑生，入武當採藥者也。《南史》劉悅在梁州，迎武當道士孫懷道合仙藥。《五代史》郭無爲甞衣褐爲道士，服居武當山。葢自漢迄晋唐五代，兹山已屬仙居。奉祀真武，略見於唐，不自宋始。而獨盛於元明以及本朝者，何也？山不封則不名，神不封則不靈。葢自都建上京，居北御南，與帝合體，隆名徽號，運使之然耳。龜蛇，水之本相。黑衣皂纛，水之本色。其帝太皞，其神元冥。冬至所迎，禮詳月令。天一所生，數始河圖。於五方之帝爲正祀，於五嶽之神爲首領。生殺之所自出，雖歷劫不能易也。是以位居於北，令主肅殺，固有取於蕩魔。德合在水，氣含生育，亦更利於祈嗣。覽九域名山奉真武者十之七八，淨樂太子之家祠而户祝之也，豈偶然哉？

卷之四

僊　真

僊之有無，不得而知也。人可爲仙，而至今猶在，不得而知也。考亭氏曰：修煉家收攝神氣，比世人則長存，久亦必散。傳曰：深山大澤，實産龍蛇，言靈秀所鍾也。以太和之高特奥衍，又被真武之聖跡神踪，居其地，必有飄飄遺世羽化以登者，竟謂其無仙焉，抑又不可。列史皆作仙釋方外傳。舊志所載，多有其人，録之以警人之入山頂禮，出卽戈矛其心、鬼域其行者，且因以各自警焉。紀仙真。

僊

周

尹喜　《輿地紀勝》：關令尹，周康王之大夫。姓尹，名喜，號文始先生。當周之末，大道將隱，預占紫氣西邁，有道者過之，出爲函谷令。未幾，太上度關，喜執弟子禮迎拜。授之《道》《德》二經，約後會蜀之青羊肆。托疾不仕，隱居谷内，後入蜀。歸棲於武當三天門石壁之下。石門石室，喜之所居，古有銅牀玉案，今無之。以其所居，名曰尹喜崖。澗曰牛漕澗、青羊澗，皆太上訪喜之地。

尹軌　《神仙傳》：軌，字公度，太原人，文始先生之弟子也。博極羣書，晚乃學道。常起居林麓，間服黄精，年百餘歲，言天下安危盛衰，未嘗不驗。入太和山後，領杜陽宫太和真人，今爲紫虚陽光道德籙真師。

漢

戴孟　《郡國志》：姓戴，名甑生，漢將軍。武帝遣入此山採藥，棄官學道，號孟盛子。受法於清靈裴真人，得玉佩金璫之書，石精金光之符。周遊名山，日七百里。白日上昇，落帽於武當山峰之上，今呼曰落帽峰。

馬明生　《列仙傳》：臨淄人也。本姓和，字君賢。少爲賊所傷，在路遇神人與藥，救之再生。乃師安期先生，周遊天下，勤苦備經，遂授太清金液丹經，入武當山石室中修煉。藥成，先服半劑，爲地仙，展轉九州五百餘年，乃白日昇天。

陰長生　《雍州記》：長生，漢光武陰后之族，鄧州人，馬明生之弟子也。得師太陽神丹之訣，同隱武當。丹成，馭氣飛行，周遊六合。後至中州仙都，白日上昇。

燕濟　舊志：姓葉。《道學傳》：名濟，字仲微，漢明帝時人。少好道術，棄官不仕。後居武當，寢息無度，或因積石，倚大木，雖歷四時，衣服不變。居常散髪，亦或練巾。飛步雲煙，人莫之近。

晉

謝允　《真誥・稽神樞》云：允，字道通，歷陽人。少英毅，歷仕羅邑宰。晋太康中，辭官入道，西上武當，見戴先生坐於石上，授以煉神冲虚之道，俄失所在。於是結茅石室，不數年，得冲寂之妙，飛行絶壁。後仙去，故武當亦名謝羅山。

徐子平　《類書》：安帝時，爲華陰令。棄官學道，隱於武當山砂郎澗[1]釣臺之下，洞明鍼灸。隆安二年，飛昇而去。後人祀之石鼓庵，號曰徐真君。至唐一行禪師與御史李虚中、錢塘東齋徐大升叅訪子平真數，不得其傳，夜夢斯文藏於武當山砂朗澗釣臺之下，遂往尋之，果得斯文三篇：定真論、喜忌篇、繼善篇，行於世。

劉　宋

劉虬　《隱逸傳》：劉虬，字靈預。天資穎悟，博究墳典。宋泰始中，爲晉王記室，解官辟穀，入武當山仙去。所居石室，曰劉爽巖。今隱士崖是也。

唐

吕純陽　父姓李，母姓吕。本唐宗胄，舉進士，狀元及第，因武后殲唐子孫，乃從母姓。先隱太華山中，道明三元，苦心救世，玉帝選爲天仙狀元，勅命爲傳教祖師。嘗遊武當，居紫炁峰。

孫思邈　華原人。七歲，日誦千言。及長，好談老莊。隱太白山學道，求度世之術，洞曉天文，精究醫藥，務行陰德。偶見牧童傷小蛇血出，脱衣贖而救之。旬餘，見白衣少年邀至家。至一城郭，儼若王者居。一人絳衣出迎，命一青衣小兒拜謝，始省救蛇事。左右曰：此涇陽水府

① 砂郎澗，本傳又作“砂朗澗”。

也。以輕綃金珠相贈，辭不受。取龍宫三千奇方與，曰：此可以助道者濟世救人。思邈歸，編入《千金方》中。遍遊名山，歷武當。至唐太宗召，始詣京師。永徽三年，已百餘歲。一日沐浴，衣冠端坐，俄而氣絶。月餘，顔色不變。及入棺，惟空衣焉。

楊仙 號華陽先生。又沈仙，又陶幼安，俱得道於武當山。一住楊仙岩，一住沈仙崖，一住仙侶巖百花泉。

宋

陳摶 字圖南，亳州真源人，賜號希夷。初遊太山巔長松下，與安期、黄石輩論出世法，合不死藥，曰：安能出入輪廻間哉！乃盡棄家業，攜一石鐺而去。遇鹿皮處士，謂武當山石崖可隱，遂往栖焉。服氣辟穀，凡二十餘年。感五炁龍君，授以睡法。五代之末，移居華山。傳云：五龍飛空送之。周世宗賜號白雲先生。一日，乘驢遊華州，聞宋太祖登極，大笑曰：天下自此定矣。後遊峩眉山，鑿石室。還卒於蓮花峰下，年一百一十有八歲。

吉志通 邵陽人①。幼穎悟，博學。居武當十年，不火食，但餌黄精蒼术，精神澄徹，行步若飛。一日，召弟子，戒以珍重道教。言訖而逝，元中統甲子也。

王當陽 桐汭人。元初，遇異人，授幻化之術。後遊武當而歸，於郡南平頂山建昇平道院，修煉其中，撰述精語。年九十餘，忽端坐而化。

---

① 邵陽人：楊素藴修、王民皡等纂《大嶽太和武當山志》卷九作“部阳人”。

張士遜　字退傳，均州人。[1] 初居光化，少孤貧，讀書於武當山，有道士見而異之，曰：子有道氣，可隨我學仙。公不欲。宋太宗雍熙中，登科甲，位宰相，後竟隱武當仙去。

房長鬚　《武當傳》：房長鬚，不知名。隱居武當，日以栽杉爲事。一日，遇元帝化形道相，詢以栽杉之因。慰之曰：神則清矣，惜乎無鬚。以手頷之。經宿，覺有物如絲，縈於胸臆。視之，鬚已長尺餘矣。一日，雲中隱隱見跨鶴之形，回視故居，惟杖履在。今五龍宫後古杉，其手植也。

田蓑衣　《武當傳》：不知名。隱武當隱仙巖石室，冬夏止一蓑衣，時人因以蓑衣稱之。隆冬則真氣如蒸，盛夏則溫凉如玉。人有疾叩之者，摘衣草，吹氣與之，服之即愈。煉大丹。端平間，失所在，今丹室爐竈存焉。

謝天地　《武當傳》：不知姓名。絶粒不食，居南巖更衣臺下石室。中壁萬仞，人莫能往來，獨飛行自若。人有問，但應之曰謝天地，無他語，人以是名之，亦以是名其岩，後仙去。

孫寂然　記曰：名元政，號寂然子。嗣業茅山清真觀，得上清五雷正法。紹興辛酉，登武當。時罹金難，殿宇一空，爲興復五龍諸宅，以符水爲民除疾，衆歸之。數年之間，宅殿悉備。高宗詔赴闕廷，符水稱旨，勑度道士十人。後還山，無疾而逝，藏其蜕於桃源之東。

鄧真官　名道安，孫寂然之弟子也。自幼隨師開復武當，盡得其師

---

① 字退傳，均州人：劉道明集《武當福地總真集》卷下作"《宛退傳》：名士遜，均州人也。"

上清五雷正法，駕風鞭霆，其應如答。繼住五龍，興建正殿，頑石壁立，鑱鑿甚苦。一夕，雷雨爲破其石。度弟子數人，以觀付之。嘉泰中，預告徒衆，奄卧而逝，大風拔木，人謂乘風而往，劍瘞宫北。

曹觀妙　名侍德，峴山人也。幼入武當，嗣五龍之派。天性潁悟，自作一家書體。道法陰陽，靡不博究。領住山之職，後移領三茅崇禧。及歸，晚節清高，衆期輕舉。一夕，夢山神語曰：三茅真君來日降此。迎至會仙峯，久無一人至者。日將暮，真君化爲田父，荷蓑而至，抵觀，拜於堂下。尋欲勞之，不得，但見異香襲人，覆滿庭户，悔無及矣。後戒徒衆曰：吾因受三茅真君禮，不免金解。端平三年十月末旬，果罹兵難，白膏凝膚，略無腥血，刃者致拜，釋劍而去。後蜕塚於桃源。

唐風仙　名守澄，隨州人也。幼入武當，姿貌古怪，鶴體松形。葫蘆數十，常挂杖上，往來於均房間。郡守程進令開闢武當香火。道人之吉凶，無不騐。人被叱者，即蒙福慶。人以風仙稱之。開慶已未，不知所在。

元

汪貞常　名思真，號寂然子。家世徽人，入武當山。至元乙亥，領徒衆六人，開復五龍。荆榛塞途，黑虎爲之引導。興建殿宇，四方師禮之，任本宫提點。吉凶預知，後無疾而蜕，人多夢其步紫雲而北去。

魯洞雲　名大宥，號洞雲子。隨州應山人也。家世宦族，幼入武當學道，遍歷南北。至元乙亥，偕汪貞常開復武當。住紫霄崖，年八十餘。以道著遠近，點墨片紙可療疾。解化之日，面若童顔。

葉雲萊　名希真，號雲萊子。得清微道法，避兵入武當山。至元乙西，應詔赴闕，止風息霆，禱雨却疾，悉皆稱旨。至元丙戌，領都提點，任武當護持。後還山，翛然而退①。

劉道明　號洞陽，荆門人。與葉雲萊同師雷囦黄真人，授以清微上道。居五龍，搜索羣籍，詢諸耆舊，纂《總真集》《紀勝録》②。

張道貴　名雲巖，號雷翁。長沙人。至元間，入武當，禮汪貞常爲師。同雲萊、洞陽謁雷囦黄真人，得先天之道。歸五龍宫，潛行利濟。門下嗣法者二百餘人，得其奥者，惟洞囦焉。终於自然庵。

張守清　名洞囦，號月峡叟。宜都人。幼習儒業，長更爲吏。年三十一，聞武當魯洞雲名，投禮出家，修煉金丹。得雲萊、洞陽、雲巖三師之道，創建南崖天一真慶宫。奉詔祈禱雨雪，立有顯應，人皆神之。宣授體元妙應太和真人，管領教門公事。後退隱於清微妙華巖，精修上道，棄形蜕去。

黄明佑　字太霞。潭州人。早歲抗志煙霞，歷諸名嶽。禮武當太和張真人，嗣清微法派。凡有祈禱，無不感應。

單道安　本州人。從南岩張真人學道，精究道法，殷勤弗怠。真人昇舉後，潛於壘字峯，屏絶人事。洪武初，遊西華、終南諸山，仍居重陽萬壽宫。一日，以所受元秘與門人而去。弟子李素希擕冠履，瘞於五華仙塋。

曹古松　義興人。生於元季。幼入句曲山，禮三茅君，出家元符萬

① 翛然而退：劉道明集《武當福地總真集》卷下作“翛然而逝”。
② 《紀勝録》作者爲元代雲麓樵翁羅霆震，非劉道明。

寧宫。後入武當，煮石茹芝，韜光匿影。還句曲，復入杭開元。一日，對王眉叟真人作頌辭謝，端坐而逝。數日後，有蔣姓者見古松如生，拜辭而去。

鄧青陽 生於元季。來武當，從高士學黄老、莊列、周易、龍虎大丹諸書，精思熟鍊，深得其奥。遊武林，有"忘情消白日，高卧看青山"之句。所著《觀物吟》，又曰《警世文》。洪武初，吴中人多有識之者，後不知所終。

明

張三丰 號元元子，又號張邋遢。遼東懿州人，張仲安第五子也。寓居鳳翔寶雞縣之金臺觀修煉，忽留頌而逝。士人楊軌山殮之，臨窆復生，以一小鼓留其家，後亦亡去。入蜀轉楚，登武當山。洪武二十四年，詔求之，不得。永樂中，遣禮科都給事中胡濙遍詣天下名山訪之，不遇。又舊志載：張全一，號三丰。風姿魁偉，鬚髯如戟，頂中作一髻。一笠一衲，自無寒暑。又號爲張邋遢。或處窮山，或遊閙市，嬉嬉自如。及至論三教經書，絡繹不絶。凡吐詞發語，專以道德忠孝爲本。事皆先見。或三五日一餐，或兩三月一食，穿山走石，行住無常。洪武初，遍歴名山，搜奇攬勝。至武當結庵，庵前古木五株，栖其下，猛獸不距，鷙鳥不搏，人益異之。嘗與耆舊語云：吾山異日與今大有不同。命邱元清住五龍，盧秋雲住南岩，劉古泉、楊善澄住紫霄。又結庵展旗峰北，曰遇真宫。黄土城内，曰會仙館。語弟子周真德曰：爾可善守香火，成立自有時來，非在子也[①]。洪武二十三年，拂袖長往，不知所之。永樂十年，遣使致香書，屢訪不獲。正統元年，勅封：通微顯化真人。

---

① 非在予也：任自垣纂修《勅建大嶽太和山誌》卷六作"非在子也"。

李素希　字幽巖，號明始。洛陽人。元末，棄家遊武當。洪武初，住持五龍宮，後退隱於自然庵。永樂三年，榔梅結實，遣道士易本中上貢，賜以表裏鈔錠。四年，榔梅仍實，復遣上進，賜賚如前。是年，詣朝謝恩，賜坐便殿，諮以理國治身之道，惟以道德奏對。上悦，禮待甚厚，賜還本山。永樂十年，勑遣大臣創建宮觀三十餘處，訪古跡舊規，皆一一陳之。永樂十九年六月初五日，囑門徒各宜精修學道，今教門大興，吾去無憾矣。語畢，端坐瞑目。壽九十三。翼日焚化，骨齒皆青，人傳其爲仙，冠劍藏於黑虎澗上。

王越　字世昌，安陸人。登進士。爲人英爽磊落，有經略才，以邊功封威寧伯。後仙去，踪跡多在太和山。屠大山中丞曾訪之不遇，其子本畯作中丞年譜云：某月日，訪故威寧伯王越於山中，卽日遁去。耆舊相傳，今尚有見之山中者。

麸子李　在太和得道，屠大山中丞奉詔修太和，曾訪之山中。

雷鬖頭者　名太雲。不知何許人。少爲書生，好道術。入沙門，又棄而學仙。成化間，居太和山，敝衣蓬首，行若飄雲。人或於山下見之，忽失所在，舉頭望之，遥在高巖雲霧中。荆王求見之，請曰：願乞片言。太雲曰：予丐人也，何足以語仙。王曰：汝年幾何？曰：半歲。王曰：汝何許人？曰：幽州生，建康長，廣東編户，遼東應役。王憃然不悦，大相訾詆，欲執之，忽不見。

李孤雲　河南人。洪武初，來武當五龍宮，與鄉人李幽巖結方外友。壽九十有二，冠劍藏於桃源洞。

劉古泉　河南人。入寶珠巖下，常蒲團獨坐。一旦，告其友楊善澄曰：吾解帶正在此時。語畢而逝。

楊善澄 太行山西人。夙有道契，志在太和紫霄之下，後如其意。與劉古泉爲友，人並敬之。

邱元清 西安富平人。幼從黄得真出家。洪武初，遊武當，爲五龍住持。有司以賢才薦，授監察御史，不受①。轉太常卿，每遇大祀，上宿齋宫，諮以雨暘，奏對有驗。公餘，黄庭、道德不輟於口。閒則凝神坐忘。一夕，謂門徒曰：明日，乃吾歸辰。至期，端坐而逝，壽六十七。朝廷遣禮部侍郎張智諭祭，還葬五龍宫黑虎澗之上。

彭祖年 西蜀人。少業儒，詞翰俱美。天文地理，陰陽度數，卜筮醫術，無不研究。從汪真人入大都。洪武初，來武當，棲遯養高，如如自樂，壽八十二②。

盧秋雲 光化人。從終南山大重陽萬壽宫高士遊，悟全真之理，隱南巖紫霄之巔。永樂八年，無疾而化。

黎一泉 本州人。幼出家於紫霄宫。元末，遊江右諸名山，訪道尋師，杖履瓢笠，放浪形骸之外。再謁毛公壇、張公洞，得林屋洞天王無僞授以太極上道清微底妙，仍歸紫霄崖。年八十一，儵然蜕去。

李德囦 號古岩，金臺人。自幼入陜西重陽萬壽宫出家，壯遊武當，於紫霄宫禮曾仁智，授以清微雷法，徙居元和觀。洪武二十三年，湘王謁武當，嘉其修煉，賜住荆州府長春觀。一日，謂人曰：吾將返矣。作

① 有司以賢才荐，授監察御史，不受：任自垣纂修《敕建大嶽太和山誌》卷七作“有司以賢才薦於朝，除授監察御史。上賜室，力辭弗受。”

② 壽八十二：任自垣纂修《敕建大嶽太和山誌》卷七作“壽八十三”。

頌曰：八十餘年光陰，不染不着毫分。大笑呵呵歸去，一輪明月當天。王聞之嗟悼，遣官葬於元和觀之東。

周自然　金臺人。自幼入全真教，長遊四方，以藥濟人。洪武初，住武當五龍行宫。年將耄耋，貌若童穉。一日，以所藏道書醫術付弟子，曰：吾當委順去矣。翼日，沐浴更衣而逝，葬於桃源澗。

燕善名　號景山，洛陽人。從邱元清入武當，勤事香火，道俗無不敬慕。永樂十八年，無疾而化。

蒲善淵　關西人。從元清學莊列之道。洪武十五年，授均州道正。永樂間，奉使四方，諮訪賢達。後於章貢元妙觀無疾而化，葬於黑虎澗之上。

孫碧雲　關西人。幼入西嶽華山。洪武二十七年，徵至京，賜衲衣齋供，館於朝天宫。明年，賜還華山。永樂十年，復召至京，賜詩一章，號虚元子，勑授道録司右正一，又勑授南巖宫住持。十五年，忽謂門人曰：教門已興，吾將往矣。翼日，沐浴更衣，遥空禮謝而逝，葬於檜林庵，有《碧雲集》行世。

簡中陽　字欽和①，武昌人。得異人授以中黄上道、清微秘法。洪武辛未，來武當，居紫霄之巔，辟穀坐忘。永樂丙戌，召見，問元帝昇真事蹟，一一奏陳，賜以祠部護身符牒還山。後隱於福地峯，杜門守静。告門徒曰：吾將謝世矣。語畢，端坐而去，印劍藏於紫霄之西壟。

---

① 字欽和：任自垣纂修《勑建大嶽太和山誌》卷七作“字致和”。

李長庚 號硫白①。青州人。生而好道，於書無所不讀。入武當，至均州滄浪亭，遇道者，龐眉丹顴，年可六七十許，號四維長者。道俗年半百者爲言：長者居山多年，予等爲兒時所見，貌已如此。人或測之爲羅念庵云。

李真運 山東人。奉三清教。坐卧靡常，盥櫛俱廢，赤脚行雪中。募修神路三百餘里，後又修玉虛宫，名貴咸禮焉。明末，無疾坐化，冠劍藏於黄沙河志真橋北，有塔建於其上。

李永哲 字白雲，明萬曆時皈玄於太和山之自在庵。終日諷誦皇經，手不釋卷。一日正誦經時，道童忽報客來。永哲掩卷迎客，則見經單上貯草履一雙。永哲以經單乃潔净之物，豈容穢瀆，遂擲草履於殿外。須臾，草履化爲仙鶴，回首客亦不見，但見墻上揭有"張先賢在此，李白雲不遇"二語。始悟三丰祖師點化，隨鶴追去。追至許都城邊，鶴高飛而永哲手挂棗枝上，良久手釋，遂脱凡體。迄今棗刺倒生墓前，碑碣言之甚詳。

清

二虎王 西秦人。官於明，位至副戎。年五十，棄家出遊，學道武當山，名不傳，有苦行，感二虎爲伴，因以名。每於夜静，持香信步，所之遍走山澗，香盡則還。有强寇執索騾馬，王引至一處，但見二虎怒哮，作欲噬狀，寇惶怖求免方脱。順治八年，正果朝元，建墖勒石。

竺野鶴 年百四十餘歲，明嘉靖間人。遍遊天下名山，康熙初，修道武當明真庵。嘗語客曰：無身，何處修道。得道，又要棄身。正欲棄

① 號硫白：楊素藴修、王民皞等纂《大嶽太和武當山志》卷九作"號皖白"。

此身，不能耳。

白元福　號柱峯。西秦金明延川人。以明經擢職官，未幾，掛冠去，入太和七真洞。後爲諸當事強起，修復武當宫庵橋梁。嗣修明真庵，爲聚徒講肄之所。壽七十。一日，書偈云：性返靈明炁返空，太虚似我不相同。只因會得些兒意，撒手撑開混沌中。偈畢，端坐而逝。

楊常炫　山西人。庚辰進士。明末棄官，登華山頂，復還嵩嶽，三遷於武當之北巖。與住山白元福相友善，餌精服术於洞者六年。預知山中刼數將至，出遊江漢間，爲憲副余公誦經救刼，刋劉洞陽《總真集》行世。

蔣超　字虎臣，金壇人。登順治丁亥科榜眼，歷官國史院侍讀，提督直隸學院。甘蔬食，好仙佛，棄職，遍遊恒、岱、嵩、華。康熙六年，遊武當，著《勿作四種罪業説》。後去峩眉。將坐化，索筆書偈去。

殷雲陽　西安人。住淨樂宫，開齋堂，接待往來，歷五十年不懈。有祈求者，爲之拜斗誦經。襄鎮焦應林祈嗣，即孿生。觀察司及州牧延請禱雨，無不立應。年八十三。於乾隆辛酉，先示徒以歸期，鼻垂青絲尺許，趺坐而逝。

禪　附

不二和尚　名圓信。北京房山縣人。薙髮白雲山，禮大僧德敬爲師。明嘉靖庚申，入武當，住虎耳巖數十年。賢士大夫之轍以日至，尚方之賜、掖庭之供以月至，虎耳崖之名遍天下。先於正德間，曾入大内施食，有武皇所賜千佛衣尚在，距和尚示寂期已近百年，合計不啻百二十歲。

事見王元美、汪伯玉、袁中郎、姚履素諸記中。

潘真人 號金墀，清初皈玄於太和山之朝天宫。俊逸不羈，酷好雲遊。名山大川，足跡殆遍。康熙十二年，四川大旱，禾稼半枯死，官紳祈禱無靈。適真人遊至川，心憫之，又恨川僧淫惡，思欲雨施其救。乃沿街大呼賣雷，每雷一聲售價三文。人皆奇之，争視其鳴雷之法。真人率數童子伸其手，嘘以炁，復命握緊而更伸之，遂大發霹靂之聲。須臾傳至官署，藩憲某謂其既能鳴雷，必能禱雨，親詣真人前，求其援助。真人乃察度地形，法天象地，七政九曜，二十四將位，三十六雷部，排成混元宗壇。壇内用妓女、僧人各百名。先令僧伏案下，以屧擊僧之腦，真人將令牌一舉，口中念念作聲，金光閃灼，罩覆壇圍。斯時僧之淫蕩刁惡者如盛布囊之中，呼吸不能自主，屧如千觔銅錘，痛不可忍，大呼饒命。衆妓急擊則雨霈，緩則雨霂。壙壇三日，油然沛然，禾苗勃然興之矣。解之者曰：淫僧久蕩烟花，本乎動，陽中之陽也；妓女久袒脇下，本乎静，陰中之陰也。僧伏案下三日三夜，不令其展轉者，陽極變爲陰體之義也；妓乘僧項，屧擊僧腦，不令其休息者，陰極變爲陽質之義也。陰居上爲坤、爲水，陽居下爲乾、爲火，取其顛倒陰陽，水火既濟之義也。藉人之陰陽合天地之動静，故能成雨。神人妙用，有非凡夫所能窮其奥者云。

黄清一 均縣人。清咸豐初，皈玄於武當山之天合樓。識藥性，苦修煉。晝則入山採藥，和丸濟世；夜則入定洞中，消譴世慮。此外遂别無他事。一夜幻心方寂，忽覺洞門自開，異香撲鼻，環佩之聲，不絶於耳。須臾，見一妙齡女子隨侍姬數十輩飄裙曳袖而來。自稱玉璔瓊仙，來慰老道沉寂。清一知爲山妖，飽以鐵鏟，侍姬遂化爲虎狼。中有巨魔，青面紅髮，口如血盆，叱聲曰："苟不從玉璔聖母之命，將納爾於虎腹。"清一正色曰："凡軀不足惜，真性自足千古，任爾分裂吾身，吾不懼也。"言時正氣凛然，衆遂駭退。此後移居天仙岩，忽隱忽現。至光緒庚子中秋節，無疾而化。

楊來旺　陝西白河縣人。同治初舉孝廉，後皈玄門，爲武當紫霄宫道衲。見山上宫殿半傾圮，慨然以興復爲己任。苦募十年，卒將紫霄、太和、南巖各宫大工程先後告竣。此外修補者難以數計。光緒己酉夏四月八日，寶珠峰突起黑氣一股，直冲空際，登時晝晦，迅雷大作。適來旺正午餐，猛聞雷聲，恍然若有所驚悟，遂仰天而偈曰："芒寒星斗劍，身入五雲端。口吸天河水，靈爽涉秦川。"偈畢，端坐而化。

黄永元　武當天雲樓道士也。性慈祥，甘淡泊，日以採藥濟世爲事，活人甚夥。一日，兀坐古松下，雙眸甫合，見有二叟奔至，以杖猛擊其腦。及驚覺，猶見二叟騰空去。自是飛升之説印入腦中。乃隱居黄庭洞，數年始一出，人多不獲見，惟求藥者可於洞口受之。羽化之日，有傭工三人自城中荷物歸，行至山際，見永元迎面笑曰："汝輩荷物重，可卸下，吾爲汝輩荷之。"傭工正遜謝間，各物已至永元肩上，徜徉荷去，行駛如飛。三人徧尋不可得，至雁子峯，則見各物遺於道左。回宫後，始知永元已羽化。此光緒丙子七月七日事，時永元年九十一。

一心子　原姓徐氏，名永恒，湖北黄陂人。清光緒時，屢試不第，遂棄儒學道，往來於四川峩嵋山之純陽宫。宣統辛亥，與其徒管圓照至武當，日入隱仙洞修行，後遂不出洞門。民國八年九月，自言某日當羽化，至期果無疾而終。

黄至純　字貞白。光緒戊戌，以孝廉皈玄太和山。三教藏典，靡不熟讀。宣統庚戌某日，端坐榻前，一笑而逝。逝時尸僵不扑，左鼻孔出白氣，長丈許，異香滿室。又若鄒本立博采聖集，窮理盡性；劉復保鶴髮童顔，服食功高；盧合琳善運斗姥心法；劉合應諳參九皇洞章，皆將來超凡脱俗者。

張復振 監利人。素諳丹闕，睿悟文昌大洞火符玉笈諸經。晝遊煙谷，夜眠石篋。或三日一食，或五日一食。光緒辛卯二月七日，忽更衣束冠，召徒衆而誡之曰：“布衣不可疎，防失誼賢之悔；錦衣不可媚，提備揖盜之害。決策於不仁者險，媚貴自卑必矣。不失玄風，可以自愛。戒之，戒之！”囑訖而逝。

按：《僊真》所載，如陳希夷隱華山精於易，孫真人隱太白神於醫，皆道學師儒也。希夷以太極圖授穆伯長，歷李挺之、邵康節，以及周濂溪。孫真人與盧照隣論養性之要，膽欲大而心欲小，智欲圓而行欲方。此等學問，豈修煉家數哉？《心印經》曰：上藥三品，神與炁精。若儒者止論理氣，理足則氣聚，精與神皆統之。劉元城之歿，風雷滿室；朱紫陽之終，玉筋雙垂。非不能仙，不肯仙耳。此際消息甚微，主理則精神歸元於腔子裏，考終而爲儒；主氣則精神脱去於軀殼外，羽解而爲仙。若夫交媾坎離，抽添鉛汞，攫金烏，搦玉兔，懷嬰兒，抱姹女，養元胎，開天門，又仙之别派也。余甚惜希夷輩之不慎所終，使人得以仙名。又惜後之好異者摩娑蜕骨（華山希夷峽有蜕骨匣，視之，紅潤如生），僅與爐火道士同類而編次之，良可慨也。因搜太和仙録附論之，以志訪道名山在此不在彼也。

物　　産

猶是物耳，何紀乎太和？非紀物也。採崑山之石，片片是玉；折鄧林之枝，寸寸皆香，有所以物物者矣。太和，象應北斗；元武，神位北方。天一之數，生物之始，其膏壤之所封植，玉液之所滋培，風穴、雷巖、雲窟、星牖、月池、龍洞、醴泉、瓊露之所嘘翕而灌漑之者，爲物華，爲天寶，雖同是物名，而其形異、色異、味異、性異、氣異，仙源列品，非人間種類之所可擬，故曰：非紀物也，紀其所以産之而物物者也。紀物産。

大嶽太和山，自麓至頂七十餘里，週圍數百里，土地奥衍，物産繁富。方升云：道士廪食者四百人，人給之田，徙民往耕，凡五百五十户，歲得穀三千七百餘石。王在晋云：五龍行宫東，平田四豁，桑柘村落，宛然農舍。馮時可云：過華陽橋，除道楚楚，田廬桑麻，不類深山。姚履素云：滴水巖沿途多巨木，樫松栢檜，交蔭疊翠，皮葉俱脱者曰榔，又五龍石池金鯉數百頭。徐學謨云：榔梅祠西，經杉木林，結陰可坐。又云天柱頂間生朱草靈藥。王元美云：欻火巖樹作龍爪，虎耳巖頂有池，蓮葉田田。譚友夏云：金沙坪橡輒隨其折處，道人煮橡麪接衆。馬一龍賦云：濯土之毛，姑舉一二。堯韭禹糧，秦檜漢栢；房李枝柑，襄橙鄧橘；菌蕈蓤芷，薑椒蒟菁；桫椤芳菲，蒲柳含英；年遐松艾，品列甘黄；飛走昆介，爲物且饒；類别種差，不可殫紀。撮其衆著者縷列焉。

穀之屬　一曰黏穀，有香穀、早稻穀、鴈落黄、火裹早、百日粘、白米粘、赤米粘、清乾粘、麻粘、白芒等類。一曰糯穀，有魚子糯、紅糯、鷹嘴糯、柳條糯等類。一曰粟穀，有薄地降、柳根赤、竹葉青、搭過梁、毛葫蘆、紅酒、黑酒、大青、小青、攢子糯、白沙、靠山黄、龍爪糯等類。

豆之屬　有天鵞蛋、八月砟、黑豆、菉豆、紅小豆、白小豆、紅豇豆、白豇豆、豌豆、蠶豆、𧄼豆、花小豆、茶褐小豆等類。

麥之屬　有大麥、御麥、燕麥、白芒、蠶條、金絲黃、甜蕎、苦蕎，又有芝蔴、黍子、高粱等類。

蔬之屬　一曰園蔬，有白菜、菘菜、波稜、萵苣、莧菜、茄、蘿蔔等類。一曰山蔬，有笋、蕨、山藥、菌、羊肚、藜蒿等類。一曰野蔬，有黃花菜、百合、碎米菜、馬齒莧、竹葉菜等類。

瓜之屬　有王瓜、冬瓜、西瓜、南瓜、絲瓜、甜瓜、瓠子，又有葱、韮、蒜、花椒、茴香等類。

藥之屬　一曰草部，有蒼术、桔梗、前胡、柴胡、天麻、升麻、半夏、厚朴、天南星、麥門冬、地骨皮、天花粉、藜蘆、管仲、金沸草、龍膽草、五加皮、何首烏、覆盆草、紫花地丁、白何首烏、山當歸、白蘚皮、石菖蒲、金銀花、大戟、芫花、葶藶、遠志、白芷、菊花、香附、烏頭、黃蘗、細辛、稀薟、車前、商陸、茵陳、山地黃、牛旁子、硃砂根、隔山清①、九仙子、獨脚蓮、紫草麻、四兩銀、水牽牛、黑牽牛、益母草、靈芝草、淫羊藿、地榆、血藤、白芨、黃精、山藥、防己、元參、牛膝、木賊、瓜蔞、芍藥、瞿麥、扁畜、連翹、薄荷、鳳眼草。二曰木部，有枸杞、黃柏皮、山桂皮、桑白皮、五倍子、青木香、辛夷、杜仲、桑寄生、桃寄生、常山、楓香。三曰石部，有金星石、銀星石、自然銅，又有石燈心，色蒼而直，如腐石，浸油燃之，光明不燼，亦曰千年燈。

① 隔山清：任自垣纂修《敕建大嶽太和山誌》卷十作“隔山消”。

果之屬　一曰園果，有杏、桃、梅、李、櫻桃、棗、胡桃、柿、大栗、梨、石榴、梧桐子等類。一曰山果，有銀杏、茅果、山查、榛子、橡子歲饑，採之煮舂爲麪，代飡。一曰水果，有藕、芡實、蓮子、小菱等類。

木之屬　有栢、松、椿、楸、槐、楝、榆、柳、桑、柏、桐、杉、梓、楓、冬青。又挂劍松，相傳帝初入山，遇太上賜劍，挂於其上，因名，至今枝葉蒨翠。椥梅，相傳帝插梅寄椥處，扶疎不似常梅，偶結實如杏，甚甘香。騫林樹，萌芽茁秀如茶，能愈疾。萬年松，高四五寸，色蒼翠，生澗石上，收藏巾笥，乾久不朽，少以淨水沃之，即活。千年艾，艾葉、菊花、蓬根、木幹，至秋，葉生青珠如丹顆，爲灸炷最良。

竹之屬　有茅竹、青竹、水竹、紫竹、斑竹、叢竹、楠竹。又雲竹，紫瑩黑文。

花之屬　一曰園花，有牡丹、芍藥、紅梅、臘梅、紫薇、紫荆、桂、木樨、梔子、海棠、山丹、水仙、木香、葵、薔薇、迎春、素馨、玫瑰、鳳仙、雞冠、龍爪、蕙、菊。一曰山花，有蘭、七里香、或云卽芸香，辟蠹魚。野菊。水有荷花、蘋花、蓼花、蘆花。又有天花，色紅而艷，有懸絲尺餘，秋末遍山谷。

草之屬　一曰陸草，有芝、蒿、茅、可誅以覆室。苕、芭蕉、吉祥草、可厭災催産，故名。救窮草、艾。一曰水草，有蒲蘆、荻、藻、芹，葛乳色赤，味苦而甘。又有松蘿，生高峰古木上，長者丈餘，凡蛇虎湯火傷及頑瘡類，嚼汁吞服，吐渣敷之，立愈。相傳帝服松蘿衣，卽此。

毛之屬　有虎、黑虎，卽本山神虎。豹、鹿、獐、山羊、羚羊、猿、猴、野豕、麂、狼、熊、狐、獾、兔、松鼠等類。

羽之屬 有靈鳥、即本山神鳥，噪求人飼，飛而接食。傳云：有紅啄者，見之吉。仙鶴、鳳凰、見鳳鳴石。白鷳、錦雞、山雞、杜宇、寒號、竹雞、畫雞、畫眉、鸛、鵲。又有我師鳥，褐衣，金距，紅足，碧爪，每清秋於孤峯深林中，鳴呼我師，徹夜不止。半部樂，形如黄雀，數十爲羣，如鼓瑟音。

鱗之屬 有龍、凡潭池所居之龍，皆隸五龍頂，爲五炁龍君所御。蛇、五色金魚、五龍宫日月池内，種類大且多。鰱、鯉、鯿、鱔等類，與漢水産同。

介之屬 有龜、仙龜崖，有神龜藏巖中。傳云：時見岩上。蛤、蚌、蟹、螺等類，與漢水産同。

按：紀物産者，《禹貢》方物也，《山海經》怪物也，《爾雅》碎物也，《離騷》幽物也，三都二京江海等作雜物也。若天臺岱華諸賦，多舉仙物，如餌精服术，啖桂餐松，爲其可以辟穀，而與道家爲近，此則太和例也。然傳稱名山大澤能出雲雨，以爲民阜財物，豈但産異品、養羽士、作求仙計哉！宋元崇祀武當，獨重大五龍靈應真慶宫①，蓋以真武坎水之精也，五龍水藏之神也，龍與龜蛇，一炁爲用，故其山有龍池、雷洞、風穴、雲巖，所以佈施雨澤，順成年穀，而宜於物産者也。記云：泰山之石，出雲尺膚，不崇朝而雨，天下古王者之禮嶽尊神，意在斯乎！太和體大質厚，負地涵天，苞孕聖靈，絪緼造化，一花實一毛羽，固不類人間凡種矣。獨是草名不死，不能使人人之皆壽；藥號長生，不能使人人之無饑，非帝所以覆庇下民之至意也。兹於帝居百里内，標其物之異者，以示山氣之靈奇，舉其物之常者，以同民間之樂利，俾司牧者虔奉龍宫，以敷揚帝澤，使之雨暘時若，百穀豐盈，生齒繁滋，即紀一物産而爲民祈福之義，莫大乎是矣。

① 大五龍靈應真慶宫：應爲“大五龍靈應萬壽宫”。

金　石

梁元帝《碑英》百二十卷，爲金石文字著録之始。厥後歷代搜輯，自宋元以迄有清，金石之學遂成專門，以其能識文字之源流，訂經史之訛闕，所裨於學者不少也。太和山金石林立，多屬歷代帝王所建鑄，於玄武之赫濯聲靈，類能含宏而光大之，而考古者尤足按圖索驥焉，是未可等閒視之也。志金石。

净樂宫　有玉圭一珽，玉帶一圍。清索約誌之甚詳，並録之。

玉圭一珽、玉帶一圍皆前明内府物，以净樂宫數被火災，册籍焚燬，不知何年所頒。迨國初乾隆元年，大殿復災，瓦礫墳積殿基者三十有九年。迄四十年冬，道士王復誠募修有資，庀材鳩工，先出積土，於灰燼之中獲此二事。雖被煙火薰逼，幸無瑕璺。惟玉帶有一塊爲鋤插所傷，而件數尤完。今嘉慶十七年冬，王復誠之弟子楊本昌携至武昌，擬就修整。予獲瞻仰，乃命工重裝玉帶，並圭皆製木匣以藏焉，歸之楊本昌，奉回净樂宫，非敢以是冀獲嘉許，或稍盡敬神勤民之一念云耳。湖北布政使司索納謹識。

遇真宫　有金神像一，金龜一，玉案十一，金鐘、玉磬各一，玉石龜碑一，古銅神像四，古銅海燈一，古銅鐘一，古銅鼎一，鐵鼎、鐵表、架鐵鍋各一，古銅碑一。

關帝廟　有大龍刀一。

五龍宫　有古銅神像九，古銅香爐二，銅燈一，大石燈一；古碑六，廢四存二，字跡不辨。

紫霄宫 有古銅神像三十一，古銅香爐一，燭臺二，香瓶二，海燈二，鐘一，鐵鐘、鐵樹各一，襄陽道尹熊公紀念碑一，杜委員椿紀念碑一。

南巖宫 有大小古銅鐘各一，花瓶四，燭臺二，香爐三，海燈一，籤筒一，鐵磬一，名人讚碑一，勅諭碑五，張信書南巖二字碑一，安福汶源山人書“福壽康寧”四字碑一，建醮碑百餘，十方叢林規模碑一，樂捐功德碑二十餘。

太和宫 有古銅瓶二，玉石獅子二，銅鼓一，墨玉磬一。

周府庵 有明時大小香爐各一，燭臺二；雲銅鼎一，重五百二十觔；明萬曆辛亥年鑄鐵爐一，重五千四百八十觔；清乾隆四十五年八月鑄、宋米芾書“第一山”碑一，高九尺七寸；欽差馬太監葉忠題詩碑三。

自在庵 有銅香爐二，重三十觔；古鐵磬一，重三百餘觔；鐵鐘三，重百餘觔；銅鐘二，各重五十餘觔；明時石碑五。冲虛庵 有古磁香爐八，銅碑一，鐵鐘、鐵磬二。

皇經堂 有古銅神像八，錫供器五，古銅照妖鏡一，銅盆一，銅缸一，銅碑二，古銅大鐘一，古銅殿一，古銅旗杆一。天合樓 有古銅香爐一，古銅神棹二，古銅圓磬二，古銅燭臺二，古銅供碗三十，古銅寶瓶二，古銅花瓶二，古銅鉢一，古銅印一，古銅龍鎖一，古銅海燈一，古銅吉磬一，大鐵磬一。

老君堂 有銅、鐵鐘各一，鐵磬一，白鶴燈二。

磨針井 有重五百觔之古鐵針一。

按：右列金石各器，不過太倉之一粟。有清以來，全山金石盜賣者有之，湮没者有之，求如净樂宫之玉帶、玉圭，歷數十年之久，猶能拔出於積土灰燼之中者，實難多覯。雖然無保障所致也，若有以保障之，又豈僅金石之幸與?

教　規

逸居而無教，則近於禽獸，古人戒之嚴矣。太和山宮觀以百計，道士以千計，土地肥美，香火繁盛，逸居之樂，孰過於是？然不加以約束，則異於禽獸者幾希矣。明設提點，清設道官，最後復有道總，皆所以資管理也。惟必道衆各自管理，乃可不越正軌。兹就各宮觀所定規條，搜輯成帙，載之於篇，俾道衆深自警惕，而後之皈玄是山者，尤當知所自好焉。志教規。

紫霄宮道總王復渺建設廟規牌榜表式

混元宗壇清規榜

閬苑琳宮，實脱離塵俗之地；清規道範，原淘淑性情之鄉。聽鐘鼓之鏗鏘，不覺俗緣俱淡；憑晨昏之吟咏，朗然世慮全消。既登此送仙法壇，應當微演聖事。自太上開混元之宗，長春演全真之律，威嚴甚重，天上無容失儀神仙，人間豈有濫規高士？此乃修真煉性之所，而非醉生夢死之鄉。惟彼下愚，規矩罔循，自失真趣，今宜更正妄謬。訓照金科玉律，摘其輯要，是爲教範之秩序。道衆人等各宜遵守，倘然執範有失，規戒即隨。今將清規戒律開列於後。

一燒煉假術，哄騙迷人者，杖革；

一霸佔執事，持强不繳卸者，杖革；

一抗拒清規，違背公益者，杖革；

一謡言惑衆，燒香結黨者，杖革；

一竊盗廟産，肥己買翼者，杖革；

一夜宿不歸，奸盗邪淫者，焚形；

一私行不假，忤慢師長者，杖革；

一開静不起，錯亂鉗錘者，跪香；

一假冒黄冠，混亂宗教者，逐出；

一調揑事非，聚夥騷擾者，杖革；

一輕忽言笑，跪香；

一嫉賢妒能，逐出；

一私收徒弟慢衆者，杖革。

以上數條陳言，聊申大概。匪屬不稍寬其責備，實爲以廣其化。兹如美玉，必須千磨；譬彼金精，方經百煉。若檢束身心，非蕩坦之心所然宜也。凡欲養心，必先滌穢去潰。爾等既皈教下，自應各加珍重，莫廢初念以墮靈根須至榜者。

紫霄宫民國元年臨時監院程合星新設廟規牌榜表式

混元宗教臨時監院清規例

紫霄宫實乃脱離塵俗之地，清規道範原淘淑性情之標。自太上開混元之教，德仁爲本；長春演全真之律，威儀甚嚴。天上不容失儀神仙，人間豈有無紀高士？凡自是自非、假仁假義，爾自籌思，豈是睿人之爲也？凡在叢中，總歸教下。破得夢中之夢，跳出天外之天。執範有失，規戒即隨。今將規則開列於後。

一姦盗邪淫，焚形；

一挖公攢私，杖革；

一洋煙賭博，杖革；

一貪食葷酒，杖革；

一行兇打架，杖革；

一私造飲食，遷衲；

一交接匪人，杖革；

一嫉妒賢能，遷衲。

以上數條禁例，大衆公議，倘若違犯，照例所行，勿謂言之不早也。

紫霄宫道總徐本善設立廟規牌榜表式

混元宗壇清規榜

紫霄琳宫乃稱福地玄府，本是劫塵焚俗之境，而非醉生夢死之鄉。肇例清規道範，誠謂仙賢之準繩。尚且天神不容失儀，人間豈敢犯規？凡在叢中，總歸教下，不論僧尼道俗人等，香蕕同器，賢愚有别，若型無紀律，焉能興倡聖儀？叡簡猶存，乏其所閲。自太上開混元之化，以道德爲尊；長春演全真之律，以仁義爲本。垂列十二規戒之禁例而懲惡嚴過，勿致觸冲天怒也。既充責任，慎勿干犯。倘敢越例誑妄，既行戒令無私。今將規章戒例陳列於左。

一凡在院執事不准分相，違者遷袝；

一凡混元宗壇執務互相協理，違者遷袝；

一凡姦宄邪淫，潛遊民間者，焚形；

一凡慢賢彰惡，漏才揚己者，革出；

一凡削公肥私，舞弊移衆者，革據；

一凡交遊非賢，私留逗宿者，杖革；

一惡口謗衆，陰謀害良者，杖革；

一凡鬥戲恢諧，毁謔宗親者，杖罰；

一凡訐妄栽誣，調唆是非者，逐出；

一貪食葷酒，騷擾殿宇者，杖革；

一凡偷盗搬運，私造飲食者，革據；

一凡公遵獨别，冒迷理由者，革出。

以上數條清規禁例，本出一體公議，倘有違犯者，勿論老幼親疎，概爲照例所行。若有老病公事者可免，或修養服食，火候激動，意空神治，誤犯戒令，素行可證，不在其限，特此榜諭。

紫霄宫道總徐本善設立混元宗壇執事條教牌榜表示

混元宗壇執事條教榜

嘗聞天地設位，高卑各擅其權；日月星形，晝夜代司其職。蓋道本運行而不息，何人敢暇逸而無爲想?

全真祖師大闡元宗，宏開法曙，集十州三島之英，近歸林下；會五嶽四山之後，皆入箇中。樹聚成林，人叢志勵。但食必報功，豈容偷安之輩；才堪勝任，遂有稱量之司。凡誦經禮懺，總是玄機；即運水搬柴，無非妙用。各展其才，勿被素餐之誚；同勸勝事，莫貽隕越之羞。所謂身不勞而功不大，行不廣而志不堅。幸此雲水遭逢，烟霞聚會。誠心理應，方知出世生涯；苦心修持，纔是登仙活計。他日三千功滿，自然白日飛昇；將來八百行圓，咫尺丹書來詔。回瞻瑶界，樂何如之?願吾同儕，各當其職。玄門悉百約範，我等宜遵規繩。倘犯元憲，清規無容。悉備録箴，陳列於後。

一高功，司朝謁之職，任啟奏之務，在心志端嚴，勿得臨壇失序，稍怠威儀，致受公責。

一書記，主翰墨之章，呈心身之願。文字須要簡潔，書法勿得紊亂。情忱當順，行列必端，有違規格，同衆公罰。

一副經，爲經主之輔佐，實道德之儀型。祝國裕民，務在乾惕於朝夕；警迷度愚，宜爲轄乎鼓鐘。對越天真，毋生塵妄，稍有怠忽，跪香示罰。

一齋堂，乃享供高真之職，莊嚴教相之司。運真結三緣之妙，凝神存九天之司。禮貌責己責人，威嚴致恭，稍違規矩，跪香示罰。

一園頭，裕利羹之急，深佐食之餘。順性適宜，灌溉勿怠於時。須多益善，非種則鋤其莠。初出瓜葉，必須荐於神聖。即花根老葉，亦禁私與閑人。窖内有餘，畦間無怠。如若有違，定罰不貸。

一門頭，司滿院閑防，監大之出入。啟閉切宜着意留神，匪人阻進，好客讓前。稍有怠忽，罰香。

一園頭，躬行灑掃，力人煩難，去厠中之穢污。滌園塵垢，能使馨香寸内，無遺臭礙箇中。倘生怠慢之心，必舉懲忿意，莫教虛白靈臺茅茨浮塞。如若違言，跪香。

一夜巡，乃滿院關防，諸寮槖鑰，探盜賊之潛蹤，防祝融之異變。休嫌黑夜之勞瘁，不憚風雨之飄淋。黎明報曉之時，催動守静之人。朝夕乾惕，功重行深。違者罰香。

一碾、磨頭，辦天人供獻之粟，儲常住齋饌之糧。糠粃莫怠於簸篩，顆粒宜重於天倉。夫珠米寶粟，憚念農力惟艱，衆庶攸繫，先備餘粒，違者罰香。

一執牲，須體好生之德，宜存愛物之心。碾磨車載皆賴彼力，水中欄棧宜竭調停。物雖不言，天良敢昧，如其有違，跪香示罰。

一司倉，掌叢林之積餘，管大衆之齋糧。出入切宜檢點多寡，尤戴小心燈火，防意滿滲，力勤不怠，功自非輕。倘有疏虞，有罰不恕。

一莊頭，胼手胝足，勞心焦思，預叢林接衆之資，辦常住養命之原，以身先之，不憚披星戴月，凡力能者，何辭沐雨櫛風？宜正直以積功，勿懷私而敗德。違者公罰。

一買辦、監修，凡常住應用，非止一端，俱宜親身置辦，不可委推帶稍。宮殿修理，預爲調治，勿得陷期慌誤，隨高就低，勿圖利己，分懷私塵。徜縱染指之欲，奚免噬臍之患？

一水、火頭，擅汲引之功，任炊爨之勞。莫教臨渴掘井，須防火急烟横。倘怠惰而有失，必負責以含羞。各全其職，勿貽他累。

一貼案、飯頭，爲點造之儲，作烹飪之務。奏刀不嫌其細，乘供必取其先。羹味固宜適味，粗淡豈可輕心？勿使饐餲，勿犯葷腥，違者示罰。

一茶、菜頭，浥注金泉而烹槐火，剉嚼蘇蔬以佐調羹。供聖侍客，調衆運心，勿使缺乏，莫叫失味。熟生净滌，塵沙勿遺青。凡違者示罰跪香。

一點造，掌雲厨之任，司法饌之權。烹飪水火，嘗食不侔於膳夫；變理陰陽，操功直同夫醫術。勿執一己之嗜好，有乘五味之中和。謹防暴殄，切忌粗浮。倘有怠違，跪香罰齋。

一知隨，雖無重物，其事甚繁。應衆之需，休辭瑣碎；待賓之器，務要潔净。黎明即起，洒掃宜勤。呼之即應，勿怠其心。違者跪香。

一庫房，經收米麪，檢點調和。顆粒黍粟，本善信之膏脂；油鹽醬醋，係齋供之需用。收藏備辦，出入從公，違者罰香。

一賬房，掌管銀錢，經理出入。記賬不許含糊，多寡須書明白。凡初進賬房，將己所帶銀錢若干，同衆驗明；出賬房時，任經衆看，勿得朦朧應事。倘有私弊，查明立革重處。

一海巡，遠巡庄田，近查林苑。補巡寮不到之處，佐巡照未備之方。當戒鄙悖之辭氣，勿生暴慢之容貌。勿憚奔走，須賴風霜，如違公罰。

一纠察、巡寮，爲巡照之輔佐，作常住之準繩。存心渾樸，立意謙虚。起祸安衲，原是分内；見事行事，莫問晨昏。隨處勇行，功深百倍。勿致臨事推諉不前，違者跪香，重者罰齋。

一巡照，爲引衆之首領，作糾工之重任。待人宜恭，持身宜正。諸凡執事，必量其才體而用；監督坡務，宜克己以勵志。休得傲上忽下，切莫近親遠疎，違者公罰。

一迎賓，乃叢林之耳目，實理客之分司。盤查務致威嚴，登號勿庸忽畧。倘或循私懷怨，查出定罰不恕。

一知客，爲大衆之觀型，實常住之儀表。持己必恭，待人必敬。禮藏腹内，智藴胸中。安排執事，務用裁奪；料理羣情，更當仔細。賞罰不曲於天理，起居勿慚於神聽。稍有怠慢，同衆公罰。

一總理，乃周規折矩之列施，衛固保真之功事。事合宜，方堪其任；處檢束，乃擅其權。理無私曲，心守中道。動有不臧，同衆公罰。

一化主，爲功德之首引，作衆善之使徒。絶名利之心，存中利之道。以公立功，處正修真。勿得巧言令色，必當隱惡揚善，稍有私狥，同衆公罰。

一堂主，為叢林之眼目，作衆士之關鍵。雲水堂内，明鏡高懸；風月爐中，衆形畢現。善惡且宜具眼，行藏務須關心。真誠勿隱，乖戾善化。如致堂中混辭有干規範者，同衆公罰。

一殿主，出入清净之地，臨履聖神之前。勿令穢積塵堆，常使心清體潔。勺油片盞，悉是檀越之敬心；寸香半燭，堪存炫赫。勿懷利己，以廢公物。倘有玩視者，同衆公罰。

一經主，誠通帝陛，敬格天心。爲多士之首倡，作同流之領袖。以先進之準繩，作梭効之法則。勿得怠忽，以導未進，倘其不然，同衆公罰。

一净主，以修習爲先，談講爲次，雖形去智，怡神養真。查衆座之形持，圓通活潑；探圜中之收放，就裏提撕。倘生是非人我之念，則去道遠矣。自思自情，問志問心。

一都厨，一厨之領袖，衆命之主司。辦供造齋，調和文武。身雖不勞，口當知味；形雖不動，神座相關。董戒同寮，愛惜天物，違者公罰。

一都講，抱輔德翼慧之才，有釋疑辨難之責。爲一林之先覺，乃三教之聞人。提惑指迷，所仗胸羅萬卷；談今論古，應藉八斗中藏。使在在齊歸覺路，令人人共出迷途。耳提面命，品節裁成。若竊邀虚名，同衆公罰。

一都管，抱折中事務之才，有權衡清規之任。素必多聞廣見，方堪提綱提紀。巨細皆在關心，舉措總宜觸目。常念以身作標，尤思所行是榜。如有狥私同衆公罰。

一監院，乃叢林之棟樑，作大衆之領袖。以道德範其心胸，以仁義表其性分。克勤克儉，剛柔期以適當；處寬處原，待人莫辨親疎。事事可告無慚，念念無欺屋漏。正己正人，修德修身。倘無忌憚，加倍罰齊。

凡兹衆職，各有專司。既有一材一藝之能，宜效羣力羣策之用。不須越分而聘能，只宜盡心而從事。積功累行，自有功行克滿之期；苦形勞神，寧無形神入妙之日？七寶林中，總是安分守常之士；清静路上，無非存心務本之人。擬登道岸，用培仙根，須至教條榜者。

太和宫清規榜

榜示道衆一體知悉，凡在院執事以及道衆人等，當重太上道祖玉律清規，倘然越範觸戒，即照各條施行。

一錯亂鉗錘，止静喧嘩者，跪香；

一越規失度，持强不服者，杖革；

一金殿資鈔，私收肥己者，公責；

一抗迷清規，不遵約束者，逐出；

一冒斂財物，刁拐常住者，逐出；

一奸盜邪淫，違礙教相者，焚形。

以上數條陳言，華飾宗仁之風，廣開道範之儀，衆等各宜凛遵，倘敢故犯，决不貸恕。特此榜示。

自在庵條規

蓋聞祝國萬壽，遵太上之遺言；率由舊章，承先人之誥誡。欲復整乎家規，同心持世；思循途於舊轍，協力維公。用是條分縷晰，均期做兹成憲。朝乾夕惕，勿替芳規。若謂徒托空言，以前事不足爲後事之師，已往不足爲將來之驗，有致負先祖之苦心良多矣。創業悉違，余等大衆於心安乎？兹特公同商議，俱願仍立遵守清規，謹將條目開陳於後。

第一條　逢朔望之期，大衆雲集，勿須嚴整衣冠，務期均宜虔誠，誦經謁神先日須當齊戒身心、沐浴更衣。凡進殿内務須禮貌整肅莊嚴教像，倘有衣冠不整、服容不敬，褻越神明及遲延不到者，罰頂清規石一柱香、燈油五觔入公。或年老有功、或疾病纏身，預先至常住告假可也。

第二條　戒亂酒賭博、横暴行兇、出言不遜、侮慢尊長、藐視常住，小者笞責，大者斥革，决不寛貸。

第三條　庫房重地爲賓客聚會之所，道衆老少未有執務要公議論，不許擅自往來。勿得高聲笑語，交頭結耳。如有公事至庫房堂内，務須衣冠整齊，不准短衣開懷，赤身出入，犯者罰燈油五觔入公。

第四條　道衆人等有事出外，或爲私事，必須稟明常住方可。若無公事，私出山門，黌夜不歸者，查出定行斥革不恕。

第五條　本庵道衆均係童子出家，全賴常住恩養、師尊教訓，方能冠經成人，伺應香火，各盡其道，以致年富力强。自暴自棄、自尊自大、目無尊長、紊亂清規，一經斥革逐出者，永不許復入。

第六條　本庵大衆人等各有親朋，但凡來庵探望者均要隨堂喫飯，不准自由擔飯，亦不能在厨屋任意攪擾。男者一朝一夕，女者頓餐而已。不准在庵連宿住夜。凡客來時當然稟知常住，方可送入齋堂食膳，違者罰燈油十觔入公。

第七條　常住分派公事，恪守凛遵，兢兢業業，不得違抗不遵條約。倘若告假出外，雲遊參方，募化緣簿機關各界功德，任意浸蝕，吞公肥己，老者先有功效，按章處罰，以儆效尤，再觀將來；少者如無程績，決計革黜，永不許入庵。

第八條　本庵道衆或奉公出外，或因私事他往，出必告返，必面定期，至日即歸。倘屆期因天道阻隔，三日内外不能歸者，同衆公處議罰；若逾期越五日以外不歸者，定是有意藐視常住，立革不恕。出門辦公事越期不歸，同衆公議不在禁例。如有好事之人與外人涉訟，若不投明常住，無論外人、自己牽連庵内，常住、道衆人等公同議罰。

第九條　本庵常住日用維艱，大衆人等不得任意科派需索。各自體恤錢穀係我庵道衆性命之源，司理管庫執事之人當然節用謹慎，不可濫用妄費，倘有失誤遺漏，責有攸歸，難負完全責任，犯者立即革黜不貸。

第十條　本庵道衆老幼人等最宜擇交謹慎並及私結强宦、土豪、惡霸，欺凌道衆。夫人非聖賢，孰能無過？若道衆有過，許執事人面斥其非。如執事人等遇有過失，亦須道衆暗裏開導，不得以公循私、因循懈怠、只圖塞責。各自體量，務期恪守清規，不可訾人之短、詡己之長，亦不得陽奉陰違、暗裏使乖、播弄是非。

以上條規，道衆公議，洵道教之清規，望後裔之世守也。廣詢博訪，非杜撰於無稽，各宜盡衷竭力，乃無忝於斯事之承斯職也。量入以爲出，崇儉以黜浮，庶庵庭興茂，香火蒸蒸日盛矣。倘面是背非，一經查出，同公評議，决不寬容，勿謂言之不預也。

五龍宫規條

一禁道衆偷盗邪淫，倘有犯者重責逐出；

一禁朔望雲集，衣冠不整，懈怠不虔，偷逸自便，犯者跪香；

一禁年節内外公務私自賭博，吸食洋烟，若經查出，同衆斥革，决不寬貸；

一禁道衆在堂老幼不分，越序亂座，狂猖諠譁，若犯者，跪香；

一禁在厨私造烹調，不遵約束，兇酒滋事，不論尊卑，犯者重責；

一禁道衆閑遊丹房，交頭接耳，談論是非，犯者跪香；

一禁道衆出不告、入不面，私辦己事，往來無期，犯者重責；

一禁道衆假公濟私，抗違公務，不遵清規，犯者逐出；

一禁道衆嫉賢害道，恃强無忌，忤逆尊長，放肆自大，犯者逐出；

一禁道衆商議公事不得任意諠譁亂論，若有犯者同衆究治。

南巖宫規條

一南巖宫十方叢林之規條大有分别，係我宗教十方人等初到常住時宜先到號房查問經卷，書明籍貫、住趾、年貌，又畫籖，自到客堂復問一遍。方令知隨送至十方堂，又經十方堂主詳細查問一遍，方可安祔，或一日或十日，起祔不一。

一若有在久住者，實取其品性，量材使用，轉排執事。每年衣祔，每人三串六百文，俱無薪水。是粒米同餐，是無黨無偏，勿分宗派，勿分界限，勿分執事大小。賢德者公舉，暴横者公同除之。若儒士俗人來往，亦查其品性，問其丹經，留住餘章，皆是一體，不分彼此。

一夫國家有法律，而叢林有清規，案例一百零八條，重者焚形，或烙眉燒袝，押令還俗；輕者杖革，或逐出遷袝；再輕者罰跪香。依按輕重處之，今新設規章三十六條，開列於後。

一姦盜邪淫者或烙眉燒袝，押令還俗；

一賭博者，杖革；

一造謡言惑衆者，杖革；

一抗違清規者，杖革；

一霸佔執事者，杖革；

一毁謗常住者，杖革；

一吸食煙者，杖革；

一聚衆混鬧常住者，杖革；

一假外術誘人皈依者，杖革；

一妄談國家興廢者，杖革；

一食葷酒者，杖革；

一錯亂鉗錘者，杖革；

一暗剪傷人，不顧宗教，人雖不知，天理難容，杖革；

一私自募緣，自將功德，不入常住，杖革；

一燒煉假術，哄騙愚迷者，杖革；

一燒香結盟者，杖革；

一偷盜常住什物及大衆物者，杖革；

一恃强欺弱者，杖革；

一假冒黄冠，混亂宗派者，杖革；

一刁唆是非，使人不和者，遷袝；

一嫉賢妬能者，遷袝；

一凡往來道友私留歇宿者，遷袝；

一私自出外不告假者，跪香；

一輕忽言語，兩下惱駡者，跪香；

一自執事板响不到者，跪香；老病公事，免；

一私造飲食偏衆者，跪香；老病公事，免；

一不守本執，亂管他人閑事者，跪香；

一有公務，假有病者，跪香；

一朔望雲集上殿，不到者，跪香；

一止静二板，不息燈者，跪香；

一開静不起者，跪香；老病，免；

一神前怠頑者，跪香；

一止静喧嘩者，跪香；

一争鬥勸解不從者，跪香；

一毁壞常住什物器皿者，照賠；

一赤身、衣服不齊者出外，跪香。

按：上列規條皆出自道士之手，道士失學者十九，立言之不雅馴，勢所必然。然果奉行不怠，即可無忝於玄門。但視其力行何如，耳言之雅俗，可不必計。

拾　遺

蒙莊曰：齊諧者，志怪者也。惜乎猶有怪之説者存也，以圖視河之馬，以書視洛之龜，不怪矣。大嶽，嶽乎其嶽者也。元武，元乎其元者也。當其興時，嶽靈神功，交相感動，又發以累朝聖帝明王之鴻願大力，又積以普天公卿士庶人之虔禱誠求，精氣所結聚，必尤有奇形幻影、光怪詭秘而神之靈之者，非第如稗海所載洞冥幽怪，酉陽、西京、搜神、拾遺諸記之荒誕所可比，志怪，以志不怪也。紀拾遺。

禹王廟　在龍山頂，《水經注》所稱龍巢山也。下有險灘，曰鐵鑪，相傳神禹導水至此。今江心巨石下，有大鐵圈存焉，冬涸，捕魚者嘗見之。

玉印　貯金殿内，方三寸許，高四寸許，碧色光潤，篆“諸天大法王寶”六字，邊旁鎸“郭天祥造進”，不載何代人，亦無年月。

雲露巖①　上有石，相傳石欲墜，真武以足抵之，今石上巨跡猶存。

縮劍坡　一名縮石坡，在均穀交界，昔帝插劍石腹中，摇之可動，取之不能出。

古銅殿　元時所建，明永樂撤置於小蓮峰，今呼爲轉展殿。

遊鐘　上鑄“永樂十三年龍集乙未二月吉日造”，懸太和拜殿右，常自摇動不定，人喧視之，則大動。

---

① 雲露巖：應爲“雲霧巖”。

石魚　在玉虛宫，擊之鏗然有聲，相傳開山時掘地得之，有鱗鬐似魚。

王靈官　《明史・禮樂志》載：隆恩真君，乃玉樞火府天將王靈官也。永樂中，以道士周思得能傳靈官法，建天將廟及祖師殿。宣德中，封真君。按：宋封太一天大左將軍，元封靈曜將軍，即火府王靈官也。宋封太一天大右將軍，元封靈濟將軍，即黑虎趙元帥也。二靈官最顯應，朝山者往往夜聞鞭聲，云靈官巡山。

黑虎廟　相傳真武修真時黑虎巡山，乃北方天一之所化，護國鎮山之神，稱曰元帥。又有烏鴉廟，亦云烏鴉報曉，祀以爲神。

威烈王廟　唐姚簡，字易夫，隋人也。太宗時，爲武當節度。貞觀中，大旱蝗，姚被命武當虔禱。有五儒士，風貌殊異，從容語簡曰：予等五龍君也，帝命守護此山，爲子正直，祈禱精嚴，故來謁，宜速歸。頃之，雲氣地湧，失所在，雨布天下，具聞於朝。後解印挈家，隱居武當證道，帝命爲本州守土鎮山之神。宋初，却蝗救旱，靈顯昭著，進封忠智威烈，宣勅建祠紫霄宫之東，即威烈觀也。

玉像殿　在五龍宫，有玉像五尊，相傳開山時掘地得之，樸拙似古製。

《道藏》載：隰州陸諒，嗜酒好殺生。妻朱氏力勸不改，自將粧奩潛畫真武一軸，請道士轉經供奉，並受持戒律。後諒卒，朱氏堅心崇奉，忽堂上露一片花甎，夜有光，拭去土苔，乃黄金也。朱氏驚訝，不敢收藏，報知州秘監蔣庭堅，願歸官司庫。鎚鑿之，忽現無限小赤蛇，並碧龜圍繞砧墩。又一蛇稍大，蟠在金片上，良久不見。猶有一蛇如線，隱隱在金面内。州司詳請，合給朱氏，不受。封金片啟奏，因看詳隰州，朱氏好善，真武應化，特賜黄金，不准支用，打造真武一堂聖像，遣使齎送武當山，其朱氏特給度牒一道，下隰州支錢絹各二百貫匹爲酬。朱氏年九十，一日，沐浴易新衣，口誦真武尊號，無疾而終。

永樂十年，命隆平侯張信、駙馬都尉沐昕統率軍夫二十餘萬，勅建武當山宫觀。聖諭詳黄榜，揭於玉虚宫前通衢。其上，常有榮光燭天，祥雲旋繞，仙鶴飛鳴翔集，觀者無不嘆異。

永樂勅建武當山宫觀告成，遣官齎御製祭文，昭告真武之神。齋宿玉虚宫，及將事時，天地開明，日星朗耀，仰見黑雲自西北起，大如車輪，來覆山巔，相去一丈許，將升將墜，若往若來，倏忽之間，變化莫測，隱隱有雷電及旌幢之狀，久而不動。祀畢，忽不見。又憲宗製金像，遣官送紫霄宫設醮，瑞光現於展旗、南巖，如月望而圓，紫蓋峯如錦垂而直，色皆五彩。次日，復現於玉虚、紫霄，如五色虹，元雲如旌旗，繞太和東天門上下，有五色祥光翔擁，久之方散。

武當天柱峰，向有騫林一株，芽茁如陽羨茶，仙卉也。永樂十年，大建寶殿，忽玉虚、南巖、紫霄及五龍等處，延生數百株，香遍山谷，紅光滿林，其葉尤能愈疾，監修者摘之進上。

武當有榔梅，相傳真武修道時折梅插榔，誓以花開果結之遺跡也。永樂十年，勅建宫觀。十一年，榔梅發花，色香艷異，果成如串珠璣。或曰：是果也，下有仙翁司之。監修者亦採之進上。

永樂十年十一月初十日，工部侍郎郭進同吏部郎中諸葛平等，督運修造武當木植過武昌，見大木一根，立於黄鶴樓前江水中，上露尺許，若石柱，巨浪衝激，屹然不動。探視之，水深五丈五尺，木止四丈，下則虛懸。纜繫於船，不勞力而隨至巖下，遂護運至山，爲玉虛宫正殿之梁。

永樂十一年五月十六日，湘潭縣民劉忠等，舟行至光化縣洋波灘①，忽風雷交作，泊岸下。須臾風止，見一大鐘，湧行水上。衆禱曰：願載送武當宫觀。卽風恬波靜，兩晝夜至均州，送入玉虛宫供奉。

永樂十一年癸巳，五色雲見於武當山頂。

洪熙元年乙巳，祭酒胡濙奉命祭真武。祀日，有仙鶴三十回翔金殿上，良久乃去。

康熙十九年三月初八日晡時，金殿角東南金鳳微作聲，旋卽四鳳齊鳴，其聲若笙瑟、若蛩螿。逾時，殿角騎獸諸神皆有光覆其上，殿前爐瓶諸器物亦然，殿内金像並列像、劍、旗、蛇、龜光獨大，殿脊獸吻散出火星，如火樹銀花狀。逾時，有大風從西至，山嶽動摇，飛棧勢若欹傾，翔光烱烱。羽衆羅拜，不敢迫視，退伏棧室中。又逾時，倏風徐來，天朗氣清，星河四燦，孤月懸空。越二日，西征烽煙告靖，禁旅凱旋，始知爲太平兆也。時均學訓導盧維兹目其事而記之。

茅阜峰有守山土地靈官祠，威福駭異。人有不潔登山者，或被蛇虎逐出，或攝於樹下，如束縛狀，目瞪口沫，禱之後解。

金殿頂每年立秋前後，必有飛蟻繞朝，後伏地，多至石餘，少亦數斗，掃之送深巖間，以多少占来年香客，多驗。殿四角金鳳時有聲。

---

① 洋波灘：凌雲翼修、盧重華等纂《大岳太和山誌》卷四作“洋皮灘”。

均掾孟洪範記：康熙丁未詣山，見金殿門限爲朝謁者踵履所摩，齧蝕而凹，旁高五寸，中僅餘寸許，如月缺樣。至庚戌視之，若漸隆起。壬戌後，已平滿如新補者然。均相禮生員陳言亦志其事。

鳳陽推官龍起潛記云：萬曆間，遣内宦致祭設齋，道衆雲集。一瘋道士求索無已，向宦呼曰：能舍富貴，從我遊乎！衆擯斥之，遂口吐前食，變金花二枝，一插鬢，一插冲虚庵前松樹腰，乃唱曰：冲虚庵，火中蓮，龍脈興騰仙客言。終不肯爲凡俗地，他年必有上仙傳。又曰：如有口口先生見於今日，誰能信之！化清風而去，至今古松翠色，獨一枝黄如金花燦然。

咸豐六年，賊匪猖獗，聚衆圍太和山下，忽見關聖帝君顯靈於五龍峰上，頂盔貫甲，揮劍執刀，儼然作殺賊狀。匪衆駭退，附近咸獲安堵。

金頂天柱峯有時發生紅雲逕達霄漢，如華蓋、如人形，其狀不一。起時年必豐稔，又有怪風腥氣不堪入鼻，相傳爲瘟癀之兆，均屢試屢驗者。

光緒辛丑春，有曾暴芆者，四川人，來頂朝謁。焚楮祝禱畢，倏發顛狂，喜怒不時，怒則裂衣破膚，高躍數尺；喜則自作嬌語，織步學婦女狀。數日之間，體無完膚，最後覆身倒地。自言：“有族嫂某氏，孀居三載，被吾飲以藥酒，迷受吾姦，今報施不爽矣。”言畢，化爲白犬，投巖而死。

宣統二年某夜，太子巖忽發流光，又聞籥聲。後一羽士日樵山中，積薪年餘，聚如皁林。一夜，薪忽自焚，峭壁熖燎如赭。民國初，道總徐本善改修木殿三間，供奉太子云。

紫霄宫前舊有桂樹二株，東西對植。民國元年端午日清晨，有青蛇一，長約三丈許，盤於殿東桂樹上。向午，又一斑衣貓蹤於殿西桂樹上，一則目光閃爍，一則口吐涎沫，相對如臨大敵。旁晚，天柱峯忽起雲霧，倏爾狂風大作，飛砂接天，兩桂亦爲撼動，蛇、猫均失所在。

太和宫金殿四隅嵌有海馬，每逢夏至後，海馬夜間作吼聲，口吐氛焰，直達空際，化爲紫霞。越五日，必有迅雷暴雨盪滌金殿。

民國四年上巳夜，忽聞有聲來自山際，如笙，如簧，如管絃，時遠時近，嫋嫋不絶，最後霹靂一聲震動屋瓦。道衆舐窗窺之，遥見火光漫山，異香撲鼻，正北有金甲七人，擁一身高二三丈者，飛行空際，須臾，火光化爲黑霧，衆神亦均不見，惟異香三日方息。

南巖宫捨身巖迭經各憲立碑曉諭，禁止捨身在案。民國十年，有湖南孀婦楊龍氏携子進香於此，氏先偷赴此巖，其子亦隨之捨身。道衆至巖下觀之，見母子殭卧一處，面貌如生，説者謂愚節、愚孝所感云。

民國十年正月，有范天千者，均縣茯苓村人也。至太和山進香謁神畢，隨衆下山，行至靈官殿，忽殭仆於地，七孔流血，繼復躍起。自云：“十三歲喪父，貧乏不能自存，賴吾母撫養成立。娶妻田氏，日以蜚語讒吾母。吾惑其言而忤之，致吾母老而再醮，自盡於不良繼父之手。後田氏亦以横産死。今吾不孝之罪，合受天誅。”乃以拳自擊其身，遍體青紫而亡。

按：元世祖、明成祖俱起北方，南定中原，一則龜蛇示瑞，一則被髮顯靈，得水之旺氣以尅火。五德相勝而王，自黄帝以來皆然，不足怪也。推之《太和誌》載真武諸逸事，其有無亦不必深辨。夫無所欲而爲善，無所畏而不爲不善，士大夫且難言之矣。聞其黑虎靈官等説，使愚夫婦望山戰栗，因之悔過遷善，或於千萬人得一二人，或於千萬日得一二日，或於千萬念得一二念，亦足以陰助刑政之所不及，於世教人心未必無補云。

卷之五

藝　　文

太和，大塊之文章所假也，於天文得數之一，於地理冠嶽之五。崆峒委宛而降，黄帝、神禹之藏書杳矣，而七十二家之玉册金緘，未及南鄉，其渾淪磅礴鬱勃而發皇之者，宜其積久而愈耀也。夫八卦至離爲文明，先天離東，泰岱云亭，封禪屢告。後天離南，會稽衡麓，漸闢鴻苞。太和雄於南服，雖欲不文，得乎？天道自北而南，南之山川而多文者，於此啟東壁、西園之扃鑰矣。紀藝文。

御　　製

諭

清

上諭　山東泰安州香稅朕已降旨豁免，近聞湖北太和山凡遠近進香者亦有香稅一項，小民虔謁神明，止應聽其自便，不宜徵收香稅，以滋擾累。所有太和山香稅，着照泰安州之例，永行豁免。該督撫即飭令地方官實力奉行，毋使奸胥土棍滋弊。钦此。乾隆元年四月十三日。

敕

明

建紫霄、五龍、南巖敕 敕右正一虚元子孫碧雲：朕仰惟皇考太祖高皇帝、皇妣孝慈高皇后劬勞大恩，如天如地，惓惓夙夜，欲报未能。惟奉天靖難之初，北极真武元帝顯彰聖靈，始終佑助，感應之妙，難盡形容。懷報之心，孜孜未已。又以天下之大，生齒之繁，欲爲祈福於天，使得咸臻康遂，同樂太平。朕闻武當紫霄宫、五龍宫、南崖宫道場，皆真武顯聖之靈境。今欲重建，以伸報本祈福之誠。爾往審度其地，相其廣狹，定其規制，悉以來聞，朕將卜日營建。其體朕至懷。故勅。永樂十年。

建遇真宫敕 敕右正一虚元子孫碧雲：朕敬慕真仙张三丰老師道德崇高，靈化元妙，超越萬有，冠绝古今，願見之心，愈久愈切。遣使祇奉香書，求之四方，積有年歲，迨今未至。朕惟武當遇真實真仙张三丰老師修煉福地，不可以不加敬。今欲剏建道場，以伸景仰钦慕之誠。爾往審度其地，相其廣狹，定其規制，悉以來聞，朕將卜日營建。爾宜深體朕懷，致心盡力，以成協相之功。欽哉！故勅。永樂十年。

勅隆平侯張信、駙馬都尉沐昕 今早，命爾等啟行。俄有風雲雷電，自西南而至，其勢不徐不疾，顯是神明感應之嘉兆。然神明之所感者，一誠而已。爾等宜體朕誠心，益加敬謹，竭力用工，以答神貺，不可有纖毫怠忽！故勅。永樂十年。

勅官員軍民夫匠人等 武當天下名山，是北極真武元天上帝修真得道顯化之處。歷代都有宫觀，元末被亂兵焚盡。至我朝，真武闡揚靈化，陰佑國家，福被生民，十分顯應。我自奉天靖難之初，神明顯助，威靈感應至多，言説不盡。那時已發誠心，要就北京建立宫觀，因爲内難未平，未曾滿得我心願。及卽位之初，思想武當正是真武顯化去處，卽欲興工創造，緣軍民方得休息，是以延緣①到今。起倩些軍民②，去那裏創建宫觀，報答神惠，上資薦揚皇考、皇妣，下爲天下生靈祈福。用工夫不多，至容易不難。特命隆平侯張信、駙馬都尉沐昕等把總提調，管工官員人等務在撫卹軍民夫匠，用工之時，要愛惜他氣力，體念他勤勞；關與糧食，休着他受饑寒；有病着官醫用心調治。不許生事擾害。違了的，都拏來，重罪③。軍民夫匠人等，都要聽約束，不許奸懶。若是肯齊心出氣力，神明也護佑，工程也易得完④。我這件事不是因人説了纔興工，也不是因人説便住了工。若自已從來無誠心，雖有人勸，着片瓦工夫也不去做；若從來有誠心要做，一年竪一根椽，起一條梁，逐些積累，也務要做了。爾官員軍民人等，好生遵守，早完成了回家休息⑤。故諭。永樂十一年。

勑正一嗣教真人張守清⑥　武當天下名山，真武成道靈應感化之地。元末宫觀悉燬於兵，遂使羽人逸士修煉學道者，無所依仰。朕積誠於中，命剙建宫觀。上以資薦皇考、皇妣在天之靈，下爲天下生靈祈福。俾雨暘時若，災沴不生，年穀豐登，家給人足。今宫觀告成，神明屢顯休應，圓光煜燿，五色燦爛，神像昭彰，見於光内。觀者數十萬人，咸加嘆異。已賜名曰：元天玉虚宫、太元紫霄宫、興聖五龍宫、大聖南巖宫。然此

① 延緣：任自垣纂修《勑建大嶽太和山誌》卷二作“延緩”。

② 起倩些軍民：任自垣纂修《勑建大嶽太和山誌》卷二作“如今起倩些軍民”。

③ 都拏來，重罪：任自垣纂修《勑建大嶽太和山誌》卷二作“都拏將來，重罪不饒”。

④ 工程也易得完：任自垣纂修《勑建大嶽太和山誌》卷二作“工程也易得完成”。

⑤ 爾官員軍民人等，好生遵守，早完成了回家休息：任自垣纂修《勑建大嶽太和山誌》卷二作“恁官員軍民人等，好生遵守着我的言語，勤謹用工，不許怠惰，早完成了回家休息”。

⑥ 張守清：任自垣纂修《勑建大嶽太和山誌》卷二作“張宇清”。

名山勝境，必得高人羽士以住持看守。大聖南巖宫已嘗令右正一孫碧雲爲住持外，其三處，爾卽選有道行者各二人爲住持，别選至誠敬謹道士，每處各五人①看守。如一時選不如數，隨爾所選得若干人，就分派四處看守，精進修行，興隆道教。故勅。永樂十一年。

勅隆平侯張信、駙馬都尉沐昕等　今正一嗣教真人張守清②舉保道士，分派各宫。道官任自垣、道士邵慶芳爲元天玉虚宫提點，高道周惟中兼提點，林子良爲副官；興聖五龍宫以李時中爲住持，道士吴繼祖爲提點；太元紫霄宫以李幽巖、胡古崖爲提點；大聖南崖宫已命右正一孫碧雲住持，以王一中爲提點副之。各處宫名，只依此勅爲定，報汝知之。故勅。永樂十一年。

勅五龍宫全真道士李素希　昔者高真學道於武當名山，折梅枝寄榔樹，且祝曰："道成，此枝卽活，花實而熟。"後果如其言。自是以驗歲之豐歉。太平歲豐，花實而繁；歲歉③，花而不實。今樹尚存，問諸故老，久無花實。比者，爾素希以實數百，遣人來進，誠爲罕得，莫非爾以精誠所格，祝釐國家，故能感動高真，降此嘉祥，以兆豐穰也。兹特遣道士萬道遠齎香，詣高真道塲焚燹，以答神貺。並以綵緞一表裏，紵絲衣一襲，鈔四十錠賜爾。爾其恪盡乃心，以祈茂祉。故勅。永樂十三年④。

勅五龍宫全真道士李素希　去歲高真効祥，榔梅呈實，已兆歲豐，爾遣人來進。今歲復然，誠爲難得。稽之於古，間或一見，猶以爲奇遇。矧兹二年，兩見其實，皆由高真翊衛國家，爾輩精意祝釐所致。兹特遣

① 五人：任自垣纂修《勅建大嶽太和山誌》卷二作"五十人"。
② 張守清：任自垣纂修《勅建大嶽太和山誌》卷二作"張宇清"。
③ 歲歉：任自垣纂修《勅建大嶽太和山誌》卷二作"其遇歲歉"。
④ 永樂十三年：任自垣纂修《勅建大嶽太和山誌》卷二作"永樂三年"。

道士陳富[①]齎香，詣高真道場，以答神靈。并以綵緞一表裹、紵絲衣一襲、鈔四十錠賜爾。宜益精勤，以臻至道。故勅。永樂十四年[②]。

建紫雲亭勅　勅隆平侯張信、駙馬都尉沐昕：淨樂國之東，有紫雲亭，乃元帝降生之福地。勅至，於舊址仍創紫雲亭。務要宏壯堅固，以稱瞻仰。其太子巖及太子坡二處，各要童身真像。爾卽照依長短濶狹，備悉畫圖進來。故勅。永樂十七年。

建紫金城勅　勅隆平侯張信、駙馬都尉沐昕：今大嶽太和山金頂，砌造四圍墻垣，其山本身分毫不要修動。其墻務隨地勢，高下不論丈尺[③]，但人過不去卽止。務要堅固壯實，萬萬年與天地同其久遠。故勅。永樂二十一年[④]。

勅藩枀　勅湖廣布政司右枀議諸葛平：朕創建大嶽太和山宮觀，上資薦揚皇考、皇妣二聖在天之靈，下爲四海蒼生祈迓福祉，以敷利澤於無窮[⑤]。然工作浩繁，皆天下軍民[⑥]，辛勤勞苦，久而後成。今工已告完，特勅爾常用巡視[⑦]，遇宮觀有滲漏處，隨卽修理；溝渠道路有淤塞處，卽便整治。合用人工，就於均州千户所官軍撥用。務使宮觀完美，溝渠道路通利，庶不隳廢前工，以虔祀事於悠久。如此，則神明昭鑒，使爾享無窮之福。若玩法偷安，致宮觀損塌，溝渠淤塞，則罰及爾身，將不可悔。故勅。永樂二十二年。

---

① 陳富：任自垣纂修《勅建大嶽太和山誌》卷二作“陳永富”。

② 永樂十四年：任自垣纂修《勅建大嶽太和山誌》卷二作“永樂四年”。

③ 高下不論丈尺：任自垣纂修《勅建大嶽太和山誌》卷三作“高則不論丈尺”。

④ 永樂二十一年：任自垣纂修《勅建大嶽太和山誌》卷二作“永樂十七年”。

⑤ 下爲四海蒼生祈迓福祉，以敷利澤於無窮：任自垣纂修《勅建大嶽太和山誌》卷二作“下爲四海蒼生祈迓福祉，用期綿遠，以敷利澤於無窮”。

⑥ 皆天下軍民：任自垣纂修《勅建大嶽太和山誌》卷二作“皆天下軍民之力”。

⑦ 常用巡視：任自垣纂修《勅建大嶽太和山誌》卷二作“常川巡視”。

勅内臣 勅諭尚膳監左監丞陳埜：昔我皇曾祖太宗文皇帝創建大嶽太和山宫觀，虔奉祀事，實欲福佑我國家及天下蒼生於無窮。迨至皇祖仁宗昭皇帝、皇考宣宗章皇帝臨御之日，克紹先志，特將均州一千户所軍餘雜派①、征差及屯田子粒，盡行優免。但遇宫觀有滲漏損壞之處，隨即修理；溝渠道路有淤塞不通之處，隨即整治，俾宫觀永遠堅固完美。兹特命爾前去與原差禮部員外郎吳禮一同提督，凡有未修殿宇房屋及衝塌橋梁道路，就行修理。已勅吳禮知之。爾宜恪遵朕命，恭勤趨事，不許怠慢，更不許在彼生事，私役軍餘，虐害下人，以取罪愆。故勅。正統十年②。

勅存留金頂香錢 禮部爲遵勅諭，請明旨以便祀神修理，預備凶荒賑濟事。奉旨："是。這香錢着存留本山備用，修理賑濟。禮部知道。欽此。"嘉靖二十一年。

重修太和山勅 勅原任工部右侍郎陸杰：朕惟我成祖大建元帝太和山福境，安鎮華夏，顯靈赫奕，計今百數十年來，宫觀祠宇等處不無損壞，若不及時修理，慮恐日就傾頽，其何以棲真妥神，祝釐保國。已令湖廣撫按官勘視回奏，兹據各官備將應合修理處所，併估計工費等項前來。今特命爾前去提督工程，爾宜查照該部題奏事理，會同撫按官，將應修宫觀祠宇處所，會勘明白，即便興工修理。合用物料，於見頒去官銀及有司動支措辦聽用。其一切應行事務，爾等須酌議停當，隨宜增損。事完，通將辦過工程，用過物料，銀兩數目，造册奏繳朝廷。以爾素有才望，特兹簡任。爾宜敬謹從事，體朕崇奉元聖至意，不可纖毫怠忽。務期工作堅固壯實，用副我皇祖功烈，萬萬年同其久遠。欽哉。故勅。嘉靖三十一年。

---

① 雜派：任自垣纂修《勅建大嶽太和山誌》卷二作"雜泛"。
② 正統十年：任自垣纂修《勅建大嶽太和山誌》卷二作"宣德十年"。

旨

明

下太和山道士

大嶽太和山各宫觀有修煉之士，怡神保真，抱一守素，外遠身形，屏絶人事，習静之功，頃刻無間。一應往來浮浪之人，并不許生事喧聒，擾其静功，妨其辦道，違者治以重罪。有志誠之士，慕攝元關，思超化質①，實心叅真悟道者，不在禁例。若道士有不務本教、生事害羣、傷壞祖風者，輕則卽時譴責，逐出下山；重則具奏來聞，治以重罪。永樂十一年。

詔

元

賜張守清詔

朕嘉修真之流，貴得道之士，形神俱妙，僻處山林，精氣純全，能興雷雨。信若人之高躅，實斯世之罕聞。欲示褒揚，其頒涣汗。凝神靈妙保和法師武當山天乙真慶萬壽宫住持宫事張守清，爲老子學，奉元帝祠。登萬仞之層巔，搆千間之大厦。功用雖成於使鬼，行能自足以服人。龜蛇交媾以顯形，虎狼隨奔而斂跡。素心既用，元化彌彰。爭稽首於講

① 思超化質：任自垣纂修《勑建大嶽太和山誌》卷二作“思超凡質”。

筵數十輩，不及脅於卧席三十年①。近臣有稱贊之言，太后有徵求之命。屢逢亢旱，方虞率土之災；申禱上元，並獲甘霖之喜。功已沾於庶物，身宜佩於殊榮。嘉賁冠簪，增耀巖壑。於戲，鎮安侯服，真慶爲南紀之靈祠；輔翼邦家，元武主北方之王氣。惟竭心誠而致禱，庶幾福禄之永崇。欽哉！惟時服我明訓，可賜"體元妙應太和真人"。宜令張守清准此。延祐元年。

明

賜太和道士邱元清詔

祀神之道大，所以古人於此虔恭寅畏，特專職以典掌之，使壇場淨，牲牢潔，不敢有怠。今之設官，與漢唐同，官職太常，所供之事，其理亦然。凡達人智士居是職者，自以爲萬千之幸而至斯地焉。故②夙夜在公，欲周旋於上下神祇之左右，必欲使神歆悦，福及將來。國之祀③，至尊者惟天地是也，人於世若近之，豈不萬幸者也。若愚而不知者，將以爲泛常，無夙夜在公之心，以神明目無視而爲無，怠多而敬少，非獨一身而不福，又必將来不佳。於斯之道，可不慎選其人而責任之④？爾邱元清，昔本黄冠，處心清淨，故命爾爲嘉議大夫太常寺卿。爾其懋哉。洪武十八年。

---

① 爭稽首於講筵數十輩，不及脅於卧席三十年：《玄天上帝啓聖靈异録》作"爭稽首於講筵几四千輩，不及脅於卧席垂三十年。"

② 所供之事，夙夜在公：任自垣纂修《敕建大嶽太和山誌》卷二作"所供之事，其理亦然。凡達人智士居是職者，自以爲萬千之幸而至斯地焉。故夙夜在公"。

③ 福及將來。國之祀：任自垣纂修《敕建大嶽太和山誌》卷二作"福及將來。何故？以其大祀無如國之祀"。

④ 至尊者惟天地是也，可不慎選其人而責任之：任自垣纂修《敕建大嶽太和山誌》卷二作"至尊者惟天地是也，人於世若近之，豈不萬幸者也。若愚而不知者，將以爲泛常，無夙夜在公之心，以神明目無視而爲無，怠多而敬少，非獨一身而不福，又必將來不佳。於斯之道，可不慎選其人而責任之"。

英宗賜張三丰詔

朕惟仙風道骨，得天地之真元；秘典靈文，奪陰陽之正氣。顧長生久視之術，成超凡入聖之功。曠世一逢，奇蹤罕見。爾真仙張三丰，芳質穎異，雅致孤高。存想專精，煉修堅定。得仙籙之真訣①，餌金鼎之靈膏。是以名隸丹臺，神遊元圃。去來倏忽，豈但煙霞之棲；隱顯渺茫，實同造物之妙。兹特贈爾爲"通微顯化真人"。賜之誥命，以示褒崇。於戲！蜕形不老，永爲物外之逍遥；抱道絶倫，益動寰中之景慕。尚期指要，式惠來英。

書

明

成祖賜張三丰書

皇帝敬奉書真仙張三丰先生足下：朕久仰真仙，渴思親承儀範，常遣使致香奉書，遍詣名山虔請。真仙道德崇高，超乎萬有，體合自然，神妙莫測。朕才質疎庸，德行菲薄，而至誠願見之心，夙夜不忘。敬再遣使，謹致香書虔請，拱候雲車風駕惠然賁臨，以副朕拳拳仰慕之懷。敬奉書。

---

① 真訣：方升纂修《大嶽誌畧》卷一作"宝訣"。

詩

明

成祖題真武廟

先天始氣五靈君，元老太陰實化成。察微知遠生神靈，修真内煉心志寧。潛契太虚感玉清，功滿道備乘龍行。歸根復位以顯名，天地悠久日月並。神昭功德翊我明，手握化機佐運興。武當毓秀何崢嶸，琳宫仙館敞瑶瓊。用報神貺表孝情，神敷嘉錫備休徵。翼翼清廟建北京，人徼貺兮神幪帡。晨鐘暮鼓聲鏗鍧，神之來兮風泠泠。駕飛龍兮驅流星，飄翠蓋兮翳霓旌。八鸞九鳳先後迎，倏而來兮忽而升。劍光吐納陰陽精，猋爲電兮擊爲霆。陶鑄萬彙無留停，祥風甘雨宣和平。高宜黍兮下宜秔，祛妖蕩札民物亨。清酤進兮肴核聲，報萬祀兮崧一誠。

賜虚元子孫碧雲

太和山高九千仞，幽人學道巢其巔。雲邊一卧知幾年，懸巖鐵鎖常攀緣。世間萬物無所累，饑食瓊芝渴乳泉。錬就還丹握化權，三關透徹元中元。高奔日月叫紫煙，絳宫瑶闕長周旋。五華靈芽植丹田，明珠一點方寸圓。左挹神宫①右白丸，夜間②明堂相與言。窈冥恍惚合自然，飄飄直上大羅天。時人欲見不可得，三峯下俯飛鴻翼。丹邱羽人常往還，紅巖③赤松舊相識。只今邂逅忘心期，青瞳緑髮烟霞姿。福地洞天遊欲遍，逍遥上下驂虬螭。若遇真仙張有道，爲言佇竢長相思。

---

① 神宫：任自垣纂修《勑建大嶽太和山誌》卷二作“神公”。
② 夜間：任自垣纂修《勑建大嶽太和山誌》卷二作“夜開”。
③ 紅巖：任自垣纂修《勑建大嶽太和山誌》卷二作“洪崖”。

歌

明

仁宗蟾宇歌

太初灝灝氣窈冥，混沌肇判分清寧。輕清懸像濁成形，二儀乾坤①萬彙生。孰綱維是道乃經，二五之精妙合凝。糸爲三才人至靈，箇中孰能尤粹精。瀟然物外離塵攖②，若人賦稟淑且清。早歲學道栖巖坰，葆和修真久乃成。虚室生白斯其徵，皓如蟾魄涵晶明。放之六合彌光瑩，斂之方寸何虧盈。抗志雲霞豈慕名，和光時俗匪躭榮。道積厥躬聲乃宏，奉祀大嶽昭虔誠。祝釐祚國召嘉禎，景星煌煌泰階平。醴泉泠泠甘露馨，有時飛舄來瑶京。校瞻③元文司權衡，淋漓金薤昭日星。獻納承恩道譽增，元門光顯揚休聲。願言功行如月恒，竚看躡雲登蓬瀛。

贊

宋

萬物之祖，盛德可委。精貫元天，靈光有煒。興益之宗，保合大同。香火瞻敬，五福攸從。嘉祐元年④。

---

① 乾坤：任自垣纂修《勑建大嶽太和山誌》卷二作“块軋”。

② 塵攖：任自垣纂修《勑建大嶽太和山誌》卷二作“塵纓”。

③ 校瞻：任自垣纂修《勑建大嶽太和山誌》卷二作“校讎”。

④ 嘉祐元年：楊素蘊修、王民皡等纂《大嶽太和武當山志》卷十五作“嘉祐二年”。

明

玄元一炁，歷化無形。勛昭北極，炁貫太陰。經呈秘奥，註洩天文。虔誠禮誦，福壽增榮。邦家永鎮，海宇昇平。福神默相，佑我大明。萬曆　年。

碑

明

大嶽太和山道宫碑記

蓋聞大而無跡之謂聖，妙不可測之謂神。是故行乎天地，統乎陰陽，出有入無，恍惚翕張，驂日馭月，鼓風駕霆，倏而爲雨，忽而爲雲，禦災捍患，驅沴致祥，調運四時，槖籥萬彙，陶鑄羣品，以成化工者，若北極元天上帝真武之神是已。按道書，神本先天始炁五靈元老太陰天乙之化。生而神靈，聰以知遠，明以察微，潛心念道，志契太虚，乃入武當山修真内鍊，心一志凝。遂感上清元君①，授以無極上道。功滿道備，乘龍天飛，歸根復位，顯名億刼，與天地悠久，日月齊並。武當，舊名太和，謂非元武不足以當之，故名曰武當。蟠踞八百餘里，高列七十二峯。三十六巖之奇峭，二十四澗之幽邃。峰之最高曰天柱，境之最盛曰紫霄、南巖。上出遊氛，下臨絶壑，跨洞天之清虚，凌福地之深窅。紫霄、南巖皆有宫。又自南巖北下三十里有五龍宫，又四十里抵山趾有真慶宫②，俱爲祀神祝釐之所。元末悉毁於兵燹，荆榛瓦礫，廢而不舉。

① 上清元君：任自垣纂修《勑建大嶽太和山誌》卷二作“玉清元君”。

② 又四十里抵山趾有真慶宫：真慶宫即元代大天一真慶萬壽宫。在紫霄宫西南五里，不在山趾。此處所記，疑有誤。

天啟我國家隆盛之基，朕皇考太祖高皇帝以一旅定天下，神陰翊顯佑，靈明赫奕。肆朕起義兵，靖内難，神輔相左右，風行霆擊，其蹟甚著。暨即位之初，茂錫景貺，益加炫燿，至若榔梅再實，歲功屢成，嘉生駢臻，灼有異徵。夙夜祗念，罔以報神之休。仰惟皇考、皇妣，劬勞恩深，昊天罔極，亦罔以盡其報。惟武當神之攸棲，肅命臣工，即五龍之東數十里得勝地焉，刱建元天玉虛宫；於紫霄、南巖、五龍刱建太元紫霄宫、大聖南巖宫、興聖五龍宫；又即天柱之頂，冶銅爲殿，飾以黄金，範神之像，享祀無極。神宫仙館，煥然維新。經營之始，至於告成之日，神屢顯像，祥光燭霄，山峯騰輝，草木增色，靈氛聚散，變化萬狀，衆目咸覩，跽拜啧啧。榔梅垂實，加前數倍；九地啟秘，金杵躍出；陰陽儲精，元質流潤；靈異紛紜，莫能殫紀，神之響應，有如此者。遂命道士爲提點，主管各宫，飭嚴祀事，昭答神貺。上以資薦揚皇考太祖高皇帝、皇妣孝慈高皇后在天之靈，下以爲天下臣庶祈迓繁祉。雖然神之浮遊混茫，變化無方，此感彼應，無往不[①]。然非此無以達朕之誠，系天下虔敬之心也[②]。又況山川冲和之氣融結於斯，與神相爲表裏。神之陟降往來，飄颻揮霍，顧瞻舊遊，豈不徘徊於斯者乎！是則宫觀之建，有不可無。謹爲文[③]，刻石山中，以彰神功永永無窮焉。永樂十六年。

憲宗奉安紫霄宫神像碑記

朕聞自開天以來即有此山，自元始以來即有此神。神乃北極元天上帝真武是也，山乃大嶽太和是也。神非兹山無以爲棲真之所，山非此神無以侈靈勝之名。是故歷代搆造殿宇，欽崇之不衰。我太祖高皇帝平定海宇，惟神默相，靈明赫奕，嘗於南京建廟奉祀之矣。太宗文皇帝肅清

① 無往不：任自垣纂修《勑建大嶽太和山誌》卷二作“無往不之”。

② 系天下虔敬之心也：任自垣纂修《勑建大嶽太和山誌》卷二作“與系天下虔敬之心也”。

③ 謹爲文：任自垣纂修《勑建大嶽太和山誌》卷二作“謹書爲文”。

内難，惟神陰佑，厥蹟誕著，特於此山大造宫祠，又於北京復建行宫奉祀之矣。英考睿皇帝光復大位，惟神屢現奇應，亦既命官函香奠幣，致敬尤篤。朕繼紹大統十有五年，仰思先志，敢不祗承？矧國家乂安，四裔懷服，無爲之治，於斯爲盛，豈不賴於神之翊贊而能爾耶？昭答之典，在所必行。肆命工爲像，往安於太元紫霄宫：聖像一，從官像四，皆範銅爲之，而鍍以金；水火神二，亦銅體金飾，而各類其像；供器、香爐、瓶盂、鐘磬，總十一事，既堅既完，載鮮載潔。特遣太監陳嘉①送詣宫所奉安，永享四方之香火，永壯世人之觀瞻。夫神分身降世，變化無窮，恍惚翕張，出無入有，禦災捍患，濟物度人，數出禎祥，祚我家國，繼自今願丕揚神道，幹運②化機，俾上而聖母福壽無窮，於以昭朕之孝；下而儲嗣繁衍未艾，於以昭朕之仁；宫闈清吉，於以昭朕内治③之嚴；臣僚效忠，於以昭朕使臣之禮；黔黎於變，於以昭朕之化；四裔來王，於以昭朕之威，以迄四時行，百穀登，羣生遂，化工成，庶乎神有感必應，而朕虔恭之誠亦不虚矣。雖然，朕之所望庇於神者，豈止一時如是而已哉？謹爲文刻碑，以彰神功於不朽云。

憲宗奉安太和宫神像碑記

宫在均州南百二十里太和山天柱峯之上，乃我皇高祖太宗文皇帝刱建，以奉北極元天上帝真武之神之所也。神向④於此修真得道，神功威烈，最爲顯著，以故歷世往往建祠，崇奉之不替。方我文祖肅清内難之初，神每陰護顯相，用寧邦家，是以文皇感焉，乃卽神肇蹟之地宏搆宫殿，以爲崇奉之所，又於絶頂冶銅爲殿，飾以黄金，其崇奉之典，萬古未有也。既⑤朕嗣統，君臨億兆，十年於兹，固由我祖宗德澤流衍，皇

① 陳嘉：方升纂修《大嶽誌畧》卷一作“陳喜”。
② 幹運：方升纂修《大嶽誌畧》卷一作“斡運”。
③ 内治：方升纂修《大嶽誌畧》卷一作“治内”。
④ 向：方升纂修《大嶽誌畧》卷一作“尚”。
⑤ 既：方升纂修《大嶽誌畧》卷一作“暨”。

考、聖母教育所致，然亦豈有不陰賴於神靈之贊祐歟？兹欽①昭答神貺，無以表誠，乃命工範金爲像二堂。安於大嶽太和宫者，真武聖像一，從官像四，皆銀爲之，而飾②以金；神帥十，皆銅爲之，而鍍以金。又爲飾金雕鏤重簷小③殿覆焉。安於元天玉虚宫者，真武聖像一，從官像四，皆銅爲而金鍍之，俱琢白石爲之座焉。二堂水火，以銀以銅，各從其像。硃漆梓金供棹各一，其供器銀鍍金者十有四，銅鍍金者二十有二，總二十八事④。銅提爐二，石磬二，銅鐘一，綺羅銷金旛、幢、傘並雜色旛總百十有八。特遣中官太監陳嘉、廖恭、韋輝、劉斌，右少監李本，奉御監富，送詣宫所，設齊奉安⑤，永爲瞻仰。惟神陟降往來，益著靈貺，儲祥賜福，佑我國家。俾朕上奉慈闈萬年，下延嗣胤千億；内而宫壼協吉，外而邦國平寧；近而黎庶乂安，遠而蠻貊賓服。凡厥有生，無不咸遂，庶有以副朕崇奉之誠，見神響應之妙也。因紀以文，同垂⑥於久遠云。

重修太和宫殿紀成碑文

朕惟大嶽太和山乃北極元天上帝修真顯化成道之所，帝以天一之精降靈人世，感召天神授無極上道，丹成上昇，歸司本位⑦，瓊臺受册，功德巍巍，莫可殫述。歷代崇封，罔不，祀事⑧。肆我成祖文皇帝，惟帝陰翊皇度，赫有顯徵。特勅隆平侯張信、駙馬都尉沐昕等，率領官員軍夫人匠二十餘萬，建宫觀凡三十三處。天柱峯冶銅爲殿，黄金飾之，

---

① 欽：方升纂修《大嶽誌畧》卷一作“欲”。

② 飾：方升纂修《大嶽誌畧》卷一作“間飾”。

③ 小：方升纂修《大嶽誌畧》卷一作“術”。

④ 二十八事：方升纂修《大嶽誌畧》作“三十八事”。

⑤ 特遣中官太監陳嘉、廖恭、韋輝、劉斌，右少監李本，奉御監富，送詣宫所，設齊奉安：方升纂修《大嶽誌畧》卷一作“特遣中官太監陳嘉、廖恭、韋輝、劉斌，右少監李本，奉御監富，送詣宫所，設齊奉安”。

⑥ 同垂：方升纂修《大嶽誌畧》卷一作“用垂示”。

⑦ 歸司本位：武當山玉虚宫現存碑文作“歸司玄冥之位”。

⑧ 罔不祀事：凌雲翼修、盧重華等纂《大岳太和山誌》卷二作“罔不闢神栖嚴祀事”。

範金爲像，置設精嚴，落成勑名爲“大嶽太和山”，其地之形勝與神之靈蹟，宫宇之宏壯，載於成祖御製碑文①。朕皇考封藩郢邸，實當太和靈脉蜿蜒之勝，歲時崇祀惟謹。肆朕入承大統以來，仰荷垂佑，洊錫庥祥，祗念帝功，報稱莫罄。深慮歲久，宫殿圮坏，宜加修飾。爰發内帑，申命部臣往督其役。以嘉靖壬子年六月肇工，凡宫殿、門廡、齋堂，藉以妥靈而供祀者，悉鼎新之，仍揭以坊額曰“治世元嶽”。經營之始，即蒙真光顯現，瑞氣氤氲，變化不一，豈帝昭靈貺以嘉答寸誠②，故所應若斯之偉異歟！大工告成，部臣具奏，請朕文勒碑，用垂永久。惟《書》有之：“類於上帝，禋於六宗，望於山川，徧於羣神”。故嶽鎮海瀆，在祀典有常秩，奉妥有常享③。惟此大嶽，特超中土，峯嶺峻拔，亘天關而盤地維，信爲仙聖所都，而帝護國翊運，威靈顯彰，致我祖宗丕建大業④，旣而定都幽燕，位應元冥，是以掃犁腥膻⑤，廓清華夏，惟神陰助，風行霆擊，天戈所臨，無往弗靖⑥。二百年來，民安國阜，媲隆三王⑦，雖或一二氣數不齊，邊疆小警，旋而殄滅⑧，至如庚戌内生大奸，旋用褫殛⑨。豈尋常山川之神能出雲雨捍災患一節之功所可並者歟？此

① 載於成祖御製碑文：凌雲翼修、盧重華等纂《大岳太和山誌》卷作“載於成祖御製碑文可考也”。

② 寸誠：武當山玉虛宫現存碑文作“予之成”。

③ 常享：王佐修、慎旦等纂《大岳太和山誌》卷二作“常宇”。

④ 丕建大業：王佐修、慎旦等纂《大岳太和山誌》卷二作“建丕丕業”。

⑤ 是以掃犁腥膻：原文無“掃犁腥膻”。根據凌雲翼修、盧重華等纂《大岳太和山誌》卷二補。

⑥ 無往弗靖：王佐修、慎旦等纂《大岳太和山誌》卷二作“無往弗迹”。武當山玉虛宫現存碑文作“無往弗績”。

⑦ 三王：王佐修、慎旦等纂《大岳太和山誌》及武當山玉虛宫現存碑刻皆作“三五”。

⑧ 旋而殄滅：王佐修、慎旦等纂《大岳太和山誌》卷二及武當山玉虛宫現存碑刻皆作“旋即殄滅”。

⑨ 至如庚戌内生大奸，旋用褫殛：王佐修、慎旦等纂《大岳太和山誌》卷二作“至如庚戌内之大奸，每即褫殛”。武當山玉虛宫現存碑文作“至如庚戌内之大奸，亦即褫殛”。

神宗[①]之修嚴不可少懈也。《書》曰："鬼神無恒享，享於克誠。"朕仰法祖宗，祇若明祀，神之佑之，庶其益加隆盛，薰蒸和氣，覆育羣生，宗社靈長，山河鞏固，則神其□□□□，惟朕躬亦荷無疆，惟慶矣![②] 是用勒文於碑，與天地而同其悠久云。嘉靖三十二年。

---

① 神宗：王佐修、慎旦等纂《大岳太和山誌》卷二作"神宇"。

② 則神其□□□□，惟朕躬亦荷無疆，惟慶矣：武當山玉虛宮現存碑刻作"則神其永永無疆惟休，朕躬亦荷無疆惟慶矣"。

卷之六

藝　　文

文　　類

賦

明

太和山賦

楊　琚（叅議）

惟大嶽之爲山兮，形肇奠於鴻荒。廼渾淪而磅礴兮，鍾秀氣於元黄。顧發源於嶓冢兮，擁翠浪於武當。肆連峯而接岫兮，復積嶺而重岡。峙漢水之南隅兮，跨均房之兩疆。控翼軫之分野兮，應列宿於上蒼。羌廻旋乎地軸兮，扼天關於古襄。衍脈絡於荆山兮，析支派於内方。

七十有二峯，根盤八百里。崔嵬巑岏，岧嶤峛㠑。嶔巇如對，森列如竢。若廻而馳，以行而止。若豁而谺，以立而跂。或俯焉而復昂，或仰焉而崛起。或蜿蜒兮如龍如蛇，或蹲踞兮如虎如兕。或尖鋭兮如筆如鋒，或正直兮如屏如几。若乃三十六巖之幽虚，二十四澗之迤邐，五臺五井之悠悠，三潭二泉之瀰瀰。

厥石則有金星銀星，厥産則有地髓石髓。堯韭禹糧，雜沓而並美；秦檜漢栢，偃蹇则長清。木實則有梳楸桼檣，棉檵棪榑，楩樣楸櫻，野蔌則有菌蕈笋藎，薯菜蕨葵，蘠蔎蒟菁，以至迷窮草①、交讓木，靈嚚杖、石磴心②，榔梅赭䴹，年乳騫英，天花雲林，芳芷徽蘅，枝柑房李，鄧橘襄橙，無物不有，雖茅亦馨。萬年松、千歲艾，九仙子、天南星，白何首烏、紫花地丁，苦参、百合，甘菊、黄精，采之可以療諸疾，服之可以制頽齡。又有石如火熖之紅，樹如龍爪之倪。飛泉滴溜，漱乎瓊瑶。松風響籟，鳴於遠邇。四季常見靈鴉雙雙繞林坰，五更或聞天雞喔喔號雲岫。白鵬錦雉同飲啄夫巖頭，神虎仙麋迭巡行乎山趾。紫芝瑞世，百千其名；珍禽怪獸，不可殫紀。又如龍宫雷洞深窅虚明，風穴星牖沉寥呀哆。表以禹跡步雲之橋，帶以太乙天池之水。日出則嵐飛靄收，蒼翠滿前；月明則鶴唳猿號，清幽無比。兼有洞天福地之靚深，孰謂蓬萊方丈之不在是也。

有若大頂之峰，端然正位，處乎其中，吾不知其幾千萬仞。但見形成③峻極，與天而爲柱；氣象巍峩，拔地④而撑空。其高無並，其旁靡從。匪衡匪岱，匪華匪嵩。既非醫閭之可擬，亦非恒霍之可同。前有五老，後有五龍；右有搢笏、九卿，左有手扒、三公。東有始老、展旗、九渡、金鎖，西有隱仙、疊字、千丈、雞籠。北有皇崖、顯定、貪狼、獅子，南有仙人、隱士、伏魔、降龍。又有聚雲、香爐，大名⑤、蠟燭，大蓮、小蓮，文曲、武曲，天馬、玉筍之重重，丹竈⑥、竈門之矗矗。

---

① 迷窮草：方升纂修《大嶽誌畧》卷四作“救窮草”。
② 石磴心：本誌卷四作“石燈心”。
③ 形成：方升纂修《大嶽誌畧》卷四作“形威”。
④ 拔地：方升纂修《大嶽誌畧》卷四作“杖地”。
⑤ 大名：方升纂修《大嶽誌畧》卷四作“大明”。
⑥ 丹竈：方升纂修《大嶽誌畧》卷四作“丹皂”。

千巒萬嶂，各獻幽奇。四面羣峯，互相倚伏。乃獨孕秀居奠，盱睟駭目。上接青雲，下臨深谷。其視衆山之周遭迴繞，拱向環簇，有如王者之臨諸侯，大宗之俯族屬。是乃五岳之長兄，四鎮之伯叔。遠若蒼梧之九嶷，巫山十二峯，並呼爲其家督；邃①則赤龍寶砲，横黄方界，皆目爲其幹僕。此我皇明所以表章，謂之大嶽太和，而咸五爲六也耶！是宜玉台高疊，石檻玲瓏，闢以門闕，繚以垣墉。金殿之據乎其上，焕棟宇之穹隆；天帝之宅乎其内，躡龜蛇之元蹤。捧劍兮玉女，執旗兮青童。侍從兮靈官，導引兮先鋒。照日月兮層構，映上下兮天宫。耀金光兮燦爛，洞遐矚兮昭融。飛複檻兮霄際，縹雲靈兮瞳矓。信真武②兮所棲，豈塵俗兮可容。

外有天門三重，雲梯萬級，自卑視高，曼延壁立。挂懸空之霽虹，逼霄漢於咫尺。歷參井之鉤連，詎跬步之可卽。躋欲半而悸驚，凴危欄而上陟。慨登望之多囏，夢徒兆於生翼。

及夫天門之外，則隨山通道，跨澗架圯③，剪除榛莽，辨域定規。或聳琳宫而開寶殿，或興古廟而建神祠。或蔽④珠龕於巖畔，或剏桂觀於山陴。築石室以藏僊服，峩彩亭以貯御碑。彌東南而亘西北，彷閶闔而廣棼楣。雕墻横截乎山谷，仙廬盤鬱乎坤維。熾丹艧於林杪，鳴鐘鼓於㕂㕓。境之最勝者無如紫霄，宫⑤之至高者莫踰天柱。南巖、五龍兮，幽雅瑰奇；玉虛、淨樂兮，輪奐規矩；清微、真慶兮，非不霄崢；遇真、朝天兮，俱號紫府。似此宫觀兮，三十六所；其餘庭院兮，更僕莫數。丹房石室兮，雖寒不寒；雪窩凉亭兮，當暑不暑。甚至萬松一泓，各有軒亭；鉢堂方丈，亦爲峻宇。隘四衢而騰八達，張千門而啟萬户；宗大岳而朝元穹，翼太和而壯今古。人皆疑其天造而地設，或出於幽贊而陰

① 邃：方升纂修《大嶽誌畧》卷四作“近”。
② 真武：方升纂修《大嶽誌畧》卷四作“真仙”。
③ 圯：方升纂修《大嶽誌畧》卷四作“屺”。
④ 蔽：方升纂修《大嶽誌畧》卷四作“敞”。
⑤ 宫：凌雲翼修、盧重華等纂《大岳太和山誌》卷六作“峰”。

輔。不然何以楹柱林林，梁棟楚楚，而有此廓度宏模，福地元圃，壯神仙之窟宅，聳人世之瞻睹。

吾想夫永樂之初，内難既彛，四海寧謐，民物熙熙。是以奉委之臣，以謂聖君有作，我儀圖之，敢不盡瘁忘疲，董督指揮，朝斯而夕斯。由是智者售技而無所隱，壯者効力而不敢欺，雖山林谿谷亦不愛其材。孰謂我朝長府之積，皆在所供億，而其用不貲。又况工咸㚖屭，匠賽輸倕。萬指揮斤，而呵氣爲霧。六軍荷鍤，而瞬息爲墀。庶民子來，若有神司。經之營之，倐爾成之。於以答景貺而廣孝思，於以奉明祀而祝丕釐。神必徘徊容與於玆，康濟邦國，福祉黔黎，以陰佑我皇上聖子神孫，集慶禧而撫有太平萬萬載①洪基。賦已，復撮其要爲頌辭曰：

倬矣大岳，摩青蒼兮。背漢面漳，鎮一方兮。奕奕宫殿，闐山岡兮。天帝蒞止，周相徉兮。氛沴斯靖，時雨暘兮。慶作②靈長，神化彰兮。我皇崇祀，佑八荒兮。玉質金相，照寵光兮。四裔③來王，休徵祥兮④。海宇乂安，垂衣裳兮。本支繩蟄，世萬其昌兮。俾臣之後嗣⑤，亦如諸峯之拱嶽，永篤爲忠良兮。

大嶽太和山賦

王世貞（吴郡人，都御史）

太和山者，葢中州之脊而上帝之靈腑也。其始不甚顯，一曰武當山，又曰寥上山，又曰仙室山。晉咸和中，歷陽謝允棄羅令遁玆山，遂名之曰謝羅山，見酈氏《水經註》及《荆州圖副記》。葢是時絶頂峻不治，不

① 載洪基：方升纂修《大嶽誌畧》卷四作“載之洪基”。
② 作：方升纂修《大嶽誌畧》卷四作“祚”。
③ 裔：方升纂修《大嶽誌畧》卷四作“夷”。
④ 休徵祥兮：方升纂修《大嶽誌畧》卷四作“徵休祥兮”。
⑤ 嗣：方升纂修《大嶽誌畧》卷四作“胤”。

得上，諸所棲息者山之阯，以故靡由稱云①。至宋而謂元武神實主之，又避其諱，改元武曰真武，而宫室由創矣。元始加帝號。至明太宗文皇帝，尊之曰“大嶽”。世宗朝復尊之曰“元嶽”，而五嶽左次矣。歲旃蒙之大淵獻春二月②，吴人王世貞鎮撫之間③，一登謁焉，感其峯嶺宫闕之盛與其事而爲之賦：

昔在帝太始氏，制陰陽，剖澄凝，掌别五嶽，以授七十二聖。昉岱首而亘金天，焜煌黼芾，以躋九命。乃眷西顧，有亭亭類博山者出焉，下盤隒而踰廣運，鋭直割乎黔界之關。嵣岾横揭，壽昦哮豁。其西北引庸瞀，絡終崋，而首飲乎中原，爲嶽若八九者呑焉。帥其支峰，以媚帝閽，恫帝之不簪，敢以瀃霄之圭與亥步其四藩。不然，請外託而季從乎崑崙。惟帝曰：“咈，夫契有因而顯有辰，時不取遽，主必擇真。”是故天水氏之奄宅也爲寓公④，若亡若存，以竢元冥之時巡。胡祠蹦林，諱其金人。水德用彰，瑶宇岧嶙。

我文皇篤志鴻緒，四面内蹂，獨奮神武，亦駕天授。恍靈威之輵轄，披髪立而三光蔀；揭燕彈之百一，俄宇割其十九。嗟九靈之革變，黯二儀其霧雺。聆火鈴之豁落，駭烏旍之豰豰。咄元緒與率然，亦糾紛其來從。既闡教於神道，揭疑功乎惟重。苟神貺之昭答，何恫乎民力之侈用。於是太史覛土，奉常告時。五鳩鳩民，將作庀材。左駙馬而右中涓，六傳騷以趡催。襄鄧宛洛之民，踔擊轂蹷。楚呰鑫午以逆上，隴木駢闐而順來。于于禺禺，千喝萬隨⑤。陸歊激湍，冬讙聚雷⑥。

① 以故靡由稱云：凌雲翼修、盧重華等纂《大岳太和山誌》補遺卷作“以故靡甲稱云”。

② 春二月：凌雲翼修、盧重華等纂《大岳太和山誌》補遺卷作“春三月”。

③ 鎮撫之間：凌雲翼修、盧重華等纂《大岳太和山誌》補遺卷作“鎮绥之間”。

④ 寓公：凌雲翼修、盧重華等纂《大岳太和山誌》補遺卷作“寓公宫”。

⑤ 千喝萬隨：凌雲翼修、盧重華等纂《大岳太和山誌》補遺卷作“千唱萬隨”。

⑥ 冬讙聚雷：凌雲翼修、盧重華等纂《大岳太和山誌》補遺卷作“冬讙驟雷”。

乃使倕輸窮巧，獲賁旣力。分模紫宮，取則宸極。又似踔翼乎九閽，歷清微而叩大赤。命犕陬而佐之，俾象鏘鏘之積石，恍若入於函谷，歷落乎離宫之四百。淨樂依稀乎東朝，玉虚彷彿乎未央。紫霄桀驁乎甘泉，南岩差池乎阿房。五龍窈窕乎馺娑，迎恩雔穌乎鼓簧。太和密邇乎紫微，遇真遥接乎建章。觀則復真胚胎，仁威攝降。元和遷校之府，龍泉烝鍊之場。莫不堞嶺隍壑，冠峰帶岡。分背寒暑，别成陰陽。潺湲瓊瀶，絪縕象郎。裹鬱嵂而逕庭，表蹇産而直當。彩柟扠枒以戢孴，文欃靷鞣而縱横。晨星熒皇乎壁鏡，雌蜺夭蟜乎茄梁。乃復發重鼂氏之所藏，使和氏選而攻之。玫瓀枝斯，璀璨玕琪。像帝之真，理别鬚眉。琥瑋瓔瑄，堅瑦瑺珽。琢爲宸座，躨跜虬螭。乃籍漠鄧，付區稖，合鉰釔，鼓熇鑪椎。細則禹鼎之頩臏，鉅則秦廷之欺偲。鋸牙鑿齒，燕頷鶻翼之類，足方良，手蜮魃，睆蜂眸，而欲搏奓血吻以將噬。感豐融之眄蠁，意嫙嫈而求退。葯房寥窲，欐榻膚緻。隺蓋棽麗，鸞吹流利。餕㿝餘之泔淡，眠歸雲之霆霸，此其陶然樂而跳塵世者也。

彝寏方軌，馳道如砥。繐柏周絡，金椎隱趾。綿蠻格磔，媚不絶耳。葳蕤峙蒨，當眸而束，泮乎其殊可喜也。紛彼靈囿，前奏鈞天。忽斷忽續，從颸曼延。乍顯乍晉，與雲流連。霓罗虹旍，矽若騰騫。怏然精氣，溢而欲仙也。俄而悦兮，使我惘兮。躡岃嵲，穿弇中。下峪窞而嚙趾兮，上嵓峷而盪胸。俯窅窱其徑庭兮，仰又棧嶘而不可窮。前呼要眇幾若絲兮，應碨柍而類虒瓻。輕陰醲而裾涅兮，蒼翠樸而睫靚。忽徑絶於陁堵兮，使人魂蓝而精降。頳砡衡截，屹巕疇援。足不謀目，絫息股弁。五步一止，左袒呈肸。天門杳靄，若啓尺綫。破霎霒，穿軋芴。兆庶羆毀，爭先跋躉。魚貫蹀敂，猱牽梱榆。肱嵎臂隴，肝胡膽越。魋瑕二董之俊，錯以敦譬駘跙。爰有姬姜貴秘，陽蔡姝絶。蠑蛾跐豸，要紹嫿嫛。綦履不任，芬澤微發。莫不羽䰍犀紕，露紷練帢。澀譶殿屎，嫛蹦勃窣。掔銀瑲以稍振，扣陰牡而鳴咽。哀囂徹空，宛潮音之迤邐；悲涕懸河，儼秋霖之汩活。銅虬左啟，羊角瞥至。拔圻坤兩，蹌欹巽二。游葢飄颻其孅翮，幾欲擲乎荒之裔。黄冠所廬，可以假憩。層樓帖石，周閣無地。拏莖葩褋，捷獵鱗次。密蕺兮寒房之聚蜂，獺椽兮春潮之歸䗪。神摇摇而時䑋，心栗栗其如𩃬。於是黜聰明，顓精神。薌沐滌躬，清齋盟心。窮太和之睽罛，遂底乎天柱之岑。覩重欒之宛曲，與綺寮之麗谣。列將吏之蘭錡，若觩瓚之崇森。悉都官之赤仄，塗以褭蹄之上金。芒熲注射，睛不停眴。赫烜灼爍，煌燁爟炫。芬壒蓬勃，忽似處乎涳濛，潤衣裾而不敓；哀音麢至，幾若閧乎邯鄲，卷屋瓦其如霰。度羣喧之屏寂兮，始騁望以逍遥。

竊忻夫塵世之判闋兮，察天人之所交。玉女瞖噓而一粲兮，電磆礚横亘乎岩腰。霆霓驚乎百里兮，雙禮珠微撥乎銀璈。夜澄澄其湛露兮，冷然若初滴於絳杓；白榆歷鹿於楹表兮，幾欲奮翮而求巢。雙丸搏娛於早晚兮，屏翳卑處而不得；嬈儠帝聰之呼吸兮，杳旭卉其莫昭。於是俯踞三垂，流覽大荒；寄寓一瞬，投心渺茫。或翔陽弄晴，瀲灩冲融，煜乎若五金之在鎔；喬雲呈姿，異態同輝，皚乎若瑶臺之刋彛。白不封尖，峭碧摩天，晃乎若蕠鏃之辭弦；晦明參差，旁午紛拏，沓乎若銀海之盪層波。時隱時現，襄江一線，或滅或浮，夢澤一抔。遠則仙掌巨靈之贔屭，峨嵋五丁之斤鑿。丈人偃蹇乎青城，華存徜徉乎衡嶽。太室少室之崴㠢，中條終南之岹嶤。陰脉潛通，外勢包絡。雖未甘乎臣僕，感時趨之曦爝。邇則香爐凝靄，玉燭華峙。九卿棘列，三公槐植。七星斗矗，五老掌𨈆。中笏上朝，玉筍排次。淋瀋雙筆，飛翰疊字。紫蓋飄颺，眉棱鎖翠。天馬翀𦑣而騰上，靈狻鬐鬣而斜睨。蓮峯大小以掩帶，陽隺鳴和而鼓翅。春淡冶其微莞，夏沈穠其幾醉。秋淨皎其初沐，冬慘淡其若睡。雖摧㟪乎麗億，靡不環拱極而思媚。獨房陵之一岊，乃崘剌崆峣乎境外。鴻烺爌之獨逮，托平𡽀其少息。聊賈壯以敻勝，信足境之羃歷。俯巨壑乎萬尋，白日瞢而蒸雲罨。苟貏豸其稍邇，踝跢盭余焉恤。阨嶭峊茀，嶅嵒屴崱。醜若島瞷，雄若贙虪。似乍伏而俄奮，挺牙距而虡擊。復有千章叢挺，黝䨴阜瓏。萬古不死，輪囷擁腫。其爲蘋末之所鼓，卉歙瀏莅，瓃竑洶湧。根槷刖而弗奠，類蛇跗之鱗起。卽日①鹽腦而蟆動，憭兮栗，悚兮恐，懍乎其惕，而左顧余踵也。

爾其清沘徐傾，蕭瑟泓渟。遘暵不涓，觸石自聲。潨潨汩汩，鏦鏦錚錚。乍徵而商，絲肉雝鳴。芙蓉倒插，散鬊微升。神瀵湧璣，金沙流螢。枕聽酌歃，九咽爲澄。其澗則青羊玉局，仙龜元鎮。梅溪勝越，桃源比晉。靡不插璧流霞，飛梁吐蜃。其橋則仙源仙都，遇真會真。夭矯梯雲，遥裔天津。靡不長虹飲渚，圓月麗旻。盤陀之石，橘叟所奕。削脯角飛，盤拏現跡。瓊台廻顥，帝所授册。封泥散紫，餘檢成璧。宛委探書，浮提副墨。玉牒金題，靈符秘策。太乙天乙，日沼月澤。燭龍布涎，神瀵流液。丹砂九轉，白茅三脊。璘彬雲母，以資服食。

木則杉檜樅棫，松梓椶栢。梍楸柒樀，櫋欃楩檍。交讓成蔭，靈壽支策。梢無礙漢，根不避石。恣傲四侯，罡閲千昔。結爲碩果，鱗殷酷醴。襄橙鄧橘，張梨房李。含桃女脣，火棗仙餌。飣座襲目，咀瀋溢齒。榔梅標瑞而蟄舌，石蜜借浸以爲醷。冰芽之犇，産自騫林。顧渚塹芬，鳩阬遜甘。蟬翼霏甌，雀舌沸鬻。篠簜蔆葑，編町繡邱。霡霂初滋，潛萌未苗。穀玉含腴，衣以金苞。濯江漢，暴秋陽。椷紫泥，籍朱筐。八足騰傳，披星犯霜。九重涓期以奏新，六宫舌羡而不敢嘗。乃有庶纖，土德所芻。千年之艾，松齡十之。荃蒳繭茵，菩虆卷施。晻薆咇茀，入鼻薰禴。夭蕘秋發，映山春滋。百里障錦，又若紫絁。一醉枕籍，若馮彝施。忽有哇妖，因風徐來。晛睆和囉，含糊蟬喈。嚶嚶關關，嬈嬈靡靡。覩黄口之蠛蠓，疑天樂而復非。意調衵而甫紓，喟駛景之難肄。覬扶嬴之妙藥，指長鑱而思采。亦何勞訪乎亶州，玆實仙都之陸海。固炎帝之所弧嘗，而隸首之所不盡解者也。

不覩夫萋繞勝舄，白蘚紫扶。甘根卬距，茵陳茈胡。南星水玉，符離利如。香莂萹畜，重樓藜蘆。益母挺生②，防己夜呼。葦薴天麻，薈

---

① 日：凌雲翼修、盧重華等纂《大岳太和山誌》補遺卷作“且”。
② 益母挺生：凌雲翼修、盧重華等纂《大岳太和山誌》補遺卷作“益母鋋生”。

鬱地榆。皆能撐距二豎，揃殪羣魖。百勞賴其禁圉，五官之所儲胥。又若三暴之煉雞格，九節之辨菖陽。紫莖之貴牛膝，元參之字鹿腸。枸杞夸仙人之杖，麥門表禹餘之糧。豺漆供而濕消，玉延食以生昉。滛羊之藿，靈脾別呼。交藤布根，何首不烏。是皆皇仁所寄，祇不愛輸。澤瘁實空，動與益俱。肉翮頃以鶣鷅，朱顔靄其萏蓊。

忽倏然而穢世，撫萬期之須臾。遂誦茂陵之言曰："唉！得從安期生遊，蹔萬乘若敝屣，何況妻子哉！"乃集三管之所述，相與考諸真之由起。或誦周季，二尹軌喜。是爲舅弟，厥號文始。或哆兩生，明長禪美。受度勃遂，厥有棲阯。夫文始青牛挽函谷，太上玉局顯魚凫。馬明吸羽騰華陰，陰長蛻骨遺丰都。第彼顯則此隱，豈後核而昔誣。意者馬生遺帽①，仲微曳裾。辭令道通，納節易夫。田寒暑其一簑，房旦夕而長鬚。庶幾其猶可指跡歟。粵元元之黠秘，實上真之蠡良。功留跡隱，用彰體藏。暫閃屍而可卽，忽希夷其難方。俶使夫人主常伯若虞初之小吏，騑驄衣黄者二十餘霜，卒莫得其要領，徒文繡乎土木而宫室乎陵岡。於乎②，皇哉明哉，明哉皇哉！

亂曰："因天成人，合乃神兮。虛有實無，衆則愚兮。靈寵光豔，趣則驗兮。岑牢往祀，嚇來世兮。當心者真，豈必聿兮。彼美洸洸，永無煬兮。"

太和山賦

馬一龍（國子監司業）

予昔丁卯之疾，禱元帝而承天休；乃今庚午之歲，謁太和以答神貺。大哉巍乎！天地中有是山，故造化中有是神也。神顯駿功，世享崇祀。予謬司東壁之府，可無汗青之書耶！爰作賦鏤諸石云：

---

① 馬生遺帽：楊素蘊修、王民皡等纂《大嶽太和武當山志》卷十六作"戴生遺帽"。

② 於乎：凌雲翼修、盧重華等纂《大岳太和山誌》補遺卷作"於戲"。

儵忽鑿渾敦之竅，廣莫分翼軫之圻。惟一元旋璣在子，乃萬物化源所滋。天載元默，地開靈奇。常陽擴其無際，積塊纍於纖塵。崑崙定樞以突兀，太和分脉而嶙峋。龍漢刼象帝之先兮，守孩中而自老。紫墟煉淨樂之國兮，出大帝以爲神。奠位參兩儀，總章聯五岳。破元氣之絪氳，啟撐黎而結幕。含元黄之孕精，傑巨麗以厞廓。膺撫三關，夤帶百粵。涪湛漢沔之縈廻，燥潤梁洋之汋勺。媪軸炳靈，璿衡擦律。抗勢蘧廬，摽影鰲極。張堪輿之形勝，崇法象於天則。亘地八百里，環峰七十二。岧嶢上羅穹，巑岏擁縹翠。列離宫之譜，則太和紫霄，南巖貞度，五龍玉虚，清微樂土，遇真朝天，左右紫府。計羽衣之廛，則太元威烈，元和八仙，修真復真，廻龍龍泉，仁威真武，元圃後先。樓觀崢嶸，壇墠盤旋。三十六岩之窅窱，二十四澗之委蛇。井台窬竅而杓掛，泉潭冥潴以蒙漪。玉梁爲虹，鯨吸湟陂。素瀨卷雪，人鑑冰池。若試心試劍之永肩，金星銀星而兩曜。尹仙石棋，惟石之肖。肺腑收春於榔梅，雷神表步於天一。白龍增應谷之靈，桃源括避秦之逸。

濯土之毛，彙將不億，姑舉其一二者。堯韭禹糧，秦檜漢栢。房李枝柑，襄橙鄧橘。菌萸葼芷，虈蔲蒟菁。桊檎匠具，莠菲綴馨。蒲柳之質，無不含英。苦窳之器，亦皆萃精。年遐松艾之資，品列甘黄之上。雖混所生，匪同色相。又其飛走昆介，爲物且饒。文貝華虫，鵁鶄寒號。嶲周之鳺，意而以鴂。於莬澤霧兮，蔚變而驕。跋胡明睩兮，窟營其狡。種别類差，不可殫紀。

乃惟地靈所鍾，斯則傑人萃止。事載方册，聲在人耳。喜棲石壁者，軌度天樞。練中飛舄者，解組遁居。戴孟落帽，馬明架廬。勑遇姚簡龍，笑墮希夷驢。雲溜房長鬚之杉，丹入田簑衣之鑪。真常觀妙，洞雲祖年。青陽全式①，德邁風仙。連雲孤碧，騈古松泉。明道明祐，善澄善淵。

① 全式：據任自垣纂修《勑建大嶽太和山誌》卷六張全弌傳，當爲“全弌”，即張三豐是也。

駕風鞭霆，尸解蟬蜕。究水華之靈奥，洞陽精之神秘。披寶歙青，服食方劑。黄庭見童，元霜度世。尋穴天之寶衢，棼海嶼之雲術。神欲守而鶉居，體將伸而蠖屈。

遡本元真，開山啟兆。簡奉元君以悟真，鍼磨神姥而契道。誓寄樹兮一念通靈，命懸崖兮五龍夾抱。功成六七之年，道顯億萬之刼。玉帛冠裳，方來宸翼。罔兩妖魔，潛形遁跡。神功宥密兮，作配泰元。佑我皇祖兮，聲猷赫宣。鄱陽彌難兮，燕國揚旌。外戢内靖兮，乾清坤寧。遭際帝王之繼聖，宰制山川之百神。豈非水土中，陰陽萃，日月交，龍虎配，躍蹠柱之汨越，肅坻鄂之鏗鏘，瞻鉅鎮之穹崇，繕綺搆而高驤者乎？

噫吁欷！大哉巍乎！天下無以尚之。光采陸離，揮霍爛熳。入以天門之三疊，懸以雲梯之萬級。井蛙管窺兮，中天半壁。木希蹴進兮，跬步莫遣。豁然展士衡之翅兮，飄然御列子之風。闖烟嵐之磊砢兮，越日領之巃嵸。仰視參井兮，頫歷霽虹。覩宸光之熙逗兮，遲龍見而雲從。欽頣彜鼎，遍禮琳宫。擷珊瑚於胆烏，遥興屭於腏功。探黍珠於月偃兮，拔泰阿於雷豐。誦綸音之焕發兮，求螭章於蔓揭。薄仙廬之㢈廲兮，訪遺書於石室。誕真誥之瑶函兮，遡仙宗於玉牒。時乃飛花舞筵，高鳥在空。嗽天溟之芳澗①，聆滴露之驚淙。汲沆瀣之液，漑華渚之躬。褆身紫翠之上，掩袂天柱之峯。雲霞繚繞，巒岫帡幪。前挹五老，後係三公。右遜九宰，左挽七雄。東搴太始而展旗九度之金鎖，西望隱仙而疊字千丈之雞籠。皇厓顯定之家，皆燃藜而髓石。潛真悟道之士，能伏虎而降龍。觀其雲聚香爐，慧明蠟燭。大蓮小蓮，文曲武曲。天馬玉笥之躪踔，丹竈竃門之起伏。流軿晏景，森羅象數。促息引領，吐納雲霧。測深不可幾，致遠莫能負。何神山之峻美，羌元苞之綜固耶？

衆賓抖擻，而談叱縱横。獨士沉吟，而神發智生。蔀屋斗目兮，約

---

① 嗽天溟之芳澗：凌雲翼修、盧重華等纂《大岳太和山誌》卷六作“嗽天溟之芳潤”。

牖納明。雲材麦耳兮，拔宅上昇。朱干立準兮，琪樹流鶯。火鈴噴熠兮，龍師聽經。家據蓬壺之盛，人傳金闕之名。疆畛井畫而阜成，桑麻櫛比而敷榮。城廓鈎連兮衛護，閭閻鱗次兮章平，是則郡縣良史之所宣承也。

測圭表方，奠麗中央。風雨時會，江漢之陽。沃野大麓，符分膰脤。黼黻所與，弁蓋如雲。蒼生蠕選而得所，香帜蟬聯而依輔。民近旱麓之遺，兵釋潢池之武。禮義經籍之所漸陶，慷慨激烈以爲鼓舞。陳麟趾騶虞於二南，别民情俗習於九土，是則觀風諸臣之所歟翊也。

翹首潛邸，掩映神京。氣吞雲夢，波撼洞庭。控南北而混胡越，浸乾坤而浴日星。激商羽於陽春之籥，占醇和於瑞靈之鵲。祥光常擁銀潢，灝氣遥瞻玉峽。上應薇垣，並三都之壯麗。下通地胏，綿兆禩而曠綽。緣壕泝洛，亂漢抱岳。摛洪藻，申景鑠。黄道轉度，翠華駐方。蟠踞雄於天造，菿蒨揭於帝鄉。感威靈於鳳翥，作物睹於龍飛。輿圖協應，丹雘興思，是則先皇繼統之所造基也。

謁羲農於沔陽，祖神禹於大别。吴闔之胎，楚昭之恤。帳吾道於回車坡，弔幽忠於擣衣石。陽臺留宋玉之悲，君山瘞舜妃之璧。西陽善祠，長沙賈宅。蜀地偏安昭烈而中興，荆州必分吴魏爲三國。不數騷賦之才，還高鹿門之節，是則聖賢豪傑之所履歷也。

泰華鼎峙，衡岳中嵩。環廻匝遶，臣僕甚恭。峨眉匡廬之秀，陽明太白之奇。崆峒鬼谷，終南武彝。勾漏天台，隱觀九疑。青城五臺，金庭玉屋。宫寢佇望金陵，仙都遥連勾曲。瞬絶西方，罽賔身毒。横絶法界，紆蟠其躅。儼然王者綴旒於諸侯，太宗統系其羣族，此則太和元氣之所聯屬也。

至於濛汜崦嵫，朱厓鐵勒。入我版圖，統在疆域。辮髪雕題，輸誠效役。彝靺兜離，罔不化育。六合混一而塵清，四海不揚而波澄。二都拱放勲重華之主，溶席列社稷股肱之臣。四時成序於羲和，五星叶光於蒼旻。嘉禾擢秀，醴泉薦馨。遐荒不驚兮，華彝相鍔。淳風大同兮，彬彬禮樂。然安不忘危，大閱以作。神武懋昭，爰及朔漠，是則聖君驁相參贊乎高博者也。

轉盼締視，心神曠怡。簫籟既寂，月來如期。已乃返乎圭中，蜉蝣以容。黄金綽體，照我參同。又則探天一生水兮，坎起元爲之宰。地六成象兮，外週數由於内。孰爲鑄劍兮，卽慧性以斬諸魅。如水沃焚兮，抹撒萬緣之溷穢。孰爲龜蛇兮，卽水火之既濟。紅鉛黑汞兮，藴先天之祖炁。慨危途之碌研兮，趣功名與富貴。胡世人之懵懵兮，其腊毒爲炙膾①。渺浮雲之過太虚兮，悟本來自有量劑。實往來聚散之無常兮，曼駟隙倏然流逝。况造化者亦以天地爲逆旅，而光陰者總視浮生若過客。知黍珠在吾身之寶兮，毁天地而不刋②。當知吾生塞萬機之原兮，踵元關之一息。紀勝概於遊觀，表名山之神烈。

碑

元

大五龍靈應萬壽宫碑

揭傒斯（集賢直學士）

至元二年歲在丙子，武當山大五龍靈應萬壽宫武當殿成，元教大宗師特進上卿總攝江淮荆襄等處道教吴全節爲集賢院言：翼軫之墟，襄漢均房之間有山兮，根盤八百里，峯之高者七十有二，巖之幽者三十有六，澗之深者二十有四。天垂地接，陽嘘陰噏，不可名狀，名曰太和之山。元武神得道其中，改號武當，謂非元武不足當此山也。山多神宫仙館，其大者有三，曰五龍、紫霄、真慶，而五龍居其首。唐貞觀中，均州守

① 其腊毒爲炙膾：凌雲翼修、盧重華等纂《大岳太和山誌》卷六作“嗜腊毒爲炙膾”。

② 毁天地而不刋：凌雲翼修、盧重華等纂《大岳太和山誌》卷六作“毁天地而不劫”。

姚簡禱雨是山，五龍見，即其地建五龍祠。宋真宗時，陞祠五龍觀，賜額曰五龍靈應之觀。其後廢於靖康之禍。孫真人元政興之，又廢於金兀术之兵。皇元受命，與天地合德，大興老氏之教，扶運翼世，以迎休祥。山之有道之士汪思真奮然特起，辟草萊，剪菑翳，一舉而新之。先大宗師上卿張留孫初總攝江淮荆襄道教，奏以其山葉希真朝覲，天子大信其道。至元二十三年，詔改其觀爲五龍靈應宫，以希真主之。居八年，而侯道懋繼之。又二十年，而續道成繼之。仁宗皇帝天壽節，實與元武神同，遂加賜其額曰"大五龍靈應萬壽宫"，仍甲乙住持，歲遣使以是日建金籙醮，祝釐其山。自是累朝歲遇天壽節，一如故事。此後大建元武殿，宜得詞臣文而勒之石，以彰國家之美，以重此山。明年三月二日，集賢以聞，詔以命臣傒斯。臣傒斯竊謂名山大川能出雲雨以澤萬物，産財用以利萬民，毓英賢以輔萬世，必宅天地之奥，當陰陽之會，磅礴融液，與大化終始。故中必有神，出幽入冥，此感彼應，如風之在谷，所觸皆通。水之在地，無往不達。况此山葆乎中和，統乎陰陽，應變合行，與神俱藏，羣山四朝而特起乎中央，非元武焉足以當之？則其宫室之崇，享祀之嚴，應國家之運，爲生民之依者，固有在矣。殿之建，元教大宗師臣全節實出私錢萬緡爲之倡，而住山續道成、張道真、吴明復、邵明庚、李明良先後贊而成之。其屋壯麗嚴峻，洞達高廣，益與兹山相雄。世所稱神仙曰殷長生、房長鬚、馬明生、田蓑衣之徒，皆成道於此，是以論人傑必本於地靈也。其辭曰：

虚危之精元武君，上臨元天貴且尊。穹龜贔屭騰蛇蜿，手指北斗酌乾坤。武當之上號太和，神君居之降百魔。五龍守衛嚴不訶，冷氣自少元氣多①。神君生在天地先，谷神自養天地根。二十四炁如環旋，七十二候無頗偏。四十二載昇元天，元天之樂不可言。身著元衣坐紫府，蒼龍在左右白虎。朱方翼翼朱鳥舉，騰精躡景我爲主。百靈守之誰敢侮，

① 冷氣自少元氣多：陳垣《道家金石略》作"沴氣自少元氣多"。

或按長劍坐横庭①。吐納日月含風霆，五龍冉冉隨降昇。倏而去之若流星，忽而來兮雨冥冥。鬼車九頭匝火屋，山鬼倚樹惟一足。飛蝗蔽天食百穀，長蛟鼓浪沈平陸。神君一顧赤爾族，神君自居武當山。人能學之盡得仙，前有殷房後馬田，陳摶尹軌相攀援。新開大殿凌紫烟，璿題藻井相鈎連。神君居之樂無邊，保我聖歷億萬年。

大天一真慶萬壽宫碑

陳鉅夫②（翰林院學士）

皇慶元年春三月，京師不雨，徧走羣望，詔武當道士張守清禱雨而雨。明年春不雨，禱而雨。又禱又雨③。既霑既渥，仍大有秋，兩宫大悦。

初，均房之間有山曰太和，又曰仙室，以元武神居之，名武當。踞地八百里，峯七十有二，最高者紫霄之峯，峰之最勝者曰南巖。崖前有洞天二，曰太安皇崖天、顯定極風天。上出浮雲，下臨絶澗，猿鳴鳥嗥，豺虎所家，人可投足者，僅尋丈許。道家言："龍漢之年，虚危之精降而爲人，修道此山，道成乘龍天飛，是爲元武之神。"至唐貞觀益顯，天下尊祀。宋理宗時，詔道士劉真人住宫南巖④，不克。漢東異人魯大宥隱居是山，草衣菲食，四十餘年，救災捍患，預知禍福，時人神之。天兵破襄漢去，渡河訪道全真，西絶汧隴，北踰陰山。至元十二年歸，與道士汪真常等，修復五龍、紫霄壇宇，獨結茅南崖。或請作宫庭，曰："非爾所及也，其人將至矣。"二十一年秋九月，師自陝西來⑤，年三十有

① 或按長劍坐横庭：任自垣纂修《勑建大嶽太和山誌》卷十二作"或按長劍坐黄庭"。

② 陳鉅夫：任自垣纂修《勑建大嶽太和山誌》卷十二作"程鉅夫"。

③ 又禱又雨：任自垣纂修《勑建大嶽太和山誌》卷十二作"夏又不雨，又禱又雨"。

④ 住宫南巖：《玄天上帝啓聖靈异録》作"作宫南巖"。

⑤ 師自陝西來：任自垣纂修《勑建大嶽太和山誌》卷十二作"師自峡州來"。

一，願爲弟子。大宥欣然曰："吾遲子久矣。"卽授道要。

明年春正月，大宥先法[①]。師躬執耕爨，墾山鑿谷，種粟爲食。繼率其徒，剪檜翳，驅鳥獸，通道東自山趾絞口，七十里至紫霄宫，五里至南巖；崖北下三十里五龍宫，又四十里抵山趾蒿口。三月三日，相傳神始降之辰，士女會者數萬，金帛之施，雲委川赴。乃搆虚夷峻，拔木穿谷，刋石窮崖，卽巖爲宫，廣殿大庭，高堂飛閣，庖庫寮次，既嚴且備；炫晃丹碧，軫轕雲漢，像設端偉，鐘鼓壯亮，引以石逕，蔭以杉松。積工累資巨萬計，歷二十餘載乃成。墾田數百頃，養衆萬指。

至大元年[②]，今上皇帝、儀天興聖慈仁昭懿壽元皇太后聞師道行，遣使命建金籙醮。徵赴闕，及禱雨輒應，賜宫額曰"天一真慶萬壽宫"，置提點甲乙住持，制加神父號"啟元隆慶天君明真大帝"，神母號"慈寧玉德天后瓊真上仙"，賜師號"體元玅應太和真人"。延祐改元春二月，大司徒臣羅原奉皇太后旨，命師乘騎奉香幣還山致祭。冬十月，集賢大學士臣陳灝請加賜宫額"大天一真慶萬壽宫"。

竊惟聖天子端源清之本[③]，躬垂拱之化，父天母地，懷柔百神，陶我萬類[④]，子育羣姓，宵衣旰食，可謂至德也已[⑤]。師以雲棲霞舉之侶，而能振道濯德，焦心苦志，奮樹堂壇，以承天庥，亦可謂豪傑之士矣。師闓疏果毅，方嚴質茂，雖大祠祭，不待沐浴更衣，所感必應。雖身被顯寵，如始居山，其有道者耶。若神之德，廣大混沌，變化無方，謂列宿所鍾，詎不信然？臣鉅夫謹拜首稽首而獻詩曰：

翼軫之墟均房間，白雲峩峩武當山。根盤千里阻且艱，七十二峯羅

---

① 大宥先法：任自垣纂修《勑建大嶽太和山誌》卷十二作"大宥僊去"。

② 至大元年：任自垣纂修《勑建大嶽太和山誌》，方升纂修《大嶽誌畧》，王佐修、慎旦等纂《大岳太和山誌》，凌雲翼修、盧重華等纂《大岳太和山誌》均作"至大三年"。

③ 竊惟聖天子端源清之本：任自垣纂修《勑建大嶽太和山誌》作"竊惟聖天子源清淨之本。"

④ 陶我萬類：任自垣纂修《勑建大嶽太和山誌》作"陶成萬類"。

⑤ 可謂至德也已：《玄天上帝啓聖靈异録》作"期底于治，可謂至德也已"。

烟寰。帝遣元武驅神姦，披髮仗劍衣黫黫。穹龜修蛇猛且閒，垂雲而來御風還。跂予望之杳莫攀，真人學道鑴堅顔①。飛上千仞誅榛菅，斡旋天機啟天關②。瓊樓珠宫翠廻環，霞披霧映黄金鐶。湛恩大兮帝所頒，神來居之珮珊珊。寒松蕭颼水潺湲，飛香滿空馥蕙蘭。願神永永哀民艱，汛掃穢濁無恫瘝。我皇萬歲御九寰，興聖怡愉長朱顔。

明

武當五龍靈應碑

劉三吾（學士）

武當山在襄陽均州南三舍許，盤亘八百餘里，上有七十二峯，中有三十六巖、二十四澗。羣峰擢秀，靈氣攸集，是爲嵩岳之儲副，荆襄之洞天福地也。相傳元天一氣之神當軒轅氏時，震夙淨樂國王家，乳於母之脇左，瑞雲垂覆，天花飛雨，異香滿室。年十五，辭親出俗，誓斷妖魔，匡扶刼運。感玉清紫元君授以無極上道，俾之越海，夷歷翼軫之下③，訪登是山，擇衆峯中冲高紫霄而陽者居之④，當契太和，逮昇舉之後五百歲，被黑衣，披髮跣足，履坎離之真，归根復位，鎮極北方。自兹風穴雷洞、霄館龍宫，神功顯赫，靈異非常。時則於紫霄天柱峰荟勑建宫殿，棟梁楹甍，集桶闌楯，一不假木，悉範銅爲之，中設金像。興雷吐雲，變化不測，以故歷年弗壞。特賜觀額曰“真慶”，曰“護国”，曰“聖佑”，曰“紫極”，曰“靈應”者非一。唐貞觀中，歲苦暵旱，詔有司禱名山，武當軍節度使姚簡身詣是山齋禱。其夕有五儒具衣冠者見

① 真人學道鑴堅顔：任自垣纂修《勑建大嶽太和山誌》卷十二作“真人學道鐫堅頑”。

② 斡旋天機啟天關：任自垣纂修《勑建大嶽太和山誌》卷十二作“斡旋天機啟天關”。

③ 擇衆峯中冲高紫霄而陽者居之：夷歷翼軫之下：任自垣纂修《勑建大嶽太和山誌》卷十三作“東歷翼軫之下”。

④ 任自垣纂修《勑建大嶽太和山誌》卷十三作“擇衆峯中冲高紫霄面陽者居之”。

謁，自謂五炁龍君。頃之，元雲四興，甘澍如注，在田之稿①，遂獲有秋。簡具以聞，太宗勑於中山别剏五龍觀，以旌靈異，缘此名聞天下。元天之神賜以黑蛇衮角之劍②，斷魔削邪，爲國爲民，興利除害。民所禱祈者，往往於是龍宫獲靈貺焉。夫何元季洊罹兵燹，殿宇赭然爲墟。會陝咸寧邱公元清，偕其徒蒲善淵，道漢中，抵四川，至金州、商山，求勝地棲息，不可得。洪武四年，復自襄陽歷均之武當，顧瞻徘徊，閔兹福地，罹爾厄會，首兜拾瓦礫，理其故墟，師徒苟得廬就處已，卽積精存神，修真導和，服行清淨，承學大來。明年壬子，元清規復龍宫其故所，稽材陶瓦，覆堿貎堅。遠近樂施，不期歲間，宫殿廊廡，栖止廬舍，次第一新。殿塑聖像其中，神將前列，鐘鼓在懸，考擊以時，羣神百靈，有位於廡，是使遊者入山，如行畫圖。樓觀鶚峙，洞户蠭綴，堂庭截然，可謂曰完。嗟乎！自開闢以來，武當有山，聖真出世，其八十二化，宜與天地同久。燬而復隆，有吾元清。道宫是復，元宰是奉。胼胝拮据，勞勩萬端，凡道緣所致，將不與是山同垂名不朽也哉！

洪武辛酉春，元清以行能被薦拜監察御史，賜之室，辭。明年壬戌，超擢太常寺卿。其徒蒲善淵則辟爲均州道正。善淵來京，以公紹開兹山，丕闡神貺，懇予文壽諸石。相是後者③善淵及善寧等也。

聖德昭應碑记

李　衍（都御史）

天人一理也，盡乎人以格天，而天昭應之，此理之必然也。若④雖一匹夫之微，一言行之善，猶能動天地，况父母天地而爲之子者，體其塞，性其帥，而與之合德者乎？世傳真武神者，卽北方元武之神也。神

① 在田之稿：任自垣纂修《勑建大嶽太和山誌》卷十三作“在田之槁”。

② 元天之神賜以黑蛇衮角之劍：任自垣纂修《勑建大嶽太和山誌》卷十三作“元天之神則以黑虵衮角之劍”。

③ 相是後者：任自垣纂修《勑建大嶽太和山誌》卷十三作“相是役者”。

④ 若：王佐修、慎旦等纂《大岳太和山誌》卷十六作“昔”。

以帝稱，蓋天之主宰也。天之爲天，理與氣而已，有是理必有是氣。氣有陰陽變合，以生五行，播於四時，造化萬物，理實主宰之，於是乎有帝之名。然五行之主，各異其質，各居其方，各司其時。故其行木，其方東，其時春，其色青，則其神曰青帝；其行火，其方南，其時夏，其色赤，則其神曰赤帝；其行土，其方中央，其時四時之季，其色黄，則其神曰黄帝；金行時秋，白色，其方曰西，是爲白帝；水行時冬，元色，其方曰北，是爲元帝。帝一而已，兼統五行，分居五方，流行乎四時變化，既成萬物，無乎不在，其居無跡，其妙莫測，兹帝之所以爲神也。

然天包地外，而其氣常行乎地之中，則其神之靈，必常於其氣之所聚高明秀異之地發焉。武當之山，周廻八百餘里，峯嶺秀拔，中有三十六岩之勝，去嵩岳爲甚近，是亦天地之中五行清淑之氣之所鍾，蜿蜒扶輿，磅礴而鬱積者。則元帝之神恒於是焉，著其靈異，亦其理也，帝其可以方所求哉？

故昔之人，建祠兹山以祀之，歷代相襲不替①。我朝太宗文皇帝克慎在位，昭受上帝申命之休，即嚴郊社之禮，徧望之儀，復於兹山因往蹟更新神宇，以極其崇奉之典。宫殿嵯峨照耀，蓋振古所未嘗有也。皇上紹承大統，爲天地民物之主，懋昭大德，盡仁孝誠敬之心，肆致道行化洽，邦家輯寧，風清俗美，遠近悦服，聖心欣慰，以爲皆自天之祐，惟神之貺也。於是思答帝之休，益隆崇奉。乃鑄銅爲神像一，從神像四，供器全，皆飾之以黄金，承之以白石。簡命近臣太監陳喜、左監丞陳道、右監丞林茂祗送到山，會同太監韋貴暨藩臬郡邑諸臣僚，迎奉於紫霄宫，協心致齋，設醮以妥之。醮設始於十一月初七日甲子，初八日未刻，近宫展旗峯瑞光現者三，南巖宫現者一，皆狀如月望而圓。紫蓋峯光現者一，狀如錦垂而直，色皆五彩。及申，復有光如上弦之月，現於宫上及玉虚宫之正殿，色皆如初現。次日申刻，光復疊現於紫霄殿南與西，狀

---

① 替：王佐修、慎旦等纂《大岳太和山誌》卷十六，凌雲翼修、盧重華等纂《大岳太和山誌》卷五，均作“革”。

與色皆如初。而五老峰、玉虛殿西，皆有光現，狀類五色虹。復有元雲如旌旗狀，現於太和宫大頂東天門之上，其下有五色祥光[1]翔擁，久之方散。至初十日，太監陳喜等相率行祝延聖壽禮畢，以其月十五日妥神於宫。仰惟聖德感格帝心，煥發祥光，層現疊出，皆不勝懽忭。既具實以聞，以衍方被命有事荆襄，亦嘗快覩其勝，謂宜有言以記，垂示無極。

伏惟天地以生物爲心，帝卽天地之心，主宰生成者也。其在北方，司冬令，則其職在凝固太和，以幹[2]造化生長之仁也。物終於此，復始於此，帝之仁覆萬物，其有窮乎！皇上祗承於帝，所祈者上延慈壽，下昌聖嗣，内和家邦，外寧海宇，以遂萬有之生成。皇上之心，亦帝之心也。然皇上克體帝之心，使奉而安之者弗克仰體皇上之心，則澤將壅於下矣，何以至民物乂安而神罔時怨恫哉！今諸中貴臣皆知畏天之靈，遵國之度，不倚神而慢，不倚公而私，不倚威而靈[3]，可謂克體皇上之心，疏導德澤而覃及民物矣，此神所以日監在兹，歆悦於上，故彰其靈異而降祥也歟。斯其可記也，故謹書以勒，而係之以詞。詞曰：

峩峩武當，元帝攸宫。報祀以典，盛始太宗[4]。於皇肅穆，纘承大統。像帝於宫，益隆崇奉。曰帝有神，享於克誠。洋洋如在，瑞光疊呈。惟兹臣庶，於焉快覩。稽首嵩呼，紛其屢舞。余曰於皇，一德格天。有感則應，效斯昭然。臣時被命，撫臨勝境。祗謁椒庭，躬奉其盛。嗟惟中貴，克廣皇仁。民康物阜，帝悦神歆。勒詞貞珉，庸紀其事。覩者鑒焉，或識予意。

---

① 祥光：王佐修、慎旦等纂《大岳太和山誌》卷十六，凌雲翼修、盧重華等纂《大岳太和山誌》卷五，均作“半光”。

② 幹：王佐修、慎旦等纂《大岳太和山誌》卷十六，凌雲翼修、盧重華等纂《大岳太和山誌》卷五，均作“斡”。

③ 靈：王佐修、慎旦等纂《大岳太和山誌》卷十六作“虐”。

④ 宗：王佐修、慎旦等纂《大岳太和山誌》卷十六作“祖”。

大岳文昌祠碑記

汪道昆（巡撫都御史）

《天官書》："斗魁戴匡六星曰文昌宫，一曰上將，二曰次將，三曰貴相，四曰司命，五曰司中，六曰司禄。"祠家則以其降神於蜀，率象神而祠之。尊北極者主元君，尸祝之義均也。大岳專祠北極，百神附焉，顧文昌迄今不祠。不佞嘗言之柳使君所，使君謝曰："昔在司禮，先帝幸以文昌像賜朝，朝至於今奥事之，毋敢失墜。先帝崇祀大岳，不啻介邱。今上幸而使朝奉璽書主祠事，方懼無以稱上任，使倍先帝恩，乃今依北極，祠文昌，且尊君賜禮也。"於是相與經始，得隙地於三公峯之陽。東距天門，可當斗口。甃石高若干尺，爲堂廣若干筵，堂外層軒，待乞靈者。

夫北斗定四時，繫八極，而文昌用事，則文武爵禄之司。其命曰文，右文事也。我二祖用武定天下，以文守之，當時若劉文成以下諸臣，庶幾名世。孝宗守文繼治，王文成乃在公車，關中洛下並鳴，文始興矣。世宗操禮樂爲治，天下文明，在事之臣，各用其職，諸尚書郎奮起，若駕八駿而馳崑崙，何翩翩也。今天子聖明，無改先帝之舊，閎儒秉國，壯士①盈廷，海内名家，罔有遺佚。以故文德四洽，遠人來歸，得全全昌，此其時也。禮時爲大，祠不亦宜乎？使君故嘗主藏書，以知禮顯。是役也，則天象，協地宜，興人文，尊主德，於禮合矣。故使君決筴從之，其經費悉取諸舍中，筦庫之士無所預。會藩大夫李君以部署至，計日而祠成。楚人祠故有歌，祖迎皆用此。大嶽在楚，請爲神楚歌。歌曰：

列幽宗兮天閶，疏文石兮華堂。躐瑶光兮當户，帥三公兮鴈行。靈之來兮雍雍，乘歆玉兮雲中。臣聖哲兮爲役，黜口②耳兮鴻濛。履達③

---

① 壯士：凌雲翼修、盧重華等纂《大岳太和山誌》卷五作"莊士"。

② 點口：凌雲翼修、盧重華等纂《大岳太和山誌》卷五作"黜口"。

③ 達：凌雲翼修、盧重華等纂《大岳太和山誌》卷五作"遠"。

遊兮璆鏘，升天衢兮張皇。導羣賢兮先路，熾明德兮無疆。釋余驂兮閶風，緩余佩兮離宫。覯昌暉兮當世，歷千祀兮升中。隆慶五年。

武當山勅賜冲虚庵元帝祠古铜碑

劉正廉（翰林侍講，姑蘇人）

元帝祠殆遍天下，於武當最重。明永樂定大統，帝實陰佑之，即禮絶百神亦宜。五帝五肖，龜蛇北肖也，豈其帝。《山海經》云："大荒中有聖人焉，足履龜蛇。"北帝於《傳》曰"亥矩"，或曰"協光"，紀莫能詳之。而或以爲帝嘗行道此山中，其説多類佛書。

嘻，神彰山哉，山彰神哉！東漢來，多隱士，自謝羅仙後，云往往有之。近世則有張三丰者，上召之，竟不至，復使尚書胡公持手詔求之，終不得。仙風高蹈，有如是者。諸仙經論，予嘗徧觀其梗概，大約作用不離水火龜蛇、金木龍虎。水火南北，在人爲精神，在卦爲坎離。以離南之火鍊坎北之水，水上火下，既濟之義也。金木東西，在内爲魂魄，在外爲性情，情來歸性，故稱還丹。正吾儒之復初，釋氏見性之義也。羣仙咸祖老子，老子之書亟稱於水，與仲尼同，如來亦指恒河水以喻見性。三教之旨，殊途同歸，元矣深矣。嘗竊言之：夫水納而不汙，類戒者；險行不失其平，類定者；澤萬物而已，無所愛，類善施者；盈科後行，混溷不舍晝夜，類精進者；處衆所卑而不辭，類忍辱者；外暗内明，不鑑物而以之爲鑒，類智慧者。故聖人咸稱之，以爲似道。蓋五行各以其德，帝德之盛，宜莫水若已。今祠官事元帝最謹，故武當稱大嶽，巍然爲五嶽長，豈偶然哉，豈偶然哉！

吾往好養生家言，從友人楊尚璽補亭氏獲見異叟，聞丹訣，然疑道不盡於此，深求之《易》，乃若有會，以會於《道德經》及西方書。間語補亭，欲謁告，遊嵩少，登東岱，至於絶巔而還，庶幾哉廣吾之陋。補亭謂予曰："有相識者李太監，逮事世廟，以爲自嘉靖至今，宇内有警輒往。時國有大慶，率歸之神庥。幸得從祠官，後敬竭平生所有，範銅爲碑，勒於山以彰之，亦藉手以報國家之萬一。今夫怙勢鑿空，妄積妄散，而無毛髮於公家者，皆是也。若李太監者，豈易得哉！其僚羅公，皆甘澹漠，遠世利，而尚清虚，勤道術。假令遇人不若欒巴也者，願子爲一言。”予不得辭，乃爲是説貽之，使先於山靈，異日入山，幸毋以予爲生客。李公名至惠，號仁野。萬曆二十八年庚子秋月。

清

興復武當碑

劉執中（推官，襄陽人）

天生偉人，爲一代神人之依，秉旄鉞，爲當寧長城之寄，獨當一方，不但據其要土，抑先爲神護其靈山，亦古時巡而首云亭封玉，裒對而先懷百神之遺意也。

壬辰歲，無端烽火遥自千山中，突來房縣，備猖獗之態。大岳八百里，罄斷人烟，竟爲蹂躪埸矣。焚修道衆，百存其一焉。宸慮難其人，人皆難其任。久之，僉謀獲同，乃命胡公開府鄖襄，節制三省，以任濯征。公下車，卽披圖咨諏，復慨然曰：“大岳香火，開皇啟圖，奕世欽崇，祚國靈長，治世福神。海隅之衆，莫不瓣香而朝謁。倘不汲汲於此，山靈恫焉。況爲鄖襄咽喉，在所必爭乎！”於是簡將於乙未歲春王正月，投鞭斷漢，頃復太和。恩覃道砥①，無不仰賴。四方朝謁者，依然不絶如縷。而房縣之刀劍化爲牛犢，可跂待也。較古封玉懷柔，何多讓哉！

昔晉羊公鎮襄陽，好遊峴山。後思之者，見峴山卽墮淚，今碑存焉。大嶽名山也，豈特峴山已哉！敢不覼縷數言，以爲奕世墮淚之一借與。

---

① 恩覃道砥：楊素藴修、王民皞等纂《大嶽太和武當山志》卷十六作“恩覃道民”。

飛昇臺禁止捨身碑文

蔡毓榮（川湖部院）

南巖飛昇臺者，真武上帝飛昇處也。世俗訛稱爲捨身崖，山中道人傳習其訛，又從而神其説。愚夫愚婦誤於其名，或以迷惑之見，或以一朝之忿，輕生隕命，莫之拯救。

夫天下名山絶頂不可勝數，緇黄之徒因其危峻，往往皆以捨身目之，沿襲妄謬，眩惑流俗，不獨南巖也。惟南岩以飛昇之所，亦受不經之名，遂使瑶闕瓊臺血肉狼籍，瀆嫚上真，陷阱愚昧。肇斯名者，不仁甚矣！世人不悟，相率從之，生爲下愚之民，没爲枉死之鬼，必其宿業所招，隳此現前地獄。上帝垂慈，寧無悲憫。今不立禁，傷生必多。故考訂圖經，正其名曰飛昇臺。學道之士，棲心世外，滅景寰中，名列紫府。冲舉將至，登斯臺也，於以驂駕鸞鶴，翱翔雲霞，斯上帝之宏願也。若其功行未滿，猶當望岫息心。而况五濁之愚頑，何可捐彼革穢、仰滓山岩哉①！

自今以後，不得復稱捨身崖。本宫住持暨諸衆道②，隨時曉誡，永遠禁止。如有違犯，有司治以見死不救之罪。其遵勿忽！

南巖禁止龍頭香碑

蔡毓榮（川湖部院）

南巖之下，倚崖立殿，以祀靈神。不知何時，鑿石爲龍首，置香爐於前，下臨絶壑，憑高俯瞰，神悚股栗。焚香者一失足，則身命隨隕。此俗庸妄人所爲，非上帝慈惠羣生之意也。

---

① 仰滓山岩哉：楊素蘊修、王民皞等纂《大嶽太和武當山志》卷十六作“仰滓仙巖哉”。

② 本宫住持暨諸衆道：楊素蘊修、王民皞等纂《大嶽太和武當山志》卷十六作“本宫住持暨諸道衆”。

今徙爐殿内，以便焚香者，使知孝子不登高、不臨深之義。立石檐前，永杜小人行險徼倖之路。本宫住持暨諸道衆，隨時勸誡，毋蹈前轍。其遵行勿忽！

序

元

啟聖實録序

趙孟頫（集賢學士）

《易》曰："天一生水，地六成之。"天一者①，數之始也。水者，萬物成形之始也。生數奇，成數偶，於位爲北方。北者，背也，北方象人背，故北極出天最高。又北之爲文，從人相背，陽至冬至而止，又自冬至而復生，於卦爲坎。水之爲文，象形爲坎卦，東西分流，於乾坤之四德曰貞。貞者，正固也。二儀在天，斗、牛、女、虚、危、室、璧②七宿列於北方，成形爲元武。元武者，龜蛇。青龍、白虎、朱雀皆一物，元武獨二物，不謂之龜蛇而謂之元武者，元之爲色，赤而黑，龜蛇則皆有鱗甲，武之象也。元武之神始於宋真宗時，爲祠徧天下。皇元之興，實始於北方。北方之氣將王，故北方之神先降事爲之兆，天既告之矣。武當山在西南方，巍然高且大，元武神依焉。黑衣披髮，仗劍踐龜蛇，人往見之，至今常然。天一真慶宫主張君洞囦篤於信道，強立不撓，皇太后聞而召之。會京師旱，去年九月不雨，至於三月，天子以爲憂。皇

---

① 天一者：任自垣纂修《勑建大嶽太和山誌》卷十五，方升纂修《大嶽誌畧》卷四，均作"夫一者"。王佐修、慎旦等纂《大岳太和山誌》卷十六，凌雲翼修、盧重華等纂《大岳太和山誌》卷五，均作"天一者"。

② 璧：誤，北方七宿之一，應作"壁"。

太后使人持香，從張君禱焉。先雨，張君爲之日時，已而果然。雨數日乃止，遠近皆霑足。皇太后厚賜之，盡散與其衆，不以一錢私己。其行若是，真所謂絶無而僅有者哉，是宜神之相之也。張君持所刊《嘉慶圖》徼余爲敘，余爲誦所聞而書之。

嘉慶圖序

虞　集（學士）

天之高，不可知也，日月星辰之象，吾得而觀焉；地之厚，不可度也，山川草木之形，吾得而察焉；神之妙，不可測也，變化應感之跡，吾得而擬議焉。是道也，洞囦張先生其知之，其作《元武嘉慶圖》是已。其言曰："武當之爲山也，七十有二峯，皆奇偉怪絶。而所謂紫霄峰者又七十二峯之中峰也，然則其能出雲雨見靈怪也固宜矣。"又曰："其帝而神之者曰元武，元武者，在天爲虚危之宿，在地托龜蛇之靈，於五行爲水，於五色爲元，而其數則一也。"夫一之爲一也，離數而言之，則一固造化之所由分；卽數而言之，則一固十百千萬之所由起也。然則其寓天①地之中而行乎天之一，非天下之所謂至神者與②。洞囦曰："自是而上，吾不可以言喻也；自是而下，吾猶得以跡言之。"於是與其徒唐中一、劉中和取其瑰異顯著者，圖而傳之，將使天下觀者動心駭目，必有以啟夫警畏感慕之意焉。

予從元教大宗師嗣宗師知洞囦之有功於武當也。曰："洞囦在武當，攻苦食力二十有餘年。梯危架險，經營締構，作宫室以奉香火，夫③以窮山幽谷比壯麗於通都大邑。"則洞囦規畫運量，其可以淺淺窺哉。其佐

---

①　天：方升纂修《大嶽誌畧》卷四作"夫"。

②　與：任自垣纂修《勑建大嶽太和山誌》卷十五，方升纂修《大嶽誌畧》卷四，王佐修、慎旦等纂《大岳太和山誌》卷十六，凌雲翼修、盧重華等纂《大岳太和山誌》卷五，均作"歟"。

③　夫：方升纂修《大嶽誌畧》卷四作"幾"。

而成之者，同棲巖穴①之士也。會予弟佐邑在武當爲近，故得詳言之。

明

大嶽太和山志序

王繼洛（副使）

大嶽距均州百里許，古爲豫雍之域，實惟元武之神當之。成祖文皇帝起自燕邸，入正大統，惟神陰佑，靈蹟丕著，用是大啟宮宇，以答其貺，而武當之勝遂甲於天下。洛少即聞之，無從一寓遊，以慰仰止之想也。

嘉靖壬子，承乏晋臬，側聞我皇上法祖敬天，屢感元應，特遣大臣重事修葺，維時海内臣民益加仰慕，而洛願見之心尤切。未幾②，拜命來督兹山。歷太行，經唐鄧，注望天表，峻拔特立。既而踰光穀，入均陽，祗詣極頂，則奇秀爭勝，動目駭心③。而神宮仙館之厝置，俱有非人力之能搆者。洛乃竊嘆曰："猗歟盛哉，其天造地設者與！《詩》曰：'天作高山，太王荒之。彼作矣，文王康之。'惟斯之謂與！"乃觀舊志，則有未備焉者，因語提督王公佐曰："聖皇聿新此山，公實効有勞焉。顧於志也，獨可諉乎？"公曰："兹佐責也，業已有成帙矣。"因取而讀之，綱提要舉，爲卷若干卷④。志宮觀之勝，則圖可攷也；志元聖之跡，則紀可考也。志御製諸文，而褒錫之禮著；志創修諸勑，而崇奉之典彰。闡列聖垂眷之休，則像器征差有志，山塲香幣有志；昭守臣提督之責，則内臣之勑有志，藩臣之勑有志。以至上供之志，示惟正之義；欽賜之志，明特異之恩。而仙真之蹟，禎祥之應，靈物之産，職官詩賦之類，

---

① 穴：方升纂修《大嶽誌畧》卷四作"學"。

② 未幾：王佐修、慎旦等纂《大岳太和山誌》卷首王继洛序作"無何"。

③ 則奇秀爭勝，動目駭心：王佐修、慎旦等纂《大岳太和山誌》卷首王继洛序作"則奇秀爭出，奪目駭心"。

④ 爲卷若干卷：王佐修、慎旦等纂《大岳太和山誌》卷首王继洛序作"爲卷凡十有七"。

諸凡因山而有者，亦各以次附焉。詳而悉，簡而覈，質而不俚。而我成祖、今上修建之功烈，與天地同其悠久者，猶章章明甚。

嗚呼！公之用心，其亦可謂勤矣，而不足以傳乎！且今天下海隅蒼生，孰不知有是山也，雖朝謁而來者月無虚日，而未得其勝者，尚多也。今而後，凡有知者，即按卷可悉，而亦弗苦於聞見之不侔矣。公之功，不其偉歟！抑公之被簡於兹也十有八載，其久也，蓋前此之未有者。良由敬事之心有以上徹於宸衷，故聖恩之所以寵顧之者日厚。是舉也，雖不足以盡公之忠勤，而其體國之忱於此可以徵其概矣。洛也固亦有事於斯者也，因敬爲公序之。

清

太和山志序

王新命（巡撫湖廣都御史）

皇帝御極之十有九載庚申歲，新命奉勅諭來撫楚北。維時寇氛未靖，三户弗寧，徵芻輓粟，羽檄紛馳。予承嚴綸駐江陵，料理軍實。逾年，滇黔底定，武功告成，繼而班師絡繹，近且禁旅南駐。予往來郢鄂，遥指太和山在封内，相去千里，無緣登謁。兹均州王守以山志請序於予，予惟寰宇名山，五嶽最著，望秩之典，紀於《虞書》。而《禹貢》載高山大川，敷奠具詳。迨郭景純《山海經》搜采亦悉，乃兹山之名獨不概見。直至唐宋元明之代，因真武帝君而山始名，何藴之久而顯之遲歟？説者謂非真武不足以當斯山，故山以武名。夫以真武之神靈，何不顯於秦皇漢武封禪之朝，應黄龍寶鼎之符瑞，躋七十二家之盛，必遲之又久而赫奕立時者，何也？

予觀道家書所言先天始炁太極别體，則帝君之神早已降真運化於皇黄之間，而兹山自開闢以來亦早已卓峙於宇宙。太和傳道之語，適爲帝君與兹山作合耳。況真武位居乎坎，正北方之卦也。兹山在翼軫角亢之下，盤旋乾兑之位，神則負坎抱離，憑依於此，殆居天地之中，宣水火既濟之用，以契太和，以祐民物，視五嶽之各鎮一方者，其功尤普積之厚而被之遠。大岳之名，固不爽也，詎如黄龍寶鼎之侈符瑞於一時者哉！然則烏容無志，楊衆議、王州守，一以關西名宿，一以臨川才筆，力任斯舉，苦心纂輯，山靈面目，星纏度數，殿宇人物，瞭如指掌，即無緣登謁者，展閲一過，恍如覩七十二峯、三十六巖之勝矣。

今天子文教覃敷，蒐羅天下遺書，金匱石渠，炳炳烺烺。在廷諸臣纂修《國朝會典》，檄取各省《通志》。楚爲郡一十有五，爲州一十有六，爲縣一百有七，南北協修《通志》一書，三長未備，一時未易猝成。均州僻處一隅，而兹山之志裒然成集，且成於軍供鞅掌之餘，夫非山靈有以感召之耶！而予更有進者，楚民疲敝之後，水旱頻仍，人事固當修舉，尤藉大嶽之靈，發太和之氣，驅疵癘而召禎祥，俾民和年豐，太史疊書大有，更所禱祀而求者也，因序志而並及之。康熙二十二年。

大嶽太和山志序

楊素藴（分守荆南道）

太和山志，傳名山也。名山何以志傳，徵以文也。葢遊山者以趾，而耳次之，書之所紀弗耳，若廼較真焉。絶巘名巒，踵能窮其態狀，然向平婚嫁，難驟畢也。相與聞騷人遊客歷歷道其槪，能不心鄉往而識之。若披圖攷異，豁然目覩而形遇，則身焉棲息徘徊其間矣。遊覽之資於書也，不書不徵，不徵不傳也。太和山傳焉久矣，宜無志。然傳太和者，以鐵杵，以榔梅，不則金宫闕巍然天柱頭也。規均州而半之，修鑿爭天地巧，燦麗不下帝者居矣。今語人曰："山之勝，合泰、華、衡、嵩、恒而六之，其誰信！夫天下奇太和者，以山水勝，而山水之奇獨不傳。即知奇太和山水矣，而至止者罕。酈道元註旣弗詳，劉洞陽事跡編缺焉又未備也，於是太和之勝若蓬瀛方丈，且以爲容，或有之也。

予性癖山水，歷天下名山之半，考名山水記則幾乎盡矣。太和之遊，久從王弇洲記中。及庚申歲，自鄖返遊，虔禮帝闕，迺嘆志之弗可已也。詢有志，始自宣德三年，修者至再，增修者則鄖博萬君甲、明經李子紹賢也，爲書二十四卷，備矣。惜也詳畧不之審，文之不章，未能出名山真面目也。峯七十有二，巖三十有六，澗二十有四，志之志如此而已矣。極刻畫狀其所爲高峭險溢驚人者，使人從紙上目泉飛崖懸，不啻足履而手指顧之傳矣。顧僅列其所名所在，如繪事家安頓耳目口鼻數寸面皮間，不於阿堵中着意。峰如天柱香爐，亦曾不置辨，獨於秋官封詔祭告加詳焉。萬君自嗟無凌雲之筆，作詩歌而昭耀之，殆謂此歟。然斯編也，景物可遠想而知，而所爲高峭險溢者，又散見於名公諸君子藝文內。名以紀之，圖以考之，時代以上下之。書有文，文有徵，徵斯傳矣，故曰傳名山也。爰命均刺史王君民皡、廣文盧君維兹授之梓，告之曰：山之志，與州郡志異。峰巖宫觀，各自爲圖，圖以真，毋圖以似。吳道子蜀山，王摩詰輞川，葢以畫傳焉。且亦顧其人爲何如耳，柳州鈷鉧，東坡石鐘，彼且以人傳。斯役也，苟有其人，將山以志傳，志更以人傳。康熙二十年。

跋

清

大嶽太和山志總跋

王民皡（均州知州）

聞之朱靈西鑒，玉歷雷布於中天；紫炁青臨，金匱雲垂於震旦。在無象無形之内，居太初太易之前。二神贔屓以俱來，三氣氤氲而互結。太和之峯遹峻，天一之帝由崇。匪僅掩悉達王舍之城，早已啟廣成崆峒之室。歷世二百三十餘代，留丹竈之清虚；閲歲四千五百餘年，開羽仙之奥窅。晝乾坤於北户，握陰陽於南交。法界宏開，義天宣朗。文之是亟，誌乃攸宜。悼蠹簡之叢殘，布覃懷之杼軸。第非托於上憲，光開萬丈，鮮不爲熠燿之燎山；且不資以鉅公，力振千鈞，亦衹同蚍蜉之撼樹①。於是引芒針於磁石，類喜相求；因之扣石鼓以桐魚，理須遥應。如天文象緯，璇璣之軌同鑣星野；地勢規恢，繡壤之牙互錯圖攷。閱世愈遠，烜赫彌彰隱顯；攬勝綦懸，高深備著山水。禀地靈而開造化，説法現身聖紀，侈金碧而麗莊嚴，垂裳出治宫殿。全真致潔，上擬紫微之居庵祠；孚禴謹齋，永滌血膋之薦祀典。允矣紺雪元霜之窟宅僊真，展也赤明丹蕊之奇觀靈異。紛茂對之隱淪物産，徵瑶鴻於象外古蹟。烏雲分職，曰旦而曰明莅禮；鳳篆呈文，有嚴而有翼神謨。彤廷黼繡，俎豆爲光御製；牙軸縹緗，鼓吹聿盛藝文。凡皆吸水而擇乳，用是披衣而得珠。筆騰墨飛，不啻宏璧琬琰；花駢葉麗，上媲彝玉河圖。云挽劫灰，全資帝力。條次其篇目，撈漉諸家；洮汰其繁苭，囊括羣有。在當年掇拾之長物，咸可入爐冶而成丹；即昔人組織之餘材，兹且施彩色而作服。七百九十篇，星緯鋩飛於帙裹；二十四萬字，雷風噴薄於行間。夫乃知景慶停空，太和爲元始太元涌現之地；益以徵花鬘徧覆，武當爲天龍神鬼擁護之區爾。

---

① 第非托於上憲，光開萬丈，鮮不爲熠燿之燎山；且不資以鉅公，力振千鈞，亦衹同蚍蜉之撼樹：楊素藴修、王民皡等纂《大嶽太和武當山志》卷末王民皡跋作“茀非有上憲光開萬丈，鮮不爲熠熠之燎山；且不資鉅公力振千鈞，亦衹同蚍蜉之撼樹”。

贊

元

真武像贊

虞　集

真武像，吴興趙公子昂寫其夢中所見者，而上清羽士方壺子之所臨也。

吴興趙公，前代公族。神明氣清，靜處真獨。乃夢天人，披髮跣足。元衣寶劍，坐臨巖谷。再拜稽首，仰視退伏。念昔敬事，存思莊肅。致意接對，光輝心目。如聞教言，嘉子誠篤。爾善繪事，追步顧陸。凡吾真儀，子善記錄。審而傳之，與世瞻矚。傍有介士，玉版金籙。曰帝告汝，錫爾榮禄。冉冉而升，夢亦遂覺。明月在户，香彩徧屋。取火亟寫，神運掌握。毫分無失，三十其幅。丹青既成，齋戒韞匵。有堂授受，先事穆卜。而其秘夢，初不以告。晚有相師，泄其元躅。人始得傳，錦標鈿軸。方壺仙人，潔以薰沐。臨池擬容，誠比元玉。有得之者，昭事毋瀆。上帝臨汝，介以景福。

明

贊真武

湘　王

皇皇上帝，一氣分形。虚危鍾秀，坎離孕精。功高衆聖，德輔九清。小臣凡昧，罔敢爲名。

贊趙元帥

胚腪梵炁，挺性自然。稟金精乎孕秀，正水德以通元。樞機造化，威震八埏。尋聲赴感，如意慈憐。恩霑品彙，靈變三天。振宗風於永刼，闡教法於萬年。

銘

元

銅像銘

劉辰翁

天地仙，水中鉛。範合堅，淩風烟。生青蓮，劍蜿蟺。按大千，龜蛇纏。劫運遷，飛乾乾。元元天，萬萬年。

明

太和山銘

汪道昆（巡撫都御史）

赫赫成祖，張皇聖武，中外以寧。左右六師，元君陟降，抗我皇稜。大報神休，敬修祠事，帝畤用興。疆理隩區，離宫錯起，粲若繁星。太和崔嵬，金城千仞，以象勾陳。厥有神臯，冠以黄屋，俯擥八紘。嵩少及肩，參居二華，雄視南衡。江漢分流，會於二别，神物有徵。禔福邦家，鞬櫜不試，民物孔殷。肇祀迄今，莫不祗敬，崇事明禋。亦越世宗，穆穆元德，通於神明。申命司空，有事吉土，百度維新。費出上方，鳩工程物，勿以罷民。在宥寰區，四十有五載，治定功成。皇帝承之，翼翼昭事，罔或不欽。三事大夫，咸有一德，夙夜惟寅。嗣服不愆，率由其舊，至治烝烝。百粤三苗，駢首伏質，境内皆平。威行海甸[1]，名王稽顙，款塞稱臣。凡厥有生，舉首内嚮，天子之勳。介福宣威，保兹天子，維岳效靈。自古七十二家，登封有跡，猶侈令名。煌煌我明，世修鴻業，振古莫京。不佞守臣，敬共方祀，三謁帝閽。徼惠文昌，用章盛美，播於無垠。

文

明

祈豐年祭文

吴廷舉（都御史）

與造物遊，必其視天下如敝屣者也；享萬世祀，必其出斯民於水火者也。惟神棄王位而不居，試諸難而不變，戮羣妖而不懼，度世教而不迷。功滿道成，天行雲卧。受天明命，坐鎮名山。衮冕圭璋，不生不滅。星辰雷電，倏顯倏藏。相我太宗，功烈猶偉。紫霄天柱，崇高踰五岳之尊；金殿琳宫，華麗極百王之奉。永惟翼軫之下，地屬荆湖；是以桑梓之邦，仰如父母。水旱必禱，疾痛必呼。趨者如川，應之如響。邇來連歲，洪潦爲殃。麥穀失收，室家漂蕩。廷舉欽承上命，賑濟一方。謂府庫有限，錢糧僅續飢民之命；憫青黄不接，時月豈勝餓莩之多。羣心所欲者，五日一風，十日一雨；衆情所憂者，夏月大水，秋月亢陽。廷舉跽進瓣香，爲民祈禱，伏願體天行化，旋乾轉坤，使四時和而品彙亨，五穀熟而萬民足。非但廷舉免瘝官惰事之罰，而神亦丕顯憂民助國之靈。若今歲再遭水旱蟲蝗，而楚人必爲魚鱉鬼蜮。諒非神所忍見，抑豈廷舉之所忍言哉！

---

① 威行海甸：凌雲翼修、盧重華等纂《大岳太和山誌》卷五作“威行匈奴”。

祈雨文

王世貞（都御史）

都御史無似，天子命領鄖節。其荆襄漢南之山川土地人民，今旱自五月至六月矣。禾黍之地，高者蠏螺而卑者沮洳，日夜恃雨以爲命，而不能希涓滴之賜。今土尺拆而膏寸涸①，本下萎而末上焦，其父老子弟食寢之不遑，以爲歲憂。

夫天下稱名山者無踰大嶽，而稱名江者無踰漢，其神當最靈而又尊貴。卽子弟父老之所循循以爲媚事者，亦無如神，神不當坐視其困也。且天子方齋明其德，以奉上帝，惠鮮下民，百執事精白一心，恪共乃司，神罔時恫。卽都御史之不蔽職，而神督過之，亦不當以移於民也。都御史今貶車服，減騶從，從事壇壝，而欲與神約，其惠我甘霖三日，以起焦枯，當從父老子弟百拜稽首，以謝神之大貺，而光昭其盛德。抑語云："天災流行，國家代有。"意者神乃不能得之歲耶！都御史無似，尚能以五都吏民請命天子，而神不能以五都吏民請命上帝者②，未之有也。

謝雨文

王世貞（都御史）

嗚呼！二五之靈，其用爲神。神佐上帝，以宰生民。帝有至仁，神實撰之。凡兹滂沱，疇非民命。兹有長巘，魃爲厲首。如炎如焚，爍石焦畝。單辭朝聞，夕奏絪緼。江漢立波，嵾嶺蒸雲。龜者爲合，枵者爲腴。仆者爲起，卷者爲舒。雨之驟來，其滴瀝瀝。匪雨之滴，實生民食。雨之將收，其絲霏霏。匪雨之絲，實生民衣。貞實無良，六事何飭。爰借神休，脱我於責。諸二千石，黄墨綬吏。敢不滌心，以承神賜。田畯

① 今土尺拆而膏寸涸：王世貞《弇州山人四部稿》卷一百五作"今土尺坼而膏寸涸"。

② 尚能以五都吏民請命天子，而神不能以五都吏民請命上帝者：王世貞《弇州山人四部稿》卷一百五作"尚能以五郡吏民請命天子，而神不能以五郡吏民請命上帝者"。

里父，率其子女。崩角厥首，式歌且舞。人亦有言，欲而不貪。貞有百城，神澤所覃。勉勉我皇，祇恭惠矜。毋使雲漢，流歌中興。

清

謝雨文

王民皞（均州知州）

天心仁愛，恒篤意於栽培；帝德含宏，每垂恩於施濟。兹者辛酉仲夏，亢旱爲殃；爰從甲子良辰，虔誠致禱。持咒誦經，尚未浹旬，早已蒙澤。嚴威用霽，雲已出於山川；美利不言，章復合於雷電。由辛未以迄癸酉，大沛甘霖；自腴壤而逮荒陑，遍資膏澤。涸土涵潤，槁植立興。民命於焉可延，國賦於此咸賴。明農克慰，下吏騰懽。謹抒微忱，恭申謝悃。統鼻仁慈，俯垂昭格。

呈請重修紫雲亭狀

賈篤本　春農，均縣

緬維通都大邑，每多勝跡之留；僻壤遐陬，不乏仙靈之著。歲朝屢改，梵宇猶存；兵燹頻經，琳宫復起。惟福蔭常垂於萬姓，斯馨香肅奉於千秋。神貺有加，人心常繫，固自有不謀而合、不介而孚者也。敝邑武當山，自漢、唐、宋、元以還，虔祀真武祖師。至前明而崇隆祀事，炳耀寰區；奔走偕來，四海咸通。肸蠁瞻依肅拜，一方共荷帡幪。而城中净樂宫紫雲亭供奉祖師百餘年，香火尤盛。闔宫祠宇率多傾圮頹廢，惟此亭如巋光魯殿翼然猶存。壘木爲盤，了無梁棟；鉳木爲斗，别具機樞。其結構之新奇，盤旋之精巧，信非人力，的是神工。國朝御頒默贊皇猷扁額。天章雲煥，宸翰星輝。遐邇觀瞻，士民敬仰。歲時令節，邑士女祈福恒於斯，游覽恒於斯，固州城名勝中之一碩果也。不圖今歲新正初倏遘天灾，繡栭雲楣，陡生煙焰；玉欄石墄，都付劫灰。瞻碧殿以無存，傷心瓦礫；慨紫雲之忽散，滿目荆榛。氣數所關，固亦無可如何。

惟辰下真武金姿寶像露坐荒臺，以一邑之福神，竟委諸風剥雨蝕中。有知士民，同深惶悚。且亭中向供萬歲御座，元旦長至令節，文武官僚皆躬詣。此朝賀坐班。遇頒行詔書，必亦於此宣讀。院宇宏敞，局勢堂皇，他處皆弗能及。又地居高阜，一亭翹聳，迥出城墉。水陸遥瞻，氣象巍峩。於風水亦頗有關繫，自宜設法復建，庶幾理得心安。紳等公集商議，詢謀僉同，但當此民力未紓之際，集貲不易，光復舊物，誠未敢言。再四熟思，惟有取宫中荒廢墻宇，甎石崇砌基址，仍建一亭，經費不致浩繁，工程可期速舉。時維九月，四方朝真者皆雁集鱗萃，接武而來，可否懇祈諭飭道衲，設立緣簿，募化功德。現值隄工緊要，勢難兼營，一俟稍有端倪，紳等即當廣爲勸導，同志者各量其力，好善者各從其心，將來興役經營，總視捐貲多寡，相時而動。適觀厥成，側見自福曜涖均以來，徽猷彪炳，闔澤鴻敷。綱舉目張，凡事恒持大體；政平訟理，一時悉協輿情。清勵魚庭，弊無不革，惠流麇野，廢無不修。於築隄，方汲汲圖功，於此亭，亦殷殷屬意。用敢公同呈請飭予築修，一以安神居，一以孚民望。昔峴山亭圮，史光禄曾事重修，九曲亭荒，蘇長公因之復建。後先媲美，今古同揆。不勝屏營欣企之至。

禱真武星君祈雨疏

賈篤本 春農，均縣

伏以雲行雨施，乾元大資始之功；陰伏陽愆，否塞有咎徵之變。惟人情作偽，嶮巇滋多；斯天道失常，禍烖立降。和祥乖異，氣各有乘；福善禍淫，理原不爽。儻能遇災，而懼湔除，失精白之誠；或蒙宥罪，維新解釋，邀彼蒼之赦。邇者序逢鶉火，酷暑方增；適當旱徧麇陵，亢陽已甚。千餘里漢江水涸衹賸涓涓，七十二峯參嶺煙消都成滌滌。藴隆極熾，四郊之禾稼全枯；饑饉存臻，一邑之蒼黔安賴？庚呼漸迫，何堪烈日行天；申禱恒殷，無那密雲不雨。瞻赫赫炎炎之勢，莫解繁憂；撫兢兢業業之忱，惟知呼籲。竊念真武星君位崇，黑帝職秉玄天。垂元武宿之精光，四海咸邀福照；著太和山之靈蹟，羣黎久荷神庥。當恒暘爲患之秋，正坎澤流恩之會。某等敬供齊醮，虔諷靈經，共頂禮以陳詞，爇心香而上禱，此民情澆薄，自取咎殃，愕逢帝怒顯昭，同深悔懼。渺兹微質，敢云肸蠁通靈；勉竭精誠，妄爲生民乞命。伏望星君鴻施大力，駿惠慈恩。持北方壬癸之符，制南界丙丁之焰。移罕車而離月，象兆滂沱；絜屏翳以升天，澤流遠邇。慰億衆雲霓之望，沐崇朝霖雨之甘。普佑羣生，化災爲福；重蘇百穀，轉歉爲豐。感再造之生成，躋一方於仁壽。今向仙壇而籲請，跽待恩膏；載輒吉旦以偕來，敬銘神貺。臨禱不勝迫切屏營之至。謹疏。

公禱真武上帝祈沛甘雨疏　庚子夏

伏維黑帝，星炳北方。職司水澤，靈著武當。百十廟貌，億兆馨香。祈禱輒應，作善降祥。監觀有赫，容保無疆。今者炎夏，忽值恒暘。時雨久滯，旱魃肆狂。野無青草，地盡赤堈。汲井絶泉，涉漢搴裳。節經夏至，猶未分秧。町畦焦裂，播種無方。山川滌滌，士民皇皇。一罹饑饉，行慨流亡。蕞爾微邑，曷禁歲荒，推原厥咎，不善降殃。世風澆薄，人事譸張。日趨險詐，日亂紀綱。作孽下土，觸怒上蒼。已示災警，敢蹈故常。繄士民等，恐懼徬徨。謹屏葷茹，用戒酒漿。爰招羽士，敬設齊堂。諷經禮懺，獻果爇香。爲民乞命，自天降康。願祈真武，福庇一方。即遣龜神，叱起商羊。並盼靈蛇，同奮龍驤。膏流屏翳，雷走阿香。甘霖滂沛，闓澤汪洋。介我黍稷，生我稻秔。穀我士女，福我梓桑。永消災沴，復轉豐穰。商歌於市，農忭於鄉。沐帝之澤，既溥且長。荷帝之惠，不愆不忘。載蠲吉旦，虔薦馨香。奔走偕來，鼓舞軒饕。用昭帝貺，萬舞洋洋。在壇祗肅，臨穎悚惶。謹疏。

擬重修滄浪亭序　戊戌夏州牧李月課試

客有挂席江干，艤舟漢上。瞻眺在丹楓而外，徘徊於緑水之間。見夫林木清幽，岡巒迤邐。目營巖畔，雙塔猶存；指點山坳，危樓尚峙。荆榛塞徑，不堪携屐以遊；瓦礫盈堆，莫由列茵而坐。縱留題之有興，未免荒凉；慨修廢之無人，徒增嘆息。居人告客曰：此吾均之滄浪亭也。爲一邑之名區，實千秋之勝跡。在昔危亭聳峙，蕩漾於雲影天光；亭上舊額。畫檻廻環，掩映於風帆沙鳥。每值春秋佳日，士女争遊；惟兹山水清音，鍾俞結契。於此間殊饒逸趣，間足以暢寫吟懷。累代登臨，不少名流逸士；盈亭題咏，時留麗賦奇篇。如王鳳洲，如孫淮海，或倚山腰而築舍，或從山頂而題碑。磨石揮毫，將軍作字；臨流鼓枻，孺子興歌。此則亭開烟雨，上足以輝映鄖鄉；亭峙峴山，下足以頡頏襄水也。不圖山靈偶去，地運逢衰。前當甲午之春，忽罹丙丁之火。舉亭軒之勝概，都付紅羊；悵樓榭之飛灰，差同黄鶴。先生長往，何足尋𣘤𣍗閒蹤；居士重來，無復睹葡萄美蔭。爲問長松怪石，風景無殊；獨憐蔓草荒煙，山邱頓異。鼪鼯躑躅，鷗鷺凄清。

嗟呼！凌霄亭已僅賸城坪，紫雲亭又復遭劫火。游觀無所，感慨繫之。且夫盛衰者運也，興廢者時也。運不能有盛而無衰，時不能有興而無廢。兹亭雖圮，前址未傾。吾邑中豈無儒雅之宗、賢豪之士，臨清流而憶舊，撫勝跡以懷新？

無如領袖非難，醵金不易。杜少陵縈懷廣厦，徒教虚願莫償；石季倫恣意名園，祇解厚資坐擁。今日來月往，竟委諸寂寞之濱林老山荒，誰復念釣游之地？慨其嘆矣，云如之何？客慰居人曰：子勿以是爲慮也，夫事有宏纖，届時則舉；工無鉅細，待人而行。滕子京之守岳陽，傑樓復建；閻都督之臨江右，高閣還開。聞今者卿月流光，歲星將蒞。木舒鳩之世系，揚載鶴之清芬。種學績文，著春秋，而才優通叟；宣勤布闓，樹經濟而化洽通城。政久澤深，上歌下舞。既移旌於漢水，允駐節於峯山。知必將展徽猷，抒偉抱。絃歌雅化，先流於庠序之間；怙冒仁施，漸被於閭閻而外。集思廣益，開誠佈公。以當務爲先，自可一朝而理；迨推行盡利，無難百廢俱興。則斯亭也。行見畫檻重開，雕甍煥彩，搜嚴採幹，事集如雲；壘石營軒，工成不日。範水模山之侶，還教携酒憑欄；吟風嘯月之儔，定復題襟綴句。山間好鳥，争繞樹以鳴歡；潭下潛魚，亦凌波而游泳。信可樂也。豈不懿歟？語未竟，居人乃拄杖以嬉，客亦遂掉帆而去。

卷之七

藝　　文

記

明

自均州繇玉虚宫宿紫霄宫記

王世貞（都御史）

規均州城而半之，則皆真武宫也。宫曰“淨樂”，謂真武嘗爲淨樂國太子也，延袤不下帝者居矣。真武者，元武神也。自永樂朝尊寵之，而道家神其説，以爲修道於武當之山，而宫其巔。山之勝既以甲天下，而神亦遂赫奕，爲世所慕趣。

春二月望①，余晨過淨樂，憩紫雲亭。少時，出南門二里許，乃行田間，兩山翼之，平緑被壠。時積燠頗困人，少女風襲肌，爲之一快，不知其媒雨也。已一舍，飯迎恩宫，殺淨樂之半。

① 春二月望：凌雲翼修、盧重華等纂《大岳太和山誌》補遺卷作“春三月望”。

又數里，稍稍入山，然漸爲馳道。山口垂闤，棹楔跨之，榜曰“治世元岳”，嘉靖朝所建也。山初不以岳名，按酈道元《水經注》云：“武當山，一曰太和，一曰參山，又曰僊室。”《荆州圖副記》曰：“晋咸和中，歷陽謝允棄羅令，隱遁兹山，曰‘謝羅山’。”而永樂朝爲特賜名曰“大嶽”，至世宗乃復尊稱曰“元岳”，以冠五岳云。謂武當者，非真武不得當也。自是爲修真，爲元和，爲遇真，凡三觀。橋間之馳道益闢，左右杉松萬株，大者合抱。自遇真五里而爲玉虚宫。曰玉虚者，謂真武爲玉虚師相也，大可包淨樂之二。其東廡有三丰道人像，三丰姓張，當洪武時遊人間，築淨室於兹地，曰：“是不久當顯。”俄棄去。而永樂朝數使都給事中胡濙奉書招之，凡十餘年弗得，則爲之像，又贈以真人誥，今所奉書及誥猶在。

已飯玉虚，出取右道，逶迤而上，稍有澗壑之屬。微雨時將風來，衣輒益輒單。乃稍有峭壁，折而龍泉觀，其陽爲大壑縮口。相距三丈許爲橋，橋下水流潺湲不絶，怪石憤起若鬬，四壁無所不造大①，杉松衣之。吾嚮所記洞庭資慶包山之勝，蔑如也。度橋，徑已絶，前旌類破壁而出。自是皆行巉岩間，而雨益甚。舁者強自力前，所指問道人掌故，氣勃窣不暇答。山之勝，亦若馳而舍我。獨峯頂蒼，白雲冒之，倏忽數千百變。喬夭得雨，秀蒨撲眉睫，以此自愉，適忘其濕之侵也。

度日影已下舂，始抵紫霄宫。宫前爲池，曰“禹跡”，有亭踞其右，池合宫之溜滙焉，潺湲噌竑，所受滙已衆，又暴得雨，上奮若有蟄借以起者。浮鴨數頭，綠淨可翫。既入門，雨益急，衣濕透袒服，顧左右分謝候吏，齒擊不能句。乃入道士室，搆火燎衣，探案頭得《黄庭》一卷，讀之，命酒三爵。時雨聲不可耐，且爲次日道路虞，而倦甚，目不勝睫也，乃就枕。

① 大：凌雲翼修、盧重華等纂《大岳太和山誌》補遺卷作“天”。

遊紫霄登太和絶頂記

雨潺湲不已，若夢中度三峽也。比五鼓醒，而絶不聞雨聲。質明，起禮前殿，其後壁鐵色横上千仞若屏，曰“展旗峯”。出憩禹跡池，泉聲益怒，飛流縹碧可愛。仰視雨脚下垂，而塹若閣者[1]，甚畏之。然已決筴，勵輿人前。池之右爲福地，古七十二之一也。宫其上，弗及訪。俄而漸開霽，所入皆陿徑，兩壁直上無盡，而三公五老諸峰以次現，乃更見濯雨故[2]，蒨潤葱蔚，因詠唐人“羣峭碧摩天”語，歎其指意之妙。

久之，崖忽闢其陽，丹碧出没杳靄中，稍迫而視宫之額，則南岩也。舍弗止，乃度宫西嶺，下視大壑若盂諸，席以古松長杉之屬。自是度榔梅祠，地益高，壑益雄深，仰而睇，俯而瞰，無非以奇售者。所歷宫觀，羽衆以笙管導之，出没雲氣中，時亦爲風續斷，或前薄岩而爲回風調，穿入窪幽則若甕呼者。度半舍許，得一澗。輿人來請曰：“從此陿中穿，則故道也，當步上三天門。此而下趣澗，則改徑可以輿，亡苦。”乃聽其所之。以得雨，稍走沮洳，怪石錯道，古木偃蹇，其右仰而諸峯之高，以爲亡險矣。左仰而峯勢益峻，遂失其右所在。久之，蛇行爭鳥道，凡數千級，而躋太和之西嶺。又折而下，泥滑益甚，舁人足前趾恒蹈空，又數失，而顧其身乃空懸數千仞，悔不若步之小安也。

已上太和，憩傍室。顧視諸道人舍，其趾半附岩，則重累而度之，多者至七層，若蜂蠣之爲房。罡風蓬蓬，勢欲隳不隳，甚危之，而竟無恙也。改服禮真武，遂登絶頂，曰天柱峯。由太和而望天柱，高僅百丈耳，而若數里者，左挽懸而右肩息，不能得懸之十一，輒喘定乃復上，遂禮金殿。殿以銅爲之，而塗以黄金，中爲真武像者一，爲列將像者四，凡几坐供御皆金飾也。

已出，而顧所謂七十二峰者，其香爐最高，然猶之乎榻前物耳。《荆

---

① 而塹若閣者：凌雲翼修、盧重華等纂《大岳太和山誌》補遺卷作“而暫若閣者”。

② 乃更見濯雨故：王世貞《弇州山人四部稿》卷七十三作“乃更用濯雨故”。

州圖副記》云："峯首狀博山香爐，亭亭遠出。"又郭仲産《南雍州記》云："有三磴道，上磴道名香爐峯。"然則後人易香爐爲天柱，而以其從峰稱香鑪也。餘峰夥，不能臚述，而其大都皆羅列四起，若趨謁者，又若侍衛者。時乍晴，蒙氣猶重，不能得漢江。而三方之山若大海挾銀濤，層湧疊至，使人目眩不暇接。古語云："嵾山，輕霄蓋其上，白雲當其前。"有味乎言哉！諸山皆培塿，獨東南一山最高，意不肯爲天柱下者，而又外嚮，問其名，曰"外朝峰"，乃在房陵官道也。凡山所有峯澗岩泉之屬，不可指數，而其名卽道流輩剽它志被之，又舉以傳真武。爲真武稱者，不可指數，而皆無據。

時分守李君元莊從，爲飯神庫之後院，謝去。客有言范丫髻者，居二十餘年矣，冬夏一衲，食一飯，亡鹽酪，所棲止一石竇。試跡之，則已至矣。貌瘠而神腴，雙眸炯然。卽一衲鶉懸，歷寒暑亡穢也。與之語，不能爲虚，而能爲不虚者，亦雜用儒家言。顧謂得道可以遺身，然渠何能外身以求道耶？① 爲作白湯飯，供盡兩甌而別。

自太和下宿南岩記

余將以雞鳴起，作泰山日出觀。而二傔欲寐，呼之不應。旋有謦欬者，則已辨色矣，然亦以足不謀，凭欄徙倚久之，乃就籃轝而下百餘武。不可轝，舍之。遶出天柱峯後，爲三天門。降之，易屣於陟，而用陡絶，故數蹞踔，腰膂不相攝，累息股戰，賴道士時時奉酒脯紓其困。顧視中笏、七星、三公、千丈、萬丈諸峯，差池頡頏，色若可餐，數步一回首，不忍失之。

下二天門，爲摘星橋，有文昌祠。讀汪司馬伯玉所爲文，甚麗。中謂國家創述右文，盛高孝廟，而以劉、王兩文成當之。夫伯玉殆自命哉，乃不佞所不敢知也。稍數百折，得昨所取道，晴日獻麗，原谷詭瑰異狀，

① 然渠何能外身以求道耶：凌雲翼修、盧重華等纂《大岳太和山誌》補遺卷作"然何渠能外身以求道耶"。

觸目若新，亦忘其所覩記矣。

亡何，抵南岩宫。新蔡張助甫約以望後一日登太和，而所遣候人不得報，乃憩以俟之。飯後，有舉不二所休岩告者，即伯玉記佛子岩也。欣然許之，復以籃轝往。從宫門傍左折，逶迤上行百步，有岩曰“欻火”。石文如燄起，樹作龍爪，其中窪深，而旁有靈池，水甚甘。傳以爲雷師鄧君修真地也，道流輩飾像蒙之，後若爲寢室者，其美遂爲襲矣。乃復行嶺間，回穴紆磴，足相躡者十餘里，而始抵岩。

岩踞嶺之腹，而嵌空若室者三，中最寬，鑿大士像，虚左，席客以地，而庋其右以榻。不二髮鬖鬖白覆額，而狀甚腴。出肅曰：“公貴人，乃羸服耶?”坐餘榻，屏人耳語，謂：“公自此中來，得毋不從此中去乎?奈何自失之。”予爲悚然。第其所傳握拳閉齂，流羡入丹田法，與一切空所有，皆予素聞者。乃引予左邪而上，至頂有池，延袤不二丈，而水旱不溢涸，蓮葉田田其中。前後爲一池，僅半之，亦有雜花木之屬。蓬室方廣當身，一木榻，匡坐，嗒然久之。其嶺左右皆大壑，壑盡皆爲絶壁，四周靡所不際天，其色以三春奏異。已乃却引穿美箭，下臨前澗，磐石若峽，水潺潺流其下。小爲隄扞之，滙爲一池。茂草沿絡，傍巨石題作“梵”字，刻丹填之，仍爲予釋其義，予笑不答。尋又爲予言所以結搆之詳，皆手任之。予曰：“是空有耶?”曰：“吾空有而時有，有而空空，毋害空也。”已又飯予室，蔬豉皆香美。尋飯予從者數十人皆徧，毋疇羸。乃謬謂予曰：“趨襄邸涓人來授餐耳。”臨别，握手不能釋且曰：“毋忘兜率會也。”予顧謝：“師自愛，度我不能得師境，而師或隨我趣，奈何?”

還南岩時，返照猶未斂，乃入謁真武殿。從殿後歷元君殿，南薰亭，獨陽、紫霄諸岩室，徘徊顧望，諸峯爭雄，而趣太和若遊龍。天柱金殿，色煜煜射目。所謂禮斗、飛昇臺、捨身崖，其奇險詭卓無論。道家①鼓掌元帝，事若覿也。予語之：“若曉僧不二耶?是欲空一切有不

① 道家：凌雲翼修、盧重華等纂《大岳太和山誌》補遺卷作“道流”。

得，而予[①]乃有一切空乎？”因大笑，命酒數行而罷。

自南巖歷五龍出玉虛宫記

由南巖右折而下，半里許爲北天門。出北天門稍折而上，曰滴水岩，若肺覆，時時一滴，下小池承之，即不以雨暵緩速。有澗，傍亦饒奇石。泉瀌瀌下流，橋度之，頗勝而名不雅，曰“竹笆”，然亦未有以易也。

自是壑益深曠，樹益老，高者徑百尺，大可數抱，而根皆露，交縱道上，數百千萬條。其粗者若虬蟒，次爲蛇爲虺，且樹得風簌簌鳴，則根皆應而鱗起，若嚙人趾者。岩顛怪石俯下欲墮，亡所附麗。其澗石又突起，若象，若獅，若龍，若鵰鶚之屬，意似欲攫人。令晦之夕冥之晝過之，不憭慄縮足耶？

有仙龜岩，衡縱數百尺，作綠荇色。沿澗而下，至青羊橋。石益奇詭百狀，水益壯，嘈嘈若笙鏞之乍奏而自律也。下流方巖，陡上無際，水乃從其趾穿度矣。呼酒盡三爵，酌水復盡一爵。自是舍澗旁道，頗行谷間，迷陽茀蘺，不可以捷。可數里，乃復攀緣而上。其岡嶺故已皆土，忽復石，石遂多奇，而樫杉松栢之屬，忽盡偉蔚整麗。余謂：“是且得五龍宫乎？”而道轉上，轉不可盡。輿人喘而嘘，數息數奮，乃抵焉。

入門爲九曲道，丹垣夾之，若羊腸蟠屈。其垣之外，則皆神祠道士廬也。美木覆之，陰森綜錯，籠以微日，猶之步水藻中。其臺殿因山，獨峻出宫表。紫蓋、金鎖諸峰，彷佛欄檻間物矣。庭左右有池二，若連環，名曰“日月池”。日池黛，月池赭，云其色亦以時變，不可知也。飯已，道士奉真武玉像來觀。已又出文皇帝所賜道士李素希二衲，被之正與余體適，因笑謂：“此衲出尚方，而復不偕鸞鶴逝者，亦胡巽中丞紫耶？”所聞凌虚岩、自然庵尤勝，而意不欲往，乃出。

自是稍坦迤，而嘉樹美箭益夥，鳥聲雝和。會所使上事人還，發尚璽弟書，稍問燕中事。不覺至仁威觀。觀前石梁曰“普福橋”。橋之勝，

① 予：凌雲翼修、盧重華等纂《大岳太和山誌》補遺卷作“子”。

下覩深伏泉竇焉。上顧四山，若甑口而微缺，從缺之所而得日，草木皆媚。自是復蛇行，下數里至五龍行宫，踞其前門小憩。山忽左右闢，多爲平疇，青碧布壠，除道益廣，而留羽儀亦至。乃改服，度華陽亭，躡石梁，挹蓮花池，驟喜其脱險艱，而忘諸山之盡去我也。已尋抵玉虚，而分守君復來候，觴余望仙樓，酒數行則驟晦，冒雨之迎恩宫宿焉。

王子曰："夫余之山宿者四，而歷不能得十之三也，然亦足以雄生平遊矣。夫物顯晦則有時哉，彼夫封禪家七十二，柴望之禮稱嶽稱鎮者各五，而兹山固泯泯也。一旦遭逢盛時，膺特拜，遂超五嶽而帝之。宫殿大者擬建章，小者凌祈年、望仙。道流非耕蠶而衣食者以萬計，奔走四海之士女，爭先而恐失，號泣鼓舞，望之若慕，即之若素，彼何所取繇來哉？謬矣夫太史公言也！曰：'烏覩所謂崑崙哉？'夫近有一武當而不能舉，彼將以爲無之也。無之，惡在其無崑崙也！"

太和山記

汪道昆（巡撫都御史）

我國家尊大嶽爲帝畤，帝元君。昔帝降於麋，今治故宫曰淨樂。其東當始降之室，治紫雲亭。

去州五十里，入西南，表峽口曰元嶽。環中山四合，溪流出入無端，負坎抱離，可當吉土。文皇帝跡異人所在，爲之築遇真宫。異人遺杖笠，悉留中。命尚方鑄金像之，歸守者。

入僊關，爲元和觀。西入馳道，其南爲玉虚宫，山水修廣，倍遇真。舊爲武當縣南，山如負扆，信非元武不足以當之。宫制視漢未央，即祈年勿論已。其西池亭洞闥，亦異人所棲。西上望仙樓，惝然若將有遇也。馳道西爲仙桃觀，通八仙臺，又西爲華陽亭，跨石橋，臨芙蓉沼。西出則田廬雞犬，亦爲一區。

去玉虚宫西南，進次廻龍觀、太元觀。入紅門，通房陵道。道傍有太上岩，崖上鑱石象太清，其左二龍蜿蜒岩石下。又南則八仙觀，中堪輿。右入七里溝，修木千章，如宎夏。緣岡爲開山故道，遺巨石在焉。

窴太上爲羅公岩，高出絶壁。往年屋之，居羅太史，凡七楹。舉目望西南諸峯，盡在目眦，反紅門，入官道，進次太子坡。陂陁中分，扼其吭爲復真觀。周垣跨道逶迤，高下因之。

出垣下行，乘天津橋，濟九度澗。澗道幽絶，其陽則淵默亭。沿澗東入玉虚岩，石嶂夾流，若千里嶂，若步嶂，雜樹繪之。深入，石磴浸高，若自明河趨閣道，磴窮則棧，棧窮則岩。岩上視有龍虎文，其右雷文，故中奉帝居，右奉雷部。西南望，則天柱當峽中。

循故道還，由淵默西南上，除道曲折，望行者如登閬風。紫霄附展旗峯，石嶂崇廣，皆數十百丈，三公、五老前侍，亦一隩區。宫制高倍玉虚，修當其半，奉祠者無慮數千指，其廬率高下居。宫前爲禹跡池，築小亭出池上，池右福地，其陽爲賜劍臺，其陰爲萬松亭，出木末。太子崖出宫後，亦有亭。由禹跡右旋，古道甚治。及今多徑者，廢勿行。

古道西上，當南岩之南。舍南崖，西歷黑虎巖，泉石相望於道，昔有巢居者，遺構猶存。進次杉木林，分二道，其右下行步澗①，遵宿莽，容單車峽中。轉入西南，出峽爲清風埡，蓋古爲糧道也。左上行，躡萬丈峯下，登朝天宫。其東由鳥道出三公岩，則上巖也。路險絶，不容足，學仙者劉媪居之。其下亦爲三公岩，相距三舍。岩南鄉，爽塏可居。然必取道玉虚崖，多歷險阻，始得至。

朝天西上，拾級八百五十有五，當天門。三天門皆竇石峽中，有巨靈斧跡。初入門，降數等，稍平衍，依三公峯爲文昌祠。過祠則摘星橋，橋下澗水如神瀵。緣絙由天梯上，梯如竿揭雲端，距躍五百，達重門，足力竭矣，倚試劍石箕坐。更百步達三天門，由此折旋而升，垣行數百步②，歷階南下，又折而東上，爲太和宫。

宫面南，香爐、蠟燭三峯當席。宫前則先朝神室，徙置於兹。由南

---

① 其右下行步澗：凌雲翼修、盧重華等纂《大岳太和山誌》卷五作“其右下行涉澗”。

② 垣行數百步：汪道昆《太函集》卷七十三作“坦行數百步”。

天門入紫金城，丹梯九轉，出天柱峯。絶頂範金爲黄室，承以瑶臺。帝位中央，羣神列侍，精美奪目，儼若化人之居，卽今之國王，疑不及此。正位東向，高出七十二峰，如羣弟子侍先師，莫不齋立。近則金童、玉女峯二，當膝承之。左三公，右九卿。帶七星，揖五老。仙人、隱士，順風而翔。白雲出没衆壑間，如觀陸海。諸峯或如碣石，或如蓬萊，鉅如斷鰲，幻如結蜃，細如鷗鳥，修如北溟之鯤，雜出如珊瑚枝，浮如萍實，纍纍乎如鞭驅石，氾乎如漢使者之乘槎。遠而望之，方城一耜，漢水一瓴，掩楚蜀，畧周秦，卽嵩、華、衡、霍、匡廬、峨嵋，悉辟易無何有之鄉矣。

乘磴西下，爲清微宫，僻居深谷中，其制不廣，然以幽勝，妙華岩著焉。

南岩當太和之陽，宫北面，據五龍之奥。宫右石延覆於道，其上有巨人跡，若倒懸。宫後卽南巖，修十數丈[①]，高數丈。岩下峭壁數十丈，東西修數百丈，如高墉。崖中列祠事三、亭二，卽神山多倬詭，此爲擅場。其下有禮斗臺，徑絶罕至。西出如乘墉，右上躡飛昇臺，其旁露臺，臺當志心石，臺端有蛇徑，通一室，當其杪以居。宫東北欻火岩，亭附巖畔，距展旗峰近，下視紫霄。展旗北爲尹喜崖，今居比邱，修不二法。

由南岩宫下，爲滴水岩、仙侣岩，度竹笆橋，入青羊澗。青羊巖當澗之曲，虚無廬。渡青羊橋，躋五龍，千步而峻。門垣九曲，始達應門。宫制九重，前列階八十有一，後七十有二，至高矣。左高殿奉像五[②]，相傳掘土得之，其制不異庸工，好事者神之耳。宫前有五井、天地池、日月池，宫後當五龍峯，其上有五龍池，則其窟宅也。凌虚岩去宫五百步，一黄冠居之，每飯必有餘，以待衆狚，衆狚皆喜。否則，破釜甑去，莫之誰何。岩前則希夷誦經臺，今尚盛。臺出臨澗，當其上爲亭。去宫

---

① 修十數丈：凌雲翼修、盧重華等纂《大岳太和山誌》卷五作“修數十丈”。

② 左高殿奉像五：凌雲翼修、盧重華等纂《大岳太和山誌》卷五作“左高殿奉玉像五”。

五十步，爲自然庵，故有鍊丹池，今始復。

出五龍，渡磨鍼澗，過隱仙崖，巖虚明，視北道諸岩爲勝。次繫馬峯，爲仁威觀，繚垣方廣數十丈，石渠衡之，就中爲石梁，當門以度。出茅阜峰下，爲五龍行宫，地始平，修廣楚楚，過此則玉虚道也。

譬之宫室，遇真爲垣屋，玉虚爲廷，淨樂爲沛宫，紫霄爲廣内，太和則帝座也。南岩、五龍、清微之屬，皆爲離宫。朝天爲掖門，元和爲象魏，廻龍、復真、仁威、行宫皆行在耳。語規制，則首玉虚，次淨樂。語形勝，則首南岩，次紫霄，次五龍。至若羣山萬壑，泉石崖阿，各擅一奇，更僕不可悉數。大都天閟靈秀，以待明時，帝力人功，於斯爲備。且也稽古定制，不藉有司，遞遣中貴人、藩大夫掌其禁令。以故草木茂，鳥獸馴，其斯爲地道之章，遊觀者之至樂也。人言山嬴水詘，猶若有憾焉。夫右灉澒、左滄浪，江漢交流，振以鄂渚二别，則元武之象外户在焉。日觀孤高，下臨湯谷，古者海岳爲匹，亦通山澤之義，與彼規規而闕一隅，是以距巨目者也①。

遊太和山記

王在晋（太倉人，提學副使）

始余有慕乎宇内名山，而欲探參上諸峯勝也，期與武當君一遇焉。

丙午，濫竽荆楚。秋七月，供事棘闈中。時大中丞使者黄公建節鄖陽，例當以屬吏之禮見。試事竣，余乃從省會輕車往謁鄖臺。提督太和分守鄖襄者，爲含虚王君，君撰所爲太和遊記併詩章以授余。余躍然喜，王君授我以遊券也。還至均，州守方君亦爲予趣行，先期治遊具，且告予當從僻道至太和頂，歸從三天門直下爲徑捷。予心識之，而輿人苦僻路坎坷，弗應也。方君又謂謁太和，例當先謁淨樂宫行香。余乃晨興盥沐，至宫門步行，道士焚香前導。宫制閎麗轩敞，朱甍碧榱，凌霄映日，儼然祈年、望仙不啻也。瞻拜畢，即攬轡出均陽城南門外，甬道周行，

① 是以距巨目者也：汪道昆《太函集》卷七十三作“是以跐臣目者也”。

悉砥以石，平坦亘延，直接太和，而民居亦鮮整絡繹，無復楚地之蓬壘不飾者。

行四十里而爲迎恩宫，宫外石橋，蜿蜒跨澗，水聲潺潺，如叩絲滴溜。羽士笙簫列隊，引車以過。四望迥遭，黄山團團，童而不木，如域垣包裹。而大嶽天柱諸峯挺然森秀，岎嶮迴叢，紫雲萬片，一湧隳地，曠埜招摇，姸麗更絶。踊距向前，將落村市，則林條幼靡，莽氣晻嚪，忽杳然不知其所向。

由草店折而西，徑益修曠紆斥。兩傍杉榆松檜，摩雲翳日，蓊薈鬱葱，道中無點塵，蕭灑逸神。南部洲有此極樂境，其於閻浮世界，恐不可數數得之。是時秋高木脱，霜篠吹籟，敗葉唫風，四野寥索，而此境中猶重陰廣翠，交眉映睫，不知秋之逋寒之屆也。

五里，過治世元嶽坊。葢肅皇帝顔之以冠五嶽，棹楔於皇燦爛。已折而北，爲會仙橋，於路勒石標題嵩祝聖壽者以萬萬計。橋之陰則宫殿崣峩，廣厦千落，是爲遇真宫，仙人張三丰結廬黄土修真處也。宫負鵶鵲諸嶺，左望仙臺，右黑虎洞。成祖革命，數使都給事中濙訪張仙人，而仙人不可致，今御書宛然在焉。

入山諸宫，以遇真爲托始。予入宫，飯於丈室，乃登環輿而行。石街逶迤，濃陰黝靄，輦可適，馬可馳，仰首瞰空，不知亭午。已過一嶺，層巒嶒嶝，山勢廻複，憑高而眄，嶺岫巄嵸，如六軍排列，未得瑕隙可攻。峭石崚嶒，增嶄重崒，初無平田曠埜，爲寥天域外之觀，布勢列圖，亦大奇已。

由是闢山爲路，一面懸岩嵔峗，一面偪側萬仞之淵。小木扶蘇，大木虬結，雜以莎蘿藤葛。臨淵不知其深，第聞響流潺湲，鶬鶩狎人，或自上下下，或自下上上。雲來空谷，沾衣拂袖。睇目視之，陽烏西墜，而高峯已啣其半矣。

跐高下行，過斜垣曲道，輿人指爲太子坡，是爲元帝修真處。殿前有聖母滴淚池，以日暮，不及觀。趨蹌而行，舁者請將乘輿轉鍵，以昂其前。予問何爲，曰："過十八盤皆石磴。"轉折而下，不知幾百級，高之不可勝，卑之不可頫，手指把握不敢釋，而從者亦蹜蹜如有循。於時沆瀣暗濡，嵐烟漸合，山色如濛，林梢滴露，悄然寒襲，呼童而益之衣。廻翔鳥道，千峯萬嶂，目覩之而怡愉，與幽崖邃谷，心悸之而錯愕者，俱爲眼光收捨去矣。頃之，野燎出林莽間，乃紫霄宫。道士前爲嚮道，予乃就紫霄宫而宿焉。

詰旦，期登太和，囑從者蚤興。夜半，山雞喔喔，月照綺牕，雲璈石磬，從半空中點滴。道士炊黄粱已熟，余乃披衣而起，以爲天光將曙，不知其猶未徹丙也。飯畢，乃隱几卧。久之，乘月出步庭除，殘星依稀，若明若滅。翹首望天，見黑雲壓屋，訝其欲雨，道士謂此展旗峯也，峯銕色，崖岩累峗，不翅百丈，如中軍旗纛，隤然落半空中。紫霄背負旗峯，崔嵬岸聳，高出諸宫。予乘月踏峯頭，披雲吸露，蒼焉莽焉，依微辨色。行至南崖，曙霽忽開，紫霞紅霰，旭輪湧出珊瑚堆，如繪如縷，金光閃倏，燭龍熒照，暖昒漸收，而飛鳥嘈嘈，聲出林蘗間。徙倚南崖宫門，凭高望之，恍然身在閶闔，目瞬八極，羲和之鞭可執也。

過南巖宫，不入，隨日脚漸走，兩山陡絶，惟中有一線通路。逾嶺爲榔梅祠，循祠以往，則三天門路徑也。行過里許，而方君所命使急足先至，候於岐路。自此以前，間道登頂，輿人苦之，然無敢違守君命，則躡蹻崎嶇，一步一跆，扳肩援手，相與呼應，聲振空谷。道口有古松數株，勁幹參天，青蔭婆娑。其盤石穿嶠，輪囷臃腫者，不可勝數。背崖而馳，環峰密匝，如在甕甃中，鑽隙窺穴，他無所見。

轉折數百武，乃從山根繞上度嶺，俗謂之懽喜坡。夫予方惴惴汗浹，以虞跅躓，而惡在其可喜也？過懽喜坡，而太和金頂乃燦然在目。又折二三里，過飛巉，曰六十塔。蛇行委曲，悉從石塹攙越，竭蹶攀躋。而太和道士已班班伏謁道左矣，余乃宿神廚少憩而加飯焉。

初，余先於十九日命吏太和宫設醮，至則菊秋之念日也。飯已，整衣朝謁聖殿。復折而左，爲太和宫。宫如帝寢，環以金城，重雲擁護，以象天闕。宫之左，盤旋而上，傍列歷朝御製碑石。梯經幾轉，重累而度之，足摇摇不勝戰慄，而始陟天柱之巔。四維石脊如金銀色，飛鳥不集。間生異草，細葉蔓延，秋冬弗凋。怪松數株，盤桓如結，高不滿丈。絶頂甃以花石，金殿兀突，供案皆銅質，液金爲之，殿製精巧渾成，疑爲鬼工。因思明初物力甚饒，乃能爲之。聖像莊嚴，肅顒瞻叩，萬慮屏息。告虔禮畢，復循故道而下，觀元時銅殿，至神廚稍息焉。是日寒雲四布，陰霾障天，悲飃忽起，山木叫號，小雨濛濛，羣峰若失。余謂來朝觀日色東升，其不可夙約。是夜伏枕就寢，户外雨聲且歇，而山風咆哮未已。

晨起，冒寒登頂，欲觀日出，而時已過卯，扶桑吐丸，躍然三竿上矣。因伏謁載拜，步入金殿，展拭聖容，光明潤澤。而道士併發金匱之藏，出所爲上賜丹書玉像。遊者往來萬億，此不可得而窺其元扃也。出殿門，汎閡野望，羣峯萬壑，偃伏蹲息，如尊帝高居。上羅三闕，下列九門，冠蓋雲合，四海八荒，獻珍貢琛，俯伏輦下，不敢仰視。童山四繞，如驚濤汩浪，奔赴雷門，排空震蕩。其青紫分行，黛綠成隊，則又似翡翠畫屏，芙蓉細褥，倩秀艷冶，美麗閑都，光彩眩目。香爐、顯定諸峯，予向以爲巋矗插天，高不可及者，今始藐乎其小矣。

是日天風雖峭，然步趍岌嶪，汗背沾衣，不甚怯冷。比下山，而風且漸息。予乃步朝聖門，從者請登輿，而石級逼窄曲詰，峻削如瀉，鐵絙石檻，動多窒阸，環輿不可行，舍車而徒。出三天門，四方朝禮者，蟻度魚貫，扳援而上，到處狂呼，荷荷聲聞，健夫喘息。即軒冕貴人，與村媪俗子肩相摩也。如是者數里，而始達一天門。予恃其壯勍，不用扶曳，趲步直下，初不甚苦疲，至三日而兩腿猶木彊，始知足力勌矣。

出朝天門，循入山故道，回視皇崖、三公、五老、玉筍、天馬諸峯，簪盍透露，得以自雄。過崖陟陂，輒見林杪石角，懸筐籃以乞布金。仰瞰有人，巢居穴嶺。虎皮張修道處，亭亭孤懸。無何，復經榔梅祠，即昨所分岐處。過此爲烏鴉廟、雷神洞，朱垣紺宫，指不勝屈，余亦不能筆其詳。

路從幾折而經南岩宫，則王君已走使邀入客堂，庀供饌矣。余乃登殿禮謁，從大殿左折，過元君殿，爲南薰亭。亭外有石枰，縱横十八道。

復從元君殿折而下，過獨陽崖石室，巖前刻龍頭，横檻外，下臨不測深壑。朝禮者輒步虚踏石龍進香，以白至誠。道士遥指捨身臺，孤危若墜，而太和金頂正當岩前，縹緲金光，燦爏欲射。巖旁有石壁，穹窿高起，如堆雲積雪，層層停壓，用片石刻五百靈官像，僅可半尺，亂置石竅間。又東爲風月雙清亭，上有石枰，亭倚岩窟，如築成。踞亭嚼茗，横襟流覽，百岫森叠，翠微駢映，此參上一大觀也。

坐久，日已過中，王君使者請遊五龍宫，輿人謂五龍道險，距兹三十里，至五龍，須來日返遇真。余以出署兩月，棼滯日積，亟欲下山，遂不果往。然出南巖，而五龍宫殿高出灌莽，且神遇之矣。乃循故道，過紫霄宫，宫前所爲日月池、禹跡池，乘籃一寓目焉。

路出迴龍觀，從者曰："玉虚爲八宫之首，當一遊。"於是悉屏騶從歸遇真，而以單車往玉虚。遇廻龍觀五里許①，千巒收斂，眼前磈磊盡去，惟荒山旋繞，脉絡未斷，皆峼嶁耳。透出原田遼曠，景色漸舒。忽有層宫廣宇千間，兀落平疇，如郡城都市然。詢之，知其爲玉虚宫也。玉虚廣闢雄峙，甲於諸宫，與王者離宫别苑相埒。西塢西山下曰仙衣亭，亭後有張仙洞，壁有銅碑。西塢北山下曰望仙樓，樓有純陽祖師像。下樓入後廡，觀石魚，敲之鏗然有聲。殿有銅鼓，曰："此開山時物也。"覽畢，出東天門，流水灣灣，蒼松古檜，翛然數里，神閒意廣。由此以達遇真宫，皆非人間境也。

遇真宫道士出張仙人之銅杖、銅笠示余，皆上所賜，仙人不受，蹴然而去，不知其所適云。至遇真，日已晡，余促裝治行，而會有巴東張令來，坐語少選。王君復遺書問余："兹遊也，當有謝眺警人句。"余出詩十章應之。是晚，遂之清微公館宿焉。有雷電自西北來，微雨隨之，季秋之念有一日也。

王子曰：余之有慨乎兹山，而竟不暇爲五龍遊也。山之奥窔幽遐，

---

① 遇廻龍觀五里許：楊素藴修、王民皞等纂《大嶽太和武當山志》卷十七作"過廻龍觀五里許"。

卽未能一一以窮縷覼，然亦得山之大都矣。説者曰："禪主七十二，柴望稱獄稱鎮，而獨遺於此山，豈山靈有時晦耶?"夫以祖龍之雄，週行海上，金泥玉檢，徧靈山洞府之藏，而海上三神仙山，卒可望而不可至，彼可至者，非其至者也。蓋造物靈源，聖蹟不顯，然外露必鈎深致遠，乃能闡極秘藏。兹山不遇主闢土，衍勝土木，被文繡，當爲豺虎之區，探求所不到。故不登太和絶頂，不知天柱之高也。不得金城玉闕，翠宇璚宫，憑虚度空，天柱不可得而登也。真仙張三丰謂此地當大興，後果大其宫址，以爲祝釐之所。榔梅重實，金杵躍地，以應其符，詎秦漢以來所謂闕其奇扃，標其絶勝，而以乾封石碣之文重哉！卑之乎！晋魏之無足觀也，而以謝羅名，謝羅不足爲山重，而適以山傳。則是山也，非真武何足以當之，故名之曰武當。王子載筆而爲之記。

虎耳巖不二和尚碑記

袁宏道（荆州人）

余童年熟不二師名，以爲古尊宿也。旣而閱元美、伯玉二先生集，往往道之，始知爲近代禪伯。然二先生亦以夏臘高嚴事之，度其時皆壯盛，二先生旣悠遊老去，奄忽若干歲，白楊可棟，而師猶鬖鬖如舊時。逆其生，當在宣成間也。諸健屬①試以臘叩，不答。嘗檢其篋，得舊繝衣。忽云："此武皇帝七年，王城中施食所得衣也。"叩之，復不答。

或云：師名圓信，京兆之房山人。薙髪白雲山，禮大傳②德敬爲師。往來上方、紅螺之間，已十餘年③。行脚所至，於武林、淮安、六安、終南，每往輒數載。以嘉靖庚申至大獄，駐錫虎耳崖。穴而哮者，爭避匿去。師倚石爲屋，稍稍剪彝其積，圜瓢數十餘。踞口沿澗④，出入幽

---

① 健屬：袁宏道《瀟碧堂集》卷十四作"徒屬"。
② 大傳：袁宏道《瀟碧堂集》卷十四作"大僧"。
③ 已十餘年：袁宏道《瀟碧堂集》卷十四作"二十餘年"。
④ 踞口沿澗：袁宏道《瀟碧堂集》十四作"踞石沿澗"。

花美箭之中者，纍纍如笠。岩上蓮池二，濶可二丈，旱歲不竭。蓬室三，方廣當身。所得一縷一粲，盡以供十方遊衲。行之數年，遂成叢林。值辰旦[①]士女呼號悲啼而至，若不至虎耳巖，猶不躋嶽也。至岩，不面頂禮者，自以爲慳緣，必痛哭去。否則謹伺岩扉外，經數日得一見，則喜過望。以故虎耳岩之名遍天下，好奇者至附益之以古神僧事，家譚户艷，雖齠男穉女靡不道。計賢士大夫之轍以日至，尚方之賜、掖庭之供以月至。自嘉隆以來，耆宿之著聞未有若師者也。然師務爲密行，不以解顯。應機之言，多依孝敬，撫摩煦煦，猶乳母之於驕子。金錢湧而至，拒不納。有贈糈者，付常住作供，四十餘年，影不出山，趺坐一龕中，如朽株。雖利根之士，好爲奇談詭學者，睹其顔，莫不肅然增敬。

余慕師久，常以耄，恐不及待。今年侍大人山行，獲一拜師於崖間。師貌甚腴，額隆起，至頂光滑可鑑，短髩數莖如雪。見人闔其目，聞根甚利，語清健，望而知爲有道。會慈聖出内藏金，爲師治墖，墖甫成而余至。師之孫真慧等以記屬余，世譜年甲既不能詳，不敢妄載。庚申以後詳之，抑其大者。至若人之所傳，好事之所述，候他時入山，實而志之，今未暇也。

參山記

楊　鶴（武陵人，少傅）

癸亥秋七月，余將北上，蔡敬夫先生貽書，謂道出襄陽，宜爲參山之遊，遊畢，約會滄浪亭下。至襄陽，再申前約。余乃戒行，以八月八日宿柴店，九日宿界山，十日宿遇真宫，十一日遊紫霄，十二日遊五龍，十三日登頂，十四日遊瓊臺，晚宿玉虚，至十五日夜，會敬夫於滄浪亭，話山中遊事。明日復會，十七日别去，舟行。次第前語作《參遊筆記》曰：

① 值辰旦：袁宏道《瀟碧堂集》卷十四作“傾震旦”。

余遊寥山者再矣。相傳此山發源秦隴，蜿蜒東來，不知其幾千里，突起均房之間，孤聳天柱，環以七十二峯，出入風雨，呵護百靈，葢神明之居也。其間隱隱紫翠千里，外以屏風九叠障之。天清日霽，眉目分明，遠勢峩峩，秀可攬結。惟是層巒虧蔽，隱見不常，元氣空濛，常如混沌。遊人入山，至有不得見其面者。譬之絶代佳人，傾城一顧，百媚横生，然自非流波將瀾，欲一啟其嫣然笑齒，杳不可得。至於嶔崎九折，磴道盤紆，上出青天，下臨絶壑，怪石虎蹲，老藤猿挂，殆非人間。

自山足達峰巔，凡七十里。界山道上，微露髻尖。至遇真宫前，天柱、香爐、蠟燭諸峯，正值九龍山缺處，如月圓當户，隱其半規。復從宫頂鳳凰山遥望，如見三神山在海中，褰裳欲就之也。

明日，歷好漢坡，至回龍觀，天半藍翠横空。再望之於太子坡，如一片青芙蓉湧出緑波，瓣萼可數。峰迴路轉，忽復滅没。及抵紫霄宫，天柱在其右矣。紫霄背負展旗峰，前有禹跡池、大寶珠、小寶珠、賜劍臺、萬松亭，後有太子巖、太子亭，四山共揖，自爲奥區。

明日，過南岩小憩，以雨故，先遊五龍。五龍山勢寵嵸，宫闕壯麗，然不知①南崖奄有衆山之美。南岩望天柱咫尺，然太了了，又不如五龍回顧有情。起聖殿、榔梅臺並對峯面，望之端麗秀削，緑峭摩天。山中雖雨而不霧，雲氣觸石，如以輕綃薄縠蒙罩蒼煙，覺雲溼轉妍。兩宫臺殿相望，金碧陸離，若日射火②，當不減蜃樓海市矣。昔年遊青羊澗一帶，愛其幽蒨，此番殊無意緒，物候未是。秋冬之交，意風霜高潔，草木刻露爲佳耳。仙龜岩如夏雲欲墜，兩旁瀑流瀉之，直漱其根，如有活勢。自仙侶岩至滴水崖，步步可望天柱，松杉茂密，石路陰森。

明日，天大放晴，返南崖，可巳刻，望見峯尖宫闕。亟起，循矖縠嶺，經榔梅祠，度斜橋，遂下籃輿。諸峯離立，不能辨某爲三公、五老。

① 知：楊素藴修、王民皡等纂《大嶽太和武當山志》卷十九作“如”。

② 若日射火：楊素藴修、王民皡等纂《大嶽太和武當山志》卷十九作“若日射火珠”。

峭壁萬仞，屐轉玩之①，欲去不忍。攀岩度索，忽得文昌祠、會仙橋，平臺如掌，自欲息心。再上朝天宫左折，仰視山腰峽口，箭括通天，有一門矣。自一天門至二天門，道中奇峰突兀，遠岫參差，游者戒心畏途，往往當面錯過，不知身在陸探微畫中也。余語同行："天門信險，若三步回頭五步坐，不覺登頓爲疲矣。"盤數折，始陟三天門，息神厨，洗沐登頂，拈香謁帝畢，解衣四眺，此身在千葉寶蓮之上，千峯萬峯如海波自潮，一層堆叠一層，有廻濤捲雪之勢。峯起天馬岩，真如天馬行空，昂首萬里，風鬃雨鬣。煙霧青冥中，有真人御風騎氣，五丁六甲擁旄伏劍從之也。西南諸峯當是蜀中，極目不知所際。北而忽見羣山之上，有山矗出，削成四方，疑爲嵩少。問之道士，果然。相去葢數百里矣，然的的分明，如在百里内者。東望襄江，白波如帶，鹿門峴首似可得之指顧。山中積雨彌月，是日始霽，自亭午看山至暮，天朗氣清，畧無片雲遮障游目。暝色欲來，四方盡紫②。夕陽既收，東方月白，光采澄鮮。因憶往者登太華九華，覺山頂下瞰，殊不耐觀，葢千巖萬壑難於一一向背有情，且多童山，無草木蓊鬱之狀。獨此山一氣融結，綿亘八百里，皆如勾陳之護紫微，遠近色同點黛，所以勝也。

明日復雨，遊蠟燭、瓊臺觀，多幽意，所謂"山静似太古"，庶幾近之。玉虚之田廬楚楚，雞犬桑麻，殆類桃源風物，與紫霄、南巖、五龍，又自别矣。

是役也，山行五日，一日晴，四日雨。雨後千山飛瀑，萬流俱響，耳中如聞三峽流泉，可補山林缺陷。又以新霽一日，盡收天柱之奇。先是，敬夫書來，謂篸山之勝，非五日不能領其大畧。何日可抵均陽，即豫訂息壤，當鼓棹赴之。至是如約，兩人握手道故，相與品第篸靈。敬

① 屐轉玩之：楊素藴修、王民皡等纂《大嶽太和武當山志》卷十九作"展轉玩之"。

② 四方盡紫：楊素藴修、王民皡等纂《大嶽太和武當山志》卷十九作"四山盡紫"。

夫诗曰："客憐命駕十年約，天放登山一日晴。"葢實録也。

清

登太和山記

蔡毓榮（川湖部院）

五嶽並峙，海内尚矣。太和山以崇祀真武上帝，特稱大嶽，又尊之曰"治世元嶽"。雖昉於前朝永嘉之代，而其兆靈北極，符協徽名，實維我國家肇基王跡，皇上誕膺景命之祥也。毓榮持節入楚，禮得祀其封内名山大川，寤寐篸上，四載於兹矣。

癸丑之春，皇上特遣近臣馳視，繪圖以進，此《詩》所謂"懷柔百神，及河喬嶽"者也。毓榮縻於官守，未獲對楊休命，竊怦怦焉。未幾，有鄖襄之役，由襄入鄖，兹山爲孔道云。

以五月戊子至襄陽，辛卯抵悟真庵，期以翼日登天柱峰。問途山中道人，似有難色，心殊易之。

壬辰，決策登山。過遇真宫，禮三丰張真人像。旣入仙關，馳道廣斥，松杉蔽虧，懸崖峭壁，左右紆折，初忘其登頓也。午至復真觀，舍騎而輿，由紫霄宫展旗峯以上，磴道漸峻，輿者告疲。至朝天宫，屏輿而步，仰望所稱天門者，猶在雲表，始信道人之言，而自笑其賈勇之易也。從者或推之，或挽之，攀援鐵絙，數武一息，乃歷三天門，入朝聖門。

自太和宫以上，磴道又數折而登絶頂，則天柱峯也。上帝殿在峯巔，衛以紫城，瑶臺金闕，儼若禁籞。初自下望之，天柱與羣峰若肩隨然。至是乃踞羣峰上，遠者環墉，近者列几，或趨或揖，如立如伏，一山外朝，翼如負扆，葢天地之大觀止矣。日晡，自頂下，齋宿太和宫。從者曰：頃見頂上發光明焉。道人曰：此神光也，歲不恒見，今見已三日云。

詰日癸巳，夙興再登，肅衣冠，入殿禮上帝。維時罡風四合，漭泱一氣，琅璈步虚，飄颺天外。風止雲開，旭日東昇，正射殿中，光華焜燿，威容赫濯，儼有掃蕩八極、凌厲九霄之象。瞻仰久之，形神肅穆，猗與盛哉！

取間道下頂，循故道入紫霄岩憩，南巖宫擅林壑之勝。暮宿玉虚宫，在展旗峯北，别爲陝區，規制視紫霄、南岩尤宏麗，張真人所習遊也。問五龍宫，道士咸云山徑險遠。瓊臺有三，已廢其二。時方暑暍，馬瘏僕痡，乃輟行。甲午，遂趨鄖陽，下漢水。丁酉入均州，謁淨樂宫而還。

是役也，上祝聖天子萬年，下祈家大人眉壽，臣子之悰，於斯遂矣。至於仙真顯示之蹟，載於道經。歷代宫觀之盛，列在祠官。以及山川諸奇，前遊覽皆有記譔，無俟駢枝。若乃山名"仙室"，古稱"福地"，或棲真於洞府，或遐舉於霄途，必有人焉，髣髴遇之，而非馬足車塵之所遑及也。毓榮少而慕道，壯歲無聞，他日者畢向平之餘願，追謝羅之逸蹤，舍兹峯山，其誰適歸乎？倚舷攬筆，聊記歲時，敢告山靈，共聞斯語。

重修滄浪亭碑記

賈篤本　春農，均縣

宇宙之勝境名區，廣矣備矣；古今之盛衰興廢，衆矣繁矣。然衰而盛、廢而興，又往往限於數而待時、待人焉。同一修舉之事，始亦詢謀僉同，欣然率作；繼乃輸理費離奇，鳩工作輟，幾經殫心罷精，始克竟厥役。何圖功若斯之難也！有時偶一倡議，不甚經意，而徵費費集，構材材至，如土委地，如水赴壑，乃竟不勞，而理又何其易歟？然勿介介於其難也，勿欣欣於其易也，是蓋人爲之、時爲之而實數爲之也。吾於滄浪亭之重修竊有感焉。攷均州出上東門三里許，有勝境焉，號曰滄浪。即《禹貢》所載：又東爲滄浪之水；亦《圖經》所載：去武當城北四十里有滄浪州，其水爲滄浪水。信而有徵，初非附會。對岸峰巒秀特，林木清幽，有亭巍然臨江，足供登覽。亭後爲真武殿，殿後爲文昌閣，皆倚崖陡建，棟桴高驤，卓立雲表。每登文昌閣頂，俯瞰碧波，相去不啻百千尺，而目爲愕眙，而神爲振摇，而心意爲之慁爽。前人所謂“飛閣流丹，下臨無地”猶不足以概之。山勢不甚巀嵲，而兩崖環抱，映合有情。崖端各建小塔一，塔以金、銀名之。亭下澄潭深注不可測，漢水東流經此異常清泚。秋冬之際，直緑映鬚眉。南望天柱諸峰遠插雲漢，近則黄峰紫山空翠晴嵐撲人眉宇，江城如畫，人境欲仙，風景之清佳無以逾此。曩昔孫淮海、王鳳州、柳春池諸名流常游憇於此，觴酒題咏。今雖代遠年湮，斷碣殘碑零落於荒煙蔓草間，漫漶不可識。而如𣚍𤳙碑將軍字流風餘韵猶有存者，江山勝跡得名流而益著，則邑人士之惓惓斯亭者固有在矣。光緒庚寅春，罹紅羊，亭殿灰燼。十餘年來，瓦礫盈觴，荆榛塞徑。春秋佳日，邑士女無復游觀之所。竊惄焉傷之。客歲，蕭君瀛嶠與余訂商，請撥公款以竣龍山文筆之役。始意累級五重，既因勢已高峻，瓻石不易升，遂以三層而止。尚有羨餘，維時重修斯亭之舉已心焉計之矣。今春初，瀛嶠復過商，將從事於此，而慮經費太絀。適得舊家子蘇江，體先人德意，仰答神庥，慨捐錢五百緡以爲之助，而丁君季方實贊成之。於是鳩工庀材，諏吉率作，一切指揮擘畫皆瀛嶠、喬梓及王君子敬任之。殿宇如前式，亭則層樓叠榭視舊制有加。夏漲不興，匠役用命，甫五閲月而落成，得天時而協人事，抑何幸歟？吁以逐逐文峯之役，而於邑人士頻年眷注之地，亦得乘其運而亭榭一新，誰得謂之非數乎？究之興廢者數也，盛衰者時也，而衰而盛而廢而興又循環之理，而待人以成者也。抑余猶有説焉。彼林木之蕙蔚不能不摧折於斧斤，亭榭之崇宏不能不剥蝕於風雨，而惟此江山形勝、文采風流足以歷古今而不敝。則斯亭今日之重啟，其足以見重於世者，固有在矣。竊願諸人士之來游者，挹滄浪之清流，洗心滌慮，潔志芳行，塵滓污泥之中皭然不滓，一如范希文之登岳陽，隱然具後樂先憂之襟抱，不僅風助馬當馳一時才人之譽也，則所以爲吾邑光而爲斯亭重者不益大且遠哉！若云繪風景、適游觀，則淺之乎視此矣！是爲序。

八宫紀勝 附記末

馬如麟（秀水人，鄖陽同知）

竊謂北極崇高，衆星環拱。元天險絶，中外咸皈。名山俱培塿以齊驅，五嶽僅太華之可步。姑從所覽，聊紀勝遊。

仰觀金殿嵯峩，高聳太和之頂。玉階縹緲，徘徊雲漢之間。七寶光中，仙仗擁九華之蓋。三天門裏，真官萃五伯之靈。儼若臨軒，昭如在上。執香捧幣，懸鐵索以躋攀。瀝悃攄丹，叩帝閽而號泣。清微隱隱，獨對龍樓。朝聖巍巍，雄當鳳闕。紫霄峰巒秀拔，勢若淩空。福地沙水清奇，居然仙府。南岩迤邐逕竇，明堂萬頃玻璃。五龍曲突嶙峋，水口千重纓絡。榔梅臺聖蹟燦然，試劍石光芒猶射。井分五路，龍光時吐於雲端。池列四隅，蜃氣常盤於空谷。仁威門鎖煙霞，清流玉映。行宫地多禾黍，綠野春酣。玉虛乃創始之宫，别有方壺員嶠。老營爲開山之地，故多道院丹房。萬木參差，到處綠陰團蓋。千峯攢簇，滿前空翠流芬。石鼎丹爐，煙迷白晝。疎鐘清磬，響協鈞天。關接仙源，隱三島十洲之羽客。門通元嶽，度九州萬國之蒼生。遇真宫龍章寵錫，永樂流恩。自然庵繡衲浮香，三丰遺跡。古傳淨樂，令卽均陽。紫雲瑞兆於軒轅，寶月光明於昭代。

吁！隆平智巧，可謂超凡。駙馬聰明，亦爲絶世。按紫微之垣局，因地制宜。會江漢之朝宗，河山盡拱。雖屬一臺一榭，必求巧奪公輸。以故如革如飛，無異高居絳節。雄哉十宫規制之恢宏，論者以爲兩都之莫過。龍文鳳彩，奪目驚魂。寶劍星旗，煇煌交錯。月涵西兎，光摇白玉之高臺。日盪東烏，掩映黄金之世界。誠矣亘古無雙之勝境，天下第一之名山。

歌

唐

題太和山

呂洞賓

混沌初分有此巖，此岩高聳太和山。面朝大顶峯千丈，背湧甘泉水一灣。石縷狀成飛鳳勢，龕紋縮就碧螺鬟。靈源仙澗三方繞，古檜蒼松四面環。雨滴瓊珠敲石棧，風吹玉笛響松關。角雞報曉東方曙，晚鶴歸來月半彎①。谷口仙禽常喚語，山巔神獸任躋攀。個中自是乾坤别，就裏原來日月閒。此是高真成道處，故留蹤跡在人間。古來多少神仙侶②，爲愛名山去復還。

宋

題落帽峰

陳希夷

我愛武當好，將軍曾得道。昇舉入雲霄，高岑名落帽。

---

① 晚鶴歸來月半彎：任自垣纂修《勑建大嶽太和山誌》卷十四作“晚鶴歸來月半灣”。

② 古來多少神仙侶：任自垣纂修《勑建大嶽太和山誌》卷十四作“古今多少神仙侶”。

天柱峯歌

高本宗

祥風自天來，吹我遊紫清。高高着天起，巍然一柱連天撐。崖有三十六，澗有二十四，隱映七十二朵芙蓉青。丹梯貫鐵鎖，十二樓五城。壓穿鯨鰲背，幻出龍鳳形。鸞鶴亦馴擾，猿猱不能經。於菟式長嘯，我來一時鳴。古來仙人據其上，往往白日皆飛昇。我來適清和，雲朗天亦晴。初望一天門，碧澗水落氷泠泠。再登二天門，瑶草葳蕤雜敷榮。三登三天門，雲霧翕歘飄金莖。須臾望絶頂，身在空中行。西望崑崙，黄河一綫天瓢傾。東望蓬島，半勺緑水浮滄溟手撚日月彈丸子，足踏震霆岩下驚。夫人若果住天上，附耳若可低低聲。華嵩恒泰左右先後若朋輩，諸山培塿在下何伶仃。八表望不極，因之望神京。神京遥遥幾千里，雙目掣電心懸旌。神君端居面東瀛，黄金鑄屋玉作楹。赤蛇鼓鬣，黑龜效靈。旌旗招摇，森然列星。敬將一瓣香，上訴神君聽。

元

贈張洞囦祈雨歌

趙世廷①

京師大旱連三年，地蒸熱氣如雲烟。林林佳木盡槁死，毋論禾黍生秋田。武當真人張洞囦，爲道有心如鐵堅。食物衣惡夜不眠，兩目奕奕光射天。天子有詔承相宣，召君禱雨紓煩煎。君不默不語，奏達虛皇前。將吏驅蛟龍，雷電相後先。垂垂雨脚晝夜喧，平地擁水如通川②。稚禾

① 趙世廷：任自垣纂修《勑建大嶽太和山誌》卷十四作“趙世延”。

② 平地擁水如通川：任自垣纂修《勑建大嶽太和山誌》卷十四作“平地涌水如通川”。

出吐芃芃然，小草大草爭芳妍。都人士女喜懽願①，謂君有道真神仙。我今爲賦喜雨篇，勒之金石傳千年。

明

武當歌

王世貞

黑帝不卧元冥宫，再佐真人燕薊中。乾坤道盡出壬午，日月重朗開屯蒙。人間大小七十戰，一勝業已歸神功。久從北極受尊號，却向西方稱寓公。武當萬古鬱未吐，得吐居然壓華嵩。是時豈獨疲荆襄，雍豫梁益皆爲忙。少府如流下白撰，蜀江截雲排豫章。太和絶頂化城似，玉虚彷彿秦阿房。南巖宏奇紫霄麗，甘泉九成差可當。十年二百萬人力，一一捨置空山旁。英雄御世故多術②，卜鬼探符皆恍惚。不聞成祖帝王鬚，曾借元天師相髮。嗚呼，漢武空邀王母過③，高真不顯宋宣和。功名雖盛毋乃晚，混沌時來當奈何。

天柱峯觀日出歌

徐學謨

夙齡慕日觀，岱宗阻瞻眺。引矚閶闔間，圓靈詎殊曜。何必朝宗區，可抉扶桑竅。兹山麗軫垣，沿嵑眇蓬嶠。寤聞天雞鳴，起唤踆烏翶。無端見海底，少選發潛耀。稀宿莽飛流，明霞結繚繞。何人鞭赤丸，大地

① 都人士女喜懽願：任自垣纂修《勅建大嶽太和山誌》卷十四作“都人士女喜歡顛”。

② 英雄御世故多術：凌雲翼修、盧重華等纂《大岳太和山誌》補遺卷作“嗚呼，英雄御世故多術”。

③ 嗚呼，漢武空邀王母過：凌雲翼修、盧重華等纂《大岳太和山誌》補遺卷作“漢武空邀王母過”。

朗華照。翳屏下界清，光分列真頫。魯陽不可揮，夸父徒爲僄。人生苦棲卑，豐蔀衹見誚。玆晨覽八埏，決眥遵衆妙。

天柱峯觀月出歌

虹橋誰鎖千尺鐵，天梯雲棧開巀嶪。飛鳥廻翔撥羽翰，輕身直上雲霄闕。紫霞山人白羽裳，絳節飄飄羅我旁。松濤颯颯捲烟霧，雙童把贈明月光。東林猿啼西虎嘯，箕坐峰頭欲狂叫。不知三界眇何許，俯視冥濛通一竅。千山萬山森戟推，小星大星當面廻。光芒盪射大河倒①，欲與濁世洗浮埃。太華如奉江漢立，醉來翻覺天柱窄。振衣千仞歌者誰，南紀飄零老賓客。

五　龍　歌

王世貞

昔時五龍化五公，口授睡法希夷翁。恬然一境天地外，晉漢周宋皆爲空。君不見，南陽卧龍卧隆中，魚水萬古君臣同。定軍山頭葬龍蛻，赤帝燼息龍何功。嗚呼！五龍之睡睡亦濃，左耳忽割不可蹤。龍潛龍躍各有會，卽使終卧誰知龍。

武　當　歌

艾　暉

武當形勝天下奇，瓊臺翠壁何崔嵬。瑶池尺五鳳凰琯，上邀嬴女泠風吹。碧峯倚天三十六，二十四澗鳴蒼玉。雞犬無聲萬壑幽，靈鳥樹杪啼晴旭。宫中仙人美丈夫，披髮跣足提湛盧。元功千載亦莫測，下土實賴神明扶。我行欲藉靈胥手，真擬天津援北斗。霧合淩虚覽八荒，俯視羣山如培塿。

---

① 光芒盪射大河倒：楊素藴修、王民皞等纂《大嶽太和武當山志》卷十九作“光芒蕩射天河倒”。

太　和　歌

虞大雅①

太和之山高插天，虚危墮地知何年。鯨鰲割斷萬丈壁，霧雨洗出千枝蓮。仰看固信嵩華小，俯視豈獨均房連。紫霄臺殿北崦外，元武旌旗南斗前。薜荔爲衣草爲履，斸烟斵霧皆羣仙。或馴猛虎笑嘻嘻，或翳紫鳳來翩翩。柔兆攝提格子月，遠承王命祠其巔。元酒雖同澗蘋薦，寶翰金礱蒼壁鐫。初尋龍湫歷煙島，稍紆鶴塚行芝田。白雲寂傍晚蘿弱②，紅葉絶類春花妍。欲杖青藜燭徑洞，恐觸虹氣衝星纏③。匏笙明日載黄鵠，浩歌寫入凌雲篇。

武當歌送廖氏兄弟④

李仲訓

武當山，何崇崇。下瞰乎荆豫之境，當乎秦關之衝。行人過客千里外，杳渺望見七十二朵之青峰。或拱而西，或揖而東，或北而背，或南而胸。中央高乎者大頂，重壓后⑤土摩蒼穹。廼知元聖昔日飛昇處，上有宫觀知幾重。鸞鳳起舞，龜蛇現蹤。閃閃旗纛，玲玲磬鐘。簷牙馳列缺，殿角騰豐隆。早聞天雞啼，晚見月兎舂。玉澗流水響，丹岩太古封。金銀石精照白日，松柏偃蹇成蛇⑥龍。靈苗異蕊莫盡記，仙老隱士長相

① 虞大雅：任自垣纂修《勑建大嶽太和山誌》卷十五作“盧大雅”。

② 白雲寂傍晚蘿弱：任自垣纂修《勑建大嶽太和山誌》卷十五作“白雲渾旁晚蘿弱”。

③ 恐觸虹氣衝星纏：任自垣纂修《勑建大嶽太和山誌》卷十五作“恐觸虹氣衝星躔”。

④ 武當歌送廖氏兄弟：任自垣纂修《勑建大嶽太和山誌》卷十五作“武當歌（送廖氏昆仲）”。

⑤ 后：任自垣纂修《勑建大嶽太和山誌》卷十五作“厚”。

⑥ 蛇：任自垣纂修《勑建大嶽太和山誌》卷十五作“虬”。

逢。世上①會登罕能到，天下兹地斯爲雄。廖家兄弟好風骨，素願謁拜中誠通。去年二月兄獨往，今年三月弟更從。二人矯矯良可羡，飄然乘着鶴背風。歸時好摘榔梅實，惠我狂吟霜鬢翁。解此久渴懷，慰此衰謝容。明年倘遂生羽翼，亦欲與子淩虚空。

紫霄仙洞歌

許宗魯（提學副使）

披藹躡石磴，凌空趨壁壇。路崎足力蹇，氣肅衣裳單。裊裊御風邁，儵儵拂煙還。幽光薦瑶草，遠風結崇蘭。激澗淙哀玉，懸松漱鳴湍。日借暮山紫，霜變秋林丹。珠宫隱半壁，贝闕飛霞端。雲轉入翠微，飄飖步高寒。展爾謝塵埃，翩然生羽翰。霞徑遂長往，服食青琅玕。

登太和山行

王　圻（上海人，督學）

太和苞結迥靈異，名峯環聳七十二。泉潭巖澗事事幽，天柱崚嶒玉虚位。掀裾撰杖試躋攀，榔風儵然助羽翰。松岑屺岵開隙徑，五丁剜鑿非人刓。有時緣蘿度絶巘，有時捫壁凌飛湍。飛湍歕激歕旭澍，丹邱白石今如故。須臾雲氣騰山腰，慘淡接眼迷四顧。仙閣法宇重復重，一登一眺一悸怖。舁兠且喜歷紫霄②，六天開朗晴空遥。混元廓落隔凡跡，叢林遊鳥相喧囂。載循鐵鎖上絶磴，十步百喘真岧嶤。頂巔羽衣出石罅，手擕簫管相遲迓。且行且説古道場，元君丹成此昇化。路傍酌我騫林茶，引入精城就精舍。坐令沃盥具衣裳，相將追躡禮上方。焚香九頓啟元户，鑄銅爲殿金爲裝。慢然心畏貌增肅，靈威閃爍神旁皇。周遭縱步眼境豁，清都日觀手堪掇。三公五老拱至尊，俯瞰浮甍接飛闥。飛闥浮甍倚墜岩，

① 上：任自垣纂修《敕建大嶽太和山誌》卷十五作“人”。

② 舁兠且喜歷紫霄：楊素藴修、王民皡等纂《大嶽太和武當山志》卷十九作“舁兒且喜歷紫霄”。

何異危巢託木末。神基刱劈古如兹，佇立踟蹰轉忉怛。道人請從下壇路，千宫萬觀斜陽暮。言旋解袂清冷齋，息機凝坐差成悟。夜寢形安神亦安，恍有真詮夢中遇。黄庭内外理分明，翩翩俗諦皆沉痼。重樓雙闕自坦途，赤坡龍堆世爭赴。陽轡西飛豈復東，古來榮悴等朝露。勉我長生久視方，我欲從之駕煙霧。啞喔天雞雲外啼，兩聲三聲忽驚寤。起牀披髮仰太清，北斗横天天月吐。

清

滄浪亭賡孺子歌

蔣永修（督學）

昔年曾過滄浪水，今日復來滄浪下。滄浪有水復有歌，我爲傾耳聽歌者。歌聲杳杳不可名，還看水之濁與清。水清難禁濯之足，未有水濁濯之纓。人事翻覆有何常，鳳鸞歛翼羣鴟張。或有皎皎疑生謗，或有汶汶寵來章。或有蹶蹶終淪落，或有冉冉忽高翔。下士見俗不見道，紛紛舍道趨時好。苟從時好甘泥塗，視我一身直草草。君子寶道守吾真，濯纓濯足聽之人。淆之不濁凝於神，滄浪之水浩浩流無塵。

诗　四言

明

謁參嶽

蔡復一（都御史）

是空是宫，惟叢惟峰。億萬斯年，杉橡柏松。樹石巖壑，此隙彼充。

莫知其故，鬼斧神工。費心目趾者勞勞，嘆自若之鳥蟲，遊元氣中。

何碑何字，其中無異。穆穆皇皇，神乃受備。岩三十六，澗二十四。五臺五井，泉三潭二。灝灝乎上浮蒼蒼者，下界功德不思議。

四時皆春，不斷吟呻。皇衷曰民，帝鑒曰人，非然者曷神。

恭謁大嶽

譚元春（竟陵人，丁卯解元）

水短山長，風物有鄉，天柱斯光。

爲帝者師，爲五嶽長。以德以時，德馨孔仰。天子宫止，諸王庵止。海隅日出，稽首龕止。

眺彼洩雲，與煙俱養。雲沓在下，烟無所往。亭亭澗水，千章必響。衆香同來，一香自獎。

誰貽神羞，識潛者希。殃祥由已，應之以機。吉人坦坦，上帝剡剡。匪齋匪漭。

詩　五言古風

明

太　和　山

鄒守益（主事）

太和雖云高，有足皆可陟①。所患畏巉崖，出門苦不力。區區寵辱間，不異冷與熱。熱冷各有時，怨尤衹自惑。閉户爲顔閔，纓冠則禹稷。此道本平平，奇功在不息。

行界山道中

高濲亭

女彛駐芳景，條風振前楹。四垂穆以愉，黄鳥鳴嚶嚶。我行界山道，躊躇念浮生。昨日枯楊枝，今日青已盈。云胡鏡中面，老去不復赬。所以陶阮流，微辭寓深情。感悟增嘆息，勉旃懷素貞。

遇　真　宫②

靈境負夙約，真宫欣始遊。虚無上烟霄，香藹親霞樓。赫赫珠殿午，蕭蕭琪樹秋。雲軿嶺表度，仙樂空中流。入門覽衆妙，啜水離羣憂。仙人倘可遇，攜手凌崑邱。

---

① 有足皆可陟：方升纂修《大嶽誌畧》卷四作“有足皆可涉”。

② 遇真宫：據方升纂修《大嶽誌畧》卷四此詩作者爲“許宗魯”。

由南巖尋北崖[①]謁不二和尚

王世貞（都御史）

陟降雖疲跡[②]，眺覽用怡心。心怡體自調，支策探道林。是時春初暮，遥綠結屯陰。一蟠麗空表，雙樹吐百尋[③]。初窺但絶壁，緩步得精岑[④]。開士久杜機，眄睞不能禁。延我坐芙蓉，啖我以林檎。清梵和流泉，蹭竑海潮音。忽覩西岫景，圓規已半侵。歸來愧禽魚，自得忘高深。

由紫霄歷青羊橋憩五龍出仁威觀有述

躋危意方倦，入幽良自適。岩巒非一態，雲日饒奇色。活活伏流來，泠泠深岩滴。騰虬悟風樹，渴猊知飲石[⑤]。拏攫令魂驚，蜿蜒覺根圻[⑥]。俶詭青羊澗，窈窕五龍室。彼美如有待，余欣寧無獲。改轍見平疇，藹藹禾黍夕。歸慮中未攬，目境時有失。安得乘蹻道，遥青庶可摘。

贈不二和尚

苦無遺民好[⑦]，披緇禮遠公。勞師破吾執，所破隨亦空。飯罷了無語，趺坐蒼山中。

---

① 崖：凌雲翼修、盧重華等纂《大岳太和山誌》補遺卷作“巖”。

② 陟降雖疲跡：凌雲翼修、盧重華等纂《大岳太和山誌》補遺卷作“降陟雖疲跡”。

③ 一蟠麗空表，雙樹吐百尋：凌雲翼修、盧重華等纂《大岳太和山誌》補遺卷作“一蟠颸空表，雙樹吐緑尋”。

④ 緩步得精岑：凌雲翼修、盧重華等纂《大岳太和山誌》補遺卷作“緩步得精篮”。

⑤ 渴猊知飲石：王世貞《弇州山人四部稿》卷十二作“渴猊知水石”。

⑥ 蜿蜒覺根圻：凌雲翼修、盧重華等纂《大岳太和山誌》補遺卷作“蜿蜒覺根坼”。

⑦ 苦無遺民好：凌雲翼修、盧重華等纂《大岳太和山誌》補遺卷作“苦無道民好”。

贈范丫髻

一瓢更一杖，此外都不聞。瓢還潁水月，杖付葛陂雲。揮手豢山頂，卻笑洪崖君。

南巖宫

蘇　濬（晋江人，陝西条議）

古洞結層陰，乃在山之曲。仰盼天柱巔，浮雲自相屬。俯睇層陰間，扶桑森以綠。穆如元圃邱，粲若珠璣落。徙倚飛昇臺，閬風振陵谷。更有羽人居，巢棲不盈匊。相顧嗒然空，一醉萬事足。

五龍宫

上山淩雲門，下山翳荒林。元冥司北陸，龍宫窈且深。陽光濯中流，重輪洗層陰。遊鱗戲其下，萬竅自悲吟。羽人持巵酒，邀我溪之潯。錦瑟無朱絃，激石有餘音。虚舟不可極，遺珠豈①可尋。且盡杯中物，餘生任陸沉。

自南天門轉南岩宫入岩看元武諸跡

朱之臣（成都人）

著雨岩上行，不知岩下佛。天門山之脊，圜徑滑側谷。盤西俯松殿，松輒入雲腹。殿影壓濕痕，隔步不入目。道人余前指，曰南走石屋。懸石覆肺然，元武跡其足。鑱骨爲之龍，昂昂不欲伏。左右向亭際，瀟然而一局。垂垂煙相逼，摩岩叩石族。語烟且開晴，南放金光出。

---

① 豈：楊素藴修、王民皥等纂《大嶽太和武當山志》卷十九作“詎”。

天柱峰謁帝

袁宏道

除却善法堂，人間無此麗。甍題鑄黄金，玉版花紋地。羲和曳長輪，鋭碧返龍轡。霞裏召仙官，飛斷青溪翅。茫茫諸夏人，綃綺披①山翠。號呼夾笙鏞，醒却天娥睡。燔珠薪水沉，千里薫燎氣。長髯老真人，曉暢天家事。逸典絶云亭，功高七十二。鞭山駕黿鼉，一笑秦皇帝。

南岩望絶頂及五龍諸宫有述

珠題嵌絶壁，人巧依天匠。峭緑叠頹嵐，青天怯摩②盪。濛濛太始雲，曠刼相醖釀。一自闢元宫，斧作仙家障。蒼巒夾龡竇，高天入盆盎。終古容③清虚，諸仙幾回喪。真人將上昇，先此規圖樣。十二樓五城，某天如某嶂。宫成付黄冠，仙郵侈供帳。道裝俗鬟眉，只此輸天上。

遊玉虚巖

一壁繡煙霜，石老巇巇露。蜕骨留空岩，青山也仙去。或纖削而清，或高古而怒。瘦過必成研④，喜極多由怖。咽者爲奔泉，古者爲杉樹。種種出天成，幽奇互遭遇。翹首告仙真，此地好流寓。未必三神山，有此奇絶處。

---

① 披：袁宏道《瀟碧堂集》卷四作“被”。
② 摩：袁宏道《瀟碧堂集》卷四作“磨”。
③ 容：袁宏道《瀟碧堂集》卷四作“客”。
④ 研：袁宏道《瀟碧堂集》卷四作“妍”。

清

宿周府庵

楊素藴（荆南道）

亭亭門前柏，青青林中竹。灼灼澗底花，呦呦山下鹿。此地是幽棲，豁達開心目。近閣樹乍明，遠峯月漸伏。徙倚引芳柯，夜凉風出谷。更有桂八株，叢生香馥馥。名境如高人，作意在嚴肅。我來宿其中，塵襟資盥沐。彈棋香可分，揮琴茶正熟。安得素心人，共抱道經讀。

咏武當物産四詩

賈篤本　春農，均縣

榔　梅

策杖陟南巖，古木翳幽壑。中有榔梅祠，門榜存約畧。聞道真武初，與梅會訂約。折枝插榔間，靈根於焉托。結實如可期，道成吾亦樂。天果鑒精誠，花實何灼爍。火棗與交梨，仙品甯兹若。昔明張司李，收採猶盈橐。持以贈商邱，筠廊供著作。商邱宋犖《筠廊偶筆》曾詳載張司李贈榔梅事。我今訪居人，此種已寥落。桃核杏實間，杳焉不可索。惆悵倚荒崖，斜陽下林薄。

燈心石

二儀何元妙，百産多菁英。植物以萬計，奇異各殊名。巀嵲武當山，大德秉星精。物類適相感，寸草負堅莖。號以燈心石，蒼然質晶瑩。燃之不能燼，炮之還復明。實是九蓮炬，燈亦千年檠。譬彼商邱木，熒熒火自生。取携用不竭，良足利編氓。願言多採擷，勿以弱草輕。好共光明燭，徧照楚江城。

音樂鳥

巍巍天柱峰，超然絶塵表。林木既幽深，邱壑復窈窕。有客春山行，緩步乘清晚。忽聞仙樂鳴，仙音何縹緲。如撫錦瑟絃，塵壒爲之埽。異哉空谷中，鈞天奏瓊島。傾耳向叢薄，聲乃出飛鳥。形與黄雀俱，呼羣相環繞。省識半部樂，争棲在木杪。萬籟岑寂時，啾啁殊了了。和以風泉聲，清聽真無惱。大可暢詩懷，良足滌塵抱。當年戴叔倫，頗謂聽鸝好。倘使遌斯禽，心焉益傾倒。

靈壽杖

我讀東陽歌，悠然憶靈木。仙巖早托根，蔓衍徧空谷。歷歲一何深，經霜一何足。離奇挺虬枝，古雅真絶俗。良工甄厥材，聊作鳩杖祝。扶曳勝青藤，摩挲重緑玉。靈壽肇嘉名，名重武當麓。衰年得扶持，步履皆健速。香客四方來，珍購動成束。如採商山芝，如擷酈水菊。愛此萬年枝，蔚爲老人福。卓哉山澤民，矍鑠無顛覆。紀壽半期頤，上應榆台宿。

雪霽登天柱峰

趙司至

一路看羣山，羣山對我走。有時崎嶇行，山在我之後。前峰樹枝搖，迎我招以手。一時萬峰活，紛紛齊抖擻。五老峯名。鬚眉白，傴僂烟波叟。玉女峰名。鬢髮霜，皤然若王母。翩翻雲之君，个个佩瓊玖。烏衣化白鵰，花獅天柱峰旁有獅子山。變蒼狗。松眠瑶臺鶴，石立懸甕鶴。《山海經》：懸甕之山，其鳥多白鶴。花開嶺上梅，絮飛風中柳。冰崖春雪融，玉壺瀉新酒。玲瓏水晶宫，明月滿窗牖。磴道玉爲階，金闕天柱首。俯首覽衆山，衆山齊獻壽。各峯皆向天柱，惟一峰不向，名外朝山，在其西北。銀海波浪濶，雲夢吞八九。須臾目光眩，滿天下星斗。兩腋忽生風，仙乎是邪否。宫殿與樓臺，胡爲徧山藪。回憶前代事，欷歔憑欄久。萬仞建金屋，屋像皆銅，沃以金。玉符龜蛇紐。頂宫有“都天大法主寶”六字玉符一方，上刻龜、蛇各一。太和七二峰，宫闕處處有。用盡萬人力，當時知財阜。雖云壯奇觀，於道殊爲醜。玄武何時人，不識其卯酉。神仙果有靈，明社應能守。以茲樹人材，豈不稱明后。愚人適自愚，君臣咸有咎。惟此金石匠，奇工應不朽。謂刻畫精巧，確宜保存。道士更清絶，長與烟霞友。有詩吟不得，白雲入我口。

詩　七言古風

明

武當道人詠四首

李宗木（郎中）

道人自愛碧山住，武當結屋雲深處。屋後新添五粒松，門前舊有三花樹。冬夏不思葛與裘，葉生葉落知春秋。大還已得神仙藥，卻笑世人空白頭。

道人自愛碧山眠，白雲遲度窓之前。石壇松影陰千尺，老鶴一聲開松煙。起來手檢丹霞篆，魍魎潛歸俱遁散。天柱峯頭清嘯長，世人可聞不可見。

道人自愛碧山行，寒泉滴滴①金石聲。雙耳無染不用洗，此音聞之

① 滴滴：楊素藴修、王民皥等纂《大嶽太和武當山志》卷十九作“潏潏”。

清更清。溪邊樹色含青靄，洞中有花人不採。南崖①石上一盤碁，世上流光已千載。

道人自愛碧山坐，山下吟詩山鳥和。琪花珠蕊笑欲來，峭壁懸岩牢不墮。紫霄有客夜深歸，天風吹月鶴雙飛。起跨鶴背上天去，銀漢誤觸織女機。

登太和宫

孫　健（浙江人，貴州叅議）

太和之山上插空，盤旋起伏如蒼龍。何年養就精靈氣，至今鱗甲生秋風。秋風起兮山四霧，蒼龍聳角如天柱。揚鬐勢欲吞天池，横海妖鯨泣無寓。我來豈是凌虛人，翩翩疑與太清隣②。安得乘龍行上界，睥睨六合之紛綸。紛綸塵氛競相起，江河東下何時已。太清中含一點靈，神與名山至今俱不死。

賜五龍李孤雲

湘　王

烟山蒼蒼煙樹紫，行來日斜逢真士。逢真士，石爲餐，碧莎鶴唳清光寒。

賜洞微觀妙上照鍊師王休休遊武當

我生肅好方外之高情，遐追子晋懷蓬瀛。三山遼邈不可及，亘古仙者傳其名。金銀臺觀烟霞外，琪花珠樹森交晶。紅霞白日春常在，巨鼇不動天風升。鍊師自是三山客，貌奇心古丰儀清。拂袖御雲氣，翩翩來

① 崖：楊素藴修、王民皡等纂《大嶽太和武當山志》卷十九作“巖”。

② 翩翩疑與太清隣：楊素藴修、王民皡等纂《大嶽太和武當山志》卷十九作“翩而凝與太清鄰”。

南荆。風物老秋色，湘江波静荆山横。玉蟾吐白滿空門，手擕北斗酌我湛醁領滄溟。琅笈瓊文覈元秘，掌中金策何鏗鏗？君衣綠霓羽，我着紫霞瓔。君咏步虚曲，我吹青玉笙。我笙吹星星歴落，君曲遏雲雲不行。杖花銀棹不足數，吳中鱸鱠爲君輕。肘後寒光破晴碧，壺中丹氣凌青冥。興來醉舞招白鶴，跨向五城之玉京。翛然笑傲忘甲子，一身汗漫遺死生。五嶽撮土，八海一泓。滔滔昔人付一笑，悠悠終古惟高瞠。先天獨存兮後天不老，吞吐造物含元精。白漚兮白漚，與君共結滄洲盟。

題馮虚滄浪圖

張廷弼（光化知縣，臨川人）

馮虚亭子凌嚚壒，俯聽寒飈發天籟。豢嶽千峰聳作屏，滄浪一水縈如帶。水流山峙自年年，亭子荒凉鎖暮煙。我欲馮虚遊八極，題詩天半石應穿。

武當歌用王鳳洲先生韻

潘宗洛　江南人，湖廣學院

君不見秦王伏甲争儲宫，求取貝葉來華中。又不見燕王渡江號靖難，徧訪躐蹋披蒙茸。英雄失德思懺悔，每假幻怪彰神功。古來典禮重牲幣，五嶽望祀如三公。黑社奮起踐神極，豢山胡不凌恒嵩。當時物力萃荆襄，赬肩流汗丁男忙。金頂一峰倣承露，玉虚千門規建章。層城極目見雲海，閣道盤空綴洞房。秋風夜月猿鶴静，但聞鈴語聲丁當。時移物换幾興廢，遊人嘆息林泉旁。嗚呼！神君伏劍信有術，聽我一言請無忽。方家十族鐵家女，願令世世生窮髪。烏飛兔走歲月過，饑湌渴飲陰陽和。滄海桑田無改變，神君於意當云何。

擬游武當　和沈鐵巷先生

王和齋

太嶽之峯元武當，天遣巨靈故開張。昔聞有神未遺像，虚設坎位配中央。兹山綿亘八百里，七十二峰天柱强。歷朝崇祀莫紀極，惟見大明隆典章。成祖神威膺國祚，即以法相像嚴莊。輔翼諸臣靈官位，道家托言净樂王。平生未多踞險嶺，兩次遊山道阻長。朝夕？麓面壁立，細摹諸峰如在望。放懷天地氣磅礴，恨不興與詩俱將。山川秀發成今古，若有人兮挹其芳。蒙君珠玉生咳唾，捧讀如登斛㠩旁。自顧穢形吟壇玷，敢言覓句任奚囊。

過元岳門

沈吉菴

道仙鄉南六十里，石門高聳周道砥。榱題四面透玲瓏，治世元岳存其旨。上鏤“治世無岳”字云。斯門石質堅且清，上鏤雲鶴守無底。共道修來本神工，神工創建果何以。想爲元武樹尊嚴，睹此岩岩重瞻視。不然何以麗而華，百尺龍門足可擬。我今拾級頻相過，足爲盤恒心爲喜。

清

武當歌用王鳳洲先生韻

潘宗洛（江南人，湖廣學院）

君不見秦王伏甲爭儲宫，求取貝葉來華中。又不見燕王渡江號靖難，徧訪躐蹋披蒙茸。英雄失德思懺悔，每假幻怪彰神功。古來典禮重牲幣，五嶽望祀如三公。黑社奮起踐神極，參山胡不凌恒嵩。當時物力萃荆襄，赬肩流汗丁男忙。金頂一峰倣承露，玉虚千門規建章。層城極目見雲海，閣道盤空綴洞房。秋風夜月猿鶴静，但聞鈴語聲丁當。時移物换幾興廢，遊人嘆息林泉旁。嗚呼！神君仗劍信有術，聽我一言請無忽。方家十族鐵家女，願令世世生窮髮。烏飛兎走歲月過，饑飡渴飲陰陽和。滄海桑田無改變，神君於意當云何。

卷之八

藝　　文

詩　五言律

明

南　巖　宫

崔　桐　叅議

古木懸孤嶂，虚巖綴百靈。亭陰侵座爽，林影上衣青。地寂年爲日，雲屯晝欲暝。何方廻白首，於此問參苓。

又[①]

傳聞天柱下，幽勝更清微。峯合天長隔，谿寒雲不飛。花崖懸乳石，竹隖對瓊扉。未有凌雲翼，空成悵望歸。

---

① 又：方升纂修《大嶽誌畧》卷四作“清微宫”。

太　和　宮

王　鎔（副使）

太乙涵元氣，中原獨此山。神功移閬苑，帝力壯仙寰。嶂合茅堂杳，林廻野色閒。烟霞酬夙志，解組扣松關。

紫　霄　宮

福地臨仙館，旗峯列蘂宮。劍亭①雙樹直，丹井百泉通。雲卧宵衣薄，天青斗柄融②。坐觀時復暇，疏奏理絲桐。

朝　天　宮

峻極封山嶽，凌空嚮珮珧。雲開金闕逈，磴轉玉臺遥。紫翠羣峰抱，香燈萬國朝。星辰疑可摘，羽翼上烟霄。

南　巖　宮

採芝凌絶巘，對奕坐虚亭。洞古雷神秘，潭沉龍氣腥。紫霄仍下界，青鳥自東溟。已覺非人世，應無俗慮嬰。

玉　虚　宮

隱隱仙岩度，冥冥霧靄收。雲汀朱鴈落，春草赤麟遊。貝闕諸宫亞，真源九曲流。羽人衣舄在，天樂下西樓。

太　和　山

廖道南（学士）

天柱丹梯上，皇崖紫氣深。銀河浮碧落，玉宇隔遥林。露濕仙人掌，

① 劍亭：方升纂修《大嶽誌畧》卷四作“劍臺”。
② 斗柄融：方升纂修《大嶽誌畧》卷四作“斗柄横”。

雲分帝子岑。詞臣多逸興，春賦有餘音。

南　巖　宫①

信步南岩下，倏倏物外情。瑶壇青鳥落，玉洞紫芝明。龍去虚丹井，仙歸有石枰。何當謝塵鞅，於此學長生。

太　和　山

蕭一中（叅政）

雲漢雙無迴，乾坤一望中。鈞天聞絶響，太乙自生風。海色摇空碧，蓬萊映日紅。桃源知不遠，無地覓仙蹤。

登太和山

朱　篪（御史）

一嶽撑空碧，凭欄俯岫雲。嶤天孤柱立②，楚甸一江分。遠磬生靈籟，香烟吐瑞氛。黄冠來問訣，愧我尚無聞。

太　和　山

李延康（僉事）

洞口含烟碧，山腰倚閣虚。羽衣黄髮老，靈境白雲居。石髓通丹竈，松花落枕書。長生如可學，解組望霞裾。

南　巖　宫

戴時宗（都御史）

始入南天路，還知别有天。仙宫懸石壁，道室插雲巔。丹壑聞清籟，

① 南巖宫：王佐修、慎旦等纂《大岳太和山誌》卷十七爲無題詩，署作“沈應龍（侍郎）”，而非“廖道南（學士）”。

② 嶤天孤柱立：王佐修、慎旦等纂《大岳太和山誌》卷十七作“嶤天孤立柱”。

青松記昔年。飛昇臺尚在，欲結愧無緣。

薄暮太和①

金屋倚天開，環闉洞九垓。夕陽初餞谷，蘿月已臨臺。暝色依烏鳥，秋痕上榔梅。異人逢夜話，更覺洗心埃。

入南巖崖下

章　焕（都御史）

誤入南岩路，頻疑別有天。深谿千仞落，飛閣一巢懸。鳴澗當窓急，長松拂障眠。此中能避世，箕坐已忘年②。

贈自然庵道士③

問訊清虚客，修真尚此庵。元宗應自悟，大道頗能諳。汲水龍歸鉢，燒符虎入籃。因君脱此網④，吾意欲投簪。

太　和　宫

孫應鰲（都御史）

天柱開金闕，虹梁綴玉墀。勢雄中漢表，氣渾太初時。日月抵雙璧，神靈肅萬儀。名山遊歷遍，誰似此山奇。

---

① 薄暮太和：王佐修、慎旦等纂《大岳太和山誌》卷十七署名作“豐城雷賀（參政）”而非“戴時宗（都御史）”。

② 箕坐已忘年：王佐修、慎旦等纂《大岳太和山誌》卷十七作“端坐已忘年”。

③ 贈自然庵道士：凌雲翼修、盧重華等纂《大岳太和山誌》卷八署名作“龔秉德（副使）”，而非“章焕（都御使）”。

④ 因君脱此網：凌雲翼修、盧重華等纂《大岳太和山誌》卷八作“因君脱世網”。

入　仙　關

李宗木（内鄉舉人，禮部郎中）

雲履緣青磴，搴芳藓石隈。虎風寒白晝，龍氣隱春雷。鳥向日邊度，人從天上廻。清寧屬勝境，终古仰崔嵬。

登太和山卽事

王世貞（都御史）

名出登封晚，功存象帝先。山疑鞭石就①，室似鑿空懸。有壑難窺地，無峯不刺天。所遊疑夢境，回首卽茫然。

又

天門揮手是，宛轉尚千盤。但語中原小，那論行路難。夜分先得日，春去獨留寒。不盡登臨意，翛然思羽翰。

又

脉借崑崙遠，聲欺太華卑。上分天一半，横跨地三垂。不盡松杉壽，毋妨鸛雀危。衹憐來往客，未解治贪痴。

念賣藥者住懸崖一小龕中贈五龍吴道士

董　裕（都御史）

豈是韓康後，逃人入窈冥。捫壁窮千丈，巢雲借五丁。現前皆白石，合下有黄庭。曾否探元理，因之脱穢腥。

---

① 山疑鞭石就：凌雲翼修、盧重華等纂《大岳太和山誌》補遺卷作“路疑鞭石就”。

南　巖　宫

陳文燭（叅政）

怪石從中起，岩扉百丈陰。摩空驚過鳥，積雪在深林。到此真無暑，令人發朗吟。飛昇如可托，肯復戀朝簪？

五　龍　宫

仙子今何在？宫名尚五龍。山深時作雨，溪響不聞鐘。獨往無同伴，何緣覓去蹤。諸峯羅列處，一一繡芙蓉。

遇　真　宫

正有真人想，其如遇渺然。人言臨福地，吾意在先天。歲月山中老，乾坤此際懸。偶來仍駐屐，笙鶴下翩翩。

玉虚宫訪周小顛

李　蔭（刑部主事）

在昔聞高蹈，相逢愜此心。片雲丹竈冷，飛雨翠岩深。招隱非無意，懷仙時有吟。枯桐空自搏，猶未遇知音。

送法光遊武當

道人元不住，逸跡任天涯。此去看元嶽，翺翔帝子家。題詩當澗竹，瀹茗對巖花。應共吹簫侶，三天弄紫霞。

仙　　關

閆繼迪①（梁南人）

不藉江山險，人天一步分。入門俱法界，出路卽塵氛。古樹危騎石，

① 閆繼迪：楊素藴修、王民皞等纂《大嶽太和武當山志》卷二十作“閃繼迪”。

仙衣舊掛雲。何時謝簪紱，來就鶴猿羣。

同吳明卿登望嶽樓

梁　嶽

剩有三天興，同登百尺樓。地緣參嶺勝，城帶漢江流。縱酒談偏劇，憑高思轉幽。多才憐季重，延賞恣賡酬。

雨宿清微館

徐學謨（督學）

故館清秋暮，閒堦赤葉平。驚心一夜雨，側耳十年聲。已是愁無頼，寧堪滴到明。重來多難後，逆旅念残生。

清

天　柱　峰

李　炳（知州）

高峻開千古，惟武可以當。上天尊北極，絶頂映東陽。五嶽羣爲吏，一峯獨自王。帝真應坐此，我亦到青蒼。

平頂山望天柱峯

鍾嶽靈（本州人，明經）

參峰突起處，羣嶂失岧嶤。青氣接天壘，白雲上海潮。十圍松似草，一棧路通霄①。安得端居此，門邊望不遥。

① 一棧路通霄：黨居易修、王钦命等纂《均州誌》卷四作“一綫路通霄”。

春半見寥峰雪

百里寥峯雪，春中尚插天。光生晴處冷，白破晚來烟。鄭谷松初茂，陶門柳正眠。邱陵夕照直，一曠眼眉邊。

山行望天柱峯

沈　冠（浙江人，武進士）

峭壁倚巑岏，登臨豁大觀。馬蹄行樹杪，人影落雲端。廻折千峯合，冥濛五月寒。巍然天一柱，還向碧霄看。

又

山行良自愜，吟眺復誰同。秋色千峰雨，濤聲萬壑風。懸梯荒蘚合，曲徑暗泉通。策杖輕三陟，悠悠思不窮。

天柱曉晴

徐京陛（竹谿知縣）①

早起看山色，煙光蕩曉暾。霞明千嶂麗，天縱一峰尊。突兀黄金殿，崢嶸黑帝闇。列風如可御，何處是崑崙。

重九前一日，邀視學吴信之諸友登滄浪亭，歸來既賦七律，更唱迭和，次夜無寐，復成五律四首，以暢吟懷

賈篤本　春農，均縣

清絶滄浪境，難忘舊日游。雲山千里敞，風雨滿城收。乘興先登覽，高吟冀唱酬。憑欄一長嘯，占盡楚江秋。緑水懷清地，黄花傲節天。名亭今又到，風景宛如前。𣗥𣊫摹奇字，苔岑話夙緣。晚霞方散綺，詩思

① 徐京陛（竹谿知縣）：黨居易修、王钦命等纂《均州誌》卷四署作“沈冠”，而非“徐京陛（竹谿知縣）”。

滿崖巔。緬昔依椿蔭，年年逸興豪。精神九旬健，笠屐五雲高。埽徑伸鳥哺，稱觴奉醉螯。悠悠十三載，凄切咏莪蒿。不盡登臨感，江山歷世多。壺觴容嘯傲，歲月愧蹉跎。時局危如此，生民奈若何。荒陬幸秋稔，莫憶海揚波。

步方曉翁九日登滄浪亭韻

戎機付談笑，雄眺俯山城。舊壘消無迹，新鏡振有聲。河山容坐嘯，江漢待澄清。雖爲消兵氣，光開日月明。無能慚燭武，多病慨休文。佳節酹尊酒，遥天莽陣雲。賢侯何伉爽，舉國盡沉曛。莫爲軍儲慮，金銀氣正氲。

詩　七言律

元

太　和　山①

虞　集（學士）

雪樹生香滿佩巾，紫霄最上集仙真。苔荒鶴跡渾無路，花暗笙聲不見人。瑶圃月寒通白曉，丹臺雲暖駐長春。莫教流水山前去，恐似桃源客問津。

---

①　太和山：任自垣纂修《敕建大嶽太和山誌》卷十四題作“題紫霄宫楊外吏梅雪齋”。

太　和　山①

揭傒斯（學士）

太子巖吞獅子峯，洞深雷響半虛空。黑龍去作人間雨，白鶴來棲澗上松。日吐金芒朝五老，煙横玉帶遶三公。七星旗展飈輪降，時有天香下九重。

明

天柱凌雲

沐　昕（駙馬都尉）

黛色參天玉削成，斷鰲誰識太初形。慶雲繚繞元都近，石磴參差黄道平。夜半風雷山下起，秋清星斗樹梢横。祇今昭代超前代②，徽號穹碑萬古榮。

南　　巖③

秀拔中天戴巨鰲④，瀑聲直下鬼神號。氣吞泰華銀河近，勢壓岷峨玉壘高。日上羣峰明鎖闥⑤，風回萬壑湧秋濤。紅塵一點飛難到，跨鶴人來醉碧桃。

---

① 太和山：任自垣纂修《勅建大嶽太和山誌》卷十四題作“題太子巖”。

② 祇今昭代超前代：任自垣纂修《勅建大嶽太和山誌》卷十五作“祇今聖代超前代”。

③ 南巖：任自垣纂修《勅建大嶽太和山誌》卷十五題作“南巖削壁”。

④ 秀拔中天戴巨鰲：任自垣纂修《勅建大嶽太和山誌》卷十五作“秀拔中天戴巨鼇”。

⑤ 日上羣峰明鎖闥：任自垣纂修《勅建大嶽太和山誌》卷十五作“日上群峯明瑣闥”。

太　和　山

李東陽（大學士）

神仙宫府事何如，親見分符上紫虚。山擁帝宫三十六，地屯兵衛五千餘。人言才大難爲用，我愛官閒好讀書。臨别與君堪一博，肯將青紱換緋魚。

天　柱　峯①

沈　暉②（都御史）

縹緲珠宫映翠微，靈風長日滿龍旂。函關伊昔青牛去，華表何年白鶴歸。花落石壇春不掃，露零仙掌曉還晞。樓船海外無消息，山下閒雲萬古飛。

登太和山

李宗木

七十二峯宿雨晴，諸宫羅列蕋珠明。乾坤新幻蓬壺影，霄漢時傳鐘鼓聲。漱石泉從雲裏聽，振衣身在斗邊行。奇遊到此翻成愧，坎壈浮名絆此生。

登太和山

何　遷（少卿）

帝子九龍遊海上，太和千古亦蓬壺。遥憐劍閣有巫峽，那復祝融雄楚都。雪發松杉雙屐近，風連河漢一筇孤。好尋大藥清虚表，三十六岩今有無。

---

① 天柱峯：方升纂修《大嶽誌畧》卷四題作“遇真宫”。

② 沈渾：方升纂修《大嶽誌畧》卷四作“沈暉”。

登太和山

楊守禮（副使）

白鶴迎人下紫霄，乘風仙子任飄颻。山頭雨洗黄金殿，檻外蓮圍白玉橋。虎伏靈龕迷澗水，鸞隨明月下笙簫。紅塵不到仙家處，回首繁華一夢消。

登太和山

朱隆禧（給事中）

紫翠光華楊柳天，東風扶上太和巔。吟猿曉掛仙人掌，瀑布春回玉女泉。佇聽松聲諧雅韻，乍看晴壑起蒼煙。追遊況得携摩詰，刻石相將記歲年。

登太和山

張　臬（郎中）

九日登高大嶽巔，直從元帝探真源。褰衣飛步三天外，吹帽驚捫北斗懸。混闢陰陽奔日月，蒼茫塵土隔風烟。神功綿邈歸明祚，長似文皇創造年。

登太和山

歐陽必進（尚書）

萬丈丹梯倚帝宫，紛紛求福往來通。我來訪古五峰下，到此令人百慮空。回首千岩紅日麗，舉頭一柱白雲籠。修真苦行當年事，欲問頻催玉兎東。

登太和山

吴子孝（条議）

花發空山見使車，春殘風雨乍晴餘。雲中笙磬迎珠蓋，崖下星辰俯碧虛。豈料豸冠初倚玉，却憐鸞翮早傳書。赤霄望望登仙去，似憶承明有舊廬。

登太和山

陳绍儒（副使）

金殿瑶臺碧落齊，三門萬仞轉丹梯。雲雷互變中峰出，河漢分流下界迷。帝子嚴禋供寶篆，神人真訣秘刀圭。年來獨覺塵根淨，喜傍名山學品題。

又

名區削琢碧玲瓏，秀水奇峯不易逢。正憶玉書寥落後，每疑金訣有無中。九天夜月滋華屋，萬里風雲射彩虹。步入青坪導青佩，鳳簫如縷滿瑶空。

仙　關

胡宗憲（御史）

一入桃源路轉艱，天風吹我渡仙關。千層樓閣空中起，萬叠雲山足下環。攬轡自知王命重，杖藜聊與道心閒。元房寂寂春宵冷，月上疎簾手可攀。

南　巖

沈良才（都御史）

路入南巖景更幽，憑虛高閣逈生愁。雲浮石檻簷疑動，雨過松林碧欲流。别澗泉聲時細細，隔溪禽語晚啾啾。道人指點神仙跡，苔鎖荒臺滿目秋。

紫　霄　宫

汪大受（都御史）

峭壁中天翠展旗，瓊臺叠疊紫虹霓。金光殿閣明霞爛，瑞氣峯巒遠漢移。六月杉松深帶雪，千年芝草淨依池。忽聞先樂①從空下，恍覺身遊玉帝墀。

南　巖　宫

五老峰前嶺路廻，南天勝地倚崔嵬。百泉歸壑秋初靜，萬木攢雲晝未開。鰲負珠宫懸翠壁，龍蟠瑞霧隱丹臺。仙碁岩畔青鸞化，留得神功度榔梅。

南　巖　宫

章　煥（都御史）

三十六崖何者奇，南岩巖壑多幽姿。飛空欲作翔鸞舞，跨澗真看渴虎垂。樹杪廻瀾②時隱見，雲中棧閣故參差。歸旌欲問來時路，洞口雲深已不知。

紫　霄　宫

行盡青山入紫霄，函關紫氣鬱岧嶢。乍看雲霧生巾舄，轉覺簷櫳隔絳綃。池上七星低可掬，峯前五老坐相邀。空中冉冉聞清樂，指引鸞驂路漸遥。

玉虚橋上步月

偶向池邊問月明，不知身在月宫行。玉虚元是清虚府，午③夜今開

① 先樂：楊素藴修、王民皥等纂《大嶽太和武當山志》卷二十作“仙樂”。
② 瀾：王佐修、愼旦等纂《大岳太和山誌》卷十七作“欄”。
③ 午：王佐修、愼旦等纂《大岳太和山誌》卷十七作“永”。

不夜城。姑射仙人真綽約，水晶宫殿自輕盈。水姿皓魄嬋娟淨，弄影相看浸碧泓。

登太和山漫興

陳孟章（户部主事）

幾廻夢與赤松遊，清賞今逢玉露秋。寶殿玲瓏回碧落，丹梯宛轉入丹邱①。彤雲冉冉簷楹動，遠嶠重重海浪浮。空裏漸聞天樂近，函關應有跨青牛。

又

神帶飄飄入翠微，幽關真與世情違。花從削壁含香放，鳥向叢林得意飛。四面青巒攢畫戟，半天祥靄罩羅幃。鼎湖信有乘龍侶，更喜岩頭掩竹扉。

登太和山

張守直（工部侍郎）

森羅仙逕接珠林，塵世清都詎易尋。帶露壇花常灼灼，棲鸞圃樹自陰陰。山當八百荆吴壯，水落東南漢沔深。自是名寰招隱地，何人不動紫芝心。

登太和和少司空張筆翁韻

艾　杞（工部主事）

瓊宫上與碧霄齊，曾入仙人舊品題。谷口桃花翻白雪，洞門石髓護青泥。龍幢一去乾坤老，法座常懸日月低。自是陽春難屬和，登高極目五雲迷。

---

① 丹邱：王佐修、慎旦等纂《大岳太和山誌》卷十七作“仙州”。

又

天門如柱轉紆賒，廻首羣峰似列牙。高閣御風瞻北極，故鄉落日望西華。花當三月明金殿，仙去千年秘玉砂。盡日看雲歸岫晚，香爐石上數株花。

登太和和少司空張筆翁韻

施篤臣（副使）

岧嶤天柱紫宸齊，帝子高居揭玉題。卿月重來通鳥道，使星遥望隔雲泥。飛橋斜度南宫近，虚閣平臨北斗低。自是張騫仙骨異，乘槎天上出塵迷。

又

偶①來採藥入仙林，仙去林空何處尋。石上黄芽春欲暖，洞前白雪晝常陰。時時笙磬天門杳，歷歷樓臺烟樹深。歲暮山中無一事，抛書終日獨觀心。

雪天同林梅窓登太和

葉九金（均州知州）

直上天門景更幽，金城臺殿甲中州。丹梯萬丈雲霞杳，白浪千層雪霧收。點點秦山横地出，悠悠漢水接天流。銀河夜色清如許，蓬島何須海上求。

憇遇真宫

徐學謨

長苦紅塵攬鬓班，西來詎意訪名山。聊因白石留心賞，敢乞黄金駐

① 偶：王佐修、慎旦等纂《大岳太和山誌》卷十七作“誤”。

俗顔。司馬好遊書未著，向平何日事方閒。天峯雲壑如相憶，肯許他年問九還。

登天柱峯

盤礴西南插楚都，遠襟嵩華控巴吴。蓬壺亦在人間世，靈秘如探肘後符。龍虎雄瞻丹闕迥，煙霞秀瑩玉城孤。南岩指點昇真處，恍惚仙靈定有無。

過龍泉觀冒雨行即景

王世貞

峭風含雨自成悽，宛轉襄城轍漸迷。岩電忽垂疑地[1]笑，江雷初上似兒啼。遥旌破壁看將没，雜樹含烟暈郤齊。恍惚淮南成道過，西岩喔喔午時雞。

由太和登絶頂

千盤轉盡見三門，七十二峰朝至尊。下插香爐勝廬嶽，中懸天柱即崑崙。銀璈挾籟晴疑雨，金殿摇光夜不昏。欲指羣方無可問，青山處處白雲屯。

又

絳節朱幡縹緲間，縱非天漢不塵寰。平超五岳王公位，肯數三峨伯仲山。千嶂霧深銀作海，九霄雲淨玉爲關。空餘沆瀣零仙掌，消渴相如可再攀。

---

① 地：凌雲翼修、盧重華等纂《大岳太和山志》補遺卷作“帝”。

太和宫

裴應章

居然鰲極載蓬萊，金闕凌空次第開。雲擁龜蛇浮帝座，月明鸞鶴度瑶臺。雞鳴先得人間曙，龍起時聞山下雷。七十二君金檢秘，千年直待聖皇來。

謁太和郧江登舟

董　裕（都御史）

日射波光擁客舟，凌空一葉卽仙遊。漢津故與銀潢接，元岳疑從弱水浮。白鴈影隨沙島度，丹楓寒傍水淙流。回看郧子城頭樹，十里煙嵐澹素秋。

仙關道中

俞士章（宜興人，提學道）

路入仙關别有香，輕綃不耐曉生凉。嵯峨翠岫雄三界，偃蹇喬枝老萬霜。隨地羽衣迎管籥，傍岩茅屋絶梯航。兩溪玉液清於鑑，滌我塵襟未可量。

遊玉虚宫

九渡溪頭一徑通，海棠花落水流紅。琳宫不盡懸岩半，棧道孤浮絶壁中。王子笙歌青漢落，劉安雞犬白雲籠。入山何事非尋勝，獨此幽奇自不同。

宿太和宫道房卽事

彭凌霄

小窓空翠入沾裳，爽氣凝秋枕簟凉。閶闔天邊開蜃閣，芙蓉嶂杪插蜂房。疎星近宿依前殿，飛電回看落下方。身在此間難穩卧，驚心已到白雲鄉。

曉登天柱峯

徐中行（長興人，糸議）

振衣秋色散鴻濛，絶頂遥看萬里空。不是三山飛海上，那能五嶽聚天中。曜靈倒射黄金殿，元武高臨赤帝宫。細數岩巒三十六，朝來鰲極總相同。

又

帝居天上五雲重，朝罷風清萬壑鐘。山擁百城皆翡翠，殿開千嶂盡芙蓉。堦前香靄黄金鼎，檻外星懸玉女峰。總道登封天子意，每從雷雨見飛龍。

宿五龍宫

方九功（吏部員外郎）

數杯白酒罷殘更，一榻蕭然伴月明。訪道何年逢辟穀，偷閒今日且辭榮。寰中夢覺邯鄲枕，方外風傳子晋笙。擾擾紅塵成底事，總來不似學長生。

登天柱峯①

絶頂摳衣禮北辰，俯看蒼翠拾嶙峋。蘇門嘯振千山木，黍谷吹廻大地春。肩拍洪崖嘗作客，心遊黄綺不稱臣。笑呼向長淹婚嫁，猶愧當年五嶽人。

① 登天柱峯：凌雲翼修、盧重華等纂《大岳太和山誌》補遺卷署作“吴守淮”，而非“方九功（吏部员外郎）”。

同陳郡伯何郡丞望太和山

温　純（少卿）

危樓縹緲倚雲成，西望名山勢若平。太液揚波晴亦雨，天門返照夜還明。相逢李杜饒新句，幾遇金蘭感舊盟。安得乘風凌絶頂，紫霄長聽步虛声。

登太和絶頂

盧仲田（副使）①

天柱峰頭帝作宫，四門高闢太虚中。摩雲一點松山小，浴日千波海水紅②。卓筆森森撑太宇，紫煙嫋嫋匝華封。一從隳③落塵寰久，滌骨重來世已空。

宿太和絶頂

蘇　濬（陝西叅議）

飄然雙舄出雲門，一柱孤高帝者尊。巴楚諸流環疊嶂，燕秦千里薦芳蓀。經緡海藏龜龍出，劍指招摇虎豹蹲。七十二峯俱侍側，便堪倚杖看兒孫。

遊　太　和④

鰲極何年駕地靈，洞門寒雨晝冥冥。雲開菡萏三千里，天列芙蓉十

① 廬仲田（副使）：凌雲翼修、盧重華等纂《大岳太和山誌》補遺卷署作“廬仲佃（副使）”。

② 摩雲一點松山小，浴日千波海水紅：凌雲翼修、盧重華等纂《大岳太和山誌》補遺卷作“摩雲一點嵩山小，浴日千披海水紅”。

③ 隳：凌雲翼修、盧重華等纂《大岳太和山誌》補遺卷作“墮”。

④ 遊太和：楊素蘊修、王民皡等纂《大嶽太和武當山志》卷二十署作“梅国楼，麻城人，給事中”，而非“蘇濬（陝西參議）”。

二屏。玉柱半懸雙闕紫，金宫遥插萬峰青。層霄咫尺瞻依近，指點仙槎問客星。

登天柱峯

鄧啟愚（南陽府知府）

凌空一柱曉擎天，綰霧披雲到大千。晴挾萬峰花作雨，寒生五月日爲年。露華浮動黄金殿，岩氣蒸成碧玉泉。欲洗幻緣澄浩劫，手攜銀漢下風煙。

送陳寅齋分守大嶽

李長春（四川人，翰林）

絳節遥從元嶽開，祠宫初下鳳城隈。層霄星斗捫岩入，子夜琅璈謁帝來。林外篆烟浮彩袖，松間珠露湛仙盃。玉京此地如回首，應上飛虹百尺臺。

送吴海簣歸武當

李　蔭（主事）

萍合萍分未足吁，雲來雲去本無拘。仙人謾説乘黄鶴，空谷今看有白駒。好向地中尋琥珀，想於石上種菖蒲。他時倘遇文園客，藥褁還期振槁枯。

從顔老師登武當絶頂

脱却紅塵駕紫烟，振衣雄視太和巔。深山四月還飛雪，野客孤笻可柱天。咫尺直堪朝上帝，遨遊何翅挾飛仙。太虚寥廓無纖翳，長嘯琅風共灑然。

天柱峯絶頂

閻繼迪（梁南人）①

誰將巨斧劈鴻濛，削出雲標萬仞雄。人世畵圖應不到，道家方丈半懸空。瓊花夜灑峩嵋雪，絳節朝迴閬苑風。橋路那須藜杖化，步虚人在廣寒宫。

武當山道中雜詠

洪翼聖（歙縣人，汝南叅政）

五里一庵十里宫，丹墻翠瓦望玲瓏。樓臺隱映金銀氣，林岫迴環畵鏡中。門裂雙岩容馬度，天開一徑許人通。當年丹竈傳猶在，羽翮何由聳碧空。

登天柱峯

費尚伊

千峰壁立插青霄，絶頂煙霞逈自超。遂有神明趨黯淡，豈無人物護岧嶢。垂簷北斗真堪摘，俯檻東皇乍可招。舊識仙人王子晋，天邊鸞鶴坐相邀。

又

高岩晴色隱危欄，曾説垂天八百盤。紫氣半從峰頂出，紅雲低傍殿頭看。振衣人境摩黄鵠，岸幘天門跨紫鸞。欲按霓裳歌一曲，恐驚星斗落欄杆。

---

① 閻繼迪（梁南人）：楊素藴修、王民皡等纂《大嶽太和武當山志》卷二十作“閃繼迪（梁南人）”。

由太和入南巖

張　維

千丈峯前試一過，盤旋石磴鎖烟蘿。清泉遶澗環蒼壁，翠篠吟風散玉珂。樹暗虎岩人語少，花香龍洞鳥啼多。飛昇臺上看仙蹟，爲問長生事若何？

紫　霄　宫①

天作旗峰映翠微，丹巖空壑尚依依。樹臨紫氣乘牛過，路入青霄看鳥飛。仙樂忽從天外轉，嶺雲盡向洞中歸。羨門久訂飡霞約，直入元關與世違。

清

壬子中秋登太和山

黨居易（均州知州）

大嶽崚嶒立漢東，虚皇正位太和宫。松間明月巢丹鳳，天際真人御曉風②。尊踞荆襄千嶂上，光連雍豫二州中。登峰此日秋思逈，寥廓金城帝座通。

玉　虚　宫

王欽命（均州學正）

仙原景物盡空霏，縹緲琳宫隱翠微。鐘過萬峯吞遠色，亭迎落照繫

---

①　紫霄宫：楊素藴修、王民皞等纂《大嶽太和武當山志》卷二十署作“王嗣美”。

②　松間明月巢丹鳳，天際真人御曉風：康熙《均州誌》卷四作“松間月入巢丹鳳，天外人來御曉風”。

晴暉。嶺雲含碧松花老，澗水流香石乳肥。此日閒遊疑夢幻，身從碧落踏虚歸。

題天柱峰

沈　冠

合沓千峯翠靄重，帝居雄踞碧芙蓉。西來紫氣連華嶽，東望高盤俯岱宗。風擁松濤摇澗壑，雲翻石壁起虬龍。何人爲奏相如草，更覩金泥玉檢封。

五龍訪羽人不遇

幽人何處閉仙關，鐘磬無聲鶴未還。誰遣藤蘿迷曲徑，獨留烟靄鎖空山。堦前澗水流逾靜，洞口松風聽自閒。何用相逢論出世，已疑身不在人間。

參山　有小引

沈聯鑣（浙江人，襄陽守）①

筠翁楊憲臺偕州牧王熙園年翁譜成《太和圖志》，余披閲良久，神與俱遊，爰賦短章以志勝，兼訂山靈約焉。

未到蓬萊第一峯，披圖已覺遇三丰。蓮花朶朶天風下，仙掌亭亭曉露濃。金屋雲中飛白鶴，玉虚洞裏吼黄龍。關西夫子臨川筆，幾度摹成鐵杵蹤。

遇　真　宫

張維霖（均州學正）

物外飄然任去來，煙光繚繞動徘徊。個中消息曾何待，靜裏分明豈

① 沈聯鑣（浙江人，襄陽守）：楊素藴修、王民皞等纂《大嶽太和武當山志》卷二十作“浙水人，襄陽同知”。

用猜。欲覓仙源浮漢淼，將尋勝事卧龍堆①。一時嘉會成千古，遥憶風流山水隈。

天　柱　峯

劉　珪（漢陽人，穀城縣教諭）

日射黄金繞殿光，憑高放眼倍神王。嵐開楚蜀千山小，雨過岷嶓二水長。但見衣冠同拜舞，不知歲月幾滄桑。榔梅歷歷傳消息，莫謂仙家隔渺茫。

登太和山

樂　醒（方外）

嵯峨衆派獨巃嵸，應是崑崙第一峯。四大名山皆拱極，五方仙嶽共朝宗。鳥啼隱隱聞天語，鶴影翩翩度晚鐘。我正欲尋招隱地，桃源洞口白雲封。

登南城望嶽

蔣一桂（新田訓導，均州人）

翠微縹緲嶽光寒，尚憶登臨縱大觀。一柱宛從天上落，千峰如向掌中看。年來豺虎傳烽急，亂後風塵命屐難。拄杖西南還極目②，空憐爽氣散晴巒。

---

①　將尋勝事卧龍堆：楊素藴修、王民皞等纂《大嶽太和武當山志》卷二十作“將尋勝事卧雲堆”。

②　拄杖西南還極目：楊素藴修、王民皞等纂《大嶽太和武當山志》卷二十作“拄頬西南還極目”。

詠太和山

范明宗（襄陽郡守）

鐵鎖危攀竟泬寥，紫垣香氣隱層霄。岷嶓坐鎮還司北，翼軫當纏①郤應杓。五色雲端蜺擁節，九重天畔鳳諧簫。自憐腸胃皆塵土，弱水微茫幾見招。

步沈學師鐵菴先生擬太和山元韻

張印槎

絶頂登臨天上行，山封太嶽舊遺名。松杉亘古環蒼岱，樓閣巍峨聳碧嶸。蠟炬光明朝日焰，香爐烟散暮雲横。從今擬得丹邱信，底事人間説步瀛。

秋夜自在菴聯句

徐輝山

露滴新秋下夕陽，軒臨皓月漏初長。飛螢點點寅窗媚，吉菴。野竹森森午蔭凉。纔聽蛩聲喧北牖，忽驚松韻過東墻。沽來滬酒頻君酌，輝山。籌獻樽開夜未央。吉菴。

周府菴竹林野鶴

沈吉菴

千竿緑竹接雲山，野鶴無心意頗閒。舉趾擬將鴻爪印，引吭欲向蔚藍攀。來從緱嶺驂仙客，去住渭川露玉顔。甲乙庚辛相映處，丰姿勁節自相關。

① 纏：楊素藴修、王民皞等纂《大嶽太和武當山志》卷二十作“躔”。

元和觀雷神洞咏桂

賈品三

萬籟清明徹碧空，留人半是桂花風。幾分秋色丹垣外，一種天香古洞中。不問春秋枝葉翠，常看朔望蕊華紅。應知此樹非凡植，多在仙家捧玉宫。

蘭秋中浣三日同劉立菴、蘇光九、蕭紫綍小憩滄浪亭

賈篤本　春農，均縣

嵇阮相將赴約來，滄浪小集一尊開。逃禪意静人逾健，頌酒識高世漫猜。穎士可能消俗障，閬仙敢詡負詩才。葭親廬李知多少，難得同岑咏異苔。

滄浪亭餞别季九

此去蓬萊振玉珂，一編經世要研摩。請思天變星飛雪，未必塵清海不波。籌筆會當作霖雨，洗兵惟冀挽銀河。君山憂國同懷抱，晝日功成紀頌多。

滄浪亭不戒於火賦詩誌感

隔岸俄驚劫火光，亭臺瞬已付紅羊。波騰烈焰魚龍避，山觸飛熛草木殃。一邑興衰關氣數，千秋名勝慨荒凉。他時載酒重登眺，何處憑欄望水鄉。

登天柱峯頂敬謁真武二首

丹梯層累入天門，琳宇瑶宫北帝尊。一柱高撑懸日表，萬峯朝拱衛雲根。範金殿古光常焕，抱玉巖幽跡尚存。夕靄朝暉神變化，名山終古鎮乾坤。

曉登天柱喜新晴，放眼凌空萬象清。偶倚危欄愁鳥墮，翻從下界聽鳶鳴。俯看崖壑千重秀，遥指滄浪一帶横。咫尺名山初陟覽，兹游真不負平生。

紫霄宫題壁二首

一帶危巒列玉屏，琳宫近接佛頭青。仙峯旗展天無際，聖水泉通地有靈。香火千秋傳道遠，梵鐘五夜警人醒。好從老衲游方外，共訂黄庭内景經。

曾聞勝地有丹邱，着屐重來正暮秋。四面烟嵐神變幻，一天風雨勸勾留。金沙隱現靈泉活，石壁嶙峋古洞幽。何日塵囂紛務了，養真得伴赤松遊。

謁真武頂宫

神貺親恩感不禁，十年露祝繫予心。瓊林再宴熙朝瑞，紱冕重頒帝眷深。聯語雙楹懸碧落，瓣香五夜矢丹忱。真人似爲飄生語，殿外風鈴送好音。

摳衣重陟武當巔，玉殿金罏裊瑞香。澡雪一心神可格，躋雲九頓禮維虔。徘徊天柱情怡甚，眷戀靈椿思黯然。底事塵纓仍縛我，不教棲隱奉金仙。

小春廿七日，滄浪亭落成，偕諸姻好同往登臨，賦句誌畧

霜晨冒冷出江干，瓦礫榛蕪劇改觀。丹刻翬飛今棟宇，翠烟螺髻舊林巒。濠梁結想惠莊樂，笠屐争游士女歡。勝跡重開心共契，一罇相對且盤桓。

偶憶咸豐丙辰歲，襄陽單文恪姻丈避亂客均，曾登滄浪亭題句，爰步原韻

重躋高閣倚雕欄，舊碣新碑著意看。山徑雲開初展霽，霜天風勁不知寒。海鯨直撼垓埏震，幕燕聊懷旦夕安。幾輩新亭增感慨，望洋無計奠横瀾。

浴佛前三日偕王潤生登天柱峯敬謁真武

數百千年變局新，風翻六合莽烟塵。山城有幸依真武，匕鬯無驚佑下民。狼燧倘銷荆楚界，鯨波永靖漢江濱。蜉蝣天地吾兹藐，也瓣心香謝福神。

登卧龍台

獨携謝屐叩仙關，到此徘徊怯險艱。拚力梯雲多坌息，頻揮汗雨濕衰顔。罏峯直附峻，厓屋即在香罏峯畔。石磴危於蜀道難。絶頂既臨翻一笑，龍鍾何事效猿攀。

和方曉衆滄浪亭題壁韻即以贈别

甘棠餘蔭徧山都，去去江城戀畫圖。大陸征塵吹觱篥，秋風故里憶蓴菰。鴻歸東國留歌咏，燕喜西京餞火夫。變古駭今天地改，雲霓何處望來蘇。

雙旌一棹涉江沱，異政空傳虎渡河。宦海驚心冰雪淡，滄浪回首夢魂多。棲枝未易偕巢燕，免世綦難問祝鮀。易作“種樹還將訪槖駝”。此去行人自安穩，驚濤駭浪已頻過。

詩　五言排律

明

淨樂宮　宮卽古淨樂國也。

王世貞

神農昔撫世，淨樂已名都。末法開金相，真王得寶符。天從百戰順，人役萬靈趍。羽衛齊宸極，丹青出睿謨。神功隨現有，至理入論無。莫尼羣真位，遺編悮老儒。

玉虛宮　卽真武所拜玉虛師相名

霞矗黄金界，虹飛白玉橋。帝居開顯赫，天路入岧嶢。薜網雲常掛，松珠露不消。步將塵世隔，境許俗心調。聖水流仍暖，仙衣靜自摇。可知笙鶴度，特底引王喬。

遇雨投紫霄宮宿

千山入窈冥，萬壑助泠泠。鳥道春元合，龍宫夜不扃。摩雲峰展纛，擲火帝流鈴。倦引投枝易，寒驚灑面醒。更衣朝紫極，添篆讀黄庭。却憶明朝路，峰峯洗更清。

謁太和宫

一柱太和宮，千岩元氣中。芙蓉寒不謝，仙掌近還空。地是勾盤上，橋從貫索通。日輪團倏火，天樂斷罡風。麇氏爲宗國，幽方反寓公。赤明無信使，吾欲證崆峒。

登嶽日遇雨，次二三日晴，回均陽遇雨，時久旱志喜

董　裕

扳嶽沾微潤，回驄雨氣重。乾封懷漢檢，駐蹕憶秦松。灑道清炎徼，爲霖起卧龍。千岩懸亂水，四野失羣峯。夜響喧焦葉，寒聲濕曉鐘。祈年昭一念，大有慰三農。不借襜褕暗，忻回草樹容。無慚朝帝闕，親領湛恩濃。

紫　霄　宫

蘇　濬（陝西条議）

藜杖探仙域，峰巒映客星。雲横三楚紫，煙接五龍青。翡翠依丹府，芙蓉削彩屏。祥光時縹緲，大道總元冥。寶籙軒轅紀，清流禹跡亭。寒松清倚澗，疎磬靜繙經。悟到忘筌處，潛鱗入夜聽。

清微館舊榻聽泉六韻

徐學謨

霜後曉痕生①，枯洲漲復平。蕭疎三夜雨，斷送九秋聲。出谷沾雲濕，排碕並瀨鳴。欲成清夜聽，故使亂流爭。響雜春粱恴②，情隨擣練並。相逢十載客，欹枕到天明。

題太和山

賈大亨（御史）

山峪凌虚灝，神尊握化權。珠宫壓鰲極，金像體星躔。樹古元無紀，霞深却有仙。希夷丹氣滿，邋遢劍光妍。十載頻飛夢，孤攀尚阻緣。信知俗士駕，難遡洞門天。圖志酬真覽，仙香寄遠虔。元休綿聖壽，和氣降豐年。

---

① 霜後曉痕生：吴道邇《襄陽府誌》卷四十五作“霜後燒痕生”。

② 響雜春粱恴：吴道邇《襄陽府誌》卷四十五作“響雜春粱急”。

清

題太和山

賈待聘（夏縣人，竹山縣知縣）

地幽生静悟，境曠滌塵煩。况復靈山古，能令大道存。漢江千里外，大嶽百川吞。窅渺元天巧，煇煌接帝閽。氣真籠宇宙，高已並崑崙。澗水魚龍伏，奇峰虎豹奔。松杉青鬱鬱，花藥緑翻翻。曲院苔迷徑，深房鳥叩門。過程疑幻影，前路踏雲根。萬念此俱寂，羣音總不喧。低徊若見性，惝恍竟忘言。別是心明處，功名何足論。

題太和山圖二十韻

沈　冠

天柱三千丈，移藏半畝宫。雲陰生户牖，樹影動簾櫳。置壑繩牀北，標峰竹几東。枕邊看舞鶴，簷際駐飛鴻。磅礴輕綃外，縱横短幅中。謝公幽賞便，宗子卧遊同。石削崚嶒起，泉流窈窕通。翠屏蒼蘚合，丹嶂碧霞籠。蘿黛疑懸雨，松簧若奏風。鐘聲聽髣髴，日景辨曈曨。嶺雪長凝白，岩花不謝紅。嚴冬榮月桂，永夏得霜楓。氣勢飛揚甚，神情點綴工。丹青窮巧妙，金碧焕遥空。絶頂宸居壯，環山帝制雄。諸天撐泱漭，一氣俯鴻濛。恍惚臨真宰，精靈赫寓公。遊仙探閬苑，訪道揖崆峒。邱壑心亡恙，烟霞興不窮。何須圖五嶽，直此置微躬。

補　　篇

自在菴郭遵璉，字焕章，别號郭鬍子，乾隆三十七年九月初五日辰時建生，道光七年某月日羽化，自贊云：見該菴碑碣。

斯爲我乎，我何能容。斯非我乎，宛在其中。也非黄石，也非赤松。比之鐵甕，差堪與同。名也何益，利也何庸。完璞一物，到底不空。我師我祖，上列重重。附我於旁，情意何濃。有人問我，我本癡翁。癡翁自在，自在無窮。

贈自在庵郭鬍子

知襄陽府事富春周凱題

蒼蒼暮色入平蕪，策馬歸來欲問途。岩館剛逢張邋遢，謂太子坡張道人。草菴又見郭長鬍。時人呼郭鬍子，比之房長鬚。七真以外傳仙派，道人爲明劉大隱嫡傳，不在七真之内。囑余續編行派二十字。三昧之中味道腴。談到平生得力處，少年早解避兵符。屢遇邪匪不爲害。

庹音佗孝子傳

丁巳正月十日甲戌，衡陽曾熙撰

庹孝子者，名昌華。後入武當山爲道士，名繼修。湖北施南府建始縣人也。當天啟之初，有庹伯南者，以功對平定王，賜田三萬畝，在荆州松滋縣南，孝子即其後也。曾祖希兆，由松遷建始，遂爲建始人。孝子生即異人，或餔之肉，則吐不能納。及少長，讀書能解文義。母王夫人病目，兩目皆瞖。孝子禱於神，誓三年不火食，每日以艾汁漱口，而以舌舐母目，踰三月，母目復明。母曰：“汝毋絶火食，然非汝誠，我固終身爲廢人矣！”未幾，父病，自足至胸脇頭項皆腫，氣塞，水不能下咽。孝子禱於邑中之茆坪觀音洞。洞深二里，人跡罕至，且有虎蛇。孝子初爲母病至之，持火而行，石壁間圖刻有觀音大士像，熟視之，則石溜所成，因取水和藥捄母。今復往，未至途中，遇道人詢所往，孝子告以故。道人曰：“病亟，非洞水所能活。吾有二丹丸，然非得親人手指爲湯進之不可救。”孝子歸，斷指如道人言，病果瘳。未幾，母又病，氣將絶。孝子癒哭亦絶，魂至武當山，求捄於玄帝。玄帝曰：“胸之下、臍之上是爲肝藏，割肝和藥，當活三歲。”孝子驚覺，遂取刀剖腹，得肝進之，母甦。烏乎，人孰忍其親死！苟有可以捄吾親，亦何計戕身之義與不義哉！惟其愚也，是以孝也。母甦，語孝子曰：“我之再生，蓋玄帝試汝孝以活我。汝當入武當山，長事玄帝三年。我將往焉。”及三年，其母率其弟至武當山，省視宫殿若舊所經歷。居一月，語孝子曰：“武當，天下名山也。毁於兵冦，汝能興復之，吾心慰矣！”言終而絶。孝子遂徒步至京師，復走齊魯，遊吴，啜水茹草，餐風露宿，不以爲苦，蓋欲成母志也。孝子兄弟六人。妻傅氏當入門而母病，孝子絶粒齋宿三年。及父病，又三年。母病愈，又將入武當山。傅氏父母强女再字，傅氏曰：“夫夫，孝子也，非棄我者，寗改節事人乎？”遂不食而絶。湖北學臣孔具孝子事聞於朝，肅邸再奏，天子旌曰純孝真人。

曾熙曰：予從阿某家見有矮道人踽踽出入賓客間，予笑曰：“大道人之家復有小道。何耶？”阿某曰：“蓋庹道人孝子也，嘗割肝以救母。”予視其腹，刀口徑二寸，詢之，則曰：“操刀直入，不知其癒。”嗟乎！其所癒在母，寗自知其癒耶？阿某曰：“辛亥城破，乞死不得，乃黄冠爲道士。庹道人實授我以巾，爲我束髪。”烏乎！其亦患難之友與？其亦患難之友與？

清旌純孝真人庹繼修公像贊

王　震

指斷父病瘳，肝割母病起。漫云上格天，初不愧爲子。孤矣卅餘年，比犢更誰舐。枯桑充飢腸，清泉漱寒齒。說法空如來，忘情背老氏。哀哀念父母，至孝即至理。我除脫粟飯，葱蒜不需匕。未能拒煙火，去啖井上李。半偈心無虧，大乘頹有泚。貌君古鬚眉，氣概天人似。道大天何言，情性見根底。聞道老未能，轉語口徒哆。肝旺能殺人，指染實深恥。平生信可免，君坐容我跽。

讀庹孝子傳書其後

清道人

庹孝子也，當其割肝斷指時，豈復知有身哉！知有親而已。戕生，非禮也，然其親呻吟展轉牀蓐，又奚暇度其準於禮不也！余獨怪當世偉人豪傑上無君父而大言愛國，孝子休矣，汝何生乎今之世也！

重修武當賽宮橋事畧

均縣城南石板灘迎恩宮有石橋一座，名賽宮橋，建自前明永樂初，寬三丈六尺，長三十四丈，爲明代皇帝朝謁武當之通衢。清咸豐三年，龍水陡發，沖斷橋梁，河身滚至北岸八十四丈，行旅維艱，每有臨河望洋之歎。且帍水而過，淹斃實多。光緒三十四年秋，福壽真人三丰祖師降乩於同化善壇，諭朱自得爲經理，侯正邦、曾光昇、王樹模、葉長瑞爲承辦。嗣因自得告退修養，眾議侯正邦爲經理，添曾文照爲承辦。反正後，光昇、文照、樹模相繼仙遊，橋局勢力薄弱，停工竟至兩載。彼時侯正邦不但將己身之活動財產費盡，且負債一千八百餘串；朱自得負債五百餘串；曾文照負債三百餘串。人皆謂此橋所費之欵賽過八宮，故以此命名。工程浩大，難以修理，兼之時局不靖，功德缺乏，侯正邦於此時既憂橋工之難竣，復慮欠債之未償，憂慮成疾，於民國二年被債權人所逼，死而復生。長子炳炎輔助心切，於民國三年抱病在家，亦被債權人所逼，死而復甦數次，綿延數月，幾至沉疴。正邦之懇切乃爾，一則以神命爲尊，一則以公德爲重，故皇天不昧，皆得延年，真乃是“有魔方顯道，無魔道不光”，其斯之謂歟？其妻朱氏，内助稱賢；次子炳鑫，贊勸得力；子媳俱皆協助，百折誓不回心，有進無退，堅忍獨耐，設法討活，己賬甘願償還。橋債除自得文照之債係伊償還外，其餘一概付清，作爲己捐。厥後每歲興工，辛苦異常，屢屢虧空，仍然填還。現修橋南三十八丈，橋北三十七丈，中間僅剩九丈，根脚已下，前進努力，勃勃未已，告成之期已有望矣。前曾經理編輯《冥案纂集》一部，《喚醒夢》一部，《解冤文稿》一部，刊活字板三套。處世公正，濟人利物之事甚夥，現大總統賜額“急公好義”四字，以嘉獎之。

以上自自在菴郭遵璉云云起至此，止因文稿來遲，未經分類編入，故補録於後。

荊楚文庫

武當風景记

王理學　修

張全曉　范學鋒　點校

目　　録

序

武當爲中國最古大山，名震世界。清室荆南觀察王槩雖編有《太和紀略》，民國襄陽道尹熊賓雖修有《太和山志》，然皆卷帙浩繁，紀載雜多。又且寶藏深山，太含有“此中人語：‘不可向外人道’”之意。苦無簡明專本公開發表真相，流通社會。抗戰期間，民國現代偉人、高級軍官及各界士文女來遊武當參觀者，莫不以没有專本公開、不明真相爲遺恨。拙著《十省山水遊記》中雖有武當一段，略而不詳，未便割閲。兹特另以舊《均州志》《太和山志》作材料，將全山風景少加鄙詠，總爲一編，簡成專本，名曰《武當風景記》。字句減録山志原文爲最多，至於真武簡史，亦是按據神仙通鑑而述。考察群書，而得非敢臆度妄言也，是爲序。

民紀三十六年二月上浣白衣道人重書於均陽第一山房

總　說

山高七千仞，大五百里，在湖北省均縣統治範圍，縣治南距正頂百二十里。崑崙祖脈發原乾兑，由嶓冢歷巴梁東下，勢如萬馬奔騰潮湧而來，生炁到此一聚，結成天柱靈峰。山開於軒轅黄帝在位初葉，始有太和之名；秦始皇統一時代，更名武當，別名㕘山，一名仙室；晉咸和中，歷陽謝允爲羅令，棄官隱修於此，又改曰謝羅山；明成祖勅封大嶽，復原名曰太和。太和不顯，而武當名震世界，緣兹山爲真武祖師修真道場，正所謂有仙則名也。五嶽相爲昆仲，而太和獨立，最後大顯於明，可謂大器晚成，超乎群山之外。詠曰："太和獨立幾千秋，山自高兮水自流。一柱擎天終不墜，全球免抱杞人憂。"風景有七十九峰、四十四巖、二十七澗、十二洞、三潭、九泉、十四池、九井、七石、九臺、十二亭、三十九橋、四水、八景、十宫、十四觀、五庵、十三院、三十六古之勝。按序分記於下。

七十九峰

天柱峰　一曰金頂，又俗云大頂，因金殿名之也。居七十九峰之中，高可萬丈，上東西長七尺，南北濶九丈，圓平如香鑪頂，體質皆石，作金銀色，拔空削立，旁無依附。自下望之，僅與群峰等。陟其巔，獨出雲表，如萬丈諸峰及腰而止，餘俱祇在膝下。夜視，星如斗，月大如玉盆。質明，看扶桑日出，引首東望，見大輪如火，西面赤霞萬道，下有紅影如盆。日之東又隱隱如青山狀，初爲半吐半吞者數次，忽一湧出，已高二三丈，下方尚未辨色。俯瞰空濛一色，如陸海奔潮，青螺攢簇；仰觀惟覺去天尺五，輕霄盖頂，河漢西流而已。四顧茫茫，如碧圈空洞，身摇摇無所着，浩炁罡風，砭滌肌骨，萬慮俱盡，不復作人世間想。故“天柱曉晴”爲武當八大景之首。天柱位居中央，群峰趨向有情，如跪如拜，又如衆星拱月之狀。此堪輿巒頭家所謂萬山來朝，太祖峰之形也。山脈現形之真，無出其右，雖太華之仙人掌、雁蕩之觀音峰，稱爲奇絶，亦難與此峰争尊。詠曰：“天柱居尊瑞炁飄，衆星拱月自來朝。真形現到鍾靈處，七十九峰盡可描。”

顯定峰　在天柱峰北，一名副頂。《道藏》云：上應顯定極風天，翠巘倚空，祥雲瑞靄，特覆其上，非人間之山可擬，因取道書中諸天以名之。舊傳：真官檢校仙籙於此。

萬丈峰　在天柱東北。高入雲際，因名。

獅子峰 在天柱北，一天門之上，於中峰側。蒼巒空出，雄傑猙獰，儼如獅猊之象，蹲踞天門。

皇岩峰 在天柱北，近接金頂。紫炁浮空，白雲在下。每夕陽回景，雨霽虹垂，與金殿霞光交映，人望之而不可及。

小筆峰 在天柱東。單峰獨秀，卓立如束，幾欲染翰雲箋，揮毫碧落。

紫霄峰 在天柱東北，與金頂亦近。峭拔端凝，影入霄漢，峰色如廻瀾生紫，亦日色烘煊所爲也。

雷石峰 在天柱西北。荒僻如太古，多藏蛇虎。石之叠叠而起者，負岩架空，似猛獸欲搏人狀，有石土地踞石虎而坐，甚可驚怪。

貪狼峰、巨門峰、禄存峰、文曲峰、廉貞峰、武曲峰、破軍峰 七峰在天柱北。若北斗拱極之象，昂霄聳漢，左參右互，上擬璇衡，乃北極星象，真武之本宫也。真武禀水之精，太和上應斗極，七星名峰，義取諸此。

中笏峰 在天柱北端。竪如圭石，瑩潤如玉。南向金頂，勢若仙宫執簡，乘鸞鶴而上謁天門。

千丈峰 在天柱西。群山参差，一峰超然獨出，上插層霄。

大蓮峰、小蓮峰 二峰在天柱西。太和如千葉寶蓮，湧現碧波。此更如並蒂芙蕖，亭亭競秀。

大筆峰、中筆峰 二峰並峙於蓮峰之間。石筍抽出，巔頂抹黛塗黄，居然双管齊揮。

落帽峰 在中筆峰之北峰頭岸，異雲覆之如冠紫霞。昔仙人戴孟在此飛昇，落帽於其上。因名。宋陳希夷曾有歌曰："我爱武當好，將軍曾得道。昇舉入雲霄，高岑名落帽。"

白雲峰 在天柱西。紫盖、皇岩東西互映。淡色煙肌，天然秀異。古云："白雲满地無人掃，殆其近之。"旁一穴，虚明如涵星，名曰：星牖。亦絶景也。

紫盖峰 在天柱西，五龍宫之南二十里。屏立而頂若覆狀，類華盖三台。每曉光初照，有紫氣冒於上。夜分，頻見仙燈往來。傳云：有仙丹瘞此。屢有覔之者，不能得。

松蘿峰 在紫盖峰之西。昔真武修真時，常服松蘿衣。此峰最盛，今猶遍覆於山間。

桃源峰 在紫盖峰之北。山之口如峽，入而逶迤。中則寬平，峰巒拔翠。下有桃源澗、桃源洞，流水落花，彷彿武陵，因以名其峰。

疊字峰 在五龍頂南。三山疊映如字，複壁重岩，移步視之，形屢變換。

金鼎峰 疊字峰西。山形類鼎，與五龍頂近。陰氣森森，非遊屐所及。明王世貞詠有詩曰："十年文火武火，一夕星飛霧飛。惆悵雲臺夜色，子春獨自東歸。"

五龍峰 亦名五龍頂，在五龍宫外。五峰羅列互見，奮迅湧起，有群龍天半拏雲劈海之勢。頂有石廟一區，曰：真源之殿，即五炁龍神所寓。有靈泉，曰：龍池。

伏龍峰 在五龍峰西。山勢屈伏，若暫蜿蜒，而勢將奮飛者，龍湫密邇，人迹少到。

靈應峰 龍宫後，亦五龍之侍從也。昔房長鬚手植木於此，遇真武現相點化。至今松杉猶存古幹。

隱仙峰 五龍頂北。其下爲隱仙岩。前曰：竹關，即宫中之第二門。

陽鶴峰 在龍頂之西北。連峰叠嶂，高朗冲虚，老杉數株，有仙鶴常巢於上，因名。

健人峰 在天柱東北，三公山之右。其峰勢直上，孑立雲霄間，如五丁開山、巨靈劈峽之勢。

太師峰、太傅峰、太保峰 三峰在天柱東。亦曰：三公山。當紫霄宫之前，三台拱揖，如玉笥分班，鸞停鵠立，曳紫拖藍，勢與天柱相擁戴。所謂天外三峰削不成者，彷彿遇之。

始老峰、真老峰、皇老峰、玄老峰、元老峰 五峰在天柱東南，一名五老峰。趾連巔岐，錯列如筆架。傳云：真武上昇時，五老奉詔啓塗，駐輦於此。因名。

仙人峰、隱士峰 二峰在天柱之南。嶺斷山峙，孤峭而清高，象仙人、隱士順風翔舞，白雲堆衆壑間，如觀陸海波濤，蓬萊方丈浮遊波濤之上，可望而不可即①。

大名峰 在天柱峰西。數峰矗矗，正處陽明，竹木泉林，撑天蔽日，山深路僻，畬原沃壤，學道者多卜居之。中有庵曰王母宫。大松數株，羅列四畔。傳云：聖母尋真武於此。因名。

中鼻峰、聚雲峰、手扒峰、竹篠峰、搓牙峰 五峰在金頂之東南。一嶺綿亘，五峰叢錯分布，岡阜叠翠幾數里，中有徑曰：主簿埡，當均、房往來之路。其境陰晦，蛇蝮爲患，如手扒、搓牙等峰形，望而畏之。

竈門峰 在天柱東南。雲嶺横鋪，岩石中裂如門，煙霧常出其内，清曉望之如炊。

九卿峰 在天柱峰南。峰影秀麗，葱蒨如畫，亦中峰近侍也。傳云：衆真校籙之所。義取真武曾膺“玉虚師相”封號，三公九卿比接班聯而名。

伏魔峰 在天柱南。接天馬西來之脈，山勢雄拔挺特，若欲壓衆峰而屈伏之，常有靈龜巨蛇遊走上下。或傳云：真武奏請之地。下有大小鬼谷澗，水聲喧豗如雷。

玉筍峰 在天柱南，亦曰石人山。以其峰巒之類人也。其北名：雞冠嶺，群峰裂地而上，有新篁未籜之象。

---

① “即”應爲“及”，原文有误。

柱笏峰①**、大彝峰** 在天柱西南。比肩聯立，峰壯各殊，岡嶺橫亘如帶。一峰回仰，如搢牙笏。一峰坦，其嶺頂如掌之托天，其地幽僻，爲猛鷙之所棲。

把針峰 在天柱西。岑小而尖鋭，若穎之初脱於囊，勢欲刺空。自金頂俯視，如可拾而把也。或云：真武頓悟後，元君飛鐵杵於此。因名。

丹竈峰 在天柱西。其山類偃月形，石文如丹，昏曉有青煙紫霧出其間，人謂：丹竈凝煙。自紫霄隔溪望之，足迹不可到。明王世貞詠有詩曰："縹緲仙踪未可非，至今猶説彩雲飛。祇愁天地終須盡，煉得丹成無處歸。"

天馬峰 在天柱西百里。一名馬嘶山，一名西望峰。當均、房官道中，昂首青霄，如天馬西來。《圖記》云：自乾兑發原，歷関隴金房之地，盤亘萬里而至於斯。此峰正當武當來脈，頓起高頂處也。

雞鳴峰、雞籠峰 二峰在天馬峰之北，俗呼曰：大雞鳴、小雞鳴。傳云：昔有丹鳳集於山巔，上下和鳴，人莫之識，指之曰天雞。又移徙於次峰，因名曰：雞籠。

眉稜峰 在五龍頂之西。房陵登山之路，高聳昂藏，盤曲三十餘里以至五龍宫，石脊連蜷，眉稜生紫，與龍宫相向，黑虎時或見此，登者畏之。

復朝峰 即外朝山也。群峰趨赴天柱，獨東南一山最高，意不肯爲

① 柱笏峰，在劉道明集《武當福地總真集》等書中爲"拄笏峰，其後還有"柱笏峰"均與此同。

天柱下，而若自爲向背，曰：外朝峰，去有可復之理。又名復朝焉。

香鑪峰 在天柱東北，仙關之南。巉岩磊落，浮嵐晻靄。取鑪香近於帝座而名之耳。

九渡峰 在天柱東。紫霄宫之正路，一名仙關。石徑環曲，轉而益高，下有澗水蕺滙，橋渡重叠，不啻百步九渡，因名峰與澗。

展旗峰 在天柱東，紫霄宫之後山也。峰色如鐵，如中軍皂纛，展起半空中，幟旒飛揚。自宫前望之，疑墨雲墮屋，垂垂欲雨，峰中之最雄奇者也。

金鎖峰 在展旗峰北。地形類台閣，上倚蒼穹，下臨青澗。在金闕之下，仙關之前，岩封峽束，有玉門金鎖之象。或傳云：真武收攝妖魔，悉鎖於其下，指山下澗水以誓之。今石壁即其門也。

青羊峰 在金鎖峰北。高聳突兀，林木蔚茂，其嵐色正青。傳云：老君駕青羊遊此。因名。下即青羊澗，太和山水莫奇妙於此。

七里峰① 在隱仙岩竹關之下。一徑七里，百步九折，越山度嶺，即鑽天五里。所謂七里溝者，山下所由路也。下即五龍接待庵。

繫馬峰 在接待庵西北。當登山正路，即天馬台。因山自天馬峰來，又以繫馬名之。或傳云：昔真武現真容，乘白天馬立其上。下有殿曰：

---

① 七裹峰，《武當福地總真集》爲“七裹峰”；任自垣纂修的《勑建大嶽太和山誌》、方昇編纂的《大嶽誌畧》等爲“七星峰”。

黑虎大神之祠。唐羅震霆①詠有詩曰："待詔金門陟翠微，玉驄停駐踏朝暉。劃然雲路牽騏驥，得意朝天去似飛。"

會仙峰 在登山大道之間。入山至此，始見峰巒。宋端平中，曹觀妙迎三茅真君於此。因名。

茅阜峰 山之初一嶺也。人閒鳥静，境如荒遐，樵徑紆徐，將通雲路。上有守山土地靈官祠，常示靈異。

紫炁峰 在五龍宮西南。尖峰獨聳，位值南離，亦因紫炁神君而名之也。唐吕洞賓憩此，有歌。歌碑現在南岩宮两儀殿外，内有"雨滴瓊珠敲石棧，風吹玉笛響松関"等句。

蓬萊第一峰 在紫霄宮後，太子岩左。縹緲真如海上仙山也。

大寶珠峰、小寶珠峰 二峰在賜劍台之前。左右相距數武，斷而復起，雙頂圓突，如小兒擎拳狀。

逍遥峰 在太和宮下。下爲清微宮，迤西爲妙華岩，其頂逍遥峰也。

金童峰、王女峰 二峰在天柱前。左右對峙，當膝承之，如在榻案前。

---

① 唐羅震霆，有誤，應爲"元羅霆震"。

四十四巖

紫霄岩　即南岩宫，南岩之西部。今之石殿地點。元至元中，住岩張守清興修之，叠石爲路，名曰：紫霄，爲真武面壁故址。

獨陽岩　即南岩之東部。取向陽之義。因名。即今龍床地點。本一岩也，分而爲二，總名曰：南岩。

欻火岩　在南岩北。陡壁忽開一洞，高深皆丈許，寬倍之，石紋如火燄。列炬入，始見之。泉滲出，爲滄水池，能療疾。一名雷洞。

雲霧岩　在南岩宫山門之外。穹窿如屋，仰視，石上有痕，似巨人迹。傳云：真武修煉於此，岩將崩，以足抵之。有遺迹云：石上刊有“雲霧勝迹”四大字，明朱之臣題；有“懸石覆肺然，玄武迹其足”等句，真假難辨，古迹是實。詠曰：“仙人足力絶塵寰，一脚能支半壁山。懸石無言今作証，半岩雲霧满天関。”

謝天地岩　在南岩宫外，更衣台下。壁臨絶澗，高不可階，非飛行不可到。中窪如石室。昔謝天地居此。即今清虚洞，俗呼朝陽洞也。謝天地者，不知姓名，修煉於此，人有問者，但應曰：“謝天地。”無他語。故人呼其曰：謝天地。

虎耳岩　在南岩宫北五里强。明嘉靖时，不二和尚圓信參禪於此。

後證佛果，人因呼曰：佛子岩。舊有蓮池、亭榭、花木之勝，今無。現住煉士隱修。

隱仙岩 在隱仙峰下，五龍宫外。一名尹仙，爲周尹軌煉丹之地。岩右大木下，有石碁盤，左右列石爲坐，乃尹軌枰碁之所。今猶常聞步虚玉磬聲。近代田簑衣隱此證道。

五龍岩 一名靈應岩，在五龍宫迤東。内奉五炁龍君，祈禱如響答。每建殿宇，即爲風雷所移，石徑崎嶇，蛇虺雜處，草木蒙昧，不可常至其地。其東則靈應峰也。

楊仙岩 在五龍宫東二百步，與雲母岩相接對峙。昔楊華陽服术於此，年百餘歲，人往訪之，飛步而走，後不知所在。

沈仙岩 在五龍宫外，與桃源洞相對，岩之最高且深者。有泉，滴瀝清幽，内藏石室。昔有沈仙成道於此。因名。

凌虚岩 在五龍宫西南二里許。唐孫思邈、宋陳希夷俱修煉於此。

華陽岩 在五龍宫之南。繞澗水而斗覆，古木凝秀，中空闊無所有，惟山骨石紋露其巧。曾建浩然亭，於内有石刻遺像。下有華陽洞。

仙侣岩 在天柱北，面朝天門。山畲平坦，築居深秘。昔陶幼安隱此得道，後修煉者多棲之。故名：仙侣。有泉，曰：百花。

卧龍岩 在松蘿峰下，面向東北。豁達高潔，霜天夜月，鶴唳猿啼，清幽而無雰霾。

尹喜岩　一名仙岩，展旗峰在北。巒拔如聳筆，玉潤調琴。昔周尹喜隱此。因名。

玉虛岩　一名俞公岩，在九渡澗之上。壁立半空，岩之高以千仞，澗聲雷震於其下。岩有龍虎文，其左雷文，中奉帝君，右奉雷部。昔有隱者俞惠哲誦經於此，一老人常往聽之。忽一日，語曰："我東溟之子，謫居於是，限滿得還，所居願有奉於长者。"一夕，雷雨爲震其石。近代人往避兵，火焚石落，不可居。

玉清岩、太清岩、太子岩　三岩在展旗峰下，一名三清岩。太清原名修道岩，昔黄太清得道於此。因名。峰腰有太子岩，亦曰：太子洞。

皇后岩　在皇岩峰下，絶壁斗立，鳥飛猱棲之所不到。昔聖母善勝皇后曾尋真武經此，因名。詠曰："世間最大母恩深，踏遍名山到處尋。想子未逢空弔淚，岩通天性亦傷心。"

白雲岩　在白雲峰下，境極危險，望壁間，懸而吐者爲岩，詘而内者爲洞。昔陳希夷辟穀，曾三遷於此，後徙五龍。

三公岩　在三公峰下。即太師三峰也。

天馬岩　在天馬峰下。西澗自西來，過岩下，路當孔道，岩石嵌空，可蔽風雨。俗呼：岩屋。

藏雲岩　在金鼎峰下。地近風穴雷岩，雨則雲起，雨後雲歸，其炁青濛。故名。

隱士岩　在仙人、隱士二峰之間。劉宋隱士劉虬修煉於此。因名。

又曰：劉爽岩。一傳云：常有仙人出没於其間，或槲衣披髪，形相怪異，手足甲長數寸，時坐磐石，濯澗水，恍惚迹之，失所在，疑即劉虬也。

滴水岩 在仙侣岩南。石中裂而上垂，赭色如肺盖，泉時一滴似刻漏下，有小石池盛之，就視之，亦不見石，有隙似竇痕，不知滴所從出。

集雲岩 聚雲峰之間。五峰相虧蔽，岩壑如甕，深濶不可探，宿雲常堆於其間。

長春岩、北斗岩、硃砂岩 三岩在七星峰參錯之間。南向者高爽敞豁，常如陽春，爲長春岩；向北者上納太虚，清寒碧峭，仰七峰如在斗口之魁柄，中爲北斗岩；其西出突兀者，壁間石磧，爲夕陽照射，望之若丹砂，一片赤燄飛空，則硃砂岩也。

上黑虎岩 在九渡澗南，龍潭上。傳爲伏虎處。

下黑虎岩 在南岩左。負圓光殿。

白龍岩 與上黑虎岩俱近龍室，不可居。

昇真岩 在五老峰下。峰勢層現，如地神湧出，岩亦緣之，如拔空騰起。曰昇真者，或因五老翼真武上昇而名也。

碧峰岩 在玉筍峰下。峰遠秀似碧紗，岩地敞塏，水土甘美，隱居者便之。

仙龜岩 在天柱峰下。側立千尺，石圓起，作緑珩色，如龜。或云：有神龜藏此，時吐雲霧。

雷岩　疊字峰下。有石洞，深不知底，雷聲每起於中。傳云：律令鄧天君曾煉丹於此，其神寓於其内。

風岩　在天柱峰下。下即萬虎澗，四山圍逼，陽不能舒，而噫炁生風，因名。

九卿岩　在九卿峰下。嵐炁清迥，遠隔塵寰，曾有羽流露宿其下，夜静聞金鐘玉磬聲，縹緲不知所在，疑玉府仙卿所隱栖也。下有深潭，不可測。

太山岩　即太上觀，在玉虚宫南二十五里。

青岩　在天柱北，淄河南。山勢劈削，望之藍翠撲空。

悟真岩　在蠟燭澗之北，白雲岩之東。山勢陡削，天籟清絶，隔斷紅塵，可悟玄機。

妙華岩　即清微宫也，宫西爲妙華岩。昔張守清、張三丰嘗修煉於此。

羅公岩　與太上岩對。自七里溝入，由開山故道而登之。石壁削出，爲明羅念庵高隱處，因名。望西南諸峰，盡在目眦。

二十七澗

大青羊澗　青羊峰下。一名青羊河。有橋跨之，曰青羊橋。承萬虎、桃源諸澗之水，泌瀄奔赴，激湍之聲出亂石中。石皆白色，多奇狀。四壁圍若繚垣，山與水相响應，島竦川廻，以達於淄河，澗中之巨觀也。

萬虎澗　在天柱北。地故稱風穴，風水激盪，如萬虎之咆嗥，會於青羊澗。

牛漕澗　在尹喜岩下。傳云：老君訪尹喜，青牛卧此，故名。其飛湍，西入青羊澗。

桃源澗　在桃源峰下。瀑聲淙淙，喧於樹杪。内有八角亭，亭後有晒經石。其澗自紫蓋峰發源，由龍潭東入青羊澗。

下黑虎澗　在下黑虎岩下。有簠，其半壁者，是爲虎皮張修道處。

磨鍼澗　在五龍宫後，老母祠前，上有磨鍼石。合黑虎澗水，起自五龍頂，會於白龍潭。

小青羊澗、陽鶴澗　二澗接流自陽鶴峰，穿林麓，東入於大青羊澗。

金鎖澗、飛雲澗、瀑布澗（亦名水簾）　三澗曲折相連，而飛瀑懸洒，水簾尤奇，先後起於金鎖、青羊二峰之左右，西流同入於青羊澗。

會仙澗　在五龍頂之北。過遇真宫，承龍頂以下諸峰之水，會而北出蒿口，會於蒿谷澗。

蒿谷澗　蒿口上流，近玉虚宫，去均南六十餘里，自梅溪東諸峰之水，西入青羊澗，會之以出淄河。

武當澗　在天柱之東。受皇岩諸峰之水，北入於紫霄澗。

紫霄澗　三公山之水，轉自紫霄宫南，迤北，會諸澗，入九渡澗。

上黑虎澗　在上黑虎岩下。香鑪諸峰之水會前二澗，自龍潭飛流，東入九渡澗。

白雲澗　在白雲峰與岩之下。自五龍峰出，接九渡澗。

九渡澗　在九渡峰下。會紫霄、黑龍、白龍諸澗，而出梅溪。説①見九渡峰。一云：真武修道後，聖父淨樂國君遣五百校尉入山，蹤迹所在，行至此處，值山水漲發，試險九次，始得誕登彼岸。古迹即今劍河天津橋下是也。詠曰："天津橋下水聲聲，九渡曾難淨樂兵。地是人非流水在，波濤不洗古今情。"

梅溪澗　因近榔梅而爲名。自武當以下諸澗，出梅溪，左而爲淄河。

西澗　自馬嘶山龍井發源而北，總山西諸澗滙爲西澗。

---

①　説，疑爲"詳"。

金雞澗　在大小雞鳴峰之間。其水會於西澗，湾回激湍。夏秋泛漲，商旅經月不可達。諺曰："上得馬嘶山，四十九渡不曾曾乾①。"是此水也。

雷澗　自疊字峰雷洞之水，由南會於五龍澗。

五龍澗　自伏龍諸峰之水，由雷澗出西澗，自蒿口會青羊、梅溪二澗，合爲淄河，東北入於漢。

鬼谷澗　在伏魔峰之間。承天馬西來之水，會山南諸峰之水，東會雙溪澗。

雙溪澗　自天柱東南諸峰之水，交會鬼谷澗，由浪河西北入於漢。

蠟燭澗　在天柱南。自上瓊台至下瓊台，两燭峰在後，水至此成峽。石之伏者爲底，竪者爲岸，大者爲激，最大者爲灘，湍石少爲衍，多則爲甃。石不勝水，狹爲溝，宽爲塘；水石並勝，則狹聲急，寬聲遠。長石爲橋，方石爲台，圓石爲坐。木之卧於水者，亦爲橋。非斷岩，日光不露。曲屈二十餘里，皆陰陰。而山香四發，不知何來。再越一嶺，又峽焉，直至玉虛岩下。九渡澗旁出，與之會。太和之水，於斯爲勝。

飛星澗　在金鎖橋下。岩壁對峙，中有夾道九曲之水順流而下。月下觀之，濺如飛星。因名。

---

① 四十九渡不曾曾乾，原文爲"四十九渡不曾曾乾"，多了一个"曾"字。

十　二　洞

雷洞　疊字峰岩壁間有石穴，從上繩貫而入。石色作火燄，雷文有卧形足迹存焉。遠聽之，常有聲轟轟然，即鄧天君修煉處。岩曰：雷岩，洞曰：雷洞。

桃源洞　在桃源峰北。境象遠濶，杳與塵絶。西有穴，曰：桃源洞，焚修者蜕形瘞劍於此。

白龍洞　在竈門峰東。即石裂如門而名之爲洞，洞中時有白炁如龍，大雨立注。

碧天洞　在天柱峰南。岩之下，天池之上，如天牖高開，星辰在户，凌萬頃之茫然。

太玄洞　在柱笏峰下，與大彝相連，幽邃苞胎，玄之又玄，衆妙之門，此洞有焉。

黄龍洞　在紫盖峰下。峰最荒僻，詭怪出没之所，有洞不可居。

金仙洞　在榔梅祠南。岩頭上穿心中通，前後有口可入，長數丈許，前洞口建有樓，懸而不墜，恰似空中樓閣，洵爲異境。洞出仙丹濟世，因名。

洪鈞洞 在南岩宮飛昇台之西百步外。元炁未判之先，謂之洪鈞。洞名洪鈞，義取最古。後有好奇之士，奉有洪鈞老祖之像於内，石香爐尚在。近有人提倡重修未果。其境幽僻險絶，非履危徑，不能尋至其洞。

靈洞 在玉虚宮望仙台下。自玉虚北山下，曰：望仙台，下有石洞，泉流飛下，如大珠小珠之落玉盤，一名水簾洞。

天仙洞 在香鑪峰左。矗峰絶岩，有萬刃森立之象。原名白元洞，爲白元福修真之處，後元福超昇法岸，位證大羅天仙，故又以天仙名之。岩内現有四層樓屋，尚然完固。

老君洞 在八仙觀下。自太上岩折而南，爲八仙觀。觀下岩谷窪歃，而側入者爲洞。昔周尹喜曾隱武當，老君過訪。因名。

朝陽洞 在石板灘北，打兒窝旁。洞極幽深，生炁通於巴蜀，洞天福地也，爲真武初步入山第一修真處。洞内現奉有真武童年金像。前清光緒辛丑年，遼東千華山青雲觀道士王至公訪道至此，爰而居之，剏建洞門一座，足壯觀瞻，又於洞外建築樓室極多，接待天下緇黄，已成道院叢林。門外翠樹清溪，水田萬頃，頗擅風景之勝。詠曰：“萬山圍繞一山尊，鬼斧神工洞府存。碧水清溪都不管，數株老樹守仙門。”

三　潭

黑虎潭　在仙關之上，即上黑虎岩之下，紫霄澗水之中。二石從水底夾出數丈，下濶如屋，洄漩黝黑。

白龍潭　有二，一在磨針澗中。岩上瀑流如布，下豬爲潭，岩内有廟，祈禱屢應。一在五龍宫東南百步許，潭黑而深，有雲氣上昇立雨，地極險峻，人迹罕到。

九　　泉

甘露泉　在紫霄岩下。山炁冲和，無瘴癘，泉湧如濺珠，吸如甘露，甘香清洌，幽人多遊居於此。

参斗泉　在雷石峰南，石岩下一泉如井，前積爲二池，朗映如星，因北有北斗七峰，若星斗之参横也。

百花泉　在仙侶岩旁坦平處。泉出於岩下，一杯湛然。昔老媪浣衲，百花浮溪，故杜工部有“百花潭水即滄浪”之句。又因陶幼安居此得道，百花之名雅矣。

真乙泉　在紫霄宫左右竇間。紫霄已近天闕，靈炁化液，泉從地湧，如自天來。屬坎宫天乙所生，此真乙、天乙、太乙之所由名也。

一泓泉　在関帝廟前，飲馬池偏東。泉視池爲尤潔。

益人泉　在廻龍觀。泉在山隴盤旋之處，四時澄鮮，飲者便之。

東靈石泉、西靈石泉　二泉在太上岩。岩高峻無水，明宣德三年，岩東隴石穴下，泉忽湧出已。而岩西路旁石根下，亦復出泉，甃砌成池，俱清洌可飲。

甘泉　在南岩宫内。南岩之水最多，惟此稱上品，亦名一泓泉。

十　四　池

天池　在天柱南峭壁下，即碧天洞之流處。下視諸峰，泉水如源天上。進封“廣潤龍王”。明王世貞詠有詩曰：“天上莫疑銀漢，池底亦自青天。白雲徐動玉皺，明月初起珠圓。”

龍池　在五龍峰窔奥處，靈池淵渟，即五炁之神所寓。太和多神泉，惟五龍尤靈顯。

五龍天池　在宫内日月池後。圓曰天池，水藍色，不可食。詠曰：“殺劫曷分人與仙，聲馳閬苑起烽烟。群姬鏖戰多激烈，翻倒瑶池瀉下天。”

地池　與天池並肩而立。方曰地池，水甘美，可汲飲。

日池　在宫天寶壇南廡後，周二十餘丈，漾赭玉色。晴雨不加涸溢，或時時變。面南①皆連山之石，每霜降清曉時，有白炁上昇如雲。下即洞府，神龍居焉，有明管轄曹侍德榜之曰：“洞天真靈湫也。”

月池　與日池相並，色如黛又碧。詠曰：“舊案重翻治竊丹，逃人帶

---

①　面南，有誤，在《武當福地總真集》、任自垣纂修《勑建大嶽太和山誌》等爲“西南”。

哭下廣寒。滿池碧水團團轉，恐是姮娥淚一盤。”

煉丹池 在五龍宫西，自然庵前。甃石爲方池，池底巨石。下有穴，神龍居焉，人常見之，虎豹鳥獸常飲於此。按《圖經》：馬鳴生煉太陽大丹於此，鑪灰尚存，非鐵非石，故迹宛然。後陳希夷亦居此，感五炁龍君授以睡法。

滴淚池 在太子坡復真觀山門内。昔聖母曾尋真武未遇，於此水邊痛哭而去。後人建池，因名。詠曰：“昔時人去水猶寒，尋子情殷一面難。眼爲心酸哭作雨，池因淚血滴成丹。”

天乙池、太乙池、滄水庫池 三池俱在南岩宫。天乙、太乙相連，滄水者因龍宫海藏有滄水使者而名也。

禹迹池 在紫霄宫前。池廣畝餘，水自小寶珠峰至大寶珠峰，溢爲此池。傳云：神禹導山曾至此，因名。詠曰：“導定山川感禹恩，功高萬古震乾坤。休云福地王難到，迹遺池中尚有痕。”

歙（饮）馬池 在関帝廟西。因廟以名其池也。

鹽池 在天柱峰東南五十里許。《唐書·地理志》：“均陽南百里，有武當山，有鹽池。”即此。《均州志》：“州南百二十里，水斥滷，可爲鹽。”今其地名鹽池河。據土著告云：現有畝餘地斥滷，可爲鹽，古迹未泯。

九　　井

龍井　在天馬峰下。深不可測，水甘而清，可飲。當均、房官道中。

五龍井　在五龍宫大殿之四陲。中一井，在拜殿内，即歷代投簡之所。左右各二井，水與堦平。汲一井，五井皆動，殿宇若浮梁島屋，水色清瑩，味甘美。

甘露井　在南岩宫山門之内。甘露乃金丹之别名。傳云：此爲真武煉丹時汲水處。因名。

舜井（有二）　一在山麓。一在冲虚庵前。因姚孝子廟而名。

七　石

磨針石　在五龍宫北里許。磨針澗喬木芳草，間有石，横於澗濵，彷彿磨礲之迹。傳云：真武修道時，久未契，欲出山，因見澗下一女磨鐵杵。問曰："磨欲何爲?"應曰："欲作針。"謂曰："成之不亦難乎?"答曰："工到自成。"真武言下大悟，愈加勤修，卒證天真。澗岸舊有老母祠，今廢。此澗水碧、石白、柏翠、松青，景象分外清幽，確爲仙迹勝境。詠曰："勝迹從來作勝遊，山雲澗水两悠悠。而今欲詢磨針事，可惜無方問石頭。"

試劍石　在金頂二天門内。一石中分，劍迹昭然。傳云：真武試劍處。俗呼：插劍峰。

試心石　在南岩宫外，飛昇台下。有石突出，虚壁上曰：試心石。明王世貞詠有詩曰："陡出三尺岩，下臨千尺地。道人呼試心，無心可將試。"

龍首石　在紫霄岩欄楯外。有石突而鋭出，長可五六尺，類神龍矯首於雲罅。好事者穴其頂以承炷，懸臨絶壑，瞰之蒼蒼然，頭眩足摇，往往有匍伏緣石投香於其頂，謂之龍頭香，旁觀者爲之毛骨悚慄。清初，川湖總督蔡毓榮立有碑記，禁止涉險。其險倍於華山之賀祖洞，不險不足以爲奇，此爲武當第一奇觀。詠曰："玉龍非佛亦非仙，頭炷香爐萬古懸。最是令人驚心處，摇摇欲上九重天。"

靈官石　片石五百，形似滿月，正面刊有靈官像，散布於南岩之窪壁間及石殿上下。俗呼：五百石靈官。詠曰：“寶石生光箇箇圓，圖成八陣列山巔。分明碧落團圞月，護定靈官下了天。”

鳳凰石　在玉筍峰側。其嶺曰：雞冠嶺，又曰：雞公嘴。有石當轉步處，險仄如鳥道羊腸，俗呼：鳳凰三轉身是也。

金星石、銀星石　在天柱頂上。石鑠粟起，如金銀顆粒。或云：碎爲末，能愈心神不寧之病。

九　　臺

瓊臺　在天柱東南。巑岏入雲際。嶽頂臺址也。署曰：“仙迹流風”。曰：“瓊台受册門”。傳云：真武受册於此。

飛昇臺　在南岩宫西南里許孤峰上，爲真武捨身證道飛昇處，原名：捨身岩。蔡毓榮正名飛昇臺。詠曰：“萬丈懸岩勢欲飛，瑶臺花木翠微微。昇天帝子今何在，故石猶存總不歸。”

更衣臺　在飛昇臺下，爲真武更松蘿衣服天衣處。俗呼：梳粧臺。詠曰：“果滿功圓道法開，丹書下詔出瓊臺。而今享有仙家樂，無復更衣坐此來。”

禮斗臺　在南岩岩外草木深處。上有兩小石柱，爲真武修真時拜禮北斗七星處。

誦經臺　在凌虚岩南，爲陳希夷誦《易經》處。其臺南面天柱諸峰，下窺無際。《一統志》載：武當山有陳希夷讀書臺，即此。

望仙臺　在五龍宫東北，福地殿東。一臺巍然，數松森立，望仙樓之崇基也。

榔梅臺　在五龍宫外。真武由磨針澗大悟後，回頭時於路折得梅花一枝，寄於榔樹之上，祝曰："吾道若成，開花結菓。"後果如其言。此樹明朝尚在，今無，殘臺猶存。詠曰："山有靈兮樹有臺，仙童到底是仙才。一言结就榔梅友，萬古交情總不開。"

天馬臺 在繫馬峰下。

賜劍臺 在紫霄宫前，爲豐乾大天帝賜真武北方黑蛇袠角斷魔雄劍處。

十　二　亭

滄浪亭　在均城東門外。漢江東岸半山腰石壁，刊有“孺子歌處”四大字，隔江望之，樓閣重叠，宛如海上蓬瀛也。詠曰：“滄浪水緑萬山青，孔轍曾由此地經。昔日孺歌聽不見，青樓翠閣擁江亭。”

憑虚亭　在滄浪亭之上。上倚太和，下臨漢江，有憑虚御風之勢。

卧雲亭　在龍巢山玉皇閣下。下即勺水口，亭居水雲深處，極爲清幽，不染塵寰炁。

紫雲亭　在浄樂宫，爲真武誕世紀念地，生時有紫雲彌覆，因名。原亭高百尺，惜燬於火，四隅石礎尚在，大比磐石，尚堪壯觀。詠曰：“江城磐石鎮長沙，久得日精共月華。真命已飛金闕去，紫雲無復到王家。”

益人泉亭　在益人泉上。

一泓泉亭　在一泓泉上。

神泉亭　在玉虛宫神厨後。泉即井，以亭覆之。

萬松亭　在紫霄宫福地殿内。

太子亭 在紫霄宫太子岩前。

禹迹亭 在禹迹池上。

淵默亭 在九渡岩下。

臨清亭 在大寶珠峰下。

三十九橋

迎恩橋　一名賽宫橋，在迎恩宫北。勢如長虹，跨於澝水之上，長二十丈餘，石工甚巨，尚足壯觀，爲登山神路第一大橋。

尋真橋　在石板灘西南。

絞口橋　在灘南里許。

中橋　在灘北五里許。

冲和西橋、冲和中橋、冲和東橋、春和橋　俱在蛐蟮峪。

元和西橋、元和中橋、元和東橋、集仙橋　俱在元和觀前。

會仙橋　在遇真宫前。

仙都橋　在玉虚宫北天門内。

遊仙橋　在玉虚宫左。

仙源橋　在玉虚宫門内。

西天門橋 在玉虚宫西。

西山橋 在玉虚宫西天門外。

北山橋 在玉虚宫北天門外。

東山橋 在玉虚宫東天門外。

登仙橋 在玉虚宫東天門外之南。

東萊橋 在東山橋東。

豐和橋 在蒿口石碑東。

蒿口橋 在五龍行宫前。

普福橋 在廢仁威觀前。

隱仙橋 在觀上。

聚仙橋 在黑虎澗。

磨針澗橋 在老姥祠前。

禹迹橋 在禹迹池上。

通會橋 在威烈觀南。

天津橋 在九渡澗。由十八盤下，聞水聲潺湲，九渡澗也，上爲龍泉觀。如虹而飲者曰：天津橋，長可十丈，石工尚壯，乃神路第二大橋。

黑虎橋 在黑虎廟南。

復真橋 在太子坡北。

天乙橋 在南岩宫北天門外。

步雲橋 在五龍宫東。

梯雲橋 在榔梅祠上。

白雲橋 在白雲岩南。

斜橋 在朝天宫下二里許。

摘星橋 一名會仙，在一天門上。橋下澗水如神瀵，當两山缺處，上瞰天柱諸峰，下臨絶谷。橋畔舊有道院，今殘。

四　水

漢水　在天柱峰北百二十里。俗呼：漢江河。《水經注》云：漢水東南過武當縣，即此水也。

澇河、金沙河、浪河　均在天柱峰北。三河皆發源太和諸山谷中，各自入漢。按：太和諸澗水，一自天馬山西來，轉南而北出。一自天柱峰南來。一自五龍頂西南來，所會爲青羊、蠟燭等澗最勝，其出山爲蒿口梅溪、雙溪以入漢。詠曰："山稱金頂大名新，漢水不親强認親。澇浪金沙非附勢，源流有本洗紅塵。"

八　　景

天柱曉晴　即天柱峰。清康熙年間，浙江錢塘詩豪沈冠，字漢威，遊幕均陽，曾詠有《八景詩》。沈诗曰：“早起看山色，烟光蕩曉暾。霞明千嶂麗，峰縱一峰尊。突兀黄金殿，峥嶸黑帝閽。列風如可御，何處是崑崙。”

滄浪綠水　滄浪者，水之色也。縣治西北部有洲，曰：滄浪。漢水重濁，自滄浪洲而下，水爲之一清，流過縣治，綠色可爱。沈詩曰：“清絶滄浪水，傳名自禹經。澄潭浮鴨綠，映壁妒鴉青。雲樹縈高岸，蒹葭靡晚汀。濯纓千古事，漁唱若爲聽。”

東樓望月　宗海樓，在城東里許。宋宣和中剏建。陸愷有記：“月出東山，登樓可望。”沈诗曰：“高樓登眺好，月出正東城。倚嘯星河近，銜杯天地清。蟾光窺檻静，鬼影耀波明。豈獨西山爽，能深出世情。”

龍山煙雨　龍巢山，在城東七里，烟雨之中别有妙景。沈詩曰：“龍山奇絶處，風雨淡遥天。遠樹迷春嶂，層陰曳曉烟。芙蓉紛欲動，蒼翠隱相连。自覺氤氲色，淒清落檻前。”

黄峰晚翠　黄峰山，在城西二十里。每當晚照，翠色宜人。沈詩曰：“最是留人住，寒峰挂夕曛。嵐光飛不定，山翠鬱難分。帆影横江渡，鐘聲隔嶺聞。支頤聊極目，爽炁正氤氲。”

槐陰古渡　即槐樹闞，舊有槐林，綠陰夾岸。沈詩曰：“蔥鬱千槐老，潺湲一水幽。綠陰分岸出，白練挂城流。似入山陰道，真遊杜若洲。招招呼渡急，落日漾扁舟。”

雁落蓮池　蓮池，在城西二十六里。每當雁落之時，恰似萬朵黑雲紛紛墜地。沈詩曰：“旅雁家何在，枯蓮水一方。群棲如覓伴，亂下不成行。遊泳欣朝日，翻飛怯曉霜。會心殊不遠，幽興溢芳塘。”

方山晴雪　方山，在城東北二十里。峰高雪白，晴日照耀，如瓊瑶滿山。沈詩曰：“積雪浮天半，群峰望裏開。寒光凝睥睨，霽色動樓台。郢客歌堪和，梁園賦可裁。更宜明夕照，引滿興悠哉。”

十　宫

浄樂宫　在縣治中央。浄樂治麇，而麇即均地。此爲農黄時代浄樂國君建都之地。明王世貞題《浄樂宫》曾有“神農昔撫世，浄樂已名都”等句可證。永樂十六年建爲宫，因名。爲楹大小總五百二十。至清康熙二十八年，與乾隆元年两被回禄之災，至今雖未恢復舊觀，而丹墀玉路、農圃桑麻、四壁紅牆、亭坊高標，亦稍有風景之可言。

迎恩宫　在賽宫橋南。原係闗王廟故址，明成化二年，天下大水，他橋皆崩，惟此橋獨完。或謂真武實相之。提督太監韋貴奏請治宫於橋南，以昭神功。成化十七年落成，爲楹大小總二百八十，名迎恩觀。十九年，改觀爲宫。宫殿雖殘，門外野景殊佳。詠曰：“莊嚴宫殿傍虹橋，望闕迎恩事已遥。門外桑麻千頃緑，農村烟景洗塵囂。”

遇真宫　在仙闗外。左曰：望仙台，右曰：黑虎洞，山水環繞若城，舊名：黄土城。明洪武間，張三丰結庵於此，名曰：會仙馆。永樂十五年，建爲宫，爲楹大小總二百九十，曰遇真者，因思遇真人張三丰而名也。明陳文燭曾詠有“正有真人想，其如遇渺然”等句。殿閣雖殘，金碧尚然，交輝可觀。

玉虚宫　俗呼：老營宫，在展旗峰北。因真武曾受“玉虚師相”封號而名。局勢之宏敞，建築之偉大，甲於武當。明永樂十一年落成，賜額“玄天玉虚宫”。爲楹大小總三千二百有奇。有更衣亭、望仙樓、八仙台、仙桃觀、華陽亭、蓮花池諸勝。明王鎔詠有“貝闕諸宫亞，仙源九曲流”等句。章煥詠有“玉虚原是清虚府，午夜今開不夜城”等句。俞士章詠有“琳宫不盡懸岩半，棧道孤負絶壁中”等句。王世貞詠有“霞矗黄金界，虹飛白玉橋”等句，又作《武當歌》比於秦之阿房宫，其勝可想而知。惜乎清室乾隆十年燬於劫火，至今未能興復，賸有數楹殿室，支持殘墟。

五龍宫 居於天柱之西北部，即五龍靈應故址。剏建於唐。貞觀中，天下大旱，武當軍節度使姚簡禱雨於此，五龍顯靈，甘霖立降，即於其地勅建五龍祠，以答神庥。此爲武當宫觀之權輿。宋真宗改祠爲觀。元至元中，改觀爲宫。明永樂十一年，重建落成，賜額“興聖五龍宫”，爲楹大小總八百五十。明陳文燭詠有“山深時作雨，溪響不聞鐘”等句。清沈冠詠有“階前澗水流逾静，洞口松風聽自閒”等句。山環水繞，境界清幽，有武陵桃源之概。大殿雖被火焚，風景尚勝。按《神仙通鑑》，蜀漢諸葛亮幼時，随北極教主陰長生學法於武當，日事樵汲，惟食黄精。傳云即在此地。詠曰：“地静孤鶯啼杏園，山深數犬吠桃源。萬松密鎖雲中殿，無路尋仙叩洞門。”

紫霄宫 在展旗峰下，取冲舉紫霄之義而名。剏建於元，原名紫霄元聖宫。明永樂十一年，重建落成，賜額“太玄紫霄宫”。中興之祖曰劉古泉，三丰之徒也。宫殿巍峩，金碧煇煌尚新，八宫大殿，惟此與太和尚存，儼然魯靈光也。萬松蒼翠，風景甚佳。明王鎔詠有“福地臨仙館，旗峰列蕋宫”等句。蘇濬咏有“雲横三楚紫，烟接五龍青”等句。章煥詠有“池上七星低可掬，峰前五老坐相邀”等句。張維詠有“樹臨紫炁乘牛過，路入青霄看鳥飛”等句。愚今亦詠一絶曰：“萬峰圍繞盡芙蓉，人在蓬萊第幾重。林密山深何處問，一天紫炁護琳宫。”

南岩宫 因岩向南而名。剏建於元，原名天乙真慶宫。明永樂十一年，重建落成，賜額“大聖南岩宫”，爲楹六百有四十。明崔桐詠有“古木懸孤嶂，虛岩綴百靈”等句。王蓉①詠有“采芝凌絶巘，對奕坐虛亭”等句。廖道南詠有“瑶壇青鳥落，玉洞紫芝明”等句。沐昕詠有“日上群峰明鎖闥，風回萬壑湧秋濤”等句。汪大受詠有“鰲負珠宫懸翠壁，龍蟠瑞霧隱丹臺”等句。最新山門外雲霧岩，刊有民國文豪張任民《武當訓諫記》，内有“四郊多壘，恥何如之”等語。其辭慷慨激烈，可與諸葛亮之《出師表》、文天祥之《正氣歌》同日而讀。地勢名曰：白玉龜台，極爲幽勝。每值陰時，雲霧彌空，恰似海水揚波之象，真堪與浙省東天目山昭明寺雲海奇觀並美也。詠曰：“白玉龜台境最幽，欲觀勝景此中遊。風光入曉真堪賞，雲海當頭天際流。”

太和宫　在天柱峰紫金城南天門外。宫之正殿曰：朝聖殿，一曰：拜殿，俗呼：小金殿。明永樂十四年，剏建落成，賜額“太嶽太和宫”，爲楹五百一十有奇。明王蓉②詠有“嶂合茅堂杳，林迴野色閒”等句。孫應鰲詠有“勢雄中漢表，氣渾太初時”等句。最新抗戰期間，民國偉人、高級軍官來遊天柱峰者，留刊宫外岩壁詩詞極富。原詩録下。張任民曰：“雨後青峰天際間，武當峻秀絶塵寰。遥思帝子銘功績，賸有仙人獨往還。五百年來留勝迹，數千里外想名山。休云五嶽歸來晚，仰止心儀愧未閑。”梁壽笙曰：“五岳嵯峨孰並妍，振衣直上太和巔。嵐開蜀楚荆吴壯，雲罩岷嶓漢沔連。拂面夕陽多閃爍，修眉皓月總新鮮。霓裳欲按難爲譜，未掃欃槍一黯然。”萬劍民曰：“謝屨登臨景物妍，閒來嘯傲武當巔。晴巒俯瞰群峰小，金闕騰輝霄漢連。氣壯山河欽偉略，詩成珠玉倍新鮮。從遊我愧牛車後，一讀高吟一憬然。”李品仙曰：“爲尋勝境武當遊，步步崎嶇興不休。四面煙巒歸眼底，疏疏林葉萬山秋。”方振武

① 王蓉，應爲“王鎔”。根據上下文及明代凌雲翼修、盧重華等纂《大岳太和山誌》核查，應爲“王鎔”，此爲作者筆誤。

② 王蓉，應爲“王鎔”。根據上下文及明代凌雲翼修、盧重華等纂《大岳太和山誌》核查，應爲“王鎔”，此爲作者筆誤。

曰：“萬丈雄山勢欲奔，峰高五岳接天門。秦皇漢武封禪日，不受虚榮亦自尊。”原詞録下。宗彝曰：“一柱擎天”。王凌雲曰：“中天砥柱”。李宗仁曰：“整軍經武”。劉峙曰：“我武維揚”。俱各寫作俱佳，光耀名山。宫之地勢名曰：紫微瓊台，仙境第一。詠曰：“名山佳氣聚蓬萊，萬象森羅寶境開。紫霧青雲封玉闕，重楼飛閣倚瓊台。”

清微宫① 在太和宫西妙華岩。建於永樂十一年，爲太和宫所管領。明世於武當建築九宫，按天上九宫之義，清微亦九宫之一也，境極清幽。明徐学謨詠有“故館清秋暮，閒階赤葉平”之句。

朝天宫 在三官臺下，亦爲太和宫所領。明王鎔詠有“雲開金闕迥，磴轉玉堂遥”之句。青松翠柏，碧草黄花，現有洞天深處之象。詠曰：“仙宫無夏亦無秋，瑶草琪花景致幽。紅日不常來法界，一天雲霧鎖丹邱。”

① 清微宫，建於永樂十一年，有誤，明代山志爲“永樂十年建爲宫”。

十 四 觀

紫陽觀 在草店鎮下五里許，即紫陽庵。明時楚藩所建，亦曰：楚府庵。清康熙二十五年，均州刺史江闓申請上憲分巡道許可，將明時各藩在武當所建之庵，一律統改稱曰觀。紫陽庵在统改之中，故名曰觀，庵名吽慣，難更觀名，至今不顯。

悟真觀 在紫陽觀南。原名悟真庵。明周藩所建，亦曰：周府庵。抗戰期間，雖被軍官第八分校借居，廟體未更，羽流外居尚衆，金樓翠閣，古柏參天，風景殊勝。詠曰：“閬苑蓬壺何處尋，悟真觀外柏森森。青山在望歡人意，緑水迎門浴道心。”

玉清觀 在悟真觀南，明山右晉藩建，原名晉府庵。

太清觀 在玄嶽門内。原名襄府庵。

元和觀 在遇真宫南二里，仙関①之内。

修真觀 在遇真宫東二里。太監王佐重修元和、修真二觀，均爲遇真宫所領。

---

① 仙関，應爲“仙關”。

迴龍觀 玉虛宫西南五里。

八仙觀 在玉虛宫南二十六里。二觀均爲玉虛宫所領。

復真觀 即太子坡。爲真武第二步入山修真處。重樓飛閣，四壁紅牆，儼若化人之居。詠曰：“化城四壁盡紅牆，海市蜃樓殊可當。羽士宵深音樂起，洞簫吹動咏霓裳。”

龍泉觀 在九渡澗天津橋東。山高水碧，别顯一種清涼景況。詠曰：“尋芳何必上滄洲，此地清涼象外幽。四壁烟巒関不住，一谿碧水向東流。”

威烈觀 在紫霄天門。因奉威烈王而名。王即唐武當軍節度使姚簡，解組後，修道於武當，道成，屢顯靈應。宋世勅封曰：“威烈王”。此三觀，均爲紫霄宫所領。

太上觀 内奉太上老君，在南岩宫北。

瓊台中觀、瓊台下觀 均在天柱東北幽僻境内。

五　　庵

會真庵　私改曰：玄都宫，不顯。在玄岳門外，現擬重修。

冲虚庵　即俗呼之金花樹道院也。

自在庵　在修真觀左。舊時風景頗幽清。徐輝山詠有“飛螢點點寅窗媚，野竹森森午蔭涼”之句。

明真庵　五龍行宫前。高真白元福所修。現擬復建。

回心庵　在磨針井下。

十　三　院

竈君廟　在元和觀下。廟東舊有仙関①門。今廢。

磨針井　在廻龍觀上。樓室重叠，殿閣壯麗，道院尚属可觀。

關帝廟　崇寧祠故址。爲玉虚宫所領，去宫西十五里。

老君堂　關帝廟上。道院極大，形勝甲於武當。清谢炳楧《老君堂憑眺》詩有“峰峰廻抱勢雄蟠，樹樹盤紆秀可餐”之句。現爲武當鄉公所借居，羽流外出未歸。

黑虎廟　在紫霄宫東七里。傳云：真武修真時，黑虎有衛岩之功。明因立廟祀之。近被火災。現在重新中。俗呼：財神廟。昔爲太和宫所領。

七星廟　内奉斗姥。在七星樹旁。

三官臺　在一天門下。

三天門　道院清静。原爲周尹喜隱居故地，亦曰：尹喜岩。舊有铜

---

①　仙関，應爲“仙關”。

床玉案古迹，今廢。

天池道院 即天池樓。

天乙道院 即天乙樓。俗稱：鹽罐。

天雲道院 即天雲樓。俗呼：高楼。

天合道院 即天合樓。俗呼：新樓。四樓同管金殿，雖在太和宫範圍，而太和宫正殿世歸皇經堂道院所理，四樓分爲四派，儼成獨立性質也。

靈官殿 在紫金城内。天合樓分院也。

三十六古

月井　在浄樂宫東部。井中時有朗月照入，因名。千年古井也。詠曰：“古井源深注玉泉，低頭喜見月娟娟。可憐天上娑羅樹，倒入水中鬼尚眠。”

古武當縣　即今均縣縣治。農黄時代之浄樂國也。浄樂治麇，而麇即均地。春秋時，楚人伐麇，滅其國。戰國時，變爲楚之北境，城北現有古寨城，亦曰：古寨山，即楚時所築以禦秦者。秦始皇分天下爲三十六郡，地属南陽郡。漢初置縣，因山名曰：武當。蕭梁時，改名：興州。後魏曰：豐州。隋始名曰：均州。歷唐宋元明清，州名未易。維新後，始稱曰縣。城有四門，東曰宗海；毗南小門曰平安；毗北小門曰保安；西曰啟秀，久閉；南曰望嶽；北曰拱宸。前參後漢，據有江山之勝，儼然一小金陵也。詠曰：“楚中古縣小瀛洲，萬叠山環碧水秋。人世幾更新歲月，漢江猶傍武當流。”

双塚　在城南十五里双塚屯。清康熙朝，知均州事王民皡刱建。一碑中題曰：“浄樂王之塋”。継任江闓怪其不經，復爲推倒。至今土人尚有傳云：爲聖父聖母之墓。是否，無法質問古蹟爲真。詠曰：“墓史源流不可窮，滿天雲霧總朦朧。惜無起死回生術，判决無名案一宗。”

打兒窩　在朝陽洞外。天造地設，石窩有二，大名打兒，小名打女。明李柏齡於窩旁刊有宋米芾所書“第一山”三大字。詠曰：“金窩深處擲瓊瑶，貪客迷心總未銷。熊夢未知能入否？上天無路問三霄。”

金花樹 在冲虛庵前。明有太監某奉旨來祭太和，設普福大齋，正會食間，忽一狂道醜態百出，衆擯斥之，狂道口吐所食，變成两枝金花，一插鬢邊，一插庵前松樹上。高唱道歌而出，最後唱曰：“如有口口先生，見於今日者，誰能信之?”衆始悟爲吕洞賔化身遊戲。至今，老松全部都翠，惟有一枝黄如金花燦然，真仙景也。詠曰：“老松無貴亦無榮，一插金花便有名。植物休云無靈性，受恩深處亦長生。”

玄岳坊 在玄岳門内。明世宗於嘉靖年間加封大岳曰“玄岳”，建石坊於此。題有“治世玄岳”四大字，石坊之崇高，雕工之精巧，世所罕見。

水湧鐘 在玉虛宫。明永樂十一年，湘潭縣商人劉忠等，舟行至光化縣洋陂灘，忽風雨驟至。泊岸，須臾見一巨鐘湧出水上。衆驚禱，願載歸以進武當。禱畢，風平浪静。遂載歸，供入宫内，真神鐘也。詠曰：“神鐘曾自顯神通，來歷至今不可窮。破浪能安江漢水，乘風直到玉虛宫。”

張仙洞 在玉虛宫後。爲張三丰煉丹故地。按：三丰，遼東人，建生於元，與劉秉忠同師。明洪武間，始居武當。世傳：善太極拳之張三丰，乃宋徽宗時代；另一張三丰也煉丹武當，夜夢神人，授以太極拳術，醒來習之，盡得其妙，遂用其術殺敵百人。可惜其術當時入東海、四明等處，武當而今反致失傳。

鐵杵 在磨針井道院祖師殿階下。詠曰：“由來鐵杵能降魔，信是韋馱法力多。降罷妖魔無用處，元君拾得當針磨。”

磨針井　在磨針井道院老姥殿内。詠曰：“井號磨針要認真，洗心滌慮却紅塵。而今座上莊嚴母，猶像當年持杵人。”五龍宫後磨針澗上之磨針石爲真迹，此杵與井不過於神路上作真迹之代表，古杵、古井而已。

德公亭　在老君堂門外。民國偉人李宗仁，字德鄰，時任第五戰區司令長官，功德及民。此碑與亭是最近剏建，頌揚李德鄰功德的，故名。碑曰：德公紀念碑，亭曰：德公亭。武當風景得亭碑點綴，足使名山添彩，放大新光。詠曰：“從來時勢造英雄，百戰功高羡德公。人似峴山羊叔子，碑同墮淚壽無窮。”

水簾洞　在五龍宫門前。宫之前部，地空多水，架木爲橋，上覆以土，以爲平地，旁有隙竇可入，因名洞云。詠曰：“洞中流水本無涯，思駕春風泛小槎。蛟窟龍潭遊不得，門前一樹碧桃花。”

太子洞　在紫霄宫後，爲真武第三步入山煉丹故地。詠曰：“洞中無主亦無仙，太子丹成入九天。烟石不能談往事，茅廬草舍半岩懸。”

福地殿　在紫霄宫南。天下有七十二福地，武當居於第六十五，此爲福地真迹。

空心木　在紫霄宫大羅寶殿。彈首尾應，彈尾首應，其心似空，因名。亦奇木也，俗呼：紫霄杉。

鐵樹開花　亦在大羅寶殿。雖是人工，巧奪天工，金華燦然，與天生者無異，真奇景也。可云：福地洞天，無奇不有。

讀書亭　在南岩宫皇經堂院内。其地昔有南薰亭，亭外石碁枰，係周尹喜枰棋處，名曰：仙碁石。亭石俱没。後人於其故址又建一亭，内奉真武童年讀書之像，因名。

石殿　在南岩宫紫霄岩下。係真武面壁成真處。明世於其故址完全用石築成一殿，故曰：石殿。殿内奉有真武衣冠金容、五百銅靈官之像。詠曰：“紫霄岩下煉還丹，石殿竈烟尚未寒。四十二年功行滿，飛昇金闕出仙壇。”

龍牀　在獨陽岩下。其地昔有風月双清亭，亭外石棋枰，爲唐吕洞賔枰棋處。亭石早没，後人於其故址建有木牀一座，用沉香木雕成真武童年卧像，頭枕龍首，因名曰：龍牀。香客常有懸紅錦帳、覆紅綾被者，霞光耀目，亦神景也。詠曰：“高懸錦帳放霞光，一朵紅雲擁玉牀。嘱咐金龍身莫動，怕驚太子夢黄粱。”

金劍　在南岩岩頭上。傳云：真武道成，臨昇天時，將豐乾大天帝所賜之北方裘角断魔雄劍，插此岩頭，鎮壓故山妖魔。道書内亦有“金劍插岩”之語。然而，真劍早被原業主收回，現插之劍雖爲後人表示古迹所僞設，可怪墨夜常放金光，洵仙景也。詠曰：“真物歸天去不還，誰將贋物鎮靈山。金光射透天空碧，萬丈岩頭一劍寒。”

烏鴉廟　在南岩宫南天門下。真武修真時，烏鴉曾有報曉之功。明因立廟祀之，内奉烏鴉神像。現在重新中。

七星樹　在七星廟後。古柏两株，高近三十丈，粗可二十圍，枝葉雖衰，古榦尚强。昔時樹旁有泉，白晝能照入北斗七星，因名。乃神樹也。詠曰：“長生古柏不知年，負有奇名震大千。疑是月中丹桂樹，七星帶下九重天。”

小武當　在七星樹村西。小孤山頂，建有内奉無量壽佛石廟一區。

按：無量壽佛乃佛界稱頌真武之神號。此係真武修真策源地，爲武當真迹，人多不識。俗有諺云："朝武當不見武當。"即此。詠曰："七星樹下小山孤，玉殿玲瓏入畫圖。萬壑烟雲朝祖國，一山靈炁護玄都。"

古銅鐘 在金頂天乙道院門外吊鐘台下。正面刊有"勅建大嶽清微宫，大明永樂十四年龍集丙申三月吉日鑄造"二十四字，重可萬觔，大近十圍。詠曰："紫金城外有金鐘，久下瑶台作散翁。今欲送他還故國，西風不到清微宫。"

銅鼓 在天雲道院經堂内。正面刊有"相雷"二字。

鳳凰池 在天合道院香厨後。味極甘美，旱潦不加涸溢，足稱靈池。鳳凰非醴泉不飲，池曰鳳凰，盖欲鳳凰來飲，比其水於醴泉之義也。詠曰："玉液瓊漿那箇嘗，衆仙飲罷詠霓裳。醴泉不竭磨今古，池上何年落鳳凰。"

烏鴉臺 在太和宫皇經堂院西門外。石臺平正，下臨絶壑，外建木欄擁護，係遊客餵烏鴉處。登臺一呼，萬鴉飛集空中接食，百不失一，饒有妙趣。西南諸峰在望，亦佳境也。詠曰："欄杆十二護平臺，爲看烏鴉倚此來。助得名山添妙趣，戰空擒食有天才。"

八仙燈 在皇經堂内。二燈之上，懸有南極北斗跨鶴飛空、八仙朝拜之像，人名曰：八仙慶壽燈。明世稀奇古銅燈也。詠曰："寶燈焕彩耀乾坤，駕有八仙禮至尊。最是神光極顯處，金爐香爇月黄昏。"

照妖鏡 在皇經堂内。背面刊有"玄天上帝，大明正德歲次戊寅吉日，同河南開封祥符"等字，其他字有漫漶，全文難辨清楚。唐太宗曰："以銅爲鑑，可正衣冠；以人爲鑑，可知得失。"此即古铜鑑也。名曰照妖，類非無因。原懸紫金城南天門外，後移於此。詠曰：“寶器靈光總不銷，千秋金鑑認明朝。美人莫當菱花鏡，怕對菱花照了妖。”

暗橋 在皇經堂外石階下。其地係古摘星橋，後人用石砌成甬路。俗有諺云：“武當山有走橋不見橋。”即此。名曰：暗橋。自南側面俯視，橋形宛然尚在。詠曰：“太和真境有瓊瑶，棧道明修路一條。暗踏星辰皆不曉，人人偷過古天橋。”

金旗杆 在暗橋之上。杆身刊有“大清道光二十三年孟秋月，道人捐資重造”十七字。銅質似金，因名。詠曰：“摘星橋上古旗杆，常放金光萬丈寒。獨立高山何所事，輔他天柱鎮狂瀾。”

古銅殿 在小蓮峰上。係元成宗大德十一年，武昌路熊童羅三姓善士等捐資鑄造。銅槅有字可考。原在金殿故址，明永樂以規制弗稱，移此峰上，外建磚殿圍護，夾壁中空，能容人繞殿一週，因又名曰：轉身殿。詠曰：“金殿埋頭豪氣收，小蓮峰上度春秋。困龍幸有轉身力，藉得名揚貫九州。”

古銅碑 在太和宫朝聖殿門外。銅碑有二：甲碑刊有大明嘉靖三十一年御製遣工部右侍郎陸杰致祭太和全文；乙碑刊有嘉靖三十九年都察院左副都御史鄢懋卿手書《北天門外蒼龍嶺混真雷壇神像記》。

紫金城 在金頂之弦稜上，開四天門，以象天闕，東西北逼臨絕巘，惟南天門長開，爲謁顶上下要路。金城奇險，宛如天生，石壁懸空，危然不墜，疑是神造，非人工所能爲也。詠曰：“天城不墜擁天宫，繫在蓬萊第一峰。紫府瑶京真箇到，黃金闕内禮金容。”

九轉梯 在紫金城内，即由靈官殿上至金頂一段之石欄路。其彎有九，如卧龍蜿蜒之狀，洵爲奇途異徑。明臣遊記中均稱爲“丹梯九轉”，俗呼：九連登①。詠曰：“轉得丹梯入帝鄉，九彎曲似九廻腸。人人争過連環路，難脱連環路裏狂。”

真武殿 一名金殿，在九轉梯上之極頂。明永樂就元小銅殿故址，更爲剏建。基瑑丈石，冶銅成殿，沃以黄金，負酉面卯。高丈五尺，横丈二尺，直九尺，式如暖閣，外體精光一片，毫無鑄鑿之痕，内則刻劃瓦鱗及榱桷、簷牙、楝柱、門槅、窗櫺、壁隅、門限，諸形畢具，皆剞銅爲之。上設真武像，聖容豐潤如生，旁侍天將像四，莊嚴焕發。自殿屋、法像至供御、器物，悉是銅質金饰，焜煌一色。藏有御賜物數件，龜蛇最奇，龜稜隅，蛇圓瑩，蛇繞龜腹，背黟如漆，而龜潔如脂，因其玉質巧絶人工，非上方不有也。外植銅柱數十根，如欄杆週護之殿。外爲臺，臺外爲楹，楹外爲城，群峰捧托，帝闕高居，一朶紅雲，萬道寶光，洵爲白玉乾坤，黄金世界，逈出五嶽珠宫紺殿之上。又常顯靈異，《均志》云：清康熙十九年庚申三月初八日，太和山真武殿四角金鳳齊鳴，聲若笙瑟。逾時，神光炯炯。是月初十日，西征兵凱旋，人始知爲昇平之兆。靈異甚多，不及細述，此其靈異之一，誠奇殿也。詠曰：“奇殿超群靈炁深，寶光萬道射天心。中華怪底美銅少，盡教明朝化作金。”

金殿 爲真武神所憑依之地，神傑地靈，名高今古。按：真武，名曰太玄，姓氏不見於經史，一名禺强。《南華經·大宗師篇》有句云：“禺强得之，立乎北極。”注云：“北方之神。即真武也。”軒轅黄帝在位元年歲次申辰三月三日午時，生於浄樂國都，父即浄樂國君，元仁宗後封“浄樂天君”。母即浄樂夫人，元仁宗後封“善勝天后”。生而神靈，聰以知遠，明能察微。年及七歲，經書一覽，仰觀俯視，靡所不遺。潛心念道，志契太虚，願事上帝，普福兆民。長而勇猛，不統君位，惟務

① 九連登，應爲“九連蹬”。

修行，誓断天下妖魔，救護群品。日夜於宫中發此誓願，父母不能抑志。年十五，入山修真，取煉成太和元氣、冲舉紫霄之義，創山名曰太和，峰皆曰紫霄。念道專一，感聖師紫虚元君傳授無極上道。黄帝五十七年歲次庚子九月九日午時道成，飛昇金闕。玉帝命鎮北方，統攝玄武之位，以斷天下妖魔。商武丁五祀，隨從玉帝，赴崑崙大會，始得顯名三界。商末，紂王無道，惹動水火旱蝗瘟妖六大魔王，擾亂世界。玉帝命太玄元帥率領丁甲神兵下界征討，與六大魔王戰於洞陰之野，六魔降服，水火變爲龜蛇，捧聖足，收旱蝗瘟妖爲部將，即今真武座前侍立之四天將也。周武王革命成功，天下大定，宇宙肅清，在位之丁已③冬，得五方大神，現身相告，宇宙肅清，知是玄武神之功，於是欽差大臣致祭太和，答報神庥。神於山上，常顯聖救民。秦始皇統一時代，示夢鄉耆，神欲北還。土人上山禱留曰："此山非玄武不足以當之。"因更名曰武當。秦漢以來，捍災禦患，護國佑民，頗於世界大著威靈。宋避真宗玄朗諱，始改玄武曰真武。真宗始上徽號曰："鎮天真武靈應佑聖真君"。又加封曰："太上紫皇、天乙真君、玉虚師相、玄天上帝"。寧宗封曰："北極佑聖助順真武靈應福德真君"。理宗封曰："北極佑聖助順真武靈應福德衍慶仁濟正烈真君"。元成帝封曰："玄天玄聖仁威上帝"。明洪武釐定神號："武當真武之神"。成祖初起燕，問師期於姚廣孝，對曰："未也。"及期，出祭纛，見被髮而旌旗者蔽天，問："何神?"曰："吾師北方之將玄武也。"成祖即被髮仗劍以應之。即位後，崇祀武當，蓋由於此，封真武曰："北極鎮天真武玄天上帝"。清封："北極鎮天真武祖師、萬法教主、玄天玄聖仁威上帝、金闕化身、蕩魔天尊"。真武祖師之聖號，至清始發現於世，世通稱曰："真武祖師"。簡稱："真武"。此即真武之簡史也。

③ 丁已，有误，應爲"丁巳"。

荆楚文庫

大嶽誌畧

〔明〕方升 纂修

范學鋒 陶真典 點校

張全曉 黃永昌 審校

大岳太和山誌

〔明〕王佐 修 慎旦 等纂

范學鋒 陶真典 點校

張全曉 黃永昌 審校

荆楚文庫編纂出版委員會

湖北科學技術出版社

荆楚文庫

大嶽誌畧

TAIYUE ZHILUE

大岳太和山誌

TAIYUE TAIHE SHANZHI

圖書在版編目（CIP）數據

大嶽誌畧/〔明〕方升纂修；范學鋒，陶真典點校；張全曉，黄永昌審校. 大岳太和山誌/〔明〕王佐修；〔明〕慎旦等纂；范學鋒，陶真典點校；張全曉，黄永昌審校. —武漢：湖北科學技術出版社，2020.10

（荆楚文庫）

ISBN 978-7-5706-0891-1

Ⅰ. ①大…　②大…

Ⅱ. ①方…　②王…　③慎…　④范…　⑤陶…　⑥張…　⑦黄…

Ⅲ. ①武當山－地方誌－明代

Ⅳ. ①K928.3

中國版本圖書館 CIP 數據核字（2020）第 213997 號

責任編輯：譚學軍
整體設計：范漢成　曾顯惠　思　蒙
美術編輯：喻　楊
責任校對：陳横宇
責任印製：劉春堯
出版發行：湖北科學技術出版社
地址：武漢市雄楚大道 268 號
（湖北出版文化城 B 座 13—14 層）
電話：027—87679468　　郵編：430070
録排：武漢興和彩色印務有限公司　027—87423814
印刷：湖北新華印務有限公司
開本：720mm×1000mm　1/16
印張：30.5
版次：2021 年 10 月第 1 版　2021 年 10 月第 1 次印刷
定價：158.00 元

ISBN 978-7-5706-0891-1

9787570608911

出版説明

湖北乃九省通衢，北學南學交會融通之地，文明昌盛，歷代文獻豐厚。守望傳統，編纂荆楚文獻，湖北淵源有自。清同治年間設立官書局，以整理鄉邦文獻爲旨趣。光緒年間張之洞督鄂後，以崇文書局推進典籍集成，湖北鄉賢身體力行之，編纂《湖北文徵》，集元明清三代湖北先哲遺作，收兩千七百餘作者文八千餘篇，洋洋六百萬言。盧氏兄弟輯録湖北先賢之作而成《湖北先正遺書》。至當代，武漢多所大學、圖書館在鄉邦典籍整理方面亦多所用力。爲傳承和弘揚優秀傳統文化，湖北省委、省政府决定編纂大型歷史文獻叢書《荆楚文庫》。

《荆楚文庫》以“搶救、保護、整理、出版”湖北文獻爲宗旨，分三編集藏。

甲、文獻編。收録歷代鄂籍人士著述，長期寓居湖北人士著述，省外人士探究湖北著述。包括傳世文獻、出土文獻和民間文獻。

乙、方志編。收録歷代省志、府縣志等。

丙、研究編。收録今人研究評述荆楚人物、史地、風物的學術著作和工具書及圖册。

文獻編、方志編録籍以 1949 年爲下限。

研究編簡體横排，文獻編繁體横排，方志編影印或點校出版。

《荆楚文庫》編纂出版委員會

2015 年 11 月

前　言

武當山位於湖北省十堰市境内，又名太和山，爲世界文化遺産，是聞名遐邇的道教聖地，也是武當道教的發祥地，素有“亘古無雙勝境，天下第一仙山”的美譽。得天獨厚的地理位置和清幽縹緲的自然環境，使武當山自古便成爲修仙學道者心儀神往的世外桃源。宋元明三代，武當山又因主祀玄天上帝而爲皇室所重，政治地位逐漸攀升，至明而臻於極盛，先後被尊爲“大岳”“治世玄岳”。入清以後，武當山的地位雖有所下降，但仍在全國范圍内有着廣泛的社會影響。

武當山既是道教勝地，也是一座絢麗多彩的文化名山，素有編修誌書的傳統。雖然修誌的肇始年代已難以確考，但修誌傳統源遠流長，成就斐然，構成了一個完整的山誌體系，形成了一種奇特的山誌文化。南宋王象之編《輿地紀勝》卷八十五《均州》就曾徵引過《武當誌》和《武當山記》，該《武當誌》和《武當山記》雖早已亡佚，詳情不得而知，但據《輿地紀勝》徵引内容判斷，《武當誌》似應爲郡縣誌與山誌的合體，而《武當山記》則很有可能就是早期武當山誌的雛形。元代，武當山先後有《武當福地總真集》和《武當紀勝集》問世。《武當福地總真集》爲武當山洞陽道人劉道明所編，書成於元世祖至元辛卯年，分上、中、下三卷，收入《正統道藏·洞神部·傳記類》。該誌“會萬古之精華，斂一山之風月”，是迄今所知第一部體例完備分類明確的武當山誌。《武當紀勝集》署名龍興路雲麓樵翁羅霆震譔，大致結集於元代中期，是武當山第一部詩體誌書。

明代，武當山誌的纂修蔚爲大觀，在修誌實踐和修誌理論上都取得了較大的成就。目前，常見官修山誌就有四部，即宣德六年欽差太常寺丞武當山玉虛宫提點道官任自垣纂修《勑建大嶽太和山誌》十五卷，嘉靖十五年湖廣布政司右参議武當山提調藩臣方升纂修《大嶽誌畧》五卷，嘉靖三十五年内官監太監武當山提督内臣王佐修、均州學正慎旦等纂《大岳太和山誌》十七卷，隆慶六年撫治鄖陽都察院右僉都御史淩雲翼修、均州學正盧重華等纂《大岳太和山誌》八卷。這四部官修山誌在明代還都曾有過續修的經歷，有的甚至反復補刻，增入了很多新的内容，前後承繼，相沿不替，比較翔實地記述了明代武當山的盛況。

清初，武當山誌的纂修在經歷了明萬曆以來一個相對沉寂的時期後，又迎來了一個新的高潮。康熙初年鄖縣教諭萬甲與縣人順治拔貢李紹賢增修山誌二十四卷，康熙二十年分守下荆南道楊素藴修、均州知州王民皡等纂《大嶽太和武當山誌》二十卷，乾隆九年湖北布政使司分守安襄鄖下荆南道王槩修、襄陽府清軍巡防同知姚世倌等纂《大嶽太和山紀畧》八卷，是目前所知三部相繼修成的清代武當山誌。遺憾的是，這三部清修山誌的前兩部已佚，完存者唯乾隆九年之《大嶽太和山紀畧》八卷，記載了清初武當山的興衰狀況。清修武當山誌，尚有康熙年間陳夢雷等原輯、雍正初年蔣廷錫等重輯《古今圖書集成·方輿匯編·山川典》之《武當山部匯考》四卷，是書采擷舊説，保存了較多亡佚誌書的内容，當以輯録體誌書視之。

民國時期，武當山地區兵戈擾攘，戰亂頻仍，但武當山誌的纂修仍在艱難中前行，先後有兩部山誌問世，使武當山的修誌傳統得以繼承和延續。這兩部民國山誌，其一是民國十一年襄陽道尹熊賓修、道署第一科科長趙夔等纂《續修大嶽太和山誌》八卷。另一部是武當山麓朝陽洞廟白衣道人王理學於抗日戰争勝利前後編撰的《大岳太和山誌》稿。據口碑，這部誌稿爲“十行紙”，用毛筆正楷書寫，有一尺多厚，惜於1951年後葬入火腹。現湖北省圖書館存民國三十六年武當山白衣道人王理學重書《武當風景記》一卷，當是這部誌稿的濃縮本。

由於種種歷史原因，武當山歷代所修誌書及堆積如山的古籍文獻，累遭天灾人禍毁壞，或遭兵燹，或被淹没，或被偷盗，流離星散，十不存一，至1981年中共湖北省委、省政府决定開發建設武當山時，全山歷史文獻幾乎損失殆盡，僅存小部分道教經書和兩部山誌，即清乾隆九年山誌和民國十一年山誌。爲繼承和弘揚優秀文化遺産，並爲開發建設武當山風景名勝區找到歷史依據，武當山誌辦公室曾先後組織大量人力、物力分赴襄樊、十堰、武漢、上海、南京、長沙、寧波、鄭州、南陽、西安、北京等大中城市圖書館、博物館和檔案館，廣征博採，先後收集到有關武當山的資料數千萬字，並在首都圖書館找到了明代編纂的四部官修武當山誌，組織相關人員分别複印抄録回山。據清乾隆九年纂修的《大嶽太和山紀畧》記載，這四部明代山誌早已毁於兵燹，清初已不得見。因此，武當山誌辦公室組織力量抄誌回山的盛舉，當時在湖北省引起不小的震動。已流失三百多年的四部明代山誌重回武當，不僅對武當山的保護開發和旅游發展起到了非常重要的資治作用，而且還修正了正史及不少專著和報刊有關武當山記載的錯訛。例如，《明史·職官三》記："……太和山提點一人。"《明太宗實録》卷二〇七記："……仍選道士任自垣等九人爲提點，秩正六品，分主宫觀。"其實，二書所記皆誤。據任自垣《勑建大嶽太和山誌》記載，明永樂間，皇帝在武當山授正六品提點十七員，分主各宫觀。再如，《中國大百科全書·宗教卷》稱，明成祖"永樂十年曾於山上建宫觀，歷時七年，建成净樂、迎恩、遇真、玉虚、紫霄、五龍、南巖、太和等八宫，元和、復真二觀，三十六庵堂，七十二岩廟等"。此説同時爲一些辭書、專著、報刊所誤記，訛傳很廣。其實，明永樂年間在武當山的建築規模，以任自垣纂修的《勑建大嶽太和山誌》最爲翔實可靠。據其記述，明成祖於永樂十年至永樂二十二年，命工在武當山建净樂、遇真、玉虚、紫霄、南巖、五龍、朝天、清微、太和九宫，元和、回龍、太玄、復真、八仙、仁威、威烈、龍泉、太常九觀等三十三處宫觀祠廟，用工時間長達十三年之久。但迎恩宫却並非明永樂年間敕建，而是由武當山提督内臣韋貴創建於明成化年間。

需要特别指出的是，就在我們緊鑼密鼓地對已經獲見的九部歷代武當山誌進行系統整理時，又驚喜地獲知了清康熙二十年分守湖廣下荊南道楊素蘊修、均州知州王民皞等纂《大嶽太和武當山誌》二十卷仍然倖存的消息。經武當山旅游經濟特區地方誌辦公室范學鋒主任與貴州師范大學張全曉博士等人共同努力，終於將這部傳說中已經亡佚了三百多年的山誌孤本從首都圖書館複製回山。該誌不僅是清代第一部見存官修武當山誌，也是見存歷代武當山誌中卷帙最繁的一部，既上承清康熙初年鄖縣教諭萬甲與縣人順治拔貢李紹賢增修佚名山誌，同時又是清乾隆九年王槩修、姚世倌等纂《大嶽太和山紀畧》的底本，具有獨特的版本價值和珍貴的文獻價值，故這次整理時也將其一並輯入文庫，以臻完備。

在搜集武當山有關資料的過程中，我們發現國内所存武當山舊誌微乎其微，因此深感已收集到的這十部山誌彌足珍貴。這十部歷代武當山誌，除《武當紀勝集》爲詩體誌書外，其他九部的體例、内容雖互有出入，各有側重，但却分陳别類，綱提要舉，濃淡恰當，疏密適宜。分開來看，各部誌書反映了不同歷史時期武當山宗教管理事務的普遍性及特殊性；綜合來看，十部誌書融會貫通，又可見武當山宗教管理事務的連續性和完整性。例如，記武當歷史、建置沿革，上下兩千多年一目了然；誌山水勝境、宫觀始末，圖文並茂，誘人神往；紀武當主神真武大帝，知其起源及發展衍進變化規律；誌歷代帝王崇封誥詞、賞賜饋贈、聖旨王言，顯示武當道教在不同歷史時期與政權的關係及其崇高地位；記珍禽異獸和動物、植物及靈物，顯示武當山美麗、神奇、富饒；隱逸真仙之迹，高士論道之言，可得可考；歷代文人墨客遊記咏嘆之作並遺文軼事，亦盡收其中。

總之，武當山古代誌書中，雖然始終貫穿着道教“清静無爲”“修生養性”的性命觀，儒教“三綱”“五常”的倫理觀，以及大量歌頌封建帝王、渲染神靈等封建迷信的記述，但同時也容納着大量史實，不僅對研究武當山的歷史、政治、軍事、經濟、文化、道教、建築、文學藝術等具有重要的參考價值，而且對當代武當山的保護和建設也具有一定的資治作用。

這次被選入《荆楚文庫》的十部歷代武當山舊誌，所用底本都很精良。其中，元代《武當福地總真集》和《武當紀勝集》以明修《道藏》本爲底本；明代四部官修山誌皆以國家圖書館藏本爲底本；清代《大嶽太和武當山誌》以首都圖書館藏本爲底本，《大嶽太和山紀畧》以湖廣下荆南道署藏版爲底本；民國《續修大嶽太和山誌》以襄陽大同石印館刊本爲底本，《武當風景記》以湖北省圖書館所藏鈔本爲底本。我們相信，這十部歷代武當山舊誌的集中點校出版，必將沾溉學林，澤被後代。

2020 年 8 月 20 日

总　目　録

荊楚文庫

大嶽誌畧

〔明〕方升　纂修
范學鋒　陶真典　點校
張全曉　黄永昌　審校

目　録

大嶽誌畧序

大嶽介在襄鄖之野，起兑出震，應軫乘娄，厥神玄武妥以金闕。是故鎮雄五嶽，而祀超百代，天下莫加焉。經曰：聖不獨立，智不問后，神不過天地同靈，造虚由立岳設召。此帝王垂教之意也。夫其薦敬崇功，風同遐邇，以奔走兆庶，歲無寧日。然而殊方冠帷，慕勝思奇，有不得見者，於集考征，斯志之不可已乎。山故有志，有載無擇，定庵方子取而正之。據例分門，删繁就簡，匯成要帙。是故建置沿革、褒錫崇封，王言盡之矣；隱寓逊名、受道論治，人物盡之矣；山川流峙、宫觀嚴密，圖説盡之矣；稽古證今，演述咏嘆，藝文盡之矣；末復禩考、紀異防遺，文核事實，有史風焉。昔林間翁孺子立言，得梗槩之法，楊子好之，兹編類已。夫方子主斯山者也，而余亦與有采訪之寄録成，樂其有斯舉也。故叙之。

嘉靖龍集丁酉仲春上澣東越青華山人王鎔時化甫書。

刻大嶽誌畧叙

刻《誌畧》之閱四月，將訖事，升還所，以作之意授之工，曰：“升少時則聞武當奇勝甲天下。裹糧走觀之，亡一乘之便，卒莫能往。”嘉靖癸巳，督屯唐、鄧間，庶幾望見諸道子之宫，而又不敢越他境以勤邑人，乃止。甲午提調命下，升奉以趨。曰：“兹命也，將得以指揮其宫事，行有辭矣。”明年三月既至，觀于净樂，曰：美哉！巖巖乎，上逼太紫，而下壓城闉也哉！抑大者三十六焉，今見其一，未覩其餘也。觀于玉虚，曰：又有大焉。其文皇之餘烈乎，吾聞之費而不傷，勞而不怨。觀于五龍，曰：美哉，神僊窟宅也。其東則青羊，太上之所經也；其南則桃源，希夷之所處也。觀于南巖，曰：美哉！天作之者歟，地生之者歟，人力不至于此。觀于紫霄，曰：美哉！傳有之天下七十二福地，此其一也。觀于太和，曰：美哉！亭亭乎，吾不知其幾千萬丈也。其去地益遠，而去天益近也乎！日月出没在下矣，嵩高泰華不足言矣。既歸，取誌讀之，曰：該矣悉矣，無所不載矣。讀之卒篇，曰：誇而俚，慱而寡要，其猶有未盡乎。乃忘其愚，輯爲此編。汰十之五，增十之三，爲之檃括一百四十六處，杜述者十有九首，類爲五卷。既脱稿。唯災木是懼，質之少監李公曰：雖然，不可無刻也。遂刻之。

嘉靖丙申長至日婺源方升識。

玄　帝　紀

玄帝，禀天一之精，惟務静應，不樂南面，志複本根。降生之日，即神農氏之末年，歲在閼逢敦牂釋姑洗月哉，生明曦馭天中符天一之陽精，托胎神化扵翼、軫、婁三宿之次，龍變梵度天之下，静樂國善勝皇后之腹，孕秀一十四月，産母左脇而生。當生之時，祥雲異香，瑞應難述。生而神靈，甫及七歲，天文書契，一覽默會，潜心至道，願事上帝，普福兆民，欲尋幽谷内煉元真。遂感無極紫元君授以上道。元君指太和山而告之曰："此山自乾兑起脉，盤旋五萬里。水出震宫，上應翼、軫二宿，顯定極風、太安皇崖二天，汝可居之。當契太和，飛昇復位。上輔大道，與天地日月齊竝。"告畢，昇雲而去。十五辭父母。父王不能抑志。遂入是山，潜虚玄一，默會萬真。身長九尺，面如滿月，龍眉鳳目，紺髮美髯，顔如冰清，披松蘿之服，散髮跣足，凝真養性四十二年，成無上道。

凡　　例

一　是編，祖述七，畧；地理，畧；諸作而爲名者也。大嶽舊有誌，嫌於無别，故曰《誌畧》，與舊誌並行焉。

一　是編，採掇事實。一本舊誌，間有損益，則竊附己意，而不避僭越焉者也。

一　編次，首王言，尊無上也；次人物，先有功也；次宫觀，昭盛舉也；次山川，叙勝槩也；宫觀、山川，不各自爲卷者，總繫于一圖也；次藝文，示不朽也；終之以雜考焉，録其所未録，防遺逸也；玄帝紀弁之卷端者，誌爲玄帝作特例也。

一　王言親御翰墨者，則書廟號。其詔、誥、勑之類，出于臣下代言者，則書年號以别之。

一　勑諭如提督、提調之類，或十餘篇同一詞者，録其一，以例其餘。其不相干涉者，不敢復載。

一　人物事蹟，悉依舊誌收入，不敢以己意竄易者，信以傳信，疑以傳疑，恐浸失也。永樂十一年注授各宫提點，無事蹟可紀者，削之。

一　藝文諸作家直書姓名者，官爵謚號之類，或有或無，卒難訪求，從恒稱也。間有别號而無姓名者，據其所存。書號俱無者，只書無名氏。

卷之一　王言畧

敘曰：王言如絲，其出如綸；王言如綸，其出如綍，録之昭異數也。有闡揚之文焉，有崇封之典焉，有寵渥之章焉，有褒錫之命焉……與夫嚴役書，諭諸色，選徒衆，定稱號，戒皇華，示官守，總得贊一，記一，書一，碑一，祭文五，歌詩二，詔、誥、勑、旨七十六。其所事同而詞不異者，不復贅于篇。

宋仁宗皇帝《真武贊》曰　萬物之祖，盛德可委；精貫玄天，靈光有煒。興益之宗，保合大同；香火瞻敬，五福攸同。

國朝太祖皇帝諭祭丘玄清曰　爾其俯伏諦聽，帝有諭焉。嗚呼！爾以黄冠擢居太常。自授任以來，夙夜恭勤，祀事嚴潔，兹有年矣，何其一疾遽然長往。今特遣人祭以牲醴。爾其有知，服兹諭祭。

太宗皇帝《道宫之碑》[①] **曰**　盖聞大而無迹之謂聖，充周無窮、妙不可測之謂神。是故，行乎天地，統乎陰陽，出有入無，恍惚翕張，驂日馭月，鼓風駕霆，倏而爲雨，忽而爲雲，禦灾捍患，驅沴致祥，調運四時，橐籥萬彙，陶鑄群品，以成化工者，若北極玄天上帝真武之神是已。按道書，神本先天始炁五靈玄老太陰天一之化。生而神靈，聰以知

---

① 《道宫之碑》：指明成祖於永樂十六年十二月初三日，御制的《道宫之碑》，全稱《御制大嶽太和山道宫之碑》。

遠，明以察微，潛心念道，志契太虚，乃入武當山脩真内錬，心一志凝。遂感玉清元君，授以無極上道。功滿道備，乘龍天飛，歸根復位，顯名億劫，與天地悠久，日月齊並。武當，舊名太和，謂非玄武不足以當之，故名曰武當。蟠踞八百餘里，高列七十二峯、三十六巖之奇峭，二十四澗之幽邃。峯之最高曰天柱，境之最勝曰紫霄、南巖，上出游氛，下臨絶壑，跨洞天之清虚，凌福地之深窅。紫霄、南巖皆有宫。又自南巖北下三十里，有五龍宫，又四十里抵山趾有真慶宫①，俱爲祀神祝釐之所，元末悉毀于兵燹，荆榛瓦礫，廢而不舉。天啓我國家隆盛之基，朕皇考太祖高皇帝以一旅定天下，神陰翊顯佑，靈明赫奕。肆朕起義兵，靖内難，神輔相左右，風行霆擊，其蹟甚著。暨即位之初，茂錫景貺，益加炫耀。至若榔梅再實，歲功屢成，嘉生駢臻，灼有異徵。朕夙夜祗念，罔以報神之休。仰惟皇妣，劬勞恩深，昊天罔極，以盡其報。惟武當神之攸棲，肅命臣工，即五龍之東數十里勝地焉，剏建玄天玉虚宫；於紫霄、南巖、五龍剏建太玄紫霄宫、大聖南巖宫、興聖五龍宫；又即天柱之頂，冶銅爲殿，飾以黄金，范神之像，享祀無極。神宫仙館，焕然維新。經營之始，至於告成之日，神屢顯像，祥光燭霄，山峯騰輝，草木增色，靈氣聚散，變化無状，衆目咸覩，踊拜啫啫。榔梅垂實，加前数倍，九地啓秘，金杵躍出，陰陽諸精，玄質流潤，靈異紛員，莫能殫紀，神之響應，有如此者。遂命道士爲提點，主領各宫，飭嚴祀事，昭答神貺。上資薦揚皇考太祖高皇帝、皇妣孝慈高皇后在天之靈，下爲天下臣庶祈迓繁祉。雖然神之浮游混茫，變化無方，此感彼應，無往不之。然非此無以達朕之誠，與夫天下虔敬之心也。況山川冲和之氣融結於斯，與神相爲表裏。神之陟降往來，飄飖揮霍，顧瞻舊游，豈不徘徊於斯乎！則是宫觀之建，有不可無。謹爲文，刻山中，以彰神功，永永無窮焉。

① 又四十里抵山趾有真慶宫：按此記述推斷，當是今之玉虚宫所在地。但據文獻記載，玉虚宫所在地，在明代早期，只有遇真宫，却没有"真慶宫"的記載。而"真慶宫"在那時則在南巖宫，全稱爲"天乙真慶宫"。有待進一步考察確定。

祭真武曰　兹者命官統率軍夫脩建宫宇，報答神貺。上資薦揚皇考皇妣，下爲天下生靈祈福。謹用祭告，神其相之。

賜張三伴書曰　朕久仰真仙，渴思親承儀范，嘗遣使致香奉書，遍詣名山虔請。真仙道德崇高，超乎萬有，體合自然，神妙莫測。朕才質踈庸，德行菲薄。而至誠愿見之心，夙夜不忘。敬再遣使，謹致香奉書虔請，拱俟雲車夙駕惠然降臨，以副朕拳拳仰慕之懷。

賜孫碧雲詩曰　太華山高九千仞，幽人學道巢其巔。雲邊一卧知幾年，懸崖鐵鎖當攀緣。世間萬物無所累，饑食瓊芝渴乳泉。鍊就還丹握化權，三關透徹玄中玄。高奔日月呼紫烟，絳宫瑶闕長周旋。五華靈芽植丹田，明珠一點方寸圓。左挹神公右白元，夜開明堂相與言。窈冥恍惚合自然，飄飖直上大羅天。時人欲見不可得，三峯下俯飛鴻翼。丹丘羽人常往還，紅崖赤松舊相識。只今邂逅契心期，青瞳緑髮烟霞姿。福地洞天游欲徧，逍遥下上驂虬螭。若遇真仙張有道，爲言佇俟長相思。

仁宗皇帝祭真武曰　惟神道高玄妙，功運化權，廣濟生靈，陰翊皇度，兹予嗣位之始，虔脩告祀，伏惟歆格，永祚邦家。

蟾宇歌曰　太初灝灝氣杳冥，混沌肇判分清寧。輕清懸象濁成形，二儀坎乾萬彙生。孰綱維是道乃經。二五之精妙合凝。糸爲三才人至靈，箇中孰能尤粹精。瀟然物外離塵纓，若人賦稟淑且清。早歲學道棲巖坰，葆和脩真久乃成。虚室生白斯其徵，皓如蟾魄涵晶明。放之六合彌光瑩，斂之方寸何虧盈。抗志雲霞豈慕名，和光時俗能耽榮。道積厥躬聲乃宏，奉祠大嶽昭虔誠。祝釐祚國召嘉禎，景星煌煌泰階平。醴泉泠泠甘露馨，有時飛烏來瑶京。校讐玄文司權衡，淋漓金薤昭日星。獻納承恩道譽增，玄門光顯揚休聲。願言功行如月恒，竚看躡雲登蓬瀛。

宣宗皇帝祭真武①曰 惟神參贊玄化，顯相邦家。我皇祖崇建祠宫，昭答靈貺。兹予嗣位之初，謹用祭告，惟神昭格，茂賜靈休。

憲宗皇帝紫霄宫神像記②曰 朕聞自開天以來，即有此山。自元始以來，即有此神。神乃北極玄天上帝真武是已，山乃大嶽太和是已。神非兹山無以爲棲真之所，山非兹神無以侈靈勝之名。是故，歷代搆造殿宇，欽崇之不衰。我太祖高皇帝平定海宇，惟神默相靈明赫奕，嘗於南京建廟奉祀之矣。太宗文皇帝肅靖内難，惟神陰佑厥蹟誕著，特於兹山大造宫祠，及於北京復建行宫奉祀之矣。英考睿皇帝光復大位，惟神屢現奇應，亦既命官函香奠幣，致敬尤篤。朕繼紹大統十有五年，仰思先志，敢不祗承，矧家國乂安，夷夏懷服，無爲之治，於斯爲盛，豈不有賴於神之翊贊而能爾邪？昭答之典，在所必行。肆命工爲像，往安於太玄紫霄宫。聖像一，從官像四，皆范銅爲之，而鍍以金；水火神二，亦銅體金飾，而各類其像、供器、香爐、瓶、盂、鐘、磬，總十一事，既堅既完，載鮮載潔。特遣太監陳喜送詣宫所奉安，永享四方之香火，永狀世人之觀瞻。夫神分身降世，變化無窮，恍惚翕張，出無入有，禦災捍患，濟物度人，數出禎祥，祚我家國，繼自今願，丕揚神道，斡運化機，俾上而聖母福壽無窮，于以昭朕之孝；下以儲嗣繁衍未艾，于以昭朕之仁；宫闈清吉，于以昭朕治内之嚴；臣僚效忠，于以昭朕使臣之禮；黔黎於變，于以昭朕之化；夷狄來王，于以昭朕之威；以迄四時行，百穀登，群生遂，化工成，庶乎神有感必應，而朕虔奉之誠亦不虚矣。雖然朕之所望庇于神者，豈止一時如是而已哉。謹爲文刻碑，以彰神功於不朽云。

---

① 這篇祭文是明宣宗皇帝朱瞻基登極後，於宣德元年十二月十一日作的祭文。

② 這道聖旨是明憲宗朱見深於成化十五年遣臣送神像至紫霄宫奉安記。

太和宫神像記[①]**曰**　宫在均州南百二十里太和山天柱峯之上。乃我皇高祖太宗文皇帝刱建，以奉北極玄天上帝真武之神之所也。神尚於此脩真得道，神功威烈最爲顯著，以故歷世往往建祠崇奉之不替。方我文祖肅清内難之初，神每陰護顯相，用寧邦家。是以文祖感焉，乃即神肇蹟之地弘構宫殿，以爲崇奉之所者也。而又於絶頂冶銅爲殿，飾以黄金。其崇奉之萬古未有也。暨朕嗣統，君臨億兆，十年于兹，固由我祖宗德澤流衍，皇考、聖母教育所致。然亦豈不陰有賴於神靈之贊祐歟。兹欲昭答神貺，無以表誠。乃命工范金爲像一堂，安於太嶽太和宫者：真武聖像一，從官像四，皆銀爲之，而間飾以金；神帥十，皆銅爲之，而鍍以金。又爲飾金雕鏤重簷木殿覆焉。安於玄天玉虚宫者：真武聖像一，從官像四，皆銅爲而金鍍之，俱琢白石爲之座焉。二堂水火，以銀以銅各從其像；珠漆梓金供卓各一，其供噐銀鍍金者十有四，銅鍍金者二十有二，總三十八事。銅提爐二、石磬一、銅鐘一、綺羅銷金旛幢傘并雜色旛，總百十有八。特遣中官太監陳喜、廖恭、韋惲、劉斌，右少監李本，奉御藍富，送詣宫所，設齋奉安，永爲瞻仰。惟神陟降往來益著靈貺，儲祥錫福，祐我國家，俾朕上奉慈闈萬年，下延嗣徧千億，内而宫壼協吉，外而邦國平寧，近而黎庶乂安，遠而蠻貊賓服。凡厥有生，無不成遂，庶有以副朕崇奉之誠，見神響應之妙也。因紀以文，用垂示於久遠云。

武宗皇帝祭真武曰　今歲以來，雨暘愆候，田苗枯槁，黎庶憂惶。予心兢惕，虔致禱祈。惟神矜民，旋斡太和，式調和氣，以濟民艱。庶民有豐稔之休，神亦享無窮之報。

---

① 此記爲明憲宗朱見深於成化十年作。此記憲宗自稱在位“十年……乃命工范金爲像……”遣臣送往太和宫的。而任自垣纂修《勑建大嶽太和山誌》記成化九年七月二十九日命官護送神像至太和宫、玉虚宫。同年十一月初一日，修建金籙大醮七晝夜。以此類推，此記當爲成化十年作。

祭真武文曰 近歲以來，群盜爲梗，生靈被害，在在有之。今將徂征，稍臻平定，餘災未殄，尚累天和，水旱相仍，妖祥疊見，永思厥咎，良切疚心。爰與群臣飭躬脩政，同期昭格，庸迓神庥。伏冀神明，憫兹黎庶，轉災爲福，綏我家邦，不勝惓惓懇禱之至。

宋天禧二年真武加號詔曰 伏以丕顯聰明，聿求孚祐，旌賁殊號，率循舊章，恭惟真武之靈，茂著陰方之位，妙功不測，冲用潛通，尹京邑之上腴，有龜蛇之見象，允升地寶，嶤涌神泉，自然清冷，飲之甘美。資中國之利澤，奏耳疾以蠲除。倍慶濟時，虔思報德，執其勝壤，建以珍祠。既脩奉於威容，合登隆於稱謂。爰稽懿實，永耀鴻禎，真武將軍宜加號曰："鎮天真武靈應祐聖真君"。當體寅恭，咸從布告。故兹詔示，想宜知悉。

嘉泰二年封真武誥曰 仰止層霄，巍乎北極，瞻百神之環衛，有玄武之尊嚴，顧像設之已崇，而號名之未備，肇稱縟典，以介蕃釐。北極佑聖助順真武靈應真君，天之貴神，國之明祀。威靈在上，常如對於衣冠，光景動人，遂莫逢於魑魅。赫然祥異，著于見聞。在天禧時，瑞表醴泉之觀；若熙寧日，事傳大順之城。祖宗相繼，禮文有加，祠堂迺剏於阜陵，扁榜爰新於"佑聖"。肆朕尤嚴於察報，而神每監於禱祈，載惟肸蠁之孚，曾靡窈冥之間。福詒冲眇，將垂萬世之子孫；德及高深，溥洽四方之黎庶。誕揚盛美，庸侈徽稱。金闕玉京，密增於神筴；雲車風馬，永鎮於人寰。尚冀宴娛，逌觀薦饗，可特加封"北極佑聖助順真武靈應福德真君"。

寶祐五年崇封真武誥曰 北極惟尊玄武，元謂穹崇南面，雖主百神，必嚴寅奉，既陰受護持之貺，宜顯加旌賁之儀，申衍榮章，用昭敬事。北極佑聖助順真武靈應福德衍慶真君，道周六合，威攝萬靈。鍾元黄一炁之真，陰功有賴；握坎離二精之妙，神化無邊。以兹蕩邪而辟兵，莫匪救民而護國，惟我朝之累聖，殫至敬之一心。在真廟、仁廟，則表靈應而彰感通；在孝皇、寧皇，則奉佑聖而崇福德。迨予眇冲，固當增“衍慶”之封，嘉爾聰明，亦既述均陽之譜。肸蠁冥冥而默應，威靈赫赫以旁昭。無願不成，錫庶民之福祉；何幽弗察，清四海之妖氛。凡同普率之間，均在包含之内。惟仁則所濟之愽，惟正則丕烈之洪。强贊上真，難明至德，尚宏道蔭，永庇人寰。可特封“北極佑聖助順真武福德衍慶仁濟正烈真君”。

元大德八年加號真武詔曰　武當福地，久屬職方。靈應玄天，宜崇封典。睠言真武，昔護先朝，定都人馬之宫，嘗現龜蛇之瑞。雖昭應已脩於明祀，而仙源未表於徽稱。爰命太常議行褒禮。謂元者善之長。聖德合於一元，聖則化而神，元功同於三聖。拯濟民生而仁周宇宙，廓清世運而威暢風霆。訂鴻名而既嘉，宜寵光而何忝。於戲，天道主宰謂之帝，四季庸鎮於山川。帝室眷命受於天，萬年永安乎宗社。思皇多祉，祐我無疆。特加號曰“玄天元聖仁威上帝”。

延祐元年加封聖父詔曰　朕聞越有貴神，是爲玄帝，發祥大國，學道名山。位鎮北方，開皇家之景運；威加海内，殄庶域之妖氛。既昭報於純釐，宜惟尊於聖父。元包有極，所以融一炁之胚胎；慶衍真源，所以綏萬年之祉禄。庸加美號，用答殊休。聖父净樂天君明真大帝，可加封“啓元隆慶天君明真大帝”。

加封聖母詔曰　昔有上仙，降生玄帝。一炁難名其妙用，萬方咸仰其英威。晬宇天臨，顧洋洋而如在，祥光日耀，信赫赫以長存。昌期既協於剖符，大號宜加於鏤牒。著母儀之特盛，配父道之常尊。聖躬有賴於擁全，慈仁允洽於帝祚。益期昌熾，福禄来仍。聖母善勝天后瓊真上仙，可加封“慈寧毓德天后瓊真上仙”。

賜張守清詔曰　朕嘉脩真之流，貴得道之士，形神俱妙，僻處山林，精氣純全，能興雷雨。信若人之高躅，實斯士之罕聞。欲示襃揚，其頒涣汗，凝神靈妙保和法師武當山天一真慶萬壽宫住持宫事張守清，爲老子學，奉玄帝祠，登萬仞之層巔，構千間之大厦。功用雖成於使鬼，行能自足以服人。龜蛇交媾以現形，虎狼隨奔而斂迹。素心既固，玄化彌彰，争稽首於講筵數千輩，不及脅於卧席三十年，近臣有稱讃之言，太后有徵求之命，屢逢亢旱，方虞率土之災，申禱上玄，並獲甘霖之喜。功已霑於庶物，身宜佩於殊榮。嘉賁冠簪，增輝巖壑。於戲，鎮安侯服，真慶爲南紀之靈祠，輔翼我家，玄武主北方之王氣，雖竭心誠而致禱，庶幾福禄之來崇。欽哉！惟時服我明訓，可賜“體玄妙應太和真人”。宜令張守清准此。

國朝天順四年賜真仙張三伻誥曰　朕惟仙風道骨，得天地之真元秘典靈文，奪陰陽之正氣，顧長生久視之術，成超凡入聖之功。曠世一逢，奇蹤罕見。爾真仙張三伻，芳姿穎異，雅志孤高，存想專精，鍊脩堅定，得仙籙之寶訣，餌金鼎之靈膏，是以名隸丹臺，神游玄圃，去來倏忽，豈但烟霞之棲，隱顯渺茫，實同造物之妙。兹特贈爾爲“通微顯化真人”。錫之誥命，以示褒崇。於戲，蜕形不老，永惟物外之逍遥，抱道絶倫，益勤寰中之景慕。尚期指要，式惠來英。

國朝永樂三年勑道士李素希　昔者高真學道於武當名山，折梅寄榔樹，且祝曰：“道成，此枝即活，花實而熟。”後果如其言。自是以驗歲之豐歉。太平歲豐，花實而繁；其遇歲歉，花而不實。今樹尚存。問諸故老，久無花實。比者，爾素希以實數百，遣人來進，誠爲罕得，莫非以爾精誠所格，祝釐國家，故能感動高真，降此嘉祥，以兆豐懷也①。兹特遣道士萬道遠齋香，詣高真道場焚炳，以答神貺。并以綵段一表裏，紵絲衣

① 以兆豐懷也：任自垣纂修《勑建大嶽太和山誌》記爲“以兆豐穰”。

一襲，鈔四十錠賜爾。爾其恪盡乃心，以祈茂祉。故勑。

四年勑道士李素希　去歲高真效祥，榔梅成實，已兆歲豐，爾遣人來進。今歲復然，誠爲難得，稽之於古，間或一見，尤以爲希遇。矧兹二年，兩見其實，皆爲高真翊衛國家，爾輩精意祝釐所致。兹特遣道士陳永富齎香，詣高真道場，以答神靈。并以綵段一表裏，紵絲衣一襲，鈔四十錠賜爾。宜茂益精勤，以臻至道。故勑。

十年勑道士孫碧雲　道教以虚無自然爲宗，以杳冥恍惚爲體，高妙超乎萬品，精微入乎無倫。爾資性淳誠，精脩妙道，志游寥廓，心慕清虚，操之彌堅，守之彌固，眷此鍊習，實爲可嘉。朕探賾希夷之蹤，雅愛助人成道，今特授爾爲“道録司右正一”。不拘以職，聽從於名山大嶽、洞天福地任便脩行。服氣餐霞凌青霄而遠覽，驂鸞跨鶴歷紫府以逍遥。踐履至真，永光道德。故勑。

勑道士孫碧雲　朕敬慕真仙張三丰老師，道德崇高，靈化玄妙，超越萬有，冠絶古今，願見之心，愈久愈切。遣使祗奉香書，求之四方，積有年歲，迨今未至。朕聞武當遇真，實真仙張三丰老師脩煉福地。朕雖未見真仙老師，然於真仙老師鶴馭所游之處，不可以不加敬。今欲創建道場，以伸景仰欽慕之誠。爾往審度其地，相其廣狹，定其規制，悉以來聞，朕將卜日營建。爾宜深體朕懷，致心盡力，以成協相之功。欽哉！故勑。

勑道士孫碧雲　朕仰惟皇考太祖高皇帝、皇妣孝慈高皇后，劬勞大恩，如天如地。惓惓夙夜，欲報未能。重惟奉天靖難之初，北極真武玄帝顯彰聖靈，始終祐助，感應之妙，難盡形容，懷報之心，孜孜未已。又以天下之大，生齒之繁，欲爲祈福于天，使得咸臻康遂，同樂太平。朕聞武當紫霄宫、五龍宫、南巖宫道場，皆真武顯聖之靈境。今欲重建，以伸報本祈福之誠。爾往審度其地，相其廣狹，定其規制，悉以來聞，朕將卜日營建。其體朕至懷。故勑。

諭官員軍民夫匠人等 武當天下名山，是北極真武玄天上帝脩真得道顯化去處，歷代都有宮觀，元末被亂兵焚盡。至我朝，真武闡揚靈化，陰祐國家，福被生民，十分顯應。我自奉天靖難之初，神明顯助，威靈感應至多，言説不盡。那時節已發誠心，要就北京建立宮觀，因爲内難未平，未曾滿得我心願。及即位之初，思想武當正是真武顯化去處，即欲興工創造，緣軍民方得休息，是以延緩到今。而今起倩些軍民，去那裏創建宮觀，報答神惠，上資薦揚皇考皇妣，下爲天下生靈祈福。用工夫不多，至容易不難。特命隆平侯張信、駙馬都尉沐昕等，把總提調管工官員人等，務在撫邺軍民夫匠。用工之時，要愛惜他的氣力，體念他的勤劳；關與糧食，休着他受饑寒；有病着官醫每用心調治。都不許生事擾害。違了的都拿將來，重罰不饒。軍民夫匠人等，都要聽約束，不許奸懶。若是肯齊心出氣力呵，神明也護祐，工程也易得完成。這件事不是因人説了纔興工，也不因人説便住了工。若自己從來無誠心呵，雖有人勸，着片瓦工夫也不去做；若從來有誠心要做呵，一年竪一根柱，起一條梁，逐些兒積累，也務要做了。恁官員軍民人等，好生遵守着我的言語，勤謹用工，不許怠惰，早完成了回家休息。故諭。

十一年勑真人張宇清 武當天下名山，真武成道靈應感化之地。元末，宮觀悉燬于兵，遂使羽人逸士脩鍊學道者，無所依仰。朕積誠于中，命創建宮觀。上以資薦皇考皇妣在天之靈，下以爲天下生靈祈福。俾雨暘時，若，災沴不生，年穀豐登，家給人足。今宮觀已告成，神明屢顯休應，圓光煜燁，五色燦爛，神像昭彰，見于光内。觀者數千萬人，咸加嘆異。已賜名曰：玄天玉虛宮、太玄紫霄宮、興聖五龍宮、大聖南巖宮。然此名山勝境，必得高人羽士以住持看守。大聖南巖宮，已嘗命正一孫碧雲爲住持外，其三處爾即選有道行者各二人爲住持。别選至誠敬謹道士，每處各五十人看守。如一時選揀不如數，隨爾所選得若干人，就分派四處看守，精進脩行，興隆道教。故勑。

勑隆平侯張信、駙馬都尉沐昕等　今正一嗣教真人張宇清舉保道士，分派各宫。道録司右玄義任自垣、道士邵慶芳，爲玄天玉虚宫提點，高道周惟中[①]提點，林子良爲副宫；興聖五龍宫以李時中爲住持，道士吴繼祖爲提點；太玄紫霄宫以李幽巖、胡古崖爲提點；大聖南巖宫已命右正一孫碧雲爲住持，以王一中爲提點副之。各處宫名，只依此勑爲定，用報汝知之。故勑。

十四年勑都督何濬　今命爾護送金殿船隻至南京，沿途船隻務要小心謹慎。遇天晴明，風水順利即行。船上要十分整理清潔。故勑。

十七年勑隆平侯張信、駙馬都尉沐昕　静樂國之東有紫雲亭，乃玄帝降生之福地。勑至，即於舊址仍創紫雲亭，務要弘壯堅固，以稱瞻仰。其太子巖及太子坡二處，各要童身真像。爾即照依長短闊狹，備細畫圖進來。故勑。

勑隆平侯張信、駙馬都尉沐昕[②]　今大嶽太和山大頂砌造四圍墻垣，其山本身分毫不要脩動，其墻務在隨地勢，高則不論丈尺，但人過不去即止。務要堅固壯實，萬萬年與天地同其永遠。故勑。

二十二年勑右叅議諸葛平　朕創建大嶽太和山宫觀，上資薦揚皇考皇妣二聖在天之靈，下爲四海蒼生祈迓福祉，用期綿遠以敷利澤於無窮。

---

① 周惟中：據任自垣纂修《勑建大嶽太和山誌》所記，在“周惟中”後，記有“兼”字。

② 這道聖旨是明成祖於永樂十七年五月二十日下的。

然工作浩繁，實皆天下軍民之力，辛勤勞苦，涉歷寒暑，久而後成。凡所費錢糧，難以數計。今工已告成完，特用勑爾，常川用心巡視。遇宮觀有滲漏透濕之處，隨即脩理；溝渠道路有淤塞不通之處，即便整治。合用人工，就於均州千户所官軍内撥用。務使宮觀常年完美，溝渠道路永遠通利，庶不隳廢前工，以虔祀事於悠久。如此，則神明昭鑒，必使爾等享有無窮之福。爾若玩法偷安，不行用心巡視，以致宮觀損濕，溝渠道路淤塞不通者，則罰及爾身，將不可悔。故勑。

洪熙元年勑湖廣都指揮使司 朕皇考太宗文皇帝臨御之日，創建大嶽太和山宮觀，上以資薦皇祖考、皇祖妣在天之靈，下爲四海蒼生祈迓福祉。工既告完，已勑湖廣布政司右叅議諸葛平，常川用心巡視，遇有損壞隨即脩整。朕今祗承鴻業，篤念皇考先志，實欲虔奉祀事於悠久，以冀利澤於無窮。勑至，即免爾均州一千户所軍餘、襍泛、差役，盡數存留在州，聽參議諸葛平及千户朱彝提督。但遇宮觀有滲漏損壞之處，隨即脩理；溝渠路道有淤塞不通之處，隨即整治。務使宮觀永遠完美，溝渠路道永遠通利，庶稱朕[1]展報之心。玆特以勑諭爾等，其敬承之毋怠。故勑。

宣德元年勑右叅議諸葛平及千户朱彝等 昔我皇祖太宗文皇帝，創建大嶽太和山宮觀，實欲虔奉祀事於悠久，以冀利澤於無窮。我皇考仁宗昭皇帝臨御之日，篤念先志，特將均州一千户所軍餘、襍泛、差役優免，聽爾等提督，但遇宮觀有滲漏損壞之處，隨即脩理；溝渠路道有淤塞不通之處，隨即整治。朕今復勑湖廣都司、布政司，將本所屯田子粒，盡行除免。仍遵前勑，優免襍泛、差役，令得專心用力於所事，使宮觀永遠完美，溝渠路道永遠通利，庶稱朕展報之心。已勑玄天玉虛宮提點任自垣，與爾等一同提督脩理。爾等務在恭勤趨事，毋得怠慢及私役軍

① 庶稱朕：據任自垣纂修《勑建大嶽太和山誌》所記，無此三字。

餘，以自取罪愆。如勑奉行。

三年勑太常寺寺丞任自垣　朕惟皇祖太宗文皇帝，創建大嶽太和山宫觀，上以資薦祖宗在天之靈，下爲四海蒼生祈福於無窮。今特命爾職，專提督本山宫觀一切之事，率領道官、道衆，晨夕嚴潔重脩，以祈福祉；其灑掃人户，令用心守護山林，潔净觀宇；原撥佃户，令依期送納齋米，勿致缺少；脩理官軍，令時常點檢宫觀、墻垣、溝渠路道，脩其損壞，務在永遠堅完，庶稱朕祗奉神明之心。若有懈怠不律及不聽爾提督者，輕則量情責罰，重則具實奏聞，必罪不恕。欽哉，故勑。

十年勑尚膳監左監丞陳埜　昔我皇曾祖太宗文皇帝，創建大嶽太和山宫觀，虔奉祀事，實欲福祐我國家及天下蒼生於無窮。迨至皇祖仁宗昭皇帝、皇考宣宗章皇帝臨御之日，克紹先志，特將均州一千户所軍餘、雜泛、征差及屯田子粒，盡行優免。但遇宫觀有滲漏損壞之處①，隨即脩理；溝渠路道有淤塞不通之處，隨即整治，俾宫觀永遠堅固完美。兹特命爾前去與原差禮部員外郎吴禮一同提督，凡有未脩殿宇房屋及衝塌橋梁路道，就行脩理。已勑吴禮知之。爾宜恪遵朕命，恭勤趨事，不許怠慢，更不許在彼生事，私役軍餘，虐害下人，以取罪愆。其襄陽衛原撥官軍四百二員名，俱放回原衛操備。故勑。

勑禮部員外郎吴禮及均州千户所　今命尚膳監左監丞陳埜，前來與爾吴禮一同提督均州千户所軍餘，常川巡視大嶽太和山宫觀，遇有滲漏損壞之處，隨即脩理；溝渠路道有淤塞不通隨即整治，俾宫觀永遠堅固完美。及本所軍餘、雜泛、差役及屯田子粒照舊盡行蠲免。襄陽衛原撥官軍四百二員名，俱放回操備。故勑。

---

① 但遇宫觀有滲漏損壞之處：據任自垣纂修《勑建大嶽太和山誌》所記，無“之處”二字。

正統元年勑行在禮部郎中邵正 昔我皇曾祖太宗文皇帝，創建大嶽太和山宫觀，虔奉祀事，以冀利澤於悠久。我皇祖仁宗昭皇帝、皇考宣宗章皇帝臨御之日，篤念先志，特優免均州一千户所軍餘、雜泛、差役，并勑湖廣都司、布政司，將本所屯田子粒，盡行除免。凡遇宫觀有滲漏損壞之處，隨即整治。朕今嗣承大位，一遵祖宗之心，虔奉祀事，弗敢少怠。兹特命爾前去，與大嶽太和山玄天玉虚宫提點及均州千户所千户，一同提督軍餘脩理。務在恭勤趨事，使宫觀永遠完美，溝渠路道永遠通利，庶稱朕心。如或怠慢及私役軍餘，則罰及爾等，不可悔矣。故勑。

天順四年勑右參議李孟芳 朕念大嶽太和山宫觀，是祖宗創建棲神之所。今命爾同内官奉御唐廣提督均州千户所官軍，專一照管灑掃。凡遇宫觀滲漏損壞者，隨即脩理如新，及橋梁坍塌，溝渠淤塞，道路毁阻，隨即補砌疏通，整理堅完。務在廟貌森嚴，道衆潔净，虔奉祀事，供養香火，以祈福佑於悠久。庶不負朕敬神之意。毋或不正其身，縱欲圖利，私役軍餘，科擾下人，及怠惰廢弛，肆無忌憚，自取罪愆，朕不爾宥。爾其慎之。故勑。

成化五年勑内官監右監丞韋貴 得爾奏，彼處宫觀房屋、橋梁、道路年久損壞數多，其均州千户所正軍，多係先前習學木石等匠，要乞優免征差，兼同餘丁專一脩理等因。今特准爾所奏。命爾同參議王豫提督本所官軍并餘丁，將前項損壞宫觀房屋、橋梁、道路，陸續用工脩理。合用甎、灰、木料，預令官軍餘丁設法燒採措置應用。爾等務在用心提督，使勞逸相均，工程有序，堅固完美，足以經久。毋或虛應故事，徒費財力，及科需尅害，致人嗟怨。如違，罪有所歸。工完無事之日，仍提督正伍官軍，操守城池，防禦盗賊，或本處并隣近府縣草寇生發，本所官軍相應調用，聽參將等官與爾等計議斟酌施行。其餘一應雜泛、征差，并運糧、屯田及邊方征調等項，一體優免。爾等其如勑奉行。故勑。

勑廵撫荆襄南陽等處右副都御史楊璿、分守右叅將都指揮同知王信　得右監丞韋貴奏，大嶽太和山宫觀、房屋、橋梁、道路，年久損壞數多，其均州千户所正軍，多係先前習學木石等匠，要乞優免征差，兼同餘丁專一脩理等因。今特准其所奏。命同參議王豫提督本所官軍并餘丁，將前項損壞宫觀、房屋、橋梁、道路，陸續用工脩理。候工完無事之日，正伍官軍仍令操守城池，防禦賊寇。如附近盜賊生發，前項官軍相應調用，聽爾與韋貴等計議斟酌施行。事寧之日，即便放回。其餘一應雜泛、征差，并運糧、屯田及邊方征調等項，照例優免，不許輕易差占。特諭爾等知之。故勑。

九年勑内官監右少監韋貴　今差太監陳喜、廖恭、韋憚、劉賓等，管送真武聖像，前去大嶽太和山奉安，就脩齋醮，已勑湖廣三司整理。勑至，爾與參議王豫，亦須預先措辦該用一應物件並人夫等項俟候，至日應用，毋得違悮。故勑。

十二年勑諭官員軍民諸色人等　朕惟大嶽太和山興聖五龍宫自然庵，乃羽士棲真之所。上爲國家祝釐，下爲生民祈福者也。其地東至青羊澗，西至西行宫，南至桃源澗，北至明真庵，爲庵中永業。恐年久被人侵毁，特賜護持。凡官員軍民諸色人等，毋得欺凌侵占，以沮其教，敢有不遵朕命者，論之以法。其本庵道士張愎心所居之處，賜名“長生巖”。故諭。

十四年勑内官監太監韋貴　今差太監陳喜，管送真武及從神靈官像，同左監丞陳道、内官監右監丞林茂，前去大嶽太和山太玄紫霄宫奉安。已勑湖廣鎮守三司整理。勑至，爾與參議梅倫，亦須預先措辦該用一應物件并人夫等項俟候，至日應用。毋得違悮。故勑。

勑御用監太監陳喜　今命爾管領黄船并馬快船隻，裝送真武及從神靈官像并供器等項，同左監丞陳道、内官監右監丞林茂，前去大嶽太和山太玄紫霄宫奉安。已勑湖廣鎮守三司并管山内外官員，凡合用物件，預先整理俟候應用。爾等沿途務要十分仔細，用心照管，不許纖毫怠忽。到湖廣布政司，率同三司委官護送至山奉安。事畢回京。凡事須要公同計議，處置停當。不許因而生事，擾害下人。如違，責有所歸。爾等敬之，慎之。故勑。

十七年賜右正一雷普明勑曰 朕惟道爲萬物之奥，而一乃至道之精。肆國家設置道官以正一爲名者，欲其體此以闡教也。茍非凝神静虚，秉心專一者，安能逈出風塵之表，而達無宗無上之妙哉。爾道録司右正一雷普明，早游方外，夙悟玄宗，擢領道流，用裨民化，歷年滋久，守道愈堅，是用錫之勑命，以褒爾行。爾尚益加恭慎，懋振宗風，用贊無爲之化，爾惟欽哉。

十九年勑内官監太監韋貴 今差太監陳喜，管送真武聖像一堂，前去大嶽太和山興聖五龍宫奉安，就脩齋醮。已勑湖廣、河南三司委官，整理合用石床等件。勑至，爾與參議李謙，亦須預先措辦該用物料并人夫等項俟候，至日應用，毋得違悮。故勑。

勑御用監太監陳喜 今命爾管領黄船并馬快船隻，送真武聖像一堂，前去大嶽太和山興聖五龍宫奉安，就脩齋醮。已勑湖廣、河南三司并管山官員，預先整理合用物件及夫匠俟候。爾沿途務要十分仔細，用心照管，不許纖毫怠忽。到湖廣布政司，率同三司委官護送至山。及督同河南委官成造石床等件完具。奉安事畢回京。凡事須要公同計議，處置停當。不許因而生事，擾害下人。如違，責有所歸。爾其敬之，慎之。故諭。

勑諭官員軍民諸色人等 朕惟大嶽太和山，乃玄帝顯靈之所，天下名山也。其形勝蟠踞八百餘里，其中，峯、巖、灘、澗、宫、觀、河、橋，並峙横跨焉。盖以神妙莫測，冲用潜通。上以佑助國家，下以錫福生民。故歷代迄今，崇奉之有加。往者石板灘迎恩橋，累被山水暴發衝損，人以爲患。提督太監韋貴，自備貲財，於橋東創建觀宇，奉神鎮奠之，數年來累獲顯應，前患用弭，人賴以安，朕嘉之，已賜額曰“迎恩”，用昭神貺。凡有滲漏損壞，照本山宫觀例，一體脩理。兹又允貴請，改爲“迎恩宫”，添設提點住持於内，領衆焚脩，仍降勑護持之。繼今以往，一應官員軍民諸色人等，毋得侵毁褻瀆，生事擾害。敢有沮壞其教，不遵朕命者，國有常憲。故諭。

二十年勑諭官員軍民諸色人等　朕惟大嶽太和山，乃玄帝顯靈之所也。形勝蟠踞八百餘里，東至冠子山，西至鴉鵰寨，南至麥場凹，北至白廟兒。其中，峯、巖、灘、澗、宫殿、祠觀、廟宇、河、橋，並峙横跨非一，盖以神妙莫測，冲用潜通，上以默佑國家，下以福庇生人，故歷代以來，崇奉之不替。而我祖宗尤加重焉。兹者提督太監韋貴，以近年流民潜於界内砍伐竹木，住種田地，慮恐日久愈加侵毁，乞勑護持，特允所請。繼今以往，一應官員軍民諸色人等，毋得侮慢褻瀆，砍伐侵種，生事擾害。敢有不遵朕命者，治之以法。故諭。

二十二年勑御用監太監陳喜　今命爾管領香帛，前去①大嶽太和山興聖五龍等宫脩設齋醮。已勑湖廣鎮守太監開泰，公同三司計議，一應該用紙劄物件，量支官錢，各委堂上官管領買辦。及合用夫匠人等，亦就於所在有司取用。凡事悉聽爾處置，臨時或有當用物件，亦令措辦。爾湏竭罄虔誠，用成醮事，毋得怠忽。仍戒約下人，不許擾人。故勑。

勑鎮守太監開泰并都、布、按三司等官　今差太監陳喜，齎領香帛，前去大嶽太和山興聖五龍等宫，脩設齋醮。勑至，爾泰湏公同三司計議，

① 前去：據任自垣纂修《勑建大嶽太和山誌》所記，無此二字。

一應該用紙劄物件，量支官錢，各委堂上官管領，前去買辦，及合用夫、匠、人等，亦就於所在有司取用。凡事悉聽陳喜處置，臨時或有當用物件，亦與措辦，不許怠慢乖悮。如違，責有所歸。故勑。

弘治七年勑右糸議陳睿　朕惟大嶽太和山宫觀，是祖宗創建棲神之所。今命爾與太監潘記，率同玉虚宫提點、均州千户所千户，提督軍餘，專一照管灑掃。凡遇宫觀滲漏損壞者，隨即脩治如新；及橋梁坍塌淤塞、道路頹毁者，隨即補砌疏通，整理堅完。務在廟貌森嚴，道衆潔静，虔奉祀事，供養香火，以祈福佑悠久，庶不負朕敬神之意。無事之日，爾仍與記，提督正伍官軍，操守城池，防禦盗賊或本處并隣近府縣草寇生發，本所官軍相應調用，聽鎮守總兵并撫治等官與爾等計議，斟酌施行。其餘一應雜泛、征差并運糧、屯田等項，一體優免。今又加爾以下荆南道分守撫民之任，爾不妨本職，往來所屬，巡視地方，將一應附籍安插并陸續逃移人民，必須以時戒飭，嚴加禁約，不許非爲。敢有擾害居民者，爾即量情懲治；應拿問者，依律拿問。情輕者，照例發落；罪重者，即將正犯枷釘，連妻小差人奏解來京，定發充軍。殺傷人者，處以極刑。若有貪暴官吏，豪横軍民人等，生事欺害逃民者，亦一體依律拿問究治，及凡有可以除奸革弊便民弭盗之方，聽爾計議審處；或事重難以區畫，具奏處置。遇有妖人聚衆，及草寇生發，即所在官軍相機撲捕，無致滋蔓。爾爲朝廷簡用，必須嚴公勤慎，敬以奉神，仁以撫下，務在事妥民安，斯稱任使。汝或因循苟且悮事，慢神殃民，必罪不宥。汝其欽承毋怠。故勑。

勑太監潘記　今差太監扶安、余慶等，管送真武聖像，前去大嶽太和山奉安，就脩齋醮。已勑湖廣三司整理。勑至，爾與糸議陳睿，亦須預先措辦該用一應物件，并人夫等項俟候，至日應用。毋得違悮。故勑。

勑御用監太監扶安等　今命爾等管領黄船并馬快船隻，装送真武聖像，并供器等項，前去大嶽太和山奉安，就脩齋醮。已勑湖廣三司，并管山内外官員，預先整理伺候應用。爾等沿途務要十分仔細，用心照管，不許纖毫怠忽。到湖廣布政司，率同三司委官，護送至山奉安。事畢回京。凡事湏要公同計議，處置停當，不許因而生事，擾害下人。如違，責有所歸。爾等敬之，慎之。故勑。

勑湖廣都司、布政司、按察司　今差太監扶安、余慶等管領黄船并馬快船隻，装送真武聖像，并供器等項，前去大嶽太和山奉安，就脩齋醮。勑至，爾三司即便公同計議，各委堂上官員，管理合用脩齋品物，及一應物件，并扛擡人夫等項，預先整理俟候應用。凡事悉聽扶安等處置。臨時有當用者，即與措辦，不許怠慢乖悞。如違，責有所歸。故勑。

十年勑内官監太監李祺　今命爾提督大嶽太和山宫觀，虔奉祀事。爾與湖廣布政司右糸議陳睿，率同玉虚宫提點、均州千户所千户，督令軍餘，時常灑掃潔净。但遇宫觀殿宇損壞，及橋梁道路坍塌淤塞，即便脩理完整。無事之日，操練正伍官軍，守備城池，防禦賊盗，或草寇生發，本所官軍相應調用，公同計議施行。其餘征差并運糧、屯田等項，一體優免。爾仍不妨本務，兼分守湖廣行都司并荆州、襄陽、鄖陽三處府、州、縣、衛、所，及附近淅川、内鄉、商州、洛南、商南、山陽、白河各處山場、哨堡、巡司，督令操練官軍民壮，脩理城堡、器械。禁防流逋，緝捕盗賊，保障地方。合行事宜，俱與撫治都御史，督同各該守備、兵備、撫民、分巡等官，從長計議而行。不許互相矛盾，有乖事體。倘有寇盗竊發，量調所屬官軍民快，作急撲滅，毋令滋蔓。若各官事有干涉，仍前不報者，聽爾等指實參奏。其有應與各鎮守、巡撫等官計議者，亦湏公同計議，應奏請者，具奏定奪。爾爲内臣，受兹委託，尤湏持廉秉公，輸忠殫力。務俾祀事嚴肅，地方寧靖。不許纖毫怠忽。如違，責有所歸。爾其敬之，慎之。故諭。

十二年勑御馬監太監李瑾、司設監太監李珍　今命爾等同真人王應裿等，齎捧香帛、銀兩，前去湖廣武當山脩建齋醮。爾等到彼，會同鎮巡等官、太監劉雅等，并本山太監李祺等，及三司等官，將齎去銀兩，差委的當人員，收買合用品物，擇日赴山脩建齋醮。務要敬謹嚴肅。不許指此爲由，科擾地方。如違，必罪不宥。爾等其慎之，慎之。故勑。

十四年勑内官監太監李祺　今命御用監太監王瑞、御馬監太監陳玹、御用監太監魏倫，裝送真武神像，前去本山奉安，并帶祝帛銀兩，就彼祭祀，脩設齋醮，及掛旛瑞等。至彼，爾即與叅議華山公同整備夫役，委官買辦物料，將神像會同奉安停當，及祭祀齋醮等事，俱要虔誠敬謹。不許因而生事擾人。爾其欽承毋忽。故勑。

勑御用監太監王瑞等　今命爾等管領黄船并馬快船隻，裝送真武神像，前去大嶽太和山奉安，并帶祝帛銀兩，就彼祭祀，脩設齋醮及掛旛。已勑湖廣鎮巡并都、布、按三司官，委官整備夫役，并聽候買辦物料應用。爾等在途，務要仔細，用心照管。到彼會同本山提督等官，敬謹奉安。事畢即便回京。且聞南北直隸、河南、山東沿河一帶，以至湖廣地方，俱被水災，人民十分艱窘。爾等湏要體朕爲民之意。在途及到彼，取撥夫役等項，凡事務從節省，不許纖毫搔擾。其帶去官舍匠作人等，嚴加鈐束，敢有夾帶私貨，需索下程分例等項，生事害人者，事發，一體重罪不饒。爾等其敬之，慎之。故勑。

十七年勑内官監太監齊玄　爾原奉命創建廟宇到彼，便相擇建造，精緻如法，壯麗堅久，以伸朕崇奉之意。其所用木、石、錢、糧、人工、物料，悉聽爾便宜處置。工完之日，爾精選戒行清謹，恪守玄教，老成道士一名，具奏來聞，令本廟住持。爾仍禁約，一應閑雜官員人等，不許縱肆往來，任情作踐。如違，指名來奏。爾宜持守公廉，安静行事，仍一年或二年、三年朝京一次。爾其慎之。故勑。

正德二年勑御用監太監甄瑾　今命爾裝送真武聖像，前去大嶽太和山奉安。爾沿途務要約束下人，用心照管。不許纖毫怠忽。到湖廣布政司，率同三司委官，護送至山奉安。事畢回京。不許因而生事，擾害百姓。如違，責有所歸。爾其敬之，慎之。故勑。

嘉靖五年勑右条議廬煦　今差太監李瓉，前去提督大嶽太和山兼分守地方。就令同大真人張彦頨齎送錢糧，脩設齋醮，奉安聖像。已勑湖廣鎮巡三司等官整理。勑至，爾湏與各官預先措辦該用一應物件，并人夫等項俟候，至日應用。毋得違悮。故勑。

勑真人張彦頨　朕即位五年，歆照先朝故事，爲民祈福。特命太監李瓉同爾齎送錢糧，前去大嶽太和山脩建清醮，奉安聖像。新陞左至靈吴尚禮，亦令隨爾供事。沿途合用船隻、廩給及護送人夫，已勑各該衙門，照例應付。并勑湖廣鎮巡三司及管山条議，凡合用物件，預先整理俟時候應用。爾等沿途務要十分仔細，用心照管到彼，敬謹奉安，不許纖毫怠忽。仍湏體朕爲民祈福之意，安静行事，節省支費，不得劳民傷財。爾其敬之，慎之。吴尚禮事畢之日，還着往南嶽公幹，就繳勑回京。故勑。

勑鎮守太監潘真、總兵清平伯吴傑、巡撫都御史黄衷、都布按三司官　今差太監李瓉，前去提督大嶽太和山，兼分守地方。就同大真人張彦頨齎送錢糧，脩建齋醮，奉安聖像。勑至，爾等公同計議，行委的當官員前去整備夫役，措辦物件，合用銀兩即於本布政司無礙官錢内動支買辦應用。務在完備明潔，以稱朕爲民祈福之意。不許怠慢乖悮，及因而科擾害人。如違，責有所歸。故勑。

按：舊誌載諸勑或一篇而累數十出，或文不相涉而並取以入。《誌畧》不盡存者，病簡編之繁也，故録其一，而其同者則畧焉。録陳埜，畧姜和，而下者内臣提督之例同也；録李孟芳，畧王豫，而下者条議提調之例同也；録李祺，畧齊玄，而下者提督兼分守之例同也；録陳睿，畧華山，而下者提調兼分守之例同也；録諸葛平而畧任自垣，録楊璿而畧王豫，録章貴而畧梅倫，録潘記而畧陳睿，録李祺而畧華山，録張彦頨而畧李瓚。一時特授之例同也，同故畧之。畧之而懼，其遂終畧也。故復著其所與同者，庶他日可因是而考焉。若夫謹獄囚，嚴脩省，撫流亡，賑貧乏，則固非山中所有事也，可以無録，故並置之。

永樂十一年 禮部奏武當山住持道士事。奉聖旨："着道録司行文書，去浙江、湖廣、山西、河南、陜西這幾處，有道行至誠的來用。欽此。"

永樂十四年 隆平侯張信傳奉聖旨："武當山各宫觀，別無田糧供贍，着户部差官去同所在官司，踏勘本處附近荒閑田土，着法司撥徒流犯人五百名，去那裏做佃户，專一耕種供贍。若是本山宫觀邊廂，有百姓每的田地，就取勘見數撥與佃户每種，另尋田土撥還百姓。欽此。"

永樂十四年 隆平侯張信早奏。奉聖旨："武當山各宫觀道士每的行糧，直待那發去種田人種得有糧時纔住支。騫林茶、榔梅都不要進了。若是榔梅結實時，只着報將來知道。欽此。"

永樂十五年 隆平侯張信、翰林院學士楊榮等奏。奉①："武當山古名太和山，又名大嶽，今名大嶽太和山。大頂金殿，名大嶽太和宫。欽此。"欽遵各官補本具奏。奉聖旨："是。欽此。"

永樂十五年 隆平侯張信奏："大嶽太和山附近，湖廣襄陽府均州，合無將那本州該管軍民人户，與免科差，派分輪流，前去玄天玉虚宫等

① 奉：應爲"奉聖旨"。

處，守護山場，灑掃宮觀。”奉聖旨：“是。税糧依舊着辦。其餘科差都免了。欽此。”

永樂十五年　隆平侯張信欽奉聖旨：“大嶽太和山玄天玉虚宮那幾處大宮觀，不許無度牒的道士每混雜居住。只着他去其餘小宮觀裏脩行，差去採藥。道士而今在山做提點的，原領香書，不要銷繳。欽此。”

永樂十五年　隆平侯張信奏：“成造大嶽太和山宮觀畢日，有餘剩下顏料、麻、鐵等物，合無解京庫交收。”奉聖旨：“着玄天玉虚宮提點如數收貯。遇有脩整，即便支用。欽此。”

永樂十六年　隆平侯張信欽奉聖旨：“大嶽太和山，天真顯現，瑞應禎祥，着提點每差人馳驛來奏。欽此。”

永樂十七年　行在禮部官奏，提點任自垣奏。奉①：“宮觀牌額已定了罷。要撥軍守護的，且由他。道士每年與綿布二匹，夏布二匹。香、燭、燈油，你計較了來説。欽此。”欽遵會同提點任自垣等計議，得大小宮觀每歲該用香、燭、油、蠟數目齎進，内官傳奉②：“是。這裏着人去買香，一次差人去買三年的用；黄蠟、香油，一次差人去買十年的用。只不要虧了百姓。欽此。”欽遵。當即本部官復奏。奉聖旨：“是。欽此。”

永樂十七年　隆平侯張信同吏部官欽奉聖旨：“郎中諸葛平，着做湖廣布政司右叅議，不管布政司事，專在大嶽太和山提調事務，均州的事也着他提調。欽此。”

---

① 奉：應爲“奉聖旨”。
② 奉：應爲“奉聖旨”。

永樂二十年 尚寶監左監丞卓軒奏：大嶽太和山玄天玉虛宫等處，道衆誦祝延聖壽寶經。奉聖旨：“照例賞他。欽此。”

宣德元年 行在兵部奏大嶽太和山脩理宫觀軍餘差役，奉聖旨：“今後征差也免了。欽此。”

宣德三年 太常寺寺丞任自垣題：原係大嶽太和山玄天玉虛宫提點，欽蒙聖恩，陞除前職，專一提調本山事務。所有本山宫觀，每遇萬壽聖節設醮誦經七日；千秋令節設醮誦經五日。照得洪武年間，太常寺卿并大祀山川壇官道服入朝。照例前去率領道衆晨夕誦經，報本祝延聖壽，未敢擅便，具題。行在禮部尚書胡濙欽奉聖旨：“要道服入朝，准他。欽此。”

宣德四年 襄陽府均州奉本府帖文備奉湖廣布政司劄付承准，行在禮部各字一百六十七號勘合，該大嶽太和山玄天玉虛宫提點申照得原奉劄付，送到油蠟，各宫觀點用將盡，及照油蠟十年一次送到，收頓年久，難以點照，乞照降香三年一次送用便益，本部官奏，奉聖旨：“是。還着内官去買。欽此。”

宣德四年 行在工部尚書吴中等奏：大嶽太和山人匠一十九名，係營造人數。奉聖旨：“留與他。欽此。”

景泰四年 右糸議樊敩奏云云等因。奉①：“該部知道。”該禮部覆先准本部咨開湖廣襄陽府均州判官張聰奏，切照布政司以統乎府州縣親民之職，莫要於州縣司府之設，特總其綱維，此我朝建制立法之宜也。逮我太宗文皇帝，崇建大嶽太和山宫觀畢日，發來本州爲民流徒罪犯人

---

① 奉：應爲“奉聖旨”。

等五百五十户，編成五里，撥地耕種，辦納齋糧，供贍道士。先隸本州管轄，後有知州吴禮改除員外郎，提調本山，仍前掌管，一向因循至今。名雖在於有司，而實則布政司条議掌管。緣条議係方面官員，職專提調總督，未嘗令以親民，體統不一，名實有紊。況兼佃民黄册遞年俱係本州攢造印記，凡有户婚田土等項相争，具告到州，不服拘理，須要申禀提調条議，方纔發州會問。以此佃民得以所恃，土民多被其害。并奉勘合僉點民壮委臣等督領操備，其佃户民壮，俱各不聽約束。誠恐恣肆日久，别生事端。乞勑該部計議，合無將前項佃户，照舊仍令本州管轄，齋糧依期徵納。庶得體統歸一，名實不紊等因具奏。禮部抄出，會官議得合准，所擬已經奏准。移咨到部，通行去後。今右参議樊敩奏稱：前項佃户，係欽撥徒流人犯，專一耕種，供贍齋糧等項，今經年久，成法已定，自來不屬州管轄。要照依永樂年間事例，職掌一節案呈，合無將前項佃户，照依永樂年間舊例，令本山提調官条議樊敩辦納齋糧、茶、鹽、綿花等項，供贍宫觀道士，不許本州搀越管屬，更改成規。若遇造册，仍令本州另項攢造。緣係定擬管屬佃户及奉欽依户部知道事理，未敢擅便，具題。太子太保兼户部尚書金濂等奏。奉聖旨："是。"

成化十七年　内官監太監韋貴題云云等因。奉①："准他。該部知道。"該禮部覆提督大嶽太和山等處太監韋貴題稱：自備己資，於彼處迎恩橋東，關王廟南脩建一小觀，要乞頒賜觀額。已蒙欽准，所擬額名伏乞欽定緣節，該奉欽依，該部知道事理，未敢擅便，本部官題，奉聖旨："與做迎恩觀。"

成化十七年　内官監太監韋貴題云云等因。奉②："該部知道。"該禮部覆先該本官題稱：自備己資，於彼處迎恩橋東，關王廟南脩建一小

① 奉：應爲"奉聖旨"。
② 奉：應爲"奉聖旨"。

觀，要乞頒賜觀額。本部覆奏，奉欽依："與做迎恩觀，欽此。"已行去後，今該前因，案呈到部，看得太監韋貴題稱：本觀殿宇及周圍墻垣等項，切恐年久滲漏，被人侵毁，褻瀆神明。要乞頒降護持，并照本山宫觀事例，遇有滲漏損壞，令其一體脩理，及令住持計崇虚領衆焚脩一節，緣係内臣乞恩護持祀神，及奉欽依禮部知道事理，未敢擅便定奪。本部尚書周□題，奉聖旨："准他。"

成化二十一年 太監韋昌等欽奉聖旨："恁司禮監寫帖子去，説與提督大嶽太和山太監韋貴、潘記每知道，今得他每奏來彼處，所産榔梅、黄精、鲜筍等物，係永樂、宣德年間舊例，造辦敬獻。今欲遵詔書内停止一節，既是先年舊例，還着依前採取，如法造辦來用，不必停止。有了，陸續差委的當人員管送來京。不許指此爲由，因而擾害下人。欽此。"

弘治八年 尚衣監太監潘記題云云等因，奉①："是。該部看了來説。"該户部覆太監潘記奏，要查照祖宗舊制，合無将優免屯田仍與軍餘耕種，供應旗軍月糧。如前關支，惟復另爲置處，及都御史沈□奏，要會議改正一節。臣等查得見行事例，每軍領屯田一分，每歲辦納屯田子粒共一十八石，各處衛所正軍月支糧一石，歲該支糧一十二石。下屯屯軍不支月糧，就撥屯種一十二石給與屯軍食用，補作月糧，尚有子粒六石，應該每歲上倉交納，此係常例。今本山屯軍已有屯糧一十二石，准作月糧食用，與各處衛所正軍月糧相同，子粒六石，應合照依欽奉勑諭事例，免其上倉，所有每月支米六斗，不無重支。以此，都御史沈□奏，要會議改正，不爲無見，合無本部行移彼處，撫治都御史查照該所屯田，仍撥與各軍耕種，其該徵子粒六石，遵奉列聖勑諭除免，不必追徵。就將各人自得屯糧一十二石之數，照例與作食用。其月糧不許另外重支。

① 奉：應爲"奉聖旨"。

如此，則屯田以清食諸可省，而軍士亦遂所養而樂，於趨事矣，緣係乞恩申明祖宗舊制，及奉欽依該部看了來説，并該衙門知道事理，未敢擅便，户部尚書葉□等具題。聖旨："是，月糧仍照舊關支。"

弘治十五年　司禮監太監陳寬等，欽奉聖旨："恁司禮監寫帖子去，説與差去湖廣武當山等處，奉安聖像，脩建齋醮好事，太監王瑞、陳玹、魏倫知道。今差錦衣衛千户秦玉，并差來鎮撫王良等，賫去銀兩、制帛、香、燭等項。如帖到日，爾等即便會同彼處分守、分巡、内外官員、太監李祺等，分按差委的當人員買辦紙劄品物等件，擇日赴山，脩建吉祥好事二起，每起四十九晝夜。務要嚴加敬謹，毋得怠忽。好事畢日，還將脩建日期，并用過錢糧數目，備細開具回奏，不許因而生事，擾害下人。欽此。"

正德二年　太監李荣等，欽奉聖旨："恁司禮監寫帖子去，説與大嶽太和山太監韋興知道，爾照依宣德、天順等年事例，彼處産有果品、蜜煎等項，依時採取，如法做造。有了，差委的當人員陸續進送來京。沿途用心照管。亦不許指此爲由，因而生事擾害軍民。如違，治罪不饒。欽此。"

嘉靖十年　内官監左少監王敏題云云等因。奉①："該部看了來説。"該禮部覆太和山建立宫觀，以奉真武之神，乃我文皇致敬鬼神，爲民祈福之盛心，非假脩奉香火以網羅民利也。是以本山歲用香、炷、油、蠟，道衆冬夏布疋，以及提督衙門額設隸卒，原皆取辦于有司，其費不貲矣。其後香火日盛，施財填委，有積無散，大爲典守者所私。是以弘治六年本部題，奉欽依行令湖廣布政司，每年正月至四月，香客盛行之時，委官收受香錢，解送均州浄樂宫官庫收貯，以備本山脩葺廟宇之資。其五

① 奉：應爲"奉聖旨"。

月以後，香客稀踈，所捨香錢，聽從提督官員收受，以備歲時脩焚之用。然亦後有羡餘儲積日富。是以嘉靖元年該撫治鄖陽都御史徐蕃，議將提督衙門額設隸卒，不必有司徵派，俱取辦于香錢。嘉靖二年，又該提督太監潘真奏，奉欽依將本山歲用香、炷、油、蠟、布疋及均州千户所官軍折色俸糧，不必動支官銀，亦于香錢取給，嗣是法禁浸密，支費日增，一歲所入，僅足以供一歲之需。近遇連年荒歉，香客不多，以致歲額油、蠟、布疋間有拖欠，誠或有之。嘉靖九年，恭遇皇上建立四郊，該右春坊右中允廖道南具奏户部議題，要將本山每歲五月以後儲積香錢，盡行查解應用。工完之後，仍聽撫治衙門委官監收，以備鄖襄軍餉，及荒年賑濟之資。其建議愈卑，而取利益急矣。夫我國家内帑外藏自足，供四郊之用，區區香火餘貲，何足籍賴。即今大工告成，經費未嘗稱匱。而本山香錢，何曾有分文解部。是使朝廷徒有掊克朘剥之名耳。今該左少監王敏具題前因，相應議處，合無行令湖廣布政司轉行撫治及提督衙門，自嘉靖十一年爲始，一年香錢，通行委官收受，填註簿籍。查照先年題准事例，四月以前所得香錢，仍貯均州净樂宫官庫，以備官庫折俸及提督官員門隸雇直。五月以後所得香錢，收貯本山官庫，以備本觀歲用香、炷、油、蠟、道衆冬夏布疋及脩葺殿宇。如遇亾年支用之外，果有羡餘，歲歲儲積，以備亾荒。不必指稱郊工起解，徑自截留本觀，以補填遞年拖欠油、蠟、布疋、脩葺之用。庶使名山福地儲蓄有餘，不致荒落，以稱我文皇建立之初意。而公私經費，亦庶乎損益適宜矣等因，本部尚書兼翰林院學士夏□等具題。奉聖旨："是。這香錢只着照舊例行。"

卷之二　人物畧

叙曰：君臣也，父子也，夫婦也，長幼也，朋友也，死生也，六者無所逃于天地之間者也。道家者流，盖逃之而不能盡逃焉者。其所以爲教，儒者所不取。然有識之士，號爲闢異端者，或不以其言爲非。兩劉、漢宗匠也，《七畧》之作，至並列于諸子。而軒轅彌明之屬，雖昌黎，亦與下上其議論，固未可遽以方外少之也。况道德之授，治務之陳，復有如喜如摶者，傑然《山之南》、《山之北》也哉。

周

關令尹　周大夫。姓尹，名喜，號文始。當周末大道將隱，預占紫炁西邁，當有道者過之，出爲函谷關令。未幾，而太上度關，喜執弟子禮迎拜，授之《道》《德》二經。約後會蜀之青羊肆。托疾不仕，隱居谷内。後入蜀。歸棲于武當三天門石壁之下。今名曰尹喜巖，澗曰牛漕澗、青羊澗，皆太上神化訪喜之地。

尹　軌　字公度。太原人。文始真人之弟子也。博極群書，晚乃學道。常起居林麓，服黄精。年百餘歲，言天下安危盛衰，未嘗不驗。入太和山，領杜陽宮太和真人。今爲紫虚陽光道德籙真師。

漢

戴　孟　名之生。漢將軍。武帝遣入北山採藥。棄官學道，號孟盛子。受法於清靈裴真人，得玉珮金鐺之書，石精金光之符。周游名山，日行七百里。後白日上昇，落帽于武當山峯之上。迄今呼曰落帽峯。陳希夷有詩云：“我愛武當好，將軍曾得道。昇舉入雲霄，高岑名落帽。”

馬明生　字君賢，號明生。得太陽神丹之秘。丹成，服半劑，周游人間。架屋從徒，與俗無異。不過三年，夫婦輒易其處。今五龍觀自然庵，即其地也。

陰長生　漢光武陰皇后之族。鄧人。馬明生之弟子也。得師太陽神丹之訣，同隱武當。丹成，馭氣飛行，周游六合。後至忠州仙都，白日上昇。

葉　濟　字仲微。漢明帝時人。少好道術，棄官不仕。後居武當，寢息無度，或困積石，倚大木。雖歷四時，衣服不變。居常散髮，亦或練巾，飛步雲烟，人莫之近。

宋[①]

劉　虬　字靈預。天姿穎悟，愽究典墳。宋泰始中，爲晋王記室，解官辟穀，入武當山。所居石室，曰劉爽巖。今隱士巖是也。

① 宋：南朝之一，史亦稱劉宋。後同。

晋

劉允常[①]　字道通。歷陽人。少英毅，歷仕羅邑宰。博覽群書，有遁世脱塵之志。晋太康中，表辭官，詔許之。遂西上武當，至襄陽，見一道士語之曰："吾師孟盛子諭我曰：'若有西上欲見我者，可與俱來。'得無君乎？"因與俱至山忽覩先生坐于石上，授以鍊神冲虚之道。於是，結茅於石室，不數年得冲寂之妙，能飛行絶壁。自號曰謝羅山。盖謝羅宰之官也。後仙去，莫知所之。

唐

姚太守　名簡，字易夫。隋人也。佐唐太宗，出爲武當節度。貞觀中，天下旱蝗。勑禱名山俱未應。姚被命詣武當。有儒士風貌殊異，語簡曰："予五龍君也。帝命守護此山。爲子故來。已奏允。"澒失所在。已而大雷雨，遍布天下。後挈家隱居武當。宋初，却蝗救旱，靈顯昭著，進封"忠智威烈王"，勑建祠於今紫霄宫之東。

宋

陳希夷　名摶，字圖南。亳州人也。少負逸材，入武當山隱居，誦《易》於五龍觀側，感五炁龍君，授之睡法。尋迁誦經臺，研究畫前之妙。又迁於白雲巖。五代之末，四方鼎沸，移居華頂。傳云：五龍飛空送之。宋初累召不起。後赴闕。乞歸，詔許之。

張士遜　均州人也。初居光化。少孤貧，讀書於武當山。有道士見

---

① 劉允常：應爲"謝允常"。

而異之，曰："子有道氣，可隨我。"公不欲。宋太宗雍熙中，登第位至宰相。後竟隱武當仙去。

房長鬚 不知其名。宋南渡後，隱居武當，日以栽杉爲事。今五龍宫後之杉，皆房手植，培植灌溉，靡有暇刻。一日，忽遇玄帝化形道相，問以栽杉之因。慰諭之曰："神則清矣，惜乎無鬚。"以手頷之，亦以爲常。經宿，但覺有物如絲縈於胸臆。視之，鬚已長尺餘矣。甲午三月一日清旦，雲中隱隱見跨鶴之形，視故居，惟杖履在焉。

田簑衣 不知其名。隱武當隱仙巖石室。冬夏止一簑，時人以簑衣稱之。隆冬則真氣如蒸，盛夏則温凉如玉。人有疾厄叩之者，摘衣草吹炁與之，服者即愈。鍊大丹。端平間，失所在。今丹室、爐竈存焉。

謝天地 不知其姓名。絶粒不食，步履如飛。居南巖更衣臺下石室中，石壁萬仞，下臨深澗，雖猿鶴莫能往來，公飛行自若。人有啓問，但應之曰："謝天地。"餘無他語，人以是名之。後仙去，不知所在。

孫寂然 名元政，號寂然子。嗣業茅山清真觀，得上清五香諸法之妙①。遍禮福庭。時沛湖②龍去，江漢罹金兵之厄，武當殿宇爲之一空。紹興辛酉，首登武當興復五龍，開闢基緒，以符水禳禱爲民除疾，衆皆歸之。數年之間，殿宇悉備。高宗詔赴闕，以符水稱旨，勑度道士十人。後還山仙去。冠劒藏於桃源之東。

---

① "得上清五香諸法之妙"：應爲"得上清五雷諸法之妙"。劉道明集《武當福地总真集》卷下爲"得上清五雷諸法之妙"。

② 沛湖：劉道明集《武當福地总真集》卷下爲"汴湖"。任自垣纂修《勑建大嶽太和山誌》，王佐修、慎旦等纂《大岳太和山誌》，凌雲翼修、盧重華等纂《大岳太和山誌》均爲"沛湖"。

鄧真官　名安道。孫寂然之弟子也。自幼隨師開復武當。盡得其師上清五雷諸法之妙。駕風鞭霆，應答如響。遠邇疾患，皆奔趍之。勑住五龍，始作正殿，頑石壁立，鑱鑿甚苦，默施神用。一夕，雷雨爲破其石。嘉泰中，預告徒衆，掩卧而逝。大風拔木，移時方散。人謂乘風而往。劒瘞宫北。

曹觀妙　名侍德。峴山人也。幼入道，居武當，嗣五龍之派。天性穎悟，舉止非凡。自作一家書體，飄逸有神仙之態，四方多傚之。道法、陰陽，靡不愽究。後移領三茅崇禧之任，及歸。一夕，夢山神語曰：“三茅真君來日降此，君宜迎迓。”旦，即領衆迎于會仙峯，久之無一人至者。日將暮，真君化爲田夫，荷簑而至。衆莫之識。令挈物而歸。抵觀，拜於堂下。尋欲勞之不得。但聞異香襲人，覆滿庭户。悔無及矣。後誡徒衆曰：“此間仙凡混居之地，自今已往，世世不受道俗禮拜。”今武當道士不受俗拜，始此。尋立聚聖之殿以奉之。嘗謂門弟曰：“吾因受三茅真君禮，不免金解。”端平三年，果罹兵難，白膏凝膚，畧無腥血，刃者致拜釋劒而去。

唐風仙　名守澄。隨州人。幼入武當。姿貌古恠，鶴體松形，杖上常掛葫蘆數十，往來均房之間。壬子復均州。郡守程進，令開闢武當。預道人吉凶，多奇中。常叱辱人，被叱者即蒙福慶。人以“風仙”稱之。或立積雪，或卧道路，常有虎豹守衛。時貴禮敬之。開慶己未，不知所在。

元

汪真常　名思真，號寂然子。真常，家世徽人，宋丞相汪伯彦之後，生於安慶，嗣全真教法。入武當山。至元乙亥，領徒衆六人開復五龍，荆榛塞途，黑虎爲之引導，興建殿宇，改觀爲宫。四方師禮之，度徒衆百餘人。任本宫提點。吉凶預知。後無疾而蜕。人常夢其步紫雲北去。

魯洞雲　名大宥，號洞雲子。隨州應山人也。家世宦族。幼入武當學道，遍歷南北。至元乙亥，偕汪真常開復武當，住紫霄，南巖。年八十餘，以道著遠，點墨片紙，可療民疾。度徒衆百餘人。解化之日，面若童子。

葉雲萊　名希真，號雲萊子。處州括蒼人也。唐天師葉法善之族裔。生於建寧，得清微道法之妙。兵遷古穰，入武當。至元乙酉，應詔赴闕，禱雨却疾，皆稱旨。至元丙戌，授提點，任武當護持。

劉道明　號洞陽。荆門人。與葉雲萊同師雷囦黄真人，授以清微上道。居武當五龍宫。搜索群籍，詢諸耆舊，纘爲一書，曰《武當集》。

張道貴　名雲巖，號雷翁。長沙人。至元間歸武當。禮汪真常爲師，同雲萊、洞陽，謁雷囦黄真人，得先天之道。歸五龍宫，潛行利濟。門下嗣法者二百餘人。得其奥旨者，惟張洞囦焉。終於自然菴。

張守清　名洞囦，號月峽叟。宜都人。幼習儒業，長更爲吏。年三十一，聞武當魯洞雲名，投禮出家，脩煉金丹。盡得雲萊、洞陽、雲巖三師之道。創建南巖天一真慶宫，奉詔祈禱雨雪，立有顯應，人皆神之。宣授“體玄妙應太和真人”。管領教門公事。後退隱於清微妙化巖，精脩上道。棄形蜕去。

黄明佑　字太霞。潭州人。早歲抗志烟霞，歷諸名嶽，禮武當太和張真人，嗣清微法派。凡有祈禱，無不感應。

單道安　均州人。從南巖張真人，學精究道法，執弟子禮，慇勤弗怠。真人昇舉之後，潛藏于叠字峯，屏絶人事。洪武初，游西華、終南諸名山，仍居重陽萬壽宫。一日以所授玄秘付與門人而去，弟子李素希携冠履，瘞于五華仙塋。

曹古松　義興人。生于元季。自幼入句曲山，禮三茅君，出家元符萬靈宫道士。質朴恬澹，懶與人接。手不釋卷，理性明白。後入武當，煮石茹芝，韜光匿景，《黄庭》《太洞》一以貫之，後還句曲，復入杭之開元。一日，對王眉叟真人作頌辭謝，端坐而逝。數日，蔣君者，忽見古松如生，拜辭而去。

鄧青羊　南巖道士。生于元季，早來武當，從高士學《黄》《老》《文始》《文庚》《莊》《列》《周易参同》《龍虎大丹》諸書，精思熟練，深得其奥。凡所寓興，吐詞發語，皆有激發，武林有"忘情消白日，高卧看青山"之句。所著《觀物吟》，又曰《警世文》。洪武初年，吴中人多有識之者。既後不知所終矣。

國　朝

張全弌　字玄玄，號三丰。相傳留侯之裔。不知何許人。丰姿魁偉，龜形鶴骨，大耳圓目，鬚髯如戟。頂中作一髻，手中執方尺。身披一衲，自無寒暑，或處窮山，或游鬧市，嬉嬉自如，傍若無人。有請益者，終日不答一語。及至議論三教經書，則絡繹不絶。凡吐詞發語，專以道德、仁義、忠孝爲本，事事皆先見。或三五日一食，或兩三月一食。興來穿山走石，倦時鋪雲卧雪。行無常行，住無常住。人皆異之，或以爲神仙中人也。洪武初，遍歴諸山，搜奇覽勝。常與耆舊語云："吾山異日與今日大有不同。"命丘玄清住五龍，盧秋雲住南巖，劉古泉、楊善澄住紫霄。又結庵展旗峯北，曰"遇真宫"。黄土城内曰"會仙館"。語弟子周真德："爾可善守香火，成立自有時來，非在子也。"洪武二十三年，拂袖長往，不知所止。二十四年，遣三山高道，清理道教，曰："有張玄玄者，可請來。"永樂初，致香書，累遣使臣請之，不獲。十年，勑大臣創建宫觀。自高真昇仙之後，未有盛於今日者。師之所言，信不虚矣。

李孤雲 河南人。洪武初，來武當五龍宫，與鄉人李幽巖結方外友，壽年九十有二。冠劍藏于桃源洞。

劉古泉 河南人。有躡景凌虚之志，入寶珠巖下蒲團獨坐。一旦，告其友楊善澄曰："吾今解帶正在此時。"語畢而逝。

楊善澄 太行西山人。夙有道契，志在太和紫霄之上，後果如其意。與劉古泉結歲寒之盟，俱入寶珠巖下。

李素希 字幽巖，號明始韜光大師。洛陽人。生於元季。自幼業儒。棄家來武當之五龍頂，粗衣糲食。洪武初年，度爲道士，住持五龍宫。後復退隱於自然庵，不與人接，含光守默。永樂三年，忽見榔梅樹開花結實，知爲豐年之兆。遣道士易本中等獻之。朝廷重其事，命道士萬道遠①齎勑賜以表裹鈔錠。四年，榔梅仍實，復遣道士吕正中進獻，賜賚如前。是年，詣朝謝恩，賜坐便殿，諭以理國治身之道。師以道德奏對，上悦，禮待甚厚，賜還本山。永樂十年，朝廷遣大臣率軍士二十餘萬，建宫觀三十餘處。經營之始，詢訪古跡舊規，師一一陳之。常以手加額，願皇圖萬歲，天下太平。永樂十九年六月初五日，囑門徒："各宜精脩學道，今教門大興，吾去無憾矣。"語畢，端坐瞑目。壽九十三，時户部主事王和在側焉。翌日焚化，骨齒皆青，人皆驚訝，知其爲仙矣。冠劍藏於黑虎澗之上。

丘玄清 西安富平人。幼從黄德禎出家。洪武初，來游武當，見張

---

① 萬道：應爲"萬道遠"。任自垣纂修《勑建大嶽太和山誌》爲"萬道遠"。此处漏掉"遠"。

三件真仙，舉爲五龍宫住持。有司以賢才薦于朝，授監察御史，賜室。力辭弗受。轉太常卿，誥封二代。每遇大祀天地，上宿齋宫，諮以雨暘之事，玄清奏對有驗，上深敬焉。公餘，《黄庭》《道德》不輟于口。閑則凝神坐忘。一夕，謂門徒曰："明日乃吾全歸之辰。"至期，端坐而逝。壽六十七。朝廷遣禮部侍郎張智行諭祭，還葬五龍宫黑虎澗之上。

彭祖年　西蜀人。少業儒，詞翰俱美。至乎天文、地理、陰陽、度數、卜筮、醫術，無不研究。從汪真人入大都。洪武初，仍來武當，栖遯養高，如如自樂。壽八十三。

盧秋雲　光化人。從終南山大重陽萬壽宫高士游，悟全真之理，隱南巖紫霄之巔。永樂八年冬，無疾而化。

黎一泉　均州人。自幼出家于紫霄宫。元末游江右諸名山大嶽訪道尋師，杖履瓢笠，放浪形骸之外，再謁毛公壇、張公洞，得林屋洞天王無僞授以太極上道、清微底奥。仍歸紫霄巖。年八十餘，翛然蜕去。

李德囦　號古巖。金臺人。自幼入陝西重陽萬壽宫出家，《道德》《南華》，三教經書，得其要旨。壯年游武當，於紫霄宫禮高士曾仁智爲師，授以清微雷法，明先天之理，知體用之源。徙居元和觀。洪武二十三年，湘王殿下來謁武當天柱峯，見師有脩錬之功，益嘉之，賜住荆州府長春觀。一日，謂門人曰："吾將返矣。"以頌示之，"八十餘年光陰，不染不着毫分。大笑呵呵歸去，一輪明月當天。"王聞之，嗟悼不已。贈曰："爾本無生，何期云没。拂袖三山，金宫銀闕。嗢！今日大地光明，萬里秋天明月。"葬於元和觀之東。

周自然　金臺人。自幼入全真教。及長，游於四方，以道化俗，以藥濟人。洪武初，來住武當五龍行宫。居民以其道明藥效，無不敬慕之。

年將耄耋，貌若童樨。一日，以所藏道書、醫術，付與門弟子曰："吾當委順而去。"翌日，沐浴更衣而逝。塟於桃源洞。

燕善名 號景山。洛陽官家。丰姿綽約，貌相朴實，愛慕清虚，不仕不娶。從丘玄清入武當，勤事香火，朝夕弗替。其噐宇冲冲，若與神明交，凡語默之間，與衆不同，道俗無有不敬慕焉。永樂十八年，無疾而化。

蒲善淵 關西人。從丘玄清學莊列之道。洪武十五年，欽除均州道正。永樂年間，奉使四方，歷遍名山大川，諮訪賢達。一日，於章貢玄妙觀，無疾而化，塟於黑虎澗之上。

孫碧雲 關西人。幼年穎悟，願欲學仙。遂入西嶽華山，尋錢刀①之踪，追希夷之迹。巖棲屋樹，服氣養神，探黄老經旨，《周易参同》與夫儒釋諸子史書，罔不熟誦。洪武二十七年，太祖皇帝徵至京師。賜衲衣，齋供館于朝天宫。明年，賜還華山。永樂十年，太宗文皇帝召至闕下。賜御詩一章，號虚玄子，勑授道録司右正一，又勑授南巖宫住持。永樂十五年，謂門人曰："教門已興。吾將往矣。"翌日，沐浴更衣，焚香遥空禮謝，端坐而逝。駙馬都尉沐公、禮部尚書金公、侍郎郭公，聞訃嗟悼不已。塟於檜林菴。有《碧雲集》行于世。

簡中陽 字致和。武昌人。自幼不喜荣達，放浪湖海，得異人授以中黄上道，清微秘决。洪武辛未來武當，居紫霄之巔，辟穀坐忘，葆和養素。江右學人，聞風而至。師見其有道才法噐者，必納之。于是道價愈增，名籍方外。永樂丙戌召見，問以玄帝昇真事蹟，一一奏陳，賜以

---

① 錢刀：任自垣纂修《勑建大嶽太和山誌》，王佐修、慎旦等纂《大岳太和山誌》均爲"鏝刀"；凌雲翼修、盧重華等纂《大岳太和山誌》均爲"錢刀"。

祠部護身符牒還山。永樂十年，朝廷遣勳臣貴戚，率領軍士二十餘萬，勑建宫觀，人皆知其師有先見之明。既後，隱于福地峯之上，杜門守静，凝神太漠。一夕，告門徒曰："方今山門盛舉，實千載一時之遇也，吾可謝世矣。"語畢，端坐而去。印劍藏于紫極宫之西壟。

任自垣　字某。幼穎悟，讀書便知，句讀曉大義。出家三茅山元符萬寧宫道士，遂知名。永樂九年，授道録司右玄儀。永樂十一年，選授太和山玉虚宫提點。宣德三年，陞太常寺寺丞，提調本山。所著輯有《太和山誌》行于世。宣德五年，以壽終還葬句容。

雷普明　均州人。游龍虎山得祈禱法。太監陳喜送玄帝像于玉虚，舟至亂石灘，水淺閣①不行。普明書符投之潭，是夜大雨白漲。御馬監馬大疫，檄普明治之，遂息。歷官净樂宫提點、道録司右正一、太常寺少卿。

按：舊誌人物載山川之後，今復移置于此者。盖人物因山川而傑，則山川重，當先山川；山川因人物而顯，則人物重，當先人物。武當雖甲于天下，歷漢而唐名不經見，得諸子而後始大著。諸子或入自陝、或升自洛、或往來下上于信于茅于華，非皆武當之産也。而搜冥剔隱，盡發武當之所謂奇之，所謂勝者，而宫室之開拓之功，於是爲人。劉禹錫之室銘曰："山有仙則名，水有龍則靈。"夫山水非能自名與靈也。仙居之，龍居之，而後人名之靈之也。此山川人物先後之辯也。若曰武當不足名，不足靈，則吾未敢誣之。

---

①　閣：應爲"擱"，擱淺。

卷之三　宫觀圖述畧

叙曰：有天地斯有山川。圖之作也，山川並載焉，不大書特書，書宫觀，何重我朝建置也。宫觀立，而山川亦增色矣。其晦也，若有待也；其開也，若有先也。千峯萬嶂，争效奇獻巧，于几案之下，若將爲容悦者。故以宫觀繫山川，主客之辯也。并之以圖，以擬其狀；綴之以述，以存其槩，抱曠士之懷者，弗庸一登之爲快。而形勢之奇，規模之大，起廢之因，名謂之詳，固可以盡之於一觀矣。圖凡三十七，大嶽總圖一，宫觀各爲圖三十六，圖有述，具列如左。

太嶽總圖

右大嶽總圖[①]

大　嶽　一名太和，一名仙室。或謂惟玄武可以當之，當時但呼武當曰大嶽太和山，統言之也。山當均房之交，週迴八百餘里。由蜀而來者自房入；由汴而來者自鄧入；由陜而來者自鄖入；由江南諸郡而來者自襄入。其間爲正宫者八；爲小宫者三；爲巖、爲洞、爲廟、爲祠、爲觀、爲殿者二十五。正宫皆朝廷所賜名。據天柱峯絶頂爲太和，清微宫、朝天宫、黑虎廟隸焉。太和下二十里，值山腹爲南巖，太玄觀、烏鴉廟、榔梅祠、雷神洞、滴水巖、仙侶巖隸焉。爲紫霄，福地殿、復真觀、龍泉觀、威烈觀隸焉。南巖北行三十里爲五龍，隸之者：行宫、仁威觀、老姥祠、自然庵、隱仙巖、靈應巖、凌虚巖。紫霄東行四十里，下平地爲玉虚，隸之者：關王廟、太上巖、玉虚巖、回龍觀、八仙觀也。玉虚之東五里爲遇真，元和觀、脩真觀隸之。又北十五里爲迎恩。又北四十里爲浄樂。迎恩新創置，無所隸。浄樂入城中，觀曰真武，則遥領于襄城者也。以山之高下言，先太和，次南巖。以宫之大小言，先玉虚，次浄樂。棟宇之盛，盖曠古所未有也。登兹山者，動色駭目，懷望興嗟，則我文皇規模宏遠，可想見矣。

---

① 右大嶽總圖：古文习惯，因图居右。

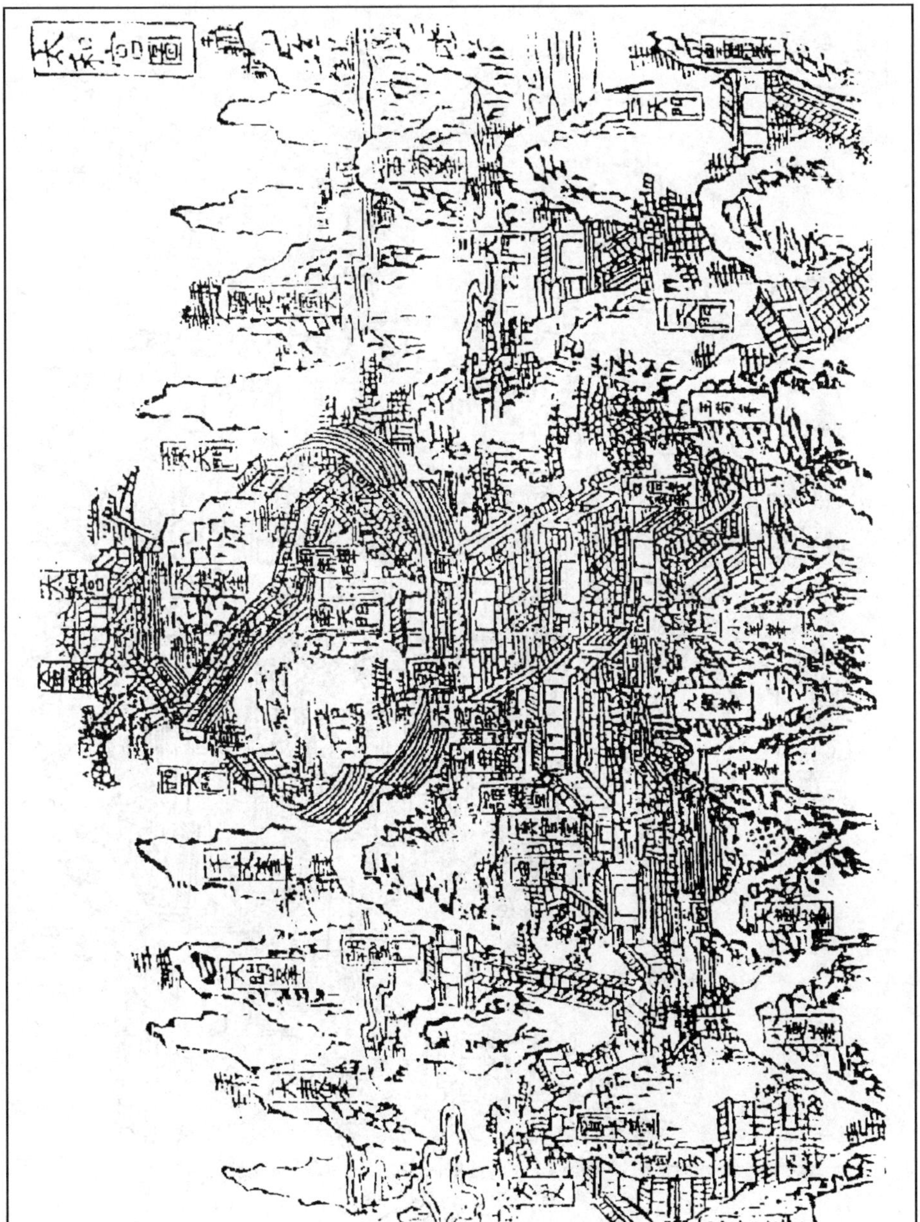

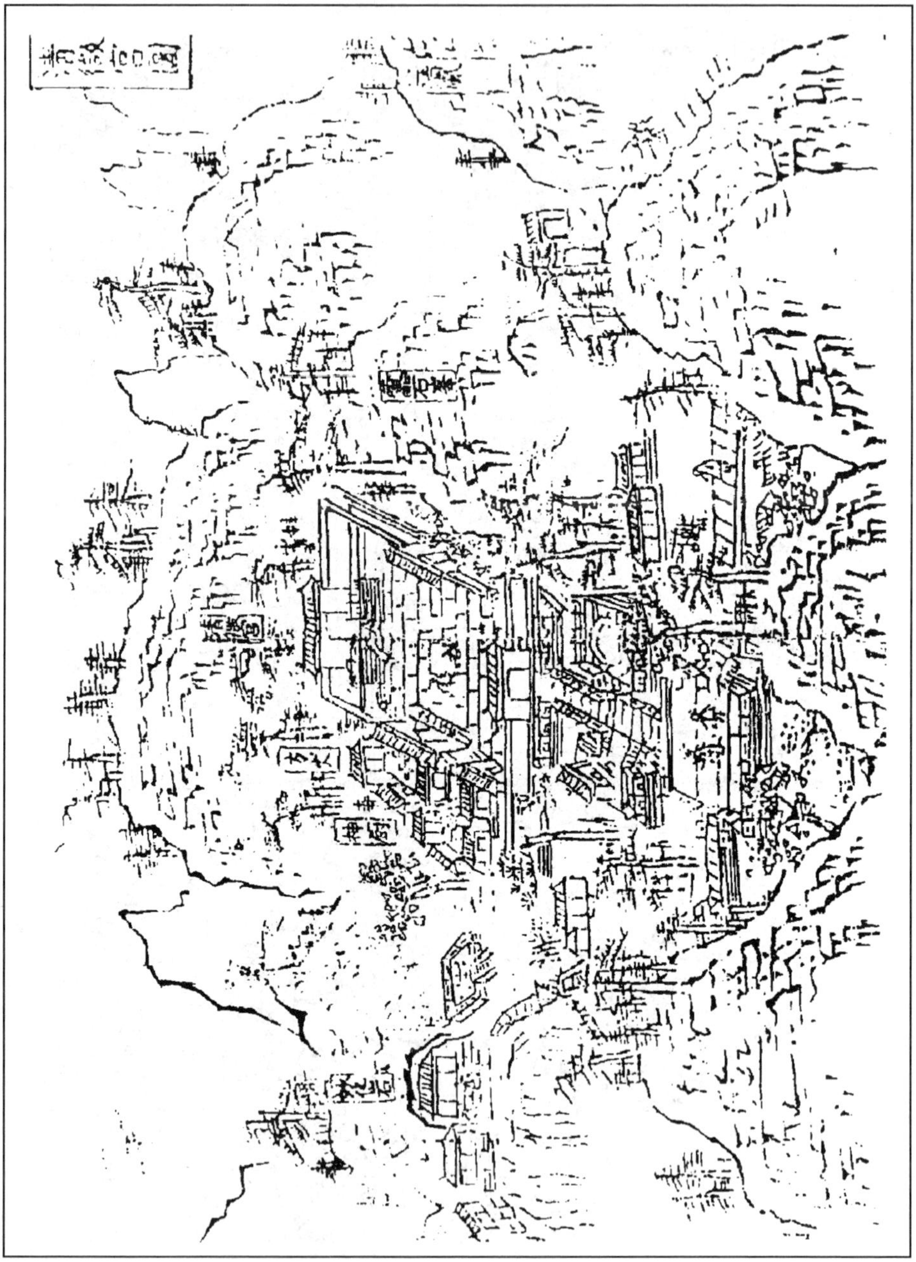

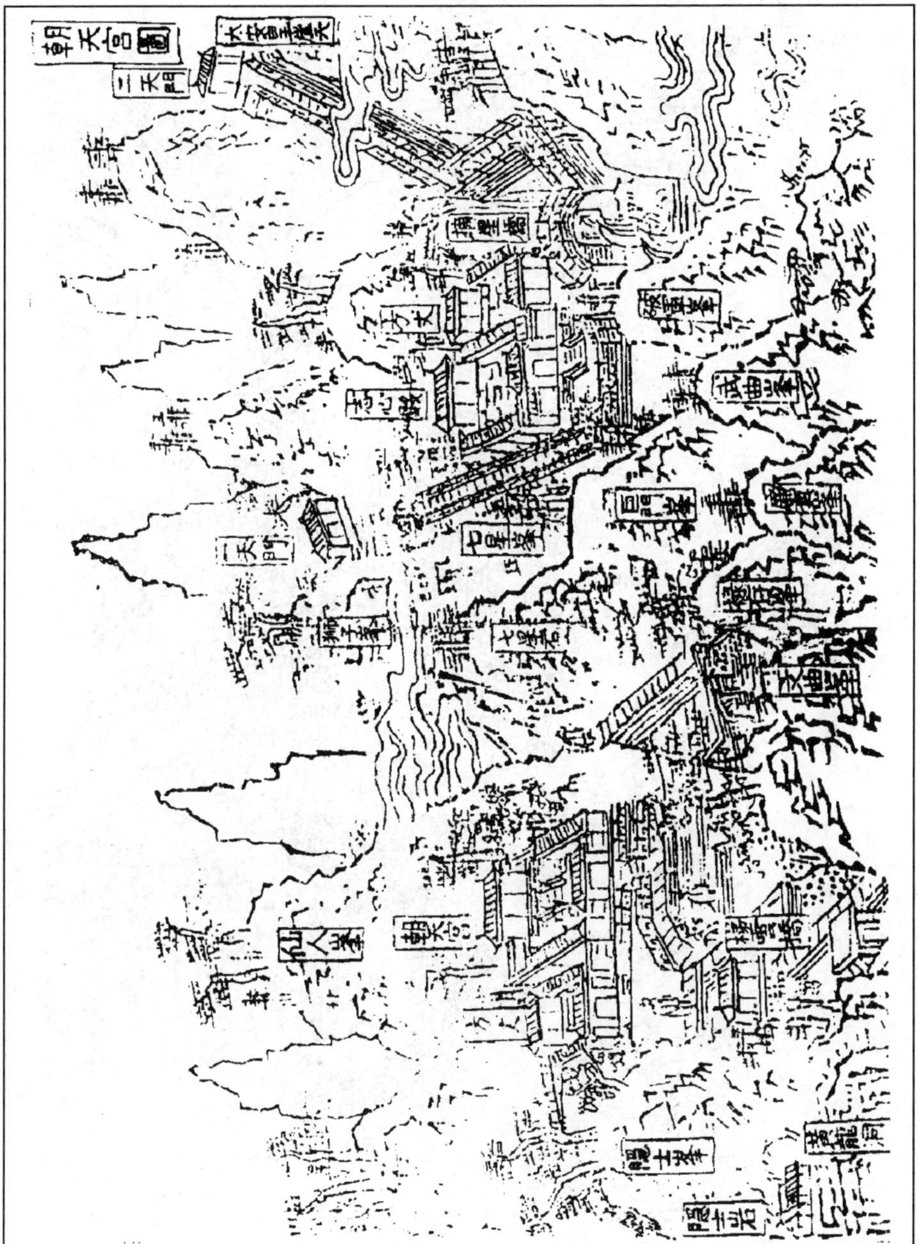
朝天宮圖
三天門
二天門

右四圖

太和宫　暨隸于宫者也。宫在天柱峯之上。舊有小銅殿一。永樂十四年，始撤小殿，改治大殿，塗以黄金，制極工緻。其梁楹鈎合處，渾成若不假繩削者。殿之外爲臺，臺外爲檻，檻外爲城。臺下置石梯懸崖間，高出木末，飛鳥皆俯其背，人行其上，若乘空，按掌踽趾，目不敢旁游，舉武則股石相搏。乃護以石檻，聯以鐵鎖，使可憑可引，盡數十階，則横折其磴，使稍就平可坐。城闢四天門，以象天闕，儼然上界五城十二樓也。殿上觀日之出，如火之發于足；觀灝氣之往來于太虚，如呼吸之氣之出于口。殿前諸峯，不可盡名。其對峙而起逼几案者，呼蠟燭峯。其下跪者、揖者、拜且舞者、羅而立者、執戟而衛者、搢笏而侍者，冉冉而下，如群仙之擁絳節者，源源而來，如諸侯之捧玉帛者，皆作朝謁狀。盖天造地設，以副我文皇神道設教之盛心耳。宫之制，隨地之力，不能相屬。其大頂爲殿，頂南北縮五之四，東西菼者，復十之一，益以飛棧爲更衣二小室地既窮，右折而下，干頮規山之曲，爲朝聖殿，爲元君殿，爲聖父母殿，爲講經堂，爲真官堂，爲龍池、龍廟，爲鍾鼓之樓，厨庫之室。地又窮，又左折而踰小崦，出右脇之下，獲山曲四倍之復規，爲方丈，爲廊廡，爲寮室。地又窮，陟自故道右折而度朝聖門，繞出天柱峯後，下三天門，門下昔傳有尹喜巖，絶壁不可尋。三門皆連磴千尺，從高山直落，或側道鈎出于石芒間，下臨不測之壑，堦累數十百級，强直如弦，投以小石子，從欄間一躍便倏然下，不及趾，不止行者，攀危欄，緣長絚，仰脇息者數四，然後得望一二。其旁負土而争出者爲巇，累石而欲墜者爲崖，山曲無復可規者，地又益窮。遂刓塹砻夷斷齶以益之，爲道房，爲齋堂，爲靈官祠，爲祖師殿，爲會星橋。爲楹大小五百二十，賜“大嶽太和”爲額。道士廪食者三十人，提點二員，階正六品，給印一顆。領宫二，廟一。

清微宫　去太和宫七里，即清微妙華巖也。張守清、張三倢脩煉之所。永樂十年建爲宫。於西偏，别築妙化巖。

朝天宫　去太和宫東六里，一天門之下。

黑虎廟　去太和宫三十里，九渡澗之上。傳記云：昔玄帝脩道之時，常有黑虎巡山，乃北方天一之所化，護國鎮山之神也。廟設黑虎神像。

天柱峯　一名參嶺，高出平地萬丈，居七十二峯之中。上應三天，當翼軫之次。俯眺豫雍之野，山川之遠，無不在目。晨夕見日月之升降。頂東西九丈，南北二丈。四維皆石脊，如金銀之色。地産異草，細葉延蔓，四時弗凋，其味頗辛。恠松數株，盤桓如龍蛇之狀，高不滿丈許。南峭壁下有池如井，名曰天池。北下石門三所曰三天門，皆插空萬仞。昔玄帝冲舉於此。

顯定峯　在大頂之北，一名副頂，上應顯定極風天。翠巘倚空，人跡不及。

獅子峯　在大頂之北，第一天門之上。狀如獅子。即尹喜所棲之地。

皇崖峯　在大頂之北，上應太安皇崖天。下一巖曰皇后巖。昔聖母善勝太后尋真憩息于此。故名。

小筆峯　在大頂東，孤岑卓立如筆。

靁石峯　在大頂西北。上有石土地踞虎而坐。地多山蛭，往來苦之。

貪狼峯、巨門峯、禄存峯、文曲峯、廉貞峯、武曲峯、破軍峯　右七峯在大頂之北，若北斗拱極之象。傳曰：天真校善之所。南有常春巖，向明高敞，常如陽春。西有硃砂巖，石爲日華所爍，其色如之。北有北斗巖，夜漏清寂，惟聞鳥猿嘯月之聲。

中笏峯　在大頂之北。石如圭瓚鞠恭，類進趨之勢。

千丈峯　在大頂之西，群山之下，超然獨出。其右即神仙房陵朱仲所居。仲有縹李，世所希有，名曰仙李。

萬丈峯　在大頂東北。

大蓮峯、小蓮峯　右二峯在大頂之西，相望竝秀亭亭然，如芙蕖初發，隱映清波。春夏之時，明媚尤絶。

大筆峯、小筆峯　右二峯相峙於蓮峯之間，狀如卓筆。

落帽峯　在中筆峯北。昔神仙戴孟於此飛昇，落帽于上。下有石橋。

白雲峯　在大頂之西。紫盖皇崖東西互拱。下有巖，曰白雲。傍一石穴如星，曰星牖。陳希夷避名，三遷於此。

仙人峯、隱士峯　右二峯在大頂之南。下即隱士巖。神仙出没，人多見之。或槲衣披髮，或奇形異相，手足爪甲各長五七寸，或坐磐石，或濯澗濱，真氣逼人，莫可近及。恍惚之間，俱失所在。

大明峯　在大頂之西，山有菴，曰王母宫。相傳聖母善勝太后，嘗尋訪玄帝于此。

中鼻峯、聚雲峯、手扒峯、竹篠峯、搓牙峯 右五峯在大頂之東南。一嶺南飛，五峯分布。有徑，曰主簿埡，當均房往來之道，石芒峭發，行者皆側足。聚雲峯下一巖，曰集雲。

竈門峯 在大頂之東南。嵐烟瘴霧，清晨如炊。

九卿峯 在大頂之南。傳云：天真校福之所。下有巖，亦以是名。昔有道流宿巖畔，夜聞金鍾玉磬之聲。

伏魔峯 在大頂之南。下即大小鬼峪澗。常見靈龜巨蛇游走上下。傳云：玄帝收魔俟命之地。

玉筍峯 在大頂之南。群峯裂地而出，有新篁未籜之象。以其類人，又呼曰石人山。其北名鷄冠嶺。南澗之外，即房縣界。有碧峯巖。

柱笏峯、大夷峯 右二峯在大頂之西南。一峯如搢笏，一峯坦然如掌。皆猛獸所棲之域。

把針峯 在大頂之西。岑小而高。傳云：玄帝頓悟之後，元君飛鐵杵於此。

丹竈峯 在大頂之西，其山類偃月狀。昏曉之交，間有青烟紫霧如丹竈。足跡不可及。

天馬峯 在大頂之西百里。一名馬嘶山，一名西望峯，即武當來山。按圖記：山自乾兑發源，歷關隴金房之地，盤亘萬里，當均房官道中。有龍井，深不可測。西澗發源於西，下一巖，名曰天馬巖。行旅多宿于内，俗呼崖屋。

鷄鳴峯、鷄籠峯　右二峯在大頂之西，天馬峯之北，當均房官道，曰大鷄鳴、小鷄鳴。下即金鷄澗，會西澗諸水。夏秋水漲，商旅經月不可渡。諺曰：上得馬嘶山，四十九渡不曾乾。

風　巖　在大頂之下。萬虎澗濱，石穴噫氣震響林壑，人莫能近。

皇后巖　見皇后峯下。

白雲巖　見白雲峯下。

三公巖　見三公峯下。

天馬巖　見天馬峯下。

常春巖　見七星峯下。

集雲巖　見聚雲峯下。

北斗巖　見七星峯下。

昇真巖　見五老峯下。

碧峯巖　見玉筍峯下。

九卿巖　見九卿峯下。

武當澗　在大頂之東。會皇崖諸峯之水，北入于紫霄澗。

西　澗　發源馬嘶山龍井，北出于澗。

金鷄澗　會大小鷄鳴峯之水，入于西澗。

鬼谷澗　在大頂之南。源會山南諸峯之水，東入雙溪澗。

雙溪澗　會東南諸水，入鬼谷澗，過浪河西北，入于漢。

參斗泉　在大頂西，靁石峯南。石巖下有二井，上應參星。

試劍石　在大頂二天門内。一石中分，玄帝試劍處。

金星石、銀星石　在大頂。可碎爲末，心神不寧服即安。

青　崖　在太和山北。

瓊　臺　在大頂東南。其峯壁立，亞于天柱。玄帝受册于此。

天　池　即白龍池，在大頂南削崖下。

摘星橋　又名會仙，一天門上。橋當兩山缺處。上瞰天柱諸峯，下臨絶谷。谷中仰見人行如在天上，尤奇絶。

白雲橋　在白雲巖南。

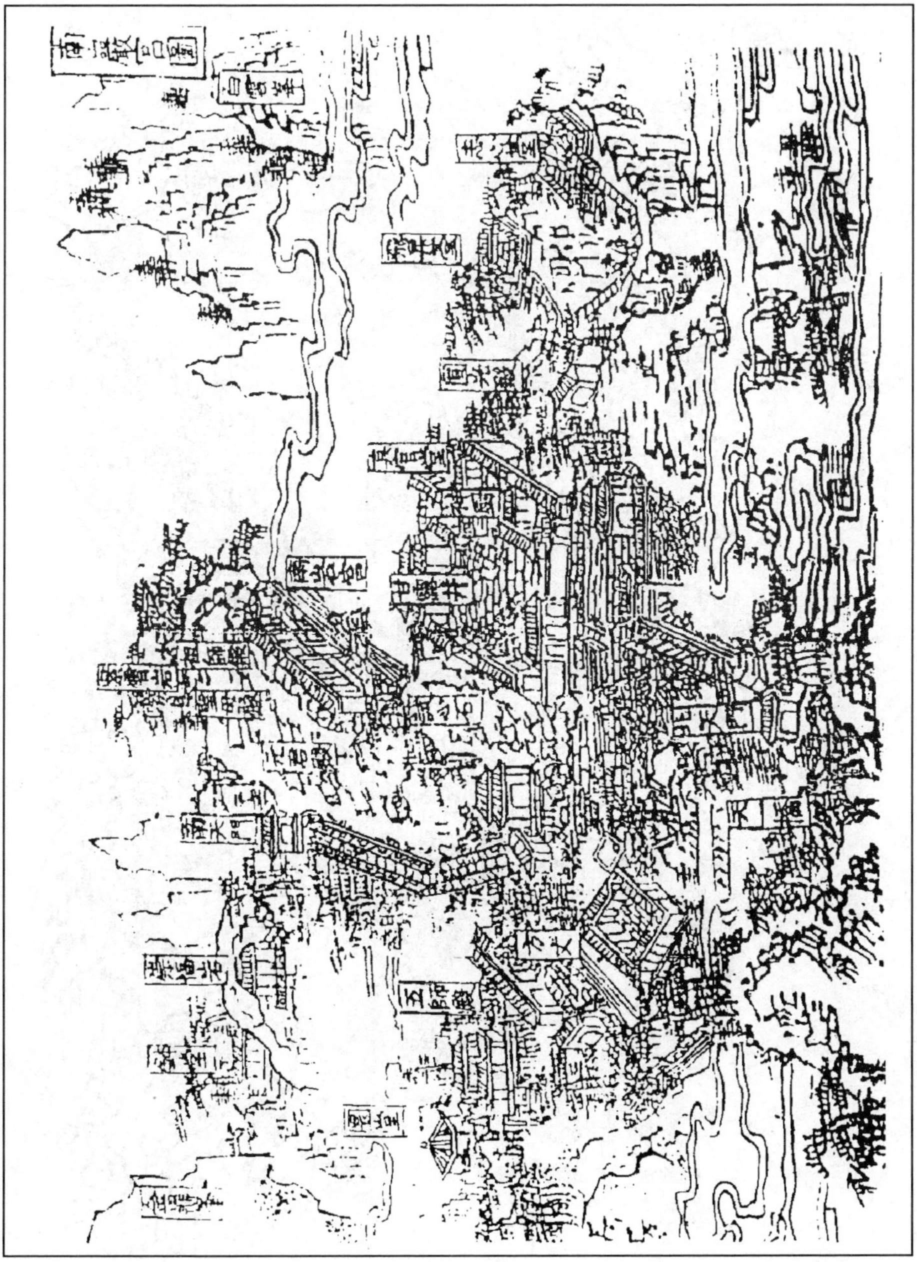

太玄觀圖

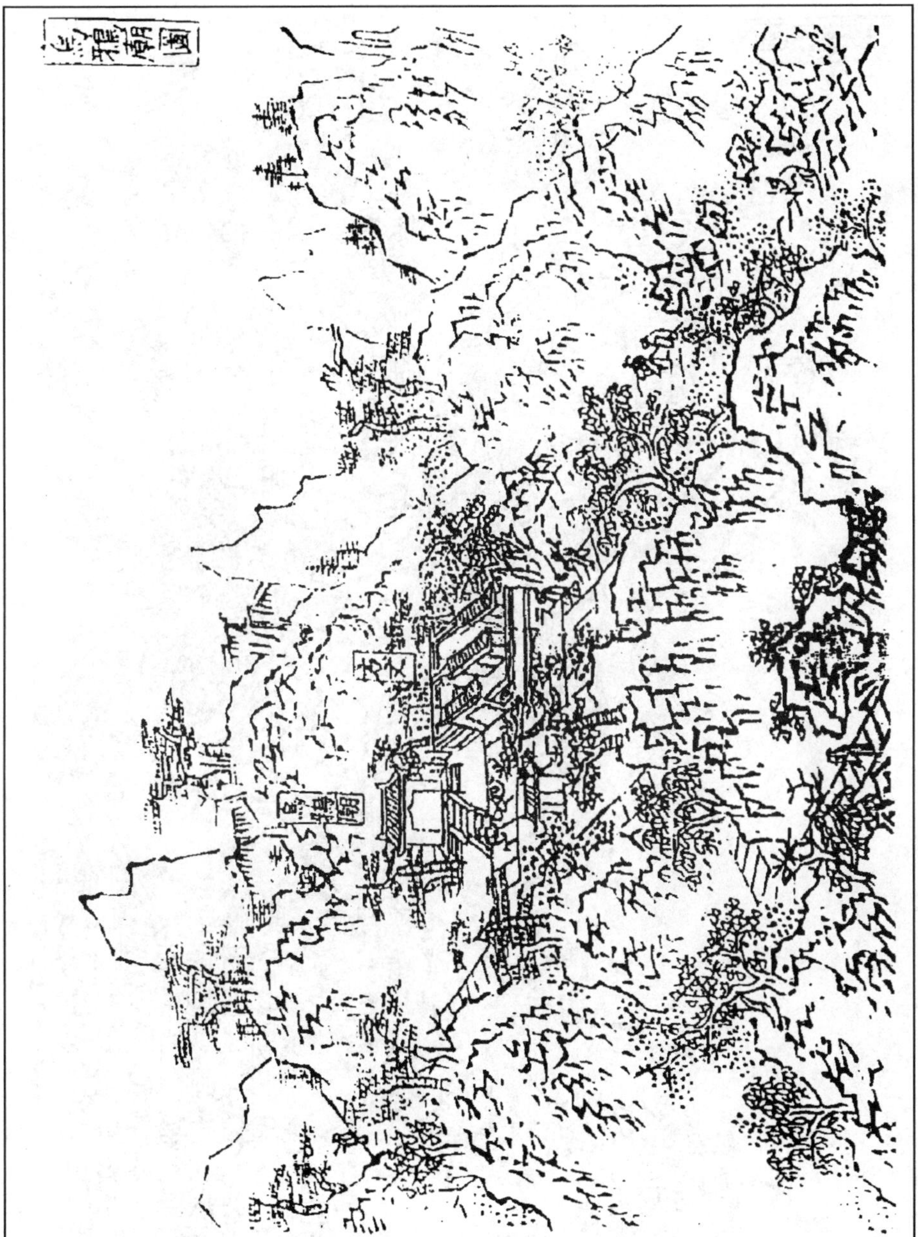

榔梅祠圖

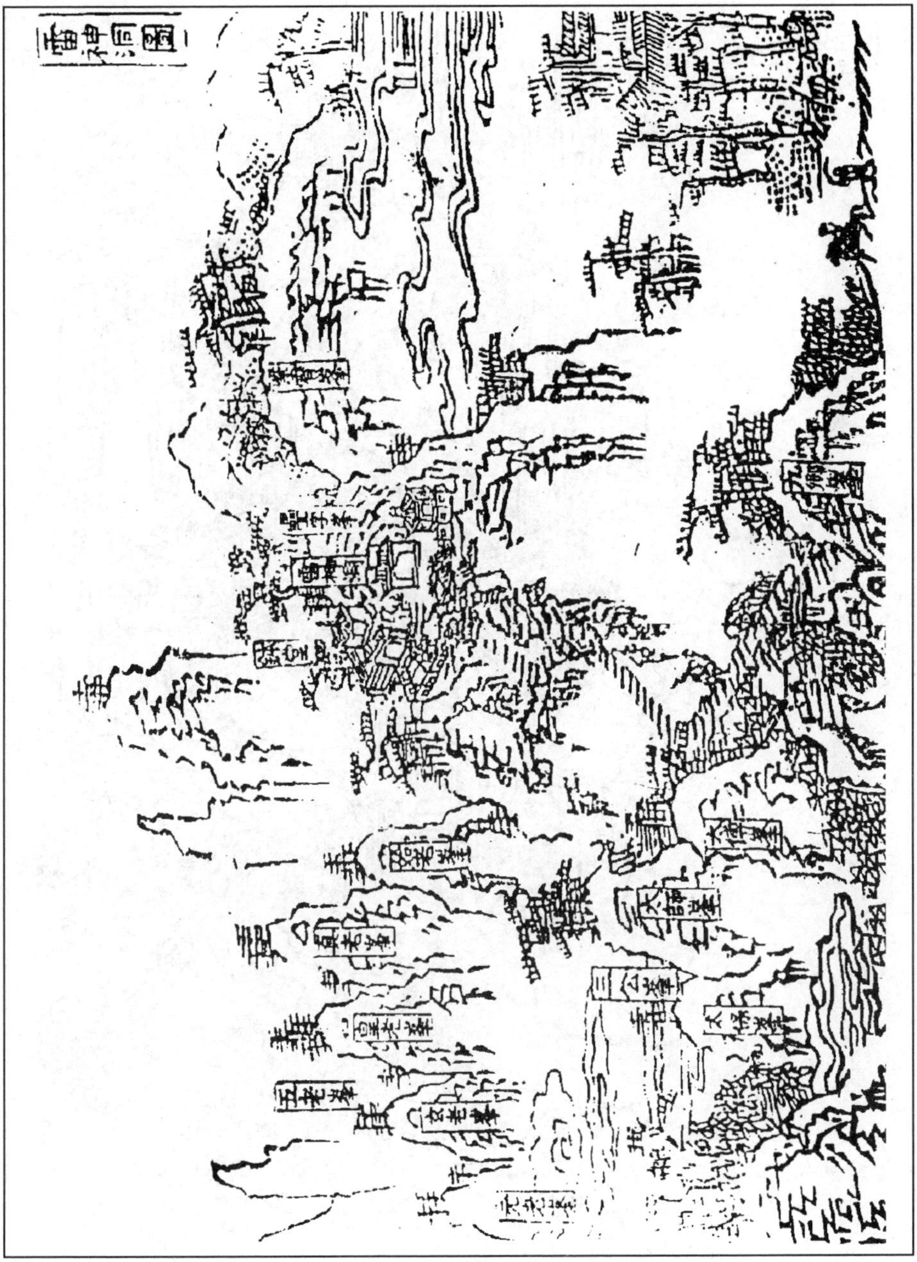

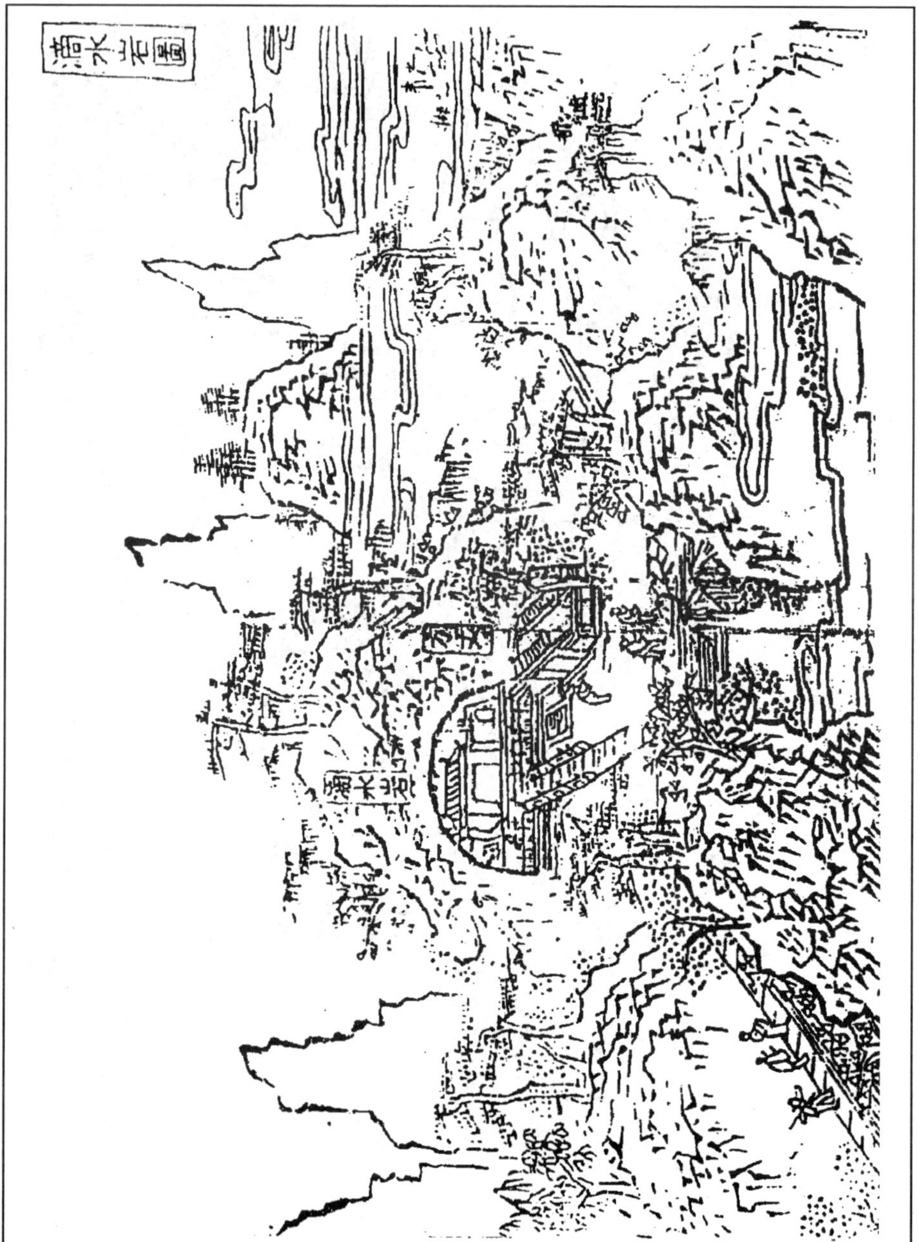

右七圖

南巖宫 暨隸于宫者也。宫即天一真慶故址。自大頂東走二十里，有丘焉可屋，有泉焉可瀹，莫如南巖。其旁多重崦曲阜，呀呷之壑，嵌空之洞。方未入時，坐榔梅祠望北壁下，懸崖置屋，如棧道劍閣，殊奇絶可愛。由祠右行南崖百餘步，度北崖，崖深峭不可測，中通一道如横堵。行者側足其上，既度，升自南天門，循山左支行數十步，折行右支百步，復折而左，入小天門，並崖斗折而行，過大巖下，山將窮，而崖見壁。崖之半爲大殿，畢諸楹。山復起突爲小阜，復即其上爲圓光殿，殿下則黑虎巖也。巖大如側鐘口，虎僅可伏。從大殿後左折而東，皆循崖緣石欄屈曲而行，俯視欄外數千尺，目窮處，正黑不得底，投之以石，無敲落聲。陰風生於谷中，若生騎數百弛枚而馳，迅突不可當。寒蟬冥禽，鳴聲悲切，令人毛髪灑淅，戰掉不能休。既東二十步，折而陟崖上，方轉西行，過元君殿，入南薰亭。亭窮，崖杪爲之大，可羅胡床七八，其上松風響細而長，異他處，有禽自呼"我師"，常棲止崖上。亭外有石枰，從衡十八道，類今俗所彈者。相傳爲洞賓故物，未敢信。復從元君殿折而下，自是直東，過磚室一，石室一。磚室曰獨陽巖，石室曰紫霄巖，對榔梅祠，前所望北壁下者也，巖前刻龍頭，横出欄外四五尺，其奉神謹者，則緣龍頭置一瓣于其上，以爲敬。旁禮斗臺，崛起灌莽中，莫知所從登。崖上片石刻靈官像，高五六寸，亂置小竅中，其數不能遍閱，曰五百云。又東過風月雙清亭，值巖窮處。二面皆倚石壁，壁下坐可各數人，可卧可眺，可以觴咏，然亂吹不時發，亦不能久留也。亭外石枰一，如南薰所見者。復從故道抵大殿後，西望捨身崖，空懸若垂天之翼狀，甚可怖。其上爲飛昇臺，玄帝改服于此。臺下爲試心石，又下爲謝天地巖，殿並山爲楮室一、爲神厨一、爲碑亭二、泉二，曰甘泉，曰甘露，泉言形，露言色也。池二，曰太一、曰天一。太一水生氣，天一水生數也。殿之前偏右爲方丈，其堂曰蓬萊之署。從方丈左折行堂後，其上分爲二道，左出雙杉，下爲五師殿；右亂穿道院中爲圜堂、爲浴堂、爲滄水庫池。池上有小間道，從之可通鉢堂。由鉢堂陟翠微折行山之後，則尋鄧真君所謂歘火巖者。又轉而前平行山上，北折而觀于崇福巖，西下而復于南天門。南巖之游，於是乎始窮矣。宫落成于永樂十一年，爲楹六百四十，賜“大聖南巖”爲額。道士廩食五十人，提點二員，階正六品，給印一顆，領觀一、廟一、祠一、洞一、巖二。

太玄觀　去南巖宫東北二十里，古老君巖山門庵也。内設太上像。

烏鴉廟　去南巖宫東北二里，南天門之下。傳云：玄帝脩道之時，有烏鴉報曉，玄帝道成，烏亦爲靈。

榔梅祠　去南巖宫南一里。玄帝嘗折梅枝寄榔樹，誓之曰：“道成當結實。”已而如其言。下有仙翁司之。遂祀焉。

雷神洞　一名歘火巖。去南巖宫百步北山之巔，石如火焰，樹如龍爪。中有靈池，水能療疾。即鄧天君脩鍊之處。

滴水巖　去南巖宫西北五里。巖内鑿石作小池，泉常滴焉。

仙侣巖　去南巖宫西北六里。玄帝道成，蓬萊仙來賀，因名。

疊字峯　在五龍頂南。三山疊如字。西有巖，曰雷巖。

金鼎峯　在疊字峯西。形類鼎，時噴雲烟。下有巖，曰藏雲。

健人峯　在大頂東北。如天下拱立狀。下有巖，曰道者巖。

紫霄巖　一名南巖，在大頂之北。

獨陽巖 在紫霄巖右。

崇福巖 在南巖南天門裏。

黑虎巖 在黑虎澗上，大林巨石中。黑虎所伏之地。

謝天地巖 在南巖西，飛昇臺下。

百花泉 在仙侶巖。神仙陶幼安得道于此。

甘　泉 在南巖宫。又名一泓泉。

試心石 在南巖西，飛昇臺下，謝天地巖上。

飛昇臺 即更衣臺。去南巖宫西百步。玄帝易服處。

禮斗臺 在紫霄巖下。

甘露井 在南巖宫大殿前。

梯雲橋 在榔梅祠上。

步雲橋 在飛昇臺。

天一橋 在南巖北天門外。

天一池、太一池、滄水庫池 右三池俱在南巖宫内。

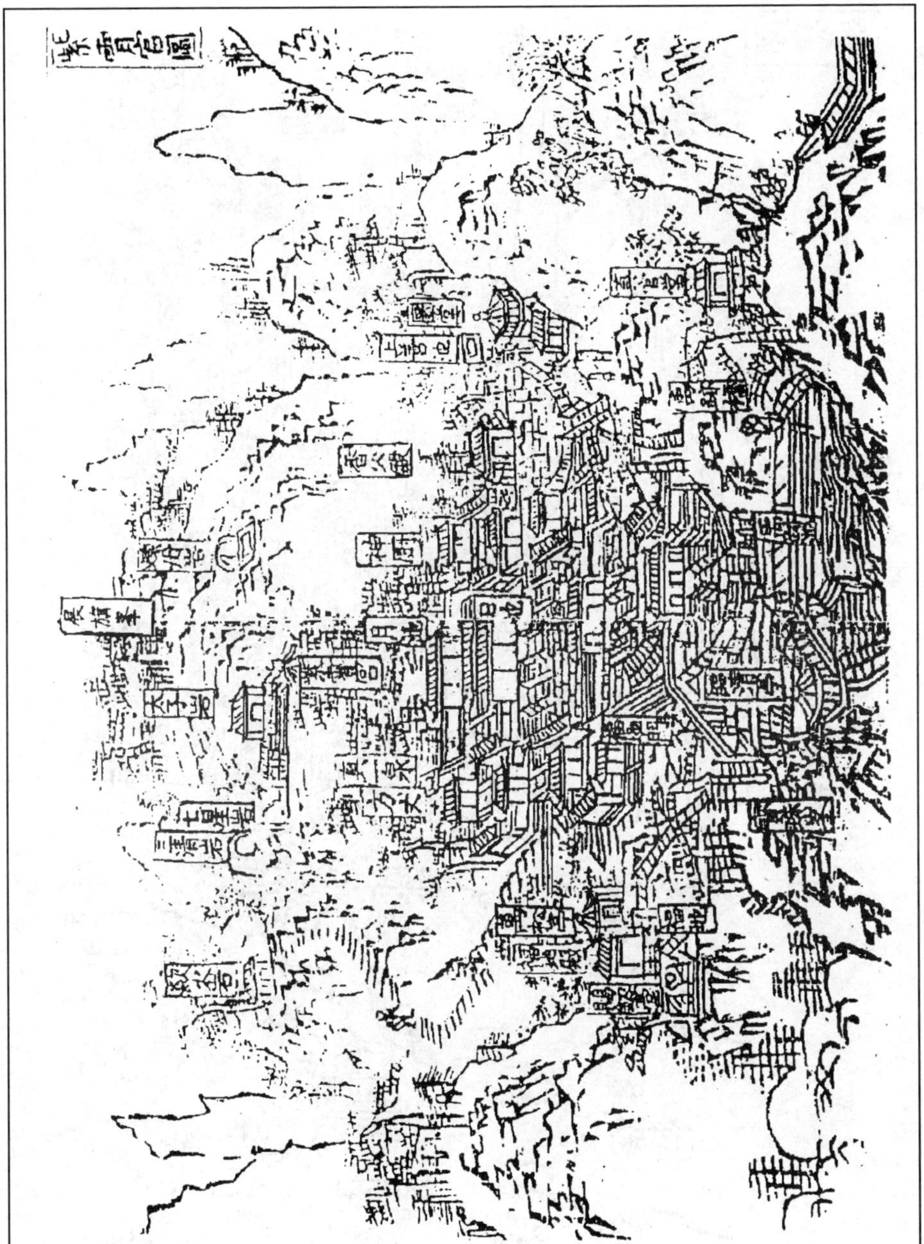

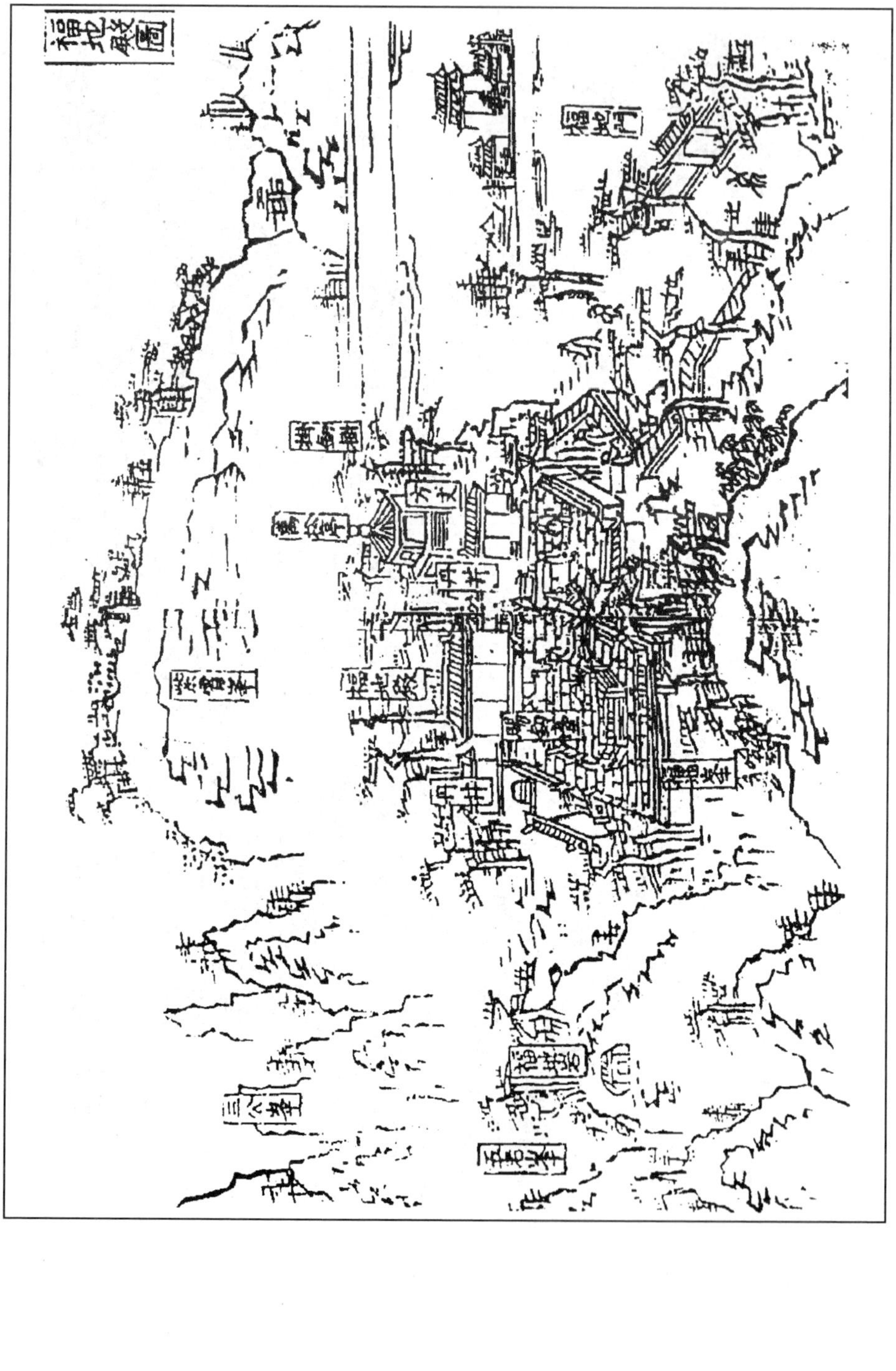

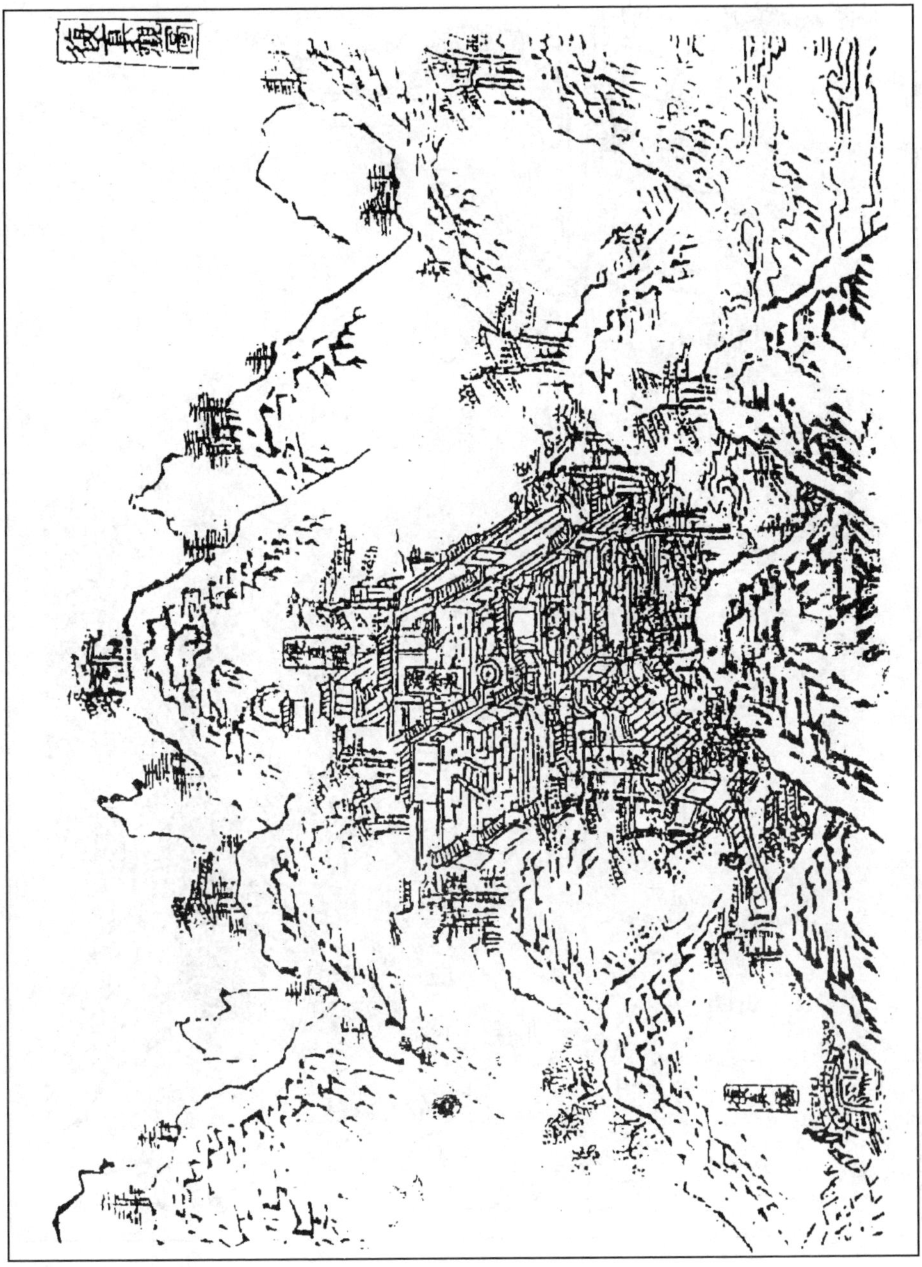

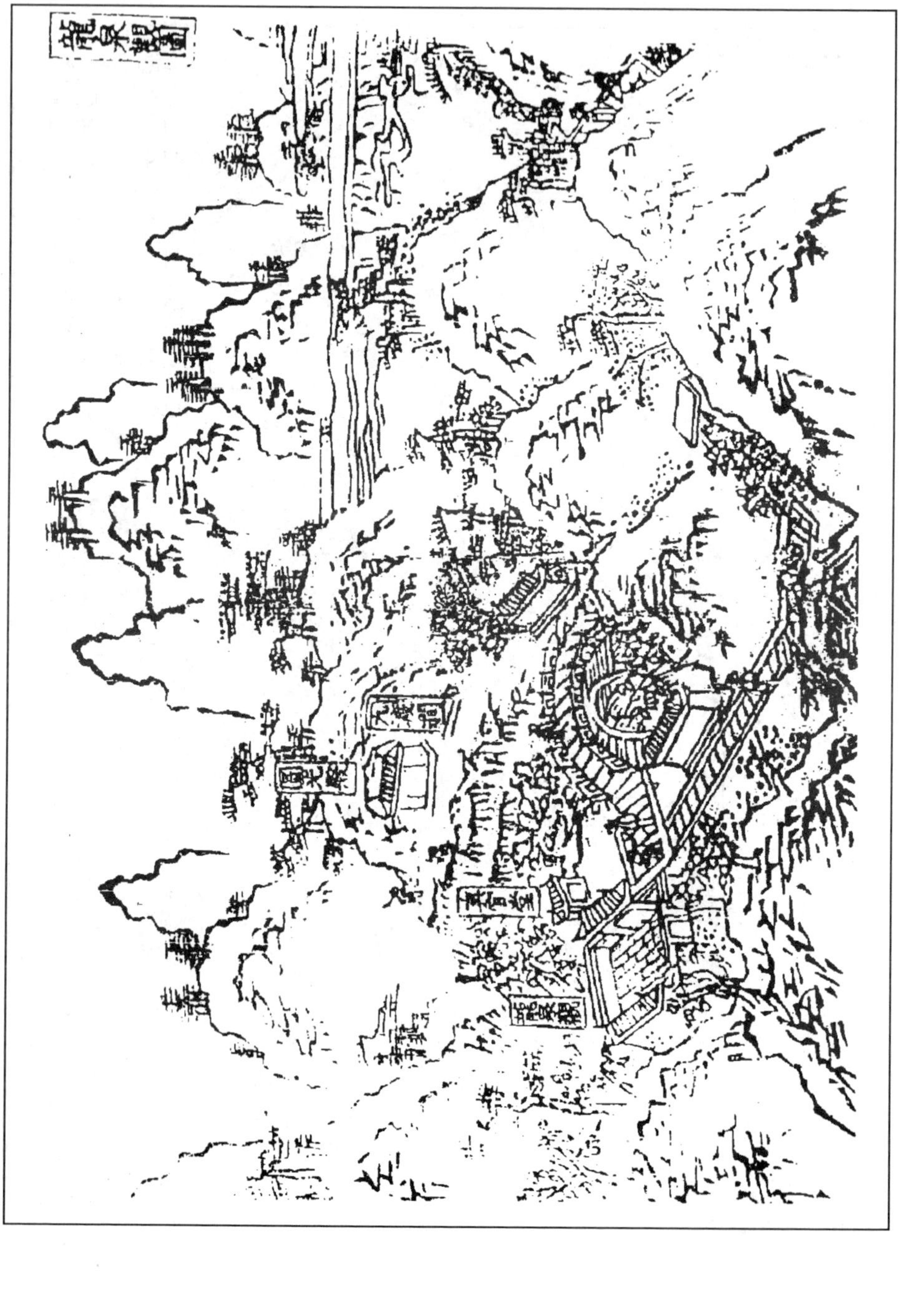

右五圖

紫霄宫 曁隸于宫者也。宫在展旗峯下，故宫①之側。故宫今名香火殿。負東小阜始，使者入山將新，是圖則觀其貌。于堂樹，于臺者，赫如蔚如也。於是乃議不毁，别治于西大麓。殿楹三，故宫石屬十之，其他建置百之。日池一，宫前左；月池一，宫後左；七星池一，宫前右；真一泉一，宫後右；上善泉一，東方丈堂北，大如盆中石鈎塞者半，水從旁竅出，日可數千斗，宫中皆屬厭焉。舊爲池，名弗稱，今更曰泉。從殿後右轉，陟山之淑根，石壁爲龕者，太子巖也。巖前横書“太子巖”三字；其左曰“蓬萊第一峯”，亦横書。巖下小圜亭，松風四入，如敵百道。巖上餘瀝飄牕前，其散如沫。下而出道院，左復北上者，煉丹巖也；下而出道院，右復西上者，七星巖也；又上爲三清巖，絶頂不可到；其下爲榔梅園。正德年間，令守臣歲取榔梅以貢，太監吕憲乃移植數本于園。自榔梅園東下，又轉而南上，爲福地殿。殿兩堦下丹井二。北爲萬松亭，東爲賜劍臺，相距不數武。左右山斷，而復圓起如小兒擎拳狀者，大小寶珠峯也。諸巖之水，合而東流于右脇者，金水渠也，渠廣八九尺。北折過宫前，抵小寶珠不得出，鑿其項以行，爲後渠。既出，復東趨大寶珠，溢于其趾，爲禹跡池。池大僅一畝，湛湛堦户間，尤爲高山勝槩。舊傳，禹導山至此，因名。橋一、亭一，並緣池設。池上仰見三公、五老、竈門、福地諸峯，矗矗霄漢之表，或竪如笏，或倚如劍，或列如檣，或錯如碁，鋭者毫攢，斜者圭葵，止者鵠跱，奮者鶻突，千態萬狀，左右肟而目不敢暇焉。自始釋平地，下上五六十里，至是凡得三大觀。棲危巔，憑太虚，如承露仙掌，擎出數十百丈。日月出没，皆在其下，不如太和。立神以扶棟宇，鑿翠以開户牖，逞伎巧于懸崖亂石間，因險爲奇，逐在成趣，不如南巖。右虎左龍，前雀後武，雖當廉貞、貪狼二宿

---

① 故宫：指元代“紫霄元聖宫”故址。

之下，而環抱天成，楹石所棲，各有次第，則非太和、南巖之所得而有也。故論太和之勝者于其高，不于其大；論南巖之勝者，于其恠不于其麗；論紫霄之勝者，于其整不于其奇。太和在上，南巖、紫霄並列于下，足成三台矣。宫落成于永樂十一年，爲楹大小八百六十，賜“太玄紫霄”爲額，道士廪食者五十人，提點二員，階正六品，給印一顆，領殿一，觀三。

福地殿　去紫霄宫南八十步。天下七十二福地，此第一也。上近三公山，下瞰禹跡池，前擁寶珠峯，後倚歘火巖。翳以松檜，雖盛夏無暑氣。

復真觀　去紫霄宫北一十五里，一名太子坡，殿堦下有聖母滴泪池。

龍泉觀　去紫霄宫北一十里，九渡澗天津橋之上，玉虛巖之北。

威烈觀　去紫霄宫北二百步，中祀威烈王。威烈王者，唐太守姚簡也。

紫霄峯　在大頂東北，石作金銀之色，竹木交翠，巨虬異蛇，盤穴其間。

香爐峯　在大頂東北，仙關之南，浮嵐晻靄，千態萬狀，下即紫霄澗。

九渡峯　一名仙關，在大頂之東。石徑彎環，白雲來去。游人到此，萬慮豁然。

展旗峯　在大頂之東，紫霄宫負焉。千仞如削，宛然皂纛之形，上有三清、七星、煉丹、太子諸巖。

太師峯、太傅峯、太保峯　右三峯在大頂之東。又曰三公山，下一巖曰三公巖。

始老峯、真老峯、皇老峯、玄老峯、元老峯　右五峯在大頂東南，一名五老峯，五峯列居，宛然筆架。昔玄帝上昇，五老奉詔啓途駐輦於此，下即昇真巖、白雲澗，其水循崖飛激，由九渡澗而出。

太子巖　在紫霄宫後，上倚展旗峯，下瞰禹跡橋。昔玄帝爲太子時脩真于此。舊有鐵范聖像，基址尚存。

黑龍巖、白龍巖　右二巖，一在仙關九渡峯南，龍潭之上；一在飛昇臺下，龍潭之南。二巖俱近龍室，不可居。

紫霄澗　三公山水自宫南迤北會諸澗，入于九渡澗。

黑龍澗　香爐諸峯之水，會前紫霄澗。自龍潭東入九渡澗。

白雲澗　自五老峯出，合九渡澗。

九渡澗　會諸澗之水入梅溪澗。

黑龍潭　在仙關之上。紫霄澗中二石高出，下廣如屋，潭深不可測。大旱禱之立應。

真一泉　在紫霄宫右。

紫極壇　在紫霄宫北，威烈觀下。故址尚存。

萬松亭　在福地。

太子巖亭　在太子巖前。

禹跡池亭　在禹跡池上。

淵默亭　在九渡崖下。

禹跡池　在禹跡橋南。

上善池　在紫霄宫東方丈。

禹跡橋　在紫霄宫前。

通會橋　在紫霄宫北，威烈觀南。

黑虎橋　在紫霄宫北，黑虎廟南。

黑龍橋　在紫極壇北。

天津橋　在九渡澗。

復真橋　在太子坡北。

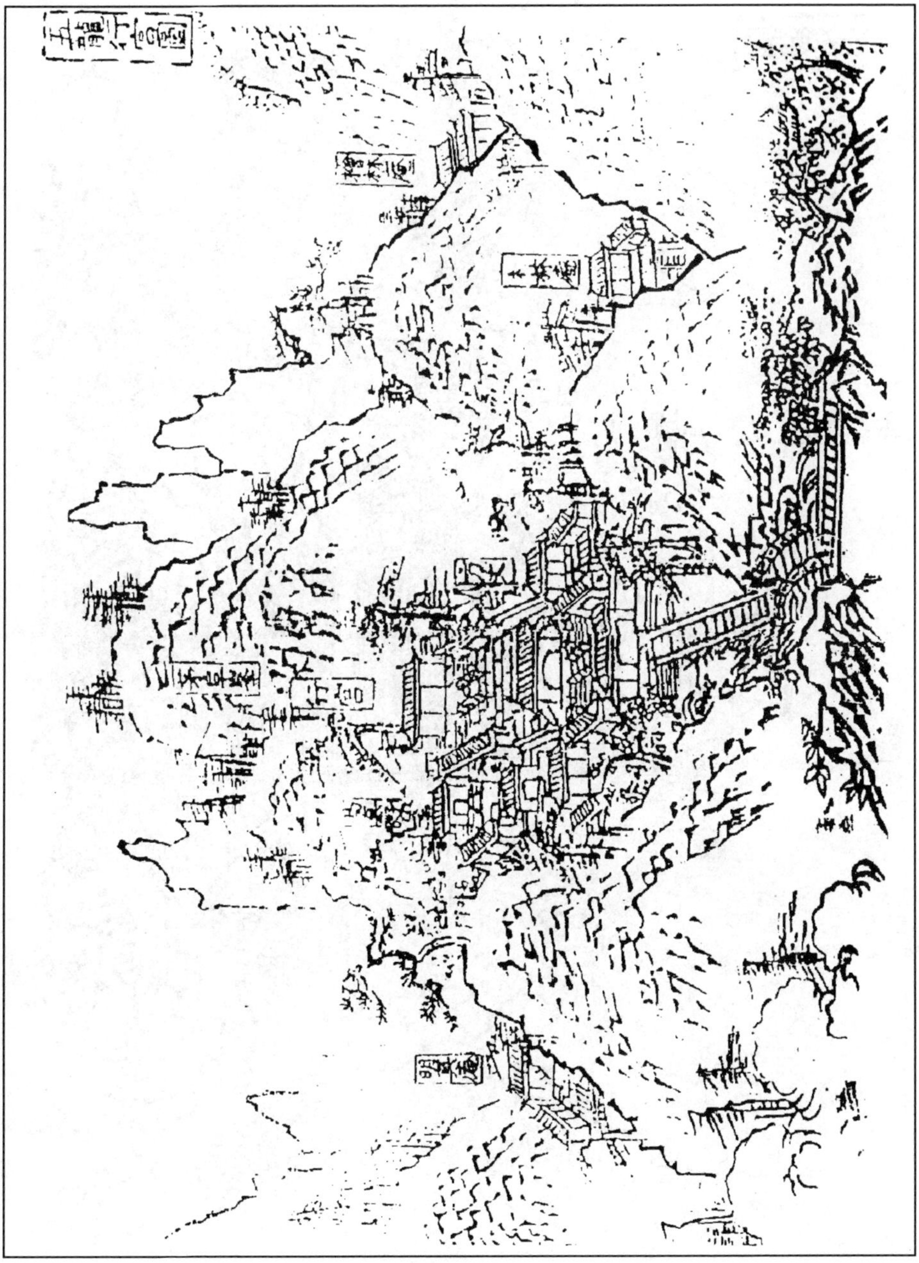

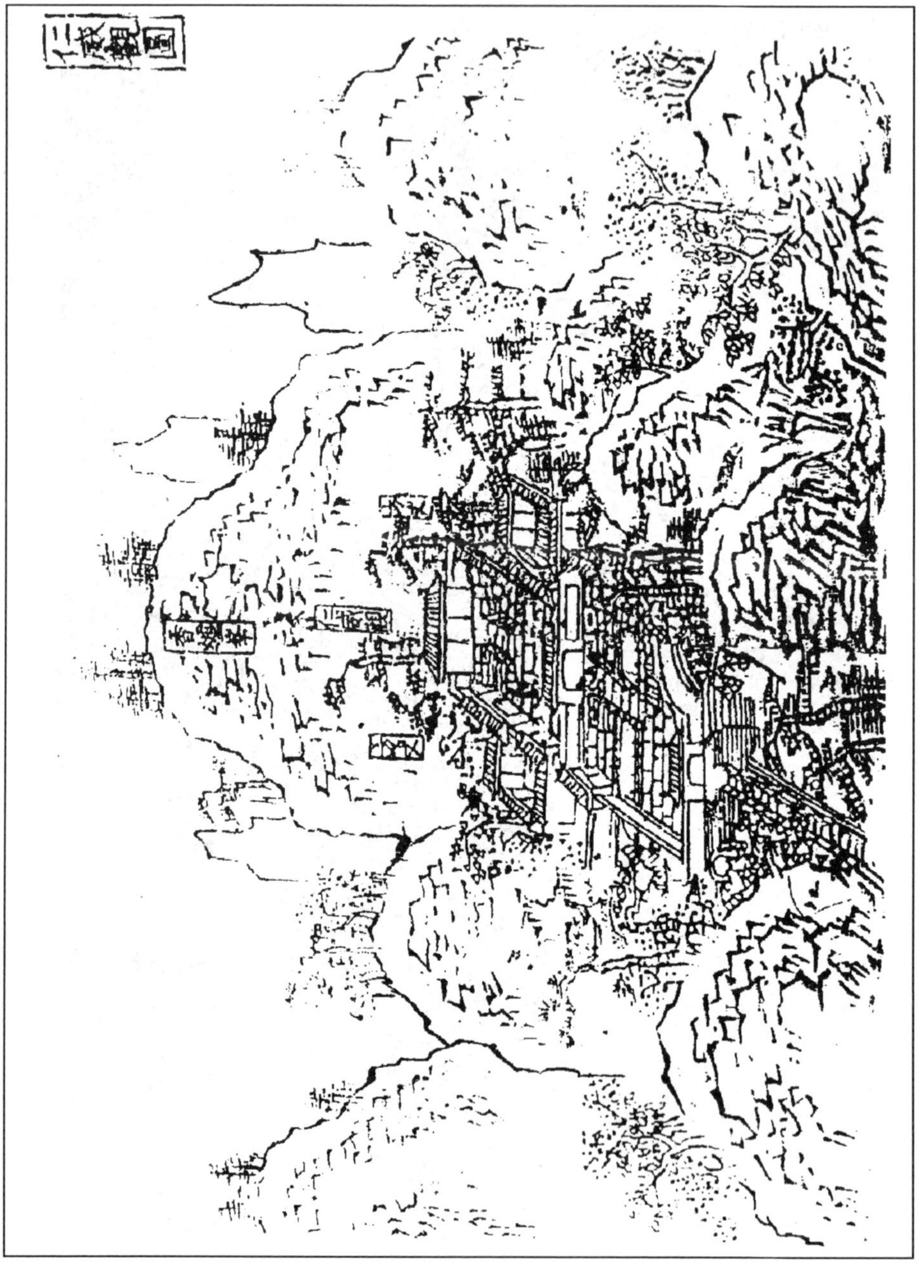

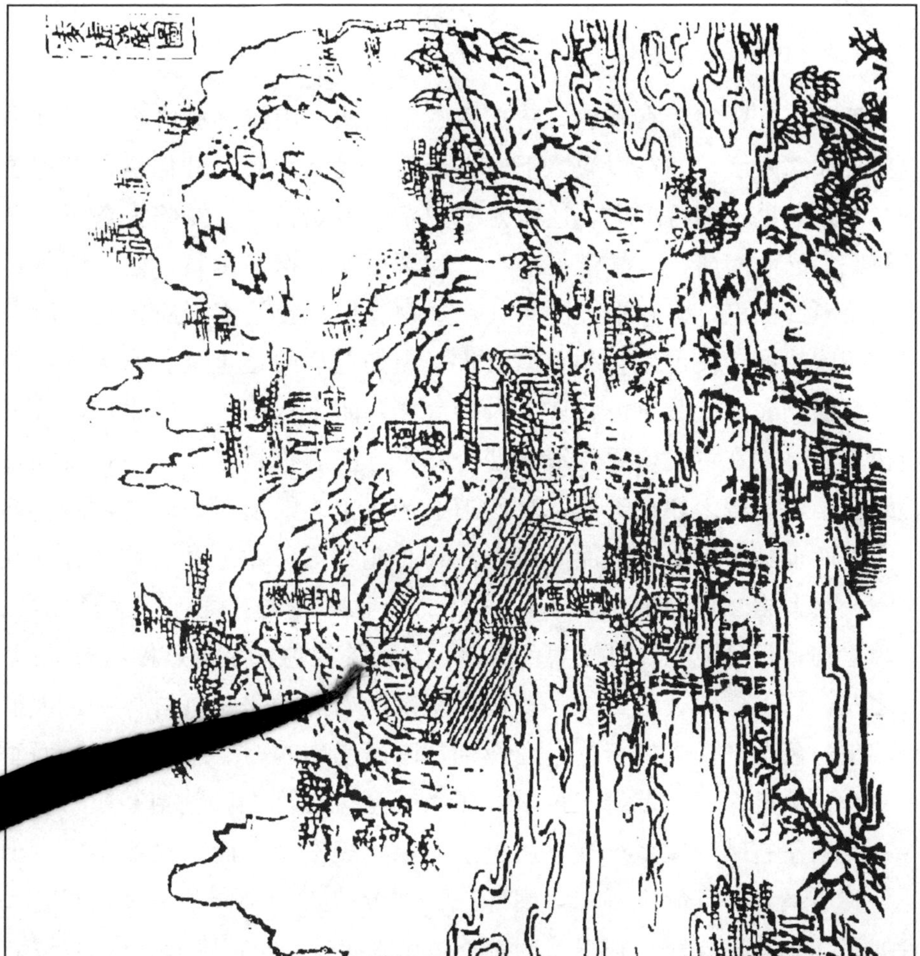

右八圖

五龍宫 暨隸于宫者也。宫在靈應峯山曲。南巖之游既窮，從其中以望五龍諸殿宇，如在扉履之下。去巖而北過滴水巖、仙侣巖，下青羊澗二十六七里。山行多虎，逆旅無二户，行者始持兵。澗陷大麓下，如行篝底。已而南巖、五龍皆失所在。踰澗而西，復尋山行，陰，磴苔甚滑，崎嶇二三里，山忽平，樹忽壯，景物忽佳。於是南巖所望青羊所失者，始欣然獲一投足焉。顧瞻南巖，又復如在眉睫之上矣。宫東向，逆折，其門北向，就澗道也。宫門内爲道，九曲十八折，蔽以崇垣，行者前後不相見。玄帝、啓聖二殿，堦合九重。前五重爲級八十一，後四重爲級七十二，望之如在天上，真所謂上帝居也。殿前天地池二，陷石龍土中，而垂其首于池，水從龍口出注焉。龍井五，左三井，右二井，井痕不及欄者纔二尺，寒洌可食。碑亭二，臺高二丈有奇，亭倍臺之半。右廊之陰，日月池二，日池碧色微緑，月池深緇色，字金魚各可數十頭。殿之左，爲玉像殿，紫玉像一，披髮跣足盤右膝而坐；沉香像一，披髮跣端坐；舊白玉像入供于内，今像則當時所易者也；蒼玉像一，冕而垂紳雲履；萊玉像一，首飾不可辯，額微起至後如抹帕，氅袍圓履；碧玉像一，頂左右結雙鬟，素袍、鋭履。諸像皆貌玄帝，而大小各不同，似非一時所爲者。其餘從神二，龜蛇二，香爐連盖一，皆萊玉製。龜蛇大者如蟹，小者僅如錢。香爐盖刻獅子，爲雙紐繫，小毬隆起，旁窄不掩，爐瘞前殿丹墀内，掘得之，無款識，不知爲何時物也。殿之右，出山坎大林下，六石碑在焉，皆元物也。一爲崇封真武誥碑；一爲揭傒斯所撰宫碑；一爲揭傒斯所撰瑞應碑；二爲戒臣下碑，碑尾書“至元三年”，其下又繫以“龍兒年、牛兒年”盖當時制如此；一仆于地，苔蘚所蝕，漫滅不可讀。宫門左，從曲道北折陟左山，爲榔梅臺，臺上榔梅一株，方盛發。臺後有小石碑，載賞李素希衣物勑二道，其陰則尚書胡濙述上前面領論素希語也。下而折左出大門外，盡門下堦爲真官堂，爲雲堂。自雲堂並山西行，下小谷，澗水出焉，所謂磨針澗也。澗上有老姥祠。澗出爲蒿口，東流入于淄水。宮門右，從碑亭下南折，陟右山爲啓聖臺。折而南下，行土途數百步，側出一小山平聳如臺，陳希夷誦經處也。直下爲凌虛巖。復從故道折而西上，規山微曲處，爲自然庵。庵前石作小池而橋其上，金魚十數頭，聞人咳唾，從橋下群起唻之。庵藏李素希故物數事，青袍一、斜領愽袖，製不甚古；納襲裹各一，皆用五綵布裁爲方寸，間綴以成襲衣，領直下，不交襟，不裳，袖徑三尺二寸，邊皆緣。裹衣促製小袖，襟左右交，腰以下，疊褶而舒，其末不緣。吕公緇一，五色絲攬結而三合焉，綏長寸半，皆文皇時所賜也。其頂爲靈應巖，其外又有長生巖，近巖數丈皆絶壁百仞，下臨大壑，横一木于樹上，以通往來，歲久木腐不可度。宮落成于永樂十一年，爲楹大小八百五十，賜“興聖五龍”爲額。道士廩食者五十人。提點二員，階正六品，給印一顆，領宮一、觀一、祠一、庵一、巖三。

五龍行宮　去五龍宮北三十里茅阜峯下，殿後有茅阜石。

仁威觀　去五龍宮東北二十里香爐峯下。

老姥祠　去五龍宮北百餘步，磨針澗上。

自然庵　去五龍宮西五十步，東有煉丹池，水中巨石下一穴，有龍居焉，人常見之。按《圖記》：馬明生、陳希夷相繼居此。希夷感五炁龍君授以睡法，明生所煉神丹爐灰尚存。

隱仙巖　去五龍宮北十里，竹關之上，一名尹仙，一名北巖。神仙尹喜、尹軌、田簑衣俱隱于此。巖右石棋局一，横鋪石上。傳云，尹軌枰彈之所。夜籟澄寂，常聞步虛、玉磬之聲。

靈應巖　去五龍宫北二百步，五龍頂上。

凌虚巖　去五龍宫西南二三里。唐孫思邈、宋陳希夷，俱脩煉于此。路側有希夷誦經臺。

紫盖峯　在五龍宫南二十里。夜間見仙燈往來。相傳，神丹瘞此。隱者劉道人居其下。一夕，有童子捧詔召之。移時，車從畢至。其徒王真士曰：天詔下臨。當清晨陽光發見之時，今暮夜陰晦而詔至。無乃魔靈見試耶。密篆雷符焚之，霹靂一聲，無所見。平旦視之，但有血跡約二三里，石穴中一巨獸爲雷所擊。

松蘿峯　在紫盖峯西，玄帝脩真之時，常以松蘿爲服，此峯最盛。北有巖，曰卧龍巖。

桃源峯　在紫盖峯北。西曰桃源洞，東即誦經臺。舊有院，今廢。

伏龍峯　在龍頂峯西，下有龍湫。

五龍峯　一名五龍頂，上應龍變梵度天。五峯分列，中有靈池，石廟一區，曰“真源之殿”。即五炁龍君神寓之所。

靈應峯　在五龍宫後。松杉接翠，上凌星斗。昔神仙房長鬚手植是木，親遇玄帝。

隱仙峯　在龍頂北。其下隱仙巖，前曰竹關，即宫之第二門也。

陽鶴峯　在龍頂西北，巨杉數株，常有鶴巢其上。

眉稜峯　在五龍頂西。房陵登山之路。

復朝峯　即外朝山也，當房陵官道。七十二峯俱拱天柱，獨此一山飄然外去。

金鎖峯　在展旗北。牛漕關即其西也。傳云，玄帝收攝妖魔，悉鎖于下。

青羊峯　在金鎖峯北。傳云，太上常駕青牛游于此。其下曰青羊澗。

七星峯　在隱仙巖北，竹關之下。一逕七里，百步九折。下即五龍接待庵。

繫馬峯　在接待庵西北。登山正路，一峯特起，即天馬臺。傳云，昔玄帝乘白天馬立于其上。下有殿，曰“黑虎大神之祠”。

會仙峯　在仙水鋪地。宋端平中曹觀妙迎三茅真君于此，遇而不識。

茅阜峯　見五龍行宮下。

卧龍巖　在松蘿峯東北。

尹喜巖　一名仙巖，在展旗峯北。昔有文始真人隱此。

沈仙巖　在飛昇臺西。昔有沈仙成道于此。因以名之。

硃砂巖　見七星峯下。

藏雲巖 見金鼎峯下。

隱士巖 見隱士峯下。

雲母巖、楊仙巖 右二巖俱在五龍宫東二百步。昔有花楊先生者居此，年百餘歲。人訪之即走避，曰：“腥氣觸我。”不容坐。爾後不知所在。

仙龜巖 在金鎖峯下。石如神龜，含烟吐霧，人莫能近。

磨針澗 在五龍宫北一里。有石横澗濱，若磨痕。傳云，玄帝脩鍊久，有怠意，因步澗下，見神女以鐵杵磨之，即紫元君神化也。因問曰：“欲何爲?”應之曰：“失姑綉針，磨以償之。”曰：“詎非容易?”答曰：“工夫未到耳。”玄帝大悟。

青羊澗 見青羊峯下。

萬虎澗 在大頂北。風雷震怒如萬虎咆哮，會于青羊澗。

牛漕澗 自尹喜巖西入青羊澗。

桃源澗 自紫盖峯發源，東入于青羊澗。

黑虎澗 起白龍頂，會于白龍潭。

陽鶴澗 自陽鶴峯下穿林麓，東入于青羊澗。

金鎖澗、飛雲澗、瀑布澗 右三澗起于金鎖、青羊二峯之左右，俱入青羊澗。

會仙澗　在五龍頂北。會諸峯之水，北出蒿口，入于蒿谷澗。

雷　澗　自疊字峯雷洞之水，南會于五龍澗。

五龍澗　由雷澗出西澗，會于青羊澗。

白龍洞　在竈門峯東。洞中若有白炁如龍，即大雨如注。

桃源洞　在五龍宮西南。

白龍潭　在磨針澗下。瀑布千丈。有廟在巖内，祈禱累應。又一處在飛昇臺下。潭黑而深，雲氣上升，霖雨立至。

仙棋石　見隱仙巖下。

起聖臺　在五龍宮東南。按《圖經》：玄帝奉天詔于此。五龍掖之上昇。

望仙臺　在五龍宮東北。

誦經臺　見凌虚巖下。

朝聖臺　在飛昇臺西。

五龍池　在五龍頂。

煉丹池　見自然庵下。

日池、月池 右二池在五龍宫天寶壇南廡後。二池相並。端平間，曹侍德建寶藏于池之南。夢神語之曰：“此處上應三天，下即洞府，群仙神龍居焉。若法輪運轉，神靈弗安，君將若何?”覺而語諸同僚，夢悉符合。于是，設藏殿而不運。池濱榜之曰：“洞天在近，過往低聲。”中統庚申宣慰孫嗣舉衆内附，兵士詣池洗劍，神龍擁脊而出，天地昏暗，雷雨大震。

五龍井 在五龍宫大殿前。歷代投簡之所。

青羊橋 在五龍宫山下。

磨針澗橋 在老姥殿前。

聚仙橋 在黑虎澗。

隱仙橋 在仁威觀上。

普福橋 在仁威觀前。

蒿口橋 在五龍行宫前。

豐和橋 在蒿口石碑東。

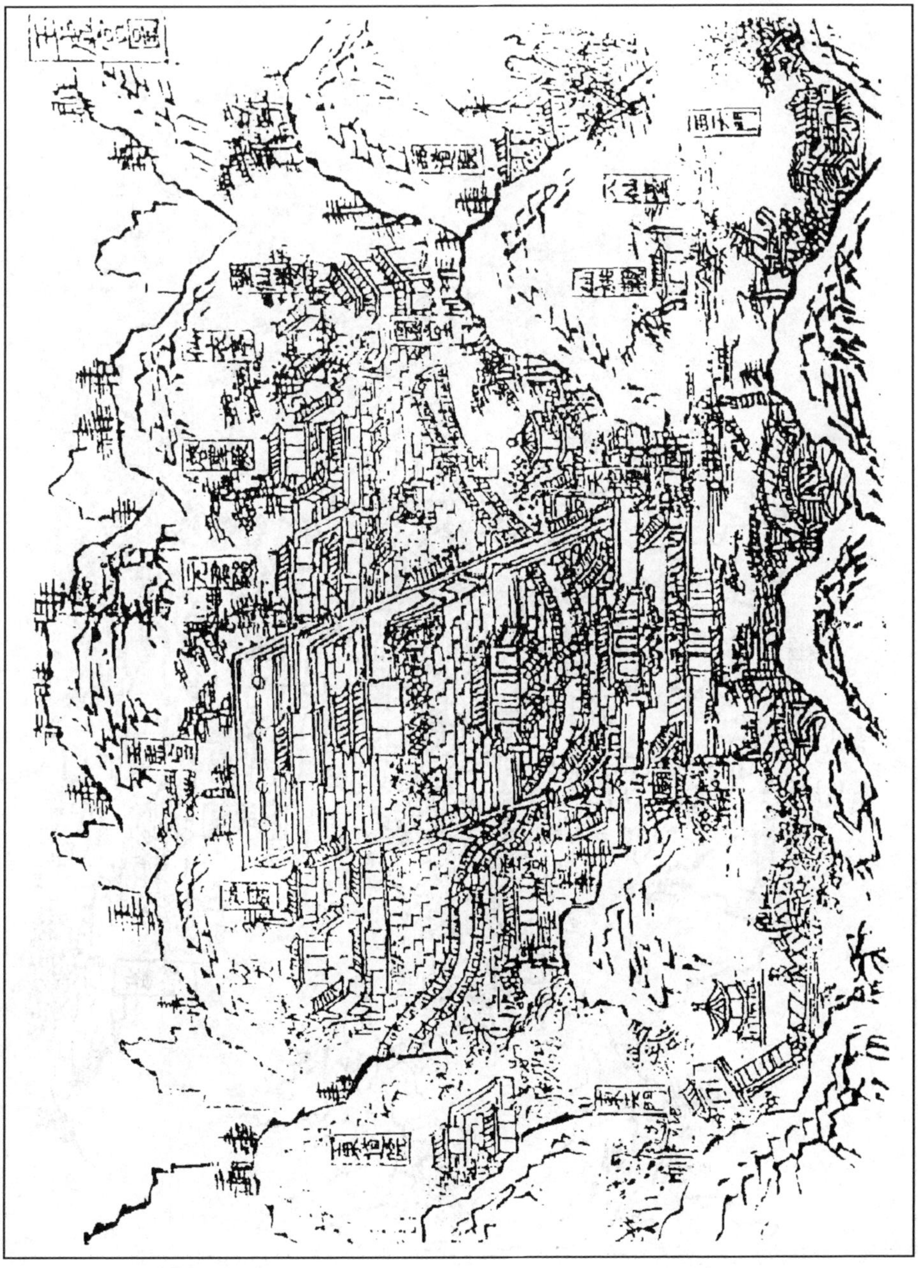

太上觀圖
太上觀

回龍觀圖
方丈

右六圖

玉虚宫　暨隸于宫者也。宫在展旗峯北遇真故址①。爲真仙張三佯之庵。真仙嘗語人曰："此地他日必大興。"既而去之，四方聲迹寂然。文皇遍物色不可得，遂大其宫，以爲祝釐之所。崇其道，故居之而必華也；酌其時，故舉之而必羸也。殿之屬三：曰大殿，玄帝所棲也；大殿之陰曰啓聖殿，尊其所自出也；左曰元君殿，明授受也；又左曰小觀殿，初作之制，未大也。三殿合諸楹得大殿者半之。元君、小觀則入隘塢，中夷山趾，以奠石焉。亭之屬三：西塢西山下曰仙衣亭，真仙昔嘗授衣者也；亭後磚室一，曰張仙洞，神所游也；室外銅碑一，閣之遺也；左聖水池，池上室大如斗，僅可置几案，沐都尉讀書處也。宫之前曰左右碑亭。厨之後曰神泉井亭。樓之屬一：西塢北山下曰"望仙"，蓋真仙杖屨所及，招之以其故也。樓外雪洞一：洞有雨臺，洞光臺容相輝映，雖亭午，如出月狀。堂之屬五：石澗北曰齋堂，石澗西曰浴堂，宫門左曰鉢堂，宫門右曰雲堂，西塢北曰圜堂，鉢堂後亦曰圜堂。故西塢則呼小圜以别之。齋堂前老桂三，其最大者，以指絜之得二十二圍，雖柯幹方盛，然葉遲如子母錢，花枝間時時綴數點，不能多，獨異香，不咸他植。一木十圍，空中立，枯猶屈强如平昔。一木十三圍，偃蹇墻下，若付是非，欣戚于人老，蓋皆百餘年物也。院之屬二：澗之東曰東道院，智者居之；山之西曰西道院，仁者居之。橋之屬六：曰遇真、曰仙源、曰游仙、曰東萊、曰仙都、曰登仙，而石渠之所建不與焉。門之屬三：曰東天、曰西天、曰北天，而殿中之所闢不與焉。石渠一，宫門之内，廣八尺，深四尺，夾以石欄而橋焉，中爲中橋，左爲西橋，右爲東橋。渠首起西山之麓，水泉不甚大，仰盈于驟霤淫潦，以成其停蓄之勢，延袤數

---

①　遇真故址：指玉虚宫在明永樂大建宫觀之前，是遇真宫故址。永樂大建宫觀後，又在玉虚宫東約八里處建"遇真宫"。

十百武，斗折蛇行入于東澗。石澗一，宫之東九渡之所經也，自高山傾瀉而下，澎湃數十里，出右脇之間與石渠合，西北爲梅東會于淄，東北入于漢。石鼓四，南山之陽，鼓大徑二尺二寸，高殺其一，以象四時。或曰取其鎮也。真靈祠二，祀于門下，媚竈之義也。天地壇一，前左南嚮①，禮以義起者也。太山廟一，前右北嚮，時所奔走者也。八仙臺一，仙桃觀一，華陽亭一，蓮花池一，宫外可游眺者也。曰方丈、曰寮室、曰書房、曰賓所、曰倉、曰厨、曰庫，宫室之事不一，皆非苟完者也。宫落成于永樂十一年，爲楹大小二千二百，賜“玄天玉虚”爲額，道士廪食者百二十人，提點四員，階正六品，給印一顆，領廟一、巖二、觀二。

關王廟 去玉虚宫西②十五里，崇寧祠故址，東有井泉，前有飲馬池、一泓泉。

太上巖 即太上觀，去玉虚宫西二十三里。巖東刻天尊、玄帝、聖父母、聖師、北極三聖、三茅、九仙、真仙、神將；巖西刻鬱羅蕭臺、三清、四帝、雷尊、南北二斗、三官、五師、嶽鎮海瀆仙靈。東西有靈石二泉。

玉虚巖 一名俞公巖，去玉虚宫西南③三十二里，九渡澗之上。昔有隱者俞惠哲誦經于此。一老人常往聽之。忽一日，曰：“我東溟之子，謫居于是，限滿當得還，所居願奉仁者。”一夕，雷雨爲整其石。

迴龍觀 去玉虚宫西南五里。其山巒蜿蜒有回顧之狀。上有井，冬

① 前左南嚮：此處有誤，應爲前左西嚮。
② 西：此處有誤，應爲東南。
③ 西南：此處有誤，應爲東南。

夏不竭。

八仙觀　去玉虚宫南二十六里。舊傳，有八仙過此。因名。

蒿谷澗　自梅溪之東[1]諸山之水，西入于青羊澗，會于淄河。

梅溪澗　出爲淄河。

一泓泉　在關王廟前。

益人泉　在迴龍觀上。

東靈石泉、西靈石泉　右二泉在太上巖。巖高峻無水。宣德三年于此纂脩《太和山誌》，巖東隴石穴下，泉忽然出。已而，巖西路旁石根下，亦復出泉。于是，用工鑿砌成池。清洌可食。

益人泉亭　在迴龍觀上。

一泓泉亭　在關王廟前。

神泉亭　在玉虚宫神厨後。

飲馬池　在關王廟路西。

神泉井　在玉虚宫神厨後。

---

① 東：此處有誤，應爲西。據任自垣纂修《勑建大嶽太和山誌》記，梅溪澗在九渡澗下，沿玉虚宫前會蒿谷澗水，流入淄河。

玉真橋　在東天門裏。源出九渡澗玉虛宫前。

仙都橋　在玉虛宫北天門裏。

游仙橋　在玉虛宫左。

仙源橋　在西天門裏。

西天門橋　在玉虛宫西，上有華陽亭，下有蓮花池。

西山橋　在西天門外。

北山橋　在北天門外。

東山橋　在東天門外。

登仙橋　在玉虛宫東天門外南。

東萊橋　在東山橋東。

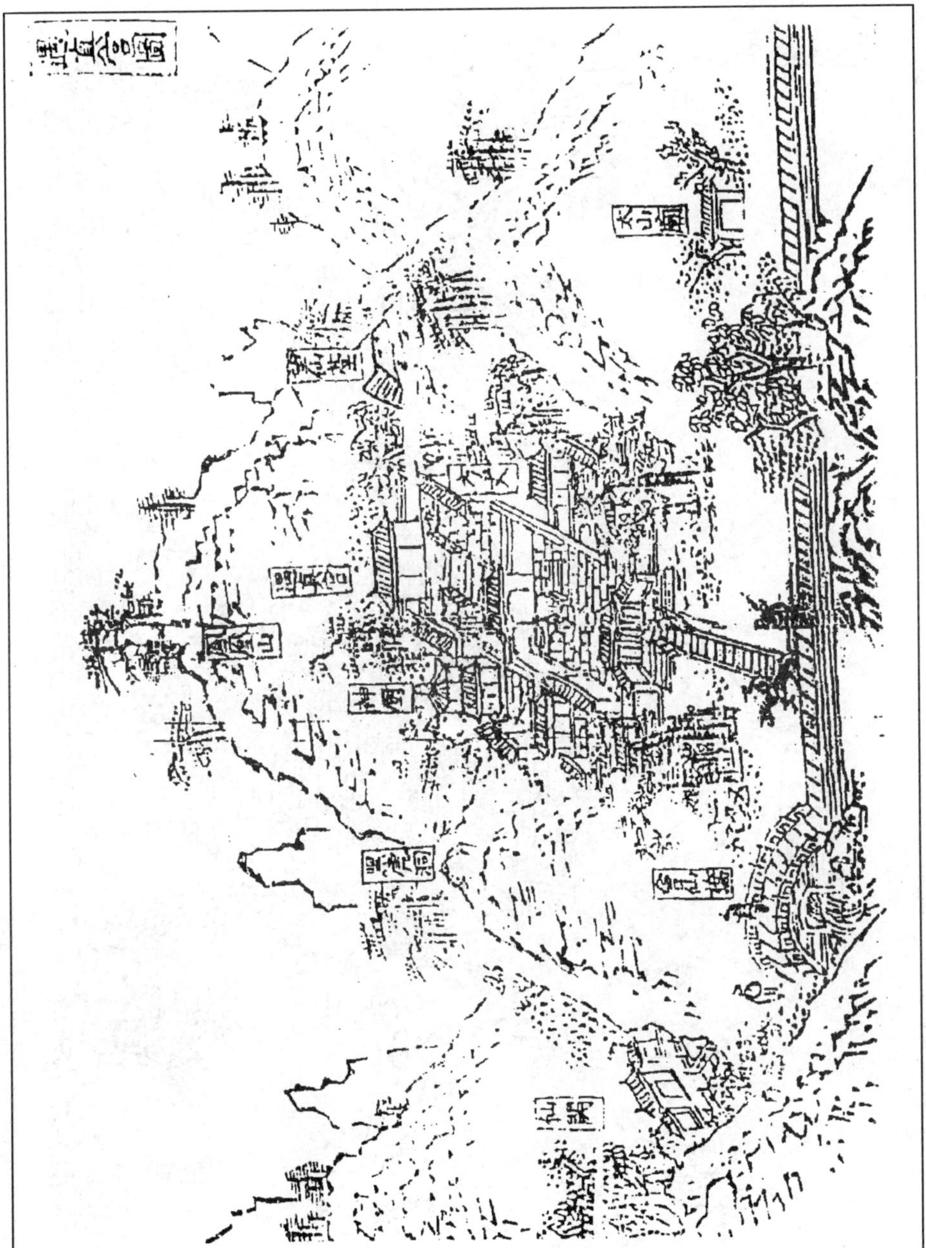

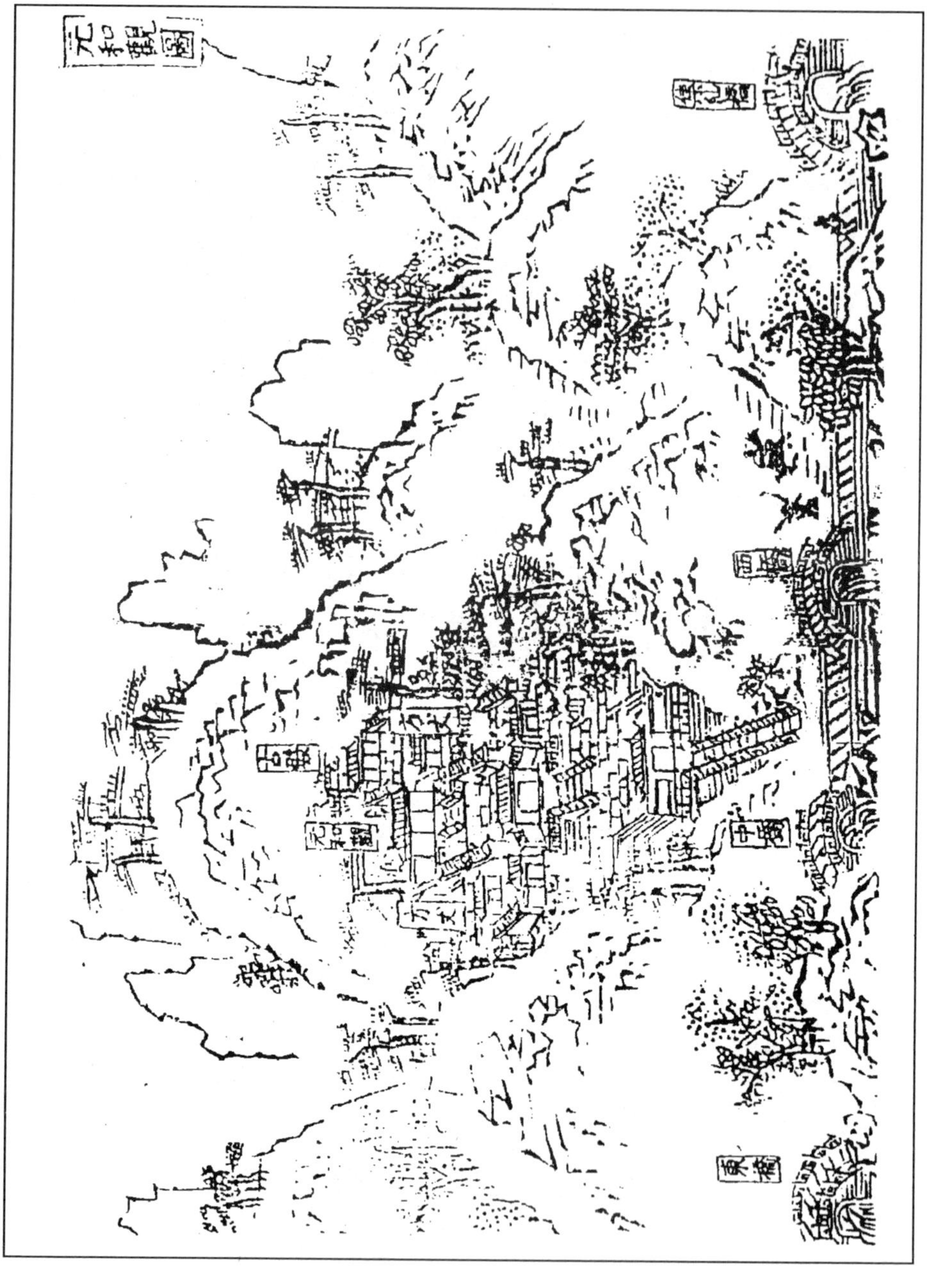
元和觀圖

右三圖

遇真宮 曁隸于宮者也。宮在仙關外。始入山，自草店行二三里，忽兩山阨于澗口，口不復可辯。循山趾下窮之，始得其坎，然狀從其上，却望若逆流于山，因憶桃源小口，意其中必有佳境。旦前數武，開朗夷曠，可耕之地數百塍，皆官壤也。故遂爲諸道子所業。阡陌相通，殆不異桃源。今代既非秦，諸道子類非避世者，冠蓋相屬于道，無復昔日漁人之迷矣。按：宮之先，曰會仙館，真仙張三丰所築也。真仙去今百四十年。追尋遺跡于山水間，無復存者。行東廊下得觀，所謂銅像西嚮坐，戴笠，内加小冠；左右侍童二、杖一、扇一。笠徑一尺八寸，中外旋攬，如椒眼狀，寸約二眼，平布其裏，襄漢間呼爲斗篷。杖刻龍頭，左侍者執焉；扇鏤蕉葉，右侍者執焉；皆糜銅以成形，而襲之以金。盖三物，真仙平時所御者也。宮中道士云，故物藏之内府，入東方丈得觀，所謂遺像，身長五六尺，面方紫平，頰豐頤，項腴如瓠，自額以上，隱隱中起，眉目脩而鋭，其末微鉤，而下垂髮纔二寸半，納于冠半，被兩耳後。鬚黑而疏，在頷下者，握之不盈把；在口上者，横出磔如戟。紫木冠，藍袍。袍製甚促，直領窄袖不緣，獨裾飄飄，然有乘風上征之意，繫吕公縚，芒履見踵，縛兩袴脛，盡露于外。右足側半武，睨之若短，荷笠曳杖，行于松下。考之圖誌，真仙居菴時，嘗獨棲大樹下，猛獸不近，鷙鳥不攫。想像其人，當如野鶴冥鴻，臞然物表。今觀其狀，貌殊不類，豈所謂仙者，固亦土木其形骸耶！宮落成於永樂十五年，爲楹大小三百九十六，賜“遇真”爲額，道士廪食者三十人，提點二員，階正六品，給印一顆，領觀二。

元和觀 去遇真宮南二里，仙關之裏。昔玄帝有元和遷校府之名，故曰元和。其南則入山之初途也。

脩真觀　去遇真宫東二里，黄土城外。

鵶鵠嶺　在脩真觀東，上有泰山廟。

集仙橋、元和西橋、元和中橋、元和東橋　右四橋俱在元和觀前。

會仙橋　在遇真宫前。

右迎恩宮圖

宮在石板灘，舊有關王廟，盖鄖襄官道也。灘合山前諸小澗之水，聚爲一川。雨甚則潰潦四出，行者半涉，而水大至則飄溺隨之。有司以漲落不常，舟檝不時，其於是初作石橋。成化二年，州大水，橋齧且絶者百數，而兹橋獨完，或謂玄武實相之。乃治宮于橋南岸，以報神功，以祈神庥。宮成而諸美畢集焉。清冷者曰與耳遇，飛泳者曰與目遇，天風弗作，烟霾消歇，則天柱、紫霄諸峯劃見面目，遂爲勝地。始來游者，唯亟亟山行也，過者僅立宮門外，伸首一望竟去，用是弗大顯。宮落成于成化十七年，中爲殿十六楹，以祀玄帝；殿之左爲堂十二楹，亦以祀啓聖，亦以祀真官；殿之右爲廟十，以祀關羽；外右爲方丈，爲書房、爲寮室、爲倉庫之舍，爲庖湢之所，百五十楹，以居道衆。太監韋貴疏其事，以額請于朝，賜曰“迎恩觀”。貴復緣朝天、清微二宮例，以請改爲宮。參議李謙，復選七宮道士以實之，爲盈大小二百八十，道士廩食者九人，提點一員，階正六品，給印一顆。

迎恩橋　在迎恩宮北券門下。

尋真橋　在石板灘西南。

絞口橋　在石板灘南一里許。

中　橋　在石板灘北五里許。

冲和西橋、冲和中橋、冲和東橋、春和橋　右四橋俱在蚰蟮峪。

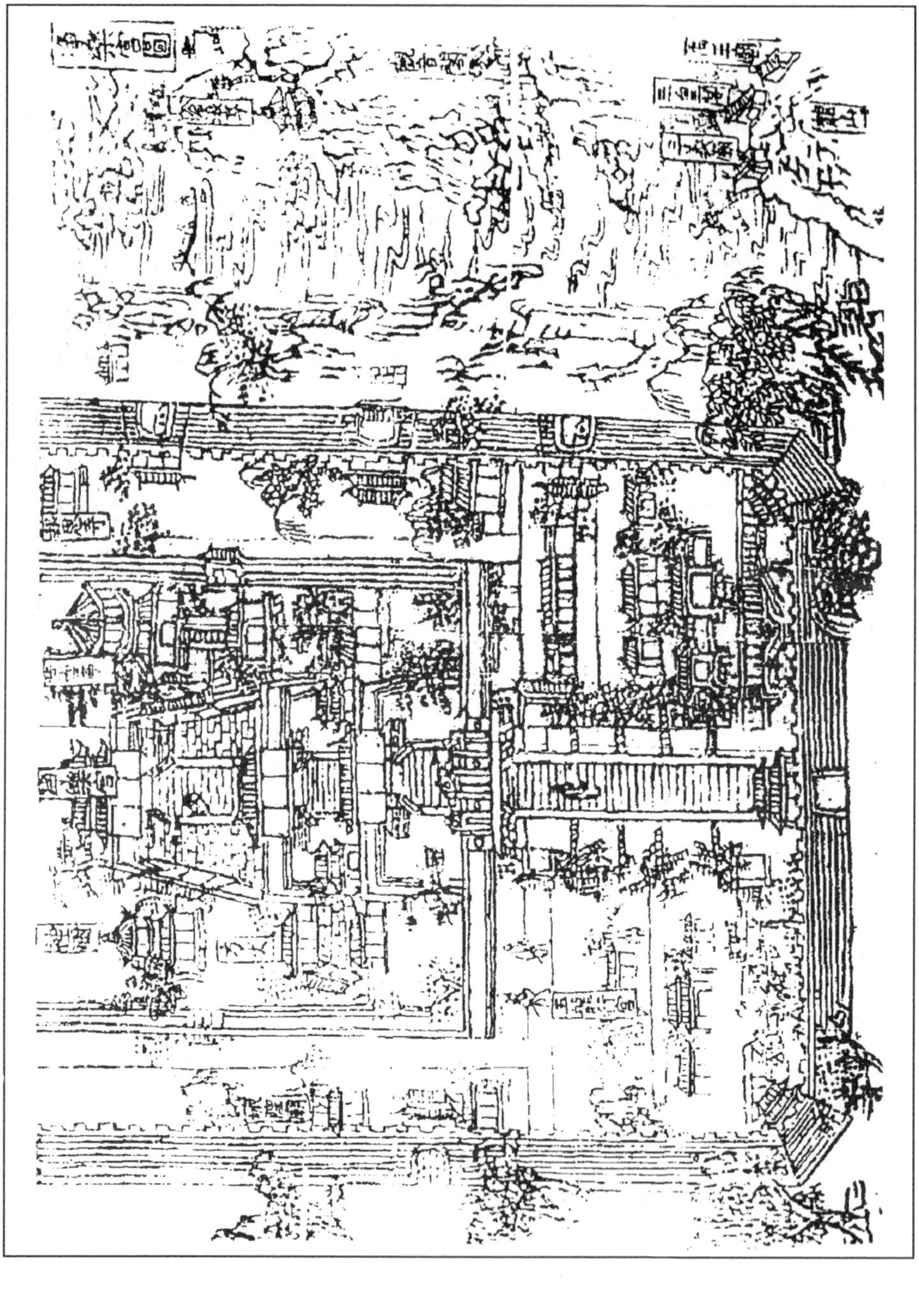

右二圖

净樂宫 曁隸于宫者也。宫在均州城北。諸宫高或于山、于巖；下或于岩，獨净樂于市。盖即其所封治宫焉。考之《圖經》，均古麇地也。傳稱玄帝降生于净樂之國，净樂治麇。按《春秋》文："十一年楚子伐麇，注：小國，近楚。左氏敗麇。師于防，復伐麇。至于錫穴。"應劭曰：錫冗，今均州、鄖縣，則入春秋麇，固在也，與傳所載不合，今不可考矣。麇，君音，舊誌作麋，縻音。麇麋，字相近，傳寫之誤也。宫半于城，中居民。宏敞不及玉虛而壯麗過之，崇其堂，峩其陛①，豁其綺疏，文其璇題。堦墀門廡，皆石平。布，旛幄之末，綴玉以垂。宫之爲玄帝啓聖殿者也。宫左紫雲亭，亭之制八稜，其上去梁桷，重簷疊拱，而旋結于頂，如攬囊日。圓起城中，状類垂盖，江行者皆見之。亭下石階石欄二級，可以環而走，脩竹長松，遍植欄外，類村塢。亭外舍居者，爲道人李大瓢，不知何許人，年八十餘，人問其姓字，不答；與之錢，不受；飲之酒，醉則起去，亦不告也。杖上懸方寸木，書"不語"二字。可否諸事，任首長以瓢自隨，因號大瓢。宫右香錢庫，凡鏹楮輸于山者，悉輦以入。累朝所賜諸噐物，金鐘玉磬之屬，皆藏焉。又折而右爲三方丈，爲齋堂，爲浴堂，爲賓客之所，爲道子之室，爲案牘之房，爲蔬藥之圃。宫前亭二，以庋御碑。祠一，以祀真官。進貢廠一，歲時取土物以貢，則董其役于此，内臣主之。宫外左爲提督之署，前左爲提調之署，前右爲五龍行宫。出大東門望江東岸，有巨石立于山麓，昂聳如馬首，平如几，高數十尺。其上有亭，曰"滄浪之亭"。其状酷似嚴瀨釣臺，然釣臺遠于瀨，非百丈不可及，又不如此之可以垂綸于亭也。下而左行江岸百餘武，復上觀音閣，閣後有小石洞，洞廣步有半，入坐，雖盛夏無暑氣，與人語，不甚了了。相與弈其中，敲子聲隱壁案間，久不得出。

---

① 陛：應爲"階"。

下閣復拿舟，順流行六七里抵龍山。山横絶水口，屹然有一夫當關之勢。地理家所謂華表捍門者也。山上禹王廟一，玉皇閣一，卧雲亭一；山下三義廟一，皆附于宫，可游者也。宫落成于永樂十六年，爲楹大小五百六十，賜“净樂”爲額，道士廩食者五十人，提點三員，階正六品，給印一顆，領觀一。

真武觀　去净樂宫有二十里，襄陽府城之北，樊城鎮店之西。舊有祠弗稱。永樂十年，管運武當山琉璃諸物至襄陽，小舟萬計泊祠下。時風濤方作，頃之祥光數見，水天一色。衆咸謂玄帝顯應。遂重建焉。

紫雲亭　在净樂宫内。

滄浪亭　在州東門外，漢江上。

觀音閣　在州東門外，漢江上。

龍　山　在城南六里。均州水口山也。

玉皇閣　在龍山上。

禹王廟　在龍山上。

卧雲亭　在龍山上。

三義廟　在龍山下。少監李學建。

神惠倉　在州預備倉南。嘉靖十五年建。

蓮花橋　在州土門外。蓮花池水出于此。

七里橋　在黄沙河。

按：宫觀廢而莫舉者十三：大頂之南曰王母宫，大頂之東曰瓊臺宫，太子巖西曰三清觀，太上巖東曰三茅觀，竈門峯北曰明真觀，展旗峯南曰雲霞觀，雙溪澗上曰佑聖觀，小淄河北曰常真觀，繫馬峯南曰接待菴，太玄東南曰大道菴，八仙觀東曰全真菴，均州之南曰樂都菴，絞口東南曰清微行宫。迷而莫考者十七：曰紫虚、曰紫極、曰延長，昔爲宫者也；曰玉仙、曰紫霞，昔爲觀者也；曰冲虚、曰洞雲、曰白雲、曰月，昔爲菴者也；曰講玄、曰洞淵，昔爲函丈者也；曰洞雲、曰桃源，昔爲道域者也；曰洞陽、曰月朝仙隱，昔爲精舍者也；曰雲山，昔爲書院者也；曰純齋，昔爲道院者也。中更他變者一，曰太常觀，太子坡西，近燬于火。中改他屬者一，曰五龍行宫，均州城南，近併于州。舊誌並載其名，今因之，以俟夫有力者舉之，有識者考之耳。此愛禮存羊之意也。

卷之四　藝文畧

叙曰：山川有顯晦，宫觀有舉墮，人物有賢否，百世之下，其存乎人者？文耳。故鈷鉧潭、鐵爐步，上世所不售也，以柳子諸記，遂不落莫。有崔顥、杜甫之作，則黄鶴、岳陽二樓，至於今與湖光江色争明。長沮桀溺荷蕢之徒，名不經見，則碌碌雖與草木同腐可也。然則所謂文者，獨可少乎哉。自吕純陽下，共得碑七，序二，贊三，祭文一，賦一，歌詩百九十。録之。

五龍萬壽宫碑①

元　揭傒斯

曰：至元二年歲在丙子，武當山大五龍靈應萬壽宫武當殿成。玄教大宗師特進上卿總攝江淮荆襄等處道教吴全節，爲集賢院言：翼軫之墟，襄漢均房之間有山焉，根蟠八百里。峯之高者，七十有二；巖之幽者，三十有六；澗之深者，二十有四。天垂地接，陽噓陰噏，不可名狀，名曰太和之山。玄武神得道其中，改號武當，謂“非玄武不足當此山也”。山多神宫仙館。其大者有三，曰：五龍、紫霄、真慶。而五龍居其首。唐貞觀中，均州守姚簡禱雨是山，五龍見，即其地建五龍祠。宋真宗時，陞祠五龍觀，賜額曰“五龍靈應之觀”。其後廢于靖康之甿。孫真人元政興之，又廢于金朮之兵。

① 五龍萬壽宫碑：原文爲“元揭傒斯五龍萬壽宫碑”。爲保持藝文排版一致，編者把藝文標題放前，作者放後。後文同此。

皇元受命，與天地合德，大興老氏之教，扶運翼世，以迎休祥。山之有道之士汪思真，奮然特起，辟草莱，剪榴翳，一舉而新之。先大宗師上卿張留孫，初總攝江淮荆襄道教，奏以其山葉希真朝覲，天子大信其道。至元二十三年，詔改其觀爲五龍靈應宫，以希真主之。居八年，而侯道懋繼之。又二十年而續道誠等繼之。仁宗皇帝天壽節，實與玄武神同，遂加賜其額曰："大五龍靈應萬壽宫"。仍甲乙住持。歲遣使以是日建金籙醮，祝釐其山。是累朝歲遇比復天壽節，一如故事。此後，大建玄武殿。宜得詞臣文而勒之石，以彰國家之美，以重此山。明年三月二日，集賢以聞，詔以命臣傒斯。臣傒斯竊謂：名山大川，能出雲雨，以澤萬物産財用，以利萬民毓英賢，以輔萬世。必宅天地之奥，當陰陽之會，磅礴融液，與大化終始。故中必有神出幽入冥，此感彼應。如風之在谷，所觸皆通，水之在地，無往不達。况此葆乎中和，統乎陰陽，應變合行，與神俱藏，群仙四朝而特起乎中央，非玄武焉足以當之。則其宫室之崇，享祀之嚴，應國家之運，爲生民之依者，固有在矣。殿之建，玄教大宗師臣全節實出私錢萬緡爲之倡，而住山續道誠、張道真、吴明復、邵明庚、李明良，先後贊而成之。其屋壯麗嚴峻，洞達高廣，盖與兹山相雄。世所稱神仙，曰殷長生、房長鬚、馬明生、田簑衣之徒，皆成道於此。是以論人傑必本於地靈也。其辭曰：

虚危之精玄武君，上臨玄天貴且尊。穹龜贔屓螣蛇蜿，手指北斗酌乾坤。武當之上號太和，神君居之降百魔。五龍守衛嚴不訶，冷氣自少元氣多。神君生在天地先，谷神自養天地根。二十四氣如環旋，七十二候無頗偏。四十二載昇玄天，玄天之樂不可言。身着玄衣坐紫府，蒼龍在左右白虎。朱方翼翼朱鳥舉，騰精躡景我爲主。百靈守之誰敢侮，或按長劔坐黄庭，吐納日月含風霆。五龍冉冉隨降昇。倏而去之若流星，忽而來兮雨冥冥。鬼車九頭匝火屋，山鬼倚樹惟一足。飛蝗蔽天食百穀，長蛟鼓浪沉平陸，神君一顧赤爾族。神君自居武當山，人能學之盡得仙。前有殷房後馬白，陳摶尹軌相攀援。新開大殿凌紫烟，璿題藻井相鈎連。神君居之樂無邊，保我聖曆億萬年。

五龍萬壽宫瑞應碑

曰：世祖皇帝初營燕都，歲十有二月，龜蛇見于高梁河之上。上召問諸儒臣。翰林學士承旨臣孝祺等對曰："國家受命朔方，上直虚危，其神玄武，其應龜蛇，其德惟水，水勝火，國家其盡有宋乎，此水德之徵應也。"詔即其地建大昭應宫，以祠玄武。後七十有四年，復以今上天壽節，見于均州之武當山大五龍靈應萬壽宫。武當相傳：黄帝時，玄武以三月三日降于此山，仁宗天壽節適與神所降辰同。歲遣使建金籙醮祝釐其山之五龍，後以爲常。歲四月十有七日，是爲今上天壽節。至正二年，集賢院以玄教大宗師臣全節言，奏以法師陳斯與行使事。時，均房之間久旱，入山而大雨。及竣事之旦，焚章殿陛之東，有赤蛇緑龜見其所，盤回久之，忽不見。自郡縣陪祭官以下數百人莫不驚覩，以爲禎祥，皆呼萬歲。襄陽守臣上其事，集賢及玄教大宗師，集賢遂聞之天子，且請勒石本宫，以昭神庥。乃詔臣傒斯爲之文。臣聞天地之應，必於其類。惟於我朝莫盛世祖，而龜蛇於冰凝霜沍水德行令之時，見于定鼎之地，不十年而宋亡，天下爲一。此所示天子受命之符也。今復以雲行雨施，水德布澤之時，見于天壽節祝釐之所，必將復見中統至元之治，如世祖時也。矧皇上自即位以至于今，罷游畋獵，遠聲色，日進儒雅，講求聖學，聞一言之善，一諫之切，未嘗不嘉奬采納。宵衣旰食，憂勤天下，思復中統，至元之治。蓋十年于兹，若以時則可矣，以其象固已兆矣。是祥也，必不虚應。天下何幸，即日見之。宫舊有閣，在玄武殿後。至正元年夏，本宫住持邵明庚、李明良，節歲計之羸，會檀施之積，重建之。累土爲臺，崇二尋有半，樹三甍之閣而三其臺之崇。上六楹，以奉三玄武像；下十楹，列爲三祠，中以祀神父母，左以棲蓬萊十真，右即蜀之梓檯神[1]，總名之曰："玉像閣"。閣方落成而使者至，神人若交焉。臣傒斯謹拜稽首而作歌：聖人作兮百神依，水德集兮應虚危。指靈山兮

① 梓橦神：王佐修、慎旦等纂《大岳太和山誌》爲"梓潼神"。

祝皇鼇，玉虹拖兮紫電飛。笙磬合兮斗柄垂，冠七星兮九霞衣。進有秩兮退有儀，緑章謄兮啓天扉。風蕭蕭兮雲披披，永介帝壽兮億萬期。赤蛇蜿兮繞緑龜，外不驚兮内不疑。來莫知所從兮去何之，神皇皇兮憺忘歸。旆玄旂兮劍陸離，嘉祥見兮大慶隨。吾皇永兮繼黄羲，如世祖兮御九圍。神降祥兮無已時。

真慶萬壽宫碑

程鉅夫

曰：皇慶元年春三月，京師不雨，徧走群望，詔武當道士張守清，禱雨而雨。明年春不雨，禱而雨，又禱又雨。既霑既渥，仍大有秋。兩宫大悦。初均房之間，有山曰太和，又曰仙室，以玄武神居之，名武當。踞地八百里，峯七十有二，最高曰紫霄之峯，峯之最勝者曰南巖，巖前有洞天二，曰：太安皇崖天，顯定極風天。上出浮雲，下臨絶澗，猿啼鳥噑，豺虎所家，人可投足者，僅尋丈許。道家言：龍漢之年，虚危之精降而爲人，脩道此山，道成乘龍天飛，是爲玄武之神。至唐貞觀益顯，天下尊祀。宋理宗時，詔道士劉真人住宫南巖，不克。漢東異人魯大宥隱居是山，草衣菲食，四十餘年，救災捍患，預知禍福，時人神之。天兵被襄漢，去渡河訪道全真，西絶汧隴，北踰陰山。至元十二年歸，與道士汪真常等，脩復五龍、紫霄壇宇，獨結茅南巖。或請作宫庭，曰："非爾所及也。其人將至矣。"二十一年秋九月，師自陝州來，年三十有一，願爲弟子。大宥欣然曰："吾遲子久矣。"即授道要。明年春正月，大宥仙法①。師躬執畊爨，墾山鑿谷，種粟爲食。繼帥其徒剪檜翳，驅鳥獸，通道東自山趾絞口，七十里至紫霄宫，五里至南巖；巖北下三十里五龍宫，又四十里抵山趾蒿口。三月三日，相傳神始降之辰，士女會者數萬，金帛之施，雲委山赴。乃構虚夷峻，梃木窮谷，刊石窮崖，即巖爲宫，廣殿大庭，高堂飛閣，庖庫寮次，既嚴且備，炫晃丹碧，轇轕

---

① 法：此版本有誤，應爲"去"。

雲漢，像設端偉，鍾鼓壯亮，引以石逕，蔭以杉松，積工累資巨萬計，歷二十餘載乃成。墾田數百頃，養衆萬指。至大三年，今上皇帝，儀天興聖慈仁昭懿壽元皇太后聞師道行，遣使命建金籙醮。徵至闕，及禱雨輒應。賜宫額曰：“天一真慶萬壽宫”。置提點甲乙住持。制加神父號：“啓元隆慶天君明真大帝”；神母號：“慈寧玉德天后瓊真上仙”。賜師號：“體玄妙應太和真人”。延祐改元春二月，大司徒臣羅原，奉皇太后旨，命師乘騎奉香幣還山致祭。冬十月，集賢大學士臣陳灝，請加賜宫額曰：“大天一真慶萬壽宫”。竊惟聖天子原清静之本，躬垂拱化，父天母地，懷柔百神，陶成萬類，子育兆姓，宵衣旰食，期底于治可謂至德也已，師以雲栖霞舉之侶，而能振道濯德，焦心苦志，奮樹堂壇，以承天休，亦可謂豪傑之士矣。師闓疏果毅，方嚴質茂，雖大祠祭，不待沐浴更衣，所感必應。雖身被顯寵，如始入山，其有道者耶。若神之德，廣大混茫，變化無方，謂列宿所鍾，詎不信然。臣鉅夫謹拜首稽首而獻詩曰：

翼軫之墟均房間，白雲峩峩武當山。根盤千里阻且艱，七十二峯羅煙鬟。帝遣玄武驅神姦，被髮仗劍衣黫黫。穹龜脩蛇猛且閒，乘雲而來御風還。跂余望之杳莫攀，真人學道鐫堅頑。飛上千仞誅榛菅，斡旋天樞啓天關。瓊樓珠宫翠迴環，霞披霧映黄金環。湛恩大號帝所頒，神來居之珮珊珊。寒松蕭颼水潺湲，飛香滿空馥蕙蘭。願神永永哀民艱，汛掃穢濁無洞瘝。我皇萬歲御九寰，興聖怡愉長朱顔。

《啓聖實録》序①

趙孟頫

曰：《易》曰：“天一生水，地六成之。”夫一者，數之始也。水者，萬物成形之始也。生數奇，成數偶，於位爲北方。北者，背也。北方象人背。故北極出天最高。又北之爲文，從人相，背陽。至冬至而止，又自冬

① 此序爲元代皇慶元年四月二十四日，集賢侍講學士中奉大夫趙孟頫應武當道士之邀所作。

至而復生。於卦爲坎，水之爲文，象形爲坎卦。東西分流，於乾坤之四德曰貞。貞者，正固也。二義在天，斗、牛、女、虚、危、室、壁七宿列於北方，成形爲玄武。玄武者，龜蛇也。青龍、白虎、朱雀，皆一物，而玄武獨二物，不謂之龜蛇，而謂之玄武者。玄之爲色，赤而黑，龜蛇則然；有鱗甲，武之象也。玄武之神始降，宋真宗時爲祠遍天下。皇元之興，實始於北方。北方之氣將王，故北方之神先降事爲之兆，天既告之矣。武當山，在西南方，巍然高且大，玄武神依焉。黑衣、披髪、仗劍、踐龜蛇。人往往見之，至今常然。天一真慶宫主張君洞囦篤於信道，强立不撓。皇太后聞而召之。會京師旱，自去年九月不雨至于三月。天子以爲憂。皇太后使人持香，從張君禱焉。先雨，張君爲之日時。已而果然雨，數日乃止，遠近皆霑足。皇太后厚賜之。盡散與其衆，不以一錢私己。其行若是，真所謂絶無而僅有者哉。是宜神之相之也。張君持所刊《嘉慶圖》，徼余爲序，余爲誦所聞而書之。

《嘉慶圖》序

虞　集

曰：天之高，不可知也，日月星辰之象，吾得而觀焉；地之厚，不可度也，山川草木之形，吾得而察焉；神之妙，不可測也，變化應感之迹，吾得而擬議焉。是道也，洞淵張先生其知之。其作《玄武嘉慶圖》是已。其言曰："武當之爲山也，七十有二峯，皆奇偉恠絶。而所謂紫霄峯者，又七十二峯之中峯也。然則其能出雲雨，見靈恠也。固宜矣。"又曰："其帝而神之者，曰玄武。玄武者，在天爲虚危之宿，在地托龜蛇之靈，於五行爲水，於五色爲玄，而其數則一也。夫一之爲一也，離數而言之，則一固造化之所由分；即數而言之，則一固、十、百、千、萬之所由起也。然則其寓，夫地之中而行乎天之一，非天下之所謂至神者歟。"洞淵曰："自是而上，吾不可以言喻也；自是而下，吾猶得以迹言之。"於是，與其徒唐中一、劉中和取其瑰異顯著者，圖而傳之。將使天下觀者動心駭目，必有以啓。夫敬畏①感慕之意焉。予從玄教大宗師嗣宗師知洞淵之有功於武當也。曰：洞淵居武當，功苦食力，廿有餘年。梯危架險，經營締構，作宫室以奉香火，幾以窮山幽谷，比狀麗於通都大邑，則洞淵規畫運量，其可以淺淺窺哉。其佐而成之者，同棲巖學之士也。會予弟佐邑在武當爲近，故得詳言之。

真武像贊

曰：真武像，吴興趙公子昂寫其夢中所見者。而上清羽士方壺子之所臨也。吴興趙公，前代公族，神明氣清，静處真獨。乃夢天人，披髮跣足，玄衣寶劍，坐臨崖谷。再拜稽首，仰視退伏。念昔敬事，存思莊肅。致意接對，光耀心目。如聞教言，如子成篤。爾善繪事，追步顧陸。凡吾真儀，子善記録。審而傳之，與世瞻矚。傍有介士，玉板金籙。曰帝告汝，錫爾榮禄。冉冉而升，夢亦遂覺。明月在户，香彩遍屋。取火亟寫，神運掌握。毫分無失，三十其幅。丹青既成，齋戒韞匵。有堂授受，先事穆卜。而其秘夢，初不以告。晚有相師，泄其玄躅。人始得傳，錦標鈿軸。方壺仙人，潔以薰沐。臨池擬容，誠以玄玉。有得之者，昭事毋瀆。上帝臨汝，介以景福。

武當五龍靈應宫碑

國朝　劉三吾

曰：武當山在襄陽均州南三舍許，盤亘八百餘里，上有七十二峯，中有三十六巖、二十四澗。群峯擢秀，靈氣攸集，是爲嵩嶽之儲副，荆襄之洞天福地也。相傳，玄天之氣之神，當軒轅氏時，震成静樂國王家，乳于母之脇左，瑞雲垂覆，天花飛雨，異香滿室。年十五，辭親出俗，

---

① 敬畏：任自垣纂修《勑建大嶽太和山誌》卷十五爲“警畏”。

誓斷妖魔，匡扶刧運。至玉清紫元君授以無極上道，俾之越海東歷翼軫之下，訪登是山，擇衆峯中冲高紫霄而陽者居之，當契太和。逮昇舉後五百歲，被黑衣，披髮跣足，履坎離之真，歸根復位，鎮極北方。自玆，風穴雷洞、霄館龍宫，神功顯赫，靈異匪常。

時則于紫霄、天柱峯，盖勑建宫殿，棟梁楹甍，集桷闌楯，一不假木，悉范銅爲之。中設金像。興雷吐雲，變化不測，以故歷年弗壞。得賜觀額曰“真慶”，曰“護國”，曰“聖佑”，曰“紫極”，曰“靈應”者非一。唐貞觀中，歲苦暵旱，詔有司禱名山，武當軍節度使姚簡，身詣是山齋禱。其夕有五儒其衣冠者，見謁，自謂五氣龍君。頃之，玄雲四興，甘澍如注，在田之稿，獲遂有秋。簡具以聞太宗，勑于中山别刱五龍觀，以旌靈異。緣此，名聞天下。玄天之神，則以黑駝裘角之劔，斷魔削邪，爲國爲民，興利出害。民所禱禬者，往往於是龍宫獲靈貺焉。

夫何元季，荐罹兵燹，殿宇赭然爲墟。會陝西咸寧丘公玄清，偕其徒蒲善淵，道漢中抵四川至金川、商山，求勝地栖息，不可得。洪武四年，復自襄陽歷均之武當，顧展徘徊，閔此福地，罹爾厄會首築。拾瓦礫理其故墟，師徒苟得廬就處已，即積精存神，脩真導和，服行清净，承學大來。明年壬子，玄清規復龍宫其故所，稽材陶瓦，覆壝貌堅。遠近樂施，不期歲間，宫殿廊廡，栖止廬舍，次第一新。殿塑聖像其中，神將前列。鐘鼓在懸，考擊以時，郡神百靈有位於廡，是使游者入山，如行畫圖。樓觀翬跱，洞户鼇綴，堂庭截然，可謂曰完。

嗟乎！自開闢以來，武當有山，聖真出世，其八十二化，宜與天地同久。燬而復隆，有吾玄清。龍宫是復，玄宰是奉。胼胝拮据劳勩萬端，其道緣所致，將不與是山同垂名不朽也哉！洪武辛酉春，玄清以行能薦拜監察御史，賜之室，辭。明年壬戌，超擢太常寺卿。其徒蒲善淵則選爲均州道正。善淵來京，師以公紹開玆山，丕闡神貺，懇予文壽諸石。相是後者善淵及善寧等也。

胡濙碑陰文

曰：洪熙元年二月望日，皇帝用香帛祝文，分遣大臣遍祀嶽、鎮、海、瀆、歷代帝王、明神、先聖、祖陵及諸王陵寢，俱以大牢。惟大嶽太和山，迺玄帝登真之所，太宗文皇帝勑建宫觀三十三處，金碧交輝，仍於天柱峯冶金爲殿，范神之像，繚以石城，壯觀堅麗，曠古未有。

今天子繼志述事，陞進兹山同於嶽鎮，命臣胡濙代祀。臣濙奉命惟謹，恪同湖廣布政司右參議臣諸葛平、均州知州臣吴禮、臣張享、均州守禦千户所正千户臣朱彛，及本山玄天玉虚宫提點臣任自垣等，登山之日，忽有鶴一十五雙，盤旋於金殿之上，良久始去，五色祥光，照耀山谷。將事之時，陰雲四合。方祭之頃，星斗燦然。祭畢，陰雲複合，儼若神靈歆格聚散之状。官民道衆，鼓舞懽忻。咸以爲朝廷精誠之感，千載一時之遇。斯洪熙元年四月二十八日止。

榔梅碑陰

曰：臣胡濙，永樂二十一年九月二十四日，抆文華門啓：“大嶽太和山興聖五龍宫提點李素希，讀書明理，鍊性修真，志節孤高，廉静寡慾，薄抆自奉，矜恤貧難，糲食粗衣，心常自足。不時舉手加額曰：‘願聖皇萬歲，太子千秋，國泰民安，時和歲稔，物無疵癘，四海昇平。’凡人慕其德而趨向者，莫不諭以忠孝，導以慈仁，勸善懲邪，咸蒙感化。年九十三歲，無疾端坐而終。羽化之後，齒骨俱青，人皆驚異。”皇上備詢其故，再三嗟悼稱許。遂諭臣濙并翰林大學士臣楊榮、臣金幼孜，曰：“此老一生精勤至道，忠君愛國，人罕能及。觀其骨青，死必爲神矣。”至於次日早，皇上又復惓惓軫念，所有原賜勑書二道，未經勒石，以傳永久。奉皇太子令旨：“他真是脩行得道的好人。父皇比先賜他的勑書，你而今去都與他鎸在碑石上，休泯没了這等好處。敬此。”謹同欽差到山建醮，隆平侯臣張信、禮部尚書臣金純、工部右侍郎臣郭進，委令均州守禦千户所正千户臣朱彝，斲取貞石一方，以正一嗣教真人臣張守清篆額，玄天玉虚宫提點臣任自遠①書丹，遇真宫提點臣羅鳳翔鎸刻。偕户部主事臣王和、湖廣布政司右叅議臣諸葛平、均州知州臣吴禮、興聖五龍宫提點臣吴繼祖、臣施淵静、道士臣易本中等門徒，立石於本宫榔梅樹之原。

金籙大醮之碑

黄　衷

曰：聖天子繼天御寓，于兹五年，大禮告成。世廟有翼，二儀太清，海嶽寧謐，三光五緯，上循其度，曰臣曰民，下若其軌，猗歟盛矣。聖心猶不自滿，假兢兢惕惕，以祖宗委祉錫禧，盛自今日，必暢好生之至德，衍垂裕之繁休，謂非神明之力，曷可憑者。

乃考先代之故事，憲祖宗之舊章，以大嶽太和山北極真武之神，道大功廣，效靈自古。惟我皇朝，尤謹崇事。於是范金像儀，製器備物，命内官監臣李瓚虔奉以往，命湖廣鎮巡三司等官，度材制役，費罔煩民。具景命之青詞，表聖心之祕祝。命正一嗣教真人張彦頨、左至靈吴尚禮，率羽衣之士四百六十衆，涓辰日之吉，即净樂之宫，敷寶笈之大科，演玄祖之大法，設金籙大醮爲壇三，爲日以三以七，爲分位三千九百總焉。時則鎮守湖廣地方御馬監太監潘真、總兵官清平伯吴僚，巡撫湖廣都察院右副都御史黄衷，撫治鄖陽地方都察院右副都御史蔣曙，湖廣布政使余祜，按察司副使程昌、侯綸，都指揮僉事余承恩、馬驄，先後來集，執事有恪，晨夕瞻禮。則太監臣李瓚，右叅議盧煦主之。守備安陸州地方内官監太監楊保，巡按監察御史鄧顯麒，左叅政胡忠，右叅議楊易、蔣同仁，左叅議許路，按察使盛儀，副使劉士元、楊守禮、夏邦謨，僉事林遂、許宗魯、毛紹元、鄭光琬、汪溱、何鰲，都指揮僉事申錫、段

① 任自遠：應爲“任自垣”。

輔，罔不齋心潔慮，協相厥成。

先是告肆供張，天高氣頤，瑞霞呈彩，五色絢爛，被冒陵谷，合郡士庶，縱觀欣懽，咸曰：天子萬壽，三宫茂祫，前星早耀，此其祥矣。臣維古者聖主，雖化被無外，而立德有敬，雖當盡四海，而居福有本，是故辦方秩，祀類上帝而徧百神昭其敬也。巍巍帝堯，祝獻多男，赫赫宗周，頌歌百世，重其本也。今我聖天子，孝隆兩宫而不以爲德，仁被幽遐而不以爲功。猶敬恭明神，爲民祈福。洋洋在上，有感必應，殆將發天地之儲精，合山川之正炁，鍾爲元良，應期而出，尚繼繼繩繩，以綿我皇祚於億萬斯年者，其端在兹乎。其端在兹乎，在列者咸謂臣衷宜記，敢頌以詩。詩曰：

於維大嶽，盤均路房。吐靈納異，萬神之藏。群峯矗矗，以翼天門。孰奠厥位，高乾厚坤。於惟上帝，妙幹道機。闢陽闔陰，昭假匪私。千巖萬谷，有宫有庭。雲旂來止，丹户朱楹。扵穆①聖皇，神明厥德。普照爲春，霞燭爲日。大道斯同，迺究玄懿。惠不謬施，霈澤爲川，縟儀維腆，曰惟神宗。睠兹福地，轉歉而穰。化沴而禧，雨雨暘暘。若金若繪，匪制崇典。孰視精誠，駿奔有位。登視鑒歆，承華世世。百靈既職，九有既育。作此頌詩，以永真玉。

聖德昭應碑記

李　衍

天人一理也，盡乎人以格天，而天昭應之，此理之必然也。昔雖一匹夫之微，一言行之善，猶能動天地，況父母天地而爲之者，體其塞性，

① 原版本中《金籙大醮之碑》的“雲旂來止，丹户朱楹。扵穆”之后的内容，誤將范應祥《次潘都憲登南巖詩》、黄宗明《寄題太和山兼贈王生顒入楚歌》的内容移此；而把《金籙大醮之碑》后半部分内容，以及李衍《聖德昭應碑記》的前半部分内容漏掉。編者根據前後文補之。

其帥而與之合德者乎。世傳真武神者，即北方玄武之神也，神以帝稱，盖天之主宰也。天之爲天，理與氣而已，有是理必有是氣，氣有陰陽變合，以生五行，播於四時，造化萬物，理實主宰之，于是乎有帝之名。然五行之生，各異其質，各居其方，各司其時。故其行木，其方東，其時春，其色青，則神曰青帝；其行火，其方南，其時夏，其色赤，則其神曰赤帝；其行土，其方中央，其時四時之季，其色黄，則其神曰黄帝；金行時秋，白色，其方曰西，是爲白帝；水行時冬，玄色，其方曰北，是爲玄帝。帝一而已，兼統五行，分居五方，流行乎四時，變化既成，萬物無乎不在，其居無迹，其妙莫測，玆帝之所以爲神也。然天包地外，而其氣常行乎地之中，則其神之靈必常于其氣之所聚，高明秀異之地發焉。

武當之山，周廻八百餘里，峯嶺秀拔，中有三十六巖之勝，去嵩嶽爲甚近，是亦天地之中五行清淑之氣之所鍾，蜿蜒扶輿磅礴而欝積者。則玄帝之神，恒扵是焉，著其靈異，亦其理也。帝其可以方所求哉？故昔之人，建祠玆山，以祀之，歷代相襲不革。我朝太宗文皇帝克慎在位，昭受上帝申命之休，即嚴郊社之理，徧望之儀。復扵玆山，因徃蹟更新神宇，以極其崇奉之典。宫殿嵯峨照耀，盖振古所未嘗有也。

皇上紹承大統，爲天地民物之主，懋昭大德，盡仁孝誠敬之心，肆致道，行化洽，邦家辑寧，風清俗美，遠近悦服。聖心欣慰，以謂皆自天之祐，惟神之貺也，扵是思荅帝之休，益隆崇奉。乃𣹽銅爲神像一、從神像四，供噐仝，皆餙之以黄金，承之以白石，簡命近臣太監陳喜、左監丞陳道、右監丞林茂衹送到山。會同太監韋貴暨藩、臬、郡、邑諸臣僚，迎奉于紫霄宫，恊心致齋設醮以妥之。醮設始扵十一月初七日甲子，初八日未刻，近宫展旗峯瑞光現者三，南巖宫現者一，皆状如月望而圓；紫盖峯光現者一，状如錦垂而直，色皆五彩。及申復有光如上弦之日，現于宫上及玉虚宫之正殿，色皆如初現。次日申刻，光復疊現扵紫霄殿南與西，状與色皆如初；而五老峯、玉虚殿西，皆有光現，状類五色虹；復有玄雲如旌旗状，現扵太和宫大頂東天門之上，其下有五色半光，翔擁久之方散。至初十日太監陳喜等相率行祝延聖壽。禮畢，以其月十五日妥神于宫，仰惟聖德感格，帝心焕發，祥光層現疊出，皆不勝懽忭，既具實以聞。以衍方被命有事荆襄，亦嘗快覩其盛，謂宜有言以記，垂示無極。

伏惟天地以生物爲心，帝即天地之心主宰生成者也，其在北方，司冬令，則其職在凝固太和，以斡造化生長之仁也。物終于此，復始于此，帝之仁覆萬物其有窮乎！皇上祇承于帝，所祈者上延慈壽，下昌聖嗣；内和家邦，外寧海宇，以遂萬有之生成，皇上之心亦帝之心也。然皇上克體帝之心，使奉而安之者，弗克仰體皇上之心，則德澤將壅于下矣。何以致民物乂安，而神罔時怨恫哉。今諸中貴臣皆知畏天之靈，遵國之度，不倚神而慢，不倚公而私，不倚威而虐，可謂克體皇上之心，疏導德澤而覃及民物矣。此神所以日監在兹，歆悦于上，故彰其靈異而降祥也歟。斯其可記也，故謹書以勸而系之以詞。詞曰：

峩峩武當，玄帝攸宫。報始有典，盛始太宗。於皇肅穆，纘承大統。象帝于宫，益隆崇奉。曰帝有神，享于克誠。洋洋如在，瑞光疊呈。惟兹臣庶，于焉快覩。稽首嵩呼，紛其屢舞。余曰於皇，一德格天。有感則應，效斯昭然。臣時被命，撫臨勝境。祇謁椒庭，躬逢其盛。嗟惟中貴，克廣皇仁。民康物阜，帝悦神歆。勒詞貞珉，庸紀其事。覩者鑒焉，或識予意。

大嶽太和山賦

楊　琚

曰：維大嶽之爲山兮，形肇奠於鴻荒。廼渾淪而磅礴兮，鍾秀氣於玄黄。顧發源於山嶓冢兮，擁翠浪於武當。肆連峯而接岫兮，復積嶺而重岡。峙漢水之南隅兮，跨均房之兩疆。控翼軫之分野兮，應列宿於上蒼。羌廻旋乎地軸兮，扼天關於古襄。衍脉絡於荆山兮，析支派於内方。七十有二峯，根盤八百里。崔嵬巑岏，岧嶢岧嵸。厥戲如對，森列如竢。若迴而馳，佀行而止。若豁而谺，佀立而跂。或俯焉而復昂，或仰焉而崛起。或蜿蜒兮如龍如蛇，或蹲踞兮如虎如兕。或尖鋭兮如筆如鋒，或正直兮如屏如几。若乃三十六巖之幽虚，二十四澗之迤邐。五臺五井之悠悠，三泉二潭之瀰瀰。厥石則有金星、銀星，厥産則有地髓、石髓、堯韭、禹粮，雜沓而並美；秦檜、漢栢，偃蹇而長清。木實則有榹、楸、柒、檎、榔、檝、棪、榑、椯、榛、楸、櫻；野蔌則有菌、蕢、笋、薀、薯、菜、蕨、葵、薑、蔆、蒟、菁，以至抹窮草、交讓木、靈罌杖、石磴心、榔梅、赭與、葛乳、蹇英、天花、雲林、芳芷、徽蘅、枝柑、房李、鄧橘、襄橙，無物不有，雖茅亦馨。萬年松、千歲艾、九僊子、天南星、白何首烏、紫花、地丁、苦參、百合、甘菊、黄精，采之可以療諸疾，服之可以制頹齡。又有石如火欲之紅，樹如龍爪之倪。飛泉滴溜，潄乎瓊瑶。松風響籟，鳴於遠邇。四季常見靈鴉雙雙繞林垌，五更或聞天鷄喔喔號雲岫。白鷴錦雉同飲啄夫巖頭，神虎仙麋迭巡乎山趾。紫芝瑞卉百千其名，珍禽恠獸不可殫紀。

又如龍宫雷洞深窅虚明，風穴星牖沉寥呀哆。表以禹跡、步雲之橋，帶以太一、天池之水。日出則嵐飛靄收，蒼翠滿前；月明則鶴唳猿號，清幽無比。兼有洞天福地之靚深，孰謂蓬萊方丈之不在是也。有若大頂之峯，端然正位處乎其中。吾不知其幾千萬仞？但見形威峻極與天而爲柱，氣象巍峩，柭地而撑空。其高無並，其旁靡從。匪衡匪岱，匪華匪嵩。既非醫閭之可擬，亦非恒霍之可同。前有五老，後有五龍；右有搢笏、九卿，左有手扒、三公；東有始老、展旗、九度①、金鎖；西有隱仙、疊字、千丈、鷄籠；北有皇崖、顯定、貪狼、獅子；南有仙人、隱士、伏魔、降龍；又有聚雲、香爐、大明、蠟燭、大蓮、小蓮、文曲、武曲、天馬、玉筍之重重，丹皇、竈門之矗矗。千巒萬嶂，各獻幽奇。四面群峯，互相倚伏。乃獨孕秀居奠，盱眸駭目。上接青雲，下臨深谷。其視衆山之周遭迴繞，拱向環簇，有如王者之臨諸侯，大宗之俯族屬。是乃五嶽之長兄，四鎮之伯叔。遠若蒼梧之九疑，巫山十二峯，並呼爲

① 九度：應爲"九渡"。

其家督；近則赤龍、寶砲，横黄、方界，皆目爲其幹僕。此我皇明所以表章，謂之大嶽太和，而咸五爲六也耶！

是宜玉臺高疊，石檻玲瓏，闢以門闕，繚以垣墉。金殿之據乎其上，焕棟宇之穹隆；天帝之宅乎其内，躡龜蛇之玄蹤。捧劍兮玉女，執旗兮青童；侍從兮靈官，導引兮先鋒；照日月兮層構，映上下兮天宫。耀金光兮燦爛，洞遐矚兮昭融。飛複檻兮霄際，縹雲靈兮曈曨。信貞仙兮所棲，豈塵俗兮可容。外有天門三重，雲梯萬級，自卑視高，曼延壁立。掛懸空之霽虹，逼霄漢於咫尺。歷參井之鈎連，詎跬步之可即。躋欲半而悸驚，憑危欄而上陟。慨登望之多艱，夢徒兆於生翼。及夫天門之外，則隨山通道，跨澗架屺。剪除榛薉，辨域定規。或聳琳宫而闢寶殿，或興百廟而建神祠；或敞珠龕於巖畔，或刱柱觀於山碑。築石室以藏僊服，峩彩亭以貯御碑。彌東南而亘西北，仿閶闔而廣棼楣。雕墻横截乎山谷，仙廬盤欝乎坤維。熾丹臒於林杪，鳴鐘鼓於厓㕎。境之最勝者無如紫霄，峯之至高者莫踰天柱。南巖、五龍兮，幽雅瑰奇；玉虚、净樂兮，輪奐規矩。清微、真慶兮，非不霄峥。遇真、朝天兮，俱號紫府。似兹宫觀兮，三十六所；其餘庭院兮，更僕莫數。丹房石室兮，雖寒不寒；雪窩凉亭兮，當暑不暑。甚至萬松一泓，各有軒亭；鉢堂方丈，亦爲峻宇。隘四衝而騰八達，張千門而啓萬户。宗大嶽而朝玄穹，翼太和而壮今古。人皆疑其天造而地設，或出於幽贊而陰輔。不然何以楹柱林林，梁棟楚楚，而有此廓度宏模？福區玄圃，壮神遷[1]之窟宅，聳人世之瞻睹。吾想夫永樂之初，内難既夷，四海寧謐，民物熙熙。是以奉委之臣，以謂聖君有作；我儀圖之，敢不盡瘁忘疲；董督指揮，朝斯而夕斯。由是智者售伎而無所隱，壮者效力而不敢欺。雖山林谿谷亦不愛其材，孰謂我朝長府之積，皆在所供億而其用不訾。又况工咸奰贔，匠賽輪倕。萬指揮斤而呵氣爲霧，六軍荷鍤而瞬息爲墀。庶民子來，若有神司，經之營之，倏爾成之。于以答景貺而廣孝思，于以奉明祀而祝丕釐。神必徘徊，

① 神遷：應爲“神僊”。

容與于兹，康濟邦國，福祉黔黎。以陰佑我皇上聖子神孫，集慶禧而撫有太平，萬萬載之洪基。賦已，復撮其要爲頌辭曰：

倬矣大嶽，摩青蒼兮。背漢偭漳，鎮一方兮。奕奕宫殿，闐山岡兮。天帝涖止，周相徉兮。氛沴斯靖，時雨暘兮。慶祚靈長，神化彰兮。我皇崇祀，祐八荒兮。玉質金相，昭寵光兮。四夷來王，徵休祥兮。海宇乂安，垂衣裳兮。本支繩蟄，世萬其昌兮。俾臣之後胤，亦如諸峯之拱嶽，永篤爲忠良兮。

贊真武

湘　王

曰：皇皇上帝，一氣分形。虚危鍾秀，坎离孕精。功高衆聖，德輔九清。小臣凡昧，罔敢爲名。

贊趙元帥

曰：胚腪梵炁，挺性自然。禀金精乎，孕秀正水。德以通玄，樞機造化。威震八埏，尋聲赴感。如意慈憐，恩霑品彙。靈變三天，振宗風于永劫，闡教法于萬年。

祭真武

吴廷舉

曰：與造物游，必其視天下如敝屣者也；亨萬世祀，必其出斯民於水火者也。惟神棄王位而不居，試諸難而不變，戮群妖而不懼，度世教而不迷。功滿道成，天行雲卧。受天明命，坐鎮名山。衮冕圭璋，不生不滅。星辰雷電，歘顯歘藏。相我太宗，功烈尤偉。紫霄天柱崇高，踰五嶽之尊；金殿琳宫華麗，極百王之奉。永惟翼軫之下，地屬荆湖；是以桑梓之邦，仰如父母。水旱必禱，疾痛必呼。趨者如川，應之如響。邇來連歲，洪潦爲殃。穀麥失收，室家漂蕩。廷舉欽承上命，賑濟一方。謂府庫有限，錢粮僅續饑民之命。憫青黄不接時月，豈勝餓殍之多。羣心所欲者，五日一風，十日一雨。衆情所憂者，夏月大水，秋月亢陽。廷舉跽進辦香，爲民祈禱。伏願體天行化，旋乾轉坤，使四時和而品彙亨，五穀熟而萬民足。非但廷舉免瘝官惰事之罰，而神亦丕顯憂民助國之靈。若今歲再遭水旱虫蝗，而楚人必爲魚鱉鬼蜮。諒非神所忍見，抑豈廷舉之所忍言哉。

太和山詩

唐　吕純陽

曰：混沌初分有此巖，此巖高聳太和山。面朝大頂峯千嶂，背湧甘泉水一灣。石縷状成飛鳳勢，龕紋縮就碧螺鬟。靈源仙澗三方繞，古檜蒼松四面環。雨滴瓊珠敲石棧，風吹玉笛響松關。角鷄報曉東方曙，晚鶴歸來月半灣。谷口仙禽常唤語，山巔神獸任躋攀。箇中自是乾坤别，就裏原來日月閑。此是高真成道處，故留蹤蹟在人間。古今多少神仙侣，爲愛名山去復還。

紫霄宫楊外史梅雪齋詩

元　無名氏

曰：雪樹生香滿佩巾，紫霄最上集仙真。苔荒鶴跡渾無落，花暗笙聲不見人。瑶圃月寒通白曉，丹臺雲暖駐長春。莫教流水山前去，恐似桃源客問津。

贈張洞囦祈雨詩

趙世廷

曰：京師大旱連三年，地蒸熱氣如雲烟。林林佳木盡槁死，毋論黍稷生秋田。武當真人張洞囦，爲道有心如鐵堅。食犓衣惡夜不眠，兩眸奕奕光射天。天子有詔承相宣，詔君禱雨紓煩煎。君不默不語，奏達虛皇前。將吏驅蛟龍，雷電相後先。垂垂雨脚晝夜喧，平地湧水如通川。稚禾出吐芃芃然，小草大草爭芳妍。都人士女喜歡願，謂君有道真神仙。我今爲賦喜雨篇，勒之金石傳千年。

送張錬師歸武當山詩

范德機

張君瀛洲人，來作武當客。始來武當時，秖着謝公屐。弟子百數輩，稍稍來服役。誅茅立萬柱，空中現金碧。辛苦三十年，夜卧不側席。以之律鬼神，故衣如短墨。元年踰冬旱，朱火燒四國。野俗方焦熬，六月畿甸赤。朝廷亦不愛，犧牲與圭璧。偃巫曁僊史，歌舞無消息。君時待詔來，公卿初不識。一朝傳天語，問以濟旱策。君云臣鄙愚，造化非所測。陽陰有開閉，此寔智者責。公卿復致辭，物生孔今棘。已勑京兆尹，取足輸粟帛。此如解倒懸，祀事惟所擇。君聞猶固讓，心寔内憂惕。飛章白玉闕，瀝膽殫悃愊。臣寔才淺拗，臣寔學邇塞。臣有一寸心，願賦后皇德。后皇本愛民，民今旱爲厄。或者罪有由，皇亦重開釋。祈謝各有方，咒禁各有式。上堂薦明水，下堂考金石。夜分請命既，昧爽大施設。爲壇東市門，經紀法靈册。庭中玄武旗，飄飄墨黍黑。君臨一揮手，怒髮上霄直。指揮東方龍，卷水東海側。指揮西方龍，卷水畧西極。北南曁中央，各以方率職 。某日某甲子，漏下五十刻。我在壇上伺，不得忤區畫。豐隆與飛廉，圓缺與辟歷。汝將汝風馳，汝遣汝雷擊。汝雲馮勿滴，汝雨必三尺。汝不從誓言，不謂上帝勑。至期果響應，動蕩上日澤。常時人所難，君若不以力。公卿奏天子，是必有褒錫。可以寵號名，可以蕃服裼。君曰天子聖，卿從誠所格。臣敢貪天功，疏在歸計迫。昨得山中書，至自青溪宅。向來百弟子，遲歸在朝夕。瞰時冬序半，霜下木葉積。明當課斬伐，結構西巖壁。山田晚報熟，芝术及採摘。彌猿長如人，夜夜盜柿栗。隄防苟不豫，六氣盡蟊賊。公家事既已，私事容棄擲。方知用世士，遺世等糠粃。所過如虛空，焉知去留迹。我持一瓢酒，欲以贈遠色。歲暮不見君，悵望空中翮。

題太子巖詩

揭傒斯

曰：太子巖吞獅子峯，洞深雷響半虛空。黑龍去作人間雨，白鶴來棲澗上松。日吐金芒朝五老，烟横玉帶遶三公。七星旗展颾輪降，時有天香下九重。

送王尊師祀武當詩

黄晉卿

曰：二月春光盡不如，緑陽陰裏①度雲車。獨持使節辭金殿，遠上天壇禮玉虛。候吏傳呼開洞府，羽人指點望霞裾。仙家近去蓬萊境，歸及皇輿北狩初。

① 緑陽陰裏：任自垣纂修《勑建大嶽太和山誌》卷十四爲“緑楊陰裏”。

送唐宗師祀武當詩

王士熙

曰：龍衮分香下絳霄，羽衣承詔出清朝。星臨翼軫南陲闊，神降虚危北極遥。金殿壓雲開紫翠，玉臺和月合笙簫。蕃釐更爲吾皇祝，下界時豐雨露饒。

送人游武當詩

郭　翼

曰：武當諸峯何壯哉，大朶小朶青蓮開。玄聖中居天地户，赤日下照金銀臺。神龜六眼電光走，山鬼一脚雲顯①來。道人再拜望北極，應带滿身星斗迴。

過紫霄宫懷王尊師詩

危伯明

曰：仙翁八十髮飄蕭，鳬舄翩然上紫霄。東觀雲深鴻寶秘，西清月轉步虚遥。尚凝龍虎蟠金鼎，誰駕鸞凰按玉簫。宿客重來春又暮，碧桃花下雨瀟瀟。

武當野老歌

劉　因

曰：南陽武當天下稀，峯巒巧避山自迷。青天飛鳥不可度，但見萬

① 雲顯：任自垣纂修《勑建大嶽太和山誌》卷十四爲“雲頭”。

鑿空烟霏。山不知人從太古，白雲飛來天作主。旌旗明滅漢陽津，幾閱東西互夷虜。老人住此今百年，自言三世絶人烟。住事不聞宣政後，初心欲返羲皇前。脯鹿爲糧豹爲席，竹樹蒼蒼歲寒國。天分地拆保無憂，恠見北風山鬼泣。一聲白雁已成擒，回望丹梯淚滿襟。傳語桃源休避世，武陵不似武當深。

壽張鍊師詩二首

李子翬

一曰：絳闕珠宫天上開，丹梯石蹬日邊回，九芝照夜通雲户，八桂傳秋近露臺。鶴駕邀將王母下，鳳笙迎得上元來。仙家别有長生術，不用金莖注玉桮。

二曰：仙人騎鶴五雲邊，來往芙蓉訪九仙。翠壁丹崖常近日，朱樓畫閣半侵天。香風吹動千崖樹，甘雨流成百道泉。但得飛行淩倒景，便從辟穀學長年。

玉虚巖詩二首

隱　者

曰：玉虚巖下去，佳景逼人新。泉嗽溪中玉，花明谷口春。香藤堪作杖，文石燦如銀。莫笑徘徊久，争知興味真。

寶珠峯詩

曰：滄海神珠照夜明，仙人佩向紫霄行。歸時遺落橋東道，化作春山一點青。

述懷詩三首

鄧青陽

曰：道人不作槐根夢，一片虚頑太古心。無雪可催蒼檜老，有家原住白雲深。山頭月落虎長嘯，海底風生龍自吟。世上幾人明此理，野花啼鳥却知音。

隨所寓詩

曰：人生天地如寄客，何獨鄉關定是家。争似區區隨所寓，年年處處看梅花。

暢情詩

曰：花無長在樹，人無長在世。有花須當賞，有酒須當醉。秋霜上鬢來，春風吹不去。

銅像銘詞

劉辰翁

曰：天地先，水中鉛。范合堅，凌風烟。生青蓮，劔蜿蟺。按大千，龜蛇纏。劫運遷，飛乾乾。玄玄天，萬萬年。

太和山八景詩

国朝　沐　昕

其一　天柱淩雲

曰：黛色參天玉削成，斷鰲誰識太初形。慶雲繚繞玄都近，石磴參差黄道平。夜半風雷山下起，秋清星斗樹稍横。秖今聖代超前代，徽號穹碑萬古榮。

其二　玉虛環翠

曰：琳宫環拱萬山齊，欲滴晴嵐映碧溪。玄鶴遠歸香霧合，青鸞高舞瑞雲低。尋真羽袂迎風濕，種玉仙畦去路迷。多少道傍名利客，誰能林下問刀圭。

其三　五龍披霧

曰：玉立崚嶒翠玉流，五龍潛處景偏幽。烟消遠嶠猿聲斷，日射虛湫蜃氣收。捧聖神回山寂寂，插梅人去水悠悠。應期莫負生民望，四海長令歲有秋。

其四　九渡鳴泉

曰：越壑穿雲勢轉分，長年流碧净沄沄。三千環佩聯翩下，一派蕭韶遠近聞。鷗鷺浴時飛急雪，虬龍蟠處漱寒雲。好教直上青冥去，偏作甘霖翊聖君。

其五　南巖削壁

曰：秀拔中天載巨鰲，瀑聲直下鬼神號。氣吞泰華銀河近，勢壓岷峨玉疊①高。日上群峯明瑣闥，風回萬壑湧秋濤。紅塵一點飛難到，跨鶴人來醉碧桃。

其六　紫霄層巒

曰：紫蓋重重列上台，根盤百里勢縈迴。丹崖翠壑參差見，琳館珠宫次第開。燦燦祥光環太乙，飄飄仙佩下蓬萊。客來莫問當年事，且依雕欄看榔梅。

其七　雷洞發春

曰：巖扃②寂寂草芊芊，誰識中藏造化權。百里震聲初出地，三陽氣像已無邊。芝生石室蓮雲秀，榔發瓊林帶雨鮮。海内生民霑德澤，欣然鼓舞頌堯年。

其八　瓊臺霽曉

曰：玉作層臺氣像巍，宛然圖畫映朝暉。扶桑弄影雲將斂，瑶草呈香露未晞。虚室光浮青鳥去，洞簫聲徹彩鸞飛。登臨絶頂微風起，吹得天花點客衣。

鐵杵歌

無名氏

曰：武當屹立天柱峯，衆山朶朶金芙蓉。超然大頂出天造，形氣宛與霄漢通。粤從上古有玄帝，灼知此境非人世。辭親净樂國中王，速即武當山下地。就中脩道四十載，道未成時心欲怠。上天眷帝有玄功，默

① 疊：應爲“壘”。
② 扁：疑爲“扃”。

降神靈來與會。化爲老姥貌龍鍾，手持鐵杵磨澗空。帝見問之何所用，姥言治此作針縫。帝曰杵堅不易造，答云在用工夫到。豁然慧性與天通，遂感神語還脩道。不數年間道竟成，天垂法駕來相迎。飄然直上彩雲去，騎龍白日昇天行。昇天有道大無息，蕩滌邪魔位北極。惟留一杵在兹山，神物護遮迷形迹。我皇御極真天授，海宇清寧感神祐。勑諭元勲貴戚來，舊時宫室今新構。元勲貴戚遵上旨，朝夕經綸勤不已。指揮工匠各論能，列觀諸宫同日起。諸宫列觀森開張，丹碧炫耀金輝煌。萬壑儲靈齊出色，千崖獻秀蔚增色。大開金殿青霄裏，壯觀仙都從此始。帝降無時儼在兹，鑒觀聖敬中心喜。中心喜之將若何，圓光屢應祥瑞多。萬年神杵一朝見，六丁捧出山之阿，天生此物超凡質，形類非金亦非石。圓缺不改舊時容，奇異猶從太古色。貴戚從此是仙工，再三拜進登九重。聖主臨軒垂一覽，燦然清彩霽重瞳。古來賢君皆不得，惟皇聖敬能昭格。四海懽聲共沸騰，頌歌並作光前列。小臣葵藿朝太陽，幸逢治世歌虞唐。但願帝心常簡在，皇圖鞏固與天長。

題《雲谷圖》詩

王佐理

曰：白雲道人昔何處，野鶴相隨憩巖宇。天風吹上鳳凰臺，五色雲中覲明主。從兹不事九轉丹，拖金紆紫趨朝班。惟清惟寅職祀典，光映鵷鸞輝羽翰。日持黄檢奏封祕，似向天宫朝上帝。仙階耿與三台通，始知天上即人世。青鳥不來仙路遥，夢魂無復武當招。谷雲化爲傳巖雨，時蘇四海資清朝。君不見，玉堂學士典文字，許爾大書際遇事。今朝正是降申日，祝壽姑容獻佳什。

贈盧秋雲詩

無名氏

曰：武當道士來訪我，一雙禿鬢花三朵。問之只有鶴相隨，倏爾東西無不可。

游武當詩

艾　暉

曰：武當形勝天下奇，瓊臺翠壁何崔嵬。瑶池尺五鳳凰瑲，上邀嬴女冷風吹。碧峯倚天三十六，二十四澗鳴蒼玉。鷄犬無聲萬壑幽，靈鳥樹杪啼晴旭。宫中仙人美丈夫，披髮跣足提湛盧。玄功千載亦莫測，下土寔賴神明扶。我行欲藉靈胥手，真擬天津援北斗。霧合淩虚覽八荒，俯視群山皆峿嵝。

雲谷詩

無名氏

曰：吾聞王官谷，隱者司空圖。又聞武當山，隱者神仙徒。太上太卿丘玄清，夙有仙骨世華腴。前身莫是七祖之真人，戒殺一念陰德之所符。不然長春五龍兩琳宇，非有道者誰能得此居。地直星虚，秀鍾扶輿，谷則深峻，雲所依於，上摩雲霄之高逈，下盤溪澗之縈紆。當其雲來時，正是雨晴初。但見觸石而起，膚寸而合。頃刻谷口滿。如綿之開，如練之抹，一色雪白鋪。樹林參差迷遠近，人家隱映疑有無。我方歌停雲，我方歌白駒。胡然賁束帛，趣爾來公車，黄鸝百囀，欲留苦無計。玄猿群出，相視爲驚呼。山人去矣，舊隱何如。谷子仍在，雲子與俱，一變而立。霄漢上五色之繡衣，再變而臨郊壇，覆百寶之皇輿。雲兮雲兮，會有還山之日，谷中之靈愼無移。文以我玄清，爲逋客之逋。

太和山歌

盧大雅

曰：太和之山高插天，虛危墮地知何年。鯨鼇割斷萬丈壁，霧雨洗出千枝蓮。仰看固信嵩華小，俯視豈獨均房連。紫霄臺殿北崦外，玄帝旌旗南斗前。薜荔爲衣草爲履，犂烟斵霧皆群仙。或馴猛虎咲嘻嘻，或翳紫鳳來翩翩。柔兆攝提格子月，遠承王命祠其巔。玄酒雖同澗蘋薦，寶翰金碧蒼壁鐫。初尋龍湫歷烟島，稍紆鶴塚行芝田。白雲渾旁晚蘿弱，紅葉絶類春花妍。欲杖青藜燭徑洞，恐觸虹氣衝星躔。匏笙明日載黃鵠，浩歌寫入凌雲篇。

賦丘上卿《山水圖》

無名氏

曰：昔聞安期生，飄飖入秦京。上書三月空報罷，拂袖去作蓬萊行。却咲叔孫通，宿仰咸陽城，長生竟何補，世上留空名。何似長安少年客，天柱峯頭煮白石。朝辭猿鶴下雲中，暮逐夔龍侍君側。繡衣青緫馬，蹀躞臺城下。愛道心不忘，焚香坐清夜。太平天子親齋祭，新擢祠官捧圭幣。紫壇爟火曉如星，獨侍袞衣朝上帝。還思舊隱地，石室生青苔。來時壁上倉精劒，七星剥落空塵埃。丹砂不複化，蘿衣誰更裁。人生窮達會有命，何湏千歲如嬰孩。草衣木食苦復苦，王喬偓佺安在哉。寄語空山舊泉石，不湏爲我生悲哀。功成倘遂乞身願，萬里青天騎鳳來。

贈武當提點詩

胡　㴋

曰：雲陽有高士，寄跡於玄門。弱齡服師訓，穎悟殊絶倫。道書悉研究，儒典復討論。出言動成章，落筆如有神。清脩而苦節，潛德乃升聞。一命授玄義，軒鶴超鷄群。奉旨謁名山，隨處訪仙真。復命行在所，上意嘉其廑。維時玉虚宫，輪奐方一新。像設煥金碧，觚棱切星辰。壇席虚已久，勑命張真人。爲朕舉高道，管領兹山雲。一愚與其選，羽流盡歡欣。兹行將莅職，高舉凌風塵。蹇子忝道契，惜别把離尊。贈言固匪諛勉旃當自珍。導氣以引年，崇德以潤身。譬如鳴陽鳳，又似縱壑鱗。武當增光華，流譽揚清芬。晨昏考鐘鼓，祝釐答皇恩。

武當歌送廖氏兄弟二首

無名氏

曰：武當山，何崇崇。下瞰乎荆豫之境，當乎秦關之衝。行人過客千里外，杳渺望見七十二朵之青峯。或拱而西，或揖而東，或北而背，或南而胷。中央高平者大頂，重壓厚土摩蒼穹。迺知玄聖昔日飛昇處，上有宫觀知幾重。鸞鳳起舞，龜蛇現蹤。閃閃旗纛，玲玲磬鐘。簷牙馳列缺，殿角騰豐隆。早聞天鷄啼，晚見月兔舂。玉澗流水響，丹崖太霞封。金銀石精照白日，松柏偃蹇成虬龍。靈苗異蕊莫盡記，仙老隱士長相逢。世上會登罕能到，天下兹地斯爲雄。廖家兄弟好風骨，素願謁拜中誠通。去年二月兄獨往，今年三月弟更從。二人矯矯良可羡，飄然乘着鶴背風。歸時好摘榔梅實，惠我狂吟霜鬢翁。解此久渴懷，慰此衰謝容。明年倘遂生羽翼，亦欲與子凌虚空。

八荒蕩蕩天宇清，銀漢星稀孤月明。茶烟消盡鶴初睡，雲窓洞達虚白生。道人宴坐收金經，鼻端有白心無瞽。招摇此指紅日昇，絳宫月魄蟾光凝。迴風混合歸黄庭，天門夜開飛爽靈。廣寒宫闕當晴昊，霓裳曲度春光早。嫦娥有藥不湏嘗，桂樹青青後天老。陰火流金出太淵，莫咲五行顛倒顛。玄谷虚名神不死，夜夜蟾光清徹天。

蟾宇詩

西　壁

曰：句曲之仙人，乃是釣鼇客。辭家早從虚白師，蟾宇寓名卿自適。瓊樓玉宇高處寒，清虚只在方寸間。長生豈覺顧兔藥，中扃内守成返還。欻起乘風雲，那容侣麋麏。一命佐道樞，宴搜訪仙真。飈爲車子霓爲盖，洞天海嶽應無外。歸來金闕繪圖陣，領袖太和蒙帝賚。太和之山高巖嶢，金銀樓閣中天遥。虹光蕩漾真宰降，雲氣香靄山靈朝。磨針澗畔漱清泚，榔梅林下尋芳芷。蕊笈朝披鐘磬清，石壇夜禮星辰邇。戴飛王喬舄，寅恭覲彤廷。同予啓玉籙，琳宫醮真靈。衣裁絳霞佩蒼玉，樂奏琅璈度仙曲。鸞翔鶴舞瑞感臻，勑賜黄麻奬吾屬。校書天録①偕玄曹，青藜夜照宫錦袍。交歡應信日已久，意氣相傾山嶽高。手持蟾宇卷，索我蟾宇詩。而我才力薄，葩藻何由奇。西風八月白露溥，桂花吹香落廣寒。蟾光射室塵不襍，冰壺湛湛天地寬。斯時燕坐萬慮徹，惟有雲臺同皎潔。篆烟細細爐火温，刀圭入口醍醐别。翊贊至道承恩荣②，明時願祝臺階平。他年會見功行著，騎取蟾蜍凌太清。

---

① 天録：任自垣纂修《勑建大嶽太和山誌》卷十五爲“天禄”。

② 翊贊至道承恩荣：原稿爲“翊至道承恩荣”。編者根據任自垣纂修《勑建大嶽太和山誌》卷十五改。

雲谷詩

瞿　度

曰：紫霄峯下好閑雲，滿谷雨散猶氤氲。每藏丹室虎龍氣，或接青冥鸞鵠群。往來自信分三素，舒卷忽看生五文。飛入蓬萊宫闕裏，朝朝春彩擁明君。

賜蟾宇詩

安　王

曰：上無復色下無淵，箇粒光明已洞宣。火候更周超大冶，混融太極一輪圓。

遊武當詩四首

李仲訓

一曰：嗜酒高陽十七年，一身輕似散神仙。夜來拾得南巖丹，掛向松稍照客眠。

二曰：雪滿頭顱霜滿眉，殘年正是學仙時。金精石與銀精石，煮作香糜也當饑。

三曰：大頂嵯峨望且登，丹霞踏碎幾千層。三天門下無炎暑，六月松陰尺五冰。

四曰：武當山上覔生涯，坐對閑雲日未斜。七十二峯都是翠，先鋤一片種梅花。

寶珠巖三首

胡源潔

曰：巖前幾樹枯榮，巖下泉常滴瀝。寶珠旦古光明，誰識箇中消息。

太子巖

曰：聖功既成，聖德惟溥。巖像巍巍，超越萬古。

圓光洞

曰：圓光洞裹勝蓬萊，面對飛昇元始臺。自是真仙幽隱處，等閑那有世人來。

寄玉虛方丈詩

余士吉

曰：蓬萊海上任公子，玄武宫中太一卿。學得鈎鼇雙手捷，鍊就騎鶴一身輕。能詩自倚仙風逸，見帖人知道骨清。我亦舊隣徐市宅，君寧無念葛洪情。

寄贈太和羽人詩

王　玠

曰：一片孤蟾照古今，空懸常見道人心。千江影落魚龍喜，八極光涵海宇深。銀闕秋高雲淡淡，丹臺夜永悃沉沉。幾回花底吹笙處，毛骨生寒露滿襟。

贈施提點詩

朱　彤

曰：生冠霞帔出長安，飈馭凌空不可攀。雲影漸移京口樹，雁聲徐度海門關。遠離帝闕三千里，真篴仙官第一班。寄語玉虛任煉士，乞將大藥駐朱顔。

贈施提點詩

史公瑾

曰：鶴髪蘿衣曉渡江，江邊柳色半青黄。近承湛露辞仙闕，遠住名山到武當。石上吹簫鸞鳳下，池邊咒劍鬼神藏。雲深定遇安期叟，火棗交梨取次嘗。

寄東吴楊道冲上武當詩二首

粹一菴

曰：苦厭腥膻役我神，苞山遠近不藏身。東書願卜西南地，結屋無求上下鄰。木煎淺缸留過臘，藥苗小圃待逢春。鰲仙自有黄民札，奔翫儀璘候太賓。

太和送别詩

曰：大嶽神仙府，玄都帝子家。碧攢天柱玉，紅露梛梅葩。石洞丹流雪，巖坡虹吐霞。騫林巡夜虎，琪樹散晨鴉。赤殿香風細，仙關紫氣斜。桃開千歲實，松落半巖花。已喜瞻天像，無由訪使槎。他年校仙籍，來此問丹砂。

步虚詞五首

李孟昭

一曰：玄黄肇兩儀，清易旋九霄。全闕渺穹昊，大梵欝岧嵈。泥丸三境列，絳都萬真朝。驂鸞嘯九凰，整駕凌剛飈。一聞長生訣，後天不能凋。稽首虚皇尊，此道誠逍遥。

二曰：浩浩無色祖，渺渺劫仞何。帝青凝皇梵，碧落浮空謌。蕭臺欝中寺，萬氣森彌羅。九陽接萎蕤，三秀粲繁葩。靈風散芬藹，品彙蒸太龢。神光朗寰宇，永世伐陰魔。

三曰：句芒執東炬，蓐收司顥英，朱華耀南離，天一位坎方。中宫峙紫極，列舍隨低昂。璇杓酌元氣，四序自流行。瑶壇奠明水，琅璈和洞章。散花殷勤禮，我壽齊三光。

四曰：龍漢開先天，三洞垂赤文。六角耀芒采，萬劫爲道根。紀之青瑶册，封以玉檢温。深藏丹元府，冲華藴靈芬。一朝啓神祕，悟入衆妙門。超然謝凡鞅，皈命玄中尊。

五曰：翹首望太清，廓落虚無宗。飛神溯浩氣，肹蠁精誠通。天扉啓閶闔，神光煜曈曨。六眸執前驅，流鈴司八衝。靈旛導羽盖，嘯永聲嗈嗈。居歆降景福，六合同皇風。

初入武當詩五首

沈　鍾

曰：遵崖一線路盤桓，忽復山開境自寬。茆舍百家村隱隱，仕峯萬箇霧漫漫。偶驚羽客宫前迓，暫放軺車樹底安。横架石梁谿水面，一塵不得上闌干。

過仙關詩

曰：松蘿徑路石欄橋，仙境泓洞不憚遥。麋鹿好游争澗壑，峯巒貪卧枕烟霄。適逢天氣三春媚，頓洗胷塵萬斛消。更見羽流迎道左，蹁蹮雙袂信風飄。

遇真宫詩

曰：尋真直到遇真宫，地隔塵寰自不同。翠壁丹崖懸暮景，琪花瑶草領春風。雲房寂寞燒丹竈，鶴髮飄蕭避世翁。靈境相傳非一日，元來開創自鴻蒙。

登大頂詩

曰：千峯並讓一峯尊，鳥道垂蘿手費捫。壁立半空鶴縹緲，根盤萬里自崑崙。上真臺殿金銀結，下界烟霞紫翠屯。宇宙大觀奇怪甚，不知五嶽可同倫。

捨身崖詩

曰：宫殿巍巍福上台，佇聞仙樂九重來。捨身崖畔祥雲起，疑是當年捧聖回。

謝玉虛宮詩

沈　暉

曰：全家涉險幸無虞，聊爲焚香謝玉虛。天上遥瞻丹鳳闕，雷中或下赤虬車。斬妖敢仗雙飛劍，將敬惟憑一束芻。蟣虱賤臣居下土，昊天欲拜意何如。

遇真宫詩

曰：縹渺珠宫映翠微，靈風長日滿龍旂。函關伊昔青牛去，華表何年白鶴歸。花落石壇春不掃，露零仙掌曉還晞。樓船海外無消息，山上閒雲萬古飛。

玉虛宫詩

韓　文

曰：金殿朝回到玉虛，箇中仙境自然殊。烟霞氣爽精神健，滄海塵生夢寐蘇。琳館倚雲飛鳳棟，碧桃和露滿玄都。聖朝祀典名山重，嵩嶽還期萬歲呼。

登大頂詩

劉　丙

曰：翠倚晴空石磴斜，一層高更一層加。山從雲上應生路，人向天頭却作家。徑滑濃飄千種葉，崖香常帶四時花。禮餘玉帛經行處，在在仙宫護彩霞。

南巖宫

洪　鍾

曰：南巖宫殿枕山頭，平寇歸來此一游。閣頂雲從嵓上渡，石根泉向竹邊流。崗嵐疊疊群峯小，紫翠重重萬木稠。獨倚欄干時遠望，無邊光景入吟眸。

玉虚宫詩

余　祐

曰：規畫恢宏羡玉虚，琳宫無數總難如。惟憑帝力纔堪創，只恐仙靈未肯居。大道當時人服食，淳風今日孰吹嘘。我來瞻眺應多感，追憶羲農始結廬。

游净樂宫詩

貫　詠

曰：净樂宫幽遠市朝，誕真福地紫雲饒。南瞻大嶽凌霄漢，北望神州近斗杓。物外乾坤容我到，壇前風雪自天飄。果然乞得長生嗣，爲禮僊官不憚遥。

游武當詩二首

潘　旦

曰：入遇真來境便幽，仙關此日不虚游。晴峯過雨雲猶濕，石鼎無香烟自浮。絶嶠旌旗摇樹色，紫霄泉溜滴龍湫。清風兩袖升天柱，却怪新凉近暮秋。

遇雨用汪東峯游白嶽韵詩

曰：雲壓南巖不放晴，奇峯天外自分明。謾疑境異多仙跡，却怪山深無鳥聲。林谷空傳鐘遠近，石欄巧護路斜横。雙飛白鶴不知處，松徑竹房風滿庭。

太和山詩

鄒守益

曰：太和雖云高，有足皆可涉。所患畏巉崖，出門苦不力。區區寵辱間，不異冷與熱。熱冷各有時，怨尤秖自惑。閉户爲顔閔，纓冠則禹稷。此道本平平，奇功在不息。

登太和山詩二首

白　悦

曰：秦關初轉漢江東，薦藻靈巖問楚風。蜿蜒玉梯躋上界，嵯峨金闕列遥空。重林蔽壑深藏豹，峻嶺干雲半落鴻。西掖華嵩遲遠照，南襟巴隴伏長虹。瓊簷入夜星辰燦，貝樹含春歲序同。香拂彩霞龍女度，旗翻赤電鬼神通。罔巒交秘乾坤秀，鼎竈常烹日月紅。定有天仙留逸駕，欲辭塵鞅入玄宫。飛舄歷覽萬山小，盤礴今看此地雄。

五龍宫詩

曰：積霧經旬喜乍晴，珠宫貝閣四山明。巖前日動金幢影，雲際時聞玉磬聲。古洞陰霾玄虎伏，長橋流水素霓横。危欄静倚幽懷爽，萬木瀟瀟下廣庭。

太和山詩三首

丁致祥

一曰：回龍觀前雨脚收，松風瑟瑟鬢蕭颼。遥望天門渺何許，碧峯入指出雲頭。

二曰：玄帝名稱即是天，本來無後亦無先。效颦釋于黄冠謬，也道初生太子年。

三曰：仙壇閬寐覆長松，磴級梯雲百數重。文字五千亟石室，氤氲紫炁展旗峯。

登太和山詩

扶　安

曰：神仙峭拔近星天，殿閣堅高靄碧烟。風静老猿攀栢嘯，日明仙鶴傍人旋。文皇創建崇優禮，歷代顯祈國祚延。奉命南來躋福地，幸踏雲梯謁聖賢。

入武當詩二首

杜海亨

曰：重疊山頭一覽空，人間天上許誰同。碧桃楊柳朝含雨，翠竹蒼松夜吼風。鐘磬音隨香篆沓，脩真人與道心通。紅蓮碧藕天遺種，玄妙原非斧鑿工。

望仙樓詩

曰：玉虛西上望仙樓，樓上雙清風月酬。半點塵埃難着處，一天星斗正當頭。藤蘿石洞蟠龍窟，曉霧烟霞栖羽流。有興望臨觀不盡，斜陽不肯爲人留。

登望仙樓詩

杏　山

曰：從容携酒步瓊樓，我與仙人兩共酬。堤柳春風吹面上，虹橋松影蔭溪頭。日烘梅蕋紅將綻，雪化山崖翠欲流。幾度觀回真可羡，身心那惜此淹留。

游飛昇臺詩二十二首

方　豪

曰：飛昇臺下紫雲流，天一池邊杉檜秋。大頂皈來神已倦，不禁高興倚危樓。

仙侶巖詩

曰：仙侶巖前訪列仙，仙人不見見流泉。就中或有胡麻屑，分付先驅少佇延。

滴水巖詩

曰：北下天門松徑幽，巖頭滴水響琳璆。因懷石澗問行地，睡到斜陽不肯休。

五龍宫詩

曰：風雨連朝日出初，鑽天嶺上壯懷舒。五龍莫漫興雲霧，不獨游人厭濕洳。

玉像殿詩

曰：金身玉像寶珠宫，二代君王敬奉同。猶勝西方迎佛子，舳艫相接漢江中。

青羊澗詩

曰：青羊一去杳無蹤，亂石如羊飲碧淙。太上若還重下世，即投簪紱以相從。

隱仙巖詩

曰：仙人隱此是何年，石澗猶開水洞天。野客停車試相問，斷雲落木自蕭然。

老姥祠詩

曰：老姥祠前澗水喧，傳聞磨杵石猶存。分明贊就飛昇業，不説淮陰漂母恩。

元和觀詩

曰：纔入仙關便不問①，元和校府茂林中。此山滋味其如蔗，盡笑饞人口易充。

迴龍觀詩

曰：山勢如龍口吐瀧，玄天上帝手中降。道人已自誇奇絶，便欲題詩向碧窓。

關王廟詩

曰：獨跨青騾度遠罔，還從古廟謁關王。平生不盡英雄氣，猶爲游人遁虎狼。

老君殿詩

曰：巖下長松高拂雲，嵓端天語若堪聞。群峯迴抱黄金闕，此地真宜奉老君。

復真觀詩

曰：高木清泉太子坡，當年習道被松蘿。至今淚滴池中水，左脇深恩奈爾何。

---

① 問：王佐修、慎旦等纂《大岳太和山誌》卷十七爲“同”。

龍泉觀詩

曰：九渡澗中龍噴泉，瓊宫青倚石橋邊。玉闌金水神工巧，恍訝朝迴尺五天。

黑虎廟詩

曰：猛志探玄虎不驚，山巡谷守更多情。春來見説縱横甚，皂纛何緣一掃清。

威烈觀詩

曰：聞道均陽威烈王，血誠祈雨五龍將。名山古廟從民願，猶勝金宫事緲茫。

紫霄宫詩

曰：禹跡橋邊步漸危，後旗前竈兩峯宜。忽聞仙樂雲中起，人在紫霄渾未知。

五老峯詩

曰：曾拜廬山五白頭，紫霄復見爾來游。何時日出收烟霧，短杖方巾一覽周。

龍頭杖詩

曰：竹根蟠屈似龍頭，入手風雷逐我游。莫向葛陂輕解放，年來雄物正相求。

松蘿衣詩

曰：聞爾無根生霧雲，曾爲野服被真君。誓將換我銀魚佩，歸伴山中麋鹿群。

望新提督陸元望詩

曰：司馬仙丹何爾遲，紫霄劳我雨中思。春風不盡登臨興，天柱峯頭共采芝。

憶舊提督林德緒詩

曰：西曹相送約兹游，今我能來君已休。秋雨紫霄誰作伴，三山何處□心頭。

謁太和山詩二首

戴　珊

一曰：雨霽遠登高，乘閒不見勞。陰凉分路柳，濕翠引田毛。獨立雄天柱，群仙散海濤。廟堂窮北望，雲氣拂霜髦。

二曰：多年知仰止，此日慰躋攀。秀異鍾千態，神靈妙兩間。仙凡心了了，花樹雨班班。祠祀隆褒典，文皇豈浪頒。

聞内召詩

曰：百里謁名山，時光足咲顔。麥辮黄熟處，松竹翠凝間。樓觀明雲錦，風泉雜珮環。每懷天日近，停棹暫尋間。

謁太和山奉和戴司寇詩三首

鄧　庠

一曰：崔嵬石磴高，心賞豈知勞。瑞鶴巢巖頂，幽蘭繞澗毛。雲中聞玉磬，天外度松濤。千古真仙境，題詩愧俊髦。

二曰：武當懷寶地，公暇試追攀。天柱青雲上，瓊臺翠壁間。榔梅花樹古，針石蘚苔班。歷代多崇祀，重承紫詔頒。

三曰：平生酷愛山，此地一開顔。旋斗階千級，棲雲屋數間。桃花深洞出，螺髻遠峯環。未報君恩重，空憐隱士閒。

送韓貫道提督武當宮觀詩

李東陽

曰：神仙官府事何如，親見分符上紫虚。山擁帝宫三十六，地屯兵衛五千餘。人言才大難爲用，我愛官閑好讀書。臨別與君堪一慱，肯將青紱换緋魚。

賜蟾宇詩

永興王

曰：星河耿耿湛晴空，頃刻冰輪出海中。一任廣寒風露冷，此時清興許誰同。

游太和山過界山道中感述四首

高濤亭

一曰：女夷駐芳景，條風振前楹。四垂穆以愉，黄鳥鳴嚶嚶。我行界山道，躊躕念浮生。昨日枯楊枝，今日青已盈。云胡鏡中面，老去不復赬。所以陶阮流，微辭寓深情。感悟增歎息，勉旃懷素貞。

二曰：貞素守丘壑，孰與天爲徒。青郊促羽節，逡巡悲故吾。豈不愛光景，所志萬里途。雲龍杳難合，山川鬱以紆。遠懷鹿門子，千載稱達夫。願言培松苓，終當還舊都。

三曰：舊都魚凫墟，乃在天一涯。吾家青城下，松枝翳茅茨。朝看鹿豕群，暮見烟靄奇。門無九州轍，焉知路多岐。朅來人寰游，寤寐多所思。軒轅故留躅，予將赴心期。

四曰：心期在玄古，頓轡無何鄉。嗒然見純白，焉識青與黄。云胡太樸散，養昧俱亡羊。至訓逾萬言，翻以蔽天光。感慨發情素，默然嗤予狂。

道中望太和山詩

曰：聞道神山三楚尊，乘春吾欲上天門。叩看翠壁收殘霧，漫折瑶枝度遠村。隱隱仙源俱殿闕，蕭蕭民屋自鷄豚。攀蘿明日岸頭路，莫遣浮雲白晝昏。

入山漫興詩三首

一曰：靈境絶塵今始到，翛然雙屐歷莓苔。沿崖門殿春烟合，繞逕松杉野鶴哀。白犬自牽真自得，青牛相遇莫相猜。棲霞有約湏捐珮，石洞籬門恣往來。

二曰：青山無伴獨遲遲，喜入芳年物色宜。弱柳繰絲臨短岸，寒鳩將婦坐深枝。塵途客子聊孤興，石室仙翁空漫思。忽爾雲生迷去路，欲騎白鹿采新芝。

三曰：春橋行遇送寒梅，斜月東風忽遞催。訪勝予沿青嶂入，乞靈人佩紫檀來。翩翩鶴鷩逢仙侣，宛宛樵歌動野懷。歷遍靈巖三十六，不知何處是丹臺。

龍頭杖詩

曰：人在三天門外還，手持龍杖過青山。何如擲向葛坡下，化去爲霖海嶽間。

萬年松詩

曰：新葉茸茸三寸青，靈根郁郁萬年馨。慇懃欲寄陶弘景，此獨無聲何處聽。

九仙子詩

曰：神葩自開三楚地，山苗亦得九仙名。細看顆顆驪珠色，疑是丹霞漫結成。

榔梅詩

曰：仙軿已別人間路，福地猶餘榔上梅。却怪我來春尚早，寒花不放一枝開。

紅豆詩

曰：樹頭結豆亦離離，不救人間寒士饑。野客采來紅滿把，却能粧點漫游詩。

宿天柱峯詩

范復菴

曰：鐵鎖星橋直上來，玉樞金屋九天開。千年華表歸未得，一柱峯頭眠幾回。汞液待經爐裏煅，榔梅湏向雪中栽。昨宵偶檢瓊書笈，碎却玉魚何爾才。

一柱峯憶高潺亭詩

曰：一柱峯頭本共謀，風飊翻愧我先游。勾連直上三千丈，宛轉湏沿八百周。幾爲力疲中欲止，若教志觖死難休。此間便是清虛境，待爾飛騰到上頭。

再登大嶽以詩紀異

章　拯

曰：鷲嶺淪異域，蓬山墮蒼茫。如何虚危宰，坐鎮翼軫疆。天柱尤卓越，金殿何煌煌。曷能披層雲，亭午欣明陽。横川九折坂，直上千仞罔。下視人間世，宛在天一方。祖師亦欣然，爲我發靈光。五雲方晻藹，六花歘皇祥。萬狀紛恠詭，群峯互低昂。平揖飛仙語，新餐沆瀣香。道流詑文曲，昨夜照武當。

戊癸既妙合，龜蛇非混茫。玄元本無始，神化詎有疆。異言徒喧豗，香火劇熒煌。踏月上大頂，出海寅東陽。湏臾白雲起，變幻群玉罔。夏峯未足奇，雪嶺那可方。麗日忽五色，紫炁有餘光。烈風亦不卷，造物若爲祥。仙家足幽致，上界何軒昂。更酌天池水，一試騫林香。兹游信奇絶，險語未易當。

次樸庵韵

王　佩

曰：乾元開顥顥，坤極闢茫茫。習坎生天一，兼山蟠地疆。太和只如許，金壁何其煌。箇裏有真宰，虞淵翊太陽。天王報偉功，宫殿横高罔。閶闔重千仞，舟車足四方。中丞到上頭，泰宇發天光。雲絢千機錦，日呈五色祥。七星紛燦爛，五老若顒昂。環眼非人世，漫空皆異香。高尋問真源，德星聚武當。

游南巖宫詩

鈢　溪

曰：南巖境界世稱奇，真慶宫遺舊日基。恠石自然成半洞，甘泉常是滿圓池。蓬萊端合神仙住，風月元非俗子知。仰見好生真帝德，焚香稽首讀巍碑。

游武當詩

林　豫

曰：武當舊謁登臨興，今日風吹歷萬峯。自入蓬萊塵世隔，直從天柱石梯通。竈爐山展畫圖巧，龍虎丹分造化工。更喜紫霄賢羽客，爲余指點化生踪。

天柱峯詩

曰：萬峯俯仰祖孫如，到此名山信不虚。殿宇廓清氣沴遠，英靈昭假瓣香餘。欲從仙子開丹鼎，尚爾微官縛薄書。石刻摩挲太宰筆，篆文芸蝕魯淆魚。

游南巖詩

黄仲芳

曰：三十六巖何勢雄，南巖高出摩蒼穹。天低蓬島星辰近，水接仙源道路通。瓊館雲深鴻寶祕，藥爐丹服碧壇空。登臨揔喜瀛州客，漫詠新詩興不窮。

游太和詩

楊　言

曰：毅陟瞻仙帝，清高坐紫霄。天晴金殿閃，徑旻玉臺遥。石洞生瑶草，松蘿起鳳簫。榔梅花正發，白鶴遠相招。

游太和詩

楊　琇

曰：入山心自遠，眺閣眼偏寬。臺逕雲蒙險，松杉雨濕寒。故人憐未見，諫議幸相扳。去住隨春意，悠悠坐水潺。

曉望詩二首

何　遷

一曰：野客游仙白玉臺，紫霄空翠落秋懷。狂歌獨倚東樓曉，七十二峯青欲來。

二曰：仙人送我天池上，酌酒賦詩高閣秋。何處笙竽憐我醉，翠微雲月浸靈湫。

三天門詩

曰：我來太和峯，縹緲立天表。白雲滿衣裳，一覽衆山小。

朝聖門詩

復道迷殘雪，重關不可開。長風隨我至，萬壑生秋哀。

南巖石室詩

曰：南巖石室自秋風，萬壑千峯烟靄中。長嘯蘿床成約爽，欲呼熏日下晴空。

紫霄道院詩

曰：落日危樓上，孤清悵自留。雪明巴蜀迴，天净漢江流。榻外通雲霧，樽前落斗牛。紫霄成福地，信作采真游。

山行寄興詩二首

楊守禮

一曰：白鶴迎人下紫霄，乘風仙子任飄颻。山頭雨洗黄金殿，檻外蓮圍白玉橋。虎伏靈龕迷澗水，鸞隨明月下笙簫。紅塵不到仙家處，回首繁華一夢消。

二曰：未入真仙境，先登太子坡。白雲籠殿宇，清磬出烟蘿。澗遠萬松響，山空一鳥過。悠然清興極，擊節坐蘿莎。

登天柱峯詩

王　棟

曰：天柱峯頭霧靄收，天風吹鬢寒颼颼。憑西極目三巴外，渺渺孤雲天際頭。

次吕純陽韵

趙　輔

曰：使節逸臨大嶽巖，祥雲瑞靄遍群山。秋深靈籟鳴丹壑，歲久蒼虬枕碧灣。水漾空青天一色，峯横遠黛曉千鬟。晴風面面芙蓉出，烟樹重重翡翠環。四廓天風來羽駕，二儀佳氣繞仙關。仰瞻金殿穹二境，俯瞰銀河渺一彎。大頂碧桃和露摘，懸崖榔樹帶雲攀。神霄雨濟龍吟歇，珞草風微虎嘯閑。恍若身心超物外，飄然襟度出人間。聖皇醮徹群仙散，鐵笛聲高鶴背還。

迎恩宫詩三首

葉　杲

曰：側影緣山徑，迎恩借羽棲。風輕花氣淑，雨足麥苗齊。漸與人寰遠，還堪景象迷。一塵渾不染，人在石橋西。

復真觀詩

曰：六欲初歸性，如如復我真。陰陽一合壁，天地滿腔春。變化憐吾道，潜脩憶若人。秖應隣净土，孤月照嶙峋。

風月雙清亭詩

曰：寂境人稀到，虚巖有路通。石枰松障月，鐵笛鶴樓風。猿捷時能見，樵歸恐未逢。小桃初落瓣，流出澗邊紅。

游南巖詩九首

崔　桐

曰：壑敝松如鐵，山奇巖欲頹。練雲欄下起，錦障澗南開。燭影摇雙玉，爐烟散滿臺。景物看不盡，約侶擬重來。

南巖亭小坐詩

曰：古木懸孤嶂，虚崖綴百靈。亭陰侵座爽，林影上衣青。地寂年爲日，雲屯晝欲暝。何方迴白首，于此問参苓。

雨後夜坐南巖山臺詩

曰：雨霽清霄坐，更長月轉橋。涼生松濕灑，光滿壑烟銷。峯擁天樞隔，樓虚地軸摇。忽聞笙鶴度，冉冉列仙朝。

贈樸菴詩

曰：偶陪仙侣去，七十二峯遥。閣道攀天壁，池泉吸斗杓。徘徊丹竈窟，唱和紫芝謡。已悟長生術，朱顔定不凋。

登會仙樓詩

曰：避暑入雲去，言登仙子樓。山遮半林日，風灑萬松秋。俯瞰深層殿，徂談到十洲。迴輿下瑶磴，看水更淹留。

清微宫詩

曰：傳聞天柱下，幽勝更清微。峯合天長隔，谿寒雲不飛。花巖懸乳石，竹塢對瓊扉。未有凌雲翼，空成悵望歸。

玉虚巖詩

曰：宫殿藏巖裏，陰陰千尺深。祇容雲霧入，不受雨陽侵。樹影摇金鎖，鍾聲帶碧潯。慚非謝公興，雙屐倦登臨。

登天柱峯觀雲生

曰：冥登天柱峯，跡遠隔下上。新旭氣澄清，萬像歷曆數。白雲悠然生，樹暖意欲雨。皚皚浮瓊臺，飄飄零玉羽。綱目朱鳳翔，翻松白鶴舞。俄從足下升，傍欄手可取。涼灑濕縈衣，袖拂紛縷縷。回首群崗隈，恠状四面吐。屈蟠纏蛟龍，危踞雄兕虎。直起市烟屯，横流澗缺補。或凝壑底平，翠巒圍半堵。高團冠崖額，低頺籠麓户。移時欝澒洞，勢已失寰宇。層陰萬山吞，縹緲蕩銀浦。爐烟混瑶壇，燭影昏玄圃。壓殿闔天門，霾磴迷霄路。吾心轉昭曠，况與達人伍。兹觀壮平生，徘徊味獨古。亭午發豐霖，枯槁得恃怙。霽景薄暮懸，頫仰忽如剖。

雨宿朝天宫山房詩

曰：風樹蛟龍□，天宫雲雨垂。層陰吹不散，午景霽仍虧。榻借神仙窟，簷依鸛鶴枝。愁迷歸去路，消息問南箕。

再游武當詩

鄭如阜

曰：炎蒸厭行役，放曠趨名山。忘我養虚白，逢人絫文還。風枝剔老朽，雨葉回春顔。聚足陟危磴，會心聆幽潺。老營敞玉局，大頂盤金關。紫霄最佳麗，五龍尤回環。南嵓稍奇峭，也復雄其間。一覽亦云幸，再遊豈不囏。玄都宿有契，造物假似閒。藏帙難徧閲，繁言不可删。希夷去已遠，剌達何由攀。

步虚詞二首

許宗魯

一曰：空山秋夜月華明，獨上瑶臺望玉京。三十六宫河漢杪，雲璈仙磬步虚聲。

二曰：獵獵玄風吹羽衣，紫壇瑶草露華肥。道人無限清虚樂，高唱雲謡入翠微。

南巖亭子絶句二首

一曰：架鶴雙亭子，飛空俯太虚。風來勢欲動，疑是指南車。

二曰：壑斷闌干護，巖傾棟宇飛。尋真來此地，落日坐忘歸。

紫霄仙興詩

曰：披靄躡石蹬，凌虚趨壁壇。路崎足力蹇，氣甬衣裳单。裊裊御風遇，倏倏拂烟還。幽光薦瑶草，遠風接崇蘭。激澗淙哀玉，懸松漱鳴湍。日借暮山紫，霜變秋林丹。珠宫隱半壁，貝闕飛霞端。雲君杳難即，仙子遥相攀。採芝慰饑渴，濯溜清心顔。宛轉入翠微，飄飄步高寒。展爾謝塵壒，翩然生羽翰。霞徑遂長往，服食青琅玕。

遇真宫詩

曰：靈境負夙約，真宫欣始游。虚無上烟霄，杳藹親霞樓。赫赫珠殿午，蕭蕭琪樹秋。雲軿嶺表度，仙樂空中流。入門覽衆妙，啜水離群憂。仙人倘可遇，携手凌崑丘。

憩遇真道院詩

曰：留觀蒼玉闕，燕坐白雲居。竹霧通簷敞，松聲落澗虚。解衣眠碧簟，隱几讀丹書。塵土浮生夢，移時已破除。

仙關詩

曰：南望仙關烟霧深，玉霄宫闕擁虚岑。靈淙似有青羊渡，物色時看紫氣臨。夾路雲松寒翡翠，懸厓風篠振球琳。相逢尹喜無多説，柱史遺文好共尋。

野酌詩

曰：野酌傾崖密，山厨薦渚蘭。籍雲衣袂濕，浮翠酒杯寒。醉舞携玄鶴，仙謡奏紫鸞。倏然思羽翼，長嘯振巖巒。

山中得廬青厓書寄答詩

曰：青厓居士名山主，來訪名山不遇君。落葉滿林秋索莫，晴霞半嶺晝氤氲。躋攀獨轉松杉徑，幽寂惟親麋鹿群。賴有素書遥問訊，開緘巖岫起烟雲。

太子坡詩

曰：太子何年去，名坡萬古傳。羊腸雲外險，蜃市海中鮮。委巷通群帝，飛巖接九天。羽人栖碧落，清磬下泠然。

投宿紫霄宫途中作詩

曰：鳴林蕭瑟高風冷，照野荒凉落日斜。雲霧漸通山鳥道，樓臺投宿羽人家。寒芳温露聞瑶草，瑞彩浮空結紫霞。談道有人開玉笈，養真從此鍊金沙。

宿紫霄道院詩

曰：夜榻栖玄境，秋空近紫霄。窓虚雲氣濕，天静斗星摇。逸想懷鸞鶴，浮生等韮蕉。前山王子晉，清唱坐相邀。

月夜同李道士登福地聽童子吹笙詩

曰：嶺霧流瓊宇，杉風引石臺。捫蘿高曲折，倚樹獨徘徊。福地青霄近，諸天紫氣開。仙人乘月色，飛奏玉笙來。

山中曉起詩

曰：睡足松門啓，鍾鳴竹漏添。雲光通野霽，風色助秋嚴。静愛山居逸，情依道侶甜。起看巖壑曉，空翠滿虚簷。

贈朱道士詩

曰：道人家住南巖畔，十二樓臺紫翠間。牕外留雲怡野性，爐中還藥駐童顔。採芝夜宿青羊澗，種玉春耕黑虎山。雙腋幾時生羽翼，烟霄高舉謝塵寰。

月夜過朱鍊師道院詩

曰：童子吹笙步月華，夜深閑過羽人家。洞門長日人來少，石髓闌干長玉芽。

過南巖宫詩

曰：重梯復磴霄漢行，羽客翩翩來遠迎。碧落笙簫雲裏奏，紫皇宫闕空中横。窮幽我亦好奇者，訪道實有栖真情。安得仙人携手去，彩鸞白鶴朝三清。

南巖詩

曰：坐愛南巖好，群山滴翠來。榔梅春不謝，芝草秀無埃。鳥度空青嶂，杉扶白玉臺。羽人知客到，騎鶴海東回。

題郭道士空翠居詩

曰：道士樂虛静，栖讀空中樓。捲簾對南山，嵐氣襟懷浮。十年不下塌，雙目青光流。手持太古《易》，默玩春復秋。

宿南巖道院詩

曰：朝登大嶽頂，暮宿南巖宫。石榻助清夢，崖松招遠風。焚香夜色静，捲幔秋烟濃。覽勝幸將遍，賞心誰與同。

月下聽童子吹笙詩

曰：君持紫霞酒，侑以白玉笙。舉觴望高月，四山起松聲。松聲清且哀，月影復徘徊。仙人勸我酌，一飲三百杯。酒杯不足辭，後會安可期。狂來發大叫，欲吸明月池。沉醉非吾事，所重在相知。天曉下山别，烟霞空爾思。

游太和詩二首

倪　組

一曰：白虎踞欲吼，赤軀招不來。静定涵元氣，皓潔出塵埃。萬里明威練，孤高列上台。廟廊如鎮重，國勢仗崔嵬。

二曰：雲霄足下躡行蹤，盤谷山中笑我容。洞府有天殊未别，林泉何日是歸逢。東原逸屐非吾意，北海高風仰孰同。王事獨楊多偃蹇，猶將真跡問玄踪。

和張侍御詩

應 欽

曰：大嶽根盤漢水南，群峯羅列似停驂。千年鶴舞千年樹，百丈橋横百丈潭。自古上真開福地，至今羽客結靈龕。勝游到處皆詩景，聊剪青紅問蔚藍。

次潘都憲登南巖詩

范應祥

曰：甃雨初收天氣晴，南巖諸境極分明。人間果有蓬萊島，疆界絶無鷄犬聲。遠近奇峯濃且淡，高低老幹直還横。數椽處處王維筆，誰説諸山不到庭。

寄題太和山兼贈王生顒入楚歌

黄宗明

曰：有客有客中州來，口談玄景烟生頦。自言芒鞋躡飛嶠，從麓至頂俱周迴。武當山高一百二十里，嵬奇幽恠羅織如絲纓。嵐霞出没盪元氣，丘垤遠近堆古疊。均州城中邃殿閣，紫雲亭前麗花木。出城漸遠勢漸高，樹木夾道翳日，隆隆如覆屋。遇真仙去不知處，遺像儼設空丹匱。渟渟龍井注神源，環碧橋邊起靈瀗。太子坡前人馬喧闐，九渡之澗可濯可沿。萬松時海嘯，七杉與斗連。雷公巖上訇霹靂，豁石開山驚白日。静虚臺畔亂笙簫，徹夜窮年不可極。紫霄蓬萊縹緲間，白鹿來游時一隻。石闌鐵鎖接天門，亭亭天柱流瓊液。夜有鶴背簫聲，空中燭影下流，千巖之虹氣晝。聞玄牝發竅枯槎，迎風長號。萬古之天聲，哀猿啼鳥更無休。異卉奇葩那可識，二十年前求劍心，刻舟猶向沙頭尋。一從落跡，風塵内，回頭隔步皆商參。駟馬高車真桎梏，眼前縱步何由得。聞道玉虛巖最高，行將與爾登巖側，手握芙蓉倚石壁。

游武當山詩三首

朱隆禧

一曰：先皇開業南巖宫，復道遲遲貝闕通。一夕風雲蒸絶壑，千年日月賁層峯。叢林鳥語渾來韵，山徑梅花早自紅。揺筆欲題奇絶景，分明指點畫圖中。

二曰：紫翠光華楊柳天，東風扶上太和巔。吟猿曉掛仙人掌，瀑布春泂玉女泉。佇聽松聲諧雅韵，乍看晴壑起蒼烟。追游况得携摩詰，刻石相將記歲年。

三曰：南巖山院古，春日霧雲横。漠漠迷昏曉，濛濛混雨晴。金庭元玉宇，鳥韵雜松聲。勝地逢高逸，追倍愛此行。

登望仙臺詩

張　臬

曰：一入仙關紫氣開，振衣初上望仙臺。闕中宫殿虛真像，可有三伴今又來。

宿紫霄宫詩

曰：紫霄暫駐游仙騎，興在三天第一峯。明日摘花淩絶巘，高尋玄帝覓真踪。

登太和山詩

曰：九日高登大嶽巔，直從玄帝探真源。褰衣飛步三天外，吹帽驚捫北斗懸。混闢陰陽奔日月，蒼茫塵土隔風烟。神功綿邈歸明祚，長似文皇剏造年。

附録：

分司壁記

陳良謨

曰：按均志，糸議行省，故在城外。劉石寇興，爰徙城内。地偏坤隅，堞雉臨壓。繚垣之表，蕭艾之墟。以高則邏卒俯瞰其闔闥，以卑則雉雊，升棲於罘罳。陳子居之，心竊，病焉。東距百步，閒廨一區，名曰舊府，盖閹所遺之第也。堂廡①陔瘤，偪錯無次。於是，陳子撤而新之，剷隆爲墀，築庳爲基。覆其基爲廳事，翼以二厦。廳之後爲甬廊，廊之後爲燕寢之堂。其前爲門二，其左右爲廡舍四。凡爲楹者三，惟堂之楹五。其東別有屋八楹，以居胥吏。其西又有廳、有堂、有寢室、有庖、湢、帑圊之所，以居家衆，凡爲楹總二十有四。大畧如其中之制而微，材匪别構，工弗民役，七閱月而告成。陳子居之，心安而體便。因自諗曰：是何前之病而今之安耶？君子明德理下，不求重内顧外焉，是呲舛也，甚矣！雖然内外一者也，鳥鼠弗袪，君子焉芋，重門洞開，心體斯豁，謂作室無與治躬，猶言盛服無□於脩敬也。而况莊莅之所哉。工既竣，知州吕箕，指揮江山暨監役，鎮撫王暉，典術孫繼本咸請紀其

① 堂廡：原誌刻本爲"堂無瓦"，解釋不通，疑是廡字之誤，編者匡正。

事，示永久焉。弗許，又請，乃麄舉其畧，鑱諸石碑，陷於壁以識所由。

神惠倉記

方　升

曰：神惠倉者，佃民之倉也。倉，儲費皆取之宫中，而人無與焉，以是爲神之遺之也，故名神惠。永樂十一年，天子有事於大嶽，于時，宫庭之屬遍嶕嶢。道士廪食者四百人，人給之田；復徙民往爲之耕，凡五百五十五户，謂之佃民。佃民不屬有司①，征徭賑貸不相及。予奉命提調諸宫，至之日，問起廢，知荒備缺狀，大懼無以應待舉火之民。謀之提督少監滇南李公曰："唯弗事事無備，無備多患，民弗捄也。奈何?"李公曰："君盍圖之。"明年歲饑，佃民告貸，乃發宫中錢，户十百，約歲稔入穀四石。扵是得穀二千二百二十石。先是佃民之輸扵宫者，歲餘米八百石，吏弗詰也。乃籍其數隸之官，改令納穀。扵是，復歲得穀千二百石。予喜曰："可以成事矣。"南城下西偏，佃故有倉，歲無所入，毁爲溷壤。遂即其地復建焉。中爲堂，堂之北爲九厫；東西各五厫；前爲門，門之外爲池。既落成乃進諸民而告之曰："唯江河之不廢流也，唯行潦之朝盈而夕除也。無他，能繼與不能繼也。今與汝約：歲饑，則盡出以貸汝；歲稔，則還之官。弗出息，弗加量，石納耗五升。違期者罪之；過取者罪之；欺以濫惡者罪之，及盗一貫以上，悉抵其罪加墨。不用吾命者，視吾案。"扵是，佃民相率而前曰："大夫匪便其私，惟恭生生，敢自隕越于下。"是役也，予與提督以命諸佃，諸佃並作。判官陳大策、指揮江山，實綱紀之。千户韋乾、吏目楊遷、義民郭秉鉞暨群工百執事，五里之哲，各程其勤，作之二十有三旬始，訖事。于今丁酉三月五日，訖事之旦，予有閩命。刻石紀諸門左，而後即衢。盖不忘其所有事也。

① 佃民不屬有司：皇室撥給武當山 555 人（户）犯人，專一耕種，供養道士，其行政管理權不屬地方政府，直屬武當山提督、提調管理。

曉發穀城道中望武當詩二首

吴允禄

一曰：天際群峯果絶奇，丹青那復羨王維。參差玉笋高還下，錯落晴雲亂不攲。西望豈徒三楚勝，北來真慰十年思。應憐疋馬衝寒久，願借春陽幾日暉。

二曰：西北雷聲猶隱隱，東南日色漸曈曈。泥深馬足時遭蹶，技癢詩囊屢不空。幾處閭閻諮訪外，一春花柳咲談中。明朝問我遊何處，踏遍層雲最上峯。

游武當詩二首

一曰：一到天門景絶佳，名山此外更無加。千尋鳥道懸丹壑，百尺龍宫枕紫霞。羽客乍鳴金殿樂，仙童時獻玉巖花。由來真境非人世，無怪希夷薄宋麻。

二曰：萬姓瞻依禮獨勤，九重褒錫制猶新。古來異教非無謂，天下名山固有神。玉笋峯頭雲似錦，紫霄臺畔月如銀。憑闌不盡登臨興，暇與游人細指陳。

仙關詩

王 鎔

太乙漓元氣，中原獨此山。神功移閬苑，帝力壯仙寰。嶂合茅堂杳，林迴野色閒。烟霞酬夙志，解組扣松關。

紫霄道院詩

曰：福地臨仙館，旗峯列蕋宫。劍臺雙樹直，丹开百泉通。雲卧宵衣薄，天清斗柄横。坐觀時復暇，疏奏理絲桐。

天柱峯詩

曰：峻極封山嶽，凌空嚮珮珧。雲開金闕迥，磴轉玉臺遥。紫翠群峯抱，香燈萬國朝。星辰疑可摘，羽翼上烟霄。

南巖詩

曰：採芝凌絶巘，對奕坐虚亭。洞古雷神秘，潭沉龍氣腥。紫霄仍下界，青鳥自東溟。已覺非人世，應無俗慮嬰。

五龍宫詩

曰：峭壁塵區隔，叢林過客迷。泉池分日月，臺榭引虹霓。候駕青羊出，當關黑虎啼。折梅曾寄榔，於此問希夷。

玉虚宫詩

曰：隱隱仙巖度，冥冥霧靄收。雲汀朱雁落，春草赤麟游。貝闕諸宫亞，真源九曲流。羽人衣舄在，天樂下西樓。

游武當詩二首

劉　勲

一曰：仙關今日慰瞻馳，太子坡頭路轉危。萬里拜呼環老幼，百年禮祀達崇卑。名山豈是神靈異，真境將非木石奇。獨上嶽和峯頂立，徘徊金殿有餘思。

二曰：羅浮東憶空漸負，衡嶽南瞻亦惘然。此日武當開道眼，九天玄帝惠嘉緣。濃陰披掃登臨快，淑景光輝眺覽便。信宿南巖又西路，不堪擾擾俗塵牽。

游武當詩二首

陸　銓

一曰：中天絳節往來通，海上蓬萊未許同。地軸横空懸北斗，山根千里接中嵩。九霄日月黄金殿，萬仞雲霞白玉宫。神教先皇安社稷，天長地久沭①年豐。

二曰：天工人巧萬山奇，簫管仙童到處隨。月宇金門凌壑迥，星橋鐵鎖傍雲垂。滿山瑞靄爐烟合，遶殿晴幡樹影移。兩度來游游不盡，肩輿臨發又遲遲。

① 沭：疑爲“沐”字之誤。

贈潘判院感神現光詩

徐　慶

明赫神人自交感，至誠金石動非玄。卿雲郁郁三辰外，大嶽巍巍萬仞巔。許國事功應捧日，孝親精白可回天。禎祥原不生虛幻，爲兆萱闈壽八千。

按：諸作家神仙一人：吕純陽。宗室三人。安王、湘王、永興王。勳戚一人：駙馬督尉沐昕。縉紳五十五人：李東陽、賈詠，大學士也；揭傒斯、程鉅夫、趙孟頫、虞集、黄晋卿、劉辰翁、劉三吾，學士也；劉因、贊善，大夫也；趙世延、王士熙，叅知政事也；范得機，編脩也；胡濙、鄧庠，尚書也；黄宗明，侍郎也；黄衷、沈暉、劉丙、洪鍾、李衍、戴珊、吴廷舉、章拯、潘旦，都御史也；朱隆禧，給事中也；倪組，御史也；張臬，郎中也；鄒守益，主事也；余祜，布政也；丁致祥、吴允禄、劉勲、陸銓，參政也；沈鍾、王珮、楊守禮、王棟、許宗魯、王鎔，副使也；楊琚、韓文、白悦、黄仲芳、崔桐、陳良謨，叅議也；方豪、林豫，僉事也；余士吉，知府也；郭翼，提舉也；楊琇、楊言，知州也；應欽，州同知也；范應祥，州判官也；李仲訓，教授也；何迁，舉人也。黄冠三人：西壁，龍虎山真人；鄧青陽，南巖道士；任自垣，太常寺丞。巨鐺一人：扶安，太監。武弁一人：趙輔，都指揮。隱逸一人：葉杲禾。詳履歷十九人。無名氏六人。

以後續集

游武當書太和山壁詩

撫治鄖陽都御史、山東章丘縣人　張舜臣

一曰：靈峯瞻仰不勝情，盡日窮探興轉生。仄徑曲披雲霧入，峭岩危傍薜蘿行。三山未必能雙峙，五嶽何由獨占名。元老同游真勝事，龍頭灘畔聽泉聲。

二曰：層山躡盡見靈峯，壁立中天翠萬重。白晝晴煙迷澗谷，青霄瑞氣靄芙蓉。霞宮隱映蒼龍宅，璚樹參差碧玉叢。聖祖神孫尊禮備，永祈萬載奠皇封。

又：太和山中詩十二首

一曰：神宮高峙紫霄間，石磴岩嶢盡日攀。回首雲煙迷萬壑，翩翩獨有鶴飛還。

二曰：名嶽靈神奠此邦，雄觀勝槩世無雙。菲才叨忝鄖襄寄，願保生民福祿降。

三曰：躋攀停午氣氤氳，萬壑千峯望不分。金殿當頭紛紫翠，神光隱見九霄文。

四曰：夜半空山暖氣收，天風瑟瑟似高秋。踈松漫引笙簧奏，遠水忽驚澗壑流。

五曰：丹崖眺罷未論歸，直向西天送落暉。何處一聲雲外鶴，翩翩應共羽人飛。

六曰：天柱崔巍拂日輝，萬山羅列迴相依。初疑地僻人游少，却信峯高鳥不飛。

七曰：一柱冲霄翠色濃，日華拂曙影先紅。四旁不見山何許，真是中華第一峯。

八曰：玄武山頭寶殿新，崔巍直並紫霄隣。糸神卓午從容望，縹緲祥雲五色真。

九曰：安神來駐萬峯前，檻外雲生紫極邊。隱隱夜深鍾磬入，似聞仙樂落鈞天。

十曰：曉日攀蘿到上方，紫雲祥霧各蒼茫。奇遊不解人間有，天柱峯頭飲玉漿。

十一曰：層岩歷盡詫登仙，開眼渾疑到九天。白日輝輝簷外度，紅雲裊裊座中鮮。

十二曰：按蹟曾聞福地名，紫霄宫畔玉泉清。松摇黛色千崖暗，霞靄晴光萬壑明。

卷之五　雜考畧

叙曰：雜考者何考，其所未録而雜然以成編者也。《易》有雜卦；唐宋諸作家有雜説、雜著，竊lbrack諸此，大柢紀録之。事太宂，則病多贅；太簡，則病多遺。贅，無庸也，遺則莫考。遺焉罪也，莫考焉又罪也。故復終之以此猶。歲羸于日也，有閏以歸餘焉；筮羸于策也。有扐以歸奇焉，皆所以集其成也。自靈感而下几十種，萃爲末卷。

靈感類

永樂十年　督運木植過武昌，見一天木立於黄鶴樓前江中，奔流衝激屹然不動。遂載至玉虚宫。今正殿梁是也。

永樂十一年　湘潭縣人劉忠等，舟至光化洋陂灘，忽黑風驟至，雷雨交作，舟不得進。須臾風止，見一大鍾湧出水上，遂載以行，置于玉虚宫。

瑞應類

永樂十一年五月二十五日　脩理大頂銅殿，圓光現自澗泉之下，乘虚而昇，五色燦爛，照耀山谷。光中見高真皂袍披髮而立，下有祥雲擁護。是日，復現于大頂前，披髮而坐，二天神侍左右，若應對之狀；二神立于前下，有祥雲擁護。

永樂十一年五月二十六日　大頂圓光現。光中見天真，披髪逶迤，二天神隨之，下有白雲擁護。

永樂十一年六月二十一日　紫霄宫脩理福地。是日，宫前五色圓光現，見天真坐于其中，左一將執皂旗，右一將捧劍，下有白雲擁護，雲中復見龜蛇，盤旋久之。

永樂十一年八月十七日　綵繪大頂殿宇。是日，天真九五現像。初現黑雲擁護，左右二天神侍。再現，披皂袍，兩袖飄舉，一神捧劍導前，一神侍。三現，一神導前，一神捧印侍。四現，一神捧劍導前，一神執皂旗侍。五現，坐于黑雲之上，左右二天神侍。

永樂十一年八月十九日　大頂殿宇竣事。是日，有五色圓光内現天真，下黑雲擁護。頃之，光中復現一神侍從。

内　降　類

成化九年　太監陳喜等，齎送太和宫安奉：真武一，從神四，水火一；鄧、辛、陶、張、苟、畢六天君；馬、趙、温、關四元帥。香爐一、燭臺二、牡丹瓶二、香盒一、匙筯瓶一、法盞一、水燈盞一、剪燭罐一、硃漆卓一、木雕重簷殿一。

玉虚宫安奉：銅鍍金真武一、從神四、水火一；銅鍍金水燈盞、香爐大小各一、花瓶大小各二、净水盂一、燭臺二、匙筯瓶一、剪燭罐一、提爐二、鍾一、黑石曲磬一，硃漆戧金雲鶴香盒一、灰盒一；各色羅銷金旙幢傘六、各色絨線織金暗花素紵旙五十對，各宫觀懸掛。

成化十二年　太監陳喜齎送玉虚等八宫爵盞二十一，玉虚宫經一百四十、太和宫經五十二、南巖宫經六十五、紫霄宫經六十三、五龍宫經

七十四、遇真宫經四十、净樂宫經六十六。

成化十四年 太監陳喜管送紫霄宫安奉：銅鍍金真武一、從神四、水火一；銅鍍金香爐一、花瓶一、燭臺二、净水盂一、水燈盞一、香筯一、香替二、香奩一、鍾一、玉磬一。

成化十九年 太監陳喜管送五龍宫安奉：銅鍍金真武一、水火一；銅貼金靈官，玉女，執旗，捧劍，馬、趙、温、關元帥各一；古銅香爐一、水燈盞一、花瓶二。

成化二十二年 太監陳喜管送皂織金紵絲旛、頂、帳、幔及各様經典、聖像分送八宫并帶管宫、觀、巖、廟：旛二十九對、頂五幅、帳四十二幅、幔三幅；玉皇、玉樞、真武、三官、度人、太上諸經各千卷，五斗經五百卷；三清、玉皇、四帝、諸天、諸神、諸帥、總聖、行神三百軸；真武、十二帥、行神、三官大帝各千軸；關八、北斗、降金橋、斗母各三十軸；殷元帥、薩真人、南斗、北斗各二十軸；南極長生大帝十軸。

弘治七年 太監扶安等管送南巖宫安奉：錐金木雕真武一；靈官，玉女，捧劍，執旗，水火，鄧、辛、張、陶、龐、劉、苟、畢天君，馬、趙、温、關元帥各一；古銅香爐一、燭臺二、花瓶二、匙筯瓶一、剪燭罐一、海燈盞一、净水盂一、鍍金鍾一、曲磬一。

弘治十五年 太監王瑞等送净樂宫安奉：鍍金銅真武像五尊、香爐一、花瓶一、燭臺二、海燈盞一、净水盂一、剪燭罐一、匙筯瓶一、香盒一、鍾一、菜玉磬一、大紅坐褥一、硃紅漆卓一；玄色紵絲綉七星火焰旗一、各色花素紵絲旛三十六對。

太和宫供奉：鍍金銀鈒雲龍香爐一、燭臺二、花瓶二、水燈盞一、净水盂一、匙筯瓶一、剪燭罐一、香盒一；真武、三官像各十軸，無量壽佛五軸、勑度佛母十一軸、玄壇一十九軸、王天將七軸、馬靈官八軸；玉樞經八百六卷、金光明經二千五百卷、萬命妙經一千五百卷。

遇真宫安奉：鍍金銅真武五尊；香爐一、花瓶二、燭臺二、海燈盞一、净水盂一、剪燭罐一、匙筯瓶一、香盒一、鍾一、菜玉磬一、大紅裝花錦坐褥一、硃紅漆卓一；各色羅播二十四對。

玉虛等八宫、觀、巖、廟等處：懸掛各色紵絲羅經復七十六對。

正德三年　太監甄瑾齎捧太和宫安奉：鍍金銅真武一、從神四；香爐一、香盒一、花瓶二、燭臺二、海燈盞一、匙筯瓶一、剪燭罐一、鉢盂。

嘉靖五年　太監李瓚管送净樂宫奉安：真武一、水火一、從神四；鍍金花瓶二、香爐一、燭臺二、海燈盞一、鉢一、香盒一、燭罐一、火筯一、香匙一，金鍾、玉磬各一。

欽　定　類

大小宫、觀、巖、廟三年香

降真香三千四百七十七炷。内三斤重二千五百四十一炷，二斤重二百二十六炷；宿香三千四百七十七斤。十年燭一萬一千五百九十對，每對重二斤四兩，用油二萬三千一百八十斤；蠟二千八百九十七斤八兩，長明燈油四萬三千二百斤。

玉虛宫　降香五百五十二炷，宿香五百五十二斤；燭用油三千六百八十斤，蠟四百六十斤，長明燈油七千二百斤。

太和宫　降真香四百一十四炷，宿香四百一十四斤；燭用油二千七百六十斤，蠟三百四十五斤，長明燈油七千二百斤。

五龍宫同、紫霄宫同、南巖宫同。

净樂宫 降香二百七十六炷，宿香二百七十六斤；燭用油一千八百四十斤，蠟二百三十斤；長明燈油七千二百斤。

遇真宫 降香五十七炷，宿香五十七斤；燭用油三百八十斤，蠟四十七斤八兩。

清微宫、朝天宫、五龍行宫、元和觀、迴龍觀、太玄觀、復真觀、龍泉觀、威烈觀、仁威觀、八仙觀、福地殿、老姥殿、黑虎廟、榔梅祠、關王廟、隱仙巖、凌虚巖、玉虚巖、仙侣巖、滴水巖、妙化巖、太子巖、崇福巖、靈應巖、雷神洞 降香每三十六炷，宿香每三十六斤，燭用油每二百四十斤，蠟每三十斤。

玉虚等宫道士四百名，每年每名給冬夏布四匹，共計一千六百匹。

宣召類

洪武二十七年 太祖高皇帝因夢，遣奉御張伍等，勑道士孫碧雲赴闕下。季冬日，謁帝於奉天門，賜坐與話，甚悦。命居朝天宫，遣官賜衣。十一日至右順門，帝命就席："爾今道成否?"對曰："臣今已得道，未曾成道。"帝又問："三教之説，其優劣何如?"對曰："於道言之，則無優劣之辯。若推其亘古今歷代以來，聖帝明皇皆在中原大國，南面垂衣而理世，咸稱爲尊君，豈不爲優乎！其四海八方，化外偏邦小國，咸來朝賀，北面頓首，三呼再拜而稱爲微臣，豈不爲劣乎！而宣聖孔子，陳三綱之禮，設五常之教，萬代則之，豈不爲優乎！而太上訓道德無爲、脩身治國之玄理，演清淨太朴、正己正人之聖化，上古明君咸爲準則，豈不爲優乎！而釋迦文佛，出自西極，教流東土，談檢身治心真實之微言，説過去未來不虛之因果，若遵而守之，則超出十地，豈不爲優乎！若此三教之説，途雖殊而歸乃同也，慮雖百而致乃一也。本無優劣之辯。”帝大悦。乙亥年正旦，大會奉天殿。初四日宣至奉天門。帝曰：“朕今宣爾來問道，古者帝王就而問道，朕今坐朝問道，是太上的教。爾東向而道揚，將大道説與朕。”碧雲對曰：“臣本草芥微臣，荷蒙聖主育養之恩，雖不能造乎至道，今既宣問，臣敢不悉心以對。”十四日，宣至武英殿，與語論道，自辰至申，帝謂之曰：“雖時代不同，朕便是軒轅，爾便是廣成子。”碧雲叩首而謝。閏月十五日，宣至右順門，與語甚悦。十七日宣至右順門，帝曰：“朕想爾久在山中處静，今在朝悮了辦道，命爾回山。”賜賚甚厚。碧雲叩首弗敢領受，辭謝而回。十八日大宴於奉天殿，賜以御膳珎菓，遣内臣送行。

貢　獻　類

蜜煎黄精、蒸曬黄精、蜜煎蒸曬黄精、蜜煎榔梅、鶱林茶、搵乾筍、搵乾鷹嘴筍、鹿尾筍、帶衣筍、匾筍、九仙子、隔山消。

列　真　類

龍變梵度天帝　内名掬靈妙光，在無色界之上，其色赤。又曰上妙天，其宫曰靈寶宫，下應静樂國。

大安皇崖天帝　内名暉薁阿魂，在色界，其色白。又曰極樂天，其宫曰開明宫。

顯定極風天帝　内名向翿威，在色界，其色黄。又曰廣樂天，其宫曰大赤宫，二天下應武當山。

豐乾天帝　按：宋侍中荆國公宋庠奉旨所編《真武啓聖記》第九章稱：真武初學業遇帝，賜以黑駞虬角斷魔雄劍。

虚宿天卿星君、危宿天錢星君　二星皆天一之象，龜蛇水火之形。

無極上道紫元君　按：仙傳受道付玄帝，示武當山之根源，今尊曰“聖師”。

九天掌籍上仙元皇帝君　姓張名亞，屬三大神之一。掌桂録籍，凡食禄爲官爲儒者皆隸之。爲水府計度轉運，相輔大道，佐玄帝濟物。

上清天機都承旨神應元惠真君　姓董名素黄，輔相玄帝，開教濟物，位太清西王左上卿。

九天司命太元大茅君

定録右禁中茅君

三官保命小茅君

欻火律令鄧天君

武當山感應五炁龍君

武當山五百靈官

太和山福地仙官

武當巡山黑虎大神

武當山忠智威烈王

天柱峯廣潤龍王

職　官　類

提督内臣

陳　埜　潮州人，由左監承。
姜　和
唐　廣
韋　貴　武緣人，由太監。
潘　記　□□□府人，由太監。
李　祺
齊　玄
韋　興　梧川人，由太監。
龍　輦　南昌人，由太監。
周　景　山後人，由太監。
劉　祥　保定人，由太監。
吕　憲　陽信人，由太監。
梁　英
潘　真　柳州人，由太監。
趙　榮　華陽人，由太監。
李　瓚　真定人，由太監。
王　敏　順德人，由少監。

李　學　云南人，由少監。
王　佐　易州人，由太監。

提調文臣

邵　正　金華人，由吏員郎中。
李　倜　鄧州人，由進士。
樊　敦　鄧州人，由進士。
以下俱叅議：
黄　順
李孟芳
王　豫　祥符人，由進士。
梅　倫　蘇州人，由進士。
韓　文　洪洞人，由進士。
李　謙
馬　詮　南和人，由進士。
張　轂　上海人，由進士。
陳　睿　惠安人，由進士。
華　山　無錫人，由進士。
邵　棠　揚州人，由進士。
白　金　無錫人，由進士。
張　瀚　慱平人，由進士。
張良弼　歷城人，由進士。
陸　杰　平湖人，由進士。
盧　煦　金華人，由進士。
張　鯤　太康人，由進士。
崔　桐　海門人，由進士。
劉彭年　巴縣人，由進士。

鄺　灝　任丘人，由進士。
陳良謨　安吉人，由進士。
方　升　婺源人，由進士。
吴　檄
叚　緒　蘭州人，由進士。
王　鎬　山東人，由進士。
鍾雲瑞　廣東人，由進士。
張　緒　江西人，由進士。
吴子孝　吴縣人，由進士。
雷　賀　豐城人①，由進士。
王繼洛　鄭州人，由進士。

玉虚宫提點

任自垣、毛守玄俱太常寺卿、邵慶芳、周惟中、汪惟敏、倪尊昱②、馬景忠、歐惟理、路道瑛、張道賢、劉盛淵、王克輝、朱善誠、夏礼亨、陳茂先、韓道啓、譚道旭、謝玉名、朱永昌、韋永慶、龍宜昇、陳大順、羅祖福、章祖鉞、李大緣、孫大誠、梁教演、黄道經、魏本宗、郭景洪、顔志高、孔崇善、袁得祐、陸祖霄、雷世學、趙元霄、宋演慶、湯紹洵、陳悟真、尹月山。

浄樂宫提點

趙宗純、張太和、錢若無、吴宗玄、許永和、馮昌盛、鄭道堅、趙盛忝道録司正一、雷普明太常寺卿、懷以德、石自新、劉紹玄、江洞淵、陳

① 豐城人：原文“豐城”不清，根據王佐修、慎旦等纂《大岳太和山誌》補正。
② 倪尊昱：原文“昱”不清，根據王佐修、慎旦等纂《大岳太和山誌》補正。

祖新、石永源、高崇德、戈教静、胡道誠、楊月清、李有仁、唐有能、姜有賢、李演琴、羅理錦、趙仁厚、姜理春、梁文玉、李理欽、潘全麒。

紫霄宫提點

梅月軒、李玄玉、謝仕彬、李道宏、徐明山、董與全、邵守政、李大賓、姚克先、晏從希、魏從新、李宥欽、陳世美、張月寶、曹崇玉、李得宝、楊守節、郭得玄、劉仁定、齊遇壽。

南巖宫提點

安隱山、董守寧、王大義、雷明昌、廬復剛、李崇啓、朱志琳、郭守福、陳從晟、劉志洪、屈守乾、汪道爵、蕭得明、楊伏繡。

太和宫提點

張古山、章崇信、楊福玉、江子洋、時本初、王福緣、殷祖諒、朱宗鉉、劉仲易、薛仲貴、王道義、焦常通、譚從證、胡仲誠、魏道啓、王月正、李得緒、楊大倖、張得旻、畢元春、陳合凱、薛得山、姚以舜。

遇真宫提點

羅鳳翔、周存中、楊以清、錢道明、周大潮、梅宗道、錢以昇、張伏明、潘得川、孫從壽、李世暹、陳祖仁、杜理祺。

五龍宫提點

李素希、李時忠、吴繼祖、施淵静、魏繼通、倪高亮、梁用高、張守道、張得真、鄭道顯、蘇永貞、陳常松、周月鐸、王恭常、王福中、何中徽、皮守禄、苗守倅、皮道彰、康元惠、皮合武、朱真用。

迎恩宫提點

常永昌、胡崇勝、吴福堂、胡元信、車德富。

土　産　類

蒼术、桔梗、前胡、柴胡、天麻、升麻、天南星、半夏、枸杞子、厚朴、麥門冬、天門冬、地骨皮、天花粉、山桂皮、金沸草、龍膽草、紫花地丁、五加皮、何首烏、覆盆子、藜蔞、大戟、芫花、葶藶、遠志、菊花、細辛、商陸、茵陳、白鮮皮、桑白皮、地榆、金銀花、五倍子、青木香、山當歸、血藤、石菖蒲、香白芷、香附子、草烏頭、白芨、苦參、威靈仙、胡麻、白藥子、黄藥子、稀薟子、黄精、山藥、防己、玄參、牛膝、白何首烏、木賊、萇蔞、芍藥、車前子、藋麥、扁畜、連翹、山地黄、牛旁子、辛夷、硃砂根治□疼，九仙子治□閉、隔山消治□□□、獨脚蓮、紫芝麻、杜管、四兩銀、重樓①、便牽牛、刺春、薄荷、黑牽牛、鳳眼草、益母草、靈芝草。

奇　異　類

我師禽　褐衣金喙，青手紅足，清秋良夜高峯深林之中鳴呼“我師”，終夜不止。

半部樂　形如黄雀，數十爲群。音中宫商，有鼓瑟吟唱之顒。

① 重樓：原文“樓”不清，根據王佐修、慎旦等纂《大岳太和山誌》補正。

掛劍松樹 昔玄帝初入山倏習上道，遇豐乾大天帝錫劍，掛于其上，因名焉。

萬年松 高四五寸，其色蒼翠，生于絶壁澗石中，懸崖而取得之，藏諸筞中，以净水沃之立活。油手觸污，即日黄殞。

千年艾 艾葉菊花，蓬根木幹，至秋葉生青珠如丹顆。治男子虚耗、婦人血氣之疾。

榔梅樹 在五龍宫北，磨針石南。榔木梅實，桃核杏形，味酸而甘。

葛　乳 色赤，脆。其味苦甘，大治酒積之疾。

松　蘿 生高峯古木上，長者丈餘。能療蛇、虎、燙、火、頑瘡之疾。嚼汁吞服，吐滓敷瘡立愈。

天　花 色紅而秀，上有尺餘懸絲，秋末遍開，幽麗可愛。昔玄帝昇真，散之巖谷。迄今仙裔，傳之無窮。

芳騫樹 葉青而秀，木大而根株皆自然作藤蘿交裹之勢，與畫者無比。大頂與五龍接待庵澗濱生而最奇①。

石燈心 色蒼而直，如腐石之形。浸以膏油，光明洞焕。

按雜考：叙靈感，見神功顯于可見也；叙瑞應，見神化妙於無方也；

① 天花……生而最奇：原稿残缺不清，根据任自垣纂修《勑建大嶽太和山誌》卷十补之。

叙内降，見崇信專而儀物備也；叙欽定，見處分詳而神人察也；叙宣召，見上之敬下論道之餘無他語也；叙貢獻，見下之奉上服食之外無異物也；叙列真，見舉祀之周也；叙職官，見設官之嚴也；叙土産，見山之□□，見地之靈也。

荆楚文庫

大岳太和山誌

〔明〕王佐　修　慎旦　等纂

范學鋒　陶真典　點校

張全曉　黄永昌　審校

目　録

序

大岳，距均州百里許。古爲豫雍之域，寔惟玄武之神當之。成祖文皇帝起自燕邸，入正大統，惟神陰佑靈蹟丕著。用是大啓宫宇，以答其貺。而武當之勝，遂甲于天下。洛少即聞之，無從一寓遊，以慰仰止之想也。嘉靖壬子，承乏晉臬，側聞我皇上法祖敬天，屢感玄應，特遣大臣重事修葺。惟時，海内臣民益加仰慕。而洛願見之心尤切。無何拜命，來督兹山。歷太行，經唐、鄧，注望天表，峻拔特立；既而踰光、穀，入均陽，祗詣極頂，則奇秀争出，奪目駭心。而神宫仙館之焕然，若有非人力之能搆者。洛乃竊嘆曰："猗歟盛哉，其天造地設者。"與詩曰："天作高山，太王荒之。彼作矣，文王康之。"惟斯之謂與。乃觀舊志，則有未備焉者，因語提督王公佐曰："聖皇聿新此山，公寔效有勞焉，顧于志也，獨可諉乎？"公曰："兹佐責也，業已有成帙矣。"因取而讀之，綱提要舉，爲卷凡十有七。志宫觀之勝，則圖可考也。志玄聖之跡，則紀可考也。志御製諸文，而褒錫之禮著。志創修諸勑，而崇奉之典。彰闡列聖垂眷之休，則像器征差有志、山場香幣有志。昭守臣提督之責，則内臣之勑有志、藩臣之勑有志。以至上供之志，示惟正之義；欽錫之志，明特異之恩；而仙真之蹟，禎祥之應，靈物之産，職官詩賦之類，諸凡因山而有者，亦各以次附焉。詳而悉，簡而覈，質而不俚。而我成祖今上修建之功烈，與天地同其悠久者，尤章章明甚。嗚呼，公之用心，其亦可謂勤矣。而不足以傳乎，且今天下海隅蒼生，孰不知有是山也。雖朝謁而來者，月無虚日，而未得其勝者，尚多也。今而後，凡有知者即按卷可悉，而亦弗苦于聞見之不侔矣。公之功不其偉歟！抑公之被簡于兹也，十有八載，其久也，盖前此之未有者。良由敬事之心，有以上徹于宸衷，故聖恩之所以寵顧之者日厚。是舉也，雖不足以盡公之忠勤，而其體國之忱，于此可以徵其槩矣。洛也固亦有事于斯者也，因敬爲公序之。嘉靖三十五年歲次丙辰夏仲吉日賜進士第朝議大夫奉勑提督太和山湖廣布政使司右糸議管城王繼洛謹序。

序

天下之山多矣，未必皆有名也。誌天下名山者有矣，未必如此山之誌之當重也。盖此山之秀、之靈、之美績種種出奇，非他山比。是故，誌之不可以無作也。佐也承命恭祀神宮十有八年，于兹考之舊誌，詢之耆老，觀之風物，頗得其詳。其來也，乾兑發源；其應也，翼軫二宿；房城護其南，漢水環其北；拱之者七十二峯，袤延之者八百餘里，此之謂天下名山之拔出者也。然非真武不足以當之，是以玄帝禀天一之精，成無上道，飛昇而溥靈光於八表，照應而達嘉瑞於累朝。此之謂地靈而神化也。至于我朝尤焔赫焉。是以太祖獲其神祐于鄱陽，而外患以寧；成祖覩其旌旗于霄漢，而内難以靖。篤命勛戚大臣創建宫殿，以昭荅神護之庥。恐香火無以奉也，選道流以虔祀之；恐道流無以自給也，充佃户以供贍之；恐久而弗新弗潔也，編軍民以修葺灑掃之；恐民間之樵採也，特加勑以禁護之；又恐其因襲而弛，錯居而玩也，簡内外守臣以提督之。列聖相承，祀儀益厚，此之謂聖神相感通也。及今聖上臨御以來，玄帝之靈，愈顯而愈真，崇奉之禮，視昔而獨盛。出内帑之積，爲重修之資，仍于入山初道更扁“治世玄岳”。不煩民力，而廢墜聿興，不俟歲月，而工程具舉。時則奉提督之命者，有工部亞卿陸公杰任修理之責。作群僚之倡者，有少条今陞河南憲副雷君賀，協贊以底績所當續紀，以補舊誌之未備者，不容已也。佐何敢辭，乃召知州范大儒商理其事，因推學正慎旦、舉人賈如愚、庠生徐鏖、賈如魯編次，復授郡宦陳君詔校之。始自乙卯九月，迄今丙辰四月方成集焉。集成庸是鋟梓，以播揚聖世之盛典。少条王君繼洛序之于前矣。佐敢畧述顛末，以俟後之君子云。

嘉靖丙辰歲仲夏望吉前文書房奉勑提督大岳太和山兼分守湖廣行都司等處地方内官監太監古燕王佐謹序。

續大岳太和山誌序

夫誌者記其事也，若事務之集，無誌以記之，而後人無所考證，取以爲則，此誌之所以作也。雖然誌則相同，而所記之事，蓋有不同也。若一統誌者，記我皇明輿圖之廣，版籍之盛；郡縣誌者，記其建置沿革之始末，與夫貢、税、賦、役、土産、人物、山川、風俗之詳。若太岳誌者，乃敬齋王公，因舊誌之缺畧，新事之未輯，與郡庠官儒及鄉之士夫，共訂以成記。我成祖文皇帝肇建之制度，及列聖制勑之頒降，守臣章疏之奏陳，宫觀之布列，峯巒之秀麗，神應之禎祥，草木之奇異，今上崇玄重道之重修，内外守臣所奉之綸音，士夫縉紳游謁之吟詠，凡有關於玄岳者，靡不悉載。誠爲不刊之典，豈後人復能置啄於其間哉。嘉靖丁巳適王公引年，具疏辭免提督，本山員缺，上命祥以代。祥雖庸劣之質，尸素備員，繼王公之後塵，亦嘗奉勑諭之責，委叨恩賚之頻渥，兹特續入誌内，非炫耀於人，實不敢忘君之賜焉。嘉靖辛酉夏孟之吉，欽差提督大岳太和山兼分守湖廣行都司等處地方内官監太監保定吕祥謹序。

卷之一　大岳總圖、宫觀分圖[①]

右大岳總圖[②]

按《一統誌》：大岳，在均州南一百二十里。州爲《禹貢》豫、雍二州之域，春秋属麇；戰國属韓及楚；秦漢爲武當縣，属南陽郡；三國魏属南鄉郡；晉属順陽郡；後魏置武當郡；南齊置始平郡，復改齊興郡；梁兼置興州，後周改曰豐州；隋廢郡，改州曰均州；大業初州廢，以縣属淅陽郡；唐復置均州，天寶初改武當郡，乾元初復爲均州；宋置武當軍，元復爲均州。

大岳，週圍方八百里，環列七十二峯、三十六巖、二十四澗。或謂非玄武不足以當之，故名武當，又名太和，名大岳，名仙室。相傳爲玄帝修真顯化之地。自漢以來，歷代崇奉。國朝永樂十年，成祖文皇帝起自燕邸，入正大統，惟神陰翊，顯有靈異。特勑隆平侯張信、駙馬都尉沐昕等創建宫觀，以荅神貺，勑爲“大嶽太和山”。攄天柱峯絶頂爲太和，清微宫、朝天宫、黑虎廟隸焉。太和下二十里值山腹爲南巖，太玄觀、烏鴉廟、榔梅祠、雷神洞、滴水巖、仙侣巖隸焉。南巖東北行五里

① 大岳總圖、宫觀分圖：原文在目録中有此標題，而在正文中没有。爲保持此部誌書的統一，編者增加此標題。

② 右大岳總圖：由於原誌竪排，故爲右。

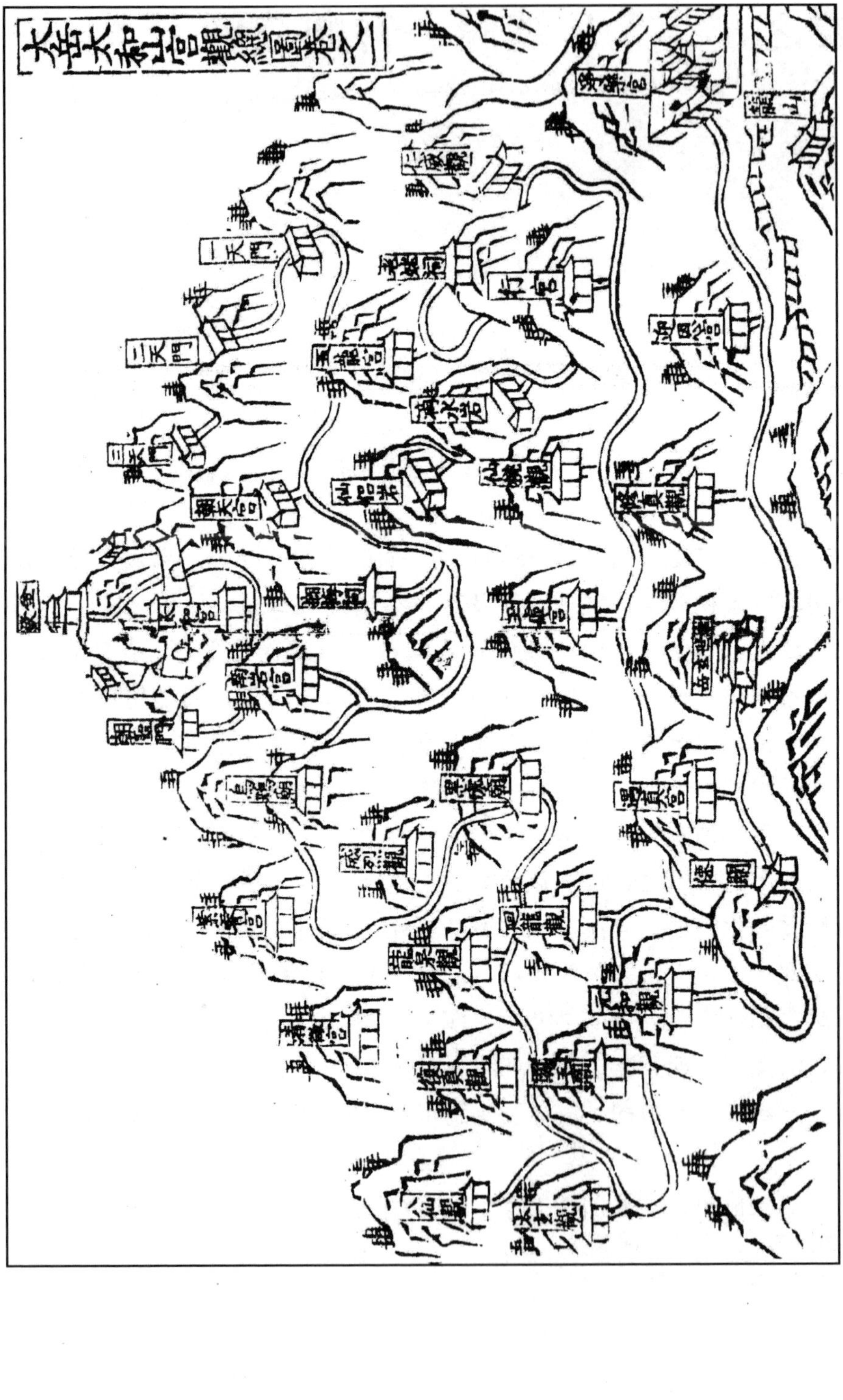
一天門
二天門
三天門

爲紫霄，福地殿、復真觀、龍泉觀、威烈觀隸焉。北行三十里爲五龍，隸之者行宫、仁威觀、老姥祠、自然庵、隱仙巖、靈應巖、淩虚巖也。紫霄東行四十里，下平地爲玉虚，隸之者關王廟、太上巖、玉虚巖、回龍觀、八仙觀也。玉虚之東五里爲遇真，元和觀、修真觀隸之；又北十五里爲迎恩宫，續創，無所隸；又北四十里爲浄樂，入均州城中，領觀曰真武，則遥置于樊城者也。以山之高下言，先太和，次南巖；以宫之大小言，先玉虚，次浄樂。棟宇之盛，盖曠古之未有也。

今上法祖敬天，以神安鎮華夷，屢感玄應，端委之暇，遂懷飭蠱。嘉靖三十一年，特頒内帑，勑工部侍郎陸杰等重加修葺。神宫仙館，焕然維新。仍於入山初道，鼎建石坊，賜額“治世玄岳”。益有以擴先朝之志，而壮兹山之觀於萬斯年，殆與天而無極云。

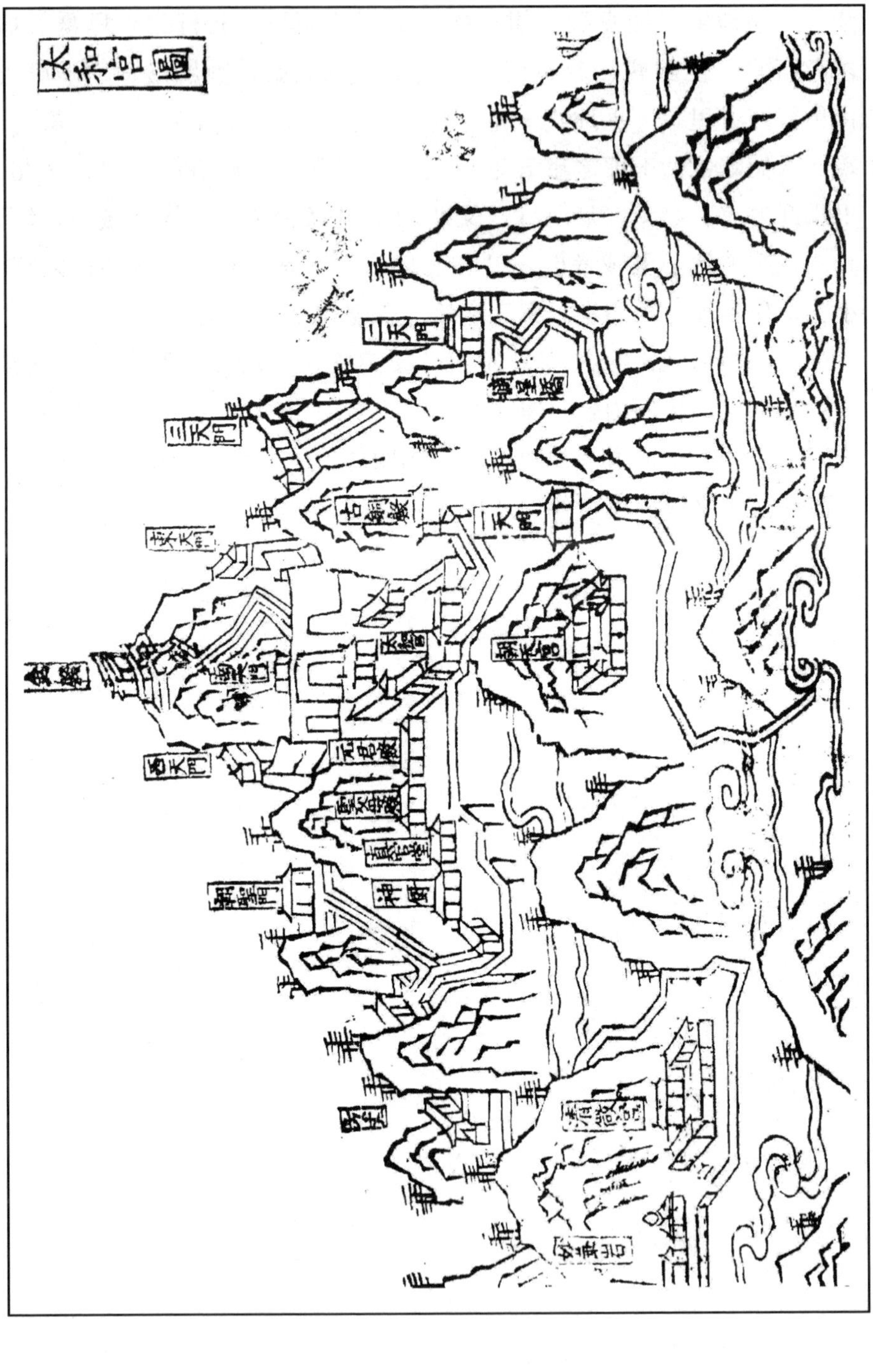
太和宮圖
二天門
三天門
一天門
西天門
朝聖門

右太和宫圖

宫在天柱峯，峯之極頂，則是宫之正殿也。元時有銅殿一。成祖文皇帝創修之日，以規制弗稱，乃撤置於小蓮峯。改冶銅殿，飾以黄金，復範玄帝像于内。殿左右益以飛棧；爲更衣二小室。殿外爲臺，臺外爲檻，檻外爲紫金城，城闢東、西、南、北天門，以象天闕，儼然上界五城十二樓也。自南天門出，右折爲朝聖殿，爲鍾鼓樓。又下爲元君殿，爲聖父母殿，爲誦經堂，爲真官堂，爲神厨，爲龍池，爲龍廟。又下西折爲方丈，爲廊廡，爲齋堂、道房。復自故道折而北上爲朝聖門；既度，復東折而下數十百級，繞出天柱峯後，爲三天門；又下數十百級爲二天門，爲摘星橋；復折而西下數十級爲一天門。爲楹大小總五百二十。永樂十四年落成。賜“大岳太和”爲額。道士廩食者三十人。提點二員，嘉靖二十六年内，今上允提督太監王佐奏，添置一員，共三員，階正六品，給印一顆，領宫二、廟一。

清微宫　去本宫七里，即清微妙化巖也。張守清、張三丰修煉之所。永樂十年建爲宫。迤西偏别築妙化巖。

朝天宫　去本宫東六里，一天門下。

黑虎廟　去本宫三十里，九渡澗之上。傳云：昔玄帝修道之時，常有黑虎巡山，乃北方天一之所化，護國鎮山之神也。廟設黑虎神像。

天柱峯　一名參嶺。是峯根插黄泉，頂冲霄漢，高出群峯萬丈，居七十二峯之中。上應三天，當翼軫之次。俯眺豫雍之野，山川之遠，無不在目。晨夕見日月之升降。頂東西九丈，南北二丈。四維皆石脊，如金銀之色。地産異草，細葉延蔓，秋冬弗凋，其味頗辛。恠松數株，盤桓如龍蛇之狀，高不滿丈許。南峭壁下有池如井，名曰天池。北下石門三所，曰三天門，皆插空萬仞。昔玄帝冲昇於此。

顯定峯　在大頂之北，一名副頂，上應顯定極風天。翠巘倚空，人跡不及。

獅子峯　在大頂之北，一天門之上，狀如獅子。即元尹喜①所棲之處。

皇崖峯　在大頂之北，上應太安皇崖天。下一巖，曰皇后巖。昔聖母善勝太后尋真，暫憩于此。故名。

小筆峯　在大頂東，孤岑卓立如筆。

雷石峯　在大頂西北。上有石土地踞虎而坐。

貪狼峯、巨門峯、禄存峯、文曲峯、廉真②峯、武曲峯、破軍峯　右③七峯在大頂之北，若北斗拱極之象。傳曰：天真校善之所。南有常春巖，向明高廠，常如陽春；西有硃砂巖，石爲日華所爍，其色如之；北有北斗巖，夜漏清寂，惟聞鳥猿嘯月之聲。

中笏峯　在大頂之北。石如圭瓚鞠恭，類進趨之勢。

千丈峯　在大頂之西，群山之下，超然獨出。其右即神仙房陵朱仲

---

① 元尹喜：應爲“周尹喜”。
② 真：任自垣纂修《勑建大嶽太和山誌》記爲“貞”。
③ 右：原誌書爲竪排，故爲右，在此指“前”。後同。

所居。仲有縹李，世所希有，名仙李。

萬丈峯　在大頂東北。

大蓮峯、小蓮峯　右二峯在大頂之西。相望並秀，亭亭然如芙渠初發，隱映清波。春夏之時，明媚尤絶。

大筆峯、小筆峯　右二峯相峙於蓮峯之間，狀如卓筆。

落帽峯　在中筆峯北。漢神仙戴孟于此飛昇，落帽于上。下有石橋。

白雲峯　在大頂之西。紫盖、皇崖東西互拱。下有巖曰白雲。傍一石穴如星，曰星牖。宋陳希夷避名，三遷於此。

仙人峯、隱士峯　右二峯在大頂之南①。下即隱士巖。神仙出没，人多見之。或槲衣披髮，或奇形異相，手足爪甲各長五七寸，或坐盤石，或濯澗濵，真氣逼人，莫可近及。怳惚之間，俱失所在。

大明峯　在大頂之西，山有庵，曰王母宫。相傳，聖母善勝太后嘗尋訪玄帝于此。

中鼻峯、聚雲峯、手扒峯、竹篠峯、槎牙峯　右五峯在大頂之東南。一嶺南飛，五峯分布。有徑，曰主簿埡，當均房往來之道，石芒峭發，人皆側足而行。聚雲峯下一巖，曰集雲。

竈門峯　在大頂之東南。嵐烟瘴霧，清晨如炊。

---

①　南：方升纂修《大嶽誌畧》記爲“西”。

九卿峯　在大頂之南。傳云：天真校福之所。下有巖，亦以是名。昔有道流宿巖畔，夜聞鍾磬之聲。

伏魔峯　在大頂之南。下即大小鬼峪①澗。常見靈龜巨蛇遊走上下。傳云：玄帝收魔俟命之地。

玉筍峯　在大頂之南。群峯裂地而出，有新篁未籜之象。以其似人，又呼曰石人山。其北名鷄冠嶺。南澗之外，即房縣界。有碧峯巖。

柱笏峯、大夷峯　右二峯在大頂之西南。一峯如搢笏，一峯坦然如掌。

把針峯　在大頂之西。岑小而高。傳云：玄帝頓悟之後，元君飛鐵杵於此。

丹竈峯　在大頂之西，其山類偃月狀。昏曉之交，有青烟紫霧如丹竈然。

天馬峯　在大頂之西百里。一名馬嘶山，一名西望峯，即武當來山。按《圖記》：山自乾兑發源，歷關隴金房之地，盤亘萬里，當均房官道，中有龍井，深不可測。從西澗發源迤西，下一巖，名曰天馬巖。行旅多宿于内，俗呼崖屋。

鷄鳴峯、鷄籠峯　右二峯在大頂之西，天馬峯之北。當均房官道，曰大鷄鳴、小鷄鳴。下即金鷄澗，會西澗之水。夏秋水漲，商旅經月不可渡。諺曰：上得馬嘶山，四十九渡不曾乾。

---

①　峪：任自垣纂修《勑建大嶽太和山誌》記爲“谷”。

風巖　在大頂之下，萬虎澗濱。石穴噫氣響震林壑。

皇后巖　見在皇后峯下。

白雲巖　見白雲峯下。

三公巖　見三公山下。

天馬巖　見天馬峯下。

常春巖　見七星峯下。

集雲巖　見聚雲峯下。

北斗巖　見七星峯下。

昇真巖　見五老峯下。

碧峯巖　見玉筍峯下。

九卿巖　見九卿峯下。

武當澗　在大頂之東。會皇崖諸峯之水，北入于紫霄澗。

西澗　發源馬嘶山龍井，北出于澗。

金鷄澗　會大小鷄鳴峯之水，入于西澗。

鬼谷澗　在大頂之南。源會山南諸峯之水，東入雙溪澗。

雙溪澗　會東南諸水，入鬼谷澗，過浪河，西北入于漢。

參斗泉　在大頂西，靁石峯南。石巖下有二井，上應參星。

試劍石　在大頂二天門内。一石中分，相傳玄帝試劍處。

金星石、銀星石　右二石出大頂上。碎爲末，心神不寧服之即愈。

青崖　在太和山北。

瓊臺　在大頂東南。其峯壁立，亞于天柱。相傳，玄帝受册於此。

天池　即白龍池，大頂南，削壁下。

摘星橋　又名會仙，一天門上。橋當兩山缺處，上瞰天柱諸峯，下臨絶谷。谷中仰見人行，如在天上。

白雲橋　在白雲巖南。

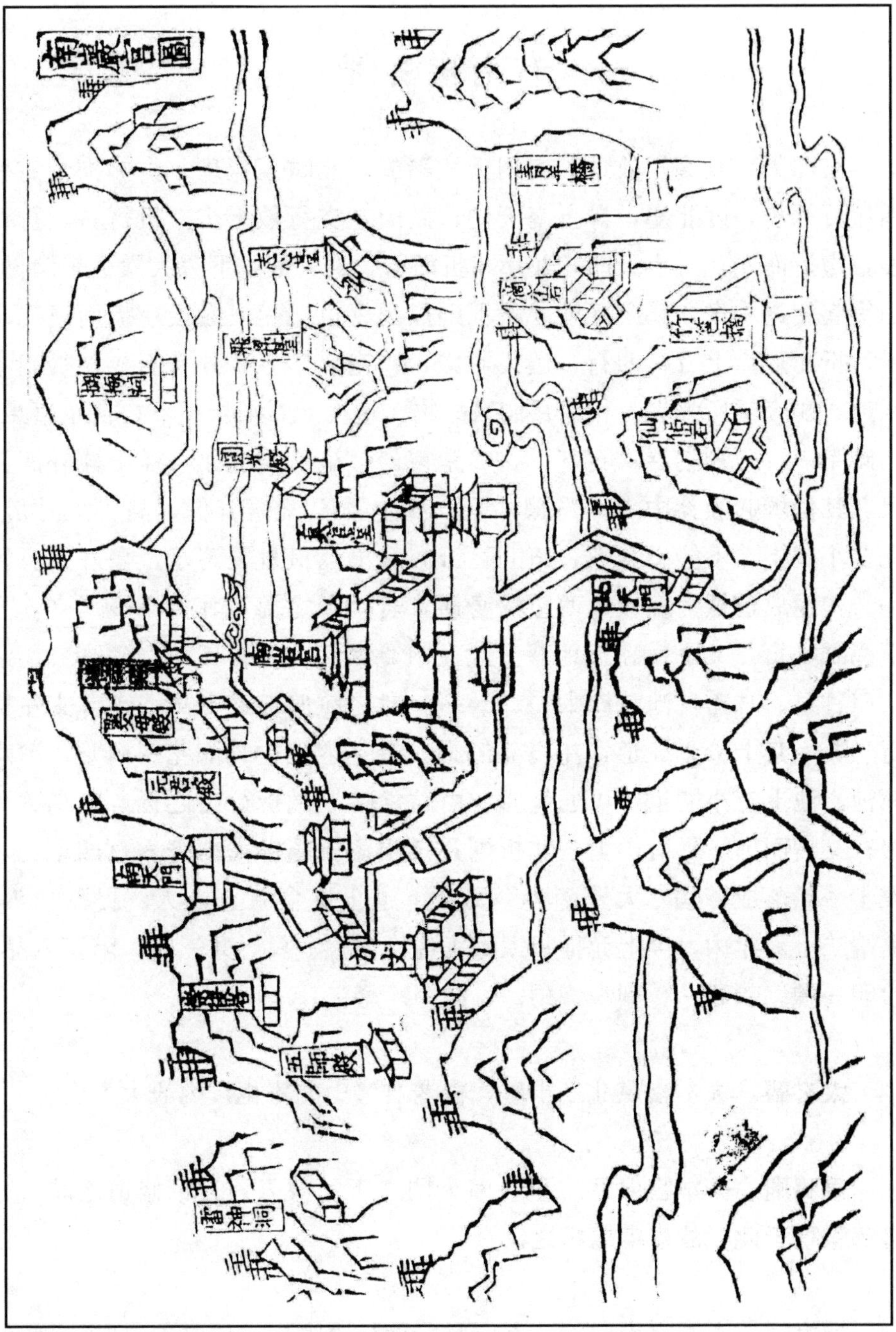
南巖宮圖
南天門
方丈
雷神洞

右南巖宫圖

宫即天一真慶宫故址。南列天柱諸峯，北瞰五龍頂。由榔梅祠右行南崖百餘步，度北崖，昇自南天門，循山左支行數十步，折行右支行百步，復折而左，入小天門，並崖斗折而行，過大巖，下爲大殿，畢諸楹。山復起突爲小阜，爲圓光殿。殿下則黑虎巖也。從大殿後左折而東二十步，折而陟崖上方轉西行，過元君殿，爲南熏亭。亭外有石枰，從衡十八道，類今俗所彈者。相傳爲洞賓故物。復從元君殿折而下，自是直東，過磚室一，曰獨陽巖；石室一，曰紫霄巖。巖前刻龍頭，横出欄外四五尺。其傍崛起灌莽中者，爲禮斗臺。崖上片石刻靈官像，高可五寸許，亂置小竅中，不能悉其數，曰五百云。又東爲風月雙清亭，亭外亦石枰一。復從故道抵大殿後，西望捨身崖，若垂天之翼。其上爲飛昇臺，臺下爲試心石，又下爲謝天地巖。殿並山爲楮室一，神厨一，碑亭二，泉二曰甘泉、甘露，池二曰太一、天一。殿之前偏右爲方丈。從方丈左折行堂後，其上分爲二道，左爲五師殿，右穿道院中爲圜堂、浴堂、滄水庫池。池上有小間道，可通鉢堂。由鉢堂陟翠微折行山之後，則爲歘火巖；又轉而前，平行山上，北折則爲崇福巖。爲楹大小總六百四十，永樂十一年落成，賜“大聖南巖”爲額。道士廪食者五十人。提點二員，嘉靖二十六年内，今上允提督太監王佐奏添置一員，共三員，階正六品，給印一顆。領觀一、廟一、祠一、洞一、巖二。

太玄觀　去本宫東北二十里，古老君巖山門庵也。内設太上像。

烏鴉廟　去本宫東北二里，南天門之下。傳云：玄帝修道之時，有烏鴉報曉于此，故建廟以祠之。

榔梅祠　去本宫南一里。玄帝嘗折梅枝寄榔樹，誓之曰：“道成當結實。”已而如其言。下有仙翁司之。遂祠焉。

雷神洞　一名欻火巖。去本宫百步，北山之巔，石如火焰，樹如龍爪。中有靈池，水能療疾。即鄧天君修煉之處。

滴水巖　去本宫西北五里。巖内鑿石爲池，泉水下滴不輟。

仙侣巖　去本宫西北六里。相傳，玄帝道成時，諸仙胥會於此。

疊字峯　在五龍頂南。三山次列如疊字，故名。

金鼎峯　在疊字峯西。形類鼎，時噴雲烟。下有巖，名曰藏雲。

健人峯　在大頂東北。如天丁拱立之狀。下有巖，曰道者巖。

紫霄巖　一名南巖，在大頂之北。

獨陽巖　在紫霄巖右。

崇福巖　在本宫南天門裏。

黑虎巖　在黑虎澗上。大林巨石中，黑虎所伏之地。

謝天地巖　在南巖西，飛昇臺之下。

百花泉　在仙侣巖。昔神仙陶幼安得道于此。

甘泉　在本宫。又名一泓泉。

試心石 在南巖西，飛昇臺下，謝天地巖上。

飛昇臺 即更衣臺。在本宮西百步。玄帝易服于此。

禮斗臺 在紫霄巖下。

甘露井 在本宮大殿前。

梯雲橋 在榔梅祠上。

步雲橋 在飛昇臺。

天一橋 在本宮北天門外。

天一池、太一池、滄水庫池 右三池俱在本宮内。

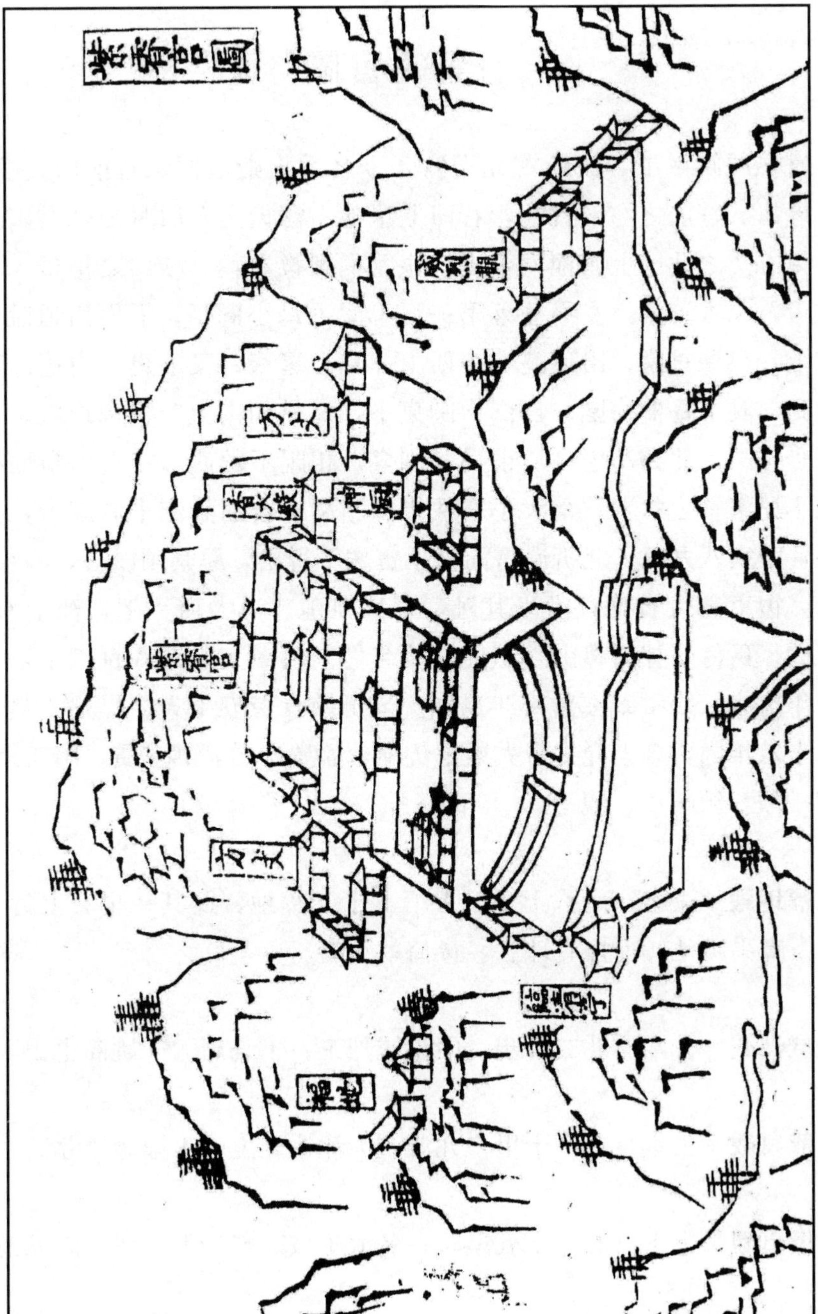
紫霄宮圖
方丈
紫霄宮
方丈

右紫霄宫圖

宫在展旗峯下，故紫霄元聖宫，今名香火殿之西。宫前曰三公峯，曰五老峯。宫前之左曰日池，右曰七星池。宫後之左曰月池，右曰真一泉。東方丈之北曰上善池，今更曰泉。從殿後右轉，陟山之椒根，石壁爲龕者，爲太子巖，左爲蓬萊第一峯，巖下爲小圜亭。下而出道院，左復北上，爲煉丹巖；出道院右復西上，爲七星巖，又上爲三清巖。絶頂不可到。其下爲榔梅園。自榔梅園東下，又轉而南上，爲福地殿。殿两堦下丹井二。北爲萬松亭，東爲賜劍臺，相距不數武。左右山斷而復圓起如小兒擎拳之状者，爲大小寶珠峯。諸巖水合而東流于右脇者，爲金水渠，渠廣八九尺，北折過宫前抵小寶珠不得出，鑿其項以行，爲後渠。既出，復東趨大寶珠，溢于其趾，爲禹跡池。池大僅一畝，池上有亭，北有橋。舊傳，神禹導山嘗至此，故名之。爲楹大小總八百六十，永樂十一年落成。賜“太玄紫霄”爲額。道士廪食者五十人。提點二員，嘉靖二十六年内，今上允提督太監王佐奏，添置一員，共三員，階正六品，給印一顆。領殿一、觀三。

福地殿 去本宫南八十步。天下七十二福地，此其一也。上近三公山，下瞰禹跡池，前擁寶珠峯，後倚歘火巖。

威烈觀 去本宫北二百步。中祀威烈王，王爲唐太守姚簡也。

龍泉觀 去本宫北一十里，九渡澗天津橋之上，玉虚巖之北。

復真觀 去本宫北一十五里。一名太子坡。殿堦下有聖母滴淚池。

紫霄峯 在大頂東北。石作金銀之色，竹木交翠，巨虬異蛇，盤穴其間。

香爐峯　在大頂東北，仙關之南。浮嵐繞霧，千態萬狀，如香煙然，故名之。

九渡峯　一名仙關，在大頂之東。石徑彎環，白雲來去。游人到此，萬慮豁然。

展旗峯　在大頂之東，紫霄宫負焉。千仞如削，宛然皂纛之形，上有三清、七星、煉丹、太子諸巖。

太師峯、太傅峯、太保峯　右三峯在大頂之東，又曰三公山。下一巖曰三公巖。

始老峯、真老峯、皇老峯、玄老峯、元老峯　右五峯在大頂東南。一名五老峯，一峯列居，宛然筆架。昔玄帝上昇，五老奉詔啓途，駐輦於此。下即昇真巖。白雲澗其水循崖飛激，由九渡澗而出。

太子巖　在本宫後。上倚展旗峯，下瞰禹跡橋。昔玄帝爲太子時修真于此。舊有鐵范聖像，基址尚存。

黑虎巖、白龍巖　右二巖，一在仙關九渡峯南，龍潭之上；一在飛昇臺下，龍潭之南。

紫霄澗　三公山水自宫南迤北會諸澗，入于九渡澗。

黑龍澗　香爐諸峯之水，會前紫霄澗，自龍潭東入九渡澗。

白雲澗 自五老峯出，合九渡澗。

九渡澗 會諸澗之水，入梅溪澗。

黑龍潭 在仙關之上，紫霄澗中。二石高出，下廣如屋，潭深不可測。大旱禱之立應。

真一泉 在本宫右①。

紫極壇 在本宫威烈觀下。故址尚存。

萬松亭 在福地。

太子亭 在太子巖前。

禹迹亭 在禹跡池上。

淵然亭 在九渡崖下。

禹跡池 在禹跡橋南。

上善池 在本宫東方丈。

禹跡橋 在本宫前。

通會橋 在本宫北，威烈觀南。

---

① 右：應爲“後”。

黑虎橋　在本宮北，黑虎廟南。

黑龍橋　在紫極壇北。

天津橋　在九渡澗。

復真橋　在太子坡北。

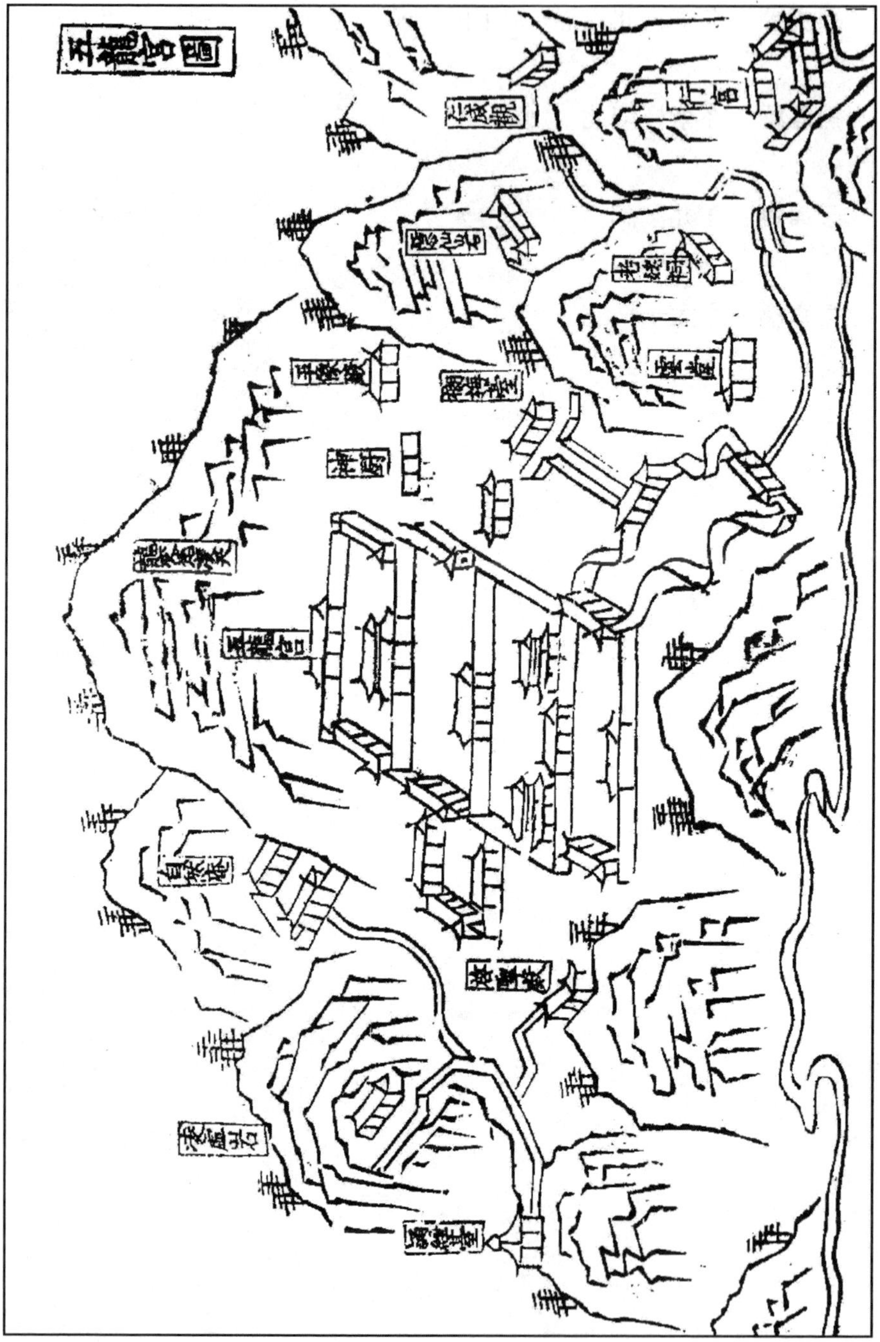
五龍宮圖

右五龍宫圖

宫即舊五龍靈應宫故址。前列金鎖峯，左遶磨針澗。其宫東向逆折，其門北向。宫門内爲道九曲十八折。殿二：曰玄帝，曰啓聖。二殿堦合九重，前五重爲級八十一，後四重爲級七十二，望之如在天上，真所謂上帝居也。殿前天地池二，水從石龍口出焉。左龍井三，右龍井二，碑亭二，日月池二。殿之左爲玉像殿，殿内藏玉像五，沉香像一。殿右山坎大林下有石碑六：一爲崇封真武誥碑；一爲揭傒斯所撰宫碑，一爲揭傒斯所撰瑞應碑，二爲戒臣下碑，一仆于地湮没，不可辨要，皆元時所遺也。宫門左從曲道北折，陟左山爲榔梅臺。下而折左出大門外，爲真官堂、爲雲堂。自雲堂並山西行，下小谷，澗水出焉，即磨針澗也。澗上有老姥祠。宫門右，從碑亭下南折，陟右山爲啓聖臺。折而南下，則陳希夷誦經處。直下爲凌虚巖。復從故道折而西上，爲自然庵。庵内藏文皇賜李素希青袍一，衲襲裹各一，吕公縧一。庵前石作小池，池上爲橋，其頂爲靈應巖，其外則爲長生巖。爲楹大小總八百五十，永樂十一年落成，賜“興聖五龍宫”爲額。道士廪食者五十人。提點二員，階正六品，給印一顆。領宫一、觀一、祠一、庵一、巖三。

五龍行宫　去本宫北三十里，茅阜峯下。殿後有茅阜石。

仁威觀　去本宫東北二十里，香爐峯西。

老姥祠　去本宫北百餘步，磨針澗傍。

自然庵　去本宫西五十步，東有煉丹池，水中巨石下一穴，有龍居焉，人常見之。按《圖記》：馬明生、陳希夷相繼居此。希夷感五炁龍君授以睡法，明生所煉神丹爐灰尚存。

隱仙巖　去本宮北十里，竹關之上，一名尹仙，一名北巖。神仙尹喜、尹軌、田簑衣俱隱于此。巖右石棋局一，横鋪石上。傳云：尹軌枰彈之所。夜籟澄寂，常聞步虚玉磬之聲。

靈應巖　去本宮北二百步，五龍頂上。

凌虚巖　去本宮西南二里許。唐孫思邈、宋陳希夷俱修煉于此。路側有希夷誦經臺。

紫盖峯　在本宮南二十里。夜間見仙燈往來，相傳神丹瘞此。隱者劉道人居其下。一夕，有童子捧詔召之。移時，車從畢至。其徒王真士曰：天詔下臨。當清晨陽光發見之時，今暮夜陰晦而詔之，無乃魔靈見試耶。密篆雷符焚之，霹靂一聲，無所見。平旦視之，但有血跡，約二里許，見巨獸斃石穴中。

松蘿峯　在紫盖峯西。玄帝修真之時，常以松蘿爲衣，此峯最盛。北有巖，曰卧龍巖。

桃源峯　在紫盖峯北。西曰桃源洞，東即誦經臺。舊有院，今廢。

伏龍峯　在龍頂峯西。下有龍湫。

五龍峯　一名五龍頂，上應龍變梵度天。五峯分列，中有靈池，石廟一區，曰真源之殿，即五炁龍君神寓之所。

靈應峯　在本宮後。松杉接翠，上凌星斗。昔神仙房長鬚手植是木，親遇玄帝于此。

隱仙峯　在龍頂北。其下隱仙巖，前曰“竹關”，即神宫之第二門也。

陽鶴峯　在龍頂西北。巨杉數株，常有鶴巢其上。

眉稜峯　在五龍頂西。房陵登山之路。

復朝峯　即外朝山也，當房陵官道。七十二峯俱拱天柱，獨此一山飄然外向。

金鎖峯　在展旗峯北。傳云：玄帝收攝妖魔，悉鎖于下。

青羊峯　在金鎖峯北。傳云：太上常駕青牛游于此。其下曰青羊澗。

七星峯　在隱仙巖北，竹關之下。一逕七里，百步九折。下即五龍接待庵。

繫馬峯　在接待庵西北。登山正路一峯特起，即天馬臺。傳云：昔玄帝乘白馬立于其上。下有殿，曰“黑虎大神之祠”。

會仙峯　在仙木鋪地。宋端平中，曹觀妙迎三茅真君于此。

茅阜峯　見五龍行宫下。

卧龍巖　在松蘿峯東北。

尹喜巖　一名仙巖，在展旗峯北。昔有文始真人隱此。

沈仙巖　在飛昇臺西。昔有沈仙成道於此，因名。

硃砂巖　見七星峯下。

藏雲巖　見金鼎峯下。

隱士巖　見隱士峯下。

雲母巖、楊仙巖　右二巖俱在五龍宫東二百步。昔有花楊先生者居此，年百餘歲。人訪之即走避，曰："腥氣觸我。"不容坐。爾後不知所在。

仙龜巖　在金鎖峯下。石如神龜，含烟吐霧。

磨針澗　在本宫北一里。有石横澗濱，若磨痕。傳云：玄帝修煉之久，有怠意，因步澗下，見神女以鉄杵磨之，因問曰："欲何爲?"曰："失姑繡針，磨以償之。"曰："詎非容易?"荅曰："工夫未到耳。"玄帝大悟。

青羊澗　見青羊峯下。

萬虎澗　在大頂北。風雷一作如萬虎咆哮。其水會于青羊澗。

牛漕①澗　自尹喜巖西入青羊澗。

桃源澗　自紫盖峯發源，東入于青羊澗。

黑虎澗　起自龍頂，會于白龍潭。

---

①　漕：任自垣纂修《勑建大嶽太和山誌》記爲"槽"。

陽鶴澗　自陽鶴峯下穿林麓，東入于青羊澗。

金鎖澗、飛雲澗、瀑布澗　右三澗起于金鎖、青羊二峯之左右，俱入青羊澗。

會仙澗　在五龍頂北。會諸峯之水，北出蒿口，入于蒿谷澗。

雷澗　自疊字峯雷洞之水，南會于五龍澗。

五龍澗　由雷澗出西澗，會于青羊澗。

白龍洞　在竈門峯東。洞中時有白炁如龍，即大雨如注。

桃源洞　在本宫西南。

白龍潭　在磨針澗下。瀑布千丈。有廟在巖内，祈禱屢應。又一處在飛昇臺下。潭黑而深，雲氣上昇，霖雨立至。

仙棋石　見隱仙巖下。

起聖臺　在本宫東南。按《圖經》：玄帝奉天詔于此，五龍掖之上昇。

望仙臺　在本宫東北。

誦經臺　見凌虚巖下。

朝聖臺　在飛昇臺西。

五龍池 在本宮頂。

煉丹池 見自然庵下。

日池、月池 右二池在本宮天寶壇南廡後。二池相並。端平間，曹侍德建寶藏于池之南。夢神語之曰：“此處上應三天，下即洞府，群仙神龍居焉。若法輪運轉，神靈弗安，君將若何?”覺而語諸同僚，夢悉符合。于是設藏殿而不運。池濱榜之曰：“洞天在近，過往低聲。”中統庚申，宣尉孫嗣舉衆内附，兵士詣池洗劍，神龍擁脊而出，天地昏暗，雷雨大震。

五龍井 在本宮大殿前。歷代投簡之所。

青羊橋 在本宮山下。

磨針澗橋 在老姥殿前。

聚仙橋 在黑虎澗。

隱仙橋 在仁威觀上。

普福橋 在仁威觀前。

蒿口橋 在五龍行宮前。

豐和橋 在蒿口石碑東。

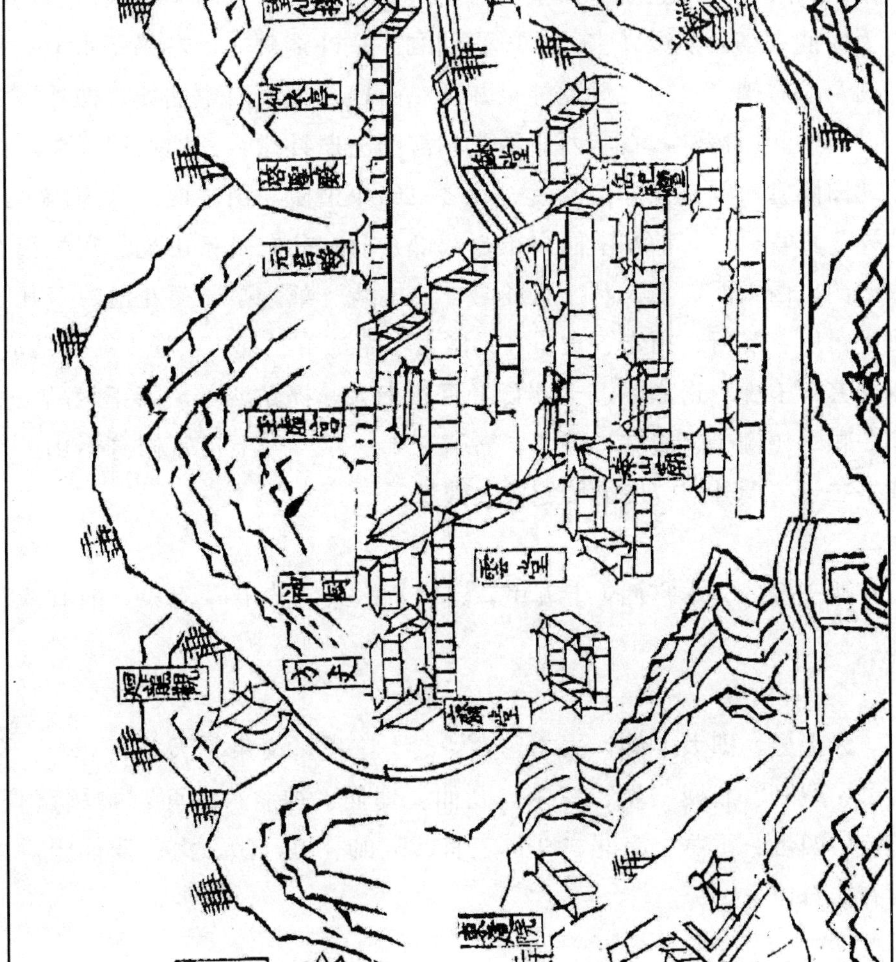
玉虛宮圖
南天門
八仙臺
望仙樓
元君殿
玉虛宮
方丈
泰山廟
關王廟
東道院
東天門

右玉虚宫圖

宫在展旗峯北遇真故址。真仙張三丰嘗庵於此，語人曰：“此地他日必大興。”既而去焉。文皇遍物色之不可得。遂大其宫，以爲祝釐之所。其中爲大殿，大殿之陰曰啓聖殿，左曰元君殿，又左曰小觀殿。西塢西山下曰仙衣亭，亭後磚室一，曰張仙洞。室外銅碑一，左爲聖水池。宫之前爲左右碑亭；厨之後爲神泉井亭。西塢北山下曰望仙樓，樓外雪洞一。石渠北曰齋堂，石澗西曰浴堂。宫門左曰鉢堂，宫門右曰雲堂。西塢北曰圜堂，鉢堂後亦曰圜堂。澗之東曰東道院，山之西曰西道院。山門外，真官祠二，前左南向爲祀真武壇，前右北向爲泰山廟。宫外復有東天門、西天門、北天門、八仙臺、仙桃觀、華陽亭、蓮花池。于凡方丈、書房、賓所、厨堂、倉庫，爲楹大小總二千二百。永樂十一年落成，賜“玄天玉虚”爲額。道士廪食者百二十人。提點四員，階正六品，給印一顆、領廟一、巖二、觀二。嘉靖三十一年，今上遣官修葺本山，復建亭二于二門外，以庋御製紀成之碑焉。

關王廟 去本宫西①十五里，崇寧祠故址。東有一泓泉，前有飲馬池。

太上巖 即太上觀，去本宫西②二十三里，巖東刻天尊、玄帝、聖父母、聖師、北極三聖、三茅、九仙、真仙、神將；巖西刻鬱羅蕭臺、三清、四帝、雷尊、南北二斗、三官、五師、嶽、鎮、海、瀆仙靈。東西有靈石二泉。

---

① 西：應爲“南”。
② 西：應爲“南”。

玉虚巖　一名俞公巖，去本宫西南①三十二里，九渡澗之上。昔有隱者俞惠哲誦經于此。一老人常往聽之。忽一日，曰：“我東溟之子，謫居于是，限滿當得還，此巖願奉仁者居之。”

迴龍觀　去本宫西南②五里。其山巒蜿蜒有回顧狀。上有井，四時不竭。

八仙觀　去本宫南二十六里。舊傳，有八仙過此，因名。

蒿谷澗　自梅溪東③諸山之水，西入于青羊澗，會于淄河。

梅溪澗　出爲淄河。

一泓泉　在關王廟前。

益人泉　在迴龍觀上。

東靈石泉、西靈石泉　右二泉在太上巖。巖高峻無水。宣德三年于此纂修《太和山誌》。巖東隴石穴下，泉忽出。已而，巖西路傍石根下，亦復出泉。于是，鑿砌成池，清洌④可食。

益人泉亭　在迴龍觀上。

---

①　西南：應爲“南”。

②　西南：應爲“東南”。

③　東：誤，應爲“西”。任自垣纂修《勑建大嶽太和山誌》記載，梅溪澗在九渡澗下。沿玉虚宫前會蒿谷澗水流入淄河。

④　洌：凌雲翼修、盧重華等纂《大岳太和山誌》記爲“冽”。

一泓泉亭 在關王廟前。

神泉亭 在本宫神厨後。

飲馬池 在關王廟路西。

神泉井 在本宫神厨後。

遇真橋 在東天門裹。源出九渡澗。舊橋水崩，嘉靖壬寅歲，太監王佐新之。

仙都橋 在本宫北天門裹。

游仙橋 在本宫左。

仙源橋 在西天門裹。

西天門橋 在本宫西。上有華陽亭，下有蓮花池。

西山橋 在西天門外。

北山橋 在北天門外。

東山橋 在東天門外。

登仙橋 在本宫東天門外南。

東萊橋 在東山橋東。

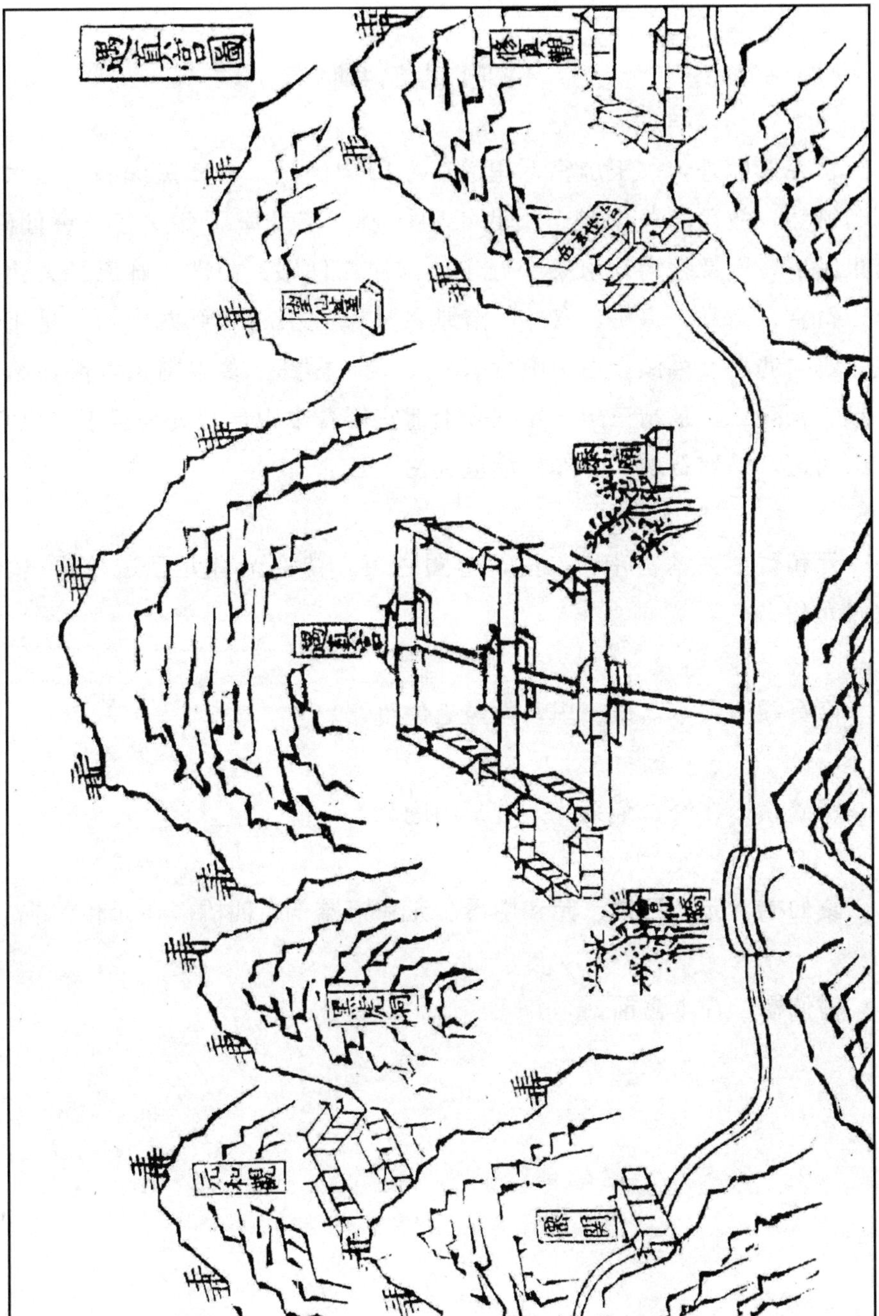
遇真宮圖
修真觀
望仙臺
遇真宮
元和觀

右遇真宫圖

宫在儒闕外，去玉虚宫八里許。左曰望仙臺，右曰黑虎洞，山水環遶若城然，故舊名黄土城。洪武年間，張三丰結庵于此，名曰會仙館。宫東廊下，厥像存焉。永樂十五年，創建真仙殿、山門、廊廡、東西方丈、齋堂、厨堂、道房、倉庫、浴堂，爲楹大小緫三百九十六，是年落成。賜“遇真”爲額。道士廩食者三十人。提點二員，階正六品，給印一顆。領觀二。嘉靖三十一年，今上遣官修葺本山，乃於是宫東二里許，入山初道，鼎建石坊，賜額“治世玄岳”云。

元和觀　去本宫南①二里，儒闕之裏。昔玄帝有元和遷校府之名，故曰元和。

修真觀　去本宫東二里，太監王佐重修。

鴉鵲嶺　在修真觀東。上有泰山廟。

集仙橋、元和西橋、元和中橋、元和東橋　右四橋俱在元和觀前。

會仙橋　在本宫前。

---

①　南：應爲“西”。

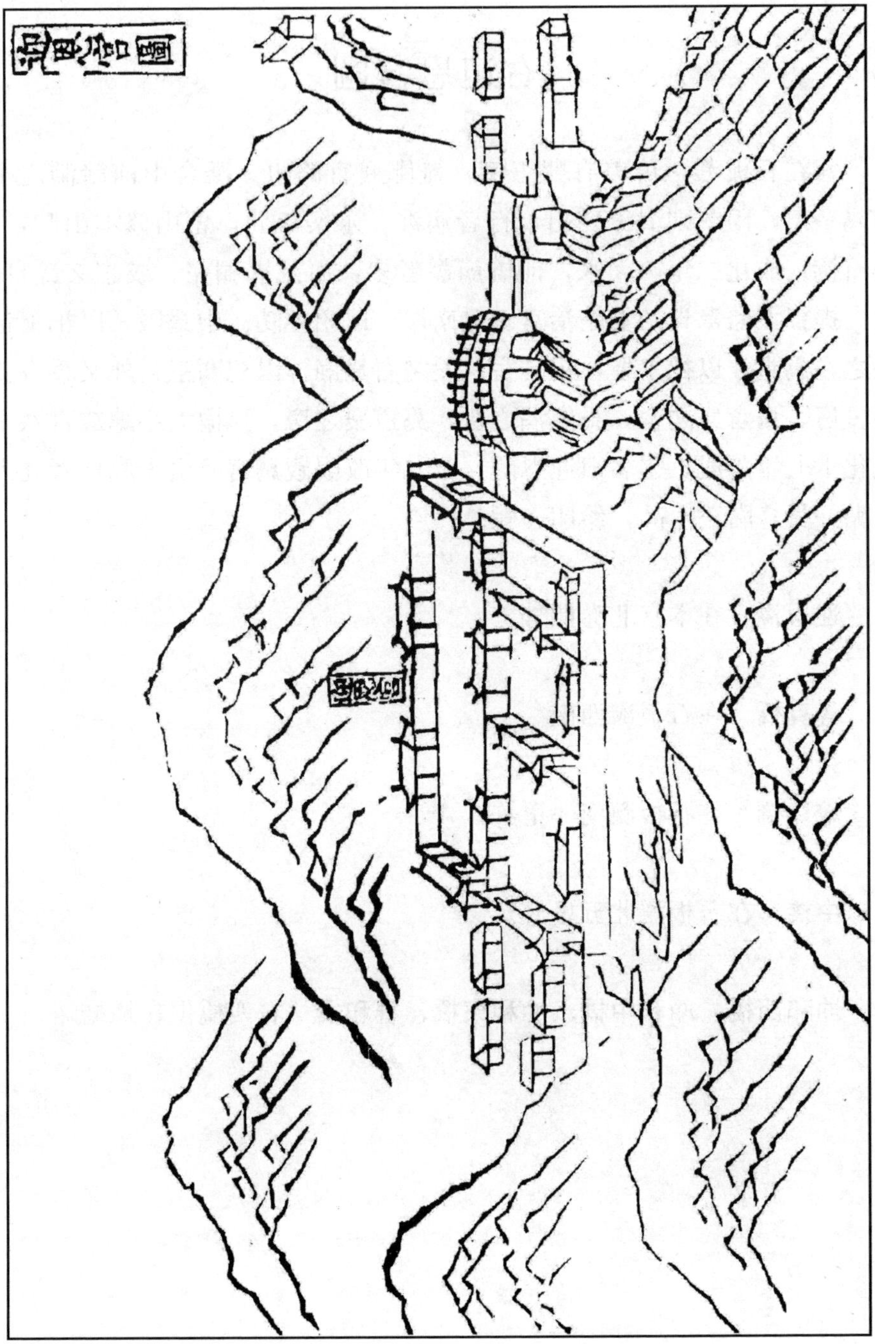

右迎恩宫圖

宫在石板灘，舊盖有關王廟，盖鄖襄官路也。灘合山前諸澗之水，聚爲一川，雨久則潰潦四出，行者病涉。永樂年間，創山修本山時，始建石橋。成化二年，大水，他橋崩齧者多，而兹橋獨完。或謂玄武實相之。提督太監韋貴乃奏請治宫于橋南岸，以昭神功。中爲殿，以祀玄帝；殿之左爲堂，以祀啓聖，祀真官；殿之右爲廟，以祀關王；外又爲方丈，爲書房，爲倉庫之舍，爲庖湢之所，爲道衆之房，爲楹大小總二百八十。成化十七年落成，乞名曰迎恩觀，十九年改賜觀爲宫。道士廪食者九人。提點一員，階正六品，給印一顆。

迎恩橋　在本宫北券門外。

尋真橋　在石板灘西南。

絞口橋　在石板灘南一里許。

中橋　在石板灘北五里許。

冲和西橋、冲和中橋、冲和東橋、春和橋　右四橋俱在蛐蟮峪。

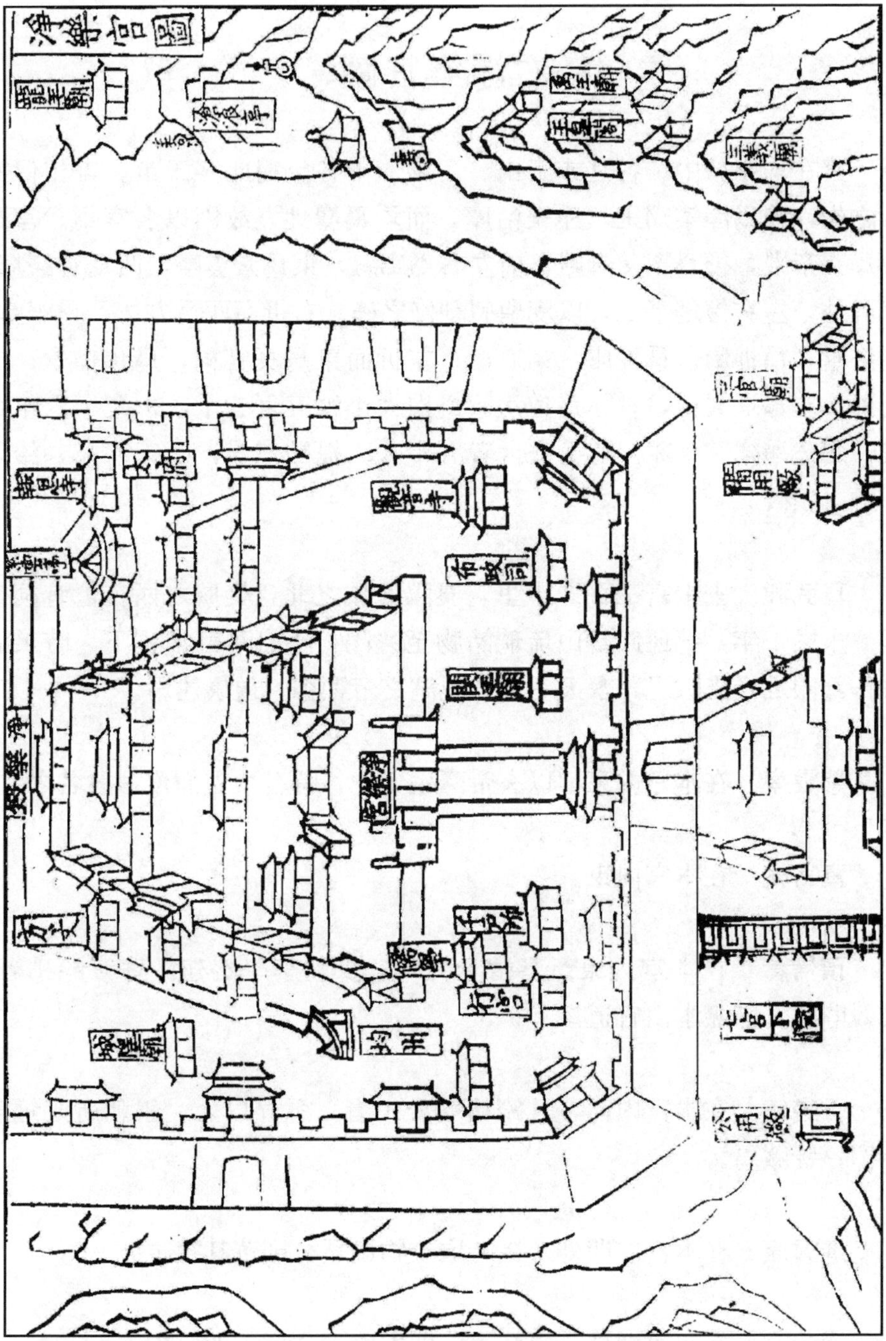
淨樂宮圖

右淨樂宫圖

宫在均州城中。各宫或于山、于巖、于谷，獨此宫于市。盖相傳玄帝之先，曾爲淨樂國王，淨樂治麋，而均爲麋地，故因以名宫焉。宫之中爲玄帝殿，後爲聖父母殿，前左右爲廊廡，東爲紫雲亭，西爲香錢庫。三門外，左右復創亭二，以庋聖製創修之碑。右折而西爲方丈，爲齋堂，爲浴堂，爲神厨，爲神庫，爲道房；左折而東爲真官祠，爲預備倉；二門外，左爲進貢廠，右亦爲道房。爲楹大小總五百二十，永樂十六年落成，賜“淨樂”爲額。道士廩食者五十人。提點三員，階正六品，給印一顆，領觀二。

真武觀　去本宫三百二十里，襄陽府城之北，樊城之西。舊有祠弗稱。永樂十年，管運武當山琉璃諸物至襄陽，小舟萬計泊祠下，時風濤方作，頃之祥光數見，水天一色，咸謂玄帝顯應，遂崇建焉。

紫雲亭　在本宫内東。以玄帝降生于此，時有紫雲彌覆，故名之。

真官祠　在本宫内東。

預備倉　在本宫内東。嘉靖十九年，少監李學奏建。香錢餘積者，糴穀貯此，備賑本山官道。

香錢庫　在本宫内西，凡鏹楮輸於山者，悉舁以入。累朝所賜鍾磬諸器，皆藏焉。

進貢廠　在本宫二門外。歲時取土物以貢，則董其役于此。

滄浪亭　在州東門外，漢江東。即古所謂“孺子歌”處。

觀音閣　在滄浪亭左。

龍山　在城南六里，均州水口山也。

玉皇閣　在龍山上。

禹王廟　在玉皇閣後。

卧雲亭　在玉皇閣左下。

三義廟　在龍山下。

三官廟　在備用廠左。自觀音閣至此，俱太監王佐重修。

龍王廟　在滄浪亭北濟渡處。太監王佐因神有保渡之功，遂擴其制，重修焉。

公用廠　在城南外。嘉靖六年太監李瓚建，以貯修山木植諸物。

備用廠　在公用廠東半里許。太監王佐因前廠積貯不盡，復建此。

神惠廠　在州治西南。嘉靖十五年，叅議方升建，貯穀以備賑佃户。

蓮花池　在州城南一里許。年久淤廢，太監王佐重修。

七里橋　在黄沙河。

崇真觀　在北京正陽門外東。正統十四年創建。賜額“崇真觀”。本山年例進貢仙物及朝覲提點，俱寓于此。碑誌存本觀。

卷之二　玄帝聖紀、歷代御製[1]

玄帝聖紀

玄帝禀天一之精，惟務静應，不樂南面，志複本根。降生之日，即神農氏之末年，歲在閼逢敦牂釋甲午姑洗月三月哉生明初三曦馭天中午時，符天一之陽精，托胎神化於翼、軫、婁三宿之次，龍變梵度天之下，淨樂國善勝皇后孕秀一十四月，從左脇而生。當生之時，瑞氣欝葱，異香充塞。生而神靈，甫及七歲，天文書契，一覽默會。潜心至道，願事上帝，普福兆民。欲尋幽谷，内煉元真。遂感無極紫元君授以上道。因指太和山而告之曰："此山自乾兑起脉，盤旋五萬里。水出震宫，上應翼、軫二宿，顯定極風、太安皇崖二天，汝可居之，當契太和，飛昇復位。上輔大道，與天地日月齊竝。"告畢，昇雲而去。十五辭父母，父王不能抑其志。遂入是山，潜虚玄一，默會萬真。身長九尺，面如滿月，龍眉鳳目，紺髮美髯，顔如冰清，披松蘿之服，散髮跣足，凝真養性四十二年，成無上道出舊誌。

① 玄帝聖紀、歷代御製：原文無，編者加。

歷代御製

宋

真宗天禧二年七月七日加號真武詔曰　伏以丕顯聰明，聿求孚祐，旌賁殊號，率循舊章，恭惟真武之靈茂著陰方之位，妙功不測，冲用潛通，尹京邑之上腴，有龜蛇之見象，允升地寶，嵸湧神泉，自然清泠，飲之甘美。資中國之利澤，奏耳疾以蠲除。倍慶濟時，虔思報德，就其勝壤，建以珍祠。既修奉於威容，合登隆於稱讚。爰稽懿實，永耀鴻禎，真武將軍宜加號曰：“鎮天真武靈應祐聖真君”。當體寅恭，咸從布告。故兹詔示，想宜知悉。

仁宗嘉祐二年正月贊真武曰　萬物之祖，盛德可委。精貫玄天，靈光有煒。興益之宗，保合大同。香火瞻敬，五福攸同。

嘉祐四年正月上元日加號玄武曰　太上紫皇天一真君玉虛師相玄天上帝。加封水火二將，神龜曰“同德佐理至應大道顯明武濟陰威翌聖左正侍雲騎護國保寧輔肅玄初太一天大左將軍”；聖蛇曰“同德佑理至惠誠重威慈普濟陽辯武聖右正侍雲騎護國保静輔肅守玄太一天大右將軍”。

寧宗嘉泰二年十一月十四日崇封真武誥曰　仰止層霄，巍乎北極，瞻百神之環衛，有玄武之尊嚴，顧像設之已崇，而號名之未備，肇稱縟典，以介蕃釐。北極右聖助順真武靈應真君，天之貴神，國之明祀。威靈在上，常如對於衣冠，光景動人，遂莫逢於魑魅。赫然祥異，著于見聞。在天禧時，瑞表醴泉之觀；若熙寧日，事傳大順之城。祖宗相繼，禮文有加，祠宮迺刱於阜陵，扁榜爰新於“佑聖”。肆朕尤嚴於祭報，而神每監於禱祈，載惟肸蠁之孚，曾靡窈冥之間。福詒冲眇，將垂萬世之子孫；德及高深，溥洽四方之黎庶。誕揚盛美，庸侈徽稱。金闕玉京，密增於神筴；雲車風馬，永鎮於人寰。尚冀宴娭，遹觀薦饗，可特加封“北極佑聖助順真武靈應福德真君”。

理宗寶祐五年二月崇封真武誥曰 北極惟尊玄元，謂穹崇南面，雖主百神，必嚴寅奉，既陰受護持之貺，宜顯嘉旌賁之儀，申衍榮章，用昭敬事。北極佑聖助順真武靈應福德衍慶真君，道周六合，威攝萬靈。鍾元黄一炁之真，陰功有賴，握坎离二精之妙，神化無邊。以兹蕩邪而辟妖，莫匪救民而護國。惟我朝之累聖，殫至敬之一心。在真廟、仁廟，則表靈應而彰感通；在孝皇、寧皇，則奉佑聖而崇福德。迨予眇冲，固當增“衍慶”之封，嘉爾聰明，亦既述均陽之讚。肸蠁冥冥而默應，威靈赫赫以旁昭。無願不成，錫庶民之福祉；何幽弗察，清四海之妖氛。凡同普率之間，均在包含之内。惟仁則所濟之愽，惟正則丕烈之洪。强贊上真，難明至德，尚宏道蔭，永庇人寰。可特封“北極佑聖助順真武福德衍慶仁濟正烈真君”。

元

成宗大德八年三月加封詔曰 上天眷命，皇帝聖旨：武當福地，久屬職方。靈應玄天，宜崇封典。睠言真武，昔護先朝定都人馬之宫，甞現龜蛇之瑞。雖昭應已修於明祀，而仙源未表於徽稱。爰命太常議行褒禮，謂元者善之長，聖德合於一元，聖則化而神，元功同於三聖。拯濟民生而仁周宇宙，廓清世運而威暢風霆。訂鴻名而既嘉，宣寵光而何忝。於戲，天道主宰謂之帝，四季永鎮於山川。帝室眷命受於天，萬年永安乎宗社。思皇多祉，祐我無疆。特加號曰“玄天元聖仁威上帝”。

仁宗延祐元年九月加封聖父詔曰 上天眷命，皇帝聖旨：朕聞越有貴神，是爲玄帝。發祥大國，學道名山。位鎮北方，開皇家之景運；威加海内，殄庶域之妖氛。既昭報於純釐，宜惟尊於聖父。元包有極，所以融一炁之胚胎；慶衍真源，所以綏萬年之祉禄。庸加美號，用答殊休。聖父淨樂天君明真大帝，可加封："啓元隆慶天君明真大帝"。

加封聖母詔曰　上天眷命，皇帝聖旨：昔有上仙，降生玄帝，一炁難名其妙用，萬方咸仰其英威。晬宇天臨，顧洋洋而如在；祥光日耀，信赫赫以長存，昌期既協於剖符，大號宜加於鏤牒。著母儀之特盛，配父道之常尊。聖躬有賴於擁全，慈仁永洽於帝祚。益期昌熾，福禄來仍。聖母善勝天后瓊真上仙，可加封"慈寧毓德天后瓊真上仙"。

延祐元年十月賜張守清詔曰　上天眷命，皇帝聖旨：朕嘉修真之流，貴得道之士，形神俱妙，僻處山林，精氣純全，能興雷雨。信若人之高躅，實斯世之罕聞。欲示褒揚，其頒涣汗，凝神靈妙保和法師武當山天一真慶萬壽宫住持宫事張守清，爲老子學，奉玄帝祠，登萬仞之層巔，構千間之大厦。功用雖成於使鬼，行能自足以服人。龜蛇交媾以現形，虎狼隨奔而斂迹。素心既固，玄化彌彰，争稽首於講筵數十輩，不及脅於卧席三十年。近臣有稱讚之言，太后有徵求之命，屢逢亢旱，方虞率土之灾，申禱上玄，竝獲甘霖之喜。功已沾於庶物，身宜佩於殊榮。嘉賁冠簪，增輝巖壑。於戲，鎮安侯服，真慶爲南紀之靈祠，輔翼我家，玄武主北方之王氣，惟①竭心誠而致禱，庶幾福禄之來崇。欽哉！惟時服我明訓，可賜"體玄妙應太和真人"。宜令張守清准此。

泰定帝泰定二年十二月，封火神曰　上天眷命，皇帝聖旨：咸秩無文，異於灾旱，寰轍有規一典也。惟爾火神，原於道家之説，式②著天闕

① 惟：任自垣纂修《敕建大嶽太和山誌》記爲"雖"。
② 式：任自垣纂修《敕建大嶽太和山誌》記爲"或"。

之名。克相予守土之臣，傷農閔雨，使年穀以順成，厥靈赫然。於戲，二氣良能，以至誠①而有感；百神受職，宜定功以行封。可封“靈耀將軍”。

封水神曰 上天眷命，皇帝聖旨：建用皇極，以協雨暘；敬重明神而消旱暵，感通一理也。惟爾水神，原於道家之説，於昭地軸之名。克相予守土之臣，傷農閔雨，使年穀以順成，厥靈赫然。於戲，靡神不舉，用追跡於先王，依人而行，尚睠懷於下土，可封“靈濟將軍”。

國　朝

太祖洪武十八年六月初八日，賜丘玄清詔曰 奉天承運，皇帝制曰：祀神之道大，所以古人於此虔恭寅畏，特專職以典掌之，使壇場淨牲牢潔，不敢有怠，備奉上下也。今之設官與漢唐同，官職太常，所供之事，其理亦然。凡達人智士居是職者，自以爲萬千之幸而至斯地焉。故夙夜在公，欲周旋於上下神祇之左右；又必欲使神悦，福及將來。何故？以其大祀無如國之祀，至尊者，惟天地是也。人於世若近之，豈不萬幸者也。若愚而不智者，將以爲泛常，無夙夜在公之心，以神明目，無視而爲無，怠多而敬少，非獨一身而不福，又必將來不佳。於斯之道，可不慎選其任而責任之。爾丘玄清，昔本黄冠，處心清淨，故命爾爲嘉議大夫太常寺卿。爾其懋哉。

洪武年諭祭丘玄清文 維大明洪武二十六年歲次癸酉二月朔越十五日，皇帝遣禮部右侍郎張智諭祭于太常寺卿丘玄清之靈，爾其俯伏諦聽，帝有諭焉。嗚呼！爾以黄冠擢居太常。自授任以來，夙夜恭勤，祀事嚴潔，兹有年矣。何其②一疾遽然長往。今特遣人祭以牲醴。爾其有知，

---

① 以至誠：任自垣纂修《勑建大嶽太和山誌》記爲“以誌誠”。
② 何其：任自垣纂修《勑建大嶽太和山誌》記爲“何期”。

服兹諭祭。尚享。

洪武二十七年甲戌，太祖高皇帝因夢，遣奉御張伍等齎捧勑道士孫碧雲赴闕下　季冬日，謁帝於奉天門，賜坐與語，甚悦。命居朝天宫，遣官賜衣。十一日至右順門，帝命就席：“爾今道成否?”對曰：“臣今已得道，未曾成道。”帝又問：“三教之説，其優劣何如?”對曰：“於道言之，則無優劣之辯。教雖分三，道乃一也。若推其亘古今歷代以來，聖帝明皇皆在中原大國南面，垂衣而理世，咸稱爲尊君，豈不爲優乎！其四海八方，化外偏邦小國，共入會同而咸來朝賀，北面頓首，三呼再拜而稱爲微臣，豈不爲劣乎！而宣聖孔子，陳三綱之禮，設五常之教，萬代則之而歷代崇奉，豈不爲優乎！而太上訓道德無爲、修身治國之玄理，演清淨太朴、正已正人之聖化，上古明君咸爲準則而稱爲善治，豈不爲優乎！而釋迦文佛，出自西極，而教流東土，談檢身治心真實之微言，説過去未來不虛之因果，若遵而守之，則超出十地，豈不爲優乎！若此三教之説，途雖殊而歸乃同也，慮雖百而致乃一也。無優劣之辯①。”帝大悦②。乙亥年正旦，大會奉天殿。初四日，宣至奉天門，帝曰：“朕而今宣爾來問道，古者帝王就而問道，朕今坐朝問道，是太上的教。爾東向而道揚，將大道説與朕。”臣碧雲對曰：“臣本草芥微臣，荷蒙聖主育養之恩，雖不能造乎至道，今既宣問，臣敢不悉心以對。”十四日，宣至武英殿，與語論道，自辰至申，帝謂之曰：“雖時代不同，朕便是軒轅，爾便是廣成子。”臣碧雲叩首而謝。閏月十五日，宣至右順門，與語甚悦。十七日，宣至右順門，帝曰：“朕想爾久在山中處静，今在朝悮了辦道，命爾回山。”賜賚甚厚。臣叩首弗敢領受，辭謝而回。十八日，大宴於奉天殿，賜以御膳珎菓，遣内臣送行。

---

① 無優劣之辯：任自垣纂修《勑建大嶽太和山誌》記爲“本無優劣之辯”。

② 帝大悦：任自垣纂修《勑建大嶽太和山誌》中在“帝大悦”之後，記有“此説，實乃明三教之理”。

成祖皇帝祭真武文 兹者命官統率軍夫修建宫宇，報答神貺。上資薦揚皇考、皇妣，下爲天下生靈祈福。謹用祭告，神其相之。

永樂十年賜張三佯書 皇帝敬奉書，真仙張三佯先生足下：朕久仰真仙，渴思親承儀范，嘗遣使致香奉書，遍詣名山虔請。真仙道德崇高，超乎萬有，體合自然，神妙莫測。朕才質疎庸，德行菲薄，而至誠愿見之心，夙夜不忘。敬再遣使，謹致香奉書虔請，拱候雷車風駕惠然降臨①，以副朕拳拳仰慕之懷。敬奉書。

永樂十年二月初六日賜虚玄子孫碧雲詩 太華山高九千仞，幽人學道巢其巔。雲邊一卧知幾年，懸崖鐵鎖常攀緣。世間萬物無所累，飢食瓊芝渴乳泉。鍊就還丹握化權，三關透徹玄中玄。高奔日月呼紫煙，絳宫瑶闕長周旋。五華靈芽植丹田，明珠一點方寸圓。左挹神公右白元，夜開明堂相與言。窈冥恍惚合自然，飄飄直上大羅天。時人欲見不可得②，三峯下俯飛鴻翼。丹丘羽人常往還，紅崖③赤松舊相識。只今邂逅契心期，青瞳緑髮煙霞姿。福地洞天游欲徧，逍遥下上驂虬螭。若遇真仙張有道，爲言佇俟長相思。

永樂十六年御製碑 盖聞大而無迹之謂聖，充周無窮妙不可測之謂神。是故行乎天地，統乎陰陽；出有入無，恍惚翕張；驂日馭月，鼓風駕霆；倏而爲雨，忽而爲雲，禦灾捍患，驅沴致祥；調運四時，橐籥萬彙；陶鑄群品，以成化工者，若北極玄天上帝真武之神是已。按道書，神本先天始炁五靈玄老太陰天一之化。生而神靈，聰以知遠，明以察微，

① 拱候雷車風駕惠然降臨：任自垣纂修《勑建大嶽太和山誌》記爲“拱俟雲車夙駕惠然降臨”。

② 不可得：任自垣纂修《勑建大嶽太和山誌》記爲“不可德”。

③ 紅崖：任自垣纂修《勑建大嶽太和山誌》記爲“洪崖”。編者改之。

潛心念道，志契太虚，乃入武當山修真内錬，心一志凝。遂感玉清元君，授以無極上道。功滿道備，乘龍天飛，歸根復位，顯名億劫，與天地悠久，日月齊并。

武當，舊名太和，謂非玄武不足以當之，故名曰武當。蟠踞八百餘里，高列七十二峯，三十六巖之奇峭，二十四澗之幽邃。峯之最高曰天柱，境之最勝曰紫霄、南巖，上出游氛，下臨絶壑，跨洞天之清虚，凌福地之深窅。南巖皆有宫。又自南巖北下三十里，有五龍宫，又四十里抵山趾有真慶宫，俱爲祀神祝釐之所，元末悉毁于兵燹，荆榛瓦礫，廢而不舉。天啓我國家隆盛之基，朕皇考太祖高皇帝以一旅定天下，神陰翊顯佑，靈明赫奕。肆朕起義兵，靖内難，神輔相左右，風行霆擊，其蹟甚著。暨即位之初，茂錫景貺，益加炫耀。至若榔梅再實，嵗功屢成，嘉生騈臻，灼有異徵。朕夙夜祗念，罔以報神之休。仰惟皇妣，劬劳恩深，昊天罔極，以盡其報。惟武當神之攸棲，肅命臣工，即五龍之東數十里勝地焉，刱建玄天玉虛宫；於紫霄、南巖、五龍刱建太玄紫霄宫、大聖南巖宫、興聖五龍宫；又即天柱之頂，冶銅爲殿，飭以黄金，范神之像，享祀無極。神宫仙館，焕然維新。經營之始，至於告成之日，神屢顯像，祥光燭霄，山峯騰輝，草木增色，靈氣聚散，變化無狀，衆目咸覩，跽拜喈喈。榔梅垂實，加前數倍，九地啓秘，金杵躍出，陰陽著精①，玄質流潤，靈異紛員，莫能殫紀，神之響應，有如此者。遂命道士爲提點，主領各宫，飭嚴祀事，昭答神貺。上資薦揚皇考太祖高皇帝、皇妣孝慈高皇后在天之靈，上爲天下臣庶②祈迓繁祉。雖然神之浮游混沌③，變化無方，此感彼應，無往不之。然非此無以達朕之誠，與夫天下虔敬之心也。况山川冲和之氣融結於斯，與神相爲表裏。神之陟降往

① 著精：任自垣纂修《勑建大嶽太和山誌》記爲“儲精”。

② 上爲天下臣庶：任自垣纂修《勑建大嶽太和山誌》記爲“下以爲天下臣庶”。

③ 雖然神之浮游混沌：任自垣纂修《勑建大嶽太和山誌》記爲“雖然之浮之混茫”。

來，飄飖揮霍，顧瞻舊游，豈不徘徊於斯乎！則是宮觀之建，有不可無。謹爲文，刻山中，以彰神功，永永無窮焉。

仁宗皇帝蟾宇歌 太初灝灝氣杳冥，混沌肇判分清寧。輕清懸像濁成形，二儀坎乾萬彙生。孰綱維是道乃經，二五之精妙合凝。糸爲三才人至靈，箇中孰能尤粹精。瀟然物外離塵纓，若人賦禀淑且清。早歲學道棲岩坰，葆和修真久乃成。虚室生白斯其徵，皓如蟾魄①涵晶明。放之六合彌光瑩，歛之方寸何虧盈。抗志雲霞豈慕名，和光時俗匪躭榮。道積厥躬聲乃宏，奉祀②大岳昭虔誠。祝釐祚國召嘉禎，景星煌煌泰階平。醴泉泠泠③甘露馨，有時飛舄來瑶京。校讎玄文司權衡，淋漓金薤昭日星。獻納承恩道譽增，玄門光顯揚休聲。願言功行如月恒，佇看躡雲登蓬瀛。佇看躡雲登蓬瀛。

仁宗皇帝即位祭真武文 維洪熙元年歲次乙巳二月辛丑朔越十五日乙卯，皇帝遣禮部侍郎胡濙，致祭于北極真武之神曰："惟神道高玄妙，功運化權，廣濟生靈，陰翊皇度。兹予嗣位之始，虔修告祀，伏惟歆格，永祚邦家。尚享。"

宣宗皇帝即位祭真武文 維宣德元年歲次丙午十二月乙丑朔越十一日乙亥，皇帝遣太常寺寺丞袁止④安致祭于北極真武之神曰："惟神參贊玄化，顯相邦家。我皇祖崇建祠宫，昭答靈貺。兹予嗣位之初，謹用祭告，維神昭格，茂錫靈庥。尚享。"

---

① 魄：方升纂修《大嶽誌畧》記爲"魂"。
② 奉祀：任自垣纂修《勑建大嶽太和山誌》記爲"奉祠"。
③ 泠泠：原文爲"冷冷"。誤，編者匡正。
④ 止：凌雲翼修、盧重華等纂《大岳太和山誌》記爲"正"。

英宗皇帝即位祭真武文　維正統元年歲次丙辰正月丁卯朔十五日辛巳，皇帝遣平江伯陳佐致祭于北極真武之神曰："惟神丕顯靈化，佑我家邦，祛灾凝祥，永世斯賴。予嗣承大統，屬兹紀元之初，敬用祭告，用祈洪庥。尚享。"

英宗皇帝賜張三仹誥曰　朕維仙風道骨，得天地之真元祕典靈文，奪陰陽之正氣，顧長生久視之術，成超凡入聖之功，曠世一逢，奇蹤罕見。爾真仙張三仹，芳資穎異，雅志孤高，存想專精，鍊修堅定，得仙籙之寶訣，餌金鼎之靈膏。是以名隸丹臺，神游玄圃，去來倏忽，豈但烟霞之棲，隱顯渺茫，實同造物之妙。兹特贈爾爲"通微顯化真人"。錫之誥命，以示褒崇。於戲，蜕形不老，永惟物外之逍遥。抱道絶倫，益動寰中之景慕，尚期指要，式惠來英。

景皇帝即位祭真武文　維景泰元年歲次庚午閏正月丙午朔十五日庚申，皇帝遣翰林院侍講徐珵致祭于北極真武之神曰："惟神丕顯靈化，佑我家邦，祛灾凝祥，永世斯賴，予嗣承大統，屬兹紀元之初，敬用祭告，用祈洪庥。尚享。"

英宗皇帝復即位祭真武文　維天順元年歲次丁丑四月甲午朔越二十日癸丑，皇帝遣定西侯蔣琬致祭于北極真武之神曰："惟神玄元之化，天一之尊，爲世造福，式顯神功，佑我家邦，萬世永賴。今予復正大位，改元之初，敬用祭告，尚祈鴻庇，保兹太平。尚享。"

憲宗皇帝即位祭真武文　維成化元年歲次乙酉四月丁丑朔越二十五日辛丑，皇帝遣吏科左給事中沈珤，致祭于北極真武之神曰："惟神尊居坎位，玄化無方，護我國家，威靈顯著。今予嗣承大統，特用祭告，神其鑒佑，永永無斁。尚享。"

憲宗皇帝紫霄宫神像記　朕聞自開天以來即有此山，自元始以來即有此神。神乃北極玄天上帝真武是已，山乃大岳太和是已。神非兹山無以爲棲真之所，山非兹神無以侈靈勝之名。是故，歷代搆造殿宇，欽崇之不衰。我太祖高皇帝平定海宇，惟神默相，靈明赫奕。嘗於南京建廟奉祀之矣。太宗文皇帝肅靖内難，惟神陰佑，厥蹟誕著。特於兹山大造宫祠，及於北京復建行宫奉祀之矣。英考睿皇帝光復大位，惟神屢現奇應，亦既命官函香奠幣，致敬尤篤。朕繼紹大統十有五年，仰思先志，敢不祗承，矧家國乂安，夷夏懷服，無爲之治於斯爲盛，豈不賴於神之翊賛而能爾邪？昭答之典，在所必行。肆命工爲像，往安於太玄紫霄宫：聖像一，從官像四，皆范銅爲之，而鍍以金；水火神二，亦銅體金餙；而各類其像供噐：香爐、瓶、盂、鍾、磬，總十一事，既堅既完，載鮮載潔。特遣太監陳喜，送詣宫所奉安，永享四方之香火，永壯世人之觀瞻。夫神分身降世，變化無窮，恍惚翕張，出無入有，禦灾捍患，濟物度人，數出禎祥，祚我家國，繼自今願，丕揚神道，斡運化機。俾上而聖母福壽無窮，于以昭朕之孝；下而儲嗣繁衍未艾，于以昭朕之仁；宫闈清吉，于以昭朕治内之嚴；臣僚效忠，于以昭朕使臣之禮；黔黎於變，于以昭朕之化；夷狄來王，于以昭朕之威。以迄四時行，百穀登，群生，遂化工成庶乎。神有感必應，而朕虔奉之誠亦不虚矣。雖然朕之所望庇于神者，豈止一時，如是而已哉。謹爲文刻碑，以彰神功於不朽云。

太和宫神像記　宫在均州南百二十里太和山天柱峯之上。乃我皇高祖太宗文皇帝剏建，以奉北極玄天上帝真武之神之所也。神向於此修真得道，神功威烈，最爲顯著。以故，歷世往往建祠崇奉之不替。方我文祖肅清①内難之初，神每陰護顯相，用寧邦家，是以文祖感焉，乃即神肇蹟之地，弘搆宫殿，以爲崇奉之所者也。而又於絶頂冶銅爲殿，餙以黄金，其崇奉之典，萬古未有也。暨朕嗣統，君臨億兆，十年于兹，固

① 清：應爲“靖”。

由我祖宗德澤流衍，皇考、聖母教育所致，然亦豈不陰有賴於神靈之贊祐歟！兹欲昭答神貺，無以表誠。乃命工范金爲像二堂，安於大岳太和宫者：真武聖像一，從官像四，皆銀爲之，而間鎊以金；神帥十，皆銅爲之，而鍍以金；又爲鎊金雕鏤重簷木殿履焉。安於玄天玉虚宫者：真武聖像一，從官像四，皆銅爲而金鍍之，俱琢白石爲之座焉；二堂水火，以銀以銅各從其像；硃漆梓金供卓各一，其供噐銀鍍金者十有四，銅鍍金者二十有二，總三十八事；銅提爐二，石磬一，銅鍾一，綺羅銷金旛幢傘并雜色旛，總百十有八。特遣中官太監陳喜、廖恭、韋惲、劉斌，右少監李本，奉御藍富，送詣宫所，設齋奉安，永爲瞻仰。惟神陟降往來，益著靈貺，儲祥錫福，佑我國家。俾朕上奉慈闈萬年，下延嗣胤千億；内而宫壺協吉，外而邦國平寧；近而黎庶乂安，遠而蠻貊賓服，凡厥有生，無不成遂庶有，以副朕崇奉之誠，見神響應之妙也。因紀以文，用垂示於久遠云。

孝宗皇帝即位祭真武文　維弘治元年歲次戊申四月甲午朔十二日乙巳，皇帝遣陽武侯薛倫致祭于北極真武之神曰："惟神尊居坎位，玄化無方，護我國家，威靈顯著。今予嗣承大統，特用祭告，神其鑒佑，永永無斁。尚享。"

武宗皇帝即位祭真武文　維正德元年歲次丙寅三月辛巳朔越二十七日丁未，皇帝遣崇信伯費柱致祭于北極真武之神曰："惟神尊居坎位，玄化無方，護我國家，威靈顯著，今予嗣承大統，特用祭告，神其鑒佑，永永無斁。尚享。"

武宗皇帝告真武祈雨文　今歲以來，雨暘愆候，田苗枯槁，黎庶憂惶。予心兢惕，虔致禱祈。惟神矜民，旋斡太和，式調和氣以濟民艱，庶民有豐稔之休，神亦享無窮之報。

武宗皇帝告真武弭盗文 近歲以來，群盗爲梗，生靈被害，在在有之。命將徂征，稍臻平定，餘灾未殄，尚累天和，水旱相仍，妖祥疊見。永思厥咎，良切疚心，爰與群臣飭躬修政，同期昭格，庸迓神庥。伏冀神明，憫兹黎庶，轉灾爲福，綏我家邦，不勝惓惓懇禱之至。

今上皇帝即位祭真武文 維嘉靖元年歲次壬午四月丁丑朔越二十五日辛丑，皇帝遣工部右侍郎陳雍，致祭于北極真武之神曰："惟神尊居坎位，玄化無方，護我國家，威靈顯著。今予嗣承大統，特用祭告，神其鑒佑，永永無斁。尚享。"

今上皇帝重修宫殿祭謝真武文 維嘉靖三十一年歲次壬子九月庚辰朔初九日戊子，皇帝遣工部右侍郎陸杰，致祭于北極佑聖真君曰："兹者奉修玄聖宫宇，屬當興工之始，即感神彰顯應，圓光屢現，敬仰真庥。謹用遣官祭謝，伏祈聖真昭格，永垂庇祐，錫慶邦家。謹告。"

今上御製重修大岳太和山玄殿紀成之碑 朕惟大岳太和山，迺北極玄天上帝修真顯化成道之所。帝以天一之精降靈人世，感召天神授無極上道。丹成上昇，歸司之位。① 瓊臺受册，功德巍巍，莫可殫述。歷代崇封，罔不闢神栖，嚴祀事。

肆我成祖文皇帝，惟帝陰翊皇度，赫有顯徵。特敕隆平侯張信、駙馬都尉沐昕等，率領官員軍夫人匠二十餘萬，建宫觀凡三十三處。天柱峯冶銅爲殿，黄金餙之，范金爲像，置設精嚴。落成敕名爲"大岳太和山"。其地之形勝，與神之靈蹟，宫宇之宏壯，載於成祖御製碑文，可考也。朕皇考封藩郢邸，實當太和靈脉蜿蜒之勝，歲時崇祀惟謹。肆朕入承大統以來，仰荷垂佑，洊錫庥祥，祗念帝功，報稱莫罄。深慮歲久，宫殿圮壞，宜加修餙。爰發内帑，申命部臣往督其役。以嘉靖壬子年六

① 此处漏"玄"字。

月肇工，於凡宫殿、門廡、齋堂，藉以妥靈而供祀者，悉鼎新之，仍揭以坊額曰“治世玄岳”。經營之始，即蒙真光顯現，瑞氣氤氲，變化不一。豈帝昭靈貺以嘉答于誠，故所應若斯之偉異歟！大工告成，部臣具奏請朕文勒碑，用垂永久。惟書有之，類于上帝，禋于六宗，望于山川，徧于群神。故岳鎮海瀆，在祀典有常秩，奉安有常宇。

維此大岳，特超中土，峯嶺峻拔，亘天關而盤地維，信爲仙聖所都，而帝護國翊運，威靈顯彰，致我祖宗建丕丕業，既而定都幽燕，位應玄冥，是以掃犁腥膻，廓清華夏，惟神陰助，風行霆擊，天戈所臨，無往弗蹟，二百年來，民安國阜，媲隆三五；雖或一二氣數不齊，邊疆小警，旋即殄逐，至如庚戌内之大奸，每即褫殛。豈尋常山川之神，能出雲雨捍灾患一節之功所可並者歟。此神宇之修嚴，不可少懈也。《書》曰：“鬼神無恒，享于克誠，朕仰法祖宗，祇若明祀，神之佑之，庶其益加隆盛，薰蒸和氣，覆育群生，宗社靈長，山河鞏固，則神其永永無疆，惟朕躬亦荷無疆，惟慶矣！是用勒文于碑，與天地而同其悠久云。嘉靖三十二年十月二十五日。”

卷之三　列聖勑諭

勑創建宫觀

永樂十年三月初六日，勑右正一虚玄子孫碧雲　朕敬慕真仙張三伴老師道德崇高，靈化玄妙，超越萬有，冠絶古今，願見之心，愈久愈切。遣使祇奉香書，求之四方，積有年歲，迨今未至。朕聞武當遇真，實真仙張三伴老師脩煉福地。朕雖未見真仙老師，然於真仙老師鶴馭所游之處，不可以不加敬，今欲創建道場，以伸景仰欽慕之誠。爾往審度其地，相其廣狹，定其規制，悉以來聞，朕將卜日營建。爾宜深體朕懷，致心盡力，以成協相之功。欽哉。故勑。

同日又勑右正一虚玄子孫碧雲　朕仰惟皇考太祖高皇帝、皇妣孝慈高皇后，劬勞大恩，如天如地。惓惓夙夜，欲報未能。重惟奉天靖難之初，北極真武玄帝顯彰聖靈，始終祐助，感應之妙，難盡形容，懷報之心，孜孜未已。又以天下之大，生齒之繁，欲爲祈福于天，使得咸臻康遂，同樂太平。朕聞武當紫霄宫、五龍宫、南巖宫道場，皆真武顯聖之靈境。今欲重建，以伸報本祈福之誠。爾往審度其地，相其廣狹，定其規制，悉以來聞，朕將卜日營建。其體朕至懷。故勑。

永樂十年七月十一日，勑隆平侯張信、駙馬都尉沐昕　今早，命爾等啓行。俄有風雲雷電，自西南而至，其勢不徐不疾，顯是神明感應之嘉兆。然神明之所感者，一誠而已。爾等宜體朕誠心，益加敬謹，竭力用工，以答神貺。不可有纖毫怠忽。故勑。

永樂十年七月十一日，欽降示諭官民工役黄榜　皇帝諭官員軍民夫匠人等：武當天下名山，是北極真武玄天上帝修真得道顯化去處，歷代都有宫觀，元末被亂兵焚盡。至我朝，真武闡揚靈化，陰佑國家，福被生民，十分顯應。我自奉天靖難之初，神明顯助，威靈感應至多，言説不盡。那時節已發誠心，要就北京建立宫觀，因爲内難未平，未曾滿得我心願。及即位之初，思想武當正是真武顯化去處，即欲興工創造，緣軍民方得休息，是以延緩到今。而今起倩些軍民，去那裏創建宫觀，報答神惠，上資薦揚皇考皇妣，下爲天下生靈祈福。用工夫不多，至容易不難。特命隆平侯張信、駙馬都尉沐昕等，把總提調管工官員人等，務在撫邺軍民夫匠。用工之時，要愛惜他的氣力，體念他的勤勞；關與糧食，休着他受饑寒；有病着官醫每用心調治。都不許生事擾害。違了的，都拿將來，重罪不饒。軍民夫匠人等，都要聽約束，不許奸懶。若是肯齊心出氣力呵，神明也護祐，工程也易得完成。這件事不是因人説了纔興工，也不因人説便住了工。若自己從來無誠心呵，雖有人勸，着片瓦工夫也不去做；若從來有誠心要做呵，一年竪一根椽、起一條梁，逐些兒積累，也務要做了。恁官員軍民人等，好生遵守着我的言語，勤謹用工，不許怠惰，早完成了回家休息。故諭。

永樂十一年八月二十五日，勑正一嗣教真人張宇清[①]　武當天下名山，真武成道靈應感化之地。元末，宫觀悉燬于兵，遂使羽人逸士修鍊學道者，無所依仰。朕積誠于中，命創建宫觀。上以資薦皇考、皇妣在天之靈，下以爲天下生靈祈福。俾雨暘時，若灾沴不生，年穀豐登，家給人足。今宫觀已告成，神明屢顯休應，圓光煜燁，五色燦爛，神像昭

---

① 此道聖旨内容與凌雲翼修、盧重華等纂《大岳太和山誌》所録文字畧有不同。

彰，見于光内。觀者數千萬人，咸加嘆異。已賜名曰：玄天玉虛宫、太玄紫霄宫、興聖五龍宫、大聖南巖宫。然此名山勝境，必得高人羽士以住持看守。大聖南巖宫，已嘗命正一孫碧雲爲住持外，其三處爾即選有道行者各二人爲住持，别選至誠敬謹道士，每處各五十人看守。如一時選揀不如數，隨爾所選得若干人，就分派四處看守，精進修行，興隆道教。故勅。

永樂十一年九月十一日，勅隆平侯張信、駙馬都尉沐昕等　今正一嗣教真人張宇清舉保道士，分派各宫。道録司右玄義任自垣、道士邵慶芳爲玄天玉虛宫提點，高道周惟中提點，林子良爲副宫；興聖五龍宫以李時中爲住持，道士吴繼祖爲提點；太玄紫霄宫以李幽巖、胡古崖爲提點；大聖南巖宫已命右正一孫碧雲爲住持，以王一中爲提點副之。各處宫名，只依此勅爲定，用報汝知。故勅。

永樂十一年十月十八日奉聖旨　大岳太和山各宫觀有修煉之士，怡神葆真，抱一守素，外遠身形，屏絶人事，習静之功，頃刻無間。一應往來浮浪之人，並不許生事喧聒，擾其静功，妨其辦道。違者治以重罪。有志誠之士，慕躡玄關，思超凡質，實心条真問道者，不在禁例。若道士有不務本教，生事害群，傷壞祖風者，輕則即時譴責，逐出下山；重則具奏來聞，治以重罪。

永樂十一年　禮部奏武當山住持道士事。奉聖旨："着道録司行文書，去浙江、湖廣、山西、河南、陜西這幾處，有道行至誠的來用。欽此。"

永樂十三年七月二十五日　玄天玉虛宫提點任自垣於奉天門奏："龍虎山、茅山、閤皂山，洪武年間都有印信管領。今武當山天下第一名山，提點有了，未有印。"奉聖旨："禮部鑄了印，着人送去。欽此。"

永樂十四年九月初四日　隆平侯張信早奏。奉聖旨：“武當山各宮觀道士，每的行糧，直待那發去種田人，種得有糧時纔住支。騫林茶、榔梅都不要進了。若是榔梅結實時，只着報將來知道。欽此。”

永樂十四年九月初九日，勑都督何濬　今命爾護送金殿船隻至南京，沿途船隻，務要小心謹慎。遇天晴明，風水順利即行。船上要十分整理清潔。故勑。

又諭：船上務要清潔，不許做飯。

永樂十五年二月初六日　隆平侯張信同翰林院學士兼右春坊右庶子楊榮等，早於奉天門奏。奉聖旨：“武當山，古名太和山，又名大岳。今名大岳太和山。大頂金殿名大岳太和宮。欽此。”欽遵本月十二日各官補本具奏，奉聖旨：“是。欽此。”

永樂十五年三月二十一日　隆平侯張信，早於奉天門欽奉聖旨：“大岳太和山玄天玉虚宫那幾處大宮觀，不許無度牒的道士每混雜居住，只着他去其餘小宮觀裏修行，差去採藥。道士而今在山做提點的，原領香，書①不要銷繳。欽此。”

永樂十五年三月二十一日　隆平侯張信，早於奉天門奏：“成造大岳太和山宮觀畢日，有餘剩下顔料、麻、鐵等物，合無解京庫交收。”奉聖旨：“着玄天玉虚宫提點如數收貯。遇有修整，即便支用。欽此。”

永樂十七年二月初五日　行在禮部官，早於奉天門口奏：“提點任自垣奏：一件，大岳太和山各宮觀香、燭、燈、油未蒙賜降；一件，本山五大宮已有勑賜新名，小宮觀十一處，未蒙賜額；一件，要撥均州千户

---

① 書：任自垣纂修《勑建大嶽太和山誌》記爲“盡”。

所五百名軍，守護各宫觀；一件，各宫道衆四百名，已蒙給賜齋糧，要照神樂觀樂舞生例，每年給賜布匹。”奉聖旨：“宫觀牌額已定了罷。要撥軍守護的且由他。道士每年與綿布二匹、夏布二匹，香、燭、燈、油，你計較了來説。欽此。”欽遵會同提點任自垣等計議得大小宫觀每歲該用香、燭、油、蠟數目賫進。本月二十日，内官傳奉聖旨：“是，這裏着人去買。香，一次着人去買三年的用，黄蠟、香、油，一次差人去買十年的用。只不要虧了百姓。欽此。”

永樂十七年四月二十九日，勑隆平侯張信、駙馬都尉沐昕 淨樂國之東，有紫雲亭，乃玄帝降生之福地。勑至，即於舊址仍創紫雲亭。務要弘壯堅固，以稱瞻仰。其太子巖及太子坡二處，各要童身真像。爾即照依長短闊狹，備細畫圖進來。故勑。

永樂十七年五月二十日，勑隆平侯張信、駙馬都尉沐昕 今大岳太和山大頂，砌造四圍墻垣，其山本身分毫不要修動。其墻務在隨地勢，高則不論丈尺，但人過不去即止，務要堅固壯實，萬萬年與天地同其久遠。故勑。

永樂二十一年八月十九日 欽差禮部左侍郎胡濙於沙城駐蹕所口奏：“勑建大岳太和山宫觀，大小三十三處，殿堂房宇一千八百餘間。山高霧重，磚瓦木植，日久不免損壞，合無就令附近均州守禦千户所旗軍，常川燒造磚瓦，採辦木植，遇有損壞隨即修理，庶得永遠堅完。”奉聖旨：“朝廷創建宫觀，與天下蒼生祈福，若有損壞時，許那各處好善肯作福的人，都來修理，不要只拘定着他那一處修理。欽此。”

宣德元年十月二十四日，勑右副使蘇敬 爾往大岳太和山修理宫觀、橋梁、路道，務在堅完。其管工官員，如有不聽提督，輕則就彼責罰，重則具本來奏。故勑。

宣德三年二月十九日，勑太常寺寺丞任自垣　朕惟皇祖太宗文皇帝，創建大岳太和山宫觀，上以資薦祖宗在天之靈，下爲四海蒼生祈福於無窮。今特命爾職，專提督本山宫觀一切之事，率領道官、道衆，晨夕嚴潔焚修，以祈福祉；其灑掃人户，令用心守護山林，潔淨觀宇；原撥佃户，令依期送納齋米，勿致缺少；修理官軍，令時常點檢宫觀、墻垣、溝渠、路道，修其損壞，務在永遠堅完，庶稱朕祗奉神明之心。若有懈怠不律及不聽爾提督者，輕則量情責罰，重則具實奏聞，必罪不恕。欽哉！故勑。

宣德四年五月二十九日，湖廣布政司承准，行在禮部勘合　該大岳太和山玄天玉虚宫提點申照，得原奉劄付，送到油蠟，各宫觀點用將盡。及照油蠟十年一次送到，收頓年久，難以點照。乞照降香三年一次送用便宜。本年三月初十日，本部官於奉天門奏。奉聖旨："是，還着内官去買。欽此。"

計開大岳太和山大小宫觀巖廟香燭油蠟總目：

三年香：降真香三千四百七十七炷。内三斤重二千五百四十一炷，二斤重二百三十六炷①；宿香三千四百七十七斤。

十年油蠟：

燭一萬一千五百九十對，每對重二斤四两；用油二萬三千一百八十斤②；黄蠟二千八百九十七斤八两。

長明燈油四萬三千二百斤。

玉虚宫：

三年香：降真香五百五十二炷，每炷重三斤；宿香五百五十二斤。

十年油蠟：燭一千八百四十對，用油三千六百八十斤，黄蠟四百六十斤。

---

① 二斤重二百三十六炷：根據以下宫觀數量統計，應爲"二斤重九百三十六炷"。

② 二萬三千一百八十斤：根據以下各宫數量統計，應爲"一萬九千一百八十斤"。

長明燈油七千二百斤。

太和宫：

三年香：降真香四百一十四炷，每炷重三斤；宿香四百一十四斤。

十年油蠟：燭一千三百八十對，用油一千七百六十斤，黄蠟三百四十五斤。

長明燈油同玉虚宫。

五龍宫、紫霄宫、南巖宫俱同太和宫。

淨樂宫：

三年香：降真香二百七十六炷，每炷重三斤；宿香二百七十六斤。

十年油蠟：燭九百二十對，用油一千八百四十斤，黄蠟二百三十斤。

長明燈油同玉虚宫。

遇真宫：

三年香：降真香五十七炷，每炷重三斤；宿香五十七斤。

十年油蠟：燭一百九十對，用油三百八十斤，黄蠟四十七斤八两。

迎恩宫（本宫創於成化年間，香、炷①、油、蠟原無欽定，今於各宫數内量出支用）。

每年：降真香五十七斤，宿香一百二十四斤十两六錢，黄蠟三十二斤。

長明燈油五百三十八斤五两。

清微宫、朝天宫、五龍行宫、元和觀、迴龍觀、太玄觀、復真觀、龍泉觀、威烈觀、仁威觀、八仙觀、福地殿、老姥殿、黑虎廟、關王廟、榔梅仙翁祠、隱仙巖、淩虚巖、仙侣巖、玉虚巖、滴水巖、妙化巖、太子巖、崇福巖、靈應巖、雷神洞，共二十六處。

三年香：降真香三十六炷，每炷重二斤，共九百三十六炷；宿香三十六斤，共九百三十六斤。

十年油蠟：燭一百二十對，共三千一百二十對，用油二百四十斤，

① 炷：應爲“燭”。

共六千二百四十斤；黄蠟三十斤，共七百八十斤。

玉虚等宫道士共四百名，每年一道士給冬夏布四匹，共計一千六百匹。

成化十七年九月，湖廣布政使司爲修理觀宇事　承准禮部勘合，該欽差提督大岳太和山兼分守湖廣行都司等處内官監太監韋貴題：臣自成化元年，欽奉上命，提督修理大岳太和山宫觀及橋梁道路，除欽遵外，照得石板灘迎恩橋，自成化二年，因山水發漲，將本橋北岸神路衝頽二十餘丈。隨即督併軍夫修築，三四餘月方完。及至次年春夏又被衝頽，仍前用工修築，連經五六年，迭被水患，修幇不輟。臣思無計可防，曾於彼時禱祝北極鎮天真武祖師上帝，告許自備已資，於迎恩橋東關王廟南，修建一觀，供奉香火，用祈鎮壓山水。自此之後，遂賴皇上欽崇之典，神明感應之靈，到今八年以來，雖有水發，幸不漫衝，神路橋梁俱獲無虞。臣知感不已，今備已資，買料雇匠，于彼建一小觀，及塑北極鎮天真武聖像一堂，就令彼處關王廟原額道士，一同焚修，專以上祝皇圖鞏固，聖壽萬年，次冀前項神路橋梁永無水患，軍民獲安。緣係修建觀宇落成事理，未敢擅便，伏乞聖恩，頒賜額名，以隆香火於無窮等因，奉聖旨："准他。該部知道。欽此。"欽遵看得提督大岳太和山等處太監韋貴題稱：自備已資，於彼處迎恩橋東關王廟南，修建一小觀，要乞頒賜觀額，已蒙欽准，所擬額名，伏乞欽定，緣節該奉欽依該部知道事理，未敢擅便，成化十七年五月十二日，本部官於奉天門題奏。次日，奉聖旨："與做'迎恩觀'。欽此。"

成化二十年四月，湖廣布政使司爲祀神等事　承准禮部尠合，該欽差提督大岳太和山兼分守湖廣行都司等處内官監太監韋貴題：先該本山迎恩橋累被山水衝損，人以爲患，乃自備資財於橋東創建觀宇，奉神鎮奠，前患遂弭。欽蒙賜名曰"迎恩"。今已盖造完備，乞照朝天宫事例，將本觀改爲宫名。仍乞勑該部轉行本山提調官湖廣布政司右叅議李謙，將七宫道士數内，每宫摘撥一名，及年深住持内，堪任提點者，選保一名赴部銓註等因具奏。奉聖旨："准他，該部知道。欽此。"欽遵除摘撥道士選保提點本部另行外，所擄改觀爲宫一節，既蒙欽准，合無改爲"迎恩宫"，未敢擅便。成化十九年五月初八日，該本部官於奉天門題奏，次日奉聖旨："是，欽此。"

成化二十二年十一月二十六日，勑太常寺寺丞雷普明　奉天承運，皇帝勑曰：太常寺之設，所以協相天地、宗廟、百神之祀，厥任甚重。凡授職於斯者，非得端慎寅清之士，曷克稱焉。爾太常寺寺丞雷普明，早悟玄宗，擢官道職，歷年滋久，守道彌堅。迨進今官，益誠弗懈。宜錫恩寵，以旌爾勞。是用進階承德，即錫之勑命，以示褒榮。爾其益竭乃心，勵榮行懋，脩厥職以副朕任用之意。欽哉。

弘治十七年四月初七日，勑提督大岳太和山兼鎮守湖廣行都司等處地方内官監太監齊玄　爾原奉命創建廟宇到彼，便相擇建造，精緻如法，壯麗堅久，以伸朕崇奉之意。其所用木、石、錢、糧、人工、物料，悉聽爾便宜處置。工完之日，爾精選戒行清謹、恪守玄教、老成道士一名，具奏來聞，令本廟住持。爾仍禁約一應閑雜官員人等，不許縱肆往來，任情作踐。如違，指名來奏。爾宜持守公廉，安静行事。仍一年或二年、三年朝京一次。爾其慎之。故勑。

勑重修宫觀

嘉靖三十一年二月十九日，傳奉聖旨　朕成祖大建玄帝太和山福境，安鎮華夷，厥靈赫奕，計今百數十年，必有弗堪者，朕今命官奉修，便行與湖廣撫按官督同該道官，詣山勘視應合修理處所，估計工費，限四十日以裏回奏。工部知道。

嘉靖三十一年　月　日，欽差巡撫都御史屠大山等題　嘉靖三十一年三月初九日酉時，准工部差千户吴堂賫咨到臣，内開本年二月十九日卯時，該司禮監太監王利於迎和門傳奉聖旨：“朕成祖大建玄帝太和山福境，安鎮華夷，厥靈赫奕，計今百數十年，必有弗堪者。朕今命官奉修便行，與湖廣撫按官督同該道官，詣山勘視應合修理處所，估計工費，限四十日以裏回奏。工部知道。欽此。”又准本部咨，該本部題前事，奉聖旨：“是，不許違悮。欽此。”欽遵，臣會同巡撫湖廣監察御史胡宗憲議照，太和山實玄帝棲真之所，安鎮華夷，其宫觀祠宇，自我成祖文皇帝剏建以來，百數十年，歲月既久，不無損漏。惟金殿一座，在太和山之絶頂者，冶鑄堅完，粧飾精巧，未有損壞。自太和山宫以下，類有弗堪，誠如聖諭，委宜及時修理，以光前烈。臣等悉心逐一勘視，罔敢遺漏，理合具奏，伏乞勑下該部，再加查議，上請定奪等因。奉聖旨：“既堪計明白，便修理。着原任侍郎陸杰提督工程。寫勑與他，即赴工所。工部知道。欽此。”

嘉靖三十一年六月　日，勑原任工部右侍郎陸杰　朕惟我成祖大建玄帝太和山福境，安鎮華夷，厥靈赫奕，計今百數十餘年，宫觀祠宇等處，不無損壞，若不及時修理，慮恐日就傾頽，其何以棲真妥神，祝釐保國。已令湖廣撫按官勘視回奏，兹據各官備將應合修理處所，并估計工費等項前來。今特命爾前去提督工程。爾宜查照該部題准事理，會同撫按官，將應修宫觀祠宇處所，會勘明白，即便興工修理。合用物料，於見頒去官銀，及有司動支處辦聽用。其一切應行事物，爾等湏酌議停當，隨宜增損。事完，通將辦過工程，用過物料，銀兩數目，造册奏繳朝廷。以爾素有才望，特兹簡任。爾宜敬慎從事，體朕崇奉玄聖至意，不可纖毫怠忽，務期工作堅固壯實，用副我皇祖功烈，萬萬年同其久遠。欽哉。故勑。

嘉靖三十一年四月十五日，該司禮監傳奉聖諭　“這銀两便差官送赴玄帝太和山。候提督官到工用，如不敷，所司急處用。本山香錢已經奏聞不多，不許動支。欽此。”

欽降帑銀一十萬六十六两六錢六分五釐。

嘉靖三十二年閏三月，該欽差提督工程工部右侍郎臣陸杰謹題爲欽奉聖諭事　嘉靖三十二年三月二十七日，准本部咨，該臣奉題：鑄造太和宫聖父母、元君神像緣由。奉聖旨：“該用匠作，着内監量撥去。像之尺寸，都着杰用心看擬成造，合宜安奉。工部知道。欽此。”欽遵，及行御用監議，撥官匠陳湧等一十五名，備咨到臣，臣欽遵明旨，躬率鑄匠卞世忠，撥蠟匠陳湧等，親詣太和宫看擬，見修聖父聖母殿堦條石上至殿簷，高一丈五寸五分，正間面闊一丈三尺三寸；神座基石至龕頂，高七尺五寸七分，面闊七尺六寸。原奉聖父舊像，高二尺七寸；聖母舊像，高二尺五寸。臣等擬各增高二像，一體各高三尺三寸。聖父，首簪捲雲冠；聖母，首簪鳳冠。臣復□玉虚等宫，復真等觀看視，永樂間原塑聖父聖母二像，尺寸高廣俱爲一體，冠服俱朝扮。左右靈妃二尊，尺寸合擬照舊。臣等及看擬元君殿體式稍寬，元君舊像俯仰，原高五尺。臣等今擬尺寸，照舊成造。首簪芙蓉冠。左右玉女尺寸，亦擬照舊。緣奉欽依，都着臣用心看擬事理，未敢擅便，伏乞聖裁。本年閏三月二十一日，奉聖旨：“所擬都好，便成造奉安。工部知道。欽此。”

本年十月，又該欽差提督工程工部右侍郎臣陸杰謹題，爲恭請遣官安神，以昭典禮事　嘉靖三十二年六月初十日，該臣具題。奉聖旨：“聖像開光，着就彼擇日，併工完，一併具奏奉安。欽此。”欽遵，臣伏惟玄帝山次修理工完。蓋自告始以來，一年有半。夫匠之喧雜，斧斤之震擾，殆無虚日。土石增易，培高濬卑，未免上瀆聖真，下干地道。伏乞欽遣大臣，前來奉修八宫安神之禮，併奉安太和宫聖父母、元君新像。其太和山后土之神，亦乞聖裁，遣官告謝，以備昭代之盛典，以新億萬載之鴻休。緣奉欽依工完，一併具奏奉安，及恭請遣官安神事理，未敢擅便，謹題請旨。十二月初五日，奉聖旨："安神，遣公溶建醮，伯仲文謝土，仍杰各行禮。欽此。"

本年十月，又該欽差提督工程工部右侍郎臣陸杰謹題，爲恭報玄嶽修理工完事　臣欽奉勅諭修理玄帝山次。臣欽遵會同湖廣巡撫右副都御史屠大山、撫治右僉都御史沈良才、巡按御史胡宗憲，一面分委買辦物料，措處錢糧，接濟夫匠工食行糧；一面行據都、布二司提調工務。右糸議等官雷賀、李經呈報，監督、通判、斷事等官李賓、汪績等整換過太和宮金殿臺基、姜礤、花斑石一十七塊；周護硃紅闌杆一層；范金成造聖父像一尊、聖母像一尊、元君像一尊、從像各二尊；鼎建碧色石料"治世玄岳"石坊一座，左右屏墻、海墁、踏垛一千二百丈；太和、南巖、紫霄、五龍、玉虛、遇真、迎恩、淨樂八宮，并帶管巖廟、殿宇、門廊、庭堂、方丈等處，共鼎新瑠璃成造五座，計一十一間；瑠璃結瓮七十八座，計一百五十二間；鼎新布瓦成造一百一十四座，計二百三十五間；布瓦結瓮，七百九十八座，共二千零四十三間。俱各油飾、采畫。瑠璃結瓮墻垣九十一丈；布瓦結瓮墻垣九千九百八十一丈八尺；修砌石路共一萬八百丈零八尺；石橋二十八座。八宮丹墀堦條、海墁照舊俱用磚石剔換，溝渠俱修砌挑濬完備等因到臣。臣公同巡撫右副都御史馮岳、撫治右僉都御史今陞大理寺卿沈良才、巡按監察御史朱瑞登、清軍御史周如斗、鎮守總兵東寧伯焦棟、提督大岳太和山太監王佐，徧歷周察，頗俱壯麗堅固，宛然成祖之舊。無任慶忭。臣伏惟鴻蒙辨氣，奠大岳之名山；淨樂發祥，垂僊都之異蹟。聖真元始，奥自三皇之時。廟貌致虔，聿來两漢之世。歷代相踵，崇禮日殷。殆人心物理之自然，匪尚同從俗之私臆。迨我成祖立極，感夫玄帝降靈，經營閲一紀之勤，高下就諸宮之役，占擄不遺乎形勢，奠安丕及於華夷。徵高道以焚修，發佃徒而耕藝。草木有禁，開八百里之神山，香火惟恭，祝千萬年之景運。制超古昔，禮視郊丘，福地有年，舊觀漸失。恭遇皇帝陛下，至誠無息，先天不違，克廣德心，上達混元之妙。昭事上帝，恒存敬一之思。禮樂洽於神人，功化參乎天地。萬靈所佑，多福聿懷。聖治日新，每不忘乎大岳。宸衷天啓，遂有事於崇修，頒金内帑之藏，委臣工役之寄，相度不嫌於至再，工費惟主乎適宜。却故致新，以堅易腐，計勘之工有限，加益之力無方。霞光顯瑞，適於經始之初；神木告禎，復出岷江之上。聖誠極感應之速，靈異符永樂之朝。輸運孔艱，喜覩子來之衆，落成匪易，總叨神與其能，棟宇一新，山川倍勝。以楹而計，總二千四百有奇，積月以成，更十五晦朔之外，范黄金以爲像，推大義而上及於親師；琢文石以爲臺，恢舊制而式崇乎金殿。丹青奪目，工巧絶倫。溝渠倍疏濬之功，道路加修砌之力，撤方士之敞構，表玄岳之新坊；飾供器以盡文，補杉松而待蔭。總圖以槩太和之勝，類分以備宫觀之規。昭玆役之粗成，冀重瞳之一覽。上以仰成聖敬，下亦少竭臣愚。然非撫按諸臣後先協贊，或雨夜堪計，或區理焦劳，則今日之落成非臣所敢知也等因具題。十二月初七日奉聖旨：“這修建工成，朕心嘉悦。陸杰着回部管事，廕一子入監讀書，還賞銀四十两，三表裡；屠大山、馮岳、沈良才各賞銀三十两，二表裡；胡宗憲、朱瑞登、周如斗各賞銀二十两，一表裡；王佐賞銀四十两，三表裡。欽此。”

卷之四　欽降像器、御製齋意[①]

欽降像器

成化九年七月二十九日，勑内官監右少監韋貴　今差太監陳喜、廖恭、韋惲、劉賓等，管送真武聖像，前去大岳太和山安奉，就修齋醮。已勑湖廣三司整理。勑至，爾與叅議王豫，亦須預先措辦該用一應物件并人夫等項俟候，至日應用，毋得違悮。故勑。

計開：

大岳太和宫金殿内安奉：

真武一尊；

從神四尊：靈官、玉女、執旗、捧劒各一尊；

水火一座；

神帥十尊：鄧天君、辛天君、張天君、陶天君、苟天君、畢天君、馬元帥、趙元帥、温元帥、關元帥各一尊。

供器一付：香爐一箇，奩替盖全；牡丹瓶一對，緑硬翠葉、各色絹梔子、梅花全；燭臺一對；香盒一箇；水燈盞一箇，麻花絲罩全；法盞一箇，架全；匙筯瓶一箇，匙筯全；剪燭罐一箇，剪全；貼金木雕重簷殿一座，硃紅漆貼金線欄杆、座、罩、銅鍍金事件，鎖鑰全；硃紅漆貼金線邊供棹一張。

---

① 欽降像器、御製齋意：原文無，編者加。

玄天玉虚宫正殿内安奉：

銅范鍍金聖像一堂：真武一尊；

從神四尊：靈官、玉女、執旗、捧劔各一尊；

水火一座；

銅鍍金供噐二付：大一付，石座全；香爐一箇，盖架全；花瓶一對，貼金木雕梅、竹、梔子花全；水燈盞一箇，麻花絲罩全。小一付，描金花梨木座全；香爐一箇，盖全；淨水盂一箇，架全；花瓶一對，貼金木雕竹葉、靈芝花全；水燈盞一箇，麻花絲罩全；燭臺一對；匙筯瓶一對，匙筯全；剪燭罐一箇，剪全；提爐一對，盖索全；鍾一口，硃紅漆貼金線架、座、卓全；黑石曲磬一箇，硃紅漆貼金線架、座、卓全；硃紅漆戧金雲鶴香盒一箇；貼金線供卓一張；滿堂紅一對，鍍金銅簽盤全；灰盒一付，槌、刷、刮全。

各色羅銷金幢傘九對：旛三對，幢三對，傘三對。各色絨線織金暗花素紵絲旛五十對，於各宫觀懸掛。

成化十二年正月十五日，欽差太監陳喜　賫送銅爵盞一百四十七箇，《真武經》五百本，分布玄天玉虚等七宫，永充供養。

玉虚宫，爵二十一箇，經一百四十本；

太和宫，爵同，經五十二本；

南巖宫，爵同，經六十五本；

紫霄宫，爵同，經六十三本；

五龍宫，爵同，經七十四本；

遇真宫，爵同，經四十本；

淨樂宫，爵同，經六十六本。

成化十二年十一月内，欽差太監陳喜等　管送金彩粧木雕龍牌十三座，於淨樂宫修建金籙延禧福國裕民大齋三晝夜，供設醮儀三百六十分位，仍將龍牌送赴玄天玉虚宫安奉。

成化十四年六月二十九日，敕御用監太監陳喜　今命爾管領黄船并馬快船隻，裝送真武及從神靈官像并供器等項，同左監丞陳道、内官監右監丞林茂，前去大岳太和山太玄紫霄宫奉安。已勑湖廣鎮守三司并管山内外官員，凡合用物件，預先整理俟候應用。爾等沿途務要十分仔細，用心照管，不許纖毫怠忽。到湖廣布政司率同三司委官，護送至山奉安。事畢回京。凡事須要公同計議，處置停當，不許因而生事，擾害下人。如違，責有所歸。爾等敬之，慎之。故勑。

計開：

太玄紫霄宫正殿内安奉铜范镀金像一堂：

真武一尊；

從神四尊：靈官、玉女、執旗、捧劍各一尊；

水火一座；

銅鍍金供器一付：香爐一箇，盖架全；花瓶一對，貼金木雕靈芝花全；燭臺一對，貼金白蠟燭全；淨水盂一箇，盖全；水燈盞一箇，銅絲罩全；香匙筯一付，香替二箇；香奩一箇；金鍾一口；玉磬一付，架、卓全；

硃紅木器：食蘿盒一付；香盒一箇；香印一箇；香尺一根；香刮一塊；香槌一箇。

成化十九年九月初八日，勑御用監太監陳喜　今命爾領管黄船并馬快船隻，齎送真武聖像一堂，前去大岳太和山興聖五龍宫奉安，就修齋醮。已勑湖廣、河南三司并管山官員，預先整理合用物件及夫匠俟候。爾沿途務要十分仔細，用心照管，不許纖毫怠忽。到湖廣布政司率同三司委官護送至山，及督同河南委官成造石床等件，完具奉安。事畢回京。凡事須要公同計議，處置停當。不許因而生事，擾害下人。如違，責有所歸，爾其敬之，慎之。故諭。

計開：

兴圣五龙宫正殿内安奉铜范镀金像：

真武一尊；

水火一座；

銅范貼金像八尊：靈官、玉女、執旗、捧劔；馬、趙、温、關各一尊；

古銅供噐一付：香爐一箇；花瓶一對，貼金靈芝花全；水燈盞一箇。

成化二十二年九月初一日，勑御用監太監陳喜　今命爾管領香帛，前去大岳太和山興聖五龍宫修設齋醮。已勑湖廣鎮守太監開泰，公同三司計議，一應該用紙劄物件，量支官錢，各委堂上官管領前去買辦，及合用夫匠人等，亦就於所在有司取用。凡事悉聽爾處置。臨時或有當用物件，亦令措辦。爾須竭罄虔誠，用成醮事，毋得怠忽。仍戒約下人，不許擾人。故勑。

計開：

旛二十九對；頂五副；

帳四十二副；幔三副。

各樣道經、聖像：道經柘黄絹殼面六千五百部卷。《玉皇經》一千部；《玉樞經》一千卷；《真武經》一千卷；《三官經》一千卷；《度人經》一千卷；《五斗經》一千卷；《太上洞玄靈寶注齡資福延壽集解經》一千卷。

道像二千五百八十軸：三清、玉皇、四帝、諸天、諸神、諸帥，總聖一千軸；真武總聖行神三百軸；真武十二帥行神一千軸；三官大帝一千軸；關公三十軸；殷元師二十軸；薩真人二十軸；南斗二十軸；北斗二十軸；南極長生大帝十軸；北斗降金橋三十軸；斗母三十軸。

黄線香一百三十把；

降真香一百三十炷；

碎香一百三十斤；

純紅蠟燭一百三十對。

弘治七年八月初九日，勑御用監太監扶安、尚衣監太監余慶、御用監左少監張昺　今命爾等管領黄船并馬快船隻，裝送真武聖像并供器等項，前去大岳太和山奉安，就修齋醮。已勑湖廣三司并管山内外官員，預先整理俟候應用。爾等沿途務要十分仔細，用心照管，不許纖毫怠忽。到湖廣布政司率同三司委官護送至山奉安。事畢回京。凡事須要公同計議，處置停當。不許因而生事，擾害下人。如違，責有所歸。爾等敬之慎之。故勑。

計開：

大聖南巖宫正殿内安奉錐金瀝粉彩粧木雕聖像一堂，共一十九尊：

真武一尊；

從神一十八尊：靈官、玉女、執旗、捧劍各一尊；水火一座；鄧天君、辛天君、張天君、陶天君、龐天君、劉天君、苟天君、畢天君，馬、趙、温、關四大元帥各一尊。

供器古色銅一付，梨木座全；香爐一箇，盖全；燭臺一對；花瓶一對；匙筯瓶一箇，匙筯全；剪燭罐一箇，剪全；海燈盞一箇，麻花絲罩全；淨水盂一箇；銅鍍金鍾一口，鎚全；曲磬一箇，鎚全；以上俱木雕，渾貼金，雲架全。

各色紵絲旛共三十對。

香一萬七千一百九根炷斤：降真香八百七十五炷；檀香六十炷；碎檀香二十六斤；碎降香六十八斤；乳香三十斤；馬牙香五十斤；細線香一萬六十根。

純黄蠟燭一千六百九十對；蠟紙撚七百根；發燭二百片；燈草一斤八两。

弘治十年四月二十七日，勑太監李祺順　齎御前及中宫皇后布施銀兩、香燭、寶旛於玉虚等宫觀懸掛。

計開：銀七百兩；各色紵絲羅絹旛三十一對；白檀香五十炷；降真香三百炷；攢香二百斤；線香一千炷；純紅蠟燭五百對；油燭一千對；

香油一千五百斤。

弘治十二年十月初八日，勅御馬監太監李瑾、司設監太監李珍　今命爾同真人王應神祷等，賫捧香帛、銀兩，前去湖廣武當山修建齋醮。爾等到彼，會同鎮巡等官、太監劉雅等，并本山太監李祺等，及三司等官，将齎去銀兩，差委的當人員，收買合用品物，擇日赴山修建齋醮。務要敬謹嚴肅。不許指此爲由，科擾地方。如違，必罪不宥。爾等其慎之慎之。故勅。

計開：

銀五千六百兩；降真香一千炷；降真香塊五十斤；攢香三百斤；線香三萬根；純紅蠟燭一千八百對；玄色制帛九段；各色閃色暗花紵絲旛三十對；各色暗花羅旛二十四對；各色閃色暗花紵絲輳成經袱三十九箇。

弘治十四年閏七月二十五日，勅御用監太監王瑞、御馬監太監陳玹、御用監太監魏倫　今命爾等管領黄船并馬快船隻，裝送真武神像，前去大岳太和山奉安，并帶祝帛銀兩，就彼祭祀，修設齋醮及掛旛。已勅湖廣鎮巡并都、布、按三司官，委官整備夫役，并聽候買辦物料應用。爾等在途務要仔細，用心照管。到彼會同本山提督等官，敬謹奉安。事畢即便回京。且聞南北直隸河南、山東沿河一帶，以致湖廣地方俱被水灾，人民十分艱窘。爾等湏要體朕爲民之意，在途及到彼取撥夫役等項，凡事務從節省，不許纖毫搔擾。其帶去官舍匠作人等，嚴加鈐束。敢有夾帶私貨，需索下程分例等項，生事害人者，事發一體治罪不饒。爾等其慎之慎之。故勅。

計開：

御前淨樂宫奉安鍍金銅真武聖像一堂：

計五尊，水火、供噐、執色大紅粧花絨錦坐褥全。

主尊一尊；

從神四尊：靈官、玉女、執旗、捧劍各一尊；

水火一座。

供器一付：香爐一座，盖架全；花瓶一對，木雕貼金靈芝花全；燭臺一對，貼金彩粧雲龍燭鍍金銅火焰全；海燈盞一箇，麻花絲罩全；淨水盂一箇；剪燭罐一箇，剪全；匙箸瓶一箇，匙箸全；香盒一箇；鍾一口，木雕貼金架全；菜玉描金寶龍曲磬一塊，木雕貼金架全；大紅粧花絨錦表黄絹裏夾坐褥一塊；硃紅漆金線供棹一張；玄色素紵絲透綉七星火焰旗一面，鍍金銅寶盖硝子珠纓絡黑纓頭黄絨索全；各色花素紵絲旛三十六對。

修建齋醮七晝夜，銀七百兩；經錢銀三百兩。每齋醮一晝夜，放河燈七藏。七晝夜，共放河燈四十九藏，共該銀六百三十七兩。

香燭一分：降真香一千炷；降真香塊五十斤；攢香三百斤；純黄蠟燭，每枝一斤重，三百對；八兩重，五百對；四两重，一千對。

太和宫大顶金殿内供奉：

間鍍金銀鈒雲龍供器一付，花梨木描金座全；香爐一箇，架全；燭臺一箇，燭全；花瓶一對，鍍金銀法郎竹葉靈芝花全；水燈盞一箇，麻花絲罩全；淨水盂一箇，架全；匙箸瓶一箇，匙箸全；剪燭罐一箇，剪全；香盒一箇。

聖像六十六軸：真武十軸；三官十軸；無量壽佛五軸；救度佛母十一軸；玄壇一十九軸；王天將七軸；馬靈官八軸。

《玉樞經》九箱，計八百六卷；

《金光明經》五箱，計二千五百卷；

《萬命妙經》一千五百卷。

中宫一堂遇真宫奉安鍍金銅真武一堂：

計五尊，水火、供器、執色、絨錦、坐褥等件全。

主尊一尊；

從神四尊：靈官、玉女、執旗、捧劍各一尊；

水火一座；

供器一付：香爐一箇，盖架全；花瓶一對，木雕貼金靈芝花全；燭臺一對，木雕貼金彩粧雲龍燭鍍金銅火焰全；海燈盞一座，麻花絲罩全；淨水盂一箇，座全；剪燭罐一箇，剪全；匙筯瓶一箇，匙筯全；香盒一個；鍾一口，木雕貼金架全；菜玉描金曲磬一塊，木雕貼金架全；大紅粧花絨錦表黄絹裏夾坐褥一塊；硃紅漆貼金線供桌一張；

各色羅旛二十四對，玉虚等八宫觀巖廟等處懸掛。

各色紵絲羅經袱七十六箇。

建醮七晝夜，銀七百兩，經錢銀三百兩。二次修建齋醮六晝夜，銀六百兩，經錢銀二百兩。

每齋醮七晝夜，放河燈七藏，共放河燈四十九藏，共該銀六百三十七兩。

香燭一分：降真香二百四十炷；檀香九十炷；麓乳香一十二斤；檀香一十二斤；細降真香一十二斤；馬牙香三十斤；大料細線香六千根；純黄蠟紅燭四千二百六十枝；紅蠟燭一千五百枝；蠟紙撚三百枝；發燭一百五十斤。

東宫建醮七晝夜，銀七百两，經錢銀三百两。每齋醮一晝夜，放河燈七藏；七晝夜，共放河燈四十九藏，共該銀六百三十七兩。

香燭一分：降真香一百二十炷；檀香九斤；乳香一十五斤；樹乳香九斤；細降真香一十五斤；大料細線香三千根；純黄蠟紅燭，每枝一斤重三十枝，八兩重四百八十枝，四兩重三百枝，三兩半重九十枝，三兩重二百七十枝，二兩重一百三十枝。紅蠟燭每枝三兩重六百枝；蠟紙撚一千五百枝；發燭三百片。

弘治十五年十二月二十五日，太監陳寛等於乾清宫欽奉聖旨　恁司禮監寫帖子説與差去湖廣武當山等處，奉安聖像，修建齋醮好事，太監王瑞、陳玹、魏倫知道，今差錦衣衛千户秦玉，并差來鎮撫王良等，賫去銀兩、制帛、香燭等項，如帖到日，爾等即便會同彼處分守、分巡、内外官員、太監李祺等，分投差委的當人員，買辦紙劄品物等件，擇日赴山修建吉祥好事二起，每起四十九晝夜，務要嚴加敬謹，毋得怠忽。

好事畢日，還將修建日期并用過錢糧數目，備細開具回奏。不許因而生事，擾害下人。欽此。

計開：

淨樂宫好事四十九晝夜：

御前銀三千兩；降真香三百炷；攢香三百包，每包重一斤；純紅蠟燭三百對。

祭告玄天上帝：辦祭銀五十兩；禮聖玄色制帛一段；降真香一炷；降真香塊一包，重一斤；純紅蠟燭一對；祝文一道。

祭告三清：辦祭銀一百五十兩；禮神青色制帛三段；降真香塊三包，重一斤；降真香三炷；純紅蠟燭三對；祝文一道。

玉虚宫好事四十九晝夜：

銀三千兩：御前銀一千兩，中宫銀一千兩，東宫銀一千兩；降真香三百炷；攢香三百包，每包重一斤；純紅蠟燭二百八十對。

祭告玄天上帝：辦祭銀五十兩；禮神玄色制帛一段；降真香塊一包，重一斤；降真香一炷；純紅蠟燭一對；祝文一道。

祭告三清：辦祭銀一百五十兩；禮神青色制帛三段；降真香三炷；降真香塊三包，每包重一斤；純紅蠟燭三對，每枝重三斤；祝文一道。

弘治十八年十一月十一日　欽差太監韋興於清寧宫請出鍍金銅玄天上帝一堂，供器俱全。

本年十一月十八日　御用監太監王瑞又請出鍍金銅雲龍供棹一張、水火一座，全齎送大岳太和山大頂金殿内安設供獻。

正德二年八月初三日，勑御用監太監甄瑾　今命爾裝送真武聖像，前去大岳太和山奉安。爾沿途務要約束下人，用心照管，不許纖毫怠忽，到湖廣布政司，率同三司委官，護送至山奉安。事畢回京。不許因而生事，擾害百姓。如違，責有所歸。爾其敬之慎之。故勑。

計開：

鍍金銅真武聖像一堂，計五尊，坐床、地平、水火、供器、從神脚座、執色等件全；

主尊一尊；

從神四尊：靈官、玉女、執旗、捧劍各一尊。

供器一付，花梨木座全；香爐一箇；香盒一箇；花瓶一對，花全；燭臺一對；海燈盞一箇，麻花絲罩全；匙筯瓶一付，匙筯全；剪燭罐一箇，剪全；鉢盂一付，座全；

香燭：降真香五百炷；降真香塊二十五斤；線香一萬五千斤；純黄蠟紅燭九百對。

以上香燭分布玉虛等宫觀巖廟焚點。

道冠：各樣棗木道冠三千八百頂，簪全。

嘉靖五年二月十六日，勑正一嗣教真人張彦頨 朕即位五年，欲照先朝故事，爲民祈福。特命太監李瓚同爾賫送錢糧，前去大岳太和山修建清醮，安奉聖像。新陞左至靈吴尚禮，亦令隨爾供事。沿途合用船隻廪給，及護送人夫，已勑各該衙門照例應付。并勑湖廣鎮巡三司，及管山柔議，凡合用物件，預先整理俟候應用。爾等務要十分仔細，用心照管，到彼敬謹奉安。不許纖毫怠忽，仍湏體朕爲民祈福之意。安静行事，節省支費，不得勞民傷財。爾其敬之慎之。吴尚禮事畢之日，還着往南嶽公幹，就繳勑回京。故勑。

計開：

聖像一堂，大岳太和山淨樂宫安奉：

真武一尊；水火一座；從神四員，執事全；鍍金香爐一箇，香靠盖全；鍍金燭臺一對；鍍金花瓶一對，花全；鍍金海燈一座，罩麻花全；金鉢一箇；香盒一箇；燭罐一箇，剪全；火筯一把；香匙一把；香桶一箇；金鍾、玉磬一付，架全；安竇座。玄色神帛一段；青紵絲閃黄旛一對；純黄蠟燭三十六枝；大純紅蠟燭八枝；降真香四十九根。

福國裕民醮：降真香三百炷；攢香三百包，計三百斤；純黄蠟紅燭六百對；降真香塊六包，計六斤；攢香四包，計五斤；大降香十炷；純黄蠟燭一百六十枝；純紅蠟燭二百一十二枝；各色神帛二十段。以上香燭分散各宫觀焚點。

建儲齋：銀一百兩；青紵絲織金旛一對。降香二十六炷；小降香七十二炷；線香三十束；攢香七包，計三十五斤；降真香塊，計三十五斤。

中宫建儲醮：銀二百兩；各色織金紵絲旛五對；檀香二十炷；降真香二十炷；檀香四斤；降真香四斤；牙香四斤；純紅蠟燭五十對；純黄蠟燭五十對。

清寧宫建儲醮：銀二百兩；青織金紵絲龍袍一件；青織金紵絲旛二首；降香五十炷；攢香五包；線香一百束；純紅蠟燭一百對。

永淳長公主建儲醮：銀五十兩；純紅蠟燭五十對；降香三十炷；攢香二包。

三位夫人建儲醮：恭奉夫人，銀二十兩；莊奉夫人，銀三十兩；肅奉夫人，銀二十兩；恭莊二夫人，紵絲紗羅袍共三件，紵絲旛一對；香信銀十兩，香燭一包。

嘉靖二十五年七月二十一日，湖廣布政司爲傳奉事欽奉聖諭　爾等齎捧香、帛、旛、銀，前詣五山殿壇，遵照意内日數到彼，就於本處精選提點等職，并首者僉名登壇供事：武當山六十員名，齊雲巖一百員名，龍虎山一百六十員名，鶴鳴、三茅二山各八十員名，務要各秉精白，以格玄歆，用副朕誠。欽此。先于六月十五日，奉聖旨："着千户李永、道録官李雲淨，詣鶴鳴山壇；萬文明、王弘寘詣三茅山壇；李隆、李用濂詣龍虎山壇；齊志奚、紹隆詣齊雲巖壇；高士王永寧、太常寺卿曹守清詣武當山壇，修建齋醮，着上緊去，往迴給與應付。禮兵二部知道。"

計開：御前銀五百兩；中宫銀一百七十兩；旛一對；香燭、制帛全；御制齋意。

嘉靖二十五年七月二十日，皇帝聖旨 今秋八月十日，曶朕初生之辰。切念朕纘述皇圖，寅奉祖宗之訓導，迎景貺永綏家國之基，肆輯福于耿躬，迺篤承乎丕眷，仰高穹垂覆之恩，荷后衹弘載之德。祖本道侔於太極，親生功大於兩儀，思申悃而上報洪慈，惟矢心而投誠大道，謹涓本月初四日之吉，特遣高士卿職齋捧香帛儀物，趨詣武當山玄天帝壇修建金籙生辰報恩酬德叩玄祈福永壽齋醮一筵，一千二百分位，伏願天鑒神歆，降祥錫慶，早悟太上之玄玄，庶副天心之眷眷。密垂啓佑，永此皇明。欽此。臣欽承惟謹，依教奉行。

嘉靖三十一年五月初七日 舍人李望齎到御藥一萬袋，交與王佐，給散武當山各宮觀廟道官、道士等。欽此。

嘉靖三十二年閏三月十二日 舍人王遜齎到司禮監。嘉靖三十二年三月十六日，本監奉御王利於乾清宮欽奉聖旨："藥五千袋，着舍人齎去交與王佐，散與做工的。欽此。"

欽差提督大岳太和山兼分守湖廣行都司等處地方内官監太監臣王佐謹題 爲更换旛帳，以隆祀典，以新聖制事。照得本山玉虚等各宮觀巖廟，乃我成祖文皇帝創建，上以薦揚皇考皇妣，下爲天下蒼生祈福，永爲朝廷家廟香火。邇因年深損壞，荷蒙萬歲爺爺大發帑銀，命官重修，實我萬歲爺爺法祖敬玄，爲民祈福之盛典。所以感格玄帝，屢現祥光，昭答聖敬。以今宮觀殿宇、廊廡、道房俱蒙脩理，焕然一新。所有成化年間頒降各宮玄色織金骨朶雲紵絲旛首帳幔絨索，懸掛年久，香烟熏漬，陳舊不堪，及原上銅鍍金仰覆蓮墜脚，亦磨搕損壞者，臣竊惟大工之舉，千載難逢，宮宇既新，惟有旛帳未曾題請更换，如蒙伏望萬歲爺爺勑下該衙門照式成造，欽降各宮懸掛，庶俾均成新美，神人胥慶。臣與官、道、人等，不勝感戴慶幸之至。緣係更换旛帳，以隆祀典，以新聖制事理，未敢擅便，今將原舊旛帳式樣并造完文册一本，理合隨本進覽。爲此具本，專差舍人郭寧親齎謹題請旨。嘉靖三十二年十一月二十四日，奉聖旨："便着各衙門織造，限五月終完。奏工部知道。"

計開：

欽降玉虛等宮旛帳數：旛二十八對，鍍金銅、木雕貼金墜脚。

玉虛宮：

正殿：旛一對，長二丈八尺八寸，闊五尺；頂帳一副，橫長二尺零五寸，闊一丈，高一丈二尺，黄絨索四條。

聖父母殿：旛一對，長一丈六尺，闊三尺八寸；頂帳一副，橫長一丈五尺六寸，闊五尺，高八尺，黄絨索四條。

元君殿：旛一對，長一丈三尺七寸，闊三尺；頂帳一副，橫長九尺，闊四尺，高八尺；黄絨索四條。

啓聖殿：旛一對，長一丈三尺七寸，闊三尺；頂帳一副，橫長一丈一尺，闊五尺，高八尺；黄絨索四條。

望仙樓：頂帳一副，橫長一丈，闊五尺二寸，高七尺；黄絨索四條。

東嶽祠：頂帳一副，橫長一丈，闊五尺二寸，高七尺；黄絨索四條。

迴龍觀：旛一對，長一丈九尺二寸，闊一尺八寸；頂帳一副，長二丈五尺，闊四尺五寸，高八尺五寸；黄絨索四條。

玉虛巖：頂帳一副，橫長六尺，闊四尺，高六尺；黄絨索四條。

關王廟：頂帳一副，橫長九尺，闊三尺五寸，高六尺；黄絨索四條。

八仙觀：頂帳一副，橫長一丈二尺，闊四尺，高七尺五寸；黄絨索四條。

太和宫：

拜殿：旛一對，長一丈五尺，闊二尺五寸。

元君殿：旛一對，長一丈三尺九寸，闊二尺五寸；頂帳一副，橫長九尺，高七尺；黄絨索四條。

聖父母殿：旛一對，長一丈一尺二寸，闊三尺五寸；頂帳一副，橫長八尺，闊四尺，高六尺；黄絨索四條。

朝天宫：旛一對，長一丈八寸，闊二尺八寸；頂帳一副，橫長七尺，闊二尺五寸，高八尺；黄絨索四條。

黑虎廟：頂帳一副，横長一丈一尺，闊四尺五寸；黄絨索四條。

清微宫：旛一對，長二丈九尺八寸，闊五尺；頂帳一副，横長一丈八尺，闊六尺，高九尺；黄絨索四條。

南巖宫：

正殿：旛一對，長二丈八尺八寸，闊四尺九寸；頂帳一副，横長二丈一尺，闊一丈一尺，高一丈二尺；黄絨索四條。

聖父母殿：旛一對，長九尺七寸，闊二尺八寸；頂帳一副，横長一丈，高八尺；黄絨索四條。

元君殿：旛一對，長九尺七寸，闊二尺八寸；頂帳一副，横長九尺，高六尺；黄絨索四條。

石殿：旛一對，長九尺七寸，闊二尺八寸；幔一副，横長七尺五寸，高七尺；黄絨索二條。

烏鴉廟：頂帳一副，横長七尺，闊四尺，高七尺；黄絨索四條。

太玄觀：頂帳一副，横長七尺五寸，闊二尺八寸，高六尺八寸；黄絨索四條。

榔梅祠：頂帳一副，横長八尺，闊四尺，高八尺；黄絨索四條。

仙侣巖：頂帳一副，横長八尺五寸，闊五尺，高六尺；黄絨索四條。

滴水巖：頂帳一副，横長七尺五寸，闊五尺，高五尺；黄絨索四條。

紫霄宫：

正殿：旛一對，長二丈九尺六寸，闊五尺五寸；頂帳一副，横長二丈五尺五寸，闊一丈一尺五寸，高一丈一尺五寸，繩全。

聖父母殿：旛一對，長一丈六尺一寸，闊三尺五寸；頂帳一副，横長一丈七尺，闊五尺，高一丈四尺；黄絨索四條。

香火殿：頂帳一副，横長一丈一尺，闊三尺八寸，高七尺，索全。

福地殿：頂帳一副，横長一丈二尺，闊四尺五寸，高六尺八寸，索全。

復真觀：旛一對，長一丈五尺九寸，闊三尺五寸；頂帳一副，横長一丈二尺，闊四尺五寸，高九尺，索全。

龍泉觀：旛一對，長一丈四尺六寸，闊三尺四寸；頂帳一副，橫長八尺五寸，高六尺五寸，索全。

威烈觀：頂帳一副，橫長八尺四寸，闊二尺七寸，高七尺，索全。

五龍宫：

正殿：旛一對，長二丈七尺八寸，闊五尺；頂帳一副，橫長二丈，闊一丈一尺，高一丈二尺，索全。

聖父母殿：旛一對，長一丈五尺，闊三尺四寸；頂帳一副，橫長一丈七尺，闊五尺，高九尺，索全。

玉像殿：旛一對，長一丈二尺七寸，闊二尺八寸。

自然庵：頂帳一副，橫長一丈三尺，闊五尺，高八尺，索全。

仁威觀：旛一對，長一丈八尺一寸，闊三尺五寸；頂帳一副，橫長一丈三尺，闊五尺，高九尺，索全。

行宫：旛一對，長一丈五尺一寸，闊三尺四寸；頂帳一副，橫長一丈三尺，闊五尺，高九尺，索全。

遇真宫：

正殿：旛一對，長一丈五尺五寸，闊三尺；頂帳一副，橫長一丈三尺，闊五尺五寸，高八尺五寸，索全。

三丰祠：頂帳一副，橫長五尺，闊四尺五寸，高五尺，索全。

元和觀：旛一對，長一丈七尺一寸，闊三尺五寸，頂帳一副，橫長一丈一尺，闊五尺，高三尺，索全。

淨樂宫：

正殿：旛一對，長三丈八尺九寸，闊五尺；頂帳一副，橫長二丈，闊一丈二尺，高一丈五尺，索全。

聖父母殿：旛一對，長一丈六尺一寸，闊三尺五寸；頂帳一副，橫長一丈六尺，闊六尺，高一丈。

紫雲亭：頂帳一副，橫長一丈三尺，闊六尺，高一丈，索全。

迎恩宫：

正殿：旛一對，長一丈一尺二寸，闊一尺九寸；頂帳一副，横長一丈，闊六尺，高一丈，索全。

關王廟：頂帳一副，横長六尺，闊三尺，高五尺，索全。

五龍行宫：

正殿：頂帳一副，横長一丈一尺五寸，闊四尺，高七尺五寸，索全。

聖父母殿：頂帳一副，横長九尺，闊四尺，高六尺，索全。

城隍廟：頂帳一副，横長一丈三尺，闊五尺五寸，高七尺五寸，索全。

以上帳幔旛首，俱玄色骨朶雲織金。

御製齋意

皇帝聖旨　兹以命工修理玄岳諸宫，悉就美周，取今孟春吉日爲始，特命某就于治世玄岳某宫，修設金籙慶聖安神奠土懺愆齋醮，三百六十分位，至某日圓滿。伏願玄師納懇真聖垂歆，保朕躬永吉永康，佑邦民常安常樂，玄風廣播，帝化大行。欽此。臣欽承惟謹，依教奉行，玄天玉虚等一十一宫建醮三日，選提點等官道，廣闊處每六十員名，次四十五員名，又次三十六員名，圓滿回話。正月初一日起，三日五處；十四日起，三日三處；二十四日起，三日三處。説與王佐：玄岳工完安神，并做好事，别有遣命了。這十一處不係部行的事，御前先行密建。勿用有司買辦香燭等項。供用一總回話來。

嘉靖三十三年二月初三日，欽差提督大岳太和山兼分守湖廣行都司等處地方内官監太監臣王佐謹題，爲傳奉事　嘉靖三十二年十二月二十六日，錦衣衛總旗王繼宗，齎到欽奉萬歲爺爺聖旨説與王佐：玄岳工完安神，并做好事，别有遣命了。這十一處不係部行的事，御前先行密建，勿用有司買辦。香燭等項供用，一總回話來。并修齋旨意一本，欽降硃紅匣一箇，寶封鎖鑰俱全。臣恭叩啓封，内貯銀二十三錠，共一千一百五十兩。欽此。臣遵照萬歲爺爺欽定宫分銀兩數目，隨即給發各該宫提點，眼同臣親信家人，分投買辦合用香燭、供品、紙劄、齋糧等項。臣謹遵萬歲爺爺聖旨，選提點官道，廣闊處每六十員名，次四十五員名，又次三十六員名，自正月初一日爲始，就于治世玄岳、玄天玉虚宫、大岳太和宫、大聖南巖宫、太玄紫霄宫、興聖五龍宫五處，同日啓建慶聖安神奠土懺愆齋醮，每處三日，三百六十分位，至初三日圓滿。十四日起，淨樂宫、迎恩宫、五龍行宫三處，每處三日，三百六十分位，至十六日圓滿。二十四日起，遇真宫、朝天宫、清微宫三處，每處齋醮三日，三百六十分位，至二十六日圓滿。臣仰承萬歲爺爺聖意，小心敬慎，奔趨供事，催辦各宫香燭、紙劄、供品、齋食；預令在壇官道各齋沐身心，更换衣履潔淨，共秉誠心，依科修建，務俾嚴肅，願祈感格玄聖，茂顯威靈，以副萬歲爺爺聖心精誠，懇切致敬之意。本月初三日申時太和宫設醮間，臣與各道仰見本宫大頂正東天上，忽現五色霞光，貫射金殿。臣與衆官道當即焚香，朝光俯伏叩頭拜謝外，良久隱隱方散。十四日，淨樂宫建醮三日，至十五日午朝間，仰見本宫大殿東南天上，忽現五色霞光，祥雲旋繞，雜彩交輝，散而複合。又見仙鶴八隻隱隱自東而來。殿前，翱翔旋遶數刻，向西北而去。二十四日，遇真宫建醮三日，至二十六日，拜表畢，辰巳之間，本宫正殿天上，又放五色霞光，隱而復現，逾時方散。時值歲首，四方香客來山進香者遇覩祥光，俱各叩頭，齊聲祝頌，爺爺萬歲，萬歲，萬萬歲！臣與衆官道無不舉手加額，仰贊嘉祥疊現，以爲世所罕見。實皆萬歲爺爺敬天禮神，爲國爲民，誠意懇切感格玄聖，炫赫顯靈，疊現禎祥，昭答聖敬之誠也。臣等不勝踴躍忻忭之至，今已建醮圓滿，所有原奉旨意二本，隨本進繳，謹將瑞應圖三軸，并經數十一套，及買辦香燭、供品、紙劄、齋糧等項用過銀兩數目文册一本，理合一總回話進覽，爲此具本。今差原差總旗王繼宗親齎謹具題知。

嘉靖三十三年正月十七日，舍人郭寧齎到袍旛齋意，敬奉大明貞妃馬氏、敬妃文氏令旨　今月二十六日，恭遇皇上景命昌辰，先於甲子爲始，特命官道祇就淨樂宫修建玉籙慶聖賀師祝壽進袍懸旛吉祥大齋五晝夜，至二十七日圓滿，陳設諸真清醮一千二百分位，伏願微誠恭慶玄岳治世之新修，大聖垂歆，丹悃迎恩而致祝聖躬萬壽，玄造億春，衍福德於九御。著靈應於六宫，加佑聊體以康强，仰贊主上而修奉。厄難蠲消，利禎叢集，敬此。臣敬承惟謹，依教奉行，選提點等官道六十員名奉行，袍旛分八宫懸進。

計開：

淨樂宫：

玄聖前：玄色六雲紵絲綵繡四團龍袍一件；

大殿：懸大紅紵絲銷金雲鶴旛一對；

紫雲亭：懸黄紵絲銷金雲鶴旛一對。

太和宫：

金殿玄聖前：玄色六雲紵絲綵繡四團龍袍一件；

拜殿：懸黄羅銷金雲鶴旛一對。

玄天玉虚宫：懸黄紵絲銷金雲鶴旛一對。

太玄紫霄宫：懸大紅紵絲銷金雲鶴旛一對。

大聖南巖宫：懸青紵絲銷金雲鶴旛一對。

興聖五龍宫：懸黄紵絲銷金雲鶴旛一對。

遇真宫：懸紫羅銷金雲鶴旛一對。

迎恩宫：懸大紅紵絲銷金雲鶴旛一對。

嘉靖三十三年八月二十二日，欽差提督大岳太和山兼分守湖廣行都司等處地方内官監太監臣王佐謹題爲欽降旛帳事 嘉靖三十三年八月初六日，定國公徐延德、高士陶中輔、御用監太監趙芬、司設監右監丞郭宣，齎捧萬歲爺爺原命，成造玄色織金紵絲旛帳，到於玄岳玉虚宫。高士陶中輔同臣就於各宫擇選頗曉齋法官道一百二十員名，初九日早先行發文爲始，至十五日圓滿。初十日恭遇爺爺萬壽聖節，早朝畢，爰命勳臣徐延德，将本宫旛帳吉時捧安供設。行祭禮畢，即分請旛帳，各宫巖廟供設。本日至太和宫供設行禮，忽見金殿西南，祥光疊現二次，良久方散。此皆萬歲爺爺精誠感格，以致玄聖降祥昭答聖敬。臣等與官道俯伏在地，舉手加額，齊祝萬歲爺爺聖躬康泰，萬壽無疆！仰惟爺爺聖典崇重名山，四方往來進香者，瞻仰各宫殿宇，新建輝煌，旛帳鮮明，焕然一新。皆曰自昔及今未有如此之盛也。臣隨將舊供旛帳并銅鍍金仰覆蓮墜脚，俱送淨樂宫收貯。伏乞萬歲爺爺聖旨，或照成化年間焚化，或存留貯庫。緣係欽降旛帳事理，未敢擅便，爲此具本。專差舍人郭寧親齎謹題。請旨。

嘉靖三十三年九月二十一日，司禮監太監黄錦等，於乾清宫奏該禮部印信手本，内開欽差提督大岳太和山内官監太監王佐題爲欽降旛帳事　奉聖旨："禮部知道，欽此。"欽遵，續該本部題稱，照得前項旛帳，歲久必敝，存留貯庫，日漸污損，反成褻瀆，相應焚化。其金蓮墜脚，似宜珍襲貯庫，以傳不朽等因。本年九月二十五日，奉聖旨："是，欽此。"

嘉靖三十三年九月二十五日，欽差提督大岳太和山兼分守湖廣行都司等處地方内官監太監臣王佐謹題爲欽奉事　嘉靖三十三年十月十八日，舍人郭寧齎到該司禮監，本年九月二十一日，本監太監黄錦等於乾清宫奏該禮部印信手本，内開欽差提督大岳太和山内官監太監王佐題，爲欽降旛帳事。奉聖旨："禮部知道，欽此。"續該本部題稱，照得前項，旛帳歲久必敝，存留貯庫，日漸污損，反成褻瀆，相應焚化，其金蓮墜脚似宜珍襲貯庫，以傳不朽等因。本年九月二十五日，奉聖旨："是。欽此。"欽遵，本監今將奉到旨意事理備云，前去大岳太和山提督内官監太監王佐，欽遵施行等因，齎捧到臣欽此謹遵萬歲爺爺聖旨，督同均州并千户所各掌印官，并玉虚等宫提點宋演慶等，謹將前項旛帳擇於本年十月二十四日，虔請恭捧於潔淨處，所焚化灰燼送入漢江。其銅鍍金金蓮墜脚逐一查驗明白，收貯淨樂宫官庫，以傳不朽。緣係欽奉事理，爲此具本，專差舍人王遜，親齎謹具題知。

嘉靖三十三年十一月初四日 奉聖旨：“知道了。”

嘉靖三十四年七月 日 清微演教崇真衛道高士，兼三宫住持，叅授上清大洞經籙九天金闕榮侍大夫，清微總章上輔神霄玉樞伏魔真宰，判雷霆都司諸省府院便宜行事。臣陳誠應，欽奉皇帝聖旨，兹今八月初十日，朕初度之辰，命官捧齎香帛，前詣治世玄岳壇殿，取初九日爲始，至十五日圓滿，修建金籙祈天永命集慶安邦齋醮，一壇七晝夜，三千六百分位，欽答天地洪恩，恭報祖親大德，伏願上帝享忠誠大道，盟至懇慶，隆宗社而福及臣民，澤被八方，而恩覃萬宇，家多孝悌，國有貞良，王化克並唐虞，玄風播諸天下。欽此。”臣欽承惟謹，依教奉行。

卷之五　勑蠲免征差①

永樂十五年二月十九日，隆平侯張信早於奉天門奏　大岳太和山附近湖廣襄陽府均州，合無將那本州該管軍民人户，與免科差，分派輪流前去玄天玉虚宫等處守護山場，灑掃宫觀。奉聖旨："是。税糧依舊着辦，其餘科差都免了。欽此。"

洪熙元年正月十三日，勑湖廣都指揮使司　朕皇考太宗文皇帝臨御之日，創建大岳太和山宫觀，上以資薦皇祖考、皇祖妣在天之靈，下爲四海蒼生祈迓福祉，工既告完。已勑湖廣布政司右条議諸葛平常川用心巡視，遇有損壞随即修整。朕今祇承鴻業，篤念皇考先志，實欲虔奉祀事於悠久，以冀利澤於無窮。勑至，即免爾均州一千户所軍餘雜泛差役，盡數存留在州，聽条議諸葛平及千户朱彝提督。但遇宫觀有滲漏損壞之處，随即修理；溝渠路道有淤塞不通之處，随及整治。務使宫觀永遠完美，溝渠路道永遠通利，庶稱朕心。兹特以勑諭，爾等其敬承之毋怠。故勑。

同日，又勑湖廣均州户千百户旗軍人等　朕皇考太宗文皇帝臨御之日，創建大岳太和山宫觀，上以資薦皇祖考、皇祖妣在天之靈，下爲四海蒼生祈迓福祉，工既告完。已勑湖廣布政司右条議諸葛平常川用心巡視，遇有損壞随即修理。朕今祇承鴻業，篤念皇考先志，實欲虔奉祀事

---

① 原文有"佃户附"，爲統一，將其删去。

於悠久，以冀利澤於無窮。今特勑湖廣都指揮使司，免爾均州一千户所軍餘、雜泛、差役，盡數存留在州，聽叅議諸葛平及千户朱彝提督。但遇宫觀有滲漏損壞之處，随即修整；溝渠路道有淤塞不通之處，随即整治。務使宫觀永遠完美，溝渠路道永遠通利，庶稱朕心。兹特以勑諭。爾等務在公勤趨事，毋得怠慢及私役軍餘，以取罪愆。如勑奉行。

宣德元年正月十七日，勑湖廣都司布政司 昔我皇祖太宗文皇帝，創建大岳太和山宫觀，實欲虔奉祀事於悠久，以冀利澤於無窮。我皇考仁宗昭皇帝臨御之日，篤念先志，特將均州一千户所軍餘雜泛差役盡行優免，聽叅議諸葛平及千户朱彝提督。但遇宫觀有滲漏損壞之處，随即修理；溝渠路道有淤塞不通之處，随即整治。比聞屯田子粒，未曾除免，其軍士弗護盡心於所事。勑至，即將均州千户所屯田子粒盡行除免。仍遵前勑，優免其雜泛差役。令得專心用力修理，使宫觀永遠完美，溝渠路道永遠通利。庶稱朕展報之心。爾等其敬承之。故勑。

同日，又勑湖廣布政使司右叅議諸葛平及均州千户朱彝等 昔我皇祖太宗文皇帝創建大岳太和山宫觀，實欲虔奉祀事於悠久，以冀利澤扵無窮。我皇考仁宗昭皇帝臨御之日，篤念先志，特将均州一千户所軍餘、雜泛、差役優免，聽爾等提督。但遇宫觀有滲漏損壞之處，随即修理；溝渠路道有淤塞不通之處，随即整治。朕今復勑湖廣都司布政司，将本所屯田子粒盡行除免。仍遵前勑，優免其雜泛差役。令得專心用力於所事，使宫觀永遠完美，溝渠路道永遠通利，庶稱朕展報之心。已勑玄天玉虚宫提點任自垣，與爾一同提督修理。爾等務在恭勤趨事，毋得怠慢及私役軍餘，以取罪愆。如勑奉行。

同日，又勑玄天玉虚宫提點任自垣 昔我皇祖太宗文皇帝臨御之日，篤念先志，特將均州一千户所軍餘雜泛差役優免，聽叅議諸葛平、千户朱彝等提督。但遇宫觀有滲漏損壞之處，随即修理；溝渠路道有淤塞不通之處，随即整治。朕今復勑湖廣都司布政司，將本所屯田子粒盡行除免。仍遵前勑，優免其雜泛差役。令得專心用力於所事，使宫觀永遠完美，溝渠路道永遠通利，庶稱朕展報之心。已勑叅議諸葛平等，與爾一同提督修理。爾等務在恭勤趨事，毋得怠慢及私役軍餘，以取罪愆。如勑奉行。

宣德元年九月内　行在兵部，於左順門奏：大岳太和山修理宫觀軍餘差役。奉聖旨："今後征差也免了。欽此。"

宣德四年五月初六日　行在工部尚書吴中等官，於左順門奏：大岳太和山人匠一十九名，係營造人數。奉聖旨："留與他。欽此。"

成化五年五月二十四日，勑内官監右監丞韋貴　得爾奏，彼處宫觀房屋、橋梁、道路，年久損壞數多。其均州千户所正軍，多係先前習學木石等匠，要乞優免征差，兼同餘丁專一修理等因，今特准爾所奏。命爾同叅議王豫提督本所官軍并餘丁，將前項損壞宫觀房屋、橋梁、道路，陸續用工修理，合用甎灰木料，預令官軍餘丁設法燒採措置應用。爾等務在用心提督，使勞逸相均，工程有序，堅固完美，足以經久。毋或虛應故事，徒費財力，及科需尅害，致人嗟怨。如違，罪有所歸。工完無事之日，仍提督正伍官軍操守城池，防禦盜賊，或本處并隣近府縣草寇生發，本所官軍相應調用，聽叅將等官與爾等計議，斟酌施行。其餘一應雜泛征差并運糧、屯田及邊防征調等項，一體優免。爾等其如勑奉行，故勑。

同日，又勑巡撫荆襄南陽等處右副都御史楊璿、分守右叅將都指揮同知王信　得右監丞韋貴奏：大岳太和山宫觀房屋、橋梁、道路年久損壞數多，其均州千户所正軍，多係先前習學木石等匠，要乞優免征差，兼同餘丁專一修理等因。今特准其所奏。命同叅議王豫提督本所官軍并餘丁，將前項損壞宫觀房屋、橋梁、道路陸續用工修理。候工完無事之日，正伍官軍，仍操守城池，防禦賊寇，如附近賊盜生發，前項官軍相應調用，聽爾與韋貴等計議斟酌施行。事寧之日，即便放回。其餘一應雜泛征差并運糧、屯田及邊防征調等項，照例優免，不許輕易差占。特諭爾等知之。故勑。

成化五年五月二十四日，勑湖廣布政司右叅議王豫 得右監丞韋貴奏，彼處宫觀房屋、橋梁、道路年久損壞數多，其均州千户所正軍，多係先前習學木石等匠，要乞優免征差，兼同餘丁專一修理等因，今特准其所奏。命同爾提督本所官軍并餘丁，將前項損壞宫觀房屋、橋梁、道路，陸續用工修理，合用甎灰木料，預令官軍餘丁設法燒採措置應用。爾等務在用心提督，使勞逸相均，工程有序，堅固完美，足以經久。毋或虚應故事，徒費財力，及科需尅害，致人嗟怨。如違，罪有所歸。工完無事之日，仍提督正伍官軍，操守城池，防禦賊盜，或本處并隣近府縣草寇生發，本所官軍相應調用，聽叅將等官與爾等計議斟酌施行。其餘一應雜泛征差并運糧、屯田及邊防征調等項，一體優免。爾等其如勑奉行。故勑。

弘治八年九月，湖廣行都指揮使司爲乞恩申明祖宗舊制事 該欽差提督大岳太和山兼分守湖廣行都司等處尚衣監太監潘記題，近據湖廣行都司均州守禦千户所正千户張翺、百户高清、修山旗軍餘丁朱賢等連名狀告：切緣各祖先於洪武二等年，蒙鄧大夫收集本所旗軍，洪武二十九年奉户部并前軍都督府貫字一千八百一十七等號勘合，爲屯種事，將本所旗軍一千一百二十名内，存留二百二十四名守城，摘撥八百九十六名下屯住種，比時各遵欽降紅牌事例，并永樂二年二月二十二日節該欽奉太宗文皇帝，勑諭天下都司衛所指揮、千百户官員人等："若官員、軍下、舍人、餘丁家人，自願耕種者，不拘頃畝，隨其開墾，子粒自收，官府不許比較。爾等官員人等，毋視虚文。欽此。"欽遵各於附近均州地名：西崗、雙塚、石板灘、土陂、浪河、沙頭、龍門、安陽口等處，開墾無額荒閑山坡、老林田地耕種。永樂二等年，又奉户部湖字八百三十等號勘合，領到均州、鄖縣申除遠年爲事，充軍死絶人户遺下抛荒田地，撥與本所無田旗軍領種，當就搬移家小，前去起盖營房，住種辦納子粒外，永樂十年奉勑創建大岳太和山玄天玉虚等七宫并帶管巖廟，大小三十三處殿宇、宫觀、方丈房屋共一千八百六十餘間，并石路、欄杆、踏垛、溝渠、橋梁、道路等項，落成之後，該隆平侯張信等，奏選天下道士四百名，銓選提點，鑄降印信，前來本山，分住各宫焚修，祝延聖壽，與天下蒼生祈福外，洪熙元年正月十三日，欽奉仁宗皇帝勑湖廣均州千户所百户旗軍人等："朕皇考太宗文皇帝臨御之日，創建大岳太和山宫觀，上以資薦皇祖考、皇祖妣在天之靈，下爲四海蒼生祈迓福祉。工已告完。已勑湖廣右衆議諸葛平，常川用心巡視，遇有損壞，随即修整。朕今祗承鴻業，篤念皇考先志，實欲虔奉祀事於悠久，以冀利澤於無窮。今特勑湖廣行都司，免爾均州一千户所軍餘雜泛差役，盡數存留在州，聽衆議諸葛平及千户朱彝提督。但遇宫觀有所滲漏損壞之處，随即修理；溝渠路道有所淤塞不通之處，随即整治。務使宫觀永遠通利，庶稱朕心。兹特以勑諭。爾等務在公勤趨事，毋得怠慢及私役軍餘，以取罪愆，如勑奉行。欽此。"欽遵宣德元年正月十七日節該欽奉宣宗章皇帝，勑湖廣布政司："昔我皇祖太宗文皇帝，創建大岳太和山宫觀，實欲虔奉祀事於悠久，以冀利澤於無窮。我皇考仁宗昭皇帝臨御之日，篤念先志，特將均州一千户所軍餘雜泛差徭盡行優免，聽衆議諸葛平及千户朱彝提督修理。比聞屯田子粒未曾除免，其軍餘弗護盡心於所事。勑至，即將均州千户所屯田子粒盡行除免。仍遵前勑優免其雜泛差役。令得專心用力修理，務使宫觀永遠完美，溝渠道路永遠通利，庶稱朕展報之心。爾等其敬承之毋怠。欽此。"欽遵。比蒙欽差提調衆議諸葛平，將本所正軍，拘連妻小起取赴城安住，每月關支糧米六斗，委官管領。常川修山户下餘丁，各連老幼男女，仍在原屯住坐耕種。前項屯田營辦衣糧，供給餘丁與同正軍一體修山，至今不缺。今弘治八年六月内，本所奉湖廣都司劄付，奉欽差提督撫治鄖陽等處都察院右副都御史沈暉照會，爲清理屯田月糧事，照得各衛所屯田官軍舍餘，每分撥田五十畝，歲辦子粒一十二石。内六石納官，六石除與食用，不支月糧，已是通行天下定例。今訪得均州千户所軍餘，仍將前項屯田至今耕種，自收子粒，食用仍支月糧，似與前例有違等因，奉行到所，行仰所屬遵依，賢等思得各種屯田子粒俱係節，奉列聖勅諭除免。自種修山到今七十餘年，今本所欲遵開除月糧，則正軍與在營家小缺食；欲將屯田退出還官，則旗軍户下餘丁老幼人口無所依棲。查得洪武年間，各軍户下餘丁與各處調來軍夫，一同在山做工，每月支口糧四斗五升，鈔一十五貫，後營造完日住支。今一户有二十丁者、十餘丁者、三五丁者、一二丁者，盡數編朋在山，相兼正軍日用，土木重工修理。况宫殿房屋、橋梁、踏垛、道路、溝渠等項，俱在高山深谷，建立年遠，坍塌數多，前修後壞，終無了完，全靠前項屯田耕種，營辦衣糧盤纏，供給修山。一旦退出，無以聊生，人心憂惶，未免流離失所，身家不能保全。且各處流民，編發新軍，荷蒙朝廷恩例，尚且撥與田地房屋耕種，安插得所。况本處連年水旱相仍，多無足食，下情艱苦，不可盡言。如蒙准告，伏望可憐軍餘困苦，乞賜轉達前項屯田月糧，仍令軍餘住種，關支修山，庶不負朝廷恩典，免致軍餘憂疑。實爲便益等因，具告到臣，伏覩列聖勅諭，并成化二十年十月初四日節該欽奉憲宗純皇帝及我當今皇上勅諭："特將均州一千户所軍餘雜泛差役及屯田子粒盡行優免，專一供應宫觀灑掃修理之役。其餘一應征差，并運糧一體優免。欽此。"欽遵外，今據前因，臣查得該所軍餘始自永樂年間，屢奉聖恩，軫念祖宗，勅諭調各省軍民人夫二十餘萬，創建名山宫觀巖廟，特以資薦皇祖列聖在天之靈，上以祝延聖壽，下爲天下蒼生祈福之所。只今止是一所軍餘修理，委得工程浩大，歲無虚日，若無屯田月糧供給，情實可憐。將來軍餘多致逃竄，不無有悮修山。下及臣等緘默不言之罪，自不能逭。惟望皇上憐憫軍餘修山困苦，乞勅該部從長計議，查照祖宗舊制，合無將優免屯田，仍與軍餘耕種，供應旗軍月糧如前關支，照舊修山。惟復另爲處置，並乞聖明裁處行示，欽此不勝感戴天恩之至等因具本。該本部官於奉天門欽奉聖旨："是。該部看了來説。欽此。"欽遵行間，續該欽差提督撫治鄖陽等處督察院右副都御使沈暉，題爲地方事，内開應議事件。内一件，清屯田以節糧儲，照得天下衛所屯種官軍，舍與每人給田五十畝，歲辦子粒一十二石。内除正糧六石上倉，餘糧六石與本人食用，不支月糧，已是祖宗舊制。今查得湖廣行都司均州守禦千户所，自洪武、永樂以來，原額下屯旗軍共九百八十二名，領種田地四百五十九頃五十二畝八釐，歲辦子粒五千八百九十二石，後於宣德二等年節該都司、布政司，并提督大岳太和山宫觀内外官員，欽奉勑諭："将本管軍士屯田子粒盡行除免，仍免雜泛差役，令得專心修理宫觀等因。欽此。"欽遵外，但前項屯田内，除旗軍陳昇等三十二名，遺下屯地一十頃五十四畝四分八釐五毫，該糧一百一十六石五斗三升八合二勺，撥與舍人邵海等領種辦納。其餘見在旗軍九百五十名，原田地四百四十八頃九十七畝五分九釐六毫，該糧五千七百石，雖蒙除免，至今朦朧，仍前耕種，所收正餘糧米，俱各自行食用。又擅自造册，與城操旗軍一槩按月關糧，各支不等，每年該本色折色糧米一萬一千七百八十四石六斗，實該本色米六千八百四十石，折鈔米四千九百四十石六斗。况今節准户部咨，該兵部題准及備行天下。巡撫等官，清查各衛所屯田，被勢要占種，頑軍盜買情弊，逐一查究，務要田復舊規，糧有增益等因，已經備行查堪未報。今各旗軍既奉前例，除免子粒，自合將屯田請明定奪，却乃仍前耕種，收利入己，又行關支月糧，於例有違，合當申明改正。乞勑該部查例議奏定奪。合無將該所屯田，仍聽旗軍耕種，除原免子粒，就與食用，不必關支月糧。惟復准令，照依操軍關糧，將屯田撥與本衛所無田官軍舍餘領種，辦納子粒，庶屯田不被占種，食糧不致重冒等因具題。奉聖旨："該衙門知道。欽此。"欽遵，看得太監潘記奏，要查照祖宗舊制，合無將優免屯田仍與軍餘耕種，供應旗軍月糧，如前關支。惟復另爲處置，及都御史沈暉奏，要會議改正一節，臣等查得見行事例，每軍領屯田一分，每歲辦納屯糧子粒共一十八石。各處衛所正軍月支糧一石，歲該支糧一十二石，下屯屯軍不支月糧，就撥屯種一十二石給與屯軍食用，補作月糧，尚有子粒六石，應該每歲上倉交納。此係常例。今本山屯軍已有屯糧一十二石，准作月糧食用，與各處衛所正軍月糧相同，子粒六石，應合照欽奉勑諭事例，免其上倉。所有每月支米六斗，不無重支。以此都御史沈暉奏，要會議改正不爲無見，合無本部行移彼處撫治都御史，查照該所屯田，仍撥與各軍耕種。其該徵子粒六石，遵奉列聖勑諭除免，不必追徵，就將各人自得屯糧一十二石之數，照例與作食用，其月糧不許另外重支。如此，則屯田以清，糧儲可省，而軍士亦遂所養而樂於趨事矣。弘治八年八月二十九日，太子少保户部尚書葉□等具題。次日於奉天門奉聖旨："是，月糧仍照舊關支。欽此。"

佃　户　附

永樂十四年九月初三日　該隆平侯張信傳奉聖旨武當山各宫觀别無田糧供贍，着户部差官去同所在官司踏勘本處附近荒閑田土，着法司撥徒流犯人五百名，去那裏做佃户，專一耕種供贍。若是本山宫觀邊厢，有百姓每的田地，就取勘見數撥與佃户每種，另尋田土撥與百姓。欽此。

景泰五年二月二十四日，湖廣布政使司爲民情等事　承准禮部勘合，該大岳太和山提調官湖廣布政司右叅議樊敩奏，内開均州判官張聰，言要佃户隸属本州管轄，奏行到山。今據本山佃户袁璜等五百餘户状告始充佃户來歷：先於永樂十四年九月初三日，該隆平侯張信傳奉聖旨："武當山各宫觀别無田糧供贍，着户部差官去同所在官司，踏勘本處附近荒閑田土，着法司撥徒流犯人五百名，去那裏做佃户，專一耕種供贍。若是本山宫觀邊厢，有百姓每的田地，就取勘見數撥與佃户每種。另尋田地撥還百姓。欽此。"永樂十五年五月内，奉户部湖字三千一百二十三等號勘合，将犯人王文政等通共五百五十五名，并随住人口造册，應付脚力，差辦事官陳原養等送至武當山管工爲事侍郎郭進處收管。比時，均州自有額設，知州張汝立等官，在州親民，另奉吏部卯字一千七百四號勘合，欽蒙除授均州知州吴禮不管均州事，專一提調撥去武當山種地的人。欽遵，就佃户屯所另盖公廨管属，每户撥與荒閑田地五十畝，歲供齋糧米麥七石，徵送各宫觀供贍，與均州不相干預。永樂十七年十一月初七日，又蒙隆平侯張信同吏部官欽奉聖旨："郎中諸葛平，着做湖廣布政司右条議，不管布政司事，專在大嶽太和山提調事務，均州的事也着他提調。欽此。"永樂十八年，有管佃户知州吴禮給由赴部，所有前項佃户不與本州干涉。蒙隆平侯張信，劄委在山管工官員外郎魯謙帶管，後蒙欽除知州朱輝來山接管。有原任知州吴禮復任。更替後，除知州朱輝赴部，續有提調条議諸葛平病故，及管佃户知州吴禮丁憂回還，本山缺官。宣德三年二月十九日，蒙勑太常寺寺臣任自垣，接管本山一切之事節，該内載觀宇，原撥佃户令依期送納齋米，欽遵管属，後本官病故。宣德六年，有原任知州吴禮丁憂起復，仍除到來接管一應事務後，欽蒙改除，行在禮部員外郎領勑在山提督，得患風疾，蒙委太玄紫霄宫提點梅月軒掌管本官。回部去訖，正統元年蒙勑，行在禮部郎中邵正到山管督。正統三年八月内，蒙本部差辦事官項世瑛齎捧劄付到山，爲安慰道流事，該本部奏奉聖旨，事意行仰，本官着落本山佃户照依見在丁數，除每户歲辦齋糧七石外，再令每丁歲辦茶二斤，鹽二斤，淨棉花一斤，供給焚修道士食用，欽遵逐年照例辦納。本官因患疾，亦委玄天玉虛宫提點朱善誠管束，後本官病故。正統七年，蒙勑右条議李倜到山提督。六年考滿，給由赴部，告老致仕。景泰元年，蒙勑右条議樊敎來山如前提督，切緣本山先蒙太宗文皇帝特恩，創建宫觀，崇重香火，設置提點印信，衙門七處不隸在外府州管轄，其佃户惟因宫觀設辦齋糧、茶、鹽、綿花供贍道衆，今經三十七年，成法已定。及伏覩正統八年五月二十八日，欽奉詔書内一欵節："該内外諸司衙門職掌事務，已有成法，宜遵行之，毋作聰明，亂變舊章，欽此。"今有均州新任判官張聰，巧生事端，隱蔽前例，妄作佃户比先係隸本州管轄。後有知州吴禮改除員外郎，仍前掌管，一向因循至今条議掌管。緣条議方面，而行州官之事，体統不一，及遞年黄册，俱係本州攢造印記情節，侮文飾詞，言要佃户發州所管一節，其均州八里人民在山灑掃，均州一千户所官軍用工修理宫觀，本山佃户種供齋糧等項，係是在京特恩，降授糸議領勑來山，職專總督宫觀事務，悉属提調，不係布政司委出在外幹辦公務官員。今被本官妄比糸議方面而行州官之事，力引陳言治体，惑亂舊章，朦朧具奏。切思，佃户自來不属均州管轄。遞年黄册，比先因是知州職名提調佃户，以此本官僉書關用本州印記，其册面明開“太和山宫觀佃户賦役黄册”，與本州黄册各另名目，事不相關，有册可照。及前至今，又有提調官節管佃户齋糧等項，卷籍所居，官廳存在爲證。委與本州各另無干，若蒙發遣過州，不無與民混雜，實是有違永樂年間欽奉太宗文皇帝舊制成法事例，連名具狀來告，除查勘相同，及玄天玉虛等宫提點保結，前項佃户委的比先不隷均州管轄，是實，係干成法，職掌已定，擅難更改。欲照今奉勘合事理，緣吊查均州比先管轄佃户原由，亦無卷跡在州，憑照難以發遣，事有窒碍，未敢擅便，除備由咨呈赴部外，今臣奉勑在山，職專提調宫觀事務，理宜具本專差老人何世昌等，賫捧謹奏，如蒙乞勑該部，合無照依永樂年間欽奉太宗文皇帝創設定制成法事例定奪，庶得山中寧静，宫觀事務歸一，誠不負皇恩，深爲便益。奉聖旨：“該部知道。欽此。”欽遵案查先准禮部咨，開湖廣襄陽府均州判官張聰奏：切照布政司以統乎府州縣親民之職，莫要於州縣司府之設，特總其綱，維此，我朝建制立法之宜也。逮我太宗文皇帝，崇建大岳太和山宫觀畢日，發來本州爲民徒流罪犯人等五百五十五户，編成五里，撥地耕種，辦納齋糧，供贍道士，先隷本州管轄，後有知州吴禮改除員外郎，提調本山，仍前掌管，一向因循，至今名雖在於有司，而實則布政司糸議掌管。緣糸議係方面官員，職專提調總督，未嘗令以親民体統不一，名實有紊。况兼佃民黄册遞年俱係本州攢造印記，凡有户婚、田土等項相争，具告到州，不服拘理，湏要申稟，提調糸議，方纔發州會問以此佃民得以所恃，土民多被其害，并奉勘僉點民壯，委臣等督領操備其佃户民壯，俱各不聽約束，誠恐恣肆，日久别生事端，乞勑該部計議，合無將前項佃户照舊仍令本州管轄，齋糧依期徵納，庶得体統歸一，名實不紊等因，具奏禮部抄出，會官議得合准，所擬已經奏准，移咨到部，通行去後。今右叅議樊敩奏稱：前項佃户係欽撥徒流人犯專心耕種，供贍齋糧等項，今經年久，成法已定，自來不屬均州管轄。要照依永樂年間事理職掌一節，合無將前項佃户照依永樂年間舊例，令本山提調官叅議樊敩辦納齋糧、茶、鹽、綿花等項，供贍宫觀道士。不許本州攙越管屬，更改成規。若遇造册，仍令本州另項攢造，緣係定擬管屬佃户，及奉欽依户部知道事理，未敢擅便，具題。景泰四年七月二十一日，太子太保兼户部尚書金濂等於奉天門奏。奉聖旨："是。欽此。"

卷之六　勑護山运行塲①

成化十二年，欽奉勑諭官員軍民諸色人等　朕惟大岳太和山興聖五龍宫自然庵，乃羽士棲真之所，上爲國家祝釐，下爲生民祈福者也。其地東至青羊澗，西至行宫，南至桃源澗，北至明真庵，爲庵中永業。恐年久被人侵毁，特賜護持。凡官員軍民諸色人等，毋得欺凌侵占，以阻其教。敢有不遵朕命者，論之以法。其本庵道士張復心所居之處，賜名長生巖。故諭。

成化十七年十月二十四日，欽奉皇帝勑諭官員軍民諸色人等　朕惟大岳太和山，乃玄帝顯靈之所，天下名山也。其形勝蟠踞八百餘里，而中峯、巖、灘、澗、宫、觀、河、橋並峙横跨焉。盖以神妙莫測，冲用潛通，上以佑助國家，下以錫福生民，故歷代迄今崇奉之有加。往者，石板灘迎恩橋累被山水暴發衝損，人以爲患。提督太監韋貴，自備資財，乃於橋東創建觀宇，奉神鎮奠之。數年來果獲顯應，前患用弭，人賴以安。朕嘉之，已賜額曰“迎恩”，盖昭神貺也。至是，貴又奏乞：照本山宫觀例，凡有滲漏損壞，一體修理；及令道士計崇虚於内領衆焚修。朕特諭允，仍降勑護持之。繼今以往，一應官員軍民諸色人等，毋得侵毁褻瀆，生事害擾。敢有阻壞其教，不遵朕命者，國有常憲。故諭。

成化十八年正月十八日，湖廣布政使司爲乞恩護持祀神事　承准禮

① 原文有“添設道職附”，爲統一，將其删去。

部勘合，該欽差提督大岳太和山兼分守湖廣行都司等處内官監太監韋貴題：照得石板灘迎恩橋東新建觀宇，用祈鎮壓山水不致衝壞橋路，以爲永遠福國裕民。先已該臣具題，欽蒙聖恩，頒賜“迎恩觀”額外，切緣本觀未立之先，常年節被山水將橋北神路衝塌，遞年用工修築不輟。自臣發心祈許盖觀到今，山水猛發，得蒙神靈顯應，不曾衝頹，民賴以安。尚慮本觀殿宇及周圍墻垣等項，切慮年久有所滲漏，失其修理，及被人侵毁褻瀆，神明致廢，焚修未便。如蒙伏望聖恩，乞賜頒降勑旨護持，仍乞照本山宫觀事例，遇有滲漏損壞，一體令其修理，并令本觀住持計崇虚領衆焚修，永爲遵守，具奏。奉聖旨：“禮部知道，欽此。”欽遵查得先該本觀題稱：自備己資，於彼處迎恩橋東，關王廟南，修建一小觀，要乞賜額。本部於成化十七年五月十三日覆奏，奉欽依與做“迎恩觀”，已行去後，今又要乞頒降護持，并照本山宫觀事例，一體修理，及今住持計崇虚領衆焚修一節，緣係内臣乞恩護持祀神，及奉欽依禮部知道事理，未敢擅便。成化十七年十月十八日，本部尚書周□等，於奉天門題奏，次日奉聖旨：“准他。欽此。”

成化十九年十月初五日，欽奉皇帝勑諭官員軍民諸色人等　朕惟大岳太和山，乃玄帝顯靈之所，天下名山也。其形勝蟠踞八百餘里，而中峯、巖、灘、澗、宫、觀、河、橋並峙横跨焉，盖以神妙莫測，衝用潜通。上以佑助國家，下以錫福生民。故歷代迄今，崇奉之有加。往者，石板灘迎恩橋累被山水暴發衝損，人以爲患。提督太監韋貴，自備資財，於橋東創建觀宇，奉神奠之，數年來累獲顯應，前患用弭，人賴以安。朕嘉之，已賜額曰“迎恩”，用答神貺。凡有滲漏損壞，照本山宫觀例，一體修理。兹又允貴請改爲“迎恩宫”，添設提點住持於内，領衆焚修，仍降勑護持之。繼今以往，一應官員軍民諸色人等，毋得侵毁褻瀆，生事擾害。敢有阻壞其教，不遵朕命者，國有常憲。故諭。

成化二十年六月初六日，欽奉皇帝勑諭官員軍民諸色人等　朕惟大岳太和山，乃玄帝顯靈之所也，形勝蟠踞八百餘里，東至冠子山，西至鵶鶻寨，南至麥場凹，北至白廟兒。其中峯、巖、灘、澗、宮殿、祠觀、廟宇、河橋並峙橫跨非一，盖神妙莫測，冲用潛通，上以默佑國家，下以福庇生民。故歷代以來，崇奉之不替。而我祖宗尤加重焉。兹者，提督太監韋貴以近年流民潛於界内，砍伐竹木，住種田地。慮恐日久愈加侵毁，乞勑護持。特允所請。繼今以往，一應官員軍民諸色人等，毋得侮慢褻瀆，砍伐侵種，生事擾害。敢有不遵朕命者，治之以法。故諭。

嘉靖二十六年閏九月初一日，該欽差提督大岳太和山兼分守湖廣行都司等處地方内官監太監臣王佐謹題 爲伏乞天恩，特請勑諭護持仙山，申明國法，以彰聖治事。臣查得成化二十年六月内，該提督太監韋貴具題，欽蒙勑諭官員軍民諸色人等："朕惟大岳太和山，乃玄帝顯靈之所也，形勝蟠踞八百餘里。東至冠子山，西至鵶鶻寨，南至麥場凹，北至北廟兒。其中峯、巖、灘、澗、宮殿、祠宇、河橋並峙橫跨非一，盖以神妙莫測，冲用潛通。上以默佑國家，下以福庇生民。故歷代以來，崇奉之不替。而我祖宗尤加重焉。兹者，提督太監韋貴，以近年流民潛於界内，砍伐竹木，住種田地。慮恐日久愈加侵毁，乞勑護持。特允所請。繼今以往，一應官員軍民諸色人等，毋得侮慢褻瀆，砍伐侵種，生事擾害，敢有不遵朕命者，治之以法。故諭。欽此。"臣自任以來，欽遵屢行禁約，及差委官軍巡邏外，但緣近年以來，各處流民潛住本山，依附土豪大家，擅入官山，任意砍伐林木竹笋，起盖房屋，開窑山場住種。附入本州民籍。又有一等，充發鄖陽衛新軍，亦來官山開窑住種，報官編入新軍屯田。臣嘗差人巡獲砍山人犯，查審間，返被奸人掇拾他事，投告有司，衙門率多偏情護向。切緣有司職在牧民，臣職專在守護仙山，虔奉祀事，委的事體相戾，動輒乖違。臣思軍民皆朝廷赤子，豈有他意。但惟朝廷奉神治民，自有區别，未嘗差忒。今流民往往侵犯玄帝神境，有司返爲偏護，其爲侮慢槩可見矣。及查得成化、弘治以前，均州百姓止有老户八里節，年增添流户新興等一十二里，是其附籍新民倍增於老户，編徭皆爲州民，其砍伐、住種、樵採，率皆侵伐於武當山場，但林木蓄長有時，軍民砍伐無厭，見今流民日增，山場日蹙，已被侵伐三分之二。誠恐日久愈加殘害，不可勝言。伏望萬歲爺爺軫念太和山，乃玄天上帝棲神之所，實萬世家廟香火之隆。如蒙聖恩，特允所請，乞照先朝頒降勑諭，護持仙山。仍乞天語丁寧，明示法禁，以昭我萬歲爺爺聖治之美。豈惟一應官民咸知，遵守戒惧，則玄帝仙山形勝頼以萬全。臣不勝感戴天恩之至，爲此具本，專差舍人王山親齎謹題請旨。本年十月初二日，奉聖旨："准寫勑禁護。該部知道。"

嘉靖二十六年十一月初十日，欽奉皇帝勑諭官員軍民諸色人等　朕惟大岳太和山，乃朝廷崇奉玄帝香火之所，顯跡靈應，赫然鑒臨。上以佑護皇家，下以福庇生民，歷代以來率加尊奉。我祖宗朝鼎建廟宇，典禮加隆。兹山盤礴八百餘里，中間宫、殿、祠、宇，遠近錯列，俱當衛護。先年已嘗降勑，立有重禁，奈閱歲既久，人多玩愒，近該提督太監王佐奏稱：邇來，各處流民潛住本山，及附籍軍民，擅伐林木，起盖房屋，開乫山場，任情住種，往往觸犯禁例，好生不畏法度。除有先朝明旨具在，特兹申明勑諭：凡一應附近軍民諸色人等，敢有仍前肆行砍伐、住種、樵採，及有司官員敢有偏徇故縱、姦人歹行擾害的，許提督官具實奏來，重治不饒。仍令有司查照先朝山場四至，置立石碑，開列明白，永爲遵守。其提督官務要嚴飭下人巡邏護守，虔潔香火，以稱朕崇玄事神之意，亦不許怠恣生擾。故諭。

添設道職附

嘉靖二十六年閏九月初一日，該欽差提督大岳太和山兼分守湖廣行都司等處地方内官監太監臣王佐謹題　爲陳情乞恩，比例添設提點以便焚修，均圖補報事。嘉靖二十六年九月内，據大岳太和宫、太玄紫霄宫、大聖南巖宫各申前事，開稱本山係玄天上帝之神，修道冲舉福地。永樂年間，欽蒙成祖文皇帝以神有護國翊運之功，特勅大臣創建玄天玉虛等各宮觀，以爲棲神之所。選取天下道士四百餘人，焚修香火。比蒙欽除提點道官，賜六品印，統領宮事。玄天玉虛宮四員，淨樂宮三員，大岳太和宮、興聖五龍宮、太玄紫霄宮、大聖南巖宮、遇真宮各二員。彼時香火初興，道流數少。自成化、弘治年間以來，至今累蒙天恩，普度道流，法派滋多，每宮不下數百餘人。該宮雖有提點二員，如遇公私事務輳集，一時奔走不前；况本宮照管香火，祝延聖壽，每年朝覲，及會委收受香錢，修理公事等項，未免顧彼失此。紫霄、南巖宮，路當衝要。太和宮孤居絶頂，上山下山往迴二百餘里，實在煩難。備情申乞奏請：除五龍、遇真宮偏僻，道流數少，不敢一槩混請外。乞將太和、紫霄、南巖三宮，比照玉虛宮、淨樂宮提點員數，每宮各添設提點一員，協管宮事，鈐束道衆，以便焚修，祝延聖壽，均圖補報便益等因，具申到臣。臣會同提督本山湖廣布政司右叅議張緒，查得永樂十年，蒙勅命大臣創建本山玉虛等宮觀、巖廟三十三處，欽選天下道士四百餘人，焚修香火，嚴飭祀事。比蒙欽除玉虛等宮提點一十七員，統領宮事。向當初始之時，道衆數少，易於統束。自成化、弘治年以來，累蒙列聖洪恩，迨今萬歲爺爺天挺聖人，丕振玄風，疊賜普度，以此道流法派增多，每宮道士多者五六百人，少者亦不下三四百餘。比與創立之時，實增數倍。其提點職員，仍拘舊額，委的統理供事，不免顧彼失此。臣等職司提督，目擊其艱，豈容緘默。及照提點係道職，原無俸給、夫皂之費，惟欲仰仗朝廷之名器，以便統束。伏望萬歲爺爺軫念武當仙山宮觀，官道焚修，實爲萬世家廟香火之隆。乞勅該部議擬，將大岳太和宮、太玄紫霄宮、大聖南巖宮，每宮添設提點一員，協理宮事，統衆焚修，祝延萬壽。如蒙聖恩俞允，合候命下之日，臣等照例選取本山道行修潔住持，起送赴部，銓選添注，後有事故，照列銓補。誠爲萬歲爺爺新恩美政，垂憲萬事，永爲遵守。則本山官道幸甚，臣等亦幸甚，不勝感戴天恩之至。爲此具本，專差舍人王山親齎謹題請旨。本年十月初二日，奉聖旨："准奏。照數添設。該部知道。"

卷之七　勑存留香錢

嘉靖十年十一月，禮部爲申明勑諭，乞復舊制，以濟修理，以隆祀典事　該欽差提督大岳太和山兼分守湖廣行都司等處地方内官監左少監王敏題節，據玄天玉虚等宫申稱：查自永樂十五年，修建本山宫觀落成之後，荷蒙太宗文皇帝派定祀神香炷油蠟，每三年共計三萬七千二百八十四斤，香油二萬二千五百一十二斤，黄蠟九百二十四斤，降真香一萬一百二十三斤，宿香三千七百二十五斤。蒙欽賞官道每年冬夏布四千八百匹。勘合類行，湖廣布政司坐派襄陽府所屬州縣，於夏税内折徵解納供給，百五十餘年不缺。嘉靖二年，該前任提督本山太監潘真，適值豐稔之年，各處香客頗衆，彼時奏奉欽依免派於民，改令本山香錢内支用，委愜衆議。奈因連年各處荒旱，香客稀少，香錢不敷支用，致將香炷油蠟，自嘉靖元年起，至嘉靖十年止，俱致欠少道衆冬夏布匹已支過六千六百四匹，外欠一千三百九十六匹有餘等因，各申到臣。訪得遠近大小人民萬口一辭，亦謂香客大異往時。臣何敢以多爲少，下掩百姓，上欺朝廷，以召罪過。況武當誌内，永樂十年七月十一日，伏覩太宗文皇帝黄榜聖諭："武當天下名山，是北極真武玄天上帝修真得道顯化去處，歷代都有宫觀，元末被亂兵焚盡。至我朝，真武闡揚靈化，陰佑國家，福被生民，十分顯應。我自奉天靖難之初，神明顯助，威靈至多①，言説不盡。那時節已發誠心，要就北京建立宫觀，因爲内難未平，未曾滿得我心願。及即位之初，思想武當正是真武顯化去處，即欲興工創建，緣

① 威靈至多：任自垣纂修《勑建大嶽太和山誌》記爲"威靈感應至多"。

軍民方得休息，是以延緩到今，起倩些軍民①，去那裏創建宫觀，報答神惠，上資薦揚皇考皇妣，下爲天下生靈祈福，欽此。”又勑命隆平侯張信、駙馬都尉沐昕、禮部尚書金純、工部侍郎郭進等官，統領天下億萬錢糧，官軍夫匠二十餘萬，到山修建大小宫觀三十六處②，殿堂、房屋一千八百餘間，一十二年工完。隨蒙欽降金殿聖像、旛幢、供噐安奉各宫觀。遴選天下道士五百名，銓除提點一十八員，歲辨香炷、油蠟分送各宫觀，徵解冬夏布匹散給道衆，上以祝延聖壽，下爲蒼生祈福。如遇各宫損壞，興工修理。俱派襄陽府動支錢糧，差官買辦料物解用。至弘治六年，該均州民蔡傑奏奉欽依，行在該部議定，每年正月起至四月終止，委官於太和宫金殿内，收受香錢，解送均州淨樂宫官庫收貯，以備修山各項支用。再於有司無干。其餘月分，天道炎寒、農忙，香客少行，免其委官。若遇荒旱，又爲稀踈。奈自正德年間以來，各該宫觀、殿堂、房屋、墻垣、道路、溝渠，皆因年久損壞、滲漏、坍塌、淤塞者率多。經年累月，督工修理，歲無虚日。其合用竹、木、枋、板、釘、鐵、油、麻、膠漆、金箔并各顏料，俱在香錢内支給鋪户；買辦及置造壇場、供噐，每歲恭遇萬壽千秋，并玄帝衝舉聖誕，各修建醮事；成造土産鮮筍、黄精，年例兩季進貢，買辦蜂蜜、料物，置造櫃杠人匠工食，護杠人員往迴路費，朝覲提點盤纏等項，亦皆香錢支用，並無分毫科擾於民。嘉靖二年，又該提督本山太監潘真奏奉欽依，行在該部查議允當，已將前項香炷、油、蠟、冬夏布匹，并均州千户所官軍折色俸糧，原在均州官庫贓罰内支給，今已盡行蠲免，不派有司，俱在香錢内支用，代民輸納。轉行前來，遵依外，臣又查得先年提督太監員下日用廪給口糧，并額設門皂，俱在所属州縣均徭内編僉解納。近於嘉靖元年，該撫治鄖陽都御史徐蕃議得地方灾傷，今後免派於民，只於太和山之香錢，供太和山之守臣，斯爲允當。以後再無派徵於民。但因各處地方灾傷，香客稀少，

① 起倩些軍民：任自垣纂修《勑建大嶽太和山誌》記爲“如今起倩些軍民”。
② 三十六處：任自垣纂修《勑建大嶽太和山誌》記爲“三十三處”。

官庫空虚，各宫油、蠟、布匹，連年拖欠節次，申討無支。今又該撫治鄖陽都御史潘旦題稱：五月起至十二月終止，餘月香錢，委官收去，以備軍餉，有餘買穀，鄖襄備賑等因題。奉欽依該部議，將銀移咨撫治接管查明，照數解送工部應用，待郊壇工完之後，聽撫治衙門委官兼收，以備軍餉買穀之用題，准勘合類行，前來切照。臣自嘉靖八年七月十三日到任，會同本山糸議崔桐，嚴督均州署印判官蔣炳、千户所掌印千户郭高眼，同開庫查盤，並無分文蓄積。皆稱前官任内連年亟荒，香客稀少，支銷盡絶。臣自任事以來，僅得二載，正值年嵗荒歉，每年自正月起至四月終止，香錢雖經委官收受，不及各項支用。臣看得本山香錢，緣非額定之數，隨其時嵗豐欠任其多寡，施捨預難逆料。秋冬二季，名雖餘月，香錢實以截長補短，相湊公用，委的嵗入不足嵗出。况前項香炷、油、蠟、布匹，係欽定祀神供給道衆焚修之用，不可欠缺。本山宫觀，山高霧重，冰雪凝寒，易損難修，工程浩大，用料數多，亦不可免。先年原派有司，各項錢糧既已議定免派於民，俱在香錢支給。今撫治衙門，又将餘月銀錢收去，接濟軍餉備賑，雖出通融，爲國爲民之念，臣曷敢復有他議。但本山重務，關係祖宗以來至誠之念，因循既久，漸次廢革，將來何止欠缺香、炷、油、蠟、布匹等項，其宫觀損壞，道路淤塞，在所不必言矣。伏望聖恩，上念祖宗創建宫觀之難，下恤軍民修理之苦，乞勑該部，再加詳議。合無将右春坊右中允廖道南與都御史潘旦，所奏餘月香錢查照，該部原擬按季盡數解送布政司，轉解工部，以爲建立郊壇之助，工完住解。以後餘月香錢，仍聽臣與本山糸議委官收受，買辦香、炷、油、蠟、布匹，餘該接濟修理宫觀支用。如遇年豐，餘剩扣留在庫，以備亟荒。惟復遵照舊制，将香、炷、油、蠟、布匹，仍令襄陽府所屬於夏税内徵解，官軍折色照舊均州官庫支給。如此，則朝廷家廟香火不廢，而名山修理供用有所賴矣等因。奉聖旨："該部看了來説。欽此。"欽遵看得欽差提督大嶽太和山兼分守湖廣行都司等處地方内官監左少監王敏題稱，要得議處本山香錢一節爲照，太和山建立宫觀，以奉真武之神，乃我文皇致敬鬼神，爲民祈福之盛心，非假修奉香火，以網羅民利也。是以本山歲用香、炷、油、蠟，道衆冬夏布匹，以及提督衙門額設隸卒，原皆取辦于有司，其費不資矣。其後香火日盛，施財填委有積無散，大爲典守者所私。是以弘治六年，本部題奉欽依，行令湖廣布政司，每年正月起至四月，香客盛行之時，委官收受香錢，解送均州淨樂宫官庫收貯，以備本山修葺廟宇之資。其五月以後，香客稀踈，所捨香錢，聽從提督官員收受，以備歲時修焚之用。然亦復有羨餘儲積日富，是以嘉靖元年，該撫治鄖陽都御史徐蕃，議將提督衙門額設隸卒，不必有司徵派，俱取辦于香錢。嘉靖二年，又該提督太監潘真奏，奉欽依將本山歲用香、炷、油、蠟、布匹，及均州千户所官軍折色俸糧，不必動支官銀，亦於香錢取給，嗣是法禁。寖密支費日增，一歲所入，僅足以供一歲之需。近遇連年荒歉，香客不多，以致歲額油、蠟、布匹間有拖欠。誠或有之，嘉靖九年恭遇皇上建立四郊，該右春坊右中允廖道南具奏，户部議題，要將本山每歲五月以後儲積香錢，盡行查解應用。工完之後，仍聽撫治衙門委官監收，以備鄖襄軍餉及荒年賑濟之資。其建議愈卑，而取利益急矣。夫我國家内帑外藏，自足供四郊之用，區區香火餘資何足借賴，即今大工告成，經費未嘗稱匱。而本山香錢何曾有分文解部，是使朝廷徒有掊尅朘剥之名耳。今該左少監王敏具題前因，相應議處，合無行令湖廣布政司轉行撫治及提督衙門，自嘉靖十一年爲始，一年香錢，通行委官收受，填註簿籍，查照先年題准事例，四月以前所得香錢，仍貯均州淨樂宫官庫，以備官軍折俸及提督官員門隸雇直；五月以後所得香錢，收貯本山官庫，以備本觀歲用香、炷、油、蠟，道衆冬夏布匹，及修葺殿宇。如遇豐年支用之外，果有羨餘，歲歲儲積，以備凶荒，仍將每年支用過數目，置立文卷，申送巡按御史處以憑照。别其嘉靖十年以前，餘月香錢，聽從本布政司委官查盤，不必指稱郊工起解，徑自截留本觀，以補填遞年拖欠油、蠟、布匹，修葺之用。庶使名山福地儲蓄有餘，不致荒落，以稱我文皇建立之初意。而公私經費，亦庶乎損益適宜矣等因，嘉靖十年十月三十日，本部尚書兼翰林院學士夏言等具題。十一月初二日，奉聖旨："是。這香錢只着照舊例行。欽此。"

嘉靖十七年三月　日，禮部爲遵勑諭請明旨存香錢，免借貸，以便祀神修理，預備凶荒賑濟事　該欽差提督大岳太和山兼分守湖廣行都司等處地方司設監右少監李學題：嘉靖十七年正月初五日，准提調大岳太和山兼分守下荆南道右叅議吴檄會帖，爲溥天恩弭灾，變以固邦本事。奉巡按監察御史楊宜批，及奉巡撫湖廣地方都察院右都御史顧璘案驗，據沔陽衛指揮葉元春申前事，查得正德十一等年，地方灾傷，得蒙區借武當香錢，司府倉庫銀、穀，相兼賑濟等因到臣。卷查嘉靖十三年十二月二十九日，據均州并守禦千户所各申，奉襄陽府副使張烱案驗，抄奉巡撫湖廣地方都御史翟瓚案驗，先准户部咨，該前巡撫都御史林大輅題，奉欽依行，委主簿陳蘭前來本山，監收嘉靖十四年分香錢，賑濟本省饑民，及補給禄糧等因。嘉靖十四年正月十五日，該臣具題，爲申明屢奉恩旨，存香錢，以便祀神修理；杜借貸，以免徵派累民事等因，奉聖旨："該部知道。欽此。"本年三月十七日，續該户部覆題，將嘉靖十三年以前羡餘香錢，准與本省賑濟，補給禄糧。自嘉靖十四年爲始，仍照嘉靖十年禮部覆題，每年香錢，通行委官收受，填註簿籍，查照先年題准事例，以備均州千户所官軍折俸，及提督官員廪糧，門皂雇直，各宫祀神香、炷、油、蠟，道衆冬夏布匹，及修葺殿宇等項支用，不許派徵小民等因，本年三月十九日題，奉聖旨："是。欽此。"除欽遵外，切照臣欽奉勑諭："提督大岳太和山宫觀虔奉祀事，爾與湖廣布政司該管官員率同玉虚宫提點、均州千户所，督令軍餘，時常灑掃潔淨，但遇宫觀殿宇損壞，及橋梁道路坍塌淤塞，即便修理完整。欽此。"欽遵，臣自任以來，節據玄天玉虚宫等三十六宫觀巖廟，陸續申報殿宇、房屋、橋梁、道路，損壞滲漏，坍塌淤塞者數多。臣經年累月督工修理，歳無虚日，奈因山高霧重，冰雪凝寒，前修後壞，終無完整。所修殿堂、房屋，合用收買金箔、銀、硃、大青、二青、三青、大碌、二碌、三碌、釘鐵、銅、油、麻、鰾水膠、漆粉、礬、紅黄丹等物，粧畫殿堂，彩畫廊廡，油餙等項，俱未經動支香錢買辦。近年各處水旱相仍，香客稀踈，每年所收香錢，亦在截長補短，支用備行。提調叅議另行查處，去後續准，叅議吴檄，仍會前事開稱爲照，所屬地方連年水旱相仍，軍民困苦，去歲灾傷在沔陽尤甚。查得該衛應賑貧軍三千二百三十七丁口，灾傷九分，例賑兩月。今該本道揭查卷簿，官庫香錢羨餘，正係備荒之數。除呈撫按衙門，照詳議將嘉靖十六年以前，在庫香錢銀六百三十一兩一錢九分七釐，動支轉發沔陽衛賑濟，去訖隨據。均州千户所修山軍餘匠作秦林等連名告稱，本處地方去歲水澇無收，修理宫觀，山高陡峻，路道崎嶇，搬運磚瓦、木料、灰石、泥土，萬苦千辛，食米無辦，饑寒難忍。又據操備旗軍尚能等告稱，嘉靖十六年分應支月糧，恩例蠲免，四分無支，貧軍困苦，日不聊生。續據本山佃户沈文暹等亦告前事，極苦貧難。見得各處灾傷俱蒙賑濟，乞憐軍佃困苦，比例救濟饑荒，深爲萬便等因，各告到臣。查得《誌》内，佃民沈文暹等，各係永樂年間該隆平侯張信、駙馬都尉沐昕，奉勑創建武當山宫觀，落成之後，銓選提點道士焚修香火，缺糧供贍，題准刑部撥徒犯王文政等五百五十五户，到山充作佃户，編爲五里，每户撥空閑田地五十畝，種辦齋糧米、麥、茶、鹽、棉花，供給道士及查修山軍餘匠作，每班三百五十名，四班共該一千四百名；燒造修理磚瓦、石灰二窑，紙觔進貢罈罐等廠，石匠、粧鑾、五墨、油漆等匠，四班軍餘，成造年例鮮品行人，共六百一十九名；操備護守城池、巡禁山場宫觀旗軍，共七百三十九名，并均州灑掃宫觀夫役一百六十名。各項工役頗繁，修造操守無暇爲照。本處地方去歲遇澇，軍佃無收，道士缺贍，艱苦迫切，連年灾傷甚重，臣叨蒙聖命重寄斯土，夙夜憂惶，莫能策度。但本山各宫焚修官道，五里供贍佃户，修葺燒造等項，軍餘用工、防禦勞苦，尚未敢奏討，本山分文，羨餘香錢賑濟。今該沔陽衛輒引正德遠年卷宗，不查户部題准見行事例，徑申取討前去賑濟。臣切照近年以來旱澇甚遠，香客不多，誠恐各處地方引例行取賑濟，似難支持。一時庫積空虚，其本山香、炷、油、蠟，及修葺宫觀殿宇、堂屋、橋梁等項，收買該用金箔、銀硃、木植、各色顔料等物，并各項支費，缺乏之期，動取何司、府、州、縣、衛、所，將何項錢糧那補本山應用及照用工軍餘、修葺匠作、供贍佃户、操守旗軍據告情由急迫一節，委的勞役艱苦，亦被灾傷，餓殍饑荒，實難度日。本山羨餘香錢，未蒙存留賑濟。伏望聖恩，憫念永樂年間創建宫觀始初，列聖崇奉香火盛典爲重，均霑雨露。乞勑禮部議處，將本山以後年分，四方施捨香錢，積有羨餘，存留本山，以備凶荒。比照府、州、縣、衛、所軍民灾傷分數事例賑濟補文，均州千户所修葺、燒造、操備等項；旗軍餘丁、行人、匠作、五里佃户，及焚修官道、灑掃夫役。如遇豐年糴穀，合於淨樂宫空閑地内，設立倉厫，貯收備賑。行令均州并千户所，摘撥軍餘民夫各十名，常川看守。仍委州所官員公同本宫提點、住持，將置立簿籍、關防、鈐記，聽其監收支，庶免别項引例，借貸奏擾，乞請明旨轉行湖廣布政司，永爲遵守。庶使勑建名山，崇奉香火，億萬興隆，神祇祀典有賴無失等因。奉聖旨："是。這香錢着存留本山備用，不許有司借貸。禮部知道。欽此。"

嘉靖二十一年三月　日，該欽差提督大岳太和山兼分守湖廣行都司等處地方内官監左少監王佐謹題　爲遵照屢奉明旨，存留香錢，以便祀神修理，以備凶荒賑濟，以免借貸接用事。嘉靖二十一年三月二十二日，據均州并守禦千户所、淨樂宫各申，奉提調本山湖廣布政司右衆議鍾雲瑞案驗，爲採木在山缺糧，在水缺價。乞賜俯從急，請早議錢糧，以便採運事。准本司咨，奉欽差總督湖廣木運工部左侍郎兼都察院左副都御史潘鑑，併副都御史陸杰案驗，亦同前事，准工部咨，該覆題前事，要將承天支剩銀兩，并太和山香錢，荆州抽分商税等項銀兩，查解潘侍郎處轃用等因。奉聖旨："是。各項銀兩准查，發採木侍郎處應用。還着兩處巡撫官，開具數目月日奏聞。欽此。"欽遵，合併通行，查解爲此案，仰淨樂宫着落，當該官吏照依咨案内事理，即便會同均州，併千户所各掌印官，速查在庫正餘香錢金、銀、錢、帛各若干，分别足色銀若干，時銀若干，作速會案申報，以憑轉達施行等因，具申到臣。查得嘉靖十年，該前任提督本山内官監左少監王敏題，爲申明勑諭，乞復舊制，以濟修理，以隆祀典事，該禮部覆題。奉聖旨："是，這香錢只着照舊例行。欽此。"欽遵外，及查得嘉靖十四年，提督本山司設監右少監李學題稱，爲申明屢奉恩旨存香錢，以便祀神修理，杜借貸，以免徵派累民事等因。奉聖旨："該部知道。欽此。"該户部覆題，自嘉靖十四年爲始，仍照嘉靖十年禮部覆題，每年香錢通行委官收受，填註簿籍，查照先年題准事例，以備均州千户所官軍折支俸糧，提督官員廩糧，門皂雇直，各宫祀神香、炷、油、蠟，道衆冬夏布匹，及修理殿宇等項支用，不許派徵小民等因題。奉聖旨："是。欽此。"欽遵，又查得嘉靖十七年右少監李學題稱：爲遵勑諭，請明旨存香錢，免借貸，以便祀神修理，預備凶荒賑濟事。奉聖旨："該部看了來説，欽此。"欽遵節，該禮部覆題。奉聖旨："是。這香錢着存留本山備用。不許有司借貸。禮部知道。欽此。"欽遵，自是以來，各照本部題，奉欽依内事理，歷年遵守久矣。況武當誌内，永樂十年七月十一日，伏覩太宗文皇帝黄榜聖諭："武當天下名山，是北極真武玄天上帝修真得道顯化去處，歷代都有宫觀，元末被亂兵焚盡。至我朝，真武闡揚靈化陰佑國家，福被生民，十分顯應。我自奉天靖難之初，神明顯助，威靈感應至多，言説不盡。那時節已發誠心，要就北京建立宫觀，因内難未平，未曾滿得我心願。及即位之初，思想武當山正是真武顯化去處，即欲興工創建，緣軍民方得休息，是以延緩到今，起倩些軍民，去那裏創建宫觀，報答神惠。上資薦揚皇考、皇妣，下爲天下生靈祈福。欽此。"勑命隆平侯張信、駙馬都尉沐昕、禮部尚書金純、工部侍郎郭進等官，統領天下億萬錢糧，官軍夫匠二十餘萬，到山修建大小宫觀三十六處，殿堂房屋一千八百餘間，一十二年工完。隨蒙欽降金殿聖像、旛幢、供器，安奉各宫觀。遴選天下道士五百名，銓除提點一十八員，歲辦香、炷、油、蠟，分送各宫，及徵解冬夏布匹給散道衆。上以祝延聖壽，下爲蒼生祈福。如遇各宫觀殿宇損壞，興工修理等項，俱派襄陽府所屬州縣，動支錢糧，差官買辦料物解用。至弘治六年，該均州民蔡傑奏，奉欽依行在該部議定，每年太和宫金殿内收受香錢，解送均州淨樂宫官庫收貯，以備修山各項支用，再於有司無干。又查得嘉靖二年，該提督本山太監潘真奏，奉欽依行，在該部查議允當，已將前項香、炷、油、蠟、冬夏布匹，并均州千户所官軍折色俸糧，原在均州官庫贓罰内支給，今已盡行蠲免，不派有司，俱在香錢内支用，代民輸納。及查先年提督本山太監員下日用廪給口糧，并額設門皂，俱在所属州縣均徭内編派解納。嘉靖元年，該撫治都御史徐蕃議題，得地方灾傷，今後免派於民，只於太和山之香錢，供太和山之分守，斯爲允當。以後再無派徵於民，永爲定規。臣自任以來將及三載，正值連歲荒歉。每年自正月起，至年終十二月止，正餘香錢，雖經臣與提調官員委官收受，不及各項支用。臣看得本山香錢，緣非額定之數，隨其時歲豐荒，任其人心多寡，施捨預難定。必逆料實是，截長補短，相凑公用，委的歲入者不足歲出之用。況前項香、炷、油、蠟、布匹，原係欽定祀神供給道衆焚修用度，不可欠缺。本山宫觀，山高霧重，冰雪凝寒，易損難修，工程浩大，用料數多，亦不可免。先年原派有司，各項錢糧既已議定免派於民，俱在香錢支給。今該潘侍郎工部議題，要將太和山香錢，查解以爲宗廟採辦大木濟用。其策專在爲國爲民，深爲有見。臣亦當有此心，豈敢復有他意而不遵。但本山重務，關係祖宗以來至誠之念，報答玄天陰佑之功。照得臣欽奉勑諭："提督大岳太和山，虔奉祀事。但遇宫觀殿宇、橋梁道路坍塌淤塞，即便修理完整。欽此。"欽遵，及照嘉靖十九年七月内，據玄天玉虚等宫觀、巖廟各續申稱，殿宇、房屋、橋梁、道路俱被大雨猛水衝崩坍塌，損壞淤塞，及玉虚東橋等處橋梁數多。臣已經具本題知工程浩大，貯庫香錢不足支用，只得暫且興工修理，急所當急，緩所當緩，以待香錢陸續接用。如後香錢果不彀用者，再題奏請，另行區處外，見今玉虚宫東橋、青羊澗橋，并會仙橋，至大頂一路石欄板、踏垛等項，已經修理二年，尚未得完。盖因連歲臨境，灾傷各處，香客稀踈，以致香錢短少，所以不足支給應用也。今若查取香錢，接用去訖，則修理本山宫觀橋梁、道路；祀神香、炷、油、蠟；恭遇萬壽聖節等節；并玄帝翀舉、聖誕等項建醮；及道衆冬夏布匹；官軍俸糧折色；提督員下廪禄門皂；修理合用金箔、釘鐵、油、麻、布匹、板、枋、木植、膠、漆、烟、墨，各色顔料等項；又有成造土産鮮筍、黄精等年例，兩季進貢，買辦蜂蜜料物，置造櫃杠人匠工食等項，一有缺乏支用者，則將何處錢糧那移補用？設若又在府州縣加派於民，不惟緩難濟急，抑且反累於民。邇者，撫臣該部不知香錢，累奉明旨，存留本山，已經年久，專一以備前項應用。故今有此奏也。臣不避斧鉞備查節，奉明旨情由，懇切具陳上瀆，伏望萬歲爺爺大施敬天法祖之心，廣布隆祀奉神之篤，上念祖宗創建宫觀之難，體順崇德報功之典。乞勑該部再加詳議，免將前項香錢查解接用。惟復遵照累奉明旨舊制存留本山，收送淨樂宫貯庫，以應各項支用，勿令有司再行干預。别項引例，奏取借貸，仍乞請降明旨，轉行運木潘侍郎，并撫按衙門，通行知會遵守。恩旨如此，庶使朝廷家廟香火不廢，而名山修理等項供用，俱得有所仰賴，本山有幸，臣亦有幸矣等因。奉聖旨："太和山香錢，着遵照先年明旨，存留本山支用。不許有司查取。工部知道。欽此。"

嘉靖二十四年十二月初七日，該提督大岳太和山兼分守湖廣行都司等處地方内官監太監王佐謹題　爲申明勑旨，存留香錢，以便修理，以隆祀典，以崇聖敬事。嘉靖二十四年十二月初二日，臣准提督大岳太和山湖廣布政司右糸議張緒會帖，爲欽奉勑諭事，開稱嘉靖二十四年十一月三十日抄，奉欽差巡撫湖廣等處地方兼贊理軍務都察院右副都御史姜儀鈞牌，准工部咨。該本部題稱：修理琉璃河橋工程重大，費銀數十萬兩，必須本部差官齎文前去各省守取各項銀兩，如違限二十日解官，送問一月者，該司府掌印官住俸内開。太和山香錢，着落提調本山糸議兼收，盡數查出，限年終起解到部等因。准此。除行布政司差官前來催取，牌仰，本道限文到日，即便會同内官監太監王佐，將本山香錢盡數查出，差官星馳解司，以憑轉解赴部交納。以後香錢仍聽本道專收類解接濟，不許隱匿未便等因，到道會帖到臣。及又稱："與臣公同率領均州并千户所及淨樂宫，各掌印知州、指揮、提點，將净樂宫庫内見在香錢、銀錢，并各處施捨，堪動金銀聖像，盡數查出，即日差官起解布政司，轉解赴部應用。仍查每歲額例，并修山各項支用數目，先行轉達。以後香錢聽本道專收類解接濟等情備行到臣。查得永樂十五年，修建本山宫觀落成之後，荷蒙成祖文皇帝欽定祀神香、炷、油、蠟，每三年共計三萬七千二百八十四斤，香油二萬二千五百一十二斤，黄蠟九百二十四斤，降真香一萬一百二十三斤，宿香三千七百二十五斤。又蒙欽賞官道，每年冬夏布四千八百匹，勘合類行湖廣布政司，坐派襄陽府所屬州縣，於夏税内折徵解納。及查得先年，如遇各宫觀損壞，興工修理，合用竹、木、枋、板、釘、鐵、油、麻、膠、漆、金箔、顔料、人工等項錢糧，俱坐派襄陽府動支錢糧，差官買辦解用。自弘治初年以來，漸有各處香客朝山，方有施捨香錢。至弘治六年，彼有均州民蔡傑奏，奉欽依該部議定，每年正月起至四月終止，委官於太和宫金殿内收受香錢，解送均州淨樂宫官庫收貯，以備修山各項支用，免於襄陽府等處徵派解用。嘉靖二年節，該前任太監潘真，及撫治鄖陽都御史徐蕃各奏。奉欽依將前項歲用祀神香、炷、油、蠟等項錢糧并均州千户所官軍折色俸糧，及提督本山官員日用廩給口糧，額設門皂，彼時原在所屬州縣官庫贓罰内支給，及於均徭内編僉解納。自該部議題之後，俱於所收香錢數内支給。再無派徵於有司。因是以上原派民間錢糧，一切俱在香錢數内支給。其後歷年置造合用供器；及每歲恭遇萬壽千秋，并玄帝䎃舉聖誕修建國醮；及成造土産鮮筍、黄精，年例兩季進貢，買辦蜂蜜、料物，置造櫃杠人員；及提點朝覲盤纏等項，亦皆於香錢内支用。並無分毫派取於民。五十年來，本山免催解之難，小民無科擾之累，皆頼於玄帝之香錢代爲斯民之輸納也。連歲以來，各處荒歉，香客稀踈，所收香錢大不同前。臣每行查筭一歲之所收，常不足乎一歲之用，截長補短，僅於支持而已。若遇宫觀、殿宇、橋梁、道路，一有損壞坍塌，興工修理，動經累歲不能完畢。非特山高地險，易損難修，實因財力不足而致然也。四方人士言及武當香錢，意必以爲無正用、無稽考，殊不知武當之香錢，出納皆有經也。查得嘉靖九年，該右春坊右中允廖道南建議，要將香錢查解，以助建立四郊之用。該先任左少監王敏題，爲申明勑諭，乞復舊制，以濟修理，以隆祀典事。奉聖旨："該部看了來説。欽此。"該部議覆，以爲國家内帑外藏自足供四郊之用。區區香火餘貲何足借頼。今該左少監王敏具題，相應議處，合無令湖廣布政司轉行撫治及提督衙門，自嘉靖十一年爲始，一年香錢，通行委官收受，填註簿籍，查照先年題准事例，四月以前所收香錢，仍貯均州淨樂宫官庫，以備本所官軍折俸，及提督官員，門皂、雇直。五月以後所收香錢，收貯本山官庫，以備本山宫觀歲用香、炷、油、蠟，道衆冬夏布匹，及不時修葺殿宇。如有羨餘儲積，以備凶荒，庶使名山福地不致荒落，以稱我文皇建立之初意，而公私經費，亦庶乎損益適宜矣等因。本年十月三十日，本部尚書兼翰林院學士夏言等具題。奉聖旨："是。這香錢只着照舊例行。欽此。"嘉靖十七年，該巡撫都御史林大輅題，奉欽依行，委主簿陳蘭前來本山監收香錢，賑濟饑民及補給禄糧等因，該先任本山右少監李學題，爲遵勑諭，請明旨存香錢，免借貸，以便祀神修理，預備凶荒賑濟事。奉聖旨："是。這香錢着存留本山備用，不許有司借貸，禮部知道。欽此。"欽遵。嗣是以後，各照本部題奉欽依内事理，遵守無忽。嘉靖二十一年，該總督湖廣木運左副都御史潘鑑，并巡撫湖廣右副都御史陸杰，爲採木在山缺糧，在水缺價，乞賜俯從急，請早議錢糧，以便採運事，各具題奉旨查髮間。本年三月内，該臣題：爲遵照屢奉明旨，存留香錢，以便祀神修理，以備凶荒賑濟，以免借貸接用事。奉聖旨："太和山香錢，着遵照先年明旨，存留本山支用，不許有司查取。工部知道。欽此。"臣欽遵。僅及三年，近者，又該工部題稱：修理琉璃河橋工程，要將太和山香錢盡數查出，起解赴部應用，着落本山衆議張緒查解。及要將淨樂宫收貯金銀聖像，盡數查出動用，即日差官起解布政司，轉解赴部應用。固皆爲國爲民之計，臣何敢占悋。但此武當名山系我成祖文皇帝，以真武之神闡揚靈化，有護國翊運之功，竭天下之財力修建宫觀，選天下之道流焚修香火，實爲酬功報德之典。迨我萬歲爺爺法祖敬天，尤於武當祀典特加崇重。向念邊民，屢遭殘擾，御製齋意，修建金籙，果賴玄威默助，邊境寧息。連蒙頒降御藥，給散本山官道，實念萬世家廟香火之隆。今將前項香錢，一旦盡數查取赴部，則本山各項應用錢糧，無所借賴，而名山官道荒落無聊，不惟有辜成祖建立之初意，抑且有負萬歲爺爺之崇敬。

况前後節，該臣等奏奉明旨，存留香錢，本山支用。臣實不敢輕易聽從，故特申明，奏請萬歲爺爺明旨定奪，合候命下之日，遵奉施行。惟復聖恩，仍照前旨，將香錢存留本山支用，不許查取。臣草芥愚昧，未敢擅便，爲此具本，專差舍人王遜親齎謹題請旨。本年十二月二十日，奉聖旨："這香錢既累有旨，存留本山支用。有司不必查取，工部知道。欽此。"

嘉靖三十一年正月十一日，該欽差提督大岳太和山兼分守湖廣行都司等處地方内官監太監臣王佐謹題　爲重大水旱灾傷事。嘉靖三十一年正月初五日，准提督大岳太和山兼管撫民及分守下荆南道湖廣布政司右叅議雷賀，會帖前事開稱：准本司咨，奉欽差巡撫湖廣等處地方兼贊理軍務都察院右副都御史屠大山、巡按湖廣監察御史胡宗憲，會題前事内開：擴玄恩以護陵寢。據湖廣布政司呈稱，承天府属地方，被水一望無際。士夫軍民告稱：丙子年，亦被水灾，蒙撫按奏聞朝廷，遣大臣齎銀賑濟不足，將太和山香錢借用等因。臣等會議得承天府，屬係陵寢重地，拱守官軍旗校人等數多，先年灾荒曾經奏借太和山香錢一萬兩，發司處補禄米兼以賑濟。今遇重大灾傷，錢糧既已無從辦納，而前項官軍俸糧不可缺少，似應照例量借香錢一萬兩，取發承天府，專備抵補守護官軍俸糧，賑濟該府所属被灾人户。倘有餘剩，聽臣等通融賑補等因。該户部看得前件，巡撫湖廣都御史屠大山、巡按御史胡宗憲題稱：要於太和山香錢内，量借銀一萬兩，抵補官軍俸糧，賑濟被灾人户一節。卷查先爲重大旱灾，乞早賜賑救，以全民命，以安地方事。該本部議將太和山香錢盡數查發，賑濟等因題。奉欽依通行，欽遵訖今。該前因爲照承天府屬陵寢重地，守護官軍歲用禄米，誠不可緩，既稱錢糧無從辦納，查有前例，相應依擬，合候命下，本部通行各官行文太和山，即於嘉靖三十年内，收貯香錢，通行盡數查發承天府。其三十一年香錢，亦要仍發一半，專抵補守護官軍俸糧，并賑濟該府所属被灾人户支用，不許隱匿。事完造册，奏繳青册送部查考。伏乞聖裁等因，本部題。奉聖旨："准議。欽此。"欽遵備行，該道移文到臣。臣查得永樂十五年，修建本山宫觀落成之後，荷蒙成祖文皇帝，欽定祀神香、炷、油、蠟，每三年共計三萬七千二百八十四斤，香油二萬二千五百一十三斤，黄蠟九百二十四斤，降真香一萬一百二十三斤，宿香三千七百二十斤。又蒙欽賞官道每年冬夏布一千一百四十四，綿花一千六百五十斤。勘合類行湖廣布政司，坐派襄陽府所屬州縣，於夏税内折徵解納。如遇各宫觀損壞修理，合用竹、木、枋、板、釘、鐵、油、麻、膠、漆、金箔、顔料、人工等項錢糧，俱坐派襄陽府動支錢糧，差官買辦解用。自弘治初年，漸有香客朝山施捨香錢，至弘治六年比有均州民蔡傑奏奉欽依該部議定，每年正月起至四月終止，委官於太和宫金殿内，收受香錢，解送均城浄樂宫官庫收貯，以備修山各項支用。俱免於襄陽府等處徵派解用。嘉靖二年節，該前任太監潘真及撫治鄖陽都御史徐蕃各奏奉欽依，將前項歲用祀神香、炷、油、蠟等項錢糧，并均州千户所官軍折色俸糧，提督本山官員日用廪給，再無徵派於有司。因是原派民間錢糧，一切俱於香錢數内支給。自後歷年置造合用供器，每歲恭遇萬壽千秋等節，及玄帝翀舉誕日，修建國醮；并年例成造土産鮮筍、黄精，兩季進貢，買辦蜂蜜、料物，置造櫃杠；及提點年例朝覲盤纏等項，亦皆於香錢内支用，並無分毫派取於民。五十餘年，本山免催解之難，小民無科擾之累，皆賴於玄帝之香錢代爲斯民之輸納也。臣復查得嘉靖九年，該右春坊右中允廖道南建議，要將香錢查解，以助建立四郊之用。該先任左少監王敏題，該禮部覆題。奉聖旨：“是。這香錢只着照舊例行。欽此。”嘉靖十七年，該巡撫都御史林大輅題，要將本山香錢賑濟饑民，及補給禄糧等因。該先任右少監李學題。奉聖旨：“是。這香錢着存留本山備用，不許有司借貸，禮部知道。欽此。”嘉靖二十一年，該總督湖廣木運左副都御史潘鑑，并巡撫都御史陸杰題：爲採木缺少糧價，要將本山香錢查發應用。本年三月内，該臣具題。奉聖旨：“太和山香錢，着遵照先年明旨，存留本山支用，不許有司查取。工部知道。欽此。”嘉靖二十四年十二月内，該工部題稱，修理瑠璃河橋工程，要將本山香錢起解赴部應用。又該臣具題。奉聖旨：“這香錢既累有旨，存留本山支用，有司不必查取。工部知道。欽此。”

除欽遵外，今照前因，臣思得湖廣撫按等官，因見本省有此水灾，奏要查取太和山香錢，補給俸糧，賑濟被灾人户。其爲國爲民之心，深爲有見。臣亦目擊斯患，激切於心，竭思所以共濟之計，以盡臣下之心。但此太和山香火，全賴湖廣、河南兩省軍民進香施捨。三十年湖廣合省自春以來亢旱不雨，至秋又遭水患，在在處處，救死不暇。河南地方又因邊方有事，供給軍需，奔趨公役，至於十月間，方有香客朝山，止是了還願心而已雖有所施不多，除節因修理、公用等項之外，見在官庫收貯銀錢不及百兩，其出入之際，自有本宫提點，公同州所官吏眼同見數，備申該道右叅議雷賀處，俱有卷案可照。其稱三十一年香錢未經收受，難以逆料，見今缺欠二十九年分，均州千户所官軍折色俸糧，并玉虚等宫觀官道冬夏布匹；三十一年供神香、炷、油、蠟；合用錢糧，無從那移出辦，豈有蓄積隱匿。臣伏思武當香火，爲朝廷祝釐之家廟，承天官軍拱護二聖之皇陵，皆爲重地。臣豈敢執泥占悋。但本山香錢，一歲所入不足一歲之用。况該臣等前後具奏節，奉明旨存留香錢，本山支用。臣實不敢輕易聽從，故特奏請萬歲爺爺明旨定奪，合候命下之日，遵奉施行。惟復聖恩，仍照前旨，將香錢存留本山支用，不許有司查取。臣草芥愚昧，未敢擅便。爲此具本，專差舍人王奚親齎謹題請旨。本年正月二十五日，奉聖旨：“這香錢着照舊例行，該衙門知道。”

卷之八　勑提督内臣

宣德十年三月十六日，皇帝①勑諭尚膳監左監丞陳埜　昔我皇曾祖太宗文皇帝，創建大岳太和山宫觀，虔奉祀事，實欲福佑我國家及天下蒼生於無窮。迨至皇祖仁宗昭皇帝、皇考宣宗章皇帝臨御之日，克紹先志，特将均州一千户所軍餘、雜泛、征差及屯田子粒，盡行優免。但遇宫觀有滲漏損壞之處，随即修理；溝渠路道有淤塞不通之處，随即整治，俾宫觀永遠堅固完美。兹特命爾，前去與原差禮部員外郎吴禮一同提督，凡有未修殿宇房屋及衝塌橋梁路道，就行修理。已勑吴禮知之。爾宜恪遵朕命，恭勤趨事，不許怠慢，更不許在彼生事，私役軍餘，虐害下人，以取罪愆。其襄陽原撥官軍四百二員名，俱放回操備。故勑。

景泰元年二月初一日，皇帝②勑諭内官姜和　昔我皇曾祖太宗文皇帝創建大岳太和山宫觀，虔奉祀事，實欲福佑我國家及天下蒼生於無窮。迨至皇祖仁宗昭皇帝、皇考宣宗章皇帝臨御之日，克紹先志，特將均州一千户所軍餘、雜泛、差役及屯田子粒，盡行優免。但遇宫觀有滲漏損壞之處，随即修理；溝渠路道有淤塞不通之處，随即治理③，俾使宫觀永遠堅固完美。兹特命爾，前去與原差湖廣布政司右叅議李倜一同提督，凡有滲漏損壞殿宇房屋，及衝塌橋梁路道，量加修理。爾宜恪遵朕命，恭勤趨事，不許怠慢及在彼生事，私役軍餘，需索財物，虐害下人，以

---

① 皇帝：指明宣宗朱瞻基。

② 皇帝：指明代宗朱祁鈺。

③ 治理：任自垣纂修《勑建大嶽太和山誌》記爲“整治”。

取罪愆。其襄陽衛原撥修理官軍已放回操備者，不許擅自起取。故諭。

景泰五年二月初六日，皇帝勑諭奉御唐廣　昔我皇曾祖太宗文皇帝創建大岳太和山宫觀，虔奉祀事，實欲福佑我國家及天下蒼生於無窮。迨至皇祖仁宗昭皇帝、皇考宣宗章皇帝臨御之日，篤念先志，特將均州一千户所軍、餘雜、泛差役及屯田子粒，盡行優免。但遇宫觀有滲漏損壞之處，随即修理；溝渠路道有淤塞不通之處，随即整治，俾宫觀永遠堅固完美。兹特命爾，前去與今差湖廣布政司官一同提督。凡有滲漏損壞殿宇房屋及衝塌橋梁道路，量加修理。爾宜恪遵朕命，公勤趨事，不許怠慢及在彼生事，私役軍餘，需索財物，虐害下人，以取罪愆。爾其欽哉。故諭。

成化元年九月十七日，皇帝勑諭奉御韋貴　昔我皇高祖太宗文皇帝創建大岳太和山宫觀，虔奉祀事，實欲福佑我國家及天下蒼生於無窮。迨至皇曾祖仁宗昭皇帝、皇祖宣宗章皇帝、皇考英宗睿皇帝臨御之日，克紹先志，特將均州一千户所軍餘、雜泛、差役及屯田子粒，盡行優免，專一供應宫觀灑掃修理之役。今特命爾與湖廣布政司右条議王豫，率同玉虚宫提點、均州千户所千户，提督軍餘，時常灑掃潔淨。但遇宫觀殿宇有所滲漏損壞，及橋梁道路有所坍塌淤塞，即便修理完整，務爲永遠香火之奉。爾宜恪遵朕命，公勤趨事，不許怠慢，如勑奉行。故諭。

成化八年八月初八日，皇帝勑諭内官監左監丞韋貴　皇高祖太宗文皇帝創建大岳太和山宫觀，虔奉祀事，實欲福佑我國家及天下蒼生於無窮。迨至皇曾祖仁宗昭皇帝、皇祖宣宗章皇帝、皇考英宗睿皇帝臨御之日，克紹先志，特将均州一千户所軍餘、雜泛、差役，及屯田子粒，盡行優免，專一供應宫觀灑掃修理之役。今仍命爾與湖廣布政司右条議王豫，率同玉虚宫提點、均州千户所千户，提督軍餘，時常灑掃潔淨。但遇宫觀殿宇有所滲漏損壞，及橋梁道路有所坍塌淤塞，即便修理完整，務爲永遠香火之奉。無事之日，仍提督正伍官軍，操守城池，防禦賊盗。或本處并隣近府縣草寇生發，本所官軍相應調用，聽鎮守總兵等官與爾等計議，斟酌施行。其餘一應征差并運糧，屯田等項，一體優免。爾宜恪遵朕命，公勤趨事，不許怠慢廢弛，自取罪愆。爾其勉之慎之。故諭。

成化十二年四月初二日，皇帝勑諭右少監韋貴 近該湖廣鎮守等官奏稱：荆襄二府山深地廣，先因流民嘯聚，爲惡百端，雖經調兵祛遣，然亦有去而復來者，誠恐日漸衆多，難於撫治等因，今特命爾不妨原管事務兼分守荆襄二府所属州縣并衛所，各該山場哨堡巡司，兼管附近淅川、内鄉二縣，常川操練官軍民壯，修理城堡、器械，撫治流民，緝捕盗賊。凡合行事宜并久安長策、俱照節次禁約事例，會同各該守備都指揮并布、按二司撫民官員，從長計議，斟酌停當而行；有應與鎮守等官計議者，亦須公同計議；應奏請者，具奏定奪。務俾事妥人安，盗賊屏息，地方保無他虞，庶副委任之重，爾其欽承毋怠。故諭。

成化十五年正月十七日，皇帝勑諭太監韋貴 該爾奏稱：原管襄陽府鄖縣，今已添設湖廣行都司與鄖陽府衛，在彼統轄管理軍民。原奉①勑内不曾開有前項衙門，以致地方一應之事，往往掣肘難行等因。今特命爾②不妨原管事務，兼分守湖廣行都司并荆州、襄陽、鄖陽三府所属州縣并衛所及河南附近淅川、内鄉二縣，各該山場哨堡巡司，督令常川操練官軍民壯，修理城堡、器械，撫恤軍民，禁防流逋，緝捕盗賊，保障地方。凡合行事宜須會同巡按御史，俱照節次禁約事例③，督同各該守備都指揮并布、按二司撫民官員，從長計議，斟酌停當而行。不許互相矛盾，有乖事體，貽患地方。其有應與各該鎮守巡撫等官計議者，亦

① 原奉：任自垣纂修《勑建大嶽太和山誌》記爲“先奉”。
② 命爾：任自垣纂修《勑建大嶽太和山誌》記爲“令爾”。
③ 俱照節次禁約事例：任自垣纂修《勑建大嶽太和山誌》無此句。

湏公同計議，具奏定奪。爾爲朝廷内臣，受兹委託，尤湏持廉秉公，輸忠殫慮。務必事妥人安，盜賊屏息，地方寧靖，保無他虞，斯爲爾能。爾其欽承無怠。故諭。①

成化十五年五月二十一日，皇帝勑諭太監韋貴　先該爾奏：原奉勑内不曾開有添設管衙門，事多掣肘難行，已命爾不妨原管事務兼分守湖廣行都司并荆州、襄陽、鄖陽三府所屬州縣并衛所及河南附近淅川、内鄉二縣，各該山場哨堡巡司，常川督令操練官軍民壯，修理城堡、器械，撫恤軍民，禁防流逋，緝捕盜賊，保障地方外，今陞巡按御史吴道宏大理寺右少卿，仍在彼專一提督撫治軍民。凡爾應行事宜，湏公同俱照節次禁約事例，督同各該守備都指揮并布、按二司撫民官員，從長計議，斟酌停當而行，不許互相矛盾，有乖事體；倘有草寇竊發，即便公同吴道宏量調所屬官軍民快，作急撲滅，無令滋蔓，貽患地方。其有應與各該鎮守、巡撫等官計議者，亦湏公同計議；應奏請者，具奏定奪。爾爲朝廷内臣，受兹委託，尤湏持廉秉公，輸忠殫慮，務俾事妥人安，盜賊屏息，地方寧靖，保無他虞，斯爲爾能。爾其欽承毋怠。故諭。

成化十六年五月初七日，皇帝勑諭内官監太監韋貴　邇者新設湖廣行都司，荆州、襄陽、鄖陽三府所屬州縣并衛所及河南南陽府之淅川、内鄉縣，陝西漢中府之白河縣，西安府之商州及洛南、商南、山陽縣，與鄖陽接界者四十餘處，先年流民編入版籍者，嘗令加意撫禁，但恐又有潛來趂食者，難保不復嘯聚爲患。今特命爾不妨原管事物②，兼分守前項地方，與大理寺右少卿吴道宏用心協力，悉照節次禁約事例，斟酌隨宜而行。常川督令三司分守撫民等官，嚴督所在軍衛有司及各該山場

① 此道聖旨，任自垣纂修《勑建大嶽太和山誌》記爲“成化十五年正月二十七日”。

② 物：任自垣纂修《勑建大嶽太和山誌》記爲“務”。

巡司，操練官軍民壯，修理城池，撫恤軍民，禁防流逋，緝捕盜賊，保障地方。倘有草寇竊發，即便公同吴道宏量調所属官軍民快，作急撲滅，無令滋蔓。若有應與各該連界鎮守總兵巡撫等官計議者，亦須從長計議而行應奏請者，具奏定奪。不許偏執己見，互相矛盾，致壞地方。爾爲朝廷内臣，受兹委託，尤須持廉秉公，輸忠殫慮。務俾事妥人安，盜賊屏息，地方寧靖，保無他虞，斯爲爾能。爾其欽承毋怠。故諭。

成化十八年五月十八日，皇帝勑諭太監韋貴 先已命爾不妨原管事務兼分守湖廣行都司并荆州、襄陽、鄖陽三府所属州縣并衛所及附近淅川、内鄉、商州、洛南、商南、山陽、白河各該州縣山塲哨堡巡司，常川督令操練官軍民壯，修理城堡、噐械，撫恤軍民，禁防流逋，緝捕盜賊，保障地方外，今命都察院右僉都御史王濬前去提督撫治軍民。凡爾應行事宜，須公同俱照節次禁約事例，督同各該守備都指揮，并布、按二司撫民官員，從長計議，斟酌停當而行。不許互相矛盾，有乖事體。倘有草寇竊發，即與濬量調所属官軍民快，督同各該分巡兵備，及軍衛、有司，作急撲滅，無令滋蔓。若各官事有干涉，仍前不報者，聽爾與濬核實叅奏。其有應與各鎮守巡撫等官計議者，亦須公同計議；應奏請者，具奏定奪。爾爲朝廷内臣，受兹委託，尤須持廉秉公，輸忠殫慮。務俾事妥人安，盜賊屏息，地方寧靖，保無他虞，斯爲爾能。爾其欽承毋怠。故諭。

成化二十年八月三十日，勑分守湖廣行都司等處太監韋貴、提督撫治鄖陽等處地方右僉都御史王濬 今歲因北直隸、山西、陝西、河南等處，天時亢旱，二麥無收，民食不足，盜賊必生；又慮荆襄二府，流民去彼嘯聚爲非，已令兵部移文，爾等并各鎮守巡撫等官，一體撫安禁捕，發糧賑濟。但今月久，各處累報灾傷，人民流移甚於往昔。若不申嚴隄備，恐爾等視常怠忽，一旦有警，貽患非細。勑至，爾等即查勘各處逃去軍民，設法安撫賑恤。倘流逋嘯聚，嚴督守備巡捕等官，即時撲捕，毋致延蔓。其調軍捕盜、積糧賑飢并更才育民、停止徵需等項，凡可以安靖地方之事，應便宜者，便宜處置；應奏請者，奏來定奪。爾等俱受朝廷重寄，務要盡心籌畫，防患未然，不許因循悞事。其慎之哉！慎之哉！故勑。

成化二十年十月初四日，皇帝勑諭内官監太監韋貴　今命尚衣監太監潘記，前去與爾一同管事。惟我皇高祖太宗文皇帝創建大岳太和山宫觀，虔奉祀事，實欲福佑國家及天下蒼生於無窮。迨至皇曾祖仁宗昭皇帝、皇祖宣宗章皇帝、皇考英宗睿皇帝臨御之日，克紹先志，特將均州一千户所軍餘、雜泛、差役，及屯田子粒，盡行優免，專一供應宫觀灑掃修理之役。今仍命爾等與湖廣布政司右叅議李謙，率同玉虚宫提點、均州千户所千户，提督軍餘，時常灑掃潔淨。但遇宫觀殿宇滲漏損壞及橋梁道路坍塌淤塞，即便修理完整，務爲永遠香火之奉。爾等宜恪遵朕命，公勤趨事，不許怠慢及在彼生事擾人，以取罪愆。爾等如勑奉行。故諭。

成化二十一年八月二十三日，勑分守湖廣行都司等處太監韋貴　今命都察院右副都御史劉璋，前去與爾一同提督撫治鄖陽等處地方。凡爾應行事宜，須與公同計議，停當而行，不許偏執違拗，有乖事體。特諭爾知之。故勑。

弘治元年八月十七日，皇帝勑諭分守湖廣行都司等處太監韋貴、撫治鄖陽等處右副都御史鄭時　朕惟爲治之道，莫切於養軍恤民。民惟邦本，而軍所以衛民也。軍民安，則天下安矣。仰惟祖宗垂統，百廿餘年，天下承平日久，法度漸以廢弛，人情狃于宴安，政事愈加玩愒。朕膺代天理物之責，夙夜是思，不遑寧處。夫革故斯可鼎新，更化然後善治，盖嘗廣納群言，簡黜兩京廷臣不職者，用警有位。又因上天示異，特加戒飭，令各勉修職務以期績效於方來。尚慮爾分守撫治官及行都司、府、州、縣、衛、所牧民御衆之職，處於疏遠，循習故常，罔克振作，且今軍民困敝，非止一端。民苦於徵科，貧者終歲勤動，妻子凍餒；富者勸貸頻仍，家室空虛。一遇水旱灾傷，不免轉徙流離，死亡枕籍，民困若斯。於是而又驅迫之，侵漁之，嚴刑重罰，巧取横歛①，以傷殘之，則司民牧者，其罪何逃。軍缺於行伍，或因衣裝不辦，家計負累；或見號令不嚴，豪猾肆志；或又器械不精，操習無法，一遇有警，全無可用。於此而不簡練之，整餙之，徒費糧賞，有名無實。而但私役、私歛②以剥削之，則典軍旅者，其罪何逭，此其大畧耳。其他田野荒蕪，刑獄枉濫，盜賊生發，食廪不充，百孔千瘡，難以悉數。勑至，爾等其各洗心滌慮，深念祖宗創制建官之意，體朕愛養軍民作興圖治之心，務各勉樹事功，興舉利益，修整廢墜，疏剔宿弊，敷布恩澤，使一方民得安生樂業，共享太平之治；軍皆勇於敵愾，潛消未萌之患。無負朕委托，而旌擢之典，亦不爾吝。如或不然，國有常憲，决不爾私。爾等其欽承之。故諭。

弘治元年十月二十八日，勑分守湖廣行都司太監韋貴、撫治鄖陽等處左副都御史鄭時 今歲嘗因天戒，勑爾等各加修省，興舉利益，敷布恩澤，使民得安於生業，軍皆勇於敵愾。未知爾等能體朕意，不負委任否？兹又聞爾湖廣行都司鄖陽等處，秋冬之間，旱傷無收，人民缺食，四散流移，父子夫婦多不相保；甚至强横之徒，百十成群，嘯聚山澤，流劫鄉村。府、州、縣官懼罪，多不申報；分巡、分守官偷安，不常巡守；三司掌印官，恬不經意；巡撫、巡按官，亦多徇情姑容。似此怠玩，若至來春青黄不接，人不聊生之際，地方盜賊之患，安能保其不昌熾乎！已令户、兵二部議擬合行事宜，如弛山澤之禁，寬租賦之征，清軍止解，債負停追，除免課税，運送銀兩，謹武備之修，嚴巡捕之令等項。及准

① 歛：應爲“斂”。
② 歛：應爲“斂”。

爾等所奏救荒事件，通行訖兹，特降勑爾等，務各以地方爲重，照依該部所擬，日夜盡心，撫安流亡，操練軍馬，多方賑濟，以救民命。但有强梗嘯聚之徒，即時撲滅，毋令滋蔓。凡有利於民事或部擬未盡者，聽爾等便宜處置。爾等俱受朝廷委托，享有禄位，當思一方安危所繫，體朕愛養元元之心，務俾軍民安妥，地方寧靖，斯爲無負。勿謂朕新即位政事從寬，可圖幸免。萬一地方有事失悮，祖宗憲典具在，决不輕宥。爾等其欽承之。故勑。

弘治二年三月十七日，勑分守湖廣行都司太監韋貴、提督撫治鄖陽左副都御史鄭時　近者四川、湖廣人民饑荒，而四川尤甚，扶老携幼，四散流移。凡附近山林、湖泊去處，皆能聚集，以爲苟圖趂食之所。然聚集既久，困苦無聊，或因而劫掠，致生他變。爾等地方爲重，不可不慮。勑至，宜各用心整飭兵馬，嚴謹隄備，督令分巡、分守并軍衛有司官，撫恤賑濟，常加省諭，毋令非爲。或有强梗嘯聚之徒，倡亂扇變，事起倉卒，即便相機撲滅，勿令滋蔓，以貽患害。如或視爲泛常，因循悮事，必罪不宥。爾等其慎之，慎之。故勑。

弘治四年五月初三日，皇帝勑諭分守湖廣行都司等處太監韋貴、撫治鄖陽等處右副都御史王道并巡按監察御史、分巡、分守官　朕惟刑獄重事，自古帝王必致謹於斯。蓋以刑得其平，則足以輔治弼教，而召天地之和；刑失其平，則冤抑無伸，感灾致沴，亦有所不免焉。朕爲民主，仰體上天好生之心，每於刑獄特加慎重。兹當五年審録之期，慮恐天下愚民，罹於法者多有冤抑，不無致傷和氣。特命爾等將見監問罪囚，公同審録。其在城内者，爾貴、爾道即會同巡按監察御史、分巡、分守官，從公審録；在外者，御史同分巡、分守官，親詣各處，逐一審録；死罪情真，罪當應决者，照例監候聽决；其有情可矜，罪可疑，事無証佐可結正者，一一具奏處置。徒流以下，便减等發落；笞罪的，都放了，毋令淹滯。審問之際，尤須詳察言詞，旁詢知証，而斷之以理。毋惑於浮言，毋拘於成案，毋偏信原問及原保結官吏，飾非沮撓，務得實情，以全民情①，以全民命。其故失入等罪，俱不追究。敢有偏執違拗者，聽爾等并巡按等官②，各照所審，指實条奏。爾等受兹委任，務持廉秉公，明以决之，恕以行之③，俾無冤抑。斯稱朕好生之意。庶幾天心昭格，和氣致祥，有可期焉。如或詢察不明，處决失當，有負任使，則爾等之罪。欽哉！故諭。

弘治八年九月二十五日，勑分守湖廣行都司太監潘記、撫治鄖陽等處右副都御史沈暉并巡按監察御史、分巡、分守官 近該禮部并言官列奏，畿甸邊關及各布政司地方奏報灾傷，或地震有聲，或雨雹殺人，或盛夏嚴霜殺穀，變異疊見，而湖廣尤甚。至菜發異花，樹生異實，皆世所不常見之灾，恐致人所不能測之變，欲君臣上下交修，以回天意等因。朕覽奏儆懼，已反躬自省。及諭兩京文武群臣，各令修省，勉盡職務。爾等受命鎮守、巡撫、巡按及有司官守一方，凡境内錢穀、甲兵、工役、獄訟等項及軍民利病，皆所職掌，一事不得其平，一民不得其所，足以致灾而召變。况於事情之積弊，人心之久憤，有抑遏而不能上達者乎。勑至，爾等其洗心滌慮，痛加修省。各將境内前項政務及軍民利病，一一訪察。何者爲利之所當，何者爲害之所當革，在爾等職分所得行而未行者，即速爲舉行。毋仍因循怠玩，其或有礙於事例沮於势要，所當奏請者，俱要明白一一奏來。俟報下行之期，盖已往之愆，以消未形之變，庶人心可悦，而天意可回。若乃拘成案、泥陳迹及徒事虚文而不務實，行後或變形事起，地方不寧，則瘝曠之責，必有所歸。爾等其欽承朕命。毋忽。故勑。

---

① 以全民情：任自垣纂修《勑建大嶽太和山誌》所録這道聖旨中無此句。

② 聽爾等并巡按等官：任自垣纂修《勑建大嶽太和山誌》所録這道聖旨中記爲“聽爾貴、爾道，并巡按等官”。

③ 恕以行：“恕以行”，任自垣纂修《勑建大嶽太和山誌》在這道聖旨中記爲“恕不行”。

弘治十年四月二十七日，皇帝勑諭内官監太監李祺　今命爾提督大岳太和山宫觀，虔奉祀事。爾與湖廣布政司右糸議陳睿，率同玉虚宫提點、均州千户所千户，督令軍餘，時常灑掃潔淨。但遇宫觀殿宇損壞及橋梁路道坍塌淤塞，即便修理完整。無事之日，操練正伍官軍，守備城池，防禦賊盗。或草寇生發，本所官軍相應調用，公同計議施行。其餘征差并運糧、屯田等項，一體優免。爾仍不妨本務，兼分守湖廣行都司并荆州、襄陽、鄖陽三處府、州、縣、衛、所及附近淅川、内鄉、商州、洛南、山陽、白河，各處山場、哨堡、巡司，督令操練官軍民壯，修理城堡、器械，禁防流逋，緝捕盗賊，保障地方。合行事宜，俱與撫治都御史，督同各該守備、兵備、撫民分巡等官，從長計議而行。不許互相矛盾，有乖事體。倘有寇盗竊發，量調所属官軍民快，作急撲滅，毋令滋蔓。若各官事有干涉，仍前不報者，聽爾等指實糸奏；其有應與各鎮守、巡撫等官計議者，亦須公同計議；應奏請者，具奏定奪。爾爲内臣，受兹委託，尤須持廉秉公，輸忠殫力，務俾祀事嚴肅，地方寧静。不許纖毫怠忽。如違，責有所歸。爾其敬之慎之。故諭。

弘治十七年閏四月初七日，勑内官監太監齊玄提督。

弘治十八年十一月二十六日，勑印綬太監韋興提督。

正德二年六月二十日，勑内官監太監龔輦、協同印綬監太監韋興提督。

正德五年九月初七日，勑御用監太監周景提督。

以上俱同弘治十年四月二十七日内官監太監李祺勑。

正德六年十二月二十九日，勑分守湖廣行都司太監周景、撫治鄖陽

都御史劉琬 近因山東直隸等處，盜賊流入河南地方，已命官統兵前去剿殺。該部議，恐此賊奔逸而南，依據險隘，卒難殄滅。特勑爾等選調官軍，於两省交界要害去處，嚴加把截，相機防禦。毋得彼此推託，致悮事機。如有縱賊經過地方，各該官員，定以軍法處治，必不輕貸。仍要不妨本處地方事務，計慮周悉，處置停當，不許顧此失彼。如勑奉行。故勑。

正德七年二月十九日，勑分守湖廣行都司等處太監周景、巡撫鄖陽等處都御史李士實、撫治鄖陽等處都御史劉琬 先因命將出兵前去河南剿殺流賊，已勑爾等選調官軍，於两省交界要害去處把截防禦。近該兵部議奏，前項賊徒被我官軍殺敗，或将奔往湖廣地方。特申諭爾等，但遇流賊奔逸，不分是何境界流來，俱要督率漢土官軍民快，并招募義勇，嚴謹防截，分投剿殺，務令根株盡絶，以收全功。如或視爲虚文，防守不嚴，追剿不力，致貽後患，國典具存，必不輕貸。爾其欽承之。故勑。

正德七年五月十五日，勑分守湖廣行都司等處地方御用監太監周景 先因逆賊劉三等，流劫河南地方，勢甚猖獗。命爾等調發永順两江口等處士兵，防遏會剿。今得爾奏知，賊至汝寧及朱皋鎮，士兵與之力戰三次，斬獲首級八十一顆，生擒并奪回男婦七十名口，渡河溺死及滚馬解散者各二千有餘，俘獲馬騾一百六十二疋，其溺死者亦三千餘疋，賊勢已覺摧殘。是雖三司等官及諸将士用命協謀所致，而爾督發軍兵，經理餽運，志在滅賊，勞亦可嘉。除部下功次已令紀功官查勘定奪。玆特勑奨勵，以旌爾勞。但賊首尚未盡擒，須督率官軍，務期日下剿滅，以收全功。爾其勉之。故勑。

正德七年閏五月二十九日，勑提督大岳太和山兼分守湖廣行都司等處地方御用監太監周景 得爾與撫治都御史劉琬奏：四月二十五日以來，流賊自羅田、麻城敗散之後，移營應山、漢土。官軍從随州分哨追至廣水店等處，屢挫其鋒，擒斬共二百二十六名顆，其溺水墜崖而死與奪獲馬騾、噐械數多，軍威大振，賊勢益衰。續於南召縣等處，擒獲首惡劉三等渠魁，既殲餘黨幾盡。皆爾等調度有方，威令嚴肅，所屬守巡等官，協謀用命，乃有此捷奏至，朕心喜悦。除有功官軍人等，行令紀功；官分别等第，待勘報至日，照例陞賞。兹特降勑奨勵，以旌爾勞。爾宜奨率吏士，殄除殘孽，以收全功。仍禁約士兵，毋得擾害良民，重貽地方之患。爾其勉之。故勑。

正德七年十一月十六日，勑御馬監太監劉祥提督。

正德八年十一月二十六日，勑内官監太監吕憲、協同御馬監太監劉祥提督。

正德九年七月二十九日，勑御馬監太監梁英提督。

正德九年十月十八日，勑内官監吕憲、協同御馬監太監梁英提督。

正德十三年三月二十八日，勑内官監太監吕憲、御馬監太監潘真提督。

正德十三年五月二十九日，勑御馬監太監梁英、内官監太監吕憲、御馬監太監潘真提督。

正德十六年八月十三日，勑御馬監太監潘真、尚衣監太監趙榮提督。

嘉靖三年七月二十八日，勑尚衣監太監趙榮提督。

嘉靖五年三月初八日，勑内官監太監李瓚提督。

嘉靖八年六月十二日，勑内官監左少監王敏提督。

嘉靖十二年二月二十八日，勑司設監右少監李學提督。

以上俱同弘治十年四月二十七日，太監李祺勑。

嘉靖十八年七月十九日，皇帝勑諭内官監右監丞王佐　今命爾提督大岳太和山宫觀，虔奉祀事。爾與湖廣布政司該管官員，督同玉虚宫提點、均州千户所千户，率令軍餘，時常灑掃潔淨。但遇宫觀殿宇損壞及橋梁道路坍塌淤塞，即便修理完整。務在廟貌森嚴，道衆修潔。如有污穢褻瀆，不守規戒者，聽爾選擇黜汰。務令潔淨，以奉神明。無事之日，操練正伍官軍，守備城池，防禦賊盜。或草寇生發，本所官軍相應調用，公同計議施行。其餘征差并運糧、屯田等項，一體優免。爾仍不妨本務，兼分守湖廣行都司并荆州、襄陽、鄖陽三處府、州、縣、衛、所及附近淅川、内鄉、商州、洛南、山陽、白河，各處山場、哨堡、巡司，督令操練官軍民快，修理城堡、噐械，禁防流逋，緝捕盜賊，保障地方。合行事宜，俱與撫治鄖陽都御史，督同各該守備、兵備、撫民、分巡等官，從長計議而行。不許互相矛盾，有乖事體。倘有寇盜竊發，量調官軍民快，作急撲滅，毋致滋蔓。若各官事有干涉，仍前不報者，聽爾指實条奏；其有應與各鎮守、巡撫等官計議者，亦須公同計議；應奏請者，具奏定奪。爾爲内臣，受兹委託，尤須持廉秉公，輸忠殫力。務俾祀事嚴肅，地方寧靖，不許纖毫怠忽。如違，責有所歸。爾其敬之慎之。故諭。

嘉靖二十一年二月初一日，皇帝勑諭内官監左少監王佐　今命爾提督大岳太和山宫觀，虔奉祀事。爾與湖廣布政司該管官員，督同玉虚宫提點、均州千户所千户，率令軍餘，時常灑掃潔淨。但遇宫觀殿宇損壞及橋梁道路坍塌淤塞，即便修理完整。務在廟貌森嚴，道衆修潔。若有污穢褻瀆，不守規戒者，聽爾選擇黜汰。務令潔淨，以奉神明。無事之日，操練正伍官軍，守備城池，防禦盜賊。或草寇生發，本所官軍相應調用，公同計議施行。其餘征差并運糧、屯田等項，一體優免。爾仍不妨本務兼分守湖廣行都司，并荆州、襄陽、鄖陽三處府、州、縣、衛、所及附近淅川、内鄉、商州、洛南、商南、山陽、白河，各處山場、哨堡、巡司，督令操練官軍民快，修理城堡、器械，禁防流逋，緝捕盜賊，保障地方。合行事宜，俱與撫治都御史，督同各該守備、兵備、撫民、分巡等官，從長計議而行。不許互相矛盾，有乖事體。倘有寇盜竊發，量調官軍民快，作急撲滅，毋致滋蔓。若各官事有干涉，仍前不報者，聽爾指實条奏；其有應與各鎮守、巡撫等官計議者，亦須公同計議；應奏請者，具奏定奪。爾爲内臣，受此委託，尤須持廉秉公，輸忠殫力。務俾祀事嚴肅，地方寧靖，不許纖毫怠忽。如違，責有所歸。爾其敬之慎之。故諭。

嘉靖二十三年五月二十日，皇帝勑諭内官監太監王佐　今命爾提督大岳太和山宫觀，虔奉祀事。爾與湖廣布政司該管官員，督同玉虚宫提點、均州千户所千户，率令軍餘，時常灑掃潔淨。但遇宫觀殿宇損壞及橋梁道路坍塌淤塞，即便修理完整。務在廟貌森嚴，道衆修潔。如有污穢褻瀆，不守規戒者，聽爾選擇黜汰。務令潔淨，以奉神明。無事之日，操練正伍官軍，守備城池，防禦賊盜。或草寇生發，本所官軍相應調用，公同計議施行。其餘征差并運糧、屯田等項，一體優免。爾仍不妨本務兼分守湖廣行都司，并荆州、襄陽、鄖陽三處府、州、縣、衛、所及附近淅川、内鄉、商州、洛南、商南、山陽、白河，各處山場、哨堡、巡司，督令操練官軍民快，修理城堡、器械，禁防流逋，緝捕賊盜，保障地方。合行事宜，俱與撫治都御史，督同各該守備、兵備、撫民、分巡等官，從長計議而行。不許互相矛盾，有乖事體。倘有寇盜竊發，量調官軍民快，作急撲滅，毋致滋蔓。若各官事有干涉，仍前不報者，聽爾指實条奏；其有應與各鎮守、巡撫等官計議者，亦須公同計議；應奏請者，具奏定奪。爾爲内臣，受兹委託，尤須持廉秉公，輸忠殫力。務俾祀事嚴肅，地方寧靖，不許纖毫怠忽。如違，責有所歸。爾其敬之慎之。故諭。

嘉靖三十六年三月十五日，皇帝勑諭内官監太監吕祥 今命爾提督大岳太和山宫觀，虔奉祀事。爾與湖廣布政司該管官員，督同玉虚宫提點、均州千户所千户，率令軍餘，時常灑掃潔淨。但遇宫觀殿宇損壞及橋梁道路坍塌淤塞，即便修理完整。務在廟貌森嚴，道衆修潔。如有污穢褻瀆，不守規戒者，聽爾選擇黜汰。務令潔淨，以奉神明。無事之日，操練正伍官軍，守備城池，防禦賊盗。或草寇生發，本所官軍相應調用，公同計議施行。其餘征差并運糧、屯田等項，一體優免。爾仍不妨本務兼分守湖廣行都司，并荆州、襄陽、鄖陽三處府、州、縣、衛、所，及附近淅川、内鄉、商州、洛南、商南、山陽、白河，各處山塲、哨堡、巡司，督令操練官軍民快，修理城堡、器械，禁防流逋，緝捕賊盗，保障地方。合行事宜，俱與撫治都御史，督同各該守備、兵備、撫民、分巡等官，從長計議而行。不許互相矛盾，有乖事體。倘有寇盗竊發，量調官軍民快，作急撲滅，毋致滋蔓。若各官事有干涉，仍前不報者，聽爾指實条奏；其有應與各鎮守、巡撫等官計議者，亦須公同計議；應奏請者，具奏定奪。爾爲内臣，受兹委託，尤須持廉秉公，輸忠殫力。務俾祀事嚴肅，地方寧靖，不許纖毫怠忽。如違，責有所歸。爾其敬之慎之。故諭。

卷之九　勑提督藩臣

永樂二十二年二月十九日，勑湖廣布政司右叅議諸葛平　朕創建大岳太和山宫觀，上資薦揚皇考、皇妣二聖在天之靈，下爲四海蒼生祈迓福祉，用期綿遠，以敷利澤於無窮。然工作浩繁，實皆天下軍民之力，辛勤勞苦，涉歷寒暑，久而後成。凡所費錢糧，難以數計。今工已告成完，特用勑爾常川用心巡視。遇宫觀有滲漏透濕之處，随即修理；溝渠道路有淤塞不通之處，即便整治。合用人工，就於均州千户所官軍内撥用。務使宫觀常年完美，溝渠道路永遠通利，庶不隳廢前工，以虔祀事於悠久。如此，則神明昭鑒，必使爾等享有無窮之福。爾若玩法偷安，不行用心巡視，以致宫觀損濕，溝渠道路淤塞不通者，則罰及爾身，將不可悔。故勑。

宣德十年三月十六日，勑禮部員外吴禮及均州千户所　今命尚膳監左監丞陳埜，前來與爾吴禮一同提督均州千户所軍餘，常川巡視大岳太和山宫觀。遇有滲漏損壞之處，随即修理；溝渠路道有淤塞不通之處，随即整治，俾宫觀永遠堅固完美。及本所軍餘、雜泛、差役及屯田子粒，照舊盡行蠲免。襄陽衛原撥官軍四百二員名，俱放回操備。故諭。

正統元年十一月初七日，勑行在禮部郎中邵正　昔我皇曾祖太宗文皇帝，創建大岳太和山宫觀，虔奉祀事，以冀利澤於悠久。我皇祖仁宗昭皇帝、皇考宣宗章皇帝臨御之日，篤念先志，特優免均州一千户所軍餘、雜泛、差役；并勑湖廣都司、布政司，将本所屯田子粒盡行除免。

凡遇宫觀有滲漏損壞之處，随即整治。朕今嗣承大位，一遵祖宗之心，虔奉祀事，弗敢少怠。兹特命爾前去與大岳太和山玄天玉虚宫提點及均州千户所千户，一同提督軍餘修理。務在恭勤趨事，使宫觀永遠完美，溝渠道路永遠通利，庶稱朕心。如或怠慢及私役軍餘，則罸及爾等，不可悔矣。故勑。

正統七年二月十八日，勑湖廣布政司右条議李倜。

景泰元年九月二十七日，勑湖廣布政司右条議樊斆。

景泰五年九月十二日，勑湖廣布政司右条議黄順。

以上三員，俱同正統元年十一月初七日郎中邵正勑。

天順四年三月十九日，勑大岳太和山提調官右条議李孟芳 朕念大岳太和山宫觀，是祖宗創建棲神之所。今命爾同内官奉御唐廣提督均州千户所官軍，專一照管灑掃。凡遇宫觀滲漏損壞者，随即修理如新，及橋梁坍塌、溝渠淤塞、道路毁阻，随即補砌疏通，整理堅完。務在廟貌森嚴，道衆潔淨，虔奉祀事，供養香火，以祈福佑於悠久，庶不負朕敬神之意。毋或不正其身，縱欲圖利，私役軍餘，科擾下人，及怠惰廢弛，肆無忌憚，自取罪愆，朕不爾宥。爾其慎之。故勑。

成化八年八月初八日，勑大嶽太和山提調官湖廣布政司右条議王豫 朕念大岳太和山宫觀，是祖宗創建棲神之所。今仍命爾與左監丞韋貴，率同玉虚宫提點、均州千户所千户，提督軍餘，專一照管灑掃。凡遇宫觀滲漏損壞者，随即修治如新，及橋梁坍塌、溝渠淤塞、道路頽毁者，随即補砌疏通，整理堅完。務在廟貌森嚴，道衆潔淨，虔奉祀事，供養香火，以祈福佑於悠久，庶不負朕敬神之意。毋或不正其身，縱欲圖利。無事之日，仍提督正伍官軍，操守城池，防禦盗賊。或本處并隣近府縣草寇生發，本所官軍相應調用，聽鎮守總兵等官與爾等計議，斟酌施行。其餘一應雜泛、征差、運糧、屯田等項，一體優免。爾宜恪遵朕命，恭勤趨事，不許怠忽廢弛及在彼生事，私役科尅，虐害下人，自取罪愆。爾其慎之，慎之。故勑。

成化十一年三月十六日，勑大岳太和山提調官湖廣布政司右叅議梅倫。

成化十五年十一月十六日，勑大岳太和山提調官湖廣布政司右叅議韓文。

成化十六年十一月十六日，勑大岳太和山提調官湖廣布政司右叅議李謙。

成化二十三年三月二十八日，勑大岳太和山提調官湖廣布政司右叅議龔膺。

弘治三年二月二十日，勑大岳太和山提調官湖廣布政司右叅議馬銓。

弘治五年　月　日，勑大岳太和山提調官湖廣布政司右叅議張轂。

以上六員，俱同成化八年八月初八日右叅議王豫勑。

弘治七年四月十九日，勑大嶽太和山提調官并分守湖廣下荆南道兼管撫民布政司右叅議陳睿　朕惟大岳太和山宫觀是祖宗創建棲神之所。今命爾與太監潘記率同玉虚宫提點、均州千户所千户，提督軍餘，專一照管灑掃。凡遇宫觀滲漏損壞者，随即修治如新；及橋梁坍塌淤塞、道路頹毁者，随即補砌疏通，整理堅完。務在廟貌森嚴，道衆潔淨，虔奉祀事，供養香火，以祈福佑於悠久，庶不負朕敬神之意。無事之日，爾仍與記提督正伍官軍，操守城池，防禦盜賊。或本處并隣近府縣草寇生發，本所官軍相應調用，聽鎮守總兵并撫治等官與爾等計議，斟酌施行。其餘一應雜泛、征差，并運糧、屯田等項，一體優免。今又加爾以下荆南道分守撫民之任。爾不妨本職，往來所属，巡視地方，將一應附籍安插，并陸續逃移人民，必須以時戒飭，嚴加禁約，不許非爲。敢有擾害居民者，爾即量情懲治。應拿問者，依律拿問。情輕者，照例發落；罪重者，即将正犯枷釘連妻小，差人奏解來京，定發充軍；殺傷人者，處以極刑。若有貪暴官吏，豪横軍民人等，生事欺害逃民者，亦一體依律拿問究治。及凡有可以除奸革弊，便民弭盗之方，聽爾計議審處。或事重難以區畫，具奏處置。遇有妖人聚衆及草寇生發，即調所在官軍，相機撲捕，無致滋蔓。爾爲朝廷簡用，必須嚴公勤慎，敬以奉神，仁以撫下，務在事妥民安，斯稱任使。汝或因循苟且悮事，慢神殃民，必罪不宥。汝其欽承之，毋怠。故勑。

弘治十三年十一月二十九日，勑大岳太和山提調官并分守湖廣下荆南道兼管撫民布政司右叅議華山

正德三年九月二十八日，勑大岳太和山提調官并分守湖廣下荆南道兼管撫民布政司右叅議邵棠

正德七年十一月三十日，勑大岳太和山提調官并分守湖廣下荆南道兼管撫民布政司右叅議白金

正德八年六月初六，勑大岳太和山提調官并分守湖廣下荆南道兼管撫民布政司右叅議張瀚

正德十二年閏十二月初四日，勅大岳太和山提調官并分守湖廣下荆南道兼管撫民布政司右衆議張良弼

嘉靖二年　月　日，勅提調大岳太和山兼管撫民及分守下荆南道湖廣布政司右衆議陸杰

嘉靖五年　月　日，勅提調大岳太和山兼管撫民及分守下荆南道湖廣布政司右衆議盧煦

嘉靖八年　月　日，勅提調大岳太和山兼管撫民及分守下荆南道湖廣布政司右衆議張鯤

嘉靖十年　月　日，勅提調大岳太和山兼管撫民及分守下荆南道湖廣布政司右衆議崔桐

嘉靖十一年　月　日，勅提調大岳太和山兼管撫民及分守下荆南道湖廣布政司右衆議劉彭年

嘉靖十二年　月　日，勅提調大岳太和山兼管撫民及分守下荆南道湖廣布政司右衆議鄺灝

嘉靖十三年　月　日，勅提調大岳太和山兼管撫民及分守下荆南道湖廣布政司右衆議陳良謨

嘉靖十五年　月　日，勅提調大岳太和山兼管撫民及分守下荆南道湖廣布政司右衆議方升

嘉靖十七年　月　日，勅提調大岳太和山兼管撫民及分守下荆南道

湖廣布政司右叅議吴檄

嘉靖二十年　月　日，勑提調大岳太和山兼管撫民及分守下荆南道湖廣布政司右叅議段續

嘉靖二十一年　月　日，勑提調大岳太和山兼管撫民及分守下荆南道湖廣布政司右叅議鍾雲瑞

嘉靖二十二年　月　日，勑提調大岳太和山兼管撫民及分守下荆南道湖廣布政司右叅議秦鏊

嘉靖二十三年　月　日，勑提督大岳太和山兼管撫民及分守下荆南道湖廣布政司右叅議王鎬

嘉靖二十五年　月　日，勑提督大岳太和山兼管撫民及分守下荆南道湖廣布政司右叅議張緒

嘉靖二十七年　月　日，勑提督大岳太和山兼管撫民及分守下荆南道湖廣布政司右叅議吴子孝

嘉靖二十九年　月　日，勑提督大岳太和山兼管撫民及分守下荆南道湖廣布政司右叅議雷賀

嘉靖三十二年　月　日，勑提督大岳太和山兼管撫民及分守下荆南道湖廣布政司右叅議王繼洛

以上二十二員，俱同弘治七年四月十九日右叅議陳睿勑。

卷之十　上供仙品

歲　進

永樂三年六月十九日，勑五龍宫全真道士李素希[1]　昔者高真學道於武當名山，折梅寄榔樹，且祝曰："道成，此枝即活，花實而熟。"後果如其言。自是以驗歲之豐歉。太平歲豐，花實而繁；其遇歲歉，花而不實。今樹尚存。問諸故老，久無花實。比者，爾素希以實數百，遣人來進，誠爲罕得，莫非以爾精誠所格，祝釐國家，故能感動高真，降此嘉祥，以兆豐穰也。兹特遣道士萬道遠齎香，詣高真道場焚焫，以答神貺。并以綵段一表裏，紵絲衣一襲，鈔四十錠賜爾。爾其恪盡乃心，以祈茂祉。故勑。

永樂四年七月初五日，勑五龍宫全真道士李素希　去歲高真效祥，榔梅成實，已兆歲豐，爾遣人來進。今歲復然，誠爲難得，稽之於古，間或一見，尤以爲希遇。矧兹二年，兩見其實，皆由高真翊衛國家，爾輩精意祝釐所致。兹特遣道士陳永富齎香，詣高真道場，以答神靈。并以綵段一表裏，紵絲衣一襲，鈔四十錠賜爾。宜茂益精勤，以臻至道。故勑。

---

①　這道聖旨和下一道聖旨是永樂皇帝朱棣爲武當山道士李素希貢獻榔梅而頒發的嘉奬令。

永樂十一年七月初四日，勑正一嗣教真人張宇清　邇者，朕於武當山創建宫觀，上以資薦皇考、皇妣在天之靈，下爲天下生靈祈福。天真感格，靈應屢臻，圓光燭霄，榔梅垂實，臣下繪圖并以榔梅來進，恭以薦先，頒賜廷臣，用昭神貺。兹特遣人齎及榔梅百顆賜爾，爾其欽受之。故勑。

成化二十一年十月二十三日，司禮監太監韋貴欽奉聖旨　恁司禮監寫帖子去，説與提督大岳太和山太監韋貴、潘記每知道，今得他每奏來，彼處所産榔梅、黄精、鮮笱等物，係永樂、宣德年間舊例造辦進獻。今欲遵詔書内停止一節，既是先年舊例，還着依前採取，如法造辦來用，不必停止。有了，陸續差委的當人員管送來京。不許指此爲由，因而擾害下人。欽此。

正德二年正月二十八日，司禮監太監李榮，欽奉聖旨　恁司禮監寫帖子去，説與大岳太和山太監韋興知道：爾照依宣德、天順等年事例，彼處産有菓品、蜜煎等項，依時採取，如法造做了，差委的當人員，陸續進送來京。沿途用心照管。亦不許指此爲由，因而生事，擾害軍民。如違，治罪不饒。欽此。

歲進品物

春季　盐干笱、盐乾鷹嘴笱、鹿尾笱、帶衣笱、騫林茶、九仙子、隔山消。

秋季　蜜煎黄精、蒸曬黄精、蜜煎蒸曬黄精、蜜煎榔梅。

特　　取

嘉靖二十三年四月二十四日，欽奉聖旨　説與王佐，選取通曉道法齋法的一人，奉行齋事，通用官道一百二十員名登壇。仍選三十六名精通符法的書符，及取萬年松等物，照前次進來登壇，并書符官道，開具花名併進來看：修齋銀三百兩、保安宮寢符五千道、辟冤符二千道、解厄符一千道、辟妖符二千道、鎮國符五千道、諸品符一萬五千道。

御製齋意　朕惟民爲國之本，本之天曰食。又夷狄之於中華，猶陰陽宜別外内。今朕欲天下皆慶于豐登，九塞悉偃于兵刃。思惟玄天真武聖神，受上帝之命，鎮北方之區。朕承天位于燕都，寔近北漠之胡地。念邊民屢遭殘擾，希玄聖而降武朔區，爰命道職，就于大岳太和山玄天玉虛宫修建金籙，請佑福邦保民豐歲驅虜延祥集，吉齋醮一壇，三千六百分位。自四月二十日爲始，至二十六日圓滿。併請靈符保安宮庭。伏企玄恩，鑒朕丹悃。欽此。

嘉靖二十五年二月初七日，舍人王山齎到聖旨　説與王佐，精選本山道官、道士，遵照欽定符目，限期進來。檀香版關鶴符一千片、桃香版祈雨用符六千片、祈雪用符三千片、祈晴用符一千片、驅治用符六千片；照降去香版樣，每號五千片；俱桃香，每號一千片；俱檀香空來，五月初旬到京。書符官道給賞官每銀五兩，道士每三兩。本山香錢内支給。欽此。

嘉靖二十六年八月二十八日，欽奉聖旨　説與王佐，採取上等黄精數百斤，如法裝盛停當進來。還寫帖子去司禮監知道。欽此。

嘉靖二十七年六月十四日，欽奉聖旨　説與王佐，本山尋採靈陽杖、萬年松等紅黑花三様，荳各不拘獲日進來。還寫帖子去司禮監知道。欽此。

嘉靖二十八年三月十六日，欽奉聖旨　照前歲採辦黄精例，依時取一千斤來。欽此。

嘉靖二十九年閏六月初六日，舍人王繼宗齎到聖旨 照前歲採辦黄精例，依時取一千斤來。欽此。

嘉靖三十年五月二十八日，舍人王繼宗齎到聖旨 説與王佐，照前取黄精例，依期進來。選道法精通的官道三十六員名，書玄府三陣驅虜符，共一千八十道；滅邪的共二千一百六十道；滅諸般邪怪妖祟，一千八十道；安鎮宮殿，迎祥延吉，一萬道。俱薰符，十月初旬到京。欽此。

嘉靖三十一年正月二十八日，舍人沈照齎到聖旨 選官道照前書玄府初陣一千道，二陣七百道，三陣三百六十道，俱伐虜用。玄府初陣七百道，二陣四百七十道，三陣三百六十道，俱滅邪用。諸階吉祥用三千六百道，滅邪用三萬六千道，都是薰符，不許差了，五月初旬到京。

嘉靖三十二年五月十七日，舍人郭寧齎到聖旨 説與王佐，選精通官道四十九員名，書符來用。玄府三陣伐邪薰符：初三千六百道，二二千一百道，三一百八十道。諸階薰符：延祥集慶五千道，安鎮宮殿五千道，辟除兇惡四千道，滅諸般妖邪精怪，巫覡孽祟，一萬六千道。桃版書，一面符，一面空。諸階滅魔闢邪，一千片；闢鶴召瑞，七百片；祈雨用，六千片；祈雪用，二千三百六十片；辟瘟用，二百五十片；禳火用，二百五十片；退水用，二百五十片；開晴用，九十片。桃片高五寸三分，闊三寸六分，厚三分，各處取年深老樹用。又奉聖旨：黄精照節年例，二年一進來。

嘉靖三十三年三月二十七日，錦衣衛總旗王繼宗齎到聖旨 説與王佐，選通曉法式的官道書，天中節用：頂戴，三百六十道；鎮貼，五百道；薰蕩，一千道。作急，於四月初旬到京。帝真前包香用：近恩迓祉延祥集慶信符，一千二百道；薰符安鎮宫殿一萬道；各階諸將伏魔滅邪三萬六千道。七月初旬到京。

嘉靖三十三年九月初七日，舍人王效齎到聖旨　説與王佐，照前選官道書符，十二月初一日到京。頂戴靈符，三千六百道黄、紅、皂三色綾書，高二寸四分，闊一寸六分。貼符五千道紙高九寸，闊四寸九分。薰符安鎮宫殿，一萬六千道；辟除兇惡，九千道；滅邪怪異，三萬六千道。

嘉靖三十四年正月初五日，舍人王遜齎到聖旨　説與王佐，端午節符照今年例，明年四月中旬至京。向後三年，一書進用，四月初旬内擇吉日立壇，啓師書符完備，七月初旬到京。帝師包香信符，一千二百道；長生延慶吉祥信香符，八十一道；此係景命前用。安鎮宫殿貼符，一百二十道；薰符，三千六百道；辟魔妖邪貼符，一千二百道；薰符，三萬六千道。

嘉靖三十四年七月二十日，舍人郭寧齎到齋意一本，具官臣某欽奉聖旨　比命官道，啓篆三陣靈符，保邊伐虜。昨軒失守，遂爇所藏。兹已秋防之候，恭投玄聖之威，仍命官道，取今七月二十六日爲始，至庚申良辰圓滿，就于某宫修設金籙求保安邦福夏滅狄請符大齋三晝夜，奉醮一千二百位席，敬干恩聖以垂靈，奏帝勑雷而顯應。不竢行剿，而陰剿兇奴，先靖於胡，而次靖倭寇，南北攸寧，家國康鎮。欽此。臣欽承惟謹，依教奉行。計開：建醮等項銀三百两。書伐虜符：一陣三千六百道，二陣一千六十道，三陣六百道。

卷之十一　欽賜金幣

欽賞提督太監王佐節年表裏銀兩數

嘉靖二十年正月十一日　進經數两次，賞銀共四十兩，紵絲共四表裏。

二十一年正月十一日　進經數，賞銀四十兩，四表裏。

本年閏五月十五日　進符，賞銀二十兩，二表裏。

本年十二月二十七日　問安，賞銀五十兩，四表裏。

嘉靖二十二年三月初八日　進科書等項，賞銀三十兩，一表裏。

本年八月二十三日　進符，賞銀三十兩，二表裏。

嘉靖二十三年五月二十日　修醮保國，賞銀二十兩，二表裏。

嘉靖二十四年二月十六日　賜大紅紵絲蟒衣，一表裏，玉帶一條。

嘉靖二十六年二月二十六日　進經數，賞銀五十兩，六表裏。

本年九月初七日　進經數，賞銀五十兩，六表裏。

嘉靖二十七年八月初八日　進經數，賞銀五十兩，四表裏。

本年十二月二十三日　進符，賞銀五十兩，蟒衣一件，四表裏。

嘉靖二十八年八月二十五日　進經數，賞銀三十兩，二表裏。

本年十二月二十二日　進經數，賞銀五十兩，二表裏。

嘉靖二十九年八月十七日　進經數，賞銀三十兩，二表裏。

本年十二月二十三日　進經數，賞銀五十兩，二表裏。

嘉靖三十年八月十八日　進經數，賞銀三十兩，二表裏。

本年十月初四日　進符，賞銀三十兩，二表裏。

嘉靖三十一年正月初六日　進經數，賞銀五十兩，二表裏。

本年八月十二日　進經數，賞銀三十兩，二表裏。

本年十二月二十一日　進經數，賞銀五十兩，二表裏。

嘉靖三十二年八月初五日　進符，賞銀三十兩，二表裏。

本年十一月初一日　進符，賞銀三十兩，二表裏。

嘉靖三十三年二月初六日　準工部揭帖，爲玄岳工完，賞銀四十兩，三表裹。

本年三月二十七日　爲玄岳安神好事畢，賞銀六十兩，彩段六表裹。又爲皇妃建醮，賞銀二十兩，彩段二表裹。

本年九月初七日　進經數，賞三十兩銀子，兩表裹。

嘉靖三十四年正月初五日　進符，賞銀三十兩，二表裹。

本年七月二十日　進符，賞銀二十兩，二表裹。

本年八月初九日　進經數，賞銀三十兩，兩表裹。

欽賞提督太監呂祥節年表裹銀兩數

嘉靖三十六年五月二十八日　進欽取符，賞銀三十兩，二表裹。

本年六月二十二日　進符，賞銀三十兩，二表裹。

本年八月二十七日　進欽取符，賞銀四十兩，二表裹。

本年十二月十一日　進符，賞銀三十兩，二表裹。

本年十二月十一日　進符，另賞銀三十兩，二表裹。

嘉靖三十七年四月十三日　進符，賞銀三十兩，二表裹。

本年四月二十四　進符，賞銀三十兩，二表裹。

本年七月初六日　進符，賞銀三十兩，二表裹。

本年八月初六日　進符，賞銀三十兩，二表裹。

本年十二月二十日　進欽取符，賞銀三十兩，二表裹。

本年十二月二十日　進符，另賞銀三十兩，二表裹。

嘉靖三十八年四月十六日　進符，賞銀四十兩，紵絲四表裹。

本年八月初五日　奉聖旨，賞玉帶。

本年八月初五日　進經數，賞銀三十兩，兩表裹。

本年八月初五日　進符，賞銀五十兩，二表裹。

本年十二月初九日　進欽取符，賞銀三十兩，二表裹。

本年十二月初九日　進符，另賞銀三十兩，紵絲二表裹。

嘉靖三十九年四月十九日　進欽取符，賞銀五十兩，紵絲四表裹。

本年四月十九日　進符，另賞銀三十兩，二表裹。

本年八月初七日　進經數，賞銀三十兩，二表裹。

本年八月初七日　進符，賞銀五十兩，二表裏。

本年十二月十六日　進符，賞銀三十兩，二表裏。

本年十二月十六日　進符，另賞四十兩，紵絲二表裏。

卷之十二　仙真異蹟[1]

周

尹喜　關令尹，號文始。週末大道將隱，預占紫氣西邁，當有道者過之，出爲函谷關令。未幾，而太上度關，喜執弟子禮迎拜，授之《道》《德》二經。約後會蜀之青羊肆。遂托病不仕，隱居谷内。後入蜀。歸棲于武當三天石壁之下。今名曰尹喜巖，澗曰牛槽澗、青羊澗，皆太上神化訪喜之地。

尹軌　字公度，太原人，文始真人之弟子也。博極群書，晚乃學道。常起居林麓，服黄精。年百餘歲，言天下安危盛衰，未嘗不驗。入太和山，領杜陽宫太和真人。今爲紫虚陽光道德籙真師。

漢

戴孟　名之生。漢將軍。武帝遣入此山採藥。棄官學道，號孟盛子。受法於青靈裴真人，得玉珮金鐺之書，石精金光之符。周游名山，日行七百里。後白日上昇，落帽于武當山峯之上。迄今呼曰落帽峯。陳希夷有詩云：“我愛武當好，將軍曾得道。昇舉入雲霄，高岑名落帽。”

---

① 本篇記載，文字與明代其他幾部誌書畧有不同。請讀者比照，本書不加注解。

馬明生　字君賢，號明生。得太陽神丹之秘。丹成，服半劑，周游人間。架屋從徒，與俗無異。未及二年，夫婦易處。今五龍觀自然庵，即其地也。

陰長生　光武陰后之族，鄧人，馬明生之弟子。得師太陽神丹之訣，同隱武當。丹成，馭氣飛行，周游六合。後至中州仙都，白日上昇。

葉濟　字仲微，明帝時人。少學道術，棄官不仕。後居武當，寢息無度，或困積石倚大木。雖歷四時，衣服不變。居常散髮，亦或練巾，飛步雲烟，人莫之近。

宋

劉虬　字靈預。天姿穎悟，慱究典墳。泰始中，爲晋王記室，解官辟穀，入武當山。所居石室，曰劉爽巖。今隱士巖是也。

晋

謝允常①　字道通。歷陽人。少英毅，歷仕羅邑宰。慱覽群書，有遁世脱塵之志。太康中，表辭官，詔許之。遂西上武當，至襄陽，見一道士語之曰：“吾師孟盛子，諭我曰：‘若有西上欲見我者，可與俱來’。得非君乎?”因與俱至山，忽遇先生坐于石上，授以鍊神冲虚之道。於是，結茅於石室，不數年得冲寂之妙，能飛行絶壁。自號曰謝羅山，盖謝羅宰之官也。後仙去，莫知所之。

① 謝允常：劉道明集《武當福地总真集》記爲“謝允”。

唐

姚簡　字易夫，隋人。佐太宗，出爲武當節度。貞觀中，天下旱蝗。勑禱名山未應。姚被命詣武當。遇五儒士，風貌殊異，語簡曰：“予五龍君也①。帝命守護此山。爲子故來。已奏允。”須臾，失其所在。已而雷雨遍布。後挈家隱居武當。宋初，却蝗救旱，靈顯昭著，進封“忠智威烈王”，勑建祠於今紫霄宫之東。

宋

陳希夷　名摶，字圖南，亳州人。少負逸材，五季末，見太祖而異之，曰：“此真命也。”笑堕白驢。遂入武當山隱居，誦《易》於五龍觀側，感五炁龍君，授之睡法。尋遷誦經臺，研究畫前之妙。又遷於白雲巖。復移居華山頂。傳云：五龍飛空送之。宋初累召不起。後赴闕。乞歸，詔許之。

張士遜　本州人也。初居光化。少孤貧，讀書於武當山。有道士見而異之，曰：“子有道氣，可随我。”公不欲。太宗雍熙中，登第位至宰相。後竟隱武當仙去。

房長鬚　不知其名。南渡後，隱居武當，日以栽杉爲事。今五龍宫後之杉，皆房手植，培植灌溉，靡有暇刻。一日，忽遇一人問以栽杉之因。慰諭之曰：“神則清矣，惜乎無鬚。”以手頷之，初以爲常。經宿，覺有物如絲縈於胸臆。視之，鬚尺餘矣。乃知遇仙。云后甲午三月清旦，

---

① 五龍君也：明鈔本爲“五龍宫也”，“宫”字在此不通。劉道明集《武當福地总真集》記爲“五龍君”。編者匡正爲“五龍君”。

上昇雲中，隱隱見跨鶴之形，視其故居，惟杖履在焉。

田蓑衣　不知其名。端平間，隱武當隱仙巖石室。冬夏止一簑衣，時人以蓑衣稱之。隆冬則真氣如蒸，盛夏則温凉如玉。人有疾厄叩之者，摘衣草吹炁與之，服者即愈。能鍊大丹。后失所在。今丹室、爐竈存焉。

謝天地　不知其姓名。絶粒不食，步履如飛。居南巖更衣臺下石室中，石壁萬仞，下臨深澗，雖猿鶴不能往來，公飛行自若。人有啓問，但應之曰："謝天地。"餘無他語，人以是名之。後仙去，不知所在。

孫寂然　名元政，號寂然子。嗣業茅山清真觀，得上清五雷諸法之妙。遍禮福庭。時沛湖龍去，江漢罹金兵之厄，武當殿宇爲之一空。紹興辛酉，首登武當興復五龍，開闢基緒，以符水禳禱爲民除疾，衆皆歸之。數年之間，殿宇悉備。高宗詔赴闕，以符水稱旨，勑度道士十人。後還山仙去。冠劒藏於桃源之東。

鄧真官　名安道①。孫寂然之弟子。自幼隨師開復武當，盡得其師上清五雷諸法之妙。駕風鞭霆，應答如響。遠邇疾患，皆奔趣②之。勑住五龍，始作正殿，頑石壁立，鑱鑿甚苦，默施神用，一夕，雷雨爲破其石。嘉泰中，預告徒衆，掩卧而逝。大風拔木，移時方散。人謂乘風而往。有劍瘞宫北。

曹觀妙　名侍德。峴山人。幼入道，居武當，嗣五龍之派。天性穎

① 安道：劉道明集《武當福地总真集》、任自垣纂修《勑建大嶽太和山誌》均爲"安道"；方升纂修《大嶽誌畧》，凌雲翼修、盧重華等纂《大岳太和山誌》記爲"道安"。

② 趣：劉道明集《武當福地总真集》、任自垣纂修《勑建大嶽太和山誌》、方升纂修《大嶽誌畧》記爲"趨"；凌雲翼修、盧重華等纂《大岳太和山誌》記爲"趣"。

悟，舉止非凡。自作一家書體，勢飄逸有神仙之態，四方多傚之，道法、陰陽靡不慱究。後移領三茅崇禧之任，及歸。一夕，夢山神語曰："三茅真君來日降此，君宜遠迓。"旦，即領衆迎于會仙峯，久之無一人至者。日將暮，止一田夫，荷簣而至。因令挈物而歸。及抵觀，拜於堂下。尋欲勞之忽不見，但聞異香襲人，覆滿庭户。始知爲真君所化，悔無及矣。後誡徒衆曰："此間仙凡混居之地，自今以往，世世不授道俗禮拜。"今武當道士不受俗拜，始此。又嘗謂門弟曰："吾因受三茅真君禮，不免金解。"端平三年，果罹兵難。白膏凝膚，略無腥血。刃者致拜釋劍而去。

唐風仙　名守澄，隋州人。幼入武當。姿貌古恠，鶴體松形，杖上常掛葫蘆數十，往來均房之間。壬子復均州。郡守程進，令開闢武當。預道人吉凶，多奇中。常叱辱人，被叱者即蒙福慶。人以"風仙"稱之。或立積雪，或卧道路，常有虎豹守衛。時貴禮敬之。開慶己未，不知所在。

元

汪真常　名思真，號寂然子。家世徽人，宋丞相汪伯彦之後，生於安慶，嗣全真教法。入武當山。至元乙亥，領徒衆六人開復五龍，荆榛塞途，黑虎爲之引道，興建殿宇，改觀爲宫。四方師禮之，度徒百餘人。任本宫提點。吉凶預知。後無疾而蜕。人曾夢其步紫雲北去。

魯洞雲　名大宥，號洞雲子。隋州應山人。幼入武當學道，遍歷南北。至元乙亥偕汪真常開復武當，住紫霄、南巖。年八十餘，以道著聞，點墨片紙，可療民疾。度徒百餘人。解化之日，面若童子。

葉雲萊　名希真，號雲萊子。處州括蒼人。唐天師葉法善之裔。生於建寧，得清微道法之妙。兵還古穰，入武當。至元乙酉，應詔赴闕，禱雨却疾，皆稱旨。至元丙戌，授提點，任武當護持。

劉道明　號洞陽，荆門人。與葉雲萊同師雷囦黄真人，授以清微上道。居五龍宫。搜索群籍，詢諸耆舊，纂爲一書，曰《武當集》。

張道貴　名雲巖，號雷翁，長沙人。至元間入武當。禮汪真常爲師，同雲萊、洞陽，謁雷囦黄真人，得先天之道。歸五龍宫，潛行利濟。門下嗣法者二百餘人。得其奥旨者，惟張洞囦焉。終於自然庵。

張守清　名洞囦，號月峽叟，宜都人。幼習儒業，長更爲吏。年三十一，聞武當魯洞雲名，投禮出家，修鍊金丹。盡得雲萊、洞陽、雲巖三師之道。創建南巖天一真慶宫，奉詔祈禱雨雪，立有顯應，人皆神之。宣授“體玄妙應太和真人”。管領教門公事。後退隱於清微妙化巖，精修上道。棄形蜕去。

黄明佑　字太霞，潭州人。早歲杭志烟霞，歷諸名嶽，禮武當太和張真人，嗣清微法派。凡有祈禱，無不感應。

單道安　本州人。從南巖張真人，學精究道法，執弟子禮，慇懃弗怠。真人昇舉之後，潛藏于疊字峯，屏絶人事。洪武初，游西華、終南諸山，仍居重陽萬壽宫。一日以所授玄秘付與門人而去。弟子李素希①攜冠履，瘞于五華仙塋。

曹古松　義興②人，生于元季。自幼入句曲山，禮三茅君，出家元符萬寧宫道士。質朴恬澹，懶與人接。手不釋卷，理性明白。後入武當，煮石茹芝，韜光匿影，《黄庭》《大洞》一以貫之，後還句曲，復入杭之開元。一日，對王眉叟真人作頌辭謝，端坐而逝。數日後，有蔣姓者，

① 李希素：應爲李素希。
② 義興：今江蘇宜興。凌雲翼修、盧重華等纂《大岳太和山誌》記爲“義典”。

忽見古松如生，拜辭而去。

鄧青陽[1]　南巖道士，生于元季。早來武當，從高士學《黄》《老》《文始》《文庚》《莊》《列》《周易》《龍虎大丹》諸書，精思熟練，深得其奥。凡所寓興，吐詞發語，皆有激發，武林有“忘情消白日，高卧看青山”之句。所著《觀物咏》，又曰《警世文》。洪武初年，吴中人多有識之者。既後不知所終。

國　朝

張全弌　字玄玄，號三伴。相傳留侯之裔。不知何許人。丰姿魁偉，龜形鶴骨，大耳圓目，鬚髯如戟。頂中作一髻，手中執方尺。身披一衲，自無寒暑，或處窮山，或游闤市，嬉嬉自如，傍若無人。有請益者，終日不答一語。及至議論三教經書，則絡繹不絶。凡吐詞發語，專以道德、仁義、忠孝爲本，事事皆先見。或三五日一飡，或兩三月一食。穿山走石，行住無常。人皆異之。洪武初，遍歷諸山，搜奇覽勝。常與耆舊語云：“吾山異日與今大有不同。”命丘玄清住五龍，盧秋雲住南巖，劉古泉、楊善澄住紫霄。又結庵展旗峯北，曰“遇真宫”；黄土城内曰“會仙館”。語弟子周真德曰：“爾可善守香火，成立自有時來，非在予也。”洪武二十三年，拂袖長往，不知所止。二十四年詔遣三山高道，清理道教，曰：“張玄玄者，可請來。”永樂初，復致香書，遣使屢訪，不獲。十年，因勅大臣創建宫觀。自高真昇仙之後，未有盛於今日者。師之所言，信不虚矣。

李孤雲　河南人。洪武初，來武當五龍宫，與鄉人李幽巖結方外友，

---

① 鄧青陽：任自垣纂修《勅建大嶽太和山誌》，凌雲翼修、盧重華等纂《大岳太和山誌》均爲“鄧青陽”；方升纂修《大嶽誌畧》記爲“鄧青羊”。

壽九十有二。冠劍藏于桃源洞①。

劉古泉　河南人。有躡景凌虚之志，入寶珠巖下常蒲團獨坐。一旦，告其友楊善澄曰："吾今解帶正在此時。"語畢而逝。

楊善澄　太行西山人。夙有道契，志在太和紫霄之上，後如其意。與劉古泉爲友人，並敬之。

李素希　字幽巖，號明始韜光大師。洛陽人。元末，棄家來游武當，洪武初年住持五龍宫。後復退隱於自然庵，含光守默，不與人接。永樂三年，榔梅結實，遣道士易本中上貢，詔命道士萬道遠齎勑賜以表裏鈔錠。四年，榔梅仍實，復遣道士吕正中進，賜賚如前。是年，詣朝謝恩，賜坐便殿，諭以理國治身之道。惟以道德奏對。上悦。禮待甚厚，賜還本山。永樂十年勑遣大臣創建宫觀三十餘處。經營之始，詢訪古跡舊規，皆一一陳之。常以手加額，願皇圖萬歲，天下太平。永樂十九年六月初五日，囑門徒："各宜精修學道，今教門大興，吾去無憾矣。"語畢，端坐瞑目。壽九十三。時，户部主事王和在焉。翌日焚化，骨齒皆青，人皆驚訝②，其爲仙矣。冠劍藏於黑虎澗之上。

丘玄清　西安富平人。幼從黄得禎③出家。洪武初，來游武當，見張三伴真仙，舉爲五龍宫住持。有司以賢才薦于朝，授監察御史，賜室。力辭弗受。轉太常卿，誥封二代。每遇大祀天地時。上宿齋宫，諮以雨暘之事，玄清奏對有驗，上深敬焉。公餘，《黄庭》《道德》不輟于口。

---

①　桃源洞：任自垣纂修《勑建大嶽太和山誌》、方升纂修《大嶽誌畧》均記爲"桃源澗"。

②　人皆訝：根據任自垣纂修《勑建大嶽太和山誌》應爲"人皆驚訝"。

③　黄得禎：任自垣纂修《勑建大嶽太和山誌》、方升纂修《大嶽誌畧》均記爲"黄德禎"；凌雲翼修、盧重華等纂《大岳太和山誌》記爲"黄得禎"。

閑則凝神坐忘。一夕，謂門徒曰："明日乃吾全歸之辰。"至期，端坐而逝。壽六十七。朝廷遣禮部侍郎張智諭祭。還葬五龍宮黑虎澗之上。

彭祖年　西蜀人。少業儒，詞翰俱美。天文、地理、陰陽、度數、卜筮、醫術，無不研究。從汪真人入大都。洪武初，仍來武當，栖遯養高，如如自樂。壽八十三。

盧秋雲　光化人。從終南山大重陽萬壽宮高士游，悟全真之理，隱南巖、紫霄之巔。永樂八年，無疾而化。

黎一泉　本州人。自幼出家于紫霄宫。元末游江右諸名山，訪道尋師。杖履瓢笠，放浪形骸之外，再謁毛公壇、張公洞，得林屋洞天王無僞授以太極上道、清微底奥。仍歸紫霄巖。年八十餘，翛然蜕去。

李德囦　號古巖。金臺人。自幼入陝西重陽萬壽宮出家。《道德》《南華》三教經書，得其要旨。壯年游武當，於紫霄宮禮高士曾仁智爲師，授以清微雷法。明先天之理，知體用之源。徙居元和觀。洪武二十三年，湘王來謁武當，嘉其修鍊之功，賜住荆州府長春觀。一日，謂人曰："吾將返矣。"作頌示之曰："八十餘年光陰，不染不着毫分。大笑呵呵歸去，一輪明月當天。"王聞之，嗟悼不已。贈曰："爾本無生，何期云没。拂袖三山，金宫銀闕。嗤！今日大地光明，萬里秋天明月。"遣官葬於元和觀之東。

周自然　金臺人。自幼入全真教。及長，游於四方，以道化俗，以藥濟人。洪武初，來住武當五龍行宫。居民以其道明藥效，咸敬慕之。年將耄耋，貌若童稚。一日，以所藏道書、醫術，付與門弟子曰："吾當委順去矣。"翌日，沐浴更衣而逝。葬於桃源洞。

燕善名　號景山。洛陽人。丰姿綽約，貌相朴實。從丘玄清入武當，勤事香火，道俗無不敬慕焉。永樂十八年，無疾而化。

蒲善淵　關西人。從丘玄清學莊、列之道。洪武十五年，除均州道正。永樂間，奉使四方，諮訪賢達。后於章貢玄妙觀，無疾而化，瘞於黑虎澗之上。

孫碧雲　關西人。幼年穎悟，願欲學仙。入西岳華山，尋鏤刀之踪①，追希夷之迹。巖棲穴處，服氣養神。探黃老經旨，《周易參同》與夫儒釋諸子史，罔不熟誦。洪武二十七年，高祖徵至京師。賜衲衣，齋供館于朝天宫。明年，賜還華山。永樂十年，成祖復召至，賜詩一章，號虛玄子，勑授道録司右正一，又勑授南巖宫住持。十五年内，謂門人曰："教門已興。吾將往矣。"翌日，沐浴更衣，遥空禮謝而逝。時修山重臣沐昕等聞之，嗟悼不已。瘞於檜林庵。有《碧雲集》行世。

簡中陽　字致和。武昌人。不喜榮達，得異人授以中黄上道、清微秘法。洪武辛未來武當，居紫霄之巔，辟穀坐忘，葆和養素。江右學人，聞風而至。見其才器可入道者，必納之。于是道價愈增。永樂丙戌召見，問以玄帝昇真事蹟，一一奏陳，賜以祠部護身符牒還山。既後，隱于福地峯之上，杜門守静，凝神太漠。一夕，告門徒曰："吾将謝世矣。"語畢，端坐而去。印劍藏于紫極之西塱。

任自垣　幼穎悟，讀書曉大義。出家三茅山元符萬寧宫道士，遂知名。永樂九年，授道録司右玄義。永樂十一年，選授太和山玉虛宫提點。宣德三年，陞太常寺寺丞，提調本山。所著有《太和山誌》行于世。宣

---

① 尋鏤刀之踪：方升纂修《大嶽誌畧》爲"尋錢刀之踪"，任自垣纂修《勑建大嶽太和山誌》、王佐修、慎旦等纂《大岳太和山誌》爲"尋鏤刀之踪"。

德五年，以壽終還葬句容。

雷普明　本州人。游龍虎山得祈雨法。太監陳喜奉勅送玄帝像于玉虛，舟至州之亂石灘，淺閣不行。普明書符投之潭，是夜大雨水漲。御馬監馬大疫，檄普明治之，遂息。歷淨樂宫提點，先授太常寺寺丞，後陞少卿。

卷之十三　禎祥效應

永樂十年　創建本山宫觀，欽降示諭工役黄榜，揭於玉虚宫前亭中，時有榮光燭天，祥雲旋遶，及仙鶴鳴集於上，工完乃止。

是年九月内　隆平侯張信等，祭告興工。是時，天色晴朗，忽有黑雲自西北而來，覆盖山頂，隱隱中雷電交作，旌幢閃動，祭畢乃收。

天柱峯舊有騫林茶樹一株　他土不産。永樂十年，隆平侯張信等創修本山，嘉其異常，遂欄護之。不旬日間，玉虚等處忽生數百餘本，漸覆山谷。後採其葉，造以上貢。

五龍宫有榔樹　高真修道之時，折梅寄之，誓曰："予若道成，花開菓結。"後如其言。以其榔身梅實，人因名曰"榔梅"。永樂修山之時，連歲盛結，採取以進。正德間，因以爲例。

永樂十年　督運修山木植，道經武昌，有一大木立於黄鶴樓前江中，奔流衝激，屹然不動，莫知其自。遂載至玉虚宫，今正殿梁是也。

永樂十一年　湘潭縣商人劉忠等，舟至光化縣洋皮灘①，風雨驟至。

---

①　洋皮灘：任自垣纂修《勑建大嶽太和山誌》爲"洋波灘"，王佐修、慎旦等纂《大岳太和山誌》，凌雲翼修、盧重華等纂《大岳太和山誌》爲"洋皮灘"。

須臾，見一洪鍾涌出水面，隱然有聲，挽之不動。衆皆驚異，相率拜禱願載以送武當山，鍾即漸移，風雨亦止。遂取以行，置于玉虚宫焉。

永樂十一年五月二十五日　修理大頂銅殿，圓光現，内有高真，皂袍披髮而坐，二神侍左右，二神立于前，下有祥雲護之。二十六日復然。

永樂十一年六月二十一日　紫霄宫修理福地，現五色圓光，中坐天真，左一将執旗，右一将捧劍，下有白雲擁護，復見龜蛇盤旋之狀。

永樂十一年八月十七日　綵繪大頂殿宇，天真凡五現象，初現黑雲擁護，左右二天神侍；再現，披皂袍，一神捧劍導前，一神侍；三現，一神導前，一神捧印侍；四現，一神捧劍導前，一神執皂旗侍；五現，坐于黑雲之上，左右二神侍。十九日大頂殿宇竣事，五色圓光内復現天真，下黑雲擁護。頃之，光中復現一神侍從。

洪熙元年　祭酒胡濙，奉命代祭。登山之日，有仙鶴三十隻，盤旋於金殿之上，良久乃去。以上具出舊誌。

嘉靖三十一年六月初九日　工部侍郎陸杰等，奉勑重修宫觀，祭告興工。金殿陰雲四合，祭畢，雲收日出。未時初，三公峯黑雲環繞，内現五色霞光，自南而西，射至南天門。未正，光收雲合，作雨復晴。次日未時，金殿南天門前，現一五色圓光。十一日辰時，圓光臺峯上現一五色圓光，須臾乃收。該提督太監王佐奏聞，奉聖旨："奉修玄聖廟宇，興工之始，圓光現瑞，欽感神貺，遣官齎捧香帛前去，着陸杰祭謝。禮部知道。欽此。"

嘉靖三十三年正月初三日　提督太監王佐奉旨於太和宫建醮。大頂正東，五色霞光貫射金殿。十五日，於淨樂宫建醮，大殿東南，五色霞光旋繞。又仙鶴八隻，自東南而來，翱翔數刻乃去。二十六日，於遇真宮建醮，五色霞光復現，逾時方散。

嘉靖三十三年八月初十日 提督太監王佐，分請降旛帳各宮懸掛。本日至太和宮行禮間，金殿西南祥光疊現二次，良久方散。

嘉靖三十□年□月 日 重修宮觀，宜都縣漁人夜獲巨木於江，斧記甚異，有司知之，運送工所收用。該督工侍郎陸杰奏聞。

卷之十四　靈產物類

木　類

松、杉、檜、栢、莎蘿、花梨、栗、橡、蕙、蘭、赤榔、靈壽杖、迎春花、茅香。

藥　類

蒼朮、桔梗、前胡、柴胡、天麻、升麻、半夏、天南星、枸杞子、厚朴、麥門冬、地骨皮、天花粉、山桂皮、金沸草、龍膽草、五加皮、何首烏、覆盆草、紫花地丁、蕤蔞、黃白皮、管仲、大戟、芫花、葶藶、遠志、菊花、細辛、商陸、茵陳、白蘚皮、桑白皮、地榆、金銀花、五倍子、青木香、山當歸、血藤、石菖蒲、香白芷、香附子、草烏頭、白芨、黃藥子、稀薟草、黃精、山藥、防己、玄參、牛膝、白何首烏、木賊、菰蔞、芍藥、車前子、蘡麥、扁畜、連翹、山地黃、牛旁子、辛夷、硃砂根、九仙子、隔山消、獨脚連、紫草麻、杜管、四兩銀、重樓、便牽牛、刺春、薄荷、黑牽牛、鳳眼草、益母草、靈芝草、淫羊藿。

禽　類

靈烏、白鵰、錦雉、野鷄、杜宇、寒號、竹鷄、畫鷄、畫眉、鶴、鵲、鸛。

獸　類

虎、豹、鹿、獐、山羊、羚羊、猿、猴、野豕、麂、狼、熊、狐、獾、蛇、松鼠、兔。

奇　異

我師禽　褐衣金啄，青首紅足，清秋良夜高峯森林之中鳴呼“我師”，終夜不止。

半部樂　形如黄雀，數十爲群。音中宫商，有鼓瑟吟唱之韻。

掛劍松　傳云：玄帝初入山修習上道，遇豐乾大天帝賜劍掛于其上，因名焉。

萬年松　高四五寸，其色蒼翠，生于絶壁澗石中。懸崖而取得之，藏諸筴中，雖久不腐，少以淨水沃之立活。油手觸污，即日黄殞。

千年艾　艾葉、菊花、蓬根、木幹，至秋葉生青珠如丹顆。治男子虚耗、婦人血氣之疾。

葛乳　色赤，脆，其味苦甘。

松蘿　生高峯古木上，長者丈餘。能療蛇、虎、湯、火、頑瘡之疾。嚼汁吞服，吐滓敷瘡立愈。

天花　色紅而秀，上有尺餘懸絲，秋末遍開，幽麗可愛。

雲竹　紫瑩黑紋。

石燈心　色蒼而直，如腐石之形，浸以膏油，光明洞焕。

榔梅樹　見瑞應。

芳騫樹　見瑞應。

卷之十五　職官姓名[①]

提督内臣

陳埜：浙江湖州人，由尚膳監，宣德十八年任。

姜和：□□□人，由内官監，景泰元年任。

唐廣：□□□人，由内官監，景泰元年任。

韋貴：直隸武緣人，由内官監，成化元年任。

潘記：貴州思恩人，由尚衣監，成化二十一年任。

李祺：□□□人，由内官監，弘治十年任。

齊玄：□□□人，由内官監，弘治十七年任。

韋興：廣西梧州人，由印授監，弘治十八年任。

龔輦：江西南昌人，由内官監，正德二年任。

周景：□□□山後人，由御用監，正德五年任。

劉祥：直隸保定人，由御馬監，正德七年任。

吕憲：山東陽信人，由内官監，正德八年任。

梁瑛：□□□人，由御馬監，正德九年任。

潘真：湖廣郴州人，由御馬監，正德十三年任。

趙榮：四川華陽人，由尚衣監，正德十六年任。

李瓚：直隸真定人，由内官監，嘉靖五年任。

---

① 原文有"提點附，修山官員附"，爲統一，將其删去。

王敏：直隸順德人，由内官監，嘉靖八年任。
李學：雲南洱海人，由司設監，嘉靖十二年任。
王佐：直隸易州人，由文書房，嘉靖十八年任。
吕祥：直隸蠡縣人，由内官監，嘉靖三十六年任。

提督藩臣

邵正：浙江金華人，由員外郎，正統元年任。
李侗：河南鄧州人，由進士，正統七年任。
樊敦：河南鄧州人，由進士，景泰元年任。
黄順：□□□□人，由進士，景泰五年任。
李孟芳：□□□人，由進士，天順四年任。
王豫：河南祥符人，由進士，成化二年任。
梅倫：直隸蘇州人，由進士，成化十二年任。
韓文：山西洪洞人，由進士，成化十五年任。
李謙：□□□人，由進士，成化十六年任。
龔膺：□□□人，由進士，成化二十三年任。
馬詮：□□南和人，由進士，弘治三年任。
張轂：直隸上海人，由進士，弘治五年任。
陳睿：福建惠安人，由進士，弘治七年任。
華山：直隸無錫人，由進士，弘治十三年任。
邵棠：直隸揚州人，由進士，正德三年任。
白金：直隸無錫人，由進士，正德七年任。
張瀚：山東博平人，由進士，正德八年任。
林文纘：福建侯官人，由進士，正德十一年任。
張良弼：山東歷城人，由進士，正德十二年任。
陸杰：浙江平湖人，由進士，嘉靖二年任。
盧煦：浙江金華人，由進士，嘉靖五年任。

張鯤：河南鈞州人，由進士，嘉靖八年任。

崔桐：直隸海門人，由進士，嘉靖十年任。

劉彭年：四川巴縣人，由進士，嘉靖十一年任。

酈灝：直隸任丘人，由進士，嘉靖十三年任。

陳良謨：浙江安吉人，由進士，嘉靖十四年任。

方升：直隸婺源人，由進士，嘉靖十五年任。

吴檄：直隸桐城人，由進士，嘉靖十七年任。

段緒：陝西蘭州人，由進士，嘉靖二十年任。

鍾雲瑞：廣東南海人，由進士，嘉靖二十一年任。

秦鰲：直隸崑山人，由進士，嘉靖二十二年任。

王鎬：直隸栾州人，由進士，嘉靖二十三年任。

張緒：江西峽江人，由進士，嘉靖二十五年任。

吴子孝：直隸吴縣人，由進士，嘉靖二十七年任。

雷賀：江西豐城人，由進士，嘉靖二十九年任。

王繼洛：河南鄭州人，由進士，嘉靖三十三年任。

成子學：廣東海陽人，由進士，嘉靖三十五年任。

劉子興：廣東海陽人，由進士，嘉靖三十八年任。

提　點

玉　虚　宫

任自垣、毛守玄俱太常寺卿、邵慶芳、周惟中、汪惟敏、倪尊昱、馬景忠、歐惟瑆、路道瑛、張道賢、劉盛淵、王克輝、朱善誠、夏禮亨、陳茂先、韓道路、譚道旭、謝玉名、朱永昌、韋永慶、龍宜升、陳大順、羅祖福、張祖錢、李大緣、孫大誠、梁教演、黄道經、魏本宗、郭景洪、顔志高、孔崇善、袁得佑、陸祖霄、雷世學、趙元霄、宋演慶、湯紹珣、陳悟貞、尹月山。

太　和　宫

張古山、章崇信、楊伏玉、汪子洋、時本初、王福緣、殷祖諒、朱宗鉉、劉仲易、薛仲貴、王道義、焦常通、譚從正、胡仲誠、魏道啓、王月正、李得緒、楊大俸、張得旻、畢元春、陳合凱、薛得山、姚以舜河南淅人也，宗風丕振，道法遠揚，號慕軒，養静燭峯深處，步溪之頌。

南　巖　宫

王一中、林子良、安隱山、董守寧、王大義、雷明昌、盧復剛、李崇啓、朱志琳、郭守福、陳從晟、劉志洪、屈守乾、汪道爵、蕭得明、楊伏繡。

紫　霄　宫

梅月軒、李玄玉、謝仕彬、李道宏、徐明山、董與全、邵守政、李大濱、姚克仙、晏從希、魏從新、李有欽、陳世美、張月寶、曹崇玉、李得寶、楊守節、郭得玄、劉仁定、齊遇壽。

五　龍　宫

李素希、李時中、吴繼祖、施淵静、魏繼通、倪高亮、梁用高、張守道、張得真、鄭道顯、蘇永真、陳常松、周月鐸、王恭常、王福中、何仲徽、皮守禄、苗守俸、皮道彰、康元惠、皮合武、朱真用。

遇　真　宫

羅鳳翔、周存中、楊以清、錢道明、周大潮、梅宗道、錢以昇、張伏明、潘得川、孫從壽、李世暹、陳祖仁、杜理祺。

迎　恩　宫

韋永昌、胡崇勝、吴福堂、胡元信、車得富。

淨　樂　宫

趙宗純、張太和、錢若無、吴宗玄、許永和、馮昌盛、鄭道堅、趙盛泰道録正一、雷普明太常寺卿、懷以德、石自新、劉紹玄、江洞淵、陳祖新、石永源、高崇德、李有仁、戈教静、胡道成、楊月清、唐有能、姜有賢、李演琴、羅理錦、趙仁厚、姜理春太常寺丞、梁文玉、李理欽、潘全麒。

創造管工官員

永樂十六年奉勑

把總官：隆平侯張信、駙馬都尉沐昕、禮部尚書金純、工部侍郎郭進。

郎中：諸葛平、胡驄、何辛。

員外郎：鄭伏升、魯謙、沈潼、孫英、顧垛、戴同吉、吴禮、祝銘、汪馗、王益。

主事：張澈、陳叔剛、宋子環、許鎮、王安、沈景隆、顧文俊、沈恭、蔡恕、周璞、俞泰、管時中、謝莊、崔藝、麻密、陳玘、尹耕、金叔榮、金中、劉觀、吴禎、龐瑜、于□。

司務：宋行、史鑑。

鳴賛：蘇澤。

都事：曹昇。

知事：邵正。

序班：王貫、劉迪、馬昇、杜容、解蒙、戴亨、楊衡、楊以成、王思賢、李衡。

都指揮：鄭銘、吴昇、張禎、李玉。

指揮：仲瑄、顧福、翟成、潘成、田瑄、葉懋、張伯英。

千户：韓多、鄒忠、王啓、朱亮、王賢、蔣銘、夏良、劉富、黄振、周通甫、薛佑、彭成、馬仕隆、許榮、何貴、劉恭、王政、李弘。

百户：楊信、龍集、杜青、蒯敬、蕭旺、紀英、蔡玉、王麟、李忠、馬旺、袁清、趙信、帥成、竺禮。

辦事官：嚴信、鄒奇、牛鐸、薛温、周真、吕泰、任用、王亨、王達、王旭、吕彬、秦接旺、周必達、張善、李禄、晁儀、孫英、彭春、張仕、孟麟、樊衡、王道、何斌、陳蔭、陳英、鄒官、郭良、于敬、崔鳳、董定、向中、張高、陳瑋、張勝、姜輪、魏浩、劉志、杜與、孟浩、趙普、徐簡、陳興祖、艾恭、張華、劉謙、劉昌、李勝、趙平、王子才、柳敬、許昭、艾信、彭思信、陳如震、蔡思、徐文、劉禮、楊彬、范碧、張吉、初奉、趙榮、趙禮、蘇景、陳宗名、張毅、王光受、邊文、霍成、張駕、區文貴、于善、貴本、文震、文郁、王榮、梁雄、胡那昌、楊名、何蒿、朱昇、郭穎、張琚、鞠茂、向道宗、胡安、陸受、鄭英、劉聚、楊鏞、陶輝、楊善、于璞、薛真、任思温、徐玄生、洪玄濟、郝奴、胡亨、任政、何嫩奴、石泰、劉鼎、陳善、翁慶、張約、孫興、魯以文、楊剛、蘇顯、白鏞、吴寧、雷雩、隗伯剛、莫昭、白思敬、徐興、周傑、劉文得、李從、鄭宗、李清、徐整、張惟、陳旻、楊濟、朱泰、王歡、陳輔、陳閏、梅三寶。

掾史：丁觀、何叔恭、劉□、姜□。

湖廣都司布政司并各府衛所州縣官

都指揮：張銘。

參政：郝鵬。

知府：余士吉、鄧文鏗、胡嚚。

指揮：王斌、賁玉、龔信、應堅、黄輔、李春、路坦、朱英、孫貴、劉□、舒□、秦玉、許興、汪禮、鄭果、汪□、張□、吴□、李薰、焦□、童□、黄□、陳剛、耿□、王□、蔣銘、劉□。

府同知：殷□、王儁、韓□、陳敬。

通判：范淵、宋□。

州同知：蕭雲舉。

州判：李湘。

千户：朱彝、張武、許文、馬達、邵隆、姜純、馬安、汪俞、張敬、李哲、丁義、余□、王迪、汪敬、張彦、鄧英、徐昇。

鎮撫：戴明、陳能、李榮、劉文、張禮、王智。

百户：邴正、施政、陳貴、楊忠、金貴、陳子云、王□、湯政、于貴、王□、羅森、張政、邵□、郭智、陸清、李鋐、周朗、姜英、江□、高銘、王弘、吴寬。

重修管工官員

嘉靖三十三年奉勑

提督工程：工部右侍郎陸杰。

會計財用區理接濟官：湖廣布政使司左布政使劉伯躍、右布政使鄒守愚、右叅政姜恩。

提調工務官：湖廣布政使司右叅議雷賀、王繼洛，按察司副使陳紹儒、李凌雲，湖廣都司署都指揮僉事李經，行都司署都指揮僉事陳惟喬。

提調輸運工料官：襄陽府知府吕顒、胡汝翼，鄖陽府知府黎堯勲。

總理工務官：襄陽府同知李洛，承天府同知趙惟興，常德府同知孫勲，鄖陽府通判汪績，岳州府通判李賓，襄陽府通判劉逵、姒昂、推官濮大綱，均州知州王彩、范大儒，行都司經歷司王誦、徐元，府軍前衛納級指揮僉事吴民表，襄陽衛指揮同知吕昂、王煦，均州所副千户仇爵，鄖陽衛副千户李廷美。

分理工務官：宜城縣知縣郝廷璽，襄陽縣知縣李敦臨，鄖縣知縣許子言，穀城縣知縣周儒，均州判官李循道、吏目王宇，襄陽府知事馬魁①，承天府知事徐鶚，常德府照磨趙邦卿，襄陽衛經歷沈世和，襄陽縣縣丞徐坤元，黄陂縣縣丞羅明臣，蒲圻縣縣丞徐述，龍陽縣縣丞朱魁，湘潭縣縣丞劉寧，平江縣縣丞蕭繹，京山縣縣丞謝興作，襄陽縣主簿阮達，當陽縣主簿楊宗仁，平江縣主簿宣詔，棗陽縣主簿王藎臣，鄖西縣主簿許詔，房縣主薄熊禄，南漳縣主簿譚忠孝，鄖縣主簿吴鳳，黄陂縣主薄鍾應宸，均州所吏目殷朝陽，穀城縣典史艾周奇，鄖西縣典史陳可，南漳縣典史趙伯偉，雙溝税課局大使孫熙安，襄陽衛指揮湯召，均州所指揮褚綸，襄陽衛指揮李梅，鄖陽衛指揮黄松，襄陽衛指揮徐子威，均州所指揮張嵒，均州所千户韋俸、魏瀚、王封，竹山所千户劉詔，房縣所千户袁綬，襄陽衛百户程爵、曹棋、丁忠、趙璽、趙琦，鄖陽衛百户魯曾、温和、王懋、吕安，均州所百户潘時、姜永、江夢金、高士元，應襲郭寶、褚英、仇宗正，襄陽縣省祭官湯鎮、王憲，鄖縣省祭官劉騰霄，江夏縣省祭官伍鸞，鍾祥縣省祭官劉從學、李大用，棗陽縣醫官吴坤、陰陽官施聯起，武昌縣陰陽官楊廷洪，襄陽縣儒官劉惠，鄖縣義官陳文章、徐仲魁，宜城縣陰陽官尹魁元，玉虚宫提點宋演慶，穀城縣醫官劉應誥，義官周松、李徵，南漳縣義官羅富、葉臻，光華縣義官柴仲義，保康縣陰陽官郭仲盈。

---

① 馬魁：凌雲翼修、盧重華等纂《大岳太和山誌》記爲“馮魁”。以下各名字也畧有不同，請讀者比照。

卷之十六　藝文一①

序

元

武當事跡序

息剌忽　承務郎兼勸農事

朱漢上曰："坎爲天地之中，聖人得天地之中，則能與天地日月鬼神合。先天而天弗違，聖人即天地也；後天而奉天時，天地即聖人也。聖人與天地爲一，是以作而萬物覩。"坎，北方之卦也。大元運啓于北，眷命自天，統御乾坤并明日月，山川鬼神亦莫不寧。至元庚午冬，玄帝現龜蛇瑞相於大都高梁河金水中。此後，天而奉時之驗也。玄帝，北方玄武之神也，尊居天一，位鎮坎宫，威攝萬靈，周行六合。武當山，玄武之所寓。玄武，非此山不足以顯其靈；此山，非玄武不足以彰其名。此先天而天弗違之理也。大元、玄帝，皆北方之聖人，是以與天地爲一，聖作物覩，天道之常。僕蒙古人玔魯古氏，祖父以恢拓疆宇之功，分駐東魯。僕自幼從銀青榮禄大夫行中書省左丞相蒙古臺，南証三教之書，

---

① 一：原文無，爲保持統一，編者加。後同。

頗嘗涉獵，雖累歷仕途，心未敢怠。兹欽奉宣命，來守于均，而武當福地正居境内。到任之初，詢問此山事實，所傳不同，未委堪信。或告之曰："此中有前承應劉洞陽，道學進士也，必能知會。"一日訪之，乃出所編《武當總真事跡》三卷，寔符所願。盥手閲誦，不出户庭，則武當萬古之靈蹤，已遍歷矣。至於前代之沿革、佑聖之仙踪、宫觀之本末、神仙之隱顯與夫峯巒之秀、谿澗之幽、昆蟲之靈、草木之異，井井有條而不紊。因索之以廣其傳，願與四方樂善好事君子共，亦足以彰北方聖人與天地合德之大。

啓聖實録序

趙孟頫　集賢學士

《易》曰："天一生水，地六成之。"天一者，數之始也。水者，萬物成形之始也。生數奇，成數偶，於位爲北方。北者，背也。北方象人背，故北極出天最高。又北之爲文，從人相，背陽至冬至而止，又自冬至而復生。於卦爲坎，水之爲文，象形爲坎卦。東西分流於乾坤之四德，曰貞。貞者，正固也。二義在天，斗、牛、女、虚、危、室、壁七宿列於北方，成形爲玄武。玄武者，龜蛇。青龍、白虎、朱雀皆一物，玄武獨二物，不謂之龜蛇，而謂之玄武者。玄之爲色，赤而黑，龜蛇則皆有鱗甲，武之象也。玄武之神始降宋真宗時，爲祠徧天下。皇元之興，實始於北方。北方之氣將王，故北方之神先降事爲之兆，天既告之矣。武當山，在西南方，巍然高且大，玄武神依焉。黑衣、披髪、仗劍、踐龜蛇。人往見之，至今常然。天一真慶宫主張君洞囦篤於信道，强立不撓。皇太后聞而召之，會京師旱。去年九月不雨至于三月，天子以爲憂。皇太后使人持香，從張君禱焉，先雨，張君爲之曰時，已而果然雨，數日乃止，遠近皆沾足。皇太后厚賜之。盡散與其衆，不以一錢私己。其行若是，真所謂絶無而僅有者哉。是宜神之相之也。張君持所刊《嘉慶圖》，徼余爲叙，余爲誦所聞而書之。

嘉慶圖序

虞集

天之高，不可知也，日月星辰之象，吾得而觀焉；地之厚，不可度也，山川草木之形，吾得而察焉；神之妙，不可測也，變化應感之跡，吾得而擬議焉。是道也，洞㘝張先生其知之。其作《玄武嘉慶圖》是以①。其言曰："武當之爲山也，七十有二峯，皆奇偉恠絶。而所謂紫霄峯者，又七十二峯之中峯也。然則其能出雲雨，見靈恠也，固宜矣。"又曰："其帝而神之者，曰玄武。玄武者，在天爲虛危之宿，在地托龜蛇之靈，於五行爲水，於五色爲玄，而其數則一也。夫一之爲一也，離數而言之，則一固造化之所由分；即數而言之，則一固十、百、千、萬之所由起也。然則其寓，天地②之中而行乎天之一，非天下之所謂至神者與③。"洞㘝曰："自是而上，吾不可以言喻也；自是而下，吾猶得以迹言之。於是，與其徒唐中一、劉中和取其瑰異顯著者，圖而傳之。將使天下觀者動心駭目，必有以啓。夫警畏感慕之意焉。"予從玄教大宗師嗣宗師知洞㘝之有功於武當也。曰：洞㘝居武當，攻苦食力，廿有餘年。梯危架險，經營締構，作宮室以奉香火，夫④以窮山幽谷，比壯麗於通都大邑，則洞㘝規畫運量其可以淺淺窺哉。其佐而成之者，同棲巖穴之士也。會予弟佐邑在武當爲近，故得詳言之。

太和山宮觀成賀表

國朝　任自垣　太常寺少卿

大岳太和山玄天玉虛等宮提點臣任自垣，欽惟聖朝建立金殿，成造

① 是以：任自垣纂修《勑建大獄太和山誌》卷十五爲"是已"。
② 天地：任自垣纂修《勑建大獄太和山誌》卷十五爲"夫地"。
③ 與：凌雲翼修、盧重華等纂《大岳太和山誌》爲"歟"。
④ 夫：任自垣纂修《勑建大獄太和山誌》卷十五爲"几"。

各宫觀完備，謹奉表稱賀者臣自垣等，誠歡誠忭，稽首頓首上言，伏以皇圖廣大，萬方共際於明時；仙宇完成，千載有光於玄教。神人胥慶，海宇均歡。恭惟皇帝陛下，聖德同天，至明如日，躬膺天眷，四時序而歲功成，治致雍熙，萬國安而人心樂。乃新宫觀，用答神明，上以薦太祖高皇帝、孝慈高皇后在天之靈，下以爲四海生民造無窮之福。規模雄偉，像設尊嚴，輝光與日月而並明，事業與天地而同久。豈特爲盛時之瞻仰，永以爲萬世之尊崇，皆由聖意之昭孚。是以天真之顯應，圓光屢現，祥瑞同符此誠，皇上福壽之徵，宗社太平之慶也。臣自垣等守職玄門，感恩難報，仰紫宸之三祝，祈聖壽以齊天。臣無任瞻天仰聖，激切屏營之至，謹奉表稱賀以聞。

真武像贊

元　虞伯生

真武像，吴興趙公子昂，寫其夢中所見者。而上清羽士方壺子之所臨也。

吴興趙公，前代公族，神明氣清，静處貞獨。乃夢天人，披髮跣足，玄衣寶劍，坐臨崖谷。再拜稽首，仰視退伏。念昔敬事，存思莊肅。致意接對，光輝心目。如聞教言，嘉子誠篤。爾善繪事，追步顧陸。凡吾真儀，子善記録。審而傳之，與世瞻矚。傍有介士，玉板金籙。曰帝告汝，錫爾榮禄。冉冉而升，夢亦遂覺。明月在户，香彩徧屋。取火亟寫，神運掌握。毫分無失，三十其幅。丹青既成，齋戒韞匵。有堂授受，先事穆卜。而其祕夢，初不以告。晚有相師，泄其玄躅。人始得傳，錦標鈿軸。方壺仙人，潔以薰沐。臨池擬容，誠比玄玉。有得之者，昭事毋瀆。上帝臨汝，介以景福。

湘王贊真武

皇皇上帝，一氣分形。虚危鍾秀，坎離孕精。功高衆聖，德輔九清。小臣凡昧，罔敢爲名。

贊趙元帥

胚腪梵炁，挺性自然。禀金精乎，孕秀正水。德以通玄，樞機造化。威震分埏，尋聲赴感。如意慈憐，恩霑品彙。靈變三天，振宗風於永劫，闡教法於萬年。

銅　像　銘

劉辰翁

天地仙，水中鉛。范合堅，凌風烟。生青蓮，劍蜿蟺。按大千，龜蛇纏。劫運遷，飛乾乾。玄玄天，萬萬年。

碑

大五龍靈應萬壽宫碑

元　揭傒斯　集賢直學士

至元二年歲在丙子，武當山大五龍靈應萬壽宫武當殿成。玄教大宗師特進上卿總攝江淮荆襄等處道教吴全節，爲集賢院言：翼軫之墟，襄漢均房之間有山焉，根蟠八百里，峯之高者，七十有二；巖之幽者，三十有六；澗之深者，二十有四。天垂地接，陽噓陰噏，不可名狀，名曰太和之山。玄武神得道其中，改號武當，謂“非玄武不足當此山也”。山多神宫仙館。其大者有三，曰五龍、紫霄、真慶。而五龍居其首。唐貞觀中，均州守姚簡禱雨是山，五龍見，即其地建五龍祠。宋真宗時，陞祠五龍觀，賜額曰“五龍靈應之觀”。其後廢于靖康之毓。孫真人元政興之，又廢于金朮之兵。

皇元受命，與天地合德，大興老氏之教，扶運翼世，以迎休祥。山之有道之士汪思真，奮然特起，辟草萊，剪榴翳，一舉而新之。先大宗師上卿張留孫初總攝江淮荆襄道教，奏以其山，葉希真朝覲，天子大信其道。至元二十三年，詔改其觀爲五龍靈應宫，以希真主之。居八年，而侯道懋繼之。又二十年，而續道成繼之。仁宗皇帝天壽節，實與玄武神同，遂加賜其額曰“大五龍靈應萬壽宫”。仍甲乙住持。歲遣使以是日建金籙醮，祝釐其山。自是累朝歲遇天壽節，一如故事。此後，大建玄武殿。宜得詞臣文而勒之石，以彰國家之美，以重此山。明年三月二日，集賢以聞，詔以命臣傒斯。臣傒斯竊謂：名山大川，能出雲雨，以澤萬物，産財用以利萬民，毓英賢以輔萬世。必宅天地之奥，當陰陽之會，磅礴融液，與大化終始。故中必有神出幽入冥，此感彼應。如風之在谷，所觸皆通；水之在地，無往不達。况此山葆乎中和，統乎陰陽，應變合行，與神俱藏，群仙四朝而特起乎中央，非玄武焉足以當之。則其宫室之崇，享祀之嚴，應國家之運，爲生民之依者，固有在矣。殿之建，玄教大宗師臣全節實出私錢萬緡爲之倡，而住山續道成、張道真、吴明復、邵明庚、李明良先後贊而成之。其屋壯麗嚴峻，洞達高廣，盖與兹山相雄。世所稱神仙曰殷長生、房長鬚、馬明生、田簑衣之徒，皆成道于此。是以論人傑必本於地靈也。其辭曰：虚危之精玄武君，上臨玄天貴且尊。穹龜贔屭螣蛇蜿，手指北斗酌乾坤。武當之上號太和，神君居之降百魔。五龍守衛嚴不訶，冷氣自少元氣多。神君生在天地先，谷神自養天地根。二十四炁如環旋，七十二候無頗偏。四十二載昇玄天，玄天之樂不可言。身着玄衣坐紫府，蒼龍在左右白虎。朱方翼翼朱鳥舉，騰精躡景我爲主。百靈守之誰敢侮，或按長劍坐黄庭。吐納日月含風霆，五龍冉冉隨降昇。倏而去之若流星，忽而來兮雨冥冥。鬼車九頭匝火屋，山鬼倚樹惟一足。飛蝗蔽天食百穀，長蛟鼓浪沉平陸。神君一顧赤爾族，神君自居武當山。人能學之盡得仙，前有殷房後馬田，陳搏尹軌相攀援。新開大殿凌紫烟，璿題藻井相鈎連。神君居之樂無邊，保我聖曆億萬年。

大五龍靈應萬壽宮瑞應碑

前人①

世祖皇帝初營燕都，歲十有二月，龜蛇見于高梁河之上。召問諸儒。臣翰林學士承旨臣孝祺等對曰："國家受命朔方，上值虚危，其神玄武，其應龜蛇，其德惟水，水勝火，國家其盡有宋乎，此水德之徵應也。"詔即其地建大昭應宮，以祠玄武。後七十有四年，復以今上天壽節，見于均州之武當山大五龍靈應萬壽宮。武當相傳：黄帝時，玄武以三月三日降于此山，仁宗天壽節適與神所降神同。歲遣使建金籙醮祝釐其山之五龍。後以爲常。歲四月十有七日，是爲今上天壽節。至正二年，集賢院以玄教大宗師臣全節言，奏以法師陳斯與行使事。時，均房之間久旱，入山而大雨。及竣事之旦，焚章殿陞②之東，有赤蛇緑龜見其所，盤回久之，忽不見。自郡縣陪祭官以下數百人莫不驚覩，以爲禎祥，皆呼萬歲。襄陽守臣上其事集賢及玄教大宗師，集賢遂聞之天子，且請勒石本宮，以昭神庥。乃詔臣傒斯爲之文。

臣聞天地之應，必於其類。惟於我朝莫盛世祖，而龜蛇於冰凝霜冱水德行令之時，見于定鼎之地，不十年而宋亡，天下爲一。此所示天子受命之符也。今復以雲行雨施水德布澤之時，見于天壽節祝釐之所，必将復見中統之治③，如世祖時也。矧皇上自即位以至于今，罷游畋，遠聲色，日進儒雅，講求聖學，聞一言之善，一諫之切，未嘗不嘉奨采納。宵衣旰食，憂勤天下，思復中統，至元之治，盖十年于兹，若以時則可矣，以其像固已兆矣，是祥也。必不虚應，天下何幸，即日見之。宮舊

① 前人：任自垣纂修《勅建大嶽太和山誌》記，此碑文由翰林侍講學士揭傒斯奉勅撰。

② 陞：任自垣纂修《勅建大嶽太和山誌》，凌雲翼修、盧重華等纂《大岳太和山誌》爲"陛"。

③ 必将復見中統之治：任自垣纂修《勅建大嶽太和山誌》、方升纂修《大嶽誌畧》爲"必将復見至元中統之治"。王佐修、慎旦等纂《大岳太和山誌》，凌雲翼修、盧重華等纂《大岳太和山誌》爲"必将復見中統之治"。

有閣，在玄武殿後。至正元年夏，本宫住持邵明庚、李明良，節歲計之羸，會檀施之積，重建之。累土爲臺，崇二尋有半，樹三甍之閣。而三其臺之崇。上六楹，以奉三玄武像；下十楹，列爲三祠，中以祀神父母，左以棲蓬萊十真，右即蜀之梓橦神，總名之曰“玉像閣”。閣方落成而使者至，神人若交焉。臣傒斯謹拜稽首而作歌曰：聖人作兮百神依，水德集兮應虚危。指靈山兮祝皇釐，玉虹拖兮紫電飛。笙磬合兮斗柄垂，冠七星兮九霞衣。進有秩兮退有儀，緑章騰兮啓天扉。風蕭蕭兮雲披披，永介帝壽兮億萬期。赤蛇蜿兮繞緑龜，外不驚兮内不疑。来莫知所從兮去何之，神皇皇兮憺忘歸。旆玄旂兮①劍陸離，嘉祥見兮大慶随。吾皇永兮繼黄羲，如世祖兮御九圍。神降祥兮無已時。

大天一真慶萬壽宫碑

程鉅夫　翰林院學士

皇慶元年春三月，京師不雨，徧走群望，詔武當道士張守清禱雨而雨。明年春不雨，禱而雨。又禱又雨。既霑既渥，仍大有秋，兩宫大悦。初，均房之間，有山曰太和，又曰仙室，以玄武神居之，名武當。踞地八百里，峯七十有二，最高曰紫霄之峯，峯之最勝者曰南巖，巖前有洞天二，曰：太安皇崖天、顯定極風天。上出浮雲，下臨絶澗，猿啼鳥嗥，豺虎所家，人可投足者，僅尋丈許。道家言：“龍漢之年，虚危之精，降而爲人，修道此山，道成乘龍天飛，是爲玄武之神。”至唐貞觀益顯，天下尊祀。宋理宗時，詔道士劉真人住宫南巖，不克。漢東異人魯大宥隱居是山，草衣菲食，四十餘年，救灾捍患，預知禍福，時人神之。天兵破襄漢②，去渡河訪道全真，西絶汧隴，北踰陰山。至元十二年歸，與

---

①　旆玄旂兮：任自垣纂修《勑建大嶽太和山誌》爲“沛玄旂兮”。方升纂修《大嶽誌畧》、王佐修、慎旦等纂《大岳太和山誌》爲“旆玄旂兮”。凌雲翼修、盧重華等纂《大岳太和山誌》爲“旆玄旗兮”。

②　天兵破襄漢：明刻本爲“天兵被襄漢”。《金石畧》記爲“天兵破襄漢。”本書改爲“破”。

道士汪真常等，修復五龍、紫霄壇宇，獨結茅南巖。或請作宫廷，曰："非爾所及也。其人将至矣。"二十一年秋九月，師自陜西来，年三十有一，願爲弟子。大宥欣然曰："吾遲子久矣。"即授道要。明年春正月，大宥仙法。師躬執畊爨，墾山鑿谷，種粟爲食。繼帥其徒剪檜翳，驅鳥獸，通道東自山趾絞口，七十里至紫霄宫，五里至南巖；巖北下三十里五龍宫，又四十里抵山趾蒿口。三月三日，相傳神始降之神，士女會者數萬，金帛之施，雲委川赴。乃構虚夷峻，拔木窮谷①，刊石窮崖，即崖爲宫，廣殿大庭，高堂飛閣，庖庫寮次，既嚴且備；炫晃丹碧，轇轕雲漢，像設端偉，鍾鼓壯亮，引以石逕，蔭以杉松。積工累資巨萬計，歷二十餘載乃成。墾田數百頃，養衆萬指。至大三年，今上皇帝，儀天興聖慈仁昭懿壽元皇太后聞師道行，遣使命建金籙醮。徵至闕，及禱雨輒應。賜宫額"天一真慶萬壽宫"。置提點甲乙住持。制加神父號"啓元隆慶天君明真大帝"，神母號"慈寧玉德天后瓊真上仙"，賜師號"體玄妙應太和真人"。延祐改元春二月，大司徒臣羅原，奉皇太后旨，命師乘騎奉香幣還山致祭。冬十月，集賢大學士臣陳灝，請加賜宫額"大天一真慶萬壽宫"。竊惟聖天子端源清之本，躬垂拱之化，父天母地，懷柔百神，陶成萬類，子育群姓，宵衣旰食，可謂至德也已。師以雲棲霞舉之侣，而能振道濯德，焦心苦志，奮樹堂壇，以承天庥，亦可謂豪傑之士矣。師闓疏果毅，方嚴質茂，雖大祠祭，不待沐浴更衣，所感必應。雖身被顯寵，如始入山，其有道者耶。若神之德，廣大混沌，變化無方，謂列宿所鍾，詎不信然。臣鉅夫謹拜首稽首而獻詩曰：翼軫之墟均房間，白雲峩峩武當山。根盤千里阻且艱，七十二峯羅煙寰。帝遣玄武驅神姦，披髪仗劍衣黫黫。穹龜修蛇猛且閑，垂雲而來御風還。跂予望之杳莫攀，真人學道鐫堅頑。飛上千仞誅榛菅，斡旋天機②啓天関。瓊楼珠宫翠迴

---

① 拔：方升纂修《大嶽誌畧》記爲"梃"；任自垣纂修《勑建大嶽太和山誌》記爲"挺"。

② 機：明刻本爲"樞"，誤。

環，霞披霧映黄金鐶。湛恩大兮帝所頒，神來居之珮珊珊。寒松蕭飕水潺湲，飛香滿空馥蕙蘭。願神永永哀民艱，汛掃穢濁無恫瘝。我皇萬歲御九寰，興聖怡愉長朱顔。

武當五龍靈應宫碑

國朝　劉三吾　學士

武當山在襄陽均州南三舍許，盤亘八百餘里，上有七十二峯，中有三十六巖、二十四澗。群峯擢秀，靈氣攸集，是爲嵩嶽之儲副，荆襄之洞天福地也。相傳，玄天之氣之神，當軒轅氏時，震夙淨樂國王家，乳于母之脇左，瑞雲垂覆，天花飛雨，異香滿室。年十五，辭親出俗，誓斷妖魔，匡扶劫運。至玉清紫元君授以無極上道，俾之越海東歷翼軫之下，訪登是山，擇衆峯中冲高紫霄面陽者居之，當契太和。逮昇舉之後五百歲，被黑衣，披髮跣足，履坎離之真，歸根復位，鎮極北方。自兹風穴雷洞、霄館龍宫，神功顯赫，靈異非常。時則于紫霄、天柱峯，盖勅建宫殿，棟梁楹甍，集桶闌楯，一不假木，悉范銅爲之，中設金像。興雷吐雲，變化不測，以故歷年弗壞。得賜觀額曰“真慶”，曰“護國”，曰“聖佑”，曰“紫極”，曰“靈應”者非一。唐貞觀中，歲苦暵旱，詔有司禱名山，武當軍節度使姚簡身詣是山齋禱。其夕有五儒具衣冠者見謁，自謂五氣龍君。頃之，玄雲四興，甘澍如注，在田之稿，獲遂有秋。簡具以聞太宗，勅于中山别剏五龍觀，以旌靈異。緣此，名聞天下。玄天之神，則以黑駝裘角之劍，斷魔削邪，爲國爲民，興利除害，民所禱禬者，往往于是龍宫獲靈貺焉。夫何元季，荐罹兵燹，殿宇赭然爲墟。會陝咸寧邱公玄清，偕其徒蒲善淵，道漢中抵四川至金州、商山，求勝地栖息，不可得。洪武四年，復自襄陽歷均之武當，顧瞻徘徊，閔兹福地，罹爾厄會，首築，拾瓦礫理其故墟，師徒苟得廬就處已，即積精存神，修真導和，服行清淨，承學大來。明年壬子，玄清規復龍宫其故所，稽材陶瓦，覆城貌堅。遠近樂施，不期歲間，宫殿廊廡，栖止廬舍，次第一新。殿塑聖像其中，神將前列。鍾皷在懸，考擊以時，群神百靈有位于廡，是使遊者入山，如行畫圖。樓觀鶚峙，洞户巃嵸，堂庭截然，可謂曰完。嗟乎！自開闢以來，武當有山，聖真出世，其八十二化，宜與天地同久。燬而復隆，有吾玄清。龍宫是復，玄宰是奉。胼胝拮据，勞勩萬端，其道緣所致，将不與是山同垂名不朽也哉！洪武辛酉春，玄清以行能被薦拜監察御史，賜之室，辭。明年壬戌，超擢太常寺卿。其徒蒲善淵則選爲均州道正。善淵來京，以公紹開兹山，丕闡神貺，懇予文壽諸石。相是役者善淵及善寧等也。

榔梅碑陰

胡濙　禮部侍郎

永樂二十一年九月二十四日，於文華門啓："大岳太和山興聖五龍宫提點李素希，讀書明理，煉性修真，志節孤高，廉静寡慾，薄於自奉，矜恤貧難，糲食粗衣，心常自足，不時舉手加額曰：'願聖皇萬歲，太子千秋，國泰民安，時和歲稔，物無疵癘，四海昇平。'凡人慕其德而趨向者，莫不諭以忠孝，導以慈仁，勸善懲邪，咸蒙感化。年九十三歲，無疾端坐而終。羽化之後，齒骨俱青，人皆驚異。"皇上備詢其故，再三嗟悼稱許。遂諭臣濙并翰林大學士臣楊榮、臣金幼孜，曰："此老一生精勤至道，忠君愛國，人罕能及。觀其骨青，死必爲神矣。"至於次日早，皇上又復惓惓軫念，所有原賜敕書二道，未經勒石，以傳永久。奉皇太子令旨："他真是修行得道的好人。父皇比先賜他的敕書，你而今去都與他鐫在碑石上，休泯没了這等好處。"敬此。謹同欽差到山建醮，隆平侯臣張信、禮部尚書臣金純、工部右侍郎臣郭進，委令均州守禦千户所正千户臣朱彝，斵取貞石一方，以正一嗣教真人臣張守清篆額，玄天玉虚宫提點臣任自垣書丹，遇真宫提點臣羅鳳翔鐫刻。偕户部主事臣王和、湖廣布政司右糸議臣諸葛平、均州知州臣吴禮、興聖五龍宫提點臣吴繼祖、臣施淵静、道士易本中等同徒，立石于本宫榔梅樹之原。①

---

① ……立石于本宫榔梅樹之原：原誌碑文落款爲"時大明永樂二十二年歲在甲辰七月初七日，臣胡濙謹誌。"

碑　　陰

胡濙　禮部侍郎

洪熙元年二月望日，皇帝用香帛祝文，分遣大臣遍祀嶽、鎮、海、瀆，歷代帝王、明神、先聖、祖陵及諸王陵寢，俱以大牢。惟大岳太和山，迺玄帝登真之所，太宗文皇帝勑建宫觀三十三處，金碧交輝，仍於天柱峯冶金爲殿，范神之像，繚以石城，壯觀堅麗，曠古未有。今天子繼志述事，陞進茲山同於嶽鎮，命臣胡濙代祀。臣濙奉命惟謹，恪同湖廣布政司右叅議臣諸葛平、均州知州臣吴禮、臣張亨、均州守禦千户所正千户臣朱彜及本山玄天玉虚宫提點臣任自垣等，登山之日，忽有鶴一十五雙盤旋於金殿之上，良久始去，五色祥光照耀山谷。將事之時，陰雲四合；方祭之頃，星斗燦然；祭畢，陰雲複合，儼若神靈歆格聚散之狀，官民道衆，鼓舞懽忻，咸以爲朝廷精誠之感，千載一時之遇也。

聖德昭應碑記

李衍　都御史

天人一理也盡乎，人以格天而天昭應之，此理之必然也。昔雖一匹夫之微，一言行之善，猶能動天地。况父母天地而爲之子者，體其塞性，其帥而與之合德者乎。世傳真武神者，即北方玄武之神也。神以帝稱，盖天之主宰也，天之爲天，理與氣而已，有是理必有是氣。氣有陰陽變合，以生五行，播於四時，造化萬物，理實主宰之。于是乎有帝之名，然五行之生各異，其質各居其方，各司其時。故其行木，其方東，其時春，其色青，則其神曰青帝；其行火，其方南，其時夏，其色赤，則其神曰赤帝；其行土，其方中央，其時四時之季，其色黄，則其神曰黄帝；金行時秋，白色，其方曰西，是爲白帝；水行時冬，玄色，其方曰北，是爲玄帝。帝一而已，兼統五行，分居五方，流行乎四時，變化既成萬物，無乎不在，其居無迹，其妙莫測，玆帝之所以爲神也。然天包地外，而其氣常行乎地之中，則其神之靈，必常于其氣之所聚，高明秀異之地發焉。武當之山，周迴八百餘里，峯嶺秀拔，中有三十六巖之勝，去嵩嶽爲甚近。是亦天地之中，五行清淑之氣之所鍾，蜿蜒扶輿，磅礴而欝積者，則玄帝之神恒於是焉，著其靈異，亦其理也。帝其可以方所求哉，故昔之人建祠玆山以祀之，歷代相襲不革。我朝太宗文皇帝克慎在位，昭受上帝申命之休，即嚴郊社之理，徧望之儀，復於玆山因往蹟更新神宇，以極其崇奉之典。宮殿嵯峨照耀，盖振古所未嘗有也。皇上紹承大統，爲天地民物之主，懋昭大德，盡仁孝誠敬之心，肆致道行，化洽邦家，輯寧風，清俗美，遠近悦服，聖心欣慰，以謂皆自天之祐，惟神之貺也。於是，思荅帝之休，益隆崇奉。乃鑄銅爲神像一，從神像四，供噐全，皆餙之以黄金，承之以白石。簡命近臣太監陳喜、左監丞陳道、右監丞林茂祗送到山，會同太監韋貴，暨藩臬郡邑諸臣僚，迎奉于紫霄宮，協心致齋設醮，以妥之醮設。始於十一月初七日甲子，初八日未刻，近宮展旗峯瑞光現者三，南巖宮現者一，皆狀如月，望而圓。紫盖峯光現者一，狀如錦，垂而直，色皆五彩。及申，復有光如上弦之日，現于宮上及玉虚宮正殿，色皆如初現。次日申刻，光復疊現於紫霄殿南與西，狀與色皆如初。而五老峯、玉虚殿西，皆有光現，狀類五色虹。復有玄雲如旌旗狀現于太和宮大頂東天門之上，其下有五色半光翔擁，久之方散。至初十日，太監陳喜等，相率行祝延聖壽。禮畢，以其月十五日妥神于宮，仰惟聖德感格，帝心焕發，祥光層現疊出，皆不勝歡忭。既具實以聞以衍方，被命有事荆襄，亦嘗快覩其勝，謂宜有言，以記垂示無極。伏惟天地以生物爲心，帝即天地之心，主宰生成者也。其在北方司冬令，則其職在凝固太和，以斡造化生長之仁也。物終于此，復始于此，帝之仁，覆萬物其有窮乎！皇上祗承于帝，所祈者，上延慈壽，下昌聖嗣；内和家邦，外寧海宇，以遂萬有之生成。皇上之心，亦帝之心也。然皇上克體帝之心，使奉而安之者弗克，仰體皇上之心，則澤將壅于下矣。何以致民物乂安，而神罔時怨恫哉。今諸中貴臣皆知畏天之靈，遵國之度，不倚神而慢，不倚公而私，不倚威而虐，可謂克體皇上之心，疏導德澤而覃及民物矣，此神所以日監在玆，歆悦于上，故彰其靈異而降祥也歟，斯其可記也。故謹書以勒，而係之以詞。詞曰：峩峩武當，玄帝攸宫。報祀以典，盛始太祖。於皇肅穆，纘承大統。像帝于宫，益隆崇奉。曰帝有神，享于克誠。洋洋如在，瑞光疊呈。惟兹臣庶，于焉快覩。稽首嵩呼，紛其屢舞。余曰於皇，一德格天。有感則應，效斯昭然。臣時被命，撫臨勝境。祇謁椒庭，躬逢其盛。嗟惟中貴，克廣皇仁。民康物阜，帝悦神歆。勒詞貞珉，庸紀其事。覩者鑒焉，或識予意。

金籙大醮碑

黄衷　都御史

聖天子繼天御寓于兹五年，大禮告成。世廟有翼，二儀太清，海嶽寧謐，三光五緯，上循其度，曰臣曰民，下若其軌，猗歟盛矣。聖心猶不自滿，假兢兢惕惕，以祖宗委祉錫禧，盛自今日，必暢好生之至德，衍垂裕之繁休，謂非神明之力曷可憑者。乃考先代之故事，憲祖宗之舊章，以大岳太和山北極真武之神，道大功廣，效靈自古。惟我皇朝，尤謹崇事。於是，范金像儀，制罍備物，命内官監臣李瓚虔奉以往，命湖廣鎮巡三司等官，度材制役，費罔煩民。具景命之青詞，表聖心之祕祝，命正一嗣教真人張彦頨、左至靈吴尚禮率羽衣之士四百六十衆，涓辰日之吉，即淨樂之宫，敷寶笈之大科，演玄祖之大法，設金籙大醮爲壇二，爲日以三以七，爲分位三千九百總焉。時則鎮守湖廣地方御馬監太監潘真；總兵官清平伯吴傑，巡撫湖廣都察院右副都御史黄衷，撫治鄖陽地方都察院右副都御史蔣曙，湖廣布政使余祜，按察司副使程昌、侯綸，都指揮僉事余承恩、馬驄，先後來集，執事有恪，晨夕瞻禮。則太監臣李瓚、右糸議盧煦主之。守備安陸州地方内官監太監楊保，巡按監察御史鄧顯麒，右糸政胡忠，左糸議楊易、蔣同仁，右糸議許路，按察使盛儀，副使劉士元、楊守禮、夏邦謨，僉事林遂、許宗魯、毛紹元、鄭光琬、汪溱、何鰲，都指揮僉事申錫、段輔，罔不齋心潔慮，協相厥成。先是告肆供張，天高氣肅，瑞霞呈彩，五色絢爛，被昌陵谷，合郡士庶，縱觀欣忭，咸曰：天子萬壽，三宫茂祉，前星早耀，此其祥矣。臣維古者聖王，雖化被無外，而立德有敬，雖富盡四海，而居福有本，是故辨方秩祀，類上帝，而徧百神昭其敬也。巍巍帝堯，祝獻多男；赫赫宗周，頌歌百世，重其本也。今我聖天子，孝隆兩宫，而不以爲德；仁被幽遐，而不以爲功。猶敬恭明神，爲民祈福。洋洋在上，有感必應，殆將發天地之儲精，合山川之正炁，鍾爲元良，應期而出，尚繼繼繩繩，以綿我皇祚於億萬斯年者，其端在兹乎，在列者咸謂臣衷宜記，敢頌以詩。詩曰：於維大岳，盤均路房。吐靈納異，萬神之藏。群峯矗矗，以翼天門。孰奠厥位，高乾厚坤。於惟上帝，妙斡道機。辟揚闔陰，昭假匪私。千巖萬谷，有宫有庭。雲旂來止，丹户朱楹。於穆聖皇，神明厥德。普照爲春，霞燭爲日。大道斯同，迺究玄懿。惠不謬施，霈澤爲川。縟儀維腆，曰惟神宗。睠兹福地，轉歉而穰。化沴而禧，雨雨暘暘。若金若繪，匪制崇典。孰視精誠，駿奔有位。登視鑒歆，承華世世。百靈既職，九有既育。作此頌詩，以永真玉。

祈豐年祭文

吴廷舉　都御史

與造物游，必其視天下如敝屣者也；享萬世祀，必其出斯民於水火者也。惟神棄王位而不居，試諸難而不變，戮群妖而不懼，度世教而不迷。功滿道成，天行雲卧。受天明命，坐鎮名山。衮冕圭璋，不生不滅。星辰雷電，倏顯倏藏。相我太宗，功烈尤偉。紫霄天柱崇高，踰五岳之尊；金殿琳宫華麗，極百王之奉。永惟翼軫之下，地属荆湖。是以桑梓之邦，仰如父母。水旱必禱，疾痛必呼。趨者如川，應之如響。邇來連歲，洪潦爲殃。穀麥失收，室家漂蕩。廷舉欽承上命，賑濟一方。謂府庫有限，錢糧僅續饑民之命。憫青黄不接，時月豈勝餓莩之多。群心所欲者，五日一風，十日一雨；衆情所憂者，夏月大水，秋月亢陽。廷舉跽進瓣香，爲民祈禱，伏願體天行化，旋乾轉坤。使四時和而品彙亨，五穀熟而萬民足。非但廷舉免瘝官惰事之罰，而神亦丕顯憂民助國之靈。若今歲再遭水旱虫蝗，而楚人必爲魚鱉鬼蜮。諒非神所忍見，抑豈廷舉之所忍言哉。

恩命碑記

番禺　馮繼科　學正

《易》稱：晋錫書，著懋賞，凡以報有功也。爾乃畀之中貴，隆以外權，錫之以典秩，不已渥乎！君子曰：無爵而勸，上也；服寵而榮，次之；貪天以爲己，力下矣。夫威福以馭下，人主之柄；靖共以承上，人臣之忠。蔑忠竊柄，凉德厚圖，鮮不及矣。稽諸往牒，勃鞮管蘇，樹功扵楚，晋景監繆，賢著庸於秦、趙、漢、唐，而下則鄭衆之辭，賞嚴尊美之，避權斯其選也。嗚呼！兹寵渥之所由畀乎！我國家懸爵賞，以旌賢能，而又何靳焉；方今聖天子御極昭德塞違，覃敷殊典，時則有若敬翁王公，以中貴之賢，茂膺光寵。承命以來，夙夜兢愓，以圖報稱於萬一。于是禮神秩祀，以昭其誠；慈愛樂施，以溥其惠；崇儒下士，以撝其謙。歲獻方物，疊進符經，宣其勤也；時詣玄宮，躬建金籙，效其忠也。以故太和之民，賴以阜安，邊徼賴以寧謐。流移姦宄，賴以綏輯。凡以其敬德致之也。此公之所以受知于上，而皇上之所以寵遇於公者，福澤寧有涯哉。豈但金帛、斗蟒、玉帶之貺而已耶。公以嘉靖己亥歲，由内官監右監丞來鎮兹土。越二年壬寅，遷左少監，甲辰，改陞太監，歷十稔于兹矣。一旦，進學正繼科訓導劉輻輩，于庭出恩命牒，以示属科紀之用，寓對揚王休之意。科不佞，竊以恩命之頒，匪以侈榮也，以章勸也，惟公無怙寵，倚法以永有辭，益堅晚節，以仰答知遇之隆，不其偉哉！行且出入禁闥，左右聖躬，以樹宦績於不朽。竊以是爲公望，復爲之歌曰：仰瞻兮帝庭，上應兮四星，帝眷南顧兮自漢徂荆，太和崇祀兮有厥靈。自公之來兮山岳弗驚，物阜民康兮邊境以寧。願毖玄庥兮福我群生，稽首颺言兮對越明明。寵光奕世兮永與大岳而峥嶸。

提督藩臣公署記

陳良謨　叅議

按均志，叅議行省，故在城外。劉石冠興爰徙城内，地偏坤隅。堞雉臨壓，繚垣之表。蕭艾之墟，以高則邏卒，俯矙其闔闤，以卑則雉雊，升棲於罘罳，陳子居之心竊，病焉。東距百步，閒廨一區，名曰舊府，盖提督内臣之遺第也。堂甋陔瘤，偪錯無次。於是，陳子撤而新之，剷隆爲墀，築庳爲基。覆其基爲廳事，翼以二厦。廳之後爲甬廊，廊之後爲燕寢之堂。其前爲門二，其左右爲廡舍四。凡爲楹者三，惟堂之楹五。其東别有屋八楹，以居胥吏。其西又有廳，有堂，有寢室，有庖、湢、笲圃之所，以居家衆，凡爲楹總二十有四。大畧如其中之制。而微材匪别，構工夫民役七閱月而告成。陳子居之，心安而體便。因自諗曰：是何前之病而今之安耶？君子明德理，下不求，重内顧外焉，是毗舛也，甚矣！雖然外内一者也，鳥鼠弗祛，君子焉。芋重門洞開，心躰斯豁，謂作室無與於治躬，猶言盛服無與於修敬也。而况莊莅之所哉。工既竣，知州吕箕、指揮江山暨監役，鎮撫王暉、典術孫繼本咸請紀其事，示永久焉。弗許又請，乃麁舉其畧，鑱諸石碑，陷於壁以識所由。

神惠倉記

方升　叅議

神惠倉者，佃民之倉也。倉諸費皆取之宫中，而人無與焉，以是爲神之遺之也，故名神惠。永樂十一年，天子有事於大岳。于時，宫庭之属 遍嶕嶢。道士廪食者四百人。人給之田，復徙民往爲之耕，凡五百五十户謂之佃民。佃民不属有司，征徭賑貸不相及。予奉命提督諸宫，至之日問起廢，知荒備缺状，大懼。無以應待舉火之民。謀之提督少監滇南李公曰："唯弗事事無備，無備多患，民弗捄也。奈何?"李公曰："君盍圖之，明年歲饑，佃民告貸，乃發宫中錢，户十百約。歲稔，入穀四石。"於是得穀二千二百二十石。先是佃民之輸於宫者，歲入米八百石，吏弗詰也。乃籍其數隸之官，改令納穀。於是，復歲得穀千百石。予喜曰：可以成事矣。南城下西偏佃故有倉，歲無所入，毀爲溷壤。遂即其地復建焉。中爲堂，堂之北爲九厫，東西各五厫。前爲門，門之外爲池，既落成。乃進諸民而告之曰：唯江河之不廢流也，唯行潦之朝盈而夕除也，無他能繼與不能繼也，今與汝約：歲饑，則盡除以貸汝；歲稔，則還之官。弗出息，弗加量，石納耗五升。違期者罪之，過取者罪之，欺以濫惡者罪之及盜一貫，以上悉抵其罪。加墨不用吾命者視吾案。於是，佃民相率而前曰：大夫匪便其私，惟恭生生敢自隕越于下，是役也。予與提督以命諸佃，諸佃並作。判官陳大策、指揮江山，實綱紀之。千户韋乾、吏目楊遷、義民郭秉鉞暨群工百執事，五里之晢，各程其勤作之二十有三旬，始訖事于今。丁酉三月五日訖事之旦，予有閩命，刻石紀諸門左，而後即衢。蓋不忘其所有事也。

勅修玄岳太和山宫觀顛末

陸杰　工部侍郎

玄岳太和山，盡楚西北，盤薄方八百里。其脉自終南迤邐而來，極秀拔，極深阻。相傳爲玄帝修真顯化之地。玄武，北方之神，虚危之精，豈其降而爲人，還復爲神耶。自漢以來，歷代崇奉。至我成祖文皇帝起自燕邸，入正大統，惟神陰翼，顯有靈異。乃創建七宫三十六巖廟，蓋神仙所居，多離宫别館，亦以象之，表爲大岳，禮視郊丘，百神莫之。或先當時，役二十萬衆，費以億萬，十二載而始成。規制宏麗，誠爲國爲民，不容自已之心也。成化間，益以迎恩是爲八宫。歲月滋久，漸以改觀。皇上敬天勤民，治隆化洽，端委之暇，天啓宸衷，有懷餙蠱。爰命巡撫右副都御史屠公大山，撫治右僉都御史沈公良才，巡按御史胡君宗憲，期日計度，以聞頒帑銀一十一萬有奇。勅杰董是役。杰奉命即山次周視，兢慄擎之，以審空實，啓之以驗完腐，會費有加焉。於是慎簡群屬之良者得七十三人，各司其職，檄右叅議雷君賀，署都指揮僉事李君經監之，先是採石擬於梅溪嶺、獅子溝；白窯擬於宜城清水港；黑窯擬於槐樹關。故常需材，宜無出此。特陟危履隘，轉盤之費數倍物值。永樂間，宫各有塘，久而湮没。於是，覓而得之。白窯移於均之小江口，鄖之潦石鋪、柘溪口；黑窯於石板灘、蒿口、花栗崗。故有道，可避天門險峻。於是，刊木通之。宫宇率依山薄崖，非假梯架莫可致力。須木，須麻，各以數十萬計，乃芟密林伐山藤。諸費之省，靡不類是工。以宫分，於是合而爲四，曰太和、曰南巖、曰紫霄、曰玉虚。而取次於淨樂、五龍、遇真、迎恩，度宜量可力，裕而事集矣。撤而新者二百一十四楹，仍而葺者二千六十八楹，垣九千一百餘丈，石路加垣之七。太和故奉玄帝親師像，皇上感于夢寐，命改鑄范金。入山初道，奉旨建石坊，命曰“治世玄岳”。凡殿宇供噐，整益新美，無異厥初。壬子季夏告始，明年孟冬訖工，用帑銀九萬有奇。官役之需，出有司者不隸焉。經始之日，即有霞光之應。上特遣官祭謝。宜都漁人夜獲巨木於江存，斧記甚異。均鄖之間，玄白丹黄諸土出焉。聞者神之。榮藩、徽藩捐禄助役，有差御製紀成，有碑有亭。則前巡撫屠公、撫治沈公、巡按胡君、今巡撫右副都御史馮公岳、巡按御史朱君瑞登、清戎御史周君如斗，發公羡共成之。提督太監王公佐終始協賛，亦可以觀人心矣。夫事之有係，於國於民，而禮所得爲者君子，不謂之勞，不謂之費也。太和振古名山，海内無遠無近，罔不齋誠朝禮揭揭乎，若日月之行天。雖昧者，知其不可誣也。杰見道路十步五步拜而呼號聲振山谷，亦既登絶頂瞻玄像，則又涕泣不已，謂夙昔傾戴，今始一覩，性真感發，至有欲言，而不能自達者。兹典也，聖皇上隆繼述，下慰群黎，誠千載之希際。而兹山運數之值，亦豈偶然之故哉。鄖襄比歲旱潦，民食告艱，工所轉米粟給食傭直，以力就食，所賴生全者無筭。聖皇懷保之仁，亦於是乎。寓謹勒顛末，以告将來云。

卷之十七　藝文二

詩

唐

題太和山

呂純陽

混沌初分有此巖，此巖高聳太和山。面朝大頂峯千丈，背湧甘泉水一灣。石縷状成飛鳳勢，龕紋綰就碧螺鬟。靈源仙澗三方繞，古檜蒼松四面環。雨滴瓊珠敲石棧，風吹玉笛響松關。角鷄報曉東方曙，晚鶴歸來月半灣。谷口僊禽常唤語，山巔神獸任躋攀。箇中自是乾坤別，就裏原來日月閑。此是高真成道處，故留蹤跡在人間。古今多少神仙侣，爲愛名山去復還。

元

題紫霄宫楊外吏梅雪齋①

虞伯生

雪樹生香滿佩巾，紫霄最上集仙真。苔荒鶴跡渾無路，花暗笙聲不

---

① 此詩原誌無題，編者根據任自垣纂修《勑建大嶽太和山誌》加標題。

見人。瑶圃月寒通白曉，丹臺雲暖駐長春。莫教流水山前去，恐似桃源客問津。

太　子　巖①

揭傒斯　學士

太子巖吞獅子峯，洞深雷響半虚空。黑龍去作人間雨，白鶴來棲澗上松。日吐金芒朝五老，煙横玉帶遶三公。七星旗展飈輪降，時有天香下九重。

國　　朝

太和山八景

沐昕　駙馬都尉

天柱凌雲

黛色叅天玉削成，斷鼇誰識太初形。慶雲繚繞玄都近，石磴參差黄道平。夜半風雷山下起，秋清星斗樹稍横。秖今聖代超前代，徽號穹碑萬古榮。

玉虚環翠

琳宫環拱萬山齊，翠②滴晴嵐映碧溪。玄鶴遠歸香霧合，青鸞高舞瑞雲低。尋真羽袂迎風溼，種玉仙畦去路迷。多少道傍名利客，誰能林下問刀圭。

五龍披霧

王立崚嶒翠欲流，五龍潛處景偏幽，煙消遠嶠猿聲斷，日射靈湫蜃

① 此詩原無題，編者根據任自垣纂修《勑建大嶽太和山誌》加標題。

② 翠：任自垣纂修《勑建大嶽太和山誌》、方升纂修《大嶽誌畧》均記爲“欲”。

氣收。捧聖神囬山寂寂，插梅人去水悠悠。應期莫負生民望，四海長令歲有秋。

九渡鳴泉

越壑穿巖①勢轉分，長年流碧淨沄沄。三千環珮②聯翩下，一派簫韶③遠近聞。鷗鷺浴時飛急雪，蛇龍蟠處漱寒雲。好教直上青冥去，徧作甘霖翊聖君。

南巖削壁

秀拔中天載巨鼇，瀑聲直下鬼神號。氣呑泰華銀河近，勢壓岷峨玉壘高。日上群峯明瑣闥，風囬萬壑湧秋濤。紅塵一點飛難到，跨鶴人來醉碧醪。

紫霄層巒

紫盖重重列上台，根盤百里勢縈迴。丹崖翠壑参差見，琳館珠宫次第開。燦燦祥光環太乙，飄飄仙佩下蓬萊。客來莫問當年事，且倚雕欄看榔梅。

雷洞發春

巖扃寂寂草芊芊，誰識中藏造化權。百里震聲初出地，三陽氣象已無邊。芝生石室連雲秀，榔發瓊林帶雨鮮。海内生民霑德澤，欣然鼓舞頌堯年。

---

① 穿巖：任自垣纂修《勑建大嶽太和山誌》、王佐修、慎旦等纂《大岳太和山誌》均爲“穿巖”；方升纂修《大嶽誌畧》爲“穿雲”。

② 環珮：任自垣纂修《勑建大嶽太和山誌》、方升纂修《大嶽誌畧》均爲“環佩”；王佐修、慎旦等纂《大岳太和山誌》爲“環珮”。

③ 簫韶：虞舜樂名。任自垣纂修《勑建大嶽太和山誌》及方升纂修《大嶽誌畧》中均記爲“蕭韵”，有誤，應爲“簫韶”。

瓊臺霽曉

玉作層臺氣象巍，宛然圖畫映朝暉。扶桑弄影雲將斂，瑶草呈香露未晞。虛室光浮青鳥去，洞簫聲徹彩鸞飛。登臨絶頂微風起，吹得天花點客衣。

送韓貫道提督武當宮觀詩①

李東陽　大學士

神仙官府事何如，親見分符上紫虛。山擁帝宫三十六，地屯兵衛五千餘。人言才大難爲用，我愛官閑好讀書。臨别與君堪一慱，肯将青紱换緋魚。

雲　谷　詩

瞿度

紫霄峯下好閑雲，滿谷雨散猶氤氲。每藏丹室龍虎氣，或接青冥鸞鵠群。往來自信分三素，舒卷忽看生五文。飛入蓬萊宫闕裏，朝朝春彩擁明君。

無　　題

戴義②　司禮監太監

功成行滿幾千秋，早向乾坤物外游。魂杳不知何處去，教人空倚夕陽樓。

---

① 原誌所録詩文無標題，編者根據方升纂修《大嶽誌畧》添加標題。

② 戴義司　禮監太監：原稿爲司禮監太監戴義，爲保持统一，编者改之。

登大頂

沈鍾　副使

千峯並讓一峯尊，鳥道垂蘿手費捫。壁立半空鶴縹緲，根盤萬里自崑崙。上真臺殿金銀結，下界烟霞紫翠屯。宇宙大觀奇恠甚，不知五岳可同倫。

遇真宫

沈暉　都御史

縹緲珠宫映翠微，靈風長日滿龍旂。函關伊昔青牛去，華表何年白鶴歸。花落石壇春不掃，露零仙掌曉還晞。樓船海外無消息，山上閒雲萬古飛。

無題

洪鍾　都御史

南巖宫殿枕山頭，平寇歸來此一游。閣頂雲從崮上渡，石根泉向竹邊流。岡嵐疊疊群峯下，紫翠重重萬木稠。獨倚欄干時遠望，無邊光景入吟眸。

無題

韓文　叅議

金殿朝囬到玉虚，箇中仙境自然殊。烟霞氣爽精神健，滄海塵生夢寐蘇。琳館倚雲飛畫棟，碧桃和露滿玄都。聖朝祀典名山重，嵩岳還期萬歲呼。

游武當

潘旦　都御史

入遇真來境便幽，僊關此日不虚游。晴峯過雨雲猶湿，石鼎無香烟自浮。絶嶠旌旗摇樹色，紫霄泉溜滴龍湫。清風兩袖升天柱，却恠新凉近暮秋。

無　　題

劉丙　都御史

翠倚晴空石磴斜，一層高更一層加。山從雲上應生路，人向天頭却作家。徑滑濃飄千種葉，崖香常帶四時花。禮餘玉帛經行處，在在仙宫護彩霞。

無　　題

余祜　布政

規畫恢宏羡玉虚，琳宫無數總難如。惟憑帝力纔堪創，只恐仙靈未肯居。大道當時人服食，淳風今日孰吹嘘。我來瞻眺應多感，追憶羲農始結廬。

游淨樂宫

賈詠　大學士

淨樂宫幽遠市朝，誕真福地紫雲饒。南瞻大岳凌霄漢，北望神州近斗杓。物外乾坤容我到，壇前風雪自天飄。果然乞得長生嗣，爲禮僊官不憚遥。

太　和　山

鄒守益　主事

太和雖云高，有足皆可涉。所患畏巉崖，出門苦不力。區區寵辱間，不異冷與熱。熱冷各有時，怨尤秖自惑。閉户爲顔閔，纓冠則禹稷。此道本平平，奇功在不息。

無　　題

白悦　寺丞

秦關初轉漢江東，薦藻靈巖問楚風。蜿蜒玉梯躋上界，嵯峩金闕列遥空。重林蔽壑深藏豹，峻嶺千雲半落鴻。西掖華嵩遲遠照，南襟巴隴伏長虹。瓊簷入夜星辰燦，貝樹含春歲序同。香拂彩霞龍女度，旗翻赤電鬼神通。岡巒交秘乾坤秀，鼎竈常烹日月紅。定有天仙留逸駕，欲辭塵鞅入玄宫。飛舄歷覽萬山小，盤礴今看此地雄。

又

積霧經旬喜乍晴，珠宫貝闕四山明。巖前日動金幢影，雲霽時聞玉磬聲。古洞陰霾玄虎伏，長橋流水素霓横。危欄静倚幽懷爽，萬木瀟瀟下廣庭。

無　　題

丁致祥　桼政

迴龍觀前雨脚收，松風瑟瑟鬢蕭飈。遥望天門渺何許，碧峯入指出雲頭。

無　　題

杜海亨

重疊山頭一覽空，人間天上許誰同。碧桃楊柳朝含雨，翠竹蒼松夜吼風。鍾磬音隨香篆杳，修真人與道心通。紅蓮碧藕天遺種，玄妙原非斧鑿工。

登太和山次韻

李宗木　舉人

七十二峰宿雨晴，諸宫羅列蘂珠明。乾坤新幻蓬壺影，霄漢時傳鐘鼓聲。漱石泉從雲裏聽，振衣身在斗邊行。奇游到此翻成媿，坎壈浮名絆此生。

飛昇臺

方豪　僉事

飛昇臺下紫雲流，天一池邊杉檜秋。大頂歸來神已倦，不禁高興倚危樓。

仙侶巖

仙侶巖前訪列仙，仙人不見見流泉。就中或有胡麻屑，分付先驅少佇延。

滴水巖

北天門下松徑幽，巖頭滴水響琳瑺。因懷石澗閒行地，睡到斜陽不肯休。

五龍宫

風雨連朝日出初，鑽天嶺上壯懷舒。五龍莫漫興雲霧，不獨游人厭溼洳。

玉像殿

金身玉像寶珠宫，二代君王敬奉同。猶勝西方迎佛子，舳艫相接漢江中。

青羊澗

青羊一去杳無蹤，亂石如羊飲碧淙。太上若還重下世，即投簪紱以相從。

隱仙巖

仙人隱此是何年，石澗猶開水洞天。野客停車試相問，斷雲落木自蕭然。

老姥祠

老姥祠前澗水喧，傳聞磨杵石猶存。分明賛就飛昇業，不説淮陰漂母恩。

元和觀

纔人僊關便不同，元和校府茂林中。此山滋味甘如蔗，盡笑饞人口易充。

迴龍觀

山勢如龍口吐瀧，玄天上帝手中降。道人已自誇奇絶，便欲題詩向碧窓。

關王廟

獨跨青騾度遠岡，還從古廟謁關王。平生不盡英雄氣，猶爲游人遁虎狼。

老君殿

巖下長松高拂雲，嵓端天語若堪聞。群峯迴抱黄金闕，此地真宜奉老君。

復真觀

高木清泉太子坡，當年習道被松蘿。至今淚滴池中水，左脇深恩奈爾何。

龍泉觀

九渡澗中龍噴泉，瓊宫青倚石橋邊。玉闌金水神工巧，恍訝朝囬尺五天。

黑虎廟

猛志探玄虎不驚，山巡谷守更多情。春來見説縱横甚，皂纛何緣一掃清。

威烈觀

聞道均陽威烈王，血誠祈雨五龍将。名山古廟從民願，猶勝金宫事緲茫。

紫霄宫

禹跡橋邊步漸危，後旗前竈兩峯宜。忽聞仙樂雲中起，人在紫霄渾未知。

五老峯

曾拜廬山五白頭，紫霄復見爾來游。何時日出收烟霧，短杖方巾一覽周。

龍頭杖

竹根盤屈似龍頭，入手風雷逐我遊。莫向葛陂輕解放，年來雄物正相求。

松蘿衣

聞爾無根生霧雲，曾爲野服被真君。暫將换我銀魚佩，歸伴山中麋鹿群。

無題

戴珊　都御史

雨霽遠登高，乘閒不見勞。陰凉分路柳，湿翠引田毛。獨立雄天柱，群仙散海濤。廟堂窮北望，雲氣拂霜髦。

又

多年知仰止，此日慰躋攀。秀異鍾千態，神靈妙兩間。仙凡心了了，花樹雨班班。祠祀隆褒典，文皇豈浪頒。

無　　題

鄧庠　尚書

崔嵬石磴高，心賞豈知勞。瑞鶴巢巖頂，幽蘭繞澗毛。雲中聞玉磬，天外度松濤。千古真仙境，題詩愧俊髦。

又

武當懷寶地，公暇試追攀。天柱青雲上，瓊臺翠壁間。榔梅花樹古，針石蘚苔班。歷代多崇祀，重承紫詔頒。

游太和山過界山道中感述四首①

高瀞亭

女夷駐芳景，條風振前楹。四垂穆以愉，黄鳥鳴嚶嚶。我行界山道，躊躕念浮生。昨日枯楊枝，今日青已盈。云胡鏡中面，老去不復頳。所以陶阮流，微辭寓深情。

感悟增歎息，勉旃懷素貞。

又

貞素守丘壑，孰與天爲徒。青郊促羽節，逡巡悲故吾。豈不愛光景，所志萬里途。雲龍杳難合，山川鬱以紆。遠懷鹿門子，千載稱達夫。願言培松苓，終當還舊都。

① 原誌所録詩文無標題，編者根據方升纂修《大嶽誌畧》添加標題。

又

舊都魚鳧墟，乃在天一涯。吾家青城下，松桂[1]翳茅茨。朝看鹿豕群，暮見烟靄奇。門無九州轍，焉知路多岐。揭去[2]人寰游，寤寐多所思。軒轅故留躅，予將赴心期。

又

心期在玄古，頓轡無何鄉。嗒然見純白，焉識青與黄。云胡大樸散，莽昧俱亡羊。至訓逾萬言，翻以蔽天光。感慨發情素，默默嗤予狂。

又

聞道神山三楚尊，乘春吾欲上天門。却看翠壁收殘霧，漫折瑶枝度遠村。隱隱仙源俱殿閣，蕭蕭民屋自鶏豚。攀蘿明日岸頭路，莫遣浮雲白晝昏。

又

靈境絶塵今始到，翛然雙屐歷莓苔。沿崖門殿春烟合，繞徑松杉野鶴哀。白犬自牽真自得，青牛相遇莫相猜。棲霞有約湏捐珮，石洞籬門恣往來。

又

春橋行遇送寒梅，斜日東風忽遞催。訪勝予沿青嶂入，乞靈人佩紫檀來。翩翩鶴鷙逢仙侶，宛宛樵歌動野懷。歷遍靈巖三十六，不知何處是丹臺。

---

① 松桂：方升纂修《大嶽誌畧》爲“松枝”；王佐修、慎旦等纂《大岳太和山誌》，凌雲翼修、盧重華等纂《大岳太和山誌》爲“松桂”。

② 揭去：方升纂修《大嶽誌畧》爲“揭來”；王佐修、慎旦等纂《大岳太和山誌》，凌雲翼修、盧重華等纂《大岳太和山誌》爲“揭去”。

無　　題

龔華　太監

無鎖僊關晝夜開，入關疑我在蓬萊。白雲走上青山去，緑水流將黄葉來。未得醉時心已樂，欲求玄處道難猜。老松影瘦靈堪服，不用賫糧坐石苔。

無　　題

吕憲　太監

乘風初上望仙臺，四面奇峯亂戟排。白虎嶺頭香霧散，青龍山外紫雲開。琳宫桂放三秋影，浴室池無半點埃。試看鳳凰生鸑鷟，祥光飛下九天來。

無　　題

林豫　僉事

萬峯俯仰祖孫如，到此名山信不虚。殿宇廓清氛沴遠，英靈昭假瓣香餘。欲從仙子開丹鼎，尚爾微官縛簿書。石刻摩挲太宰筆，篆文芸蝕魯淆魚。

無　　題

黄仲芳

三十六巖何勢雄，南巖高出摩蒼穹。天低蓬島星辰近，水接仙源道路通。瓊館雲深鴻寶祕，藥爐丹服碧壇空。登臨總喜瀛洲客，謾咏新詩興不窮。

無　　題

楊言　知州

毅陟瞻仙帝，清高坐紫霄。天晴金殿閃，徑昃玉臺遥。石洞生瑶草，松蘿起鳳簫。榔梅花正發，白鶴遠相招。

無　　題

楊琇　知州

入山心自遠，眺閣眼偏寬。臺迳雲蒙險，松杉雨湿寒。故人憐未見，諫議幸相扳。去住随春意，悠悠坐水潺。

無　　題

何遷　少卿

帝子九龍游海上，太和千古亦蓬壺。遥憐劍閣有巫峽，那復祝融雄楚都。雪發松杉雙屐近，風連河漢一筇孤。好尋大藥清虚表，三十六巖今有無。

又

太和佳氣來天地，我向寒峯卧碧霞。樹裏波濤開七澤，雲中樓閣帶三巴。蒼崖古字留函谷，石洞香床隔太華。悵望彩鸞何處所，人間聞亦有丹砂。

無　　題

楊守禮　副使

白鶴迎人下紫霄，乘風仙子任飄飖。山頭雨洗黄金殿，檻外蓮圍白玉橋。虎伏靈龕迷澗水，鸞随明月下笙簫。紅塵不到仙家處，回首繁華一夢消。

又

未入真仙境，先登太子坡。白雲籠殿宇，清磬出烟蘿。澗遠萬松響，山空一鳥過。悠然清興極，擊節坐蘿莎。

無　題

王棟　叅議

天柱峯頭霧靄收，天風吹鬢寒颼颼。憑西極目三巴外，渺渺孤雲天際頭。

無　題

崔桐　叅議

䆗㕇松如銕，山奇巖欲頹。練雲欄下起，錦障澗南開。燭影摇雙玉，爐烟散滿臺。景物看不盡，約侶擬重來。

又

古木懸孤嶂，虚崖綴百靈。亭陰侵座爽，林影上衣青。地寂年爲日，雲屯晝欲暝。何方迴白首，于此問參苓。

又

傳聞天柱下，幽勝更清微。峯合天長隔，谿寒雲不飛。花崖懸乳石，竹塢對瓊扉。未有凌雲翼，空成悵望歸。

又

宫殿藏巖裏，陰陰千尺深。祗容雲霧入，不受雨暘侵。樹影摇金鎖，鍾聲帶碧潯。慚非謝公興，雙屐倦登臨。

無　題

許宗魯　副使

空山秋夜月華明，獨上瑶臺望玉京。三十六宫河漢杪，雲璈仙磬步虚聲。

又

獵獵玄風吹羽衣，紫壇瑶草露華肥。道人無限清虚樂，高唱雲謡入翠微。

又

靈境負夙約，真宫欣始游。虚無上烟霄，杳靄親霞樓。赫赫珠殿午，蕭蕭琪樹秋。雲軿嶺表度，仙樂空中流。入門覽衆妙，啜水離群憂。仙人倘可遇，携手凌崑丘。

又

南望僊關烟霧深，玉霄宫闕擁虚岑。靈淙似有青羊渡，物色時看紫氣臨。夾路雲松寒翡翠，懸崖風篠振球琳。相逢尹喜無多説，柱史遺文好共尋。

又

太子何年去，名坡萬古傳。羊腸雲外險，蜃市海中鮮。委巷通群帝，飛巖接九天。羽人栖碧落，清磬下泠然。

又

夜榻栖玄境，秋空近紫霄。空虚雲氣湿，天静斗星摇。逸相懷鸞鶴，浮生等韮蕉。前山王子晋，清唱坐相邀。

無　題

倪組　御史

白虎踞欲吼，赤軀招不來。静定涵元氣，皜潔出塵埃。萬里明威練，孤高列上臺。廟廊如鎮重，國勢仗崔嵬。

無　題

范應祥　州判

霽雨初收天氣晴，南巖諸境極分明。人間果有蓬萊島，疆界絶無鷄犬聲。遠近奇峯濃且淡，高低老幹直還横。數椽處處王維筆，誰説諸山不到庭。

無　題

朱隆禧　給事中

紫翠光華楊柳天，東風扶上太和巔。吟猿曉掛仙人掌，瀑布春囬玉女泉。佇聽松聲諧雅韻，乍看晴靄起蒼烟。追游况得攜摩詰，刻石相將記歲年。

無　題

張臬　郎中

九日高登大岳巔，直從玄帝探真源。褰衣飛步三天外，吹帽驚捫北斗懸。混闢陰陽奔日月，蒼茫塵土隔風烟。神功綿邈歸明祚，長似文皇刱造年。

無　題

吴允禄　条政

天際群峯果絶奇，丹青那復羡王維。参差玉笋高還下，錯落晴雲亂不欹。西望豈徒三楚勝，北來真慰十年思。應憐疋馬衝寒久，願借春陽幾日暉。

又

一到天門景絶佳，名山此外更無加。千尋鳥道懸丹壑，百尺龍宫枕紫霞。羽客乍鳴金殿樂，仙童時獻玉巖花。由來真境非人世，無恠希夷薄宋麻。

無　　題

王鎔　副使

太乙漓元氣，中原獨此山。神功移閬苑，帝力壯仙寰。嶂合茅堂杳，林迴野色閒。煙霞酬夙志，解組扣松關。

又

福地臨仙館，旗峯列蕋宫。劍高雙樹直，丹井百泉通。雲卧宵衣薄，天青斗柄横。坐觀時復暇，疏奏理絲桐。

又

峻極封山岳，凌空嚮珮珧。雲開金闕迥，磴轉玉臺遥。紫翠群峯抱，香燈萬國朝。星辰疑可摘，羽翼上烟霄。

又

採芝凌絶巘，對奕坐虚亭。洞古雷神秘，潭沉龍氣腥。紫霄仍下界，青鳥自東溟。已覺非人世，應無俗慮嬰。

又

削壁塵區隔，叢林過客迷。泉池分日月，臺榭引虹霓。候駕青羊出，當關黑虎啼。折梅曾寄榔，於此問希夷。

又

隱隱仙巖度，冥冥霧靄收。雲汀朱雁落，春草赤麟遊。貝闕諸宫亞，真源九曲流。羽人衣舄在，天樂下西樓。

無　　題

劉勲　叅政

僊關今日慰瞻馳，太子坡頭路轉危。萬里拜呼環老幼，百年禮祀達崇卑。名山豈是神靈異，真境将非木石奇。獨上太和峯頂立，徘徊金殿有餘思。

無　　題

廖道南　學士

大岳盤千嶂，僊關隔五雲。虹橋通澗遠，石徑入林分。飛閣懸丹極，虚堂尋紫氛。翛然起遐想，天樂坐中聞。

又

天柱丹梯上，皇崖紫氣深。銀河浮碧落，玉宇隔瑶林。露湿仙人掌，雲分帝子岑。詞臣多逸興，春賦有餘音。

無　　題

陸銓　叅政

天工人巧萬山奇，簫管仙童到處隨。月宇金門凌壑迥，星橋鐵鎖傍雲垂。滿山瑞靄爐烟合，遶殿晴幡樹影移。两度來遊遊不盡，肩輿臨發又遲遲。

無　　題

錢一溥　學正

玄武神居第一山，宫嚴淨樂鑄金顔。丈人獨悟得仙訣，稚子能扶過鬼關。餌盡黄精生羽翰，磨消鐵杵破冥頑。紫雲常覆仙亭滿，野鶴無心共往還。

無　　題

李汝楫　推官

烟霞燦燦草蓁蓁，此地何由得問津。猿鶴時聞巖下月，笙簫忽奏洞中春。眼前情景渾詩賦，筆底風雲有鬼神。禹跡橋邊閑眺處，恍然身世若逢真。

無　　題

沈應龍　侍郎

信步南巖下，翛翛物外情。瑶壇青鳥落，玉洞紫芝明。龍去虚丹井，僊歸有石枰。何當謝塵鞅，于此學長生。

又

峻陟鑽天嶺，幽尋伏地菁。山空麋鹿擾，窗静斗星明。榻愛烟霞窟，清酣道侶情。五更談睡法，好似五龍精。

無　　題

蕭一中　条政

紺殿凌霄迥，輝光望日妍。山虚自千古，香火已多年。縱眺窮三楚，開襟望九天。忽看絳節下，飄緲望群仙。

又

雲漢雙無迥，乾坤一望中。鈞天聞絶響，太乙自生風。海色摇空碧，蓬萊映日紅。桃源知不遠，無地覔仙蹤。

無　　題

方升　条議

平橋通九渡，僊蹟想群賢。旆動雲烟外，兵連草木間。寧辭將命辱，共得入仙便。因憶田横客，空思向海邊。

又

萬刼紫霄古，諸龕翠栢扶。殘山分斷石，流水落高梧。五老行相引，三公勢可呼。橋邊還倚杖，獨立弄雙珠。

又

盡日經神院，南巖坐客亭。井圍甘露碧，峯出小蓮青。殿勢参差起，鍾聲曉夜停。試心臺下石，無語合惺惺。

又

漸向天門去，艱虞生百憂。側身猿鳥道，破膽虎狼秋。落日猶三舍，他山更一樓。焉能添羽翰，遍作九天遊。

無　題

中谷　未詳名氏

僊關開洞府，玉樹接銀城。風日行人度，笙簫道子迎。天花還自散，巖鳥莫相驚。彷彿清虚處，飛仙落珮聲。

又

夜宿斗牛渚，晨行日月宫。梅花青嶂下，衣舄白雲中。絶壁啼猿鳥，深林卧虎龍。還從明笛處，遥問採芝翁。

無　題

暘溥　未詳名氏

天開玉柱照神州，端合封圻億萬秋。軼五帙修金石耿，函三靈聚鳳麟遊。風雷時作迴山鬼，草木春華定海籌。安得翺翔仗喬履，仰惟呼祝翊皇猷。

無　題

朱麓　御史

一岳撑空碧，凭闌俯岫雲。堯天孤立柱，楚甸一江分。遠壑生靈籟，香烟吐瑞氛。黄冠來問訣，愧我尚無聞。

又

石磴依山轉，肩輿日漸深。梅臺憑絶澗，烟霧暗前林。仙子終丹壑，孤懷亦翠岑。玄天千仞上，還去訪知音。

無　題

顧璘　尚書

天柱峯高白日晴，華嵩相對最分明。扶桑倒射東溟影，銀漢平留上界聲。空裏金宫陳帝座，雲邊鐵鎖度人行。不緣旌節巡方岳，孤負塵埃過此生。

無　題

章拯　都御史

展旗兀向半空紫，賜劒虚傳萬古玄。自是龜蛇藏妙用，准從龍虎得真詮。人間福地信有此，海上仙山恐未然。天柱歸來三嘆息，月墀重酌一泓泉。

無　題

曹大顯　僉事

真仙煉養借斯巖，巖穴孤高托此山。覿面峯巒千壘翠，掛瓢谿壑幾迴灣。懸空石磴滴清響，繞樹煙藤結黛鬟。泉湧三支源一派，澗分九渡遠相還。垂手尋常探月窟，洗心兀自透玄關。巽風起處陽來復，地脉朝時路轉灣。五百靈官高壁立，一條龍首易緣攀。紅塵地遠非難到，丹竈春深許自閑。塵世多疑仙術幻，蓬萊誰信箇中間。我來不作而游戲，也欲依巖煉九還。

無　題

郭希顔　編修

淨樂王孫駕白虹，修真早歲却飛空。五雲絶頂黃金殿，萬古乾坤拜舞同。

又

蠟燭山高照日明，太和曉闢五龍迎。猱猿石逕行疑斷，旗劒峯巒削不成。

無　題

高遷　同知

仙宫遥在紫雲邊，仙樂曾聞白雪篇。莫恠武陵迷去路，可能天上住千年。

無　題

李學　太監

傍巖矮屋兩三家，斫竹編籬便種花。斷隴平堤迷雨脚，層崖疊巘露雲牙。星辰手摘扶霄漢，牛女機聲織練紗。吾本遠來天上使，宦游元不是栖霞。

無　題

路迎　都御史

奇游恰得片時晴，萬壑千巖眼界明。天上神仙合有宅，雲中鷄犬故無聲。虚疑天近捫星過，實恐崖高碍日行。堪嘆世人空碌碌，誰知此地可長生。

無　　題

任維賢　都御史

聞道南巖景絶奇，我來正值暮春時。畫圖原自天分設，詩料何湏客搆思。風雨龍吟千丈壑，烟霞鶴寄萬年枝。青香漫引山林興，欲報君恩未有涯。

無　　題

曹亨　副使

陰雲忽上列山濕，磵道斜列一線明。可是有緣清福地，五龍拖雨伴朝行。

又

萬壑懸崖一小亭，坐來風雨變陰晴。遲囬不見神仙侶，白髪連愁日夜生。

無　　題

喻茂堅　都御史

幾年夢寐太和山，此日瞻依上帝顔。翠積青霄擎碧柱，芒生金劍鎮瑶寰。玄機訣化三千界，瑞氣浮懸百二關。不是紫微星拱極，安來赤綬①日登扳。

無　　題

魏良輔　条議

道人晝煉明窓塵，金丹得手培胎神。翠房梯石我同叩，猶記梅花雪後春。

---

① 綬：凌雲翼修、盧重華等纂《大岳太和山誌》記爲“紱”。

又

金頂煙花晝相虛，展旗峯對两如如。尋真遥躡飛鳧影，驄馬聲傳道士廬。

又

山色蒸雲日旋生，香風清引上方笙。法筵禮罷迴廊寂，一卷黄庭勘註明。

又

凍梅偷暖着枯枒，石逕雲封第幾家。雪色風香尤會意，青鸞啣出過墻花。

無　題

歐陽必進　尚書

三門遥入太和宫，霄漢誰知有路通。柱嶺天連真作極，燭峯雲起欲然空。堦欄白玉紅塵斷，殿閣黄金紫霧籠。福澤八埏昭主宰，英靈長鎮楚江東。

又

萬丈丹梯倚帝宫，紛紛求福往來通。我來訪古五峯下，到此令人百慮空。囬首千巖赤日麗，舉頭一柱白雲籠。修真苦行當年事，欲問頻催玉兔東。

無　題

曹忭　御史

蓬山瀛館待高車，羽盖翩翩春暮餘。洞口留花瑶樹色，雲邊遲月寶壇虚。玉臺金闕朝玄帝，石室丹房問道書，併是天都游戲侶，霞觴好共泛西廬。

無　　題

吴子孝　叅議

花發空山見使車，春殘風雨乍晴餘。雲中笙磬迎珠盖，巖下星辰俯碧虚。豈料豸冠初倚玉，却憐鸞翮早傳書。赤霄望望登仙去，似憶承明有舊廬。

又

長願龍門一御車，山中相見落花餘。千峯碧樹留黄鳥，五色春雲滿玉虚。香裊瑶壇紛舞鶴，草封丹洞有藏書。神棲真境清無夢，夜半仙人來問廬。

無　　題

潘釴　　副使

相傳神降自軒轅，香火無如此地專。蘋藻即今臨絶嶠，茹芝何處覔長年。路通上界非人世，雲鎖重關是洞天。不爲耽詩銷病骨，登高慢喜九秋便。

又

塵因役役負年華，路入天門曉望賖。石削芙蓉堪作畫，水流滄漢可浮槎。步虚未了三生訣，病渴先消幾碗茶。會向羽衣尋鶴侶，笙簫沸處有仙家。

無　　題

施昱　僉事

路入蓬萊境自寬，行看華表過僊關。石欄遥接雲門迴，鐵鎖高懸蝀影還。俯瞰南崖天咫尺，囬瞻北極殿中間。我來千仞岡頭立，倚欄臨風笑整冠。

無　題

李延康　僉事

洞口含烟碧，山腰倚閣虚。羽衣黄髮老，靈境白雲居。石髓通丹竈，松花落枕書。長生如可學，解組望霞裾。

又

一柱蒼茫立，群峯紫翠圍。玉霄開望氣，金殿映朝暉。門徹三天曉，香飄萬壑霏。塵凡有遐想，欲跨彩鸞飛。

無　題

陳松　僉事

芳草填迂路，危巖依太虚。石龍噴紫霧，林鳥話山居。臺滿求仙月，碑餘寶篆書。會當挹妙指，跨鶴曳玄裾。

無　題

桂榮　御史

何人還是隆中君，走馬却過龐公村。一劍風行六千里，飛身直上三天門。

又

山石離奇雪骨生，紫虚何處聽鸞笙。孤雲不鎖玄關夢，卧看松枝掃月明。

又

雪山冰柱玉垂垂，直下懸崖百丈奇。我亦肝膓冰雪者，仰天一嘯獨支頤。

又

山外飛霞初日高，冰花滿樹曉痕抛。玉龍豈滯滄江晚，春色瑶堦漏碧桃。

無　題

江匯　副使

玉宇凌丹壑，琳宫近紫霄。懸崖通霧杳，飛磴入雲遥。空翠浮天曉，天聲下洞簫。誰知人世外，有路接松喬。

無　題

戴時宗　都御史

始入南天路，還知別有天。仙宫懸石壁，道室插雲顛。丹壑聞青籟，青松記昔年。飛昇臺尚在，欲結愧無緣。

無　題

賈大亨　御史

山峪凌虚灝，神尊握化權。珠宫壓鰲極，金象體星躔。樹古元無紀，霞深却有仙。希夷丹氣滿，臘塌劍光研。十載頻飛夢，孤攀尚阻緣。信知俗士駕，難遡洞門天。圖志酬真覽，仙香寄遠虔。玄庥綿聖壽，和氣降豐年。

無　題

劉日乾　通政

七十二峯高入雲，貝宫珠殿絶塵氛。星河八月來天使，海岳千年祝聖君。玄鶴峒崆貽縹緲，紫烟函谷助絪緼。麥丘野老清霄下，獨抱區區對夕曛。

無　　題

王忬　御史

倚馬横瞻大岳顛，吏情此日倍超然。桃花封洞長迷路，野叟巢雲不記年。鶴駕久空緱氏跡，仙臺新接大羅天。小臣敢自祈恩澤，敬爲明皇獻壽篇。

又

久傳仙子輕黄屋，何意經生禮白雲。數點神光齋後見，隔林天樂静中聞。御風冷冷探金策，仗劍英英辨斗文。自嘆亡羊猶未達，争如孤鶴解離塵。

又

何處簫聲來竹房，玉虚巖畔月蒼蒼，八龍蜒蜿神君駕，五夜氤氲壽域香。静坐幾迴探衆妙，夢中漫欲賦靈光。由來白髮終難變，俯視仙山氣更揚。

又

手執芙蓉禮上皇，丹梯凌絶思茫茫。聖泉能解文園渴，石室長封寶枕方。雲護天門呈瑞色，風吹法從舞霓裳。今霄幾欲從玄度，猶恨憂時念未忘。

無　　題

陳紹儒　副使

金殿瑶臺碧落齊，三門萬仞轉丹梯。雲雷互變中峯出，河漢分流下界迷。帝子嚴禋供寶篆，神人真訣秘刀圭。年來獨覺塵根淨，喜傍名山學品題。

又

爲愛虹橋碧玉浮，更宜青障赤松游。林間雨氣花如沐，樹裏泉聲葉似秋。八極爲霖争響應，九霄興聖尚名留。因思睡法非金墜，一枕希夷夢獨幽。

又

萬氣高攢刧仞阿，振衣無奈吏情何。徒聞佩玉喿鸞輅，不見傳書度鶴坡。石室剛飈陰靄斷，絳霄晴日瑞雲多。空濛下瞰昇真處，唯有紅桃映碧波。

又

駐馬玄都路轉危，旗峯横絶在雲逵。林光巖靄輝相映，人語鷄聲逈别居。杉樹幹奇猶占麓，榔梅根異亦開祠。游人到此多休沐，两两瑶臺歌步虚。

又

名區削琢碧玲瓏，秀水奇峯不易逢。正憶玉書寥落後，每疑金訣有無中。九天夜月滋華屋，萬里春雲射彩虹。步入青坪導青佩，鳳簫如縷滿瑶空。

又

軒黄身後憶寥寥，縱説青羊詎易招。華岳西封分氣象，蓬門東望架烟霄。丹青想像紅塵遠，銅墨凄凉碧殿遥。猶自乘風問衣笠，始知方外落魚樵。

又

雲潜仙子樂蓬壺，脱屣今遺大岳圖。水散滄浪環漢沔，山盤八百望荆吴。壇花醉蝶春風細，圃樹棲鸞夜月孤。天路側身如可到，王喬遥爲倩飛鳧。

早謁太和

豐城　雷賀　条政

聖代褒崇盛，微臣禮拜虔。山疑海上島，人是洞中仙。鍾啓千巖曉，香分萬井煙。焚修應有格，國祜自年年。

又

福地方今勝，玄天自古神。乾坤尊廟貌，日月揭皇綸。雲合朝還暮，天低楚接秦。寸心瞻望切，香炷褭明禋。

薄暮太和

玉削中天柱，青迴萬疊幃。雲壇蒸碧溜，霞殿鎖金輝。力倚危欄峻，回看下界微。山神如有意，爲我放晴暉。

又

金屋倚天開，環闉洞九垓。夕陽初餞谷，蘿月已臨臺。瞑色依烏鳥，秋痕上榔梅。異人逢夜話，更覺洗心埃。

午過南巖

宛轉璿房逐地斜，山南風景迥仙家。境於人静添秋色，日爲巖高障午華。雲霽玉臺通欻火，天清琪樹下靈鴉。芳亭坐對金峯近，萬載休徵仰瑞霞。

中秋五龍

靈應寒凝玉宇秋，中天月色借雲流。軒當寶篆真幽賞，人在玄宫是勝游。緱嶺笙簫聞下界，桃源煙火接高丘。荒臺試問希夷跡，光浸松蘿露未收。

紫霄漫興

石磴籠青靄，丹梯逼紫霄。花香沾濕好，鶯語倚山嬌。風壑傳仙磬，晴巒媚使軺。金峯入望近，鳥道尚迢遥。

又

峯展天旗秀，池開禹跡明。祈玄來萬國，覓勝駐□□。静吾儒自有丹。喜向仙臺追玉節，百年風景幾衣冠……①

又

象緯低空山欲撩，擬從人世陟青霄，豐占雪色群生庇，瑞起霞光萬國饒。寶籙長封丹靄秘，彩幡高揭翠雲翹。公忙喜得兼清眺，豈厭頻過鳥道遥。

無　　題

屠大山　都御史

仙界高躋碧玉叢，雲端親謁紫金宫。欲尋勝處看皆好，稍豁幽襟力已窮。萬里山川收氣脉，千秋臺殿轉尊崇。塵容俗状那來此，蘿月松風尚許同。

又

香客傳呼春滿山，玄旌明滅翠雲寰。共言感應堪投命，不惜金銀擬駐顔。宫殿巧随仙嶠出，烟霞分向道場環。璚簷碧蘚滋何日，修餙那煩内帑頒。

---

① 此詩原文不全。

又

琳宫璇樹遍山川，閬苑蓬壺在眼前。道士虛沾清静域，使臣驚入杳冥天。雕鏤已竭工師巧，疑結真疑造化偏。聞説松蘿留舊服，莫因華麗厭迴旋。

又

重陟天柱峯，稽首謝玄帝。霞光表格思，雲彩衆咸覿。職司馳疏章，皇命赫臨賁。真官走傳奉，内帑降香幣。司空主祝釐，守臣厠陪位。宫殿欝葳甤，恩數極隆異。顧兹感應祥，肇發昭明世。誰云神教虛，甘此民膏費。俗士苦猜疑，淵衷有貞契。巍巍鎮閟維，顯顯窮天地。祀禮秩宋元，靈跡盈誌記。恭惟永樂年，遂超往古制。迢迢播風徽，稍稍缺修治。神情妙感通，聖政弘述繼。舊典既克新，瑞應亦時晰。玄交本自然，景耀匪虛致。一人畜虔誠，萬國蒙利濟。時月維菊辰，齋心宿巖際。簫管裊鳳音，爐烟焕龍氣。草木肅森沉，乾坤徹氛翳。胡星縮光芒，仙宇敞明麗。獨覺真性融，頓令諸相廢。胥蕭訖精禋，麾幢恍摇曳。保佑有恒徵，休禎詎暫值。延首詠時康，陳詩愧末藝。申誦兩臣章，萬歲萬萬歲。

無　　題

胡宗憲　御史

一入桃園路轉艱，天風吹我渡僊關。千層樓閣空中起，萬疊雲山足下環。攬轡自知王命重，杖藜聊與道心閑。玄房寂寂春宵冷，月上踈簾手可攀。

又

仙人峯下聽玄談，萬里春歸一草庵。道眼看來渾是土，丹烟飛處總成嵐。真機誰解無中有，至味元從苦後甘。顧我本游方内者，臨風三嘆下龍潭。

無　題

沈良才　都御史

萬山西下入襄封，秀出中天大岳峯。絶壁崢嶸瞻玉几，層巒羅列擁芙蓉。玄宫隱見雲霞映，琪樹葱朧紫翠重。麗藻百年荷聖澤，至今豐碣護蒼龍。

又

路入南巖景更幽，憑虚高閣迥生愁。雲浮石檻簷疑動，雨過松林碧欲流。别澗泉聲時細細，隔溪禽語晚啾啾。道士指點神仙跡，苔鎖荒臺滿目秋。

無　題

吕顒　知府

仙山喜在郡侯封，駐馬瞻躋瑞應籠。風送榔梅含碧澗，雲開杉木掛丹峯。雙飛日月常迴合，萬轉陰陽自鑄鎔。極目欲從天柱問，九霞來護步虚蹤。

又

芒屩登山日欲斜，暫携竹枕卧烟霞。瑶函書啓千年秘，寶燭春開五色華。雲擁紫龍聯檜葉，風來黄鳥落桃花。清宵有梦誰相約，冉冉紅塵路轉賒。

又

檻外丹霞倚翠巒，千峯如揖坐來看。騫林香動春初霽，鵶鳥群栖歲不寒。嫋嫋笛聲雲外轉，悠悠琴韻月中彈。徘徊更笑棋枰處，多少輸赢事不干。

無　　題

朱瑞登　御史

山行到處縱奇觀，幸憶名山不盡看。天柱峯頭香滿徑，仙衣亭畔日三竿。群巒羅立蘿毫渺，四海浮空心自寬。始信俗緣渾不染，惟餘玄鶴舞雲端。

又

曉攀雲磴禮高真，金殿重輝皂纛新。法界渾疑塵外象，玄機猶憶箇中身。瓊花紛舞迎仙侶，丹竈長封扣谷神。悟到鉛關人不識，萍蹤何日寄山隣。

又

自入山來分外清，吏情今日少塵嬰。步虛聳處千峯隱，眼界寬時萬象明。雲鎖瓊宫真異世，香浮丹洞是蓬瀛。此中景興原無盡，却笑征人又促程。

又

此日登山意轉濃，欲躋玄岳祝華封。恍看仙樂從天降，最愛巖泉掛壁衝。游子無心尋勝地，道人何事離雲蹤。浮生蹔寄真堪賞，喜向名山坐對松。

無　　題

馮岳　都御史

歷歷奇峯餘七十，總有画工描不及。物外端的有仙家，等閒不許凡人入。香飄玉露草木寒，鼎結金丹神鬼泣。早上三公禮玉清，半空珠頂鶴飛急。

無　題

張舜臣　都御史

靈峯瞻仰不勝情，盡日窮探興轉生。昃徑曲披雲霧入，峭巖危傍薜蘿行。三山未必能雙峙，五岳何由獨占名。元老同游真勝事，龍頭灘畔聽泉聲。

又

層山躡盡見靈峯，壁立中天翠萬重。白晝晴煙迷澗谷，青霄瑞氣靄芙蓉。霞宫隱映蒼龍宅，璚樹參差碧玉叢。聖祖神孫尊禮備，永祈萬載奠皇封。

又

神宫高峙紫霄間，石磴岧嶤盡日攀。回首雲烟迷萬壑，翩翩獨有鶴飛還。

又

名岳靈神奠此邦，雄觀勝槩世無雙。菲才叨忝鄖襄寄，願保生民福禄降。

又

躋攀停午靄氤氲，萬壑千峯望不分。金殿當頭紛紫翠，神光隱見九霄文。

又

夜半空山煖氣收，天風瑟瑟似高秋。踈松漫引笙簧奏，遠水忽驚澗壑流。

又

丹崖眺罷未論歸，直向西天送落暉。何處一聲雲外鶴，翩翩應共羽人飛。

又

天柱崔巍拂日輝，萬山羅列逈相依。初疑地僻人游少，却信峯高鳥不飛。

又

一柱冲霄翠色濃，日華拂曙影先紅，四旁不見山河許，真是中華第一峯。

又

玄武山頭寶殿新，崔巍直並紫霄隣。衆神卓午從容望，縹緲祥雲五色真。

又

安神來駐萬峯前，檻外雲生紫極邊。隱隱夜深鍾磬入，似聞仙樂落鈞天。

又

曉日攀蘿到上方，紫雲祥霧各蒼茫。奇游不解人間有，天柱峯頭飲玉漿。

又

層巖歷盡詫登仙，開眼渾疑到九天。白日輝輝簷外度，紅雲裊裊座中鮮。

又

按蹟曾聞福地名，紫霄空畔玉泉清。松摇黛色千崖暗，霞靄晴光萬壑明。

玉虚牡丹

此花却向此中開，春色無心亦上臺。名姓已曾通帝闕，容姿况復占蓬萊。自知富貴元非願，誰信風流别有才。夜半仙壺折一朵，携香歸去咲盈腮。

無　　題

汪大受　都御史

寒流窈窕洞門深，列騎飛旌照曉林。境會桃源秦世界，宫開福畤漢光陰。冕旒高拱瞻玄象，香火靈祠識聖心。鼇祝幸逢宣室後，清齋空閣夜沉沉。

又

峭壁中天翠展旗，瓊臺疊疊紫虹霓。金光殿閣明霞爛，瑞氣峯巒遠漢移。六月杉松深帶雪，千年芝草淨湏池。忽聞仙樂從空下，恍覺身游玉帝墀。

又

五老峯前嶺路迴，南天勝地倚崔嵬。百泉歸壑秋初静，萬木攢雲晝未開。鰲負珠宫懸翠壁，龍蟠瑞霧隱丹臺。仙碁巖畔青鸞化，留得神功度榔梅。

又

凌虚上界宿琳宫，歷井相參幾萬重。日落千山田放晝，雲深百里迭聞鍾。身依太乙黄金闕，夢繞玄都白玉龍。北極通天還有路，明朝更上最高峯。

又

倚天削翠領群峯，金闕高居儼聖容。宸象日懸星北斗，祥光時現玉芙蓉。風雲縹緲威靈動，霄漢玄虚咫尺通。萬代于今隆秩祀，故令瞻禮萬方同。

無　題

李凌雲　副使

覽勝名山日未斜，相將步履訪仙家。高瞻絶頂依霄漢，細讀遺編感歲華。倒影欲移雲外石，翻飛猶響樹頭鴉。清尊共遣樂無際，醉卧東方發曉霞。

又

傍隱囬巖繞徑斜，幽尋無處不仙家。身經高閣薰蘭氣，座拂平臺帶露華。雲擁碧林疑伏虎，香招玄鶴宛棲鴉。登臨若欲披靈異，回首蓬萊五色霞。

又

聯步層霄一望幽，千年勝槩共豪游。群峯羅列高還下，萬壑荒茫春亦秋。地接中嵩通遠脉，天臨北極擅名流。追陪共向山靈祝，金闕遥添海屋籌。

又

琳宫玉宇不春秋，澗湧碧霞向日流。諸殿遥從天外見，五龍恍若画中游。巢棲古栢餘群鶴，壁入層霄聳數丘。似有神仙度絶嶂，烟雲拱護散還收。

無　題

李遷　副使

春山乘興陟層巔，霞巘星巖幾洞天。萬樹風烟紛疊翠，九霄宫闕獨栖玄。藥爐丹火何年伏，閣道峯旗盡日懸展旗峯名。却笑勞生空白髮，願從此地覓真詮。

又

平生丘壑多幽興，春暮還登大岳巔。豈爲塵緣貪出世，翻因吏事得尋仙。瑶臺露淨衣裳冷，石塢花深錦綺鮮。落日洞門歸路杳，坐烹薇蕨酌山泉。

無　題

李洛　同知

湖海名聞大岳宫，勝游今始慰閒衷。碧天有路層雲隔，紫禁無塵瑞氣籠。蓬島數疑銀漢外，華胥一夢太微中。從今眼界超凡世，准擬還丹賽葛翁。

無　題

李循道　州判

躍馬緣山景色鮮，乘風直上太和巔。蒼厓翠壁非凡境，瓊草瑶花别有天。野鶴盤旋巢咫尺，祥光繚繞日初懸。登堂展拜無他祝，願保皇圖萬萬年。

無　題

劉幅　訓導

清虚元不雜塵嘩，曲澗迴闌引峒谺。風籟半含霜葉下，雲綃初掛月鈎斜。烏鴉谷口雙溪合，黑虎巖頭一径賒。隱隱天門鍾磬發，會仙橋上宿仙家。

無　題

皮成　訓導

卓越名山羡武當，西華恒岱孰能頏。凌雲天柱懸星斗，環翠虚宫湛露霜。流玉五龍翻海島，鳴泉九渡響笙簧。南巖削壁紅塵絶，紫盖層巒太乙荒。謾看雷洞春先發，更有瓊臺曉霽光。草異花琪山競秀，嵐深霞重路蒼茫。清徽化育昭坤德，玄妙靈徵瑞上邦。莫問天成肇何古，從來神應右明皇。

無　題

李孚佑　訓導

金頂空中奪日光，紫霄烟霧靄洪荒。五龍降雨南巖谷，一炁生風淨樂王。遇真迎恩謝神福，朝天祝聖太和塲。行宫有路玉虚轉，始識清微妙化堂。

神光現瑞

徐慶　儒官

明赫神人自交感，至誠金石動非玄。卿雲郁郁三辰外，大岳巍巍萬仞巔。許國事功應捧日，孝親精白可囬天。禎祥原不生虚幻，爲兆萱闈壽八千。

太　岳

章焕　都御史　姑蘇人

太岳高居尺五天，寰中五岳似星纒。山河表裡神都逈，玉帛玄黄秩祀虔。虎豹九關森羽衛，驂龍群帝儼迴旋。空中彷彿聞天語，大道無言意已傳。

太岳絶頂觀日出

天門曉闢氣曈昽，萬疊金波射碧空。海窟瑶光騰寶藏，蒼龍含景吐珠宫。連山倒掛扶桑影，削壁晴摇五采虹。爲吐腦中奇絶意，併將奇景付天工。

天　柱　峯

岧嶤天柱起天中，柱下千峯拜舞同。一氣混茫開分野，三垂寥廓見峅嵘。乾坤獨立風塵表，日月雙瞻法界空。從此摶扶憑羽翰，還期天路得相逢。

天柱峯看月

天上初開白玉京，高秋華日滿高城。光浮柱表兼天淨，影入林端落澗清。冠帔晶熒珠斗色，冰壺澄澈紫簫聲。遥空竟夕無纖翳，人在峯頭看玉衡。

天柱峯二首

天柱峯頭禮白雲，雲中杳靄見元君。黄金闕裏光明相，寶篆香中五色氛。

又

天柱峯頭高插天，下臨無極上重玄。分明萬古擎天盖，日月星辰次第懸。

入天門謁太和宫

天梯歷遍見天門，始覺鈞天帝座尊。玉几平臨當露掌，瑶壇羅列盡雲屯。階符次第連辰極，華盖分明見紫垣。身在迷方今始覺，將因太上問真源。

太和齋宫作

大道通三極，明庭肅萬靈。精禋扶日月，號令仗風霆。徼福緣民隱，齋心愧德馨。由來漢時異，光景若流星。

南　巖　宫

三十六巖何者奇，南巖巖壑多幽姿。飛空欲作翔鸞舞，跨澗真看渴虎垂。樹杪迴欄時隱見，雲中棧閣故参差。歸旌欲問來時路，洞口雲深已不知。

入南巖巖下

誤入南巖路，頻疑别有天。深谿千仞落，飛閣一巢懸。鳴澗當窓急，長松拂障眠。此中能避世，端坐已忘年。

南巖下茅菴逢二叟兀坐鼓琴賦此

凌晨下巖麓，捫蘿窮幽尋。中有浮丘翁，結茅明月岑。飲我白石脂，授我雲和琴。携琴枕其膝，泠泠披素襟。一揮巖石裂，再奏巖壑沉。松風與泉韻，瀉作絃中音。山花爲我笑，山鳥爲我吟。三弄有遺響，散入瓊樹林。拂絃抱琴坐，冥然生道心。相看寂不語，目送雙飛禽。回首對南巖，兀兀忘禺深。

五　龍　宫

五龍樓觀五雲傍，遥見龍文五色光。一水中分涵日月，二儀吐納辯員方。青羊澗口青霞繞，紫盖峯頭紫電長。霖雨欲來巖谷暝，猶疑神物在茫洋。

五龍宫看月

獨宿仙壇夜未央，層闔深鎖鬱蒼蒼。五龍忽捧明珠出，百谷旋回向日光。露下河庭沾貝闕，水中鮫室雜鱗堂。空言海上三山遠，一夕隨風到上方。

自然菴謁希夷像示諸生

希夷入道太華峯，睡法相傳自五龍。一蟄深功藏奥窾，仙關長日白雲封。

南巖下待月示諸生

西來新月掛南巖，飛入南軒影半啣。愛汝清光能萬里，愁看薄霧尚三緘。

滴水巖示諸生

飛來片石似雲帆，暗吐神泉瀉石函。莫言滴水濤瀾小，一作商霖即傳巖。

紫　霄　宫

行盡青山入紫霄，凾關紫氣鬱岧嶤。乍看雲霧生巾舄，轉覺簷櫳隔絳綃。池上七星低可掬，峯前五老坐相邀。空中冉冉聞清樂，指引鸞驂路漸遥。

又

紫霄闕道表南顛，負扆高居儼法筵。旗展千峯𨂻舞隊，屏開列嶂綴宫懸。明星曉動罘罳影，舞鶴群摩寶鼎烟。曾侍玉皇香案吏，來游此地倍依然。

紫霄宫待月

渺渺丹臺接上清，清宵今在紫霄行。凉飈拂路雲爲馭，朗鑑孤懸月並明。手酌天瓢飡沆瀣，身隨斗柄握璣衡，回看大地山河在，泡影光中萬象生。

經仙桃觀過玉虛

散步仙桃觀，穿雲過赤城。瑶光開淨宇，踈影墮空明。澗底爐烟淡，松間玉磬清。綃衣朝斗立，微聽度虛聲。

玉　虛　宮

縹緲丹丘上，清虛隱玉臺。霓旌雲外度，鸞鶴鏡中回。林籟噓還寂，明霞掃不開。澄心元不染，對此一徘徊。

又

群玉山頭白玉除，仙家結構總憑虛。靈光隱映時明滅，雲物悠揚自卷舒。畫裡蒼茫分島嶼，夢中想像見華胥。年來苦厭人間事，自喜青山不負予。

玉虛橋上步月

偶向池邊問月明，不知身在月宫行。玉虛元是清虛府，永夜今開不夜城。姑射仙人真綽約，冰晶宫殿自輕盈。氷姿皓魄嬋娟淨，弄影相看浸碧泓。

玉　虛　巖

秋風吹度玉虛巖，洞口垂蘿已隔凡。一入巖中人不見，隔谿惟見影巉巉。

凌虛巖對桃源洞

懸巖浮動欲凌虛，彩鳳翩翩兩翼舒。桃源洞口人相待，爲寄青鸞海上書。

坐玉虚巖下示諸生

自笑山人意本虚，虚巖一坐意俱除。閒來玉宇渾無事，獨聽流泉過石渠。

已未三月，游太和以雨止遇真宫宿，夢與諸友人賦詩，不知何許人，天明因書於此。

無　題

堯山　吴百朋　御史

春日無心度物華，且尋幽事到仙家。捲簾却對道人坐，閑鼓棋枰看落花。

登太和山口占一絶句

乘輿直上天柱峯，半山雲起低太空。分明聽得天人語，萬里乾坤在眼中。

游太和山次雷少郭韻二首

龔秉德　副使

疊嶂層崖石逕斜，虚空樓閣逈仙家。北來瀚海通雲氣，東望滄溟閃日華。樂奏瑶臺疑度鳳，香浮寶樹漫棲鴉。遥瞻絶頂多靈異，幾向峯頭卧碧霞。

又

穿崓度壑路紆斜，言坐東林羽士家。星劍自知懸北斗，道經未許續南華。山橋雨過啼春鳩，石壁風生噪晚鴉。見説真人開寶笈，將從此地訪丹霞。

登天柱峯絶頂謁玄帝祠二首

千尋盤石磴，一逕躡雲梯。漸覺諸天近，迴看萬嶺低。金庭懸日月，仙掌接紅霓。空外無人語，玄關報午鷄。

又

巍巍標上界，隱隱鎮中原。香靄青冥散，烟霞白晝屯。帝靈金作闕，山險石爲垣。縹緲紅雲裏，虔心禮至尊。

宿紫霄宫躬閲醮事漫成八韻

鍾鼓嚴仙署，燈輝隱道房。瑶壇供静水，石鼎爇名香。教演真元偈，筵開功德場。芝童調玉乳，羽客薦蘭漿。劍呪驅魔遠，符靈引貺長。經聲雜笙磬，旛影動宫墻。歷歷星明殿，微微月轉廊。坐觀玄境秀，頓使世情忘。

山游雜詠六首

鐵鎖鈎連上碧霄，萬峯蒼翠欝岧嶤。夕陽何處動幽響，疑有仙人下洞簫。

又

仙樂遥傳杳靄間，雙披鶴氅盡朱顔。似因識得阿童面，金殿前頭第一班。

又

黄龍洞口松花落，黑虎潭邊蕙草萋。幾向飛昇臺上望，白雲深處鎖丹梯。

又

宫入南巖景最嘉，臺存禮斗護流霞。榔梅初結三春實，芝草還開五色花。

又

夜來雲卧在逢瀛，夢裏分明謁太清，醒後忽聞蕭鼓沸，依依猶是步虚聲。

又

月轉玄門景象寬，凌風鶴翅入雲盤。道人多少清虚興，夜夜吹笙上碧壇。

曉發遇真宫

由九渡澗歷玉虚嵓作

捫石躡重巒，凌虚俯幽谷。登陟盡險艱，蒙茸穿水竹。潭古潛蛟龍，林深走麋鹿。激澗瀉潺湲，奇花吐郁馥。鬼斧伊誰運，鑿此仙人窟。華搆嵌嶇嶔，飛簷懸突屼。恍披九華峯，疑入三天竺。石髓呈異香，瑶草抽新緑。忽聞鳳簫聲，雲軿下廣陸。南嵓午鐘餘，西林暮景促。翩翩王子喬，邀我洞中宿。戀兹玄府寂，願言謝微禄。

再登玄岳一首

萬峯疊翠倚雲間，盤礴真當虎豹關。天險西來連華岳，地形南下接荆蠻。橋横碧玉留仙跡，闕湧黄金貯聖顔。獨立清虚玄境闊，果看身世出塵寰。

宿南嵓宫次章鄧山韻

雲卧丹房敞玉扉，遥瞻帝座隔重圍。乍驚羽客鸞簫度，虚擬仙人鶴駕歸。撫景未題西澗竹，禮真先薦北山薇。夜深何處發清籟，絶壁泉聲百道飛。□□□□□……　烏鴉繞樹散晨鍾。帝閣杳靄笙簫近，爲闢玄關十二重。

又

覽遍巉巗最上頭，踈林月色浸寒流。松盤石蹬千峯曙，泉湧溪橋九渡秋。寶劒懸崖龍欲吼，靈旗捲霧鬼應愁。王喬定有飛冲訣，不是尋芳汗漫游。

又

斜日乘風踏翠苔，笑援鐵鏁上高臺。榔梅秀結三春雨，砧杵剛磨萬劫灰。謾擬玄精涵太乙，却緣紫府覔蓬萊。會湏脱屣塵寰事，直跨仙鸞海上迴。

游　武　當

胡汝霖　少卿

特扶青杖叩靈山，萬轉瑶梯盡日攀。漸度星橋瞻帝座，始知天路有仙關。鳴鷄棧迥風烟別，巢鶴松高歲月閑。辨得謝公雙屐在，長期七十二峯間。

宿南巖宫題壁

昨日太和登絶頂，金檻寶臺日流影。一水悠悠見漢江，萬峯矗矗連秦嶺。下脚南巖聽暮鍾，天聲夜發呼虬松。朝來白雪迷笙鶴，人在青霄跨玉龍。

登太和途中即景

李元　中書舍人

祝壽遥瞻聖闕，尋真步入仙關。巑嶢峯巒鳥道，潺湲澗水龍灣。糸天古樹藹藹，耀日玉宇間間。滿目世無奇景，欲題不得徒攀。

太和宫建醮祝聖壽

名雄宇宙太和山，三上天門天可攀。特叩瑶壇開壽域，忽聞鈞樂出玄關。纔瞻金闕乾坤闊，蹔過琳宮日月閒。親見靈光昭聖瑞，嵩呼頻效在雲間。

玉　虛　巖

九渡溪頭入洞天，森森萬木護雲烟。岧嶤有徑通蓬島，寂寞無聲隱浪仙。却笑桃源空自秘，還疑壺景未能先。虛巖獨坐澄諸欲，惟聽潺湲瀉玉泉。

回龍道中

緡城　李燧　叅議

遥向名山禮至尊，穿林度嶺趂斜曛。千山隱隱雲雷變，萬木沉沉日月昏。

過紫霄宫

覽勝來登天柱峯，探玄先過紫霄宫。展旗山上祥雲護，授劒臺前瑞霧濃。

南巖道院

高閣危樓漢外懸，仙人宅窟巧相連。何湏瀚海訪蓬島，處處笙歌是洞天。

萬　丈　峯

萬丈峯高客到稀，摶風時有彩鸞飛。何當借我凌雲翼，直上峯頭一振衣。

度三天門

天門三度叩仙關，銕鎖千尋盡日攀。帝座遥瞻天尺五，鍾聲隱隱落雲間。

望天柱峯

一柱凌空翠萬重，青天倒削玉芙蓉。群峯拱向多靈異，日觀何由擅岱宗。泰山之日觀峯亦稱峻極，而太岳佳麗過之。故云。

登天柱峯

天柱峯高望欲迷，轉攀金鎖躡丹梯。塵寰俯視方輿小，星斗平臨霄漢低。

又

孤峯萬仞插青霄，金碧輝煌寶殿遥。地遠應無塵鞅到，夜深疑有鬼神朝。

飛　昇　臺

仙子飛昇不記年，仙臺留得至今傳。我來不遇王喬侶，何處開山種玉田。

望五龍宫

五龍此去無多地，翠壁丹崖煙霧深。欲謁龍君傳睡法，西山無奈夕陽沉。

太和道中

夢游太岳幾多年，此日登臨一爽然。仙樂依稀流漢外，具宫縹緲倚雲巔。重巒疊嶂應無地，琪樹瓊花别有天。自咲塵根何日淨，願從此地學飛仙。

南　岩　宫

路轉南岩景更幽，來游況復是清秋。紅分林葉濃於染，翠疊山盤恰欲流。天上不緣扳鶴侶，人間誰識有丹丘。匆匆不盡登臨興，無那雷神雨未收。雷神洞名，在本宫北。

登太和山漫興八首

陳孟章　户部主事

遥看宫殿倚雲巔，逐客捫蘿此豁然。錫玦有恩仍禹跡，爇檀無所祝堯年。崖高誤駭泉飛雨，樹密頻窺葉露天。縱步林泉遑應接，擬將誠展玉墀邊。

二

何處高真是所棲，危危天柱更無齊。振衣萬仞乾坤闊，回首諸峯日月低。欲向玉臺朝帝闕，先攀金鎖上天梯。屏息堦墀端虎拜，不知身世入雲霓。

三

忽入仙關扣紫宸，還須有分得尋真。樓臺海上應無地，鷄犬空中覺有人。山擁諸峯朝上闕，水分玄液澤生民。乾坤自有真蓬島，漢帝何須祭海濱。

四

幾迴夢與赤松游，清賞今逢玉露秋。寳殿玲瓏田碧落，丹梯宛轉入仙州。彨雲冉冉簷楹動，遠嶠重重海浪浮。空裏漸聞天樂近，函關應有跨青牛。

五

袖帶飄飄入翠微，幽關真與世情違。花從削壁含香放，鳥向叢林得意飛。四面青巒攢畫戟，半天祥靄罩羅幃。鼎湖信有乘龍侶，更喜巖頭掩竹扉。

六

山色重重鎖翠紋，深林小徑趑斜曛。天因虚壑生靈籟，地向懸崖起淡雲。香梵長途仍絡繹，簫笙何處儘磤砏。新來覺得塵根淨，笑對儦儦鹿豕群。

七

檜栢簫森噪晚鵶，洞中猶聽讀南華。雲浮青嶂生玄霧，日閃金門爛紫霞。絶磴千盤通上界，懸崖幾處有仙家。扶筑欲盡山林興，争奈皇恩報未涯。

八

壯游最喜躡玄蹤，斷壑踈林散曉鍾。翹首洋洋金法象，凭闌朶朶玉芙蓉。風雲縹緲三千界，日月迴旋幾樹松。羽客携尊盟後會，桃花流水定相通。

謁太和初發郢中

京山　王格　僉事

滄江一卧幾經秋，忽爲名山賦遠游。髪變逢人從白眼，心玄到處即丹丘。朋徒共飯安期棗，道路咸驚老子牛。此去暫辭猶萬里，家人不必問刀頭。

過清微望太和

鸞驂凌曉度清微，遥望靈山紫霧霏。百里松杉濛上路，八宫臺殿鏁仙扉。春留雪色粧銀闕，日引花枝映羽衣。三十餘年慕真意，今來始得一皈依。

宿紫霄宫二首

山上清宫切紫霄，我來仙氣捧雲軺。白頭自喜身能健，絳節應知路不遥。石磴斜盤千樹合，金闕晴啓萬靈朝。尚平何日無婚嫁，乞與中峯種玉苗。

又

真僊昔向此中依，百尺瑶堦啓玉扉。福地樹頭曾掛劒，古巖石上尚藏衣。行人暫借天閶住，羽客疑於世界違。一宿雲房孤夢醒，頓驚生事舊來非。

登大岳頂二首

閒隨桃水訪玄風，殊喜仙閽與世通。鐵鏁千尋扶鳥道，金城一簇隱龍宫。瑶堂紫月天長朗，寶洞青霞地欲空，歌罷步虚山響答，似聞均樂九陽中。

又

太和峯頂逼清虚，金屋粧成上帝居。九澗東流清宛轉，三門西上碧紆徐。雲間道路鳥能指，山外豺狼虎爲除。稽首玉堦何所祝，萬年海寓混車書。

宿南巖宫

南北天開寶地分，洞門清靄碧氛氲。雷聲潛送西山雨，龍首虚臨下界雲。金閣三階瞻大帝，石樓一逕禮元君。倦來羽客相迎笑，共採桃花啜紫芬。

宿五龍宫

武當樓閣鬱蓯蘢，佳麗相傳更此峯。山半二池分日月，殿前五井卧蛟龍。瘦筇扶客纔春服，小院烹茶正午鍾。欲訪張仙問真訣，草菴無那緑苔封。

經自然菴

謁帝歸來憩碧岑，雙童指點入花林。仙衣試着形猶慢，真客相逢語遂深。谷口鳥鳴春氣媚，松間虎嘯夕陽沉。明朝又覔襄東路，回首雲峯幾萬尋。

憩玉虚宫

大岳諸宫雄楚州，久聞仙院獨堪游。殿頭日暖花明岫，檻外風輕柳覆溝。聖水未生湏拜井，仙衣雖去可登樓。石魚梁木傳神異，盡日空堂語未休。

過遇真宫

玄岳門開響玉簫，崔嵬紫府控山椒。仙人架上聞金箬，游客溪邊度石橋。已覺地維超俗刼，更聞天語慕逍遥。長廊肅揖瞻顔色，水碧何緣賜一瓢。

過淨樂宫

玄帝清都漢水邊，宫門淨樂牓高懸。封疆傳自神農日，香火今逢堯舜年。歲久石幢封緑蘚，春來珠樹散青烟。相将况是真仙集，凉雨踈燈滯暮筵。

玄岳道中二首

章士元　副使

千山蓊欝萬山蒼，石磴逶迤接漢長。拄壁松杉常護險，避人麋鹿遠啣芳。客輿隱見穿林靄，仙樂依稀出院墻。歷徧層巖方卓午，更從雲際指前岡。

又

籃輿拂曉及山陲，試看芒鞵陟翠微。北瞰懸崖凌夜斗，東窺溟海盪朝暉。雲凝芝艸留仙室，風落松英點客衣。一度巃嵸一心爽，好将凡格悟真機。

宿南巖宫

朝元來扣紫雲扉，百疊丹青繞四圍。絳闕平依層漢起，石壇高迓列真歸。晨搴蘿壁抛簪舄，宵卧芸房煑蕨薇。忽聽泉聲聊倚閣，白虹無數正空飛。

天柱峯絶頂

天柱峯頭插上霄，衆峯齊拱若群僚。千盤石磴摩空久，三闕金門禮聖遥。福地舊傳靈蹟異，真風應洗世緣消，逡巡欲問仙人館，幾處吹笙醉碧桃。

登　武　當

黄廷用　洗馬

尋真久矣聞玄岳，今日遥臨路始通。絶磴千層凌過鳥，危欄萬丈鎖飛虹。登天杳在煙霞裏，謁聖翛然日月中。安得芒鞋分半榻，探源采藥老春風。

又

太和延袤八千里，形勝堪當第一山。金碧輝煌開帝殿，峕戀①杳靄抱仙關。烏鴉萬樹猶朝暮，黑虎千年自往還。獨立龍泉橋上聽，澗流九渡水潺潺。

登太和山

丘道充　州判

名山久仰無由到，此際登臨始識奇。護國庇民天地老，傳玄入秘鬼神機。日光晴映金身動，雲氣陰連寶閣低。何計得緣塵事了，松亭營結傍幽棲。

---

① 戀：凌雲翼修、盧重華等纂《大岳太和山誌》爲“巒”，王佐修、慎旦等纂《大岳太和山誌》爲“戀”，誤，應爲“巒”。

撫治劉公十月祝聖壽於太和宮隨侍早朝二首

張錦　知州　句容人

玄岳摩霄漢，清晨禮石壇。雲門仙吹響，柱史法冠寒。精意通金闕，祥光遶壁欄。恍聞天際語，聖壽樂無疆。

又

星斗光寒欲曙天，官僚鵠立拱群仙，會看豸服霜威重，遥望龍輿日影旋。玄極即今凝聖道今建玄極寶殿，故云，清微從古仰真詮①。憲臣報國丹心切，太岳齊呼萬壽年。

宿玉虚方丈

俞憲　廉使

每憐迂癖重周游，覽勝無如此地優。林壑景叅宫闕麗，仙人宅與帝王侔。心懷神聖形如見，身住清虚夢亦幽。自是不能辭世網，何湏海外覔蓬丘。

雪夜登太和宫

天留好景待游人，萬壑千峯雪後新。已覺金庭增照耀，更憐銀嶠照嶙峋。燈前花葉繁珠樹，榻上星河燦紫宸。浮世幾囬能到此，不妨登頓及清晨。

登　太　岳

（三首，時奉命督修）

張守直　工部左侍郎

天上芙蓉貝闕齊，千巖功德鬱標題。虔修到處通金頂，秘檢封時化

① 詮：凌雲翼修、盧重華等纂《大岳太和山誌》爲“銓”，王佐修、慎旦等纂《大岳太和山誌》爲“詮”。

紫泥。爲憶靈簷雲氣濕，更攀危檻斗星低。仙源誰許人間到，流水桃花路不迷。

又

森羅仙逕接珠林，塵世清都詎易尋。帶露壇花常灼灼，棲鸞圃樹自陰陰。山當八百荆吴壮，水落東南漢沔深。自是名寰招隱地，何人不動紫芝心。

又

上界三門路轉賒，金城天柱勢查牙。陰崖雪後留寒漬，霽日岩頭放午華。九渡鳴泉思帝子，五龍潜景秘丹砂。翻憐去後神工在，度却南巖榔樹花。

太和即事

（次中丞朋石韻）

環珮趋蹌大樂調，叨陪列辟躡層霄。爐烟漸拂仙壇潤，龍節初飄海霧遥。上帝高居司北極，靈臺符瑞勝清朝。三天拜罷分明見，冉冉紅雲護紫簫。

登太岳奉和少司空張筆翁韻三首

艾杞　工部主事

瓊宫上與碧霄齊，曾入仙人舊品題。谷口桐花飄白雪，洞門石髓護青泥。龍幢一去乾坤老，法座常懸日月低。自是陽春難屬和，登高極目五雲迷。

又

笙簫隱隱出高林，使節乘春興易尋。曲檻飛虹懸壑穩，層崖積雪上方陰。五城瑶草烟霞近，萬疊靈巖花木深。却咲劉郎緣底事，仙源忽動故園心。

又

天門如柱轉紆賒，迴首群峰似列牙。高閣御風瞻北極，故鄉落日望西華。花當三月明金殿，仙去千年秘玉砂。盡日看雲歸岫晚，香爐石上數珠花。

登太岳奉和少司空張筆翁韻

施篤臣　副使

岧嶢天柱紫宸齊，帝子高居揭玉題。卿月重來通鳥道，使星遥望隔雲泥。飛橋斜度南宫近，虛閣平臨北斗低。自是張騫仙骨異，乘槎天上出塵迷。

又

誤來採藥入仙林，仙去林空何處尋。石上黄芽春欲暖，洞前白雪晝常陰。時時笙磬天門杳，歷歷樓臺烟樹深。歲暮山中無一事，抛書終日獨觀心。

又

步上天關望轉賒，群峰隱見疊崇牙。煙巒八百連嵩岳，雲洞三千接泰華。龍虎何年藏迥谷，龜蛇依舊護靈砂。鍊師寄語游玄圃，策杖同看珠樹花。

歌

野　老　歌

元　劉因

南陽武當天下稀，峯巒巧避山自迷。青天飛鳥不可度，但見萬壑空烟霏。山不知人從太古，白雲飛來天作主。旌旗明滅漢陽津，幾閱東西互夷虜。老人住此今百年，自言三世絶人烟。往事不聞宣政後，初心欲返羲皇前。脯鹿爲糧豹爲席，竹樹蒼蒼歲寒國。天分地析①保無憂，恠見北風山鬼泣。一聲白雁已成擒，囬望丹梯淚滿襟。傳語桃源休避世，武陵不似武當深。

贈張洞囦祈雨歌

趙世廷

京師大旱連三年，地蒸熱氣如雲烟。林林佳木盡槁死，毋論黍稷生秋田。武當真人張洞囦，爲道有心如鐵堅。食餔衣惡夜不眠，兩眸奕奕光射天。天子有詔承相宣，召君禱雨紓煩煎。君不默不語，奏達虛皇前。将吏驅蛟龍，雷電相後先。垂垂雨脚晝夜喧，平地湧水如通川。稚禾出吐芃芃然，小草大草争芳妍。都人士女喜懽願，謂君有道真神仙。我今爲賦喜雨篇，勒之金石傳千年。

送張煉師歸武當歌

范德機

張君瀛洲人，來作武當客。始來武當時，秖着謝公屐。弟子百數輩，稍稍來服役。誅茅立萬柱，空中現金碧。辛苦三十年，夜卧不側席。以之律鬼神，故衣如短墨。元年踰冬旱，朱火燒四國。野谷方焦熬，六月畿甸赤。朝廷亦不愛，犧牲與圭璧②。偃巫暨僊史，歌舞無消息。君時待詔來，公卿初不識。一朝傳天語，問以濟旱策。君云臣鄙愚，造化非所測。陰陽有開閉，此寔智者責。公卿復致辭，物生孔今棘。已勑京兆尹，取足輸粟帛。此如解倒懸，祀事惟所擇。君聞猶固讓，心寔内憂惕。

① 析：任自垣纂修《勑建大嶽太和山誌》記爲“拆”，方升纂修《大嶽誌畧》記爲“拆”，凌雲翼修、盧重華等纂《大岳太和山誌》記爲“析”。

② 圭璧：原文爲“圭壁”，應爲“圭璧”。

飛章白玉闕，瀝膽殫悃愊。臣寔才淺拙，臣寔學邇塞。臣有一寸心，願賦后皇德。后皇本愛民，民今旱爲厄。或者罪有由，皇亦重開釋。祈謝各有方，呪禁各有式。上堂薦明水，下堂考金石。夜分請命既，昧爽大施設。爲壇東市門，經紀法靈册。庭中玄武旗，飄飄墨黍黑。君臨一揮手，怒髮上霄直。指揮東方龍，卷水東海側。指揮西方龍，卷水畧西極。北南暨中央，各以方率職。某日某甲子，漏下五十刻。我在壇上伺，不得忤區畫。豐隆與飛廉，圓缺與辟歷。汝将汝風馳，汝遣汝雷擊。汝雲溤勿漓，汝雨必三尺。汝不從誓言，不畏上帝勑。至期果響應，動蕩七日澤。常時人所難，君若不以力。公卿奏天子，是必有褒錫。可以寵號名，可以蕃服裼。君曰天子聖，卿從誠所格。臣敢貪天功，踈在歸計迫。昨得山中書，至自青溪宅。向來百弟子，遲歸在朝夕。瞰時冬序半，霜下木葉積。明當課斬伐，結構西巖壁。山田晚報熟，芝术及採摘。獮猿長如人，夜夜盗柿栗。隄防苟不豫，六氣盡蟊賊。公家事既已，私事容棄擲。方知用世士，遺世等糠粃。所過如虚空，焉知去留迹。我持一瓢酒，欲以贈遠色。歲暮不見君，悵望空中翮。

雲　谷　歌

國朝　王佐理

白雲道人昔何處，野鶴相隨憇巖宇。天風吹上鳳凰臺，五色雲中覲明主。從兹不事九轉丹，拖金紆紫趨朝班。惟清惟寅職祀典，光映鵷鸞輝羽翰。日持黄檢奏封祕，似向天宫朝上帝。仙階耿與三台通，始知天上即人世。青鳥不來仙路遥，蓼魂無復武當招。谷雲化作傳巖雨，時蘇四海資清朝。君不見玉堂學士典文字，許爾大書際遇事。今朝正是降申日，祝壽姑容獻佳什。

無　　題

艾暉

武當形勝天下奇，瓊臺翠壁何崔嵬。瑶池尺五鳳凰琯，上邀嬴女泠風吹。碧峯倚天三十六，二十四澗鳴蒼玉。鷄犬無聲萬壑幽，靈鳥樹杪啼晴旭。宮中仙人美丈夫，披髪跣足提湛盧。玄功千載亦莫測，下土寔賴神明扶。我行欲藉靈胥手，真擬天津援北斗。霧合凌虚覽八荒，俯視群山皆培塿。

鐵杵歌

名氏未祥

武當屹立天柱峯，衆山朵朵金芙蓉。超然大頂出天造，形氣宛與霄漢通。粤從上古有玄帝，灼知此境非人世。辭親淨樂國中王，速即武當山丁地。就中修道四十載，道未成時心欲怠。上天眷帝①有玄功，默降神靈來與會。化爲老姥貌龍鍾，手持鐵杵磨澗空。帝見問之何所用，姥言治此作針縫。帝曰杵堅不易造，答云在用工夫②到。豁然慧性與天通，遂感神語還修道。不數年間道竟成，天垂法駕來相迎。飄然直上彩雲去，騎龍白日昇天行。昇天有道大無息，蕩滌邪魔位北極。惟留一杵在玆山，神物護遮迷形迹。我皇御極真天授，海宇清寧感神佑。勑諭元勲貴戚來，舊時宮室今新構。元勲貴戚遵上旨，朝夕經綸勤不已。指揮工匠各論能，列觀諸宮同日起。諸宮列觀森開張，丹碧炫耀金輝煌。萬壑儲靈齊出色，十崖獻秀蔚增色。大開金殿青霄裏，壯觀仙都從此始。帝降無時儼在玆，鑒觀聖敬中心喜。中心喜之將若何，圓光屢應祥瑞多。萬年神杵一朝見，六丁捧出山之阿，天生此物超凡質，形類非金亦非石。圓缺③不改舊時容，奇異猶從太古色。貴戚從此是仙工，再三拜進登九重。聖主臨軒垂一覽，燦然清彩霽重瞳。古來賢君皆不得，惟皇聖敬能招格。四海懽聲

---

① 帝：任自垣纂修《勑建大嶽太和山誌》記爲“命”。

② 工夫：任自垣纂修《勑建大嶽太和山誌》記爲“功夫”，方升纂修《大嶽誌畧》、王佐修、慎旦等纂《大岳太和山誌》，凌雲翼修、盧重華等纂《大岳太和山誌》均記爲“工夫”。

③ 圓缺：任自垣纂修《勑建大嶽太和山誌》記爲“圓鐵”。方升纂修《大嶽誌畧》、王佐修、慎旦等纂《大岳太和山誌》，凌雲翼修、盧重華等纂《大岳太和山誌》均記爲“圓缺”。

共沸騰，頌歌並作光前烈。小臣葵藿朝太陽，幸逢治世歌虞唐。但願帝心常簡在，皇圖鞏固與天長。

無　　題

盧大雅

太和之山高插天，虚危墮地知何年。鯨鼇割斷萬丈壁，霧雨洗出千枝蓮。仰看固信嵩華小，俯視豈獨均房連。紫霄臺殿北崦外，玄武旌旗南斗前。薜荔爲衣草爲履，犂烟斵霧皆群仙。或馴①猛虎咲嘻嘻，或翳紫鳳來翩翩。柔兆攝提格子月，遠承王命祠其巔。玄酒雖同澗蘋蘙，寶翰金碧蒼壁鎸。初尋龍湫歷烟島，稍紆鶴塚行芝田。白雲渾旁晚蘿弱，紅葉絶類春花妍。欲杖青藜燭徑洞，恐觸虹氣衝星躔。匏笙明日載黄鵠，浩歌寫入凌雲篇。

山水圖歌

張來儀

昔聞安期生，飄飄②入秦京。上書三月空報罷，拂袖去作蓬萊行。却咲叔孫通，俯仰咸陽城。長生竟何補，世上留空名。何似長安少年客，天柱峯頭煑白石。朝辭猿鶴下雲中，暮逐夔龍侍君側。繡衣青總馬③，蹀躞④臺城下。愛道心不忘，焚香坐清夜。太平天子親齋祭，新擢祠官捧圭幣。紫壇爟火曉如星，獨侍衮衣朝上帝。還思舊隱地，石室生青苔。

① 馴：任自垣纂修《敕建大嶽太和山誌》記爲“訓”。方升纂修《大嶽誌畧》、王佐修、慎旦等纂《大岳太和山誌》，凌雲翼修、盧重華等纂《大岳太和山誌》均記爲“馴”。

② 飄飄：任自垣纂修《敕建大嶽太和山誌》、王佐修、慎旦等纂《大岳太和山誌》均記爲“飄颻”，方升纂修《大嶽誌畧》、凌雲翼修、盧重華等纂《大岳太和山誌》均爲“飄飄”。

③ 總馬：任自垣纂修《敕建大嶽太和山誌》記爲“驄馬”，方升纂修《大嶽誌畧》、王佐修、慎旦等纂《大岳太和山誌》、盧記均爲“總馬”。

④ 蹀躞：任自垣纂修《敕建大嶽太和山誌》記爲“蹀蹝”，方升纂修《大嶽誌畧》、王佐修、慎旦等纂《大岳太和山誌》，凌雲翼修、盧重華等纂《大岳太和山誌》均爲“蹀躞”。

來時壁上倉精劍，七星剥落空塵埃。丹砂不複化，蘿衣誰更裁。人生窮達會有命，何須千歲如嬰孩。草衣木食苦復苦，王喬偓佺安在哉。寄語空山舊泉石，不須爲我生悲哀。功成倘遂乞身願，萬里青天騎鳳來。

武當歌送廖氏兄弟

李仲訓

武當山，何崇崇。下瞰乎荆豫之境，當乎秦關之衝。行人過客千里外，杳渺望見七十二朶之青峯。或拱而西，或揖而東，或北而背，或南而膺。中央高平者大頂，重壓厚土摩蒼穹。迺知玄聖昔日飛昇處，上有宫觀知幾重。鸞鳳起舞，龜蛇現蹤。閃閃旗纛，玲玲磬鍾。簷牙馳列缺，殿角騰豐隆。早聞天鷄啼，晚見月兔舂。玉澗流水響，丹崖太古封。金銀石精照白日，松栢偃蹇成蛇龍。靈苗異蕊莫盡記，仙老隱士長相逢。世上會登罕能到，天下玆地斯爲雄。廖家兄弟好風骨，素願謁拜中誠通。去年二月兄獨往，今年三月弟更從。二人矯矯良可羡，飄然乘着鶴背風。歸時好摘榔梅實，惠我狂吟霜鬢翁。解此久渴懷，慰此衰謝容。明年倘遂生羽翼，亦欲與子凌虚空。

蟾　宇　歌

胡儼

八荒蕩蕩天宇清，銀漢星稀孤月明。茶烟消盡鶴初睡，雲窓洞達虚白生。道人宴坐收金經，鼻端有白心無營。招摇此指紅日昇，絳宫月魄蟾光凝。迴風混合歸黄庭，天門夜開飛爽靈。廣寒宫闕當晴昊，霓裳曲度春光早。嫦娥有藥不須嘗，桂樹青青後天老。陰火流金出太淵，莫咲五行顛倒顛。玄谷虚名神不死，夜夜蟾光清徹天。

蟾　宇　歌

西壁

句曲之仙人，乃是釣鼇客。辭家早從虚白師，蟾宇寓名卿自適。瓊樓玉宇高處寒，清虚只在方寸間。長生豈覺顧兔藥，中扃内守成返還。欻起乘風雲，那容侶麋麿。一命左道樞，宴搜訪仙真。飈爲車子霓爲盖，洞天海嶽應無外。歸來金闕繪圖陣，領袖太和蒙帝賚。太和之山高岧嶤①，金銀樓閣中天遥。虹光蕩漾真宰降，雲氣杳②靄山靈朝。磨針澗畔漱清泚，榔梅林下尋芳芷。藥笈朝披鍾磬清，石壇夜禮星辰邇。載飛王喬舄，寅恭覲彤廷。同予啓王籙，琳宫醮真靈。衣裁絳霞佩蒼玉，樂奏琅璈度仙曲。鸞翔鶴舞瑞感臻，勑賜黄麻奖吾属。校書天録偕玄曹，青藜夜照宫錦袍。交歡應信日已久，意氣相傾山岳高。手持蟾宇卷，索我蟾宇詩。而我才力薄，葩藻何由奇。西風八月白露溥，桂花吹香落廣寒。蟾光射室塵不褋，冰壺湛湛天地寬。斯時燕坐萬慮徹，惟有雲臺同皎潔。篆烟細細爐火温，刀圭入口醍醐别。翊贊至道承恩榮，明時願祝台階平。他年會見功行著，騎取蟾蜍凌太清。

次撲菴韻歌

王佩　副使

乾元開顥顥，坤極闢茫茫。習坎生天一，兼山蟠地疆。太和只如許，金碧③何其煌。箇裏有真宰，虞淵翊太陽。天王報偉功，宫殿横高岡。閶闔重千仞，舟車足四方。中丞到上頭，泰宇發天光。雲絢千機錦，日呈五色祥。七星紛燦爛，五老若顒昂。環眼非人世，漫空皆異香。高尋問真源，德星聚武當。

---

① 岧嶤：任自垣纂修《勑建大嶽太和山誌》、方升纂修《大嶽誌畧》均爲“岧嶤”，王佐修、慎旦等纂《大岳太和山誌》，凌雲翼修、盧重華等纂《大岳太和山誌》均爲“岧嶤”。

② 杳：任自垣纂修《勑建大嶽太和山誌》、方升纂修《大嶽誌畧》均爲“香”，王佐修、慎旦等纂《大岳太和山誌》，凌雲翼修、盧重華等纂《大岳太和山誌》均爲“杳”。

③ 碧：方升纂修《大嶽誌畧》記爲“壁”，王佐修、慎旦等纂《大岳太和山誌》，凌雲翼修、盧重華等纂《大岳太和山誌》均爲“碧”。

再游武當歌

鄭如皋　僉事

炎蒸厭行役，放曠趨名山。忘我養虚白，逢人參大①還。風枝剔老朽，雨葉囬春顔。聚足陟危磴，會心聆幽潺。老营敞玉局，大頂盤金關。紫霄最佳麗，五龍尤囬環。南嵓稍奇峭，也復雄其間。一覽亦云幸，再游豈不艱。玄都宿有契，造物假以閒。藏帙難徧閱，繁言不可删。希夷去已遠，刺達何由攀。

紫霄仙興歌

許宗魯　提學副使

披靄躡石磴，凌虚趨壁壇。路崎足力蹇，氣甬衣裳單。梟梟御風邁，倏倏拂烟還。幽光薦瑶草，遠風結崇蘭。激澗淙哀玉，懸松漱鳴湍。日借暮山紫，霜變秋林丹。珠宫隱半壁，貝闕飛霞端。雲轉入翠微，飄颻步高寒。展爾謝塵壒，翩然生羽翰。霞徑遂長往，服食青琅玕。

登天柱峯還至南巖宫歌

曹忭　条政

大人志廖廓，四海安足拘。飄飄凌風翰，常欲遨天都。仙童爲我迎，玉女爲我扶。上爇五名香，六草生煙蕪。俯視塵寰内，踸踔如一區。衆山何足道，纍纍盡丘隅。中逢費長房，日月收入壺。子喬乘雲軿，邀我領清酤。即此昇仙境，何物可等吾。從今金石軀，與帝合靈符。

曉發南巖穿青羊過五龍宫歌

鶩②節辭仙館，升輿凌峻谷。爽氣流昊蒼，晨光散林木。前瞻山若

① 大：方升纂修《大嶽誌畧》記爲“文”，王佐修、慎旦等纂《大岳太和山誌》，凌雲翼修、盧重華等纂《大岳太和山誌》均爲“大”。

② 鶩：凌雲翼修、盧重華等纂《大岳太和山誌》記爲“鴉”。

連，還顧徑已没。高翔入天雲，俯涉穿地軸。恍惚屏障遷，俄傾金碧伏。登陟倍爲艱，延攬景愈促。息駕未能休，賞心難具述。雲巖石髓香，玉田瑶草緑。俛仰各殊觀，應接咸快目。靈境既崲奇，華構更屼突。憑虚面嶇嶔，歷險坐超忽。探奇稀前蹤，兹游果誰續。

賦

大岳太和山賦①

楊琚

維大嶽之爲山兮，形肇奠於鴻荒。迺渾淪而磅礴兮，鍾秀氣於玄黄。顧發源於嶓冢兮，擁翠浪於武當。肆連峯而接岫兮，復積嶺而重岡。峙漢水之南隅兮，跨均房之两疆。控翼軫之分野兮，應列宿於上蒼，羗迴旋乎地軸兮，扼天關於古襄。衍脉絡於荆山兮，析支派於内方。七十有二峯，根盤八百里。崔嵬巑屼，岧嶤岃嵅，厥戲如對，森列如竢。若迴而馳，侶行而止。若豁而谺，侶立而跂。或俯焉而復昂，或仰焉而崛起；或蜿蜒兮如龍如蛇，或蹲踞兮如虎如兕；或尖鋭兮如筆如鋒，或正直兮如屏如几。若乃三十六巖之幽虚，二十四澗之迤邐，五臺五井之悠悠，三泉二潭之獮獮。厥石則有金星、銀星，厥産則有地髓、石髓、堯韭、禹糧，雜沓而並美；秦檜、漢栢，偃蹇而長清。木實則有樜、楙、桬、檎、棉、櫼、棪、欂、楆、樣、楸、櫻；野蔌則有菌、蕈、笋、藎、薯、茉、蕨、葵、蘿、菽、蒳、菁，以至捄窮草、交讓木、靈嚚杖、石磴心、榔梅、赭斞、葛乳、騫英、天花、雲林、芳芷、徽蘅、枝柑、房李、鄧橘、襄橙，無物不有，雖茅亦馨。萬年松、千歲艾、九僊子、天南星、白何首烏、紫花、地丁、苦參、白合、甘菊、黄精，采之可以療諸疾，服之可以制頽齡。又有石如火焰之紅，樹如龍爪之倪。飛泉滴溜，漱乎瓊瑶。松風響籟，鳴於遠邇。四季常見靈鴉雙雙繞林坰，五更或聞天鷄喔喔號雲袖。白鵰錦雉同飲啄夫巖頭，神虎仙麋迭巡乎山趾。紫芝瑞卉，百千其名；珍禽恠獸，不可殫紀。又如龍宫雷洞深窅虚明，風穴星牖沉寥呀哆。表以禹跡步雲之橋，帶以太乙天池之水。日出則嵐飛靄收，蒼翠滿前；月明則鶴唳猿號，清幽無比。兼有洞天福地之靚深，孰

① 大岳太和山賦：原文無標題，此標題按方升纂修《大嶽誌畧》加。

謂蓬萊方丈之不在。是也，有若大頂之峯，端然正位處乎其中。吾不知幾千萬仞？但見形威峻極，與天而爲柱，氣象巍峩杖地而撑空。其高無並，其旁靡從。匪衡匪岱，匪華匪嵩。既非醫閭之可擬，亦非恒霍之可同。前有五老，後有五龍；右有搢笏、九卿，左有手扒、三公；東有始老、展旗、九渡、金鎖；西有隱仙、疊字、千丈、鷄籠；北有皇崖、顯定、貪狼、獅子；南有仙人、隱士、伏魔、降龍；又有聚雲、香爐、大明、蠟燭、大蓮、小蓮、文曲、武曲、天馬、玉筍之重重，丹皂、竈門之矗矗。千巒萬嶂，各獻幽奇；四面群峯，互相倚伏。乃獨孕秀居奠，盱眸駭目。上接青雲，下臨深谷。其視衆山之周遭迴繞，拱向環簇，有如王者之臨諸侯，大宗之俯族屬。是乃五岳之長兄，四鎮之伯叔。遠若蒼梧之九疑，巫山十二峯，並呼爲其家督；近則赤龍寶砲，横黄方界，皆目爲其幹僕。此我皇明所以表章，謂之大岳太和，而咸五爲六也耶！是宜玉臺高疊，石檻玲瓏，闢以門闕，繚以垣墉。金殿之據乎其上，焕棟宇之穹隆；天帝之宅乎其内，蹑龜蛇之玄蹤，捧劍兮玉女，執旗兮青童；侍從兮靈官，導引兮先鋒；照日月兮層構，暎上下兮天宫；耀金光兮燦爛，洞遐矚兮昭融；飛復檻兮霄際，縹雲靈兮曈曨；信真仙兮所棲，豈塵俗兮可容。外有天門三重，雲梯萬級，自卑視高，曼延壁立。掛懸空之霽虹，逼霄漢於咫尺。歷参井之鉤連，詎跬步之可即。躋欲半而悸驚，憑危欄而上陟。慨登望之多囏，夢徒兆於生翼。及夫天門之外，則隨山通道，跨澗架屺。剪除榛薉，辨域定規。或聳琳宫而開寶殿，或興古廟而建神祠；或敞珠龕於巖畔，或刱柱觀於山碑。築石室以藏僊服，峩彩亭以貯御碑。彌東南而亘西北，仿閶闔而廣棼楣。雕墻横截乎山谷，仙廬盤欝乎坤維。熾丹臒於林杪，鳴鍾皷於庴扆。境之最勝者無如紫霄，峯之至高者莫踰天柱。南巖、五龍兮，幽雅瑰奇；玉虚、淨樂兮，輪奂規矩；清微、真慶兮，非不霄峥；遇真、朝天兮，俱號紫府。似兹宫觀兮，三十六所；其餘庭院兮，更僕莫數。丹房石空兮，雖寒不寒；雪窩涼亭兮，當暑不暑。甚至萬松一泓，各有軒亭；鉢堂方丈，亦爲峻宇。隘四衝而騰八達，張千門而啓萬户；宗大岳而朝玄穹，翼太和而壯今古。人皆疑其天造而地設，或出於幽贊而陰輔。不然何以楹柱林林，梁棟楚楚，而有此廓度宏模；福區玄圃，壯神僊之窟宅，聳人世之瞻覩。吾想夫永樂之初，内難既夷，四海寧謐，民物熙熙。是以奉委之臣，以謂聖君有作；我儀圖之，敢不盡瘁忘疲；董督指揮，朝斯而夕斯。由是智者售技而無所隱，壯者效力而不敢欺。雖山林谿谷亦不愛其材，孰謂我朝長府之積皆在，所供億而其用不貲，又况工咸奰贔，匠賽輪倕。萬指揮斤而呵氣爲霧，六軍荷鍤而瞬息爲墀。庶民子來，若有神司，經之營之，倏而成之。于以答景貺而廣孝思，于以奉明祀而祝丕釐，神必徘徊容。與于兹康濟邦國，福祉黔黎，以陰佑我皇上聖子神孫，集慶禧而撫有太平，萬萬載之洪基。賦已復撮其要爲頌辭曰：倬矣大岳，摩青蒼兮。背漢面漳，鎮一方兮；奕奕宫殿，闐山罔兮；天帝蒞止，周相徉兮；氛沴斯靖，時雨暘兮；慶祚靈長，神化彰兮；我皇崇祀，佑八荒兮；玉質金相，昭寵光兮；四夷來王，徵休祥兮；海宇乂安，垂衣裳兮；本支繩蟄，萬其昌兮；俾臣之後胤，亦如諸峯之拱岳，永篤爲忠良兮。

大岳太和山誌後序

大岳太和山在楚西北，盤薄方八百里，起乾兑，控翼軫，跨均房，帶江漢，古今天下號稱名山者，此其最歟。傳云，北極玄天上帝真武之神，此山寔其修真顯化之處也。歷漢以來，代加尊崇。至我成祖文皇帝，奉天靖難，惟神顯助，威靈赫奕，莫可殫述。乃創建宫宇，以荅神貺。列聖相承，欽崇彌至。恭惟我皇上正位，凝命屡感玄應，深念成祖創建之功，歲久宫殿圮壞，爰頒内帑，遣重臣，聿加修葺，神宫仙館，焕然維新矣。提督王公佐，躬逢盛典，以所當記而傳之也，乃以旦等校修，誌成，敢僉言曰：夫誌以昭我國家事神之典者也。書所謂類上帝，禋六宗，望山川，徧群神，凡以爲社稷生民意也。旦等莊誦成祖御製文云：“朕起義兵，靖内難，神輔相左右，風行霆擊，其蹟甚著。暨即位之初，茂錫景貺，益加炫耀。”邇乃伏讀我皇上御製文亦云：朕入承大統以來，仰荷垂祐，洊錫休祥，大哉王言乎！一哉王心乎！玄帝之鴻休，茂烈昭昭，然在國家天下矣。則夫我成祖及我皇上，創修之盛，典禮之隆，誠爲國爲民，不容自己之心也。此誌成，則凡慕山川之勝，思玄聖之烈，達國朝建修之制。體聖皇事神之心，一展卷而可畢得矣。雖然我皇上，体天弘道，祗若神祀，尊崇之禮有加無替，而神之所以陰翊皇明，以衍方來之休者，殆不可限量也。尚有俟於後之誌之者云。嘉靖丙辰歲仲夏之吉，湖廣襄陽府均州儒學學正吴興慎旦謹序。

大岳太和山誌後序

嘉靖壬子，皇上法祖敬天，勑遣重臣重修大岳。于時，提督守臣王公佐，藩臣雷公賀，祇承德意，夙夜賛襄，罔敢忽怠。越明年癸丑工成，聖心嘉悦，賜賚有差。公謂郡侯，范君大儒曰，佐受上恩厚矣，愧無以仰圖報稱。竊惟躬逢修葺，誠千載一時也。是山舊志其可不新之以示後乎。乃属郡愽慎旦而謂詔與賈如愚、徐鏖、賈如魯輩均産也，相與編輯訂校焉。夫先王經世，議制天下，有圖掌於職方，邦國有志掌於小史，四方有志掌於外史，志之來也尚矣。故十室之邑湏志，斯信即有蕞爾。一勝地焉，亦必厘乎。作者之筆，矧兹大岳，振古名山。成祖文皇帝創建宫觀于前，我皇上復修飾增美于後，神功聖烈，尤昭布宇宙。則志之作，信守土者之不可緩，而詔等亦不容辭者也。用是乃質之往帙，以覈其實参之。近制以考其成，分門列類，彙爲一十七卷。盖雖因畧以致詳，推舊而爲新，而亦未敢輒以己意，妄附于其間也。緒甫就適，提督藩参王公繼洛亦奉命至，見而喜曰："是可以紀兹山之勝而備四方之觀矣。"遂付工刻之而詔。因識數語於末簡云。嘉靖丙辰歳五月既望，登仕郎户部司務郡人陳詔謹序。